Potsdamer Studien
Band 17

O heilige Einfalt der Beschreibung,
stehe mir bei!

Wisława Szymborska

Bettina Joergens

Männlichkeiten. Deutsche Jungenschaft, CVJM und Naturfreundejugend in Minden, 1945-1955

Verlag für Berlin-Brandenburg
Potsdam

Potsdamer Studien
Band 17
Schriftenreihe der gemeinnützigen Gesellschaft für Fortbildung, Forschung und Dokumentation (gGFFDmbH), Potsdam

Herausgeber:
Prof. Dr. Friedrich Beck
Prof. Dr. Botho Brachmann
Prof. e.h. Wolfgang Hempel
Prof. Dr. Norbert Reimann
Prof. Dr. Volker Schockenhoff
Prof. Dr. Hartwig Walberg

Bibliografische Information Der Deutschen Bibliothek

Die Deutsche Bibliothek verzeichnet diese Publikation in der Deutschen Nationalbibliografie; detaillierte bibliografische Daten sind im Internet über http://dnb.ddb.de abrufbar.

Zugl.: Siegen, Univ., Diss., 2001
unter dem Titel: *„Männlichkeitskonstruktionen. Drei Jugendgruppen in Minden, 1945-1955“*

ISBN 3-935035-57-8

Abbildungen auf dem Umschlag:
oben links: deutsche Jungenschaft auf Fahrt,
oben rechts: Heimeinweihung der Naturfreunde,
unten: Wanderung des CVJM
(alle Abbildungen aus Privatbesitz)

Satz: Annette Gerdes, 77716 Fischerbach

Die Herausgabe dieses Buches wurde ermöglicht durch ein Dissertationsstipendium und einen Druckkostenzuschuss des Mindener Kreis e.V.

1. Auflage 2005

www.verlagberlinbrandenburg.de

Inhaltsverzeichnis

I Einleitung

„Der Wandel begann mich aber doch zu verwirren. Ich kam nicht mehr mit. Gerade diejenigen, die noch vor wenigen Tagen als strenge Amts- und Respektspersonen durch die Dorfstraßen stolziert waren, biederten sich den Besatzern am unterwürfigsten an – als ob vorher, und ich war tatsächlich überzeugt, daß es tausend Jahre gewesen seien, nichts geschehen wäre."[1]

Die Folgen des Zweiten Weltkriegs stellten viele Menschen vor existentielle, materielle und psychische Nöte. Einer Umfrage von 1951 zufolge empfand ein Großteil der Bevölkerung die Jahre von 1945 bis 1948 als die schlimmsten in ihrem Leben, gefolgt von den Jahren 1949 bis 1951.[2] Der Tod nahe stehender Personen, der Verlust von Familienangehörigen bei Flucht und Vertreibung sowie die Probleme bei der Lebensmittelversorgung stellten für viele die größten Herausforderungen ihres Lebens dar. Daneben erschienen in der historischen ‚Krisensituation' der frühen Nachkriegszeit insbesondere Generationen- und Geschlechterverhältnisse als konfliktreich und in ‚Unordnung'.[3] Die in der Nachkriegsgesellschaft von vielen Menschen ersehnte und praktisch angestrebte ‚Normalität' bezog sich daher auch auf eine Harmonisierung dieser Beziehungen.[4] Die Menschen bauten nach dem Zweiten Weltkrieg nicht nur ihre Häuser wieder auf, sondern sie errichteten auch eine neue politische Ordnung und versuchten, die als ‚chaotisch' empfundenen Geschlechter- und Generationenverhältnisse zu ‚normalisieren'. Offenbar gelang dies den meisten etwa Mitte der 1950er Jahre, denn in dieser Zeit ebbte die ‚Krisenstimmung' ab. Etwa zehn Jahre nach der Kapitulation war die westdeutsche Gesellschaft in mentaler, sozialer, politischer und wirtschaftlicher Hinsicht weitgehend konstituiert.[5]

In welcher Weise Zeitgenossen im Nachkriegs-Alltag ihr Zusammenleben und dabei Geschlechterverhältnisse gestalteten sowie Männlichkeit konstruierten, wird in der vorliegenden Studie am Beispiel von männlichen Jugendlichen dreier verschiedener Jugendgruppen in der Stadt Minden a. d. Weser im ersten Jahrzehnt nach dem Zweiten Weltkrieg untersucht. Im Zentrum der Studie stehen 14- bis 18jährige

1 Guha 1987, 67.

2 S. Geyer 2001, 383. Vgl. Behrenbeck 2003.

3 Wenn nicht näher bezeichnet, sind mit ‚Nachkriegszeit' in der gesamten Arbeit die ersten zehn bis 15 Jahre nach dem Zweiten Weltkrieg gemeint.

4 S. zur ‚Normalisierung' der Geschlechterverhältnisse v. a. Schissler 2001c. Ich danke der Autorin für die Überlassung des Manuskriptes ihres Aufsatzes lange vor dessen Veröffentlichung. Vgl. Hagemann 2002, 15f., 41f.

5 Vgl. Kaelble 1998, 124, zu seiner Auffassung von der „langen" Nachkriegszeit, die er etwa bis 1955 ansetzt.

Jungen (Jahrgänge von etwa 1928 bis 1941) und ihre Aktivitäten innerhalb des CVJM (Christlicher Verein Junger Männer), der deutschen Jungenschaft (eine bündische Jugendgruppe) und des Touristenvereins – Die Naturfreunde (TVdN).

Diese Jungen gehörten zu den zahlreichen, meistens männlichen Jugendlichen, die sich im ersten Nachkriegsjahrzehnt einer Jugendorganisation angeschlossen hatten.[6] Die Geschichte der meisten nach dem Zweiten Weltkrieg existierenden Jugendgruppen und -organisationen reicht bis zum Beginn des 20. Jahrhunderts zurück.[7] Die darin aktiven Jugendlichen, die während der NS-Zeit überwiegend im Deutschen Jungvolk organisiert gewesen waren, kannten bis 1945 nur das politische System des NS-Staates, den sie v. a. als Krieg führendes und verlierendes Regime erfahren hatten. Nach Ende des Krieges erlebten viele dieser gerade dem Kindesalter entwachsenen Jugendlichen, wie ihre Väter verkrüppelt, verstört „als Fremde(r) in eine fremde Welt" oder gar nicht nach Hause kamen. Viele Jungen mochten sich, wie der Schriftsteller und Journalist Anton-Andreas Guha, „mit den lässigen, kaugummikauenden, feine Zigaretten rauchenden, Weißbrot und Schokolade essenden, auf flinken Jeeps daherflitzenden Amerikanern" (o. a. anderen Alliierten) identifiziert haben.[8] Offensichtlich waren die kriegsbedingt veränderten Geschlechterverhältnisse für männliche Jugendliche v. a. hinsichtlich der Herausbildung einer männlichen Identität irritierend.[9] Inwiefern in dieser historischen Situation Jungen „eigene" und „neue" Männlichkeitsvorstellungen entwarfen und erprobten, wird in dieser Arbeit diskutiert. Jedenfalls waren die 14-18jährigen auf alters- und geschlechtsspezifische Weise vom Ende des NS-Regimes und des Krieges betroffen und in den Aufbau einer demokratischen Gesellschaft involviert, zumal wenn sie Angehörige einer offiziell anerkannten Jugendgruppe waren.

Nach dem Zweiten Weltkrieg bemühten sich Parteien, Alliierte und die Kirchen darum, schnell die während der Zeit des Nationalsozialismus verbotenen Jugendorganisationen wieder zu errichten. Obwohl die angestrebte ‚totale' Organisation von Jugendlichen ein Kennzeichen des NS-Staates war, galten Jugendorganisationen nach dem Zweiten Weltkrieg als wichtiges Integrationsinstrument sowie als Feld demokratischer Erziehung.[10] Zum Aufbau eines Teils der neuen demokratischen Gesellschaft bediente man sich v. a. der Strukturen,

6 S. zu den Zahlen Einleitung zu Kap. III; s. z. B. die Aufforderung der britischen Militärregierung, verstärkt junge Frauen in die Jugendarbeit einzubeziehen (PRO, FO 1013, Nr. 2204).

7 Vgl. Faltermaier 1983b, 17; Böhnisch/Gängler/Rauschenbach 1991; Deutsches Archiv für Jugendwohlfahrt 1930.

8 Guha 1987, 72, 74.

9 S. dazu, dass „Männlichkeit ... mehr [ist] als ein soziales Konstrukt. Es muß auch als subjektive Identität betrachtet werden, normalerweise die von Männern am tiefsten empfundene", Tosh 1998, 189. S. a. den Diskurs über die ‚vaterlose Gesellschaft' bei Mitscherlich 1970. Vgl. Erhart/Herrmann 1997, 10f.

10 Vgl. Faltermaier 1983b; Peukert/Münchmeier 1990, 31-42.

Personen und Traditionen der Weimarer Jugendorganisationen und Jugendbewegung. Innerhalb von Jugendorganisationen und -gruppen, die in der Nachkriegszeit offenbar ein wichtiger Ort jugendlicher und männlicher Selbstvergewisserungen waren, trafen folglich Erwachsene und Jugendliche mit unterschiedlichen, generationsspezifischen Erfahrungen zusammen.[11] In besonderer Weise mochten sich hier neue und alte Männlichkeits-, Gesellschafts- und Politikentwürfe überlappt haben. Wie dies geschah, in welcher Weise sich männliche Jugendliche nach dem Ende des NS-Regimes und der militärischen Kapitulation Deutschlands gesellschaftlich und politisch orientierten, daran teilhatten, soziales Leben zu regeln und – damit verschränkt – Männlichkeit zu konstruieren, soll in der vorliegenden Studie am Beispiel der Aktivitäten männlicher Jugendlicher dreier verschiedener Jugendgruppen herausgearbeitet werden.

Die zeithistorische Forschung[12] über die Jahre nach dem Zweiten Weltkrieg konzentriert sich überwiegend auf wirtschafts- und politikgeschichtliche Aspekte. Lange ging es in den Forschungsdebatten um die Frage, ob es 1945 eine „Stunde Null" gab, ob in der Nachkriegszeit ein „Neubeginn" gemacht wurde[13] oder die 1950er Jahre mit dem Begriff der „Restauration"[14] richtig

11 S. das Generationenkonzept von Mannheim 1928 sowie die Ausführungen dazu bei Ulrich Herrmann, wonach die Generationen nach den „Schlüsselerfahrungen" bzw. „-ereignissen" im 16. Lebensjahr unterschieden werden (Herrmann 1993b, v. a. 100f.). Nach Herrmann gehörten die Jugendlichen der Geburtsjahre 1928 bis 1933 zur Kriegsgeneration (Jahrgänge 1918 und 1929) sowie zur ersten (Jahrgänge 1929-1931) und zweiten (1932 und 1933) Nachkriegsgeneration. Vgl. Schörken 1995, 13f. Die Gruppenleiter waren in manchen Gruppen, wie in der deutschen Jungenschaft kaum älter als die Jugendlichen, also etwa 18-25 Jahre alt, in anderen, wie etwa bei den Naturfreunden, oft schon über 30 oder 40 Jahre alt (s. Kap. III). S. zur Kritik am Generationenkonzept Carsten 2001; Rohlfels 1993.

12 S. zum Forschungsüberblick über die Stadtgeschichte Mindens und die drei hier ausgewählten Jugendgruppen die jeweiligen Kapitel. S. zum Begriff der Zeitgeschichte Hockerts 1993.

13 Z. B. versucht Graml in Abgrenzung zur „Restaurations-These", nachzuweisen, daß die Westdeutschen bereits in der frühen Nachkriegszeit sich vom Nationalsozialismus abwandten (Graml 1990). S. a. Conze/Metzler 1999; Schildt 1999; Sontheimer 1999; Schwarz 1990. Seltener ist in der Politikgeschichte eine eher skeptische Haltung (Morsey 1995, 25).

14 Seit etwa den 1960er Jahren wurde der These von der „Stunde Null" die der „Restauration" entgegengesetzt (vgl. Hockerts 1993, 15; Morsey 1995, 145-148). Insbesondere mit einem sozialhistorischen Zugriff seit den 1980er Jahren wurden Themen der Nachkriegszeit jenseits genuin politisch gesetzter Zäsuren und Institutionen ebenso diskutiert wie die Frage, ob das Jahr 1945 eine Epochengrenze markiert (s. die Forschungen aus dem Institut für Zeitgeschichte in München um Martin Broszat; v. a. Broszat/Henke/Woller 1988; Broszat 1990; s. a. Frese/Prinz 1996a). In der sozialhistorisch ausgerichteten Forschung, in der sich die These von der Modernisierung der deutschen Gesellschaft in den 1950er Jahren durchsetzte, wurde die Debatte über Wandel, Bruch oder Kontinuitäten zusammen mit der Frage nach Normalisierung und Verdrängung fortgesetzt (vgl. Frei 1998). Außerdem werden trotz der Infragestellung der Übertragbarkeit politikgeschichtlicher Epochengrenzen auf die Sozialgeschichte sozialhistorische Ansätze selten mit politikhistorischen methodisch verzahnt

charakterisiert sind.[15] Neuere Arbeiten versuchen, dieses Für und Wieder zu überwinden. Sie gehen von einem dynamischen Wechselverhältnis zwischen ‚Neuem' und ‚Altem' aus. Moeller fragt z. B., „*how* West Germans confronted – or failed to confront – ... problems in the early history of the Federal Republic ...".[16] Mit der ‚kulturalistischen Wende' in der Zeitgeschichte rückten gleichzeitig verstärkt geschlechterhistorische Fragestellungen in den Vordergrund. Die zeitgenössischen Diskurse über ‚Jugend'[17], Geschlechterverhältnisse[18] und die ‚Krise der Männlichkeit'[19] sind aus einer kulturgeschichtlichen Perspektive[20] charakteristisch für die Nachkriegszeit. Die (Wieder)Herstellung einer patriarchalischen Ordnung gilt daher als basal für die Konstituierung einer westlich orientierten deutschen Gesellschaft.[21] Die meisten dieser kulturhistorischen Studien argumentieren dabei auf der Grundlage einer Analyse von – gesellschaftlich etablierten – Diskursen etwa im Film, in politischen Re-

(vgl. Benz 1989b, 9; ders. 1991; Broszat/Henke/Woller 1988a, XXIX, zur „Interdependenz gesellschaftlicher und politischer Umschichtung"; s. a. die Kritik von Doering-Manteuffel 1997; Frese/Prinz 1996b, 3f.; Schildt 1993b, bes. 627). S. a. zur ‚Sozialgeschichte der Bundesrepublik Deutschland' Themenheft des AfS, 35 (1995); Benz 1989a; Broszat/Henke/Woller 1988a; Broszat 1990; Frese/Prinz 1996a; Kleßmann 1991; Schildt/Sywottek 1993.

15 Vgl. zu diesem Sachverhalt Alheit/Haack/Hofschen/Meyer-Braun 1999; Poiger 1999; Frese/Prinz 1996b, 1; Schildt/Sywottek 1997. S. zum allgemeinen Forschungsüberblick Doering-Manteuffel 1993a; ders. 1993b; Kaelble 1998, 123f.; Morsey 1995, 25; Schildt 1999, 191ff. S. ferner Bauerkämper/Sabrow/Stöver 1998; Kleßmann 1988; ders. 1991; Lademacher/Bosmans 1991.

16 Moeller 1997a, 1f. [Hervorh. durch BJ.]; vgl. Herbert 2002b; Holtmann 1989, 19f; Naumann 2001. S. a. Hillmann/Zimmermann 2002.

17 S. a. Kap. II. 1. 2. 4. Vgl. Reulecke 1987.

18 S. z. B. Moeller 1997d; Schissler 2001e.

19 S. Fehrenbach 1998, 108f., 126; vgl. Goltermann 2000a; Hagemann 2002b; Moeller 1998b, 102. Unter ‚Krise' der Männlichkeit verstehe ich mit Connell die Infragestellung hegemonialer Männlichkeit. Er begreift dabei ‚Krise' nicht als Gegensatz zu einem kohärenten System, sondern als Folge von „Erschütterung oder Transformation" der Geschlechterverhältnisse. Nach Connell sind die modernen Geschlechterverhältnisse ‚krisenanfällig', weil sie auch auf dem Erhalt oder der Eroberung von Machtverhältnissen beruhen, die immer wieder in Frage gestellt werden (z. B. durch die Frauenbewegung) oder, wie im Falle der Nachkriegsjugend, durch die Niederlage deutscher Männer im Zweiten Weltkrieg (Connell 1999, 15f.). Ähnlich Schnurbein 2001, 7-16: Ihrer Meinung nach ist das, „was sich um die Jahrhundertwende als ‚männliche Identität' diskursiv formiert, ... von Anfang an ‚krisenhaft'", da seit der vorletzten Jahrhundertwende mit der Geschlechterfrage Zivilisationskritik sowie „alle anderen Krisen und Veränderungen" verbunden werden.

20 S. Conrad/Kessel 1998; Daniel 1993; dies. 1997.

21 Wie sehr die staatliche, politische und gesellschaftliche Neuordnung nach 1945 geschlechterhistorische Dimensionen aufweist, zeigt z. B. die zeitliche Parallele der Rückholaktion Konrad Adenauers 1955 von deutschen Soldaten aus der sowjetischen Gefangenschaft zu der im selben Jahr erreichten vollen Souveränität des westdeutschen Staates: Westdeutschland sollte ein „new-style *Vaterland*" werden und zwar aufgrund der krisenhaften Nachkriegserfahrungen (Fehrenbach 1998). – Sorgen um „die Jugend" und „die Moral" wurden nicht zuletzt angesichts zahlreicher alleinstehender Frauen und vaterloser Familien laut (Peukert/Münchmeier 1990, 31-42).

den und Schriften.[22] Seltener sind dagegen Untersuchungen über das Alltagshandeln der Menschen in der Nachkriegszeit.[23]

Dies gilt größtenteils auch für die historische Jugendforschung. Diese konzentrierte sich bis etwa in die 1990er Jahre auf die Organisationsgeschichte von Jugendverbänden und die Jugendbewegung bis 1933. In den 1980er und 1990er Jahren entstanden zunehmend Arbeiten über Jugendliche nach dem Zweiten Weltkrieg, wobei es auch hier vorrangig um offiziell anerkannte Jugendgruppen und -organisationen geht.[24] Daneben untersuchten Forscher verschiedener Disziplinen, häufig angeregt durch die britischen Forschungen aus dem Umfeld des *Centre for Contemporary Cultural Studies (CCCS)*, verstärkt nicht-organisierte Jugendliche, Straßencliquen und Freizeitverhalten junger Menschen außerhalb von Organisationen.[25] Bis heute fehlt eine zusammenfassende, verschiedene Gruppen umfassende Darstellung jugendlicher Lebenswelten in der Nachkriegszeit.[26]

Insgesamt konzentriert sich ein großer Teil der Forschung über Jugendliche unmittelbar nach dem NS-Regime, ähnlich wie die zeitgenössische Jugendforschung der 1950er Jahre, auf die Frage nach dem ‚Politisierungsgrad' junger Menschen. Häufig bildet die zeitgenössische Studie von Helmut Schelsky „Die skeptische Generation" von 1957[27] nach wie vor einen „Fluchtpunkt"

22 Vgl. Moeller 1997a; Schissler 2001e; s. Signs, 24 (1998), H. 1.

23 S. a. Faulstich 2002a; Herbert 2002a.

24 S. zur Historiographie zu Jugendorganisationen und -gruppen nach dem Zweiten Weltkrieg im einzelnen die Einleitungen zu Kap. III u. III. 1-3. Vgl. zum Forschungsstand zur Jugendgeschichte der Nachkriegszeit Boll 1997; vgl. Faltermaier 1983b, 19; Hübner-Funk 1998b; Kersting 1993, 92f.; Klönne 1986, v. a. 90; Köster 1996; Tenorth 1994/95; Zinnecker 1987, 11. Vgl. den geringen Anteil von Beiträgen über die Zeit nach dem Zweiten Weltkrieg in Überblicksdarstellungen und Sammelbänden der historischen Jugendforschung: Baacke/Lienker/Schmölders/Volkmer 1991; Breyvogel/Krüger/Thole 1987; Dietz/Lange/Wahle 1996; Dowe 1986a; Levi/Schmitt 19976; Roseman 1995a; Speitkamp 1998. Daß der Schwerpunkt in dieser Forschung auf der Geschichte Jugendbewegung und -organisationen liegt, ist u. a. auf die persönlichen Erfahrungen zahlreicher Jugendforscher ebendort zurückzuführen (vgl. Mauger 1993, 45: „Die Geschichte der Jugendlichen wird zu der der beruflich mit ihr Befaßten."). Von Zeitzeuginnen und Zeitzeugen mit einer – meist bürgerlichen – jugendbewegten Vergangenheit wird sogar vielfach behauptet, nur diejenigen könnten über die Geschichte der Jugendbewegung schreiben, die selbst darin aktiv waren (vgl. Stachura 1981).

25 S. zum CCCS Lindner 1979; vgl. Baacke 1987; Breyvogel/Krüger/Thole 1987; Büchner 1995; Kenkmann 1996b; Maase 1992; Mitterauer 1986, 162-246, hier 211; Moser 2000; Schildt 1993a, 389-395; ders. 1993c; Schütze/Geulen 1995.

26 Beispielsweise untersucht Hendrick die Wechselwirkungen zwischen Diskursen über Jugend, Jugendsozialarbeit und Jugendkultur in England 1880-1920, wobei Jugendbewegung eine Schnittstelle bildet (Hendrick 1990).

27 Es war nicht nur Schelsky, der diese Thesen vertrat. Zeitgenössische Jugenddiskurse waren geprägt von der dringlich erscheinenden Frage nach dem Demokratisierungs- und Politisierungsgrad der Jugendlichen. Bereits in der ersten Allensbach Studie der Jahre 1947/48 fragten die empirischen Forscher nach dem „Interesse an Politik" bei Jugendlichen. Wie viele Studien ergab diese das Bild einer ‚unpolitischen Jugend', was zum einen Kritik an den Jugendlichen und zum anderen Befürchtungen hinsichtlich der aufzubauenden Demokratie

vieler jugendhistorischer Studien, wie Friedhelm Boll kritisiert. Er wendet sich dabei besonders gegen die in der Forschung weit reichend rezipierte These Schelskys von der unpolitischen Nachkriegsjugend.[28] In Arbeiten, in denen das Bild von den unpolitischen und von der Politik distanzierten Jugendlichen noch virulent ist[29], erscheint – meist implizit – entweder „1968“ als ‚Politisierungshöhepunkt‘ in der Geschichte der Bundesrepublik[30] oder – an Schelsky orientiert[31] – die Jugendbewegung in der Weimarer Republik[32] als Folie der Beurteilung. Jugendliches Handeln und Denken wird dabei an einem klassischen, engen, an politische Institutionen orientierten Politikbegriff gemessen und Jugendliche somit als unpolitisch bezeichnet. Neuere Arbeiten operieren dagegen mit einem breiten, häufig an den Konzepten der „politischen Kultur“ angelehnten Politikbegriff.[33] Aber auch hier bewegt sich das Erkenntnisinteresse der Nachkriegshistoriographie über Jugendliche fast aus-

nach sich zog. Auch in der Jugendstudie über „Lebensverhältnisse und Reaktionsweisen“ von Jugendlichen aus dem Jahre 1952 von Gerhard Baumert werden die Jugendlichen – wenn auch differenzierter – dazu aufgefordert, „Politik“ zu machen. Vgl. Kluth 1952; Roessler 1957; s. a. Wagner 1995, 59-70. Vgl dazu, daß Jugendstudien selbst als Quellen der Zeitgeschichte zu betrachten sind, Janssen 2002. S. ferner Kap. II. 1. 2. 4.

28 S. Boll 1997, 482-520, hier 494; vgl. Kersting 2002; Krüger 1985b, 8f. Diese These wird sogar in aktuellen Publikationen unkritisch der Darstellung unterlegt, wie z. B. bei Speitkamp 1998, 250-281, bes. 261-271. Typischerweise wird bei der Besprechung von jugendlichen Lebenswelten das Hauptaugenmerk auf die „Halbstarkenkrawalle“ gelegt. Auch Faulstich spricht noch recht plakativ von „den angepaßten, strukturell integrierten Jugendlichen in der ersten Hälfte der fünfziger Jahre ... und der ‚neuen‘ Jugend“ ab 1953 (Faulstich 2002b, 281).

29 S. z. B. Faltermaiers Ausführungen zu seinen Thesen der „bindungslosen“ Jugend, deren „Gemeinschaftsbedürfnis“ nicht besonders groß gewesen sei (Faltermaier 1983b, 12f., 21). S. a. Münchmeier 1991a, 89. Vgl. allg. Moeller 1997a, 3: „Much of this scholarship [Politik- und Sozialgeschichte; BJ] was based on the premise that politics were of little interest to most Germans in the immediate postwar period.“

30 S. z. B. Albertin 1992; Braun 1982; Wasmund 1986; vgl. Köster 1996, 546.

31 Schelsky 1957, viertes Kapitel.

32 S. z. B. Laqueur 1978, 236-261, bes. 241.

33 Nach Boll „sollte man die mit der Besatzungszeit einsetzenden Prozesse nicht als Entpolitisierung, sondern als sukzessive Politisierung“ interpretieren. Er plädiert daher für eine erfahrungshistorische Herangehensweise und eine Differenzierung verschiedener jugendlicher Lebens- und Handlungsweisen, um der bloßen Gegenüberstellung von „Politisierung – Entpolitisierung“ zu entgehen und Zwischentöne hörbar zu machen. Er argumentiert dabei u. a. mit den Begriffen ‚Zwiespaltserfahrung‘ und ‚vorpolitisches Handeln‘. Boll plädiert hier für einen breiten Demokratiebegriff (Boll 1997, bes. 494f.; vgl. ders. 1995a; bes. 24-28). Vgl. Meixner-Wülker 1988. Auch neuere Studien über die Zeitgeschichte operieren damit. Beispielsweise richten Holtmann und Moeller ihren Blick auf Schnittstellen von angeblich eindeutig politischen Sphären und angeblich eindeutig kulturellen Bereichen: „Moving beyond a historiography long dominated by accounts of high politics and international relations, the articles [in diesem Sammelband; BJ] focus in particular on the points of intersection between of the ‚politics of daily life‘ (Alltagspolitik) and the politics of the nation-state, and the fluid boundaries between political, economic, social, and cultural history“ (Moeller 1997a, 2; Moeller 1997d; Holtmann 1989).

schließlich im Rahmen von Politik im engeren Sinne.[34] Dabei bleiben oft viele andere Formen der Aneignung, Orientierung, gesellschaftlicher Verortung und Gestaltung, die allgemein nicht als politisch begriffen werden, ausgeblendet.[35] Hinzu kommt, daß in vielen dieser Studien, ähnlich wie in der Zeitgeschichtsschreibung, das Hauptaugenmerk auf der Feststellung von Kontinuität und/oder Wandel liegt. Wenn man sich *vornehmlich* für Wandel versus Kontinuität, einem ‚Vorher' oder ‚Nachher' interessiert[36], geraten jedoch die Deutungsmuster und Mentalitäten leicht aus dem Blick, die nicht in dieses Muster passen. Überdies werden die Dynamiken übersehen, die sich aus dem Nebeneinander von ‚Neuem' und ‚Altem' ergeben.

Will man erforschen, wie 14- bis 18jährige Jungen ihr Zusammenleben in der besonderen Situation der Nachkriegszeit innerhalb von Jugendgruppen gestalteten, sich gesellschaftlich und politisch orientierten und Männlichkeit konstruierten, erweisen sich alltags-, erfahrungs- und mentalitätshistorische Studien über die Nachkriegszeit als wichtige Bezüge.[37] In diesen werden in erster Linie subjektive Wahrnehmungen, Deutungen, „Erfahrungen" und Alltagspraktiken in ihrer Wechselbeziehung zu sozialen und politischen Struktu-

34 Dies gilt z. B. für die im folgenden genannten Arbeiten, denen z. T. unterschiedliche Methoden und theoretische Annahmen zugrunde liegen: Albertin 1992; ders. 1998; Boll 1995a; ders. 1997, 484; Plato 1995; Schörken 1984; ders. 1995, 7; Wagner 1995; Wannöffel 1985; Wasmund, 1986. Vgl. zur politischen Sozialisation allgemein Hübner-Funk 1998c. Z. B. fordert Hübner-Funk einen breiten Politikbegriff, um die politische Sozialisation durch den NS-Staat und die Generationskonflikte der BRD im Hinblick auf die NS-Vergangenheit umfassend, d. h. nicht auf den engen Bereich klassischer Politik beschränkt, zu diskutieren (Hübner-Funk 1990a; dies. 1995). Der Fokus auf Politik ist mit der überwiegend politikhistorisch ausgerichteten Zeitgeschichte zu erklären (s. o.).

35 Ein Gegenbeispiel ist die Arbeit von Kenkmann. Sie erweist sich letztlich als am konsequentesten, da darin die Deutungsmuster der Jugendlichen explizit zum Thema gemacht werden, und zwar jenseits einer Bewertung als politisch oder unpolitisch. Kenkmann stellt zwar einen impliziten Zusammenhang des abweichenden Jugendverhaltens zu Politik her. Allerdings verfolgt er die Frage nach Politikbegriffen nicht weiter (wie eingangs angesprochen), da er nach Verhaltensdispositionen der ‚wilden Cliquen' fragt (Kenkmann 1996b). S. a. die o. g. Arbeiten, die sich mit Jugendlichen außerhalb von Jugendorganisationen befassen.

36 S. z. B. Hübner-Funk 1995, bes. 54f.; Kersting 1993, 91-94. Dies gilt für die meisten Arbeiten, die i. w. S. politikhistorisch vorgehen (vgl. Tenorth 1994/95, 17). Vgl. die Kritik von Hübner-Funk an den meisten jugendhistorischen Studien darüber, daß sie sich entweder mit dem „Davor" oder dem „Danach" des Mai 1945 beschäftigen, jedoch nicht mit dem Zeitpunkt der Kapitulation bzw. Befreiung selbst. Ihr zufolge entsteht so ein „blinder Fleck". „Angesichts des Umstandes, daß die Betroffenen jedoch den 1945er Umbruch nicht nur zu über- und durchleben, sondern in ihre eigene Biografie sinnvoll zu integrieren hatten, greift diese Art von systemspezifischen Analysen zu kurz" (Hübner-Funk 1998b, 9). Vgl. dies. 1993.

37 S. für die Alltags- und Kulturgeschichte der Nachkriegszeit bes. das LUSIR-Projekt von Niethammer und von Plato (Niethammer/Plato 1983/85). S. a. Moeller 1997d; Plato 1993; ders./Leh 1997; Schissler 2001e; vgl. Dressel 1996, 256-263; Niethammer 1983b, 11f.; Reulecke 1987, 7-9; Schissler 2001b, 3.

ren untersucht. Eine solche Betrachtungsweise ermöglicht es, Themen wie Popularkultur, Geschlechterverhältnisse, Konsum oder Erinnerungspolitik zu diskutieren und Personengruppen wie Frauen, überlebende Juden, rückkehrende Soldaten oder Jugendliche in den Blick zu nehmen.[38] Außerdem können gängige Vorstellungen wie von einem die gesamte Gesellschaft umfassenden ‚Wirtschaftswunder'[39], von den 1950er Jahren als protestarme Zeit[40] oder von harmonischen Geschlechterverhältnissen[41] hinterfragt werden. Quellengrundlage dieser Studien sind neben den für die oben genannten Diskursanalysen relevanten Materialien Interviews mit Zeitzeugen und Zeitzeuginnen[42], deren Autobiographien sowie lebensgeschichtliche Erzählungen und Essays[43]. Zur Untersuchung von Wechselbeziehungen zwischen Alltagspraktiken, politischen und sozialen Strukturen wird häufig auch lokal- und regionalhistorisch vorgegangen.[44]

Insbesondere die Frauen- und Geschlechterforschung förderte diesen neuen ‚Trend' in der Geschichtsschreibung über die späten 1940er und der 1950er Jahre.[45] Allerdings verharrte die Zeitgeschichte bis vor wenigen Jahren bemerkenswert beständig in einem frauen- im Gegensatz zu einem geschlechterhistorischen Ansatz sowie in einer Debatte über Emanzipation versus Restaura-

38 S. Schissler 2001b, 3f. Sozialhistorische Studien der 1980er Jahre rückten bereits Themen jenseits genuin politisch gesetzter Zäsuren und Institutionen ins Blickfeld, die bei einer rein politikhistorischen Betrachtungsweise der Historiographie entzogen bleiben, z. B. soziale Formationen, Strukturen und Milieus und damit verschiedene soziale Gruppen im Rahmen von Strukturgeschichten, so auch Jugendliche (AfS, 35 [1995] [Themenheft]; Benz 1989a; Broszat 1990; Broszat/Henke/Woller 1988b; Frese/Prinz 1996a; Kleßmann 1991; Schildt/Sywottek 1993).

39 Vgl. z. B. Meyer/Schulze 1985a; Wildt 1996.

40 S. z. B. Kraushaar 1996; Raschke 1988, 64-67. Schissler verdeutlicht diesen Aspekt mit kritischem Blick auf den ‚Mythos 1968' (Schissler 2001a).

41 S. die Diskussion über Geschlechterverhältnisse bes. im folgenden Abschnitt und in Kap. II. 2. 2. 1.

42 S. bes. Niethammer/Plato, 3 Bde., 1983/85; vgl. Neumann 1999.

43 S. z. B. Filmer/Heribert 1985; Klemperer 1999; Wuermeling 1981.

44 Auch die Sozialgeschichte in den 1980er Jahren wandte sich zunehmend Lokal- und Regionalstudien zu. S. z. B. Frese/Prinz 1996a; Holtmann 1989; Woller 1986. Vgl. zur Programmatik des Instituts für Zeitgeschichte bzgl. exemplarischer Lokalstudien Broszat/Henke/Woller, 1988a, Einleitung, XXIX. Vgl. zu dem Gewinn durch exemplarische Lokal- bzw. Regionalstudien Schmiechen-Ackermann 1997, 116: „Sicherlich ist es kein Zufall, daß auch dieser weitere Baustein [der Band von Cornelia Rauh-Kühne und Michael Ruck [Hg.], Regionale Eliten zwischen Diktatur. Baden und Württemberg 1930-1952, München 1993; BJ] für eine noch zu schreibende Gesellschaftsgeschichte der NS-Zeit aus regionalgeschichtlicher Perspektive entstanden ist."

45 Vgl. allg. Daniel 1997, Teil 1, 217f. Seit etwa den 1980er Jahren entstanden zunehmend Arbeiten über die Geschichte von Frauen in der Nachkriegszeit, deren Ergebnisse auch in Sammelbänden präsentiert werden (Benz 1989a; Broszat/Henke/Woller 1988a, XLIII f.; Moeller 1997a, 9, 27; Niethammer 1983a; Schildt/Sywottek 1993; Sywottek 1990).

tion.[46] Erst in den letzten Jahren entstanden Sammelbände und Einzelstudien mit einer geschlechterhistorischen Perspektive auf die Nachkriegsgesellschaft sowie speziell zu Männlichkeit nach dem Zweiten Weltkrieg.[47] Die Mehrheit dieser Veröffentlichungen zur Nachkriegszeit verfolgt einen diskursanalytischen Ansatz, bei dem alltägliche Praktiken eher im Hintergrund bleiben. Hegemoniale Diskurse stehen dagegen im Vordergrund.[48]

Viele dieser kulturhistorischen Studien beeinflußten die historische Jugendforschung. Beispielsweise ist hier die Methode der Oral History weitverbreitet.[49] Diese ermöglicht zwar theoretisch eine erhebliche Differenzierung des Bildes von jugendlichen Lebensweisen, Mentalitäten und Deutungsmustern.[50] Aber in der Forschungspraxis überdecken auch hier häufig Fragestellungen nach Wandel oder Kontinuität, z. B. anhand der Analyse von „Schlüsselerlebnissen"[51], die Untersuchung von Handlungen, Alltagspraktiken und -interaktionsformen und deren Bedeutung für die Akteurinnen und Akteure.[52] Der in der Sozial- und Alltagsgeschichte zunehmend gewählte regional- und lokalhistorische Zugriff und die Unterscheidung sozio-kultureller Milieus findet in der historischen Jugendforschung nur wenig Anklang. Meist wird eine überregionale Perspektive gewählt, so daß konkrete Lebensumstände und politische Kontexte für einzelne Gruppen und ihre Mitglieder nicht deutlich werden. Es

46 V. a. sozialhistorisch ausgerichtete Arbeiten diskutieren, ob es nach Ende des Weltkriegs einen emanzipatorischen Rückschritt für Frauen nach dem Motto ‚Zurück an den Herd' gab oder ob mittelfristig ein Fortschritt im Rahmen einer allgemein wahrgenommenen Modernisierung stattfand. Beispielsweise führte nach Willenbacher die notgedrungene Selbständigkeit und Allzuständigkeit von Frauen und die zerstörte Autorität von Vätern zu einer ‚Modernisierung' von Familienverhältnissen i. S. einer Gleichberechtigung von Frauen und Männern in der Gesellschaft (Willenbacher 1988). Dies bestreiten Frevert 1990 u. Sieder 1987, 240-242. Diese Diskussionen schließen damit an die allgemeinen zeithistorischen Debatten über die Bewertung der Nachkriegszeit für Westdeutschland an (s. o.; vgl. Möding 1988; Sachse 1996). S. zu dieser Kritik Frevert 1990. Eher geschlechterhistorisch argumentieren z. B. Oertzen/Rietzschel 1997; Summerfield 1998.

47 S. v. a. Hagemann/Schüler-Springorum 2002; Meyer-Lenz 2000; Moeller 1997d; Schissler 2001e.

48 S. Fehrenbach 1998; Jeffords 1998; Moeller 1998a; Poiger 1998; Schissler 2001e; vgl. Poiger 1999, 49-52.

49 Vgl. Tenorth 1994/5, 13-15. Die meisten Studien über die zeithistorische Jugendforschung basieren wenigstens z. T. auf Zeitzeugeninterviews: S. Boll 1995a; Büchner 1995; Fischer/Fuchs/Zinnecker 1985; Gröschel/Schmidt 1990; Kenkmann 1996b; Krüger 1985a; Petzold 1998; Plato 1995; Rosenthal 1987; Schörken 1995; Schütze/Geulen, 1995, 29-42; Wagner 1995; Zinnecker 1987. S. a. die Tagungen des Arbeitskreises „Historische Jugendforschung" und die daraus entstandenen Bände in der Reihe „Materialien zur Historischen Jugendforschung" des Juventa-Verlags. Hier ergänzen Essays und Analysen Berichte von Zeitzeuginnen und Zeitzeugen und umgekehrt (Herrmann 1993a; Kersting 1998; Reulecke 1997a).

50 Vgl. Boll 1997, 483f., 511-520; Reulecke 1991a; s. a. ders. 1993b.

51 Schörken 1995, 55-142.

52 Eine Ausnahme ist Kenkmann 1996b.

fehlen daher weitreichende Studien über Interaktionsformen und Erfahrungen von Jugendlichen in lokalen Räumen, über Wechselbeziehungen zwischen Alltagspraktiken junger Menschen und Strukturen sowie Vergleiche Jugendlicher verschiedener Milieus.[53]

Die Forderung, Erfahrungen und Lebensbedingungen Jugendlicher außerdem deutlicher nach Geschlecht zu differenzieren sowie verstärkt über Mädchen zu forschen[54], wurde nur selten konsequent eingelöst.[55] Das Gros der jugendhistorischen Geschichtsschreibung behandelt die Geschichte der Jugendbewegung nach wie vor als allgemeine Jugendgeschichte, obwohl es sich dabei überwiegend um Jungen handelt.[56] Dies ist auch damit zu erklären, daß bisher kaum Konzepte zu einer Geschlechtergeschichte Jugendlicher erarbeitet und operationalisierbar gemacht wurden.[57] So bleiben die in den letzten beiden Dekaden entstandenen Arbeiten über Mädchen[58], auch für die Zeit nach dem Zweiten Weltkrieg[59], in der historischen Jugendforschung weitgehend

53 Vgl. Dowe 1986b, XI; Köster 1996. Folgende Arbeiten beziehen zwar den sozialen Kontext in die Untersuchung ein, dennoch schenken sie der Organisationsgeschichte größere Beachtung als den Motiven der Jugendlichen: Albertin 1992; Boll 1995a; Wagner 1995; s. a. Dietz/Lange/Wahle 1996; Mitterauer 1986; Tenorth 1994/5, 18. S. folgende Beispiele, in denen Kinder und Jugendliche verschiedener Milieus und sozialer Herkunft untersucht und einander gegenübergestellt werden: Becker/Eigenbrodt/May 1984; Reese 1989; Schlumbohm 1983; Wannöffel 1985, 20-42. – Vgl. zur mangelnden Kontextualisierung jugendlicher Lebenswelten Faltermaier 1983b, bes. 21-24. (Dies gilt übrigens auch für das Verhältnis zwischen Jugendpflege, -fürsorge und -sozialarbeit [vgl. ebd., 13]). Eine Folge davon ist, daß Jugendbewegung *per se* als Protestbewegung betrachtet wird, ohne konkrete Wechselverhältnisse der Jugendlichen mit Politik zu untersuchen.

54 Vgl. Benninghaus 1990; Bilden/Diezinger 1988; für die Sozialisationsforschung Bilden 1980.

55 S. z. B. Levi/Schmitt 1996a, 17; Speitkamp 1998, 8 und dessen Kapitel über die zweite Nachkriegszeit (S. 250-291). Vgl. zu meiner Kritik Benninghaus 1999a; Boll 1997; Köster 1996.

56 Dies gilt auch für solche Publikationen, in denen explizit darauf hingewiesen wird, daß Mädchen als historische Subjekte aufgrund der schlechten Quellenlage außen vor bleiben müßten. S. z. B. Dowe 1986b, XII: „Dieses Generationenkonzept [welches er vorher erläutert; BJ] basiert – wie alle Papiere des vorliegenden Bandes – auf der Berücksichtigung allein *männlicher* Jugendlicher, da die historische Forschung über junge Frauen und Mädchen noch kaum entwickelt ist." S. a. Mitterauer 1986, 8: „Zentral erscheint es mir, geschlechtsspezifische Bedingungen von Jugendlichen in früheren Zeiten nachzugehen. Für eine solche Analyse fehlen aber weitgehend die Voraussetzungen. Geschichte der Jugend wurde bisher zumeist als Geschichte der männlichen Jugend geschrieben." Häufig fehlt auch dann eine geschlechterhistorische Analyse, wenn geschlechtsspezifische Erfahrungen von Jungen thematisiert werden (s. z. B. Schubert-Weller 1998).

57 Deshalb bekommt einer erstmals in Deutschland stattgefundenen Tagung zur Mädchen- und Geschlechtergeschichte der Jugend 1996 ein besonderer Verdienst zu (Benninghaus/Kohtz 1999). Vgl. Kersting, Ch. 1993.

58 S. z. B. Andresen 1997; Klönne, I. 1990; de Ras 1988; Musial 1982.

59 Vgl. z. B. Albertin 1992; ders. 1998, Kap. III: Demokratisierung der Jugend; Boll 1995a; Krüger 1985a; Reese 1991; Roberts 1994.

marginal.[60] Ob die neueren geschlechterhistorischen Untersuchungen über Verhaltens- und die Wahrnehmungsweisen von Jungen (auch nach dem Zweiten Weltkrieg[61]) daran etwas ändern, bleibt abzuwarten.[62] Jedenfalls stellt Kaspar Maase in seiner Studie über populäre Männlichkeitsmodelle, die sich männliche Jugendliche in der Nachkriegszeit offenbar zu eigen machten, eine „Abwendung vom Zackigen und die Hinwendung zum Ideal des lässigen Jungen" fest. Dabei räumt er ein, daß eine Untersuchung der „alltäglichen Vergeschlechtlichungspraxis" hinsichtlich konstruierter Männlichkeit nach dem Zweiten Weltkrieg noch aussteht.[63] Dies gilt ebenso für die Untersuchung von Alltagspraktiken Jugendlicher im Wechselverhältnis mit lokalen, sozialen und politischen Strukturen in den ersten Jahren nach Ende des NS-Regimes, differenziert nach sozialen Kontexten und geschlechtsspezifischen Erfahrungen.

> „How do we as active subjects make a world of social objects which then, as it were, become subjects making us their objects?"[64]

In der vorliegenden Arbeit soll in Abgrenzung zu politik- und sozialgeschichtlichen Ansätzen in der Zeitgeschichte der Blick auf Überlagerungen von ‚Normalität' und ‚Chaos', auf die „Vielfalt der Möglichkeiten ... in einer historischen Situation"[65] und soziale Praktiken gerichtet werden. Es wird untersucht, wie Jugendliche in der besonderen Situation des ersten Nachkriegsjahrzehnts „ihr Handeln mit (individuellem wie kollektivem) Sinn" versahen[66], auf Traditionen rekurrierten[67], sich in der Gesellschaft verorteten, zugleich diese imaginierten[68] und gestalteten[69]. Zu diesem Zweck wird ein Begriff von sozialer Praxis und Erfahrung benötigt, der die Analyse von Wechselbeziehungen ermöglicht. Deshalb orientiere ich mich v. a. an den Methoden der historischen Anthropologie und der Mikrogeschichte. Diejenigen Vertreter der historischen Anthropologie[70], in Deutschland z. T. auch der

60 S. z. B. die Reihe Materialien zur Historischen Jugendforschung, hg. v. Ulrich Herrmann.
61 S. Maase 1992; ders. 1999; s. a. Kenkmann 1996b.
62 S. z. B. die Arbeiten von Davies; Hendrick 1990; Peukert 1987; Stannek 1997. S. ferner die Arbeiten von Reulecke.
63 Maase 1999, hier 81 u. 98.
64 Abrams 1980, 7.
65 Lüdtke 1993, 12.
66 Brunn/Reulecke 1996, 9f.; vgl. Moeller 1997a, 21; Reulecke 1987, 7.
67 Vgl. Hobsbawm/Ranger 1984.
68 Vgl. Anderson 1991; Olick 1998, 378f.
69 I. S. von *the Making of Society* (vgl. Thompson 1966).
70 Zu der etwas unglücklichen Übersetzung der aus dem Amerikanischen stammenden Forschungsrichtung „anthropological history" s. Habermas/Minkmar 1992b, 8. Vgl. allgemein zur historischen Anthropologie Burguière 1990; Dressel 1996; Wunder 1990. S. a. das Schwerpunktheft Historical Social Research/Historische Sozialforschung. An International Journal for the Application of Formal Methods to History, 25 (2000), H. 2.

Alltagsgeschichte[71], die sich vornehmlich auf Clifford Geertz beziehen, arbeiten mit einem umfassenden Kulturbegriff.[72] Kultur ist demnach

„das, was Individuen und soziale Gruppen prägt, was aber andererseits durch die individuelle und kollektive Praxis aller gestaltet wird. Kultur ist letztlich all das, was der Mensch aufgrund seiner spezifischen Fähigkeiten hervorbringt – alle Deutungen und alle Handlungen."[73]

Wesentliches Credo in dieser Forschungsrichtung ist die Betonung von Wechselbeziehungen. Die historische Anthropologie geht also – anders als die klassische Politikgeschichte und anders als die Sozialgeschichte von Strukturen – davon aus, daß alle Menschen Akteurinnen und Akteure sind, die auch Strukturen gestalten.[74] Drei für die vorliegende Arbeit wesentliche Annahmen gehen daraus hervor:

Erstens: Die Analyse von Deutungszusammenhängen, Sinnkonstruktionen und Bedeutungen – die immer eine Annäherung bleiben muß[75] – erfordert das minutiöse Nachzeichnen[76] von Praktiken und Interaktionen[77], erscheinen sie noch so banal und alltäglich[78]. Bei der vorliegenden Untersuchung von Jugendgruppen geht es daher darum, die Aktivitäten der Jungen zu erforschen und möglichst ‚dicht' zu ‚beschreiben'[79], um Handlungssche-

71 S. z. B. Lüdtke 1998.

72 Vgl. allg. Daniel 1993; dies. 1997; Dressel 1996, 166-175; Habermas/Minkmar1992b.

73 Dressel 1996, 167f. Dieser Kulturbegriff bezieht sich im wesentlichen auf Geertz (Geertz 1992, 74f.; s. a. 70f.; ders. 1997, 9: „Die Auffassung von Kultur als einer Vielzahl von ‚Kontrollmechanismen' geht von der Voraussetzung aus, daß das menschliche Denken grundsätzlich sowohl sozial als auch öffentlich ist – daß sein angestammter Ort der Hof, der Marktplatz und der Stadtpark ist. Denken besteht nicht aus ‚Ereignissen im Kopf' [obschon Ereignisse dort und anderswo eine notwendige Voraussetzung dafür sind], sondern aus dem Verkehr ‚signifikanter Symbole', ... [d. h. aus allem], was aus seiner bloßen Faktizität herausgelöst und dazu verwendet wird, unserer Erfahrung Sinn zu geben."). Vgl. Daniel 1997, Teil 1, 200-205.

74 Entsprechend werden „gesellschaftliche Prozesse als Wechselspiel zwischen Strukturen einerseits und Wahrnehmungen, Interpretationen und Handlungen andererseits" verstanden und analysiert (Habermas/Minkmar 1992b, 9f.). Vgl. Medick 1994, 96; Lüdtke 1993b, 23f. S. für die Jugendforschung Benninghaus 1999a, 7-9; Jensen 1996; Kelle/Breidenstein 1996.

75 S. Habermas/Minkmar 1992b, 14. Dies gilt bes. für die historische Analyse, die auf die Überlieferung von meist schriftlichen Quellen angewiesen ist und eine teilnehmende Beobachtung ausschließt.

76 Vgl. Habermas 2000, 12f.; Habermas/Minkmar 1992b, 13-15, die sich bes. auf Geertz' „thick description" beziehen. S. Geertz 1997, 7-43. Vgl. die aus Italien stammende *microstoria*, welche für das Nachzeichnen sozialer Praktiken im lokalen, d. h. kleinen Räumen, plädiert (s. Medick 1994, 97-99).

77 Vgl. Lüdtke 1993a, 144: „... kein gesellschaftlicher Prozeß wird Teil alltäglicher Interaktion und (Re)Produktion, wenn er nicht in alltäglichen Bedeutungen erfahren wird ...".

78 In Deutschland entwickelte sich zunächst die Alltagsgeschichte, einerseits als addierte „Geschichte von unten" der Strukturgeschichte subsumiert, aber andererseits i. S. einer Kulturgeschichte (vgl. Lüdtke 1989).

79 S. Geertz 1997.

mata[80] und Sinnkonstruktionen zu erfassen. Dabei sollen nicht nur die besser dokumentierten und im nachhinein häufig erzählten ‚Highlights‘, wie etwa die Fahrten der deutschen Jungenschaft[81], sondern auch Alltägliches, wie Heimabende, der Analyse unterzogen werden.

Zweitens: Die Erforschung der drei Jugendgruppen konzentriert sich nicht auf die (weit leichter belegbaren) Normen und Ideale der jeweiligen Gruppen und ihrer Wortführer, sondern es wird versucht, die sozialen Praktiken möglichst präzise davon zu unterscheiden.[82] Denn es geht darum, die Logik dieser Praktiken, „die Erfahrungen anderer Leute im Kontext ihrer eigenen Ideen“[83] zu verstehen. Dazu ist es notwendig, die Praktiken innerhalb der spezifischen historischen Situation, also der „sozialen Logik“[84] zu betrachten.[85] Um sich einem Verständnis von der Logik der Aktivitäten, der Wechselbeziehungen und Deutungszusammenhänge der zu untersuchenden Nachkriegsjugendlichen zu nähern, ist auch das direkte Umfeld der Jungen zu erforschen. Dazu gehören u. a. die Beschreibung der Lokalitäten der Handlungen, Handlungsbedingungen, die materiellen Lebensgrundlagen, Erfahrungen der Jungen während der NS-Zeit, in ihren Familien und im näheren sozialen Umfeld und den damit verbundenen ‚Deutungsangeboten‘. Um das einzulösen, eignet sich ein mikro- und lokalhistorischer Zugriff.[86]

Drittens: Die Untersuchung ‚kleiner Räume‘ ermöglicht darüber hinaus, Wechselwirkungen zwischen Akteuren und Strukturen zu verdeutlichen, d. h. zu zeigen, wie männliche Jugendliche in Minden nach dem Zweiten Weltkrieg Männlichkeit und soziale Ordnung (mit)konstruierten. Mit dem in der histori-

80 Habermas/Minkmar 1992b, 13-15, verdeutlichen, daß es nicht genügt, eine Alltagsgeschichte in soziale Strukturen zu ‚pressen‘ oder Handlungen aneinander zu reihen, sondern daß es das Ziel ist, Strukturen, Erfahrungen und Handlungen plausibel miteinander in Verbindung zu setzen. S. a. Bourdieu 1987, Kapitel 3 u. 5.

81 S. die Forschungskritik zu den einzelnen Gruppen in Kap. III.

82 S. zu der notwendigen und häufig nicht eingelösten Unterscheidung von Normen und Idealen einerseits sowie den Praktiken andererseits Habermas 2000, 11, 14. Vgl. für die Jugendforschung Fehrlen/Schubert 1991, 71f.

83 Geertz 1997, 294.

84 Dieser Begriff stammt von Thompson (s. Habermas/Minkmar 1992b, 11).

85 Dies macht besonders Medick deutlich. Er fordert dazu auf, zur Kontexterstellung Interaktionen und unterschiedliche Perspektiven auf einen Gegenstand zu untersuchen sowie Vergleiche von Milieus anzustellen (Medick 1994, 94-109). Vgl. Geertz 1992, 81: „‚Andere Wiesen, andere Heuschrecken‘, sagen die Javaner". Nach Lüdtke gibt es keine Bedeutungen per se, d. h., Sinnstiftungen sowie Optionen sind im Kontext zu betrachten. Dies erfordere folglich geduldiges Analysieren einzelner historischer Situationen (Lüdtke 1993a, 33, verweist auf W. Rosenberg, in: Social Research, 49 [1982], 1013-1028). S. schärfer Daniel 1997, Teil 1, 200-204; s. a. Burguière 1990, 73: Die Historische Anthropologie „untersucht jede Entwicklung im Kontext ihrer sozialen Resonanz und der Verhaltensweisen, die sie hervorbringt oder verändert." Vgl. Veyne 1992.

86 S. v. a. Medick 1994, 96-98; Reulecke 1991b; Schneider 2000. Vgl. Neill/Todd 2002; Saldern/Bernhardt 2003.

schen Anthropologie u. a. Richtungen der kulturhistorischen Forschungen verwendeten Praxisbegriff sollen diese Interaktionen erfaßt werden. Demnach bedeutet Handeln auch das Gestalten von Gesellschaft und Politik im Wechselverhältnis zu Strukturen des spezifischen Kontextes.[87] Konzepte wie ‚agency', ‚Eigen-Sinn' und ‚Aneignung' sind Varianten dieses dynamischen und kreativen Verständnisses von sozialer Praxis in der historischen Kulturforschung.[88] Bei der Erforschung der sozialen Praktiken der Jugendlichen interessiert damit auch, inwiefern sich die Jungen Traditionen und Deutungsmuster Erwachsener (in ihrem Milieu) aneigneten.

Erforscht man eine einzelne Stadt, wie Minden in Westfalen, können das Lebensumfeld sowie die Interaktionsformen genau spezifiziert werden. In Minden findet man nach dem Zweiten Weltkrieg etwa das Spektrum an Jugendorganisationen vor wie in den meisten Städten Deutschlands.[89] Für die Mindener Gruppen existieren nicht nur zahlreiche Quellen, sondern auch die Größe der Stadt war ein Auswahlkriterium. Die Bevölkerung der Mittelstadt Minden ist, besser als in Kleinstädten oder in Dörfern, nach sozialen Lebensverhältnissen und politischer Orientierung differenzierbar. Die Praktiken Jugendlicher aus bürgerlichen Elternhäusern sind von denen aus Arbeiterfamilien ebenso zu unterscheiden wie die von Jungen aus einem sozialdemokratischen oder christlich-konservativen Umfeld. Um diese Differenzierungen vorzunehmen, verwende ich den Begriff des Milieus. Ein flexibler, den Wechselwirkungen Rechnung tragender und empirisch generierter Milieubegriff[90] erlaubt eine Gegenüberstellung verschiedener Jugendgruppen in unterschiedlichen sozialen Lebenszusammenhängen und die Einbeziehung verschiedener sozialer Sphären wie Familie, Politik, Vereine und Kirchen und deren (verborgene) Verbindungen untereinander[91], ohne den Fokus auf Politik zu lenken[92]. In Minden existierten nach dem Zweiten Weltkrieg im wesentlichen drei

87 S. u. a. Habermas 2000, 12; Habermas/Minkmar 1992b, 10f. Abrams 1980, 7, formuliert das Problem der sich der Soziologie annähernden oder sich ihr bedienenden Historiographie, menschliche Erfahrungen und Strukturen ‚kompatibel' zu machen, wie folgt: „It is the problem of finding a way of accounting for human experience which recognizes simultanously and in equal measure that history and society are made by constant, more or less purposeful, individual action and that individual action, however purposeful, is made by history and society." Vgl. Berdahl/Lüdtke/Medick/Sabean/Sider 1982, 14.

88 S. zu deren Verwendung in der historischen Jugendforschung Benninghaus 1999a, 7f.; zu ‚Eigen-Sinn' und ‚Aneignung' Lütdke 1998, 562-567; s. a. Habermas 2000, 12f.

89 S. Einleitung zu Kap. III.

90 Vgl. bes. die Studie von Alheit/Haack/Hofschen/Meyer-Braun 1999. S. die Beiträge zum Schwerpunktthema ‚Milieuforschung' in: Comparativ (1999), H. 2; s. a. die Kritik von Walter 1995; Walter/Matthiesen 1997, an der Verwendung des Milieubegriffs in der Geschichtswissenschaft. Vgl. Briesen 1993. S. für die historische Forschung z. B. Holtmann 1987; Kleßmann 1993, 404f.; Kösters/Liedhegener 1998, 600; Schilde 2000; Tenfelde 1996.

91 S. Lepsius 1966, 382f.; vgl. Pyta 1996, 12-14.

92 S. z. B. Lepsius 1966.

Milieus: das christlich-konservative, das proletarisch-sozialdemokratische Milieu und das liberale Bürgertum. Fast alle Mindener Jugendorganisationen waren einem dieser Milieus mehr oder weniger eindeutig zuzuordnen.[93] Inwiefern sich selbst die einzelnen Jugendlichen in diesen Milieus verorteten, von anderen distinguierten und an der (Re-)Konstruktion eines Milieus mitwirkten, wird zu untersuchen sein. Milieu wird dabei als sich ständig wandelndes ‚Produkt' sozialer Praxis begriffen. Außerdem wird damit kein abgeschlossener sozialer Raum beschrieben, denn besonders in einer Mittelstadt wie Minden überlagerten sich verschiedene Lebensweisen und soziale Netze deutlicher als in Großstädten.[94] In welcher Weise die Jugendlichen verschiedener Gruppen miteinander interagierten, wie sich die organisierten Jugendlichen gegenüber nicht-organisierten verhielten und wie das Verhältnis zwischen den männlichen Jugendlichen des CVJM, der Naturfreunde und der deutschen Jungenschaft und Erwachsenen in Minden war, wird in der vorliegenden Arbeit erforscht.

Dabei wird davon ausgegangen, daß das Verhältnis zwischen Erwachsenen und jungen Menschen als ein je nach historischer Situation unterschiedliches, dynamisches Wechselverhältnis von Diskursen, Normen und Praktiken[95] und nicht als fixe Struktur (z. B. als Generationenkonflikt[96]) beschreibbar ist.[97] „Jugend" ist demnach keine anthropologische Konstante, sondern „eine von konkreten Gesellschaften definierte und mit entsprechenden Erwartungen verse-

93 S. Kap. III.

94 Vgl. Alheit/Haack/Hofschen/Meyer-Braun 1999, 35.

95 S. z. B. Benninghaus 1999a, 14f.; Gestrich 1986, 11-13; Habermas 1998, 43-55. Insofern sind die meisten Sozialisationstheorien wenig brauchbar, außer man versteht Sozialisation wie von Hurrelmann und Geulen definiert als ein „Prozeß der Entstehung und Entwicklung der Persönlichkeit in wechselseitiger Abhängigkeit von der gesellschaftlich vermittelten sozialen und materiellen Umwelt" (Hurrelmann/Rosewitz/Wolf 1989, 24). Vgl. Herrmann 1980.

96 Vgl. Schindler 1995. S. für das 19. und 20. Jahrhundert Hendrick 1990.

97 Jedoch entsprechen viele Arbeiten nicht den eigenen Ansprüchen, Jugendliche als Akteurinnen und Akteure in unterschiedlichen sozialen Kontexten darzustellen. So erscheinen im Text Menschen im Alter von ca. 14 bis 20 Jahren nach wie vor häufig als (bloße) Opfer äußerer Umstände oder als besonders für gesellschaftlichen Wandel und „Zukunft" ‚zuständig' (s. z. B. Nitschke 1985). Nitschke untersucht Generationenkonflikte und aufmüpfiges Verhalten Jugendlicher lediglich unter dem Aspekt der ‚Rebellion' und damit der gesellschaftlichen Veränderungen und bisweilen auch Revolutionierung (s. a. Speitkamp 1998; vgl. Passerini 1997). In Forschungen über die Geschichte der Jugendbewegung wird häufig auch die sich selbst als unpolitisch bezeichnende bürgerliche Jugendbewegung als politisch bezeichnet, sei es i. S. einer politischen Sozialisationsinstanz oder sei es als politische Bewegung (z. B. Laqueur 1978, 7; Sombart 1996; Stachura 1981, 3). Auch die Jugendkulturforschungen aus dem Umfeld des Centre for Contemporary Cultural Studies (CCCS) in Birmingham gehen von einer spezifischen „Funktion" Jugendlicher als ‚Motor' für gesellschaftliche Veränderungen aus (vgl. z. B. Grotum 1994, 17-19; Krüger, Sprachlose, 1983; Lenz 1991).

hene Lebensspanne zwischen Kindheit und Erwachsenenstatus ...".[98] Jugendliche – im Gegensatz zu ‚Jugend' und ‚Jugenden' – sind dagegen eine in einer bestimmten historischen Situation so bezeichnete und/oder sich selbst so verstandene Gruppe junger Menschen, die sich in aller Regel in einer Lebensphase zwischen Kindheit und Heirat befinden.

Wie insbesondere Christina Benninghaus betont, bezieht sich der im 20. Jahrhundert gängige Jugendbegriff in aller Regel auf Lebensläufe und -weisen männlicher Jugendlicher.[99] Zum Beispiel waren die Jugendbewegung und die Jugendorganisationen in erster Linie ‚männliche Orte'. In welcher Weise jedoch christliche, bündische oder sozialdemokratische Jugendgruppen ‚gendered' waren und mit Mädchen interagierten, wird hier mit den neueren Methoden der Geschlechter- und insbesondere der aktuellen Männerforschung am Beispiel der sozialen Praktiken dreier Mindener Gruppen von 1945 bis 1955 nachgegangen.[100] Mädchen und Weiblichkeitsentwürfe bleiben jedoch aufgrund des Zuschnitts der Arbeit ausgeklammert. Die Probleme der im Vergleich zu der Frauenforschung jungen Männerforschung bestehen in erster Linie darin, Geschlechtsspezifik dort zu analysieren, wo sie kaum thematisiert worden ist, weil Männlichkeit als Norm empfunden und daher nicht als dis-

98 Reulecke 1987, 10. Vgl. Heinz/Hübner-Funk 1997. Die Autorin und der Autor weisen zu Recht darauf hin, daß auch das Selbstbild und -verständnis von jungen Menschen als ‚Jugend' ebenso von Jugenddiskursen geprägt sind. S. a. Herrmann 1982; Trommler 1985; Levi/Schmitt 1996a (Trotz ihrer Differenzierungen schreiben die Autoren ‚Jugend' aufgrund der Liminalität dieser Lebensphase – sie berufen sich auf Victor Turner – eine überdurchschnittliche ‚Zuständigkeit' für gesellschaftlichen Wandel zu); Mauger 1993, bes. 25-47 (Der Autor verwendet in seinem französischen Originaltext die Pluralform „Jeunesses" [Jugenden]); Mitterauer 1986, bes. 10; Neubauer 1992 (arbeitet mit dem Konzept der Historischen Anthropologie und analysiert die Bedeutungen von der Entstehung des Jugendbegriffes um die Jahrhundertwende); Speitkamp 1998. Vgl. zur Gegenüberstellung des im 19. und 20. Jahrhunderts entstandenen Verständnisses von ‚Jugend' mit dem in der frühen Neuzeit (Schindler 1995, hier 321f., 366f.).

99 Benninghaus 1999b, 10f.

100 S. zentral für die historische Geschlechterforschung Bock 1988; Habermas 1993; Schwarzkopf/Saldern/Lesemann 2002 (weitere Literatur ebda.); vgl. Epple 2002; Medick/Trepp 1998. Zur methodischen Verschränkung der Kategorien Geschlecht, Milieu und Generationen s. Behnke/Meuser 1999, 55-76. Ähnlich wie für die Frauen- und Geschlechterforschung kommen auch wesentliche Anregungen zur Männerforschung aus dem anglo-amerikanischem Sprachraum. S. bes. Hearn/Morgan 1990; Mosse 1997; Roper/Tosh 1991; Tosh 1998. Vgl. für den deutschen Sprachraum Döge/Meuser 2001; Frevert 1991; Kahlert 1998; Kühne 1996c; Medick/Trepp 1998; Feministische Studien (2000), H. 2 mit dem Schwerpunktthema Männlichkeiten; traverse. Zeitschrift für Geschichte/Revue D'Histoire: Geschlecht: Männlich/Genre: Masculin, (1998), Nr. 1. In den letzten Jahren bekam die Erforschung von Männlichkeit Konjunktur, was u. a. die Neugründung eines Arbeiteskreises für interdisziplinäre Männerforschung – Kultur-, Geschichts- und Sozialwissenschaften, geleitet u. a von Martin Dinges (Stuttgart), zeigt.

kussionswürdig gesehen worden ist.[101] Insbesondere die historische Anthropologie eignet sich, um scheinbar ‚unproblematische' und ‚gewöhnliche' Phänomene der Männergeschichte als ‚fremd' zu deuten.[102] Ob die These von einer ‚Krise der Männlichkeit' in der Nachkriegszeit bei den hier vorzunehmenden Spezifizierungen und Differenzierungen, mit der Analyse von Praktiken sowie aus der Perspektive der Jungen aufrecht erhalten werden kann, bzw. welche Formen von Männlichkeit die Jugendlichen konstruierten[103], wird hier zu erörtern sein. Eine auf diese Weise angelegte Arbeit mit z. T. exemplarischem Charakter bietet einen tiefen Einblick in eine bestimmte, bisweilen privilegierte und von Politikern auch umworbene Jugendkultur in der Nachkriegszeit, in die Erfahrungen männlicher Jugendlicher, deren Gesellschaftsentwürfe und Männlichkeitskonstruktionen im Kontext der Nachkriegsgesellschaft.

Im Unterschied zu Jugendcliquen und Freundeskreisen hinterließen die ausgewählten Jugendgruppen aufgrund ihres vergleichsweise formalen Charakters Quellen über und von den Akteuren.[104] Neben kommunalen und staatlichen Akten sowie Beständen aus den Archiven der Jugendbewegungen (Oer-Erkenschwick, Burg Ludwigstein) dienen besonders die Zeugnisse der jeweiligen Jugendgruppen aus Privatarchiven und einzelne Interviews als Quellengrundlage.

Die Betreuung und Organisation von Jugendlichen wurde in der Nachkriegszeit v. a. von Jugendämtern überwacht und gefördert. Materialien aus dem Stadtjugendamt Minden und dem Bezirksjugendpflegeamt Minden/Detmold enthalten Informationen über die Anzahl der Jugendorganisationen und ihre Mitgliederzahlen, außerdem darüber, wer sie leitete und wo sich die

101 Dies gilt bes. für den Bereich der Politik als männliches Terrain (z. B. Döge 1998). Döge spricht in diesem Zusammenhang sogar davon, daß dieser Bereich „eklatant unter Geschlechtsblindheit" leide (S. 42). Vgl. Blazek 1999; Blattmann 1996; Blattmann/Meier 1998; Gutmann 1997, 385-387; Kreisky/Sauer 1997; Kuwalik/Sauer 1996; Roper/Tosh 1991a; Sombart 1996; Völger/Welck 1990, 3-10. Auffallend häufig werden in der Männergeschichte Männergruppen und männliche soziale Formationen als Männerbünde diskutiert und untersucht. Auf diese Weise werden Männlichkeiten auf normativer – und seltener praktischer – Ebene mit Politik und Macht analytisch zueinander gebracht. Diese Studien blenden jedoch praxisbezogene Interaktionen mit Frauen häufig aus; anders: Wellman 1992. Er argumentiert in einer soziologischen Studie weniger mit dem Begriff des ‚Bundes' als mit dem der ‚Freundschaft', überschreitet zudem die ‚privaten' und ‚öffentlichen Sphären' und bezieht Frauen ein.

102 S. Habermas 1993, 490f., 495f.

103 Zu der Variationsmöglichkeit von Geschlechter- bzw. Männlichkeitskonstruktionen s. Bock 1988; Connell 1999; Erhart 2001, bes. 11.

104 Obwohl sich die Jungen der deutschen Jungenschaft bemühten, jeden Vereinscharakter für ihren Zusammenschluß zu vermeiden, hatten sie einen offiziellen Namen, waren den Behörden als Jugendgruppe bekannt und benannten einen Ansprechpartner gegenüber dem Jugendamt. S. Kap. III. 1.

Jugendgruppen trafen. Leider existieren kaum noch Akten des Kreisjugendamtes Minden-Lübbecke.[105] Ordnungsamtsakten, Akten des Schulamtes und des Wohlfahrtsamtes, Adreßbücher, Zeitungen und Zeitungsausschnitte, Plakat- und Drucksachensammlungen aus dem Kommunalarchiv Minden (KAM), dem Staatsarchiv Detmold (StADt) und dem Stadtarchiv Bielefeld (StABi) informieren über Aktivitäten Mindener Jugendorganisationen und deren Mitglieder, über die Mindener Jugendpolitik seitens der Jugendämter, Parteien und Verbände sowie über nicht-organisierte, auffällig gewordene Jugendliche. Zusätzlich gewährt eine Auswahl britischer Akten aus dem *Public Record Office* (PRO) einen Eindruck von der Perspektive der Besatzer auf Jugendliche sowie auf die westfälischen jugendpolitischen Strukturen.[106]

Wesentliches Material der drei hier zu untersuchenden Gruppen stammt v. a. aus Privatarchiven. Diese Quellen sind aufgrund der unterschiedlichen Organisationsformen und Selbstverständnisse äußerst verschieden.[107] Die bündische Gruppe hinterließ z. B. Fahrtenbücher und selbst erstellte Rundbriefe, jedoch kaum vereinsüblichen Schriftverkehr. Dagegen sind die vom CVJM überlieferten Quellen (Vorstandsprotokolle, gedruckte Programmblätter etc.) Zeugnisse einer regen Gremien- und Verwaltungstätigkeit der Vereinsmitglieder. Auch die Materialien des sozialdemokratischen TVdN (Touristenverein die Naturfreunde) zeugen von solchen Praktiken, aber das Erstellen und Aufbewahren von schriftlichen Belegen hatte offenbar in dem Arbeiterverein einen geringeren Stellenwert als in den beiden anderen Gruppen. Beispielsweise existieren für den TVdN kaum Selbstzeugnisse der Jugendlichen.

Zusätzlich wurden für die vorliegende Untersuchung Interviews mit ehemaligen Mitgliedern der deutschen Jungenschaft und der Naturfreunde-Jugend sowie einem Mindener des Jahrgangs 1933 geführt, der keiner Jugendorganisation angehörte. Dieser Zeitzeuge liefert eine Außenperspektive auf Jugendgruppen und repräsentiert in dieser Arbeit den größeren Teil der nicht-organisierten Jugendlichen.[108] Die rückblickenden Aussagen der insgesamt acht Zeitzeugen, die sowohl wichtige Informationen als auch Deutungsmuster enthalten, müssen – wie die anderen Quellen auch – einer Kritik unterzogen werden,

105 Dies ergab u. a. ein Telefonat mit dem Stadtjugendamt, das dankenswerterweise nach Akten aus den Jahren 1945-55 in der Registratur recherchierte. Denn im KAM befinden sich lediglich zwei nur am Rande relevante Akten (KAM, Bestand Kreis Minden-Lübbecke, 51, Nr. 01 und Nr. 02). Allerdings findet man im StADt Abschriften und Briefwechsel mit dem Kreisjugendamt Minden-Lübbecke (s. Quellenverzeichnis).

106 Vgl. Schulze 1992.

107 Auf die unterschiedlichen Quellenkorpi wird in den jeweiligen Kapiteln näher eingegangen (s. Kap. III. 1, III. 2 u. III. 3).

108 Die Interviewaufnahmen wurden dem Mindener Tonarchiv (TAM) im Mindener Museum zugeführt. Dieses Archiv wurde im Rahmen des Stadtjubiläumsprojektes 1200 Jahre Minden erstellt und befindet sich im Mindener Stadtmuseum (vgl. Reichold 1998).

obgleich hier keine Analyse im strengen Sinne der Oral History erfolgt.[109] Dieses akustische Material enthält zusätzliche Informationen, die über die in den schriftlichen Archivalien hinaus gehen. Es gewährt außerdem einen Einblick in die retrospektive, stark milieuspezifische Interpretation der etwa 50 Jahre zurückliegenden Aktivitäten und Denkweisen.

Ein Großteil der Quellen stammt von Erwachsenen und gibt in erster Linie Perspektiven von Jugendpflegern, -leiterinnen und -politikern *auf* Jugendliche wieder sowie Norm- und Idealvorstellungen für jugendliches Verhalten. Schilderungen von Aktivitäten und Konflikten mit Jugendlichen lassen allerdings Rückschlüsse auf Praktiken und Interaktionen und deren ‚innere Logik' innerhalb der Jugendgruppen und dieser Jugendlichen mit außenstehenden Personen zu, wenn man verschiedene Quellen miteinander ‚konfrontiert' und so verschiedene Perspektiven auf einen Sachverhalt kombiniert. Auf der Grundlage einer hermeneutischen und mikrohistorischen Analyse und einer möglichst dichten Kontextualisierung der Praktiken soll eine Annäherung an die Handlungs- und Deutungsweisen der Jungen erzielt werden.

Der Aufbau der Arbeit folgt diesem Konzept: Sie ist in vier Teile gegliedert. Zwischen Einleitung (I) und Schluß (IV) befinden sich ein Kapitel über die Stadtgeschichte Mindens (II) und das Hauptkapitel über die organisierten Jugendgruppen. In Kapitel II geht es vorrangig um die Nachkriegszeit in der Stadt Minden. Die Ausführlichkeit ist zum einen durch die Forschungslage hinsichtlich der Mindener Stadtgeschichte gerechtfertigt.[110] Zum anderen erfordert eine Mikrogeschichte eine breite Kenntnis der spezifischen lokalen und historischen Situation. Dies gilt besonders für die Lebens- und Handlungsbedingungen von Mädchen und Jungen nach Ende des NS-Regimes, die sich v. a. aus den Erfahrungen mit dem Machtwechsel, der materiellen Situation, aber auch dem Diskurs über Jugendliche ergeben. Darüber hinaus geht es hier um Orientierungen und Verhaltensweisen der Mehrheit der Jugendlichen.

Im Hauptteil (III) stehen die drei ausgewählten Jugendgruppen im Mittelpunkt. Diese repräsentieren jeweils ein Milieu der Stadt.[111] Sie werden in drei Kapiteln jeweils in ihrem spezifischen sozialen und politischen Umfeld betrachtet. Der Analyse der Gruppenaktivitäten geht eine Abhandlung über das jeweilige Milieu und über die dort angesiedelten Jugendorganisationen und

109 Dabei grenze ich mich von der Vorstellung ab, daß Interviews, wie sie z. Z. in der Jugend- aber auch Zeitgeschichte beliebt sind, mehr ‚Wahrheitsgehalt' besitzen als schriftliche Quellen. Vgl. Boll 1997, 505f.; Chamberlain/Thompson 1998; Dunaway/Baum 1996; Passerini 1990; Perks/Thomson 1998.

110 S. die Einleitung zu Kap. II.

111 S. zur Auswahl im einzelnen die jeweiligen Einleitungen zu Kap. III. 1, III. 2. u. III. 3.

Traditionen der Jugendbewegung voraus. Inwiefern sich die Jungen des CVJM, der deutschen Jungenschaft oder der Naturfreunde diese Traditionen aneigneten, wird in den einzelnen Abschnitten über die soziale Praxis der Jugendlichen ebenso erörtert wie deren Interaktionen in ihren Milieus und in der Stadt. Diese drei Jugendgruppen repräsentieren zugleich die Gruppe der organisierten Jugendlichen. Die Betrachtung der Praktiken der drei Gruppen (III. 1-3) ist von einer ‚Geschichte einer Begegnung' eingerahmt: 1946 fand wohl das erste Treffen der Mindener demokratischen Jugendorganisationen statt (III: Begegnung I). Diese Organisationen gehörten zu den wesentlichen Trägern der sich innerhalb des Untersuchungszeitraums formierenden Jugendringe in Stadt und Kreis Minden Mitte der 1950er Jahre (III. 4: ‚Begegnung II'). Mit dieser Rahmengeschichte wird zugleich die Etablierung demokratischer jugendpolitischer Strukturen innerhalb des ersten Nachkriegsjahrzehnts, des Untersuchungszeitraums beschrieben. Somit ist die These aufgestellt, daß die Praktiken der ausgewählten Jugendgruppen z. T. einer Partizipation an dieser Erfolgsgeschichte[112] und einer – milieuspezifischen – Konstruktion von Politik und Geschlecht gleichkamen. In Kap. III. 5 erfolgt eine Zusammenfassung der Ergebnisse aus III. 1-4 sowie eine Gegenüberstellung der drei Gruppen.

112 Ubbelohde spricht von einer im Zusammenhang mit der Neugliederung der Jugendhilfe geforderten „Subjektstellung" von Jugend (Ubbelohde 2002, 417f.).

II Erwachsene und Jugendliche in Minden

Dieter K. ist ein ‚nicht-organisierter' Jugendlicher. Seine Erfahrungen bilden hier den Ausgangspunkt für eine Skizze der Mindener Nachkriegsgesellschaft.[1] Er kam aus einer Familie unterer und mittlerer Angestellter. Sein Vater arbeitete vor dem Krieg als mittlerer Beamter im Fernsprechdienst, seine Mutter bis 1928 im Postdienst und als Hausfrau. 1928 mußte sie ihre Stelle aufgeben, da sie als „Doppelverdienerin" galt. Während des Krieges und danach arbeitete sie wieder im Fernsprechdienst und leistete einen notwendigen Beitrag zum Familieneinkommen. Kurz vor Ende des Zweiten Weltkriegs kehrte die Familie K. aus der ausgebombten Stadt Braunschweig zurück nach Minden, den Geburtsort von Dieter K. Für den Jungen, der im Juni 1945 zwölf Jahre alt wurde, begann eine schwierige, aber auch spannende Zeit in der westfälischen Mittelstadt, in die im Frühjahr 1945 kanadische und amerikanische Truppen einmarschierten, bevor britische Alliierte die Regierungsgewalt übernahmen. Schwierig wurde die Situation v. a. durch die Ungewißheit über das Wohl des Vaters, der Soldat der Wehrmacht war. Das Haus der Großeltern, in das die Familie zunächst eingezogen war, mußte sie bald der britischen Besatzungsmacht überlassen. Diese beschlagnahmte auch viele andere Häuser in dem bürgerlichen Wohnviertel in der Nähe des Finanzamtes. Dieters Familie lebte bis 1956 in Notwohnungen und in schnell errichteten Neubauten. In den frühen Nachkriegsjahren war Dieter – wie andere Kinder und Jugendliche – gezwungen, mit „Hamstern", Schlangestehen und ähnlichen Tätigkeiten das Notwendigste zum Leben zu organisieren. In der verbleibenden Freizeit nutzte der Junge wohl jede Möglichkeit für seine ‚Streifzüge' durch die Stadt. Er interessierte sich für Literatur, Kino, Theater und Politik. Gerne ging er ins „Scala", ein altes Mindener Kino, und zu Vorträgen „aller Art", z. B. der damals aktiven Kant-Gesellschaft. Seine Spaziergänge führten ihn außerdem zu politischen Veranstaltungen – mehr aus Neugier, Orientierungssuche und Bildungsinteresse denn aus dem Wunsch, irgendwo beizutreten. Beispielsweise störten er und seine Mitschüler im Jahre 1951 eine Vortragsveranstaltung in einem Kaffee am Markt, bei der sich vor allem nationalistisch gesinnte Bürgerinnen und Bürger einfanden. Nach dem Vortrag des Herrn Böhme zettelten die Jungen – unerwünschterweise – eine Diskussion an. Aber auch die briti-

1 Dieter K. ist der einzige von der Autorin interviewte ‚Zeitzeuge', der keiner Jugendorganisation angehörte. Er steht stellvertretend für viele Mindener Jugendliche, die dem Kleinbürgertum zuzurechnen sind. Wenn nicht anders angegeben, stammen alle Informationen über ihn und seine Familie aus folgendem Interview: TAM, 001/002K0041297.

schen Soldaten machten die Jungen neugierig: Dieter besuchte das *Education Center* der Soldaten und das Kino der Briten, was „nicht so selbstverständlich" war, wie der Zeitzeuge beteuerte. Offensichtlich aber suchten die Ausländer Kontakt zu den Mindenerinnen und Mindenern, indem sie z. B. ab und zu sonntags junge Leute einluden.

Anders als viele andere Jugendliche hatte Dieter kein besonders großes Interesse an Mädchen. Die Tanzstunden, die ihm seine Mutter aufzwang, damit er ‚gesellschaftlichen Umgang' entsprechend seiner bürgerlichen Herkunft lernte, mißfielen ihm fast gänzlich. Auch abendliches Ausgehen in Lokale, Tanzsäle oder in den Jazzklub konnten ihn kaum locken. Aber nicht nur mangelndes Interesse, sondern auch Mangel an Geld hinderten ihn und seine Mitschüler daran, sich solchen abendlichen Vergnügungen hinzugeben. Aber auch die nicht-kommerziellen Angebote der Jugendorganisationen erschienen dem aufgeweckten Jungen wenig attraktiv: Seine jüngere Schwester, die Mitglied in einem Mädchenbibelkreis war, nahm ihn einmal zu einer Veranstaltung für Mädchen *und* Jungen der evangelischen Jugendvereine mit. Aber die „Rundtänze", die dort veranstaltet wurden, fand der Junge nur „kindlich". Als Kind einer kleinbürgerlichen Familie hatte er auch keine Kontakte zu sozialdemokratischen Jugendorganisationen, wie den Falken, der Naturfreunde-Jugend oder den Jusos, obwohl ihn die sozialdemokratische Politik bereits früh interessierte. Dieter, ein „Besselschüler"[2], kannte einige Jungen der bündischen Jugend. Er wurde sogar einmal zu seinem Lehrer Hellemann eingeladen, wohin auch einige Jungen der Mindener deutschen Jungenschaft gingen und eine Art literarischen Zirkel bildeten, der an den George-Kreis erinnern sollte. Aber Dieter K. gefiel dort die Atmosphäre nicht, und offensichtlich weckte er auch nicht das Interesse der Jungenschaftler, denn es „keilte" ihn niemand. Für den – in der Selbstbezeichnung – unsportlichen Jungen kamen aber auch kaum Aktivitäten in Sportvereinen in Frage. Dieter K. wollte sich zwar keiner festen Gruppe anschließen, unternahm aber gerne etwas mit seinen Schulfreunden. Gemeinsam informierten sie sich oder mischten sich in politische Diskussionen ein; und in der Schule halfen sie sich bei den Hausaufgaben und ermöglichten es mit vereinten Kräften, daß alle an einer Klassenfahrt teilnehmen konnten.

Dieter K.s Erfahrungen sind in vielerlei Hinsicht exemplarisch für die anderer Jungen in der Nachkriegszeit in Deutschland.[3] Sie sind Beispiele geschlechtsspezifischer Aneignungsformen, wie der Besuch des Mindener Naturwissenschaftlichen Gymnasiums („Besselschule"). Gleichzeitig geben seine sozialen Praktiken (etwa sein Verhalten gegenüber Mädchen) Hinweise auf jugendliche Männlichkeitskonstruktionen. Darüber hinaus ist die Situation

2 S. Kap. II. 2. 2.

3 S. Kap. III. 1. 2. u. bes. die Ausführungen in Kap. II. 2.

der Familie von Dieter K. beispielhaft für zahlreiche Mindenerinnen und Mindener, die der in Minden verhältnismäßig stark vertretenen Angestellten- und Beamtenschaft angehörten und für die Briten ihre Wohnungen räumen mußten. Insofern ist die geschlechts-, alters- und zeitspezifische Situation des Jungen mit lokalspezifischen Begebenheiten verschränkt zu betrachten.

Im folgenden soll die Mindener Nachkriegsgesellschaft deshalb sowohl unter lokal- und regionalspezifischen Aspekten sowie im Kontext der allgemeinen deutschen Nachkriegsgeschichte untersucht werden.[4] Im ersten Teil (II. 1) geht es um Minden während der NS-Zeit (II. 1. 1) und ausführlicher um die Nachkriegsgesellschaft (II. 1. 2). Darin kommen im wesentlichen entscheidungsmächtige Erwachsene und Mindener Jugendpolitiker zu Wort (II. 1. 2. 4). Im zweiten Teil (II. 2) stehen jugendliche Mädchen und Jungen selbst im Mittelpunkt. Dabei werden erstens ihre altersspezifischen Erfahrungen im Krieg, in NS-Organisationen sowie am Ende des Krieges behandelt. Zweitens wird nach ihren Familiensituationen, Ausbildungs- und Arbeitsverhältnissen sowie nach ihren eigen-sinnigen Geselligkeitsformen gefragt. Letztere standen häufig im Gegensatz zu den Zuschreibungen und ‚Jugendbildern' Erwachsener. Die Gliederung des Kapitels II in zwei Teile (II. 1 und II. 2) entspricht dem Spannungsverhältnis zwischen Erwachsenen und Jugendlichen. In beiden Teilen sollen jedoch nicht nur zeitbedingte Konflikte zwischen Angehörigen verschiedener Altersgruppen gezeigt werden, sondern auch Jugendliche und Erwachsene in ihrem mannigfaltigen Wechselverhältnis zu einander.

Die folgenden Ausführungen basieren auf der Auswertung vereinzelter Publikationen, kleiner Chroniken, Archivalien, Zeitungsartikeln, ‚grauer' Literatur und Zeitzeugeninterviews. Die schwierige Forschungslage zur Geschichte der Stadt Minden und die Fragestellung dieser Untersuchung erfordert eine solche Vorgehensweise.[5] Die meisten Publikationen über die Mindener Lokal-

4 S. Medick 1994, 97. Damit soll der „Warnung" Rechnung getragen werden, die Hans Medick von dem Ethnologen Eric Wolf zitiert: „Wolf sieht die Gefahren einer ... isolierenden Betrachtungsweise [von kleinen gesellschaftlichen Einheiten wie einer Stadt oder einem Dorf; BJ] vor allem darin, daß sie kulturelle und gesellschaftliche Zusammenhänge als ‚local microcosmos of meanings conceived as autonomous systems' darstellt" [Zitat im Orig. hervorgeh.; BJ].

5 Im Jahre 1998 begingen Bürgerinnen und Bürger der Stadt Minden das 1200jährige Jubiläum der erstmaligen urkundlichen Nennung der Stadt Minden und das 350jährige Jubiläum des preußischen Mindens. Die große Aufmerksamkeit, die diese Ereignisse auf sich zogen, hatte kaum Folgen für die Forschungslage. Allerdings wurde im Rahmen eines Jubiläumsprojektes ein Tonarchiv eingerichtet und zahlreiche Interviews mit Bürgerinnen und Bürgern der Stadt durchgeführt. Einer der Gründe für den Forschungsstand mag u. a. darin liegen, daß die Universitäten der Region in Münster, Osnabrück und Bielefeld bei ihren regionalhistorischen Forschungen vorwiegend die ihnen jeweils näher liegenden Gebiete wie Lippe, das Bielefelder Umland und das Münsterland im Blick haben.

und Heimatgeschichte[6] beziehen sich auf die Zeit vor 1933, insbesondere die Revolution 1848, die für die Region Minden-Ravensberg bedeutende Erwekkungsbewegung[7], die Kaiserzeit[8], die Bau- und Domgeschichte[9], die Geschichte der zahlreichen Auswanderungen in die USA[10] und häufig sogar Fragen zur jüdischen Geschichte Minden-Ravensbergs. Jene legen meist den Schwerpunkt auf die Stadt Minden während der NS-Zeit.[11] Neben vereinzelten Arbeiten über die nationalsozialistische Stadtgeschichte und den Zweiten Weltkrieg[12] und der Arbeit von Dagmar Reese über den Mindener BDM[13] existiert seit wenigen Jahren die erste umfassendere problemorientierte Sozial- und Kulturgeschichte Mindens für die 1930er und 1940er Jahre.[14] In dieser Untersuchung konzentrieren sich die Autoren Koch und Meynert allerdings weitgehend auf das sozialistische und kommunistische Arbeitermilieu und den Zeitraum bis etwa 1938.[15]

Für die Zeit nach dem Zweiten Weltkrieg ist die Forschungslage noch problematischer. Die meisten Veröffentlichungen für die Nachkriegszeit sind lediglich unter dem Label „Heimatgeschichte" oder „Chronik" zu fassen.[16] Dabei ist besonders die Abhandlung von Paul Keber über den „Wiederaufbau und Neubau in Minden" bzw. der Stadtgeschichte ab 1945 zu nennen. Der Chronist, ein angesehener und gebildeter Mindener Zeitgenosse[17], liefert zahlreiche wichtige Informationen z. B. über Persönlichkeiten und Vereine. Seine Chronik ist (aber) gleichzeitig eine Quelle der Mindener Zeitgeschichte.[18] Darüber

6 Allg. zur Geschichte Mindens und seiner Umgebung: Assmann 1968 (eine bzgl. der NS-Zeit äußerst unreflektierte und unkritische Abhandlung); Heienbrok 1990; Krieg 1938; „Minden" 1971; „Minden" 1973, 342; „Minden" 1974, 410; Minden, die Stadt an der Weser 1964; Stadt Minden 1979; Nordsiek 1977; Schomer 1977; s. a. die Mindener Heimatblätter (MH), 1 (1923) – 36 (1964) bzw. die Mitteilungen des Mindener Geschichtsvereins (MMG), seit 37 (1965).

7 Kap. II. 2.

8 S. Meynert/Mooser/Rodekamp 1991.

9 S. Meinhardt 1958.

10 S. Riechmann 1993.

11 S. Kazir 1987; Kossack 1995; Meynert 1988a; ders. 1988b; ders. 1991; ders. 1998; ders./Klönne 1986; Nordsiek 1988a; ders. 1988b; Nordsiek, M. 1994; dies. 1983a; Reese 1989; dies. 1993a.

12 S. Brinkmann 1984; Hirschberg-Köhler 1997; Koch/Meynert 1998; Nordsiek 1975; ders. 1995; s. a. folgende Zeitzeugenberichte: Keber 1980; Steinbrecher, Minden, 1980; Steinkamp, Bomben, 1949.

13 S. Reese 1989.

14 S. Koch/Meynert 1998.

15 S. ebda., dort S. 16-20 zum Forschungsstand.

16 S. Beutelspacher/Rodenkamp 1988. Ich bedanke mich an dieser Stelle bei Martin Beutelspacher dafür, daß er mich auf diese Broschüre aufmerksam machte und sie mir zur Verfügung stellte.

17 Informationen über Paul Keber verdanke ich u. a. Herrn Dr. Hans Nordsiek.

18 Die Chronik von Paul Keber ist in verschiedenen Ausgaben der Mindener Heimatblätter in den 1950er und Anfang der 1960er Jahre publiziert worden (s. Verzeichnis ‚Gedruckte Quellen'). Vgl. Keber 1980; Kissing 1954; Krieg 1950.

hinaus ist das unveröffentlichte Manuskript von Klaus-Ulrich Seifert über die Nachkriegszeit in den Kreisen Minden und Lübbecke von großem Wert.[19]

Frauen- und geschlechterhistorische Fragen zur Mindener Stadtgeschichte werden nur in wenigen Publikationen ausführlich untersucht und diskutiert; in keiner geht es um die Zeit nach dem Zweiten Weltkrieg.[20] Kaum mehr Aufmerksamkeit wurde bisher Jugendlichen in der Mindener Geschichte zuteil. Die wenigen Publikationen dazu allerdings konzentrieren sich auf die NS- und die Nachkriegszeit.[21] Aufgrund dieser Forschungslage wurde für die vorliegende Untersuchung auch auf die weit umfangreichere westfälische Regionalgeschichtsschreibung und Landesgeschichte Nordrhein-Westfalens zurückgegriffen.[22] Dabei erweist sich die kürzlich erschienene Monographie von Lothar Albertin über den demokratischen Aufbau in der Region Ostwestfalen-Lippe als zentral.[23] Durch die Einbettung der Mindener Geschichte in die Regional- und Landesgeschichte können außerdem in Minden regionale Spezifika berücksichtigt werden. Dadurch ist auch zu verhindern, daß Minden als ein „autonomous system“[24] im Nachkriegsdeutschland verstanden wird.

II. 1 Erwachsene in Nationalsozialismus und Nachkriegszeit

Die Entstehung der Stadt Minden im achten Jahrhundert geht auf eine relevante und günstige Furtgelegenheit über die Weser zurück.[25] Von Ende des 13. bis Mitte des 17. Jahrhunderts war Minden Mitglied der Hanse. Das erste Dampfschiff passierte 1819 die Weser, bis 1915/16 wurde das Wasserstraßenkreuz – die Mittellandkanalüberführung über die Weser – fertiggestellt, und am 1. 6. 1917 wurden die Mindener Häfen in Betrieb genommen.[26] Auch zu Land wurden die Handels- und Verkehrswege insbesondere durch die Eröff-

19 Seifert o. J. (KAM).

20 S. Nordsiek, M. 1971; dies. 1976; s. a. Koch/Meynert 1998; Petzold 1998; Reese 1989; Tramsen 1998.

21 S. Kolbe 1995; Meynert 1991; Petzold 1998; Reese 1989; dies. 1993a; für die Region Albertin 1992; Kersting 1998, mit einigen Beispielen aus Westfalen. Außerdem sei hier auf die jugendhistorische Tagung in Minden im Juni 1998 hingewiesen, die anläßlich des Mindener Stadtjubiläums vom ‚Mindener Kreis e. V.‘ (Verein ehemaliger Jugendbewegter der bündischen Jugendbewegung) und ‚Vebes‘ (Vereinigung ehemaliger Besselschülerinnen und Besselschüler e. V.) in Zusammenarbeit mit der VHS und der Stadt Minden stattfand. Ihr Titel lautete „Jugend im Umbruch. Jugendliche auf dem Weg aus dem Dritten Reich in die Nachkriegszeit“. S. zur Mindener Schulgeschichte a. Kap. II. 2.

22 S. z. B. Kohl 1982-1984; Briesen/Brunn/Elkar/Reulecke 1995; Brunn/Reulecke 1996.

23 Albertin 1998.

24 Eric Wolf, zit. n. Medick 1994, 97.

25 S. Kissing 1954; Krieg 1938; ders. 1950, 5; Meinhardt 1958, 9f.; „Minden“ 1971, Bd. 12, 578. „Minden“ 1973, 342;

26 Vgl. Bachmann/Hartmann 1987.

nung der „Coeln-Mindener-Eisenbahn“ im Jahre 1847 verbessert. Seit dem 18. Jahrhundert erlangte Minden als Verwaltungs- und Garnisonsstadt Bedeutung. Die seit 1648 preußische Stadt (mit Unterbrechung der napoleonischen Herrschaft und dem Frieden von Tilsit 1807) wurde 1719 Sitz der preußischen Landesbehörden für Minden-Ravensberg. Nachdem Generalleutnant v. Bülow am 7. 11. 1813 Minden im Zuge der ‚Befreiungskriege‘ das ehemalige preußische Fürstentum Minden (Teil des Königreichs Westfalen) zurückerobert hatte, wurde Ludwig Freiherr Vincke, Generalkommissar für Minden-Ravensberg, am 19. 11. 1813 preußischer Zivilgouverneur für Westfalen. Im Jahre 1815 wurden die preußischen Gebiete in Verwaltungsbezirke, Provinzen und Kreise eingeteilt, darunter die Provinz Westfalen mit dem Regierungsbezirk Minden. Der Regierungsbezirk wurde in den Kreis und Stadtkreis Minden, dem ‚Tor zu Westfalen‘, gegliedert.[27]

Trotz ihrer Funktion als einer der Regierungssitze der neuen Provinz Westfalen im Jahre 1815[28], der Verlegung der Köln-Mindener Eisenbahn vor den Stadttoren Mindens und der Beschiffung der Weser im 19. Jahrhundert erfolgte Mindens wirtschaftliche Entwicklung einerseits langsamer, aber andererseits stärker verteilt auf unterschiedliche Branchen, also diversifizierter als z. B. im bis zur Industrialisierung weniger bedeutenden Bielefeld.[29] Einer der Gründe dafür lag sicherlich an den Festungsmauern, die 1816 erneut aufgebaut wurden (nachdem sie nach der Schlacht bei Minden 1759 im siebenjährigen Krieg teilweise eingerissen worden waren), denn diese Festung wirkte sich negativ auf die ökonomische und bauliche Entwicklung der Stadt aus.[30] Gleichwohl galt Minden im 20. Jahrhundert – wie 1932 – „als ‚bedeutendes Industriezentrum‘ Minden-Ravensbergs“ und schließlich als „Handels- und Dienstleistungszentrum“; und in der ersten Hälfte des 20. Jahrhunderts kam „jeder dritte Erwerbstätige ... aus Industrie und Handwerk, jeder Vierte war in den Bereichen Handel und Verkehr beschäftigt“[31].

Das soziale Gepräge und die wirtschaftliche Struktur der Stadt sind nur zwei von vielen Faktoren für die zu Beginn des 19. Jahrhunderts einsetzende Erweckungsbewegung in der Weserstadt, wobei Minden als Zentrum dieser religiösen Bewegung in der Region Minden-Ravensberg galt. Die seit den 1820er Jahren im östlichen Westfalen einsetzende Frömmigkeitsbewegung konnte bis Mitte des 19. Jahrhunderts ihre religiösen Vorstellungen in der Re-

27 S. Nordsiek 1991b, 41-45.
28 S. Behr 1983, 54f.
29 Vgl. Koch/Meynert 1998, 34-37.
30 S. Brinkmann/Koch/Schmitt 1997; Hinricher 1987; Krieg 1938, 59f.; „Minden“ 1971, 578f.; s. a. Koch 1998. Nach wie vor ist umstritten, inwiefern allein der Festungscharakter der Stadt bei der relativ geringen wirtschaftlichen Bedeutung eine Rolle spielte (Koch/Meynert 1998, 34f.).
31 Koch/Meynert 1998, 34f. Vgl. Krieg 1950, 27-38.

gion durchsetzen. Die Erweckungsbewegung zeichnete sich u. a. durch ihren Schwerpunkt auf die diakonischen Leistungen und durch ihren „konservativ-monarchischen“ sowie gegenaufklärerischen Charakter aus, der die Stadt Minden bis weit ins 20. Jahrhundert prägte.[32] Die strenge, an das biblische Wort gebundene Auslegung und Praxis des protestantischen Glaubens, getragen vom kleinen und mittleren Bürgertum, auf der einen Seite und der überdurchschnittliche Anteil von Beamten und Beschäftigten im öffentlichen Dienst auf der anderen Seite, verliehen der Stadt einen konservativen und „engen“ Charakter. Sozialstruktur und Religiosität standen hier im Wechselverhältnis zur Stadtpolitik, in der christlich-konservative und national-liberale Kräfte dominierten.[33]

II. 1. 1 NS-Herrschaft und -Verbrechen im ‚konservativen‘ Minden

Das für eine wirtschaftlich und politisch peripher gelegene Stadt typische Konglomerat aus preußischem Beamtentum, konservativ-protestantischen[34] und militärischen Traditionen, die politische Landschaft und das vorhandene Vereinsgeflecht waren fatal günstig für nationalsozialistische Herrschaftsansprüche.[35] Außerdem leisteten – beabsichtigt oder nicht – verschiedene politische Kräfte, von den national-konservativen bis hin zur Sozialdemokratie und der KPD[36], dem „bis etwa zur Jahresmitte 1934 andauernden Machteroberungsprozess“ der Nationalsozialisten Vorschub.[37] Wie z. B. die Wahlergebnisse in der späten Weimarer Republik zeigen, kann auch für Minden nicht von einer plötzlichen „Machtergreifung“ die Rede sein.[38] Bei den Reichstagswahlen im März 1932 schnitten in Minden sowohl Hindenburg (beim ersten Wahlgang 54 %) als auch Hitler (beim ersten Wahlgang 32 % und beim zweiten

32 S. Mooser/Krull/Hey/Gießelmann 1989, darin Mooser 1989a; Rottschäfer 1987. Zum 20. Jahrhundert s. Reese 1993a, 75-78.

33 Vgl. Nordsiek 1991a. S. Kap. III. 1. u. III. 2.

34 S. a. Kap. III. 2. 1.

35 Vgl. Hirschberg-Köhler 1997, 92; Nordsiek 1991a, 31; für die Region Klönne 1984a; Ruppert/Riechert 1998. S. a. Noakes 1996.

36 S. Koch/Meynert 1998; vgl. Klönne 1984a, 297-299.

37 Koch/Meynert, 1998, 98; vgl. Brunn 1995, 165f. Brunn setzt einen größeren Zeitraum (1933 bis 1936), in dem die NSDAP die „Gleichschaltung“ der Vereine und Verbände und somit Machtpositionen übernahm. – Die Nationalsozialisten hatten folglich genügend Anhänger, und es gab nur wenige, die sich aktiv gegen sie stellten. Deshalb kann – wie in der Selbstsicht oft verschoben dargestellt – nicht behauptet werden, daß der NS-Staat, seine Verbrechen und der Zweite Weltkrieg allein von Hitler und seinen Parteifunktionären getragen wären und zu verantworten seien, und die Mehrheit der Bevölkerung in jeder Hinsicht als Opfer zu betrachten sei. Ein Beispiel einer solchen Darstellungsweise ist Hundt/Meyer-Wrekk 1946.

38 S. Koch/Meynert 1998, 98.

40 %) auf das Reich bezogen überdurchschnittlich hoch ab.[39] Nachdem am 20. 7. 1932 die sozialdemokratisch geführte preußische Regierung von Otto Braun und Carl Severing abgesetzt worden war, versuchte nicht zuletzt Severing, das Schwinden des Einflusses von (Sozial)Demokraten aufzuhalten. Wie die Wahlen im Jahre 1932 und im März 1933 zeigten, war dieses Vorhaben ohne Erfolg.[40] Bereits in der Spätphase der Weimarer Republik begannen auch in Minden die politisch und rassistisch motivierten Repressionen von Nationalsozialisten.[41] Diese Verbrechen hatten zwar vornehmlich nationalsozialistische Funktionäre zu verantworten, aber Nachbarn, Mitschüler und Kollegen der jeweils Bedrängten waren dabei nicht unbeteiligt oder unwissend.[42] Aufgrund des relativen Rückhalts der NSDAP in der Bevölkerung[43] stießen die Nationalsozialisten kaum auf Widerstand, als sie im Frühjahr 1933 die öffentlichen Ämter in Verwaltung und Regierung übernahmen sowie die zahlreichen Vereine und Verbände entweder „gleichschalteten" oder zerschlugen.[44] Spätestens im Frühjahr 1933 setzte fast ungehindert die staatlich gesteuerte und systematische Verfolgung, Verhaftung und Mißhandlung von Jüdinnen und Juden, Sinti und Roma sowie von Sozialdemokratinnen und Sozialdemokraten, Kommunistinnen und Kommunisten[45] sowie weiteren politischen Gegnern der NSDAP ein.[46]

Einer dieser Verfolgten war der bis weit in die NS-Zeit angesehene Mindener Arzt Robert Nußbaum.[47] In mehrfacher Hinsicht ist er ein typisches Beispiel[48] eines als jüdisch verfolgten Bürgers[49], der sich durch Wohltätigkeiten[50] Ansehen bei den Mindenerinnen und Mindenern verschafft hatte, in verschie-

39 Nesenhöner 1994; Koch/Meynert 1998, 86, behaupten, Hindenburg hätte 51 % der Stimmen bekommen, und die NSDAP hätte bis zu 34 % der Stimmen beim ersten und 41, 2 % beim zweiten Wahlgang gewonnen. Zum heutigen Gebiet Nordrhein-Westfalens und zu den Stimmengewinnen der NSDAP besonders in den protestantischen Gebieten s. Brunn 1995, 163f.; Klönne 1984a.

40 Vgl. Koch/Meynert 1998, 92-97, 103-105.

41 S. für Minden Meynert 1988b; s. a. Koch/Meynert 1998, z. B. 90-92.

42 Vgl. Kossack 1995, 77-116.

43 Vgl. die Formulierung von Broszat/Frei: „Trotz NS-Terrors im Wahlkampf [März 1933; BJ] und verfassungswidriger Behinderung ... erreichte die NSDAP nur 43,9 % der Stimmen, die Regierungskoalition nur eine knappe Mehrheit" (Broszat/Frei 1999, 204).

44 S. Koch/Meynert 1998, 105-172. Zu den einzelnen Vereinen und Verbänden sowie den Kirchen und ihren Vertretern und Organisationen s. die jeweiligen Abschnitte in Kap. III.

45 S. Koch/Meynert 1998, 105-172.

46 Vgl. zur Verfolgung verschiedener Bevölkerungsgruppen in Westfalen und Rheinland Brunn 1995, 172f.

47 Angaben über Robert Nußbaum und seine Familie stammen, wenn nicht anders angegeben, aus: Kazir 1987.

48 Weitere Beispiele bei Nordsiek 1988a.

49 Nach Kazir war Nußbaum „organisierter Sozialdemokrat".

50 Z. B. versorgte das Ehepaar Nußbaum arme Kinder mit warmen Mahlzeiten.

denen bürgerlichen Vereinen und Organisationen integriert war[51] und sogar als Stadtarzt fungierte. Für den kaum religiös erzogenen Juden wurde seine jüdische Abstammung erst mit dem NS-Regime relevant.[52] Lange konnte und wollte Nußbaum nicht wahrhaben und akzeptieren, daß er als angesehener Bürger mit dem Tode bedroht war. Zunächst wurden dem Ehepaar und ihren Patienten in einigen Lokalen der Zutritt verweigert, Frau und Herr Nußbaum von Mitmenschen geschnitten, und schließlich mußten die Nußbaums um die Approbation des Arztes bangen. Die Aufforderung, Minden zu verlassen, verstand Nußbaum nicht als Warnung und akzeptierte sie nicht. „Nußbaum behauptete damals ...: Wenn er nur beweisen könne, daß er unschuldig sei, werde man ihn freisprechen. Daran glaubte er noch lange“[53]. Entgegen seiner Hoffnung konnte sich das Ehepaar Nußbaum nicht gegen die Verhaftung des Arztes am 14. 7. 1937 wehren. Daraufhin bemühte sich seine Frau Dora um die Möglichkeit der Auswanderung des Ehepaars und gleichzeitig um die Freilassung ihres Mannes. Am 14. 2. 1941 wurde er zwar aus dem Zuchthaus freigelassen, jedoch bald darauf in das KZ Sachsenhausen bei Oranienburg verschleppt. Dort wurde er am 15. 4. 1941 ermordet.

Inzwischen systematisierten und verschärften die Nationalsozialisten ihre Verfolgungspolitik. In der Reichspogromnacht zum 9. November 1938 zerstörten sie die Mindener Synagoge und zahlreiche jüdische Geschäfte. Außerdem terrorisierten sie jüdische Bürger in ihren Wohnhäusern, z. B. Walter Simon, der unweit von der Familie Nußbaum in der Stiftsallee wohnte.[54] Spätestens seit dem wurden zahlreiche Jüdinnen und Juden, Sinti und Roma sowie politisch Andersdenkende, aber auch ausländische Zwangsarbeiterinnen und Zwangsarbeiter in zahlreiche „Arbeits- und Konzentrationslager“ in der Umgebung von Minden eingesperrt, wie z. B. im KZ Niederhagen in Wewelsburg, ein Außenlager von Sachsenhausen, oder in Barkhausen und Hausberge, Außenlager für Neuengamme bei Hamburg.[55] In den „vier Lagern der Außenstelle Porta“ waren ca. 14.000 Menschen, viele aus Polen, der UdSSR und aus westeuropäischen Nachbarländern, inhaftiert. Darunter war das „Arbeitserzie-

51 So z. B. im Wandervogelbund, dessen Schatzmeister er seit 1917 war. Etwa von 1918 bis 1928 engagierte er sich im Kronacher Bund (Bund älterer „Wandervögel“) und darüber hinaus im Verein der Freunde der Jugendburg Ludwigstein bis Dezember 1935.

52 Nußbaum gehörte z. B. nicht der jüdischen Gemeinde in Minden an. Vgl. Meynert 1988b, 103, 105, wo er auf die menschenunwürdige Kategorisierung der jüdischen Kinder und Jugendlichen in „Volljuden“ usw. eingeht; ders. 1991, 118, mit einem Beispiel eines Jugendlichen bei der Naturfreunde-Jugend. Meynert merkt an, daß Kinder und Jugendliche tatsächlich häufig nichts oder kaum etwas von ihrer jüdischen Abstanmmung wußten, da ihre Eltern sie darüber – aus Schutz o. a. – im Unklaren gelassen hatten.

53 Kazir 1987, 12.

54 Kazir macht keine Angaben darüber, ob auch Frau Nußbaum und ihr Sohn angegriffen wurden. Vgl. Nordsiek 1988a, 66; zu Deportation und Haftbedingungen Nordsiek 1994.

55 Albertin 1998, 175.

hungslager“ Lahde, in dem „bei einer durchschnittlichen Belegung von etwa 700 Häftlingen in 22 Monaten fast 800 Gefangene zu Tode kamen“.[56] Für die Überlebenden dieser Lager bedeutete der Einmarsch der Alliierten – wenn auch nicht die sofortige[57] – Befreiung.[58]

Die Lebenssituation der meisten anderen Mindenerinnen und Mindener verschlechterte sich erst im Laufe des Krieges, v. a. aufgrund mangelnder Lebensmittelversorgung und schließlich durch die Bombardierung der Stadt im Jahre 1943, als die Alliierten vom Winter 1943 bis März 1945 versuchten, mit Luftangriffen v. a. das Wasserstraßenkreuz und die Eisenbahnlinie zu treffen.[59] Von den zahlreichen Bombenalarmen und den Bombardierungen fühlten sich die Stadtbewohner terrorisiert. Seit etwa 1943 verlor das NS-Regime nicht nur in Minden, sondern im ganzen Reich allmählich, aber nicht in entscheidendem Ausmaß an Rückhalt in der Bevölkerung.[60] Der schwerste und letzte Bombenangriff zerstörte am 28. 3. 1945 erhebliche Teile der Innenstadt. Etwa 465 Menschen wurden dabei getötet.[61] Ein großer Teil der Wohnungen sowie etliche öffentliche Gebäude[62] und ein Großteil der Industrieanlagen[63] wurden zerstört oder beschädigt. Die Zerstörung des Mindener Doms und des Rathauses galt und gilt z. T. noch heute in der Mindener Öffentlichkeit als ein schwerwiegender – auch symbolischer – Schaden und „einer der schwersten Verluste in Westfalen“.[64] Minden gehörte dennoch zu den vergleichsweise wenig bombardierten Städten.

56 Brinkmann 1984. Über Mindener Firmen, die Fremd- und Zwangsarbeiter anstellten, berichtet Seifert o. J., 84-86.

57 Vgl. den Roman von Bukiet 1997. Bukiet schildert hier eine Gruppe ehemaliger jüdischer KZ-Häftlinge, die zwar seit Mai 1945 befreit waren, aber aufgrund ärztlicher Versorgung, namentlicher Registrierung u. ä. noch längere Zeit im KZ verweilen mußten.

58 Vgl. Seifert o. J., 82-85.

59 Zu den Mindener Kriegsereignissen die Zeitzeugen: Keber, Aenny Hindermann, 1951; Keber, Minden im Jahre 1945, in: MH, 32 (1960), Nr. 1/2, 32-40; Nr. 5/6, 37-45; Nr. 7/8, 58-62; Nr. 9/11, 93-98; 33 (1961), Nr. 7/8, 77-88; Nr. 11/12, 140f.; Keber 1980; Steinbrecher, Minden, 1980; Steinkamp 1949, 5-8. Ferner Nordsiek 1975; ders. 1995. Leider wurden 1945 etwa 2.000 Akten auf „höheren Befehl“ verbrannt (Steinkamp 1949, 7; Nordsiek 1995, 7f.). – Vgl. zu der Doppeldimension des Kriegsendes als Befreiung und als Besatzung Kleßmann 1991, 37.

60 Vgl. z. B. Broszat/Frei 1999, 268.

61 S. Beutelspacher/Rodekamp 1988, 5.

62 Nach der Schadensaufstellung von 1945 waren 4,2 % der privaten Gebäude total zerstört, 9,1 % schwer beschädigt und 28,2 % leicht beschädigt. Ein Jahr später stellte man ca. 4,8 % total, ca. 7,1 % schwer und ca. 25, 1% leicht beschädigte Häuser fest (Nordsiek 1995, 268f.). S. a. Steinkamp 1949, 7.

63 S. „Minden“ 1973, 343.

64 Gelderblom 1952, hier 31; s. a. ders. 1948. Vgl. Mönch 2003.

II. 1. 2. Machtwechsel und Nachkriegsgesellschaft

„Eine Übergabe der Stadt in Form einer Kapitulationsverhandlung ist nicht erfolgt.“[65]

Nach dem letzten Luftangriff erodierte die kommunale NS-Herrschaft. Am 2. April siedelte die Verwaltung in die Heideschule um, da das Stadthaus ausgebrannt war. Am Tag darauf entließ Bürgermeister Holle die Beamten und Angestellten aus dem Dienst, während bereits amerikanische und kanadische Soldaten auf dem Weg nach Minden waren. Nach kleineren Versuchen des Widerstandes und wenigen Kampfhandlungen übergab Bürgermeister Holle am 5. April die Stadt der amerikanischen Armee.[66] Am 17. 4. 1945 übernahm die britische Besatzungsmacht die Regierungsgewalt.[67] Im Zusammenhang mit den veränderten Machtverhältnissen wurden die NS-Organisationen aufgelöst und etwa 100 Personen verhaftet.[68] Schon bald gründeten Mindener – trotz oder gerade wegen der schwierigen politischen und materiellen Situation – die Organisationen wieder, die während des NS verboten gewesen waren.[69] Der Alltag der Mindener war jedoch bestimmt von Mangel an Wohnraum, Nahrungsmitteln und Konsumgütern sowie von Verlusten nahe stehender Menschen und dem Zuzug zahlreicher Flüchtlinge und „Displaced Persons“ (DP), die in Minden Verpflegung und einen Schlafplatz suchten.

II. 1. 2. 1 Menschen in Minden und auf dem Weg nach Minden

Verfolgung, Hunger und Krieg forderten auch in Minden zahlreiche Opfer, und die wenigen Verfolgten, die überlebt hatten, kamen nur zögernd zurück.[70] Dennoch stieg die Anzahl der Einwohner Mindens von 30.000 (1939) auf 48.000 (1955).[71] Ein Grund ist in den um 1939 gestiegenen Geburtenraten zu

65 So beendete der Bürgermeister Holle 1945 seinen Bericht nach Einmarsch der Alliierten in die Stadt; zit. n. Keber, Minden im Jahre 1945, in: MH, 32 (1960), Nr. 9/11, 96.

66 S. Steinkamp 1949, 8.

67 S. Nordsiek 1995, 243.

68 S. ebda., 37.

69 S. ebda., 190, 261.

70 S. die Berechnungen und Auflistungen von Hans Nordsiek: Unter den Opfern, die die Stadt Minden zu beklagen hatte, sind etwa 340 (davon 110 emigriert) Jüdinnen und Juden, 40 Sinti und Roma, zwei Zeugen Jehovas und 100 aus politischen Gründen sowie vermutlich 3.300 (von 5.100 eingezogenen) Soldaten zu zählen. Von den etwa 30.000 Einwohnern im Jahr 1939 waren etwa 10.000 männlich und über 16, davon wurden 1939 und 1940 ca. 2.500 Männer in den Kriegsdienst eingezogen (Nordsiek 1995, 262-265; Nordsiek, M. 1994, 143).

71 Nach der Volkszählung am 26. 10. 1946 nahm die Bevölkerung seit 1945 um 20 % und im Jahr 1950 um 17,3 % zu (Beutelspacher/Rodekamp, 1988, 5, 14); Krieg 1950, 5; Marschalck 1994, 52 („Nach dem Zweiten Weltkrieg lebten auf dem Gebiet des neuen Landes NRW zunächst weniger Menschen als 1939, die Bevölkerungsverluste waren jedoch schon 1950 wieder mehr als ausgeglichen.“); „Minden“ 1955, 27; Nordsiek 1995, 262, 265; Statistisches Bundesamt 1961, 71, 349.

suchen. Darüber hinaus waren zahlreiche Menschen aus Gefangenenlagern, von den militärischen Einheiten und aus russisch besetzten Gebieten unterwegs, u. a. nach Minden.[72] Teilweise betrug der Anteil der Flüchtlinge über zehn Prozent der Stadtbevölkerung. Diese Situation war durchaus typisch für Ostwestfalen, wo im Vergleich mit anderen Landstrichen im Gebiet des heutigen NRW relativ viele Menschen ein neues Zuhause suchten.[73] In Minden registrierte man am Ende des Krieges 1.950 und zwei Monate später noch etwa 366 ehemalige Zwangsarbeiter und Zwangsarbeiterinnen als „displaced persons".[74] Nicht zuletzt wegen der günstigen Eisenbahnanbindung kamen darüber hinaus zahlreiche Menschen – z. T. als Evakuierte – aus dem Ruhrgebiet aufgrund der dort noch schlechteren Versorgungslage in die Landkreise Minden und Lübbecke.[75]

Mindens Bevölkerungszahl wuchs nicht nur, sondern seine Einwohnerschaft änderte sich auch strukturell.[76] Beispielsweise waren nach dem Zweiten Weltkrieg mehr Frauen als Männer registriert.[77] Von einer Feminisierung der Gesellschaft kann dennoch nicht gesprochen werden, denn in diesen Zahlen sind weder Flüchtlinge noch „displaced persons", noch die Soldaten der Besatzungsmacht oder die zahlreichen jungen Männer im erwerbsfähigen Alter unter den Flüchtlingen und Ost-Vertriebenen einbezogen.[78] Der geringe Anteil registrierter männlicher Einwohner, häufig als ‚Frauenüberschuß' bezeichnet, wurde v. a. im Hinblick auf ein nicht zu erfüllendes Familienideal von den Zeitgenossinnen und Zeitgenossen als „Krise der Familie" problematisiert.[79] Inwiefern die Auswirkungen des Krieges zu einem veränderten Anteil Jugendlicher an der Bevölkerung Mindens führte, kann mangels entsprechender Zahlen nicht festgestellt werden.[80]

72 S. detaillierter bei Nordsiek 1995, 260-271.

73 Im Juni 1945 suchten in Minden etwa 1.475 Flüchtlinge ein Dach über dem Kopf. Im Oktober waren es bereits 3.434 (ca. 11 % der Gesamtbevölkerung) (Nordsiek 1995, 265). Drei Jahre später erhöhte sich die Zahl der Flüchtlinge auf etwa 4.600 (Beutelspacher/Rodekamp 1988, 14). S. für OWL und NRW Brunn/Reulecke 1996, 17; Kleinert 1994; Oberkrome 1997, 190; Oberpenning 1998; über die Situation der Flüchtlinge im allg. Lehmann 1991.

74 S. Nordsiek 1995, 266.

75 S. Seifert o. J., 75f. Der Autor spricht von etwa 35.346 Evakuierten im August 1945. Im November 1945 kam der letzte Zug mit Personen aus dem Ruhrgebiet nach Minden oder Lübbecke.

76 Vgl. allgemein Kleßmann 1991, 39-44.

77 Während 1871 auf 1.000 Männer 809 Frauen kamen, waren es 1925 1.081 und 1950 1.149 (Reekers 1956; vgl. Statistisches Bundesamt 1961, 349, 800; weitere Angaben zum Kreis S. 36f.).

78 S. Kleinert 1994, 124. Kleinert nennt leider keine Zahlen.

79 S. Moeller 1998a, 132.

80 Vgl. Reekers 1956, 71. Diese Statistik gibt lediglich Auskunft über den Anteil der Kinder und Jugendlichen bis 15 Jahre (22,1 von 1.000), der 15-65jährigen (68,8 von 1.000) und der über 65jährigen (9,1 von 1.000) im Jahre 1950; s. a. Statistisches Bundesamt 1957, 239; vgl. zum Altersaufbau der Bevölkerung des britisch-amerikanischen Besatzungsgebietes 1933, 1939 und 1946 Abelshauser 1975, 107. S. zu den gestiegenen Geburtenzahlen von 1929 bis 1939 Marschalck 1994; Boll 1995a, 35.

II. 1. 2. 2 Hunger, Schwarzmarkt und Währungsreform

Der Zuzug zahlreicher Menschen nach Minden in Kombination mit vorherrschender Mangelwirtschaft, Mißernten und zerstörten Häusern führte zu erheblichen Engpässen bei der Versorgung der Bevölkerung.[81] Flüchtlinge und Vertriebene benötigten ebenso eine Unterkunft wie die Angehörigen der britischen Armee und im Jahre 1947 die ca. 1.800 Mitarbeiter und Mitarbeiterinnen des Wirtschaftszentralamtes[82]. Die Armee beschlagnahmte ein ganzes Wohnviertel für sich, so daß die ehemaligen Bewohner, wie Dieter K.s Familie, in Notunterkünfte ausweichen mußten. Der Wohnraum pro Person verringerte sich folglich erheblich.[83]

Gravierend waren die Engpässe bei der Versorgung mit Lebensmitteln und Gebrauchsgegenständen. Die bereits während der NS-Zeit zunehmend auf Kriegsgüter konzentrierte Produktion und die allgemein gesunkene Produktivitätsrate verursachten bereits zu Kriegszeiten eine Unterversorgung der Bevölkerung.[84] Die Zerstörung von Industrieanlagen durch Bombenangriffe, Demontage und die z. T. ineffiziente Wirtschaftsweise aufgrund der britischen Wirtschaftspolitik zogen eine weitere Senkung der Produktion nach sich.[85] Mangelnde Rohstofferwirtschaftung und -lieferung sowie die deshalb erforderliche Rationierung von Strom und Gas legten einen weiteren erheblichen Anteil produzierender Betriebe lahm. Fehlende Düngemittel, eine Kartoffelkäferplage und Hochwasser der Weser zerstörten außerdem große Teile der Ernte im Kreis Minden. Die Folgen der Unterversorgung sowie von Kriegsverletzung und Krankheit machten es vielen Menschen unmöglich, lange Fußmärsche zur Arbeit zurückzulegen oder gar überhaupt zu arbeiten. Im März 1946 z. B. fehlten in den Betrieben 30 % der Arbeitskräfte aufgrund mangelnder Er-

81 Alle Angaben zu diesem Abschnitt stammen, wenn nicht anders angegeben, aus Seifert o. J.

82 S. Beutelspacher/Rodekamp 1988, 14; vgl. Kossack 1993. Laut Kissing waren im WZA 1.200 Angestellte und Beamte beschäftigt (Kissing 1954, 11).

83 Rein rechnerisch hatte jeder Einwohner Mindens im Oktober 1946 durchschnittlich sieben Quadratmeter Wohnfläche zur Verfügung (Beutelspacher/Rodekamp 1988, 14). S. a. Nordsiek 1995, 269; vgl. zur Wohnsituation in Deutschland Brunn/Reulecke 1996, 17f.; Plato/Leh 1997, 43-45.

84 S. allg. zur Wirtschaftsgeschichte Abelshauser 1975; ders. 1987; Borowsky 1993, 26-30, 85-94; Kleßmann 1991, 46-53, 99-120; Wildt 1996; für Nordrhein-Westfalen Petzina 1984; Briesen/Brunn/Elkar/Reulecke 1995; Brunn/Reulecke 1996. – Allgemeine Angaben sind, wenn nicht anders angegeben, diesen Publikationen entnommen. Aussagen über Minden stützen sich, wenn nicht anders notiert, auf Seifert o. J.

85 Zu einer detaillierten Beschreibung der Not und der „Notlösungen“ s. Beutelspacher/Rodekamp 1988; Seifert o. J.; zur britischen Wirtschaftspolitik und Demontage in der Region Albertin 1998, 81-83, 94-103.

nährung.[86] Noch problematischer stellte sich die Situation im Ruhrgebiet dar, weshalb von dort viele „Hamsterer“ nach Westfalen kamen. Sie erhofften sich in der landwirtschaftlich geprägten Region Nahrungsmittel und Heizmaterial. Nicht selten transportierten sie Lebensmittel zentnerweise ab. Die schlechte Versorgung der Bevölkerung führte zu depressiver Stimmung, einer gewissen Demoralisierung und einer großen Unzufriedenheit über die Wirtschaftspolitik der Alliierten.

Die meisten Menschen sahen sich dazu genötigt, Lebensnotwendiges auf dem Schwarzmarkt, bei Überfällen und Plünderungen zu beschaffen.[87] Die Einrichtung einer offiziellen Tauschzentrale am Domhof konnte nichts dagegen ausrichten. Jeder nutzte seine Möglichkeiten, sich das Nötigste zu beschaffen, so z. B. durch Kontakte zu Menschen auf dem Lande. Wer keine solchen Beziehungen besaß – wie die meisten Flüchtlinge und ehemaligen Kriegsgefangenen –, hatte in der Nahrungsbeschaffung das Nachsehen. Die Versorgungslage spitzte sich bis zum Winter 1946/7 soweit zu, daß selbst auf dem Schwarzmarkt kaum etwas zu bekommen war, obwohl die Behörden versuchten, mit einzelnen Programmen – wie der Förderung von Bergbau, einer Sammelaktion von Bucheckern und dem städtisch geförderten Gartenbau in Zusammenarbeit mit der Militärregierung – die Situation zu entschärfen.[88] Diese Politik konnte weder verhindern, daß sich bis Anfang 1947 die Produktivitätsrate stetig verringerte, noch daß das Bezugssystem im Februar 1947 zusammenbrach. Angesichts dieser Situation waren die Mindenerinnen und Mindener aufgebracht, als sie im Jahre 1947 zunächst durch Gerüchte und später aus der Presse erfuhren, daß Mitarbeiter des „Zentralamtes für Wirtschaft“ (WZA) bei der Vergabe von Lebensmitteln und anderen Gütern bevorzugt würden. Dieser Verdacht erhärtete sich, als der Leiter dieses Amtes, der SPD-Wirtschaftspolitiker Victor Agartz, eine Bevorzugung mit klassenkämpferischen Worten ablehnte, auch als er wegen Unterernährung krank wurde: „‚Ich repräsentiere die hungernden Kumpel an der Ruhr.‘“[89] Es blieb nicht bei Pro-

86 In NRW lag bis nach der Währungsreform die zu erreichende tägliche Kalorienmenge bei maximal 1.500 und 1.600. Die Zuteilungsmenge sank Anfang 1946 und im Winter 1947 auf unter 1.000 Kalorien ab. 2.000 bis 2.400 Kalorien gelten als notwendiger Mindestbedarf pro Tag (Brunn/Reulecke 1996, 24f.). Vgl. Kleßmann 1991, 46-48.

87 Kleßmann 1991, 46f.: „Zerstörung, Hunger und Schwarzmarkt bilden die mit der frühen Nachkriegszeit assoziativ am engsten verbundenen Vorstellungen. Die zeitgenössischen Quellen belegen, daß dies nicht nur die in der späteren Erinnerung dominanten Momente sind, sondern daß sich darin am unmittelbarsten die tatsächlichen Erfahrungen nach dem militärischen und politischen Zusammenbruch spiegelten.“

88 S. Beutelspacher/Rodekamp 1988, 23-26; Kohl 1994, 307; Nordsiek 1975.

89 Posser, Diether, Anwalt im Kalten Krieg, München 1991, 137, zit. n. Kossack 1993, 113f.; Westfalen-Zeitung v. 25. 2. 1947; Volksecho v. 23. 4. 1947; 7. 6. 1947, zit. n. Kossack, 1993, 115f. Später im Jahr ging es v. a. um die Vergabe von Fahrrädern, was u. a. den Schwarzmarktpreis der Fahrzeuge enorm gesenkt haben soll (Freie Presse v. 17. 12. 1947; 20. 12. 1947).

testen und sozialen Spannungen, die fast überall angesichts von Hunger und Unterversorgung zunahmen. Wie in anderen Städten und Regionen ,organisierten' auch in Minden viele Menschen Nahrung, Fahrräder, Kleidung usw. bei Raubüberfällen und Diebstählen.[90] Besonders ausgehungerte ehemalige Gefangene waren genötigt, sich mit Plünderungen der letzten gelagerten Lebensmittel etwas zu Essen und Kleidung zu besorgen.[91]

Mit der Währungsreform im Juni 1948 entspannte sich die Situation insofern, als zurückgehaltene Lebensmittel und Gebrauchsgüter nun für den Verkauf angeboten wurden, und dem Schwarzmarkt die Basis weitgehend entzogen wurde. Ein „Wirtschaftswunder" erlebte die Mehrheit der Bevölkerung zunächst dennoch nicht, denn das ,neue Geld' reichte häufig gerade, um das Nötigste zu kaufen, zumal in vielen Teilen der Westzone die Zeit um die Währungsreform mit erhöhter Arbeitslosigkeit (7,9 % in Minden[92]) verbunden war, und die Löhne trotz Preissteigerungen nicht nachgezogen hatten.[93] Nur allmählich verbesserte sich die Versorgungssituation aufgrund reichhaltigerer Ernten und zunehmender Produktionszahlen der Wirtschaft.[94]

NS-Herrschaft, Krieg und schließlich die Währungsreform, die vielfach als Zäsur wahrgenommen wurde, änderten kaum etwas an der Sozialstruktur der Stadt Minden. Nach wie vor lebte in Minden ein relativ hoher Anteil Angestellter im öffentlichen Dienst und Beamter (ca. 20 % 1950) sowie Selbständiger (ca. 15 % 1950).[95] Ähnlich wie in der Weimarer Republik arbeitete in der Beamten- und Verwaltungsstadt Minden nach dem Zweiten Weltkrieg etwa ein Drittel (ca. 25-30 %) der Beschäftigten in industriell-handwerklichen Branchen.[96] Die Stadt Minden war jedoch in Kreis und Region nicht nur als zentraler Verwaltungsstandort bedeutsam, sondern auch als Industriezentrum. Nach wie vor wurden in Stadt und im Kreis Minden v. a. Eisen und Glas bearbeitet,

90 S. z. B. „Warnung an alle!", in: Freie Presse v. 22. 1. 1947. Dies ist ein Artikel über einen Bauern, der sein Grundstück mit einem elektrischen, tödlichen Zaun abgrenzte, um sich vor Diebstählen zu schützen. S. a. die in der Presse vermerkten Klagen über zunehmende Fahrraddiebstähle im Winter 1947. – Vgl. zu Protesten, zunehmenden sozialen Spannungen usw. Boll 1995b, 197-219; Brunn/Reulecke 1996, 17, 20, 56.

91 S. Keber, Minden im Jahre 1945, in: MMG, 33 (1961), Nr. 1/3, 26-31; Nordsiek 1995, 267f.

92 Dickhaus/Grimm, 1998, 31.

93 TAM, 002K0041297; Albertin 1998, 81f.; Dickhaus/Grimm 1998, 28-36; Brunn/Reulecke 1996, 124; Faust 1996; Wildt 1996, 31-36.

94 S. Seifert o. J., 62f.; vgl. Kaelble 1998, 133f.; Morsey 1995, 44-48, zur Forschungskontroverse 150-153. Morsey geht u. a. von einem „Korea-Boom", der Ankurbelung der deutschen Wirtschaft aufgrund des Korea-Krieges, aus.

95 Dabei unterscheidet sich Minden von den meisten anderen Städten der Region Ostwestfalen-Lippe, die stark von kleinen und mittleren Handwerksbetrieben geprägt waren.

96 S. Vergleichszahlen aus dem ersten Drittel des 20. Jahrhunderts: 33, 8 % arbeiteten in Industrie und Handwerk (vgl. Bielefeld mit 59,4 %) und 11,7 % im öffentlichen Dienst (diese Prozentzahl übertrifft im Regierungsbezirk Minden nur Paderborn mit 16, 9 %) (Koch/Meynert 1998, 34f.). Vgl. Krieg 1950, 27-38.

Möbel, Zigarren, Seife, Bekleidung, Kaffeefilter und Flußschiffe produziert, und es pendelten täglich etwa 5.000 Menschen aus dem landwirtschaftlich geprägten Umland in die Weserstadt.[97] Von einer ‚nivellierten Mittelstandsgesellschaft' i. S. einer Angleichung der Lebensstandards und schwindender Klassen- und Milieuunterschiede aufgrund der wirtschaftlichen Veränderungen der frühen Nachkriegszeit kann in Minden nicht gesprochen werden.[98] Allerdings waren die Region OWL sowie die Stadt Minden schon früher weniger von starken Klassengegensätzen geprägt und Milieugrenzen nicht immer klar zu ziehen.[99]

II. 1. 2. 3 Militärregierung, Demokratie, Geselligkeit und Verlust des Regierungssitzes

„Minden als westdeutsche Wirtschaftszentrale."[100]

Ebensowenig wie die soziale Struktur hat sich die parteipolitische Konstellation in der Stadt verglichen mit der Zeit der Weimarer Republik geändert. Bevor jedoch Parteipolitik und Wahlen nach dem Krieg wieder eine Rolle spielen durften, nahm die britische Militärregierung – meist gemeinsam mit ausgewählten deutschen Persönlichkeiten aus Politik und Verwaltung – einige Veränderungen bei der politischen Ordnung und den Verwaltungsstrukturen vor. Im Sommer 1945 installierte die britische Armee im Nordwesten Deutschlands eine Militärregierung mit dem Militärgoverneur und Oberkommandierenden, Feldmarschall Bernard Montgomerey, an der Spitze. Der Sitz der Regierung – die *Control Commission for Germany/British Element (CCG/BE)* – war bis zum Umzug nach Berlin im September 1945 Bad Oeynhausen (Kreis Minden). Die ehemalige Provinz Westfalen wurde von einer Unterabteilung des *I. Corps-District*, dem *Military Government Detachment*, in Person des britischen Obersts George Alexander Ledingham und danach des Brigadegenerals Cecil A. H. Chadwick, geleitet.[101] Bei der Konstituierung dieser Machtstrukturen orientierten sich die Briten einerseits an vorhandenen Verwaltungs-

97 S. Krieg 1950, 5, 36f.; vgl. Abelshauser 1999; Albertin 1998, 73-83; Kissing 1954, 13; „Minden" 1971, 578f.; „Minden" 1973, 342 „Minden" 1974, 410. S. zu der Kaffeefilter-Fabrik ‚Melitta' den auch für die NS-Zeit unkritischen Bericht: Meyer 1980.

98 Schelsky prägte ursprünglich die These von der „nivellierten kleinbürgerlich-mittelständischen Gesellschaft" (Schelsky 1960), die weit rezipiert worden ist (vgl. Braun 1989).

99 Vgl. Albertin 1998, 73f. Dennoch sind Milieus oder ‚Schichten' zu unterscheiden und nicht, wie in Reeses Arbeit, die Stadtgesellschaft Minden als ein relativ homogenes Milieu zu betrachten (Reese 1989).

100 Freie Presse v. 22. 1. 1947; Zitat aus einem Artikel über die Einrichtung des Wirtschaftszentralamtes der Bi-Zone in Minden.

101 S. Kohl 1994, 292.

strukturen, andererseits machten sie damit auch Vorgaben für die politische Aufteilung des am 23. 8. 1946 gegründeten Landes Nordrhein-Westfalens. Die beiden Provinzialregierungen Nordrhein und Westfalen wurden am 12. 5. 1953 in „Landschaftsverbände" umgewandelt und mit staatlichen Aufgaben – z. T. ähnlich den der Landesministerien – betraut, wie die Jugendwohlfahrtspflege. Die Landschaftsverbände fungierten als Zwischenebene zwischen Bundesland und Bezirksregierungen. Bis zu seiner Ablösung durch Dr. Rudolf Amelunxen am 5. 7. 1945 saß Bernd Salzmann als Oberpräsident des Landschaftsverbandes Westfalen vor.[102] Nachdem das Bundesland Nordrhein-Westfalen gebildet worden war, bemühte man sich mit starkem Engagement um die Eingliederung des ehemaligen Fürstentums Lippe.[103] Deshalb konnte der wegen seines großen – bis heute legendenumwobenen – Verhandlungsgeschicks bekannte sozialdemokratische lippische Landespräsident Heinrich Drake erfolgreich die Verlegung der Bezirksregierung von Minden nach Detmold durchsetzen. Für Minden bedeutete der Wechsel der Bezirksregierung 1948 einen herben Verlust – nicht zuletzt an Prestige.[104] Auch das im April 1946 in Minden eingerichtete Wirtschaftszentralamt wurde Ende 1947 nach Frankfurt verlegt.[105] Minden sollte dafür langfristig mit dem Bundesbahnzentralamt ‚entschädigt' werden.[106]

Die britische Militärregierung griff darüber hinaus in die innerstädtischen Verwaltungsstrukturen ein und verlangte eine Neuformulierung der Gemeindeordnung. Von nun an sollten die politische Leitung (das Amt des Bürgermeisters) und die Leitung der Verwaltung (das Amt des Stadtdirektors) voneinan-

102 S. Brunn/Reulecke 1996, 26-35; Kohl 1994, 292-339; Romeyk 1987, 451-455; Wisplinghoff/Dahm/Höroldt u. a. 1973, 183.

103 Gründe für dieses Bemühen waren erstens die relativ einheitliche wirtschaftliche Struktur in den Regionen Minden-Ravensberg und Lippe und zweitens die Tatsache, daß das Land Lippe als wohlhabend galt (Albertin 1998, 73f.).

104 Infolge dieser „Regierungskrise" schlug Bürgermeister Hattenhauer vor, die Stadt Minden kreisfrei zu machen, analog zu Detmold und Gütersloh. Aber nicht nur Wehking warnte davor: „Die Tatsache, daß man in der heutigen Zeit so entscheidende Maßnahmen wie die Verlegung der Regierung von Minden nach Detmold durchführt, nahm Bürgermeister Hattenhauer als Rechtfertigung, einen Antrag, der ernste Probleme für die Stadt aufwirft, zu stellen ..." (Freie Presse v. 14. 2. 1948). S. a. KAM, Keber, I. Allgemeine Chronik, 138, über die ablehnende Haltung der „Stadtväter" gegen Regierungsverlegung. S. a. PRO/FO 1013, Nr. 2205. Naunin stellt fest, es sei „gewiß bemerkenswert, daß erstmals nach dem Kriegsende sich an dieser Frage ein eigener Wille des Volkes entzündete" (Naunin 1954). Vgl. zum Umzug der Regierung und dem Widerstand der Mindener Bevölkerung dagegen Ellwein 1997, 408-414.

105 Brunn/Reulecke 1996, 26-35; Kossack 1993; Wisplinghoff/Dahm/Höroldt u. a. 1973, 186. – In der Freien Presse v. 22. 1. 1947 heißt es im Vorfeld einer Ministerpräsidentenkonferenz, bei der über das bi-zonale Wirtschaftsamt entschieden werden sollte: „Auch diese Konferenz unterstreicht die Bedeutung Mindens für den deutschen Neuaufbau."

106 Welche konkreten Folgen dies für die zahlreichen im öffentlichen Dienst Beschäftigten und für die politische Position Mindens in der Region hatte, wird z. T. in Kap. III. 1. 1 diskutiert.

der getrennt werden. Nach der neuen Gemeindeordnung galt der Bürgermeister als politischer Repräsentant der Stadt und sollte direkt gewählt werden, während die Wahl des Stadtdirektors in der Stadtverordnetenversammlung stattfinden sollte. Nachdem Ende des Jahres 1945 die Stadtverordneten berufen worden waren, wählten sie am 27. 1. 1946 Dr. Hutze (CDU) in das Amt des Bürgermeisters. Der Regierungsrat a. D., Hermann Dröse[107], fungierte als erster Beigeordneter und gehörte zu den ersten SPD-Funktionären nach 1945.[108] Mit der Vorstellung allerdings, die Verwaltung von parteipolitischen Einflüssen fern zu halten, konnten sich die Briten auf lange Sicht nicht durchsetzen. Nach wie vor blieben (Partei-)Politik und Verwaltungsebene eng miteinander verzahnt. Nicht zuletzt deshalb erachteten die Briten es als notwendig, in ihrer Besatzungszone bis Juli 1945 alle Verwaltungsspitzen auszuwechseln.[109] Sie vertrauten daher wichtige Ämter Mitgliedern in der NS-Zeit verbotener Parteien an, wie die Leitung des Arbeitsamtes dem Sozialdemokraten Heinrich Riechmann.[110] Nachdem die britische Militärregierung im Sommer 1945 kommunale Beiräte mit beratender Funktion gebildet und am 1. 4. 1946 nach der Ernennung von Stadtverordneten die revidierte Gemeindeordnung eingeführt hatte, konnten am 15. 9. 1946 die ersten Wahlen der Stadtverordneten, am 13. 10. 1946 erstmals Kreistagswahlen und am 20. 4. 1947 die Landtagswahlen durchgeführt werden.[111]

Die Mindenerinnen und Mindener wählten – wie in der Weimarer Republik – überwiegend christlich-konservativ, wobei der Abstand der Ergebnisse zu der Sozialdemokratischen Partei als zweitstärkste Kraft – insbesondere bei den Kreistagswahlen – häufig gering war. Die CDU setzte sich bei allen Wahlen bis 1959 als stärkste Partei durch, dann mußte sie erstmals das Bürgermeisteramt an die SPD abgeben. Die FDP konnte bei den ersten Wahlen weder in das Stadtparlament noch in den Kreistag einziehen. Dagegen schnitt die KPD in Kreis und Stadt zunächst relativ hoch ab. Dieses Verhältnis kehrte sich bis

107 Zu Hermann Dröse s. Gottfried/Neuhann 1994, 187.

108 KAM, H 10, Nr. 347, Stadtverordneten-Protokollbuch, 29. 12. 1945-27. 4. 1951.

109 Nationalsozialistisch belastete ehemalige Beamte wurden z. B. im ehemaligen Kriegsgefangenenlager Staumühle bzw. Stukenbrock interniert (Kohl 1994, 292-299, hier 295). Zur Verwaltung s. Nordsiek 1991b, 98-104. Paul Keber berichtet über die Entlassung des Bürgermeisters Dr. Werner Holle durch die Alliierten (Keber, Minden im Jahre 1945, in: MMG, 33 [1961], Nr. 7/8, 78). Zum Lager Staumühle TAM, 002K041297. Der Interviewpartner berichtete, daß man in Minden meist erst durch die Gefangennahme von Nationalsozialisten durch die Alliierten von der Existenz dieses Lagers erfuhr. Es wäre der „Ort [gewesen], wo ‚unschuldige' Nazis unter schlechtesten Bedingungen" leben mußten, und die angeblich „nur Parteimitglied waren". Vgl. Mecking 2003; Pieper/Volker/Siedenhans 1988.

110 Riechmann war bis 1933 Gewerkschaftssekretär, danach „*offiziell* verschwunden". Auch der SPDler Hermann Dröse, der 1933 aller Ämter enthoben wurde, konnte schließlich nach 1945 wieder im Arbeitsamt arbeiten (Keber, Minden im Jahre 1945, in: MMG, 33 [1961], Nr. 7/8, 79, 87; vgl. Nordsiek 1991b, 98-103.) S. allg. Kohl 1994, 299.

111 S. Kohl 1994, 299.

Mitte der 1950er um, und die FDP stellte sogar den zweiten Bürgermeister. Die Mindener FDP stand in der Tradition des in Minden starken national-liberalen Milieus[112], wie auch die wohlwollende Begrüßung der etwa 10.000 ehemaligen Waffen-SS-Angehörigen am 15. 9. 1956 in Minden durch den stellvertretenden Bürgermeister, Hans Mosel (FDP), zeigt.[113] Trotz solcher Demonstrationen und der Repräsentation der FDP in der Stadtregierung reduzierte sich das national-liberale Milieu nach dem Zweiten Weltkrieg allmählich zugunsten des sozialdemokratischen, v. a. aber des christlich-konservativen, weil die nationalliberalen Wählerinnen und Wähler Mindens in einer eher konservativ-protestantischen Tradition standen. D. h. auch, daß die protestantischen Wählerinnen und Wähler fast problemlos die i. W. aus dem katholischen Zentrum entstandene CDU akzeptierten.[114]

Der scheinbar reibungslosen (Re-)Konstituierung eines pluralen, etwa nach Milieus geordneten Parteiensystems standen unterschiedliche Vorstellungen von ‚Demokratie' seitens der Briten und der Deutschen gegenüber[115], aber v. a. die Verunsicherung der deutschen Bürgerinnen und Bürger und Abgeordneten bzgl. demokratischer, politischer Praktiken allgemein. Sowohl die Bürgerinnen und Bürger als auch Politikerinnen und Politiker sowie Verwaltungsbeamte waren dazu angehalten, wieder oder erstmals – je nach Alter – demokratische Aushandlungsformen einzuüben. Beispielsweise ermahnte die britische Militärregierung wiederholt die Kreistagsabgeordneten, Respekt gegenüber den demokratischen Strukturen zu zeigen (z. B. wenn die Abgeordneten bei ihren Wortbeiträgen nicht aufstanden). Ein weiteres Beispiel für die anfängliche Unsicherheit der Politiker im Kreis Minden ist, daß sie in ihrem Wahlkampf überwiegend (prominentere) Politiker von übergeordneten Ebenen ihrer Parteien einluden und referieren ließen, anstatt sich selbst v. a. zu kommunalpolitischen Fragen zu äußern. Aber auch die Besucherinnen und Besucher von Wahlveranstaltungen waren es nicht (mehr) gewohnt, Fragen zu stellen und die Parteifunktionäre zur Diskussion herauszufordern.[116] Hinzu kam, daß kurz nach dem Zweiten Weltkrieg den männlichen Abgeordneten – *für sie* ungewohnt – etliche Frauen gegenüber saßen. Allerdings nahm die Anzahl weiblicher Abgeordneter sowohl im Stadtparlament als auch im Kreistag bis Anfang der 1950er Jahre ab: Im ersten Kreistag saßen fünf Frauen. Seit der Kreistagswahl im Oktober 1946 war bis 1952 keine einzige Frau mehr in diesem Parlament vertreten. Schließ-

112 S. a. Kap. III. 1. 1.

113 Freie Presse v. 17. 9. 1956; Kraushaar 1996, 1444.

114 S. Beutelspacher/Rodekamp 1988, 34; Kohl 1994, 303f.; Seifert o. J., 4-27; s. a. Kap. III. 1 u. III. 2.

115 Vgl. Morsey 1995, 4.

116 S. Seifert o. J., 14f., 17f. Seine Beispiele aus dem Kreis Minden sind durchaus auf die Stadt Minden übertragbar.

lich konnte eine Kandidatin der CDU 1952 als Kreistagsabgeordnete ihre Arbeit aufnehmen.[117] Mit der Konsolidierung der pluralistischen und parlamentarischen Demokratie ‚normalisierten' sich die Geschlechterverhältnisse auf politischer Ebene i. S. einer ‚remasculinization'.[118]

Einen ‚Rückzug ins Private' von Frauen oder von Männern, ein geringes Interesse an Politik im engeren Sinne als Parteien- und Regierungspolitik sowie an verschiedenen Formen von Vergemeinschaftung und Vergesellschaftung, kann für Minden hingegen nicht unbedingt festgestellt werden.[119] Die Mindenerinnen und Mindener bemühten sich um die Wiedergründung von demokratischen Parteien und die Durchführung ebensolcher Wahlen[120], besuchten z. T. zahlreich politische Versammlungen wie die der SPD-Ortsvereine[121]. Darüber hinaus engagierten sie sich für Wieder- und Neugründungen von Vereinen und Verbänden sowie bei kirchlichen, geselligen und unterhaltenden Veranstaltungen. Meist bewegten sie sich dabei innerhalb ihrer Milieus.[122] Einige Zusammenschlüsse und Einrichtungen gewannen in den ersten Nachkriegsjahren sogar an Bedeutung, wie z. B. die „Europäische Vereinigung Die Kogge". Dieser Verein, in der Weimarer Republik unter dem Namen „Literarischer Verein Freunde der Kogge" gegründet und 1933 verboten, verlegte 1953 seinen Sitz nach Minden.[123] Auch die in den frühen 1920er Jahren ins Leben gerufene „Philosophische Gesellschaft", auch ‚Kant-Gesellschaft' genannt, war nach der Selbstauflösung 1933 und der Wiedergründung 1947 eine recht aktive Vereinigung.[124] Für Neuerungen im Vereinsleben sorgten auch die Briten. Die britische Militärregierung rief im Jahre 1947 „Die Brücke" ins Leben, um während der NS-Zeit verbotene deutsche Literatur und Kultur sowie britische Kultur den Bürgerinnen und Bürgern Mindens zugänglich zu machen und Diskus-

117 S. Seifert o. J., 27f. Auch im Stadtparlament waren zunächst fünf Frauen vertreten, ein im Vergleich zur Weimarer Republik relativ hoher Anteil. Vermutlich verringerte sich diese Zahl in den folgenden Jahren ebenso (Nordsiek, M., 1971, 98). Leider gibt es keine Untersuchung über die weitere Entwicklung in der Nachkriegszeit.

118 Vgl. Fehrenbach 1998; Schissler 2001c.

119 Brunn/Reulecke 1996, 35f., stellen ein Desinteresse an Politik fest und führen es auf die für die Menschen in den ersten Nachkriegsjahren offensichtlich relevanteren Fragen wie Ernährung, Wohnung usw. zurück.

120 Die Wahlbeteiligung schwankte im Kreis Minden zwischen etwa 66 % und 80 % (Seifert o. J., 27).

121 S. Gottfried/Neuhann 1994, 201.

122 Bis auf diese Zusammenschlüsse waren die meisten Vereine in der Hand von Parteifunktionären, so daß sie meist parteipolitisch zuzuordnen sind und Organisationen eines Milieus waren (vgl. KAM, H 30, Nr. 174). S. a. Kap. III.

123 S. Strack 1997, 35f. In Minden wurde außerdem ein „Kulturbund für Demokratische Erneuerung" gegründet, der Lesungen, Konzerte, Kunstausstellungen u. a. organisierte (PRO/FO 1013, Nr. 2200).

124 S. Orzschig 1977. Diese Gesellschaft ist u. U. dem linksliberalen Spektrum zuzuordnen. Jedenfalls äußerte sich Kutzleb darüber, daß hier auch Sozialdemokraten zugelassen waren (Krieg 1950, 6).

sionsrunden zwischen Deutschen und Engländern zu fördern.[125] Außerdem schlossen sich Flüchtlinge und Ostvertriebene in Organisationen zusammen, in denen sie sich mit ihren Problemen und Interessen aufgehoben fanden, wie im Verband der Kriegsgeschädigten, der Heimkehrer, im Bauverein der Heimatvertriebenen[126] und in der Deutschen Jugend des Ostens[127]. Aufgaben und Ziele dieser Vereine waren z.B. die Erbauung von Siedlungshäusern[128] und die Organisierung von Jugendlichen.

Es „gelang radikalen Flüchtlingsvereinigungen nur in Ostwestf[alen]-Lippe kurzzeitig eine nennenswerte politische Organisierung der Flüchtlinge". Die Briten verboten diese in den ersten Nachkriegsjahren, und im allgemeinen fanden sich die Menschen aus ehemaligen Ostgebieten Deutschlands relativ gut in die westdeutsche Gesellschaft ein. Mittelfristig verloren diese Zusammenschlüsse an Bedeutung.[129] Die Mindenerinnen und Mindener fanden nicht nur in Kirchen und Vereinen Geselligkeit, Bildung, Orientierung[130] und Interessensgemeinschaften, sondern auch im „Scala", einem Mindener Kino[131], im Theater[132] – seit 1950 in der Tonhallenstraße – ,in Ausstellungen[133], im Museum oder in der Bibliothek[134]. Auch die Mindener Tageszeitungen erschienen nach kurzer Pause wieder: die der CDU nahestehende Neue Westfälische Zeitung am 26. 5. 1945, die eher sozialdemokratische Freie Presse am 3. 4. 1946, das kommunistische Volks-Echo seit dem 16. 7. 1946 (bis 1956) und das parteiunabhängige Mindener Tageblatt seit 1949.[135] Nach zwölf Jahren Diktatur und Gleichschaltung zahlreicher Organisationen sowie Einschränkung in Bildung und Unterhaltung errichteten Mindenerinnen und Mindener Gemein-

125 S. Beutelspacher/Rodekamp 1988, 35; Freie Presse v. 15. 1. 1947; Westfalen-Zeitung v. 2. 3. 1948. Vgl. zur Kulturpolitik der britischen Regierung Clemens 1997.

126 Keber, Wiederaufbau und Neubau in Minden, in: MH, 24 (1952), Nr. 9/12, 105.

127 Der Ring, 1 (September/Oktober 1959), Nr. 1, 16f.

128 Keber, Wiederaufbau und Neubau in Minden, in: MH, 24 (1952), Nr. 9/12, 105.

129 S. Kleinert 1994, 125.

130 Vgl. Boll 1997, 518.

131 Z. B. behandelte der Film „In jenen Jahren", der im Oktober 1947 im „Scala" aufgeführt wurde, die jüngste Geschichte, ebenso der Film „Die KZ-Todesmühle", erstmals am 3. 1. 1947 in den Universum-Lichtspielen veranstaltet (Freie Presse v. 1. 1. 1947). Vgl. zum Kino in Minden Beutelspacher/Rodekamp 1988, 36. Zur Bedeutung von Filmen in der Nachkriegszeit auch als Form des Gesellschaftsentwurfes s. Fehrenbach 1995.

132 Keber 1980, 241 f.; Krieg 1950, 6; Nordsiek 1975, 3.

133 Schon am 2. 12. 1945 wurde die erste Kunstausstellung in Minden im Foyer des Stadttheaters und im Oktober 1946 die neue Ausstellungshalle am Simeonsplatz eröffnet (Beutelspacher/Rodekamp 1988, 36).

134 Die Stadtbibliothek wurde im Jahre 1906 gegründet. Zunächst war die „Stadtbücherei und Lesehalle" in der Brüderstraße zu finden, bis sie von 1925 bis 1963 in das ehemalige Wohlfahrtsamt am Markt 28 verlegt wurde (Krieg 1950, 6; Strack 1997, 32). S. zur Dombibliothek Müller-Asshoff 1977; zu literarischen Tätigkeiten in Minden Strack 1997.

135 KAM, Zeitungen; vgl. Meier 1997. S. zu diesem Abschnitt auch KAM, Keber, Chroniken; Archiv Schülerwettbewerb Deutsche Geschichte 1984/85, Arbeit Nr. 0308.

schafts- und Herrschaftsformen, wie sie sie aus der Zeit vor 1933 kannten, sie griffen – mit neuen Akzenten und zusammen mit neuen Einwohnerinnen und Einwohnern – auf Traditionen, bestehende informelle Beziehungen, Verhaltensformen und Milieubindungen zurück. In einer Situation der zugespitzten sozialen Schwierigkeiten, der militärischen Besatzung, der teilweise sozialen und moralischen Desorientierung[136] fanden sie Halt, Geselligkeit und gestalteten „ihr Zusammenleben"[137]. Dabei trugen (nicht nur) die Mindenerinnen und Mindener besonders zu Beginn der 1950er Jahre zahlreiche politische Konflikte aus, wie etwa die Frage des Betriebsverfassungsgesetzes[138] oder die Durchsetzung des Jugendschutzes (s. u.). Bis gegen Mitte der 1950er Jahre rekonstituierten und etablierten sich viele Einrichtungen, Vereine und Parteien, die bereits in den 1920er Jahren existiert hatten. Dazugekommen sind die genannten britischen Aktivitäten und die Vereine der Ostvertriebenen. Die jüdische Gemeinde und damit die jüdische Kultur in Minden blieben hingegen für lange Zeit zerstört.

Bei seinen Streifzügen durch die Stadt Minden beobachtete der jugendliche Dieter K. neugierig die Erwachsenen bei ihren Orientierungs- und Positionierungspraktiken und verschuf sich dort Einlaß, wofür er sich interessierte. Er zögerte jedoch, sich Vereinen anzuschließen. Dieter K. begeisterte sich v. a. für ‚Neues', wie englische und französische Filme sowie Literatur. Der aus dem Kleinbürgertum stammende Junge interessierte sich – ganz anders als seine Eltern – für Politik und sympathisierte sogar mit der Sozialdemokratie.[139] Dieter K. war nicht nur ein neugieriger Beobachter, sondern – als Jugendlicher mit Jugendbildern und Erwartungen Erwachsener konfrontiert – auch ‚Objekt' von Selbstvergewisserungen des etablierten Teils der erwachsenen Bevölkerung[140], wie im folgenden ausgeführt wird.

136 Für einige verlor der Begriff des Vaterlandes seine positive und sinnstiftende Bedeutung (Reulecke 1993b, 76f.). Dagegen formuliert Frevert, daß Begriffe wie „Nation", „deutsches Volk" und „Reich" z. B. in politischen Reden durchaus nach wie vor verwendet wurden, also positive Sinnstiftung bieten konnten (Frevert 1998). S. a. Brunn/Reulecke 1996, 21f.

137 Ebda., 9.

138 S. Kap. III. 3. 1.

139 TAM, 001/002K0041297

140 Vgl. Brunn/Reulecke 1996, 11.

II. 1. 2. 4 Konstruktionen von ‚Jugenden' und Jugendpolitik

„Soviel ist sicher: jeder Tag, an dem diese deutsche Jugend einfach sich selbst überlassen wird, ist ein verlorener Tag."[141]

In den ersten zehn Jahren nach dem Zweiten Weltkrieg war ‚Jugend' in zahlreichen Reden, Artikeln, Programmen und Diskussionen ein viel geführter Begriff, insbesondere wenn es um die ‚moralische' und politische Konstitution von ‚Deutschland' ging.[142] Wie in früheren politischen und gesellschaftlichen Krisen- und Umbruchsituationen erhielt ‚Jugend' starke politische Konnotationen – im Negativen wie im Positiven[143] – und wurde zur Projektionsfläche für Hoffnungen, Zukunftsentwürfe, aber auch für Ängste. Dies galt auf unterschiedliche Weise für deutsche Jugendkonzepte und -politik wie für die der britischen Besatzungsmacht.[144] Jugenddiskurse wurden zum Spiegel mentaler Dispositionen[145], Jugendstudien zu „Seismographen für den Prozeß der Demokratieentwicklung in Deutschland"[146], Jugendbilder zu „Chiffren der modernen Welt und Signaturen ihrer Zeit"[147] und Jugendpolitik zum Instrumentarium der „Vergangenheitsbewältigung", Gegenwartspolitik sowie zur Verarbeitung gesellschaftlicher Veränderungen[148]. Ein Beispiel dafür ist die Rhetorik Ernst Fergers in seinem Band „Deutsche Jugend!":

„Es ist billig festzuhalten, daß in ihnen [den „jungen Deutschen"; BJ] die Zukunft der Nation enthalten liegt. Natürlich ist die Jugend zugleich die Zukunft ... (...). Aber daß dieser Hitler ‚Führer' wurde und für zwölf Jahre blieb, das ist ein tragisches Verhängnis Deutschlands, ein mea culpa jedes einzelnen Deutschen, der zur Zeit der unseligen Machtergreifung nicht mehr zur Jugend gehörte. Diese Schuld muß getilgt werden, und das kann nicht besser geschehen als durch Arbeit an der Jugend, die wir heute vor uns sehen, Arbeit der Älteren an den Jüngeren, mit Beispiel, mit Rat, mit Hilfe."[149]

Vorstellungen über Jugendliche hatten also nur in zweiter Instanz mit minderjährigen Personen sowie mit Generationenkonflikten zu tun.[150] Vielmehr ist

141 Ferger 1945, 18.
142 Vgl. Boll 1997, 496. S. a. Buchloh 2002.
143 Vgl. Trommler 1985, 24.
144 Vgl. Schwarz 1997.
145 Vgl. Brunn/Reulecke 1996, 62f.; Moeller 1997a, z. B. 227; Reulecke 1991a.
146 Boll 1997, 496.
147 Hafeneger 1995, 61.
148 Heinritz 1985.
149 Ferger 1945, 17.
150 Vgl. allgemein Heinz/Hübner-Funk 1997, 9: „Zweifellos bewegen sich die *wissenschaftlichen Aussagen* über bestimmte Altersgruppen von Jugendlichen .. in einem kontroversen Feld von vielfältigen nicht-wissenschaftlichen (privaten, praktischen und politischen) Vorstellungen (und Vorurteilen) über *‚die Jugend von heute'*". S. a. Hübner-Funk 1990b, bes. 22, 35.

‚Jugend' „als eine von konkreten Gesellschaften definierte und mit entsprechenden Erwartungen versehene Lebensspanne zwischen Kindheit und Erwachsenenstatus zu interpretieren". Daraus „ergibt sich ..., daß die zeitgenössische Wahrnehmung von Jugend einerseits, das Gesamtbündel andererseits, welches der Jugend als geistiges Erbe mit auf den Weg gegeben wird, zentrale Indikatoren für die Art und Weise sind, wie eine konkrete Gesellschaft sich über sich selbst vergewissert".[151] Im folgenden sollen daher die Mindener Jugenddiskurse und die damit verbundene Jugendpolitik[152] in diesem Sinne erörtert werden.

Diskurs über ‚Jugend' und Jugendpolitik[153]

Nach Ansicht des Oberpräsidenten der Provinz Westfalen, Bernd Salzmann,[154] gab es nach „der völligen Auflösung der NSDAP und ihrer Hilfsgliederungen und angeschlossenen Verbände ... keine geeignete genehmigte Behörde mehr ..., die für die Verwaltung der Jugendeinrichtungen verantwortlich ist, die im Interesse und unter der Aufsicht der Militärregierung weiter bestehen sollen, besonders für Waisen, verwahrloste und verbrecherische Jugend oder evakuierte Kinder sowie Fürsorgeerziehung".[155] Darüber hinaus erklärte die britische Militärregierung nationalsozialistische Erziehungsmaximen für ungültig: „Alle Verordnungen, die nationalsozialistischen oder verwandten Charakter tragen, sind außer Kraft gesetzt"[156]. Nun ging es v. a. darum, funktionierende Strukturen für die Jugendhilfe (wieder) aufzubauen. Auch in Minden nahmen die Jugendämter ihre Arbeit in Kreis und Stadt 1945 wieder auf[157] und arbeiteten dabei eng mit dem Bezirksjugendamt (Minden/Detmold) und dem Landesjugendamt in Münster zusammen.[158] Dem bri-

151 Reulecke 1991a, 216; vgl. ders. 1986, 1-11; ders. 1992a; ders. 1992b; ders. 1993b; ders. 1995b; ferner Hafeneger 1995; Neubauer 1992; Passerini 1997, 375-459; Schäfers 1995b, 144f.; Trommler 1985.

152 Vgl. Heinz/Hübner-Funk 1997, 5.

153 Der folgende Text beruht v. a. auf Mindener Quellen und bezieht sich hauptsächlich auf die Stadt Minden. S. ausführlich zu Jugendpolitik in Westfalen Köster 1999a.

154 S. Brunn/Reulecke 1996, 26-35; Kohl 1994, 292-339; Romeyk 1987, 451-455; Wisplinghoff/Dahm u. a. 1973, 183.

155 Erziehungsanweisung Nr. 20, die der Oberpräsident der Provinz Westfalen am 30. September 1945 weiterleitete (KAM, H 50, Nr. 128).

156 Verordnung Nr. 20 über die Erziehungsaufsicht (KAM, H 50, Nr. 128). Darin forderte die britische Militärregierung z. B. die Jugendämter auf zu prüfen, „ob keine Entfernung des Kindes von den Eltern aus rassischen, religiösen oder politischen Gründen erfolgt ist".

157 S. z. B. KAM, H 50, Nr. 128.

158 Dem ersten Organisationsplan der Bezirksregierung in Detmold vom 15. 10. 1948 zufolge war das Bezirksjugendpflegeamt der Abteilung „Kirchen und Schulen" untergeordnet, einer der drei Abteilungen, die dem Regierungspräsidenten Drake und dem -direktor Lange unterstanden. Dr. Inge Wenck leitete das Bezirksjugendpflegeamt. Das Jugendamt war dagegen Teil des Wohlfahrtsamtes, das zu den dem Regierungspräsidenten direkt unterstehenden „Überkreislichen Selbstverwaltungsbehörden des ehem. Landes Lippe" gehörte (Siemer 1987, Anhang: Schautafel, o. S.).

tischen Auftrag entsprechend gab es 1952 in Westfalen 109 Jugendämter und zwar eines in jeder Stadt und jedem Landkreis mit mindestens 10.000 Einwohnern.[159]

Diese Aktivitäten sowie die Aussage Salzmanns täuschen allerdings darüber hinweg, daß sich Bestimmungen und die Praxis der Jugendhilfe nur allmählich änderten. Beispielsweise sah die Erziehungsanweisung Nr. 20 der britischen Militärregierung vor, daß sich die „Arbeit der Jugendwohlfahrtsbehörden ... nach wie vor nach den Bestimmungen des Reichsjugendwohlfahrtsgesetzes und des Jugendgerichtsgesetzes von 1943" mit eingefügten Ergänzungen zu richten habe.[160] Insbesondere die Praxis der Jugendämter gegenüber den als deviant eingestuften Jugendlichen weist bis weit in die 1950er Jahre Kontinuitäten zu NS-Richtlinien auf:[161] Die Mindener Jugendschutzstreifen der HJ hatten z. B. in den 1940er Jahren offiziell die Aufgabe, „gegen eine etwaige Gefährdung oder Verwahrlosung der Jugend"[162] vorzugehen, d. h. gegen nichtorganisierte, politisch unliebsame Jugendliche und Jugendcliquen. Dem Verwaltungsbericht zufolge griffen diese Jugendschutzstreifen an manchen Tagen über hundert Mädchen und Jungen auf, die „sich teils auf der Straße herumgetrieben, teils ... an einer öffentlichen Tanzlustbarkeit teilgenommen [hatten] oder ... allein in öffentliche Lokale" gingen.[163] Zum „Schutz der Jugend" und zur „Jugendhilfe im Kriege" wurde „eine Arbeitsgemeinschaft" mit Vertreterinnen und Vertretern „der NSDAP, der NSV, der NS-Frauenschaft, der HJ, des BDM, der Deutschen Arbeitsfront, der Wehrmacht, der Schutzpolizei, der Kriminalpolizei, der Lehrerschaft und [den] Vormundschaftsrichtern" gebildet.[164] Das Mindener Stadtjugendamt war laut Bericht an den Landrat am 1. 10. 1945 ebenso in erster Linie mit dem „Schutz der Pflegekinder", der „Mitwirkung im

159 S. Wisplinghoff/Dahm u. a. 1973, 183. Die Stadt-, Kreis- und Bezirksjugendpflegerinnen und -pfleger im Untersuchungszeitraum waren Martin Haubach, ‚Frl.' Hartmann und Ludwig Strauch auf Kreisebene (KAM, H 40, Nr. 101; H 50, Nr. 128; H 50, Nr. 131; StADt, M1 I Ju, Nr. 160) und Herr Henkel für die Stadt Minden (KAM, H 40, Nr. 101; StADt, M1 I Ju, Nr. 160). S. für den Bezirk Lorenz 1987, 13. – Probleme gab es seitens der Briten v. a. wegen der z. T. ungebrochenen personellen und inhaltlichen Kontinuitäten in den Jugendämtern, wie im Fall der westfälischen Jugendamtsleiterin Ellen Scheuner (Albertin 1992, 47; Boll 1995a, 57; Köster 1999a; Lorenz 1987, 12, 231. S. zu Ellen Scheuner Köster 1999b, 35).

160 Schreiben des westfälischen Oberpräsidenten v. 8. 10. 1945 (KAM, H 50, Nr. 128). Zu diesem Gesetz s. Peukert/Münchmeier 1990, 30.

161 S. ausführlich Kenkmann 1996a; Köster 1999a.

162 KAM, Verwaltungsbericht der Stadt Minden 1940/41, 51.

163 KAM, Verwaltungsbericht der Stadt Minden 1940/41, 51, s. a. 45; Verwaltungsbericht der Stadt Minden 1941/42, 91; Verwaltungsbericht der Stadt Minden 1942/43, 79.

164 KAM, Verwaltungsbericht der Stadt Minden 1940/41; vgl. Verwaltungsbericht der Stadt Minden 1941/42; Verwaltungsbericht der Stadt Minden 1942/43. Vgl. zur Kontinuität in der Jugendpolitik Albertin 1992, 47; Heinritz 1985, 303; Kebbedies 1997; Kenkmann 1996a, 214-222.

Vormundschaftswesen", bei der „Fürsorge für hilfsbedürftige Minderjährige", der „Mitwirkung bei der Schutzaufsicht und der Fürsorgeerziehung", „der Beaufsichtigung der Arbeiten von Kindern und jugendlichen Arbeitern", „bei der Fürsorge für Kriegswaisen und Kindern von Kriegsbeschädigten" sowie „in der Jugendhilfe bei den Polizeibehörden, insbesondere [bei der] Vernehmung von Kindern und Jugendlichen" beschäftigt.[165] Die Politik der Nationalsozialisten gegenüber Kindern und Jugendlichen wurde auch in der Weise fortgesetzt, daß minderjährige „Arbeitsbummelanten" in „Arbeitserziehungslager" gesperrt wurden.[166] Auch das scheinbar ziellose Aufhalten auf der Straße in Grüppchen wurde bestraft, und es galten strenge Ausgehverbote. Aus dem Blickwinkel westfälischer und Mindener Jugendamtsmitarbeiter galten Jugendliche in den ersten Nachkriegsjahren im allgemeinen als verwahrlost, kriminell und der „Tabak- und Alkoholsüchtigkeit"[167] verfallen. Das Mindener Jugendamt war v. a. in den ersten beiden Nachkriegsjahren mit der „verwahrlosten, straffälligen" oder „verbrecherischen" „Jugend" befaßt.[168] Man sorgte sich – wie die Bezirksjugendpflegerin Inge Wenck in einem Bericht über den Stand der Jugendpflege 1947 – auch über den „mangelnden geistigen Hunger" und eine „weitgehende Passivität der Jugend gegenüber geistigen Betätigungen".[169] Als 1946 der Schulrat im Kreis Lübbecke über die Aufgaben der Schule vor „noch nicht zugelassenen" Lehrerinnen und Lehrern sprach, äußerte er sich geradezu verachtend über die „geistig-seelischen Verirrungen und Verwirrungen der Jugend".[170]

Neu waren hier gegenüber der NS-Jugendpolitik allerdings v. a. die (vorgegebenen) politischen Vorzeichen und Ziele. Nach Ende des NS-Regimes fürchteten sich viele Erwachsene vor der nationalsozialistischen Gesinnung junger Menschen bzw. ihrer positiven Erinnerungen an „‚schöne Erlebnisse in der HJ und im BDM'", wie es das Kreisjugendamt Herford im August 1946 bei der „Masse der Jugend" beobachtet haben wollte. Man hatte außerdem Angst vor Umtrieben von „Werwolf"-Gruppen.[171] Diese Sorgen schlugen sich

165 KAM, H 50, Nr. 128. S. auch die vom Landesjugendamt in Münster organisierten Freizeitlager sowie andere Aktivitäten zum Schutz und der Fürsorge für die ‚wandernde' Jugend, eine zentrale Aufgabe im Rahmen der Jugendhilfe nach 1945 und seit den ‚Nenndorfer Richtlinien' von 1945 Pflichtaufgabe aller Jugendämter (Brunn/Reulecke 1996, 65f.; Naunin 1952, 151f., 156-158).

166 Vgl. Hafeneger 1988; Kebbedies 1997; Köster 1999b, 38.

167 StADt, M1 I Ju, Nr. 161.

168 KAM, H 50, Nr. 128. Vgl. zur Kriminalpolitik und ‚Kriminalbiologie' gegenüber Jugendlichen in der Nachkriegszeit Baumann 2002.

169 StADt, M1 I Ju, Nr. 161.

170 StADt, D 1, Abt. 4, Nr. 2173, zit. n. Albertin 1998, 131.

171 Lagebericht des KJA Herford an den Regierungspräsidenten am 28. 8. 1946, zit. n. Albertin 1992, 62, 42-45. S. zu der ‚Werwolf'-Bewegung Biddiscombe 1998.

u. a. in zahlreichen Studien nieder, in denen insbesondere die Einstellung Jugendlicher zur „Politik“[172], zu ihrer Position zum Zweiten Weltkrieg und zum NS-Regime erfragt wurde.[173] Auch die britische Militärregierung maß Jugendlichen für ihre Politik insofern eine hohe Bedeutung zu, als Beobachterinnen und Beobachter Deutschlands die große Attraktivität des NS-Regimes für junge Menschen feststellten. Sie sahen in „der deutschen Jugend“ z. B. eine „Neigung zum Absoluten“, die „in der Sehnsucht nach einer charismatischen Führerfigur“ vollendet wäre.[174] Da man sich bei diesen Beobachtungen zunächst auf den im engeren Sinne politischen Aspekt des NS-Staates konzentriert hatte, übersah man häufig die sogenannten unpolitischen bzw. im weiteren Sinne politischen Gesichtspunkte des NS-Regimes, so daß der Politisierungsgrad Jugendlicher als hoch eingeschätzt wurde.[175]

Das Bild änderte sich. Häufige Begriffe im Zusammenhang mit der Charakterisierung Jugendlicher waren seit dem Kriegsende „Nihilismus“ und „Depression“.[176] Auch deutsche Erwachsene werteten politisches Desinteresse und Gleichgültigkeit negativ. Daher war ein weiterer wichtiger Topos in den Jugendstudien das im allgemeinen als zu gering eingestufte „Interesse an Politik“.[177] Obwohl sich das Verhältnis Erwachsener zur Politik nur unwesentlich unterschied, wurden junge Menschen agitiert, sich für Politik zu interessieren, wie im Dezember 1945 in der Süddeutschen Zeitung: „Keine Angst vor Politik! Sie ist das unvermeidliche Instrument unserer notwendigen Arbeit in Staat und Wirtschaft. (...) An den Jungen liegt es vor allem, neu zu stimmen und ein neues Lied frisch zu beginnen ...“.[178]

Mit dem Mißtrauen gegenüber Jugendlichen[179] und dem Bild von ‚der unpolitischen Jugend‘[180] mischte sich – oft in pathetischer Rhetorik vorgetra-

172 Wie Boll hervorhebt, sei jedoch der in diesen Studien verwendete Politikbegriff kritisch zu diskutieren und zu historisieren, bevor man die Ergebnisse der Untersuchungen analysiert (Boll 1997, 498f.).

173 Vgl. Zinnecker 1985b.

174 Schwarz 1997, 17.

175 S. ebda., 21.

176 Ebda., 28.

177 S. Boll 1997, 497f., 500-502; vgl. Zinnecker 1985b.

178 Tietz, Josef, „Keine Angst vor Politik“, in: Süddeutsche Zeitung v. 21. 12. 1945, zit. n. Münchmeier 1991a, 87. Vgl. die Briefe an den „Neuen Hannoverschen Kurier“, abgedruckt in der Ausgabe v. 1. 2. 1946 anläßlich eines Berichtes über eine öffentliche Diskussion über ‚unpolitische Jugendliche‘: ‚Politische oder unpolitische Jugend?‘ (StADt, M1 I Ju, Nr. 162).

179 Vgl. Boll 1997, 497.

180 Vgl. Holtmann 1989, 149-152; Kenkmann 1996, 251; Münchmeier 1991a, 86-92. Diese Autoren hinterfragen jedoch leider bei ihren Aussagen zu dem jugendlichen Desinteresse an Politik den in der historischen Situation unterlegten Begriff von Politik nicht. Kritischer Poiger 1996, z. B. 605.

gene – Hoffnung in ‚die Jugend'. Diese galt als Erneuerin „des Volkes" und sollte dessen „Verjüngung" gewährleisten.[181] Folglich sollte die „Förderung der Jugend" dazu verhelfen, „das deutsche Volk zum Segen der Menschheit wieder zu alter Blüte emporzuführen", wie der Bielefelder Oberbürgermeister Artur Ladebeck bei der „Woche der Jugend" 1948 forderte.[182] In dieser Logik stand die ‚Schuldlos-Erklärung' des Britischen Zonen-Beirats[183], die am 20. 7. 1946 gleichzeitig mit der Gründung des Landes Nordrhein-Westfalen in den Nachrichten des „Westdeutschen Rundfunks" verkündet wurde. Denn ein neues demokratisches Land brauchte ‚seine Jugend'.[184] Insbesondere in den frühen 1950er Jahren warben Politiker um das Engagement Jugendlicher für Politik und Akzeptanz des sich neu konstituierenden Staates, wie Karl Arnold bei den Großveranstaltungen der Jugendverbände von NRW am 10. 10. 1950 in Essen.[185]

Parallel dazu galten die verstärkten Anstrengungen vieler Erwachsener in Politik, Vereinen und der Pädagogik dem ‚Schutz der Jugend', wie einem Schreiben der Stadt Minden an die Gastwirte im Januar 1956 bzgl. der Einhaltung des Jugendschutzes in der Karnevalszeit zu entnehmen ist: „Für uns gibt es keinen Zweifel darüber, daß unsere Jugend dennoch nicht schlechter ist als die früheren Generationen. Sie ist nur in viel stärkerem Maße Gefährdungen ausgesetzt, als Sie und wir es waren."[186] Jugendliche erschienen seit etwa Anfang der 1950er Jahre verstärkt als Opfer von bestimmten Familienverhältnissen, Konsumangeboten und neuen Medien. Besonders das Ansehen „jugendungeeigneter Filme"[187], wie „Kriminal- und Wildwestfilme"[188], führe zu „verhängnisvollen Auswirkungen"[189], d. h. zu Jugendkriminalität und ‚sittlicher Gefährdung' der Mädchen und Jungen. Deshalb galt seit etwa Mitte der

181 S. das vollständige Zitat von Carl Klinkhammer, einem Düsseldorfer Geistlichen, im April 1947 in der Zeitschrift „Neues Abendland": „Ein Volk regeneriert sich in seiner Jugend. Die seelische, geistige und körperliche Erneuerung der Jugend gewährleistet die Verjüngung des Volkes" (zit. n. Brunn/Reulecke 1996, 63).

182 Zit. n. Brunn/Reulecke 1996, 63; s. a. StABi, Zeitungsausschnittssammlung, Bd. J, Kultur- und Geistesgeschichte 190 Jugendpflege/Jugendbewegung ab April 1946. Vgl. Albertin 1992, 24, 27; Wagner 1995, 45-49; allg. Hafeneger 1995, 70-76.

183 Es wurden alle Jugendliche für „schuldlos" erklärt, die am 30. 1. 1933 noch nicht 18 Jahre alt waren.

184 S. Brunn/Reulecke 1996, 64; vgl. Hübner-Funk 1990b, 32.

185 S. Weber 1996.

186 KAM, H 50, Nr. 133.

187 KAM, H 50, Nr. 133 (1955).

188 Straffällige Jugendliche, Pressemitteilung der Stadt Minden v. 2. 1. 1953 (KAM, H 50, Nr. 134).

189 „Wildwest-Manieren greifen um sich: Eine ernste Mahnung des Jugendamtes an die Eltern und Erziehungsberechtigten", in: Westfalen-Zeitung v. 8. 1. 1953 (KAM, H 50, Nr. 134).

1950er Jahre die Aufmerksamkeit der Jugendamtsmitarbeiter zunehmend den „kinowütigen Jugendlichen“[190] und der „Aktion ‚Kampf gegen Schmutz und Schund‘“ in Zeitschriften und Büchern[191] sowie dem jugendlichen Besuch von Gaststätten: „Die Kehrseite dieses Vergnügens [in Gaststätten und Tanzlokale zu gehen; BJ] für unreife Jugendliche, die allzu vertrauensselig sind oder den Versuchungen nicht widerstehen können, ist oft Verwahrlosung, Not und Krankheit“[192] sowie ein „verpfuschtes Leben“[193]. „Gefährdungsmomente“ würden außerdem von „Alkohol und ... Trubel, den die Veranstaltungen der Karnevalszeit mit sich bringen“, ausgehen.[194] Jugendliche sollten auch vor den „gegebenen bzw. gebotenen“ „Gefahren und Gegenmaßnahmen ... durch die vielfältigen Sommerfeste bei Kirchmessen, Schützen- und Reiterfesten, Betriebsfesten usw.“ geschützt werden, wie der Regierungspräsident in einem Schreiben die Jugendämter im Juni 1953 aufforderte.[195] Etwa drei Jahre später zeigte man sich zudem äußerst besorgt über die ‚Halbstarkenkrawalle‘, obwohl in Minden keine stattfanden und in der Emnid-Umfrage von 1956 festgestellt wurde, daß schließlich die „Jugend in der Bundesrepublik und in Westberlin ... nicht nur aus ‚Halbstarken‘“ bestand.[196] In den Jugendämtern und in der Presse Mindens war man sich weitgehend einig, daß die „zerrütteten Verhältnisse“, in denen die „‚betrogene Generation‘“ lebte, für diesen Zustand verantwortlich seien.[197] Man stellte einen direkten kausalen Zusammenhang zwischen den neuen Medien, Filmen, dem Tanzen und abweichenden Verhalten Jugendlicher her und rechtfertigte auf diese Weise die Jugendschutzaktionen i. S. des Jugendschutzgesetzes als unbedingt erforderlich. Während also in den ersten Nachkriegsjahren die „verwahrlosten“ Jugendlichen im Mittelpunkt der Diskurse standen, nahmen in den 1950er Jahren ‚Jugendschützer‘, Psychologen und Pädagogen zunehmend Erziehungsberechtigte, Wirte, Kinobesitzer in die Verantwortung und Jugendliche als Opfer ‚unverantwortlicher‘ Erwachsener

190 „Sorgen um kinowütige Jugendliche. Neufestsetzung des Jugendschutzalters“, in: MT v. 1. 12. 1956 (KAM, H 50, Nr. 131).

191 Schreiben des Arbeits- und Sozialministeriums NRW am 25. 5. 1957 an die Stadt Minden (KAM, H 50, Nr. 131).

192 Stadtdirektor am 2. 3. 1954 (KAM, H 50, Nr. 134).

193 „Kleine Ursachen für ein verpfuschtes Leben“, in: Freie Presse v. 15. 3. 1954 (KAM, H 50, Nr. 134).

194 Schreiben der Stadt Minden an Gastwirte am 20. 1. 1956 (KAM, H 50, Nr. 133).

195 KAM, H 50, Nr. 131.

196 In den Jahren 1956/7 wurden vom Mindener Jugendamt die ‚Halbstarken‘-Krawalle in anderen Städten genau beobachtet. Aus diesem Grund enthalten die Mindener Akten diesbezüglich Notizen und Zeitungsartikel (KAM, H 50, Nr. 134).

197 „Eine Hilfe für die ‚betrogene Generation‘. Große Arbeitskonferenz für Jugendschutz – Vertreter aus der Stadt und dem ganzen Kreisgebiet“, in: Freie Presse v. 30. 4. 1952; s. a. „Jugendschutz ... das wichtigste Gebot der Stunde! Ein Gesetz von weittragender Bedeutung im Blickpunkt der Öffentlichkeit“, in: MT v. 30. 5. 1952 (KAM, H 50, Nr. 131).

in Schutz.[198] In der Mindener Samstagsausgabe der Westfalen-Zeitung der 1950er Jahre wurden diese Probleme in einem fingierten Dialog zwischen Julchen und Fridolin diskutiert: „Da spricht man immer, daß was gegen die Verwahrlosung der Jugend getan werden muß, aber im Kino kriegt sie's gleich knüppeldick zu sehen, wie man's machen muß."[199] In gewisser Weise ähnlich argumentierte der Leiter der Aktion Jugendschutz in Hamm/W., Dr. Becker, bei seinem Vortrag im Juni 1956 in der Mindener Domschule zum Thema „Jugendschutz": „Die Jugendnot unserer Tage ist nicht so sehr ein Versagen der Jugend, als vielmehr ein Versagen der Familie." Durch das „Versagen der Familie" würden Jugendliche „der ‚Schutzhülle' beraubt".[200] Jugendliche waren nun nicht mehr (nur) ‚Fälle' der Polizei, sondern zunehmend Klienten der (außerschulischen) Pädagogik und Psychologie.[201]

‚Jugendschutz' und Jugendkontrolle

In diesem Konnex ist die Verabschiedung des Jugendschutzgesetzes von 1952 zu sehen.[202] In Minden wurden bereits seit 1951 Jugendämter und Pädagogen verstärkt in diesem Sinne aktiv.[203] 1952 fand in Minden die erste Konferenz

198 S. z. B. Aktion Jugendschutz, NRW, Rundbrief, Nr. 56, Ausgabe A v. 1. 12. 1959, worin eine Tonbildserie mit dem Titel „Die Eltern waren ahnungslos" angeboten wird; Aufgaben und Ziele des Aufklärungsdienstes für Jugendschutz (KAM, H 50, Nr. 131). Albertin arbeitete erstmals deutlich für die Nachkriegszeit diesen Jugenddiskurs für OWL heraus und unterschied dabei von den sozialen Lebensverhältnissen (Albertin 1992, 32-42). Vgl. Heinritz 1985, 293-319; Kenkmann 1996b, 252-254. Die hier skizzierte Entwicklung findet Parallelen in der Geschichte der Pädagogik und Erziehungswissenschaft (Wagner 1995, 61-70). S. a. „Ein unverständliches Wort aus Elternmund. Sie haben ja sonst nichts vom Leben!", in: MT v. 14. 5. 1952. Dieser Artikel bezieht sich auf die Reaktion von Eltern, deren Kinder von den Jugendschutzstreifen nach Hause gebracht wurden (KAM, H 50, Nr. 133); „‚Der kategorische Imperativ unserer Tage'. Jugendschutz als Mittel der Jugendhilfe", in: MT v. 19. 6. 1956; „‚Erziehung ist Beispiel und Liebe, sonst nichts!' Ein Jugendpsychologe vor den Eltern", in: MT v. 19. 6. 1956; Westfalen-Zeitung v. 29. 4. 1950, Nr. 99 (KAM, H 40, Nr. 194).

199 Westfalen-Zeitung v. 29. 4. 1950, Nr. 99 (KAM, H 40, Nr. 194). Darin wurde bereits darauf aufmerksam gemacht, daß die Schuld für die ‚Verwahrlosung' junger Menschen nicht bei ihnen selbst liege, sondern bei Erwachsenen, aber z. B. auch an zu wenigen Spiel- und Sportplätzen innerhalb der Stadt Minden.

200 [Im Orig. hervorgeh.] MT v. 19. 6. 1956 (KAM, H 50, Nr. 134). Vgl. dazu, daß v. a. Erwachsene Adressatinnen und Adressaten der Jugendschutzaktivitäten waren, Heinritz 1985, 310.

201 Diese Entwicklung wurde von einer verstärkten Institutionalisierung der Jugendforschung begleitet (Hübner-Funk 1990b, 32f.).

202 Am 1. 1. 1952 trat das ‚Gesetz zum Schutze der Jugend in der Öffentlichkeit' (GSJÖ) in Kraft. Am 1. 10. 1957 wurde das Gesetz novelliert. Außerdem relevant in diesem Zusammenhang ist das am 14. 7. 1953 in Kraft getretene – bis zu einer Gesetzesreform 1973 gültige – ‚Gesetz über die Verbreitung jugendgefährdender Schriften' (GjS) (Heinritz 1985, 308). Vgl. zum Jugendschutz-Diskurs Ubbelohde.

203 KAM, H 50, Nr. 130.

über das Jugendschutzgesetz statt. Daran nahmen u. a. der Stadtrechtsrat Dr. Krieg, der Stadtoberinspektor Grote und der Stadtsekretär Streuber teil. Trotz des leicht veränderten Blickwinkels galt die Polizei als eine maßgebliche Instanz für die Kontrolle Jugendlicher. Deshalb hielt neben dem Kreisverwaltungsrat auch ein Vertreter der Polizei eine Rede zum „Sinn und Zweck des Gesetzes“, zum „Kampf gegen die Schund- und Schmutzliteratur unter Berücksichtigung der durchgeführten Maßnahmen innerhalb des hiesigen Stadtgebietes“ sowie über die „Durchführung der Jugendschutzbestimmung durch die uniformierte Polizei auf dem Lande; hier: im Bereich des Polizeikreises Minden“. Zur Umsetzung des Gesetzes sollte ein Ausschuß des Jugendamtes gebildet werden, dem ein Vormundschaftsrichter, der Leiter des Kreisjugendamtes, Mitglieder der Wohlfahrtsorganisationen, ein Polizei-Vertreter, der Kreisjugendpfleger, der Vorsitzende der Elternpflegschaften der Volksschulen u. a. angehören sollten. Daraufhin machten der Polizeiinspektor Minden und die Bezirksregierung in Detmold eine ausführliche Presse- und Öffentlichkeitsarbeit[204], organisierten Vortrags- und Diskussionsveranstaltungen und führten einen regen Schriftverkehr mit Schulen und Wohlfahrtsverbänden.[205] Außerdem bekam die Polizei den Auftrag, nach

> „§ 1 des o. a. Gesetzes und den dazu erlassenen Verwaltungsverordnungen ..., Jugendliche unter 18 Jahren, die sich an Orten aufhalten, an denen ihnen eine sittliche Gefahr oder Verwahrlosung droht, uns zu melden bzw. den Erziehungsberechtigten zuzuführen oder *wenn dieser nicht erreichbar ist,* in die Obhut des Jugendamtes zu bringen. Wir glauben, daß in den überwiegenden Fällen eine unmittelbare Zuführung zu den Erziehungsberechtigten möglich sein wird. Damit wir aber eine weitere Überwachung der Jugendlichen bzw. die Einleitung von Erziehungsmaßnahmen in Erwägung ziehen können, bitten wir, diese Fälle zu melden und dabei die zur Herstellung der Kartei erforderlichen Angaben zu machen ...“.[206]

Bis zum September 1952 führten die Weibliche Polizei, die Schutzpolizei und die Kriminalpolizei „Sonderstreifen“ sowie „allgemeine Kontrollen“ durch. „Strassen, Plätze und sonstige jugendgefährdende Orte“ konnten „ausreichend“ kontrolliert werden. Probleme gab es aber in „Gaststätten, Vergnügungsbetrieben, Revue- und Kinotheatern“, da die „Kontrollen ... nur durch

204 Begleitet und unterstützt wurden diese Tätigkeiten von reißerischen Zeitungsartikeln über kriminelle Jugendliche und die angebliche Wirkung von Westernfilmen, ‚unsittlichen‘ Büchern und Heften usw.

205 Notiz v. 7. 5. 1952 (KAM, H 50, Nr. 131); s. a. H 50, Nr. 128 u. Nr. 133.

206 KAM, H 50, Nr. 131. S. a. Heinritz 1985, 309f. Heinritz hebt die Bedeutung der ‚jugendgefährdenden Orte‘ für die Jugendschutzaktivitäten hervor und unterstreicht damit das Argument, daß es im wesentlichen um die Kontrolle Jugendlicher in der Öffentlichkeit und weniger um Jugendschutz ging, weil zu den ‚gefährlichen Orten‘ auch Campingplätze, Wartehallen und später Eiscafés zählten.

Einzel- oder zwei Personen durchgeführt wurden". Deshalb „konnten Übertretungsfälle nicht immer restlos festgestellt werden, da die Jugendlichen die Vergnügungsstätten durch Hintertüren usw. verliessen". Aus diesem Grund wurden gemeinsame Kontrollen mit dem Jugendamt vorgeschlagen.[207] Daraufhin beteiligten sich Mitarbeiterinnen und Mitarbeiter des Jugendamtes an den ‚Jugendschutzstreifen', so daß auch in den Gaststätten und Theatern kontrolliert werden konnte. Häufig durchstreiften die ‚Jugendschützer' die ‚jugendgefährdenden Orte' mehrmals in der Woche bis spät in die Nacht und kontrollierten in zahlreichen Lokalen (manchmal sieben in einer Nacht). Dabei wählten sie meist einschlägig bekannte, d. h. bei Jugendlichen beliebte Gaststätten aus. Außerdem verließ man sich auf Aussagen von Jugendamtsmitarbeitern und Bürgern über besonders ‚jugendgefährdende' Orte. Beispielsweise bat die

„Sozialbetreuerin des Reichsbundes der Kriegsgeschädigten und Kriegshinterbliebenen ... am 1. 12. 1959 fernmündlich [das Kreisjugendamt; BJ], durch das zuständige Jugendamt eine Jugendschutzkontrolle in der Gastwirtschaft ‚Ilse' ... zu veranlassen. Nach ihren Beobachtungen fahren an jedem Freitag zahlreiche weibliche Minderjährige aus dem Stadtgebiet von Minden per Anhalter nach Fehren und nehmen da an einer Tanzveranstaltung teil. Es soll sich um mindestens 6 bis 14-15jährige Mädchen handeln."[208]

Wenn die ‚Jugendschützer' das Lokal betraten, versuchten sie zunächst, die Ausweise der Jugendlichen zu kontrollieren. Nicht immer verliefen die Kontrollen „ohne besondere Schwierigkeiten". Jugendliche versuchten zu entkommen, andere provozierten die Erwachsenen.[209] Polizei und Jugendamtsmitarbeiter kontrollierten auch, ob Wirte Plakate oder Schilder mit dem Hinweis auf das Jugendschutzgesetz angebracht hatten. Aber – so mahnte die Stadt einen Gastwirt im September 1955 – es „genügt nicht, daß diese Bestimmungen sichtbar aushängen, sondern Sie als Veranstalter sind dafür verantwortlich, daß dem Gesetz nicht zuwidergehandelt wird".[210] Auf diese Weise gab es auch Konflikte zwischen den Betreibern der Gaststätten und Kinos, die die Kontrollen in ihren Lokalen nicht immer freudig unterstützten. Die unerlaubt anwesenden Jungen und Mädchen wurden entweder aufgefordert, nach Hause zu gehen, oder – häufiger – nach Hause gebracht. Manche wurden auch für die Nacht im evangelischen Mädchenwohnheim oder an ähnlichen Orten festgehalten, weil das

„Nachhausebringen der Jugendlichen ... viel Zeit bzw. Fahrkilometer gekostet [hätte]. Aus wirtschaftlichen und erzieherischen Gründen ist es notwendig,

207 Bericht an das Landesministerium v. 24. 9. 1952 (KAM, H 50, Nr. 131).
208 KAM, H 50, Nr. 133.
209 Bericht v. 10. 11. 1959 (KAM, H 50, Nr. 133).
210 KAM, H 50, Nr. 133.

daß bei den kommenden Kontrollen die Jugendlichen bis zum Herannahen des Tages geschlossen untergebracht und anschließend entlassen werden."[211]

Wenn die ‚Jugendschützer' die aufgegriffenen Mädchen und Jungen dennoch nach Hause begleiteten, verschufen sie sich einen Eindruck von den Eltern, die nach Meinung der Kontrolleure oft zu unbekümmert und gleichgültig über die abendliche Beschäftigung ihrer Söhne und Töchter waren. In den meisten Fällen, waren es Mädchen, die das Lokal verlassen mußten, zu ihren Eltern gebracht wurden oder in einem Heim übernachten mußten. Meist am Tage nach der nächtlichen Kontrolle fertigten die Jugendschützer Berichte über den Verlauf der Kontrollen an. Darin kommentierten sie die Jugendlichen, z. B. ein Mädchen, das „einen recht selbständigen und älteren Eindruck [machte], als sie ist. Sie scheint von den Eltern aus recht frei gehalten zu werden, denn sie war im Besitz des Hausschlüssels".[212] Ein anderes Mädchen, 17 Jahre alt, wurde im Bericht der Kriminalpolizei ‚verdächtigt', „häufig wechselnden Geschlechtsverkehr und eine Geschlechtskrankheit" zu haben.[213] Ein Jugendlicher wurde „wegen einer sittl. Gefahr oder wegen drohender Verwahrlosung dem Jugendamt gemeldet".[214] Die Eltern waren laut Aussagen der Jugendschützer „zum Teil einsichtig, zum Teil vollkommen gleichgültig".[215] Diese Kontrollen wurden bis in die 1960er Jahre fortgesetzt.[216]

Gleichzeitig bemühten sich die ‚Jugendschützer', junge Menschen mit Broschüren und in Veranstaltungen über die ‚Gefahren' ‚aufzuklären'. Aber die Sprache in den verteilten Publikationen sowie die Gestaltung von Diskussionsabenden legen die Vermutung nahe, daß die Informationen über ‚Jugendschutz' eher an Erwachsene gerichtet waren als an Jugendliche, die selten zu Vortragsveranstaltungen eingeladen waren.[217] Als 1956 viele Jugendliche – etwa die Hälfte aller Zuhörer – zu einer Veranstaltung des Stadtjugendamtes in Salem kamen, waren die Veranstalter überfordert und fühlten sich gestört. Bei der Diskussionsrunde mit Referenten ging es um Erziehungsfragen „stark vom Psychologischen her beleuchtet" und „auf einen Zuhörerkreis von Erwachsenen zugespitzt". Der Stadtjugendamtsleiter Heydt bezeichnete in seiner Notiz diese Veranstaltung „nicht als ganz geglückt". Er plante deshalb für eine folgende Veranstaltung, daß dort Jugendliche ihre Fragen vorher einreichen

211 Notiz vom Polizeikommissar an das Stadtjugendamt am 9. 12. 1954 (KAM, H 50, Nr. 133); vgl. Albertin 1992, 40f.
212 Bericht am 4. 10.1956 (KAM, H 50, Nr. 133).
213 Bericht über Jugenschutzsstreife am 8. 2. 1957 (KAM, H 50, Nr. 133).
214 Meldung v. 28. 2. 1960 (KAM, H 50, Nr. 133).
215 Bericht v. 6. 12. 1954 (KAM, H 50, Nr. 133); s. a. KAM, H 50, Nr. 131 u. Nr. 134.
216 KAM, H 50, Nr. 130.
217 Als z. B. 1957 ein Richter über den „Jugendschutz aus Sicht des Richters" sprach, waren Kinobesitzer, Psychologen u. a. Erwachsene, aber keine Jugendlichen, zur Diskussion eingeladen (KAM, H 50, Nr. 131).

müssten. Ihre Fragen würden dann „von Dr. Mohr behandelt und beantwortet werden".[218] Offensichtlich waren die Veranstalter unsicher im Umgang mit Fragen Jugendlicher und fürchteten deren Unberechenbarkeit; die jungen Menschen waren im Grunde unerwünscht. Vielmehr waren v. a. Mütter und Väter die Adressatinnen und Adressaten der Jugendschutztätigkeiten.

Sie sollten die „Jugend besonders zur Wachsamkeit gegenüber allen Gefahrenmöglichkeiten" erziehen.[219] Besonders Eltern unterstanden der Kritik: Viele seien angesichts der abendlichen Aktivitäten ihrer Kinder „ahnungs- und sorglos" oder „gleichgültig"[220]. Außerdem seien die „Auflösung der Familie" und das „Versagen der Eltern" für die ‚Gefährdung' der Jugendlichen verantwortlich zu machen.[221] Dabei wurde die Berufstätigkeit der Mütter besonders schwer gewichtet. Ihnen wurde vorgeworfen, daß sie meist nicht aus wirtschaftlicher Notwendigkeit erwerbstätig wären, sondern „um das Leben wie vor der Ehe fortsetzen zu können"; außerdem wären viele Frauen „auf ausdrücklichen Wunsch des Mannes berufstätig".[222] D. h., die Familienväter entsprachen nicht dem Ideal des Alleinverdieners. Nicht nur das: Sie sollten auch ihre Familienrolle überdenken. Es sei wichtig, „daß der Vater nicht immer nur abends als ‚Racheengel' in Erscheinung trete."[223]

Jugendintegration durch Jugendpflege

Die Aufmerksamkeit der Behörden sowie vieler Erwachsener galt allen jungen Menschen. Dies entsprach den neuen gesetzlichen Bestimmungen der Alliierten. Bereits am 12. 9. 1945 verordnete die britische Militärregierung „die gesetzliche totale Zuständigkeit des behördlichen Jugendamtes auf dem Gebiete der Jugendwohlfahrt i. w. S.". Infolgedessen wurden die Kompetenzen und Tätigkeitsfelder[224], aber auch die Zielgruppen erweitert, die während der NS-

218 KAM, H 50, Nr. 131.
219 Aufgaben und Ziele des Aufklärungsdienstes für Jugendschutz (1955) (KAM, H 50, Nr. 131).
220 KAM, H 50, Nr. 131; Nr. 133.
221 „Leben ohne Kontakte: Der Mensch zwischen den Maschinen. Wanderung nach der Arbeitsstelle/Sphäre der Familie durch ‚Pauschal'-Erziehung ersetzt", in: MT v. 1. 9. 1956 [i. Orig. unterstrichen].
222 „‚Der kategorische Imperativ unserer Tage'. Jugendschutz als Mittel der Jugendhilfe", in: MT v. 19. 6. 1956.
223 „‚Erziehung ist Beispiel und Liebe, sonst nichts!' Ein Jugendpsychologe vor den Eltern", in: MT v. 19. 6. 1956. (KAM, H 50, Nr. 134); s. a. zu den veränderten väterlichen Aufgaben Mogey 1957; Montesi 1953; vgl. Poiger 1996, 579f., 591.
224 Zit. n. Brunn/Reulecke 1996, 64f. S. Britische Akten, in denen es u. a. um eine Stärkung der (neuen) Jugendpfleger, insbesondere in den Kreisen, geht (PRO/FO 1013, Nr. 2201 u. FO 1050, Nr. 1075). – In diesem Zusammenhang mußte sich das Landesjugendamt und der Landschaftsverband Westfalen-Lippe um den Wiederaufbau des Jugendherbergswerks bemühen (Naunin 1952, 151f., 156-158; vgl. Hartung 1959).

Zeit auf „Erziehungswürdige“ beschränkt waren, während „Unverbesserliche“ dem Strafrecht überlassen wurden[225]. Nun mußten sich die Jugendämter allen Jugendlichen widmen.[226] Im Rahmen der Jugendpflege[227] offerierten Mitarbeiterinnen und Mitarbeiter der Jugendämter ‚gute‘ Filme, Bücher, Tanzveranstaltungen als Alternative zu den als ‚schädlich für die Jugend‘ eingestuften kommerziellen Angeboten.[228] In diesem Sinne mahnte die Bezirksjugendpflegerin Wenck an, daß für die Jugendpflege „Jugendliteratur als Gegengewicht zu Film und Tanz“ fehlten.[229] Gleichzeitig stellte Wenck fest, „daß die in den Jugendorganisationen erfasste Jugend sehr selten der Gefährdung und Verwahrlosung anheimfällt oder kriminell wird“. Deshalb „müsste es den verantwortlichen Behörden oberste Aufgabe sein, dem Wiederaufleben der Jugendorganisationen und der Jugendpflege *unter allen Umständen* zu helfen.“[230] Damit entsprach sie dem „Wunsch des Oberbefehlshabers“ der Britischen Militärregierung, „daß die Bildung von Jugendgruppen viel energischer betrieben wird“.[231]

Die Tätigkeiten und Aufgaben der amtlichen Jugendpflege bestand wie im Fall des Bezirksjugendpflegeamtes darin, Jugendgruppen bei der Verpflegung der Zeltlager- und Fahrtenteilnehmer sowie den „Erfahrungsaustausch mit den Jugendorganisationen der anderen deutschen Länder und des Auslandes“ zu unterstützen[232], erhöhte Auflagen „anerkannt guter Jugendzeitschriften, Papierzuteilung für Lieder und Laienspielbücher“ sowie „Einkaufsmöglichkeit für Musikinstrumente“ zu organisieren und „Schuhbezugsscheine für Angehörige der Jugendgruppen“ und „Heizmaterial“ zuzuteilen.[233] Für die von den Briten forcierte Wieder- und Neubelebung von Jugendgruppen fehlten weitgehend neue Konzepte und häufig eigene Erfahrungen mit demokratischer Jugendarbeit.[234] Deshalb versuchte man, auf die Erfahrungen, Kompetenzen und Kapazitäten aus den Jugendorganisationen und der Jugendbewegung der Wei-

225 S. Peukert/Münchmeier 1990, 25-31, hier 31.

226 Die Erweiterung des Tätigkeitsfeldes der Jugendämter bestand laut Erziehungsanweisung Nr. 10 „besonders auf dem Gebiet der Jugendpflege“ (KAM, H 50, Nr. 128). Vgl. Köster 1999a, 486.

227 Vgl. allg. Hahn/Karsten 1956, Bd. 5, 434-438; Münchmeier 1991b.

228 S. z. B. die Tätigkeiten des Bezirksjugendpflegeamtes (StADT, M1 I Ju).

229 Kreisverwaltung Minden an den Regierungspräsidenten Minden im März 1947 (StADt, M1 I Ju, Nr. 161).

230 Bericht über den Stand der Jugendpflege im Regierungsbezirk Minden in der Zeit vom 1. 10. 1946 bis 31. 3. 1947 (StADt, M 1 Ju, Nr. 161). Vgl. Albertin 1992, 32; Kenkmann, 1996b, 254; zur aktuellen Diskussion Baum 1997.

231 KAM, H 50, Nr. 128; vgl. Lorenz 1987, 12; Müller 1994.

232 S. Naunin 1952, 151f., 156-158; vgl. Hartung 1959.

233 Kreisverwaltung Minden an den Regierungspräsidenten Minden im März 1947 (StADt, M1 I Ju, Nr. 161). Vgl. zu den Aktivitäten und Aufgaben in der Jugendpflege Albertin 1992, 50; Kenkmann 1996b, 250f.; Peukert/Münchmeier 1990, 36.

234 Vgl. Albertin 1992, 47f.

marer Republik zurückzugreifen und die entsprechenden Personen einzubinden. Aus diesem Grunde wurde Georg Strutz, bis 1933 Vorsitzender des TVdN und aktiv in der Arbeiterjugendbewegung, von den Briten am 13. 12. 1945 zum „Vertreter der Jugendorganisationen der Stadt Minden“ benannt.[235]

Der Förderung von Jugendorganisationen und -gruppen, auch „grösserer Jugendverbände auf freiwilliger Grundlage ... und zwar mit religiöser oder kultureller oder auf Erholung gerichteter Zielsetzung“, standen strenge Vorgaben gegenüber. Beispielsweise durften Jugendgruppen weder politische, militärische noch militärähnliche Ziele haben: „Drill, Marschieren und besonders jene Art von straff organisierten Reiterspielen, welche die Nationalsozialisten zur Stärkung des Kampfgeistes förderten, können nicht geduldet werden.“ Dahingegen mußten „alle Anstrengungen gemacht werden, eine freiheitlich denkende und demokratische Führerschaft zu bilden, welche die ihr lebendigen Ideale von Ritterlichkeit, Ehrenhaftigkeit und Grossmut weitergeben kann“. Erwachsene in Jugendämtern, Jugendoffiziere und Personen über 18 Jahren innerhalb der Jugendorganisationen hatten helfende, „an der Allgemeinheit“ dienende und beratende Funktionen.[236] Wer über 18 Jahre alt war und in Jugendorganisationen tätig werden wollte, durfte kein aktiver Offizier der Wehrmacht gewesen sein und wurde auf seine bzw. ihre politische Vergangenheit überprüft.[237]

Noch vor der offiziellen Erlaubnis der Briten zur Bildung von Jugendorganisationen im August 1946 entstanden zahlreichen Gruppen und Verbände meist auf Initiative von Personen, die bereits während der Weimarer Republik in der Jugendbewegung aktiv gewesen waren.[238] Die Briten beobachteten v. a. die politische Zuordnung und die Traditionen der Jugendverbände mit Skepsis.[239] Wesentliche Impulse und neue Akzente kamen aus der britischen Jugendarbeit – in Minden bis September 1949 in der Person des Jugendoffiziers Leslie Pugh.[240] Die Briten ergänzten die verbandliche Jugendarbeit mit offener Jugendarbeit in Jugendclubs, Jugendtreffs und Jugendhöfen, die möglichst auch nichtorganisierte Jugendliche erfassen sollte.[241] Hier sollten Jugendliche

235 KAM, H 50, Nr. 128. Dies geschah auf der Grundlage der Anweisung Nr. 30 der Erziehungsaufsichtsbehörde.

236 Erziehungskontrollanweisung Nr. 39/Abschrift von Abschrift 21. Armeegruppe Mil. Gov. (KAM, H 50, Nr., 128).

237 S. z. B. Erziehungskontrollanweisung Nr. 40, wie sie vom Landesjugendamt in Münster an die kommunalen Jugendämter am 11. 2. 1946 weitergegeben wurde (KAM, H 50, Nr. 128); zur bes. Beobachtung von Pfadfindergruppen PRO/ FO 1050, Nr. 1075. Vgl. Albertin 1992, 48f.; Boll 1995a, 67-72; Fehrlen/Schubert 1991, 69.

238 Vgl. Schwarz 1997, 28. Allerdings gründeten sich bereits vorher viele Organisationen wieder.

239 S. z. B. PRO/FO 1050, Nr. 13.

240 StADt, M 1 I Ju, Nr. 162; PRO/ FO 1050, Nr. 1075, Nr. 1295, 1321.

241 Vgl. Albertin 1992, 30-32; Fehrlen/Schubert 1991, 72-74.; Müller 1994, 62f.

persönlichen Kontakt zu den britischen Soldaten bekommen, sich musisch und spielerisch betätigen, sich politisch bilden und auch demokratische Strukturen einüben.[242] Dies gilt insbesondere für die britischen *discussion clubs/groups*, wie es sie auch in Minden gab.[243] Jugendliche wie erwachsene Deutsche trafen außerdem Angehörige der britischen Armee in der „Brücke" und bei der Armee selbst zu Literatur- oder Filmveranstaltungen.[244]

Im Jugendhof Vlotho, unweit von Minden, initiierte die britische Besatzungsmacht unter aktiver Einbeziehung deutscher Jugendleiterinnen und -leiter, namentlich dem Leiter des Kreisjugendamtes Herford, Klaus von Bismarck, britische Jugendarbeit *par excellence*.[245] Sie wandelten die ehemaligen HJ-Bannführerschule ‚Herzog Widukind' in eine demokratische und Verbände übergreifende Jugendleiterbildungs- und -begegnungsstätte um. Hier begegneten sich ehemalige HJler, BDM-Mädchen, Jugendleiter der katholischen und der sozialistischen Jugend. Sie bekamen von den Briten den Raum, um sich in *self government*[246], Selbstverantwortung und Toleranz zu üben.[247]

Der britischen Militärregierung kam es neben der demokratischen Erziehung Jugendlicher auch auf die Partizipation der Jugendverbände an der Jugendpolitik an. Sie verlangten daher von den Jugendämtern die Zusammenarbeit zwischen freier und behördlicher Wohlfahrts- und Jugendpflege.[248] Die Briten führten damit das Prinzip der ‚Zweigliedrigkeit' der Jugendämter ein, wie es das RJWG von 1922 vorgesehen hatte, das 1933 durch das ‚Führerprinzip' in den Jugendämtern abgeschafft worden war. Im Jahre 1945 forderten die Briten die Mindener Behörden auf, eine eigene Jugendamtsbehörde aufzubauen und einen „Ausschuß Freiwilliger von nicht mehr als 10 Personen mit möglichst breitem Querschnitt" zu bilden[249], dabei v. a. mit den „kirchlichen"[250] Jugend- und Wohlfahrtsverbänden zusammenzuarbeiten und den Aufbau der Jugendverbände zu fördern. Diese

242 S. Boll 1995a, z. B. 45.

243 Z. B. auch an Schulen (PRO/FO 1013, Nr. 2203). In den britischen Akten aus den Jahren 1947/48 werden häufig die Mindener Diskussionsrunden als besonders rege hervorgehoben (z. B. PRO/FO 1013, Nr. 2200, 2201, 2203, 2204, 2205).

244 TAM, 001/ 002 K041297.

245 Vgl. Schwarz 1997.

246 S. KAM, Keber, Chroniken, I. Allg. Chronik, 1939-1946; PRO/FO 1013, Nr. 2200; FO 1050, Nr. 13. S. a. Kap. III. 4.

247 Vgl. zu den Grundsätzen dieser Politik Boll 1995a, 54-63. S zur Geschichte des Jugendhofes bes. im Untersuchungszeitraum Albertin 1992, 52-59; Kersting 1999; Lorenz 1987. S. a. den Zeitzeugenbericht Bismarck 1998.

248 S. Naunin 1952, 151f., 156-158. Der Schutz und die Fürsorge für die „wandernde Jugend" war in ganz Deutschland eine zentrale Aufgabe im Rahmen der Jugendhilfe nach 1945 und wurde mit den „Nenndorfer Richtlinien" von 1945 zur Pflichtaufgabe aller Jugendämter (Brunn/Reulecke 1996, 65f.; s. hier auch zur „Heimstattbewegung").

249 KAM, H 50, Nr. 128.

250 Verordnung Nr. 10 über die Erziehungsaufsicht (KAM, H 50, Nr. 128).

Arbeitsgruppe freier Träger der Jugendhilfe mit Beratungs- und Entscheidungsrecht sollte zusammen mit der Verwaltung das Jugendamt bilden.[251] Seitdem arbeiteten auf der Grundlage des RJWG von 1922 in Minden Stadt- und Kreisjugendamtssausschüsse.[252] Aber erst mit der Novellierung des RJWG im Jahre 1953 waren die Jugendämter verpflichtet, Jugendwohlfahrtsausschüsse (JWA) mit Vertretern von Jugendverbänden einzurichten. Obwohl die Jugendämter, wie im Kreis Minden[253], auf die Zusammenarbeit mit den Jugendverbänden angewiesen waren, tagte in Minden der JWA erstmals drei Jahre nach der Gesetzesnovelle, nämlich 1956, und auf Landschaftsverbandsebene erst 1957.[254]

Aufgrund dieser Politik gerieten die Jugendämter in Konflikt mit den Jugendorganisationen, die sich nach dem Zweiten Weltkrieg zu Jugendringen zusammengeschlossen hatten und – anders als zur Zeit der Weimarer Republik – auf pluralistische und demokratische Weise zusammenarbeiteten.[255] Denn die Förderung der Jugendverbände bedeutete nicht, daß Jugendliche tatsächlich als politische Subjekte Mitspracherechte in Jugendämtern oder Kommunen erhielten. Das Einüben von Demokratie, Toleranz und Staatstreue, nun für die Bundesrepublik, wurde an die Jugendlichen innerhalb der Jugendorganisationen delegiert. Die Jugendämter wurden nicht konsequent den neuen staatlichen Erfordernissen angepaßt, und die Jugendlichen erhielten faktisch keine Partizipation an den Regelungen der sie betreffenden Maßnahmen.[256]

An der allgemein geringen Einbeziehung von Jugendverbandsvertretern änderten auch die Anfang der 1950er Jahre – erstmals in NRW 1951 – eingeführten Landes-[257] bzw. Bundesjugendpläne (1950)[258] nicht viel, obgleich bei den Beratungen zur Aufstellung dieser Pläne neben vielen anderen ein interministerieller Ausschuss mit Vertretern der Jugendringe und -verbände mitwirkte.[259]

251 Oberpräsident der Provinz Westfalen, Landesjugendamt, am 8. 10. 1945 u. ö. an die Landräte und Oberbürgermeister der Provinz Westfalen (KAM, H 50, Nr. 128). Vgl. Brunn/Reulecke 1996, 65; Buschmeier/Lehmkuhl 1999, 118.

252 KAM, H 50, Nr. 131. Zur Entstehung der Jugendfürsorgeerziehung Köster 1997b; Müller 1994; Naunin 1952, 151-161; Peukert 1986; ders./Münchmeier 1990; Reulecke 1997c; Trost 1956.

253 Zu den Aktivitäten des Mindener Kreisjugendamtes, das zunehmend Seminare u. ä. für Jugendliche und Jugendleiter auch zu politischen Themen veranstaltete, s. die Einladungen u. a. in den Akten des Mindener CVJM: Protokoll der Vorstandssitzung am 23. 4. 1955 (KAM, „Protokollbuch III"); KAM, CVJM, „Ordner V" (unverz. Bestände des KAM); KAM, Plakatsammlung, Plakatgruppe 3, 3c: Sonstige, Mappe 1941-1959.

254 S. Kap. III. 4; vgl. Köster 1999b, 36f.

255 S. PRO/FO 1050, Nr. 1250; ausführlicher Kap. III. 4; vgl. Boll 1995a, z. B. 220.

256 Vgl. Reulecke 1993b, 85.

257 Vgl. Weber 1996.

258 Vgl. Chaussy 1989, 216f.; Faltermaier 1983b, 21-24.

259 Außerdem existierte seit 1950 auf bundesstaatlicher Ebene ein Referat für Jugendwohlfahrtspflege. Ebenso seit 1950 gab es ein „Kuratorium für Jugendfragen", worin die staatlichen Instanzen mit freien Trägern der Jugendhilfe kooperierten (Peukert/Münchmeier 1990, 35-37).

Insbesondere rhetorisch engagierten sich seit Beginn der 1950er Jahre Landes- und Bundespolitiker für die Institutionalisierung von Jugendpflege in den Regierungen[260], um „demokratische und antifaschistische Jugendarbeit" zu fördern[261].

Konstruktion von ‚Jugenden' und Selbstvergewisserung Erwachsener

Die Wortführer der Diskurse über ‚Jugend' sahen Jugendliche zunehmend als (passive) Opfer von Kommerz und von als nicht normal befundenen Familiensituationen. Mit der Förderung der organisierten Jugendgruppen ging also auch eine verstärkte Differenzierung der Jugendlichen aus Sicht von Erwachsenen einher. In Zusammenarbeit mit den Jugendverbänden und unter Verwendung der Kapazitäten, der Kompetenz und der Erfahrungen von Jugendleiterinnen und -leitern der Jugendbewegungen und -organisationen aus der Weimarer Republik wurden v. a. diejenigen Jugendlichen unterstützt, die weder kriminell noch anders deviant waren und den kommerziellen Freizeitangeboten nicht so sehr zugetan waren. Mit der Jugendpflege-Politik versuchten Erwachsene, die „nicht organisierte gesunde (sic!) Jugend"[262] gesellschaftlich zu integrieren und zu privilegieren. Beispielsweise schlug die Bezirksjugendpflegerin Inge Wenck vor, Mitgliedern von Jugendorganisationen Ausweise auszustellen, so daß sie nicht beim Zelten von der Polizei behelligt werden konnten.[263] Diese Jugendlichen waren mehr als andere junge Menschen Adressaten von Aufforderungen seitens der Politiker, sich am staatlichen und gesellschaftlichen Aufbau zu beteiligen. Ein Beispiel dafür ist die Rede des Kreissportverbandsvorsitzenden und späteren CDU-Landrats Wehking 1947 anläßlich des Beginns von Jugendleiterkursen in der Jugendherberge Hausberge bei Minden:

„Unsere heutige Jugend hat ein geschichtliches Erbe zu wahren, hat auf- und auszubauen, muß um Gestaltung ihres Eigenlebens ringen und Wegbereiter werden, in eine bessere Zukunft unseres deutschen Volkes. Die Lehrgangsteilnehmer, die aus der konfessionellen, bündischen, freien und sportlichen Jugendarbeit kamen, bewiesen in den Wochen, wie durch gemeinsame Arbeit Neuland gewonnen werden und zum Wohle einer friedvollen kommenden Zeit bestellt werden kann (sic)".[264]

260 Vgl. Albertin 1992, 30-32; Müller 1994, 63f.
261 Chaussy 1989, 216f.
262 Naunin 1952, 151f., 156-158
263 S. StADt, M1 I Ju, Nr. 160.
264 „Praktische Jugendarbeit in der Jugendherberge Hausberge", in: Freie Presse v. 15. 11. 1947. Vgl. zu dem Beginn der Jugendherbergsarbeit in Hausberge nach dem Zweiten Weltkrieg: KAM, Bestand 51 (Kreis Minden-Lübbecke), Nr. 01.

Demgegenüber stand die Kritik an der ‚kranken', ‚tanzwütigen', dem Freizeitkonsum ‚verfallenen' und von ‚schlechten' Filmen ‚verführten' ‚Jugend'. Im Jugenddiskurs und in der praktischen Jugendpolitik wurden ‚Jugenden' sozial und nach Geschlecht differenziert: Das ‚kranke' Mädchen galt v. a. als sexuell aktiv, deviant und auffällig[265], während der ‚kranke Junge' in erster Linie als gewalttätig und kriminell in Akten und Zeitungsartikeln erschien. Insbesondere Mädchen und ihre angebliche ‚sexuelle Verwahrlosung', also ihrem Geschlecht nicht angemessenes öffentliches Verhalten, standen im Mittelpunkt der Mindener Jugendschutzaktivitäten.[266] Gleichzeitig forderten die Briten die Jugendämter ausdrücklich auf, junge Frauen in den Jugendausschüssen und Jugendleiterschulungen einzubinden.[267]

Faktisch aber agierten auf dem Feld der Jugendpolitik fast ausschließlich Männer. In erster Linie wurden männlichen Jugendlichen legitime Räume geschaffen, während Mädchen und junge Frauen auf Straßen, in Gaststätten u. a. öffentlichen Orten, vielen Zeitgenossinnen und Zeitgenossen ein Dorn im Auge waren. Die Jugendpflege richtete sich aufgrund geschlechtsspezifischer Politik- und Organisationsformen sowie aufgrund der Traditionen männlich dominierter sowie männerbündischer Strukturen in Jugendverbänden und -gruppen v. a. an männliche Jugendliche und junge Männer. Dem entspricht die Aufforderung in den Mindener Diskursen über ‚verwahrloste' Jugendliche an Mütter und Väter, 'normale' Geschlechterrollen in den Familien einzunehmen, d. h. für Frauen nicht berufstätig, und für Männer eindeutig berufsorientiert zu sein [268] und alleine für den Lebensunterhalt der Familie zu sorgen.[269] Bei der Propagierung der Hausfrauenehe ging es ferner um die (Re-)Konstruktion ‚normaler', d. h. bürgerlicher und für die meisten Menschen in der Nachkriegszeit kaum realisierbarer, Familienformen. Außerdem wurden durch die Jugendpflege und -initiativen überwiegend (bildungs)bürgerliche Jugendliche integriert und gefördert.[270] Auch die proletarisch ausgerichteten Jugendverbände waren v. a. für Jugendliche von Facharbeitern und Angestellten und weniger für die sozial schwächeren attraktiv.[271]

Diese Differenzierungen setzten zum einen Normen und Rahmenbedingun-

265 Vgl. Albertin 1992, 41f.

266 Vgl. Münchmeier 1991b, 28f.; Poiger 1996, 587.

267 Oberpräsident der Provinz Westfalen, Landesjugendamt, am 8. 10. 1945 u. ö. an die Landräte und Oberbürgermeister der Provinz Westfalen (KAM, H 50, Nr. 128). Vgl. Poiger 1996.

268 Vgl. Hafeneger 1988; Peukert/Münchmeier 1990, 37-39.

269 Vgl. dazu, daß der Jugenddiskurs der 1950er Jahre nicht zuletzt ein Diskurs über die Geschlechterverhältnisse und dabei insbes. über die (neue) Rolle von Vätern war, Fehrenbach 1998, 117f. S. a. Peukert/Münchmeier 1990, 39-42.

270 Vgl. Boll 1995a; Lorenz 1987, 232; auch dazu, daß britische und deutsche Jugendinitiativen oft einer Elitenbildung gleichkamen.

271 S. Kap. III.3.

gen für junge Menschen und hatten Auswirkungen auf deren Handlungsspielräume. Zum anderen spiegeln diese Diskurse (publik gewordene) Sorgen und Auseinandersetzungen Erwachsener über die (Neu-)Konstituierung von Gesellschaft und Politik in Deutschland. Die als ‚bindungslos', ‚verwahrlost', kriminell und gefährlich titulierten Jugendlichen erschienen hier als Sündenböcke des verlorenen Krieges, als ehemals treibende Kräfte des NS-Regimes und als ‚Chiffren' der als chaotisch empfundenen ‚Zusammenbruchsgesellschaft'.[272] Bei den Bemühungen Erwachsener ‚um die Jugend', sei es im Rahmen der Jugendfürsorge, -pflege oder Jugendpolitik, gerieten Vertreterinnen und Vertreter verschiedener Traditionen von Jugendarbeit miteinander in Konkurrenz und Konflikt. Die den jungen Menschen raumgebende Jugendpolitik der britischen Jugendoffiziere stand z. T. im Gegensatz zu der eher bevormundenden Haltung der Jugendamtsmitarbeiter.[273] Dies zeigte sich nicht zuletzt in der skeptischen Haltung der Bezirksjugendpflegerin Inge Wenck gegenüber dem Konzept für den Jugendhof Vlotho[274], an der Kritik an den von den Briten für Jugendliche organisierten Sportveranstaltungen[275] oder an der Abneigung gegenüber den von Jugendlichen begeistert konsumierten Wildwestfilmen und der amerikanischen Musik[276]. Hinzu kam, daß nach Ende des NS-Regimes wieder Konzepte der Jugend- und Lebensreformbewegungen der Weimarer Republik in die Jugendpflege und -schutzaktivitäten Eingang fanden. Denn in der Nachkriegszeit wurden auch solche Personen wieder aktiv, die aus ihren Erfahrungen in ‚alternativen' Bewegungen des ersten Drittels des 20. Jahrhunderts schöpfen konnten.[277] In der Jugendpolitik und in den Diskursen über ‚Jugend' werden daher die in der Nachkriegszeit unterschiedlichen, einander überlappenden und miteinander konkurrierenden Politik- und Gesellschaftskonzepte sichtbar.

Konservative Vorstellungen von Jugenderziehung und damit von Familien- und Geschlechterverhältnissen dominierten dabei. Jugenddiskurse in der Nachkriegsgesellschaft sind folglich auch als „Projekt der ‚Normalisierung' der Geschlechterverhältnisse"[278] und darüber hinaus als Praktiken sozialer und politischer Distinktion, Hegemonie sowie der Konstituierung der freiheitlich

272 Vgl. Hübner-Funk 1990c, 224, zu der „Verführungsthese"; Reulecke 1993a; ders. 1993b; allg. Hafeneger 1995, 89.

273 Vgl. allgemein zur Jugendpolitik der Alliierten, die v. a. in den Westzonen auf Einübung von Toleranz und Demokratie setzte, Boll1995a, 47; Chaussy 1989, 214-216; Füssl 1994, z. B. 105f. (Hier geht es fast ausschließlich um die Schul- und Jugendpolitik in Berlin).

274 S. Lorenz 1987, 13. Ob damit zu erklären ist, daß sie erst 1949 Dienstvorgesetzte für den Jugendhof wurde, ist nicht bekannt. Der Autor geht leider nicht auf die Hintergründe dafür ein.

275 Vgl. Albertin 1992, 50-52.

276 Vgl. Maase 1992; Poiger 1996.

277 Vgl. Albertin 1992, 37f.; Heinritz 1985, bes. 314f.

278 Schissler 2001c.

demokratischen Grundordnung der Bundesrepublik Deutschland zu betrachten[279]. Insbesondere Frauen und Männer aus den bürgerlichen Milieus, vornehmlich Pädagogen, Psychologen, Verwaltungsbeamte und Politiker, dominierten weitgehend die Jugendpolitik und -diskurse.[280] Mark Rosemans Zusammenfassung über den vermeintlichen Generationenkonflikt nach dem Ersten Weltkrieg kann deshalb auch auf die Situation nach dem Zweiten Weltkrieg übertragen werden:[281]

„In all sorts of ways, then, youthful protest, and the promise apparently held out by youth, were the products of an increasingly anxious adult bourgeois world. To that extent ‚generational conflict‘ was very much a secondary phenomenon, the product of class anxieties."[282]

Die jugendlichen Zielgruppen waren deshalb entweder v. a. Arbeiterjugendliche[283] oder Jugendliche aus bürgerlichen Milieus, die ihr Freizeitverhalten (vermeintlich) an jene anpaßten. Diese sozialen Distinktionen überschnitten sich mit politischen Positionierungen und Hegemoniebestrebungen.[284] Meinungsführer in der Jugendpolitik sind – v. a. in Westfalen – meist dem christlich-konservativen Milieu zuzuordnen.[285] Sie setzten sich bei der Umgestaltung der Jugendämter und ihrer Aufgaben weitgehend gegen sozialdemokratische Verbände und deren Politik durch: Während die SPD und mit ihr befreundete Verbände sowie der Landesjugendring die Ansiedlung des Landesjugendamtes zentral in Düsseldorf forderten, war die CDU im Einvernehmen mit den konfessionellen Wohlfahrtsverbänden mit ihrem Vorschlag, die Landesjugendämter in Westfalen dezentral zu belassen, erfolgreich.[286] Ebenso waren sich CDU, FDP und die konfessionellen Verbände gegen SPD, Arbeiterwohlfahrt etc. einig, daß es nicht wie von der SPD vorgeschlagen, höchstens beratendes, sondern „ein substantielles Mitspracherecht" für freie Wohlfahrts- und Jugendverbände geben sollte.[287] Dass es der CDU und dem Landschaftsverband nicht um demokratische Mitbestimmung von Jugendverbänden ging,

279 Vgl. Albertin 1992, 39f.; Hübner-Funk 1990b, 32; für die Kaiserzeit Reulecke 1980.

280 Vgl. Albertin 1992, 39, 50-52; Heinritz 1985, 306. Boll 1995a und Lorenz 1987, 232f., heben u. a. den elitären und bildungsbürgerlichen Charakter britisch-deutscher Jugendinitiativen hervor. Willenbacher 1988, 609-612, 617, betont, daß der Jugenddiskurs erheblich mit Deklassierungsängsten des (männlichen) Bürgertums zusammenhing. S. a. Kap. III. 1.

281 Dies steht im Gegensatz zu seinen Aussagen über die Zeit nach dem Ende des Zweiten Weltkriegs (Roseman 1995b, 32f.).

282 Ebda., 20.

283 Vgl. Münchmeier 1991b, 27.

284 Vgl. Poiger 1996.

285 Vgl. Albertin 1992, 24-30, 34f.; 51f., 59-66; Heinritz 1985, 315.

286 Landschaftsverbandsordnung, § 5, zit. n. Köster 1999b, 35. S. zur Geschichte des Landesjugendamtes Köster/Küster 1999; darin bes. Buschmeier/Lehmkuhl 1999; Köster 1999b; Küster 1999.

287 Köster 1999b, 36f.

zeigt die späte Umsetzung des Gesetzes für Jugendwohlfahrtsausschüsse im Jahr 1957. Ferner unterlagen die sozialdemokratisch geführten Städte bei der Neufassung des Gesetzes mit ihrem Einwand gegen den Vorrang der Subsidiarität der Jugendhilfe vor staatlicher, d. h. zentralistischer Regelung.[288]

Diese Konflikte lediglich als Parteienstreitigkeiten zu deuten, wäre zu kurz gegriffen. Weitergehend ist Jugendpolitik als ein wesentlicher Beitrag zur Konstituierung der Bundesrepublik Deutschland als westintegrierter Staat mit sozialmarktwirtschaftlicher und freiheitlich demokratischer Ordnung sowie einer repräsentativen Demokratie zu verstehen. Dem entspricht eine Jugendpolitik, die pluralistische – also verbändeübergreifende – und parlamentarische Umgangsformen in Jugendverbänden und -pflegeangeboten förderte, aber gleichzeitig reale Partizipations- und Einflußmöglichkeiten verhinderte bzw. sie in Jugendringe kanalisierte. Die Jugendringe und die Zusammenkünfte in den Jugendhöfen stehen außerdem für eine – nicht nur von den Briten forcierte – Reduzierung der Identifikation einzelner mit der politischen und/oder konfessionellen Ausrichtung der Organisationen. Einer der Hintergründe hierfür ist die Vorstellung von der ‚durchpolitisierten' Jugend im NS-Staat, die eine Zurückdrängung und Unterbindung von (partei)politischer Jugendarbeit erforderlich erscheinen ließ. Dies entsprach der in Westdeutschland in der Nachkriegszeit verbreiteten Unterscheidung einer positiv besetzten auf ‚Sachfragen' bezogenen ‚Sachpolitik' von der negativ konnotierten Partei- oder Klassenpolitik.[289] Zugespitzt kann man formulieren, daß diese jugendbezogenen Diskurse und Praktiken weniger als „*clear political strategies*" zur Durchsetzung der demokratischen parlamentarischen Ordnung, der Wiederbelebung wirtschaftlicher und militärischer Potenz[290] zu verstehen sind. Vielmehr exemplifizieren sie konkurrierende, sich überlappende, auf Vergangenes rekurrierende und britisch beeinflußte Gesellschafts- und Politikentwürfe[291] und den Staat Bundesrepublik Deutschland konstituierende Praktiken i. S. einer westdeutschen Selbstvergewisserung. ‚Jugend' war dabei eine Projektionsfläche. Über die Lebensrealität junger Menschen besagen diese Diskurse jedoch nur wenig und über die Perspektive jugendlicher Mädchen und Jungen (fast) nichts.[292] Im folgenden Abschnitt stehen dagegen die Jugendlichen selbst im Zentrum der Betrachtungen.

288 Zu dem „‚konservativen' Grundzug" (151) in der Jugendpolitik Westfalens in der frühen Nachkriegszeit Küster 1999.

289 Man denke z. B. an den Begriff der ‚Sozialpartnerschaft' für das Zusammenwirken von Vertretern meist gegensätzlicher Interessen (Holtmann 1989).

290 Vgl. Hübner-Funk 1990b, 31f.

291 Vgl. Wollasch 1997a, 6.

292 S. obigen Diskurs über ‚Jugend' und ‚Jugendpolitik'.

II. 2 Mädchen und Jungen: Überlebensstrategien, Orientierungen und Vergnügungen

„Wir sind eine Generation ohne Abschied, aber wir wissen, daß alle Ankunft uns gehört.“[293]

In den ersten Jahren nach dem Zweiten Weltkrieg waren die meisten Jugendlichen, wie Dieter K., in erster Linie damit beschäftigt, Lebensmittel, Kleidung und Heizmaterial aufzutreiben. Dabei waren viele Mädchen und Jungen auf sich alleine gestellt, weil sie ihre Eltern und Geschwister verloren hatten. Zahlreiche Jugendliche hatten nicht einmal ein Dach über dem Kopf. Sie waren Flüchtlinge, ehemalige Gefangene und Waisen. Andere kamen als junge Soldaten aus dem Krieg zurück, wie auch Wolfgang Borchert und sein Protagonist Beckmann:

„Sie haben uns verraten. So furchtbar verraten. Wie wir noch ganz klein waren, da haben sie Krieg gemacht. Und als wir größer waren, da haben Sie vom Krieg erzählt. Begeistert. Immer waren sie begeistert. Und als wir dann noch größer waren, da haben sie sich auch für uns einen Krieg ausgedacht. Und da haben sie uns dann hingeschickt. Und sie waren begeistert (...) Und keiner hat uns gesagt, wo wir hingingen. Keiner hat uns gesagt, ihr geht in die Hölle ...“.[294]

War das Verhältnis zwischen der „verratenen“, „betrogenen“, „verwahrlosten und „orientierungslosen“ Jugend und den Erwachsenen derart konfliktreich und gestört, wie in Borcherts Erzählungen? Sind die Nachkriegsjugendlichen unter dem Label „skeptische“[295], „zwiespältige Generation“[296] oder „Generation ohne Abschied“ zu subsumieren, waren sie „Hitlers Garanten der Zukunft“[297], Suchende[298], „Trotzende“ oder „Skrupellose“[299], wie in zahlreichen Untersuchungen über ihre Einstellungen, Mentalitäten und ihr politisches Bewußtsein konstatiert wird?[300] Die materielle und die mentale Situation Mindener Jugendlicher in den ersten zehn Jahren nach dem Zweiten Weltkrieg sowie deren Versuche zu überleben, sich zu orientieren und zu vergnügen, wer-

293 Borchert 1956d, 125.
294 Ders. 1956c, 53.
295 Schelsky 1957.
296 Knoll/Schoeps 1985. Vgl. Boll, der die NS-Erfahrungen der Nachkriegsgenerationen als „Zwiespaltserfahrungen“ bezeichnet (Boll 1997, 502-511); s. a. Meixner-Wülker 1988.
297 Hübner-Funk 1998a. Der Untertitel ihres Buches lautet: ‚Hitlers Garanten der Zukunft als Träger der zweiten deutschen Demokratie‘.
298 Boll 1995a; Ferger 1945, 69ff.
299 Ferger 1945; s. darin z. B. seine Reden an „die Trotzenden“ und „Skrupellosen“.
300 S. dazu und für die folgenden Ausführungen die Diskussion des Forschungsstandes in Kap. I.

den, soweit es die bearbeiteten Quellen zulassen, im folgenden dargelegt und diskutiert.

II. 2. 1 Generation ohne Abschied: verraten, suchend und hungernd

Insbesondere Kinder und Jugendliche litten unter dem Krieg, dem Mangel an existentiell Notwendigem und emotionaler Zuwendung, da sie physisch und sozial zu den Schwächsten einer Gesellschaft zählen.[301] Dies gilt v. a. für die zahlreichen Kinder und Jugendlichen, die aufgrund von Flucht, Vertreibung, Evakuierung oder Verlust der Eltern „heimatlos" unterwegs waren. Im gesamten Bundesgebiet zählte man 1949 rund 1.555.000 heimatvertriebene Jugendliche im Alter von 14 bis 24 Jahren.[302] Anfang 1948 schätzte man für die britische Zone 150.000 bis 200.000 und für NRW etwa 40.000 „vagabundierende" Jugendliche.[303] In NRW waren 1946 22,5 % der Flüchtlinge unter 15 und 9,5 % zwischen 15 und 20 Jahre alt. Im Kreis Bielefeld gab es 6.000 10-14jährige Flüchtlinge.[304] In der britischen Zone war der Anteil der unter 25jährigen Flüchtlinge mit 42,1 % höher als der in der einheimischen Bevölkerung (38,8 %).[305] Es waren so viele Jugendliche „unterwegs" wie wohl kaum zu anderen Zeiten in Europa. Nicht nur Flucht und Vertreibung beraubten die jungen Menschen ihrer „Heimat", d. h. im schlimmsten Fall ihrer Familie, ihrer Freunde und häuslichen Umgebung.[306] Zu den „bindungslosen" jungen Menschen zählte man ebenso die von der „Kinderlandverschickung" nach Hause kehrenden, die zahlreichen herumirrenden Kinder und Jugendlichen, die ihre Eltern durch Tod verloren hatten, vermißten oder deren Vater oder Mutter in Gefangenschaft oder verschleppt war. Außerdem kamen während der Berlinblockade 15.000 Kinder nach Westfalen.[307] In den westlichen Besatzungszonen gab es daher etwa 250.000 Vollwaisen[308] bzw. insgesamt ca.

301 Vgl. Benninghaus 1999b, 18, 24f. Sie macht die ebenso banale wie wichtige Feststellung, daß Jugendlichen bei weitem nicht die Gewalten und Ressourcen zur Verfügung standen wie Erwachsenen.

302 S. Wagner 1995, 52. Anfang 1948 beliefen sich die Zahlen für die Westzonen auf etwa 80.000 bis 100.000 „heimatlose" Jugendliche (Boll 1995a, 33). Vgl. Chaussy 1989, 207; Peukert/Münchmeier 1990, 33f. S. zum Schicksal antisemitisch verfolgter Kinder Brostoff 2001.

303 S. Albertin 1998, 110.

304 Volks-Echo v. 19. 11. 1946: „9.000 Flüchtlingskinder in Bielefeld. Bedeutungsvoller Kreis-Jugendtag des Kreis-Turn- und Sportverbandes" (Von den 9.000 waren 6.000 im Alter von 10-14 Jahren) (StADt, M 1 I Ju, Nr. 162).

305 Zentralamt für Arbeit in der britischen Zone, Lemgo 1948, 8, nach Berechnungen von Wagner 1995, 52, 209.

306 Z. B. waren Mitte 1947 etwa 30 % der Bremer Schulkinder ‚ausgebombt' und 41 % hatten kein eigenes Bett (Peukert/Münchmeier 1990, 34).

307 S. Naunin 1952, 151f., 156-158; s. a. Brunn/Reulecke 1996, 65f. zur „Heimstattbewegung".

308 Albertin 1998, 108; vgl. Chaussy 1989, 207.

1,6 Millionen Kinder und Jugendliche, die „durch Kriegseinwirkungen ein Elternteil oder beide Eltern verloren“[309] hatten. Viele dieser Jugendlichen und die meisten der Flüchtlingskinder lebten in Notunterkünften oder waren obdachlos.[310]

Angesichts dieser Zahlen und angesichts der geschilderten Engpässe und Konflikte bei der Versorgung kann man nur ahnen, welche materielle und psychische Not Kinder und Jugendliche erlitten haben mochten, v. a. diejenigen, die auf sich alleine gestellt und in einer fremden Umgebung „unterwegs“ waren.[311] Etwa 60 bis 70 % aller Jugendlichen hatten acht bis 13 Kilogramm Untergewicht. Nach Berechnungen im Jahre 1948 gab es zu dieser Zeit 4.686 arbeitsunfähige Jugendliche.[312] Albertin macht darüber hinaus auch für die Region Ostwestfalen und Lippe darauf aufmerksam, daß Mädchen gegenüber Jungen bei der Verteilung von Essen und anderen Versorgungsgütern benachteiligt und zudem gegenüber (sexuellen) Übergriffen gefährdeter als Jungen waren. Auch am Schwarzmarkt hatten die Mädchen insofern schlechtere Chancen, als sie beliebte Tauschobjekte wie Zigaretten und Tabak in geringeren Mengen erhielten als Jungen. Viele Mädchen prostituierten sich und setzten sich damit geschlechtsspezifischer Diskriminierung und Stigmatisierung aus, riskierten ungewollte Schwangerschaften und gefährdeten sich gesundheitlich.[313] Mit den „Nenndorfer Richtlinien“ der britischen Zone vom November 1945 sollte dem entgegengewirkt werden. Nach diesen Richtlinien waren die Stadt- und Kreisjugendämter verpflichtet, sich um die Betreuung und Versorgung der verwaisten, flüchtenden und vertriebenen Kinder und Jugendlichen zu kümmern.[314] Die Rudimente der Jugendämter sowie viele karitative Einrichtungen bemühten sich bald darum, Jugendlichen zu helfen, sie zu versorgen, ihnen Obdach zu gewähren und sie auch zu kontrollieren.[315]

Es waren nicht nur die existentiellen Nöte, die quälten. Das Ende der NS-Herrschaft und die veränderten bzw. z. T. noch nicht geklärten Machtverhältnisse sowie die bisweilen neuen Wertmaßstäbe stießen bei vielen Jugendlichen auf Verwirrung oder zumindest Unverständnis, wie auch bei dem heimkehrenden Soldaten Borchert: „Als der Krieg aus war, kam der Soldat nach Haus. Aber er hatte kein Brot. Da sah er einen, der hatte Brot. Den schlug er tot. Du darfst doch keinen totschlagen, sagte der Richter. Warum nicht, fragte der Sol-

309 Peukert/Münchmeier 1990, 33.
310 Wagner zufolge lebten 730.000 der gut 1,5 Milionen heimatvertriebenen Jugendlichen in provisorischen Unterkünften (Wagner 1995, 52). Vgl. Chaussy 1989, 208.
311 Vgl. zu ‚Hunger-Erfahrungen‘ Boll 1995a, 36-38.
312 Wagner 1995, 50f.
313 Albertin 1992, 13-16; vgl. ders. 1998, 111f.; Wagner 1995, 53f.
314 S. ebda., 53.
315 S. zu dem Aspekt der Kontrolle Kap. II. 1. 2. 4 und Kenkmann 1996b, 214-222. Vgl. allg. Brunn/Reulecke 1996, 65f.; Naunin 1952, 151f., 156-158.

dat.“[316] Ähnlich mochte es auch zahlreichen anderen Jugendlichen gegangen sein, die sich nach Ende des NS-Regimes mehr oder weniger plötzlich mit neuen Maßstäben konfrontiert sahen. Die meisten Mädchen und Jungen[317] waren in einem mehr oder weniger angepaßten Elternhaus aufgewachsen, waren in NS-Organisationen aktiv gewesen und dort militärisch und paramilitärisch erzogen worden.

Zu Beginn der NS-Zeit erschienen die NS-Kinder- und Jugendorganisationen für viele Mädchen und Jungen wegen ihres Freizeitangebots attraktiv.[318] Deshalb konkurrierten in Minden evangelische Pfarrer, die Jugendarbeit betrieben, und Familien mit den nationalsozialistischen Jugendorganisationen nicht nur auf dem Feld der freien Zeit Jugendlicher, sondern auch bzgl. der ‚Welterklärungen‘.[319] Die NSDAP konnte zwar in Minden aufgrund der national-konservativen Mehrheiten schnell einen großen Teil der Bevölkerung für sich gewinnen. Aber die selben Mindenerinnen und Mindener wehrten sich – mit Unterstützung der Kirche – gegen die politische Vereinnahmung und Vergesellschaftung Jugendlicher – besonders der Mädchen. Deshalb beklagte sich der NSDAP-Gauinspektor Fritz Homann über die „stockkonservative“ Stadt Minden, wo er zunächst Probleme hatte, Jugendliche gegen den Willen ihrer Eltern zu werben.[320]

Spätestens mit dem Beginn des Krieges verloren die NS-Organisationen an Attraktivität für viele Jugendliche. Denn Mädchen wie Jungen wurden zunehmend zu Kriegszwecken eingesetzt. Aus Abenteuer und Spaß wurde Kriegsarbeit, und daraus erwuchsen Gefahren.[321] Bereits 1943 wurden Hunderte Mindener Jugendlicher in sog. Wehrertüchtigungslager zu Hilfsdiensten geschickt. In den letzten Kriegsmonaten wurden die mit dem 17. Lebensjahr aus der HJ

316 Borchert 1956e, 93. Die mentalen Dispositionen der Nachkriegsjugend sind in zahlreichen Studien auf verschiedene Weise untersucht worden (z. B. Hübner-Funk 1998a; Petzold 1998; Schörken 1995; vgl. Klönne 1998, 11f.).

317 Dies gilt in Minden seit 1939 für alle als „arisch“ bezeichneten zehn- bis 18Jährigen (Nordsiek 1995, 20). Alle weiteren Angaben zur HJ und Jugend-Kriegsdiensten sind diesem Band entnommen, S. 20-27, 61-69, wenn nicht anders angegeben.

318 An dieser Stelle kann nicht auf die differenziert zu betrachtenden (positiven) Erfahrungen Jugendlicher in NS-Organisationen eingegangen werden. S. dazu bes. den Vortrag von Arno Klönne bei der Mindener Tagung im Juni 1998 „Geländespiele. Von der kirchlichen und bündischen Jugendgruppe zum Dienst für ‚Führer‘ und Vaterland. Erfahrungen aus der Hitlerjugend-Generation im östlichen Westfalen“. Für die (Mindener) Mädchen sei auf Reeses Arbeiten verwiesen (z. B. Reese 1989); für die Region s. Pahmeyer/Spankeren 1998; Schöll 1998.

319 Vgl. Angermann 1971, 304-307. Angermann stellt bei ihrer Analyse von Poesiealben aus den 1930er Jahren und der NS-Zeit eine zunehmende Zurückhaltung und Abwendung kirchlich-biblischer Erklärungsansätze fest, obwohl weiterhin christliches Denken stark verbreitet war.

320 S. Reese 1993a, 75-93, hier 76.

321 Vgl. zum Kriegseinsatz Jugendlicher Kersting 1989; zu dem Zusammenhang von ‚Arbeit‘ und Krieg bzw. Krieg als Arbeit Lüdtke 1993a, 301-319.

automatisch ausscheidenden Jungen beworben, sich als „Kriegsfreiwillige“ zu melden. Am 4. 9. 1944 ordnete der Gauleiter und Reichsverteidigungskommissar Dr. Alfred Meyer die Notverpflichtung der HJ und des BDM im Gau Westfalen-Nord an. Mädchen und Jungen der Jahrgänge 1927 bis 1930 mußten demzufolge Luftschutzgräben ausheben und bei der Errichtung des „Westfalen-Walls“ helfen. Die etwa hundert Hitler-Jungen aus dem Bann 15, die Einheit im Kreis Minden, waren verpflichtet, bei schlechter Unterbringung, unzureichender Versorgung und ständigem Tieffliegeralarm Erde für den Wall auszuheben. Einige von ihnen wurden verletzt, andere starben. Etwa zur selben Zeit dieser Anordnung wurden nun auch Jungen im Alter von 16 bis 19 Jahren zum „Volkssturm“ eingezogen. Tatsächlich waren unter ihnen v. a. 16jährige, da die älteren Jungen bereits in der Wehrmacht dienten. Die Heranziehung junger Menschen zu Kriegsdiensten erfolgte nicht nur über die Verpflichtung der HJ-Jugendlichen. Seit Anfang 1943 wurden Schüler der Jahrgänge 1926/27 der Ober- und Mittelschulen verpflichtet. Diese „Schüler-Soldaten“ wurden v. a. als „Luftwaffenhelfer“ und an Flugabwehrkanonen eingesetzt, aber auch zum Sammeln von Heilkräutern und Bucheckern sowie in der Rüstungsindustrie.[322] Im Herbst 1943 wurde der Kreis der eingesetzten Jugendlichen um junge Frauen ab 18 Jahren und um Lehrlinge erweitert. Mädchen des BDM wurden noch im Frühjahr 1945 zu Kriegsdiensten und zur militärischen Ausbildung verpflichtet, z. B. bei der „erweiterten Wehrhaftmachung des Jahrgangs 1929 im Rahmen des Deutschen Volkssturms“ am 5. 3. 1945 oder in dem „Landjahrlager“ für den BDM in Nammen im Kreis Minden.[323] Die Jugendlichen wurden bis kurz vor Ende des Krieges für die Ziele der Nationalsozialisten Lebensgefahren ausgesetzt und schließlich von den Funktionären der nationalsozialistischen Jugendorganisationen im Stich gelassen, wie die Mindener Hitler-Jungen am 3. 4. 1945. An diesem Tag bekamen sie den Befehl, in das Ausbildungslager in Nammen zu marschieren, vermutlich, um mit den Jugendlichen von dort aus gegen die Alliierten zu kämpfen. Inzwischen hatte jedoch der kommissarische Bannführer, Franz Schulte, mit einem Motorrad das Weite gesucht. Die Jungen waren von ihrem Bannführer enttäuscht, nicht zuletzt aufgrund der bis dahin unaufhörlich verordneten Durchhalteparolen, gepaart mit der ständigen Propaganda über die Unbesiegbarkeit der Wehrmacht.[324]

Das Ende des NS-Regimes bedeutete für viele junge Menschen Verrat und Verunsicherung; denn nun wurden Jugendgemeinschaften, bündische „Kame-

322 S. Keber 1980, 236f.
323 S. zum Einsatz von Mädchen Reese 1981, 174-184
324 Vgl. zur Einbeziehung von Mindener Oberschülern in Kriegshandlungen Petzold 1998, 61-71; Kolbe 1995; allg. dazu Jahnke 1993; Plato 1995; ders. 1998; Schörken 1984; ders. 1998.

radschaft"[325], d. h. gewohnte und orientierungsgebende hierarchische Strukturen aufgelöst und viele Wertmaßstäbe für ungültig erklärt:[326]

„Nichts war mehr so, wie es gewesen war. Alle Maßstäbe, die vorher gegolten hatten, galten nun nicht mehr. Man fand keinen Halt mehr. Man wurde ganz schwindlig. So fühlte ich mich seit neun Tagen, seit der Nachricht von Hitlers Tod."[327]

Viele waren enttäuscht, fühlten sich betrogen und überhaupt nicht „befreit"[328], zumal sich Erwachsene das „Recht auf politischen Irrtum" vorbehielten[329]. Einige Jugendliche mußten auch mit der Auflösung der NS-Organisationen Machtfunktionen, z. B. innerhalb der HJ, abgeben.[330] Dagmar Reese verwies dabei besonders auf Mädchen, denen beim BDM neue Möglichkeiten des Einflusses und neue Tätigkeitsfelder außerhalb von Familie und Kirche eröffnet wurden. Bei diesen Mädchen war die Enttäuschung besonders groß.[331] Andere waren erleichtert darüber, daß die gefährlichen Kriegsdienste ein Ende hatten, in denen sie schon länger keinen Sinn mehr gesehen hatten. Außerdem wirkten die Nachrichten über die zahlreichen Kriegsopfer an der Ostfront und die Erfahrungen mit dem Tod Angehöriger desillusionierend.[332] Wiederum andere fühlten sich von Verfolgung, Mißhandlung und Repressalien befreit. Die Erfahrungen, die Jugendliche in den letzten Jahren des Krieges und des NS-Regimes sowie in den ersten Jahren der Besatzung[333] machten, unterschieden sich je nach Geschlecht, Alter, politischer Positionierung der Eltern, sozialer Herkunft u. v. m.[334] Die für diese Studie interessanten Jugendlichen waren etwa zwischen 1930 und 1940 geboren und erlebten das NS-Regime bewußt fast nur während der Kriegsjahre, als allmählich die Illusionen über den Nationalsozialismus von den Kriegserfahrungen überschattet wurden.[335] Je nach Familiensituation, Integrations- und Orientierungsmöglichkeiten in Schule, Ausbildung, in der Freizeit und im Freundeskreis gingen Jungen und Mädchen mit diesen Erfahrungen unterschiedlich um, suchten nach Anknüpfungspunkten, nach Gemeinschaftsformen und Orientierungsmöglichkeiten.

325 Vgl. Kühne 1996a; ders. 1998. Vgl. auch die Diskussionen über die geschlechtsspezifischen Kriegserfahrungen im Ersten Weltkrieg, z. B. darüber, ob Krieg als Initiation in einen Männerbund bedeutend war, bei der Tagung des Archivs der deutschen Jugendbewegung auf Burg Ludwigstein im Oktober 1998.
326 Vgl. Schörken 1995; Schütze/Geulen 1995, 36f.; Wagner 1995, 26f.
327 Pausewang 1987, 58.
328 Vgl. Sternheim-Peters 1992, 381.
329 Kogon 1947.
330 Vgl. Boll 1997, 492; Reese 1989.
331 Reese 1991.
332 Vgl. Boll 1997, 505f.; Kenkmann 1996b, 228-232, 234-238; Schörken 1984, z. B. 219.
333 Nicht zuletzt Kenkmann verwies darauf, daß die Zäsur 1945 für viele Jugendliche weniger Bedeutung gehabt hatte als z. B. die der Jahre 1942/43 (Kenkmann 1996b).
334 S. die aktuelle Studie von Strien 2000.
335 Vgl. Boll 1997, 482-520, bes. 505f.; Rosenthal 1987; Schörken 1995, z. B. 175.

II. 2. 2 Aneignungen, Orientierungen und Verortungen

II. 2. 2. 1 Familien

„Die Erwachsenen hatten sich so rasch geändert, daß sie mir fremd wurden. Sie hatten einfach alles vergessen, was sie bis vor wenigen Tagen und Wochen taten, dachten oder sagten. (...) aber konnte man alles, was gestern war, einfach abwerfen und so tun, als sei nichts gewesen?“[336]

Eine der wichtigsten Gemeinschaften war für die Jugendlichen auch nach dem Zweiten Weltkrieg meist die Familie.[337] Angesichts dessen, daß Kinder ihre Eltern, Frauen ihre Männer und umgekehrt, Schwestern ihre Brüder und Eltern ihre Töchter und Söhne vermißten oder verloren hatten[338], und angesichts der gemeinsam zu meisternden materiellen Notsituation wurden Familien zu emotionalen und materiellen „Versorgungsgemeinschaften“. Kriegserfahrungen und die damit verbundenen ‚Störungen‘ in den Geschlechterordnungen waren gleichzeitig häufig Ursachen für Konflikte und Enttäuschungen innerhalb der Familien.[339] Nach Hause gekehrte Väter wurden von ihren Frauen nicht mehr geliebt, oder die Frauen hatten sich – aus Sicht ihrer Männer – zu ihren Ungunsten verändert.[340] In vielen Familien wurden sich die Ehegatten fremd, so daß sich ungewöhnlich viele Paare scheiden ließen.[341] Für viele Kinder konnte der verletzt und gebrochen zurückgekehrte Vater weder Autorität noch ein nachahmenswertes Vorbild sein. Oft hatten ältere Söhne Aufgaben und den Status des abwesenden Vaters übernommen. Kehrten die Väter zurück, kam es daher zu Konflikten über Kompetenzen und Rollenverständnisse.[342] Zahlreiche Eltern waren zudem nicht mehr in der Lage, für ihre Söhne und Töchter eine moralische Instanz zu sein, nachdem die von Erwachsenen errichtete Gesellschaft mit ihren Werten und Identifikationsangeboten nun nichts mehr galt. In den Fami-

336 Guha 1987, 73.

337 Vgl. bes. Niehuss 1993; vgl. dazu, daß Familie orientierungsgebende Bedeutungen haben konnte, Wannöffel 1985, 24f. Vgl. für OWL Albertin 1992, 16f.; s. a. Wagner 1995, 33-35.

338 S. zu den Schmerzen und der Trauer um – oft aufgrund des Ersten Weltkriegs – gestorbene Angehörige beispielsweise Käthe Kollwitz’ Skulpturen und Bilder. Vgl. Schulte 1998b.

339 Vgl. Schulte 1998c, 9-14.

340 Vgl. Meyer 1985b.

341 Die meisten Scheidungen im Zeitraum von 1939 bis 1954 wurden 1948 eingereicht: Es gab in den Westzonen 18,8 Scheidungen auf 10.000 Einwohner (Wirth, Dieter, Die Familie in der Nachkriegszeit. Desorganisation oder Stabilität, in: Becker, Josef/Stammen, Theo/Waldmann, Peter [Hg.], Vorgeschichte der Bundesrepublik Deutschland. Zwischen Kapitulation und Grundgesetz, München 1979, 203, zit. n. Plato/Leh 1997, 49; vgl. Albers, Gefährdete Jugend 1950, in: Arbeiter-Wohlfahrt, [1949/50], 145, zit. n. Wagner 1995, 207; Sieder 1987, 236-238; vgl. für OWL Albertin 1992, 17). Die „Statistischen Jahrbücher Deutscher Gemeinden“ geben über die Anzahl von Scheidungen in Minden leider keine Auskunft.

342 S. Kenkmann 1996b, 226f.; Sieder 1987, 238.

lien überlagerten sich mehrere Problematiken der Kriegs- und Nachkriegsgesellschaft. Das Bild des heldenhaften Vaters wurde zunächst ebenso erschüttert wie das für männliche Jugendliche anzustrebende Ideal des Soldaten.[343] Die ersehnten Eltern konnten nicht wieder gefunden werden oder waren emotional und materiell nicht in der Lage, ihre Kinder zu versorgen.

Der in der Nachkriegszeit laut gewordene Wunsch nach ‚Normalisierung' betraf folglich in besonderem Maße die Familienverhältnisse, die den Vorstellungen von ‚normalen' Geschlechter- und Generationenverhältnissen nicht entsprachen. Bei diesen Diskursen gerierten Geschlechter- und Famlienverhältnisse zu einem Mikrokosmos einer als ‚unnormal' diagnostizierten Gesellschaft. Es störten ebenso ‚vaterlose Söhne', wie berufstätige Mütter, alleinstehende Frauen, verkrüppelte Männer und braunhäutige Babys[344] die weithin gewünschte ‚normale' Familienordnung.[345] Was als ‚unnormal' angesehen wurde, gehörte schon lange zum Alltag: Seit Beginn des 20. Jahrhunderts gingen zunehmend Frauen aller Milieus der Lohnarbeit nach[346], bereits in den 1920er Jahren war insbesondere im sozialdemokratischen Milieu die ‚Kameradschaftsehe' angestrebt worden[347], alleinstehende Frauen waren keine Seltenheit mehr[348], Väter fehlten bereits während der Kriegsjahre, seit Jahrhunderten existierten Vergesellschaftungsformen von Jugendlichen jenseits von Familie, Schule und Kirche, und spätestens seit Beginn des 20. Jahrhunderts und im Nationalsozialismus gewannen diese an Relevanz. Dennoch wurden die geminderte Autorität und Abwesenheit zahlreicher Väter[349], die Lohnarbeitstätigkeit vieler Mütter[350] und Selbständigkeit junger Menschen in der

343 Vgl. Kenkmann 1996b, 226. Soldatsein wurde aber auf andere Weise bald wieder zur Option junger Männer. Nachdem die deutsche Wehrmacht enttäuscht hatte, fanden männliche Jugendliche Gefallen an den ‚lässigen' Soldaten der Alliierten (Guha 1987, 55). Alf Lüdtke wies außerdem in einem Gespräch mit der Autorin zum einen auf die durch die Besatzungsmächte militarisierte Gesellschaft und zum anderen auf die baldige Remilitarisierung der Bundesrepublik hin, weshalb nicht davon die Rede sein kann, daß das Soldatsein völlig diskreditiert gewesen wäre.

344 S. Fehrenbach 1998, 107-127.

345 S. v. a. Moeller 1997d; Schissler 2001c.

346 Vgl. dazu, daß die besonders in Westeuropa angestrebte ‚Hausfrauen-Ehe' eine historische Besonderheit darstellt, Janssen 1999, bes. 7f; Torstendahl 1999. Anders und m. E. falsch Niehuss, die offenbar davon ausgeht, daß Frauen aus dem Milieu der Arbeiterschaft und unteren Angestellten (erst) Anfang der 1950er Jahre allmählich die vorher angeblich gelebte „Nur-Hausfrauentätigkeit" aufgaben (Niehuss 2002, 382). Vgl. Sachse 1995.

347 S. Reese 1993b.

348 S. für Minden Tramsen 1998.

349 S. zu dem zeitgenössischen Diskurs bes. die weit rezipierte Monographie: Mitscherlich 1970; vgl. Jeffords 1998, 163-169.

350 Vgl. Oertzen/Rietzschel 1997; Plato/Leh 1997, 47; Ruhl 1994; Pfau 1998; Schissler 2001c, 366; Summerfield 1998, 83-104. Nach wie vor ist das Themenfeld (milieuspezifische) Arbeitserfahrungen von Frauen im Kontext von Alltagspraxis sowie Diskursen über Lohn- und Familienarbeiten für die Nachkriegszeit ein Forschungsdesiderat, da die vorliegenden Forschungen in erster Linie Diskurse betrachten und viele Arbeiten noch mit einem Defizitansatz arbeiten.

Nachkriegszeit nicht nur zur Ursache von Kriminalität und ‚Verwahrlosung' von Kindern und Jugendlichen, sondern zur ‚Existenzfrage' der neu zu konstituierenden Nation erklärt.[351] Auch die von ‚Zeitzeuginnen' und ‚Zeitzeugen' häufig rückblickend verwendete Formulierung, sie hätten keine wirkliche ‚Jugendzeit' gehabt[352], deutet nicht nur auf die hohen Belastungen der jungen Menschen hin. Sie ist auch ein Hinweis darauf, daß das (heutige und ‚moderne') Verständnis von Jugendzeit als Zeit der Freiheit, Freizeit, des Müßiggangs und des Behütetseins den Lebensrealitäten junger Menschen (nicht nur) in der frühen Nachkriegszeit widersprach, als Arbeiten und Spielen, Pflichten und Freiräume sowie erwachsene und jugendliche ‚Räume' ineinander übergingen.[353] Besonders in der Zeit nach dem Zweiten Weltkrieg klafften postulierte und in den Diskursen in Wissenschaft und Medien produzierte Idealvorstellungen von ‚ordentlichen' Familienverhältnissen und Familienerfahrungen auseinander.[354] Darüber hinaus widersprachen sich auf bittere Weise die Hoffnungen und Erwartungen sowohl heimkehrender als auch wartender Familienmitglieder mit der Realität des Verlustes, der mangelnden Zuneigung und den veränderten innerfamiliären Interaktionsweisen.[355] Vor diesem Hintergrund erschienen Familien als ‚zerstört'.

Die negative Sicht auf die Familienverhältnisse in der Nachkriegszeit verdeckt jedoch allzu leicht, daß seit 1946 viele Familien – mit und ohne Trauschein – neu gegründet wurden. Die Zahl der Eheschließungen in der Stadt Minden stieg von 1946 bis 1947 von 333 auf 434.[356] Im Verhältnis zur Ein-

351 Vgl. Fehrenbach 1998; dies. 1995, v. a. 92-117: „*Die Sünderin* or Who Killed the German Man? Early Postwar Cinema and the Betrayal of Fatherland"; Jeffords 1998, 163-169; Moeller 1998a, 129-145; ders. 1998b, 101-106; Poiger 1998; vgl. allg. zu dem zu untersuchenden dynamischen Konnex von Familie, Gesellschaft und Politik Ginsborg 1995.

352 Vgl. z. B. die bei Wagner 1995, 40, zitierte Aussage; s. a. Schörken 1995, 176.

353 S. Schütze/Geulen, 1995, 36f. Leider werden in der Forschung allzu leicht heutige Ansprüche an das Familienleben, z. B. an die Rolle von Vätern gegenüber ihren Kindern, zum Maßstab der Bewertung der Nachkriegsfamiliensituation angesetzt. Z. B. diskutiert Fend, wieviel Zeit Väter hatten, um mit ihren Kindern zu „spielen" (Fend 1988, 106f.; s. a. 109ff.).

354 S. z. B. die Propagierung der ‚normalen' Kleinfamilie mit Hausfrauenehe ungeachtet der hohen Anzahl alleinstehender Frauen (Fehrenbach 1998, 107-127; Moeller 1997a, 27; Niehuss 1993, 316f.; Schissler 2001c). Grossmann macht auf einen weithin unerforschten Geschlechterdiskurs über Jüdinnen u. a. verfolgte Frauen aufmerksam (Grossmann 1998).

355 S. Plato/Leh 1997, 45-52; Sieder 1987, 236f. Vgl. dazu, daß die Gefühlsbindungen innerhalb von Familien keineswegs natürlich sind, sondern „kulturell und historisch sehr verschieden", Gestrich 1999, 1f. Vgl. zur Unterscheidung von Idealen und Praktiken des Familienlebens Habermas 2000.

356 Deutscher Städtetag 1949, 18, 109, 114.

wohnerzahl sank die Zahl der Eheschließungen allerdings bis 1954.[357] Im gleichen Zeitraum stieg die Anzahl der Lebendgeborenen, was auch auf die Verbesserung der Versorgung zurückzuführen ist.[358] Eine Folge beider Entwicklungen war, daß etwa zehn bis 14 % der Eltern der Lebendgeborenen in der Nachkriegszeit nicht verheiratet waren.[359] Dennoch hatte die Mehrheit der in der Nachkriegszeit geborenen Kinder verheiratete Eltern und wuchs den Zahlen zufolge in einer Familie im herkömmlich verstandenen Sinne auf. Im Kreis Minden lebten 1946 95 % aller Einwohnerinnen und Einwohner in Familien, davon ein großer Teil in Dreipersonenhaushalten.[360] Dem im zeitgenössischen Diskurs und z. T. in der Literatur gezeichneten Bild von der völligen Zerstörung der Familien in der Nachkriegszeit widersprechen diese Zahlen. Dies ist nicht zuletzt vor dem Hintergrund der veränderten Bedeutungen von Familien für den einzelnen oder die einzelne zu erklären.[361]

Allerdings kannten viele Kinder und Jugendliche weder ihre Väter noch ein als ‚normal' dargelegtes patriarchalisches Familienleben, denn während des Zweiten Weltkriegs wuchs mehr als die Hälfte und danach noch etwa ein Viertel aller Kinder ohne Vater auf.[362] Sie lernten früh, sich um sich selbst zu kümmern, oder sie orientierten sich an gegenüber Familien bedeutsamer gewordenen Gesellungsformen Gleichaltriger, wie die NS-Jugendorganisationen, evakuierte Kinder und Jugendliche im Rahmen der Kinderlandverschickung so-

357 Während allerdings 1947 auf 1.000 Einwohner zwölf Eheschließungen kamen, sank die Zahl in den folgenden Jahren von 11,4 (1948) auf 8,3 (1952) bzw. 8,0 (1954). Dies waren 1954 in absoluten Zahlen 377 Eheschließungen (Deutscher Städtetag 1949, 18, 109, 114; ders. 1950, 8, 64; ders. 1955, 23), während im Kreis Minden 1947 2.321 Ehen geschlossen wurden, d. h. pro 1.000 Einwohner 13,3. Dies waren etwa 4 % mehr als durschschnittlich im Regierungsbezirk Detmold (Statistisches Landesamt Nordrhein-Westfalen 1950, 49).

358 Im Jahr 1946 wurden 467, aber 1947 nur noch 391 Kinder lebend zur Welt gebracht. Auf 1.000 Einwohner kamen 1947 10,8 und 1948 11,7 Lebendgeborene. Im Kreis Minden kamen 1947 2.978 lebende Kinder zur Welt, etwas mehr als durchschnittlich im Regierungsbezirk Detmold. Allerdings stieg die Anzahl der Lebendgeborenen bis 1954 auf 573 (Deutscher Städtetag 1949, 18, 109, 114, 149; ders. 1950, 8, 64; ders. 1955, 23; Statistisches Landesamt Nordrhein-Westfalen 1950, 49).

359 1938 war der Anteil der unehelichen Kinder an allen Geborenen mit 4,2 % weit geringer als in der Nachkriegszeit: Während 1946 14,8 % aller Geborenen unverheiratete Eltern hatten, waren es 1947 in der Stadt Minden 11,3 % und im Kreis Minden 10,3 % aller Lebendgeborenen. Bis 1948 stieg der Anteil der unehelich Lebendgeborenen auf 14,4 %, sank jedoch bis 1954 auf 10,8 % (Deutscher Städtetag 1949, 18, 109, 114; ders. 1950, 8, 64; ders. 1955, 23; Statistisches Landesamt Nordrhein-Westfalen 1950, 49). Vgl. zu diesen Zahlen Plato/Leh 1997, 48. Deren Angaben zufolge stieg von 1946 bis 1950 die Anzahl der Eheschließungen (v. a. von Geschiedenen und Verwitweten) wieder an. S. Willenbacher 1988, 600, 604. Vgl. für OWL Albertin 1992, 17.

360 Statistisches Landesamt Nordrhein-Westfalen 1950, 16f.; vgl. Rothenbacher 1997, 336-339.

361 Vgl. Kenkmann 1996b, 226.

362 S. z. B. Baumert 1952, 45f.; Willenbacher 1988, 602.

wie Cliquen und Freundeskreise.[363] Ohnehin konnten die meisten kaum zu Hause von ihren Müttern beaufsichtigt werden: Die Wohnungen waren zu klein, um dort zu spielen. Außerdem war die Zeit dafür knapp bemessen, da alle Familienmitglieder sich um den Erwerb von Nahrung u. v. m. kümmern mußten. An elterliche ‚Erziehung' war daher sowieso kaum zu denken. Ob diese Situation einen Emanzipationsschub für Frauen und Jugendliche, eine ‚Modernisierung' der Geschlechterverhältnisse[364] oder einen Autoritätsverlust der Eltern[365] bedeutete, bleibt vor dem Hintergrund der Kritik an ‚Modernisierungskonzepten'[366] noch zu diskutieren.

Die Frage, wieviel bzw. was Jungen und Mädchen ein Orientierung gebender Vater und ‚normale Familienverhältnisse' bedeuteten, und inwiefern sie willens bzw. in der Lage waren, sich familiär zu binden, bleibt weiteren Forschungen vorbehalten.[367] Jedenfalls unterschieden sich die Familienleben und die Verarbeitungsformen von Erfahrungen u. a. je nach Milieu.[368] Beispielsweise verweist Willenbacher auf die besonders in den Mittelschichten demontierte väterliche Autorität, da v. a. diese Väter einen sozialen beruflichen Abstieg nach ihrer Rückkehr als Soldat erfuhren. Außerdem legte man in den Mittelschichten viel stärker als im proletarischen Milieu Wert auf die Erziehung der Kinder zur Einhaltung bestimmter Verhaltensregeln, so daß der Autoritätsverlust doppelt wog.[369] Welche milieuspezifischen Bedeutungen diese Erfahrungen für männliche Jugendliche und ihre Aktivitäten in Jugendgruppen haben konnten, wird in Kapitel III diskutiert. Allgemein ist festzuhalten, daß sowohl zeitgenössische Diskurse als auch die Forschung den Blick in erster Linie auf Vater-Sohn-Verhältnisse, die (vermißte) männliche Autorität und somit auf Männlichkeit allgemein lenkten.

363 Vgl. Kenkmann 1996b, z. B. 222-224, 226; Wagner 1995, 33f.; Willenbacher 1988, 612-614. Vgl. allg. zur Bedeutung der *Peergroup* als „nicht-familiäre Intimität" bes. Baacke 1987, 9-15, 112f. (Zitat); Baacke/Ferchhoff 1988, 299; s. a. Steinitz/Solomon 1986, 151.

364 Vgl. Kap. I.

365 S. Baumert 1952, 89f. Auch in aktuelleren Studien werden, z. B. von Kaelble, mögliche emanzipative Wirkungen der Nachkriegszeit innerhalb der Generationen- und Geschlechterverhältnisse diskutiert (Kaelble 1998, 135). Schütze und Geulen versuchen, einen Bogen von den um 1940 Geborenen und deren Widerspruch zur Elterngeneration Ende der 1960er Jahre zu spannen (Schütze/Geulen 1995, bes. 36f.). S. a. Willenbacher 1988, 613f., 599f., 619f. S. zu dem in der Forschung konstatierten Autoritätsverlust seitens der (in NS-Organisationen sozialisierten) Kinder gegenüber ihren Eltern Plato/Leh 1997, 48; zu dem in der Forschung weniger beachteten Tochter-Eltern-Verhältnis Roberts 1994.

366 S. bes. Bajohr/Johe/Lohalm 1991; Peukert 1986; s. a. Chun 2000.

367 S. Kenkmann 1996b, 248f.; vgl. Schütze/Geulen 1995; Kaelble 1998, 135.

368 Friedhelm Boll wies bei seinem Vortrag auf einer Tagung der „Potsdamer Buchwoche zur Generations- und Jugendforschung" im Nobember 1997 darauf hin, daß es notwendig sei zu unterscheiden, ob Männer die Nachkriegszeit in Kriegsgefangenschaft oder im besetzten Deutschland verbrachten. Vgl. zu der Bandbreite von Erfahrungen, die Jugendliche in der Nachkriegszeit machten, Kenkmann 1996b, 227.

369 Willenbacher 1988, 610f.; vgl. Baumert 1952.

Möglicherweise fanden sich die Jugendlichen mit den familiären Verhältnissen besser zurecht, als dies Diskurse über die Not der Familien ahnen lassen. Vielleicht waren Familien – ob ‚vollständig' oder ‚unvollständig' – trotz verminderter elterlicher Autorität dennoch wesentlich für Orientierungen und als Gemeinschaft. Denn wenngleich in zahlreichen Publikationen ein Kausalzusammenhang zwischen Berufstätigkeit von Müttern und Abwesenheit von Vätern und wachsender Jugendkriminalität konstruiert wird[370], so wird an anderer Stelle erwähnt, daß sich besonders vaterlose Jugendliche bemühten, sich durch Schul- und Ausbildung gesellschaftlich zu integrieren und Anerkennung zu verschaffen.[371] Schul- und Ausbildung boten darüber hinaus offensichtlich Möglichkeiten, sich Wissen anzueignen und aufgrund dessen „ein so weit wie irgend möglich differenziertes Bild der Wirklichkeit zu gewinnen"[372].

II. 2. 2. 2 Schule, Ausbildung und Lohnarbeit

> „Ich konnte nun, und das muß vor dem grauenvollen Hintergrund des Zweiten Weltkriegs und inmitten des jahrelangen Elends der frühen Nachkriegszeit als Wunscherfüllung geradezu als absurd erscheinen, – ich konnte nun lesen – und schreiben – soviel ich wollte und was ich wollte."[373]

Vielleicht hätte der eingangs vorgestellte Dieter K. dieser Aussage zugestimmt, denn seinen Berichten zufolge verbrachte er viel Zeit mit schulischen Aufgaben.[374] Vormittags ging er ins Gymnasium. Dort saß er mit Jugendlichen aus vier Jahrgängen zusammen in einer Klasse. Viele seiner Mitschüler waren Flüchtlingskinder[375], die meisten aber Söhne von mittleren und höheren Beamten. Mädchen waren kaum unter ihnen, außer den wenigen, die den naturwissenschaftlichen Zweig wählten.[376] Das war dann eine „Sensation" für die Jungen. In der Schule traf Dieter K. auch seine wichtigsten Freunde. Es gefiel ihm, daß die Jungen zusammenhielten und -arbeiteten. Sie hatten sich „geschworen", gemeinsam das Abitur zu schaffen. Nachmittags blieb daher weder viel Zeit für irgendwelche Arbeiten noch für Freizeit. Allerdings gab er Nachhilfestunden, und zwar nicht nur, um selbst noch etwas zu lernen, sondern um sich ein kleines Taschengeld zu verdienen. Die meiste Zeit verbrachte er damit, alleine oder gemeinsam mit anderen zu lernen. Seine Eltern begrüßten dieses En-

370 S. z. B. Willenbacher 1988, 597-599; vgl. Kenkmann 1996b, 223f.
371 S. Willenbacher 1988, 604.
372 Vormweg 1987, 138.
373 Ebda., 132.
374 Alle Angaben zu Dieter K. sind, wenn nicht anders angegeben, folgendem Interview entnommen: TAM, 001/002K041207.
375 Vgl. Petzold 1998, 250, 257.
376 Vgl. ebda., 262f.

gagement ihres Sohnes. Denn ihnen, wie vielen anderen Eltern des mittleren und höheren Bürgertums, lag viel an dessen Hochschulreife. Am liebsten hätten sie es gesehen, wenn er eine Laufbahn als Beamter anstrebte, aber nicht wie sein Vater im mittleren, sondern im höheren Dienst. Dieter K. wollte aber nicht nur dem elterlichen Wunsch gerecht werden. Er war auch an den Lerninhalten interessiert und möglicherweise ebenso wissensdurstig wie der oben zitierte Dieter Vormweg. Allerdings galt sein Interesse etwa seit der Oberstufe nicht mehr, wie es sein Vater wohl begrüßt hätte, der Technik und Physik, sondern den Sprachen, der Literatur und der Geschichte. Schulbildung war also offensichtlich für einen Jungen aus dem Mindener Bürger- und Beamtentum beinahe ebenso bedeutend wie das Beschaffen von Essen, Kleidung und Gebrauchsgegenständen. Es war nicht nur der Wissensdurst, der Dieter K. antrieb, viel Zeit mit Lernen zu verbringen. Sein Ziel, das Abitur zu schaffen, bedeutete für ihn auch, sich analog zu den Ansprüchen seiner Eltern sozial zu distinguieren und gesellschaftlich zu verorten, jedoch nicht als ‚Kleinbürger' wie seine Eltern, sondern als Bildungsbürger. Er wollte kein mittlerer technischer Beamter werden, sondern seinen Interessen folgend Englisch- und Geschichtslehrer.[377]

Trotz der schwierigen sozialen Situation seiner Familie[378] besuchte Dieter K. wie selbstverständlich das Gymnasium.[379] Für die Nachkriegszeit spricht man bisweilen sogar von einer „Konjunktur" der Mittel- und Oberschulen.[380] In Minden besuchten 1949 852 männliche und 608 weibliche Jugendliche eine Mindener Oberschule in insgesamt 43 Klassen, 26 für Jungen und 17 für Mädchen. 1955 gab es bereits 38 Klassen für männliche und 25 für die 896 weiblichen Schüler. Ebenso stieg die Anzahl der Schülerinnen und Schüler in der einzigen Mittelschule Mindens. Im Jahre 1949 wurden 873 Schüler (davon 421 weibliche) in 20 Klassen unterrichtet. Sechs Jahre später strebten 512 Jungen und 529 Mädchen in 27 Klassen den mittleren Abschluß an.[381] Diese Zahlen belegen zudem einen gestiegenen Anteil der Mädchen an dieser Ausbildung. Dies ist sicherlich nicht alleine auf den höheren Anteil (jüngerer) Frauen gegenüber (jüngeren) Männern in der Bevölkerung zurückzuführen. Vielmehr erachteten offenbar viele Familien eine höhere und auch berufliche Ausbildung für ihre Töchter zunehmend als notwendig; und für junge Frauen waren Ausbildung und Berufsorientierung wichtiger geworden.[382]

377 Auch Petzold bestätigt, daß die Berufswünsche der Gymnasiasten mehr oder minder im Rahmen ihres Milieus blieben (Petzold 1998, 258-261).

378 S. Einleitung zu Kap. II.

379 Vgl. dazu und zu der Schulgeldregelung in Minden Petzold 1998, 114f., 261.

380 Albertin 1998, 136; vgl. Fend 1988, 133f. S. zur „Mittel-" oder „Realschule" Lundgreen 1981, 56-58. Leider enthält seine Untersuchung keine genauen Zahlen über die zweite Nachkriegszeit.

381 Deutscher Städtetag 1949, 356; ders. 1955, 327, 332f.

382 Vgl. Schildt 1993c, 337.

Für Dieter K. und seine Eltern stand es wohl außer Frage, welches Gymnasium das richtige für ihn wäre: die „Staatliche Besselschule, mathematisch-naturwissenschaftliches und neusprachliches Gymnasium“, das im späten 19. Jahrhundert als Oberrealschule von dem alt- und neusprachlichen Gymnasium getrennt worden war.[383] Denn in der Besselschule war Dieter K. eher unter Seinesgleichen: Söhne mittlerer Beamter und aufstrebender Bürger. Das „Ratsgymnasium“, wie das älteste Gymnasium in Westfalen seit 1974 hieß[384], wurde hingegen vornehmlich von Söhnen höherer Beamter und wohlhabender Bürger besucht.[385] Freilich kam auch die Mädchenoberschule nicht in Frage, obwohl sie als neusprachliches Gymnasium noch am ehesten Dieters Interessen entsprochen hätte.[386]

Die Auswahl der Schule war demnach weniger von den Begabungen und Interessen der Schülerinnen und Schüler geleitet als von ihrem Geschlecht und ihrer sozialen Zugehörigkeit. Die Debatten über die Reformierung und auch Öffnung der Gymnasien, z. B. durch die Einführung einer „Orientierungsstufe“ in der fünften und sechsten Klasse, belegen u. a., daß die Gymnasien als Institutionen der sozialen Distinktion für das Bürgertum bedeutend waren[387], zumal auch in Minden in der Nachkriegszeit immer mehr Volksschülerinnen und -schü-

383 S. zur Geschichte der „Besselschule“ Besselygmnasium der Stadt Minden 1996a; Petzold 1998. Wenngleich der Schwerpunkt seiner Studie auf den Schülern der „Besselschule“ liegt, so gibt er einen Überblick über die Geschichte der höheren Schulen in Minden. S. a. Besselygmnasium der Stadt Minden 1996b.

384 S. zur Geschichte des Ratsgymnasiums allgemein Bodensiek 1960; Brandhorst 1980; Die Jubelfeier 1930; Keber, Die Jubiläumsschriften des Mindener Gymnasiums, in: MH, 28 (1956), Nr. 8/9, 105-108; 29 (1957), Nr. 2/3, 61-64; 30 (1958), Nr. 3/5, 179-189; ders., Lehrer des Mindener Gymnasiums, in: MH, 32 (1960), Nr. 3/4, 45-49; Kraul 1980 (Kraul untersucht dabei v. a. das Mindener „Ratsgymnasium“); Sundergeld 1980.

385 Vgl. Petzold 1998, 114f.; 257, 259f.

386 Vgl. Krins 1951; Nordsiek, M. 1976a; dies. 1976b; Lundgreen 1981, 75. Lundgreen behauptet hier, daß „die älteste Tradition höherer Mädchenbildung, die rein neusprachliche Bildung (Oberlyceum), nicht wieder aufgenommen“ wurde. Zur sozialen Herkunft der Gymnasiastinnen in Minden s. Petzold 1998, 261f. Weitere Literatur zur Geschichte der Gymnasien in Minden bei Bruning 1998 und Vieweg 1971.

387 Vgl. Kraul 1984, 194-202; Lundgreen 1981, 94f.; für OWL (auch zur Politik der Alliierten) 124-129, bes. 128; vgl. Bourdieu 1998, 47-57; ders./Passeron 1971. – Für Minden wird dies ferner dadurch bestätigt, daß, obwohl der größte Teil der Jugendlichen den Volksschul- oder Realschulabschluß anstrebte, vergleichsweise ausführlich über die Mindener Gymnasien geforscht und geschrieben wird. Unter den Mindener Schulen fanden in Jubiläumsschriften und Chroniken nicht nur fast ausschließlich die Oberschulen Beachtung, sondern Schüler wie Lehrer der Gymnasien zählen zu den Bildungsbürgern der Stadt, die maßgeblich an der Stadthistoriographie mitwirkten (zuletzt Petzold 1998). Dagegen existieren kaum Abhandlungen über die Geschichte der Mindener Volks- und Berufsschulen im allgemeinen (s. z. B. Kuhlemann 1991), geschweige denn über die Zeit nach dem Zweiten Weltkrieg oder die Situation Jugendlicher auf dem Arbeitsmarkt. Bedauerlicherweise streift Albertin dieses Thema nur am Rande, während er ausführlich die schulpolitischen Diskussionen von Politikern und Pädagogen bespricht (Albertin 1998, 112-114, 124-142).

ler in ‚mittlere' und ‚höhere' Schulen wechselten[388]. Gleichzeitig gab es zahlreiche Versuche, Volks- und Berufsschulen aufzuwerten. Beispielsweise stellte Theodor Heuss 1950 bei der Einweihungsfeier einer Volks- und einer Oberschule in Heilbronn u. a. angesichts der Diskussionen über den Übertritt von den Volksschulen zu den Oberschulen in der vierten oder sechsten Klasse folgendes fest: Es „entsteht leicht die Vorstellung, als ob die Volksschule mit gemeinsamer Grundschule so etwas wie die Vorschule für die Oberschule sein soll." Er vertrat hingegen die Auffassung, die „Volksschule ist eine Sache eigenen Ranges und eigener Würde".[389] Auch in den von den Alliierten geführten Diskussionen über das Schulsystem des künftigen Deutschlands spielte die Volksschule, dabei insbesondere die Einführung einer neunten Klasse, eine große Rolle. Man war sich zwar einig, daß der Übergang von Volks- zu Berufsschule fließender sein sollte, diskutierte aber, ob dieses „Brückenjahr von der Schule zum Leben" in der neunten Volksschulklasse oder in einer zusätzlichen Berufsschulklasse stattfinden sollte.[390] Wie die Diskussionen in Minden für die sechs (1949) bzw. fünf (1950) Volksschulen, drei Berufsschulen mit ihren 2.750 Schülerinnen und Schülern (1947) und eine Berufs- und Fachschule (1947) geführt wurde, ist aus dem vorliegenden Material[391] nicht zu ersehen und bedarf einer eigenen Forschungsarbeit. Jedenfalls war es angesichts der hohen Jugendarbeitslosigkeit bis etwa Ende der 1950er Jahre[392] in den Nachkriegsjahren ratsam, möglichst in eine weiterführende Schule zu wechseln. Bereits 1947 wurden im Kreis Minden nur „500 Lehrstellen für 3.000 Schulentlassene" angeboten.[393] Der Höhepunkt der Jugendarbeitslosigkeit wurde in der BRD erst 1950 erreicht, als knapp eine halbe Million Jugendlicher bzw. ca. 700.000 Menschen im Alter von 14 bis 24 Jahren arbeitslos gemeldet waren. Dies entsprach einem Anteil der Jugendlichen von etwa 20-25 % an der gesamten Arbeitslosigkeit.[394] Mädchen waren überdurchschnittlich stark betroffen:[395] Während z. B. 1949 17.406 männliche Jugendliche unter 18 Jahren arbeitslos waren, waren es 28.000 junge Frauen.[396] Im Jahr 1947

388 Im Jahre 1949 wechselten in Minden 246 von den 327 Volksschülern in ‚mittlere' (103) und ‚höhere' (143) Schulen (Deutscher Städtetag 1949, 335).

389 Heuss 1956, 26f.

390 Vgl. Albertin 1998, 129-134, über die bildungspolitischen Debatten in OWL bzgl. der Volksschulen; Knackstedt 1996; Lundgreen 1981, 37.

391 S. Deutscher Städtetag 1949, 330; ders. 1950, 206.

392 Vgl. Chaussy 1989, 213; Schildt 1993c, 336.

393 „Schafft Lehrstellen für die Jugend", in: Freie Presse v. 20. 12. 1947.

394 S. Chaussy 1989, 209; Schildt 1993c, 335f.

395 S. Boll 1995a, 32.

396 Amtliche Nachrichten der Bundesanstalt für Arbeit und Arbeits- und sozialpolitische Mitteilungen des Bundesministers für Arbeit, Bonn 1952, zit. n. Hafeneger 1988, 175; zur Jugendarbeitslosigkeit s. a. Schildt 1993c, 335-337. Andere Angaben zitiert Wagner 1995, 208, zit. aus: Gayk, A., Das Recht der Jugend und die Aufgaben der Gemeinden, Kiel 1952, 11.

standen den 1.550 schulentlassenen Mindener Mädchen gerade mal 100 Lehrstellen zur Verfügung, während den 1.690 männlichen Schülern 400 Ausbildungsplätze offen standen.[397] Diejenigen, die einen Ausbildungsplatz erhielten, waren häufig unzufrieden damit, und die Jugendlichen ohne Lehrstelle stellten für ihre Familien eine finanzielle Belastung dar, weil ein Einkommen fehlte.[398]

Die von Pädagogen, Wissenschaftlern, Politikern, Handwerkskammervertretern und Journalisten geführten Diskussionen über die Ausbildungs- und Bildungspolitik waren allerdings weniger von der Frage nach der sozialen Absicherung oder gar den Wünschen Jugendlicher motiviert als von der Sorge um die gesellschaftliche Anpassung und Integration junger Menschen.[399] Wie entscheidend die Einordnung der jungen Menschen in die Arbeitsgesellschaft für Erwachsene war, zeigt die seit dem „Dritten Reich" fortgesetzte Verfolgung und Diffamierung jugendlicher „Arbeitsbummelanten", also von Mädchen und Jungen, die weder die Schule besuchten noch einer Lohnarbeit nachgingen bzw. eine Ausbildung absolvierten.[400] „Eine geordnete Berufsausbildung ist die beste Erziehung zum Staatsbürger. Müßiggang dagegen, wenn auch unverschuldet, ist eine sittliche Gefahr und führt zur verneinenden Grundhaltung gegenüber Staat und Gesellschaft ...", behauptete 1949 der bayerische Staatsminister für Arbeit und soziale Fürsorge.[401] Dieses Zitat suggeriert, daß „Staat und Gesellschaft" statische Gebilde gewesen seien, in die sich junge Menschen einzupassen hätten. Vielmehr standen auch nach 1949, als das Grundgesetz wirksam wurde, viele gesellschaftliche und machtpolitische Fragen zur Disposition. Gerade deshalb waren Methoden und Inhalte von Erziehung und Bildung äußerst umstritten, z. B. als es in Minden um Gemeinschaftsschulen und um den kirchlichen Einfluß an Schulen ging.[402] In der Nachkriegszeit entbrannte aufgrund der Neuordnungen verschiedener Institutionen ein enormer Kompetenzstreit und eine breite Diskussion über das Aus-

397 „Schafft Lehrstellen für die Jugend", in: Freie Presse v. 20. 12. 1947.

398 S. Kap. III. 3. 1.

399 Vgl. Boll 1995a, 177-212.

400 S. Kenkmann 1996a, bes. 278-286. Leider geht der Autor nicht auf die möglichen Motive der Jugendlichen ein, sich dem Arbeitsleben zu entziehen. Vgl. Kenkmann 1996b, 232f., für die NS-Zeit. Vgl. ausführlich zu der Politik und den Maßnahmen der Jugendämter u. a., Jugendliche in die Arbeitsgesellschaft einzugliedern, Hafeneger 1988, 178-210.

401 Zit. n. Chaussy 1989, 209; vgl. zu dieser Diskussion Hafeneger 1988, 177.

402 Diese Fragen wurden in Minden zum Politikum: Nach einer Elternbefragung durch die Briten 1946 über die Position zur konfessionellen Bekenntnisschule gab die Mehrheit der Befragten ein positives Votum ab. Allerdings waren drei Parteien, KPD, FDP und SPD dagegen. In Minden thematisierte Willy Michel (SPD) das Umfrageergebnis, indem er sich vor 600 ihm zustimmenden Zuhörern klar gegen konfessionelle Schulen aussprach und die Eltern aufforderte, aus Protest die Fragebögen einzubehalten (Gottfried/Neuhann 1994, 200f.). S. zu Elternarbeit und Schul- bzw. Klassenpflegschaften Keber, Die Jubiläumsschriften des Mindener Gymnasiums, in: MH, 30 (1958), Nr. 3/5, 187; vgl. Reinicke 1996c.

bildungssystem.[403] Man debattierte über eine Reform der Berufsbildung (bes. 1948) und über die Frage der dualen Ausbildung. Während die Gewerkschaften eine verbesserte Allgemeinbildung der Lehrlinge in Berufsschulen neben der betrieblichen Ausbildung forderten, erhoben die Arbeitgeber den Anspruch, die Jugendlichen in erster Linie für spezifizierte Aufgaben in den Betrieben auszubilden.[404] Im Blickfeld der Debatten standen aber meist weiterführende Schulen und das dreigliedrige Schulsystem. Hier wurde nicht nur gesellschaftlich integriert, sondern auch differenziert. Theodor Heuss' Vorstellung, daß man „sich ... freimachen [muß] von den Resten einer sozialständischen Bewertung, als ob der Besuch einer Oberschule eine zusätzliche Erhebung des Menschenwertes mit sich bringe“[405], war wohl eher Theorie. Tatsächlich reproduzierte das dreigliedrige Schulsystem soziale Unterschiede und bediente milieuspezifische Anforderungen an die Ausbildung. Beispielsweise orientierten sich die meisten jungen Menschen bei ihrer Ausbildungs- und Berufswahl weitgehend an der Schulbildung und dem Beruf ihrer Eltern, obwohl eine gute Schulbildung generell als erstrebenswert galt.[406]

Schule wurde nun v. a. als Lernfeld für Demokratie eine integrative Funktion zuteil. Besonders der britischen Besatzungsmacht war die demokratische Umgestaltung der Schulen ein zentrales Anliegen, denn Bildung und Erziehung galten als wesentlich für die Demokratisierung der Gesellschaft. Politisch belastete Lehrer wurden folglich (mehr oder weniger konsequent) entlassen, zahlreiche Schulbücher und Lehrmittel mußten aussortiert werden, die Verwaltungs- und Entscheidungsstrukturen wurden zaghaft reformiert, schließlich mußten Lehrinhalte beinahe in allen Fächern auf ihren nationalsozialistischen Gehalt hin überprüft und gegebenenfalls revidiert werden.[407] Um diese Veränderungen durchzuführen, ordneten die Briten zunächst die Schließung der Schulen an, um sie nach und nach – z. T. mit reduziertem Unterricht – 1945 wieder öffnen zu lassen.[408] Wie die Schülerinnen und Schüler diese inhaltlichen, aber auch praktischen Veränderungen, z. B. Unterrichtsausfälle

403 Bereits im Oktober 1945 mußten z. B. die Mindener Lehrverträge dahingehend geändert werden, daß sie nicht mehr zwischen dem oder der Jugendlichen und der Handwerksabteilung, sondern der Handwerkskammer geschlossen wurden. Dieser Streit wurde insbesondere zwischen Arbeitgebern, der Industrie- und Handelskammer und den Gewerkschaften ausgetragen (KAM, Keber, I. Allg. Chronik, 1939-1946 Dez., ab 1. 11. 1946 mit Kulturveranstaltungen [Kulturspiegel] vereinigt Belege unter V[ereinigungen], S. 109 [KAM, Andere Provenienzen, Mindener Stadtchronik]).

404 Für die Hinweise zu diesem in der Literatur kaum beachteten Themenkomplex bedanke ich mich bei Frau Hyejeong Park, die an der Universität Bielefeld über die berufliche Ausbildung in Deutschland nach dem Zweiten Weltkrieg promoviert.

405 Heuss 1956, 26f.

406 Vgl. Baumert 1952.

407 S. für die Mindener Gymnasien Petzold 1998, 249-255.

408 S. Albertin 1998, 124-127; 129-142; Petzold 1998.

z. T. bis Januar 1946[409], große Klassen[410], weniger Lehrerinnen und Lehrer, beschädigte Schulgebäude und fehlende Unterrichtsmaterialien[411], aufnahmen, was sie darüber dachten und was es für sie bedeutete, ist den Quellen kaum zu entnehmen.[412] Allerdings beschreibt der ehemalige Schüler des Ratsgymnasiums Wolfram Keber außergewöhnlich selbstverständlich in seinem Bericht über die Jahre 1940 bis 1950 die angebliche Demokratisierung am renommierten Mindener Ratsgymnasium. Demnach wurden die Schülerinnen und Schüler als zukünftige demokratische Staatsbürgerinnen und Staatsbürger mit politischen Aspekten des neuen demokratischen Staates sowie den entsprechend angepaßten Lerninhalten konfrontiert, nachdem die schwierigsten Monate überstanden waren. Beispielsweise besprachen Lehrer das Grundgesetz, und die wenigen jüngeren Lehrkräften auch die nur kurz zurückliegende Geschichte.[413] Keber berichtet außerdem von den Anfängen der Mindener Schülermitverwaltung (SMV) in den Jahren 1949 und 1950.[414] Seit 1945 forderten die Besatzungsmächte mit Nachdruck die Kultusminister auf, die SMV explizit zu fördern. 1948 fand schließlich in Vlotho eine gemeinsame Tagung von Lehrern und Schülern statt. In deren Folge wurde 1950 ein „Arbeitskreis Schülermitverwaltung Vlotho" gegründet.[415] Ein Mindener Schüler hatte

409 Ebda., 106f.

410 Im Jahr 1949 kamen in den Mindener Volksschulen in den gemischten Klassen 48,77 Schüler und in den getrennten Klassen durchschnittlich 44,64 Schüler bzw. Schülerinnen auf eine Klasse. Ein Jahr später reduzierten sich diese Zahlen nur unwesentlich. An der Mittelschule befanden sich 1955 durchschnittlich 38,5 Schüler in einer Klasse, am Mädchengymnasium waren es 35,84 Schülerinnen. Schülerinnen des Gymnasiums besuchten 1949 durchschnittlich zu 35,76igst eine Klasse, während es bei den Schülern 32,76 pro Klasse waren (Deutscher Städtetag 1949, 330, 356; ders. 1950, 206, 217; ders. 1955, 327, 338). Vgl. Keber 1980, 238-240. In Minden kamen 1948 im Durchschnitt aller Schulen 43,8 Schülerinnen und Schüler auf eine Klasse und 58,1 auf einen Lehrer. Damit lag Minden etwas unter dem Durchschnitt im Regierungsbezirk Detmold (Statistisches Landesamt Nordrhein-Westfalen 1950, 312 f.). Nach den Berechnungen bei Chaussy wurden in Mindens Volksschulen relativ wenige Kinder in einer Klasse unterrichtet, denn im Bundesdurchschnitt besuchten 73 Schüler eine Volksschulklasse, 41 eine Klasse einer Oberschule und 133 eine Berufsschulklasse (Chaussy 1989, 212f.).

411 KAM, H 40, Nr. 107; vgl. Petzold 1998, 106f.

412 S. die Analysen von Petzold auf der Basis von Abituraufsätzen (Petzold 1998, 119-140).

413 Keber 1980, 240f. Vgl. widersprüchlich dazu die Perspektive der Britischen Militärregierung (s. z. B. PRO/FO 1013/2200).

414 Keber 1980, 241. Über die anderen Schulen, d. h. auch über das Mädchengymnasium, ist leider nichts dergleichen belegt. Die Aufgaben und Organisationsstrukuren der SMV waren im § 25 des Schulverfassungsgesetzes von 1952 gesetzlich festgelegt (Reinicke 1996a): Die Schüler wählten ihren Sprecher, der zusammen mit dem Vertrauenslehrer den Schülerrat bildete. Die Aktivitäten und Aufgaben der SMV orientierten sich meist direkt am Lern- und Schulalltag. Die Schüler der SMV organisierten „Veranstaltungen und Aktionen" (Paket- und Sauberkeitsaktionen), 1955 Patenschaften zwischen älteren und jüngeren Schülern zur Unterstützung der letzteren, am Lehrstoff orientierte Arbeitsgemeinschaften und schließlich ab und an „Referate über aktuelle und politische oder weltanschauliche Themen" (Keber, Die Jubiläumsschriften des Mindener Gymnasiums, in: MH, 30 [1958], Nr. 3/5, 186f.).

415 S. Reinicke 1996b, 276-279.

1953/54 sogar die Gelegenheit, die Schülermitverwaltung in den USA kennenzulernen. In seinem Aufsatz über diese Erfahrung betont er die größere Bedeutung der SMV in Übersee – „ebenso wichtig wie der Unterricht" – und deren parlamentarische Strukturen und Aktivitäten. „Wahlen mit Versammlungen, Plakaten usw., – also parlamentarische Formen"[416] waren dem Mindener Schüler wohl bis dahin weitgehend unbekannt.[417] Im Jahre 1959 riefen Mindener Schüler der Besselschule die Schülerzeitung „Wir" ins Leben, was von politischer Ebene zur Einübung „demokratischer" Umgangsformen an Schulen gefördert wurde[418]. In dieser Zeitung diskutierten die Schüler neben schulinternen, auch politische Fragen, z. B. den Vergleich zwischen Kapitalismus und Kommunismus, die Todesstrafe sowie die Frage, ob und wie sie die von der Schule geforderte, politische Neutralität einhalten könnten.[419]

II. 2. 2. 3 Geselligkeit und Eigen-Sinn zu Hause, auf der Straße und im Kino

Der „Freizeit-Diskurs" in den 1950er Jahren[420] und der Diskurs über die „Halbstarken", also über auffällige Jugendliche, überdecken die Tatsache, daß v. a. in der Nachkriegszeit „die eigentliche Vergnügungsfreizeit natürlich sehr knapp war"[421]. Diese Diskurse suggerieren auch, Jugendliche hätten genügend Taschengeld gehabt, um sich fast ausschließlich dem Tanzen, der Mode, den neuen Illustrierten oder dem Kino zu widmen. Dabei werden die auch in den 1950er Jahren noch großen sozialen Nöte übersehen.[422] Bis zur Währungsre-

416 Keber, Die Jubiläumsschriften des Mindener Gymnasiums, in: MH, 30 (1958), Nr. 3/5, 186f.

417 Erst in den 1960er Jahren wurde auch aufgrund eines veränderten Demokratieverständnisses Kritik an den begrenzten Möglichkeiten der SMV laut (Reinicke 1996a).

418 S. NRW-Erlaß v. 12. 8. 1949; dazu Reinicke 1996a.

419 Vgl. Woltermann 1996. Ob die Mindener an den überregionalen Arbeitsgemeinschaften der Jugendpresse wie der Landesarbeitsgemeinschaft „Die Junge Presse NRW" in Vlotho oder der 1952 gegründeten Bundesarbeitsgemeinschaft „Junge Presse" in Frankfurt mitarbeiteten, ist unbekannt (Reinicke 1996b, 276-279). Vgl. Helsper 1988, 263-265.

420 Wie Reulecke zeigt, war es kein neues Phänomen, daß v. a. Bürgerliche über „richtiges" und „falsches" Freizeitverhalten und „gute" und „schlechte" Freizeitangebote urteilten und diskutierten. Im Jahre 1892 wurde bei einem Kongreß in Berlin „erstmalig in voller Breite und mit bis heute nachwirkenden Argumenten ‚Freizeit als soziales Problem' diskutiert" (Reulecke 1980, hier 143). Vgl. den pointierten Beitrag von Faulstich (2002b).

421 TAM, 001K041207.

422 Vgl. Albertin 1992, 42; Heinritz 1985, 306, 310f. Heinritz führt ein weiteres Beispiel für ‚sittliche Gefährdung' an, das Trampen. Die Gefährdung – so ihre Quellenanalyse – bestand für die Jugendschützer nicht in möglichen Unfällen oder Übergriffen, sondern es ging um die „demoralisierenden Auswirkungen auf die Jugendlichen sowie um die Schädigung des Ansehens der Deutschen im Ausland" (310). Wagner 1995, argumentiert insofern anders, als sie die materiellen Notstände junger Menschen eng mit den Argumenten von ‚Jugendschützern' in Verbindung setzt. Vgl. ähnlich zur v. a. im 20. Jahrhundert immer wieder virulenten Debatte über angeblich zunehmende Gewalt Jugendlicher Steinert 1998.

form waren die meisten Menschen, so auch Jugendliche, mit der Beschaffung von Lebensmitteln beschäftigt, aber auch in den 1950er Jahren blieben wegen der hohen Wochenarbeitszeit kaum mehr als zwei bis drei Stunden pro Tag in einer Sechs-Tage-Woche zur freien Verfügung.[423] Außerdem fehlte häufig das Geld, um ins Kino zu gehen, eine Gaststätte aufzusuchen oder sich eine Zeitschrift zu kaufen. Dies gilt nicht nur für die frühen Nachkriegsjahre, sondern auch für die Zeit um 1950, als die Jugendarbeitslosigkeit ihren Höchststand erreichte. Erst Mitte der 1950er Jahre konnten Jugendliche verstärkt an kommerziellen Freizeitangeboten teilhaben.[424] Es wird geschätzt, daß „von der Jugendgeneration ... weit über eine halbe Milliarde DM jährlich für ‚ganz persönliche Zwecke‘ ... ausgegeben werden".[425] Diese Zahlen täuschen erstens darüber hinweg, daß viele (aus Scham) keine Aussagen machten, und daß die Unterschiede je nach sozialer Situation und der Situation der Eltern beträchtlich waren. Beispielsweise hatten jugendliche Angestellte durchschnittlich 83 DM, Lehrlinge 33 DM und Schülerinnen und Schüler 23 DM monatlich zur Verfügung. Außerdem verdienten Jugendliche häufig ihr Taschengeld selbst – wie Dieter K. durch Nachhilfestunden –, was zusätzlich das Quantum freier Zeit schmälerte.[426] Schließlich geben sowohl Quellen als auch die aktuelle Forschung bisweilen ein verzerrtes Bild davon wieder, wie Jugendliche in der Nachkriegszeit ihre Freizeit verbrachten. Denn in beiden Fällen gilt fast ausschließlich auffälligen Jugendlichen die Aufmerksamkeit, d. h. insbesondere männlichen Jugendlichen auf der Straße, oft als „Halbstarke" bezeichnet, oder – v. a. in den Quellen – Mädchen, die sich an ‚unerlaubten‘ Orten in der Stadtöffentlichkeit aufhielten.[427]

Lesen, Toben und ‚Nichts-Tun‘

Kurze Zeit nach dem Krieg ‚vagabundierten‘ zahlreiche jugendliche Mädchen und Jungen gemeinsam in der zerstörten Stadt herum, beschafften sich Lebensmittel auf gewitzte und oft kriminelle Weise und beunruhigten damit Er-

423 Vgl. Schildt 1993a, 358-360; 390f. Beispielsweise betrug 1955 die Wochenarbeitszeit in der Industrie 49 Stunden. Vgl. dazu, daß Kinder bzw. Jugendliche in ihren Familien erheblich bei der Hausarbeit helfen mußten, Schütze/Geulen 1995, 31.

424 Außer anders angegeben stammen alle Angaben dazu aus Maase 1992, 75, der sich v. a. auf Blücher, Viggo Graf, Freizeit in der industriellen Gesellschaft. Dargestellt an der jüngeren Generation, Stuttgart 1956, bezieht.

425 Schelsky 1957, 339. Er bezieht sich dabei ebenso auf die Studie von Blücher. Im Jahre 1959 waren es nach Aussagen von Schildt bereits ca. vier Milliarden DM (Schildt 1993c, 343).

426 S. die Kap. III. 1. 2 bzw. 3; vgl. für Arbeiterjugendliche Stark 1973, 68-87.

427 Vgl. Baacke 1987; Kenkmann 1996b; Maase 1992; s. Kap. I.

wachsene. Die Notsituation bot jungen Menschen auch Freiräume ohne Kontrollen. Beispielsweise konnten Trümmerfelder auch ‚Abenteuerspielplätze' ohne Reglementierungen Erwachsener sein.[428] Als die schwierigsten Probleme seit der Währungsreform überwunden waren, Familien in den 1950er Jahren wieder zusammengefunden und sie Notunterkünfte allmählich verlassen hatten, also im Zuge der ‚Normalisierung' bzw. „Restabilisierung"[429] der Familienverhältnisse, versiegten auch Freiräume für Kinder und Jugendliche.[430] Es „begann sich wieder ein normaler Tageslauf in der Familie einzuspielen", formulierte ein Zeitgenosse.[431]

Das veränderte auch die Art und Weise der Freizeitgestaltung Jugendlicher, nicht zuletzt deshalb, weil ein Großteil der Jugendlichen ihre Freizeit zu Hause und mit der Familie verbrachte. Der Mindener Schüler Dieter K. saß z. B. häufig zu Hause und las, wie viele seiner Altersgenossen. Gymnasiasten lasen lieber als Gymnasiastinnen, aber insgesamt überwog die Zahl der lesenden Mädchen die der Jungen. Die Mehrheit der Jugendlichen bevorzugte Romanheftchen, Illustrierte und Tageszeitungen als Lektüre: 14- bis 24jährige stellten sogar die größte Gruppe der Leser von Tageszeitungen mit nationaler Verbreitung dar. Die meisten von ihnen lasen Gebiets- oder Boulevardzeitungen.[432] Eine weitere beliebte häusliche Beschäftigung war das Radiohören.[433] In welchem Maße Lesen und Radiohören der Entspannung, dem Abschalten oder der Information dienten, kann hier nicht erörtert werden. Zum einen waren Informationsbedürfnis und Neugierde groß[434], zum anderen hatte das Lesen von Zeitungen für Arbeiterjugendliche vermutlich ebenso Entspannungs-

428 Beate Wagner weist darauf hin, daß die ‚Unordnung' der Familien in den Nachkriegsjahren Jugendlichen auch Freiräume bot (Wagner 1995, 34). Vgl. Kenkmann 1996b, 246-249; Schütz/Geulen 1995, 33f.; Sieder 1987, 239.

429 Willenbacher 1998, 604 u. ö.

430 Der Nachwuchs geriet zunehmend ins Blickfeld und unter die Kontrolle von Eltern und Pädagogen, wie dies auch bei den Anfang der 1950er Jahre geführten Jugendschutz-Diskursen und -Aktivitäten deutlich wird (vgl. Schütze/Geulen 1995, 38f.).

431 Zit. n. Baumert 1952, 59.

432 Zur Lektüre von Gymnasiasten s. Kap. III. 1. S. a. Angermann zur von Jugendlichen, v. a. von Mädchen, rezipierten Lektüre, die aus der Auswertung von Stammbüchern und Poesiealben hervorgeht. Nachdem Poesiealben nach dem Zweiten Weltkrieg erst um 1950 zunehmend beliebt waren, wurden nun weniger Politiker und Soldaten zitiert, sondern zunehmend Literatur, auch aus dem Ausland – mit Ausnahme von Rußland (Angermann 1971, bes. 81f.).

433 Es gab nicht erst seit dem Erscheinen der ersten „Bravo" 1956 Jugendillustrierte (Maase 1992, bes. 104-111; Schildt 1993, 347), sondern bereits in der frühen Nachkriegszeit, wie „Horizont", „Der Fährmann" oder „Jungenwacht" (Reulecke 1991a, bes. 223-230). S. zur geschlechterhisorischen Analyse von Jugendzeitschriften etwa in den 1920er Jahren z. B. Boyd 1991; Tinkler 1999. Vgl. Baumert 162; Schildt 1993a, 369-375, 391f.; Zinnecker 1987, 176, 181, zit. Emnid 1954, 139f.

434 Dies bestätigen zahlreiche Zeitzeugenaussagen.

charakter wie für erwachsene Arbeiter und Angestellte.[435] Außerdem entsprachen Lesen, Radiohören und ,Nichts-Tun' auch dem in der Nachkriegszeit stark vorhandenen Bedürfnis nach Zeit und Ruhe.[436]

Enge oder behelfsmäßige Wohnungen führten jedoch auch zu Konflikten innerhalb von Familien und boten kaum Möglichkeiten zum persönlichen Rückzug oder um Freundinnen und Freunde zu treffen.[437] Wollten junge Menschen unter sich möglichst ohne Kontrolle Erwachsener sein, und benötigten sie Platz für sportliche Spiele, trafen sie sich auf der Straße, auf öffentlichen Plätzen oder in den Ruinen.[438] In Minden nutzten Jugendliche z. B. den ehemaligen „Redan X"-Platz zwischen Weserstraße, Fischertor, Marienwall und Hermannstraße als Sportplatz. Mitte des Jahres 1951 wandelte die Stadt diesen Platz allerdings in eine Grünanlage um, so daß die Jugendlichen ausweichen mußten.[439] Andere Jugendliche im Alter zwischen zwölf und 18 Jahren spielten in der Steinstraße Fuß- und Schlagball. Außerdem nutzten sie den für Fahrzeuge gesperrten Teil der Steinstraße zwischen Marien- und Cecilienstraße als „Radrennbahn". Dabei beschädigten die Schülerinnen und Schüler Hecken, Drahtzäune sowie Blumen- und Gemüsebeete. „Außerdem sollen die Jugendlichen in den anliegenden Gärten Obst entwendet haben."[440] Hin und wieder konnten sie Schulsportplätze nutzen, wie den der Mindener Volksschule Rodenbeck, der 1956 „nachmittags besonders von den Jungen weitgehendst aufgesucht" wurde.[441] Jugendliche trafen sich auch auf dem städtischen Spielplatz in den Glacisanlagen, der „allen Anforderungen entspricht, in gesicherter Lage ist und daher nach unseren Beobachtungen auch fleißig benutzt wird".[442] Die Glacisanlagen waren offenbar ohnehin beliebte Treffpunkte.[443] Weniger unkontrolliert, aber dennoch eine Möglichkeit sich auszutoben, boten die zahlreichen und beliebten Sportvereine, deren Jugendabteilungen Ende der 1950er

435 S. Schildt 1993a, 368; vgl. zur mentalitätshistorischen Bedeutung der Lektüre Jugendlicher z. B. als „Horizonterweiterung" an Beispielen Reulecke 1991a, 215-231.

436 Dies konstatierte auch Friedhelm Boll während einer Tagung in Potsdam 1997. S. a. Kap. III.

437 Vgl. Schildt 1993a, 360-362, 391. Die einschlägigen Studien geben leider kaum Auskunft über das ,ziellose' Aufhalten oder das Spielen und Treffen Jugendlicher auf der Straße.

438 Vgl. Kenkmann 1996b, 277f. Seine Aussagen beziehen sich fast ausschließlich auf die von ihm untersuchten ,Wilden Cliquen'. Vgl. zu ,Raumverhalten' Jugendlicher Baacke 1987, 107-119.

439 Keber, Wiederaufbau und Neubau in Minden, in: MH, 23 (1951), Nr. 4/5, 65.

440 Stadtverwaltung an die Mindener Schulen am 8. 9. 1956 (KAM, H 40, Nr. 106).

441 Volksschule Minden-Rodenbeck an die Stadtverwaltung am 6. 10. 1956 (KAM, H 40, Nr. 106). Bis auf die Angabe zum ehemaligen „Redan-X"-Platz stammen alle anderen Hinweise aus dem Schriftverkehr zwischen der Stadt Minden und den Schulen bzgl. der Öffnung der Schulhöfe für Kinder und Jugendliche nach Schulschluß.

442 Heideschule an Stadtverwaltung am 10. 12. 1960 (KAM, H 40, Nr. 106).

443 KAM, H 50, Nr. 133.

Jahre im Stadtjugendring vertreten waren.[444] Meist tobten sich Jugendliche an öffentlichen Orten aus, hielten sich scheinbar ziellos auf der Straße auf, ‚hingen' dort ‚herum', taten ‚nichts', redeten ‚irgendwas' miteinander[445] und erregten so den Anstoß der Erwachsenen.

Konflikte und Provokationen auf der Straße

Die Straße und der Sportplatz waren zentrale Orte (intergenerationeller) Interaktionen und Konflikte. Der Schriftverkehr der Stadt Minden mit den Schulen über die Öffnung der Schulhöfe für Kinder und Jugendliche am Nachmittag verdeutlicht, wie unerwünscht junge Menschen waren, weil sie angeblich Toiletten verschmutzten, Lärm machten, kleinere Kinder beim Spielen störten, „unbekannten Lehrern gegenüber den Gehorsam" verweigerten, Fenster zerbrachen und Schulhöfe verunreinigten. Außerdem seien „bei der ständigen Zunahme des motorisierten Verkehrs die Straßen grundsätzlich von der spielenden Jugend freizuhalten".[446] Man wollte gerade tobende Jugendliche oder solche, die sich ‚sinnlos' auf der Straße aufhielten, von öffentlichen Plätze der Stadt vertreiben und fernhalten. Jugendlichen, die in einer Jugendgruppe oder einem Sportverein organisiert waren, waren dagegen im Rahmen der Jugendgruppenaktivitäten legitimiert, Schulhöfe, -sportplätze, die städtische Turnhalle und Klassenräume zu benutzen.[447] Unorganisierte Jugendliche unterstanden dagegen strengen Sanktionen.

Jugendliche waren bei diesen Konflikten um ‚Territorien' jedoch nicht pas-

444 S. Der Ring, 1 (September/Oktober 1959), Nr. 1, 18: Aero-Club, Box-Club Eder, Akademischer Turnerbund, Eisenbahnsportverein e. V. von 1923, Kanuklub, Männerturnverein Minden 1860, Mindener Ruderverein von 1905 e. V., Mindener Schwimmverein von 1909 e. V., Mindener Spielgemeinde 05, Mindener Tennisclub e. V., Turngemeinde Minden von 1900, Turnverein Jahn e. V., TuS Eintracht e. V., TuS Minderheide, TuS Königstor, VfL von 1910. S. a. Keber, Wiederaufbau und Neubau, in: MH, 23 (1951), Nr. 6, 75; 24 (1952), Nr. 3/4, 35. – Bereits im August 1946 fand das erste Kreis-Turn-und Sportfest nach 1945 statt (Beutelspacher/Rodekamp 1988, 36). – Im Kreis Minden gehörten 1946 von insgesamt 11.000 Einwohnern im Alter von 14 bis 18 Jahren 2.000 der Sportjugend an. Diese Zahl übertraf nur die evangelische Jugend mit 2.575 Jugendlichen. Ein Jahr später wuchs die Mitgliederzahl in der Sportjugend auf 3.648 (StADt, M1 I Ju, Nr. 161). Vgl. Albertin 1992, 30-32; Naunin 1952, 153; Schildt 1993a, 373-376, 392; ders. 1993c, 342; Zinnecker 1987, 216-232.

445 S. z. B. Schildt 1993a, 393; Kenkmann 1996b. Corrigan (1979) zeigt, daß das ziellose Zusammensein, Reden und „Blödeln" Jugendlicher in den 1970er Jahren in Wigan (GB) nicht nur als Zeitvertreib zu verstehen ist, sondern daß bei diesem Nichtstun z. B. Gruppenhierarchien bei Rauferein, die „aus dem Nichts" entstehen, verhandelt werden.

446 KAM, H 40, Nr. 106.

447 Vgl. Akten, die Auskunft über die Benutzung von Schulgebäuden zu schulfremden Zwekken, z. B. für den Turnverein des CVJM oder Gruppenstunden der Falken usw., geben: z. B. KAM, H 40, Nr. 85, 101, 106, 194, 196-198, 315, 326.

siv.[448] Oft provozierten sie, gaben sich eigensinnig und waren gewalttätig. Z. B. behielten Jungen und junge Männer Soldatenmützen der Wehrmacht trotz des Verbots auf – „auch bei warmem Wetter, während die Jungen vorher bei kaltem oder regnerischem Wetter schwer oder überhaupt nicht zum Tragen einer Kopfbedeckung zu bewegen waren, weil es nicht Sitte war".[449] Sie zeigten sich aber gegenüber den Besatzern nicht nur aufmüpfig, sondern suchten auch neugierig den Kontakt zu den Fremden, z. B. als sich im März 1946 Mindener Jungen und Mädchen mit britischen Soldaten eine freundschaftliche Schneeballschlacht lieferten.[450] Einige Mädchen sorgten für Aufsehen, weil sie sich häufiger vor der Mudra-Kaserne aufhielten und dort „offensichtlich Anschluß an die englischen Soldaten" suchten. In „schamloser Weise" sollen sie sich laut Vermerk des Stadtjugendamtes „vor den Toren der Mudra-Kaserne herum[ge]trieben" haben.[451] Außerdem „entwickelte sich" im Juni 1945 angeblich eine Gaststätte in der Nähe der Marienstraßenbrücke „zu einem Treffpunkt von Engländern mit deutschen Mädchen".[452] Ob die Mädchen neugierig ‚neues männliches Terrain' zu ‚erschließen' suchten, oder ob sie versuchten, durch Prostitution Geld oder notwendige Lebensmittel zu erwerben, oder ob die Motive eine Mischung aus beidem waren, kann hier nicht geklärt werden.[453] Jedenfalls erregten diese jugendlichen Kontakte zu den Besatzern die Gemüter von Jugendamtsmitarbeitern, Pädagogen und Journalisten. Gewalttätige und kriminelle Jugendliche lösten noch größeres Entsetzen bei Erwachsenen aus und gaben Anlaß zu zahlreichen Berichten in Zeitungen und Jugendamtsakten.[454] 1953 kam ein arbeitsloser Junge vor Gericht, weil er häufig gestohlen hatte, „angeblich v. a. um ins Kino gehen zu können". Der Junge, der von der gutachtenden Ärztin als „Charakter-Kümmerling" bezeichnet wurde, irritierte das Gericht und die Beiwohnenden, indem er „plötzlich unter

448 Vgl. Grotum 1994, 225. Der Autor deutet die Halbstarkenkrawalle als „Eroberung öffentlicher Räume". Diese „Eroberung" fand jedoch nicht nur in der auffälligen Form des „Krawalls" statt. Vgl. Baacke 1987, 107-119.

449 KAM, Keber, Chroniken, I (1. Mappe), 13. 9. 1945, S. 105a/106 (Bestand ‚Mindener Stadtchronik').

450 KAM, Keber, Chroniken, I (1. Mappe), 13. 9. 1945, S. 106 (Bestand ‚Mindener Stadtchronik'). Vgl. zu dem ambivalenten Verhältnis deutscher Jugendlicher zu den Briten Boll 1995b, 197-224, bes. 202.

451 KAM, H 50, Nr. 133. Die beiden Vermerke stammen zwar aus dem Jahr 1960, als die Jugendschutzaktivitäten bereits ihren Höhepunkt hinter sich hatten. Allerdings kann davon ausgegangen werden, daß bereits in der frühen Nachkriegszeit Mädchen (sexuellen) Kontakt zu britischen Soldaten suchten. Vgl. Albertin 1992, 41f.

452 KAM, Keber, Chroniken, I (1. Mappe), 102a (Bestand ‚Mindener Stadtchronik'); s. a. KAM, H 50, Nr. 133.

453 Vgl. zu sexuellen und sexualisierten Verhaltensweisen von Mädchen und deren möglichen Deutungen Maase 1999, 94-96; Kohtz 1999; Søland 1999; Boll 1995b, 202.

454 Zur Kriminalitätsstatistik Jugendlicher s. Wagner 1995, 32f., 56-58, 212.

Tränen einen Wutanfall bekam, als ihm der Verkauf gestohlener Butterstullen vorgeworfen wurde".[455]

Es fielen besonders männliche Jugendliche in den Jahren auf, die mit scheinbar sinnloser Brutalität gegen Mitmenschen vorgingen:[456] Einer raubte einer Frau die Geschäftskasse, ein anderer überfiel einen elfjährigen Jungen und stahl dessen Fahrrad, wiederum andere verübten Übergriffe auf ältere Menschen. Bei diesen Raubüberfällen verletzten die angreifenden Jugendlichen ihre Opfer häufig gefährlich, z. B. mit Messerstichen oder „mit einem Hammer".[457] Unsinnig erscheinen zunächst auch Aktionen, wie sie eines Nachts kurz vor der Währungsreform einige Jungen unternahmen: Sie „rissen" in der Nacht zwischen Montag, dem 17. 5. 1948, und Dienstag „mehrere der dort neu angepflanzten Bäume aus der Erde". Dies war außerdem wohl nicht ihre erste ordnungswidrige Tat, wie der Stadtchronist Keber vermutet.[458] Diese Verhaltensweisen auf den Mindener Straßen in der Nachkriegszeit können auch als Mißachtung der bestehenden und v. a. angestrebten Ordnung bzw. ‚Normalisierung', also auch als Provokation seitens männlicher Jugendlicher, gedeutet werden. Sei es, weil für sie, wie für Borcherts Beckmann, die Regeln der Kriegszeit noch galten[459], oder sei es, weil sie den Respekt vor den Normen der Erwachsenen verloren hatten, sich gegen die Erwachsenen wendeten, als sie den Jugendlichen ‚ihren Platz' – zum Fußballspielen, Fahrradfahren usw. – streitig machten.[460]

Konflikte im Kino und in Tanzlokalen

Diese Konflikte spitzten sich zu, als immer mehr Jugendliche ins Kino gingen oder Tanzlokale und Gaststätten aufsuchten.[461] Dabei gerieten sie zunehmend in den Blickwinkel von ‚Jugendschützern', die besonders seit der Novellierung des Jugendschutzgesetzes 1953 akribisch nächtliche Kontrollgänge durchführten.[462] Das jugendliche Bedürfnis nach Zerstreuung, Treffen gleichaltriger Freunde, Vergnügen sowie nach Orientierungsmöglichkeiten außerhalb des Elternhauses wurde von Erwachsenen auch als Provokation oder als zu sanktio-

455 KAM, H 50, Nr. 134.

456 Unter der Überschrift „Halbstarkenproblem" sind in den Mindener Akten Überfälle Jugendlicher in den Jahren 1949 bis 1953 aufgelistet und kommentiert.

457 KAM, H 50, Nr. 134.

458 KAM, Keber, Paul, Chroniken, I (2. Mappe), zit. Westfälische Zeitung v. 29. 5. 1948, 229a (Bestand ‚Mindener Stadtchronik').

459 Vgl. Kenkmann 1996b.

460 S. Kap. III. Vgl. dazu, daß das Handeln auf dem Schwarzmarkt nicht nur der Beschaffung von Lebensmitteln und Gebrauchsgütern diente, sondern auch Abenteuer und „Ausdruck ihrer konkreten Lebensumwelt" war, Roch 1987, 155.

461 S. Zinnecker 1987, 85-101.

462 S. Kap. II. 1. 2. 4.

nierende Verhaltensweisen aufgefaßt. Wie Dieter K. wollten viele andere Jungen und Mädchen sich sicherlich einfach nur einen Film ansehen.[463] Folglich verschuf sich Dieter K., der nicht in das Bild des gewalttätigen, kriminellen und verwahrlosten Jugendlichen paßte und nicht von angeblich anzüglichen Filmen oder durch Western moralisch fehlgeleitet schien, an den Kontrolleuren des Jugendamtes vorbei Einlaß in für ihn verbotene Filme. Oft verhandelte er so lange mit der Frau an der Kinokasse, bis sich Dieter K. und seine Freunde auch Filme wie „Die Sünderin" ansehen durften.[464]

Das Kino oder der Kinoeingang waren außerdem beliebte Treffpunkte Jugendlicher, weil sie hier relativ unkontrolliert waren.[465] Aber im Gegensatz zu der öffentlichen Aufmerksamkeit, die dieser Freizeitbeschäftigung junger Leute geschenkt wurde[466], besuchte nur eine Minderheit[467] der Jugendlichen regelmäßig Gaststätten, Tanzlokale und Milchbars.[468] Einige von ihnen gingen gerne in – unter Erwachsenen verrufene – Gaststätten, wie die „Grille"[469], den „Bürgerhof", den „Kuhlenkamp", „Bad Minden", den „Kaisersaal" und die „Colosseum-Diele", die Gaststätte Meffert oder Niemann oder die „Südsee Bar", auch „Südseestübchen" genannt. Dort trafen sich 13- bis 14jährige Mädchen und Jungen, v. a. Kinder von Arbeiterinnen und Arbeitern, besonders als sich die wirtschaftliche Situation allmählich entspannte. Viele von ihnen kamen auch von außerhalb aus der Region, einige waren Ausbrecher aus Fürsorgeanstalten.[470] Sie amüsierten sich hier mit Freunden, tranken (auch Alkohol), hörten Musik, flirteten, versuchten sich an Glücksspielautomaten und tanzten. Besonders wenn viele Jugendliche anwesend waren und getanzt wurde, hatten die Ordnungshüter große Schwierigkeiten, Kontrollen durchzuführen. Als beispielsweise die ‚Jugendschützer' am 24. 9. 1956 in der Gaststätte Kuhlenkamp ihre Streife fortsetzen wollten, – so der Bericht – „fing die Kapelle während der Überprüfung der Anwesenden erneut an, zum Tanz aufzuspielen". Besonders hoch her ging es, als in Minden das Rock-'n-Roll-Fieber einen Höhe-

463 TAM, 001K041297; vgl. Maase 78; Schildt 1993c, 391f.
464 KAM, H 50, Nr. 131, Nr. 133; H50, Nr. 134.
465 Vgl. Schildt 1993c, 344
466 Dies wird z. B. an den Mindener Akten des Jugendamtes bzgl. des Jugendschutzes deutlich.
467 S. z. B. Schildt 1993a, 391.
468 KAM, H 50, Nr. 131, Nr. 133.
469 S. Kaspar 1996. Kaspar betrachtet hier das Ausflugslokal „Grille" v. a. unter baugeschichtlichen Aspekten und geht kaum auf das gesellige Leben in der Nachkriegszeit in der heute noch bestehenden – und mit einem negativen Ruf behafteten – Diskothek ein.
470 KAM, H 50, Nr. 133. Die Aussagen in den Berichten über die von den ‚Jugendschützern' aufgegriffenen Jugendlichen müssen allerdings kritisch gelesen werden, da sie aus der Perspektive bestimmter Erwachsener verfaßt wurden. Beispielsweise war die überwiegende Zahl der des Lokals verwiesenen Jugendlichen Mädchen. Es muß aber aufgrund geringeren Taschengelds, eingeschränkterer Ausgeherlaubnis usw. davon ausgegangen werden, daß mindenstens ebenso viele Jungen wie Mädchen, wenn nicht mehr, die abendlichen Freizeitorte aufsuchten.

punkt erreichte: Am 7. 2. 1957 veranstaltete das Gasthaus „Grille" einen Tanzwettbewerb. Etwa 600 bis 700 Jugendliche nahmen daran trotz der zwei DM Eintritt teil. Ein Mitarbeiter des Stadtjugendamtes, der Polizeimeister Schulz sowie der Kriminalsekretär Starke, „übrigens ... in Zivil", versuchten, die Kontrolle über das Lokal zu gewinnen. Trotz dieses Aufgebots und trotz dieser Vorbereitung, gelang es diesen Männern nicht, gründlich zu kontrollieren:

„Nach Beginn des Preistanzes – etwa gegen 22 Uhr – befanden sich lediglich die am Preistanz beteiligten Paare auf der Tanzfläche, während alle übrigen Anwesenden auf Tischen und Stühlen stehend durch rhythmische Bewegungen und Händeklatschen, Pfeifen und Johlen die Wettkämpfer begutachteten."

Für den Berichterstatter war es ein „unbeschreibliches Gejohle und Gepfeife", aber dennoch ein Abend „ohne besondere Vorkommnisse". Aber eine „Kontrolle der Jugendlichen ... hätte bei diesem Charakter der Veranstaltung ... nicht durchgeführt werden können." Allerdings griff Polizeimeister Schulz drei junge Menschen im Alter von 14, 15 und 16 Jahren heraus, die offenbar an dem Mann an der Kasse, vorbeigekommen waren.[471] Besondere Höhepunkte im Jahr – und Anlaß für zahlreiche Appelle seitens der Jugendämter – waren die „Messen", Volksfeste, Zirkusveranstaltungen und Karnevalsfeiern.[472] Bereits im August 1945 gastierte acht Tage lang der „Zirkus Nordon" in Minden, und im November 1945 fand auf dem Königsplatz die Mindener „Herbstmesse" statt. Dort „fehlten" jedoch z. B. „die Würstchenbude u. Ähnliches, übrigens auch die Schießhallen". Trotz des minimierten Angebots und obwohl dort „eine große Menge elektrischen Stroms verbraucht" wurde, „während die Bevölkerung zum Sparen verpflichtet war", war „eine besondere Werbung gar nicht mehr nötig".[473] Ohne auf eine Erhebung über das Alter der Besucherinnen und Besucher dieser geselligen Veranstaltungen zurückgreifen zu können, ist davon auszugehen, daß sowohl Jugendliche als auch Erwachsene teilnahmen und sich vergnügten.

Diese Skizze der Freizeitkultur Mindener Jugendlicher zeigt, daß das Verhalten der jungen Menschen in ihrer freien Zeit weder alleine unter dem Titel „Rückzug ins Private", noch „Generationenkonflikt" oder „Rebellische Jugendsubkultur" zu fassen ist. Für Jugendliche waren auf der einen Seite Familie und entspannende Beschäftigungen zu Hause bedeutsam und auf der anderen Seite *Peergroup*-Aktivitäten in der Öffentlichkeit.

Die Jugendlichen konsumierten dabei nicht lediglich das Tanz-, Film- oder

471 KAM, H 50, Nr. 133.

472 KAM, H 50, Nr. 131; Nr. 133; Nr. 134; s. a. KAM, Plakatsammlung.

473 KAM, Keber, Chroniken, I (1. Mappe), s. 13. 9. 1945, S. 111, 112 (Bestand ‚Mindener Stadtchronik'). Außerdem erfreuten sich die Mindener an Boxwettkämpfen und waren „enttäuscht", als der Boxkampf am 16. 9. 1945 schon bald zu Ende war (ebda., S. 107a).

Musikangebot, sondern eigneten sich die neuen Kleidungsstile[474], Bewegungsformen und Verhaltensweisen als Handlungsrepertoire an.[475] Anne Summers bringt diese Ambivalenz, bezogen auf Mädchen, auf den Punkt: „Feminist historiography may characterize this period as one when young women's freedoms were curteiled, and their lives subsided into domesticity; but it is difficult for me, then only a girl, not to associate it with assertive exuberance and display."[476] 15- oder 16jährige Mädchen und Jungen adaptierten innerhalb dieser Konflikte und Zuschreibungen die Ordnung der Stadtgesellschaft nicht nur. Vielmehr gestalteten sie in dem ihnen zugestandenen und von ihnen ‚eroberten' Rahmen Formen der Freizeitkultur, Männlichkeit, Weiblichkeit und Geschlechter-[477] sowie Generationenverhältnisse und verorteten sich gesellschaftlich.[478] Dies bedeutete jedoch nicht automatisch mehr Gestaltungsspielräume und -möglichkeiten für Jugendliche, denn Geld- und Zeitbudgets waren nach wie vor eng.[479] Auch Jugendschutzkontrollen und Kampagnen gegen die ‚amerikanisierten' Mädchen und Jungen schränkten die Handlungs- und Gestaltungsspielräume Jugendlicher ein.[480] Dabei standen sich jugendliches Autonomiebestreben und das Kontrollbedürfnis Erwachsener in einem unausgewogenem Verhältnis gegenüber.[481] Einer der Hintergründe hiervon war das zeitspezifische Miß- und Unverständnis sowie Mißtrauen zwischen Jugendlichen und Erwachsenen. Dies illustriert eine Posse aus der Bielefelder Theatergeschichte der 1950er Jahre: Nach einem aus Sicht des Intendanten und der Schauspieler unangebrachten Verhaltens junger Theaterbesucher sollten zukünftig die Jugendlichen auf den Theaterbesuch vorbereitet werden, damit sie nicht „an ungeeigneten Stellen" zu lachen anfingen.[482] Ob man allerdings angesichts des z. T. herrschenden gegenseitigen Unverständnisses zwischen den Jüngeren und Älteren und aufgrund bisweilen unterschiedlicher Interessen Erwachsener und Jugendlicher auf zunehmende Ausdifferenzierung generationenspezifischer Freizeitinteressen schließen kann[483] und ob die Freizeitgestaltung Jugendlicher als avantgardistisch i. S. einer angenommenen Modernisierung[484] zu betrachten ist, bleibt zu bezweifeln. Denn gleichzeitig wird eine hohe Bedeutung von Familie und Ehe für die meisten 14- bis 18jährigen konstatiert.

474 „The designs of sets and costumes indulged a long-denied appetite for fantasy and luxury" (Summers 1997, 229).
475 Vgl. Maase 1992.
476 Summers 1997, 229f.
477 S. Maase 1992; ders. 1999; s. a. Summers 1997, 227-232.
478 Vgl. zu diesem Abschnitt Cohen 1979.
479 Vgl. Reulecke 1993b, 85.
480 Vgl. Maase 1992; ders. 1996.
481 Vgl. Mitterauer 1986, 196.
482 S. Bootz 1993, 176.
483 Vgl. Schildt 1993c.
484 Vgl. Köster 1997a; Maase 1992, 231-240; Sywottek 1990, 95-111, hier 108.

Jugendliches Freizeitverhalten ist folglich nicht ausschließlich unter dem Aspekt der Generationenkonflikte, sondern auch als milieugebunden[485] und altersübergreifend zu betrachten. Beispielsweise waren in den Kneipen, auf der Kirmes, in den Tanzlokalen und auf der Straße überwiegend Arbeiterjugendliche oder junge Angestellte anzutreffen, während Gymnasiastinnen und Gymnasiasten das Kino und Theater bevorzugten. Letztere besuchten auch Vorträge und Diskussionsrunden der britischen Armee sowie Jazzveranstaltungen.[486] Mit ihrer Abwendung von „Massenveranstaltungen" und weitgehend von kommerziellen Angeboten distanzierten sich bürgerliche Jugendliche von den Freizeitinteressen und Gesellungsformen der auch von ‚Jugendschützern' gefürchteten Arbeiterjugendlichen. Andersherum lasen Arbeiterjungen und -mädchen wohl weniger, um sich zu informieren, sondern mehr um sich zu zerstreuen, während dem Gymnasiasten das Ideal vorschwebte, sich bei seiner Lektüre in erster Linie zu bilden. D. h., daß Jugendliche in ihrer Freizeit, alleine, mit Gleichaltrigen oder mit Erwachsenen, die bestehenden Milieus fortsetzten, sich darin verorteten und daran orientierten. Auch die Konflikte Jugendlicher mit ‚Jugendschützern' bzw. vice versa waren folglich nicht nur Generationenkonflikte, sondern sind auch als Milieukonflikte zu begreifen.[487] Es bleibt allerdings weiteren Forschungen vorbehalten, ‚alltägliche' Freizeitgestaltungen Jugendlicher jenseits von Subkulturen, Protesthandeln und Generationenkonflikten zu untersuchen und damit auch den Blick auf ‚unauffällige' Mädchen und Jungen im Kontext ihrer Familien und ihres Milieus in den Blick zu nehmen.

Grundsätzlich genügt es nicht, pauschal von ‚der orientierungslosen', ‚skeptischen', ‚verwahrlosten' Jugend zu sprechen. Denn jugendliche Lebenswelten und Handlungsweisen divergierten je nach Geschlecht, Alter, Milieu, Familiensituation sowie lokalen und regionalen Spezifika, wie dies hier für Minden skizziert wurde. Darüber hinaus distinguierten verschiedene Erwachsenengruppen Jugendliche je nach ihrer *Peergroup*-Zugehörigkeit: Als vorbildlich galten meist die in Jugendorganisationen aktiven Mädchen und Jungen.

485 Vgl. Schild 1993c, 348; Grotum 1994, z. B. 227 (Anders als Grotum würde ich die milieuspezischen proletearischen Jugendkulturformen nicht nur als Reaktion auf angeblich drohende „Deklassierung" deuten; s. Kap. III. 3); Krüger 1985a, 9; Parker 1979. Dem widerspicht nicht, daß Jugendkulturen auch Milieugrenzen überschritten (z. B. Maase 1992, 236). Beispielsweise wurde in der Nachkriegszeit den Sportvereinen wegen ihrer Beliebtheit unter allen Jugendlichen integrative Bedeutung und Funktion für verschiedene Milieus zugeschrieben (s. z. B. Bietau 1987). Im allgemeinen bestätigen die hier dargelegten Thesen nicht die Ergebnisse der Studie Kösters über die „Freizeitgeneration" in der Weimarer Republik, in der sich laut Kösters im Zusamenhang mit dem Zugang zu kommerziellen Freizeitangeboten Sozialmilieus auflösten (Köster 1997a). S. zu der Verschränkung generations- und klassenspezifischer Handlungsmuster Lindner 1979, 10f.

486 TAM, 001/002K0041297. In Minden existierte in den 1950er Jahren ein Jazzclub. Vgl. zu der Bedeutung der Jazzmusik für junge Männer Borchert 1956a, 129f.

487 Vgl. Kap. II. 1. 2. 4.

III Jungen in Jugendorganisationen: bündische, christliche und sozialdemokratische – Begegnung I: Sonnwendfeier 1946

„‚Ach, diese Jugend!' ... jammert manche Tante. Ist die Jugend schlechter geworden? Nein, ihr war nur alles genommen. Kleine und Feige ziehen sich zurück, die Starken u[nd] Besten aber erringen sich wieder ihre Welt. Der Jugendring, die jüngste und schon größte unpolitische Jugendorganisation Mindens vereint Jungen u[nd] Mädel, Schüler u[nd] Jugendarbeiter, die sich zu den Idealen der Jugend bekennen, zu Fahrt u[nd] Lager, Heimabenden und Spiel, Kameradschaft und Ritterlichkeit."[1]

Vor dem Hintergrund mehr oder weniger stark beschädigter Lebensgrundlagen, zerrissener Familien, der ersten gesellschaftlichen Neuentwürfe, aber auch politischer Kontinuitäten waren junge Menschen im Spannungsfeld von Jugenddiskursen und Jugendpolitik nicht nur Opfer. Sie nutzten auch neu entstandene Freiräume, suchten Integrationsmöglichkeiten, gaben sich eigen-sinnig und betrieben auf ihre Weise ihre Selbstvergewisserung im Nachkriegs-Minden, so auch die als gesellschaftlich akzeptiert geltenden und nicht „abseitsstehenden"[2] Jugendlichen in den Jugendorganisationen.[3] Sie stehen im vorliegenden Hauptkapitel im Mittelpunkt der Untersuchung.

Auch nach Ende des NS-Regimes strebte man in der Jugendpolitik danach, möglichst viele junge Menschen an Jugendorganisationen zu binden. Nun aber ging es darum, demokratische Jugendgruppen verschiedener Ausrichtungen zu fördern und Mädchen wie Jungen auf diese Weise, auf freiwilliger Basis, gesellschaftlich zu integrieren. Das Dilemma von der Gleichzeitigkeit problematischer Kontinuitäten einerseits und demokratischer Neuanfänge andererseits in der Jugendpolitik der Nachkriegszeit wird besonders am Beispiel der vom Bezirksjugendpflegeamt Minden angeregten Sonnwendfeier 1946 plastisch.

1 KAM, Plakatsammlung, Plakatgruppe 12 (1913-1947: Kulturelle Vereine und Gruppen). Dieses Plakat stammt ursprünglich aus H 50, Nr. 141.

2 KJA Herford, zit. n. Albertin 1992, 31.

3 Streng genommen sind der CVJM und der TVdN als Organisationen zu bezeichnen, wohingegen die bündische Jugend darauf Wert legte, weder Verein noch eine Organisation zu sein, sondern ein informeller Bund. Aber auch die Mindener Jungenschaft war eine von den Jugendämtern anerkannte Jugendgruppe und in *diesem* Sinne auch eine Organisation.

Am Abend der Sonnwende 1946, ein Jahr nach Kriegsende, kamen Jungen und Mädchen aus unterschiedlichen Jugendgruppen gegen 20.30 Uhr unweit des Mindener Stadtzentrums in der Nähe des Weserufers am Jahnsportplatz zusammen, um gemeinsam die Sommersonnwende zu feiern.[4] Die Jugendlichen waren Mitglieder von Jugendorganisationen im Kreis Minden, darunter die Naturfreunde-Jugend, die Falken, konfessionelle Gruppen, namentlich der CVJM und zahlreiche Sportjugendgruppen, wie z. B. die Vereine „Eintracht Minden“, „Wittekind“ oder „Wasserfreunde“. Ein – vermutlich von der Bezirksjugendpflegerin Wenck – vorher ausgearbeitetes und ausgehändigtes Programm führte die Teilnehmerinnen und Teilnehmer durch den Abend. Die etwa 90minütige Feier begann mit einem Musikstück des Posaunenchors des CVJM. Anschließend gaben die Falken einen „Vorspruch“. Dann sangen alle das Lied „Wenn wir schreiten Seit' an Seit' ...“ aus der Arbeiterjugendbewegung. Oberkreisdirektor Bothur hielt anschließend – wie es in seinem Bericht an die Bezirksregierung heißt – die „Feuerrede“. Daraufhin entzündete ein „Mädel“ von den Falken das Feuer, und alle stimmten begleitet vom Posaunenchor zum gemeinsamen Lied „Flamme empor“ an. Danach führten Falken und Naturfreunde-Jugend einen Volkstanz vor. Den anschließenden „Sonnenspruch“ sagten Jungen des CVJM. Es ging weiter mit einem gemeinsamen Lied, „Wir sind jung ...“, einem Lied des Musikchors der Naturfreunde Meißen, einem Volkslied des CVJM, einem Volkstanz der Naturfreunde und der Falken sowie einem Lied von den Falken: „Wir wollen zu Land ausfahren“. Zum Abschluß präsentierte sich nochmals der Posaunenchor des CVJM, und die Jugendlichen sangen gemeinsam „Ade, nun zur guten Nacht“. An dieser Stelle brechen die vorliegenden Quellen ab.

1946 empfahl das Bezirksjugendpflegeamt auch Jugendgruppen anderer Städte, die Sonnwende zu feiern und stellte Liedertexte für diesen Zweck zur Verfügung. Im Kreis Paderborn allerdings weigerten sich die Gruppen, diesem Vorschlag nachzukommen. Denn dort waren die Sonnwendfeiern „vor 1933 in hiesiger Gegend nicht bekannt. Erst 1935 sind diese durch die HJ eingeführt worden.“ Diese Jugendgruppen fanden sich daher nicht bereit, „die Tradition der letzten Jahre fortzuführen“.[5] Die meisten Jugendorganisationen feierten die Sonnwende, ohne dies im Zusammenhang mit der jüngsten Vergangenheit zu problematisieren, so z. B. im selben Jahr die Falken in Bielefeld.[6] Denn ge-

4 Wenn nicht anders angegeben stammen die Informationen über diese Sonnwendfeier aus dem Bericht des Kreises Minden an das Bezirksjugendpflegeamt vom 12. 7. 1946 (StADT M 1 I Ju, Nr. 161) und dem Programm für diese Feier (StADt M 1 I Ju, Nr. 160).

5 StADt M 1 I Ju, Nr. 160.

6 Ebda.

rade sozialdemokratische Jugendgruppen ließen damit 1946 eine bis 1933 gepflegte Festtradition wieder aufleben.[7]

Die nach dem Zweiten Weltkrieg gemeinsam mit anderen Jugendorganisationen gefeierten Sonnwenden hatten, ähnlich wie andere Begegnungen der verschiedenen Jugendgruppen, für die einzelne Gruppe u. a. die Bedeutung, sich als Gemeinschaft gegenüber den anderen auf eine für sie jeweils typische Weise zu inszenieren. Beispielsweise ist das starke Engagement der Naturfreunde und der Falken bei der Mindener Sonnwendfeier im Jahre 1946 zum einen mit der ihnen vertrauten Tradition und zum anderen damit zu erklären, daß diese Gruppen häufig und für die verschiedensten Anlässe Volkstänze und Volkslieder übten und öffentlich vorführten bzw. vortrugen. Sie hatten daher ein großes Repertoire an Unterhaltungsangeboten.[8] Es ist dagegen bemerkenswert, daß konfessionelle Gruppen dem in kirchlichen Kreisen als heidnisch bezeichneten Fest beiwohnten und der CVJM mit seinem stadtbekannten Posaunenchor wesentlichen Anteil daran hatte.[9] Die Mindener Jungenschaft aber beteiligte sich bewußt nicht an dieser Sonnwendfeier, sondern veranstaltete ein eigenes Fest. Sie begründete dies gegenüber dem Jugendamt wie folgt: „An der Sonnwendfeier am 21. VI. nahm die Deutsche Jungenschaft nicht teil. Massenkundgebungen entsprechen nicht ihrer Art."[10] Mit dieser Haltung wird bereits ein wesentliches Charakteristikum der Mindener Gruppen der deutschen Jungenschaft angedeutet.[11]

Darüber hinaus inszenierten die Jugendlichen bei dieser Feier – wie auch bei anderen Begegnungen – trotz aller Unterschiede ihre Gemeinsamkeit. Diese Gemeinsamkeit lag v. a. darin, jung zu sein, wie sie auch mit dem Lied „Wir sind jung ..." betonten und es der Anlaß der Begegnung unterstrich: Wie die meisten Jahresfeste symbolisiert auch die Sonnwendfeier, gefeiert am „Johannisfeuer", traditionell einen Jahreszeitenwechsel. Bei den Festen am Übergang von einer Jahreszeit zur nächsten standen meist Mädchen und Jungen am Übergang vom Kindsein zum Erwachsenenalter im Mittelpunkt.[12] Mit dem Lied „Wir wollen zu Land ausfahren"[13] verdeutlichten die Jugendlichen, daß sie sich alle der Jugendbewegung zugehörig fühlten. Anders als am Ende der Weimarer Republik bekämpften sie sich nicht gegenseitig, sondern trugen in

7 S. Kap III. 3.

8 S. ebda.

9 Ob nun die Jüngsten des CVJM die im Bericht genannten „turnerischen Darbietungen der Kleinsten" zeigten, wie bei CVJM- und Gemeindeveranstaltungen, oder ob hier die Sportjugend aktiv war, geht aus den Akten nicht hervor. S. Kap. III. 2.

10 Bericht des Jungenschaftlers Horst M. über die Arbeit der Mindener Jungenschaft am 24. 4. 1946 (KAM, Drucksachensammlung, G, Nr. 46).

11 S. Kap. III. 1.

12 S. Freudenthal 1931, bes. 219, 288-297.

13 Die Liedertitel sind dem Programm der Feier entnommen (StADt M 1 I Ju, Nr. 160).

geordneter, ritualähnlicher Folge ihre Beiträge zu diesem Fest vor und fanden z. B. auf diese Weise einen Modus Vivendi des Zusammenwirkens und später -arbeitens. Ihre gemeinsamen Aktivitäten wurden häufig von Erwachsenen initiiert, wie auch in diesem Fall vom Oberkreisdirektor Bothur. Allerdings fand keine Feier, kein Lehrgang, keine gemeinsame Feier, nicht einmal die Wiederherstellung der ‚Zweigliedrigkeit' der Jugendämter, nicht die Jugendpflege und die Jugendringarbeit ohne das Engagement von Funktionärinnen und Funktionären sowie von den Jugendlichen der Jugendorganisationen statt.[14]

Die hier geschilderte Mindener Sonnwendfeier ist eines der ersten Beispiele der Zuammenarbeit Mindener Jugendorganisationen nach dem Zweiten Weltkrieg. Gemeinsame Treffen, Feste und Veranstaltungen der Jugendorganisationen in Minden und im Regierungsbezirk, wie Jugendleiterlehrgänge in Vlotho, Kurse und Veranstaltungen in der Jugendherberge Hausberge sowie dortige Begegnungen mit Angehörigen der britischen Armee, Filmvorführlehrgänge oder ein „Schulungslehrgang für Volkslied und Volkstanz"[15], waren eine wesentliche Voraussetzung für den organisatorischen Zusammenschluß der Jugendorganisationen in Jugendringen.[16] Diese Form der politischen Integration von Jugendgruppen wurde seit den ersten Nachkriegsjahren von den Jugendämtern gefördert.[17] Obwohl Mindener Jugendorganisationen bereits im Dezember 1946 gemeinsam als „Jugendring" auftraten[18], fand die eigentliche Gründung des Kreisjugendringes erst am 28. 4. 1948 statt.[19] Acht Jahre danach und zehn Jahre nach der geschilderten Sonnwendfeier am Jahnsportplatz schlossen sich Mindener Jugendorganisationen im September 1956 zum Stadtjugendring (SJR) zusammen, wie in Kapitel III. 4 („Begegnung II") ausgeführt wird. Damit gingen die Aktivitäten der Mindener Jugendgruppen in eine neue Phase, die als eine Etablierung eines Teils der Jugendlichen innerhalb der Jugendpolitik charakterisiert werden kann. Mit diesem Einschnitt endet auch der Untersuchungszeitraum der vorliegenden Arbeit.

14 Dies belegen alle hier genannten Akten der Jugendämter (s. a. Kap. II. 1).

15 StADt M 1 I Ju, Nr. 160-162, Nr. 179. S. a. Praktische Jugendarbeit in der Jugendherberge Hausberge, in: Freie Presse v. 15. 11. 1947.

16 S. Kap. III. 4.

17 Beispielsweise forderte die Bezirksjugendpflegerin Inge Wenck die Jugendorganisationen in Ostwestfalen-Lippe am 16. 11. 1946 in einem Schreiben auf, Jugendringe zu bilden, informierte über Sinn und Zweck und gab Hinweise für die praktische Jugendringarbeit (StADt, M 1 I Ju, Nr. 160).

18 In Minden kündet ein Plakat vom Dezember 1946 von den anfänglichen Aktivitäten des Mindener Jugendrings, auf dem zu einem Abend der Jugendorganisationen vom „Jugendring" eingeladen und dieser als „die jüngste und schon größte unpolitische Jugendorganisation Mindens" bezeichnet wird (KAM, Plakatsammlung, Plakatgruppe 12 [1913-1947: Kulturelle Vereine und Gruppen]. Dieses Plakat wurde der Akte H 50, Nr. 141 entnommen). – Laut „Bericht über den Stand der Jugendpflege im Regierungsbezirk *Minden* in der Zeit vom 1. 10. 1946 bis 31. 3. 1947" existierte bis zum Frühjahr 1947 in Minden noch kein Jugendring (StADt, M 1 I Ju, Nr. 161).

19 PA Sundermann KJR Mi.

„Mr. Bradney and Mr. Keane were surprised to find how much youth work was already being done in the British Zone, even though much of it was not first rate quality.“[20]

Bevor die britische Besatzungsmacht 1946 per Verordnung Jugendorganisationen wieder zuließ[21] und die Jugendämter aufforderte, Jugendgruppen bei ihrer Arbeit zu unterstützen[22], und bevor diese Jugendämter die Jugendorganisationen dazu aufriefen, Jugendringe zu gründen, an Lehrgängen usw. teilzunehmen, hatten sich überall bereits Jugendgruppen organisiert oder waren kurz davor, es zu tun. Laut offizieller Meldung an das Kreisjugendamt gab es im Juni 1946 im Kreis Minden 4.275 organisierte Jugendliche und 5.732 inklusive der Sportvereine. Diese Zahlen stiegen bis zum Herbst desselben Jahres auf 4.675 (September 1946) bzw. mit der Sportjugend auf 8.388 (Oktober 1946).[23] Das gleiche Phänomen ist in der Stadt Minden festzustellen: Nach dem Statistischen Jahrbuch der Gemeinden waren in Minden 1947 1.011 und ein Jahr später bereits 2.895 Jugendliche in Jugendgruppen organisiert.[24] Der Organisationsgrad der Jugendlichen in Minden lag in den ersten Nachkriegsjahren bei ca. 20 %.[25] Da

20 Report on Youth Activities by Messrs Bradney & Keane (National Association of Boys' Clubs), April 1946 (PRO, FO 1050, Nr. 13).

21 Vgl. Schwarz 1997.

22 S. Kap. II. 1.

23 StADt, M 1 I Ju, Nr. 161.

24 Deutscher Städtetag 1950, 183.

25 Im Regierungsbezirk Minden/Detmold lag Minden in den ersten Nachkriegsjahren mit einem Organisationsgrad der Jugendlichen am mittleren bis unteren Level. Die höchsten Zahlen verzeichnete der Kreis Wiedenbrück für Juli 1947 (51 %). In den Kreisen Bielefeld und Höxter schwankten die Zahlen zwischen knapp 40 bzw. 50 % (Albertin 1992, 30-32). Dies entsprach etwa dem Organisationsgrad in anderen Regionen und Besatzungszonen. Für Nordrhein-Westfalen s. Brunn/Reulecke 1996, 70: „Von rund zwei Millionen Jugendlichen in NRW im Alter von zehn bis zwanzig Jahren war Ende der 40er Jahre jeder zweite Mitglied in einem der offiziell anerkannten Jugendverbände.“ – Becker 1949, 51, geht für die Nachkriegszeit von einem geringeren Organisationsgrad aus als für die Weimarer Republik. Boll 1997, 499f., konstatiert, daß bereits Anfang der 1950er Jahre die Anzahl der organisierten Jugendlichen der in der Weimarer Republik glich, bzw. sie sogar z. T. (bei den Falken und den Naturfreunden) überstieg. Vgl. Faltermaier 1983b, 14. Faltermaier konnte zwar keine zuverlässigen Statistiken ausmachen, aber er trägt erstaunlich hohe Zahlen zusammen. Demnach gab es 1948 in der amerikanischen Besatzungszone 10.000 Jugendgruppen mit 1,4 Millionen Mitgliedern; ferner zitiert er eine vom NWDR im Jahr 1953 durchgeführte Umfrage, wonach 49 % in einer Jugendorganisation Mitglied gewesen sein sollten; ein ähnlich hohe Zahl (45 %) brachte die erste EMNID-Untersuchung von 1953 hervor. – Fehrlen und Schubert gehen für 1946 von 1,56 Mio. und für 1951 32 % organisierten Jugendlichen in den Westzonen aus (Fehrlen/Schubert 1991, 70). Schelsky kommt auf einen Prozentsatz von 40 % aller Jugendlichen, die in Jugendorganisationen gewesen sein sollen. Allerdings konstatiert er auch Mehrfachmitgliedschaften (Schelsky 1957, 465f.). Vgl. Speitkamp 1998, 267. – S. geschätzte Vergleichszahlen aus der Weimarer Republik bei Gröschel 1998, 27; Mewes 1927; ders. 1929, 150ff. Demnach waren 1927 40 % der Jugendlichen zwischen 14 und 21 Jahren in den Mitgliedsorganisationen des Reichsausschusses der deutschen Jugendverbände organisiert.

aber die Zahlen in den verschiedenen Akten häufig voneinander abweichen, Doppelmitgliedschaften keine Seltenheit waren[26] und weil gerade Jugendliche oft mit der Kommunion bzw. Konfirmation automatisch Mitglied in konfessionellen Verbänden wurden[27], sind diese Zahlen nur als Richtwerte zu verstehen. Sie „wiesen in der Nachkriegszeit deutliche Analogien zu jenen der zwanziger Jahre auf"[28]. Auch das Spektrum der Gruppen glich etwa dem in der Weimarer Republik. Es reichte von konfessionellen über bürgerliche Gruppen und die Sportjugend bis zu den Organisationen der Arbeiterjugendbewegung. Jugendorganisationen entstanden nach dem Zweiten Weltkrieg folglich mehr oder weniger in Milieus, in denen sie bereits in den 1920er Jahren existiert hatten.[29] Sie hatten alle formale oder wenigsten informelle Beziehungen zu größeren Erwachsenenorganisationen und Parteien, wie dies auch in einem britischen Bericht im April 1946 festgestellt wurde: „Of the various other groups [neben Sport- und Kirchenjugend; BJ], many appear to be influenced by one or the other of the political parties."[30]

Dies gilt auch für Minden. Hier gab es zahlreiche kirchliche, christliche und darunter v. a. protestantische Jugendgruppen, wie den CVJM, den zum CVJM gehörenden „Eichenkreuzturnverein" und die Posaunenchöre, an denen Erwachsene wie Jugendliche teilnahmen, den Mädchenbibelkreis (MBK), die Jugendgruppen der freikirchlichen Gemeinde[31] und die evangelische Christliche Pfadfinderschaft[32]. Daneben existierten im überwiegend protestantischen

26 Vgl. Fehrlen/Schubert 1991, 70.

27 S. Kap. III. 2.

28 Köster 1999a, 487. S. ebda. für Zahlen zu organisierten Jugendlichen in der Weimarer Republik in Westfalen.

29 Vgl. Angaben zu dem Spektrum der Jugendorganisationen in Nordrhein-Westfalen und im Regierungsbezirk Minden bzw. Detmold: PRO/ FO 1050, Nr. 1075, 1095; F0 1013, Nr. 2205. Vgl. Köster 1999a, 4, 74-94 zum ersten Jahrhundertdrittel und bes. zur Weimarer Republik; 464-486 für die Nachkriegszeit.

30 PRO/ FO 1050, Nr. 13. Vgl. das Konferenzprotokoll der Education Control Officer (ECO) in Ostwestfalen und Lippe im Juli 1946: „It was agreed that the present position is most unsatisfactory. Youth Groups are not allowed to be political and not allowed to be based on an area wider than the Kreis. It is a matter of common knowledge that almost every youth group is affiliated in fact to a widespread organisation. To put the rule into force would mean closing almost every youth club, (since the central organisation is beyond the control of R[egierungs] B[ezirk]) while simply to ignore the rule is not only to disobey orders ourselves but to allow the Germans to know that they also may do so with impunity." (PRO/FO 1050, Nr. 1295). – S. a. einen Bericht vom Dezember 1946: „It was recognised, however, that concealed political youth groups of all types had existed before the authorisation was given, and the Chairman pointed out that it would have been impossible to maintain a prohibition indefinitely" (PRO/FO 1050, Nr. 1321).

31 S. z. B. Der Ring, 1 (September/Oktober 1959), Nr. 1, 17.

32 Vgl. Harmening, Gerd, Die Pfadfinderbewegung, in: Der Ring, 1 (November/Dezember 1959), Nr. 2, 17.

Minden einige wenige katholische Jugendorganisationen[33], z. B. die katholische Deutsche Pfadfinderschaft St. Georg[34]. Ebenso wie andere Jugendorganisationen versuchten die katholischen Vereine nach dem Zweiten Weltkrieg, an ihre Traditionen und Organisationsstrukturen aus dem ersten Jahrhundertdrittel anzuknüpfen.[35] Nach dem Zweiten Weltkrieg hatte die katholische Jugend im Gegensatz zu den Pfadfindern oder den Falken keine Probleme, von der Militärregierung wiederzugelassen zu werden und die Jugendarbeit fortzusetzen, wie z. B. in der Lioba-Mädchengruppe.[36] Der 1947 auf Initiative des Augustinus Reineke in Hardehausen (Westfalen) gegründete Zusammenschluß der katholischen Jugendvereine zum Bund der Deutschen Katholischen Jugend (BDKJ) ist seit 1952 für Minden belegt.[37] Abgesehen von den kirchlichen Jugendgruppen, von denen die protestantischen überwiegend dem christlich-konservativen Milieu zuzordnen sind[38], waren in Minden Jugendgruppen und -organisationen aktiv, die in der Tradition der bürgerlichen Jugendbewegung standen und die überwiegend dem liberal-bürgerlichen Milieu angehörten. Da sind der Bund Deutscher Pfadfinder[39], die Jugend des Deutschen Rotkreuzes[40], die Wandervögel und die deutsche Jungenschaft zu nennen.[41]

Im proletarischen Milieu entstanden zahlreiche sozialdemokratische Jugendorganisationen, wie die Jugendgruppen der Einzelgewerkschaften und des DGB, der Jugendbund der Arbeiterwohlfahrt[42], die Falken und in Minden

33 Im Kreis Minden gab es 1946 laut Angaben des Kreisjugendamtes sieben katholische Gruppen mit 175 Mitgliedern und 167 protestantische Gruppen mit 3.900 Mitgliedern (StADt M 1 I Ju, Nr. 161). Dies war in anderen Teilen Westfalens genau umgekehrt (StADt M 1 Ju, Nr. 166). Nach Naunin 1952, 153, gab es 1949 2.375 und 1950 4.442 katholische Jugendgruppen, die 139.499 (1949) bzw. 175.546 (1950) Jugendliche organisierten. Die evangelische Jugend war mit ihren 80.120 (1949) bzw. 106.122 (1950) Mitgliedern in 1.466 (1949) bzw. 2.236 (1950) Gruppen klein. Mitte 1947 zählte die katholische Jugend in ganz Deutschland bereits ca. 800.000 Mitglieder (Der Fährmann, 6 [Juni 1947], 6, zit. n. Reulecke 1991a, 230).

34 S. z. B. Der Ring, 1 (September/Oktober 1959), Nr. 1, 17.

35 Seit den 1890er Jahren existierten in Minden ein Gesellen- und Lehrlingsverein sowie ein Jungfrauenverein (KAM, Adreßbücher 1900-1914, 1924-1929; vgl. Nordsiek 1991a, 76f., 89) und während der NS-Zeit bis 1938 noch der Jungfrauen- sowie der Jungmännerverein. Ein Jahr später ist lediglich der katholische Mädchenschutzverein bekannt (KAM, Adreßbücher, 1935, 1939).

36 Diese katholische Mädchengruppe, benannt nach der Heiligen Lioba, ist für 1948 nachgewiesen (s. KAM, H 40, Nr. 315) und im Jahr 1952 außerdem das katholische Jugendheim sowie der Fürsorge- und Mädchenschutzverein (KAM, Adreßbuch, 1952; s. a. 1958; für die Zeit ab 1959: Der Ring, 1 [1959] und folgende Ausgaben).

37 Vgl. zur Geschichte der katholischen Jugend in der Nachkriegszeit Albertin 1992, 98f.; ders. 1998, 153-162; Hollenstein 1989, 124-161.

38 S. Kap. III. 2.

39 S. Kap. III. 1. 1.

40 S. z. B. StADt, M 1 I Ju, Nr. 171; vgl. StADt, M 1 Ju, Nr. 161. S. für die Zeit ab 1959 Der Ring, 1 (1959) und folgende Ausgaben.

41 S. a. PRO/FO 1013, Nr. 2205.

42 S. Kap. III. 3.

v. a. die Naturfreunde-Jugend. Die (kommunistische) Freie Deutsche Jugend (FDJ) spielte hier nur eine marginale Rolle, zumal eine kommunistische Arbeiterschaft in Minden weitgehend fehlte[43], u. a. weil die Nationalsozialisten die kommunistische Substanz größtenteils zerstört hatten. Offenbar gab es in Minden mehrere Versuche, die FDJ ins Leben zu rufen[44]; und es gibt in den britischen Akten Hinweise vom Juli 1947, daß in Minden eine FDJ-Gruppe für kurze Zeit existierte.[45]

Eine Folge des NS-Regimes war die weitgehende Zerstörung persönlicher und organisatorischer Netze jüdischer Stadtbewohner. Es fehlte ihnen somit fast jede Voraussetzung für Vereinsbildungen nach Ende des Holocaust. Deswegen gab es im Untersuchungszeitraum auch keine jüdischen Jugendgruppen:[46] Bis Anfang der 1930er Jahre hatten sich jüdische Jugendliche im Jugendverein der Synagogengemeinde versammelt. Diese Jugendgruppen waren von 1924 bis 1933 nacheinander von Erich Katzenstein, Otto Michelsohn und dem Prediger Hellmann geleitet worden.[47] Die zahlreich nach Minden gekommenen Flüchtlinge und Ostvertriebenen führten zu einer weiteren Veränderung in der (Mindener) Vereinslandschaft. Diese gründeten u. a. neue Jugendorganisationen. Die „Deutsche Jugend des Ostens" (DJO) verfolgte laut offiziellen Statements das Ziel der

„Wiedervereinigung Deutschlands! Das Ziel der D.J.O. ist es aber auch, die Rückgewinnung der verlorenen Gebiete mit friedlichen Mitteln zu erstreben, und wendet sich an alle Jugendlichen, die sich zum deutschen Osten bekennen. (...) Frei von jeder Parteipolitik oder Bindung an eine Konfession, aber erfüllt von der Grundhaltung des Christentums und vom staatspolitischen Verantwortungsbewußtsein."[48]

Die Mindener DJO gliederte sich in drei Unterabteilungen (DJO Ostpreu-

43 S. Kap. II.

44 StADt, M 1 I Ju, Nr. 161 u. 167. Vgl. zur Geschichte der FDJ in den Westzonen Albertin 1998, 119; Gottschlich/Lange/Schulze 1997; Klönne 1989a, 7-25, hier 14f.

45 PRO/FO 1013, Nr. 2201. Weitere Berichte über FDJ-Aktivitäten im Regierungsbezirk Minden lassen vermuten, daß in Minden selbst später keine FDJ-Gruppe mehr existierte (s. z. B. PRO/FO 1013, Nr. 2202). Im Februar 1948 ist sogar davon die Rede, daß „More Leaders have left the FDJ during the month; their objection appears to be to increasing political pressure from a certain source" (PRO/FO 1013, Nr. 2202). Vgl. zur FDJ in (Ost)Westfalen Albertin 1992, 114-116; Köster 1999a, 473-479.

46 Jedenfalls sind sie nicht aktenkundig geworden und auch sonst nicht bekannt.

47 KAM, Adreßbücher, 1924, 1927, 1929, 1931. Ob es in Minden auch eine Gruppe des Jüdischen Pfadfinderbundes gab wie in Bielefeld, Detmold und Paderborn ist unbekannt. Vgl. den Beitrag von Joachim Meynert, ‚Jüdische Jugend in Minden-Ravensberg im *Dritten Reich*' auf der Tagung Jugend im Umbruch. Jugendliche auf dem Weg aus dem Dritten Reich in die Nachkriegszeit am 12./13. Juni 1998 in Minden.

48 Schmeißer, Horst (DJO), Die Deutsche Jugend des Ostens (DJO), in: Der Ring, 2 (1960), Nr. 1, 19f.

ßen, DJO Pommern-Westpreußen und DJO Schlesien) und war sogar mit zwei Personen im Arbeitsausschuß des SJR vertreten.[49]

Neben den bisher genannten wichtigsten Jugendorganisationen gab es in Minden noch zahlreiche andere Gruppen, z. B. für musisch interessierte Kinder und Jugendliche den Jungen Chor oder Kinderchor.[50] Letztere waren jedoch weder beim Aufbau der Jugendringe noch sonst in der Jugendpolitik maßgeblich beteiligt. Dies gilt auch für die Bundesebene dieser Organisationen.

Die meisten Jugendorganisationen entstanden auch in Minden innerhalb traditionsreicher Milieus; und zu diesen die Gesellschaft strukturierenden Milieus gehörten Jugendgruppen und deren Aktivitäten ebenso wie etwa Parteien, Verbände und Gewerkschaften. Jugendliche in Jugendorganisationen partizipierten auf eine vergleichsweise anerkannte Art an der Konstituierung der westdeutschen Gesellschaftsordnung.[51] Die in dieser Arbeit zu untersuchenden Jugendgruppen repräsentierten in gewisser Hinsicht jeweils ein relevantes Milieu der Stadt Minden: die deutsche Jungenschaft das liberal-bürgerliche, der CVJM das christlich-konservative und die Naturfreunde-Jugend das sozialdemokratische Minden.[52] Diese drei Gruppen sind ferner aus geschlechterhistorischer Perspektive beispielhaft für Jugendorganisationen allgemein; denn, wenn sie nicht sowieso ausschließlich Jungen aufnahmen, waren in den meisten Verbänden überwiegend männliche Jugendliche organisiert. Die Anzahl der reinen Mädchenorganisationen war dagegen geringer.[53]

Fragen an die Geschichte von Jugendorganisationen in der Nachkriegszeit

In fast jede der nach 1945 gegründeten Jugendorganisationen und i. S. der Jugendpflege anerkannten Jugendgruppen bestanden personelle Kontinuitäten in den Gruppen seit dem frühen 20. Jahrhundert bis in die 1950er Jahre. Das Phänomen der Wiedergründung von Jugendorganisationen nach dem Zweiten Weltkrieg wurde in den 1950er Jahren zunächst v. a. von denjenigen diskutiert, die selbst Erfahrungen in der Jugendbewegung der 1920er Jahre gesammelt hatten. Sie fragten z. B., ob es nach dem Zweiten Weltkrieg eine Renaissance der Jugendbewegung der 1920er Jahre gebe, bzw. nach der Fähigkeit und Möglichkeit der Nachkriegsjugend, die alte Jugendbewegung wieder zu beleben.[54] Maßgeblich für diese Diskurse war nicht selten ein verklärtes Bild von

49 Der Ring, 1 (1959), Nr. 1, 16f.

50 S. Der Ring, 1 (1959), Nr. 1, 18.

51 Z. B. im Vergleich mit ‚Halbstarken'.

52 S. zu Auswahl und Umfeld der Gruppen die Kapitel III. 1, 2 u. 3.

53 S. Kap. I.

54 S. z. B. Zwischen Restauration und neuer Jugendbewegung? – Das Fürstenecker Gespräch des Deutschen Bundesjugendringes (1954), in: Faltermaier 1983a, 35-49, bes. 39-43; vgl. Faltermaier 1983b, 20.

der Jugendbewegung im ersten Drittel des 20. Jahrhunderts. Außerdem fehlten bis dahin eingehendere Forschungen über die Geschichte von Jugendorganisationen und -gruppen dieser Zeit[55], so daß auch seitens der Wissenschaft keine fundierte Beurteilung zu erwarten gewesen wäre. Dies gilt, zumal in der Literatur eine enge Definition des Begriffes „Jugendbewegung" vorherrscht, die kaum andere Interpretationen als die Erfahrungen aus dem Wandervogel des ersten Jahrhundertjahrzehnts oder der freideutschen und bündischen Jugendbewegung der Weimarer Republik zuläßt.[56] Solche Definitionen gehen von der Unabhängigkeit der „Jugendbewegung" von Erwachsenenverbänden und der Jugendpflege ebenso aus wie davon, daß in den Jugendgruppen eine „echte" Gemeinschaft gelebt wurde[57]. Nach den meisten Definitionen wird die Jugendbewegung der damaligen Zeit außerdem als Protest- oder Erneuerungsbewegung gedeutet.[58] Auf dieser Folie ist bis vor kurzem in der Forschung die Entwicklung in den Jugendgruppen der Nachkriegszeit beurteilt worden.[59] Denn die Perspektive der zeitgenössischen Jugendfunktionäre, von denen viele Darstellungen über die Jugendgruppen in der Nachkriegszeit stammen, unterschied sich oft nicht von der im allgemeinen Jugenddiskurs.[60]

55 Vgl. ebda., 19.

56 S. z. B. Becker/Hofmann 1956, 427, 429; Herrmann 1991; Kohn 1950; Laqueur 1978, 10; Rosenbusch 1972; Stählin 1977, 170-175; Waldner 1950, 766. Arno Klönne übt Kritik an dieser engen Definition von „Jugendbewegung" (Klönne 1988b, 423). Stachura dagegen bezieht seinen Begriff von der „Jugendbewegung" nicht nur auf autonome Gruppen (Stachura 1981).

57 Vgl. Waldner 1950, 766-770.

58 Vgl. Heer 1973, 10, 119f.; Kohn 1950, 516f., 521; Laqueur 1978; Waldner 1950, 766; anders: Herrman 1991, 32.

59 Vgl. Faltermaier 1983b, 19-21. Schelsky 1957, 470f., urteilt nüchterner und stellt fest, daß Jugendarbeit nach dem Zweiten Weltkrieg wesentlich stärker gesellschaftlich integriert gewesen wäre als in den 1920er Jahren.

60 S. Kap. II. 1. Einige Jugendforscher behaupteten, daß die Nachkriegsjugendlichen aufgrund ihrer Lebenssituation auf der Suche nach neuen Gemeinschaften waren. Hans Alfken resümierte in einem Diskussionsbeitrag zum „Fürstenecker Gespräch" 1954, daß der „Zustrom" zu den Jugendverbänden in der frühen Nachkriegszeit mit dem Bedürfnis nach Gemeinschaft zu erklären sei; und da dieses Bedürfnis in den 1950erJahren anders befriedigt werden konnte, verloren Jugendorganisationen bald an Bedeutung (Zwischen Restauration und neuer Jugendbewegung? – Das Fürstenecker Gespräch des Deutschen Bundesjugendringes [1954], in: Faltermaier 1983a, 42f.). Vgl. die Diskussion auf der Tagung des Archivs der deutschen Jugendbewegung auf der Burg Ludwigstein im Oktober 1998 über Jugendbewegung und Freundschaftspathos auf der einen Seite sowie Kriegserfahrungen und Bindungsunfähigkeit auf der anderen Seite kurz nach dem Ersten Weltkrieg. – Andere hielten dagegen junge Menschen nach dem Zweiten Weltkrieg für bindungslos, gemeinschaftsunfähig, konsumorientiert und daher gar nicht fähig, die ‚Jugendbewegung' wieder aufleben zu lassen. Vgl. Faltermaier 1983b, 15, mit Bezug auf die erste EMNID-Umfrage; Fehrlen/Schubert 1991, 72, 75; Schelsky 1957, 466f. Schelskys Ausführungen zufolge lagen die Motive Jugendlicher, in Jugendorganisationen mitzumachen weniger in deren Bedürfnis nach Gemeinschaft, sondern gründeten eher auf konkreten Interessen. Deshalb würden sie eher nach dem ‚Nutzen' eine Jugendorganisation auswählen und somit eher konsumieren, was angeboten wird.

Als Ende der 1970er und in den 1980er Jahren die Geschichte der organisierten Jugendlichen und ihrer Verbände allmählich forschungsrelevant wurde[61], begannen die Jugendhistoriker, sich von der Mythologisierung der „Jugendbewegung“ zu distanzieren, viele der Vorstellungen über die Jugendbewegung der ersten Jahrzehnte des 20. Jahrhunderts zu revidieren und in den Kontext der gesellschaftlich bedingten und kulturell reproduzierten Mythen von „Jugend“ und der damit verbundenen Projektionen zu stellen.[62] Das öffnete den Blick auf neue Fragen: Muß man das Wiederaufleben der Jugendorganisationen nach dem Zweiten Weltkrieg als Akt von Restauration und Kontinuität betrachten? Hintergrund solcher Fragen war auch die Tatsache, daß Jugendgruppen seit Beginn des Jahrhunderts und z. T., wenn auch eingeschränkt, während der NS-Zeit fortexistierten, und HJ-Jugendleiterinnen und -leiter bald wieder Jugendgruppen führten.[63] In der jüngeren Forschung wird hingegen vorgeschlagen, die zahlreichen Gründungen von Jugendorganisationen 1945 und 1946 weniger im Zusammenhang mit der Geschichte der Jugendbewegung zu Beginn des 20. Jahrhunderts zu betrachten, sondern in erster Linie im Kontext der allgemeinen Lebenssituation junger Menschen in der Nachkriegszeit.[64] Nach milieuspezifischen Erfahrungen wird dabei aber selten differenziert.

In der vorliegenden Arbeit werden die mannigfaltigen Bedeutungen von Jugendorganisationen, Gruppenabenden, Fahrten und Gremiensitzungen für die Jugendlichen angesichts der in der Nachkriegsgesellschaft z. T. bizarren Gemengelage von Kontinuitäten und Neuentwürfen, der veränderten Geschlechterverhältnisse, der Konflikte mit Erwachsenen, der Relevanz sozialer Milieus sowie der materiell und mental schwierige Lebenssituation junger Menschen untersucht. Dabei ist zu fragen, welche Erfahrungen und Erwartungen Jugendliche in die neuen Organisationen trugen und wie sie sowohl mit den personellen Kontinuitäten in den Jugendorganisationen als auch mit dem häufig negativen und mit hohen Erwartungen verknüpften Jugendbild von Jugendpolitikern und Verbandsfunktionären umgingen. Ist die Frage nach den Motiven der Jugendlichen mit ihrem möglichen Bedürfnis nach Fortsetzung der NS-Jugend-

61 Mit Ausnahme von Arno Klönne gehen die o. g. Beiträge zur Definition und Geschichte von Jugendbewegung nicht auf die Zeit nach 1945 ein (Klönne 1988b, 426). S. zur Forschungslage Kap. I u. III. 1, 2, 3.

62 S. bes. Trommler 1985, 14-49. S. zu der jugendpolitischen Einbindung von Jugendorganisationen zu Beginn des 20. Jahrhunderts z. B. Gröschel 1998, 25-29; Peukert/Münchmeier 3-49; Peukert 1986.

63 Vgl. Faltermaier 1983b, 12, 17, 19; Klönne 1989a, 10.

64 Dabei wird häufig übersehen, daß zu Beginn des Jahrhunderts die materielle Situation der meisten jungen Menschen überaus problematisch war. Vgl. fast ausnahmslos alle einschlägigen Publikationen zu Jugendorganisationen in der Nachkriegszeit (s. Literaturbesprechungen in Kap. I, III. 1, 2, 3). Boll macht dabei insofern eine Ausnahme, als er auf den elitebildenden Charakter vieler „Jugendinitiativen“ hinweist (Boll 1995a). Vgl. zeitgenössisch dazu: Zwischen Restauration und neuer Jugendbewegung? (1954), in: Faltermaier 1983a, 30.

organisationen zu beantworten? Was bedeuteten in diesem Fall Kontinuität und Tradition aus Sicht der 1945 etwa 15jährigen?

III. 1 Jungenbund im (national-)liberalen Milieu: die ‚deutsche jungenschaft'

An den Ostertagen des Jahres 1948 trafen sich Jungenschafts-Gruppen aus Bonn, Schüttorf, Verden und Göttingen im Heim der Mindener Gruppe.[65] Sie sangen, berichteten einander von ihrem Hortenleben und diskutierten mit einem kommunistischen Abgeordneten über Politik. Der Nachmittag des Karsamstags galt dem Puppenspiel: Die Jungen sahen sich „einige sehr schöne puppenfilme" an. Anschließend spielte „k. e., ein ehemaliger jungenschaftler", „einige solostücke auf seiner balaleika" und führte die Jungen in die Kunstgeschichte des Holz- und Linoleumschnittes ein, indem er den Jüngeren auch Werke von Kubin, Nolde, Masareel und Katsuschika Hokusai vorstellte. Der Göttinger Walter Scherf, in der Nachkriegsjungenschaft einer der einflußreichsten Persönlichkeiten[66], unterrichtete die Jungen in asiatischer Dichtkunst und erklärte ihnen den Haikus, einen japanischen Dreizeiler. Den Abschluß dieses „hortenfestes" bildete die „heimrunde der mindener horte am abend". Der Mindener Hortenführer, Gerhard Rasche, erläuterte die Bedeutung des Bundes einiger niedersächsischer und westfälischer Horten, den er „goldene horde" nannte. Am folgenden Morgen, dem 7. 4. 1948, gingen die etwa 20 Jungen mit schweren Rucksäcken („Affen") bepackt zum Mindener Bahnhof. Nach einer halben Stunde Wartezeit, in der sie durch ihr „ganzes Auftreten ... die Aufmerksamkeit aller Bürger auf" sich gezogen hatten, saßen sie im Zug auf dem Weg nach Steyerberg in der Liebenauer Heide an der Weser, das etwa 50 km von Minden entfernt liegt. Nach einer „langweiligen Bahnfahrt" und einem fünfstündigen Aufenthalt in Uchte, kurz vor dem Zielbahnhof, ging die Reise für die einen im Zug weiter. Der andere Teil der Gruppe „tippelte" zum Zielort, um dort vor Ankunft der anderen Gruppe schon einige Zelte (Kohten) aufzubauen. Dann warteten sie einen ganzen Vormittag auf die zugreisende Gruppe. Sie vertrieben sich die Wartezeit damit, sich bei einem Geländespiel, das mit einer „Klopperei" endete, „einmal gründlich" auszutoben. Als am

65 Die Informationen in diesem Abschnitt stammen aus dem Fahrtenbuch der Mindener Horte, soweit nicht anders angegeben (Archiv MK, Fahrtenbuch, Sommer 1947-Sommer 1948). Wie in Kapitel III. 1. 2. 1 erläutert wird, verwendeten die Jungenschaftler gerne, aber unregelmäßig, die Kleinschreibung. Dies wird beim Zitieren nicht korrigiert. Vgl. z. B. die Osterfahrt der Kieler Horte zur selben Zeit (Archiv MK, Nachlass Heinrich Steinhöfel, Fahrtenbuch Horte Kiel, Februar 1948-Oktober 1949).

66 S. Düsseldorff 1996; Scherf 2001.

Nachmittag endlich auch die anderen eingetroffen waren, „versammelten sich sämtliche Horden in unserer X-Mann-Kohte“. Dort berichtete Hans-Jochen Zenker aus Minden über die „Geschichte des Wandervogels“ und ein anderer über die bündische Jugend um Eberhard Koebel (tusk) in der Weimarer Republik. Am Abend saßen die Jungen um das Lagerfeuer und sangen noch bis 23 Uhr Jungenschaftslieder, die sie bei den Heimabenden gelernt hatten. Am darauf folgenden Morgen bauten sie die Kohten ab und packten ihre „Affen“. Zum Abschluß sangen sie noch ein paar Lieder. Dann „marschierten“ die Jungen zum Bahnhof und traten ihre Reise nach Minden mit denselben stundenlangen Wartezeiten wie bei der Hinfahrt an.

Die Jungen, die zu Ostern 1948 gemeinsam ein Wochenende verbrachten, gehörten zu einem kleinen Teil der zahlreichen und sehr verschiedenen bündischen Gruppen im Nachkriegsdeutschland, die Wandervogelgruppen ebenso einschlossen wie Pfadfinder und die Bündische Freischar. Die Mindener ‚deutsche Jungenschaft‘ sah sich, wie nur einige der bündischen Jugend insgesamt, in der Tradition der dj.1.11 (d. h. ‚deutsche Jungenschaft, gegründet am 1. 11. [1929]‘), einer spezifischen Richtung innerhalb der bündischen Jugendbewegung. Die dj.1.11 war eine 1929 von Eberhard Koebel (tusk) gegründete Sezession innerhalb der bündischen Jugend. Welche Gruppen sich nach dem Zweiten Weltkrieg an welchen Strängen der Jugendbewegung orientierten, ist meist auf lokal- und regionalspezifische Traditionen der jeweiligen Jugendbewegung sowie auf das Wirken Einzelner und deren Verbindungen zurückzuführen. Diejenigen Männer des gebildeten, mittleren Bürgertums, die in Minden 1945 männliche Jugendliche aus dem Verwandten- und Bekanntenkreis zur Gründung einer Jungenschaftsgruppe versammelten, wie z. B. Heinz Ibrügger, rekurrierten auf ihre Erfahrungen in der von Eberhard Koebel geprägten dj.1.11 und beriefen sich auf die Tradition der frühen Mindener Wandervogelgruppen seit 1906.[67] Bald überließen die Initiatoren der Mindener Nachkriegsjungenschaft den Jüngeren, Hans-Jochen Zenker und Gerd Behrsing, die Leitung der Jungengruppe bzw. der Horte, wie die Gruppe im bündischen Jargon heißt. Zenker und Behrsing kannten die bündische Jugend der Weimarer Republik kaum noch aus eigener Anschauung, sondern fast nur noch aus Erzählungen. Sie machten ihre Jugenderfahrungen v. a. in der HJ. Allerdings waren einige Väter und Onkel der Nachkriegsjungenschaftler im ersten Drittel des 20. Jahrhunderts in der bürgerlichen Jugendbewegung aktiv

67 KAM, Drucksachensammlung, G, Nr. 46, Schreiben von Horst M. am 24. 6. 1946. Der Jungenschaftler Horst M. bezieht sich darin auf die erste Mindener WV-Gruppe. Nach Angaben dieser offiziellen Selbstbeschreibung „bestand“ die Gruppe seit dem „in ununterbrochener Entwicklung bis zum Jahre 1933.“ Es ist anzunehmen, daß dieses Schreiben an die Stadt Minden adressiert war, da sich die Quelle im KAM befindet.

gewesen, so daß familiäre Anknüpfungspunkte an eine bestimmte Ausrichtung der bündischen Jugend vorhanden waren.[68]

In Minden existierten seit der Gründung der Mindener Jungenschaft 1945, also noch bevor der „Wiederaufbau der Gruppe"[69] am 1. 4. 1946 von der Militärregierung genehmigt wurde, bis zur deren Auflösung 1963 immer eine bis zwei Horten und insgesamt etwa fünf Hortenführer. Außerdem gab es parallel meist einen Älteren- bzw. Hortenführerkreis. Die Zahl der etwa 12- bis 18jährigen[70] Hortenmitglieder schwankte zwischen acht und 15.[71] Die Hortenführer, z. B. Gerhard Rasche, Wolfgang Hempel, Gustav-Adolf Mohrlüder oder ‚Jan', waren mit etwa 17 oder 18 Jahren kaum älter als die Jungen. Die Mindener Jungenschaft rekrutierte sich vornehmlich aus der in der Verwaltungs- und ehemaligen Garnisonsstadt Minden breiten gebildeten Mittelschicht. Fast alle Jungen waren Gymnasiasten und kamen aus relativ wohlhabenden Elternhäusern. Da alle Hortenführer nach dem Abitur die Stadt zum Studieren verließen, wechselte häufig die Führung der Horte. Etwa Mitte der 1950er Jahre hatten die Mindener Gruppen zunehmend Schwierigkeiten, einen neuen Hortenführer zu finden.[72] Dennoch wurde die Mindener Jungenschaft zu einer der stärksten Ortsgruppen dieser Ausrichtung der Nachkriegsjungenschaft und gehörte zu den fünf Zentren des Teils der bündischen Jugend in den Westzonen, der sich in der Tradition der Koebel'schen dj.1.11 sah.[73]

Angesichts der Kriegsfolgen für den Alltag der Mindener Bevölkerung, der politischen Konsequenzen aus dem Ende der NS-Diktatur und angesichts der problematischen sozialen und mentalen Situation vieler Jugendlicher sowie des zeitgenössischen Jugendbildes mögen die geschilderten Aktivitäten an den Ostertagen der Mindener Jungenschaft und ihrer Freunde im Jahr der Währungsreform auf den ersten Blick kurios erscheinen. Bereits die Sprache und Schreibweise in dem oben zitierten Fahrtenbuch irritiert, denn trotz der z. T. ausführlichen Selbstthematisierung bleiben Aussagen über den Ablauf von Aktivitäten oft kryptisch. Die bündische Jugend der Nachkriegszeit verunsicherte sicherlich in vielerlei Hinsicht auch ihre zeitgenössischen Beobachte-

68 Dies wird in Kapitel III. 1. 1 näher ausgeführt.

69 KAM, Drucksachensammlung, G, Nr. 46, Schreiben von Horst M. am 24. 6. 1946.

70 Manchmal kamen auch jüngere zur Horte, wie z. B. der Sohn von Heinz Ibrügger, Lothar (TAM, 001I170398). Vgl. Grau 1976, 63.

71 KAM, Drucksachensammlung, G, Nr. 46, Schreiben von Horst M. am 24. 6. 1946; KAM, Drucksachensammlung, G, Nr. 46, V 6467, Schreiben von Peter-Joachim O. v. 23. 6. 1956; tabellarische Angaben im Schreiben von Klaus Kosiek an die Autorin v. 5. 6. 1997. Dies bestätigen auch die interviewten Zeitzeugen. Vgl. Grau 1976, 64.

72 Archiv MK, Fahrtenbuch, Sommer 1947-Sommer 1948. Zur hohen Fluktuation in den Horten nach dem Abitur der Jungen, die dann die Stadt verließen, TAM, 001/003M/Sch280899.

73 TAM, 001M/Sch280899.

rinnen und Beobachter. Eine selten klare Äußerung über ihr offiziell verlautbartes Selbstverständnis liest man in einem Brief an die Mindener Behörden. Demnach waren sie eine „unpolitische" Gruppe, in der sich die Jungen „freiwillig zu einem Leben in Selbstzucht und innerer Wahrhaftigkeit zusammen" schlossen, sich in „jugendlicher Gemeinschaft" einmal in der Woche zum Heimabend trafen und „an zwei Wochenenden im Monat Wanderungen in die Natur" unternahmen.[74] Dabei suchten sie Erlebnisse in einer „Gemeinschaft" – ein für die deutsche Jungenschaft bedeutungsvoller und zugleich nach der NS-Zeit allgemein negativ besetzter Begriff[75] – und Freundschaften mit anderen Horten. Sie nannten diesen Bund die ‚goldene horde', wie Gerhard Rasche zu Ostern den Jungen erläuterte. Die deutschen Jungenschaftler verstanden aber ihre Gruppe nicht als Jugendorganisation und wollten sich keinesfalls jugendpflegerisch integrieren lassen. Deshalb nahmen sie beispielsweise nicht an der Sonnwendfeier der Jugendorganisationen im Juni 1946 teil. Diese dezidierte Abgrenzung von anderen Jugendorganisationen ist typisch für diese bürgerliche Jugendgruppe. Die Jungenschaftler agierten dabei nicht nur innerhalb der Jugendpolitik der Jugendorganisationen eigen-sinnig und -willig, sondern auch gegenüber Zuschreibungen Erwachsener.

Die männlichen Gymnasiasten gehörten zweifellos auch nicht zu den in der Nachkriegszeit oft gefürchteten ‚verwahrlosten' und ‚apathischen' Jugendlichen, die sich auf der Straße und in den Parks ihre Zeit vertrieben. Mit ihren Interessen, z. B. an fernöstlicher Kunst und Lyrik, entsprachen sie kaum dem zeitgenössischen Bild von der ‚geistig abgestumpften Jugend'. Auch das von Helmut Schelsky konstatierte Desinteresse der Nachkriegsjugend an einer „spezifisch jugendlichen Art der Soziabilität"[76] traf offenbar nicht auf die Jungenschaftler zu. Diese Jugendbünde schienen ferner weder völlig der Jugendromantik ‚verfallen'[77] noch unpolitisch gewesen zu sein. Zumindest war ihr politisches Interesse so groß, daß sie am Osterwochenende 1948 mit einem Parteimitglied diskutierten. Das Unverständnis vieler Erwachsener über diese Jugendlichen wird in der vierten Ausgabe der Zeitschrift „Zick-Zack" 1947 pointiert formuliert. Der Autor mokiert sich darin über die bündische Jugend und ihre Selbstpräsentation in der Zeitschrift der Bündischen Freischar ‚Silberner Wimpel':

„Unser Volk liegt zerschlagen am Boden, der Willkür seiner Sieger preisgegeben. Es leidet unsagbar unter den Folgen des verlorenen Krieges und sucht in ehrlichem Bemühen, seinen alten Platz auf der Bühne der Welt zurückzuge-

74 KAM, Drucksachensammlung, G, Nr. 46, Schreiben von Horst M. am 24. 6. 1946.
75 S. Klönne 1985, 49.
76 Schelsky 1957, 466-468, hier 467.
77 Vgl. Klönne 1990, 27-30; ders. 1991, 100f.

winnen. Und dann stehen da welche auf und behaupten, trotzige Lieder und klirrende Klampfen seien die Sinnbilder ihres Wesens."[78]

Mit ihren Liedern, ihrem Organisationsverständnis, ihrer Art und Weise, Heimabende zu gestalten und auf Fahrt zu gehen, sowie in Gesprächen mit Älteren knüpften die Mindener Jungenschaftler an Traditionen der Wandervogelbewegung und der dj.1.11 an. Sie standen in der Tradition der Jugendbewegung ihrer Väter und Großväter[79] und wurden mit dem Vorwurf an die Jugendbewegung konfrontiert, sie hätte den NS-Staat vorbereitet.[80] Gleichzeitig entsprachen diese Jungen häufig nicht den Erwartungen von Erwachsenen, die während der Weimarer Republik in der Jugendbewegung aktiv gewesen waren. Manche derer, wie Michael Jovy, der während der NS-Zeit eine illegale Gruppe angeführt hatte[81], fragten sich angesichts der geringeren Anhängerzahlen der Nachkriegsbünde, ob „die Jugend für das Ideengut der Jugendbewegung nicht mehr ansprechbar" wäre[82]. Jovy und einige seiner Altersgenossen erwarteten von den Jugendgruppen der Nachkriegszeit rebellisches Auftreten, wie sie es aus ihrer eigenen Jugendzeit erinnerten. Aus ihrer Perspektive waren die Jugendlichen der Nachkriegszeit still, zurückhaltend und trotzig.

Offenbar handelte es sich bei dem Teil der Nachkriegsjungenschaft, dem auch die Mindener Jungenschaftler angehörten, um eine schwer einzuordnende Jugendgruppe. Obwohl das geschilderte Ostertreffen 1948 für die Jungen ein herausragendes Ereignis war (besonders in den ersten Nachkriegsjahren waren Treffen mit mehreren Horten noch selten), weist dieses Beispiel auf eine zeit- und milieuspezifische Jugendkultur hin: Diese männlichen Jugendlichen inszenierten sich gegenüber anderen Jugendgruppen und in der Öffentlichkeit gerne als etwas besonderes. Sie setzten sich z. T. bewußt von ‚der Masse' und ihrer Umwelt ab. Sowohl bei öffentlichen ‚Auftritten' als auch bei der Auswahl ihrer Lektüre distinguierten sich die Jungenschaftler nicht nur sozial, sondern ebenso von ihren Eltern. Das Verhältnis zwischen Erwachsenen und Jugendlichen war wohl besonders in diesem Milieu schwierig, da ein Großteil der Erwachsenen hier zu den Trägern oder zumindest Befürwortern der Mindener NS-Politik gehörte und viele Jungen durch den ‚Zusammenbruch' irritiert waren. Gleichzeitig orientierten sich die Gymnasiasten an milieuspezifischen Formen jugendlicher Vergemeinschaftung.

78 Zit. n. Klönne 1990, 30.
79 Die Mindener Jugendbewegung im ersten Drittel des 20. Jahrhunderts wurde u. a. von den Vätern, Großvätern und Onkeln der Jungen in die Nachkriegshorten getragen.
80 S. Reulecke 1993a.
81 S. Bothien 1994.
82 Jovy 1984, 181.

Die Jungen agierten dabei in einem – offenbar problematischen und dynamischen – Wechselverhältnis zwischen ihrer Jungengruppe und ihrer Umgebung, zwischen ihren eigenen Erfahrungen und dem ‚Erbe' der bündischen Jugendbewegung, zwischen der ‚Bürgerlichkeit' ihrer Eltern und ihren eigenen Formen sozialer Distinktion sowie zwischen der gelebten, z. T. diskreditierten und militärischen Form von Männlichkeit ihrer Väter und den eigenen zu erprobenden milieu- und zeitspezifischen Formen von Männlichkeit. Wie dies geschah und inwiefern die Jungen dabei – im Rahmen ihrer Handlungsspielräume – an der (Re-)Konstruktion bürgerlicher Männlichkeit sowie an der Transformation des liberal-bürgerlichen Milieus und somit der Mindener Nachkriegsgesellschaft partizipierten, wird in diesem Kapitel möglichst aus ihrer Perspektive und unter Einbeziehung des Lebensumfeldes untersucht. Was von außen betrachtet kurios erscheint und irritiert(e), machte für die Jugendlichen der Mindener Jungenschaft offenbar Sinn.

Obwohl viele der Akteure ihren damaligen Aktivitäten noch heute große Bedeutung beimessen[83], hat sich die zeithistorische Jugendforschung aus verschiedenen Gründen bisher kaum eingehend mit der bündischen Jugend im ersten Jahrzehnt nach dem Zweiten Weltkrieg auseinandergesetzt.[84] Dies ist zum einen durch die allgemeine Forschungslage zur Nachkriegsjugend bedingt.[85] Zum anderen fand das Thema vermutlich auch deshalb kaum Aufmerksamkeit, weil aus der Perspektive vieler ehemaliger Wandervögel oder ‚Bündischer' der Weimarer Republik seit 1945 die Jugendbewegung nicht mehr existierte. Hermann Mau eröffnet beispielsweise seinen Aufsatz zur Jugendbewegung 1948 mit dem Satz: „Die Jugendbewegung ist tot."[86] Auch Michael Jovy kommt zu diesem Schluß am Ende seiner Dissertation: „Die Jugendbewegung ist tot, sie hat sich überlebt ...".[87] Da bei solchen Aussagen die Maßstäbe der Weimarer Jugendbewegung der Betrachtung der Nachkriegsbünde zugrunde gelegt werden, scheint die Geschichte der bündischen Jugend nach Ende des NS-Staates kaum forschungsrelevant zu sein. Vielleicht existiert deshalb nur eine kleine Anzahl von Studien und Texten über die Geschichte der bündischen Jugend der Nachkriegszeit.[88] Wenige Arbeiten zur Nachkriegsge-

83 S. z. B. die jährlichen Treffen der Mitglieder und Freunde des Mindener Kreises e. V., ein Zusammenschluß ehemaliger deutscher Jungenschaftler.

84 Vgl. zum Forschungsstand Grau 1976, 11, 46; Groß-Albenhausen 1995, 335; Kerbs 1966, 146-149 (Seine Kritik an der Forschung gilt mit wenigen Abstrichen heute noch.); Klönne 1986, 89-96; Knoll, 1988, 16; Schwarte/Reulecke 1997, 151f.; Reulecke 1995a.

85 S. Kap. I.

86 Mau 1948, 135.

87 Jovy 1984, 179; vgl. kritisch Kerbs 1966, 147, 165; Welter 1966, 51.

88 S. Grau 1976; Kerbs 1966, 146-170; Klönne 1990; Laqueur 1978, 236-248; Schwarte/Reulecke 1997, 151-168; Tauber 1967, Bd. 1, 394-429; Welter 1966.

schichte der deutschen Jungenschaft konzentrieren sich auf einzelne Regionen oder Orte[89], aber leider gibt es weder Arbeiten zur deutschen Jungenschaft in Minden[90] noch in der Region Ostwestfalen und Lippe[91]. Auch in den inzwischen zahlreichen biographischen[92] und autobiographischen[93] Texten, die fragmentarisch über die Geschichte der deutschen Jungenschaft informieren, sind Mindener mit einer Ausnahme weder Autoren noch Protagonisten.

Viele dieser Untersuchungen und Publikationen sind außerdem problematisch, weil in ihnen selten zwischen Idealen und Normen des Jungenschaftslebens einerseits und den Praktiken der Horten andererseits unterschieden wird.[94] Dies gilt insbesondere für die Arbeit von Helmut Grau. Es fehlen darin nicht nur häufig Belegstellen für die oft allgemein gehaltenen Aussagen über die unmittelbare Nachkriegszeit, sondern sein analytischer Zugriff verstellt zudem regelrecht den Blick auf die Lebenswelten der Akteure.[95] In dieser Hinsicht erweist sich die Abhandlung über den „Bund Deutscher Jugend" als ebenso problematisch, da die dort dargelegte Organisationsgeschichte zweier Jugendverbände mit der Genese einer Vielzahl bündischer Jugendgruppen nichts gemein hat.[96] Ein Gegenbeispiel dazu ist die – kaum als wissenschaftlich einzustufende Monographie – von Günther Welter, der u. a. einen Heimabend ohne Pathos und lebensnah, allerdings auch ohne Belegstellen schildert.[97]

In historischen Arbeiten werden die oben genannten Widersprüche zwischen einer Fremdperspektive auf die Gruppen der deutschen Jungenschaft und den möglichen Motiven der Jungen nicht befriedigend aufgelöst, obwohl zahlreiche Autoren der genannten Publikationen selbst Zeitzeugen sind und sogar Autobiographisches in ihre Untersuchungen einfließen lassen. Glaubt man einigen Zeitzeugen und Jugendhistorikern, sind die hier skizzierten Wi-

89 S. für das Ruhrgebiet Klönne 1987; für Berlin Schmidt 1990, 40-47, 50-58.

90 Petzold geht am Rande seiner Untersuchung auf die deutsche Jungenschaft in Minden ein (Petzold 1998, 221, 351-353).

91 Leider spielt die bündische Jugend in den Monographien von Albertin keine Rolle (Albertin 1992; ders. 1998). Vgl. zur bürgerlichen Jugendbewegung in Bielefeld Tiletschke/Liebold 1995; zur Geschichte der bürgerlichen Jugendbewegung in Osnabrück Rabe 1961.

92 S. z. B. Düsseldorff 1996, 179-202; Klönne 1984/85, 373-378.

93 S. z. B. Driesch 1996; Hempel 1998, 263-269; Szczesny 1990; s. a. Klönne/Reulecke 1998, 87-103.

94 Trotz der differenzierten Darstellungsweise trifft dies auch teilweise auf den Aufsatz von Kerbs (1966) zu. Vgl. zu dieser Kritik an der Historiographie der Jugendbewegungsgeschichte vor 1933 Kluchert 1988, 22.

95 S. Grau 1976. Der Autor betrachtet die ersten zehn Jahre nach dem Zweiten Weltkrieg lediglich kursorisch, während er v. a. die 1960er Jahre als Nachkriegszeit behandelt. Problematisch ist ferner, daß er Zeitzeugenaussagen nicht quellenkritisch hinterfragt.

96 S. Schmidt 1990, 50-58.

97 S. Welter 1966, hier 35f.

dersprüche zwischen der Perspektive der Jugendlichen und der ihrer Beobachter ohnehin nicht aufzuheben, weil nach deren Meinung das Phänomen ‚Jugendbewegung' nur aus dem eigenen Erleben erfaßt werden kann.[98] Diese für Außenstehende angeblich nicht zu fassenden ‚Erlebnisse' und die Selbstverständlichkeit, mit der sie sich offenbar in der deutschen Jungenschaft engagierten, erklären vielleicht, warum in der historischen Erforschung der bündischen Jugend selten konkret nach Motiven der Jugendlichen gefragt wird. Eine Ausnahme ist Diethart Kerbs, der die auch hier zu diskutierende Frage stellt: „Was aber hat jene 17- oder 18jährige damals bewogen, Jungenschaftshorten zu gründen, erschöpft, verhungert und von Bildern verfolgt, wie sie waren?"[99] In seinem Aufsatz schildert der Autor sensibel gängige Tätigkeiten der Nachkriegshorten, ordnet sie kulturhistorisch ein und nähert sich einer Antwort an. Seine bereits 1966 erschienene Untersuchung ist daher eine wichtige Grundlage für die vorliegende Arbeit.

Nur selten werden außerdem– wie bei Kerbs – die Aktivitäten der deutschen Jungenschaft und deren Bedeutungen für die Jungen im Zusammenhang ihres Lebensumfeldes, der Mentalitätshistorie[100] oder milieuspezifischer Erfahrungen untersucht. Entsprechend gibt es kaum eine nennenswerte Studie, in der die Interaktionen bündischer Jugendlicher, z. B. in einer Stadt, untersucht und somit „‚dynamische Wechselbeziehung(en)' zwischen den Erwartungen der Erwachsenen und den Reaktionen der Jugendlichen"[101] sichtbar gemacht werden.[102] Dies gilt auch für die regionalbezogenen Texte.[103] Hans Graul bezweifelt sogar noch 1983 in einem Literaturbericht den Sinn, die „soziale Herkunft" der Mitglieder der bündischen Jugend „zu erfragen".[104]

In der Forschung zu den Nachkriegsbünden findet darüber hinaus kaum eine Auseinandersetzung mit geschlechtsspezifischen Bedeutungen der Jungenschaften statt. Dies ist sowohl auf die in Deutschland noch in den Anfängen sich befindende Männerforschung zurückzuführen[105] als auch auf die kaum hinterfragte Selbstverständlichkeit, daß die Jugendbewegung männlich

98 S. z. B. Knoll 1988, 12, 15; Laqueur 1978, 8; Mau 1948, 136.
99 Kerbs 1966, 151.
100 Als Gegenbeispiele sind zahlreiche Aufsätze von Jürgen Reulecke über die Jugendbewegung zu Beginn des 20. Jahrhunderts zu nennen (s. z. B. Reulecke 1989b; s. a. Kluchert 1988).
101 Kluchert 1988, 30.
102 Hilfreiche Ansätze für eine noch zu leistende Kontextualisierung bieten Grau 1972, 63-74; Groß-Albenhausen 1995; s. a. Klönne 1988a.
103 Die Studie von Bothien über eine Horte bündischer Jugend während der NS-Zeit bildet dabei eine Ausnahme (Bothien 1995). Der Autor analysiert quellenkritisch und differenziert Praktiken und mögliche Selbstverständnisse einer bündischen Gruppe und diskutiert ebenso Interaktionen der Jungen in Stadt und Milieu.
104 Graul 1983, 124.
105 Vgl. Kap. I.

dominiert und die Jungenschaft eindeutig männerbündisch war, wie Hermann Mau expliziert: „In seinem allgemeinsten Sinn ist das Erlebnis, um das die Jugendbewegung kreist, das Erlebnis der Gemeinschaft. (...) Und es ist in seiner Natur ein männliches Erlebnis.“[106] Kaum ein Zeitzeuge[107] oder Wissenschaftler hinterfragt daher die 1948 so selbstverständlich formulierte Behauptung und damit die geschlechterhistorische Bedeutung der männlichen Hortenerlebnisse für die Jungen. Geschlechterhistorisch unreflektiert bleiben z. B. Graus Vermutung, daß ein Motiv zur Bildung altershomogener Jugendgruppen der „‚Vater-Sohn-Konflikt‘“ sei[108], oder Bothiens Abhandlung über die Bedeutung von sportlichen und herausfordernden Betätigungen der Horten[109].

Ohne eine geschlechterhistorische Reflektion erscheint es allerdings, als ob die Jungen in einer Welt ohne Mädchen und Frauen aufgewachsen wären. Aufgrund dieser Verengung des Blickwinkels wird die Frage nach der Bedeutung für die Abschottung vom weiblichen Geschlecht und somit nach einem wesentlichen Movens der Jungen nicht einmal gestellt. Inzwischen liegen allerdings Aufsätze von Jürgen Reulecke und Winfried Mogge mit kritischer Reflexion auf die männlichen Bünde des ersten Jahrhundertdrittels vor, so z. B. über das (männer)bündische Liedgut oder die Bedeutungen von Männer- bzw. Jungenbünden als Gegenpol zur Familie. Reulecke, Mogge sowie Andresen in ihrer Arbeit über Mädchen in der bürgerlichen Jugendbewegung, liefern Erklärungsansätze, die bisweilen auf die Zeit nach dem Zweiten Weltkrieg übertragbar sind.[110]

Die Aktivitäten der Mindener Jungenschaftler werden hier im Kontext der allgemeinen und jugendhistorischen Situation sowie der spezifischen Erfahrungen der Jungen im Mindener liberalen Bürgertum untersucht (III. 1. 1). Das zweite Kapitel (III. 1. 2) widmet sich ausführlich den wichtigsten Aktivitäten der Mindener Jungenschaft. Wie in dem Beispiel von Ostern 1948 angedeutet, gab es drei wesentliche Aktivitätsfelder der Mindener Horte: den Heimabend (Kap. III. 1. 2. 1), die Fahrt (Kap. III. 1. 2. 2) und die Öffentlichkeit, d. h. die Begegnung mit Menschen außerhalb der deutschen Jungenschaft (Kap. III. 1. 2. 3). Diese Orte der Mindener Jungenschaft bilden drei Unterkapitel, die – räumlich betrachtet – von ‚innen‘ (dem Heim) nach ‚außen‘ (der Stadtöffentlichkeit) angeordnet sind. Im letzten Kapitel (Kap. III. 1. 3) wird in einem Resümee versucht, einen Bogen von den Aktivitäten der Jugendlichen und ihrem Agieren in der Stadt Minden zu dem in Kapitel III. 1. 1 geschilderten liberal-

106 Mau 1948, 136 f.
107 Dies bestätigen alle befragten Zeitzeugen.
108 S. Grau 1976, 15.
109 S. Bothien 1995, 163-168; s. a. Grau 1976. 131f.
110 Andresen 1997 (Sie geht in ihrer Arbeit auch auf Interaktionen zwischen den Geschlechtern ein.); Mogge 1990, 103-110; Reulecke 1985; ders. 1992c; ders. 1996a; ders. 1996b; ders., 1999; s. a. Gisselbrecht, 1990, 391-399; Seidelmann, 1973, 52, 58.

bürgerlichen Milieu zu schlagen, um die Frage nach dem Beitrag der Jugendlichen an gesellschaftlicher Transformation aufzuwerfen.

Die Quellengrundlage für die Erforschung der Geschichte der Mindener Jungenschaft sind Horten- bzw. Fahrtenbücher aus den Jahren 1947 bis 1958[111], Rundschreiben der bündischen Jugend in Minden und in Westfalen sowie andere Periodika der deutschen Jungenschaft, z. B. das „feuer“, Briefe, Liederbücher u. a. ‚graue‘ Literatur, Fotografien sowie schriftliche Selbstzeugnisse und Interviews mit fünf Zeitzeugen der Jahrgänge 1929 bis 1944[112]. Diese Quellen, die zumeist aus privaten Archiven bzw. dem Archiv des Mindener Kreises stammen[113], geben eine wertvolle Innensicht der Jungenschaft wieder. Sie erlauben Einblicke in die Praktiken der Mindener Horten. Gleichzeitig sind diese Zeugnisse als Formen der Selbstinszenierung zu lesen. Weitere Quellen konnten im Archiv der deutschen Jugendbewegung auf der Burg Ludwigstein, im Kommunalarchiv Minden[114] und im Staatsarchiv Detmold eingesehen werden. Akten aus dem Londoner *Public Record Office* ergänzen den Quellenkorpus um die Perspektive der britischen Besatzungsmacht. Ferner dienen zeitgenössische bzw. zeitnahe Publikationen über die bündische Jugend der Nachkriegszeit als Materialgrundlage.[115]

Die Problematik dieser Quellen, die meist aus der Feder von Jungenschaftlern stammen, ähnelt der Schwierigkeit mit einem Großteil der Sekundärliteratur: Sie verharren oft in – zumal für Außenstehende – äußerst unkonkreten Aussagen. Die Sprache vermittelt häufig eine mystische, geheimnisvolle Atmosphäre und überhöht alltägliche Praktiken zu geheimbündlerischen Aktivitäten. Selbst in Interviews überlagern häufig Stimmungen und Ideale der Jungenschaftserlebnisse konkrete und ‚nüchterne‘ Schilderungen von Heimabenden und Fahrten.[116] Außerdem widersetzen die Zeitzeugen sich nicht selten jeder

111 Archiv MK, Fahrtenbuch, Sommer 1947-Sommer 1948; Fahrtenbuch, August 1952-Frühjahr 1958. Außerdem werden punktuell Fahrtenbücher der Kieler bzw. norddeutschen Jungenschaft herangezogen (Archiv MK, Nachlass Heinrich Steinhöfel, Fahrtenbuch ‚leonrotte‘ [hagen], norddeutscher wandervogel, XI ‘45-VI ‘46; Fahrtenbuch norddeutsche Jungenschaft, IX ‘46-I ‘48; Fahrtenbuch Horte Kiel, II ‘48-X ‘48).

112 S. TAM; außerdem eine Cassette mit Zeitzeugen aus dem Rheingebiet und einem Zeitzeugen aus Lemgo auf dem 1998er Jahrestreffen des Mindener Kreises e. V. (Archiv MK).

113 An dieser Stelle bedanke ich mich für die Überlassung des Materials, die Bereitschaft zu Interviews sowie zahlreiche weitere mündliche und schriftliche Auskünfte der Zeitzeugen, ohne die diese Untersuchung nicht möglich gewesen wäre

114 Die von Petzold verwendeten Abituraufsätze werden hier nicht erneut herangezogen (Petzold 1998).

115 S. z. B. Dross 1964 oder zahlreiche Publikationen von Walter Scherf, die z. T. handlungsleitend für die Nachkriegsbünde waren. Vgl. zu dem Problem der Trennung von Quelle und Sekundärliteratur in diesem Themenkomplex Kluchert 1988, 22.

116 TAM, 001R130698. Der Zeitzeuge – zugleich Fahrtenbuchautor – macht darauf aufmerksam, daß die Berichte in den Fahrtenbüchern häufig die Wunschvorstellung einer ‚romantischen‘ Fahrt im Gegensatz zum ‚nüchternen‘ realen Erlebnis wiedergeben.

Zuordnung, Festlegung und Deutung ihrer Jungenschaftsaktivitäten durch Unbeteiligte. Dies erschwert nicht nur die Rekonstruktion von Handlungen und der Chronologie von Ereignissen[117], sondern erfordert zudem ein strenges „Gegen-den-Strich-Lesen“. Bei eingehender Betrachtung und Analyse offenbaren jedoch insbesondere das Material aus den Privatarchiven und die Interviews reichhaltige Informationen über Praktiken und Interaktionen der Mindener Horten.

III. 1. 1 Erfahrungen im (national-)liberalen Milieu

Fast alle Jungenschaftler waren Gymnasiasten und wuchsen im mittleren, gebildeten Bürgertum auf, das in der Weimarer Republik eher als national-liberal und nach dem Zweiten Weltkrieg als liberal charakterisiert werden kann. Das bürgerlich-liberale Lebensumfeld dieser Jungen unterschied sich trotz gelegentlicher Überschneidungen von dem weit größeren kleinbürgerlichen, christlich-konservativen Milieu. Im folgenden wird das (national-)liberale Bürgertum Mindens zunächst auf der Ebene der Erwachsenen untersucht. Daran anknüpfend wird ein Bogen zu denjenigen geschlagen, die nach Ende des Zweiten Weltkriegs zwischen 14 und 18 Jahre alt waren und durch Erwachsene aus ihrem Umfeld mit dem ‚Erbe‘ der bürgerlichen Jugendbewegung in Berührung kamen.

III. 1. 1. 1 Bürger, Freiberufler und Offiziere

Die Väter der Mindener Jungenschaftler – über die Mütter ist kaum etwas zu erfahren – hatten meist eine akademische Ausbildung, arbeiteten z. B. freiberuflich als Architekten, wie Heinz Ibrügger.[118] Die Berufe der Väter reichten vom städtischen Angestellten bis zum Arzt über den Großkaufmann und den Oberregierungsrat.[119] Viele von ihnen dienten als Offiziere in der Wehrmacht.[120] Die Familien der Jungen waren – zumindest bis Ende des Zweiten Weltkriegs – relativ wohlhabend und wohl auch angesehen.[121] Nicht alle Fami-

117 Vgl. Kerbs 1966, 148f.

118 TAM, 001I170398; 001Sch/M280899.

119 S. Hempel 1998; Gerhard Rasche in einem Brief an die Autorin v. 16. 5. 1998; vgl. Petzold 1998.

120 Z. B. der Vater von Wolfgang Hempel (Jahrgang 1931) (Hempel 1998, 265) oder der von Wulf Schomer (Jahrgang 1944) (TAM, 001Sch031197: „Mein Vater war Offizier, mein Großvater war Offizier, mein Urgroßvater war Offizier ...“. Er selbst lehnte eine Offizierslaufbahn trotz Angebot ab.). S. a. TAM, 002Sch/M280899.

121 Z. B. die Familie des zunächst in der „Deutschen Freischar“ aktiv gewesenen Peter Moelle (Petzold 1998, 221), die Familie Hempel oder die des sozialdemokratisch gesinnten und während der NS-Zeit von der HJ mißhandelten Heinz Ibrüggers (TAM, 001I170398; TAM, 001Sch/M280899). In Briefen an die Autorin ordnen andere Zeitzeugen Heinz Ibrügger als „Edel-Kommunisten“ ein. Einige behaupten, er wäre nicht von der HJ, sondern der SA zusammengeschlagen worden.

lien gehörten zur „Mindener Honoratiorenschaft“[122], wie z. B. die Familie eines frühen Führers der Mindener Nachkriegsjungenschaft. Dessen Vater war zwar im Besitz von Immobilien, aber als Fotograf und Fotogeschäftsbesitzer zählte er nicht zu den Akademikern.[123] Noch seltener kamen Arbeiterjugendliche zur deutschen Jungenschaft.

Die Jungen der Mindener Jungenschaft stammten also überwiegend aus dem – so die Selbstbezeichnungen – „gebildeten Bürgertum“[124], aus der „Mittelschicht, [dem] Bürgertum“, aus „bürgerlichen Häusern“[125]. Die Eltern waren „akademisch gebildete Leute“[126]. Die Familien der Jungen lebten meist „im Stadtkern“[127], wo überwiegend Beamte mit ihren Familien, also traditionell konservative Bürgerinnen und Bürger, wohnten.[128] Die Jungen selbst waren fast ausschließlich Gymnasiasten. Meist besuchten sie das naturwissenschaftliche Besselgymnasium, wie der Jungenschaftler Peter-Joachim O. am 23. 6. 1956 der Stadt Minden mitteilte und mit seinem Namen und der Bezeichnung „Unterprimaner in der Besselschule“ unterschrieb.[129] Die soziale Zusammensetzung der Mindener Jungenschaft änderte sich im Untersuchungszeitraum 1945-1955 nicht.[130] Insofern war die Mindener Jungenschaft typisch für die bündische Jugend der Nachkriegszeit.[131] Die Nachkriegsbünde unterschieden sich hinsichtlich der sozialen Herkunft der Jungen kaum von der bündischen Jugend der Weimarer Republik und den illegalen bündischen Gruppen während der NS-Zeit. In dieser Weise stellten sie ein Kontinuum zur bürgerlichen Wandervogelbewegung des Jahrhundertbeginns dar.[132]

122 TAM, 002Sch/M280899.

123 Ebda. Dies wird in einem Brief eines Interviewpartners an die Autorin v. 23. 7. 1999 bestätigt.

124 TAM, 001Sch/M280899.

125 TAM, 001Sch031197; ähnlich Gerhard Rasche in einem Brief an die Autorin v. 16. 5. 1998.

126 TAM, 001Sch/M280899.

127 TAM, 001Sch031197.

128 TAM, 001I170398; s. a. TAM, 001/002K041297: Dieser Zeitzeuge berichtet von einigen NS-Funktionären, die mit ihren Familien im Viertel um das Finanzamt wohnten. S. Kap. II. 1; vgl. Grunewald/Puschner 2003; Siegrist 1994, 549-583, bes. 573-582.

129 KAM, Drucksachensammlung G, Nr. 46, V 6467, Schreiben von Peter-Joachim O. am 23. 6. 1956, 3f. Dies belegen alle Interviewpartner. Vgl. Petzold 1998; s. a. Kap. II. 2 „Schule, Ausbildung, Lohnarbeit“.

130 TAM, 001Sch031197 (Jahrgang 1944).

131 S. z. B. die Aussage des Jungenschaftsführers Walter Scherf (Düsseldorff 1996, 182); vgl. Welter 1966, 31. Grau vertritt z. T. gegenteilige Thesen, räumt jedoch selbst ein, daß seine Argumentation auf dürftiger Materialgrundlage basiert. Außerdem bezieht er sich unter dem Begriff ‚Nachkriegszeit‘ v. a. auf die Zeit ab 1960 (Grau 1972, 66-69; vgl. ders. 1976, 81-85). Allerdings gab es auch wenige von Arbeiterjugendlichen getragene bündische Gruppen, wie z B. der dj.1.11-hortenring im Rheinland (Kerbs 1966, 154).

132 S. Bothien 1995, 67-70; Fiedler 1989, 23-25; Grau 1972, 64-66; Groß-Albenhausen 1995, 336; Herrmann 1991; Heß 1975, 26-28; Klönne 1988, 150; Kluchert 1988, bes. 27, 30f.; Mau 1948, 137, 139; Mommsen 1985, 55. Auch für die besser erforschten Jahrzehnte der frühen bürgerlichen Jugendbewegung werden selten die sozialen Bedingungen der Jugendlichen diskutiert.

Die Zugehörigkeit zum liberal-bürgerlichen Milieu schützte die Familien nicht vor materiellen Engpässen und Notlagen.[133] Gefangenschaft oder Tod der oft hochrangigen Wehrmachtsangehörigen verschlechterten die Familiensituation enorm, da die Ehefrauen bzw. Witwen oft kaum Unterhalt erhielten und selbst selten außerhäuslich erwerbstätig gewesen waren.[134] Die Erwachsenen in diesem Milieu waren überproportional NSDAP-Anhänger und -Funktionäre gewesen und hatten Posten in Verwaltung und Bildungseinrichtungen inne. Wegen der Entnazifizierung und politischer Veränderungen waren sie nun häufig von zeitweiser Arbeitslosigkeit, sozialer Deklassierung und materiellen Nöten betroffen.[135]

Dies hatte zur Folge, daß auch die Jugendlichen auf dem Schwarzmarkt handelten, um dort Lebensmittel zu erwerben, wobei sie sicherlich mehr Waren zu tauschen hatten als Jugendliche aus proletarischen Elternhäusern. Darüber hinaus mußten sie ungewohnte Gartenarbeiten leisten, Koksreste und Bucheckern sammeln, Bäume zu Brennholz verarbeiten und zu Hause bei diesen und anderen Arbeiten helfen.[136] Die Familien vieler Mindener Jungenschaftler und ihrer Nachbarn und Freunde waren außerdem gezwungen, ihre Wohnungen für britische Militärangehörige zu räumen. Der damals 14jährige Wolfgang Hempel und seine Mutter erhielten am selben Tag, an dem sie vom Tod des Vaters erfuhren, den Befehl der Militärregierung, ihre Wohnung zu verlassen. Da die Mutter aufgrund der „Todesnachricht handlungsunfähig" war, mußte der Jugendliche „in zwei Nächten fast alle Möbel aus ... [der] Wohnung herausbringen – mit Hilfe der englischen Wachposten".[137] Solche Erfahrungen wiegen in den Erinnerungen schwer, weil die schmerzhaften Entbehrungen und Verluste in diesem Milieu auch mit Demütigungen und Herabset-

133 S. Kap. II.

134 Wie in Kapitel II. 2 im Abschnitt über die familiäre Situation erwähnt, bedarf es noch eingehender Forschungen über die Erwerbstätigkeiten und Lohnarbeit von Frauen in der Kriegs- und Nachkriegszeit. Insbesondere erscheint es notwendig, die hier formulierte Aussage über die bürgerlichen Frauen mit Untersuchungen zu untermauern, die die weiblichen Lebens- und Arbeitssituationen nach sozialen Milieus differenzieren. Selbst einschlägige Studien über die Erwerbstätigkeit von Frauen unterscheiden nicht nach sozialer Herkunft (Müller/Willms/Handl 1983; Presse- und Informationsamt der Bundesregierung 1966). S. a. Janssen 1999; Summerfield 1998; Willenbacher 1988. – Die hier angestellte Überlegung, daß die kriegsbedingte Lohnarbeit v. a. für bürgerliche Frauen ein Einschnitt in ihr Verständnis von geschlechtsspezifischer Arbeitsteilung bedeutete, legt die Vermutung nahe, daß der in der Nachkriegszeit dominante Diskurs über die zu ‚normalisierenden' Geschlechterverhältnisse (Schissler 2001c) insbesondere die Lebens- und Arbeitswirklichkeit bürgerlicher Frauen thematisierte und an denen von Bäuerinnen und Arbeiterinnen vorbeiging.

135 Vgl. Herbert 1998, 93-115; Ruck 1998, 117-142; Sarhage 1990, 293; Siegrist 1994; Willenbacher 1988, bes. 610f. S. zur Situation von ehemaligen Wehrmachtsangehörigen in der Nachkriegszeit Meyer 1988, 683-750; s. a. Kroener 1988, 651-682.

136 Z. B. TAM, 002M/Sch082899.

137 Hempel 1998, 266; s. Kap. II. 1.

zung der gewohnten gesellschaftlichen Position verbunden waren.[138] Daher spielte z. B. Hunger, im Gegensatz zu den zu verrichtenden Arbeiten oder dem Wohnungsverlust, in den Zeitzeugenberichten eine untergeordnete Rolle[139] und war in diesem Milieu nicht von langer Dauer. Spätestens „sobald die Währungsreform da war, wurden die Verhältnisse ja auch besser. Da hörte der schwarze Markt auf, da ging es los mit dem reellen Geld, und da gab's auch Dinge zu kaufen", erinnert sich ein Zeitzeuge.[140]

III. 1. 1. 2 National-liberal, nationalsozialistisch, liberal[141]

Dagegen war die politische und moralische Situation für die Jungen dieses Milieus wesentlich problematischer als die soziale, wie ein ehemaliger Jungenschaftler vehement formuliert:

„Der geistige Hunger war *viel* größer, der war *viel* größer! Sie müssen bedenken, nach dem die Nazis weg waren, war da tabula rasa! (...) Da ist ja nichts geblieben davon. Im Gegenteil: Das, was daran positiv noch aus der Tradition heraus in die Nazizeit hineingeflossen war, war ja damit auch untergegangen. Du konntest ja keine Dinge mehr benutzen, die die Nazis mißbraucht hatten ...".[142]

Eine solche Aussage verwundert nicht, da die Väter vieler Jungenschaftler Wehrmachtsoffiziere und Funktionäre in NS-Organisationen gewesen waren, wie in der NSDAP-Kreisleitung[143]; oder sie hatten sich wie der Vater von Wolfgang Hempel zusammen mit anderen Mitgliedern des „Jungdeutschen Ordens" im Nationalsozialistischen Fliegerkorps (NSFK)[144] engagiert. Sein Patenonkel, Kurt Hübers, war „einer der drei oder vier Abschnittskommandeure der Schutzpolizei in Lódz/Litzmannstadt"[145]. Zahlreiche Bekannte, Freunde und Schulkameraden der Jungen sowie ihrer Eltern waren ebenso in NS-Organisationen eingebunden.[146]

Die Jungen wuchsen also in einem überwiegend vom Nationalsozialismus

138 Vgl. Siegrist 1994, 558, 564f., 568f., 571.
139 In den meisten Fällen gingen die Interviewpartner erst nach Nachfragen darauf ein.
140 TAM, 002M/Sch280899.
141 Vgl. zu den Begriffen „liberal" und „Liberalismus" Leonhard 2003.
142 TAM, 002M/Sch280899; vgl. TAM, 001/002K041297; Vornweg 1987, 138; s. a. Kap. II. 2.
143 Zeitzeugenberichte; aus Gründen der Anonymität keine Angabe der Belegstelle.
144 Hempel 1998, 263; s. zum Mindener NSFK, der bereits 1937 gegründet wurde und dem auch – z. T. in Zusammenarbeit mit dem Deutschen Jungvolk – die ‚Ausbildung' von Jugendlichen u. a. in Modellbaulehre und in Gleit- und Segelflug für die Flieger-HJ oblag, Nordsiek 1995, 30f.
145 Hempel 1998, 265.
146 S. z. B. Wolfgang Hempel über seinen Fähnleinführer beim Jungvolk in einer schriftlichen Mitteilung an die Autorin v. 2. 7. 1998; TAM, 002Sch/M082899. S. zu dem nationalistisch-konservativen Umfeld in den Mindener Gymnasien: Zeitzeugen- und Zeitzeuginnenberichte bei der Tagung „Jugend im Umbruch" in Minden im Juni 1998; TAM, 001I170398; Petzold 1998, 51-61.

überzeugten Milieu auf, das in seiner Tradition säkular[147] national-konservativ bzw. national-liberal, aber auch linksliberal war und in enger Verbindung zum Militär stand[148]. Angehörige dieses und des christlich-konservativen Milieus zählten in Minden zu den gesellschaftlich und politisch bedeutenden Kreisen der Stadt. Der vermögende Großvater von Wolfgang Hempel ist dafür ein prominentes Beispiel. Der Freimaurer ist v. a. als Initiator des 1887 gegründeten ersten Turnvereins Mindens, des „Turnvereins Jahn", und des 1926 von ihm angeregten und nach ihm benannten „Ludwigsbad" bekannt[149], sowie als Vorstandsmitglied des Deutschen Flottenvereins Mindens[150]. Ludwig Hempel „stand der DDP nahe"[151]. Parteipolitisch war dieses Milieu während der Weimarer Republik außerdem der von Stresemann angeführten nationalliberalen DVP zuzuordnen. Seit 1921 gab es außerdem eine Jugendgruppe der DVP, den „Deutschen Jugendbund" unter der Leitung von Direktor Backhaus Major a. D.[152] Aus diesem Milieu schöpfte die NSDAP nicht nur Anhänger und Sympathisantinnen, sondern auch aktive Parteigänger.[153] Ob und inwieweit die in der späten Weimarer Republik in Minden starke DNVP[154] im Umfeld der Mindener Jungenschaft gewählt wurde und für das gebildete Mindener Bürgertum relevant war, bleibt hier unbeantwortet.

Viele Frauen und Männer dieses Milieus waren nach der Kapitulation des NS-Regimes zunächst politisch und gesellschaftlich diskreditiert[155] und wollten selbst mit Politik und Parteien nichts mehr zu tun haben.[156] Selten enga-

147 Die Jungenschaftler waren zwar weitgehend evangelisch, aber Religiosität spielte in Alltag und Erziehung kaum eine Rolle. S. z. B. TAM, 002Sch/M280899; vgl. Petzold 1998, 317. S. zu der Abgrenzung zum christlichen Konservatismus Nordsiek 1991a, bes. 76f.; Watermann 1980.

148 Vgl. TAM, 001R130698; Herzig 1979; Nordsiek 1991a, 83-88; Seifert o. J., 8; vgl. für Unna und Kamen Holtmann 1989, 81-117; für Bünde Sarhage 1990, 81-92; ähnlich für Hannover Schmiechen-Ackermann 1999.

149 S. Hempel 1998, 263. S. zum „Ludwigsbad" Schütte, Ingrid, „Ein Badevergnügen links und rechts der Weser. Die ersten Anstalten zur ‚Erfrischung und Körperertüchtigung' schon anfang des vorigen Jahrhunderts in Minden/Sie ‚wanderten' den Fluß rauf und runter", in: MT v. 5. 8. 1997; „Erinnerungen an das alte Mindener ‚Lulu-Bad'", in: MT v. 8. 8. 1988. S. zu Hempel „Sein letzter Tag", in: Mindener Zeitung v. 14. 1. 1935; „Führerwahl im Turnverein ‚Jahn'. Ludwig Hempel zum Gedächtnis/Der neue Vereinsführer Bertram", in: Mindener Zeitung v. 18. 2. 1935. Vgl. Nordsiek 1991a, 87. Ludwig Hempel war außerdem Vorsitzender der Sektion Minden des Alpenvereins („Deutscher und österr. Alpenverein. Einweihung der ‚Mindener Hütte'", in: MT v. 22. 6. 1925).

150 Nordsiek 1991a, 86-88.

151 Hempel 1998, 263.

152 KAM, Adreßbücher, 1921-1929; KAM, G II, Nr. 124. Die DVP beantragte 1927 für den Oktober die Erlaubnis eines „Durchmarsches" durch Minden anläßlich des Reichsjugendtages (KAM, G II, Nr. 279).

153 Vgl. Holtmann 1989, 81-117; Sarhage 1990, 81-92.

154 Vgl. Koch/Meynert 1998, 65-76; Kap. II. 2. 1. 2.

155 Vgl. zur halbherzigen Entnazifizierungspolitik und -praxis, die vielen NSDAP-Funktionärinnen und -Funktionären nur vorübergehende berufliche und politische Nachteile brachte, Albertin 1998, 25-39; Herbert 1998; Seifert o. J., 7, 42f.; Stackelberg 1999, 236-240.

156 Vgl. Albertin 1998, 470; Seifert erläutert, daß politisch belastete Personen seitens der Militärregierung von den ersten Kreistagswahlen 1946 ausgeschlossen wurden (Seifert o. J., 21).

gierten sich diese Bürgerinnen und Bürger in der ihrem Milieu zuzurechnenden FDP.[157] Erst später sympathisierten einige mit einer der beiden großen Parteien und beteiligten sich dort an der Politik.[158] Das liberale Bürgertum kann für die Nachkriegszeit nicht mehr eindeutig einer oder zwei Parteien zugeordnet werden. Die FDP hatte in der Nachkriegszeit erhebliche Startschwierigkeiten, nicht zuletzt aufgrund des unklaren und umstrittenen Selbstverständnisses.[159] Die politische Bedeutung der liberalen Partei war gering, wie auch die Mindener Wahlen zeigen:[160] Sie war nicht „tonangebend", dennoch in Minden „stark verankert".[161]

Dem liberalen Bürgertum gelang es nach dem Zweiten Weltkrieg nicht, erneut erfolgreich „um die Jugend" zu kämpfen[162], wie zu Beginn des Jahrhunderts und in der Weimarer Republik, als z. B. der „Jungdeutschlandbund" versuchte, als „halbstaatliche Dachorganisation"[163] „aller vaterländischen Jugendvereinigungen"[164] zu fungieren und junge Menschen i. S. der „körperlichen und sittlichen Ertüchtigung"[165] bzw. nationalistisch und paramilitärisch auszubilden.[166] Die Jugendlichen, die während der NS-Zeit für die nationalsozialistische Politik und Organisationen gewonnen worden waren, bildeten in den späten 1940er Jahren die Zielgruppe der FDP-Jugendpolitik. Aber gerade diese jungen Menschen fühlten sich häufig betrogen und für den Nationalsozialismus zu Unrecht verantwortlich gemacht. Sie wollten daher meist mit Parteipolitik nichts mehr zu tun haben.[167]

III. 1. 1. 3 Öffentliches Wirken in Vereinen, Gesellschaften und in der Jugendbewegung

Ungeachtet der (vorübergehenden) politischen Schwäche des (national-)liberalen Bürgertums war das gesellige Leben in den Vereinen und Interessenge-

157 Wie z. B. ein ehemaliger HJ-Gebietsführer im Sudetenland und späterer FDP-Bundestagsabgedordneter (Brief von Wolfgang Hempel an Eckhard Holler, z. Kt. an die Autorin v. 25. 1. 1997; TAM, 001I170389).

158 S. Albertin 1998, 468, 476-480; Kohl 1994, 304. S. a. TAM, 002K041297. Der Zeitzeuge berichtet darin außerdem von der rechtsradikalen SRP, in der sich auch ein kleiner Teil des ehemals nationalsozialistischen und -liberalen Milieus wiederfand. Vgl. für Bünde Sarhage 1990, 292; für Fürth und Ansbach Woller 1986, 195f.

159 S. zur Gründung der FDP in Minden am 17. 2. 1946 Nordsiek 1975, 30-32; zur Nachkriegsgeschichte der FDP in der Region Albertin 1998, 467-505; Schleimer 1998, 7-39.

160 S. Kap. II. 1; Albertin 1998, 481; Beutelspacher/Rodekamp 1988, 34; Kohl 1994, 304; Nordsiek 1975, 31-34; Seifert o. J., 17-26.

161 TAM, 001I170398. S. zu den Nachkriegswahlen Kap. II.

162 Reulecke 1988, 16, 48.

163 Ebda.,16.

164 Fiedler 1989, 77.

165 Nordsiek 1991a, 88.

166 In Minden wurde eine Gliederung dieses Vereins 1911 gegründet (Nordsiek 1991a, 88).

167 S. zur Jugendpolitik der FDP in der Region Albertin 1998, 485-490.

meinschaften für dieses Milieu nach wie vor bedeutend. Für viele Vereine kann eine seit mehreren Jahrzehnten beinahe ununterbrochene Tätigkeit nachgewiesen werden.[168] Einige Vereine, wie der Harmonieverein, der Reichsluftschutzbund[169] oder der Ruderverein[170], konnten während der NS-Zeit bis 1938/39 weiterexistieren. Andere, wie der mit dem Geschichtsverein verbundene Museumsverein, setzten ihre Vereinstätigkeit während der ganzen zwölf Jahre NS-Herrschaft fort.[171] Die weitgehende Anerkennung der NSDAP in dieser Bürgerschaft und deren Mitgliedschaft in der NSDAP standen nicht im Widerspruch zu den Aktivitäten in traditionellen Mindener Organisationen wie dem Turnverein „Jahn“ oder einem protestantischen Verein.[172] Nach 1945 gab es deshalb anfangs Schwierigkeiten, die Vereinstätigkeiten fortzusetzen bzw. die Vereine wieder zu gründen, wie z. B. beim Musikverein und den Gesangsvereinen „Concordia“ und „Liedertafel“.[173] Dies galt auch für die Turnvereine und deren Jugendabteilungen[174], den Westfälischen Heimatbund[175], die Burschenschaften Minden[176] und das seit 1682 immer noch aktive Bürgerbataillon[177]. Die während der NS-Zeit verbotenen Gesellschaften wie die Mindener Loge[178] und die Freiwillige Feuerwehr[179] konnten ihre Aktivitäten wieder aufnehmen.

Dies gilt auch für die 1945 in Minden von Erwachsenen wiedergegründeten

168 Vgl. zum liberalen Vereinsspektrum im Kaiserreich Nordsiek 1991a, 83-88; vgl. für Bünde in der Weimarer Republik Sarhage 1990, 21, 37-46.

169 Der Verein existierte bis 1939. S. Keber, Minden im Jahre 1945, in: MH, 33 (1961), Nr. 7/8, 80; Nr. 11/12, 140.

170 Der Ruderverein beendete seine Vereinstätigkeit 1938. Der Verein wurde in der Sendung ‚OWL-Damals‘ des WDR am 11. 1. 1998 als Verein für „bessere Kreise“ vorgestellt. – Im etwa 1938 entfachten Streit im Mindener Ruderverein über das Verhältnis zu der sich seit 1933 verändernden politischen Situation wird deutlich, daß die Vereinsmitglieder nicht durchgängig begeisterte NSDAP-Anhängerinnen und -Anhänger waren, also politisch nicht als homogen zu beschreiben sind.

171 Der zweite geschäftsführende Vorsitzende des Vereins, der Stadtchronist Paul Keber, weigerte sich jedoch, in die NSDAP einzutreten, und versuchte, den Verein vor dem Zugriff der NSDAP zu wahren. S. Keber, Minden im Jahre 1945, in: MH, 33 (1961), Nr. 7/8, 82. Vgl. Cole 1988, 133. Vgl. zur Geschichte des Museums Bath 1977, 303-312.

172 S. Koch/Meynert 1998, 97.

173 Keber, Minden im Jahre 1945, in: MH, 33 (1961), Nr. 7/8, 82.

174 S. Auflistung der Turnvereine mit Jugendabteilungen in: Der Ring, 1 (1959), Nr. 1, 18. Bereits im August 1946 fand das erste Kreis-Turn- und Sportfest nach 1945 statt (Beutelspacher/Rodekamp 1988, 36).

175 S. Klueting 1998, 47-57, hier 55; Oberkrome 1997, 153-200.

176 S. Kleines Kommersbuch 1962.

177 S. Mindener Bürgerbataillon 1982.

178 Nach dem Zweiten Weltkrieg (1946) schlossen sich die Logen „Wittekind zur Westfälischen Pforte“ und „Aurora“ zur Mindener Loge zusammen (Kollmeyer 1980, 112-126).

179 S. allg. Keber 1952, 35; ders. 1961a, 82-84; s. zur Zulassung von Vereinen Keber, Wiederaufbau und Neubau in Minden, in: MH, 23 (1951), Nr. 6, 75; ders., Wiederaufbau und Neubau in Minden, in: MH, 24 (1952), Nr. 3/4, 35; ders., Minden im Jahre 1945, in: MH, 33 (1961), Nr. 7/8, 82-82; KAM, H 30, Nr. 174.

Jugendgruppen. Im Mindener liberalen Bürgertum entstanden nach dem Zweiten Weltkrieg neben der deutschen Jungenschaft auch die verschiedenen Pfadfinderbünde wieder, wie der Deutsche Pfadfinderbund (DPB), der am ehesten in der Tradition der bündischen Jugendbewegung stand.[180] Dieser wurde 1949 nach der Lockerung der Restriktionen der britischen Militärregierung[181] als bundesweiter Jugendverband gegründet.[182] Die Mindener Pfadfinder wurden im Jahr 1948 erstmals mit der Organisation eines Things aktenkundig, der zur Vorbereitung der Gründung des „Bundes Deutscher Pfadfinder" (BDP) veranstaltet wurde.[183] Unter der Leitung von Rudi Michel, der zahlreiche (über)regionale Verbandsfunktionen übernahm, waren die Mindener Nachkriegspfadfinder besonders seit Beginn der 1950er Jahre aktiv.[184] Unterdessen mehrten sich im Laufe der 1950er Jahre Konflikte im BDP auf Bundesebene. Es drohte sogar eine zunehmende Zersplitterung der Pfadfinderbewegung. Eine Folge war der Rücktritt des Bundesführers Kajus Roller im Jahr 1962.[185] Die Mindener überstanden die Krise.[186] Sie waren Ende der 1950er Jahre sogar mit zwei Personen im Stadtjugendring vertreten.[187] Die Pfadfinder sind zwar auch zum liberal-bürgerlichen Milieu zu zählen[188], doch sie unterschieden sich von der deutschen Jungenschaft erheblich durch ihre positive Haltung zum Staat. Offiziell wollten die Pfadfinder durch ihre „Lebensführung ... die Grundlage eines

180 Die verschiedenen Pfadfindergruppen werden in den SJR-Mitteilungen „Der Ring" vorgestellt: Drohla, Hans-Ulrich (CDP), Christliche Pfadfinderschaft Deutschlands, in: Der Ring, 2 (1960), Nr. 2, 10-12; Harmening, Gerd, Die Pfadfinderbewegung, in: Der Ring, 1 (1959), Nr. 2, 16f.; Korten, Manfred (DPSG), Deutsche Pfadfinderschaft St. Georg, in: Der Ring, 2 (1960), Nr. 3, 18f.; Zumpe, Ursula/Böhme, Rosemarie (beide BDP), Bund Deutscher Pfadfinderinnen, in: Der Ring, 2 (1960), Nr. 1, 17-19. KAM, StADt, M1 I Ju, Nr. 172.

181 KAM, H 50, Nr. 128. Vgl. Boll 1995a, 56.

182 S. Seidelmann 1977, 98-104. Tatsächlich existierte dieser Bund bereits vorher in Berlin.

183 AdJb, 202, A-189.

184 AdJb, 202, A-41, A-129, A-1063, A-1064, A-1068, A-1069, A-1070, A-1071. – In Minden gab es v. a. den „Stamm" der „Bären" und darunter die acht bis zwölfjährigen Jungen („Wölflinge"). Der „Stamm" ist die kleinste selbständige Einheit eines Pfadfinderbundes innerhalb eines Horstes, welcher alle „Stämme" eines Ortes zusammenfaßt. Im „Stamm" befinden sich alle Gruppen der verschiedenen Altersgruppen. S. die Bundesordnung in der Satzung Bund Deutscher Pfadfinder im Ring Deutscher Pfadfinderbünde, Landesmark Westfalen, o. O., o. J, 8f. (AdJb, 202, A-129). – Nach Aussagen eines ehemaligen deutschen Jungenschaftlers aus Minden „gründete Michel in Minden eine Pfadfindergruppe", nachdem „Rudi Michel, ein Beamter des Bundesbahnzentralamtes, ... eines Tages seinen Sohn bei der Jungenschaft Minden anmelden [wollte]" und die Jungenschaftler ihn ablehnten (Brief von Wolfgang Hempel an die Autorin v. 7. 9. 2000).

185 S. Seidelmann 1977, 98-104. Es existiert eine abweichende Schreibweise von Kajus Roller, nämlich „Cajus".

186 Diese war in Minden außerdem zwischenzeitlich mit finanziellen Problemen verbunden (AdJB, 202, A-52).

187 Der Ring, 1 (1959), Nr. 1, 17.

188 S. zur politischen Einordnung z. B. Michel, Rudi, Heimat im Osten, in: Der Ring, 2 (1960), Nr. 4, 5f.; vgl. Seidelmann 1977, 102.

guten Staatsbürgertums" schaffen.[189] Außerdem setzten sie sich durch ihre äußerst formalisierte Organisationsstruktur und ihr streng formal-hierarchisches Organisationsverständnis[190] von der deutschen Jungenschaft ab. Auch andere bürgerliche Jugendgruppen wurden Ende der 1940er Jahre wieder aufgebaut, wie der Jugendring des Deutschen Roten Kreuzes (DJRK)[191] – die Schwester eines Jungenschaftlers war dort aktiv –, verschiedene Wandervogelgruppen[192], eine Jugendgruppe des Alpenvereins oder der Mindener Kinderchor[193].

Die Initiatoren, Mentoren und ersten Jugendleiter dieser Gruppen nach dem Zweiten Weltkrieg konnten meist auf eigene Erfahrungen in der bürgerlichen Jugendbewegung vor der NS-Diktatur zurückgreifen. Die deutschen Jungenschaftler knüpften häufig bewußt an die bündische Jugend in den späten 1920er Jahren an.[194] Besonders diese Jugendgruppe im Mindener Bürgertum kann, trotz gelegentlicher Abgrenzungen von den Bünden der 1920er Jahre[195], auf inhaltliche und personelle Kontinuitäten verweisen[196], weshalb sie hier ausgewählt wurde. Beispielsweise trafen die Gedichte des Mindener Studienrats und Schriftstellers Hjalmar Kutzleb, der sich während der Weimarer Republik im Mindener WV e. V. engagiert hatte[197], offenbar immer noch das Lebensgefühl vieler Jungenschaftler nach dem Zweiten Weltkrieg.[198] Ein heraus-

189 AdJb, 202, A-129, Bund Deutscher Pfadfinder im Ring Deutscher Pfadfinderbünde, Landesmark Westfalen, Grundlagen des Pfadfindertums, etwa 1951.

190 Ebda.; AdJb, 202, A-1063, Unser Weg, in: Bund Deutscher Pfadfinder. Landesmark Westfalen, Rundschreiben (1954), Nr. 8, 2; AdJb, 202, A-1071; vgl. z. B. Grau 1976, 138 f.

191 StADt, M 1 I Ju, Nr. 161, Nr. 171.

192 Ring der Alt-Wandervögel und Wandervogel – Deutscher Bund; s. z. B. Der Ring, 1 (1959), Nr. 1, 19.

193 S. z. B. Der Ring, 1 (1959), Nr. 1, 18f. – Vom Leiter dieses Kinderchors nach 1945, Erich W., und besonders dessen jüngerem Bruder, bestanden freundschaftliche Verbindungen zu einem Jungen der Mindener Jungenschaft (Brief von Wolfgang Hempel an die Autorin v. 7. 9. 2000).

194 Z. B. leitete Ibrügger die Jungen der ersten Nachkriegshorte an, Texte von Eberhard Koebel abzuschreiben. Das Anknüpfen an die dj.1.11 verdeutlichen ferner die Lektüre der Mindener Jungenschaft und die Lieder, die in der Horte gesungen wurden.

195 Beispielsweise benutzten sie nicht mehr das Kürzel dj.1.11, sondern nannten ihre Jungengruppe „deutsche Jungenschaft".

196 TAM, 002M/Sch082899. Der Vater eines der Zeitzeugen war Mitglied im Jungnationalen Bund (‚Junabu'). S. zu diesem Bund Groß-Albenhausen 1995, 347; Hellfeld 1987, 47, 184f.

197 Kutzleb war als Mitgründer des Geschichtsvereins und zeitweilig dessen Vorsitzender ein Mann des öffentlichen Lebens von Minden. Als Schriftsteller ist er heute umstritten. Sein literarisches Werk und sein öffentliches Wirken werden in dem Nachruf von Friedrich Rürüp positiv gewürdigt (Rürüp 1959). Dagegen äußert sich der Herausgeber des „Mindener Lesebuchs", Karsten Ernst Strack, etwa 40 Jahre später kritisch über den Autor Kutzleb, der „unabhängig von literarischer Qualität und Popularität ... auf Grund ideologischer Bedenken" in dem Band zur Mindener Literaturgeschichte nicht näher behandelt wird, da „sein Gesamtwerk eindeutig antisemitische Textpassagen" enthielt (Strack 1997, 10). S. Pross 1964, 335, 341f.; Seidelmann 1966 (darin Gedichte von Kutzleb).

198 Vgl. Sauer 1988, 55-70, hier 55f.; Schwarte/Reulecke 1997, 163.

ragendes Beispiel für personelle Kontinuitäten ist die männliche Linie der Familie Hempel: Der Vater des Nachkriegs-Jungenschaftlers Wolfgang Hempel, Friedrich Hempel (Jahrgang 1897), gehörte als Gruppenführer dem Mindener Wandervogel an.[199] Friedrich Hempel nahm, wohl in dieser Funktion, am legendären Treffen der Wandervögel und zahlreicher anderer Jugendbünde auf dem Hohen Meißner im Oktober 1913 (dem Jahrestag der Völkerschlacht bei Leipzig) teil. Sein Bruder Wilhelm Hempel schloß sich dagegen während des Ersten Weltkriegs dem Mindener CVJM an. Dies mißfiel Friedrich, der den acht Jahre jüngeren Wilhelm deshalb aufforderte, zum Wandervogel zu wechseln.[200] Nach dem Ersten Weltkrieg wurde Friedrich Hempel, zusammen mit dem Ehepaar Nußbaum[201], Mitglied in der Mindener Abteilung des Kronacher Bundes, ein Veteranenverein des Wandervogels.[202] Sein Bruder, Wilhelm Hempel, wechselte schließlich von der christlichen zur bürgerlichen Jugendbewegung und wurde in der Weimarer Republik in der ‚Deutschen Freischar', einem Zusammenschluß der bündischen Jugend aus Wandervogelgruppen und Pfadfinderbünden, aktiv. Hans Kuhn und Wilhelm Hempel führten nacheinander den etwa die Region um Minden umfassenden Freischargau Hacketau.[203] Wilhelm Hempel fungierte während seines Architekturstudiums zeitweise als Bundesjungenschaftsführer der ‚Deutschen Freischar'.[204] Als sich in einer Art Revolte innerhalb der bündischen Jugend eine Gruppe junger Männer um den Jungenschaftsführer Eberhard Koebel (tusk) von der ‚Deutschen Freischar' abspaltete[205] und am 1. 11. 1929 die dj.1.11 (s. o.) gründete[206], schlossen sich auch die Mindener Wilhelm Hempel und Heinz Ibrügger dem neuen Bund um

199 Alle in diesem Abschnitt gemachten Angaben stammen, wenn nicht anders angegeben, aus dem Brief von Wolfgang Hempel an Eckard Holler v. 25. 1. 1997 (TAM, 001/002M/Sch280899).

200 S. Hempel 1998, 263.

201 AdJb, A 2-14/22. S. zu den Nußbaums Kazir 1987; s. a. Kap. II.

202 AdJb, A 2-14/22; AdJb, A 2-15/18, Rundbrief, (1. Mai 1930), H. 4, 11f. Vgl. Fiedler 1989, 170-175; Tiletschke/Liebold 1995, 144f.

203 Wilhelm Hempel nennt in den „Briefen an die deutsche Jungenschaft" unter den Hacketaustädten Herford, Bielefeld, Senne, Detmold, Lemgo und Salzuflen (Puma, 85 Kilometer, in: Briefe an die deutsche Jungenschaft, 11 [1929], 4). – Der Begriff „Hacketau" stammt aus dem Krieg gegen Napoleon. Einige der westfälischen Landwehrregimenter erwarben sich darin die Auszeichnung, am 7. 7. 1815 in die französische Hauptstadt einzurücken. Darunter befand sich das verkleinerte Minden-Ravensbergische Regiment, „das sich im Feldzug den Namen Hacketauer erworben hatte" (Behr 1983, 49.)

204 S. ferner zur Geschichte der Deutschen Freischar Kneip/Liebs/Zimmermann 1980, bes. 117-123; Kneip 1928.

205 S. zu der wohl charismatischsten und zugleich umstrittensten Persönlichkeit der bündischen Jugend, Eberhard Koebel (tusk), der auch nach dem Zweiten Weltkrieg versuchte, Einfluß auf die deutsche Jungenschaft auszuüben, Holzbach-Linsenmaier 1997, 42; Schmidt 1994; Schneider-Nehls 1997, 207-270. – Seit Oktober 2002 erschienen im Achims Verlag die ersten vier der etwa 15 Bände Werkausgabe von Koebel.

206 S. Reulecke 1988, 19-23.

Koebel an und gründeten in Minden eine dj.1.11-Horte.[207] Ibrügger führte die letzte dj.1.11-Horte in Minden bis zu ihrem Verbot im Juni 1933.[208] Die Familie Hempel ist ein Beispiel dafür, daß die politischen Brüche und Generationenkonflikte, hier männlicherseits, von familiär geprägten Kontinuitäten in der Jugendbewegung überlagert waren.

Die Geschichte der bürgerlichen Jugendbewegung in Minden reicht bis zur Gründung der ersten Mindener Wandervogel-Gruppe 1906 zurück. Drei Jahre später entstand in Minden eine Ortsgruppe des Altwandervogels (AWV) auf Initiative von Hans Bohnenkamp.[209] Ein Jahr nach der Gründung des AWV bildete sich eine Ortsgruppe des Wandervogels Deutscher Bund (WV D. B.) in Minden.[210] Der WV D. B. entstand 1910 als Abspaltung vom AWV, u. a. weil der WV D. B. mit seiner Idee von einem abstinenten Leben und seiner Akzeptanz des Mädchenwanderns neue Wege beschreiten wollte. Im Jahre 1912 schlossen sich in Minden wie anderswo etliche der abgespaltenen Bünde zum Wandervogel e. V. zusammen.[211] Neben der Wandervogelbewegung existierte in Minden seit 1893 der ‚Deutschnationale Handlungsgehilfenverband'[212], aus dem die zum „völkischen Flügel"[213] der bündischen Jugend zählenden „Fahrenden Gesellen" hervorgingen[214]. Der Wandervogel aber war in Minden innerhalb des Bürgertums weitgehend konkurrenzlos. Wohl auch deshalb spielte die Freideutsche Jugendbewegung hier kaum eine Rolle, obgleich der Mindener Wandervogel Friedrich Hempel am „Freideutschen Jugendtag" am Hohen

207 Hempel, Ibrügger und Koebel gaben gemeinsam mit Heinz Rüdiger die „Briefe an die Deutsche Jungenschaft" heraus (Briefe an die Deutsche Jungenschaft, 2 [1929]-12 [1929]). Vgl. zur Geschichte der Jugendbewegung bis zum Ende der Weimarer Republik neben der genannten Literatur Koebner/Janz/Trommler 1985.

208 Ibrügger machte nach Aussagen von Zeitzeugen auch Koebels Wendung zum Kommunismus mit (TAM, 001M/Sch082899).

209 S. Kindt 1968, Liste 2, 1079. Bohnenkamp lebte seit 1909 in Minden und zog 1912 nach Marburg (ebda., 1050). Die Ortsgruppengründung stand vermutlich im Zusammenhang mit dem 1909 von dem Student Franz Willeke in Münster gegründeten Altwandervogel-Kreis Westfalen (Tiletschke/Liebold 1995, 22). Der AWV um Karl Fischer gilt als der größte und bedeutendste Wandervogelbund (Kindt 1968, 104f.). Anfang Dezember 1909 gab es im Kreis Westfalen und Lippe sechs Ortsgruppen und in Minden 43 Scholaren des Altwandervogels (ebda., Liste 1, 1077f.).

210 Diese leitete Berta Bleek in den Jahren 1910 und 1911 (AdJb, A 2-05/18; Wandervogel-Deutscher Bund für Jugendwanderungen, Gau-Färthen-Blatt für Rheinland-Westfalen und Hannover, Herbst 1910 bis Herbst 1911; Kindt 1968, Liste 3, 1081). 1911 richtete die Mindener Ortsgruppe den Gautag aus (AdJb, A 2-05/18). Vgl. zum Gautreffen Tiletschke/Liebold 1995, 43 f.

211 S. Kindt 1968 104f.; 142f.; Mogge 1985; Tiletschke/Liebold 1995, 22.

212 Dieser Bund existierte in Minden zumindest bis zum Ersten Weltkrieg. Der „sich in den Dienst der antisemitischen Agitation" stellende Verein bekam 1914 in Minden zunehmende Sympathie und erhielt von zehn Firmen finanzielle Unterstützung (Nordsiek 1991a, 85).

213 Hellfeld 1987, 45.

214 Mogge 1988, 56.

Meißner im Oktober 1913 vertreten war.[215] Das Ziel dieses Jugendtreffens 1913, insbesondere das der Jugendführer Gustav Wyneken und Knud Ahlborn, war die Einigung der verschiedensten Gruppen und Bünde der Jugendbewegung unter der legendären „Meißnerformel" zur „Freideutschen Jugendbewegung". Abstinenz, Geschlossenheit der Jugendbünde und jugendliche Selbstbestimmung waren wesentliche Aspekte in der sonst vage formulierten Losung.[216]

Nach dem Ersten Weltkrieg veränderte sich der Charakter der bürgerlichen Jugendbewegung auch in Minden nachhaltig. Nicht zuletzt die Jugendführer, häufig vom Kriegsverlauf enttäuschte junge Soldaten, trugen dazu bei, daß das naturromantische Antlitz der Wandervogelgruppen einem militärischen Auftreten und politischen Erneuerungsgedanken i. S. der Utopie eines Jugendreiches wich. Außerdem machte sich der Einfluß der seit etwa 1909/10 sich verbreitenden staatsbürgerlichen und paramilitärischen Pfadfinderbewegung aus England auf die deutsche Jugendbewegung bemerkbar. Die neuen jugendlichen Gemeinschaften waren bündisch nach dem „Führer-Gefolgschafts-Prinzip" in Abgrenzung zu verrechtlichten Vereinsstrukturen und zur „Massen-Gesellschaft" organisiert.[217] Sie werden daher bündische Jugendbewegung genannt. Das politische Spektrum der sich ständig spaltenden Bünde reichte von extrem rechts über national-konservativ und bürgerlich-liberal bis zu kommunistisch.[218] In Minden existierte eine Gruppe der zur bündischen Jugendbewegung zählenden ‚Deutschen Freischar': Diese Gruppe der bündischen Jugend entstand 1926/27 reichsweit aus dem Zusammenschluß von Wandervogel- und Pfadfinderbünden[219] und umfaßte laut Hellfeld etwa 12.000 Mitglieder.[220] Die „Deutsche Freischar" stand in der Tradition der WV-Bewegung und der „Freideutschen Jugend" und versammelte „eine beträchtliche Zahl von ‚Vernunftrepublikanern', doch überwiegend lassen sich in den Bünden nationalistische,

215 Die Nennung der Mindener ‚Freideutschen Jugend' in den Akten des AdJb, erstmals 1919, besteht lediglich aus dem durchgestrichenen Namen eines Mindener Mitglieds (AdJb, A 2-104/7).

216 „Die Freideutsche Jugend will aus eigener Bestimmung, vor eigener Verantwortung, mit innerer Wahrhaftigkeit ihr Leben gestalten. Für diese innere Freiheit tritt sie unter allen Umständen geschlossen ein. Zur gegenseitigen Verständigung werden Freideutsche Jugendtage abgehalten. Alle gemeinsamen Veranstaltungen der Freideutschen Jugend sind alkohol- und nikotinfrei" (Mittelstraß/Schneehagen, Christian [Hg.], Freideutscher Jugendtag 1913 – Reden von Gottfried Taub, Knud Ahlborn, Gustav Wyneken, Ferdinand Avenarius, Hamburg 1913, 8, zit. n. Mogge 1988, 52). Zum Freideutschen Jugendtag und zur Freideutschen Jugend s. Mogge/Reulecke 1988.

217 S. Hellfeld 1987, 17-19, 33-36.

218 TAM, 002M/Sch280899. Vgl. Hellfeld 1987, 36-48; Krabbe 1995, bes. 48-57.

219 S. Seidelmann 1977, Teil I, bes. 74-82. Es ist leider nicht erforscht, welchen Einfluß Pfadfinderbünde in Minden im frühen 20. Jahrhundert hatten.

220 Dies bezieht sich auf etwa 1929 (Hellfeld 1987, 37f.). Vgl. Mogge 1985.

zum Teil auch antisemtische und rassistische Elemente finden".[221] Im Jahre 1929 schloß sich die Mindener ‚Deutsche Freischar' der 1929 gegründeten dj.1.11 an.

Am 21. 6. 1933 wurden einige Jugendbünde verboten[222], andere existierten noch wenige Jahre weiter bis auch sie sich mehr oder weniger freiwillig aufgelöst hatten.[223] Das Verbot der bündischen Jugend beruhte weniger auf inhaltlichen Differenzen – wenn man von den kommunistisch gesinnten Bündischen absieht –, sondern es diente in erster Linie dazu, jede Konkurrenz zur HJ auszuschalten. In vielen Regionen wirkte die HJ „brückenbildend", denn sie knüpfte ideologisch an der Verklärung von „Jugend" und völkischem Gedankengut an. Sie nutzte auf der praktischen Ebene die beliebten Lieder[224], Fahrten, Lager und Geländespiele und wurde z. T. von den Führern der Jugendbewegung aufgebaut.[225] Gerade in Ostwestfalen und Lippe, wo die bürgerliche Jugendbewegung nicht besonders stark vertreten war und wo die meist dominanteren protestantischen Jugendvereine nur allmählich Formen der bündischen Jugendbewegung übernahmen, konnte die HJ den dadurch entstandenen „Nachholbedarf" bei Jugendlichen an neuen Praktiken, wie z. B. den bündischen Gemeinschaftserlebnissen und den Fahrtenstil, für sich nutzen.[226] Außerdem stand die nationalsozialistische Politik nicht grundsätzlich im Gegensatz zum politischen Verständnis einiger Strömungen in der bürgerlichen Jugendbewegung sowie des bürgerlichen Milieus in Minden. Anders als in anderen Städten gab es im ostwestfälischen Minden keine „bündischen Umtriebe" i. S. einer illegalen Fortsetzung bündischer Jugendgruppenaktivitäten.[227] Wenn auch Jugendliche der „Deutschen Freischar" aus Häverstädt (Minden) im Jahre 1934 eine Radtour als bündische Jugend in der HJ unternahmen, und auch die Freunde Gerd Behrsing und Hans-Jochen Zenker während der Dikta-

221 Reulecke 1988, 22. Vgl. Hellfeld 1987, 37; zur bündischen Jugend in Bielefeld Tiletschke/ Liebold 1995, 159-161.

222 S. Grau 1976, 43. Der Kronacher Bund existierte bis zu seiner Selbstauflösung und geschlossenen Überführung in die HJ 1933 (AdJb, A 2-15/18, Gaurundbrief [10. 2. 1932]; AdJb, A 2-15/18, Gaurundbrief [Juni 1933]).

223 S. ausführlich Klönne 1984b; ders. 1988c.

224 TAM, 002M/Sch280899.

225 Klönne, Arno, Geländespiele. Von der kirchlichen und bündischen Jugendgruppe zum *Dienst für Führer und Vaterland*. Erfahrungen aus der Hitlerjugend-Generation im östlichen Westfalen, Vortrag auf der Tagung „Jugend im Umbruch", Minden 1998. Vgl. Groß-Albenhausen 1995; Hellfeld 1987, bes. 14-21, 27-32, 63-70, 213, 224f.; Hübner-Funk 1998a, 257-277; Laquer 1978, 209-230.

226 Klönne, Geländespiele, Vortrag auf der Tagung „Jugend im Umbruch", Minden 1998.

227 S. zum bündischen Widerstand bzw. widerständiges Verhalten bündischer Gruppen u. a. Bothien 1995; Hellfeld 1987, hier 220-225 zum Widerstandsbegriff; vgl. Kenkmann 1996b, bes. 153-163. S. Literatur von Zeitzeugen bzw. Autobiografisches: Herbert Westenburger (berry) an die Autorin am 18. 10. 1999; brasparts 1995, 26-30; Jovy 1984; Paetel 1954, 48-54; ders. 1963, 167-186; Thole 1987.

tur gemeinsam auf Fahrt gingen[228], blieben im allgemeinen die Mindener Bündischen mit der neuen Regierung konform bzw. existierten nicht mehr.[229] Behrsing und Zenker hatten sogar Funktionen inne: Ersterer war während der NS-Zeit Führer des Mindener HJ-Streifendienstes, und Zenker hatte als Kultur- und Pressereferent in der Bannführung der HJ gearbeitet.[230] Nach Ende der NS-Diktatur bauten Zenker (geb. 1917) und Behrsing (geb. 1921) zusammen mit dem Älteren Ibrügger die Mindener Jungenschaft auf.

III. 1. 1. 4 Nationalsozialismus, Krieg, „Betrug", „Zusammenbruch" und „Katastrophe"

> „Die Zeit von 1945 bis 1949, das Jahr, in dem ich Abitur machte, kommt mir nachträglich wie ein anfangloses Dunkel vor. Niemand hatte mir geholfen, die deutsche Katastrophe als die deutsche Befreiung zu begreifen. Im Zusammenbruch war nicht nur das Dritte Reich zusammengestürzt, sondern auch die Welt, die es nicht aufhalten oder hindern konnte, die Welt des deutschen Bürgertums. Es schien mir zunehmend unmöglich, dort wiederanzuknüpfen, wo meine Eltern vor 1933 gewesen waren: im liberalen Bürgertum."[231]

Die Jungen, die seit 1945 der Mindener Jungenschaft angehörten, waren vor Ende des Krieges in einem weitgehend dem Nationalsozialismus zugeneigten Milieu aufgewachsen, in dem sie nicht nur ein faschistisches Welt- und Gesellschaftsbild erfahren hatten, sondern in dem ihnen auch Informationen über die Verbrechen der Nationalsozialisten vorenthalten bzw. nicht als solche bewußt gemacht worden waren.[232] Sie hatten kaum Kontakt zu widerständigen Personen noch lernten sie in nennenswertem Umfang nonkonforme Verhaltensweisen kennen.

Aufmüpfiges oder widerständiges Verhalten oder gar politischen Widerstand gab es auch unter Jugendlichen dieses Mindener Milieus bis auf kleine Ausnahmen nicht:[233] Daß die ‚Luftwaffenhelfer' unter der Leitung des Unteroffiziers und Geschützführers bei einem Elternabend Jazzmusik vortrugen, worüber sich die Mindener Öffentlichkeit empörte, und daß andere zu Kriegsdiensten eingezogene Oberschüler versuchten, durch den Besuch des Gottesdienstes, den sonntagvormittags angesetzten Propagandastunden (mit ‚Durch-

228 TAM, 001M/Sch280899; [Zenker] 1972, 338.

229 TAM, 002M/Sch280899.

230 Hempel 1998, 264.

231 Sölle 1987, 205-218, hier 216. Dorothee Sölle (geb. 1929) schildert eindringlich und beispielhaft für das liberale Bürgertum ihre Begeisterung für das NS-Regime und ihre Enttäuschungen nach dem „Zusammenbruch".

232 TAM, 002M/Sch280899.

233 TAM, 002M/Sch280899. Vgl. Petzold 1998, 65.

haltefilmen') zu entkommen, kann nicht als Widerstand im engeren Sinne verstanden werden. Genauso wenig war es Widerstand, als sich andere junge Männer als Reserveoffiziere bewarben, um auf diese Weise der sich um Nachwuchs bemühenden SS zu entgehen.[234] Dagegen könnten die regelmäßigen Treffen in der Weserklause von etwa 20 männlichen und weiblichen Jugendlichen zumindest als aufmüpfig bezeichnet werden. Sie nannten ihre Clique „Pennsylvania Club", hörten Jazz („schräge Musik") und gaben sich Decknamen. Die „vollkommen unpolitischen" (so die Selbstbezeichnung) Jugendlichen versuchten, sich auf diese Weise eigen-sinnig dem Zugriff des NS-Regimes und seinen Organisationen zu entziehen und ihre Freizeit autonom zu gestalten.[235]

Die meisten Jungen dieses Milieus integrierten sich aber ‚selbstverständlich' und auch aus Überzeugung in den nationalsozialistischen Erziehungsinstitutionen. Die zehn- bis 14jährigen Jungen gehörten dem „Deutschen Jungvolk" an.[236] Wenigstens einige von ihnen besuchten außerdem die Adolf-Hitler-Schule oder wurden in der „NAPOLA" ‚ausgebildet'.[237] Viele von ihnen waren trotz ihrer Kriegserfahrungen bis zum Ende von der Richtigkeit der NS-Politik überzeugt.[238] Ihre Loyalität gegenüber dem Hitler-Staat, seinen Organisationen und Akteuren galt bei vielen ungebrochen bis zum Frühjahr 1945.[239]

234 Ebda., 65f.

235 Informationen von dem Zeitzeugen Ludwig Köllmann bei der Tagung ‚Jugend im Umbruch', Minden 1998.

236 S. z. B. Hempel 1998, 264-266; TAM, 002M/Sch280899.

237 TAM, 002M/Sch280899. Die „Napola", wie die „Nationalpolitischen Erziehungsanstalten" gemeinhin genannt wurden, waren ehemalige preußische Kadettenanstalten, die während der Weimarer Republik als „Staatliche Bildungsanstalten" weiterexistiert hatten. Am 19. 3. 1933 unterstellte der Bildungsminister Rust sich einige diese Internatsschulen. „Zunehmend nahm die SS auf diese ... schulgeldpflichtigen (erst seit 1943 kostenlosen) Einrichtungen Einfluß". Die überwiegend männlichen Kinder und Jugendlichen wurden auf „rassische Eignung" geprüft. Lehrer und Schüler mußten uniformiert sein. Theoretisch standen ihnen nach dieser ‚Ausbildung' alle Berufe offen, meist gingen die Absolventen zur Wehrmacht oder Waffen-SS („Nationalpolitische Erziehungsanstalten [NPEA]", in: Bedürftig 1997, 238). Die meisten der Mindener Nachkriegsjungenschaft waren am Ende des Weltkrieges noch zu jung, um als Luftwaffenhelfer oder ‚Kindersoldaten' eingesetzt zu werden. Nur ein Zeitzeuge – und zwar von der niedersächsischen Jungenschaft – berichtet über Erfahrungen als Flakhelfer (TAM, 001M/Sch280899).

238 S. Hempel 1998, 264-266; TAM, 002M/Sch280899. Außerdem mußte die Mindener HJ-Führung offenbar kaum mit widerständigen und -spenstigen Jugendlichen rechnen, als die HJ allmählich ihr Antlitz einer „Jugendbewegung" zugunsten einer Staatsorganisation verlor, wie es woanders der Fall war (Klönne, Geländespiele, Vortrag bei der Tagung ‚Jugend im Umbruch', Minden 1998).

239 Boll stellt dagegen fest, daß die „Prägung durch den Nationalsozialismus" bei den jüngeren Jahrgängen (etwa nach 1927) „zumeist nicht so tief" war, da sie v. a. den „Niedergang" des Nationalsoziaismus erlebten (Boll 1997, 492f.). Für die hier untersuchten Jugendlichen könnte diese Aussage höchstens im Vergleich mit älteren Jugendlichen zutreffen, da die Überzeugung auch bei den Jüngeren – insbesondere dieses Milieus – „tief" saß. Vgl. Hübner-Funk 1998a, 285.

Zweifel daran sind nicht bekannt. Risse am nationalsozialistisch geprägten Weltbild im Zusammenhang mit dem mißlungenen Anschlag auf Adolf Hitler am 20. Juli 1944 und die bröckelnde kriegerische Siegeszuversicht änderten nichts an der Grundhaltung.[240]

Die oben zitierte Dorothee Sölle pointiert die Erfahrungen weiblicher, aber auch männlicher Jugendlicher des (national-)liberalen Bürgertums, als die Welt des „deutschen Bürgertums" 1945 in mehrfacher Hinsicht zusammenstürzte.[241] Viele Väter der Mindener Jungenschaftler hatten als Offiziere gedient und waren im Krieg umgekommen.[242] Den Familien fehlte ihr ‚Oberhaupt', dessen Aufgaben nun die Ehefrauen wahrnahmen.[243] Kinder und Frauen mußten auf die Einkünfte des Familienvaters verzichten, was häufig zu ungewohnten materiellen Notlagen und sozialer Deklassierung führte. Damit waren die gewohnten Geschlechter- sowie altersbedingte Hierarchien in Frage gestellt, denn viele Jungen mußten nun an Stelle ihres Vaters ihren Müttern beim Erwerb des Lebensunterhalts helfen. Für zahlreiche Jugendliche brachen sämtliche Erziehungsinstanzen und Orientierungsmöglichkeiten entweder moralisch, wie die Familie, oder politisch, wie das ‚Jungvolk', weg. Es galt offenbar nichts mehr, was bis dahin moralisch und politisch maßgebend war. Viele Jungen fühlten sich daher betrogen, getäuscht und empfanden diese Situation als „ein anfangloses Dunkel"[244] oder als „tiefe Wunde", wie ein ehemaliger Jungenschaftler rückblickend schildert:

„Ich habe mit niemanden darüber sprechen können ...'ne Wunde insofern, als ... es ist alles rausgerissen, alles, was ich als Kind und als Knabe aufgenommen habe an Vorstellungen, an Liedern, an Werten, an Umfeld, an Erlebnissen, das alles ist plötzlich passé, perdu! Vernichtet!"[245]

240 Vgl. die Aussage eines Zeitzeugen, für den das Datum des Attentats auf Hitler eine Zäsur seines Bewußtseins bedeute (TAM, 002M/Sch280899). Hübner-Funk kommt dagegen zu dem Ergebnis, daß der Anschlag auf Hitler am 20. Juli 1944 bei den von ihr untersuchten Biografien zu geradezu trotziger Loyalität zum ‚Führer' führte (Hübner-Funk 1998a, 257f.).

241 S. Sölle 1987, 216.

242 Auch in der Lemgoer Jungenschaft hatten „fast alle Jungen ... keinen Vater mehr, gefallen oder geschieden", wie Helmut Kleinsteuber in seinen autobiografischen Aufzeichnungen berichtet (Kleinsteuber, Helmut, Lebenslauf und Tätigkeiten in der bündischen Jugend, unveröfftl. Manuskript., Hatten 22. 10. 1999 [PA Kleinsteuber]).

243 Vgl. zu den bürgerlichen familialen Hierarchien Willenbacher 1988.

244 Sölle 1987, 216. Ein Zeitzeuge spricht davon, daß „der 12-jährige, dem dies widerfährt, ... von der Bedeutung der Vorgänge allgemein und für seine Person (also von Art und Bedeutung seiner Verletzung) kein Bewußtsein und dafür deswegen auch keine Sprache [hat] – das alles lag weit unterhalb der Bewußtseins- und Sprachwelt und äußerte sich allenfalls in einem dumpfen Gefühl der Bodenlosigkeit und einer fundamentalen Verunsicherung". Das Zitat ist einem Brief an die Autorin v. April 2000 entnommen.

245 TAM, 002M/Sch280899.

Den bürgerlichen Jugendlichen der Mindener Jungenschaft erschien das Ende des NS-Regimes[246] als „die deutsche Katastrophe“[247] und als „Zusammenbruch“[248]. Denn sie hatten bis dahin positive Erfahrungen im „Jungvolk“ gemacht und sich in Übereinstimmung mit ihren Eltern befunden. Nun war der Krieg verloren, Hitler beging Selbstmord, und die meisten Erwachsenen machten – zumindest augenscheinlich – eine für die Jungen kaum nachvollziehbare politische Kehrtwende. Der Rahmen der NS-Organisationen fiel weg, und keine der bis dahin gültigen Werte und politischen Aussagen galt mehr. Das Gefühl, betrogen worden zu sein, und auf die NS-Propaganda, die die Emotionen positiv angesprochen hatte, hereingefallen zu sein, war stark.[249] Anders als die Älteren hatten die 14jährigen aber keine Vorstellung von einem „normalen“ Leben[250], von Rechtsstaatlichkeit, kaum von Frieden und schon gar nicht von Demokratie.[251] Einige waren deshalb demokratischen Neuerungen gegenüber, z. B. in der Jugendarbeit, wenig aufgeschlossen.[252] Gleichzeitig fühlten sie sich häufig allein gelassen, weil wesentliche Erziehungsinstanzen entweder ‚entlegitimisiert‘ oder nicht mehr vorhanden waren. Die Erwachsenen ihres Milieus waren für sie nur noch bedingt Leitbilder oder Ansprechpartner.[253] Viele Väter der Jungenschaftler hatten als Offiziere gedient; und die meisten Väter dieser Jugendgruppe waren tot, verschollen oder kamen verletzt und psychisch gebrochen nach Hause; ihre Autorität galt häufig nicht mehr.[254] Den männlichen Jugendlichen fehlten weitgehend positive männliche Vorbilder, vermutlich mehr als Jugendlichen in anderen Milieus. Die Jungen hatten Mühe, zum einen die notwendigen Aufgaben in der Familie zu leisten und zum anderen in ihrem Milieu ‚adäquate‘ männliche Nachfolger zu sein. Als positive Vorbilder dienten daher häufig die toten Väter, die in einem überhöhten Bild in

246 Ein ehemaliges Mitglied der Mindener Jungenschaft teilte der Autorin in einem Brief im April 2000 mit, daß weniger das Ende des NS-Regimes, als „das Ende des Deutschen Reiches, die militärische Niederlage und der Verlust der deutschen Ostgebiete, die deutsche Teilung – als deren Folge – die Flüchtlingsströme“ als „‚Zusammenbruch‘ empfunden“ wurden.

247 Sölle 1987, 216.

248 Hübner-Funk 1998a, 287.

249 TAM, 002M/Sch280899.

250 TAM, 001R130698.

251 TAM, 001/002M/Sch280899.

252 TAM, 001M/Sch280899; vgl. Hübner-Funk 1998a, 108, 110-115.

253 TAM, 001/002M/Sch280899. Vgl. Dorothee Sölle in ihrem Vorwort zu Dumbach/Newborn 1988, 6: „Es gab so wenig Leute, denen wir vertrauen konnten, in einer Welt von alten Nazis und Opportunisten. Viele der früheren Flüchtlinge und Emigranten kehrten nach Deutschland zurück, aber wir fühlten uns im Nachkriegsdeutschland so allein wie einst Sophie und Hans Scholl und ihre Freunde.“

254 Gerhard Rasche berichtet in einem Brief v. 16. 5. 1998 an die Autorin, daß die Väter „wenig Einfluß“ hatten. Andere Zeitzeugen würden dieser Aussage nur eingeschränkt zustimmen (Brief von Gero von Schönfeldt v. 10. 8. 2000 an die Autorin).

Erinnerung gehalten wurden.[255] Die Mütter erscheinen in den Retrospektiven der Zeitzeugen als positive und zu unterstützende Personen, zu denen die Jungen ein Vertrauensverhältnis hatten. Sie strahlten aus Sicht der Jungen aber nur wenig Autorität aus und waren diesen offenbar keine Orientierungshilfe.[256] Diese (rückblickende) Perspektive der Zeitzeugen ist sicherlich bereits ein Hinweis auf deren Männlichkeitskonstruktionen, die u. a. von einer klaren Unterscheidung zu Mädchen und Frauen getragen waren. Inwiefern die Aktivitäten in der deutschen Jungenschaft für diese Mindener Jungen eine Möglichkeit waren, eben geschilderte Erfahrungen zu verarbeiten, sich (neu) zu orientieren „in der unausweichlichen Demokratie"[257] und (neue) Männlichkeitskonzepte in dieser Situation zu erproben[258], und welche Rolle dabei das ‚Erbe' der Jugendbewegung aus der Zeit vor 1933 spielte, wird im folgenden näher untersucht.

III. 1. 2 Die ‚deutschen Jungenschaftler': Selbsterringung, soziale Distinktion und bürgerliche Männlichkeit

Bei den Gruppen in der jugendbewegten oder bündischen Szene, zu denen die Mindener Jungenschaft gehörte, und die sich auf die deutsche Jungenschaft bzw. die dj.1.11 beriefen, handelt es sich um Gemeinschaften ausschließlich männlicher Jugendlicher. Dies ist ein wesentliches Merkmal dieses Teils der Jugendbewegung und gehörte zum Selbstverständnis dieser bündischen Jugend.[259] Offenbar war es für die meisten Nachkriegsjungenschaftler selbstverständlich, daß ausschließlich männliche Jugendliche in die Horten aufgenommen wurden.[260] Darüber waren sich die Hortenführer weitgehend einig.[261] Daran änderte auch der Führer der dj.1.11 Eberhard Koebel (tusk) nichts, der von London aus eine kurze Auseinandersetzung über diese Frage anzettelte. In seinen „Londoner Briefen" in der 7. Ausgabe 1948 schrieb er an die Horten in den westlichen Besatzungszonen, daß die „Hochschätzung der Frau ... nicht nur eine altgermanische Tugend, sondern das Kennzeichen der fortschrittlichen Kulturen" sei, und wies darauf hin, daß die „dj.1.11 ... schon 1931 Mäd-

255 Brief eines Zeitzeugen v. 23. 6. 1999 an die Autorin; vgl. Hübner-Funk 1998a, 291.
256 S. Hempel 1998; TAM, 001R130698; 002M/Sch280899. Allerdings war insgesamt wenig über die Mütter der Jungen zu erfahren.
257 Groß-Albenhausen 1995, 338.
258 Vgl. Connell 1999, 15f.
259 Es gab durchaus einzelne bündische Gruppen vor und kurz nach der NS-Zeit, wie in Nordhessen oder im Rhein-Ruhr-Gebiet, denen Mädchen angehörten. Ich danke Prof. Dr. Arno Klönne für diesen Hinweis.
260 Dies bestätigten alle Interviewpartner aus der Mindener Jungenschaft.
261 Z. B. gibt es für Minden keinerlei schriftlich dokumentierte Debatten über diese Frage.

chen" aufnahm.[262] Koebel stieß mit seinem Vorschlag auf eindeutigen Widerspruch. Die Antworten der Hortenführer an Koebel verraten etwas über das Selbstverständnis der deutschen Jungenschaft als Jungenbund.

Ein Bündischer, „Pascha", antwortete unverzüglich: „Wenn wir Tusk schon einige Kompetenzen einräumen, dann sollten wir uns doch wenigstens von dem Mädchengruppen propagierenden Tusk freigemacht haben."[263] Trotz mancher abweichender Meinung war sich die Nachkriegsjungenschaft doch weitgehend mit „Pascha" einig, daß die „Jugendbewegung ... von anfang an eine Erscheinung von absolut männlichem Charakter gewesen" sei.[264] In Minden vermutete man, daß Koebels Meinungsänderung mit seiner veränderten persönlichen Situation, konkret seiner Heirat, verbunden war, und daß er nun Jugendbewegung und die Lebensgemeinschaft mit einer Frau miteinander vereinbaren wollte.[265] In der Diskussion über Mädchen in der deutschen Jungenschaft spielten sicherlich nicht nur persönliche Argumente eine Rolle. Offensichtlich war es in der Geschichte der bündischen Jugend nicht immer derart selbstverständlich, daß es keine Mädchenbünde geben sollte. Bereits vor dem Ersten Weltkrieg gab es sie sowohl in der Wandervogelbewegung als auch in der bündischen Jugend der Weimarer Republik. Auch in einigen illegalen Gruppen während der NS-Zeit waren Mädchen und Jungen gemeinsam aktiv.[266]

Der Ausschluß weiblicher Jugendlicher aus diesem Teil der bündischen Jugend in der Nachkriegszeit wird und wurde offiziell u. a. damit begründet, die körperlich anstrengenden Fahrten seien von Mädchen nicht zu leisten.[267] Mädchen wurden aber v. a. als Bedrohung für die Jungengemeinschaft und die Freundschaft unter den männlichen Jugendlichen empfunden[268]: Das „Erlebnis der Gemeinschaft des Ungewöhnlichen, des Aufeinanderangewiesen-Seins, das Erlebnis der Freundschaft .... [tragen] unleugbar männlichen Charakter ... und [können] vom Weiblichen in seiner letzten Tiefe nie erfaßt und erfüllt werden".[269] Um die geschlechtsspezifischen Bedeutungen der Jungenschaftsaktivitäten für die Mindener Jungen besser verstehen zu können, stehen in den folgenden drei Kapiteln „Im Heim", „Auf Fahrt" und „In der Stadt" die

262 Eberhard Koebel – tusk, Londoner Briefe (1948), Nr. 7, zit. n. Klönne 1990, 27.

263 „Pascha", zit. n. Klönne 1990, 27.

264 Ebda.

265 TAM, 001R130698; vgl. Hellfeld 1987, 56.

266 S. Fiedler 1989, 131-135; Hellfeld 1987, 55f.; Kluchert 1988, 36f.; für die 1960er und 1970er Jahre Katlewski 1990, 17, 21; zur Geschichte der Mädchen in der bürgerlichen Jugendbewegung Andresen 1997; Musial 1982; de Ras 1988.

267 TAM, 001R130698.

268 Ebda.

269 „Pascha", zit. n. Klönne 1990, 27; s. zu diesem Argument Hellfeld 1987, 55f.; vgl. Andresen 1997.

Konstituierung der männlichen Gemeinschaft, ihre gruppeninternen Beziehungen, ihre öffentliche Selbstinszenierung als Jungengruppe und dabei ihre Männlichkeit konstruierenden Praktiken im Zentrum.

III. 1. 2. 1 Im Heim: schöngeistige Gemeinschaft

Bei den „heimrunden und im täglichen Zusammenkommen wird der grundstein gelegt“[270], heißt es – für die deutsche Jungenschaft typisch – verklausuliert im Mindener Fahrtenbuch von 1947/48. Die regelmäßigen Treffen der Horte bildeten die Grundstruktur des Hortenlebens. Gewöhnlich – wie der Hortenführer der Jahre 1952 und 1953, Gustav-Adolf Mohrlüder, berichtete[271] – traf sich die Gruppe männlicher Jugendlicher mindestens einmal wöchentlich an einem Nachmittag eines Wochentages in ihrem Heim. Das „Hauptquartier“[272] und die offizielle Anschrift der Mindener Horte war zunächst bei Hajo Zenkers Wohnung. Bis die Mindener Horte ein eigenes Heim an der Weser hatte, trafen sich die Jungen häufig bei einzelnen Hortenmitgliedern zu Hause[273] oder im Naturfreundehaus an der Weser. 1933 hatte die SA dieses Haus den Naturfreunden enteignet. Es war während der NS-Zeit von der HJ genutzt worden. Nachdem dieses Haus 1945 wieder in den Besitz der Naturfreunde gekommen war, nutzten es manchmal auch die Jungenschaftler, die das Haus z. T. aus ihrer „Pimpfen-Zeit“ kannten.[274] Etwa 1947/48 errichtete die Stadt ein Jugendheim an der Weser neben dem Ruderclub. Darin hatte auch die deutsche Jungenschaft einen Raum für sich, den sie nach Belieben nutzen konnte.[275] Als im September 1962 das „Haus der Jugend“ in der Salierstraße eröffnet wurde[276], kündigte die Stadt der Mindener Jungenschaft das Heim an

270 Archiv MK, Fahrtenbuch, Sommer 1947-Sommer 1948. Unter „täglich“ ist in diesem Fall „alltäglich“ zu verstehen. Vgl. zu diesem Abschnitt Scherf 1950, 19-64.

271 Alle Angaben zu dem von Mohrlüder als typisch bezeichneten Heimabend stammen, wenn nicht anders angegeben, aus TAM, 002M/Sch280899.

272 Archiv MK, Fahrtenbuch, Sommer 1947-Sommer 1948.

273 TAM, 002M/Sch280899; 001R130698.

274 TAM, 002M/Sch280899; s. zur Geschichte des Mindener Naturfreundehauses Kap. III. 3.

275 TAM, 002M/Sch280899; 001R130698. Ob es sich hierbei um das Hausboot handelte, über das die britische Militärregierung mit der Niederländischen Regierung verhandelte, die darauf Anspruch erhob, ist unklar. Die britische Militärregierung plante im Februar 1948, in einem Hausboot ein Jugendzentrum einzurichten (PRO, FO 1013/2204, Monthly Report, 1-29 February 1948). – Die Jungenschaftler nannten es gemäß der in der deutschen Jungenschaft beliebten maritimen Terminologie „das heimschiff“: „das heimschiff in minden ist gekauft. der besitzer drängte auf abschluss. das geld wurde von der regierung vorgeschossen. rm 2000. besitzer ist demnach jetzt die regierung minden. sie stellt das schiff sofort zur verfügung und bittet um ausbau (...)“ (feuer [Mai 1948], Nr. 1, 16). – S. zu der maritimen Terminologie den Zeitschriftentitel „der eisbrecher“. In dieser Jungenschaftszeitschrift gab es z. B. die Rubriken „schiffsjournal“ für Nachrichten aus den Horten und Bünden und „Bücher-Lotse“ für Leseempfehlungen. Das Fahrtenbuch wird von Zeitzeugen auch „Logbuch“ genannt.

276 S. Der Ring, 3 (1961), Nr. 9, 2.

der Weser, das der Bundeswehr übergeben wurde. Die Jungenschaft lehnte das Angebot des Stadtjugendamtes „selbstredend“ ab, in das „Haus der Jugend“ umzuziehen, weil sie sich nicht jugendpflegerisch einbinden lassen wollte. „Versuche andere Heime zu finden scheiterten“. Dies läutete 1963 das Ende der sowieso in Auflösung begriffenen Mindener Jungenschaft ein.[277]

Zurück zu den Heimabenden im ersten Nachkriegsjahrzehnt: Zu den etwa zwei bis vier Stunden dauernden Heimabenden kamen ausschließlich ausgewählte und ausdrücklich eingeladene Jungen.[278] Wenn „die Runde vollzählig war, ging's ganz offiziell zu“: Die Jungen eröffneten den Nachmittag mit einem Eingangslied. Es folgten hin und wieder noch zwei oder drei Lieder, darunter auch neue, die noch eingeübt werden sollten. Dann trug der Hortenführer oder ein Junge etwas vor, ein Gedicht, „ein Stück dichterische Prosa“, oder die Jungen lasen etwas zusammen. Sie besprachen im Anschluß sowohl die Inhalte der Literatur als auch andere vom Hortenführer vorbereitete Themen z. B. aus der Geschichte oder Politik. „Dies darf nicht zu lang sein“, so die Erfahrung des Hortenführers, „weil so eine passive Situation für die Jungen ... nur begrenzt tragbar“ sei. Der Diskussionsrunde folgte „etwas Praktisches“, wie Malen oder Schnitzen, Schreiben und Basteln. Zum Abschluß wurde oft noch ein Spiel gespielt.[279] Manchmal besuchten die Jungen auch einen Vortrag oder eine Ausstellung oder gingen ins Kino.[280] Von den Jungen wurde verlangt, daß sie sich dabei diszipliniert und gemeinschaftlich und dem Hortenführer gegenüber loyal verhielten. Wer sich diesem Programm und der Gruppe nicht unterordnete, mußte die Horte verlassen. Ähnlich wie die von Mohrlüder beschriebenen Heimabende 1952/53 verliefen die wöchentlichen Treffen in den Jahren 1947/48, Mitte bzw. Ende der 1950er Jahre[281] und die Nachmittage der Älterenkreise.[282] Außerdem sind die bei Fahrten durchgeführten Hortenrunden und -treffen aller anwesenden Horten, wie bei dem Ostertreffen in Minden 1948 oder der Winterfahrt 1947/48 zur Burg Ludwigstein, mit den

277 Diese Informationen entstammen einem Brief von Klaus Kosiek an die Autorin v. 5. 6. 1997. Vgl. zur Bedeutung des Heimes Scherf 1950, 12-16.

278 TAM, 002M/Sch280899; 001R130698; 001Sch031197.

279 Zu den Spielen s. auch Vorschläge von Gerhard Rasche (Archiv MK, Rundbrief, D. J. Nordwest [3. V 1949], Nr. IV).

280 Z. B. sahen sich die Jungen am 21. 1. 1951 den Walt-Disney-Film „Bamby“ an (Archiv MK, Die Runde. Elternbrief der deutschen Jungenschaft Minden [Januar 1951], Nr. II).

281 Archiv MK, Fahrtenbuch, Sommer 1947-Sommer 1948; Fahrtenbuch, August 1952-Frühjahr 1958, z. B. 27, 40, 76. Vgl. TAM, 001Sch031197; Welter 1966, 35; für illegale Gruppen in der NS-Zeit Bothien 1995, 131.

282 Archiv MK, Fahrtenbuch, Sommer 1947-Sommer 1948; TAM, 003M/Sch280899. Bisweilen können die Horte von Gerhard Rasche und der Älterenkreis nur schlecht unterschieden werden, da viele der älteren Jugendlichen an den Heimabenden und am Älterenkreis teilnahmen. Eine Leserunde wie der Mindener Älterenkreis gab es z. B. auch in Oldenburg (TAM, 002M/Sch280899).

wöchentlichen Heimabenden vergleichbar. Auch dabei wurden Spiele gespielt und „viele lieder ... gesungen".[283]

Um den „beweis unseres dauernden bereitseins" zu liefern, traf sich die Mindener Horte im März 1948 außerdem „jeden mittwoch" zur „morgenwacht" vor der Schule, wo die Jungen „die parole für die folgende woche" „empfangen" sollten.[284] Welchen Inhalts die „parole" oder der „Auftrag" war und welche Bedeutung diese morgendlichen Treffen hatten, wird nicht erläutert. Außerdem verbrachten die meist miteinander befreundeten Jungen ihre Freizeit auch außerhalb der Jungenschaftshorte häufig gemeinsam. Sie trafen sich mehrmals wöchentlich zu zweit oder zu dritt bei den Jungen zu Hause oder gingen miteinander ins Kino, in Ausstellungen oder zu Vorträgen.[285] Die häufigen und regelmäßigen Treffen der Horte strukturierten – neben den schulischen Verpflichtungen und häuslichen Aufgaben – den Alltag der Jungen. Hier standen sie nicht unter der Aufsicht von Eltern, Lehrern oder anderen Autoritäten; sie vertrieben sich ihre Zeit aber auch nicht auf der Straße oder in Parks.

Der „im täglichen Zusammenkommen" „gelegt(e)" „grundstein"[286] der Gemeinschaft bestand offenbar darin, sich regelmäßig zu treffen, gemeinsam zu singen, zu lesen, zu malen, zu basteln und miteinander über Literatur, Politik u. v. m. zu reden. Die Auswahl bestimmter Jungen, das Ausschließen anderer sowie Loyalität und Unterordnung trugen sicherlich das Ihrige zur Konstituierung der bündischen Gemeinschaft bei. Wie ging die Aufnahme in die Horte vonstatten und was erlebte der ‚frisch Geweihte' danach in den Heimabenden? Welche Bedeutungen hatten die Mystifizierung des Heimabends und das Einüben kreativer und intellektueller Fähigkeiten in der Jungengemeinschaft? Inwiefern wurde hier auch ein „Grundstein" für ein legitimes Konzept bürgerlicher Männlichkeit nach dem „Zusammenbruch" gelegt?

III. 1. 2. 1. 1 Aufnahme in die Horte

Wer in die Horte einer Jungenschaft aufgenommen werden wollte, mußte vom Hortenführer oder von der Gruppe angeworben werden und akzeptiert sein. Es war für keinen Jungen möglich, sich bei der deutschen Jungenschaft wie bei einem Verein anzumelden. Bevor ein neuer Junge angesprochen wurde, beobachteten und beurteilten die Jungen oder ihr Führer ihn, wie der Mindener

283 Archiv MK, Fahrtenbuch, Sommer 1947-Sommer 1948.

284 Ebda. Dies war keine singulär Mindener Aktivität, wie aus der Aufforderung von Walter Scherf ein Jahr später im Rundbrief an die „deutsche Jungenschaft" zu schließen ist. Er rief die Hortenführer auf, sich mit ihrer Horte „morgens vor der Schule für eine Viertelstunde" zu treffen. „Jeder erhält seinen Auftrag für den Tag" (Scherf, Walter [tejo], Rundbrief an die „Deutsche Jungenschaft" Anfang 1949, zit. n. Klönne 1990, 15, 18).

285 TAM, 001/002M/Sch280899.

286 Archiv MK, Fahrtenbuch, Sommer 1947-Sommer 1948.

Hortenführer 1952 ankündigte: „Henning hatte einen Freund, den ich mir ansehen wollte. Ich dachte an Volker H., der auf dem Gymnasiumhof ins Auge gefaßt werden sollte.“[287] Erschien ein Junge in der Nachbarschaft, im Freundes- oder Verwandtenkreis oder in der Schule sympathisch und für die Horte passend, wurde er von dem Hortenführer oder einem Hortenmitglied angesprochen.[288] Diese Formen des Anwerbens entsprachen nach Auskunft eines Zeitzeugen dem ‚richtigen Keilen',[289] wie es in den Studentenverbindungen Praxis war.[290] Oft aber wurden, wie in anderen Jugendgruppen auch, Brüder, Freunde und Schulkameraden mitgebracht und v. a. dann gerne akzeptiert, wenn die Horte noch nicht groß genug war.[291] Um eine „ordentliche Fahrtenhorte“ zu gründen, brauchte der Hortenführer nämlich mindestens acht Jungen, „besser zehn. Und man war denn ja froh, wenn noch welche dazu kamen.“[292] So sollten im Frühjahr 1954 in Minden neue Jungenschaftler geworben werden, um den Fortbestand der Jungenschaft zu gewährleisten und den Wechsel von den Älteren zu den Jüngeren vorzubereiten.[293]

Um in der Horte aufgenommen und akzeptiert zu werden, genügte es nicht, männlichen Geschlechts zu sein.[294] Weitere Auswahlkriterien geben Aufschluß über die in der Mindener Jungenschaft vorherrschenden Männlichkeitsvorstellungen. Bei der ersten Inaugenscheinnahme sollte ein zu werbender Junge aufgrund seines äußeren Erscheinungsbildes gefallen. Er sollte schön und ansehnlich sein.[295] Außerdem sollte er keinen ‚bürgerlich-angepassten'

287 Archiv MK, Fahrtenbuch, August 1952-Frühjahr 1958.

288 Archiv MK, Fahrtenbuch, Sommer 1947-Sommer 1948; Fahrtenbuch, August 1952-Frühjahr 1958; Hempel 1998, 264; TAM, 001M/Sch280899; 001R130698; 001Sch031197; KAM, Drucksachensammlung, G, Nr. 46, V 6467, Schreiben von Peter-Joachim O. am 23. 6. 1956: „die horte ist eine vollkommen autonome gruppe, deren mitglieder im allgemeinen nur vom hortenführer ausgesucht werden.“

289 Vgl. einen mündlichen Bericht über das Keilen eines Jungen aus der Schule (TAM, 001M/Sch280899).

290 Vgl. Mann 1918 (1991), 22.

291 Leider gibt die Forschung keine Auskunft über den Ursprung und die Bedeutung des Keilens in der deutschen Jungenschaft. Grau erläutert zwar ausführlich diverse Aufnahmekriterien, geht aber auf das Anwerben der Jungen nicht ein (Grau 1976, 67f.). Dagegen stellt Bothien fest, daß das Keilen, die Auswahl der Jungen und das Achten auf Homogenität in der Jovy-Gruppe aufgrund der Illegalität umso notwendiger war. Die hier geschilderten Vorgänge und ihre Bedeutungen sind mit den Praktiken der Nachkriegshorten in Minden durchaus vergleichbar (Bothien 1995, 129). Vgl. Scherf 1950, 2-4.

292 TAM, 001M/Sch280899.

293 Archiv MK, Fahrtenbuch, August 1952-Frühjahr 1958, 77f.

294 Vgl. Connell 1999 dazu, daß Männlichkeit nicht nur in Relation zu Weiblichkeit interessiert, sondern auch die Verhältnisse von verschiedenen Männlichkeiten zueinander.

295 TAM, 001Sch031197. Die Aussagen der Mindener Zeitzeugen widersprechen demnach der Behauptung Graus, das Aussehen eines Jungen würde in der Nachkriegszeit keine Rolle mehr spielen (Grau 1976, 64). – Vgl. für das frühe 20. Jahrhundert und die NS-Zeit Bothien 1995, 129; Hellfeld 1987, 57. Erb spezifiziert dies für die Wandervogelbewegung und geht von einem „Schönheitsideal des ‚nordischen Menschen'“ aus (Erb 1984, 91).

Eindruck machen. Als beispielsweise Gerhard Rasche, mit einem Seidenschal und einem schwarzen Mantel bekleidet, der Horte vorgestellt wurde, begutachteten die Jungen ihn äußerst skeptisch[296], denn er wirkte auf einige zu elegant.[297] Ein Junge, der gefiel, strahlte darüber hinaus persönliche Stärke und Selbstbewußtsein aus. Für die Mindener Jungen in der Nachkriegszeit waren bei der Beurteilung des Neuen die von dem früheren dj.1.11-Führer Eberhard Koebel in dem Heft „Der gespannte Bogen" formulierten Idealvorstellungen über die Jungenschaft und ihre Jungen maßgebend. Darin heißt es, die „Selbsterringenden ... sind die Menschen, die nicht mehr in Typen eingeteilt werden können. Sie sind vielleicht nicht besser als jene, genau so wenig wie ein Ton besser ist als eine Farbe." Das Gegenstück dazu sei der „Wiederholende", der unreflektiert die Lehren von Geistlichen, Politikern usw. übernehme.[298] Es waren folglich besonders solche Jungen beliebt, die die Fähigkeit besaßen, sich selbstkritisch zu reflektieren, sich eine eigene Meinung zu bilden und diese zu verteidigen. Darüber hinaus sah es die Mindener Jungenschaft hoch an, wenn ein Junge belesen und kreativ war, zeichnen und v. a. ein Instrument spielen konnte: „Nach langem Suchen keilte ich noch einen 14jährigen Jungen aus Neesen ... – Musikalität, eigene Klampfe, Begeisterung für Fahrten und eine verstehende, großzügige Mutter lassen hoffen, daß ich den Richtigen gefunden habe."[299]

Darüber hinaus sollten die Jungen in der Horte einen körperlich trainierten und geschickten Eindruck machen. Beispielsweise strahlte angeblich einer der ersten Mindener Hortenführer „gar nichts Militärisches" und „Zackiges" aus. Er sei „ein ausgesprochen betont ziviler Mensch" gewesen.[300] In dieser Aussage wird ein weiteres Kriterium für die Auswahl und Akzeptanz in der Jungenschaft angesprochen: das Ideal des ‚Soldatischen'[301]. Dahinter verbarg sich in erster Linie die Anforderung an die Jungen, Gruppendisziplin zu üben und sich loyal der Horte und dem Hortenführer gegenüber zu verhalten.[302] Die Nachkriegsjungenschaftler brachen zwar mit dem z. T. paramilitärischen, wehrhaften und auch aggressiven Charakter der bündischen Jugend in der Weimarer Republik[303] und lehnten in der Regel nicht zuletzt aufgrund eigener Kriegserfahrungen einen militärischen Habitus ab. Das Anknüpfen an das

296 TAM, 001R130698.
297 TAM, 001M/Sch280899.
298 Köbel [1931], bes. 6, 14f.
299 Archiv MK, Fahrtenbuch, August 1952-Frühjahr 1958; s. a. Archiv MK, Fahrtenbuch, Sommer 1947-Sommer 1948; TAM, 002M/Sch280899; 001Sch031197. Vgl. Grau 1976, 65.
300 TAM, 001M/Sch280899.
301 TAM, 001M/Sch280899.
302 Vgl. Grau 1976, 104, 113; Kerbs 1966, 155, 158; Kluchert 1988, 37; Mogge 1990, 107-109.
303 S. z. B. Grau 1976, 100, 113; dazu, daß in der Weimarer Republik das Tragen von Uniformen noch bedeutsamer für die Jungenschaft war, ebda. 74f. Katlewski 1990, 17.

Ideal ‚des Soldatischen' der dj.1.11 half den Nachkriegshorten jedoch, eigene Erfahrungen aus den paramilitärischen Strukturen des ‚Jungvolks' nicht vollends ignorieren zu müssen und gleichzeitig für sie positive Werte wie Loyalität und Gruppendisziplin zu tradieren. Wollte ein Junge in die Jungenschaft, mußte er also den Eindruck erwecken, daß er in dem Spannungsfeld zwischen dem Ideal des kreativen und nachdenklichen Jungen mit starker Persönlichkeit und dem der Unterordnung unter die Gruppe bestehen würde.[304]

Entsprach ein zu werbender Junge augenscheinlich diesen Anforderungen, wurde er aufgenommen. In der Horte mußte er sich zunächst bewähren. Wenn er nicht bestand, nahm er eine untergeordnete Position ein, wurde von der Gruppe bestraft oder wieder ausgeschlossen. Trotz dieser Sanktionen, gab es in den Mindener Horten selten Aufnahmeriten oder gar formal vorgegebene Schritte bis zum Status des anerkannten Jungenschaftlers.[305] Lediglich für Anfang der 1950er belegt das Fahrtenbuch, daß neu aufgenommenen Jungen eine Probezeit auferlegt oder ihre Aufnahme mit einem nicht näher beschriebenen Ritus am Feuer markiert wurde.[306] Aber anders als in anderen Jungenbünden war dieser Ritus offensichtlich nicht damit verbunden, daß der Hortenführer dem Neuling Kluft oder Abzeichen als Geste der Aufnahme überreichte.[307]

Die Mindener Jungen erhielten zwar nach dem Brauch der alten dj.1.11.[308] und des Wandervogels einen Fahrtennamen, aber auch die Benennung eines Jungen in der Mindener Nachkriegsjungenschaft mit diesem war kein Element eines Initiationsritus. Es gab Jungen, die keinen Namen bekamen, manche erhielten ihn nach wenigen Wochen, andere erst nach einem Jahr, obwohl der Hortenführer bemüht war, bald einen passenden Namen zu finden, besonders, wenn zwei den gleichen Vornamen hatten.[309] Die Namensgebung war jedoch eher zufällig und situationsbedingt.[310] Oftmals waren die Fahrtennamen an den Vornamen angelehnt, wie z. B. „wölfi" und „wolf" für Wolfgang.[311] In vielen anderen Fällen bezeichnete der Fahrtenname eine Charaktereigenschaft,

304 TAM, 002M/Sch280899. Nach Koebels Vorstellung wird vom „Selbsterringenden" die Unterordnung unter die Gemeinschaft und den Hortenführer verlangt. Für „Selbsterringende ist der Führer (nicht die führende Idee) Lebensnotwendigkeit" (Köbel [1931], bes. 6, 14f.). Vgl. die offenbar ähnlichen Ausleseverfahren und -kriterien in der bündischen Jugend der Weimarer Republik Raabe 1961, 48-50.

305 Vgl. für die Wandervogelbewegung Erb 1984; für die Weimarer Republik Raabe 1961, 48-50. Andere Feststellungen macht Grau v. a. für die Vorkriegszeit und die 1960er Jahre. Für die Nachkriegszeit behauptet er eine zunehmende Ausdifferenzierung der Aufnahmepraktiken (Grau 1976, 70-72).

306 Archiv MK, Fahrtenbuch, August 1952-Frühjahr 1958, 34, 90.

307 Anders Grau 1976, 72.

308 Kerbs 1966, 150.

309 TAM, 001M/Sch280899.

310 TAM, 001R130698.

311 Archiv MK, Fahrtenbuch, Sommer 1947-Sommer 1948.

die in einer Situation besonders zum Ausdruck kam, oder äußerliche Eigenarten, wie ein Beispiel aus den frühen 1950er Jahren zeigt: „Rudolf bekam seinen langgesuchten Fahrtennamen. Er machte den Haremswächter Kato aus dem Film ‚Land des Lächelns' so täuschend ähnlich nach, daß nun Kato sein neuer Name wurde."[312] Es machte den Jungen „auch einen gewissen Spaß", einen anderen zu charakterisieren.[313] Manche Jungen wurden im Laufe der Jahre umgetauft. So wurde z. B. aus „wolf" „mops".[314] Die Jungen verteilten dadurch untereinander Rollen, wie z. B. „mops", der angeblich gerne aß, oder „phantos", der gerne „anfing zu spinnen" und „lustige Geschichten" erzählte[315]. Ihnen wurde damit eine ‚Jungenschafts-Identität' verliehen. Aber Fahrtennamen wie ‚mops' hatten auch etwas Verspottendes. Andere Namen beschrieben informelle Hierarchien in der Horte. Z. B. vermutet Gerhard Rasche, daß er u. a. deshalb „bimbo" genannt wurde, weil der ‚zivile' Rasche aus Sicht Zenkers eine gewisse untergeordnete Rolle einnehmen sollte.[316] Im allgemeinen hatten die Fahrtennamen eine integrative Bedeutung.

In der Horte von Gerhard Rasche waren die Fahrtennamen Ende der 1940er Jahre sogar Geheimcodes, durch die sich die Horte nach außen hin abgrenzte. Niemand außer den Hortenmitgliedern kannte die Fahrtennamen. So gaben sie sich den Anschein eines „Geheimbundes".[317] In den Mindener Horten der 1950er Jahre wurden die Fahrtennamen keineswegs als Geheimnis gehütet, sie wurden auch in der Öffentlichkeit benutzt. Sie dienten auch nicht der Konstituierung einer Art Geheimbund, wenngleich Mitschüler damit nichts anfangen konnten und manche Eltern die Namen ablehnten.[313] Fahrtennamen ermöglichten eine Identifizierung der Jungen mit der Horte, schufen „eine gewisse Intimität"[319] und waren somit ein gemeinschaftskonstituierendes Element. Die z. T. privaten Trefforte der Horte, die anspruchsvollen Aufnahmekriterien und Fahrtennamen kennzeichnen bereits einen elitären, geheimbündlerischen Charakter der Mindener Jungenschaft und gleichzeitig die Selbststilisierung dieser Jungen als ‚Bund der Auserwählten'. Entsprechend hatten die wöchentlichen Treffen in der Heimrunde z. T. mystischen Charakter.

312 Archiv MK, Fahrtenbuch, August 1952-Frühjahr 1958, 7; vgl. TAM, 001Sch031197.
313 TAM, 001R130698.
314 Archiv MK, Fahrtenbuch, Sommer 1947-Sommer 1948; TAM, 001Sch031197.
315 TAM, 001Sch031197.
316 TAM, 001R130698.
317 TAM, 001R130698. Ob sie damit an die geheimen, da illegalen bündischen Gruppen während der NS-Zeit anknüpften, ist unbekannt. Vgl. Bothien 1995, 128-131.
318 TAM, 001M/Sch280899.
319 TAM, 001R130698.

III. 1. 2. 1. 2 Heimabend bei Kerzenlicht und Wasserpfeife

Wenn die Jungen im Heim zusammenkamen, hatte der Hortenführer bereits das Programm des Heimabends vorbereitet. Außerdem sorgte er für eine angenehme Atmosphäre und manchmal auch für eine geheimnisvolle Stimmung bei Kerzenlicht oder dem Schimmer einer Tranlampe.[320] Diese Praxis wurde v. a. etwa ab Mitte der 1950er Jahre ausgebaut.[321] In dieser Zeit war die Mindener Horte sogar in Besitz eines Samowars. Den darin gekochten Tee tranken sie aus selbst getöpferten Teeschalen.[322] Außerdem sorgte in den 1950er Jahren eine Wasserpfeife für eine gegenwartsentrückte Stimmung und reichlich Nebel im Hortenraum:

„Die Runde wurde mit der Einweihung unserer selbstgebauten Wasserpfeife begonnen. Stilecht setzten wir den Tabak mit einem Stück Holzkohle in Gang und saugten dann kräftig, bis jeder den durch wasser geleiteten Rauch im Munde spürte. Das Wasser in dem Glase geriet in heftige Wallungen, denn sieben Jungen sorgten dafür, daß der Luftraum über dem Wasser ständig geleert wurde und durch Tabaksqualm wieder gefüllt werden mußte."[323]

Bei diesen Lichtverhältnissen konnten die Jungen viele der bei den Heim–abenden zentralen Tätigkeiten wie Lesen, Basteln oder Schreiben nicht ausüben. Walter Scherf warnte einmal in einer Schrift die Jungen sogar: „Gemütlich-bequem darf es nie werden ...". Er mokierte sich ferner über die auch in anderen Horten häufig bis ins Detail vom Hortenführer vorbereiteten und inszenierten Heimabende: „Seid Ihr es nicht selbst leid, dieses übliche Theaterspiel an jedem Donnerstagabend? Es wird vorgelesen und gesungen und der Hortenführer wacht darüber, daß die Stimmung nicht verletzt wird".[324] Dennoch gefiel es den Jungen und Hortenführern, eine mystisch-esoterische Atmosphäre zu schaffen, im Halbdunkel zu singen und sich Geschichten zu erzählen.

In vertrauter Runde kreierten die Jungen im verdunkelten Raum bei ihrem wöchentlichen Treffen in erster Linie eine Situation, die den Alltag und die ‚Welt' fern erscheinen ließ. Mit Geschichten, Liedern und entsprechenden Einrichtungsgegenständen versetzten sich die Jungen in ferne Lebenswelten, wie bei einem Heimabend am 9. 2. 1953:

„Eskimoabend im Heim. (...) Ich hatte eine Tranlampe konstruiert, die ich auf Rentierfellen in die Mitte gestellt hatte. Kato und Prie erzählten Eskimo-

320 TAM, 001R130698; Archiv MK, Fahrtenbuch, August 1952-Frühjahr 1958, 27.
321 Ein Hortenfüherer der frühen 1950er Jahre wandte sich gegen einen solchen ‚Kult'.
322 TAM, 001Sch031197.
323 Archiv MK, Fahrtenbuch, August 1952-Frühjahr 1958, 76; TAM, 001Sch031197.
324 Scherf, Walter, ‚Gemütlich-bequem darf es nie werden ... '. Rundbrief an die „Deutsche Jungenschaft", Anfang 1949, zit. n. Klönne 1990, 18.

märchen, wir sangen unser Eskimolied vom ‚kleinen Fluß‘ und ich las aus der ‚Großen Schlittenreise‘ von Knud Rasmussen vor. Am Schluß der Runde war das ganze Heim mit Trandunst angefüllt, so daß nur noch das tropfende Schmelzwasser und das Walfischfleisch zur Illusion einer Schneehütte am Polarkreis fehlten.“[325]

Dieses Herstellen einer geheimnisvollen Stimmung kann jedoch nicht alleine mit Eskapismus erklärt werden. Denn es gehörte zum Anspruch der Jungenschaftler, sich auf etwas – eine Geschichte, ein Gespräch usw. – zu konzentrieren. Wie ein ehemaliger Hortenführer mitteilte, war „die Bereitschaft“ bei geringem Licht, Trandunst oder Wasserpfeifendampf größer, „etwas aufzunehmen und mitzumachen“.[326] Die Jungen sollten ihre Aufmerksamkeit auf das ‚Wesentliche‘, das ‚Eigentliche‘ und „die ‚wahre Wirklichkeit‘“[327] lenken.

Diese Idealvorstellung, wie sie bereits in der bürgerlichen Jugendbewegung Anfang des Jahrhunderts von großer Bedeutung war, stand im Zusammenhang mit dem Ideal der lernenden und „autonomen“ Persönlichkeit.[328] Auch im ersten Jahrzehnt nach Ende des NS-Regimes konnte das von Koebel in der Weimarer Republik formulierte Ideal des „Selbsterringenden“[329], desjenigen, der nur davon spricht, was er selbst erfahren und „erkannt“[330] hat, und der selbsttätig lernt, sinnstiftend sein. Rekurrierend auf Koebels Schrift „Der gespannte Bogen“ lehnten die Mindener und ihre Jungenschaftsfreunde in Oldenburg „Dilettantismus“[331] und halbherzige Aufmerksamkeit ab: „Wenn Ihr was macht, macht's richtig, macht's intensiv!“[332] Damit gepaart war für einige das Ideal der „Unbedingtheit“, „daß man mit dem, was man sich ... erarbeitet, was man bei seinen Bemühungen feststellt, was man für richtig und wichtig hält, daß man das aber auch *unbedingt* verfolgt, d. h., da keine Kompromisse macht.“[333] Die mystische Atmosphäre beim Heimabend erhöhte die Konzentration und somit die Bedeutung dessen, womit sich die Jungen befaßten. Dies ging einher mit der Abgrenzung zum Alltag und zur (apokalyptischen) ‚Welt‘ außerhalb der Horte.[334] Der auserwählte Kreis der männlichen Jugendlichen inszenierte also eine Atmosphäre der Exklusivität, an die sich

325 Archiv MK, Fahrtenbuch, August 1952-Frühjahr 1958, 27.
326 TAM, 001R1306989. Vgl. Grau 1976, 100.
327 Kluchert 1988, 33.
328 Vgl. ebda., 32f.; Radkau 1985, 97-129; Trommler 1985, 29.
329 Koebel [1931].
330 TAM, 001M/Sch280899.
331 Koebel [1931], 31.
332 TAM, 001M/Sch280899.
333 TAM, M/Sch001280899.
334 S. Erb 1984, 92, der in seiner z. T. schlagwortartigen Analyse der Wandervogelbewegung leider recht ungenau bleibt: „Der Unbedingtheitsanspruch der Heilsbewegung wird begründet mit hybriden Schilderungen apokalyptischer Bedrohungen der Jugend, die zu überwinden ‚schicksalhaftes Handeln‘ abfordert.“

die Jungen anpassen mußten: Wer dieser „Unbedingtheit“ nicht folgte, war „dann auch nicht mehr zugehörig“.[335] Die Jungen schufen ein Ambiente, das einerseits ihrem elitären Selbstverständnis entsprach[336] und in dem sie andererseits nicht einfach Wissen aufnahmen wie in der Schule, sondern Bildung im weitesten Sinne erfahren konnten: „... glaubt nicht, was ihr nicht selbst erkannt“, hieß es daher in einem der Jungenschaftslieder.[337] Welche Bedeutungen hatten das Singen und die in den Mindener Horten gesungenen Lieder, und welche Bildungserfahrungen machten die männlichen Jugendlichen im einzelnen?

III. 1. 2. 1. 3 Singen: ein Gemeinschaftserlebnis

Wenn sich alle zum Heimabend eingefunden hatten, sangen die Jungen zu Beginn des Treffens ein bekanntes Lied oder übten neue Lieder ein.[338] Anfang der 1950er Jahre versammelten sie sich neben den Heimrunden sogar zu regelmäßigem „Chorsingen“.[339] Singen und gemeinsames Musizieren waren nicht nur bei den wöchentlichen Treffen wichtige Bestandteile, sondern auch bei Fahrten, bei Begegnungen mit anderen Jungenschaftlern und Horten, bei Feierlichkeiten, in der geselligen Runde am Lagerfeuer und beim Wandern beliebt.[340] Die Nachkriegsbünde sangen eine bunte Mischung von Liedern aus der Jugendbewegung, altdeutsche Chorlieder oder Stücke von Orff.[341] „Russenlieder und Soldatenchöre der Eisbrechermannschaft“, Lieder der alten dj.1.11, lernten die Nachkriegs-Jungenschaftler u. a. von Günther Schmitz.[342] Die Oldenburger Jungen wollten z. B. „nur noch Kosakenlieder singen“, da diese tempe-

335 TAM, 001M/Sch280899.

336 Entsprechend stellten sie ihre Heimabende gerne als Zusammenkunft in exclusiver Atmosphäre dar..

337 Kröher/Kröher 1969, 30.

338 TAM, 002M/Sch280899; s. a. Archiv MK, Die Runde. Elternbrief der deutschen Jungenschaft Minden (Januar [1951]), Nr. II; (März/April [1951]), Nr. XV./V.; (Juni [1951]), Nr. VII. Vgl. ähnlich dazu die Jungenschaft Norden (bes. Oldenburg): Archiv MK, Elternbrief der deutschen Jungenschaft Norden (November 1950); (Dezember 1950). Vgl. zum Abschnitt über das Singen die Anregungen für die Hortenabende bei Schwarz 1950.

339 Archiv MK, Die Runde. Elternbrief der deutschen Jungenschaft Minden (Januar [1951]), Nr. II; (Juni [1951]), Nr. VII.

340 TAM, 001R130698; Archiv MK, Fahrtenbuch, Sommer 1947-Sommer 1948.

341 TAM, 001R130698.

342 TAM, 001M/Sch280899. Hier machte sich der Einfluß des Nerother Wandervogels bemerkbar. Quellengrundlage sind u. a. folgende Liederbücher: Fritsch 1954; Lieder der Eisbrechermannschaft 1970. (Darin sind die beiden Hefte „Lieder der Eisbrechermannschaft“ [1933] und „Soldatenchöre der Eisbrechermannschaft“ [1934] zusammengefaßt.); Scherf/Schwarz 1966; Scherf 1956. Welche Lieder im Einzelnen gesungen wurden, ist dennoch häufig nicht feststellbar.

ramentvoller waren als die unbeliebteren Volkslieder.[343] Sie sangen auch „bulgarische Lieder“, das alte Wallfahrtslied „Meerstern, ich dich grüsse“[344] oder Chorlieder wie „O Heiland, reiss die Himmel auf“ und Weihnachtslieder wie „In Dulce Jubilo“[345]. In den 1950er Jahren kamen Negro Spirituals, Blues[346], politische Lieder und internationale Folklore dazu. Die Vielfalt der gesungenen Lieder war sehr groß. Die Jungen sangen Lieder verschiedener Kulturen und Religionen, ebenso wie Fahrten-, Wander- und Jungenschaftslieder, aber auch zahlreiche Soldaten-, Landsknechts- und Volkslieder sowie selbstgedichtete Lieder z. B. von Koebel oder Scherf[347], weniger jedoch Romantisches und Liebeslieder.[348] Welche Lieder in den verschiedenen Horten gesungen wurden, unterschied sich z. T. enorm. Während in Minden die Lieder „viel melancholischer und ... viel mehr vom Russischen geprägt“ waren, sangen Horten in anderen Regionen „mehr so burleske, lustige Lieder“, was die Mindener bisweilen störte.[349]

Die meisten der in den Nachkriegsbünden gesungenen Strophen stammen weniger aus der Wandervogelzeit und ihrem Liederbuch „Zupfgeigenhansl“[350], sondern aus der bündischen Jugendbewegung der Weimarer Republik insbesondere der dj.1.11.[351] Eberhard Koebel machte in der bürgerlichen Jugendbewegung „russische und finnische Soldatenlieder, Chorsätze der Donkosaken wie der Roten Armee, aber auch selbstgedichtete Lieder oder Vertonungen chinesischer Lyrik aus den Übersetzungen des Klabunds“ bei den Jungenschaftlern bekannt.[352] Auch die von ihm überlieferten „Lieder der Eisbrechermannschaft“ umfassen Soldaten- und Kosakenlieder, Lieder, die die deutsche Jungenschaft stilisierten – wie „dj.1.11 mit vielen blauen Jungen“, die vom Wandern und vom Segeln erzählen –, russische und nordische Volkslie-

343 TAM, 001M/Sch280899.
344 Archiv MK, Elternbrief der deutschen Jungenschaft Norden (November 1950).
345 Archiv MK, Elternbrief der deutschen Jungenschaft Norden (Dezember 1950). Stählin fordert in seinem Rückblick 1964 die Horten explizit auf, Weihnachtslieder zu singen, auch wenn die bündische Jugend nicht christlich religiös ist, solle sie sich „unseren großen christlichen Festen“ nicht verschließen (Stählin 1986, 137-142, hier 139f.).
346 Vgl. Archiv MK, Fahrtenbuch, August 1952-Frühjahr 1958.
347 Vgl. Kröher/Kröher 1969, 47f.
348 S. zu der Bandbreite der Lieder Grau 1976, 130; Katlewski 1990, 18. Im Unterschied zu Kerbs' Feststellung sangen die Mindener Horten in der frühen Nachkriegszeit durchaus Bündisches aus der Weimarer Republik und nicht hauptsächlich Blues, Negro Spirtuals etc., was in Minden in den 1950ern relevanter wurde (Kerbs 1966, 162f.). S. a. Welter 1966, 38.
349 TAM, 001Sch031197; Archiv MK, Fahrtenbuch, August 1952-Frühjahr 1958, z. B. 47.
350 S. Kaschuba 1989, 41-55; Reulecke 1996b, 160f.
351 Vgl. Kommer 1998.
352 Kerbs 1966, 150; Kröher/Kröher 1969, 29-36.

der, seltener Liebeslieder.[353] Außerdem führte Koebel neue Instrumente wie das Banjo und die Balalaika ein. Auch die während der NS-Zeit illegalen Gruppen wie die „Jovy-Gruppe“ sangen diese und ähnliche Lieder, die sowohl melancholisch-sehnsüchtig sowie soldatisch, als auch romantisch-kitschig waren.[354] Dazu kamen neue Lieder, z. B. aus dem spanischen Bürgerkrieg[355], und angloamerikanische Musik aus der „Swing“-Kultur[356]. Die während der NS-Zeit illegalen Gruppen sangen nicht nur oppositionelle oder verbotene Lieder, sondern auch solche, die die HJ aus der Jugendbewegung übernommen hatte, wie einige aus dem Liederbuch „Uns geht die Sonne nicht unter“.[357] Sowohl die Mindener Horten als auch sicherlich die mit ihnen befreundeten Jungenschaftler sangen hingegen keine HJ-Lieder.[358] Die 14- bis 17jährigen lernten in der deutschen Jungenschaft also viele für sie völlig neue Lieder kennen.

Die Lieder wurden v. a. in der Zeit der Papierknappheit von Mund zu Mund verbreitet, von Horte zu Horte getragen und bei Hortentreffen ausgetauscht. Hans-Christian Brandenburg[359], der vorübergehend die Mindener Horte führte, „schneite“ im Herbst 1947 „mit einem stoss neuer lieder herein“.[360] Von Günther Schmitz aus der Jungenschaft Hannover[361], der Anfang Oktober 1947 die Mindener besuchte, wurden die Jungen nicht nur angeregt, dem Singen mehr Gewicht im Hortenleben zu geben, sondern auch das Spielen von Instrumenten zu lernen.[362] Er beeindruckte die Jungen mit seiner „meisterschaft auf der klampfe“, so daß „das lied in den mittelpunkt der

353 Lieder der Eisbrechermannschaft 1970, 6-11. Vgl. Scherf/Schwarz 1966.

354 S. Bothien 1995, 115-117, 171-177.

355 Ebda., 177; Brief von Gustav-Adolf Mohrlüder an die Autorin v. 15.4. 2000.

356 S. Klönne 1988, 150f.

357 S. Bothien 1995, 174f.; Jovy 1984, 139f.

358 Ein Zeitzeuge erwähnte ein HJ-Lied, das mit der Zeile beginnt: „Ein Hitlerjunge hält treu die Lagerwacht“. Damit hatten die Nationalsozalisten exakt die Atmosphäre in der Jugendbewegung übernommen. Dieses Lied hatte auch bei den Nachkriegsjungen „genau den Nerv getroffen“ (TAM, 002M/Sch280899). Es wurde nach dem Zweiten Weltkrieg in der deutschen Jungenschaft vermutlich nur noch klar ironisierend gesungen (Brief von Gero von Schönfeldt an die Autorin v. 10. 8. 2000). In Minden kannten die Jungen, die im Deutschen Jungvolk gewesen waren, dieses Lied, aber in der Mindener Jungenschaft wurde es ebenso wenig wie andere HJ-Lieder gesungen (Brief von Wolfgang Hempel an die Autorin v. 7. 9. 2000; Brief von Gustav-Adolf Mohrlüder an die Autorin v. 15. 4. 2000).

359 Vgl. zu Brandenburg u. a. Hübner-Funk 1998a, 105. Brandenburg forschte auch über die Geschichte der deutschen Jugendbewegung (Brandenburg 1967, 280-285).

360 Archiv MK, Fahrtenbuch, Sommer 1947-Sommer 1948. Vgl. Katlewski 1990, 18.

361 Auch die Oldenburger Jungenschaft wurde von Günther Schmitz musikalisch beeinflußt (TAM, 001M/Sch280899).

362 So heißt es im Fahrtenbuch: „zwei lernkreise zeichnen sich ab, nicki, wölfi und hajo und dann bimbo und zauro“ (Archiv MK, Fahrtenbuch, Sommer 1947-Sommer 1948).

runde“ rückte.[363] Spätestens seit diesem Besuch legten die Mindener viel Wert darauf, drei- oder mehrstimmig gut singen zu können[364] und das Gitarrespielen zu lernen[365]. In den Jahren 1947/48 konnten wohl alle Jungenschaftler „mehr oder minder Gitarre spielen“[366]; einige beherrschten außerdem die Geige und rhythmische Instrumente[367]. Trotz dieser Begeisterung ermüdete das häufig mühselige Üben neuer Lieder, wie der Hortenführer der Jahre 1952/53 berichtete: „Neues Lied lernen war überhaupt nicht beliebt.“ Der Hortenführer übte daher Druck auf die Jungen aus und „versuchte, sie zu motivieren“.[368] Die Jugendlichen wurden damit belohnt, daß sich die Mindener Jungenschaft, nach Aussagen eines Zeitzeugen, durch gutes Singen gegenüber anderen Horten hervortat [369]; und dies verschuf ihnen Anerkennung bei anderen Horten.

Singen und Musizieren entsprachen darüber hinaus ihrem Selbstverständnis.[370] Die Jungen pflegten das Idealbild des Tramps mit umgehängter Gitarre und einem Lied auf den Lippen. Sie ließen sich gerne so abbilden.[371] Sie sahen sich dabei als Abenteurer, Soldaten, Ritter und Partisanen, die, getrieben von Fernweh oder einem ‚Auftrag‘, in fremden Ländern unterwegs sind.[372] Ihre Weisen waren von Kampfesmut, aber auch von Melancholie getragen.[373] Allerdings bekam der kriegerische Gestus in den „Liedern der Eisbrechermannschaft“ im Kontext des verlorenen Zweiten Weltkrieges sarkastische Konnotationen. Mystifiziert wurde von den Nachkriegsbünden in Minden weniger das Militaristische, sondern die entschlossene Haltung im Ideal-Soldatenbild, sich

363 Archiv MK, Fahrtenbuch, Sommer 1947-Sommer 1948.

364 TAM, 001R130698; vgl. Archiv MK, Elternbrief der deutschen Jungenschaft Norden (November 1950).

365 TAM, 001M/Sch280899.

366 TAM, 001R130698.

367 S. z. B. die Horte von Hans Ankelen, die im Juni 1951 versuchte, „den Rhytmus“ (sic) der „Heideduckenballade“ „durch Chinesische Becken, Landsknechttrommel, Holzschnitztrommel und Triangel zu untermalen“ (Archiv MK, Die Runde. Elternbrief der deutschen Jungenschaft Minden, [Juni [1951]], Nr. II). In anderen Horten war es durchaus üblich, daß die Jungen mehrere Instrumente spielen konnten (s. z. B. Welter 1966, 38). Es entsprach auch dem Anspruch von vielen Hortenführern, wie nicht zuletzt Walter Scherf in seinem Rundbrief forderte: „Alle Horten bauen Triangel und Holzblock (Holzschlitztrömmelchen) und versuchen schon jetzt, zwei Trommelfelle zu erwerben“ (Scherf, Rundbrief, zit. n. Klönne 1990, 18).

368 TAM 002M/Sch280899.

369 S. z. B. TAM, 001R130698; Archiv MK, Fahrtenbuch, Sommer 1947-Sommer 1948.

370 Die Untersuchung Reuleckes über die Bedeutung der Lieder und des Singens in der bündischen Jugend der Weimarer Republik ist eine wichtige Grundlage für die hier anzustellende Analyse (Reulecke 1996b; ders., 1999, 21-33).

371 Archiv MK (Gustav-Adolf Mohrlüder), Fotos, Ordner I (groß), 1952/53; Fotos, Ordner II (klein), 1952/53; Archiv MK (Kosiek), Fotoband (Ostern 1949-Ostern 1954). Vgl. Bothien 1995, 169-171.

372 Vgl. Stählin 1986, 137, 139.

373 Zur Melancholie im bündischen Liedgut s. Reulecke 1996b.

für eine Sache einzusetzen, sich zu behaupten und im Kampf oder in einer Auseinandersetzung zu bewähren.[374] Insofern sind die Grenzen vom zivilen Abenteurer, den es in die Ferne zieht, und der von fremden Ländern und Völkern zu berichten weiß, zum Partisanen fließend.[375]

Ob Soldat, Abenteurer, Ritter oder Partisan, sie sind in den Darstellungen des Gesungenen stets alleinstehende Männer, fern von der Geliebten, männlich ‚autonom'. Folglich handeln die Strophen fast ausschließlich von Männern, seltener Jungen, kaum von Mädchen und Frauen. Weibliche Personen existieren in den Liedern v. a. in der Rolle der vermißten Geliebten, wie in „O, Susanna", die der Soldat um „eine Locke und dein Bild" bittet[376]. Häufiger wird dagegen die böse Frau erwähnt, wie Nastasea, die ihr Kind ertränkt[377], und das „zauberische Mädchen", das seinen Liebhaber vergiftet[378]. Romantisches und Liebeslieder, also Lieder, in denen positive und erotische Gefühle gegenüber Mädchen oder Frauen ausgedrückt werden, waren in den Nachkriegsbünden kaum beliebt.[379]

Die Mindener Jungenschaft eignete sich viele Lieder der bündischen Jugend der Weimarer Republik an. Die „melancholischen Lieder aus den 20er Jahren mit ihrer männerbündischen Romantik des ‚verlorenen Haufens' und der in den Tod reitenden jungen Landsknechte"[380] sprachen offenbar die Sehnsüchte der Jungen an. Das Singen melancholischer, oft aber trotzig-kämpferischer Rhythmen der Soldaten- und Kosakenlieder entsprach dem ‚Gefühlshaushalt' der vaterlosen und sich betrogen fühlenden Jungen. Warum aber sprachen Lieder, gesungen vor dem Weltkrieg, vor dem Holocaust und vor der NS-Zeit, mit denen die Jugendlichen auf den Lippen mit wehenden Fahnen zur HJ gingen[381], nach „Stalingrad" und Kapitulation erneut die Jugendlichen an?

Diese Lieder waren ihnen wohl gleichsam „Droge und ein Ventil"[382], also auch eine Form, die eigene Situation „männlich in den Griff" zu bekommen[383], ähnlich der männlichen Jugend der ‚lost generation' nach dem Ersten Weltkrieg. Mit neuen und alten Liedern konnten die Jungen singend ein „eigenes Lebensgefühl" und „authentische Ausdrucksformen", „sei es nun Blues, seien es Kosakenlieder, sei es eine griechische Rembetika", entwickeln, wie dies beispielsweise der Nachkriegsbündler und Liedersänger aus Pirmasens Hein

374 Vgl. Bothien 1995, 119; Stählin 1986, 139, 141.
375 Fernweh ist ein immer wiederkehrendes Motiv in den Liedern (Katlewski 1990, 20).
376 „O, Susanna", in: Lieder der Eisbrechermannschaft 1970, 75-78, hier 75.
377 „Die Junge Nastasea", in: Lieder der Eisbrechermannschaft 1970, 85-92.
378 „Gregor", in: Lieder der Eisbrechermannschaft 1970, 93-98.
379 Vgl. Katlewski 1990, 19; Stählin 1986, 141.
380 Reulecke 1996b, 169.
381 Vgl. Kaschuba 1989, 53-55.
382 Reulecke 1996b, 163.
383 Ebda., 159.

Kröher bestätigt.[384] Die Jungen wollten darüber hinaus singend der „Enge“[385] des Bürgertums entfliehen.[386] Diese singende Flucht erfolgte sowohl geographisch, zeitlich als auch sozial, indem sie z. B. von Bauern und Arbeitern sangen.[387]

Auch hier genügt Eskapismus nicht als Erklärung. Indem sich die Jungen volkstümliche, bündische und soldatische Lieder aneigneten, erweiterten sie die Bandbreite männlicher, bürgerlicher Identifikationsmöglichkeiten. Gleichzeitig konnten die Jungen singend unaussprechlichen Emotionen Ausdruck verleihen. Außerdem bekamen sie damit eine legitime Artikulationsmöglichkeit dafür, daß für sie Soldaten und Krieger auch nach Ende des Krieges noch positive Figuren waren.[388] Sie redeten nicht über die ‚gefallenen Helden‘ in ihrer Verwandtschaft, sangen aber von Soldaten ferner Länder und fremder Zeiten. Während sie Volkslieder, Chöre und Balladen aus verschiedenen Kulturen sangen, suchten sie nach einem ‚Ort‘ in der „als kulturell unverdorben vermutet(en)“ Ferne[389]. Gleichzeitig rekurrierten sie – freilich indirekt – auf die Erfahrungen ihrer männlichen Vorfahren im Weltkrieg und versuchten, auf positive Weise daran anzuknüpfen.

Das Singen half offenbar, mit dieser widersprüchlichen Situation und dem schwierigen Erbe der Väter zurecht zu kommen, zumal Singen auch gemeinschaftsstiftend wirkte. Ungeachtet der Warnung von Walter Scherf, mit Liedern einen „Gemeinschaftsgeist“ gezielt heraufzubeschwören[390], entwickelte die Mindener Jungenschaft beim Singen emotionale Verbundenheit. Nachdem sie 1947 ein Zusammengehörigkeitsgefühl entwickelt hatte, schrieb der Hortenführer ins Fahrtenbuch: „sonne lockte zum lied. alte verse wurden neu erlebt. alles war anfang.“[391] Als die Hortengemeinschaft im Januar 1948 gefestigt schien, hielt derselbe dies wie folgt im Gruppenbuch fest: „das zuchtvolle benehmen, das gute singen und die hinführung zu wesentlichen zeichnen uns.“[392] Rasche mag sich dabei an eine ähnliche Formulierung von Eberhard

384 Katlewski 1990, 20.

385 TAM, M/Sch001280899. Vgl. Katlewski 1990, 20 über Dirk Hespers: „Wir strebten in die Weite, um dann wieder in unsere Enge zurückzukehren und so die Enge wieder zur Weite zu machen.“

386 Vgl. für die Weimarer Republik Kaschuba 1989, 45f.; Raabe 1961, 94f.

387 Vgl. z. B. Stählin 1986, 141; s. a. Archiv MK, Pulsschlag. Blitznachrichten der DEUTSCHEN JUNGENSCHAFT (Januar 1949), worin die Jungen der Freischargruppe von Jürgen Seifert aus Osnabrück kritisch fragten, ob „das Singen fremder Lieder usw. aus Erkenntnis, Liebe zur Sache und aus einem Zweck oder aus Sensation“ geschehe, und folgerten in einer rhetorischen Frage: „Geschieht es nicht vielleicht nicht auch deshalb, um etwas besonderes, nicht Spiessbürgerhaftes zu tun?“

388 Vgl. Erb 1984, 188f.

389 Wie Knoll über das Liedgut von Eberhard Koebel schreibt (Knoll 1993, 49).

390 Reulecke 1996b, 169.

391 Archiv MK, Fahrtenbuch, Sommer 1947-Sommer 1948.

392 Ebda., Januar 1948.

Koebel aus dem Jahre 1934 angelehnt haben, der über das Singen folgendes schrieb: Das Singen „verwächst und verschmilzt mit unseren Gemeinschaften, ja: es ist deren Stimme. Es ist Bekenntnis."[393] „Wer singt, der öffnet sich," beschwört Stählin seine Leser.[394] Das Singen förderte also die in der deutschen Jungenschaft bedeutsame emotionale, ja „rauschhafte, oft sogar quasi-erotische"[395] Verbundenheit mit der Horte[396] und war damit männerbündisch gemeinschaftsstiftend[397], auch gegenüber und mit anderen Horten[398] und auf Fahrten in der Öffentlichkeit[399]. „Es ist die Gemeinsamkeit, das Zusammenklingen aller Stimmen, was die Macht der Musik noch hervorhebt", heißt es in einem Rundbrief der Lemgoer Jungenschaft 1949. „Man fühlt sich gestärkt durch dieses Gefühl der Einigkeit, das das Gruppensingen vermittelt."[400] Die Inhalte der gesungenen Lieder stimmten meist mehr oder weniger mit den Themen der Gespräche, der Literatur oder der zu malenden Bilder beim wohl komponierten Hortenabend überein und waren Teile derselben jungenschaftlichen Bildungserfahrungen.[401]

III. 1. 2. 1. 4 Bildungserfahrungen I: Zuhören, Lesen und Reden[402]

Wie die meisten Deutschen hatten die Jungenschaftler – nicht nur in Minden – nach dem Zweiten Weltkrieg ein großes Bedürfnis nach Kultur und Bildung verschiedenster Art.[403] Milieuspezifisch war das große Interesse der (Mindener) bürgerlichen Jungen an Literatur. Lesen bzw. Vorgelesenem zuzuhören, darüber zu sprechen und Literatur im allgemeinen waren sowohl in den 1940er als auch 1950er Jahren in den Nachkriegshorten beliebte Tätigkeiten[404] und für diese Jungen wesentlich für die Konstruktion ihres Selbstverständnisses als

393 Lieder der Eisbrechermannschaft 1970, 56.
394 Stählin 1986, 137.
395 Reulecke 1996b, 158.
396 TAM, 001R130698; TAM, 001Sch031197. Vgl. Lieder der Eisbrechermannschaft 1970, 55.
397 Vgl. Bothien 1995, 171f.; Kaschuba 1989, 53; Katlewski 1990, 18; Mogge 1990, 105.
398 S. Kap. III. 1. 2. 2.
399 S. Kap. III. 1. 2. 3.
400 PA Kleinsteuber, Aufbruch der Knappen Flugblatt der Silbernen Horde, VI.
401 Beispielsweise befaßte sich die Mindener Horte am 23. 1. 1951 mit den „Indianern" und der damit verbundenen Geschichte Nordamerikas. Jemand las ein „Kapitel aus Fritz Steubens ‚Der fliegende Pfeil'" vor, und anschließend lernten die Jungen „das Indianerlied ‚Kommt auf den Pfad des Gesanges, Götter der Navajo'" (Archiv MK, Die Runde. Elternbrief der deutschen Jungenschaft Minden, [Januar [1951]], Nr. II).
402 Ich bedanke mich für hilfreiche Hinweise zu diesem Kapitel bei Prof. Dr. Werner Kummer.
403 Vgl. Brunn/Reulecke 1996, 21-24; Kleßmann 1991, z. B. 157.
404 S. z. B. Archiv MK, Die Runde. Elternbrief der deutschen Jungenschaft Minden, (Januar [1951]) Nr. II; (Juni [1951]) Nr. VII; Fahrtenbuch, Sommer 1947-Sommer 1948; Fahrtenbuch, August 1952-Frühjahr 1958.

Gruppe männlicher Bürger.[405] Wie in anderen Orten auch[406], bildeten sich in Minden Lesekreise älterer Jugendlicher und Hortenführer.[407] Daneben existierte in Minden um 1950 ein Schülerlesekreis des Französisch- und Deutschlehrers Hellemann, der erlesene Schüler zu Lese- und Literaturstunden zu sich nach Hause in sein kleines Zimmer am Brückenkopf einlud.[408] Diesem Kreis gehörten zahlreiche Jungen der Mindener Jungenschaft an. Hellemann wurde nicht nur „eine wichtige Bezugsperson" für Wolfgang Hempel[409], sondern zog auch die Jungenschaftler Carl August von Halle, Gustav-Adolf Mohrlüder, Klaus Kosiek, Klaus Weinrich, Peter Horstmann und Herbert Knittel in seinen Bann.[410] Gleichzeitig stellte Hellemann für einige ältere Jungenschaftler eine Konkurrenz dar, wodurch über den Lesekreis in der Mindener Jungenschaft ein Konflikt entfachte.

Bei Hellemann, der unter dem Pseudonym Hans Boeglin veröffentlichte und im Kreis von Wolfgang Frommel unter ‚Hamlet' bekannt war, lernten die Jungen „die Literatur der Antike und die deutsche Dichtung vom Mittelalter bis zum besonders verehrten Dichter Stefan George"[411] kennen. Der Lehrer, der im weiteren Umkreis Georges stand, führte die Jungen gleichzeitig in die Lesekreisatmosphäre und -tradition des George-Kreises ein.[412] Neben den Jungenschaftlern gab es auch andere Schüler der Besselschule, die von Hellemann eingeladen wurden. Manch einer fühlte sich unangenehm kritisch von dem Lehrer geprüft[413] und außerdem unwohl in der Leserunde. In den Augen dieser Schüler war Hellemann ein „Paradiesvogel, Ästhet ersten Grades mit umfas-

405 Vgl. Groppe über den mit der bürgerlichen Jugendbewegung z. T. vergleichbaren George-Kreis und seine Rezipienten (Groppe 1997, 334). Hamburger Schülervereine hatten zu Beginn des 19. Jahrhunderts das „Bedürfnis", „sich ... außerhalb des Unterrichts selbstverantwortlich fortzubilden und auszusprechen" (Freudenthal 1968, 78-80, für das späte 19. Jahrhundert 225-231). Wesentliche Grundlage ist hierfür die Studie von Kerbs (Kerbs 1966).

406 So z. B. in Oldenburg (TAM, M/Sch002280899).

407 Archiv MK, Fahrtenbuch, Sommer 1947-Sommer 1948; Brief von Wolfgang Hempel an Eckhard Holler v. 25. 1. 1997.

408 Informationen aus Petzold 1998, 351-353, sowie von einem Zeitzeugen, der nicht bei der Jungenschaft war (TAM, 001K041297).

409 Brief von Wolfgang Hempel an Eckhard Holler v. 25. 1. 1997.

410 Petzold 1998, 351; vgl. Schottmann/Osthoff 1963; Osthoff o. J. (vermutl. 1969). An beiden Ausgaben wirkten (ehemalige) Mitglieder der (Mindener) Jungenschaft mit.

411 Petzold 1998, 351.

412 Hellemann hatte in den 1920er und -30er Jahren über seinen ehemaligen Schüler Wolfgang Frommel den George-Schüler Percy Gothein kennengelernt (s. Petzold 1998, 351-353). S. a. Argonaut im 20. Jahrhundert 1994; Bock 1989; Philipp 1995. Der Essener Jungenschaftler Hans-Christian Lankes von der Jungenschaft, ebenso im Freundeskreis von Frommel, „machte 1947 hajo [Zenker; BJ] darauf aufmerksam, daß ein Dichter aus diesem Kreis, Willy Hellemann, Lehrer auf der Mindener Besselschule [sein] würde" (Brief von Wolfgang Hempel an Eckhard Holler v. 25. 1. 1997). Aufgrund dieses Hinweises bekam die Mindener Jungenschaft Kontakt zu Hellemann.

413 Vgl. zu der Prüfung der Anwärter für den George-Kreis Groppe 1997, 446-449.

sender Bildung, mit Sensorium für Literatur", jedoch sein Umgang „mit den Jungen" unangenehm. Es kursierten auch Gerüchte über mögliche homophile Neigungen und Übergriffe des Lehrers, die ihm jedoch nicht nachgewiesen werden konnten.[414] Der Hellemann-Kreis erschien Außenstehenden z. T. anrüchig, aber ebenso kurios wie die deutsche Jungenschaft. Eine weitere Gemeinsamkeit war ihr Anspruch auf literarische Bildung jenseits der Institution Schule mit ihren Lehrprogrammen und Lernpraktiken, aber unter Anleitung eines erwachsenen Mannes. Die deutsche Jungenschaft und der Hellemann-Kreis boten den auserwählten Gymnasiasten einen geschützten Rahmen eines intimen Lese- und Gesprächskreises.[415] Die „Gedichtform des haiku", wie die Jungen ihn von Walter Scherf kennenlernten, versinnbildlicht diesen Wunsch nach einem ungestörten Ort der Betrachtung:

„Das Auge des Sees
Da springt ein Fisch.
Nun klingt die Stille."

„Das ist also ein Dreizeiler, der versucht, eine Stimmungssituation in einem geschlossenen Umfeld zu reproduzieren".[416] In solcher Abgeschiedenheit der „störungsfreien Situation"[417], in selbstgewählter Klausur, die keine Flucht bedeuten mußte, ließen sich die Jungen auf Literatur und Lyrik ein.

In der Horte der Jungenschaft und im Hellemann-Kreis lernten die Jungen solche Literatur kennen, die ihnen bis dahin in Schule und im Elternhaus weitgehend verwehrt geblieben war. Die in den Horten gelesene Literatur kann man etwa in sieben, sich z. T. überschneidende Gruppen einteilen: Jungenschaftsschriften[418], Abenteuer- und Reiseliteratur[419], ausländische Autoren und internationale Märchen[420], Literatur der Jahrhundertwende und des beginnen-

414 TAM, 001K041297.

415 Vgl. zur Bedeutung des Gesprächs in der Jungenrunde für die Weimarer Republik Raabe 1961, 92-94.

416 TAM, 002M/Sch280899; Gedicht: ebda. Vgl. zu den reduktionistischen Formen in der Literatur und Lyrik der frühen Nachkriegszeit Vormweg 1989.

417 Brief von Gustav-Adolf Mohrlüder an die Autorin v. 15. 4. 2000.

418 Z. B. die Schriften von Koebel (Brief von Wolfgang Hempel an Eckhard Holler v. 25. 1. 1997); die Zeitschriften der dj.1.11 und die Schriften von Koebel in der Auflistung bei Kerbs 1966, 167-169; Koebel 1977.

419 Wie z. B. Fahrtengeschichten von Walter Scherf, die z. T. auf den Reisen von Jungengruppen entstanden sind und in denen er auch Anleitungen für das Vortragen von Geschichten macht (Scherf 1955; ders. 1956; ders. 1982). Ähnlich Meincke 1955. – Darunter sind außerdem Indianer-, Fernweh-, Vagabunden- und Trampergeschichten zu zählen (Archiv MK, Die Runde. Elternbrief der deutschen Jungenschaft Minden, [Juni [1951]], Nr. VII). Vgl. Reulecke 1996a, 39-50.

420 Archiv MK, Die Runde. Elternbrief der deutschen Jungenschaft Minden (Januar o. J. [1951]), Nr. II.

den 20. Jahrhunderts[421], asiatische Literatur und Dichtkunst[422] und Rezipienten des Buddhismus und östlicher Mystik[423] sowie schließlich die Gruppe der zivilisationskritischen Schriften.[424] Literatur der Klassik, der in der Schule gelesenen Autoren spielten hier eine geringere Rolle. Einige lasen außerdem gerne Hölderlin.[425] Gemeinsam ist vielen der – auch von anderen (bürgerlichen) jungen Menschen – gelesenen Autoren die direkte oder indirekte Kritik an oder Abwendung vom (wilhelminischen) Bürgertum[426] sowie die beinahe ausschließliche Darstellung männlicher Lebenswelten. Sowohl das Spektrum der Literatur von Zivilisations- und Bürgertumskritik über Japanrezeption und Buddhismus bis hin zu George als auch die Lesepraktiken in der bündischen Jugend waren ähnlich derjenigen in der Weimarer Republik.[427] Vieles aus dieser Phase der bürgerlichen Jugendbewegung und aus der Tradition des George-Kreises wurde von erwachsenen Männern in die zweite Nachkriegszeit überliefert[428] und so ein Kontinuum im liberalen Bürgertum hergestellt.

Hellemann und der ‚Märchenerzähler' Walter Scherf[429] verschafften den Jungen der Mindener Jungenschaft Zugang zu literarischen, geistigen und auch politischen Vorstellungen außerhalb dessen, was die Jugendlichen während der NS-Zeit, in der Schule oder auch von den Eltern vermittelt bekom-

421 Hier ist insbesondere die Literatur des Ästhetizismus zu nennen, wie v. a. von George und Oscar Wilde, z. B. „Das Sternenkind", (Archiv MK, Die Runde. Elternbrief der deutschen Jungenschaft Minden [März/April o. J. [1951]], Nr. XV./V). – In diese Gruppe gehört auch der beliebte Hermann Hesse (z. B. in der Oldenburger Horte „Der letzte Europäer") (Archiv MK, Die Runde. Elternbrief der deutschen Jungenschaft Oldenburg, [August o. J. [1950/51]]; Die Runde. Elternbrief der deutschen Jungenschaft Norden [November 1950]). Nach Kerbs war Hesses „Morgenlandfahrt" „wohl das meistgelesene Buch in den Horten" des ersten Nachkriegsjahrzehnts (Kerbs 1966, 156). Außerdem ist hier Rilke zu nennen (Archiv MK, Die Runde. Elternbrief der deutschen Jungenschaft Norden [November 1950]).

422 Archiv MK, Fahrtenbuch, Sommer 1947-Sommer 1948; TAM, 001M/Sch280899. Die Horten lernten z. B., was ein Haiku ist. Haiku ist „ ein japanischer Dreizeiler aus 5 + 7 + 5 = 17 Silben, der den Höhepunkt japanischer Dichtkunst bildet. Vom Spielerischen ausgehend, findet er zu metaphysischer Tiefe, wenn er sie auch meist nur leicht andeutet" („Haiku", in: Der große Brockhaus 1954, 192).

423 Wie z. B. Hermann Hesse und kritisch dazu Oscar Wilde.

424 Z. B. Hans Zehrer, „Der Mensch in dieser Welt" und David Riesmann, „Die einsame Masse" (TAM, 001M/Sch280899) oder Gasset 1956 (Archiv MK, Die Runde. Elternbrief der deutschen Jungenschaft Minden [Januar o. J. [1951]], Nr. II; Die Runde. Elternbrief der deutschen Jungenschaft Norden [November 1950]). Darunter sind auch Saint-Éxupery (Archiv MK, Elternbrief der deutschen Jungenschaft Norden [Dezember 1950]) und Bertolt Brecht zu zählen, z. B. die „Ballade vom toten Soldaten" (TAM, 002M/Sch280899).

425 TAM001M/Sch280899.

426 Vgl. Glaser 1997, 292-294.

427 S. z. B. Archiv MK, Fahrtenbuch, Sommer 1947-Sommer 1948. Vgl. Bothien 1995, 177f.; Düsseldorff 1996, 184; Kerbs 1966, 157.

428 TAM, 002M/Sch280899. Vgl. zur Spannbreite der Literatur der bündischen Jugend in der Weimarer Republik Jovy 1995, 52-57; Knoll 1993, 46-48; Koebner/Janz/Trommler 1985; Raabe 1961, 93.

429 Vgl. Scherf 1950, 16-18.

men hatten. Hajo Zenker brachte in die Mindener Horte Ideen und Schriften von Eberhard Koebel. Wie Koebel, der in den 1930er Jahren in der dj.1.11 buddhistische Texte verbreitet hatte"[430], versuchte Zenker, die Nachkriegsjungenschaft in Minden in die asiatischen Philosophien einzuweihen. Heinz Ibrügger war eine weitere wichtige Ansprechperson für die Jugendlichen und Hortenführer. Die Jungen gingen zu ihm, wenn sie bestimmte Bücher oder Bilder für die Hortenabende benötigten, die im Handel nicht erhältlich waren.[431] Diese Männer waren für die Jungen, die sich geistig „allein gelassen" fühlten[432] und „nach Vorbildern suchten"[433], ‚legitime' Erwachsene, von denen sie noch etwas annahmen und die ihnen Orientierungsmöglichkeiten eröffneten.[434] Zudem tauschten die Nachkriegsbünde untereinander Bücher aus. So wurde z. B. Hesses „Glasperlenspiel" zwischen Minden und der Jungenschaft Norden herumgereicht.[435] Auf diese Weise entstand in den recht disparaten Horten ein Kanon der bündischen Nachkriegsliteratur.[436]

Die Jungen des liberalen und akademisch gebildeten Bürgertums (nicht nur) Mindens wandten sich von den Bildungsvorgaben ihres Milieus teilweise ab und teilweise ergänzten sie es. Abwendung vom Bürgertum bedeutete zunächst, eine andere Literatur auf eine andere Weise zu rezipieren, als während der NS-Zeit gelehrt worden und in der Schule üblich war.[437] „Die Schule vermittelt eben Wissen, aber die Schule blockiert normalerweise, dieses Wissen zu erleben"[438], lautete die Kritik. Die Lesestunden der Jungen hatten bewußt einen anderen Charakter als die Deutschstunden in der Schule.

Sowohl in der deutschen Jungenschaft als auch im Hellemann-Kreis spielte das Vorlesen und sinnliche Einlassen auf die Literatur eine entscheidende Rolle bei der Rezeption.[439] Walter Scherf, Nachkriegsjungenschaftsführer und

430 TAM, 001M/Sch280899; TAM, 001R130698. S. a. die von Koebel herausgegebene „Monatsschrift" „Die Kiefer": Monatsschrift für eine Junge Gesinnung, hg. v. Spreekreis, (April 1933) H. 1 (Januar 1934), 2. Reihe, H. 4, Faksimilieausgabe. Vgl. Grau 1976, 102-104; Reis 1994b, 121-140.

431 TAM, 002M/Sch280899.

432 Ebda.

433 TAM, 001M/Sch280899.

434 Vgl. ähnlich für die NS-Zeit Bothien 1995, 182.

435 Am Rande des Elternbriefes der Jungenschaft Norden teilt „feri" Wolfgang Hempel in einer kleinen handschriftlichen Notiz mit, daß er sich für das ausgeliehene „Glasperlenspiel" bedankt (Archiv MK, Elternbrief der deutschen Jungenschaft Norden [November 1950]; TAM, 001M/Sch280899).

436 S. a. die Büchertips in Archiv MK, Unser Schiff, z. B. (1947), Nr. 14-17, 15f. Vgl. die weitaus umfassendere Liste bei Kerbs 1966,164 f., 169f.; s. Bothien 1995, 177-182.

437 TAM, 002M/Sch280899.

438 TAM, 001M/Sch280899.

439 Leider ist der Band von Doderer (1993) für die Untersuchung der Lesepraktiken wenig hilfreich, da darin in erster Linie Intentionen von Autoren, Verlegern usw. untersucht werden. Beispielsweise gibt ein Leverkusener Jungenschaftler im „schiffsjournal" ausgiebig Ratschläge für das ‚richtige' Vorlesen in den Horten (Archiv MK, Schiffsjournal. arbeitsanregungen der deutschen jungenschaft, 23. eintragung vom 25. 10. 48).

heute Märchenforscher, förderte in den Nachkriegsbünden in besonderem Maße das einfühlsame Vortragen und forderte die Jungen auf, Sensitivität für ihre Umwelt und ihre Situation zu gewinnen. Er wollte den Jungen literarische und künstlerische Empfindsamkeit, „differenziertes Denken" und „künstlerische Disziplin" sowie einen „Spürsinn für das Originale und Originelle" vermitteln.[440] Dabei stieß er gerade bei der Nachkriegsjugend auf offene Ohren. Der Mindener Gustav-Adolf Mohrlüder schreibt in einer Festschrift für Walter Scherf im Jahre 1995, daß Mohrlüder von Scherf „die leisen Töne, das Horchen auf das, was um uns ist, und die Vorsicht des Handelnden bei jeder Berührung" „mitgenommen" habe.[441] Die Inhalte des Gelesenen sollten genau geprüft werden, wie die Jungen v. a. von dem „Zauberer" Walter Scherf[442] lernten. Gelesenes mußte nachvollziehbar und erfahrbar gewesen sein: „Wir wollten das, was wir lasen", erleben. „Und es war ja auch erlebt, denn der Hortenführer brachte ja in die Heimrunden nur das, was ihn selber begeisterte".[443] Das ‚Selbst-Erleben' der Lektüre setzte einen Kontrapunkt zum bürgerlichen Glauben an die reine Vernunft sowie zu den Erfahrungen der Jungen während der NS-Zeit, in der sie Propaganda und Befehle unhinterfragt übernommen hatten. Etwas intellektuell und sinnlich nachzuempfinden zu versuchen, sollte „Wachsamkeit gegen das Ideologische"[444] schulen und vor erneutem Betrug schützen.[445]

Auch inhaltlich, in der Auswahl der Literatur, grenzten sich die Jungen von dem Lesekanon der Schule ab. So ist möglicherweise zu erklären, warum der von der HJ vereinnahmte Goethe in der bündischen Jugend – anders als z. T. in der bürgerlichen Öffentlichkeit[446] – nach der NS-Zeit kaum eine Rolle spielte.[447] Die Mindener Nachkriegsbünde lehnten außerdem die Literatur der Weimarer Jugendbewegung und die der illegalen Gruppen teilweise ab, [448] weil ihnen diese Literatur zu ideologisch und zu politisch war. Die Jungen

440 S. Kerbs 1966, 157f.

441 Archiv MK, für tejo zum 11. Jui 1995, Manuskript.

442 S. Kerbs 1966, 157; s. a. Scherf 1956, 33-35.

443 TAM, 001M/Sch280899.

444 Kerbs 1966, 157f.

445 Viele Jugendlichen mochten außerdem die emotionale und ‚ganzheitliche' Erziehung nach dem Ende des NS-Regimes vermißt haben. Nach Hübner-Funk bestand eines der Probleme bei der Re-education und Demokratieerziehung darin, daß sie – im Gegensatz zu der „Identifikation und Machtteilhabe" und „‚Gemeinschaftsorgien'" bietenden NS-Erziehung – „ohne emotionale Überzeugungskraft" vonstatten ging (Hübner-Funk 1998a, 110-115).

446 Dies behauptet z. B. Mandelkow 1993, 541-550.

447 Vgl. Klönne 1988a.

448 Vgl. Kerbs 1966, 170; s. zur Lektüre der illegalen Gruppen während der NS-Zeit Bothien 1995, 177-182; zur Lektüre in der Weimarer Republik Jovy 1984, 52-57.

waren wie viele ihrer Altersgenossen[449] skeptisch gegenüber jeder neuen ‚Lehre': „Lehren" und „Ideologien", aber auch konkrete politische Äußerungen wurden möglichst vermieden. Der frühere Mindener Hortenführer schrieb in seiner Funktion als Leiter des Landeskreises Westfalen im „Jurtschibrief" 1951:

„Innenminister Lehr meint ..., die Jugend brauche eine Idee. Wir werden bemüht sein, uns vor dieser Idee zu schützen. Die scheinbare Planlosigkeit der Jugend kann heute nur ein gutes Zeichen sein und mag den Schritt zu einer wirklichen Selbstbesinnung bedeuten."[450]

Der Ästhetizismus eines George, der in der Vorkriegs- wie in der Nachkriegszeit von den Jugendbünden gelesen wurde[451], konnte darüber hinaus eine Grundlage für die Abwendung von konkreten politischen Bezügen liefern. Die vage, apolitische und z. T. auch nationalsozialistische Positionierung des George-Kreises führte zur Ausblendung der Lebenswelt der spätestens seit 1933 in ihrer Existenz bedrohten jüdischen Mitglieder des Kreises. Analog dazu reflektierten die nach dem Zweiten Weltkrieg George rezipierenden Jungen offenbar weder die politischen Auseinandersetzungen innerhalb des George-Kreises zu Beginn der 1930er Jahre noch die lebensweltlichen Erfahrungen jüdischer Mitglieder während des Holocausts.[452] Wie noch zu zeigen ist[453], kann man das Politikverständnis der Mindener Jungenschaft mit dem des George-Kreise durchaus vergleichen. Im Falle der Jungenschaft ist die politische Nicht-Positionierung aufgrund der Erfahrungen während der NS-Zeit und insbesondere als Abwendung von dem vom Nationalsozialismus vereinnahmten Bürgertum zu verstehen. Die Literatur des Ästhetizismus stand den Jungen dabei Pate.

Inhaltliche Argumentationshilfe fanden sie bei ihrer Auseinandersetzung[454] mit dem bürgerlichen Selbstverständnis in der Kritik des in der Nachkriegszeit in Deutschland viel gelesenen Saint-Éxupery[455] an technisierter Zivilisation oder bei der Buddhismus-Rezeption des beginnenden Jahrhunderts Pate[456] so-

449 Vgl. Glaser 1997, 74.
450 Archiv MK, Jurtschibrief (25. 11. 51), 3.
451 S. Jovy 1984, 54-57; Schneider-Nehls 1997, 223f.
452 S. zu den Konflikten und Positionen im George-Kreis der 1930er Jahre das Kapitel „‚Seinesgleichen geschieht?' Der George-Kreis 1933" bei Groppe 1997, 651-676; kritischer zu dieser geistigen Tradition Breuer 1995; Norton 2002.
453 Kap. III. 1. 2. 3.
454 Die Positionen darüber waren in der ‚deutschen Jungenschaft' nicht unumstritten. Beispielsweise stieß bei einigen Erwachsenen ein Artikel über Technik im ‚feuer' Nr. 4 (1950) auf Ablehnung, der bei den Jüngeren positive Resonanz hatte. Rasche schrieb dazu: „Das leben verlangt andere dinge als nur träumereien. Wir werden notwendig von allzu großer romantik abstand nehmen müssen" (Archiv MK, Feuerzeichen [25. 1. 50], Nr. 1).
455 Vgl. Glaser 1997, 73f.
456 Vgl. Baumann 1998, 513-522; Linse 1991, 325-364.

wie bei Hesses widerstreitenden Figuren „Narziß und Goldmund" und auf andere Weise die Idealisierung der geistigen Welt und ‚rein künstlerischer' Ambitionen im Ästhetizismus eines Wildes und Georges. Ähnlich dem George-Kreis wandten sich die Jungen gegen den im Bürgertum idealisierten Vernunftglauben. I. S. einer Dialektik der Aufklärung hielten sie das alleinige Vertrauen auf Vernunft und ‚Rationalität' für zerstörerisch. Dies formulierte z. B. Rasche in einem Rundbrief an den Landeskreis Westfalen der deutschen Jungenschaft:

„Man glaubt, den Sinn des Lebens durch befolgen der Vernunft zu erreichen (sic). Neue Staatssysteme, neue Philosophien, neue technische ‚Wunder' wurden angesehen als die Meilensteine der menschlichen Vernunft auf dem Weg in die Glückseligkeit. Plötzlich beginnt die Krise. Die Staatssysteme brechen zusammen (...). Dies geschieht nun gegen alle Voraussagen der menschlichen Vernunft. Da der Mensch jedoch seine Sicherheit allein auf die Vernunft gestellt hat, rüttelt die Krise an dem Sinn des Daseins. (...) Unser Weg wird sein, jede Leistung der Vernunft in ihrer Realität zu zeigen und ihr damit die Möglichkeit zu nehmen, Götze zu werden."[457]

Den Jungen ging es nicht nur um Kritik, Ablehnung und Rückzug.[458] Die Jugendlichen können außerdem weder als orientierungs- oder gar hilflos[459], noch kann ihr Leseverhalten ausschließlich als Suchbewegungen bezeichnet werden. Vielmehr mögen ihre Motive mit Hölderlins Erneuerungswunsch und dem Streben nach „Selbstbestimmung und Selbsterneuerung" der bürgerlichen Jugend früherer Generationen[460] vergleichbar sein. Aber nach Ende des Zweiten Weltkriegs stellte sich besonders für junge Menschen die Frage, an was sie sich noch orientieren konnten, nachdem „tabula rasa" gemacht wurde. Sie wollten folglich einen aus ihrer Sicht „neutralen Boden"[461] betreten, künstlerische und literarische Werke rezipieren, die sie nicht in Berührung mit bisher Gekanntem und zugleich nun ‚Illegitimen' brachten: „Es ist wie ein Baby, nimmt alles in den Mund und beißt drauf, um festzustellen, um was es sich handelt. Und wenn man sich geistig neu orientieren muß, weil alles weg ist, dann" erschienen auch fernöstliche Literatur und Religion interessant.[462] Als ‚neutral' galten ebenso Märchen und Abenteuergeschichten aus aller Welt, Schriften der Jugendbewegung, z. B. von Eberhard Koebel, sowie der Ästhetizismus des beginnenden 20. Jahrhunderts. Die Jungen betraten damit einerseits internationales Terrain und andererseits eine von Lebenswelt und Politik distanzierte geistige Welt. Auf diese Weise fanden die Heranwachsenden in ih-

457 Archiv MK, Jurtschibrief (25. 11. 51), 3f.
458 Vgl. Vormweg 1989, 53-85.
459 TAM, 002M/Sch280899.
460 S. Sautermeister 1985, 438-479, hier 471.
461 TAM, 002M/Sch280899.
462 TAM, 002M/Sch280899.

rer „Sinn- und Identitätskrise“[463] verloren gegangene Handlungsanleitungen beispielsweise in der buddhistischen Philosophie[464]. Darüber hinaus erschlossen sich die Jungen durch ihre Lesepraxis und Lektüreauswahl moderne internationale Literatur und Kunst.[465] Wie auch ihr Interesse an Kunst zeigt, wollten die Jungen und jungen Männer weltoffener, eigenwilliger, eben avantgardistisch sein. Sie ‚holten‘, wie viele ihrer Zeitgenossen,[466] gewissermaßen ‚die Moderne‘ ‚nach‘, die ihnen die nationalsozialistische Politik verwehrt hatte.

Ihre Distanzierung von ‚Bürgerlichkeit‘, schulischem Wissen und ihre Öffnung zur ‚Moderne‘ änderten nichts an ihrem prinzipiell bürgerlichen und elitären Selbstverständnis. Dies zeigt u. a. die Auswahl der Jungen. Außerdem legten die Jungenschaftler trotz aller Kritik an der schulischen Bildung, dem George-Kreis ähnlich[467], darauf Wert, daß die Mitglieder der Horten das in der Schule vermittelte Wissen beherrschen sollten.[468] Das Lesen in der Horte und die verschiedenen Rezeptionsformen in der Jungengruppe waren folglich auch Praktiken der sozialen Distinktion[469] bildungsbürgerlicher Jungen. Aufgrund der empfundenen sozialen Nivellierung und negativen politischen Erfahrungen distanzierten sie sich von der „Masse“ und dem Staat als solchem, ob nationalsozialistisch oder demokratisch.[470] An diesem Punkt stimmten die Jun-

463 Linse 1991, 336, hier auch in bezug auf das „jugendbewegte Bildungsbürgertum“ nach dem Ersten Weltkrieg.

464 TAM, 002M/Sch280899. Vgl. Baumann 1998; Linse 1991.

465 Z. B. besuchten die Jungen in den 1950er Jahren gemeinsam Kunstausstellungen (TAM, 001Sch031197). S. für Oldenburg TAM002M/Sch280899). – Auch bei der Gestaltung von Fotos und avantgardistischen Zeitschriften lehnten sich die Nachkriegsbünde z. T. an Vorgaben aus der Weimarer Republik, z. B. an die Zeitschrift ‚der eisbrecher‘ und andere künstlerisch gestaltete Schriften Koebels an und entwickelten auf dieser Basis die eigene Kreativität weiter (TAM, 002M/Sch280899; vgl. Raabe 1961, 92-94). Z. B. weihte Walter Scherf die Jungen „in die anfangsgründe des holz- und linoleumschnittes“, z. B. von Hokusai, ein (Archiv MK, Fahrtenbuch, Sommer 1947-Sommer 1948). In der Oldenburger Horte wurden chinesische Holzschnitte betrachtet und gesammelt (TAM, 002M/Sch280899). – Die Jungen setzten sich auf diese Weise, wie nur wenige Altersgenossen ihrer Zeit, mit literarischen und künstlerischen Werken auseinander, die – insbesondere in der frühen – Nachkriegszeit kaum verbreitet und bekannt waren. Allerdings fand 1955 eine Hokusai-Ausstellung in Bielefeld statt (StA Bi, Presse- und Verkehrsamt, Nr. 245). – Katsuschika Hokusai (1760-1849) war ein japanischer Maler und Meister des Farbholzschnittes. Seine Werke zeigen eine außerordentliche Pinselbeherrschung und unmittelbares Erfassen des Gegenstandes, dazu überlegenen Humor. Hokusai, der von der europäischen Kunst beeinflußt wurde, löste sich von dem Stil der japanischen Malerei und befruchtete seinerseits wieder den europäischen Impressionismus. Er schuf zahllose Gemälde (außerhalb Japans sind Originale selten), Holzschnitte für über 500 Bücher, Holzschnittfolgen und viele Einzelblätter („Hokusai“ 1954, 507).

466 Vgl. Glaser 1997, 162f.

467 Groppe 1997, z. B. 410.

468 TAM, 001M/Sch280899.

469 S. zu diesem Begriff Bourdieu 1998.

470 Vgl. ähnlich dazu die deutsche Buddhismus-Rezeption zu Beginn des Jahrhunderts Linse 1991, bes. 345, 352.

gen mit ihren Eltern überein.[471] Die Lesepraktiken der Mindener Jungenschaft waren also insofern für das bürgerliche Milieu kontinuitätsbildend und erneuernd. Gleichzeitig zeigten sich die Jungen kritisch gegenüber der „Enge“ der bürgerlichen Welt. Sie wandten sich weltoffen der in der NS-Zeit verbotenen und vergessenen Kunst und Literatur aus der Zeit der Bürgertumskritik Anfang des 20. Jahrhunderts zu und orientierten sich an avantgardistischen Strömungen, z. B. der neuerlichen Buddhismus-Rezeption nach dem Zweiten Weltkrieg[472]. Außerdem erweiterten sie die ‚engen‘ bürgerlichen Verhaltens- und Empfindensoptionen, indem sie Literatur sinnlich und ganzheitlich erfahren wollten.[473] Auf diese Weise sorgten sie für eine ‚Modernisierung‘ des liberalen Bürgertums.

Damit ging eine gewisse Neuerung bürgerlichen Männlichkeitsverständnisses einher. Sie konnten und wollten nicht alleine dem heroischen, technikbeherrschenden und ‚rational‘ denkenden wie handelnden Ideal des Mannes entsprechen.[474] Ihnen war vielmehr an einem Ausgleich zwischen Sinnlichkeit, Romantik, Vernunft und ‚Rationalität‘, gleichsam einem Ausgleich zwischen „Narziß und Goldmund“[475] gelegen. Der ‚Enge‘ des Schulalltags zogen die Jungen den auf Loyalität und Freundschaft beruhenden intimen Lesekreis etwa nach dem Vorbild George'scher und Koebel'scher Männer- bzw. Jungenkreise, Runden und Bünde vor.[476] In diesen Bünden herrschte ein hierarchisches, aber sinnliches, auf Ästhetik beruhendes und ‚homoerotisches‘ Lehrer-Schüler-Verhältnis.[477]

471 Ihre Väter waren ihnen z. B. auch Vorbilder, was das künstlerische Interesse und den Berufsweg anging. Der Beruf des Architekten war sowohl unter den Vätern bzw. Onkeln stark vertreten als auch bei den Berufen der heute erwachsenen Jungenschaftler. Vgl. für die Zeit vor 1933 Kerbs 1966, 150; allg. Schildt 1998, 217f.

472 TAM, 0002M/Sch280899.

473 Inwiefern z. B. Hölderlin für die Jungenschaftler Folie für eine positive, romantische kollektive und nationale Identitätsbildung war, kann aufgrund der Quellenlage nur vermutet werden.

474 Vgl. Connell zu diesem Typus Männlichkeit, die in seiner Studie hegemonialer Männlichkeit entspricht (Connell 1999, 145-163).

475 Vgl. Linse 1991, 337-345. Der Autor geht dabei jedoch nicht auf die geschlechterspezifischen und männerhistorischen Aspekte ein.

476 Dies gilt, obwohl beide Männer sich voneinander unterschieden. Es erscheint zunächst widersprüchlich, sowohl den ehemaligen dj.1.11-Führer Eberhard Koebel, „tusk“ als auch Stefan George zu verehren (Brief von Wolfgang Hempel an Eckhard Holler v. 25. 1. 1997; vgl. Ziemer 1971, 8-11). – „Der Kreis, die Runde, der Ring sind Zauberworte der Georgeschen und jugendbewegten Sprache“ (Jean Pierre Faye, Totalitäre Sprache. Kritik der narrativen Vernunft. Kritik der narrativen Ökonomie, 2 Bde., Frankfurt/M. 1977, 283; zit. n. Erb 1984, 115).

477 Vgl. Jovy 1984, 54f.; Schneider-Nehls 1997, 223f.; Ziemer 1971, 8-11. S. allg. zum George-Kreis v. a. die kritische Studie von Breuer (1995) und die umfassende Untersuchung von Groppe (1997), 418-432 zu „Homoerotik und Homosexualität“; außerdem Geuter 1994; Janz 1985, 310-337; Winkler 1985, 479-499. Vgl. zur Fortsetzung der Verfolgung und Diskriminierung Homosexueller, insbesondere homosexueller Männer aufgrund des § 175 StGB, nach Ende des NS-Regimes Moeller 1997b, 251-284.

Innerhalb dieser männerbündischen Bindungen verhandelten Jungen und Hortenführer auch Rangordnungen und Loyalitätsbindungen. Beispielsweise lehnte Rasche die buddhistischen Lehrversuche des älteren Zenkers, der Rasche in die Jungenschaft eingeführt hatte, ab, weil er mit Buddhismus weder etwas anfangen konnte noch etwas damit zu tun haben wollte. Rasche wollte sich womöglich auf diese Weise von Zenker emanzipieren.[478] Ein anderes Beispiel ist die Hinwendung einiger Hortenmitglieder zu dem Gymnasiallehrer Hellemann, der von Jungenschaftsführern als Konkurrenz empfunden wurde. Die daraus folgenden Konkurrenz- und Loyalitätskonflikte wurden in der Mindener Horte auch über Literatur ausgetragen. Z. B. kritisierte Zenker Hölderlin, den die Jungen im Hellemann-Kreis lasen, als einen „‚Schwätzer'". Dahinter verbarg sich die Enttäuschung Zenkers, daß die Jungen sich an Hellemann und weniger an ihm orientierten. Auch der ehemalige Hortenführer Gerhard Rasche beobachtete die Begeisterung der Jungen für Hellemanns Lesekreis mit großer Skepsis. Rasche sowie Zenker führten daher mit den Jungen im Winter 1951/52 lange Gespräche[479], insbesondere der frühere Hortenführer, der zu diesem Zeitpunkt bereits nicht mehr in Minden wohnte, Wolfgang Hempel, diskutierte kontrovers mit Zenker.[480] Zenker forderte schließlich, daß die Jungen sich zwischen den ‚Lehrern' entscheiden und positionieren müßten.[481] Als die jugendlichen Anhänger von Hellemann von den Älteren vor die Alternative gestellt wurden, sich entweder für die deutsche Jungenschaft oder den Hellemann-Kreis zu entscheiden, traten sie nach gemeinsamer Absprache aus und gründeten eine eigene Gruppe, die sie „Deutsche Jungentrucht" nannten.[482] Faktisch und langfristig bedeutete dieser Schritt keinen Bruch mit der deutschen Jungenschaft. Die Jungen waren ein Jahr später in der nun von Gustav-Adolf Mohrlüder geführten Horte aktiv und fühlten sich weiterhin der deutschen Jungenschaft verbunden.[483] Diese Abspaltung fiel in eine Zeit, in der der Stab sowieso von einem Hortenführer an

478 TAM, 001R130698.

479 TAM, 001M/Sch280899.

480 Brief von Gustav-Adolf Mohrlüder an die Autorin v. 15. 4. 2000.

481 TAM, 002M/Sch2800899.

482 Brief von Wolfgang Hempel an Eckhard Holler v. 25. 1. 1997; Tabelle über Fahrten- und Hortenteilnehmer Minden 1949-1954, erstellt von Klaus Kosiek 1999 für die Autorin. – Die Angaben der Zeitzeugen über den Verlauf dieser Ereignisse sind z. T. ebenso widersprüchlich wie die Bewertung dieser Trennung: Mohrlüder legt z. B. in dem o. g. Brief an die Autorin großen Wert auf die Darstellung dieser Ereignisse, während Klaus Kosiek in einem Telefonat mit der Autorin im Mai 2000 anmerkte, daß die Gründung der ‚Jungentrucht' v. a. eine Angelegenheit der Älteren war und für die Jüngeren, wie ihn, kaum Relevanz hatte.

483 Brief von Klaus Kosiek an die Autorin v. 5. 7. 1997. Abweichend werden für die Übernahme der Horte durch den neuen Hortenführer Mohrlüder auch die Jahre 1951/52 genannt (Pressemittelung des Mindener Kreises e. V. v. 18. 1. 1996).

den nächsten weitergereicht wurde und kam einer Emanzipation der Jüngeren gegenüber Zenker gleich.[484]

Lesepraktiken im weitesten Sinne waren hier auch mit Emanzipation verbunden. Die Jungen verabschiedeten sich dabei zwar nicht von männerbündischen Interaktionsformen, wie sie in der Weimarer Jugendbewegung, im George-Kreis, aber auch im Militär und den NS-Organisationen konstitutiv waren. Aber sie vermieden eine nur auf eine Person bezogene Bindung. Damit konterkarierten sie das männerbündische Verständnis, ausschließlich einem ‚Lehrer', ‚Meister' oder ‚Führer' treu sein zu müssen. Gleichzeitig, in der Hinwendung zu Romantikern wie Hölderlin oder zum Ästhetizismus eines Georges konstruierten sie eine Männlichkeitsvorstellung vom „ganzen Mann", der sowohl ‚Kämpfer' und ‚Krieger' war, als auch i. S. einer ‚neuen, sanften Männlichkeit' seine Sinnlichkeit und Sensitivität unter Anleitung eines ‚Lehrers' ‚schulte'.[485] In jedem Fall galten emotionale Zuwendungen anderen Männern oder Jungen, jedoch nie Mädchen oder Frauen. Die hier geschilderten Aneignungspraktiken von Literatur waren für die soziale Verortung der Jungen im liberalen Bürgertum und für ihre Männlichkeitsvorstellungen von hoher Bedeutung.

III. 1. 2. 1. 5 Bildungserfahrungen II: Gespräche über Gesellschaft und Politik

Die Jungen führten in dem „geschlossenen Umfeld"[486] der Horte Gespräche über Literatur und Kunst. In welchem Maße sie über Politik und Gesellschaft sowie über die jüngste Vergangenheit sprachen[487], interessiert hier besonders vor dem Hintergrund ihres nach dem NS-Regime diskreditierten politischen Umfelds, der für die Nachkriegszeit allgemein konstatierten Distanz der Bevölkerung zu Politik und des Bestrebens der Britischen Besatzungsmacht, auch im Bereich der Jugendarbeit demokratische Strukturen aufzubauen[488]. Gleichzeitig konfligierte bei den Jungen das Bedürfnis, sich breit zu informieren und sich gleichzeitig möglichst nicht festzulegen, und die Sprachlosigkeit bzgl. ihrer Erfahrungen während der NS-Zeit.

Dem Anspruch auf Weltoffenheit und Informiertheit folgend, befaßten sich die Jungenschaftler bei ihren Hortenabenden mit politischen Programmen, mit Geschichte oder fremden Gesellschaften. Die Thematisierung von politischen

484 Vgl. Brief von Wolfgang Hempel an Eckhard Holler v. 25. 1. 1997.
485 Vgl. die Arbeiten von Kessel (z. B. 2000).
486 TAM, 002M/Sch280899.
487 Auch in den Zeitschriften und Rundbriefen spielten politische und gesellschaftliche Themen eine Rolle. Vgl. für die Weimarer Republik Raabe 1961, 94.
488 S. Brunn/Reulecke 1996, 35.

und gesellschaftlichen Fragen war häufig in die aus Gesang, Lektüre und Gespräch komponierten Heimabende integriert. Beispielsweise ging es in Hans A.s Horte im Januar 1951 um die Geschichte der „Indianer". Dabei beschäftigten sich die Jungen mit der Politik der Indianerhäuptlinge in dem Roman von Fritz Steuben „Der fliegende Pfeil" sowie mit der „Entdeckung, Kolonisation und dem Unabhängigkeitskampf Nordamerikas".[489] Etwa zwei Jahre später las der Mindener Hortenführer den Jungen „die Lebensgeschichte Knud Rasmussens, den die Jungen als fröhlichen, jedoch ungeheur zähen und ausdauernden Eskimoforscher kennenlernen sollten", vor.[490] Ab und zu lud die Mindener Horte einen Referenten ein, wie 1948 einen kommunistischen Abgeordneten[491] oder 1953 eine Russin, die den Jungen „südrussische" Kultur nahebrachte.[492] Meist jedoch waren Texte aus Jungenschaftszeitschriften, zivilisationskritischen Publikationen wie von Ortega y Gasset[493], Literatur oder Filme Grundlage der Gespräche.[494] Darüber hinaus befaßten sich ältere Jugendliche und Hortenführer v. a. in den ersten fünf Nachkriegsjahren in Seminaren und Arbeitskreisen, zu denen sie Referenten einluden, beim Besuch von Vortragsveranstaltungen von Parteien und politischen Gruppierungen oder auf literarischer Grundlage mit Politik.[495]

Was bewog die Jungen und jungen Männer, denen man im öffentlichen Jugenddiskurs politisches Desinteresse attestierte[496], sich über Parteiprogramme, Fragen der Demokratisierung des Staates oder über russische Kultur zu informieren? Nach Meinung des Jungenschaftsführers Michael Jovy sollte die Jungenschaft „zu allen fragen des öffentlichen lebens" vorbereitet werden.[497] Jovy plädierte im Gegensatz zu den meisten anderen Hortenführern dafür, daß die deutsche Jungenschaft sich auch politisch positionierte.[498] In den meisten Hor-

489 Archiv MK, Die Runde. Elternbrief der deutschen Jungenschaft Minden (Januar o. J. [1951]), Nr. II.

490 Archiv MK, Fahrtenbuch, August 1952-Frühjahr 1958, 26 (8. 2. 1953).

491 Archiv MK, Fahrtenbuch, Sommer 1947-Sommer 1948. Womöglich interesssierten sie sich für einen kommunistischen Abgeordneten, um Koebels Hinwendung zum Kommunismus nachvollziehen zu können.

492 Archiv MK, Fahrtenbuch, August 1952-Frühjahr 1958, 47f. Die Jungenschaft Norden befaßte sich Ende 1950 z. B. mit der „Geschichte des Koenigs Schischman" und den Türkenkriegen (Archiv MK, Elternbrief der deutschen Jungenschaft Norden [November 1950]), oder informierte sich über den Zusammenhang von Druckschriften, Architektur und der Kultur der „Voelker, in denen die Schriften entwickelt wurden" (i. Orig. hervorgehoben) (Archiv MK, Elternbrief der deutschen Jungenschaft Norden [Dezember 1950]).

493 Archiv MK, Elternbrief der deutschen Jungenschaft Norden (November 1950); feuer (Mai 1948), Nr. 1, 4; feuer (o. J. [ca. 1953]), H. 4.

494 TAM, 001-003M/Sch280899; 001R130698.

495 Archiv MK, feuerzeichen, 6/48; Feuerzeichen, 7/48; Feuerzeichen, 3/49; Jurtschibrief (13. 12. 50); Die Runde. Elternbrief der deutschen Jungenschaft Minden (Januar o. J. [1951]), Nr. II. Literaturgrundlage war z. B. Reves 1947 (Archiv MK, Feuerzeichen, 3/49).

496 S. Kap. II u. III. 1, Einleitung.

497 Archiv MK, feuerzeichen, 6/48; vgl. Feuerzeichen, 7/48.

498 S. Kap. III. 1. 2. 3.

ten wurde genau das in Frage gestellt. Beispielsweise hatte die Mindener Horte geklärt, „warum“ sich die Jungenschaft „mit der politik“ beschäftigte und „wie ... diese beschäftigung praktisch“ aussehen sollte, bevor sie 1948 einen kommunistischen Abgeordneten einlud.[499] Leider verrät das Fahrtenbuch nichts über den Inhalt dieser Unterredung. Aber offensichtlich war die Beschäftigung mit Politik, Politikern und gesellschaftlichen Fragen für die Jungenschaftler aufgrund der (scheinbar) wechselnden politischen Positionierung ihrer Eltern und ihrer eigenen Erfahrungen mit Politik während der NS-Zeit, wie für die meisten Deutschen, eher abwegig und problembehaftet.

Dies offenbart sich ferner darin, daß das NS-Regime und folglich bedrükkende sowie aus ihrer Sicht positive persönliche Erfahrungen während der NS-Zeit und des Zweiten Weltkrieges in den Horten und den Älterenkreisen kaum explizit Thema waren.[500] Hier war auch kaum Raum, um über die Verbrechen der Nationalsozialisten, der Wehrmacht und von Denunzianten aufzuklären, zumal die Jungen schlecht informiert waren und die Eltern meist über die jüngste Vergangenheit schwiegen. In den Horten thematisierten die Jungen daher in der Regel nur Kriege in fernen Gesellschaften. Manchmal sprachen die Jungen kritisch über den Ersten Weltkrieg, z. B. auf der Grundlage der in der Horte vorgetragenen „Ballade vom toten Soldaten“[501] oder im Zusammenhang mit dem Film „Im Westen nichts Neues“, den sich die Mindener Horte im März 1953 ansah[502]. Auch wenn es dem Hortenführer nicht immer darum ging, die Kriegserfahrungen der Jungen einzubeziehen[503], ist zu vermuten, daß die Jungen bei diesen Gesprächen Parallelen zu eigenen Erfahrungen im Zweiten Weltkrieg zogen. Dies ist jedoch nicht dokumentiert, und es ist aufgrund der Quellen und Zeitzeugenaussagen zu bezweifeln, daß die Jungen offen darüber sprachen.

Einer der wenigen Anlässe, über die Erfahrungen im Zweiten Weltkrieg zu reden, war der in der Horte von Gerhard Rasche gemeinsam gelesene „Stalingradroman“ von Theodor Plivier. Einigen der Jugendlichen „liefen“ dabei „die Tränen aus den Augen ..., weil ihre Väter mit verwickelt waren“.[504] Dies weist darauf hin, mit welchen Emotionen Themen aus der unmittelbaren Vergangenheit beladen waren; und wohl deshalb wurden sie selten angesprochen. Außerdem erlaubte das Prahlen älterer Jungenschaftler wie von Hajo Zenker sicherlich keine kritischen Fragen. Dieser erzählte den Jungen und jüngeren Hortenführern heldenhaft, übertrieben, und ohne Niederlagen zu erwähnen von seinen Kriegserlebnissen als Fallschirmspringer und imponierte damit den

499 Archiv MK, Fahrtenbuch, Sommer 1947-Sommer 1948.
500 TAM, 002M/Sch280899.
501 TAM, 002M/Sch280899.
502 Archiv MK, Fahrtenbuch, August 1952-Frühjahr 1958, 29.
503 TAM, 002M/Sch280899.
504 TAM, 001R130698.

Jüngeren.[505] Dadurch, daß es in Minden keinen bündischen Widerstand gab, gab es auch wenig Möglichkeiten, die NS-Zeit und damit die nur kurz zurückliegenden Erfahrungen der Jungen positiv zu thematisieren.[506] In anderen Horten wurde dagegen die NS-Zeit als opferreiche, aber heldenhafte Jahre der bündischen Jugend dargestellt, wie z. B zu Beginn des Kieler Fahrtenbuchs: „nur 4 jahre lebte dj.1.11. dann kam das tausendjährige reich! noch unzählige jahre lebte dj.1.11. unter dem verbot der bündischen jugend weiter ...".[507] Bei der Thematisierung der jüngsten Vergangenheit, eigener Erfahrungen im NS-Staat und damit verbundener Politik kollidierte das Informationsbedürfnis der bürgerlichen Jungen mit den alters- und milieuspezifischen Schwierigkeiten, Aspekte des Krieges und der NS-Vergangenheit zu artikulieren.[508]

Erst nachdem die Bücher „Die weiße Rose" von Inge Scholl (1953) und „Geist der Freiheit" von Eberhard Zeller (1953) publiziert waren[509], konnten die Mindener Jungen das „Dritte Reich" besprechen. Die „Weiße Rose" galt einigen als „menschliches Vorbild" i. S. der Nonkonformität einer Jugendgruppe. Eine politische Auseinandersetzung mit dem Nationalsozialismus fand dennoch nicht statt.[510] Offenbar erschienen sowohl die Verbrechen der Nationalsozialisten als auch die eigenen Erfahrungen als zu problematisch, um darüber zu diskutieren.[511]

Nur die Älteren schufen sich Gelegenheiten, um die NS-Vergangenheit zu reflektieren, z. B. bei einem Seminar, bei dem u. a. ein „massgebender führer des ehemaligen Jungdeutschen Ordens" „über gefahr und grenzen des ordens

505 TAM, 001M/Sch280899. Ein anderer Zeitzeuge, Arno Klönne, erinnert sich hingegen, daß Zenker sich in Dortmunder Jungenschaftskreisen Ende der 1950er/Anfang der 1960er Jahre kritisch zur Wehrmacht und dem Nationalsozialismus äußerte.

506 Es ist daher nicht anzunehmen, daß die Mindener Jungen bereits Ende der 1940er Jahre über die Berichte ehemals illegaler Jugendgruppenmitglieder in Jungenschaftszeitschriften sprachen, z. B. über Michael Jovys Verhaftung und den nationalsozialistischen Staatsterror (Ohne Recht, in: feuer [o. J. [ca. 1949]], H. 7, o. S. [Archiv MK]) oder über einen Artikel über die „Weiße Rose" (k[ai hauser], die weisse rose, in: feuer [November 1946], H. 1, o. S. [Archiv MK]).

507 Archiv MK, Nachlass Heinrich Steinhöfel, Fahrtenbuch norddeutsche Jungenschaft, IX '46-I '48; die HJ in Oldenburg wurde als „Staatsjugend" besonders im Zusammenhang mit dem Aufbau der FDJ in der SBZ thematisiert. Außerdem besprachen die Jungenschaftler die Verfolgung von Bündischen, z. B. von Eberhard Koebel, während der NS-Zeit (Brief von Gero von Schönfeldt an die Autorin v. 10. 8. 2000).

508 S. Kap. III. 1. 1.

509 TAM, 002M/Sch280899.

510 Ebda. Am 22. 2. 1954 thematisierte der Hortenführer den elften Jahrestag der Hinrichtung der Geschwister Scholl und „las in der Hortenrunde aus dem Buch von Inge Scholl ‚Die weiße Rose' vor". Leider wird in dem Fahrtenbuch nichts über das anschließende Gespräch der Jungen berichtet (Archiv MK, Fahrtenbuch, August 1952-Frühjahr 1958, 75).

511 Vgl. Groß-Albenhausen, der eingehender die „Deutung des Nationalsozialismus aus bündischer Sicht" analysiert, dabei jedoch Heimabende und das Innenleben der Gruppen im Zusammenhang mit der Lebenswelt der Jugendlichen weniger thematisiert (Groß-Albenhausen 1995, hier 339).

und über die tätigkeit z. zt. des 3. Reiches"[512] sprechen sollte. Außerdem besuchten die Älteren der Mindener Jungenschaft 1950 eine Veranstaltung der Jungdemokraten, bei der der „ehemalige(r) panzergeneral und kommandeur der division grossdeutschland" Hasso v. Manteuffel „‚zur frontgeneration'" referierte.[513] Solche Themen ebenso wie aktuelle Fragen zu Parteien, zum politischen System oder zur Remilitarisierung[514] blieben überwiegend Hortenführern vorbehalten zu diskutieren. Die Jugendlichen debattierten in den Horten sowie in der Jungenschaftszeitschrift „feuer" auch selten über konkrete politische Themen wie Kalter Krieg oder Atombombe.[515]

Gleichzeitig beschäftigten sie sich jedoch mit der Geschichte und Kultur geographisch und zeitlich fernliegender Gesellschaften. Dabei interessierten sich die Jungen weniger für die materiellen Lebensbedingungen der Menschen.[516] Vielmehr waren aufgrund der eigenen Erfahrungen von ‚Betrug' und sozialer Deklassierung Fragen nach Erhalt ‚ursprünglicher' Kultur und Unabhängigkeit für die Jungen relevant. Darin lag für sie z. B. der Anreiz zur Auseinandersetzung mit der Geschichte der Geschwister Scholl.[517] Das Interesse der Jungenschaftler an Politik und Gesellschaft war besonders durch negative Erfahrungen von politischer Vereinnahmung und ‚sozialer Nivellierung' in der ‚Massengesellschaft' begründet. Der Kalte Krieg und die Atombombe wurden zum Anlaß genommen, um allgemein die zivilisatorische „Katastrophe", den allgemeinen „sog in den orkus" und v. a. die ‚oberflächliche' Schulbildung zu thematisieren.[518] Daß in den Hortenrunden der im deutschen Bürgertum weit

512 Archiv MK, Jurtschibrief (13. 12. 50).

513 Archiv MK, Die Runde. Elternbrief der deutschen Jungenschaft Minden (Januar o. J. [1951]), Nr. II.

514 Die Hortenführer besuchten z. B. eine „Vortragsfolge über das Thema ‚Wiederaufrüstung'", die am letzten Januarwochenende 1951 in Bückeburg stattfand (Archiv MK, Die Runde. Elternbrief der deutschen Jungenschaft Minden [Januar o. J. [1951]], Nr. II).

515 Z. B. Bimbo [Rasche, Gerhard], Es knistert im Gebälk, in: feuer (März o. J.), H. 6, 1.

516 Daher sind die Artikel von Walter Scherf, Michael Jovy und Hajo Zenker zur Situation von Lehrlingen in Betrieben eine Ausnahme. Zudem wirken sie kurios, da die materiellen Lebenswelten, insbesondere von Arbeiterjugendlichen, normalerweise in der deutschen Jungenschaft keine Rolle spielten (Hajo [Zenker, Hajo], o. T., in: feuer [März 1947], H. 3, 6; Mich [Michael Jovy], Was geht das uns an?, in: feuer [März 1947], H. 3, 3f.; Tejo [Scherf, Walter], Wir wollen den Anschluß halten!, in: feuer [März 1947], H. 3, 3 [Archiv MK]). Daß die Situation der Lehrlinge in der deutschen Jungenschaft kaum interessierte, kritisiert Michael Jovy in dem Rundbrief „Feuerzeichen", denn niemand antwortete auf seine Stellungnahme in Feuerzeichen 2/49 zur Frage „Lehrlingsfreizeit". Jovy beschwert sich darin über die Gleichgültigkeit der deutschen Jungenschaft gegenüber diesem Thema (Archiv MK, Feuerzeichen, 3/49).

517 Vgl. Hübner-Funk 1998a, 311f. – Bei einem Seminar der Hortenführer wurde z. B. der „leiter der buddhistischen gemeinde Deutschlands über die freiheit der person in der religion" eingeladen (Archiv MK, Jurtschibrief [13. 12. 50]).

518 Bimbo [Rasche, Gerhard], Es knistert im Gebälk, in: feuer (März o. J.), H. 6, 1.

rezipierte Ortega y Gasset häufig Textgrundlage für Gespräche über Politik und Gesellschaft war, zeigt ein weiteres Mal die elitäre Distanz der Jungenschaftler zur Gesellschaft und ihr Mißtrauen gegenüber Politik und Staat, wie es im bürgerlichen Milieu (auch) nach dem Zweiten Weltkrieg weit verbreitet war.[519]

Die im Wandel begriffenen politischen Verhältnisse und damit die sich verändernden persönlichen Lebensumstände machten es für die Jungenschaftler aber besonders in der frühen Nachkriegszeit erforderlich, sich neu zu orientieren und folglich zu informieren.[520] Einige Hortenführer wie Walter Scherf forderten die ‚Führer' der Landeskreise auf, der

„politischen Orientierung der Hortenführer durch Rundbriefe und Arbeitskreise zu helfen. Den Hortenführern müssen die Quellen bekannt und offen sein. Sie müssen die Entwicklung unseres Gemeinlebens, unserer Verfassung von Weimar bis heute verfolgen. Sie müssen Marxismus, Leninismus, Trotzkismus, Kapitalismus, sie müssen russische und amerikanische Sozial- und Wirtschaftsformen kennen."[521]

Der Landeskreisführer von Westfalen, Gerhard Rasche, schrieb in seinem Rundbrief im Mai 1949, daß die Hortenführer den Jungen politische Grundlagen vermitteln sollten:

„Orientiert eure Jungen etwas über das gegenwärtige politische Geschehen. Den Aufbau eines Bundestages. Was will man in Bonn? (...) Was wollen die Parteien[,] und zum Schluß erklärt aus der aussenpolitischen Situation. Wichtig ist zu wissen[,] welche Rechte und Pflichten der einzelne bürger hat[,] welche Jugendorganisationen usw."[522]

Die Jungenschaftler verweigerten sich also trotz ‚Betrug' und Enttäuschung und trotz Zivilisationskritik nicht dem Gespräch über Politik und Gesellschaft. Vielmehr gehörte es ihrem bürgerlichen Selbstverständnis von Männlichkeit entsprechend „zum Erwachsensein, eine [politische Meinung; BJ] zu haben!" Die Hortenführer wollten, die „Urteilsfähigkeit" der Jungen fördern[523], auch um „geistig existent zu sein, ohne sich zu binden"[524]. D. h., die politische Bildung in den Heimabenden diente der Gesellschaftsfähigkeit der Jungen. Anders als während der NS-Zeit lag den Jungen nun daran, politisch breit informiert zu sein, in einem freien Gesprächsraum Ansichten und Fragen zu diskutieren und sich eine eigene Meinung zu bilden. Urteilsfähigkeit, politische In-

519 S. Kap. III. 1. 2. 1. 4.; vgl. Berghan 2001, hier 336f.
520 Seit etwa Mitte der 1950er Jahre wurden die politischen Themen in der Zeitschrift noch rarer.
521 Scherf, Walter, Rundbrief an die „Deutsche Jungenschaft", Anfang 1949, zit. n. Klönne 1990, 15, s. a. 18; vgl. Jurtschibrief (22. 6. 1950), Nr. XX, 3.
522 Archiv MK, Rundbrief DJ Nordwest (3. 5. 1949), Nr. IV.
523 TAM, 001M/Sch280899.
524 Zeitzeugengespräch bei der Tagung ‚Jugend im Umbruch', Minden 1998.

formiertheit und Unabhängigkeit waren nun wichtige Attribute des jungen Mannes aus dem Bildungsbürgertum. Öffentliche Positionierung einzelner oder der Gruppe galten anders als vor dem Zweiten Weltkrieg in der bündischen Jugendbewegung als weniger erstrebenswert. Ihr vom Bildungsethos und von der Zivilisationskritik getragenes Politik- und Gesellschaftsverständnis kann folglich als milieuspezifisch konservativ begriffen werden[525], was beim öffentlichen Auftreten deutlich wird[526].

III. 1. 2. 1. 6 Bildungserfahrungen III: Schreiben und Gestalten

„Bevorzugt in euerer Arbeit das, was den jungen dazu bringt, einerseits die vielfalt des lebens zu sehen und andererseits von ihm persönlich eine tat verlangt. Geht nicht ohne zeichen- und tuschzeug auf fahrt."[527]

Ganzheitliche Bildung bedeutete neben der Rezeption von Literatur und Kunst sowie den Gesprächen über Politik auch, selbst kreativ zu werden. In den Heimabenden übten die Jugendlichen Laien- und Puppenspiele ein, die sie bei Elternabenden oder bei Treffen mit anderen Horten aufführten.[528] Göttinger Jungenschaftler schrieben auch eigene Stücke wie das bei der Winterfahrt 1947/48 vorgestellte Stück „die schwarze prinzessin".[529] Die Mindener Jungen fotografierten[530], bauten selbst Boote[531]; in Oldenburg malten die Jungen als Teil der Nachbereitung einer Fahrt mit „Pinsel und schwarzer Tusche" „Bäume, Kiefernzweige, Fahrtenszenen."[532] Im Dezember 1950 versuchten sie, den „Kleinen Prinzen" und nach Art der „japanischen Tuschmeister" einen

525 Vgl. Grebing 1971.

526 S. Kap. III. 1. 2. 3.

527 Archiv MK, Jurtschibrief (22. 6. 1950), Nr. XX, 3.

528 Archiv MK, Fahrtenbuch, Sommer 1947-Sommer 1948, Ostern 1948; Aufführung von „Der kleine Prinz" der Mindener Jungenschaft 1953; s. Brief von Klaus Kosiek an die Autorin v. 5. 6. 1997. – In Rundschreiben wie dem westfälischen „Schiffsjournal" werden Anregungen für das Puppenspiel gegeben. S. für das Schatten-Puppentheater: schiffsjournal. arbeitsanregungen der deutschen jungenschaft (o. Datum), verantwortlich anjali; für das Handpuppenspiel: SCHIFFSJOURNAL. arbeitsanregungen der deutschen jungenschaft (o. Datum), 19. eintragung, verantwortlich ruppi (Archiv MK).

529 Archiv MK, Fahrtenbuch, Sommer 1947-Sommer 1948, Winterfahrt 1947/8.

530 Die Jungen lernten bei der Winterfahrt 1947/48 einen Fotoapparat zu bauen und bekamen eine Einführung in die Fotografie von Hajo Zenker. In der deutschen Jungenschaft wurde relativ viel fotografiert (Archiv MK, Fahrtenbuch, Sommer 1947-Sommer 1948). In den 1950er Jahren bekamen die Mindener sogar einen Preis innerhalb der deutschen Jungenschaft verliehen (Archiv MK, Feuer, [o. Datum [ca. 1953]] Nr. 8, o. S.).

531 Archiv MK, Fahrtenbuch, Sommer 1947-Sommer 1948.

532 Archiv MK, Die Runde. Elternbrief der deutschen Jungenschaft Oldenburg (August o. J.), Nr. I.

Kahn zu zeichnen.[533] Die Jungenschaftler „haben Ton geknetet, noch als Vorbereitung für unser Puppentheater ... [und] Masken und Fratzen zu dem nämlichen Zweck gemalt."[534] Außerdem illustrierten die Jungen Fahrtenbücher wie Jungenschaftszeitschriften mit eigenen Zeichnungen. Die Jungenschaftler hatten den Anspruch, selbst künstlerisch tätig zu sein: „zur graphischen ausgestaltung unserer $_z$eitschriften (sic) brauchen wir künstler aus unseren eigenen reihen."[535]

Ferner gehörte das Schreiben zu den kreativen Aktivitäten der deutschen Jungenschaft. Die Mindener Jungen schrieben zwei Fahrtenbücher über insgesamt neun Jahre, zahlreiche seitenlange Rundbriefe und Gedichte. Aber nicht alle Hortenführer führten ein Hortenbuch, so z. B. Hempel und Mohrlüder[536], und nicht immer so akribisch, wie die für die vorliegende Arbeit verwendeten.[537] Meist zeichneten Hortenführer oder ältere Jugendliche für die Eintragungen in den Fahrtenbüchern und für die Artikel in Zeitschriften und Rundbriefen verantwortlich. Aber auch einige Jungen griffen zum Federhalter, so z. B. hans, nicki, wolfram und Gert.[538] Ob und inwiefern die Eintragungen die Perspektive der Mehrheit der Hortenmitglieder spiegelten und in der Horte gelesen und besprochen wurden, ist leider nicht bekannt. Gerhard Rasche erstellte außerdem zusammen mit Jüngeren einige Jahre lang die Zeitschrift „feuer". Seine Horte verfaßte auch eine Persiflage auf die Jungenschaft und ihre Traditionen. Die eine betitelten sie „Das Hemd", die andere „Währungsreform".[539]

In ihren Texten pflegte die Mindener Jungenschaft einen eigenwilligen Stil. Die nicht immer konsequent durchgehaltene Kleinschreibung war bereits in der dj.1.11 von Eberhard Koebel üblich, die dieser von George übernommen hatte. George führte sie als Form ‚ursprünglicher' deutscher Sprache in Anlehnung an Jakob Grimm ein. Kai Tjaden begründet die Kleinschreibung in den Schriften der deutschen Jungenschaft mit Argumenten des Ästhetizismus:

„wenn wir für unser ‚feuer' kleinschrift und altschrift verwenden, so tun wir das aus gründen der schönheit und einfachheit. die rational technische gesin-

533 Archiv MK, Elternbrief der Jungenschaft Norden (Dezember 1950).

534 Die Runde. Elternbrief der deutschen Jungenschaft Oldenburg (Februar/März o. J. [ca. 1950]), Nr. VI.

535 Archiv MK, Fahrtenbuch, Sommer 1947-Sommer 1948.

536 TAM, 003M/Sch280899.

537 Archiv MK, Fahrtenbuch, Sommer 1947-Sommer 1948; Fahrtenbuch, August 1952-Frühjahr 1958; Kerbs behauptet, daß Koebel mit der dj.1.11 einen „anderen Fahrtenstil und eine exaktere Art des Fahrtenberichts" entwickelte. Leider geht er nicht auf die genaueren Hintergründe dieser Veränderung ein (Kerbs 1966, 150).

538 Archiv MK, Fahrtenbuch, Sommer 1947-Sommer 1948. Mit ‚Gert' könnte hier auch Gerd Behrsing oder Gerd Rasche gemeint sein. Unbekannt ist, ob noch andere Jungen schrieben als hier genannt.

539 Archiv MK.

nung des bauhauses war für uns in diesem falle unwesentlich. (...) für uns war massgeblich die schönheit des schriftbildes. (...) wir, die wir auf der suche sind nach einer neuen form, einer form ursprünglich und einfach, ehrlich und voll schönheit, fordern die kleinschrift und gebrauchen die bisher einfachste und reinste altschrifttype, die groteskschrift."[540]

Somit galt die traditionell in der deutschen Jungenschaft verwendete Kleinschrift auch als ein Identifikationsmerkmal und Stilmittel in Abgrenzung gegenüber ‚bürgerlicher' Schreibweise und klassischer Moderne. Als sich die Hortenführer der Nachkriegsjungenschaft in den Westzonen 1948 kritisch mit Eberhard Koebel (tusk) auseinandersetzten, kritisierten „acke + pascha" u. a. an dem früheren ‚Führer' der dj.1.11, daß er die Kleinschreibung in seinen „londoner briefen" nicht mehr einhielt:

„es ist wieder tusks eklatante verbürgerlichung. (...) – was soll das heissen, tusk, dass du heute auch von den absolut haltbaren, weil echten, dingen ‚reuig' abrückst (kleinschreibung ...), die du schufest, als du mit elan und schwung die dj bahnbrechend ins leben riefest?"[541]

Für die Nachkriegsjungenschaft bedeutete die Kleinschreibung Anknüpfung an die dj.1.11 und gleichzeitig Abgrenzung von dem alten ‚Führer' der bündischen Jugend.

Ähnlich wie in der Sprache Georges und später Koebels gehörte es zu den sprachlichen Eigenheiten der deutschen Jungenschaft, Aussagen in Texten häufig verklausuliert, vage und (selbst-)ironisch zu formulieren.[542] Im Widerspruch dazu, daß Koebel viele in der Nachkriegszeit in der deutschen Jungenschaft verwendeten Stilelemente eingeführt hatte[543], kritisierte er nach dem Zweiten Weltkrieg die Texte der deutschen Jungenschaft im „feuer" harsch und nannte die Sprache der Jungenschaftler in einem Brief an Gerhard Rasche „mystisch-mythisch". Dabei wandte Koebel sich auch gegen den Formalismus und die angebliche inhaltliche Leere der Artikel.[544]

Tatsächlich bedienten sich die Jungen, einen „neutralen Boden" suchend und in Anlehnung an George oder den frühen Koebel, einer verklausulierten Sprache und des in der Nachkriegszeit in der Literatur beliebten Minimalismus[545]. Dies bewahrte sie davor, sich explizit zu äußern oder sich auf Positionen festzulegen, wofür sie zur Rechenschaft gezogen hätten werden können.

540 kai [Tjaden, Kai], kleinschrift, in: feuer (Januar 1946), Nr. 5 (Archiv MK).

541 acke + pascha, Offener Brief an tusk. geht gleichzeitig an die mitglieder der reichshorte mit der bitte um weiterleitung oder stellungnahme, 13. 05. 48 (Archiv MK, Nachlaß Heinrich Steinhöfel, schriftverkehr wg. ‚londoner briefe' 1948).

542 S. Kap. III. 1, Quellenkritik.

543 S. Raabe 1961, 93.

544 Archiv MK, tusk-Nachlaß, Eberhard Koebel-Tusk, An einen jungen Westdeutschland, o. Datum (ca. 1948/49).

545 Vgl. für die Nachkriegszeit Steger 1989, 13-52.

Folglich waren die Schriften der Nachkriegsjungenschaft weniger für die Öffentlichkeit und mehr für die deutsche Jungenschaft selbst oder gar nur für die eigene Horte bestimmt.[546]

Tastend versuchten die Jungen also, sich einer ‚eigenen' Sprache und ‚eigenen' Ausdrucksmöglichkeit anzunähern.[547] Denn viele Begriffe waren tabuisiert, oder es fehlte den Jugendlichen das Vokabular, um tabuisierte Erfahrungen zu artikulieren oder sich über den seit dem Frühjahr 1945 offenen und ungewissen Lebensentwurf zu verständigen.[548] Dies geschah u. a. dadurch, daß die Jungenschaftler Schriften von Koebel lasen, sich mit der Geschichte der deutschen Jugendbewegung beschäftigten[549] und Texte des dj.1.11-Führers in ein künstlerisch gestaltetes und selbst erstelltes Heft abschrieben[550]. Auf diese Weise identifizierten sich die Jungen erstmals mit der dj.1.11.[551] Außerdem verfaßten sie Chroniken der eigenen Horte[552], Fahrtenbücher, Rundbriefe und Zeitschriften. Die Rezeption und Aneignung von dj.1.11-Schriften und die Identifikation als Jungenschaftler unterstützte die Jungen dabei, eine ‚eigene' Sprache zu finden und sich selbst als männliche Jugendliche positiv zu thematisieren.

Im Idealfall geschah dies in kritischer Selbstreflexion, wie Gerhard Rasche die Hortenführer aufforderte: „Fazit bis jetzt: noch nicht eine gute Horte. Überall Anfänge. (...) Fangt jetzt an euch Hortenbücher anzuschaffen. (...) Diese Tagebücher sollen euch ein Rechenschaftsbericht werden."[553] Eine ähnliche Auffassung von der Funktion der Eintragungen ins Fahrtenbuch hatte der Hortenführer Hans A. 1952, der sich darin selbstkritisch äußerte:

„So war das Werk, das ich Ostern begonnen hatte und das durch die Großfahrt gefestigt werden sollte, zerstört und ich selber hatte den Anstoß dazu gegeben. Es fiel mir schwer, objektiv genug zu sein, um zu sehen, daß das Werk mißlungen war, aber nach Überwindung der zunächst folgenden Entmutigung gab es nur einen Weg: mit neuen Erfahrungen einen neuen Anfang zu machen."[554]

546 Vgl. Kerbs 1966.
547 TAM, 002M/Sch280899.
548 Vgl. Rolf Schörken, ‚Die Schwierigkeit, das Dritte Reich noch selbst erlebt zu haben'. Zeiterfahrung im Dritten Reich und der beginnenden Demokratie, Vortrag bei der Tagung ‚Die Flakhelfer-Jahrgänge', Potsdam im November 1999.
549 Archiv MK, Fahrtenbuch, August 1952-Frühjahr 1958, 10.
550 Heinz Ibrügger, ein alter ‚dj.1.11er', regte die Jungen 1945/46 an, Koebels Texte abzuschreiben (Archiv MK, selbsterstelltes Heft mit handgeschriebenen Texten, Zeichnungen und Fotografien: „dj.1.11 vor jahren"). Ibrügger mag damit u. a. intendiert haben, daß sich die 14- bis 17jährigen mit der Geschichte und dem Gestus der dj.1.11 auseinandersetzten.
551 Mündliche Informationen von Wolfgang Hempel v. 22. 1. 1999 gegenüber der Autorin.
552 Z. B. Archiv MK, Fahrtenbuch, August 1952-Frühjahr 1958, 20.
553 Archiv MK, Rundbrief (D. J. Nordwest), IV (3. V. 1949).
554 Archiv MK, Fahrtenbuch, August 1952-Frühjahr 1958, 3.

Die Texte und die Gestaltung der Zeitschriften und Rundbriefe dokumentieren zum einen Unsicherheit und Selbstkritik.[555] Sie zeigen ferner das offenbare Bedürfnis der Jungenschaftler, sich nur vage zu äußern und nicht erkannt zu werden, also auf Distanz zur Außenwelt zu gehen.[556] Aber dennoch wollten sie schreiben. Sie verarbeiteten schreibend und gestaltend Erfahrungen, wobei ihnen die Schriften der alten dj.1.11 vorbildhaft erschienen. Indem die Jungen selbst ihre Texte in den Jungenschaftszeitschriften verbreiteten, abschrieben, tradierten[557] und das Schreiben als Form der Selbstreflexion verstanden sowie zur Selbstinszenierung – insbesondere des Hortenführers – benutzten, kommt diesen gestalterischen Praktiken die Bedeutung der Selbstvergewisserung zu:[558] Bei der deutschen Jungenschaft entstanden – um mit Rolf Schörken zu sprechen – aus Selbst- und Wortfindungsgesprächen[559] ‚Wort- und somit Selbstfindungstexte'. In den avantgardistisch gestalteten[560] und mit Fotos versehenen Zeitschriften, Rundbriefen und Fahrtenbüchern machten die Jungen nicht nur ‚Bildungserfahrungen' im ‚neuhumanistischen' Sinne[561], sondern entwarfen auch schreibend, fotografierend und zeichnend einen neuen Typus des männlichen Bürgertums: ‚wahrhaft' gebildet, sinnlich, aber ‚rein' von sexuellen Bedürfnissen und Praktiken, eher Mönch, Partisan oder Künstler, jedoch nicht – wie in den späten 1920er Jahren – militaristisch.[562]

555 Vgl. für die Weimarer Republik Raabe 1961, 94.

556 Vgl. [Zenker] 1972, 338-342.

557 Insofern verwundern die häufig ähnlichen Formulierungen in den verschiedenen Hortenbüchern nicht.

558 Vgl. Groß-Albenhausen 1995, 338: „Die nach 1945 erschienenen Selbstdarstellungen aus jugendbewegter oder bündischer Feder dienten zuerst der eigenen Vergewisserung."

559 Rolf Schörken verwendete den Begriff „Selbstfindungsgespräche" in seinem Referat ‚Die Schwierigkeit, das Dritte Reich noch selbst erlebt zu haben'. Zeiterfahrung im Dritten Reich und der beginnenden Demokratie bei der Tagung ‚Die Flakhelfer-Jahrgänge', Potsdam im November 1999. Er meinte damit sprachliche und literarische Selbstvergewisserung. Vgl. zur „Sprachnot" nach dem Zweiten Weltkrieg Steger 1989.

560 Vgl. zur These der stilprägenden Wirkung der deutschen Jungenschaft vor und nach der NS-Zeit z. B. Grau 1976, 130f.; Raabe 1961, 93f.

561 S. dazu, daß diese Betätigungen in der bündischen Jugend als persönlichkeitsbildend galten, ebda., 94.

562 Vgl. Kerbs 1966, 157-159; ähnlich dazu die Männerakademie in Hermann Hesses „Glasperlenspiel".

III. 1. 2. 1. 7 Konstituierung einer Jungengemeinschaft in Freundschaft, Verbindlichkeit und Loyalität

> „Es liegt jedoch in der Natur des sich entwickelnden Menschen, daß er sich nicht ständig im Schoß der Familie wohlfühlt, sondern hinaus will und – muß, um mit Gleichaltrigen eine Gemeinschaft einzugehen. Er will sich in dieser Gemeinschaft erproben, mit ihr Freud und Leid genießen und seinen Hunger nach echten Erlebnissen stillen. Ich glaube fest daran," schreibt Hortenführer Hänne weiter, „daß eine Horte die beste Form einer solchen Gemeinschaft darstellt ...".[563]

Nachdem die Mindener Horte im Frühjahr und Sommer 1947 mit dem neuen Hortenführer Gerhard Rasche Jungen gekeilt und ihnen Fahrtennamen gegeben hatte, und nachdem sich die Horte ungefähr ein halbes Jahr lang wöchentlich getroffen, miteinander gesungen, gesprochen und gemalt hatte, war der „anfang ... geschafft". In „siegerstimmung" notierte Rasche daher im September 1947: „in den heimrunden um die kerze war der grund gelegt, der funke übergesprungen".[564] Für die Begründung einer Gemeinschaft spielten auch die Harmonie unter den Jungen, deren Freundschaften, die gegenseitige Verbindlichkeit und Loyalität sowie die Abgrenzung zu einer mehr oder weniger feindlichen[565] Außenwelt tragende Rollen.[566] Zeitzeugen betonen in der Retrospektive die hohe Bedeutung der Beziehungen und Interaktionsformen innerhalb der Horte: Die Jungenfreundschaften waren durch ihre Intimität, Offenheit und Vertrautheit gekennzeichnet: „... wir hatten ja eine Struktur, die etwa einer Familie entsprach ...", d. h. auch ebensolche Verbindlichkeitsansprüche.[567]

563 Die Runde. Elternbrief der deutschen Jungenschaft Minden (Januar 1953), Kopie in: Archiv MK, Fahrtenbuch, August 1952-Frühjahr 1958, 4. Die Herkunft der Bezeichnung „Horte" ist ungeklärt. Nach Kerbs wurde der Begriff aus der Weimarer dj.1.11 in Abgrenzung zu „Horde" oder „Trupp", verwendet (Kerbs 1996, 150, der leider nicht auf die genaueren Hintergründe dieser Veränderung eingeht). Vgl. Mohler 1978, 143f., über Blühers These von dem doppelt gebundenen Eros, an die Frau bzw. die Familie und an den Mann, d. h. den Männerbund, dessen „Werk" „der Staat" sei. S. a. Mann 1918 (1991), 64f.; Reulecke 1985; Sombart 1996, 139.

564 Archiv MK, Fahrtenbuch, Sommer 1947-Sommer 1948.

565 Manchmal handelte es sich eher um eine „Abgrenzung ohne Feindschaft", wie ein Zeitzeuge bemerkt (Brief von Gustav-Adolf Mohrlüder an die Autorin v. 15. 4. 2000).

566 Bei der Auswahl der zu keilenden Jungen achtete der Hortenführer daher insbesondere darauf, ob der neue Junge zu den anderen paßte oder bereit wäre sich anzupassen. Vgl. Grau 1976, 66.

567 TAM, 001R130698. Z. T. existieren bis heute verläßliche Freundschaften unter den ehemaligen Hortenmitgliedern.

Die Jungenschaftler sahen die unbedingte Verläßlichkeit aufeinander, gegenseitiges Treueverhältnis und Loyalität als wesentliche Momente in den z. T. homoerotischen[568] Freundschaften und bei der Konstituierung der Hortengemeinschaft.[569] Daher gehörte Freundschaft zu den wichtigen Gesprächsthemen in den Heimrunden.[570] Die Jungen verlangten voneinander verbindliche Entscheidungen für die deutsche Jungenschaft. Sie duldeten z. B. keine Beziehungen mit Mädchen. Die Teilnahme an anderen Gruppen, Vereinen etc. wurde besonders dann nicht akzeptiert, wenn es sich um solche handelte, von denen sich die Jungen z. B. sozial abgrenzten. Als in Mohrlüders Horte ein Junge wöchentlich in den Tennisclub wollte, wurde dies diskutiert. Die Horte schien dies nicht für ‚jungenschaftlich' befunden zu haben, so daß der Junge vor die Alternative entweder Horte oder Tennisclub gestellt wurde.[571] Wenn sich die Jungen innerhalb ihres Milieus, des gebildeten mittleren Bürgertums, wie etwa in der Ruderriege des Besselgymnasiums engagierten, war die Horte toleranter. Gerade auf der Ebene der Landeskreise blieb die Verbindlichkeit jedoch oftmals ein hehrer Anspruch, ohne immer eingelöst zu werden. So beschwerte sich Gerhard Rasche bei den Hortenführern im Landeskreis Westfalen: „Wenn ich diese forderung [nach der unbedingten Gemeinschaft; BJ] bedenke, bleibt mir unverständlich, daß ich von einigen horten seit dem pfingstlager noch nichts hörte, daß ich einigen von euch aufträge gab, auf die ich jedoch bis heute ohne antwort blieb ...".[572]

Entscheidend für die Hortengemeinschaft war die Unterordnung des einzelnen Jungen unter die Ordnung der Gruppe: „Die Eitelkeiten und Süchte müssen draußen bleiben. Jeder muß als gleich starkes Glied zum Kreis gehö-

568 S. z. B. TAM, 001M/Sch280899. Vgl. die Studien über die emotionalen Bindungen unter den Jungen, die Blüher in der Wandervogelbewegung beobachtet hat (bes. Blüher 1976 [Nachdr. v. 1912-1914]).

569 TAM, 001/002M/Sch280899; 001R130698. Vgl. zu den emotionalen – oft tiefgehenden und auch libidinösen – Loyalitätsbindungen, die sowohl für die Jugendgemeinschaften der Jugendbewegung als auch später für NS-Organisationen konstituierend waren, Hübner-Funk 1998a, bes. 275-277. Solchen – männerbündischen – Beziehungen lag, wie in der Jugendbewegung zu Beginn und in der Mitte des 20. Jahrhunderts, ein pathetisches Freundschaftsverständnis zugrunde. Vgl. zur Bedeutung von Freundschaft als konstituierend für den Männerbund Sombart 1996. – In westlichen Gesellschaften wird Freundschaft im Gegensatz zu institutionalisierten und formalisierten Interaktionsformen, Verhaltensregeln und Rollenverteilungen verstanden (Hammond/Jablow 1987, 241-258).

570 TAM, 001R130698; Archiv MK, Elternbrief der deutschen Jungenschaft Norden (November 1950).

571 TAM, 002M/Sch280899.

572 Archiv MK, Jurtschibrief (9. 6. 51), Nr. XXXI.

ren".[573] Einige Jungen verließen daher die ‚deutsche Jungenschaft' nach zwei oder drei Jahren[574], wie Rasche auch im Hortenbuch festhielt:

„Das Erlebnis der Grossfahrt gab der Horte Auftrieb. Klar stand der Entschluss, einen neuen Anfang zu wagen. Alles Unechte sollte verschwinden. Die Schwierigkeiten waren gross. Nicki fiel zunächst aus, weil seine Flucht aus bürgerlicher Erholung bei seinen Eltern berechtigte Empörung auslöste. Hans fehlte damit auch. Fippel reiste wieder zu seinen Eltern, Hanno hatte nur das Abenteuerliche einer Fahrt gesucht, für die Horte schied er aus."[575]

Ähnlich erging es einem späteren Hortenführer nach der Italienfahrt 1952, als einige Jungen austraten:

„Am Vortage hatten Nicky, Mise und Mösch ihren Austritt erklärt. An Nicky waren Anforderungen herangetreten, die er äußerlich nicht anerkannte. Es war eine Kraftprobe zwischen mir und ihm, an der wir beide zerbrochen sind ... . Für Mise war Nicky wichtiger als die übrige Horte, so daß er Nicky folgte. Mösch, der wesensmäßig immerhin ein Fremdling in der Horte gewesen war, fühlte sich nun ganz verlassen und benutzte die allgemeine Verwirrung, um auch auszutreten ...".[576]

Enge freundschaftliche Bindungen konnten also auch zu einer Belastung für die Hortengemeinschaft werden. Einige traten auch aus, weil ihnen die Heimabende mit ihrem anspruchsvollen Programm nicht so sehr gefielen wie die Fahrten.[577] Wer sich nicht anpaßte und kameradschaftlich verhielt, wurde von der Horte bestraft, d. h. auch verprügelt. Dies bedeutete, daß der Betreffende noch eine „Chance"[578] bekam. Andernfalls mußte er nämlich die Horte verlassen:[579]

„vieles hatte diese fahrt klargestellt. sie hat gezeigt, dass wir noch nicht zu

573 Unsere Runde, in: feuer (März o. J. [ca. 1948/49]), H. 2, 9f., hier 9 (Archiv MK).

574 TAM, 001M/Sch280899. Wie in dem Abschnitt über die Aufnahme der Jungen in die Horte bereits problematisiert wurde, konstruierte die ‚deutsche Jungenschaft', ähnlich wie Vertreter der Konservativen Revolution oder der Lebensreformbewegung, ein Spannungsverhältnis zwischen einer als Subjekt oder als Organismus imaginierten ‚Gemeinschaft' und dem ‚Individuum'. Von den Jungen in der Mindener Horte wurde verlangt, eine kreative Persönlichkeit zu sein und sich gleichzeitig der ‚Gemeinschaft' und ihrem ‚Führer' unterzuordnen. Der Topos ‚Individuum und Gemeinschaft' spielt übrigens auch in der Lektüre der Jungen eine große Rolle. Victor Engelhardts Aussagen sind dafür beispielhaft: „Das Erlebnis der Spannung zwischen Individuum und Gemeinschaft wirkt sich keineswegs eindeutig aus. Es kann sich nicht einfach um die reine Antithese handeln, die nach extremem Individualismus – extremem Kollektivismus verlangt. Die Einseitigkeit ist organisch unmöglich, da der Mensch immer Einzelwesen und Gliedwesen ist" (Engelhardt 1924, 29-36, hier 29). Vgl. z. B. Groppe 1997, 162-165: ‚Individuum und Gesellschaft'; Kerbs/Linse 1998, 155-159; Linse 1998, 161-165.

575 Archiv MK, Fahrtenbuch, Sommer 1947-Sommer 1948.

576 Archiv MK, Fahrtenbuch, August 1952-Frühjahr 1958, 2f.

577 Hin und wieder bedurfte es „Druck", die Jungen zu den Heimabenden zu motivieren (TAM, 002M/Sch280899).

578 TAM, 001Sch031197.

579 TAM, 001R130698.

der gemeinschaft zusammengewachsen waren, die vorschwebte. und bimbo hat gesehen, dass es besser ist [,] einen jungen zu wenig zu haben als auch nur einen zuviel. werner war es, der es immer wieder fertigbrachte [,] unangenehm aufzufallen und sich so die wut der ganzen horte zuzog. so reifte der entschluss, die horte vollkommen zu gestalten und alle schlacken zu entfernen. werner wurde ausgestossen und mit ihm kurt, eberhard, willa. neun mann waren wir noch und fühlten uns wohler. nun ging es steil aufwärts."[580]

Die Mindener Jungenschaft strebte weniger danach, möglichst viele Jungen zu gewinnen, als nach verbindlichen Beziehungen und „straffen Regeln" „hinsichtlich des Heims und der Heimrunde"[581] sowie innerhalb einer ausgesuchten Gruppe von Jungen, in der oben geschilderte Bildungserfahrungen möglich waren: „unser wachstum war ein organisches. nicht das anschwellen einer seifenblase, die zerplatzt, wenn man sie anrührt", stellte der Hortenführer Rasche idealisierend fest.[582] Im Hortenbuch der 1950er Jahre klang dies ähnlich: „Ich halte es für falsch, durch Rühren der Werbetrommel eine Zahlenhorte aus dem Boden zu stampfen, sondern für richtiger, die Horte aus kleinen Anfängen heraus organisch wachsen zu lassen."[583] Geschilderte Gewaltanwendungen waren u. a. konstitutiv für die elitäre und verbindliche Gemeinschaft.[584]

Das mitunter homoerotische Loyalitätsverhältnis bezog sich v. a. auf den Hortenführer bzw. die ehemaligen älteren Hortenführer im Hintergrund wie Hajo Zenker. Zwischen dem Hortenführer und den einzelnen, mehr oder weniger beliebten Jungen bestand ein besonderes Treueverhältnis, das u. a. auf äußerem gegenseitigen Gefallen beruhte, aber nicht nachweislich homosexuell war.[585] Trotz des Anspruchs der Egalität in den Horten v. a. in der Nachkriegszeit[586] existierten in den Gruppen hierarchische Strukturen.[587] Nach wie vor galt das Führerprinzip und Autoritätsgefüge samt der Bezeichnung ‚Führer'[588], die sowohl in den Quellen als auch in den Interviews unkritisch benutzt wird. Der Hortenführer bereitete den Heimabend vor, verlangte von den Jungen, daß sie sich seinem Programm unterordneten und diszipliniert benahmen. Für Spontaneität seitens der Jungen war während der Hortenabende wenig Raum.[589]

580 Archiv MK, Fahrtenbuch, Sommer 1947-Sommer 1948.
581 Archiv MK, Fahrtenbuch, August 1952-Frühjahr 1958, 20.
582 Archiv MK, Fahrtenbuch, Sommer 1947-Sommer 1948.
583 Archiv MK, Fahrtenbuch, August 1952-Frühjahr 1958, 5. Vgl. z. B. Mau 1948, 140: „Die Jugendbewegung konstituiert mit ihren Gemeinschaften soziale Organismen, die innerhalb des allgemeinen Sozialzustandes der Zeit den Rang regenerationskräftiger Zellen in einem zerstörten Gewebe haben." Vgl. Scherf 1950, 7.
584 S. bes. Kap. III. 1. 2. 2.
585 TAM, 001M/Sch280899; 001R130698.
586 Vgl. Grau 1976, 66f.
587 TAM, 001M/Sch280899. Vgl. Grau 1976, 92f.
588 Vgl. ebda., 94-97.
589 TAM, 002M/Sch280899; 001R130698. Vgl. Grau 1976, 100f., 115f.

Die Autorität des Hortenführers beruhte weniger auf formalen Strukturen, Funktionen oder dergleichen, sondern v. a. auf der Persönlichkeit, der Aura und dem Charisma des jungen Mannes:[590]

„... es ist so eine seltsame Geschichte zwischen Demokratie und Autorität. Unsere Autorität [als Hortenführer; BJ] war sehr wackelig. Also wenn wir nicht mehr anerkannt wurden, von den anderen, gab's nichts, was uns rettete. Insofern war es kein autoritäres System."[591]

Der Hortenführer sollte die Fähigkeit besitzen, die Jungen wie ein ‚Meister' an das Singen, die Literatur, die Kunst heranzuführen. Die Jungen orientierten sich auch an anderen ‚Lehrern', die wie Walter Scherf den Jungen Märchen, Holz- und Linoleumschnitte usw. vermitteln konnten. „Wir haben sie [die Meister; BJ] nicht eingeladen", berichtete ein Unbekannter im „feuer" Ende der 1940er Jahre, „um uns zu ‚bilden', sondern um einmal zu füßen eines meisters zu sitzen, der eine kunst beherrscht und nicht nur mit dem verstand erlernt hat."[592]

Es kam daher selten vor, daß ein junger Mann, wie Gerhard Rasche, der Horte als Hortenführer vorgestellt wurde, ohne daß die Jungen ihn vorher gekannt hätten und ohne daß der junge Mann selbst als Junge in einer Horte gewesen wäre.[593] Meist wurden ältere Jugendliche Hortenführer, die selbst einige Zeit einer Horte angehört hatten und dort anerkannt waren, wie z. B. Gustav-Adolf Mohrlüder. Er wurde von seinen ehemaligen Hortenmitgliedern in der Retrospektive u. a. wegen seiner Bemühungen um Gerechtigkeit, seiner „künstlerischen Ader" und Literaturbegeisterung, seiner Freundlichkeit und Zurückhaltung und seiner Fähigkeit, Jüngere zu motivieren, bewundert. Mohrlüder strahlte auf die Jungen die für einen Hortenführer wichtige Autorität aus, erklärte statt zu befehlen. Damit unterschied er sich klar von den Führern während der NS-Zeit.[594] Obwohl die Hortenführer oft nur zwei, drei Jahre älter waren als die Jungen, übten sie erheblichen Einfluß auf die Jüngeren aus. Diese jungen Erwachsenen oder auch die älteren Männer wie Hellemann, Ibrügger, Zenker und Scherf dienten den Jungen als Vorbilder, bisweilen als Vaterersatz oder waren wie ein großer Bruder.[595] Die meisten Hortenführer kamen, ebenso wie die Jungen, aus dem liberal-bürgerlichen Milieu, hatten aber

590 TAM, 001M/Sch280899. Entsprechend idealtypisch schreibt Horst M. 1946 an die Stadt Minden über die deutsche Jungenschaft: „Die Führung gründet sich auf natürliche und innere Autorität. Sie wird getragen vom Vertrauen der Jungen, die sich um ihren Führer scharen" (KAM, Drucksachensammlung, G, Nr. 46, V4699).

591 TAM, 001R130698.

592 Gang zum Meister, in: feuer (März o. J.), o. S.

593 TAM, 001M/Sch280899; 001R130698.

594 Gustav Adolf Mohrlüder zum 60. Geburtstag. Gespräche mit Freunden und Weggefährten, ZDF zum Geburtstag am 2. September 1992, Toncassette.

595 TAM, 001M/Sch280899; 001130698.

häufig Erfahrungen als Soldaten und Offiziere, wie Gerd Behrsing und Hajo Zenker.[596] Dennoch galten sie aus Sicht der Jungen als integer und fähig, den Jungen neue Horizonte zu eröffnen.

Obwohl es nicht immer einfach war, einen geeigneten Hortenführer zu finden, war besonders in der frühen Nachkriegszeit das Beziehungsgeflecht unter den aktiven und ehemaligen Hortenführern oft von Rivalitäten geprägt. Dies lag daran, daß die Position eines Hortenführers zum einen auf seinen Einfluß auf die Jungen und zum andern auf der Anerkennung seitens der anderen Hortenführer beruhte. Die beiden ersten Mindener Hortenführer, Hajo Zenker und Gerd Behrsing, waren zunächst befreundet. Als sich Behrsing mehr Heinz Ibrügger zuwandte, dessen Verhältnis mit Zenker nicht harmonisierte, versuchte Zenker, die Horte gegen Behrsing auf seine Seite zu ziehen. Daraufhin verließ Behrsing die Horte. Hans-Christian Brandenburg übernahm kurzfristig die ‚führerlose' Horte. Der von Zenker später in die Horte ‚eingesetzte' Gerhard Rasche war wesentlich jünger und erkannte zunächst den Älteren als Autorität an[597], löste sich aber später von Zenker.

Die in den Horten teils praktizierte, teils angestrebte Kameradschaft, Verbindlichkeit und Loyalität sowie soldatische, männerbündische Gemeinschaft[598] erinnern viel mehr an Orden[599] sowie an paramilitärische und militärische Jungenbünde am Ende der Weimarer Republik und während der NS-Zeit[600] als an eine abenteuerlustige Bande[601] in einer sich demokratisierenden Gesellschaft. Die Ideale der Loyalität und ‚unbedingten' Verbindlichkeit wurden jedoch von den Jungen und den Hortenführern, die „sehr eigenständig", „eigenwillig" und „keinesfalls uniform" sein wollten[602], insbesondere vor dem Hintergrund der Erfahrungen im NS-Staat hinterfragt. Das Ideal des „Unbedingten" verlangte nach Aussagen des ehemaligen Mindener Hortenführers Mohrlüder zwar einerseits Unterordnung des einzelnen unter die Hortengemeinschaft, die von einigen als „Lebensbund" verstanden wurde, und ihre Re-

596 TAM, 001M/Sch280899. Dies gilt ebenso für Heinz Ibrügger. Aber dieser und Zenker waren keine Hortenführer im engeren Sinne, da sie keine eigene Horte führten, obgleich sie wichtig für die Mindener Jungenschaft waren (Brief von Wolfgang Hempel an die Autorin v. 7. 9. 2000).

597 Vgl. TAM, 001M/Sch280899; 001R130698.

598 S. Mogge 1990; Sombart 1996. Vgl. Grau 1976, 100; Kerbs 1966, 149.

599 Vgl. Grau 1976, 79.

600 Bei der Tagung über ‚Die Flakhelfer-Jahrgänge' im November 1999 sprach Bodo Brücher in seinem Referat über die Erfahrungen der Luftwaffenhelfer von einer „neuen Qualität des Solidarischen". Auch andere Zeitzeugen erwähnten bei dieser Tagung ihre positiven Erfahrungen von ‚Kameradschaft' und Verbindlichkeit untereinander während ihrer Zeit als Luftwaffenhelfer. Vgl. Hübner-Funk 1998a.

601 Vgl. Scherf 1978. Walter Scherf unterscheidet hier die „Spielgruppe" von der „Jungenbande".

602 TAM, 001Sch031197. Vgl. für die Vorkriegs-Jungenschaften Grau 1976, 98f.

geln. Andererseits aber forderte die deutsche Jungenschaft von ihren Mitgliedern mehr noch als in der bündischen Jugend der Weimarer Republik Festigkeit in der eigenen Meinung sowie Verantwortlichkeit für das eigene Handeln und die eigene Meinung.[603] Obwohl keine „Individualisten" geduldet wurden, die sich der Gemeinschaft nicht unterordneten[604], sollten nach Meinung von Hans von Majer aus der schwäbischen deutschen Jungenschaft die Jungen sehr wohl „zu einer sich selbst und der Umwelt völlig bewussten Persönlichkeit" ausgebildet werden. So sollte die deutsche Jungenschaft eine „Charakterschule des Jungen sein".[605] Karl O. Paetel plädierte dafür, daß nach dem „politischen Versagen" der bündischen Jugend vor dem und im „Dritten Reich" für das „Fundament einer neuen deutschen Jugendführung" die „Selbsterziehung der Einzelpersönlichkeit in der Gemeinschaft" „unerläßlich" sei[606] – nicht zuletzt als Gegenentwurf zum „Kollektivismus"[607] und der ‚Volksgemeinschaft'.

Vor dem Hintergrund der Erfahrung familiärer Zerstörung und des Gefühls des „Betrugs" ist es plausibel, daß die Jungen sich einer als familiär empfundenen[608] und geschlechtshomogenen Gruppe anschlossen und in elitärem Kreis in mystischer Atmosphäre Gemeinschaft konstituierten.[609] Hier hatten die Jungen ihren Schonraum vor beunruhigenden und sowieso für ihr Alter und Milieu als unstatthaft geltenden Beziehungen zu Mädchen und jungen Frauen. Darüber hinaus war die Horte auch eine Exklave[610] für nachzuholende und sich abgrenzende ‚Bildungserfahrungen'. Die Jungen erlebten hier „etwas völlig Neues" und Exklusives außerhalb der bürgerlichen Institutionen Schule und Familie[611], in Distanzierung von weiblichen Lebenswelten sowie in Abgrenzung gegenüber den neuen, aus ihrer Perspektive, unverbindlicheren For-

603 TAM, 001M/Sch280899. Vgl. TAM, 001R130698; Archiv MK, Jurtschibrief (9. 6. 51), Nr. XXXI. S. Kreppel 1982, 95: „Vielleicht aber muß der Mensch durch seine Selbstherrlichkeit hindurch, um den Blick für die ewigen Autoritäten frei zu bekommen und in der Bindung an ihre Unbedingtheit die wahre Freiheit zu erlangen."

604 TAM, 001M/Sch280899.

605 Archiv MK, Majer, Hans von, Briefe an die Jungenschaft – Zweiter Brief, o. Datum.

606 Paetel, Karl Otto, in: Das Junge Wort! (1. 11. 1946), zit. n. Klönne 1990, 8.

607 Brief von Gero von Schönfeldt an die Autorin v. 10. 8. 2000.

608 TAM, 001R130698. Vgl. Blattmann 1997.

609 TAM, 001R130698. Vgl. Grau 1976, 68-70. Dies widerlegt die Thesen der Forschungsliteratur, daß die Nachkriegsjugend kein Interesse mehr gehabt hätte, sich Gemeinschaften anzuschließen und Bindungen einzugehen, bzw. die Motive der Jugendlichen, in Jugendorganisationen zu gehen, seien eher zweckrationaler Natur gewesen (Faltermaier 1983b, 15; Fehrlen/Schubert 1991, 75; Schelsky, 1957, 466-469).

610 Vgl. Kerbs/Linse 1998, 155-159; Klönne, Warnungen vor der ‚Jugendromantik', in: ders. 1990, 28.

611 TAM, 001R130698. Vgl. Koebel 1966, 131-133, hier 132. Er betont die „Dreiheit ... Elternhaus, Schule, Jungenschaft".

men der Jugendorganisationen und Interessengruppen.[612] Ganz im Unterschied zu den meisten anderen Jugendgruppen waren sie aufgrund ihres elitären Habitus, ihrer Abneigung gegen staatliche Bevormundung und ‚Massen'-Veranstaltungen nicht daran interessiert, möglichst viele Jugendliche zu gewinnen, sondern vielmehr eine harmonische Gemeinschaft zu schaffen. Sie eigneten sich dabei – tradierte – männerbündische und autoritäre Formen der Vergemeinschaftung an und ‚belegten' diese mit neuen Bedeutungen. Ein emphatischer gesellschaftlicher Erneuerungsgedanke gleichsam der Jugendbewegung zu Beginn des 20. Jahrhunderts[613] war dabei kaum erwünscht und nicht tragend. Dennoch verharrten die Jungen nicht in ihrem Heim, sondern erprobten ihre Gemeinschaft auf Fahrten und in der Öffentlichkeit, wie im folgenden Kapitel gezeigt wird.

III. 1. 2. 2 Auf Fahrt: Bewährungen in der Natur und im Bund

> Es genügte dennoch nicht, wie Walter Scherf 1949 formulierte, verehrte Dichter zu zitieren: Auf „einer von Flüchtlingen überschwemmten Straße muß er [der Hortenführer; BJ] helfen, wenn einer krank wird, hier muß er kochen, nähen, versorgen, Flöße bauen und fischen können. Und wenn er dann abends unter freiem Himmel den Cornet zitiert, ist er richtig. Dann ist er ein ganzer Kerl."[614]

Fernweh, Abenteuerlust, menschenleere und unberührte Natur, Krieger-Sein in fremden Landschaften – diese Topoi spielten nicht nur in den Liedern und in der Lektüre der Jungen eine große Rolle, sondern auch in den Jungenschaftszeitschriften. Dort sind zahlreiche Fahrtenbeschreibungen, Artikel über Natur und Wildnis sowie Naturabbildungen und Fotografien abgedruckt, auf denen Jungen in Wäldern, an Seen und auf Wanderschaft zu sehen sind. Rundbriefe und Fahrtenberichte von Koebel, Scherf u. a. sollten handlungsleitend für das ‚richtige' jungenschaftliche Verhalten auf Fahrt sein.[615] Auch die Fahrtenbücher und Fotosammlungen der Mindener Jungenschaft sind in erster Linie Dokumente der Ausflüge und Reisen, mehr noch der pathetischen Überhöhung des „Mythos ‚Fahrt'"[616]. Besonders in den Fahrtenbüchern der ersten zwei bis

612 S. die Gegenüberstellung von standesgemäßen Jugendgemeinschaften (der frühen Jugendbewegung) und den Jugendpflegeverbänden in der Nachkriegszeit bei Hederer 1959; Kerbs/Linse 1998, 155.

613 Wie es in der Jugendbewegung bis etwa 1933 der Fall war. S. z. B. Kerbs 1966, 165; Krabbe, 1995; Mogge 1988, 35-54.

614 Scherf, Rundbrief, 1949, zit. n. Klönne 1990, 15. Vgl. TAM, 001M/Sch280899: „... und der Spruch hieß immer: In der Natur zu Hause sein, und auf dem Parkett nicht ausrutschen." Vgl. buscher 1987, 16: „‚auf wiesen lebend – auf parkett nicht ausgleitend' (maku)".

615 Z. B. Archiv MK, Rundbrief, D.J. Nordwest (3. V. 1949), Nr. IV. Vgl. Schwarte/Reulecke 1997, 158f.

616 Schwarte/Reulecke 1997, 158, s. a. 165-167.

drei Jahre nach dem Weltkrieg sind Fahrten geheimnisvoll und wie sakrale Erlebnisse beschrieben.[617] Obgleich sich die Jungen auch in den 1950er Jahren als wilde Abenteurer darstellten[618], sind nun die Fahrtenberichte meist nüchterner und klarer in ihren Aussagen als die vom Ende der 1940er Jahre. Beschwerliches der Fahrt oder Unterkunft und Schwierigkeiten bei der Verpflegung wurden seltener heldenhaft mythologisiert als in der unmittelbaren Nachkriegszeit. In den 1950er Jahren galten sie eher als Widrigkeit.[619] Ohne Umschweife berichten die Autoren auch darüber, daß sie auch „paar Mal ... in der Jugendherberge" aßen und „sehr erfreut [waren], wenn wir die Toilette und Waschräume ... benutzen konnten".[620]

Geschieht „das Ziehen in fremdes Volkstum, das Singen fremder Lieder usw. aus Erkenntnis, Liebe zur Sache und aus einem Zweck oder aus Sensation?", fragte ein Jungenschaftler im Januar 1949 in einem Rundschreiben.[621] Eine ebensolche rhetorische Frage liest man im Kölner „feuer": „Meint ihr, wir spielen auf Fahrt bloß ‚Karl May'? Meint ihr, wir müssen uns aus dem Alltag flüchten und in die Wälder verkriechen, weil wir so mit dem Leben nicht fertig werden? Nein", lautet freilich die Antwort.[622] Welche Bedeutungen hatten Fernweh, Selbstverpflegung, männliche Kraftprobe, Gemeinschaftserlebnisse und die Begegnung mit anderen Horten der deutschen Jungenschaft für die Mindener Jungen? Was machte die Fahrt zu einer „Lebensschule durch Bewährung in der Fremde und durch das Bestehen von Abenteuern" in „der ‚Weite'"?[623] Was erlebten die Jungen auf ihren Ausflügen in die umliegenden Landschaften und auf der „sog. Großfahrt im Sommer in die Ferne, die jenes fast schon rauschhafte Erlebnis von Autonomie, Abenteuer und Gruppeneros erzeugte, das ehemalige Jugendbewegte als die letztlich unbeschreibbare Quintessenz ihrer jugendbewegten Prägung bezeichnen"?[624] Im Mittelpunkt stehen nun das Wandern und die Reise selbst, das Selbstversorgen und die Frage nach der Unterkunft, die körperlichen Bewährungsproben sowie die Begegnungen mit befreundeten Horten. Dabei geht es auch um die Interaktionen innerhalb der sich konstituierenden deutschen

617 Archiv MK, Fahrtenbuch, Sommer 1947-Sommer 1948.

618 Osterfahrt in die Lüneburger Heide, April 1953 (Archiv MK, Fahrtenbuch, August 1952-Frühjahr 1958, 30f.).

619 Z. B. bei der Harzfahrt im Winter 1956/57 (Archiv MK, Fahrtenbuch, August 1952-Frühjahr 1958, 129-137).

620 Archiv MK, Fahrtenbuch, August 1952-Frühjahr 1958, 132.

621 Archiv MK, Nachlaß Heinrich Steinhöfel, Pulsschlag, Blitznachrichten der Deutschen Jungenschaft (21. 1. 49), Nr. 2.

622 feuer (o. J. [etwa Winter 1948/49], H. 2, 9 [Archiv MK]).

623 Schwarte/Reulecke 1997, 163.

624 Ebda., 154. S. a. Driesch 1996.

Jungenschaft und um die Frage nach dem Organisationsverständnis der Jungenschaftler.[625]

III. 1. 2. 2. 1 „Aus grauer Städte Mauern" und in die Ferne schweifen: die Horte unterwegs

> „sicherheit von tür und mauersteinen liessen wir dass nur die winde wehn
> wie sie über wald und steppe gehen ..."[626].

„‚Hast du es nie erlebt, das Vorgefühl, Großem entgegen zu gehen? Es beginnt als schwaches Sausen vor den Ohren und man lauscht bange, daß es verstummen könnte. Aber er wächst, der Ton, er entsteigt den inneren verborgenen Kräften, die noch auf dich warten. weil du sie nicht verstehst. Es sind die Kräfte deiner Zukunft, deiner Mannheit, die sich rühren.'"

Hier wird keineswegs ein Gefühl der Freude auf die Geliebte beschrieben, sondern so

„sagt es Rasmussen im Vorwort zur ‚Großen Jagd'. Ihr habt es sicher alle schon erlebt: Den Tag vor der Fahrt. Man kann nicht schnell genug nach Hause kommen, holt den Affen raus, schmeißt alles durcheinander, packt und ist schon nur noch halb zu Hause. Morgen soll es losgehen! Die Fahrt, das große Abenteuer beginnt."[627]

Nach wochenlangen Vorbereitungen, die v. a. der Hortenführer leistete[628], und wenn alle Affen gepackt und vom Hortenführer kontrolliert worden waren, begann „das große Abenteuer": „Ich glaube, wir waren alle froh, endlich einmal wieder die häuslichen Gemäuer der Stadt verlassen zu können,"[629] schrieb der Hortenführer über die Osterfahrt 1948. Meist ging es frühmorgens am Wochenende oder in den Ferien los. Oft trampten sie oder versuchten es zumindest, „tippelten" ein gutes Stück und fuhren auch mit dem Zug – und das in einer Zeit, in der die Zugstrecken sowie die Autostraßen erst noch neu- bzw. wiederausgebaut wurden und nur wenige Menschen Autos besaßen. Außerdem konnte man bis 1949 aufgrund des Besatzungszustandes nicht beliebig Orte und Regionen wechseln, auch nicht innerhalb einer Zone. Egal, ob tram-

625 An dieser Stelle können nicht alle für die Fahrten der bündischen Jugend relevanten Fragen, z. B. zu den religiösen Naturerfahrungen, erörtert werden, da dies den Rahmen dieser Arbeit überschreiten würde. Zum religiösen Charakter der Jugendbewegung und zu Bedeutungen von Naturerfahrungen s. z. B. Erb 1984; Reis 1994a.

626 akermann, achim von, in: Hauser, Kai (Hg.), Die Grosse Fahrt. ein jungenbuch, Düsseldorf 1947, 5 (Archiv MK).

627 feuer (o. J. [etwa Winter 1948/49]), H. 2, 9 (Archiv MK).

628 S z. B. Archiv MK, Fahrtenbuch, Sommer 1947-Sommer 1948; Fahrtenbuch, August 1952-Frühjahr 1958; Jurtschibrief (13. 12. 1950).

629 Archiv MK, Fahrtenbuch, Sommer 1947-Sommer 1948.

pend oder mit dem Zug, ein Stück des Weges mußte immer zu Fuß zurückgelegt werden. So waren die Jungen oft einen ganzen Tag unterwegs, bis sie ihr Ziel erreichten. Sicherlich war nicht jede Reise eine solche Strapaze wie die Fahrt des „jurtschi“ am 1. und 2. Mai 1948, als nur wenige wegen des kalten und schlechten Wetters nachts um elf Uhr zu Fuß nach Rinteln mitkamen. Übermüdung und Überanstrengung ließen die Wandergruppe bald torkeln und „taumeln“, bis sie schließlich in ihrer Kohte erschöpft einschliefen.[630]

Die Heimreise verlief meist auf demselben Weg, oft jedoch weniger enthusiastisch. Im Fahrtenbericht über die Winterfahrt 1947/48 heißt es: „die bahnfahrt verlief, wie eben eine bahnfahrt am ende einer fahrt immer verläuft. der eine schlief, der andere summte ein lied. es ging zurück in die welt der spießer. um vier uhr kamen wir in minden an. an der weserbrücke trennten wir uns. die fahrt war zu ende.“[631] Aber es gab auch andere Heimfahrten: Bei einer Fahrt im September 1947 begann „mit vollem bauch ... die heimkehr. es war ein munteres, lustiges tippeln, zumal der topf mit milchsuppe mitgetragen wurde. es war der erste marsch der neuen horte. erfahrungen wurden gesammelt.“ Zu den abenteuerlichen Wegstrecken kam hinzu, daß die Jungen ihr Gepäck, oft samt Verpflegung, selbst tragen mußten. Kleineren wurde der Affe auch mal von einem Älteren abgenommen.[632]

Das Reisen durch die Lande war selbst ein Erlebnis und somit ein wesentlicher Teil des Abenteuers ‚Fahrt‘: „ständig bewegt und immer im schweben/ erlebst du bewusst dein menschliches sein ...“[633], mit dem Staub der Straßen auf den Kleidern, dem Wind im Gesicht und den schmerzenden Füßen. Reisen wurde so zur sinnlichen Erfahrung von Welt. „Es geht um einen einzigen Augenblick, um eine Sekunde, die grenzenlose Weite der Welt vor dir öffnet.“[634] Besonders in den ersten beiden Nachkriegsjahren und an den Wochenenden begann die ‚Weite‘ bereits kurz hinter der Stadtgrenze von Minden.[635] Im Sommer oder in den Winterferien machten sich die Jungen in entferntere Regionen

630 Archiv MK, Fahrtenbuch, Sommer 1947-Sommer 1948 (Mai 1948).
631 Ebda.
632 Ebda.
633 heino, in: Hauser, Kai (Hg.), Die Grosse Fahrt. ein jungenbuch, Düsseldorf 1947, 22 (Archiv MK). Vgl. Welter, Günther, Trampen – Trampen – Trampen! Erfahrungen im Nachkriegstrampen, gesammelt und berichtet von Welf, in: Das Junge Wort, zit. n. Klönne 1990, 19-23. S. a. das gesungene Liedgut (Kap. III. 1. 2. 1. 3).
634 Scherf 1982, 5, s. a. 10f., 54-57; vgl. Sauer 1988, 64.
635 Die Fahrten gingen z. B. nach Kleinenbremen im Herbst 1947, in den Nettelstedter Wald im Oktober 1947, nach Ahlhorn bei Oldenburg im November 1947, Ostern 1948 in die Liebenauer Heide, im Mai 1948 ins Weserbergland (Samstagswanderung), Pfingsten 1948 in den Teutoburger Wald, Juni 1951 ins Wergebirge (Archiv MK, Fahrtenbuch, Sommer 1947-Sommer 1948). S. a. Archiv MK, Die Runde. Elternbrief der deutschen Jungenschaft Minden, VII (Juni 1951). In den 1950er Jahren unternahmen die Jungenschaftler außerdem Fahrten zu den Externsteinen (Detmold) oder in den Schaumburger Wald (Archiv MK, Fahrtenbuch, August 1952-Frühjahr 1958).

auf den Weg, z. B. an die Nordsee, an den Neckar oder in den Rheinhardswald, zu den Jugendburgen, zu anderen Horten wie im Winter 1952/53 nach Göttingen und zum Skifahren in den Harz im Winter 1953/54. 1951 fuhr die Mindener Jungenschaft erstmals ins Ausland: nach Italien; 1952 wieder nach Italien, 1953 dann in die Bretagne und wenige Jahre später nach Jugoslawien und Holland.[636]

Früher als die meisten Deutschen und auch als viele andere Jugendgruppen überschritten die Horten der deutschen Jungenschaft die Staatsgrenzen. Sie waren daher häufig die ersten Deutschen, denen z. B. Franzosen oder Holländer nach dem Zweiten Weltkrieg begegneten. Daher waren die Jungen oft unsicher, wie sie wohl in den ehemals feindlichen Ländern aufgenommen würden. Sie suchten vorsichtig Kontakt zu den Fremden, auf deren Hilfe sie bei ihren Fahrten häufig angewiesen waren. Gerade im Zusammenhang mit den Auslandsfahrten der 1950er Jahre widmeten die Jungen in ihren Fahrtenbüchern[637] mehr Aufmerksamkeit den Begegnungen mit fremden Menschen, den Landschaften, Städten, Museen und anderen Sehenswürdigkeiten als in den Jahren zuvor. Auch Ausflüge ins Umland wurden wie bei einer Samstagswanderung im Mai 1948 z. B. damit verbunden, „... etwas über die entstehungsgeschichte des weserberglandes“ zu lernen. Im Oktober 1947 unternahm die Mindener Jungenschaft sogar eine „entdeckungsfahrt durch die stadt minden“.[638]

Aber sowohl Ende der 1940er als auch in den 1950er Jahren waren die Jungen in erster Linie mit den gruppendynamischen Erlebnissen und ihren ersten Erfahrungen ohne Eltern in fremder Umgebung beschäftigt:[639]

„Wir suchen den Wald. Wir suchen jene Landschaft, die in Ruhe und Gleichmaß in ihren nicht vom Menschen geschaffenen Ordnungen wächst, in

636 Archiv MK, Brief von der deutsche jungenschaft schwaben am 15. VII. 48, an hajo [Zenker]); Fahrtenbuch, Sommer 1947-Sommer 1948; Fahrtenbuch, August 1952-Frühjahr 1958; Jurtschibrief, XX (22. 6. 1950); Jurtschibrief (13. 12. 1950); X gibt bekannt. Bielefeld, 9. 12. 1949; Feuer (1946), Nr. 2; Feuerzeichen, 7 (1948); Buschtrommel (17. 6. 1951); Die Runde. Elternbrief der deutschen Jungenschaft Oldenburg, I (Augst o. J. [1951]); Brief von Wolfgang Hempel an Eckhard Holler v. 25. 1. 1997; Brief von Klaus Kosiek an die Autorin v. 5. 6. 1997; [Zenker], 1972, 338-342; Kröher, H. 1979a; Kröher, O. 1979b.; Schmidt o. J., 9;. Tabelle über Fahrten- und Hortenteilnehmer Minden 1949-1954, erstellt von Klaus Kosiek 1999 für die Autorin. Die Mindener bereisten im Untersuchungszeitraum nicht die ‚unberührten‘ Landschaften Skandinaviens wie Koebel (Kerbs 1966, 163f.).

637 S. Frankreich- und Hollandfahrt (Archiv MK, Fahrtenbuch, August 1952-Frühjahr 1958).

638 Archiv MK, Fahrtenbuch, Sommer 1947-Sommer 1948.

639 Ebda.; Archiv MK, Fahrtenbuch, August 1952-Frühjahr 1958. Auch die Fotografien der Mindener Jungenschaft zeigen fast ausschließlich die Gruppenmitglieder, seltener Gebäude, Städte und Landschaftsaufnahmen (Archiv MK [Gustav-Adolf Mohrlüder], Fotos, Ordner I [groß], 1952/53; Fotos, Ordner II (klein), 1952/53; [Kosiek], Fotoband [Ostern 1949-Ostern 1954]). Vgl. zu Auslandsfahrten der bündischen Jugend und diesem Argument Schwarte/Reulecke 1997, 161-163.

der die Gewässer aus eines anderen Hand rinnen und [in] der die Felsen ihre alte, bedeutsame Sprache sprechen."[640]

Die Jungen ‚suchten' – meist im Unterschied zu christlichen und sozialdemokratischen Jugendorganisationen – außerdem die menschenleere Natur und die Herausforderung, sich selbst darin zurechtzufinden und eigenständig für Unterkunft und Verpflegung zu sorgen.

III. 1. 2. 2. 2 Schlafen, Essen, Faulenzen – Feuer und Kohte

Endlich am Zielort suchten die Jungen einen geeigneten Lagerplatz[641], wo sie die Jungenschaftszelte aufbauten: „Sobald wir auf dem Berge ‚unsere' Quellen gefunden hatten", schrieb Mohrlüder über eine Wochenendfahrt ins Wesergebirge im Elternbrief, „bauten wir auf dem von früheren Fahrten schon bekannten Kohtenplatz zwei Kohten auf".[642]

Kohten sind spitz zulaufende Zelte verschiedener Größen mit einem Loch in der Mitte des Daches, damit der Rauch des Feuers aus dem Zelt entweichen kann. Die Kohte war für die Jungen Symbol für das Jungenschaftsleben und zugleich eine idealisierte Unterkunft auf Fahrt, die Koebel aus dem Lappland mitbrachte:[643]

„Die Kohte/ kennt ihr sie? sie ist uns die liebste zeltform. deutsche jungen brachten sie von grossfahrt aus lappland mit und haben sie für die jungenhorde umgearbeitet./ zum bau der kohte braucht ihr vier kohtenbahnen (...) in der mitte der kohte, unter dem rauchloch, brennt das feuer, der teetopf hängt darüber.../ wisst ihr, dass es im winter sehr warm in der kohte ist? (...)/ beim schlafen legt ihr euch sternförmig mit dem kopf nach aussen um das feuer. einer wacht. er unterhält die glut und passt auf, dass jungen und decken nicht in das feuer fallen (...)".[644]

Diese Unterkunft versprach Ferne von Zuhause, von Autorität und „Zivilisation" und „Spießern"[645] sowie Nähe zur Natur. In manchen Nächten schliefen die Jugendlichen daher auch unter freiem Himmel, wie bei ihrer Fahrt zur

640 Scherf 1960, 5.

641 Bei Walter Scherf mutiert das Ausgucken eines geeigneten Platzes zu einem „Spiel": „Es ist fast ein Spiel und doch mehr als ein Spiel, auf einer Wanderung, oder auch nur einem stillen Gang hinaus, die Landschaft wie ein großes Bild zu betrachten und mit dem Leben eines Jungenlagers zu erfüllen" (Scherf 1960, 7; s. das Kapitel „Den Lagerplatz anschauen" [7-30]).

642 Archiv MK, Die Runde. Elternbrief der deutschen Jungenschaft Minden (Juni o.J. [1951]), Nr. VII.

643 Über den „Nimbus ... um diese Lapplandfahrten", den die Nachkriegsjungenschaften übernahmen und gleichzeitig ironisierten, s. TAM, 002M/Sch280899; zur Kohte Scherf 1960, 49-52.

644 k., in: Hauser, Kai (Hg.), Die Grosse Fahrt. ein jungenbuch, Düsseldorf 1947, 21 (Archiv MK).

645 Archiv MK, Fahrtenbuch, Sommer 1947-Sommer 1948.

Ostsee im August 1947.[646] Ebenso wie auf eine feste Behausung verzichteten sie häufig auf sanitäre Einrichtungen[647] und wuschen sich in einem nahegelegenen Bach.[648] Aber sie übernachteten auch schon mal in einem Altersheim, mal in einem Krankenhaus oder Kinderheim, in einem Blockhaus, in einer Jugendherberge oder einer ‚Jugendburg', wie z. B. auf der Burg Ludwigstein im Winter 1947/48.[649]

Nachdem die Jungen möglichst lautlos und gut aufeinander abgestimmt ihr Lager aufgeschlagen hatten, bereiteten die oft erschöpften und hungrigen Jugendlichen Tee und etwas zu Essen:[650] „Es war schon dunkel, als wir uns dann um das Feuer setzten, und unsere Lebensgeister mussten erst mit ein paar kräftigen Butterbroten gestärkt werden ...".[651] Gerade in der frühen Nachkriegszeit war die Vorbereitung für die Selbstversorgung für die meist noch jungen Hortenführer nicht einfach: „noch 14 tage und es ist pfingsten ... für 30 mann verpflegung und affen besorgen. nie hab ich [Gerhard Rasche; BJ] gedacht, dass das so schwierig ist"[652], und „... am letzten tag bekommen wir noch unsere bezugsscheine, die innerhalb einer stunde umgetauscht sein müssen ... kochtöpfe haben wir noch bekommen".[653] Auch bei ihrer Ostseefahrt im August 1947 kümmerten sich die Jungen selbst um das Essen und dessen Zubereitung: „Bald hatten wir für 1 RM 10 Schleiheringe ergattert. Nach einigem Suchen fanden wir auch einen Pastor, bei dem wir sie abkochten."[654] Nicht immer reichte das eingeteilte Essen, so daß improvisiert werden mußte, wie bei der Winterfahrt 1947/48: „zum kaffee aßen wir einen selbstgekochten brei, da die brotration nicht ausreichte."[655]

Trotz aller Schwierigkeiten gehörte es zum Selbstverständnis der deutschen Jungenschaft, sich selbst zu versorgen. Als die Mindener Jungen im Herbst

646 Ebda.
647 Vgl. Scherf 1960, 31f.
648 Archiv MK, Fahrtenbuch, Sommer 1947-Sommer 1948.
649 Ebda. Fahrtenbuch, August 1952-Frühjahr 1958. Zeitzeugen erwähnen fast ausschließlich die Kohten als Unterkunft.
650 Brief von Gero von Schönfeldt an die Autorin v. 23. 7. 1999. So wollte es auch der Landeskreisführer Gerhard Rasche: „Am Lagerplatz wird das Gepäck sofort sauber nebeneinander hingelegt, sofort die Jungen zu Kochen, Kohtenaufbauen und Holzholen eingeteilt. Steht die Kohte anständig, wird von einigen das Gepäck hineingepackt. Dies geschieht alles lautlos und muss den Jungen schliesslich selbstverständlich sein ..." (Archiv MK, Rundbrief an den Jurtschi, VIII [27. 6. 1949]).
651 Archiv MK, Die Runde. Elternbrief der deutschen Jungenschaft Minden (Juni o. J. [1951]), Nr. VII.
652 Pfingsten 1948 (Archiv MK, Fahrtenbuch, Sommer 1947-Sommer 1948). Vgl. die Vorbereitung des überregionalen Winterlagers 1950/51, an dem auch die Mindener Horte teilnahm (Archiv MK, Jurtschibrief [13. 12. 1950]).
653 Archiv MK, Fahrtenbuch, Sommer 1947-Sommer 1948.
654 August 1947 (Archiv MK, Fahrtenbuch, Sommer 1947-Sommer 1948).
655 Archiv MK, Fahrtenbuch, Sommer 1947-Sommer 1948.

1947 wie abgesprochen die Oldenburger Jungenschaftler in einer Blockhütte bei Oldenburg getroffen hatten, „kam die erste ernüchterung. die blockhütte lag in einem gemeinschaftslager mit einem kinderheim, personal, küche und allem was so daran hängt. die oldenburger hatten sich schon zwei tage hier gelangweilt ...“.[656] Trotz des Ideals der Autonomie mag mancher Junge dies v. a. in der frühen Nachkriegszeit, von Lebensmittelknappheit geplagt, schweigend begrüßt haben, wie bei der Fahrt an die Ostsee 1947: „Dort [in Neumünster; BJ] hatten wir bald im Stadtkrankenhaus unser Essen und unsere Unterkunft gesichert. Die Schwestern waren rührend und umringten uns mit wahrer Sorge.“[657] Die allgemein schwierige Versorgungslage bis Ende der 1940er Jahre war sicher einer der Gründe für die häufige Erwähnung von Essen, Kochen und Nahrungsbeschaffung im ersten Fahrtenbuch der Mindener Horte. Oft berichtete der Hortenführer darin von vollen Bäuchen und einer angenehmen Sattheit.[658] In den 1950er Jahren verschwand dieses Thema hingegen weitgehend.[659]

Ob durch die allgemeine wirtschaftliche Situation bedingt oder bewußt herbeigeführt – oder beides, gehörte Selbstversorgung zu den zu bewältigenden Abenteuern der Fahrt. Es gab auch einen Hortenführer, der das Streben nach Askese und Enthaltsamkeit soweit steigerte, daß er den Jungen nur noch ein paar Reiskörner mit auf Fahrt gab.[660] Das Abenteuer oder das Erlebnis der Selbstversorgung bestand darin, das Essen eigenständig zu organisieren, Koch- und Eßgeschirr mitzunehmen, entsprechend zu kalkulieren, nicht zuviel und nicht zu wenig zuzubereiten, das Essen aufzubewahren und die Arbeiten sowie die Speisen unter den Jungen gerecht aufzuteilen.[661]

„Das Abkochen im Freien dokumentierte“ nicht nur „in besonderer Weise die Unabhängigkeit von der Mutter einerseits, das Zusammengehörigkeitsgefühl der Gruppe andererseits“[662], sondern ferner ihre Unabhängigkeit von Erwachsenen im Allgemeinen und von weiblichen Personen im Besonderen. Walter Scherf hält die Jungen in seinem Büchlein „Lautlos wandert der Bär“ an, auf Konservendosen und Puddingpulvertüten zu verzichten und dagegen von der Mutter und auf Reisen in fremde Länder die Zubereitung von frischem Gemüse zu lernen sowie sich über die Kräuter, Pilze und Früchte in den Wäl-

656 Oktober/November 1947 (Archiv MK, Fahrtenbuch, Sommer 1947-Sommer 1948).
657 August 1947 (Archiv MK, Fahrtenbuch, Sommer 1947-Sommer 1948).
658 Archiv MK, Fahrtenbuch, Sommer 1947-Sommer 1948.
659 Auch in den 1950er Jahren fiel es den Jungen nicht immer leicht, genügend Brot zu kaufen, sich das Geld dafür einzuteilen usw. (Archiv MK, Fahrtenbuch, August 1952-Frühjahr 1958, z. B. 190).
660 TAM, 001Sch031197.
661 Archiv MK, Fahrtenbuch, Sommer 1947-Sommer 1948; Fahrtenbuch, August 1952-Frühjahr 1958. Vgl. Scherfs Anleitung für die ‚Fahrtenküche‘ (Scherf 1960, 213-217).
662 Benninghaus 1999a, 105.

dern zu informieren;[663] Kenntnisse, die meist professionellen Köchen, Mädchen und Frauen vorbehalten blieben.

Damit alle etwas zu essen bekamen und alle sich gleichermaßen an der Zubereitung von Feuer und Speisen beteiligten, übten die Jungen außerdem Gemeinschaftssinn und Selbstdisziplin. Über die Verteilung des Essens wurden gleichzeitig Rangordnungen verhandelt.[664] Nicht immer hoben die Jungen einem Nachzügler etwas auf[665], und nicht alle halfen gleichermaßen bei der Zubereitung: Als „wir am Frühstücken waren, kam Nicki, der sich freute, gerade rechtzeitig zur Stelle zu sein."[666]

Das Feuer diente nicht nur dazu, Tee oder Suppe zu kochen, die Hände zu wärmen oder die Kohtentemperatur zu steigern, sondern es war zugleich ein in den Fahrtenbüchern hochstilisiertes Symbol: „der höhepunkt war das nächtliche feuerthing am 1.11. bimbo sprach worte von der bedeutung des feuers, jeder wurde mitgerissen."[667] Das Feuer symbolisierte in erster Linie gemeinschaftsstiftende und initiationsähnliche ‚Erlebnisse'[668] wie die abendliche Runde an den wärmenden Flammen bei Gesprächen und Gesang und die erste Nacht in der vom Feuer gewärmten Kohte.[669] Im ersten Nachkriegsfahrtenbuch der Mindener Horte heißt es mystifizierend:

Die „finster schweigende kulisse der kiefern war ein romantischer hintergrund. die sterne standen leuchtend und fast greifbar über den tannen. es war keiner, der nicht still würde. hajo fand worte am feuer. nacht, kohte, sterne und flammen erschmolzen zu einem erlebnis, das unmerklich ein erstes band um die neue gemeinschaft wirkte."[670]

Die Mindener Horte wertete 1953 bei einer Wochenendfahrt sogar die „Tat-

663 S. Scherf 1982, 61-63.

664 Vgl. über die durch die unterschiedliche Zuwendung von Nahrung manifestierte Hierarchie in den Arbeiterfamilien der 1920er Jahre Benninghaus 1999a, 98-102.

665 „Nach dem Essen kam Mops, er bedauerte natürlich, daß die Suppe schon alle war" (Archiv MK, Fahrtenbuch, Sommer 1947-Sommer 1948). Diese im Fahrtenbuch hämische Formulierung wird vom betroffenen Zeitzeugen relativiert. Seiner Erinnerung nach erwarteten die anderen Jungen ihn gar nicht mehr und konnten ihm daher auch nichts aufheben (Brief von Wolfgang Hempel an die Autorin v. 7. 9. 2000).

666 Archiv MK, Fahrtenbuch, Sommer 1947-Sommer 1948.

667 Ebda.

668 S. z. B. den Titel der Jungenschaftszeitschrift „feuer" (TAM, 001R130698). Vgl. kai, Feuerwache, in: Hauser, Kai (Hg.), Die Grosse Fahrt. ein jungenbuch, Düsseldorf 1947, 16 (Archiv MK).

669 Die „erste fahrt der neuen horte brachte für die kohtensäuglinge das erlebnis der nacht am lagerfeuer" (Archiv MK, Fahrtenbuch, Sommer 1947-Sommer 1948). – „Es war das erste Mal, daß ich in der Kote [sic] schlief, und daher war ich sehr erstaunt, daß jeder eine halbe Stunde wachen und das Feuer unterhalten mußte" (Archiv MK, Fahrtenbuch, Sommer 1947-Sommer 1948).

670 Archiv MK, Fahrtenbuch, Sommer 1947-Sommer 1948. Vgl. dazu die Aussagen eines Zeitzeugen: „Ja, das Feuer ist ein Erlebnis, das keiner, der in der Gruppe mal gewesen ist, wieder aus sich rausbringt. Das hat 'ne Faszination als Element und als Erlebnis in der Gemeinschaft" (TAM, 002M/Sch280899; s. a. TAM, 001R130698).

sache, daß wir unser Feuer mit dem einzigen Streichholz, das wir besaßen, anzünden konnten, ... als gutes Zeichen für unsere gemeinsame Zukunft."[671]

Die Feuerrunden waren nicht nur symbolträchtige Inszenierungen von Gemeinschaft, sondern gehörten auch zu den beliebten, entspannenden Stunden. Besonders in der frühen Nachkriegszeit genossen es die Jungen, ziellos zu plaudern, zu faulenzen, zu lesen und in den Tag hinein zu leben, wie bei der Ostseefahrt im August 1947: „Wir hatten keine Uhr und alles war uns in dieser Zeit egal. Lesen, Baden und Kochen waren eigentlich an erster Stelle, denn dieses taten wir nur einmal, und das war immer...".[672] Lesen, Geschichten hören[673], singen und Lieder lernen, am Feuer sitzen, reden oder schweigen und schließlich ausruhen, faul sein und lange schlafen waren neben ‚Fahren' und ‚Wandern' wesentliche Tätigkeiten einer Fahrt.[674] Die Lust am scheinbaren Nichtstun könnte die Erschöpfung der jungen Menschen von den Kriegs- und Nachkriegserlebnissen und den damit verbundenen psychischen und physischen Anstrengungen dokumentieren[675], jedoch auch den Überdruß von Drill und fremdbestimmter Zeiteinteilung, also das Bedürfnis nach selbstbestimmter und ruhiger Zeit in einem Jahrzehnt rascher Veränderungen, Unsicherheiten und Beschwerlichkeiten im Alltag. Dies als Flucht aus dem ‚Leben' zu interpretieren, wäre zu kurz gegriffen, da die Jungen auf diese Weise inne hielten und über sich sowie ihre Umwelt nachdachten.[676]

671 Archiv MK, Fahrtenbuch, August 1952-Frühjahr 1958, 34. Ähnlich klingt es in der volkskundlichen Studie von Freudenthal über „Das Feuer im deutschen Glauben und Brauch: „Am Lagerfeuer fand der Mensch, den die dunklen Gewalten der Nacht mit tausend Stimmen und Schreckbildern ängstigten, Ruhe, Selbstbewußtsein und Zuversicht wieder; winkende Lichter zeigten ihm den Weg aus der geistererfüllten Irre zu den Siedlungen seiner Freunde" (Freudenthal 1931, 2f.). Vgl Geuter 1994.

672 Archiv MK, Fahrtenbuch, Sommer 1947-Sommer 1948.

673 Vgl. über die Kunst und den Sinn des Vorlesens: vorlesen, in: Hauser, Kai (Hg.), Die Grosse Fahrt. ein jungenbuch, Düsseldorf 1947, 23 (Archiv MK).

674 Archiv MK, Fahrtenbuch, Sommer 1947-Sommer 1948.

675 S. Kapitel II; Borchert 1956a-e.

676 Vgl. z. B. Joergens/Görs/Frank 1995, 39f.

III. 1. 2. 2. 3 Bewährungen I: Geländespiele, Kämpfe und Berührungen

„... und wenn der sturm an den zelten zerrt, wolkenfetzen über den himmel jagen, und sie ihre wilden lieder singen, dann rufen sie dich, mitzukommen in ihr reich voll freiheit und erleben ...“.[677]

Als die Jugendlichen im Herbst 1947 mit der Oldenburger Horte bei einer gemeinsamen Fahrt ein paar Tage in einer Blockhütte übernachteten und vom Personal eines Kinderheims versorgt wurden, murrten einige Jungen unzufrieden: „... die nächsten tage brachten dann kein erlebnis, wie es sich die älteren gewünscht hätten ...“.[678] Das gewünschte ‚Erlebnis‘ der Jungenschaft bestand nicht darin, faul in der Blockhütte zu sitzen und die Zeit verstreichen zu lassen, auch wenn einige dies begrüßt haben mochten, sondern v. a. in körperlichen Anstrengungen und Herausforderungen, in ‚echten Erlebnissen‘. „Bringt der Bequemlichkeit kein unnötiges Opfer“, forderte Walter Scherf die Horten 1949 auf.[679] Das ‚Erlebnis‘ begann, sobald die Horte die Stadt Minden verließ. Mit schweren ‚Affen‘ auf den Rücken trotzten die Jungen Regen und Wind, im Winter auch der Kälte und dem Schnee. Immer wieder wanderten die Jungen nachts oder vor Sonnenaufgang los.[680] Trafen sie unterwegs eine andere Jungenschaftshorte, wie z. B. bei der Pfingstfahrt 1954 zur Burg Ludwigstein, entstand aus der Begegnung ein Kampf. Die Jungen lauerten einander auf und verprügelten sich gegenseitig. Ebenso verhielt es sich bei der Wochenendfahrt in den Schaumburger Wald im Mai 1954.[681]

Fahrten und Geländespiele gingen in der Jungenschaft häufig ineinander über. Beides erforderte Geschicklichkeit, Mut und körperliche Kraft.[682] Sport trieben die Jungenschaftler im engeren Sinne zwar wenig.[683] Dafür empfanden sie die Fahrten und die dazu gehörenden Geländespiele[684] „als eine Art Leistungssport“[685]. Als die Jungenschaft Minden im Oktober 1947 ein gemeinsa-

677 k[ai] h[auser], Editorial, in: Hauser, Kai (Hg.), Die Grosse Fahrt. ein jungenbuch, Düsseldorf 1947 (Archiv MK).

678 Archiv MK, Fahrtenbuch, Sommer 1947-Sommer 1948.

679 Archiv MK, Rundbrief an den Jurtschi, VIII (27. 6. 1949).

680 Archiv MK, Fahrtenbuch, Sommer 1947-Sommer 1948; Fahrtenbuch, August 1952-Frühjahr 1958.

681 Archiv MK, Fahrtenbuch, August 1952-Frühjahr 1958, 86.

682 TAM, 001R130698.

683 Wie z. B. Ringkampf und Fechten (TAM, 001R130698). Stockfechten war bereits in der dj.1.11 und in den illegalen Gruppen beliebt (Grau 1976, 131) und gilt als ‚bündische‘ Sportart. Mannschaftssport lehnten die bürgerlichen Jungen dagegen meist ab (Bothien 1995, 165f.).

684 Archiv MK, Fahrtenbuch, Sommer 1947-Sommer 1948; Fahrtenbuch, August 1952-Frühjahr 1958.

685 TAM, 001R130698.

mes Wochenende in Minden verbrachte, trafen sie sich zunächst am Samstagabend im Garten des Großvaters von Gerd Rasche: „... dann bilden sich schnell zwei indianer-stämme". Die beiden ‚Indianerstämme' kämpften „um die schatzpläne des medizinmannes". Die Beschreibung des Spieles im Fahrtenbuch mutet wie eine Phantasie- und Abenteuergeschichte an, in der sich die Jungen vor Gespenstern „hinter düsteren bäumen des glacis" fürchteten.[686] Bei einem anderen Spiel im Mai 1948 teilte sich die Horte wieder in zwei Gruppen ein.[687] Diesmal waren es keine Indianerstämme sondern eine ‚römische' Gruppe kämpfte gegen eine ‚germanische'. Das Spiel fand in einem bzw. an einem Aussichtsturm statt. Die ‚Germanen' bewachten den Turm, während die ‚Römer' die Aufgabe hatten, „eine Briefkapsel" „in den Aussichtsturm ... zu werfen". Die ‚Germanen' versuchten, dies zu verhindern, indem sie „die turmtür mit strauchwerk" verrammelten. Nach spannungsgeladener Ruhe „klauten sie [die ‚Römer'; BJ] arno. das machte uns wütend." Dies war wohl nicht vorgesehen. Die ‚Germanen' bereiteten sich auf eine Balgerei vor. Nachdem die ‚Römer' versucht hatten, den Turm zu stürmen, ging es auch schon los mit der „klopperei: Timur erregte durch seine kraft viel bewunderung, aber die anderen schlugen sich tapfer".[688] Auch bei anderen Geländespielen, wie bei der Osterfahrt 1947[689], gehörte die Schlägerei zum Abschluß, die körperliche Bewährung[690], dazu. Dafür waren aus Sicht der Jungen geschlechtshomogene Gruppen Voraussetzung.

Bei diesen Jungenspielen maßen sich die Jungen in Mut, Geschicklichkeit und körperlicher Ausdauer. „Mit Mädchen hätte man das [die anstrengenden Fahrten; BJ] gar nicht machen können."[691] Ob Mädchen bei den Fahrten und Geländespielen wirklich unterlegen gewesen wären, kann hier nicht gesagt werden. Wesentlich ist, daß die Jungen den Wettkampf unter Jungen suchten, die sie als ebenbürtig anerkannten, also in der Regel aus dem bürgerlichen Umfeld kamen. Damit erkämpften sie im doppelten Wortsinn ihre Männlichkeit, d. h. sowohl ihre Zugehörigkeit zur männlichen Welt als auch ihren Unterschied zu Mädchen.[692] Sie reproduzierten dabei eine Männlichkeit, zu der kriegerische und soldatische Attribute gehör-

686 Archiv MK, Fahrtenbuch, Sommer 1947-Sommer 1948.
687 Wie die Einteilung vonstatten ging, wird nicht geschildert.
688 Archiv MK, Fahrtenbuch, Sommer 1947-Sommer 1948.
689 Ebda.
690 Vgl. Bothien 1995, 165f.; Schwarte/Reulecke 1997, 163.
691 TAM, 001R130698.
692 Die männlichen Initiationserfahrungen der bündischen Jugend bestanden nicht in der ersten sexuellen Begegnung mit dem ‚anderen' Geschlecht, sondern in der kämpferischen und kriegerischen Bewährung des Jungen, wie Reulecke in seiner Analyse des bündischen Liedgutes feststellt (Reulecke 1996b, 159). Dieser Befund ist auf die zweite Nachkriegszeit übertragbar, wie gezeigt wurde. – Nach Connell konstituierten sich Männlichkeit und damit

ten[693] sowie eine gute physische Konstitution[694] – immer gemessen an anderen Jungen. D. h., Männlichkeit bedeutete, wie etwa bei den studentischen Verbindungen, im körperlichen wie intellektuellen Wettkampf zu bestehen[695], sowohl als Gruppe als auch als Einzelner: „es war der erste marsch der neuen horte. (...) wird die horte bewähren? bimbo wird vom taumel erfasst, die fahrt war ihm nur antrieb. wieder wird um jeden jungen gerungen. die erfolge werden gefestigt."[696]

Eine zweitrangige Rolle spielte dabei, sich gegenseitig zu bekämpfen oder gar zu verletzen.[697] In welcher Weise diese Kämpfe kontrolliert wurden, etwa um Verletzungen zu vermeiden, und ob es einen Ehrenkodex gab, ist nicht do-

soziale und Geschlechterbeziehungen wesentlich durch körperliche Betätigungen (Sport, Wettkampf und Arbeit). Seiner Meinung nach werden durch „körperliche Praxen ... Körper in den sozialen Prozeß miteinbezogen", d. h., daß durch „Praxen, die Männlichkeit konstruieren", „Welt", Gesellschaft gestaltet wird (Connell 1999, 73-76, 84f., 146f.)

693 Besonders im Zusammenhang mit den körperlichen Anstrengungen und Bewährungsmomenten häufen sich in den Quellen Begriffe aus dem Militärwesen. Z. B. nannten die Jungenschaftler einen Wochenendtag, an dem sie sich im Heim trafen und Geländespiele machten, „Garnisonstag" (z. B. Archiv MK, Fahrtenbuch, August 1952-Frühjahr 1958, 67-69). Allerdings wurde der Begriff der ‚Garnison' nicht direkt aus dem Militärischen übernommen, sondern bezog sich auf die ‚rotgraue Garnison', einer Berliner Wohngemeinschaft von Koebel und anderen der dj.1.11. (Brief von Wolfgang Hempel an die Autorin v. 7. 9. 2000). – Die Jungen begeisterten sich für Gelände- und Kriegsspiele sowie für Soldatenlieder und Kriegserzählungen, weil sie damit nicht das Schlachtfeld, sondern Abenteuertum assoziierten, das sie zu Männern (unter Männern) machte und von der weiblichen Welt differenzierte. Vgl. die Beiträge und Diskussionen der Tagung des Archivs der deutschen Jugendbewegung, Burg Ludwigstein, Oktober 1998; Morgan 1994, 165-182. Morgan betont die Bedeutung von Krieg, Militär, aber auch anderer Praktiken des Kampfes, des sportlichen Wetteiferns und Bewährens in der ‚Natur' und die damit verbundene Männerbündung, Exklusion von Frauen sowie männlicher Hegemonie für die Konstituierung moderner Männlichkeit.

694 Vgl. die Studie von Davies über jugendliche Schläger des Arbeitermilieus im Salford des ausgehenden 19. Jahrhunderts. Davies kommt darin u. a. zu folgendem Schluß: Die Jungen „acted out, and thus helped to reproduce, a violent strand of working-class masculinity" (Davies 1996, 29; vgl. ders. 1999). Ich danke dem Autor für die Überlassung seines Manuskripts.

695 In Minden wurden auch Jungen ausgeschlossen, die den körperlichen Anforderungen nicht entsprachen (TAM, 001130698). Vgl. Michelle Rosaldo: „... a critical distinction between the upbringing of boys and girls in almost all societies. Whereas girls are expected to graduate to womanhood in a largely domestic setting under a mother's tutelage, boys have to be prepared for a more competitive and demanding arena. Their qualification for a man's life among men – in short for a role in the public sphere – depends upon their masculinity being tested against the recognition of their peers during puberty, young adulthood and beyond." Entsprechend müssen Jungen lernen, sich einander und sich selbst gegenüber zu beweisen und zu prüfen (zit. n. Davies 1996, 3). Vgl. Morgan 1994, 168. – Vgl. TAM, 001M/Sch280899, worin ein Interviewpartner (indirekt) einen Vergleich zwischen im Schneetreiben marschierenden Soldaten in der Nähe von Stalingrad und den Anforderungen an die Jungen bei einer Fahrt in Schnee und Kälte zieht.

696 Archiv MK, Fahrtenbuch, Sommer 1947-Sommer 1948.

697 Aus diesem Grund mag Bothien in seiner Analyse der Bilder der illegalen ‚Jovy-Gruppe' zu dem Schluß gekommen sein, daß keines „eine Wettkampfsituation erahnen läßt". Der Autor betont ohnehin die „wenig ordentliche und nicht militärisch disziplinierte Anordnung der Gruppe", allerdings in Relation zu der „Militarisierung und Disziplinierung im Sinne des NS-Staates" (Bothien 1995, 166f.).

kumentiert, zumal die gewalttätigen Auseinandersetzungen generell nicht weiter diskutiert wurden. Hingegen wird in den Quellen deutlich, daß sich die Jungen gegenseitig im Kampf bestätigten, indem sie sich einander und an den Naturkräften maßen, physisch wahrnahmen und „um Anerkennung" rangen.[698] Das ‚Erlebnis' des Kampfes stand im Gegensatz zum Faulsein und der Entspannung, weil es „schön ... ist, sich ausgearbeitet zu haben und zu wissen, was ich geschafft habe ... Und das ist eine Begegnung mit dem Stoff".[699] Insofern war die Bewältigung anstrengender Reisen auch eine sinnliche Erfahrung dessen,

„was da im Wald passierte, was da an Tieren ist, was um uns herum ist, daß man das achtet, daß man darauf hört, ... wie die Morgenstille, was das für eine Qualität ist, wenn die Sonne aufgeht, wenn der Regen rauscht, all diese Dinge, diese leisen Töne, die aus der Natur kommen. Das war eine ganz wichtige Komponente. Und wir waren ja ständig in Kontakt mit der Natur. Wir sind bei strömenden Regen, ... wir haben im Schnee gezeltet, bei sengender Sonne, das war, also diese hautnahe Erfahrungen dessen, was die Natur mit sich bringt an Positivem und Negativem ...". Das „hat uns konditioniert. Und das war ein ganz wichtiges Element".[700]

Die körperlichen Erfahrungen der Jungen erschöpften sich nicht im Wettkampf. Dazu gehörte das Sich-Behaupten in der Natur. ‚Sich-Selbst-Erringen' bekam dabei eine Dimension der Selbsterfahrung und -begegnung, also der Selbstvergewisserung[701] auf der Folie einer – oft erst im Nachhinein empfundenen – Selbstentfremdung während der NS-Zeit[702]. Kämpfend, schwitzend, Schmerzen empfindend und sich überanstrengend reproduzierten sie sich selbst – und zwar als mit der Natur kämpfende und tapfere heranwachsende Männer. Zur Mann-Werdung in diesem Milieu gehörte offensichtlich nicht die – häufig abgelehnte – Sexualität mit Mädchen. Vielmehr wurden hier Sinnlichkeit und Erotik auf Natur und auf die anderen Jungen bezogen. Die Fotografien der Fahrten zeigen die Jungen der Horte oft einzeln in nachdenklicher Pose, auf etwas konzentriert beschäftigt, die Landschaft betrachtend und in

698 Nach Honneth sind zur Verhinderung oder Heilung der durch ‚Mißachtungen' und Herabwürdigungen verletzten persönlichen Integrität „die soziale Garantie von Anerkennungsverhältnissen" und „Vertrauen in sich selber" wesentlich. Er argumentiert schließlich mit Mead, daß die „intersubjektive Zustimmung" „die Möglichkeit einer solchen ‚ethischen' Selbstvergewisserung" schafft, also „die Schätzung seiner selbst" (Honneth 1990, 1043-1054). Anerkennung eines Menschen setzt Erkennung bzw. Wahrnehmung eines Menschen voraus bzw. Achtung die Beachtung.

699 TAM, 001M/Sch280899. Vgl. Erb 1984, 128.

700 TAM, 001M/Sch280899; ähnlich TAM, 001R130698. Vgl. Schwarte/Reulecke 1997, 159.

701 Vgl. van den Driesch 1996, 17; Schwarte/Reulecke 1997, 158.

702 Vgl. Hübner-Funk 1998a, 279.

Berührung mit der Natur, aber seltener als wilde Rabauken, die sich austoben. Allerdings sieht man auch sich balgende, nackt badende, gemeinsam ein Brot[703] essende und sich umeinander sorgende Jugendliche[704]. Dabei berührten und spürten die Jungen einander, so auch bei den ‚Kloppereien',[705] die sowohl bei den Fahrten und im Heim als auch im Dunkeln stattfanden[706].

Die Jungen, die sich bei dem „rauschhaften Erlebnis von Autonomie, Abenteuer und Gruppeneros"[707] nicht bewährten, wurden ausgeschlossen. Dies belegt wiederum den exklusiven Charakter der Jungenschaft. Außerdem erwiesen sich die Wettkämpfe geradezu als identitäts- und gemeinschaftsstiftend, als „höhepunkt unseres zusammenseins". Häufig ging die Gruppe gestärkt aus den Geländespielen hervor. Das Indianerspiel im Oktober 1947 „vereinte erstmals beide horten und zeigte die stärke unseres neuen beginns".[708] Fern von der bürgerlichen Gesellschaft und Zivilisation in ‚freier Natur' und Stille[709] sollte ‚die Fahrt' „die horte zusammenschweißen. sie sollte zeigen, was sie, auf sich allein gestellt, leisten konnte."[710] Im Anschluß an die Herbstfahrt 1947 stellte der Hortenführer zufrieden fest: „das erlebnis schaffte die grundlage. bei den heimrunden konnte man schon eine gewisse harmonie in der horte feststellen"[711]. Und im Winter 1948 hatte die Horte „gezeigt, daß sie ein gesicht hatte; daß sie zusammengehörte."[712]

703 Archiv MK Kosiek, Fotoband (Ostern 1949-Ostern 1954). Es handelt sich vermutlich um eine Scheibe Brot, die die beiden Jungen, jeder von einer anderen Seite, aßen.

704 Das Foto zeigt, wie ein Älterer einem wesentlich Jüngeren die Haare kämmt (Archiv MK [Gustav-Adolf Mohrlüder], Fotos, Ordner I [groß], 1952/53).

705 Archiv MK (Gustav-Adolf Mohrlüder), Fotos, Ordner I (groß), 1952/53; Fotos, Ordner II (klein), 1952/53; (Kosiek), Fotoband (Ostern 1949-Ostern 1954). Vgl. die Fotografien in den Jungenschaftszeitschriften; Bothien 1995, 154.

706 Im März 1953 spielten die Jungen „im Dunkeln Raufball" (Archiv MK, Fahrtenbuch, August 1952-Frühjahr 1958, 28; TAM, 001R130698). Vgl. Bothien 1995, 167.

707 Schwarte/Reulecke 1997, 154.

708 Archiv MK, Fahrtenbuch, Sommer 1947-Sommer 1948.

709 Vgl. Erb 1984, 57-78, 113; Sauer 1988, 64f.

710 Archiv MK, Fahrtenbuch, Sommer 1947-Sommer 1948. Vgl. TAM, 001/002M/Sch280899; Bothien 1995, 153.

711 Archiv MK, Fahrtenbuch, Sommer 1947-Sommer 1948 (Oktober/November 1947).

712 Archiv MK, Fahrtenbuch, Sommer 1947-Sommer 1948; s. a. Fahrtenbuch, August 1952-Frühjahr 1958. Vgl. Schwarte/Reulecke 1997, 164.

III. 1. 2. 2. 4 Bewährungen II: Horte und Bund – Organisationsverständnis

> „Auf der anderen seite entstand eine gewisse eintönigkeit, weil der äussere anreiz fehlte. Es ist uns zu leicht gemacht worden, seitdem die starken gegner [sic] unserer entwicklung fehlen. So wollen wir versuchen, bis zur nächsten frontlinie aufzuschliessen. (...) Wenn ich einen gegner suche, suche ich die gemeinschaft. Eine persönlichkeit werden heisst nicht, sich dem steten fluss der entwicklung zu entziehen."[713]

Sobald die Jugendlichen auf ihren Fahrten anderen Menschen, Jugendgruppen und auch anderen Horten der deutschen Jungenschaft begegneten[714], schlüpften sie in ihrer Fantasie in die Rollen von Partisanen, Agenten, Rittern und anderen Kriegern. Die bei diesen Begegnungen ausgetragenen Kämpfe waren, wie im einleitenden Zitat formuliert, „anreiz" und gemeinschaftsstiftend. Dies gilt besonders für die Interaktionsformen der Mindener Horte mit anderen Gruppen der deutschen Jungenschaft.[715] Hier interessieren gemeinschaftskonstituierende Praktiken der männlichen Jugendlichen, ihr Selbstverständnis als Bund der Jungenschaftshorten und v. a. ihr Organisationsverständnis. Das Dilemma der Nachkriegsjungenschaftler bestand darin, daß sie einerseits keine Ortsgruppe eines Jugendverbandes in einer im Entstehen begriffenen Parteiendemokratie mit starkem Verbändewesen sein wollten. Andererseits waren ihnen die Leitgedanken eines großen Jugendbundes, wie sie in der Weimarer Republik verfolgt, in die Praxis umgesetzt und in der NS-Zeit zu einem verbrecherischen Höhepunkt geführt worden waren, zuwider. Die führenden Personen der sich an der dj.1.11 orientierenden bündischen Jugend knüpften zwar allmählich wieder untereinander Kontakte und diskutierten über mögliche wie auch unerwünschte Organisationsformen. Aber sie versuchten weitgehend jeden Organisationsstatus sowie die Ernennung eines einzelnen Führers und die Errichtung eines überregional wirkenden Jugendbundes zu vermeiden.

Kurz nach Ende des Zweiten Weltkrieg nahmen die Jungenschaftsführer aus Düsseldorf, Göttingen, Hannover, Kiel und Köln erste schriftliche Kontakte untereinander auf.[716] Ebenso beteiligte sich Eberhard Koebel an diesem Schriftverkehr und versuchte von London aus, Einfluß auf die Nachkriegs-

713 Archiv MK, Jurtschibrief (o. Datum), XXVII, 2.

714 In diesem Kapitel können nicht alle Begegnungen der Mindener Jungenschaft mit befreundeten Personen und Horten berücksichtigt werden. Herrn Dr. Walter Scherf danke ich für seine zahlreichen Hinweise (Brief von Walter Scherf an die Autorin v. 14. 4. 2000).

715 Auf die wenig erforschte ‚Organisationsgeschichte' der zahlreichen Bünde der deutschen Jungenschaft kann hier nur im Rahmen der Argumentation eingegangen werden. S. Kerbs 1966, 152-155; s. a. Grau 1976; Jovy 1984, 179-184.

716 [Zenker] 1972, 340.

bünde zu nehmen.[717] Im Winter 1946/47 fand ein erstes Treffen der Horten aus Minden und Köln in Blankenheim (Eifel) statt.[718] Kurze Zeit später, im Februar 1947, luden die Mindener Wilhelm Hempel, Heinz Ibrügger, Gerd Behrsing und Hajo Zenker die Jungenschaftsführer Michael Jovy (Köln), Walter Scherf (Göttingen) und Hans-Christian Lankes (Essen) ein.[719] Im selben Jahr zu Ostern beteiligte sich die Mindener Jungenschaft zusammen mit Horten aus Köln, Minden, Oldenburg, Schleswig-Holstein, Schwaben und Göttingen im Rheinhardswald an einem ersten großen Kohtenlager.[720] Beim rheinischen Thing in Angermund im Sommer 1947 setzten diese Horten die Erörterung des Selbstverständnisses bündischer Jugend nach dem Zweiten Weltkrieg fort. In Angermund kamen sie in ihrer Abgrenzung zu den Pfadfindern überein.[721] Dieselben Gruppen, die Ostern 1947 dabei waren, trafen sich am Ludwigstein 1947/8.[722] Das Bundeswinterlager ein Jahr später in Haltern war eine wichtige Etappe der Nachkriegsjungenschaft, bei dem sich auch die Mindener beteiligten.[723] Es war zugleich das letzte Mal, daß Eberhard Koebel mittels eines Abgesandten versuchte, die Fäden in die Hand zu bekommen – vergeblich.[724] Das Winterlager 1947/48 auf der Jugendburg Ludwigstein war ein Meilenstein für die mit der Mindener Jungenschaft befreundeten Horten, weil sie sich dort auf ein Mindestmaß an organisatorischer Struktur und inhaltlicher Positionierung einigten. Aus diesem Grund steht dieses relativ gut dokumentierte Wintertreffen beispielhaft nun im Mittelpunkt.

Im Dezember 1947 liefen die Vorbereitungen der Mindener Jungenschaft für das bevorstehende Winterlager auf Hochtouren. Am 29. 12. ging es dann morgens um neun Uhr in Minden los.[725] Nachdem die Jungen nach einer lan-

717 Er versuchte dies auch über Hans v. Majer (Schnuck) (Koerber 1997). Ich danke Dr. Rolf Koerber für die Überlassung des Manuskripts seines Vortrags.

718 feuer (1946), Nr. 2-4 (Archiv MK); [Zenker] 1972, 340f.

719 [Zenker] 1972, 341.

720 feuer (1946), Nr. 8 u. 9 (Archiv MK); Kerbs 1966, 152. Ende April 1946 fand außerdem in Porta bei Minden ein Treffen bündischer Gruppen statt. Dort schlossen sich die Bünde ‚Deutsche Jungenschaft' (autonomer Jungenbund) und ‚Bündische Freischar' zum ‚Bündischen Block' zusammen. Die Mindener Jungenschaft nahm daran offensichtlich nicht teil (Klönne 1990, 11; [Zenker] 1972, 341).

721 [Zenker] 1972, 341.

722 S. Kerbs 1966, 152. Mit „Ludwigstein" ist die sog. „Jugendburg" auf dem Ludwigstein bei Witzenhausen (Nord-Hessen) gemeint, in der sich heute eine Jugendherberge und das Archiv der deutschen Jugendbewegung befinden.

723 Über die Frage, welche Personen und Gruppen an welchen Treffen beteiligt waren, gehen die Aussagen der Zeitzeugen auseinander. Wesentlich für diesen Abschnitt waren schriftliche Quellen.

724 TAM, 002M/Sch280899; Klönne o. J., 5, 7f. Erfolglos mußte jedoch der Abgesandte abreisen (Kerbs 1966, 152; Kröher, O. 1979b, 292; s. a. Archiv MK, Fahrtenbuch, Sommer 1947-Sommer 1948; t[ejo], Die Reichshorte, in: Unser Schiff, 1 [1948], 9f. [Archiv MK]; Kröher, H. 1979a, 280).

725 Archiv MK, Fahrtenbuch, Sommer 1947-Sommer 1948.

gen Reise in Oberrieden kurz nach acht Uhr abends angekommen waren, „tippelten“ sie Richtung Burg Ludwigstein: „auf der burg wurden wir von den horten kiel und göttingen empfangen“.[726] Am „nächsten morgen hatten wir fabelhaftes schneewetter. mit einer zünftigen schneeballschlacht begrüßten wir diesen ersten schnee des winters. (...) am abend erzählten ... alle drei horten vom aufbau ihrer gruppe. tejo [Walter Scherf; BJ] lehrte uns ein paar lieder.“[727] Schneeballschlacht, Berichte, Erzählungen und Singen brachten die Horten am ersten gemeinsamen Tag einander näher. Der nächste Tag, der 31. 12., stand im Zeichen der Vorbereitungen für die Sylvesternacht. Die Mindener übten ein Theaterstück ein und sammelten Holz für das Feuer.[728] Als schließlich auch Michael Jovy mit seiner Horte eingetroffen war, konnte die Feier in der näheren Umgebung der Burg beginnen:

„am abend wurde eine spannende geschichte erzählt. spät machten wir uns fertig, um zum feuer zu gehen. im schweigemarsch marschierten die horten kiel, köln, göttingen, ludwigsburg und minden durch die kalte winternacht, um gemeinsam ins neue jahr zu gehen.“[729]

„ein blauer troß von jungen, mit wehenden fahnen und geschulterten klampfen, zog durch das dunkel der nacht (...) die horten stellten sich einzeln um das hoch auflodernde feuer. jungenschaftslieder wurden gesungen – klampfen klangen. um 12 uhr sprach ich [Michael Jovy; BJ] einige worte zum neuen jahr. wir alle erkannten unsere aufgaben. unter funkengestiehm brach der feuerstoß zusammen. schweigend verließen wir das feuer. wir standen nun mit beiden füßen im neuen jahr und wußten[,] was wir zu tun hatten.“[730]

Von diesem nächtlichen Ausflug zurück, „gerieten wir in eine tolle stimmung. ein sang schmetterte durch die burg ...“, wie die Kieler in ihrem Fahrtenbuch festhielten.[731] Die Mindener fanden dagegen, „es war alles ein wenig steif, gezwungen. in einzelnen gruppen zogen wir alle wieder zur burg. nach einem leckeren neujahrsschmaus gingen wir endlich um 3 uhr in die liegen.“[732] Ein weiterer Höhepunkt stand am 3. Januar, bevor. An diesem Tag lud die Mindener Horte angeführt von Hajo Zenker „die horten göttingen und köln zu einem gemeinsamen heimabend ein. bimbo und nicki sprachen einen bun-

726 Ebda.; Archiv MK, Nachlass Heinrich Steinhöfel, Fahrtenbuch norddeutsche Jungenschaft, IX ‘46-I ‘48.

727 Archiv MK, Fahrtenbuch, Sommer 1947-Sommer 1948; s. a. Archiv MK, Nachlass Heinrich Steinhöfel, Fahrtenbuch norddeutsche Jungenschaft, IX ‘46-I ‘48.

728 Archiv MK, Fahrtenbuch, Sommer 1947-Sommer 1948.

729 Ebda.

730 Archiv MK, Nachlass Heinrich Steinhöfel, Fahrtenbuch norddeutsche Jungenschaft, IX ‘46-I ‘48.

731 Ebda.

732 Archiv MK, Fahrtenbuch, Sommer 1947-Sommer 1948.

despolitischen sketsch, der seine wirkung nicht verfehlte." Daraufhin beschlossen die Hortenführer, „eine besprechung durchzuführen. unsere horte ging zu bett bzw. wurde von bimbo schlafen geschickt".[733] Auch die Kieler Horte wurde „ungewöhnlich früh zu bett" geschickt.[734] Den Jungen erschien dies und die gesamte Stimmung recht geheimnisvoll.

Während in dieser Nacht die Kölner Jungen nach Aufforderung des zweiten Mindener Hortenführers Rasche einen Mindener Jungen ‚klauten', weil Rasche „feststellen [wollte], in wie weit die horte in solcher situation auf draht war", „tagten" „die fünf jungenschaftsführer."[735] Am folgenden Tag lag „so eine eigenartige spannung über allem. das heißt, man wurde spannend gemacht. keiner sagte etwas, es wurde immer nur angedeutet und herumgeflachst. (...) endlich kam heinpe und sagte ... [seiner Kieler Horte; BJ], daß der große bund deutsche jungenschaft heute nacht geschaffen sei."[736] Auch die Mindener wurden am Morgen aufgeklärt:

„... der folgende morgen zeigte uns die ergebnisse jener nacht. alle horten hatten sich auf dem burghof eingefunden. tejo machte uns mit den beschlüssen der beratung bekannt. die jungenschaftskreise kiel, göttingen, köln, ludwigsburg und minden hatten sich zusammengeschlossen zur ‚deutschen jungenschaft'."[737]

Sie bildeten eine Art Vorstand, den sie ‚reichshorte' nannten.[738] Ihr gehörten Michael Jovy, Heinrich Steinhöfel, Hermann Siefert, Walter Scherf und Hajo Zenker sowie Siegfried Schmidt aus der französischen Zone an. Dieses Leitungsgremium hatte „die Aufgabe, für alle obliegenheiten des bundes zu sorgen. peitschende und flammende lieder hallten von den burgwänden wider. ein gefühl von stärke und einigkeit lag in den Herzen von uns."[739] Nach dieser Rede zogen sich die einzelnen Gruppen zurück. Sie kamen später zu einem Geländespiel und einer „riesigen prügelei" wieder zusammen[740].

Schneeballschlachten, Geländespiele, gemeinsames Singen, Reden und Versammlung, also gegenseitiges Kennenlernen und Erproben, führten die Horten und Hortenführer zueinander. Damit legten die Jungen und jungen

733 Ebda.

734 Archiv MK, Nachlass Heinrich Steinhöfel, Fahrtenbuch norddeutsche Jungenschaft, IX '46-I '48.

735 Archiv MK, Fahrtenbuch, Sommer 1947-Sommer 1948.

736 Archiv MK, Nachlass Heinrich Steinhöfel, Fahrtenbuch norddeutsche Jungenschaft, IX '46-I '48.

737 Archiv MK, Fahrtenbuch, Sommer 1947-Sommer 1948.

738 Nach Kerbs ist der Begriff „Reichshorte" „ein Relikt aus der Vorkriegsjungenschaft, das keine politischen Postulate mehr involviert" und später „durch ‚führungshorte' ersetzt worden" war (Kerbs 1966, 152).

739 Archiv MK, Fahrtenbuch, Sommer 1947-Sommer 1948.

740 Archiv MK, Nachlass Heinrich Steinhöfel, Fahrtenbuch norddeutsche Jungenschaft, IX '46-I '48.

Männer, inszeniert von den Hortenführern, den Grundstein für den Zusammenschluß der westdeutschen Horten. Während die Erwachsenen den organisatorischen Zusammenschluß beschlossen, freundeten sich die Jüngeren im Spiel an: „... einen vorteil hatte dieses kleine räuberspiel doch: irgendwie kamen sich die kölner und unsere horte näher“[741]. Freundschaften und Zusammenschlüsse beruhten bei der Jungenschaft immer auch auf gegenseitiger Anerkennung und bestandenen Bewährungen.

Die Jungen wetteiferten nicht nur körperlich miteinander, sondern auch bei der Darstellung der eigenen Kreativität, z. B. bei den Theater- und Puppenspielen und beim Singwettstreit[742]: „Jeder wollte natürlich was darstellen. Das war also sehr stark dieses Bedürfnis“[743]. Es gab unter den Horten aber nicht nur einen „Wettkampf“, wer die „schöpferischste Gruppe war“, sondern auch die „diszipliniertestel“: „man brauchte eigentlich nur den Vergleich mit anderen Gruppen, um sich selbst zu bestätigen“[744]. Wie bei den Fahrten führten auch hier Bewährungen diejenigen zusammen, die sie bestanden und die einander als ebenbürtig anerkannten. Aufgrund dieses elitären Selbstverständnisses lehnte die Mindener Jungenschaft den Zusammenschluß aller bündischen Gruppen in einer Organisation ab, weil sie ihre Exklusivität und Eigenheit erhalten und nicht einer großen Organisation subsumieren wollten.[745] Sie verweigerten auch „all jenen gruppen“ „die zusammenarbeit“, „die den weg der DEUTSCHEN JUNGENSCHAFT nicht kompromisslos gehen“ wollten.[746] Diejenigen, die sich am besten bewährten und bei den Jungen und anderen Hortenführern am meisten anerkannt waren, bildeten die jeweiligen Führungsgruppen. Deshalb verstanden sich die Führer der Mindener Jungenschaft und der Jungenschaft Westfalen als Elite.[747] Gerhard Rasche übernahm 1948 die Führung des Landeskreises Westfalen, der wie der rheinische Landeskreis 1948 gegründet wurde.[748] Gewählt und abgestimmt im demokratischen Sinne wurde dem Selbstverständnis nach nicht.

741 Archiv MK, Fahrtenbuch, Sommer 1947-Sommer 1948.

742 Z. B. zeigt ein Foto den Singewettstreit im Pfingstlager 1953, bei dem die Mindener den ersten Preis gewannen (Archiv MK Kosiek, Fotoband [Ostern 1949-Ostern 1954]). S. zu den von der Mindener Horte einstudierten Laien-, Theater- und Puppenspielen die Fahrtenbücher und regionalen Rundschreiben.

743 TAM, 001R130698.

744 Ebda.

745 Archiv MK, Buschtrommel (1950), Nr. 19, 1f.; (1950), Nr. 21, 1.

746 Archiv MK, Buschtrommel (1950), Nr. 27, 1.

747 Letztere nannten sich nach der „Elitetruppe“ von Dschingis Khan die ‚Goldene Horde‘“ (Archiv MK, Die Runde. Elternbrief der deutschen Jungenschaft Minden [März/April [1951]], Nr. XV./V; s. a. Archiv MK, Die Runde. Elternbrief der deutschen Jungenschaft Minden [Juni [1951]], Nr. VII; Fahrtenbuch, August 1952-Frühjahr 1958, 4f., 28). Die Älteren der Mindener Horten bezeichneten sich nach dem Generalstab Dschingis Chans „Jurtschi“ (TAM, 003M/Sch280899). Vgl. zu diesem Absatz TAM, 001R130698.

748 Feuerzeichen, 6 (1948) (Archiv MK).

Entsprechend des Organisationsverständnisses nannte Rasche die Horten des Landeskreises ‚Goldene Horde' und den Älterenkreis des Landeskreises ‚Jurtschi'. Beides sind Begriffe aus „der Mongolenmetaphorik", wie ein Zeitzeuge erläuterte. „Der Jurtschi war der Generalstab Tschingiskhans. Da gehörten seine Söhne dazu, aber auch die verschiedenen Heerführer ...".[749] Die „Goldene Horde" bezeichnete ursprünglich „das Heerlager, dann das von den Mongolen in Osteuropa und Westsibirien gegründete Reich".[750] Für ihre Organisationsstruktur verwandten die Jungenschaftler folglich militärische Begriffe, die einen Führungskader und ein beherrschtes Gebiet beschreiben sollten.[751]

Die Praxis des Bewährens und des Auswählens der ‚Besten' entsprach einem spezifisch bündischen Konkurrenz- und Leistungsprinzip und war in Jugendgruppen anderer Milieus selten derart ausgeprägt wie in der vorgestellten deutschen Jungenschaft. Auf der ‚Führungsebene' waren wiederum Einzelne wie Walter Scherf oder Michael Jovy besonders einflußreich.[752] Der Mindener Hajo Zenker versuchte, – laut Rasche „ein bißchen wie der Intrigant und Strippenzieher im Hintergrund"[753] wirkend – „eine große Rolle zu spielen".[754] Der Sitz der Reichshorte war in Minden unter Zenkers Adresse, weil es die „Idee von Hajo Zenker war, diese Reichshorte zu gründen".[755]

Obwohl einzelne Jungenschaftler versuchten, besonders viel Einfluß innerhalb des hier relevanten Teils der deutschen Jungenschaft zu bekommmen[756], verhinderten es einige Nachkriegsjungenschaftler bewußt, daß weder Eberhard Koebel noch ein anderer alleiniger Führer der deutschen Jungenschaft wird.[757] Sie lehnten auch aufgrund der negativen Erfahrungen im NS-Staat ei-

749 TAM, 003M/Sch280899.

750 „Goldene Horde" 1954.

751 Nachdem Walter Scherf von Göttingen ins Rheinland gegangen war, löste sich der niedersächsische Landeskreis auf. Drei Jahre später schlossen sich die Horten aus Lüneburg, Wolfenbüttel, Hannover und Göttingen zusammen (Archiv MK, Jurtschibrief [23. 11. 51], 4), und die Oldenburger schlossen sich an den Landeskreis Westfalen an. Damit gehörten sie auch zur „Goldenen Horde" (Fahrtenbuch, Sommer 1947-Sommer 1948 [Archiv MK]; TAM, 003M/Sch280899; 001R130698). In erster Linie gehörten zur „Goldenen Horde" Horten aus Minden, Herford, Detmold, Senne, Lemgo, Bielefeld und Münster.

752 Zenker stellte z. B. für das Treffen der Horten im Rheinhardswald 1947 folgendes fest: „Jeder [Michael Jovy und Walter Scherf; BJ] will die Führung. Beide sind innerlich gleich stark. Deshalb läuft man wieder auseinander" ([Zenker] 1972). Vgl. Kerbs 1966.

753 Koerber 1997, 9.

754 TAM, 003M/Sch280899. S. Kapitel III. 1. 2. 1.

755 TAM, 001R130698. Vgl. zur Gründung der „Reichshorte" und dessen Sitz: t[ejo], Die Reichshorte, in: Unser Schiff, 1 (1948), 9f. (Archiv MK).

756 Immer wieder wird fälschlicherweise Walter Scherf als Bundesführer genannt. Nach Klönne wurde Scherf in Haltern 1949 „zu ‚dem' ‚Führer' der Deutschen Jungenschaft gewählt, aber praktisch klappte das nicht" (Brief von Arno Klönne an die Autorin v. 9. 5. 2000). Vgl. Brief von Gero von Schönfeldt an die Autorin v. 10. 8. 2000).

757 t[ejo], Die Reichshorte, in: Unser Schiff, 1 (1948), 9f. (Archiv MK).

nen Bundesführer ab. „Nach den Jahren, an denen fast jeder Tag einen neuen Stempel brachte, müssen neue Formen menschlichen Zusammenseins entwikkelt werden," befand Zenker in der Retrospektive.[758] Deshalb sollten die Führungsgruppen möglichst egalitär organisiert sein. Die „Reichshorte" entsprach im engeren Sinne keinem Vereinsvorstand, sondern war ein formal „loser"[759] Zusammenschluß von Vertretern der Horten.[760] In der Idealvorstellung sollten die Älteren- und Führungskreise Freundschaftsbünde sein:

„Was ich beabsichtige, ist einen kreis zu bilden, in dem gegenseitige achtung, hilfsbereitschaft und unbedingtes vertrauen herrschen. Bei einem freund hat man dies sowieso. Es auch anderen gegenüber zu haben, wollen wir lernen",

schrieb Rasche im Jurtschibrief als Antwort auf einen Brief von ‚Monki'. Der beklagte, daß sie es „versäumt [hätten], den älteren-kreis zu einem freundes-kreis werden zu lassen".[761]

Analog zu diesem angestrebten gleichberechtigten und emotionalen Verhältnis der ‚Besten' sollte der Bund der deutschen Jungenschaft von den Horten ausgehen. Eine Einigung zu einer Organisation oder Lenkung „von oben" wurden daher als „unorganisch" abgelehnt.[762] Organisch und der Jungenschaft entsprechend wäre demnach, wenn eine Gemeinschaft oder ein Bund wie eine Eisfläche ohne menschliche Handlungen und von Menschen bestimmten Regeln entstehen würde. Eine „eisfläche bildet sich bekanntlich aus vielen unabhängigen kristallisationspunkten, die sich schließlich in einer harmonischen ganzheit finden"[763]. Dieses Wunschbild verrät nicht nur ein an der Natur orientiertes Gesellschaftsbild, sondern auch das Bedürfnis, die „bunte vielfalt der bünde" und die Exklusivität der einzelnen Horten zu fördern und sie vor der „gleichmacherei" innerhalb eines Verbandes zu schützen, aber nach außen homogen zu wirken.[764] Aus diesen Gründen lehnten die Nachkriegsbünde eine gemeinsame Bundesorganisation weitgehend ab. Sie suchten ein Modell „ei-

758 [Zenker] 1972, 340f. Vgl. Aussagen von Gustav-Adolf Mohrlüder im Zeitzeugeninterview bei der Tagung ‚Jugend im Umbruch' 1998.

759 Koerber 1997, 7.

760 Zu dem Widerspruch, daß sich dieser Teil der deutschen Jungenschaft 1951 als Verein eintragen ließ, s. Kap. III. 1. 2. 3.

761 Archiv MK, Jurtschibrief (22. 6. 1950), Nr. XX, 3. Vgl. TAM, 001R130698.

762 „Wenn sich jedoch die hortenführer auf der unteren ebene völlig einig wären, dann hätten wir sowieso einen grossen bund und brauchten ihn nicht mühsam von oben ankurbeln zu wollen" (Archiv MK, Buschtrommel [1950], Nr. 21, 2).

763 Archiv MK, Jurtschibrief (9. 6. 51), Nr. XXXI; s. a. Fahrtenbuch, Sommer 1947-Sommer 1948. Vgl. für die Weimarer Republik Kluchert 1988, 37; Mogge 1990, 106f.

764 Archiv MK, Buschtrommel (1950), Nr. 19, 2. Sie wandten sich aus diesem Grund auch gegen die Fortsetzung des vorübergehenden Bündnisses zwischen „Deutscher Freischar" und BDP (Archiv MK, Buschtrommel [1950], Nr. 21, 1).

ner beweglichen Ordnung"[765], d. h. lediglich eine lose, informelle, aber auf einzelne Führungspersonen zugeschnittene Zusammenarbeit. Ihre Leitbilder waren „das des Ordens und das der Partisanengruppe, beides kleine Gemeinschaften, die getrennt in einer feindlichen oder gleichgültigen Umgebung operieren, aber durch gemeinsame Zeichen und Formen einander verwandt und erkennbar bleiben."[766]

Inwiefern orientierten sie sich damit an der bündischen Tradition der dj.1.11? Was war die ‚feindliche Umgebung' und wie positionierten sich die Jungen zu und in ihr? Einerseits waren Selbstverständnis und Interaktionsstrukturen der deutschen Jungenschaft insofern bündisch, als sie auf emotionalen, personenbezogenen Loyalitäten und Treueverhältnissen beruhten und Hierarchien[767] v. a. auf informellen Beziehungen basierten. Außerdem wurden die Organisation betreffenden Begriffe häufig der Militärsprache entnommen[768], und Gerhard Rasche kreierte eine Fahne für die „Goldene Horde"[769], obwohl die Verwendung von Fahnen in der frühen Nachkriegszeit in der Jungenschaft umstritten war[770]. Dem Selbstbild nach strebten sie andererseits nach egalitären Strukturen und Vielfalt statt nach Uniformität im doppelten Sinn. Außerdem lehnten sie einen großen Jungenbund ab, obwohl dies wohl nach wie vor der (leise) Traum einiger war[771].

„Nur keine Organisation!", forderte Zenker selbst in einem Artikel über die Anfangsgeschichte der deutschen Jungenschaft nach dem Zweiten Weltkrieg: Der „Bund der Deutschen Jungenschaft in seiner früheren Form soll nicht wieder gegründet werden."[772] Diese Diskussion entbrannte erneut unter den Ver-

765 Kerbs 1966, 156.

766 Ebda., 155f.

767 Wohl „finden sich Führende und Geführte", schreibt Rasche 1951 (Archiv MK, Jurtschibrief [23. 11. 51]).

768 S. z. B. die Begriffe „Garnisonstag", „Jurtschi" und „Goldene Horde" (TAM001/003M/Sch280899).

769 Auf schwarzem Untergrund war ein goldener Ring mit dem chinesischen Zeichen für Erde zu sehen (TAM, 003M/Sch280899).

770 Walter Scherf gibt auf gut zwei Seiten Ratschläge für den aus seiner Sicht richtigen Umgang mit Fahnen auf Fahrt (Scherf 1960, 308-310). Der Volkskundler Freudenthal schreibt über die Bedeutung der Vereinsfahne folgendes: „Bis zum 2. Weltkrieg gilt die ungeschriebene Regel: Kein größerer Verein ohne Fahne! Ihr Besitz sichert ein repräsentatives öffentliches Auftreten, und die soldatische Verpflichtung auf die Fahne gehört auch ohne ausdrücklichen Eid zu den sinnbildlichen Grundbezeugungen männlichen Einsatzes" (Freudenthal 1968, 506, 554).

771 Archiv MK, Buschtrommel (1950), Nr. 21, 2. S. a. Hesses ‚Morgenlandfahrt' (Inter pares VIII, 6), welche in der Nachkriegsjungenschaft äußerst beliebt war: „Wunderbar festliche Tage waren es jedesmal, wenn wir auf unserem Zuge mit anderen Teilen des Bundesheeres zusammentrafen. Wir bildeten dann zuweilen ein Heerlager von Hunderten, ja von Tausenden" (zit. n. Kerbs 1966, 156).

772 [Zenker] 1972, 340f. Vgl. Aussagen von Gustav-Adolf Mohrlüder im Zeitzeugeninterview bei der Tagung ‚Jugend im Umbruch' 1998.

tretern der deutschen Jungenschaft, des Wandervogels und der Pfadfinder, als einige dieser Gruppen einen gemeinsamen Jugendverband anstrebten.[773] Die deutsche Jungenschaft lehnte eine solche Organisation weitgehend u. a. deshalb ab, weil sie einen „wulst von führungskörpern" und einen „bürokratischen apparat"[774], also staatsähnliche Strukturen, befürchteten. Außerdem hätte ein formaler Zusammenschluß eine nicht gewollte verbindliche Berufung auf gemeinsame inhaltliche oder gar politische Ziele und Organisationsstrukturen erfordert.[775]

Es wäre zu kurz gegriffen, dies lediglich als Skepsis gegenüber der politischen ‚Restauration'[776] oder Furcht vor erneuter Konformität mit staatlicher Politik zu interpretieren, denn ihr bündisches Selbstverständnis vertrug sich nicht mit verrechtlichten demokratischen Prinzipien und funktional bestimmten Interaktionsformen, z. B. dem Delegationsprinzip und dem Vergeben von Mandaten: „Durch Verleihung von Ämtern wollen sich Menschen gegenseitig bestätigen, dass sie etwas sind, und dass ihr Leben einen Sinn hat. Ämter machen abhängig von der Meinung des Kollektivs, weil das Kollektiv die Aberkennung oder die Anerkennung des Amtes bestimmt."[777] Für die Jungenschaftler widersprachen Kollektivität und Verbands- oder Parteiloyalität der persönlichen Selbstverantwortung, dem Treueverhältnis und der ‚autonomen' Meinungsbildung einzelner.[778] Ihre Skepsis gegenüber solchen demokratischen Prinzipien entsprach insbesondere in Minden dem liberal-bürgerlichen Milieu, welches bereits in der Weimarer Republik ein gespaltenes Verhältnis zur ersten Republik hatte und nach dem Zweiten Weltkrieg sich nur schwer in der entstehenden Demokratie zurecht fand.[779]

Das – innerhalb der bündischen Jugend viel diskutierte – Selbstverständnis als Jugendbund oder -organisation der Jungenschaftler war folglich unklar und schien an vielen Punkten äußerst widersprüchlich gewesen zu sein.[780] Dies ist vor dem Hintergrund der Neukonstituierung des politischen Systems in Deutschland nicht verwunderlich. Außerdem bewegten sich die Jungen und

773 S. neue deutsche jungenschaft, 1950-1953 (schrift 37), hg. v. bund deutscher jungenschaften, Augsburg o. J. S. darin a. den Beitrag von Arno Klönne. Vgl. Kerbs 1966.

774 Archiv MK, Buschtrommel (1950), Nr. 19, 3.

775 Archiv MK, Jurtschibrief (9. 6. 51), Nr. XXXI, 1: „Wenn wir genau überlegen, welche aufgabe wir eigentlich in unserer horte oder im bund wollen, dann wird schliesslich nur eine übrig bleiben: Die gemeinschaft formen." In der Praxis widerspricht diese Festellung kaum der Tatsache, daß sich einige Jungenschaftsgruppen als Verein eintragen ließen und den Behörden gegenüber als Verein auftraten.

776 S. z. B. Kerbs 1966, 158

777 Archiv MK, Jurtschibrief (23. 11. 51).

778 Archiv MK, Jurtschibrief (22. 6. 1950), Nr. XX, 2; Unser Weg, in: feuer (o. J. [ca. 1949]), H. 7, o. S.

779 S. Kap. III. 1. 1. Vgl. Grebing 1971; Loth/Rusinek 1998; Siegrist 1994.

780 Vgl. Klönne o. J., 5, 7f.

jungen Männer der deutschen Jungenschaft auf unbeschriebenen Pfaden zwischen bündischer Tradition und der Idee vom großen Jungenbund mit einem charismatischen Führer auf der einen Seite und ihren Erfahrungen mit ‚Betrug' durch staatliche Bünde und noch unerprobten demokratischen Strukturen auf der anderen Seite.

Die Hortenführer versuchten eine Mischung aus Bund, losem Zusammenschluß und Demokratie sowie verbindlicher gemeinsamer Positionierung. In diesem Sinne bemühte sich der Landeskreisführer Rasche in den Rundschreiben redlich, manchmal auch resignierend um den Zusammenhalt der Horten und ihrer Führer und um gemeinsame Gestaltung der Jungenschaftsaktivitäten.[781] Seiner Meinung nach verlangte das jungenschaftliche Organisationsverständnis außerdem, daß die Jugendbünde gemeinsam gegenüber dem Jugendring und den Behörden zusammenstehen sollten[782], zumal die wenigen kleinen Bünde den anderen großen Jugendverbänden unterlegen waren.[783] Schließlich ließen sich 1951 u. a. die Mindener Jungenschaftler als „deutsche Jungenschaft e. V." ins Vereinsregister eintragen, um ihren Namen zu schützen.[784]

III. 1. 2. 3 In der Stadt: Jugendpolitik, soziale Distinktion und bündische Provokationen

> „(...) dabei schliessen wir uns nicht ab gegen die aussenwelt. wir beschäftigen uns mit politik. auch hierin sind wir die ersten im bund. wachsam überblicken wir die geschehnisse unserer umwelt. jeden hieb werden wir sogleich parieren."[785]

Betrachtet man die Aktivitäten der Mindener Jungen während ihrer Heimabende und Fahrten, entsteht ein Bild von der deutschen Jungenschaft als kleine, mit sich selbst beschäftigte und ebenso weltferne wie elitäre Gruppe männlicher Jugendlicher. Allerdings waren die Aktivitäten der Jungen nur auf den ersten Blick ausschließlich selbstbezogen und gesellschaftsfern. Bei genauerem Hinsehen wird deutlich, daß die Jugendlichen – von einem sicheren Hort aus – sich mit gesellschaftlichen Wirklichkeiten auseinandersetzten. Dies erfolgte in Abgrenzung gegenüber Personen, die außerhalb der deutschen Jungenschaft standen, d. h. Mädchen und Frauen sowie Menschen anderer sozialer Milieus. Diese Auseinandersetzungen fanden auch bei der Besprechung moderner, internationaler Literatur, bei der vorsichtigen Thematisierung von

781 S. z. B. Archiv MK, Buschtrommel (1950), Nr. 20.
782 Archiv MK, Buschtrommel (1951), Nr. 31, 1f.
783 Archiv MK, Buschtrommel (1950), Nr. 19, 1.
784 Archiv MK, Jurtschibrief (15. 10. 51), 1.
785 Archiv MK, Fahrtenbuch, Sommer 1947-Sommer 1948.

Zeitgeschichte und Politik oder bei der Diskussion um Organisationsformen statt. Soziale Distinktion erweist sich hier als Form der sozialen Interaktion, die über das Selbstverständnis ebenso viel verrät wie über das Politik- und Gesellschaftsverständnis bzw. die eigene Positionierung in der Gesellschaft.[786] Die Mindener Horten setzten sich direkt und konfrontativ mit außerhalb der deutschen Jungenschaft stehenden Personen und Gruppen sowie mit Behörden, Politikern, anderen Jugendorganisationen und Erwachsenen im eigenen Milieu auseinander, wie ausgehend von einem Fallbeispiel untersucht wird.[787] Nachdem Gerhard Rasche 1947 die Mindener Horte übernommen und sich einige Jungenschaftshorten Anfang des Jahres zu einem lockeren Bund zusammengeschlossen hatten, befand sich die Mindener Jungenschaft im Aufwind: An der zu schildernden Fahrt in den nahegelegenen Teutoburger Wald nahmen außergewöhnlich viele Jungen (etwa 30) teil. Angesichts seiner ersten Fahrt als Verantwortlicher war der junge Hortenführer Rasche anfangs unsicher. Auf der Rückreise war ein munterer Hortenführer zu erleben, der gemeinsam mit den Jungen aufmüpfig wurde.

Ihr Rückweg nach Minden führte zu Fuß über Horn nach Detmold und von dort mit der Bahn nach Minden. Als die Jungen über den Bergkamm auf der Straße nach Horn gelaufen waren, sangen sie dort „nachts um drei ... russische lieder. 6 klampfen und eine trommel klangen dazu. die bevölkerung hing an den fenstern", berichtet der Hortenführer stolz im Fahrtenbuch. Kurz vor Detmold schlugen sie nochmal die Kohten auf und übernachteten dort. Am darauf folgenden Morgen „um sieben zogen wir geschlossen zum bahnhof" in Detmold: „trommelnd, klampfend, singend. hierbei weckten wir den englischen commander auf." In Detmold spielten sie angeblich – wie der Hortenführer beim Oberkreisdirektor zu Protokoll gab – Wandervogellieder, mit denen sie auch die Bevölkerung aus dem Bett schreckten. Stolz schreibt Rasche ins Fahrtenbuch, der britische Kommandeur „vermutete revolution. doch uns an-

786 In seiner Untersuchung über die Jugendbewegung im ersten Drittel des Jahrhunderts konstatiert Kluchert, „daß angesichts einer derart in sich geschlossenen Gegenwelt[,] [die die bürgerliche Jugendbewegung für sich aufbaute; BJ] der Übergang in die ‚normale' gesellschaftliche Wirklichkeit zu einem schwierigen Problem werden muß" (Kluchert 1988, 34). Es ist ihm insofern auch für die Zeit nach dem Zweiten Weltkrieg zuzustimmen, als die bürgerliche Jugendbewegung ein problematisches, distanziertes Verhältnis zu Politik und Gesellschaft hatte. Dennoch sind die Begriffe „Gegenwelt" und „Welt" irreführend, da sie getrennte ‚Welten' bzw. ‚Sphären' suggerieren. Die hermetisch abgeschlossene „Vorstellungs- und Erlebniswelt" (ebda.) der Jugendlichen war sowohl vor als auch nach dem Zweiten Weltkrieg Teil bürgerlicher Lebenswelten und gesellschaflicher Verortung und soll hier als solche betrachtet werden.

787 Quellengrundlagen sind eine Eintragung des Hortenführers ins Fahrtenbuch (Archiv MK, Fahrtenbuch, Sommer 1947-Sommer 1948) und ein Bericht des Oberkreisdirektors über den zu schildernden Vorfall vom 18. 5. 1948 an die britische Militärregierung über die Vernehmung des jungen Gruppenleiters (Archiv MK).

zugreifen wagte man nicht."[788] Zu Hause wurde der Hortenführer von den Behörden mehrfach vorgeladen. Er gab zu Protokoll, welche Instrumente sie mitgeführt und welche Lieder sie gesungen hatten und daß niemand an ihrem Auftreten in Detmold Anstoß genommen hätte. Anscheinend wußten die Beamten von dem Spektakel in Horn nichts. Ferner versicherte er, daß weder die Instrumente aus HJ-Beständen stammten noch irgendwelche Ähnlichkeiten mit der HJ beabsichtigt wurden. In den Augen der Jungenschaftler machte sich die britische Militärregierung „lächerlich":

„die erste feuerprobe war bestanden. die neuen horten konnten aufgenommen werden. (...) gleich schon geht es in unserer arbeit weiter. politik und kulturgeschichte heissen die themen im jurtschi. bei der nächsten fahrt des jurtschi wird hajo [Zenker; BJ] bei uns sein. wir wollen ihm zeigen, dass auch wir weiter gekommen sind. es wird ein erfolg."[789]

Wie bei den Fahrten erprobten sie ihre ‚Gemeinschaft', den Zusammenhalt der Gruppe, ähnlich einem Partisanentrupp in einer ‚feindlichen' Umgebung. Dabei bewiesen sie Mut, öffentlich aufzufallen und zu provozieren. ‚Gegner' waren die schlafende Bevölkerung und die Behörden, insbesondere die Militärregierung. Die „feuerprobe" bestand darin, erstens sich überhaupt in der Öffentlichkeit zu zeigen und zweitens die Besatzungsmacht zu verwirren und herauszufordern.

Welche Bedeutungen hatte diese Art Bewährungsprobe für das Verhältnis der Jungenschaft zu politischen Repräsentanten und zur Gesellschaft allgemein? Sowohl in zeitgenössischen Studien[790], in der neueren Forschung[791] als auch in Aussagen von Zeitzeugen werden die Jugendlichen der Nachkriegszeit häufig in einen problematischen Zusammenhang mit Politik gebracht. Sie erscheinen in diesen Interpretationen als unpolitisch, ‚vorpolitisch' oder distanziert zur Politik. Das vorgestellte Beispiel deutet jedoch seitens der Jugendlichen auf eine Auseinandersetzung mit der vorgefundenen politischen Ordnung

788 Archiv MK, Fahrtenbuch, Sommer 1947-Sommer 1948.

789 Ebda. S. a. TAM, 001M/Sch280899. In diesem Fall wollte Rasche möglicherweise sich Zenker gegenüber bewähren, der den Jüngeren zur Jungenschaft brachte und ihn dort als Hortenführter einsetzte.

790 Bereits in der ersten Allensbach Studie der Jahre 1947/48 waren die empirischen Forscher an dem „Interesse an Politik" bei Jugendlichen interessiert (Institut für Demoskopie o. J.). Wie auch viele nachfolgende Studien ergab auch diese das Bild einer ‚unpolitischen Jugend', was zum einen Kritik an den Jugendlichen und zum anderen Befürchtungen hinsichtlich der aufzubauenden Demokratie als Schlußfolgerungen nach sich zog. Das wohl berühmteste Beispiel ist die Untersuchung „Die skeptische Generation" von Helmut Schelsky aus dem Jahre 1957 (s. ebda., 495-497 zu „Halbstarken"-Krawallen), an dem sich viele Zeitgenossen orientierten. Vgl. Baumert 1952; Kersting 2002; Kluth 1952, 127-232; Roessler 1957; zur zeitgenössischen Jugendforschung Wagner 1995, 59-70.

791 S. z. B. Albertin 1992; ders. 1998; Boll 1995a; Kenkmann 1996b; Wagner 1995; Wasmund 1986, 211-231. Vgl. Boll 1997, 482-520; s. a. Kap. I.

und der gesellschaftlichen Umgebung. Welches Verhältnis hatten die Jugendlichen zu ihren Eltern als erwachsenen Repräsentanten ihres Milieus?[792] Wie setzten sich die Jungen mit Vertretern von Regierungen und Parteien auseinander und wie interagierten sie mit anderen Jugendorganisationen im Rahmen der Jugendpolitik? Wie verorteten sich die Jungen politisch und gesellschaftlich und welches Politik- und Gesellschaftsverständnis stand dahinter?[793]

III. 1. 2. 3. 1 Jungenbund versus Familie: die Jungen und ihre Eltern

Zunächst sei in Erinnerung gerufen, daß die Mindener Horte nach dem Zweiten Weltkrieg von den Altvordern einiger Jungen neu ins Leben gerufen wurde. Männer der Weimarer dj.1.11 bauten auf diese Weise eine ‚Brücke' zu den Jungen. Die Jugendlichen nahmen dieses ‚Angebot' an, obgleich sie in der Retrospektive gerne die Aneignung von Traditionen negierten.[794] In den Zeitzeugenberichten erscheint daher die Gründung einer Horte und die Namensgebung häufig so, als ob die Jugendlichen die „Jungenschaft" selbst erfunden hätten und es keine Traditionen der Jugendbewegung im Familien- oder Bekanntenkreis gegeben hätte.[795] Das Verhältnis zu den Erwachsenen war vielleicht nicht unproblematisch. Dennoch war das Vertrauensverhältnis zwischen den Vertretern unterschiedlicher Altersgruppen nicht ausschließlich konfliktbeladen, wie ein sich betrogen fühlender Interviewpartner bestätigt[796]. Dies wird bei der Betrachtung von Interaktionen der Jungen mit erwachsenen Männern ihres Milieus deutlich. Einerseits wandten sich die Jugendlichen z. B. bzgl. der Lektüre an Ibrügger, Hellemann oder Scherf. Andererseits bevorzugten sie im Hortenalltag die altershomogenen Gruppenaktivitäten.[797]

Aufgrund der schwierigen Beziehungen zu Erwachsenen gingen die Jungenschaftler nur zögernd auf ihre Eltern zu. Für die 1940er Jahre sind noch keine Elternabende in Minden dokumentiert. Ein Beispiel aus Kiel zeigt, daß die Einführung von Elternabenden durchaus zu Konflikten führte. Die Kieler Horte hatte sich „lange ... davor gedrückt", hieß es im Fahrtenbuch, einen Elternabend durchzuführen. Nachdem sie im Februar 1948 die Eltern endlich

792 Nur wenige Quellen geben über das Verhältnis zwischen Eltern und Jungen Aufschluß.

793 Hier interessiert folglich nicht die in der Forschungsliteratur häufig gestellte Frage, ob die Jugendlichen ‚politisch' oder ‚unpolitisch' waren, oder wie Boll angesichts explizit politischer Lebensläufe wie von Helmut Schmidt formuliert: „Was bedeutet nun die Rede von der ‚unpolitischen' Jugend bzw. vom ‚unpolitischen Leben' im Nationalsozialismus?" (Boll 1997, 509). Vgl. die Arbeiten von Sibylle Hübner-Funk.

794 Z. B. TAM, 001R130698.

795 Z. B. TAM, 001M/Sch280899.

796 Ebda.

797 An dieser Stelle sei an den für Jugendorganisationen außergewöhnlich geringen Altersunterschied zwischen Gruppenleiter und Jugendlichen erinnert.

eingeladen hatten, berichtete der Hortenführer darüber im Hortenbuch. Diesen Bericht übermalten offenbar andere Jungen der Horte in rotem Buntstift mit großen Fragezeichen und einem großgeschriebenen „entsetzlich". So etwas war äußerst unüblich. Einige Jungen kommentierten den Bericht sogar, zwar vordergründig wohlwollend, aber höchst ironisch.[798]

Dagegen luden die Mindener und z. B. auch die Oldenburger Horten in den 1950er Jahren wie selbstverständlich Eltern und Freunde zu Elternabenden und kulturellen Veranstaltungen ein.[799] Bei diesen Abenden inszenierten die Jungen sich selbst in einer Vorstellung, die wie ihre Heimabende strukturiert war: Sie sangen, rezitierten und trugen vor. Häufig berichteten sie auch von ihren Fahrten, zeigten Fotos und demonstrierten ihre Vielfältigkeit. Sie versuchten, sich in einem möglichst positiven Licht darzustellen. Im Mai 1953 führte die Mindener Horte sogar erstmals öffentlich ein Schattenspiel vor, wofür sie Eintritt verlangte.[800]

Den Jungen war es offensichtlich wichtig, einen positiven Eindruck auf ihre Eltern, Freunde und Bekannte zu machen und Akzeptanz für ihre Freizeitaktivitäten zu erlangen. Auch den Hortenführern war an einem positiven Verhältnis zu den Eltern der Jungen gelegen. Außerdem sollten die Jungen auch in der Schule keine Schwierigkeiten aufgrund ihrer Hortenmitgliedschaft bekommen.[801] Konfrontationen wurden aber nicht nur aus pragmatischen Gründen vermieden. Wie die Gemengelage von Traditionsaneignung und Avantgardistischem bei den Praktiken der Mindener Horte zeigt, standen die Jungen nicht generell in Opposition zu ihren Eltern und zur Schule (s. o.). Sie hätten sonst auch einen Teil ihrer eigenen Vergangenheit und Milieubindung negiert.

Die Jungenschaft verstand sich demnach nicht als Gegensatz zu Schule und Elternhaus, sondern idealiter als Ergänzung. Die Horte bot also nicht nur familiäre Geborgenheit, sondern auch Orientierungshilfe für die ‚entlassenen Söhne des Bürgertums'.[802] Ebenso wie viele andere Geselligkeitsgruppen und -vereine war die ‚Brücke' Jugendbewegung – und somit die Aktivitäten der Mindener Jungenschaft – auch nach dem Zweiten Weltkrieg ein Element bei der (Re)Konstruktion des Mindener (national-)liberalen Milieus. Folglich ist nicht eindeutig von einem ‚Generationenkonflikt' im liberal-bürgerlichen Milieu der frühen Nachkriegszeit zu sprechen. In der Horte konnten die Jugendli-

798 Archiv MK, Nachlass Heinrich Steinhöfel, Fahrtenbuch norddeutsche Jungenschaft, IX '46-I '48.

799 Archiv MK, Fahrtenbuch, August 1952-Frühjahr 1958. Darin sind keinerlei Diskussionen über die Frage dokumentiert, ob man einen Elternabend o. ä. veranstalten sollte.

800 S. o. zitierte Elternbriefe der Mindener und Oldenburger Jungenschaft sowie Archiv MK, Fahrtenbuch, August 1952-Frühjahr 1958.

801 Dies kam freilich dennoch vor (s. z. B. Archiv MK, Fahrtenbuch, August 1952-Frühjahr 1958, 6).

802 Vgl. Trommler 1985.

chen ‚Neues' und Traditionen auf eine für sie sinn-volle Weise mischen, ohne sich von ihren Eltern lösen zu müssen. Die Jungen lenkten offenbar ihre Enttäuschung über ‚Betrug' und ‚Zusammenbruch' nicht auf die Eltern, sondern auf die (‚Massen'-)Gesellschaft und ‚die' Politik allgemein. Entsprechend verhielten sich die Jungenschaftler gegenüber Vertretern von Politik, Regierung und der Jugendpflege.

III. 1. 2. 3. 2 Partisanen und Agenten: Jungenschaft und Politik

Obwohl die Jungenschaftler meist mit sich selbst beschäftigt waren[803], war ihnen ihre Wirkung in der Öffentlichkeit nicht gleichgültig. Im „Jurtschibrief" vom Juni 1949 gab Rasche Anweisungen, wie sich die Jungen auf Fahrt kleiden und benehmen sollten:

„Für alle Horten die auf eine Großfahrt gehen mache ich zur Pflicht, auf ihre äussere Erscheinung zu achten. (...) Besprecht schon vorher, was ihr auf Fahrt anzieht, zweckmässig und doch kleidsam. Auf keinen Fall aber vagabundenhaftes Räuberzivil."[804]

Tatsächlich zeigen die Fotografien der Mindener Horten ordentlich, meist in kurzen Lederhosen und karierten Hemden, in dunkelblauen oder schwarzen Jungenschaftsjacken gekleidete Jungen. Sie machen auf den Fotos einen geordneten, keinesfalls verwegenen oder provokanten Eindruck.[805] Gleichzeitig gefiel es den Jungen auch, Aufmerksamkeit bei den Passantinnen und Passanten zu erregen.[806] Öffentliches Auftreten hatte den Charakter einer Herausforderung und eines ‚Kampfes um (An)Erkennung'[807]. Dieser ‚Kampf' war ein Bemühen um Reaktionen auf die eigenen Handlungen. Deshalb wollten die Jugendlichen provozieren, und sie freuten sich, als sie die Bürgerinnen und Bürger aus dem – durchaus doppeldeutig zu verstehenden – Schlaf rissen, „die ganzen behörden" ‚kopfstanden', dutzende telefongespräche geführt" wurden und der ältere Hortenführer Gerd Behrsing „von einer vorladung zur anderen" musste.[808] Die Jugendlichen provozierten britische und deutsche Behörden in

803 Verantwortlich zu sein, „für das, was man ist, und für das, was man tut, bezieht sich nur auf die eigene Person, und überhaupt keine Verantwortung haben wir gesehen für das, was die Gesellschaft ist und tut. Diesen weiteren Schritt haben wir absolut nicht gemacht", berichtet ein ehemaliger Mindener Hortenführer aus den frühen 1950er Jahren (TAM, 001M/Sch280899).

804 Archiv MK, Rundbrief an den Jurtschi, VIII (27. 6. 1949).

805 Auf einigen Bildern sieht man die Jungen in mehr oder weniger geordneter Formation marschierend (Archiv MK [Gustav-Adolf Mohrlüder], Fotos, Ordner I [groß], 1952/53; Fotos, Ordner II [klein], 1952/53; [Kosiek], Fotoband [Ostern 1949-Ostern 1954]).

806 S. das zu Beginn von Kap. III. 1 angeführte Beispiel von Ostern 1948 (Archiv MK, Fahrtenbuch, Sommer 1947-Sommer 1948; TAM, 001R130698).

807 S. Honneth 1992; ders. 1990.

808 Archiv MK, Fahrtenbuch, Sommer 1947-Sommer 1948.

zweierlei Hinsicht: Zum einen befürchteten Briten wie Deutsche unter den Jugendlichen eine Revitalisierung der HJ und Widerstand gegen Umerziehungsprogramme. Grund zu dieser Sorge gaben rechte Jugendliche, wie die der „Werwolf"-Gruppen im Nachbarkreis Herford.[809] Den Briten war daran gelegen, genauestens herauszufinden, wer diese Jugendlichen waren und warum sie sich derart aufführten. Ohnehin betrachtete die britische Besatzungsmacht die ihnen unbekannte bündische Jugend mit äußerstem Mißtrauen.[810] Zum anderen strebten britische wie deutsche Jugendpolitiker danach, möglichst viele junge Menschen in den gesellschaftlichen und politischen Aufbau zu integrieren.[811] Eine nachts lärmende, musizierende und russische Lieder singende Jugendgruppe war folglich weder einzuordnen, noch schien diese integriert zu sein. Die Mindener Jungenschaft gefiel sich in dieser Rolle, die sie auch in anderen Situationen, meist weniger auffällig, gegenüber Briten, deutschen Behörden und Politikern einnahm.[812] Im Oktober 1947 z. B. suchten die Jungen

„nach einer neuen kraftprobe. der angekündigte besuch des englischen übervordungsbeamten (sic) Mr. Pugh ist willkommener anlass. (...) ein diskussionsabend in der regierung, herausgefordert von herrn pugh ... [stellt sich] bimbo als tapferer debatter ... obwohl die engländer die diskussion unfäir (sic) führen, werden nicht nur alle angriffe der pfadfinder ... abgeschlagen, sondern der bündische standpunkt vor den anwesenden deutschen gefestigt, wenn auch die engländer ihn nicht verstehen wollen ...".[813]

Dieser ‚Kampf um (An)Erkennung' bedeutete also gleichzeitig eine Suche nach dem eigenen „standpunkt", dem eigenen Selbstverständnis und der gesellschaftlichen Verortung. Dies war umso schwieriger, als mit dem Ende des NS-Regimes viele handlungsleitende Werte zerstört waren. Außerdem erschien aufgrund des Gefühls, ‚betrogen' worden zu sein, jede erneute politische Festlegung unmöglich. Manche Jungenschaftler forderten den „vollkommenen bruch mit den maßstäben unserer umwelt".[814]

809 Vgl. Albertin 1998.

810 Dies belegen u. a. die Akten des PRO. Darin wird deutlich, wie die Britische Militärregierung versuchte, die bündische Jugend einzuordnen. Sie beobachtete dabei Zusammenhänge zwischen Anhängern bündischer Gruppen und rechtsextremer Politik, so z. B. Sepp Z. vom „Deutschen Junglandbund" (PRO, FO/1013, Nr. 2203). Im Bericht vom März 1948 heißt es: „The delay in the launching of a German Scout Movement is driving all likely ... young people capable of being trained as decent Scouts and Guides into the arms of the Bündische Jugend, where they come into contact with most undesireable elements" (PRO, FO/1013, Nr. 2204; s. a. PRO, FO/1013, Nr. 2205). – Vgl. als wissenschaftliches Beispiel die 1957 begonnene und 1967 veröffentlichte Monografie ‚Beyond Eagle and Swastika. German Nationalism Since 1945' von Tauber. Vgl. Klönne 1990, 6; Lorenz 1987, 186-195.

811 S. Kap. II.

812 S. Kap. III. 1. 2. 1.

813 Archiv MK, Fahrtenbuch, Sommer 1947-Sommer 1948.

814 Archiv MK, Jurtschibrief (9. 6. 51), Nr. XXXI, 2.

Infolgedessen kam es den Jungenschaftlern, wie oben dargelegt, darauf an, sich politisch breit zu informieren, die eigene Urteilsfähigkeit zu schulen, aber nicht, sich politisch zu positionieren:[815]

„Wir befassen uns mit Politik, aber nicht so, wie es heute modern ist, indem wir unsere Auffassung als die alleinseligmachende hinstellen, sondern indem wir uns nach allen Seiten hin orientieren. Wir meinen, daß jeder ein bestimmtes Wissen von den politischen Dingen haben muß; Parteipolitik wollen wir aber nicht treiben.“[816]

Auch bei den ‚öffentlichen Auftritten‘ ging es weniger darum, eigene Standpunkte zu vertreten, als vielmehr darum, Reaktionen hervorzurufen. Dabei formulierten die Jungenschaftler ihre Positionen bewußt vage und für Außenstehende undurchsichtig, auch um sich Einordnungen zu entziehen. Dies verdeutlicht der klägliche Versuch der Kategorisierung durch den Oberkreisdirektor bei der Befragung des Hortenführers der Mindener Jungenschaft nach der Detmolder Aktion. Rasche wurde nicht nur über die Art und Herkunft der Musikinstrumente befragt, sondern auch ob sie in geordneter und militärischer Formation liefen. Schließlich wollte der Beamte wissen, ob „HJ Manieren“ bei den Jungen vorzufinden seien.[817] Die Jungen amüsierten sich über diese Befragung. Mit dieser Haltung waren sie in der Nachkriegsjungenschaft nicht allein: „Die Jungenschaft ist autonom“, schreibt Walter Scherf 1947 in der Jungenschaftsschrift „Unser Schiff“:

„Das ist mehr als überparteilich und überkonfessionell – müde Programmpunkte einer müden Jugend. Autonom ist eine Waffe gegen alles Ferngesteuerte und Festgelegte. Man sagt uns oft, wir faßten keine klare Front, denn unsre Worte seien mehrdeutig, unsre Sätze nicht logisch und mithin unverständlich. Vielleicht wollen wir auf eine andere Weise verständlich sein. Versteht ihr unsre Lieder, versteht ihr das Feuer?“[818]

Die Nachkriegsjungenschaftler beanspruchten, anders als die bündische Jugendbewegung der Weimarer Republik, keinen gesellschaftlichen Erneuerungsgedanken und wollten politisch nicht vereinnahmbar sein. Deshalb diskutierten die Jungenschaftler nicht nur in Minden, besonders in Folge der Auseinandersetzung über eine bündische Organisation[819], ob, und wenn ja, unter

815 Vgl. zu der rhetorischen Kritik an ‚Ideologien‘ im konservativen Bürgertum nach dem Zweiten Weltkrieg Schildt 1998, 213.

816 Unsere Runden, in: feuer (o. J. [1948/49]), H. 2, 10 (Archiv MK). Vgl. zahlreiche Stellungnahmen ehemaliger Hortenführer (z. B. Archiv MK, Lankes, Hans-Christian, Der Jungenhorst. Gedanken und Ziele [1946]; Zenker, Hans-Jochen, Brief an Eberhard Koebel, 11. 11. 1947).

817 Archiv MK, Bericht des Oberkreisdirektors an die Militärregierung.

818 Archiv MK, Unser Schiff (Juni 1947), Nr. 4, o. S.

819 So z. B. in den Mindener Rundschreiben und den Älterenkreisen des Landeskreises Westfalen oder bei überregionalen Treffen (s. Kap. III. 1. 2. 2).

welchen Umständen sie sich politisch äußern sollten. Dies betraf Fragen zur Jugendpolitik, zu tagespolitischen Themen oder bzgl. Parteien. Die jungen Männer waren äußerst unsicher, ob und inwiefern sie sich überhaupt politisch äußern wollten.[820] Demnach wurde in den Rundbriefen vielmehr diese grundsätzliche Frage diskutiert als Themen konkreter Tagespolitik.[821]

In der deutschen Jungenschaft gab es jedoch auch Einzelpersonen, die sich sehr wohl für eine politische Positionierung aussprachen. Zu diesen Männern gehörte Michael Jovy, der eine illegale Gruppe während der NS-Zeit angeführt hatte. Er forderte im Gegensatz zu dem ‚Zauberer' Walter Scherf[822], daß die deutsche Jungenschaft sich auf gewisse Weise politisch positionieren müsse; denn politische Beliebigkeit führe zur Wiederholung der Fehler der bürgerlichen Jugendbewegung der Weimarer Republik[823]. Die Mehrheit der Hortenführer befürchteten aber v. a. die Vereinnahmung durch andere Organisationen, entweder durch Rechtskonservative oder Kommunisten:

„Seien wir doch nicht so optimistisch zu glauben, wir könnten uns dem entziehen und ein leben auf der insel führen. (...) Ihr habt die aufgabe, euch und eure horte darauf vorzubereiten. (...) Zwar ist politik bei uns sekundär, aber gedanken und gefühle müssen sich doch auch praktisch auswirken. Wer nicht völlig durchdrungen ist, was wir mit Jungenschaft bezeichnen, wird dem kollektiv zum opfer fallen."[824]

In der Zeitschrift „feuer" wird etwa 1949 den Bedenken der Vereinnahmung gemäß ein Horrorszenarium über die „Jugend ‚1980'" gezeichnet, in dem Jugendliche staatlich völlig „gleichgeschaltet" sind und nicht selbständig denken

820 Vgl. Kap. III. 1. 2. 1. 5.

821 Z. B. erfährt man in der „Buschtrommel" vom Oktober 1950 von dem Beschluß der Älteren im Landeskreis, daß aus Ostwestfalen zwar einige „deligierte" zur Essener Jugendkundgebung geschickt werden sollten (darunter auch Mindener). Aber der Älterenkreis einigte sich gleichzeitig darauf, „an keinerlei kundgebungen rein politischen charakters im namen des bundes teilzunehmen" (Archiv MK, Buschtrommel [1950], Nr. 23). Vgl. die kritische Haltung zu dieser Kundgebung im Nachklang (Archiv MK, Buschtrommel [1950), Nr. 24]). – Im Jurtschibrief vom Oktober 1951 vertritt ein unbekannter Autor dagegen sogar die Minderheitsmeinung, daß das „Politische ... einfach die Umwandlung der geistigen Kräfte" sei. „Jedes Wort von Hesse, Rilke, von George oder Hölderlin, das in unseren Runden auftaucht besitzt politische Kraft. (...) Politisch denken heisst zuerst das Erkennen unserer eigenen Möglichkeiten, aktiv tätig zu sein" (Archiv MK, Jurtschibrief [15. 10. 51]).

822 Vgl. Kerbs 1966.

823 Archiv MK, Die Runde. Elternbrief der deutschen Jungenschaft Oldenburg (August o. J.), Nr. I: „Können wir uns den Fragen, die ja auch im Jugendring an uns herangetragen, um die FDJ und das ganze Ostwestproblem verschliessen? Es wurde uns dabei klar, daß das wohl nicht angeht. Sonst würden wir demselben großen Fehler verfallen, der der deutschen Jugendbewegung schon einmal ihre Existenz gekostet hat." Vgl.: mich [Jovy, Michael], geschichte – ?, in: feuer (Mai 1948), Nr. 1, 6 (Archiv MK); dagegen ein Plädoyer, sich nicht politisch einzumischen: ausrichtung oder formung?, in: feuer (April 1948), H. 20, o. S (Archiv MK).

824 Archiv MK, Jurtschibrief (22. 6. 1950), Nr. XX, 2.

können, weil ihr Gehirn wie ein Robotor funktioniert. Dem gegenüber steht das „urmenschentum" ‚freier' Menschen.[825]

Sowohl die Nichtpositionierung als auch das provokative Suchen nach Reaktionen waren dennoch Praktiken der Verortung innerhalb der Gesellschaft. Die Jungen verhielten sich z. B. gegenüber Vertretern der britischen Besatzungsmacht ablehnender als gegenüber deutschen Behörden.[826] Insofern ist das nächtliche Auftreten der Mindener Horte und das aufmüpfige Verhalten gegenüber dem Jugendoffizier auch als Gegenwehr gegen die Besatzungsmacht zu verstehen.[827] Sie agierten dabei auch als ‚Delegierte' eines großen Teils der („schlafenden') Bevölkerung, die zumeist den NS-Staat akzeptiert hatten bzw. an dessen Erhalt aktiv beteiligt gewesen waren.[828] Die Britischen Besatzer erschienen schließlich den meisten nicht als Befreier. Auch ihrem Bestreben, Demokratie aufzubauen, standen viele (zunächst) skeptisch gegenüber. Der Hortenführer gab beim Oberkreisdirektor zu Protokoll, daß an

„unserem Singen ... Auf dem Marsch zum Bahnhof niemand Anstoß genommen [hat]; im Gegenteil, die uns treffenden Menschen freuten sich, wie wir an Bemerkungen und dem Mienenspiel feststellen konnten. Auch Angehörige der Besatzungsmacht gaben einer freudigen Zustimmung Ausdruck."[829]

Vielleicht ‚vertraten' die Jugendlichen sogar manche Erwachsenen bei der lautstarken Provokation gegen die unbeliebten Besatzer und die neue politische Ordnung.[830] Ähnliches gilt – aus Sicht der Mindener Jungenschaft – für das Jugendleitertreffen in Hausberge:

„ein stosstrupp hajo, gerd, bimbo und nicki nahm an einem jugendleitertreffen, zwecks erlernen von spielen, in hausberge teil. unsere ablehnung der spielerei und unser gesamtes auftreten brachten sämtliche anwesenden auf un-

825 Jugend ‚1980', in: feuer (o. J. [ca. 1949]), H. 7, o. S (Archiv MK).

826 PA Kleinsteuber, Aufbruch der Knappen. Ein Flugblatt der Silbernen Horde II, o. Datum [1951-1953]. Unter der Überschrift „Deutschland!" beschwört der Autor die „Heimat", die auch hinter die Elbe und Oder-Neiße ginge: „Deutschland liegt heute zerschmettert am Boden. In Deutschland regieren ausländische Mächte. Man verspricht uns viel – beutet uns aus, und viele Deutsche stellen sich in den Dienst dieser Mächte." „Silberne Horde" nannte sich die ‚Jungenschaft' des Bundes Deutscher Pfadfinder (BDP) Detmold. Einige empfanden, daß die Alliierten den Krieg nicht gegen die nationalsiozialistischen Machthaber sondern gegen die Deutschen führten (TAM, 001M/Sch280899). In der Retrospektive äußerte sich ein Zeitzeuge gegenteilig; seiner Meinung nach hätte die Mindener Jungenschaft immer ein positives Verhältnis zur Besatzungsmacht gehabt (TAM, 001R130698). – Selten wurden Jugendliche oder Gruppenführer der deutschen Jungenschaft nach England eingeladen. Eine Ausnahme war ein mit den Mindenern befreundeter Jungenschaftler, der in seiner Funktion als Stadtjugendring-Vorsitzender eine Einladung erhielt (TAM, 002M/Sch280899).

827 Vgl. Lüdtke 1993, 179, zu (jugendlichen) Territorialkämpfen; vgl. Nadig 1993.

828 Vgl. Albertin 1998.

829 Archiv MK, Bericht des Oberkreisdirektors an die Militärregierung.

830 Vgl. zu dieser Interpretationsweise Nadig 1993, 264-284.

sere seite. die militärregierung als urheber des planes guckte dumm. wir waren die einzigen, die neue ideen hatten und deshalb auch opponieren durften."[831]

Ferner galt die Ablehnung der Jungenschaftler staatlichen Institutionen generell. Z. B. diskutierten sie häufig anhand der Lektüre von y Gasset über „die Gefährlichkeit des Staates", wie in dem Älterenkreis der deutschen Jungenschaft Norden im November 1950: „Gero", der eng mit den Mindenern befreundet war, „zeigte die zwei Formen staatspolitischen Denkens (kontinental-insular, machtstrebig-moralistisch) auf, wie sie zuerst von Machiavelli und Morus dargelegt wurden."[832] Meist hatten bei ihnen Politik und Parteien ganz allgemein eine negative Konnotation. In der Aufforderung von Michael Jovy in „feuer" im Mai 1948, sich mit der (jüngsten) Geschichte und Politik zu befassen, expliziert der Autor das negative Bild in der ‚deutschen Jungenschaft' über Politik: „das handeln der unwissenden politiker führt zu katastrophen, wir spürten bereits genug davon."[833] Verbände und Parteien standen aus Sicht der Jungen und jungen Männer im Gegensatz zum bündischen Organisationsverständnis.[834] Kollektivität und Verbands- oder Parteiloyalität setzten sie in Gegensatz zu Selbstverantwortung, Persönlichkeit und autonomer Meinungsbildung einzelner.[835] Ein wiederkehrender Topos ist daher der einzelne Mensch, der sich Normen von Gesellschaften entzieht und eigenwillige Wege geht. Ein solcher Mensch war nach Meinung der Jungenschaftler eine „Persönlichkeit" wie auch der ehemalige Sklave Bark in der Erzählung von Saint-Éxupery.[836] Das Ziel war, „daß die, die aus unseren Gruppen kommen, in der Lage sind, innerhalb der Gesellschaft sozusagen eine Insel für sich zu bilden, in denen Freiräume existieren, wo der gesellschaftliche Arm nicht unbedingt hinlangen kann."[837] Die „Jungenschaft" sollte die Jungen wie in einem Glashaus getrennt von der Gesellschaft auf das politische und öffentliche Leben vorbereiten: „Ihr geht jetzt auf fahrt. Trampt auf jeden fall dorthin, wo wenig menschen sind. Das ist der anfang."[838]

831 Archiv MK, Fahrtenbuch, Sommer 1947-Sommer 1948.

832 Archiv MK, Elternbrief der deutschen Jungenschaft Norden (November 1950). Die Skepsis gegenüber der (möglichen) Rechtsstaatlichkeit war unter den Jugendlichen groß (TAM, 002M/Sch280899). Vgl. ähnlich für die Zeit vor 1933 Ziemer 1973, 42-51.

833 mich [Jovy, Michael], geschichte – ?, in: feuer (Mai 1948), Nr. 1, 6 (Archiv MK).

834 In der Weimarer Republik galt die Kritik meist dem demokratischen Staat (Groß-Allbenhausen 1995, 337). Nach dem NS-Regime wurde v. a. am Staat an sich Kritik geübt. Gleichzeitig setzten sich die bündischen Gruppen mit demokratischen Politikformen auseinander.

835 Archiv MK, Jurtschibrief (22. 6. 1950), Nr. XX, 2; Unser Weg, in: feuer (o. J. [ca. 1949]), H. 7, o. S.

836 Archiv MK, Elternbrief (Dezember 1950).

837 TAM, 001M/Sch280899.

838 Archiv MK, Jurtschibrief (22. 6. 1950), Nr. XX, 2.

Diese Distanz zu Politik[839] rührt aus den negativen Erfahrungen mit staatlicher Politik der Nationalsozialisten.[840] Außerdem praktizierten und vertraten die Jungenschaftler ein nicht nur in der Mindener Jungenschaft vorherrschendes, milieubedingt negatives, männerbündisches und elitäres Politik- und Gesellschaftsverständnis.[841] Bisweilen nahmen die Jugendlichen eine äußerst gesellschaftsfeindliche Haltung ein[842], wie die häufigen Zitate von y Gasset in „feuer"[843] oder auch folgender Artikelausschnitt bestätigen:

„wenn man von den leistungen eines volkes spricht, so spricht man von denen seiner oberschicht, den werken in musik, malerei, literatur, baukunst, wissenschaft usw. (...) wo diese einzelnen fehlen, sind volk und zeit versunken und nur ein vages bleibt unserer phantasie vorstellbar, das gesicht ist ohne ausdruck und leer, denn die masse des volkes ist dem vergessen verfallen. von der namenlosen menge spricht man nicht."[844]

Die Jungen und jungen Männer interessierten sich in erster Linie für Gesellschaft und Politik als „Gegenpol" zu sich selbst. Dabei grenzten sie sich gegen die „deutsche Zivilisation" und die „bürgerliche Welt"[845] ab. Die Jungenschaftler betrachteten sich selbst nicht nur als außerhalb von Gesellschaft stehend, sondern auch als „Freidenker", kritisch gegenüber der Gesellschaft[846] und als eine Elite, als die „Auserlesenen"[847]. So wurde z. B. 1953 im „feuer" formuliert: „jahr für jahr zogen wir über die strassen. wir! wer sind wir? wir eine jugend, ein kleiner kreis junger menschen, die sich nicht vom tamtamgeschrei der meute, von den forderungen der zeit überrennen liessen".[848]

839 Kritisch dazu: Bund oder Insel, in: feuer (o. J. [ca. 1953]), H. 7, o. S (Archiv MK).

840 S. z. B.: ausrichtung oder formung?, in: feuer (April 1948), H. 20, o. S (Archiv MK).

841 Nipperdey kommt in seinem Aufsatz über „Jugend und Politik um 1900" zu dem Schluß, daß auch die Jugendbewegung zu Beginn des 20. Jahrhunderts keine grundsätzliche Kritik an der Politik der Erwachsenenwelt übte (Nipperdey 1976, 358). – S. Arbeiten über den Zusammenhang von Jugendbewegung, Männerbund, Politik und Staat seit Beginn des 20. Jahrhunderts (Blüher 1922; ders. 1917 [1961]; Gissellbrecht 1990; Heinrichs 1990; Nitzsche 1942 [!]; Reulecke 1990; Schoeps 1988; See 1990; Sombart 1996). Vgl. Blattmann 1996; Groß-Albenhausen 1995, 339-359. Nikolaus Sombart gehörte 1933 selbst kurze Zeit der dj.1.11 1933 an (Brief von Gero von Schönfeldt an die Autorin v. 10. 8. 2000).

842 TAM, 001M/Sch280899.

843 Z. B. über die Trägheit der „Masse" in: feuer (Mai 1948), Nr. 1, 4; s. a. feuer (o. J. ca. [1953]), H. 4 (Archiv MK).

844 ausrichtung oder formung?, in: feuer (April 1948), H. 20, o. S. (Archiv MK). Vgl. die Ergebnisse der Studie von Schörken 1995, 164f. S. Moeller 1997a, 22, über die auch vorhandene Abneigung gegenüber der mit den Nationalsozialisten in Verbindung gebrachten, aber für alle Industrieländer typischen ‚Massengesellschaft'.

845 Brief von Gustav-Adolf Mohrlüder an die Autorin v. 1. 6. 1999. Vgl. für die Weimarer Republik Groß-Albenhausen 1995, 335-339.

846 TAM, 001Sch031197; Jg. 1944.

847 Gerd, Wir ‚Auserlesenen', in: feuer (o. J. [1953]), H. 4, o. S (Archiv MK).

848 auf neue tafeln schreibt der neue stand, in: feuer (November 1946), H. 3, o. S. (Archiv MK).

Die Horte war ein kleiner Kreis erlesener, männlicher Jugendlicher, die weder Begegnungen noch Neckereien mit Mädchen(gruppen) suchten, um ihre ‚Männlichkeit' zu beweisen.[849] Die Jungen der deutschen Jungenschaft erprobten und ‚erkämpften' ihre Anerkennung als heranwachsende Männer in der Interaktion und Konfrontation mit männlich dominierten und z. T. männerbündisch strukturierten staatlichen Institutionen, politischen Organisationen und der Besatzungsmacht. Die Auseinandersetzungen, in denen das Gegenüber fast immer als feindlich angesehen wurde, glichen den Geländespielen auf Fahrt. Es scheint, als ob sich die Jungen in einem permanenten öffentlichen Geländespiel befanden, geleitet von der Utopie von einem „Reich der Jungen"[850]. Dabei sahen sie sich gerne als verdeckt ermittelnde Agenten[851] in politischen Gesprächen oder wie Partisanen auf der Straße[852].

Die vielfache Thematisierung ihres Selbstverständnisses als Bund im Gegensatz zur Gesellschaft beweist zudem die hohe Bedeutung der Fragen nach dem eigenen Politik- und Organisationsverständnis und nach der gesellschaftlichen Verortung als bürgerliche männliche Jugendliche nach der NS-Diktatur im Übergang von Militärregierung zur repräsentativen Demokratie. Besonders in der unmittelbaren Nachkriegszeit waren diese Fragen in der deutschen Jungenschaft relevant.[853] Die Jugendlichen bewegten sich dabei im Spannungsfeld zwischen politischer Nichteinmischung und Nichtpositionierung auf der einen Seite und dem Bedürfnis nach politischer Informiertheit und Reaktion aus der Gesellschaft auf der anderen Seite. Der Unwille, sich zu positionieren, entsprach dem Bedürfnis der Jungen nach Rückzug, der Höherbewertung persönlicher statt formaler Bindungen ebenso wie der milieuspezifischen Abneigung gegenüber der „Masse" und dem politischen Geschäft. Sie grenzten sich außerdem gegenüber Koebels raschem Wandel seiner politischen Haltung von einer Sympathie für die Nationalsozialisten zur kommunistischen Anhänger-

849 Anders die Jungen bei der Naturfreunde-Jugend (Kap. III. 3).

850 TAM, 001M/Sch280899.

851 S. Aussagen von Zeitzeugen über Hajo Zenker: „Manchmal hatte man den Eindruck, er wollte mit uns die zukünftige ZK der Bundesrepublik bilden ..." (TAM, 002M/Sch280899). Rasche schreibt 1950 im „feuer" einen kleinen Krimi, eine Schmugglergeschichte, die möglicherweise auf einem „schmuggelspiel der Freischar und Jungenschaft" in der Stadt Minden basierte (Bimbo, Achtung hier M. Ein schmuggelspiel der Freischar und Jungenschaft, in: feuer [Februar 1950], Nr. 2, o. S [Archiv MK]).

852 Sowohl in schriftlichen Quellen als auch in Zeitzeugengesprächen über die Nachkriegszeit werden häufig auch Begriffe aus dem Rittertum wie „Einzelsasse" verwendet (z. B. TAM, 001M/Sch280899). Nach Seidelmann war in der Weimarer Republik das „geheime Vorbild" der bündischen Jugend „der Mann: ritterliche, geistesgebundene und tatenreiche Männlichkeit" (Seidelmann 1973, 52-65, hier 58). Vgl. Kerbs 1966, 155, 158.

853 Das Fahrtenbuch und die Zeitschriften der 1950er Jahre dokumentieren weitaus weniger Überlegungen und Diskussionen zur politischen Positionierung etc. (Archiv MK, Fahrtenbuch, August 1952-Frühjahr 1958).

schaft ab.[854] Die intellektuelle Beschäftigung mit politischen Fragen entsprach außerdem ihrem männlichen bildungsbürgerlichen Anspruch. Diese Art der Auseinandersetzung mit Politik und Gesellschaft ist folglich nicht nur als Skepsis i. S. von Nüchternheit (Schelsky) zu interpretieren, sondern war auch Praxis der sozialen Distinktion und Konstituierung bildungsbürgerlicher Männlichkeit im Kontext der Erfahrung mit der NS-Zeit und einer wahrgenommenen sozialen Nivellierung der Milieus[855].

III. 1. 2. 3. 3 Bündisches Selbstverständnis contra demokratische Jugendpolitik

Auch wenn die Nachkriegsjungenschaft nicht mehr wie ihre Vorgänger die gesellschaftliche Erneuerung für sich beanspruchten, so verstanden sie dennoch „Jugend" durchaus im anthropologischen Sinne als gesellschaftliche Gruppe, der aufgrund ihres Alters bestimmte Aufgaben und Rechte zukamen. Die bürgerliche Jugendbewegung berief sich wie keine andere Bewegung ausschließlich auf ihr ‚Jung-Sein' als Movens.[856] Für die bündische Jugend stellte sich „die Generationsfrage schärfer als für Verbände, deren Ziel auch die Hinführung zum Erwachsenenverband oder in die Partei"[857] war. Außerdem hatten die Jugendbünde offensichtlich größere Probleme als andere Gruppen, an ihre Traditionen vor 1933 anzuknüpfen.[858] Vor diesem Hintergrund bekommen der nächtliche Gesang, die nachfolgenden Befragungen und viele andere Gespräche mit Behörden, Regierungsvertretern usw. eine weitere Bedeutung: Die Jungen wollten sich nicht klassifizieren lassen. Sie entzogen sich auf diese Weise dem Jugenddiskurs über politisch gefährliche Jugend einerseits und ‚der' politisch-gesellschaftlich zu integrierenden ‚Jugend' andererseits.[859] Insofern grenzten sie sich auch von der offiziellen Jugendpolitik und anderen Jugendlichen ab:

„... die gegenwärtige jugend denkt absolut bürgerlich. die heranwachsenden empfinden heute kein gefühl der inneren abwehr mehr gegen das, was die erwachsenen tun. sie stehen nicht mehr im protest gegen das bürgertum wie einst

854 Vgl. Schneider-Nehls 1997.

855 TAM, 002M/Sch280899.

856 Dem allgemeinen Verständnis nach „wollten" sie „den Jungenbund". Wer „über 20 Jahre ist, hat zu verschwinden!", wie Kleinsteuber in seiner biografischen Aufzeichnung notiert (PA, Kleinsteuber, Lebenslauf und Tätigkeit in der bündischen Jugend, Oktober 1999). Vgl. für die Weimarer Republik Trommler 1985.

857 Lorenz 1987, 186. Vgl. allg. zum jugendpolitischen Selbstverständnis der bündischen Gruppen ebda., 186-195.

858 Dies gilt ungeachtet davon, daß die Mindener Jungenschaft relativ gute Beziehungen zu Männern ihres Milieus und der früheren Jugendbewegung hatte.

859 S. a. Archiv MK, Jurtschibrief (25. 11. 51), 3.

die wandervögel. (...) ich fühle mich doch vor lauter hilfe und jugendpflege dauernd bevormundet, unfrei, beengt und bedrückt und zuletzt sogar gehemmt."[860]

Vor diesem Hintergrund, ihrem Selbstverständnis als männliche ‚Jugend' und ihrem Politikverständnis sind Jugendpolitik und Zusammenarbeit der Mindener Jungenschaft mit anderen Jugendorganisationen zu interpretieren.

Im Grunde interessierten sich die Jungenschaftler kaum für andere Jugendorganisationen. Sie nahmen die – aus ihrer Sicht – reinen Jugendpflegeverbände unter dem Dach einer Erwachsenenorganisation nicht ernst, weil diese nicht den Idealen einer ‚autonomen Jugendbewegung' folgten.[861] Gleichzeitig äußerten sich die Jungenschaftler dennoch immer wieder anerkennend über „bündische" Elemente bei den „Falken" oder anderen Jugendorganisationen.[862] Die Mindener Jungenschaft lud sogar einmal eine katholische Jugendgruppe zu sich ins Heim ein und bezeichnete die Katholiken als „freunde".[863] Dagegen empfand die Mindener Jungenschaft den in Minden starken CVJM als Konkurrenz, da Jungen der deutschen Jungenschaft in die christliche Jugendgruppe wechselten.[864] In der Regel nahmen die Jungenschaftler gegenüber anderen Jugendorganisationen eine überhebliche und ablehnende Haltung ein, wie bei einem Treffen verschiedener Jugendleiter im Jugendhof Vlotho[865], aber auch gegenüber Wandervögeln, wie die Mindener Horte im Winter im Fahrtenbuch kommentiert: „es waren alles alte säcke[,] und wir waren froh, daß sie abzogen."[866]

Während die Jungenschaftler sich noch relativ klar gegenüber politischen und christlichen Jugendverbänden abgrenzten, war ihr Verhältnis zu Jugendgruppen ihres Milieus, wie v. a. den Pfadfinderbünden[867], sehr wohl problembehaftet. Im Gegensatz zur deutschen Jungenschaft scheuten sich die Pfadfinder nämlich nicht, sich politisch zu äußern. Beispielhaft dafür ist die Ankündi-

860 Archiv MK, Die Zeitung behauptet, in: feuer (o. J. [etwa Mitte der 1950er Jahre]), Nr. 15, o. S.

861 S. z. B. die Selbstdarstellung der Mindener Jungenschaft gegenüber der Stadt Minden im Juni 1946: „Während sich nach dem Zusammenbruch überparteiliche oder kirchlich beeinflußte Kreise bildeten, ist der wandervogel unpolitisch. Uneingeschränkt in Hinsicht auf soziale Herkunft und Konfession schließen sich die Jungen ... zusammen" (KAM, Drucksachensammlung, G, Nr. 46, Schreiben von Horst Müller v. 24. 6. 1946).

862 S. als Beispiel aus der späten Weimarer Republik eine Begegnung mit den „Roten Falken", in deren Zeltlager „so vieles ganz wie bei uns eingerichtet und geregelt" gewesen sei (Riehl, Jürgen, Besuch bei den Roten Falken, in: Briefe an die deutsche Jungenschaft [1929], Nr. 11, 9-11).

863 Archiv MK, Fahrtenbuch, Sommer 1947-Sommer 1948.

864 Archiv MK, Fahrtenbuch, August 1952-Frühjahr 1958; s. a. das Beispiel der Familie Hempel (Kap III. 1. 1.).

865 S. z. B. [Zenker] 1972, 341.

866 Archiv MK, Fahrtenbuch, Sommer 1947-Sommer 1948.

867 TAM, 001R130698. S. a. Kap. III. 1. 1.

gung einer Ausstellung der Pfadfinder der Landesmark Westfalen im Dezember 1960. Rudi Michel erläutert im Mitteilungsblatt des Mindener Stadtjugendringes, daß die ausgestellten Bastelarbeiten im Rahmen „einer möglichst intensiven Beschäftigung mit der kulturellen, wirtschaftlichen und historischen Bedeutung Ost- und Mitteldeutschlands" entstanden waren. „Ohne weitere politische Absicht" sollte das „lebendige Bewußtsein ..., daß ... Breslau und Königsberg deutsche Städte sind – ein Bewußtsein, das leider nicht nur bei der Jugend nicht immer lebendig ist", gefördert werden.[868]

Die deutsche Jungenschaft lehnte aber nicht nur die politische Positionierung der Pfadfinder und ihr positives Verhältnis zum – wie auch immer verstandenen – Staatsbürgertum ab. Die Jungenschaftler kritisierten auch und vor allem die formalisierten Strukturen der Pfadfinderbünde sowie deren Hierarchien, die mit Rangabzeichen auf den Uniformen der Jungen sichtbar wurden.[869] Die Abgrenzung zwischen Pfadfindern und deutscher Jungenschaft war durchaus gegenseitig. Entsprechend wird im Rundschreiben der Landesmark Westfalen der Pfadfinder das „Bündische" der deutschen Jungenschaft zwar positiv bewertet, aber gleichzeitig für ein klares und formalisiertes Regelwerk, wie den Pfadfindergesetzen, plädiert.[870]

Die Grenzen zwischen Pfadfindern und deutscher Jungenschaft wurden in der Praxis oft weniger klar gezogen. Beispielsweise beherbergte das Weserheim in den 1950er Jahren sowohl die Mindener Horte als auch die Pfadfinder. Im Frühjahr 1951 „verbrachten" „Leo, ein Mindener Pfadfinder", und der Mindener Hortenführer „ein paar Tage damit unsere beiden Heimräume neu zu streichen. (...) Ein Wochenende fuhr ich mit Gero ... und Leos Motorrad nach Detmold zu einer Tagung des Ringes Deutscher Fahrtenbünde,"[871] dem auch

868 Michel, Rudi, Heimat im Osten, in: Der Ring, 2 (1960), Nr. 4-6 (KAM). Die „Wertgrundlagen" von vor 1933 bezüglich „Volk und Vaterland" konnten nach 1945 nicht mehr gelten. Demzufolge, so Seidelmann, würde bis in die 1970er Jahre „die Desorientierung auf dem Begriffsfeld Nation, Vaterland und Deutschtum bei jung und alt" anhalten. Seidelmanns Ausführungen zufolge bedeutete die Teilung Deutschlands bzw. auch die Diskreditierung der Bezugspunkte „Volk und Vaterland" im biologisch-natürlichen Sinne für die Pfadfinderbewegung ein größeres Problem auch für ihr Selbstverständnis (Seidelmann 1977, 102).

869 Vgl. Grau 1976, 138f. Wie wichtig den Pfadfindern ihre Regeln, Abzeichen und Uniformen waren, belegt ein Briefwechsel zwischen dem Bundesamt und der Landesmark Westfalen, vertreten von dem Mindener Rudi Michel im November und Dezember 1953, in dem Michel die Einhaltung der „richtigen" Kleidung des Bundesfeldmeisters nach dem Besuch eines Zeltlagers anmahnt (AdJb, 202, A-1071).

870 Unser Weg, in: Bund Deutscher Pfadfinder. Landesmark Westfalen, Rundschreiben (1954), Nr, 8, 2 (AdJb 202, A-1063); Bund Deutscher Pfadfinder im Ring Deutscher Pfadfinderbünde, Landesmark Westfalen, Grundlagen des Pfadfindertums [ca. 1951] (AdJb, 202, A-129).

871 Archiv MK, Die Runde. Elternbrief der deutschen Jungenschaft Minden (März/April o. J. [1951]), Nr. XV./V.

Pfadfinderbünde angehörten[872]. Die Pfadfinder und die deutsche Jungenschaft waren sich zumindest so nahe, daß einzelne Gruppen der Pfadfinder – wie 1951 in Lemgo und Detmold – zur deutschen Jungenschaft wechselten, weil sie dem Regelwerk entfliehen und als Jugendgruppe ‚autonom' sein wollten.[873] Jungenschaftler versuchten ihrerseits, Pfadfindergruppen für sich zu gewinnen. „Kalle sprach mit Bobby, sie wollen einzelne Pfadfindergruppen aus Detmold und Lemgo zu uns herüberziehen", berichtet Eugen Müller im Dezember 1949 in einem ostwestfälischen Rundschreiben.[874] Im Januar 1951 schloß sich eine andere bündische Gruppe, die Bündische bzw. Deutsche Freischar um Peter M., einem Abiturienten des Besselgymnasiums[875], der Mindener Jungenschaft an.[876]

Aufgrund ihres Selbstverständnisses als bündische, ‚autonome' Jugend, ihrer Ablehnung von Jugendpflege(verbänden) und ihres bündischen Politikverständnisses einerseits sowie ihres Jugendverständnisses andererseits praktizierte die Mindener Jungenschaft eine widersprüchliche Jugendpolitik. Auf der einen Seite lehnten sie die Strukturen der repräsentativen Demokratie, nach formalisierten Prinzipien geordnete Organisationen mit ‚Funktionärskörper' und eine Zusammenarbeit mit verschiedensten Gruppen im pluralistischen Sinne ab[877], d. h. die Prinzipien, nach denen nach dem Zweiten Weltkrieg die Jugendringe aufgebaut wurden. Andererseits übten sich die Jungenschaftler sehr wohl in politischer Offenheit. Aus diesem Grund, und weil sie Jugendringe auch als ‚Jugend'-Vertretung gegenüber Erwachsenen verstanden, diskutierten sie nicht nur intensiv über ihre Position gegenüber den Jugendringen, sondern beteiligten sich durchaus wirkungsvoll in den Jugendgremien. Beispielsweise lehnten sie den von den Falken forcierten Ausschluß der FDJ ab, weil sie sich nicht auf „diesen streit der parteipolitiker" einlassen wollten[878], obwohl sie die Politik der FDJ im Grunde ablehnten[879]: „Wir können

872 Archiv MK, Buschtrommel (16. 2. 31), Nr. IXXX.

873 PA Kleinsteuber.

874 Archiv MK, X gibt bekannt, Bielefeld, 9. 12. 49.

875 Seine Eltern waren beim WV, er selbst beim Deutschen Jungvolk und 1945 zunächst bei der DRK-Jugend. Vgl. Petzold 1998, 221.

876 Archiv MK, Die Runde. Elternbrief der deutschen Jungenschaft Minden (Januar o. J. [1951]), Nr . II. Dem Mindener Wolfgang Hempel ist es außerdem gelungen, den „Kreis von Freischargruppen um Jürgen Seifert (ballerjochen) in Osnabrück und Minden zu uns herüber zu ziehen" (Brief von Wolfgang Hempel an Eckhard Holler v. 25. 1. 1997). S. Archiv MK, X gibt bekannt, Bielefeld, 9. 12. 49. Vgl. zu der Entwicklung des Verhältnisses zwischen Pfadfindern, Bündischer und deutscher Freischar und der deutschen Jungenschaft seit 1949 Klönne 1990, 30f.

877 Vgl. Grebing 1971, 129-158.

878 Archiv MK, Mich [Michael Jovy], Ring der Fahrtenbünde, Arbeitskreis freier Jugendgruppen, Köln, 22. 2. 1950.

879 Archiv MK, Jurtschibrief (20. 6. 1950), Nr. XX, 2.

nur bedauern, dass typische parteipolitik auf die ebene der jugendorganisationen übertragen wurde."[880]

Die Jugendring- und Jugendausschußarbeit war in der deutschen Jungenschaft ausschließlich den Älteren und Hortenführern vorbehalten.[881] Auch die Gremienarbeit innerhalb der Jungenschaft und die damit verbundene Diskussion jugendpolitischer Fragen oblag den Hortenführern. Die Jungen wurden davon ‚befreit'.[882] Im Gegensatz dazu kritisierten Jungenschaftler politische Jugendorganisationen, daß deren Funktionäre sich herausnähmen, für die Jugendlichen zu sprechen.[883] Tatsächlich aber vertraten die Jungenschaftler in den Jugendringen die deutsche Jungenschaft ohne formal-demokratische Legitimation, und ohne ihre Position bei den Jugendlichen formal rückzukoppeln. Implizit konnten sie sich aber des inhaltlichen Rückhalts der von ihnen geführten Jugendlichen sicher sein.

Ferner erscheint es widersprüchlich, daß die Mindener Jungenschaft im Prinzip jede Finanzierung von außen ablehnten, um sich nicht in die Abhängigkeit von Jugendpflege und erwachsener Jugendpolitik zu begeben. In der Regel finanzierte sie deshalb ihre Fahrten mit dem eigenen Taschengeld[884] oder wie Ende der 1950er Jahre mit Spenden[885]. Dennoch profitierten auch die Mindener und Westfälische Jungenschaften von finanziellen Zuwendungen im Rahmen der Jugendpflege, die für Kohten, Ausrüstungsgegenstände und das Bundesheim ausgegeben wurden.[886]

Diese Widersprüche sind damit zu erklären, daß sich die deutsche Jungenschaft besonders in der frühen Nachkriegszeit auf einem schmalen Grat zwischen bündischer Tradition sowie ihrer neuerlichen Offenheit für moderne Ideen und Demokratie bewegte. Ihr ‚Kampf um Anerkennung' changierte zwischen einer totalen und trotzigen Ablehnung der Gesellschaft und Neugier.

880 Archiv MK, Mich [Michael Jovy], Ring der Fahrtenbünde, Arbeitskreis freier Jugendgruppen, Köln, 22. 2. 1950.

881 Z. B. kritisierten sie bei dem Essener Treffen der Jugendorganisationen, „daß entgegen der absprache des landesjugendringes die anderen organisationen vielfach ihre gesamten gruppen mitgebracht hatten". Ihrer Meinung nach „erwies sich unsere Beschränkung auf den führungskreis der jungenschaftsgaue unseres landes als richtig" (Archiv MK, Buschtrommel [1950], Nr. 24).

882 TAM, 002M/Sch280899.

883 „... mit unseren 13, 14, 15Jährigen können wir auf Fahrt gehen, aber wir haben kein Mandat (...). Alle ... Jugendgruppen mit erwachsenen Hintergrund haben mehr oder weniger, sagen wir mal unter Ausnahme der Sportjugend, doch immer mitgestanden oder wurden also auch darauf hingewiesen oder dahin unterrichtet, welche politische Stellungnahme der Verein einnahm. (...) Und da haben wir immer wieder betont, dieses ist nicht zulässig, das gehört sich einfach nicht. Diese Verantwortung können wir nicht übernehmen, wir können nicht für 13, 14Jährige politische Meinungen äußern" (TAM, 002M/Sch280899).

884 TAM, 002M/Sch280899.

885 TAM, 001Sch031197.

886 TAM, 002M/Sch280899; s. a. Archiv MK, Buschtrommel (o. Datum), Nr. XXX; Buschtrommel (1951), Nr. XXVIII.

Deshalb lehnten die Jungenschaftler vieles aus der Jugendpolitik prinzipiell ab, beteiligten sich aber gleichzeitig in den Jugendringen und zwar nicht nur aus pragmatischen Gründen wie Finanzierung, Zusatzverpflegung oder offizieller Legitimation.[887] Für sie bedeutete dies auch eine Herausforderung, um mit ihrer gesellschaftlichen Umgebung in Einklang zu kommen. Dabei erfuhren sie nicht nur ein positives Demokratieerlebnis und „das Gefühl, etwas mitgestalten zu können"[888], sondern waren selbst an der Konstituierung einer pluralistischen und demokratischen, männlich dominierten Jugendpolitik beteiligt. Bei den hier geschilderten, teilweise konfliktreichen Interaktionen verhandelten die Jungen der Mindener Jungenschaft mögliche Organisations-, Politik- und Gesellschaftsverständnisse. Die Jungen der Mindener Jungenschaft opponierten, suchten nach Anerkennung sowie nach eigenen avantgardistischen Wegen und Positionen. Auf diese Weise verorteten sich die Jungen in der Mindener Nachkriegsgesellschaft und nahmen so an der Konstituierung eines westlichen demokratischen Staates – ihrem Milieu, Geschlecht und Alter entsprechend – teil.

III. 1. 3 Resümee: Männerbund und Arrangement mit der Demokratie

Angesichts der allgemein schwierigen Situation Jugendlicher in der Kriegs- und Nachkriegszeit erscheinen die Aktivitäten der deutschen Jungenschaft zunächst als befremdlich. Hier agierten weder apathische noch verwahrloste oder politisch desinteressierte Jugendliche. Vielmehr handelt es sich um Jungen, die sich für moderne Kunst und Literatur begeisterten und Parteiprogramme studierten. Die Familien dieser Jugendlichen erfuhren die materiellen Notstände der Kriegs- und Nachkriegszeit v. a. als soziale Deklassierung. Außerdem erlebte das (national-)liberale Bürgertum einen politischen Bruch, da es zu den wesentlichen Trägern der nationalsozialistischen Herrschaft gehört hatte. Dieses Milieu trat zunächst nicht mehr parteipolitisch eindeutig in Erscheinung. Dagegen sind zahlreiche Kontinuitäten im geselligen Leben, in Vereinen und in der Jugendbewegung nachgewiesen. Die Jugendlichen dieses Milieus empfanden das Ende des Krieges als Betrug und Zusammenbruch. Angesichts dieser Situation wäre zu erwarten gewesen, daß sie hilf- und orientierungslos waren und sie ihre Eltern für den Betrug und die Katastrophe verantwortlich machten. Tatsächlich aber engagierten sich die Jungen in von ihren Vätern, Onkeln und Großvätern tradierten und neu aufgebauten Jugendgruppen. Folg-

887 Durch die Beteiligung in den Jugendringen waren sie eine offizell anerkannte Jugendgruppe, was z. B. ihre Akzeptanz bei den Eltern erleichterte (TAM, 002M/Sch280899).
888 Zumal als Vorsitzender eines Jugendringes (TAM, 002M/Sch280899).

lich war zu fragen, wie sie sich dieses ‚doppelte Erbe' bei den Heimabenden, Fahrten und der Interaktion mit Außenstehenden aneigneten. Relativ geschützt vor erwachsener Bevormundung, in Distanz zu ihren gebrochenen oder gestorbenen, unterlegenen und nun diskreditierten Vätern sowie getrennt von Familie und weiblichen Lebenswelten gewannen die Jungen emotionale und körperliche Zuwendung und Anerkennung in der Jungengruppe. Die Konstituierung eines elitären Jungenbundes stand im Zentrum ihrer Aktivitäten. Vorsichtig suchten sie aber auch den Kontakt zu anderen Horten der deutschen Jungenschaft und zu anderen Jugendorganisationen in der Stadt und somit zu einem eigenen ‚Standpunkt' in der Gesellschaft.

Sie erprobten Formen von bürgerlicher Männlichkeit, die eine vorsichtige Abgrenzung zu dem militanten und kriegerischen jungen Mann darstellten, wie er in der bündischen Jugend vor 1933 angestrebt worden und in ihren Familien angesehen war. Bei den Heimabenden besangen die heranwachsenden Männer zwar den melancholischen Soldaten, übten sich aber gleichzeitig, dem Ästhetizismus zugewandt, in Empfindsamkeit und Sinnlichkeit. Auch bei ihren Fahrten wanderten sie auf einem Grat zwischen kriegerischem Abenteurer und naturverliebtem Tramp. Dabei ‚erkämpften' sie sich ihren Unterschied zu Mädchen und bewiesen dadurch ihre Männlichkeit. Sie konstruierten eine bürgerliche Männlichkeit in einer Mischung aus Soldat, Romantiker und Bildungsbürger, auch wenn sie letzteres in der Selbstsicht oft ablehnten[889]. So legitimierten und erneuerten sie den Männerbund auf elitäre, zivile und partisanenähnliche, d. h. gesellschafts- und staatsskeptische[890] Weise.[891]

Eine wesentliche Herausforderung bestand für die männlichen Jugendlichen darin, vor dem Hintergrund politischer und moralischer Brüche und dem durchaus vorhandenen Mißtrauen gegenüber Erwachsenen Tradiertes und Neues sinnvoll miteinander zu verquicken. Sie „zitierten" aus der Vergangenheit[892] und distanzierten sich gleichzeitig in vielerlei Hinsicht von ihren Eltern und insbesondere ihren Vätern. Dabei entwickelten sie bürgerliches Selbstverständnis und Männlichkeitskonzepte weiter, etwa in ihrem Bildungskanon, bei ihrem vielfältigen Interesse an Politik und gesellschaftlichen Fragen.[893] Sie erteilten damit nicht nur der herrschenden Schulbildung eine Absage, sondern

889 Brief von Gustav-Adolf Mohrlüder an die Autorin v. 15.4. 2000.

890 Vgl. Kerbs 1966, 158.

891 Vgl. Connell 1999, 131, 146, 150. Vgl. für die Wandervögel des beginnenden 20. Jahrhunderts Kaschuba 1989, 46. S. zu dem nicht eindeutig soldatischen Männlichkeitsideal Doetzer 2003.

892 Kaschuba 1989, 44f.

893 Vgl. Kluchert 1988, z. B. 27. Sie thematisierten ihre Position innerhalb ihres Milieus z. B. gegenüber Schule, Lehrern oder dem Tennisclub (TAM, 001/002M/Sch280899) und praktizierten soziale Distinktion gegenüber dem (national-)liberalen Bürgertum.

darüber hinaus auch den formal-hierarchischen und diktatorischen Gruppenstrukturen, wie sie die Jungen in Schule und v. a. im „Deutschen Jungvolk" erlebt hatten. Die Nachkriegshorten basierten auf Freiwilligkeit und die Autorität der Hortenführer zum großen Teil auf der Anerkennung durch die Jungen. Dabei erinnern ihre Organisationsformen weniger an militärisch geordnete Corps als vielmehr an Urformen disparater Bürgerinitiativen und postmodernen Networkings.[894]

Auch die Fahrten waren keine kriegerischen Eroberungszüge mehr, wie sie ihre Väter erlebt hatten. Wesentliches Moment war nun die sinnliche Erfahrung von Welt und Natur. Außerdem zogen sich die Jungen von den ‚Spießern' (ihres Milieus) zurück und erkundeten fremde Regionen und Länder, die ihnen wenige Jahre vorher Feinde waren. Während die Fahrtenbeschreibungen von Koebel als nachahmenswert galten, vermieden es die Nachkriegsjungenschaftler, an die Idee und Praxis der großen Jungen- und Männerbünde der Weimarer Republik und in der NS-Zeit anzuknüpfen: Sie wandten sich dabei sowohl gegen eine Organisation mit formalisierten demokratischen Regeln als auch gegen den großen Bund mit einem Führer. Deshalb schufen die Nachkriegsjungenschaftler einen losen Zusammenschluß. Ebenso janusköpfig verhielten sich die Jungenschaftler in der Jugendpolitik. Die nach dem Zweiten Weltkrieg nach Regeln der repräsentativen und pluralistischen Demokratie gestaltete Zusammenarbeit der Jugendverbände widerstrebte zwar ihrem elitären Anspruch und männerbündischen Politikverständnis. Die Jungenschaftler verschlossen sich aber nicht völlig diesen erneuerten Formen jugendlicher Repräsentation. Ihr anthropologisches Jugendverständnis erforderte geradezu ein Engagement der Bündischen i. S. ‚der Jugend'.[895]

Die deutsche Jungenschaft ist folglich nicht nur ein Beispiel aus einem demokratie-skeptischen Milieu, das sich elitär von der ‚Massengesellschaft' absetzte, sondern auch dafür, wie Jugendliche aus dem liberal-bürgerlichen Milieu an der Selbstvergewisserung und der komplizierten Umgestaltung der Gesellschaft insofern teilhatten, als sie ‚eigen-sinnig'[896] männerbündisch-elitäre Organisationsformen praktizierten und gleichzeitig für sich beanspruchten, demokratische sowie egalitäre Umgangsformen in einer gesellschaftlich ‚offenen' Situation zu erproben. Inwiefern dieser zaghafte Wandel in der politi-

894 S. Kap. III. 2. u. III. 3.

895 Es ist zu überlegen, inwiefern sowohl Bemühungen Jugendlicher und Erwachsener des (Bildungs)Bürgertums in der Jugendbewegung als auch in der Pädagogik in und außerhalb von Schulen als ‚Rettungsversuche' und Neukonstituierung des (Bildungs)Bürgertums zu verstehen sind. S. die Debatte und die Beiträge von Zeitzeuginnen und Zeitzeugen bei der Tagung über ‚Die Flakhelfer-Jahrgänge' im November 1999.

896 Vgl. [Zenker] 1972, 339f. S. a. Kerbs 1966, 152; Koerber 1997, 4; Lüdtke 1993, 10.

schen Orientierung des bürgerlichen Milieus damit in Verbindung gebracht werden kann, daß Ende der 1950er Jahre die SPD für diesen gesellschaftlichen Teil zunehmend attraktiv wurde, bleibt weiteren Forschungen vorbehalten.[897] Gleiches gilt für die Frage, ob und in welcher Weise Teile der bündischen Jugend in den 1960er Jahren an der Wiederbelebung des spätestens im NS-Staat zerstörten Linksliberalismus partizipierten, z. B. indem sich viele ehemalige Jungenschaftler an studentischen Protesten beteiligten und eine auf Freiheitlichkeit und Widerspruch pochende Bürgerlichkeit lebten.[898]

Jedenfalls waren die Aktivitäten der bündischen Horten nach dem Zweiten Weltkrieg ähnlich der Wandervogelbewegung und der bündischen Jugendbewegung im ersten Jahrhundertdrittel auch ein Versuch einer Antwort auf eine „bürgerliche Sinnkrise“[899] und eine männliche Verunsicherung angesichts veränderter Geschlechterverhältnisse. Dabei scheinen die Bünde der zweiten Nachkriegszeit angesichts ihres esoterischen Charakters in vielem mehr mit dem romantischen Wandervogel als mit den heilsverkündenden bündischen Gruppen der späten Weimarer Republik vergleichbar. Diese ‚Krise‘ schien Mitte bis Ende der 1950er Jahre überwunden zu sein. Die internen Diskussionen über das Selbst- und Politikverständnis der Jungenschaftler waren besonders in den ersten fünf bis sieben Jahren nach dem Zweiten Weltkrieg von hoher Bedeutung. Später, ab etwa Mitte der 1950er Jahre, hatten die Jugendlichen offenbar weniger Probleme damit, öffentlich ihren Standpunkt zu äußern. Auch gesamtgesellschaftlich waren gegen Mitte der 1950er Jahre viele offene Fragen ausgeräumt: Nachdem 1949 die Bundesrepublik Deutschland gegründet und spätestens 1955 die Westbindung militärisch, wirtschaftlich und politisch besiegelt worden war und sich das bürgerliche Milieu allmählich rekonstruiert hatte, verebbte auch bei den Jungenschaftlern die intensive Suche nach politischer Selbstvergewisserung. Insofern ist die geringe Thematisierung von Politik seit etwa Mitte der 1950er Jahre innerhalb der Mindener Jungenschaft nicht in erster Linie einem ‚Rückzug ins Private‘ geschuldet. Auch die um 1960 abklingenden Aktivitäten der Mindener Jungenschaft[900] sind nicht befriedigend mit einer allgemeinen „Restauration“[901] oder mit zunehmenden kommerziellen Freizeitangeboten zu erklären. Es genügt folglich auch nicht der Hinweis auf den abnehmenden Einfluß prägender erwachsener Jungen-

897 Die ehemaligen Mitglieder der Mindener Jungenschaft sind heute eher als sozial-liberal einzustufen. S. z. B. Brief von Wolfgang Hempel an Eckhard Holler v. 25. 1. 1997.

898 Vgl. Kerbs 1966, 159, 161f.; Siegrist 1994, 574-577.

899 Kaschuba 1989, 47; vgl. Siegrist 1994; Trommler 1985.

900 Die Mindener Jungenschaft hatte nun zunehmend Schwierigkeiten, Jungen für die Horten zu gewinnen (Archiv MK, Fahrtenbuch, August 1952-Frühjahr 1958).

901 Klönne 1990, 30f.

schaftler.[902] Vielmehr verflüchtigten sich mit der Konstituierung der westdeutschen Gesellschaft in politischer, sozialer und geschlechterhistorischer Hinsicht ursprüngliche Bedeutungen der Jungenschaftsaktivitäten für Jungen des liberal-bürgerlichen Milieus.

III. 2 Christliche Jungen im christlich-konservativen Milieu: der CVJM

Ein idealtypisches jugendliches Mitglied des Mindener CVJM beteiligte sich an zahlreichen Aktivitäten des christlichen Vereins, wie am Beispiel einer Woche im Mai 1951 zu sehen ist: Er ging selbstverständlich am Sonntag zum Gottesdienst seiner Gemeinde.[903] Nach dem Mittagessen zu Hause besuchte er ein Handballspiel seiner Freunde und Bekannten in Hartum (Kreis Minden). Abends fand dann ein Treffen des Mitarbeiterkreises des CVJM statt, an dem neben den Vorstandsmitgliedern auch Jugendliche und junge Männer teilnahmen. Der Mitarbeiterkreis galt als das „Herzstück unserer Arbeit". Hier sollte „Mission junger Männer an jungen Männern" erfolgen.[904] Montags betätigte sich dieser Junge sportlich in dem christlichen Turnverein „Eichenkreuz". Dazu traf er andere Jugendliche und die CVJM-Gruppe der über 18jährigen „jungen Männer" in der angemieteten Turnhalle der Besselschule.[905] Am Dienstag um 17 Uhr war der Junge bei der „Jungenschaftsstunde" des CVJM, wo er mit Gleichaltrigen Bibeltexte las, betete, Quizspiele machte oder über Technik und das Arbeitsleben sprach. Anschließend, um 20

902 Vgl. Kerbs 1966, 159, 161f.

903 Wenn nicht anders angegeben: Angaben zu dem Ablauf eines Monats im Leben eines CVJM-Jungen aus: Monatsanzeiger, (Mai 1951) (KAM, „Ordner V"; s. a. KAM, „Protokollbuch III"). Da der Bestand des CVJM-Minden im KAM erst nach der Bearbeitung der Akten verzeichnet wurde, werden die Quellen dieses Bestandes in den Anmerkungen nach eigener Bezeichnung nachgewiesen. Im Quellenverzeichnis sind die gültigen Signaturen zu finden. – Vgl. zu einem Sonntag eines Jungen im Jahre 1954 aus einer Pfarrersfamilie Delius 1994.

904 Jahresbericht 1954 (KAM, „Ordner II"). Z. B. waren bei der Besprechung am 20. 10. 1951 über das anstehende Jahresfest 13 Jungmänner und Jungenschaftler anwesend (KAM, „Protokollbuch III"). S. a. Vorstand des CVJM-Minden e. V. 1982, 16: „Als 1954 Jugendwart Heinz Müller zu uns kam, fand er allenthalben eine rege Jugendarbeit vor, deren Herzstück der Mitarbeiterkreis war, der jeden Samstag zusammenkam und in dem die Mitarbeiter der einzelnen Gruppen Ausrichtung für ihre Arbeit und Stärkung in einer gemeinsamen Bibelarbeit erhielten, eine aktive Arbeit, auf die er aufbauen und die er weiter ausbauen konnte." Vgl. Prosch, C. v., Von einer Altersstufe zur anderen, in: Mitarbeiter-Hilfe (März/April 1950), 25f., hier 25. Er bezeichnet die Gruppe der „jungen Männer" als „Hauptabteilung".

905 KAM, „Protokollbuch III".

Uhr, konnte er – sofern er von seinen Eltern die Erlaubnis bekam[906] und Zeit hatte – am Heimabend teilnehmen, der allen Vereinsmitgliedern offen stand. Bei diesen offenen Treffen unterhielten sich Jungen und Männer in geselliger Runde oder konzentrierten sich beim gemeinsamen Bibellesen. Auch nutzten sie die Bibliothek, amüsierten sich bei Brettspielen und tobten sich beim Tischtennisspielen aus.[907] Am Donnerstagabend ging der idealtypische jugendliche CVJMler zu einer der Vereinssitzungen, wie Mitgliederversammlung, dem Ausspracheabend oder der „AG ‚Jugendarbeit'"[908]. Häufig war er auch in Aktivitäten der Gemeinde und anderer christlicher Vereine Mindens eingebunden, z. B. als im Mai 1951 zehn Tage lang auf dem Königsplatz eine Zeltmission stattfand. Alle Mitglieder des CVJM waren dazu aufgerufen, beim Zeltaufbau zu helfen.[909]

Selbst wenn man in Rechnung stellt, daß nur der idealtypische Jugendliche dieses ausgesprochen volle Wochenprogramm absolvierte und die meisten CVJMler nur an einigen Treffen teilnahmen, so war der einzelne Junge dennoch in seiner Freizeit stark von dem christlichen Verein und seinen Erwartungen an ihn in Anspruch genommen.[910] Da der CVJM eng mit Gemeinden und deren Familien zusammenarbeitete sowie Veranstaltungen durchführte, spielte sich außerdem häufig ein Teil des Familienlebens des Jungen bei den CVJM- und Gemeindeaktivitäten ab. Während sich also die kleine ausgewählte Gruppe männlicher Gymnasiasten der deutschen Jungenschaft zu esoterisch anmutenden Heimabenden traf, sich avantgardistisch inszenierte und sich von der ‚Massengesellschaft', aber auch von ihrem angestammten Umfeld distanzierte, kamen Jungen des protestantisch-konservativen Milieus Woche für Woche zu Bibellesestunden zusammen und veranstalteten an Wochenenden mit ihren Familien in der Gemeinde Feiern und Gottesdienste.

906 Daß sich Eltern über die häufigen außerhäuslichen Aktivitäten ihrer Söhne beschwerten und es Konflikte gab, ist nur in einem Fall bekannt. Bei der Sitzung des erweiterten Vorstandes am 20. 12. 1951 ist zu Protokoll gegeben worden, daß der Leiter der Turnstunden dieselben pünktlich schließen sollte, weil sich Eltern darüber beschwerten, daß ihre Söhne zu spät nach Hause kämen (KAM, „Protokollbuch III").

907 S. KAM, „Protokollbuch III".

908 Im Oktober 1949 führte der Mindener CVJM Ausspracheabende als feste Termine ein, bei denen sowohl Mitarbeiterbesprechungen stattfanden als auch Vorträge gehalten wurden. „Jeden Donnerstag am Anfang des Monats soll ein Ausspracheabend sein, zu dem möglichst alle kommen sollen" (Protokoll der Mitgliederversammlung am 20. 9. 1949; s. a. 28. 11. und 6. 12. 1951 [KAM, „Protokollbuch III"]). Zur „AG ‚Jugendarbeit'" s. Mitgliederversammlung am 28. 6. 1951 (KAM, „Protokollbuch III").

909 CVJM-Minden, Monatsanzeiger, 95 (Mai 1951) (KAM, CVJM-Minden, Monatsanzeiger, gebunden).

910 Wie eine Befragung der Jugendlichen im Gummersbacher CVJM aus dem Winterhalbjahr 1947/48 zeigt, hatten viele Jungen (63 %) auch ihren besten Freund im CVJM (Krefting o. J.).

Der CVJM organisierte neben männlichen Jugendlichen und Kindern auch junge und ältere Männer.[911] Letztere hatten häufig Funktionen in Vorständen inne. Der CVJM integrierte folglich mehrere Altersgruppen und war mit seinen ca. 150 bis 200 Mitgliedern auf Ortsebene eine der großen Organisationen Mindens.[912] Dabei betrug der Anteil der Jugendlichen an der Gesamtheit der Mitglieder nicht einmal ein Drittel.[913] Der CVJM war folglich keine genuine Jugendorganisation. Die hier zu untersuchende Gruppe der 14- bis 17jährigen war darin nur eine Minderheit.[914] Im CVJM waren die Jugendlichen in Jugendgruppen organisiert, in sogenannten „Jungenschaften".[915] In den Jahren 1947 und 1948 gab es in der Stadt und im Kreis Minden (Leteln und Minderheide) jeweils zwei „Jungenschaften".[916] Aufgrund von Personalproblemen bei den Jugendgruppenleitern waren es bis zum Mai 1952 in der Stadt Minden eine bis zwei Gruppen. Seit 1953 existierten in Minden mindestens zwei, meist drei Jugendgruppen. Mitte der 1950er Jahre konnte die

911 Der CVJM ist in diese drei Altersgruppen eingeteilt. Als Kinder galten die 10-14jährigen, als Jugendliche die 14-18jährigen und als junge Männer die 18-30jährigen.

912 Die Zahlen aller Mitglieder des Mindener CVJM bewegten sich mit erheblichen Schwankungen von ca. 160 (1947) (KAM, „Ordner V") auf 175 im Jahr 1955 (Ausgefüllte Fragebogen an Westdeutscher Jungmännerbund über Stand der Arbeit KAM, „Ordner X"). In diesem Zeitraum war der Tiefstand 1950 mit 52 Mitgliedern erreicht und der Höchststand 1953 (205 Mitglieder) (Ausgefüllte Fragebogen an Westdeutscher Jungmännerbund über Stand der Arbeit, KAM, „Ordner V"). Allerdings muß bei dieser Entwicklung berücksichtigt werden, daß man ab dem Jahr 1951 in „Mitglieder" und „Gäste" unterschied. Die Anzahl der „Gäste" reichte von 170 im Jahr 1951 bis 135 (1955). „Gäste" waren nicht nur Besucherinnen und Besucher öffentlicher Veranstaltungen. Denn auch bei den Jugendlichen unterschied man zwischen „Mitgliedern" und „Gästen". „Gäste" waren vermutlich auch diejenigen, denen auf Vorschlag des Leiters der Turnstunden zunächst eine Mitgliedschaft auf Probe eingeräumt wurde (Mitgliederversammlung am 10. Mai 1951, KAM, „Protokollbuch III"). – Nach mündlicher Auskunft von Dr. Bernd Holtwick sind die jeweiligen Zahlenangaben als leicht nach unten ‚geschönt' zu lesen. Dies sei darauf zurückzuführen, daß der lokale Verein einen Anteil des Mitgliedsbeitrages an den Jungmännerbund abführen mußte. Eine Untertreibung der Zahlen verringerte folglich die Abgaben des Vereins. S. für den Nachweis der einzelnen Gruppen und ihrer Mitglieder auch KAM, Mitgliedsbücher des CVJM-Minden der Jahre 1954 bis 1966.

913 Die Anzahl der jugendlichen Mitglieder schwankte nach offiziellen Angaben zwischen 37 (1948), 23 (1950) und 60 (1955). Seit 1951 zählte man noch jugendliche Gäste dazu (1951: 40; 1953: 60; 1956: 50) (KAM, „Ordner V", „Ordner X").

914 Die 10-14jährigen waren jeweils die größte Einzelgruppe.

915 „Jungenschaft" war der offizielle und allgemein gebräuchliche Begriff innerhalb des CVJM für die Jugendgruppen im Gegensatz zu den „Jungscharen" der Kinder oder den „Jungmännern". „Jungenschaftsstunden" hießen die Gruppenstunden der Jugendgruppen des CVJM. Dies ist nicht zu verwechseln mit den Heimabenden der deutschen Jungenschaft. Arnold Dannemann aus Hirsau distanziert sich von diesem Begriff, da er an bündische Jugendgruppen erinnert (Gestaltung rechter Jungengemeinschaft, in: Mitarbeiter-Hilfe [März/April 1950], 5f., hier 6). Im allgemeinen wurde der Name „Jungenschaft" im CVJM aber nicht in Frage gestellt.

916 KAM, „Protokollbuch III".

Anzahl der Jugendgruppen in Stadt und Kreis Minden zusammen auf acht erhöht werden.[917] Der Mindener CVJM weitete also Mitte der 1950er Jahre – trotz der zunehmenden kommerziellen Freizeitangebote – seine Aktivitäten aus.[918]

Die Bezeichnung „Jungenschaft“ für die einzelne Jugendgruppe innerhalb des CVJM verweist auf mögliche Bezüge zur bündischen Jugendbewegung.[919] Die in dieser Arbeit untersuchte Gruppe der deutschen Jungenschaftler hätte aber sicherlich die CVJMler als ‚bürgerliche Spießer‘ abgelehnt. Gleichzeitig hätten die deutschen Jungenschaftler nicht verstanden, warum sich männliche Altersgenossen nach den Erfahrungen des ‚Betrugs‘ mit dem Ende des NS-Staates in von Erwachsenen geschaffenen und dominierten Vereins- und Gemeindestrukturen engagierten. Was den meisten Jungen aus dem gebildeten (national-)liberalen Bürgertum fremd erscheinen mochte, war offenbar vielen männlichen Jugendlichen im Mindener christlichen Kleinbürgertum selbstverständlich. Die Schwankungen der Mitgliederzahlen des Mindener CVJM zeigen jedoch auch, daß sich nicht alle männlichen Jugendlichen aus dem christlich-konservativen Kleinbürgertum wie selbstverständlich oder aufgrund der elterlichen Einbindung in das Gemeindeleben dem christlichen Verein anschlossen. Für die zahlreichen Jungen, die dem CVJM beitraten, waren Bibelstunden und Gemeindefeste offenbar mindestens ebenso attraktiv wie abendliches Ausgehen ins Kino oder zum Tanzen.[920] Das ‚Angebot‘ religiöser Weltdeutungen und alltäglicher Hilfestellungen seitens der Jugendleiter und Pfarrer sowie die familiale Einbindung durch die Gemeinde kamen sicherlich vielen Jugendlichen entgegen. Im Unterschied zu zahlreichen (gleichaltrigen)

917 KAM, „Ordner II“; „Ordner V“; „Ordner X“; „Protokollbuch III“; CVJM-Minden, Monatsanzeiger, 95 (1951) bis 102 (1958).

918 Vgl. Rendtorffs Studie über Schleswig-Holstein für die späten 1950er Jahre (1959, 116-123).

919 S. Dannemann, Arnold, Gestaltung rechter Jungengemeinschaft, in: Mitarbeiter-Hilfe des Ev. Jungmännerwerks Deutschland (März/April 1950), 6.

920 Die Umfrage der britischen Militärregierung über Jugendliche in Jugendorganisationen im Jahre 1949 gibt darüber kaum Aufschluß, zumal die Werte nicht repräsentativ sind. 22 der 73 Befragten in protestantischen Jugendorganisationen gaben an, aus religiöser und ideologischer Überzeugung an den Aktivitäten teilzunehmen. 24 der 73 gingen in diese Jugendgruppen, um andere Jugedliche zu treffen und wegen der sozialen Aktivitäten („social activities“) sowie der Sportangebote. 20 gaben an, daß sie aufgrund des Wunsches der Eltern und weil ein Freund dort bereits Mitglied war, zu der protestantischen Jugendgruppe kamen (PRO, FO 1050, Nr. 1095). – In der Gummersbacher Umfrage gaben 17 % der befragten Jungen an, nie ins Kino zu gehen. 40 % gingen zwei Mal im Monat ins Kino. 100 % gaben an, nicht tanzen zu können. Davon wollten jedoch 64 % das Tanzen lernen. 85 % bejahten die Frage, ob sie als Zuschauer zum Sportplatz gingen. Aus den vorliegenden Angaben geht nicht hervor, ob es sich um Sportveranstaltungen des CVJM handelte (Krefting o. J., 64).

Zeitgenossen glaubten offenbar viele dieser Jugendlichen auch nach den z. T. erschütternden Erfahrungen während und nach der NS-Zeit an Gott.[921] Manche mögen in der schwierigen Nachkriegszeit sogar einen „neuen Gott" gesucht haben[922], oder wünschten sich eine religiöse Erneuerung und neuerliche ‚Erweckung'[923], nachdem die nationalsozialistische Ideologie scheinbar an Gültigkeit verloren hatte. Inwiefern sich die Jungen im christlich-konservativen Milieu darüber hinaus die ‚angebotenen' religiösen Weltdeutungen und Verhaltensnormen aneigneten, aus ihrer altersspezifischen Perspektive deuteten, und inwiefern sie bei den religiösen Praktiken, wie der Bibellektüre, sowie bei anderen Aktivitäten im CVJM Neues entwarfen, wird hier am Beispiel des Mindener CVJM untersucht.

Dabei interessieren die familialen und familiären Strukturen der Gemeinde sowie die hierarchisch-bündischen des CVJM besonders hinsichtlich der gesellschaftlichen Verortung der Jungen. In welcher Weise eigneten sich die Jugendlichen Traditionen und vorgefundene Vereinsstrukturen an und veränderten diese z. B. im Sinne einer Demokratisierung? In diesem Zusammenhang wird das Verhältnis der Jungen zu Erwachsenen in Verein und Gemeinde, zu den religiösen Traditionen des Pietismus und der (jüngsten) Vereins- und Kirchengeschichte diskutiert. Wirkten die CVJMler an einem Wandel des in Minden dominanten christlich-konservativen Milieus in den 1950er Jahren mit? Bei all dem interessiert hier die Frage nach den Männlichkeitskonstruktionen der Jungen im christlich-konservativen Milieu.

Nur ein kleiner Teil der Publikationen zur Geschichte der Jugendbewegung[924] behandelt konfessionelle Jugendorganisationen. Evangelische, katholische oder jüdische Jugendgruppen werden meist nur am Rande diskutiert[925], wobei der Schwerpunkt auf den katholischen Organisationen liegt.[926]

921 In der Chronik des Gummersbacher CVJM sind einige der Soldatenbriefe zitiert. Z. B. schrieb Karl Nohl 1941: „In dieser meiner schwersten Stunden habe ich meinen Gott wieder gefunden. (...) So manche Stunde, an die man jetzt denkt, wo man gespürt hat, es gibt wirklich einen Gott" (Krefting o. J., 45). S. a. Mindener Soldatenbriefe (KAM, „Ordner I").

922 Borchert 1956c, 45-47.

923 S. den Artikel über die Geschichte der Erweckungsbewegung im 19. Jahrhundert in der CVJM-Jugendzeitschrift „Jugend unter dem Wort", der mit folgendem Satz endet: „Sollten wir unseren Herrn nicht ernstlich darum bitten, daß er uns auch heute, gerade heute wieder in unsere schuld- und notvolle Zeit eine solche Erweckung schenken möge?" (Hevendehl, P., War einst ein guter Kirchenschlaf, in: Jugend unter dem Wort, 3 [Juni 1950], Nr. 6, 4-6, hier 6).

924 Vgl. Kap. III. 1 u. III. 3.

925 Boll 1995a, 63-67; Laquer 1962, 84-87; Levi/Schmitt 1997; Paetel 1981, 77-79.

926 Albertin 1992; ders. 1998; Brand 1993; Dietz/Lange/Wahle 1996; Kersting 1998; Linton 1991, 98; Lorenz 1987; Rahn 1996; Stachura 1981, 71-93.

Ebenso wie in der Historiographie über bürgerliche und proletarische Jugendbewegungen wurden die meisten Untersuchungen über die evangelischen Jugendgruppen von (ehemaligen) Akteuren verfaßt. Die Darstellungen haben häufig den Charakter der unkritischen Vereinsgeschichtsschreibung. Die mentalitätshistorische Studie von Jürgen Müller-Späth über den Beginn der Geschichte der rheinisch-westfälischen Jünglingsvereine im 19. Jahrhundert und die Studie von Irmtraud Götz von Olenhusen über die katholischen und evangelischen Jugendverbände in der Weimarer Republik heben sich davon wohltuend ab.[927] Entsprechende Arbeiten fehlen für die Zeit nach dem Zweiten Weltkrieg gänzlich. Für diesen Zeitraum existieren lediglich einige Vereinsgeschichten des CVJM.[928] Aufgrund der überwiegend organisationshistorischen Perspektive der meisten Studien über die evangelischen Jugendorganisationen wurden bisher kaum die Aktivitäten der Jugendlichen in den Heimrunden oder deren religiöse Praktiken wie das Bibellesen näher untersucht. Noch seltener werden die Fahrten und Zeltlager der Jugendgruppen thematisiert.[929] Man erfährt also nur wenig über Interaktionen innerhalb der Jugendgruppen sowie über Geschlechterverhältnisse zwischen der männlichen Jugend und den Mädchen der Gemeinde bzw. über geschlechtsspezifische Bedeutungen der evangelischen Jugendaktivitäten.[930]

Dagegen informiert die Literatur über das oft als spannungsreich charakterisierte Verhältnis der evangelischen Jugendarbeit (in eigenständigen Jugendverbänden) zu den evangelischen Gemeinden bzw. der Kirche. Nach Lothar

927 Müller-Späth 1988; Olenhusen 1987; s. a. Beck 2002, 361-372.

928 Affolderbach 1977; ders. 1978; [Busch] 1948; CVJM-Hartum 1995; Harles 1989; Holzapfel 1992; Jürgensen 1980; Lücking 1989; Stursberg 1977. Eine positive Ausnahme ist dabei Boll 1995a, 63-67. – Bislang wurde noch kaum zur allgemeinen Geschichte konservativ-protestantischer Milieus der Nachkriegszeit geforscht. Die meisten Arbeiten befassen sich mit der (CDU-)Politikgeschichte oder mit der Kirchengeschichte (s. Kapitel III. 2. 1). S. z. B. die Beschränkung der Literaturbesprechung von Sperber (1998) auf das 19. und beginnende 20. Jahrhundert.

929 Hegele 1989; Jürgensen 1980; Kupisch 1958; Meiners 1985; Müller-Späth 1988; Roese 1912; Stursberg 1978. – Dies gilt auch für die Jubiläumsschriften: Christlicher Verein Junger Männer 1956 (KAM 4744); CVJM Hartum (Hg.) 1995; Vorstand des CVJM Minden e. V. 1982. S. a. autobiographische Berichte: Brölsch 1998; Schultze 1998.

930 Lediglich die Zeitzeugenberichte von Brölsch und Schultze gehen darauf ein (Brölsch 1998, 83-86; Schultze 1998). Vgl. Jürgensen 1980, 115f.; Walker 1991, 92f.; s. a. Winter 2002. Dies ist umso bemerkenswerter, als in der Literatur über die Erweckungsbewegung, aber auch über Religiosität im 20. Jahrhundert betont wird, daß sich v. a. Mädchen und Frauen von religiösen Praktiken des Protestantismus angezogen fühlten (s. Hölscher 1993, 191-215, hier 204, 207; vgl. Habermas 2000; Mooser/Krull/Hey/Gießelmann 1989; s. für das 20. Jahrhundert Rendtorff 1959, 108-128). Texte wie den von Rosa (1990) sind dabei wenig hilfreich, weil sie religiöse Praktiken kaum historisieren. Vgl. eine Ausnahme Hering 2002.

Albertin verlor die Kirche nach dem Zweiten Weltkrieg zunehmend ihre Attraktivität und ihre Bedeutung als Orientierungshilfe für junge Menschen. Gründe seien die bevormundende Haltung von Pfarrern gegenüber Jugendlichen und ihre gleichzeitige Unfähigkeit, auf deren Lebenssituation und Interessen einzugehen, sowie der Mangel an kritischer Auseinandersetzung der Kirche mit der jüngsten Vergangenheit.[931] Die Frage, warum sich aber junge Menschen in den Bibelkreisen (BK) oder im CVJM engagierten, wird dagegen kaum untersucht.[932] Nur wenige Zeitzeugenberichte öffnen den Blick auf die Innensicht evangelisch-pietistischer Jugendarbeit, auf mögliche Bedeutungen für die Jugendlichen sowie auf soziale und familiäre Erfahrungen der Mädchen und Jungen.[933] Die sozialen, politischen und familiären Hintergründe sowie geschlechts- und milieuspezifische Erfahrungen der christlichen Jugendlichen bleiben ebenso weitgehend unbeachtet.[934] In der Forschungsliteratur wird zwar die weitgehende Übereinstimmung des christlichen Vereins mit der NS-Politik konstatiert[935] und die Nähe des CVJM zur CDU bestätigt[936]. Aber nur in wenigen Studien werden familiale und organisatorische sowie persönliche Verflechtungen des CVJM und seiner Akteure im konservativ-protestantischen Milieu detailliert herausgearbeitet.[937] Dagmar Reeses Arbeit über den BDM in Minden bestätigt allerdings, daß personelle, organisatorische Verflechtungen und mentale Übereinstimmungen des christlich-konservativen Milieus mit NS-Organisationen bestanden.[938] Außerdem werden in den meisten Arbeiten über evangelische Jugendgruppen die Aktivitäten der Jugendlichen kaum sozial- oder kulturhistorisch kontextualisiert. Auch in kritischen Studien wird die Geschichte der evangelischen Jugendorganisationen eher isoliert betrachtet.

931 Albertin 1986, 231; ders. 1998, 143, 152f. Vgl. zum Spannungsverhältnis zwischen Erwachsenen in Kirchenorganisationen und Jugendlichen Affolderbach 1988, 416; Filo 1989; Hornstein, 1996, 1056; Tzscheetzsch 1996a, 1058; ders. 1996b, 1066.

932 Albertin geht am Rande auf mögliche Motive der Jugendlichen ein (Albertin 1998, 143f.).

933 Brölsch 1998; Schultze 1998; vgl. Holzapfel 1992.

934 Lediglich Albertin geht auf die Situation Jugendlicher in der Nachkriegszeit ein und diskutiert auf dieser Grundlage mögliche Motive der Mädchen und Jungen, von der kirchlichen Jugendarbeit fernzubleiben (Albertin 1998, 143f.)

935 Busch 1950; [Busch] 1948, 73-88. Busch berichtet darin außerdem von untypischerweise widerständigen Gruppen, wie in seinem eigenen Wirkungskreis in Essen. Jürgensen 1980, 70-92; Klönne 1956, 10. Kapitel; Lersner 1958; Meiners 1985; Priepke 1960; Stursberg 1978, 199-256.

936 Albertin 1992; ders. 1998; Boll 1995a, 67; Holzapfel 1992, 27, erwähnt „eine ganze Anzahl von Vertretern [der evangelischen Jugendarbeit; BJ], die sich bewußt politisch engagierten", und nennt eine Reihe von Personen, die überwiegend in der CDU aktiv waren bzw. sind.

937 S. Olenhusen 1987, 207-211, 247, bes. 249-259; vgl. zur politischen Einordnung für das Kaiserreich Reeken 1999, 286-316.

938 Reese 1989, 97-146, befaßt sich in ihrer Studie allerdings mit der Geschichte der evangelischen Jugendorganisationen im allgemeinen und weniger speziell mit der des CVJM. – S. zu Minden auch Archiv Schülerwettbewerb Deutsche Geschichte 1994/95, Nr. 950593.

Dabei wird die besonders für die pietistisch geprägten Jugendvereine typische Bibellektüre als Kennzeichen angeblicher Distanz zu Gesellschaft, Politik und zu der zu errichtenden Demokratie in der Nachkriegszeit kritisiert[939]. Friedhelm Boll referiert dazu weitgehend die zeitgenössische Kritik der britischen Militärregierung an der mangelnden Vielfalt der Aktivitäten[940], der mangelnden Weltoffenheit, dem mangelnden Bewußtsein über ihre gesellschaftlichen und staatsbürgerlichen Aufgaben.[941] Aus einer solchen Perspektive standen ‚Bibelarbeit' und die Orientierung am ‚Wort Gottes' im Gegensatz zur Thematisierung politischer Probleme, gesellschaftlicher Fragen[942] und zu dem in der Literatur häufig erörterten „sozialen Engagement" evangelischer Jugendverbände[943].

Es herrscht in der Forschung weitgehend darüber Einigkeit, daß sich die christlichen Jugendorganisationen im Laufe der 1950er Jahre gesellschaftlich öffneten und neuere Methoden der Jugendarbeit einführten.[944] Allerdings werden dabei die Interaktionsformen der Jugendlichen innerhalb ihres Umfeldes der Gemeinde und Kommune, zu anderen Jugendlichen und anderen Jugendorganisationen oder zu politischen Parteien nicht analysiert. Vielmehr stehen verbandspolitische Fragen und dabei besonders das in der Nachkriegszeit von

939 Dies gilt auch für die Frage nach innerverbandlicher Demokratie (Boll 1995a, 65; Holzapfel 1992, 25). Dagegen begreift Kleßmann „Religion und Kirche selbst auch als gesellschaftliche Phänomene" (Kleßmann 1993, 404). Vgl. Kuhlemann zu der Kritik der ‚Weltflucht' pietistischer Gruppen (Kuhlemann 1997, 300f., 321).

940 Anders dazu Schultze 1998.

941 Boll 1995a, 63-67. Vgl. ähnlich dazu die Kritik von Klaus v. Bismarck an der evangelischen Jugendarbeit (Lorenz 1987, 61-70). Auch das jugendpolitische Agieren ‚mußte' erst noch erlernt werden (Boll 1995a, 64; Holzapfel 1992, 27; Jürgensen 1980, 105; vgl. Brölsch 1998, 85).

942 S. Albertin 1998, 151; Dannemann 1992, 73-75; vgl. Holzapfel 1992, 24.

943 Albertin 1986, 234f.; ders. 1998, 147; s. a. Dannemann 1992, 73. Vgl. Hahn 1992, 102: „Es ging damals um die ‚reine Lehre', ‚unter dem Wort', es ging um die Bibelarbeit, es ging um die theologische Auseinandersetzung mit den Werken, die theologischen Auseinandersetzungen, lutherische Theologie und Pietismus. Es ging um ökumenische Kontakte, weil das natürlich dem allgemeinen Empfinden nach dem Dritten Reich nahekam; jeder wollte einmal irgendwo in der Welt sein. Aber die sozialpolitische Komponente, die heute mitunter vielleicht ein bißchen zu sehr überzogen ist, war damals völlig unterentwickelt." Jürgensen sieht diese Gegensätze nicht, sondern betont vielmehr den Einklang von geistlichem Leben, diakonischem Handeln und politischer Verantwortung (Jürgensen 1980, 100f.). S. zur Flüchtlingshilfe Stursberg 1978, 270-275. – Vgl. dazu, daß die konservative und antiaufklärerische Ausrichtung des Protestantismus keineswegs (nur) ‚antimodern' wirkte, sondern „Modernisierer wider Willen" war, wie es Graf für das späte 18. und frühe 19. Jahrhundert formuliert. Nach Graf trugen diese Protestanten zu „der Ausbildung einer pluralistischen protestantischen Öffentlichkeit" bei (Graf 1993, 157-190, hier 190).

944 Boll 1995a, 65-67; Holzapfel 1992, 27: „In den 50er Jahren erst war man durch die Auseinandersetzungen, notwendigen Positionsbestimmungen und Abgrenzungen zu anderen Jugendverbänden dazu gezwungen worden, nicht nur eigene Konzepte über das Verhältnis von Verkündigung und Bildung, sondern auch über das Verhältnis von Jugend und Gesellschaft zu entwickeln." S. a. ebda., 101.

Zeitgenossen diskutierte Verhältnis zur Kirche und zu den Gemeinden im Vordergrund.[945] In diesem Zusammenhang wird in der Literatur die Frage diskutiert, inwiefern das Jahr 1933, der Zweite Weltkrieg oder das Jahr 1945 für die evangelischen Jugendorganisationen eine Zäsur bedeuteten oder ob es Kontinuitäten über die politischen und militärischen Zäsuren hinweg gab. Einige Autoren betonen, daß die evangelischen Jugendgruppen – im Gegensatz zu den politischen Organisationen – während des NS-Regimes ihre Aktivitäten wenigstens z. T. fortsetzen konnten.[946] Andere heben die durch NS-Herrschaft und Zweiten Weltkrieg verursachten Brüche kirchlicher Jugendarbeit hervor.[947] Da die meisten dieser Studien fast ausschließlich die organisationsgeschichtliche Ebene erfassen und die jugendlichen Akteure eher am Rande behandeln, bleibt die Dynamik von Aneignungspraktiken und Neuentwürfen seitens der jungen Christen weitgehend verborgen.

Grundlage der Erforschung jener Dynamik und der Aktivitäten der männlichen Jugendlichen im Mindener CVJM ist das im Kommunalarchiv Minden befindliche Vereinsschriftgut.[948] Darin befinden sich außerdem Unterlagen über Vor- und Nachbereitungen von Ausflügen, Zeltlagern und öffentlichen Aktionen sowie gedruckte Monatsprogramme des Mindener CVJM.[949] Protokollbücher der Jahre 1948 bis 1981 geben Aufschluß über Ablauf und Ergebnisse von Diskussionen in Mitgliederversammlungen, Vorstands- und Mitarbeitersitzungen.[950] Beitragslisten, diverse Drucksachen, gesammelte Zeitungsberichte und Jubiläumsschriften ergänzen das Material[951] ebenso wie zahlreiche Chroniken anläßlich von Jubiläen[952]. Zeitschriften des CVJM-Westbundes und des Reichsverbandes, wie „Mitarbeiterhilfe“, „Jugend unter dem Wort“ und „Der Baustein“, die die Mindener CVJMler abonnierten, geben Einblick

945 Albertin 1998, 150; Affolderbach 1988, 416; Filo 1989, 891-895; Hornstein 1996, 1056; Jürgensen 1980, 95f.; Tzscheetzsch 1996a, 1058; ders. 1996b, 1066. – Nachdem 1945 konfessionelle Jugendorganisationen wieder zugelassen wurden und die Jugendgruppenarbeit nicht mehr auf die gemeindlichen Jugend-Bibellesestunden beschränkt bleiben mußte, stand das Verhältnis von evangelischer Jugendarbeit und Kirchengemeinden zur Disposition. – Früher als politische Jugendorganisationen wurden konfessionelle von der britischen Besatzungsmacht zugelassen (Albertin 1998, 143; Boll 1995a, 63-67; Jürgensen 1980, 95; Stursberg 1978, 150).

946 Boll 1995a, 64f.; Dannemann 1992, 75.

947 Albertin 1986, 230f.; Holzapfel 1992, 24; Stursberg 1978, 257-260. Albertin kritisiert, daß evangelische Jugendorganisationen zu wenig und zu unkritisch die Haltung und Aktivitäten während der NS-Zeit thematisierten (Albertin 1986, 231; 1998, 150).

948 Der Mindener CVJM überließ seine Akten mehrerer Jahrzehnte dem KAM.

949 Die Monatsanzeiger existieren ferner in gebundener Form (s. KAM, Bestand W des Quellenverzeichnisses).

950 KAM, „Protokollbuch II“; „Protokollbuch III“; „Protokollbuch IV“.

951 S. KAM, Bestand W des Quellenverzeichnisses.

952 Jubiläumsschriften: Christlicher Verein Junger Männer 1956; CVJM Hartum (Hg.) 1995; Monatsspiegel 1986, 4; Vorstand des CVJM Minden e. V. 1982; s. a. [Busch] 1948; Krefting o. J.; Lücking 1989.

in Diskussionen des CVJM, seine Erwartungen an Jugendliche, Vorschläge für die Jugendarbeit sowie in die von der jeweiligen Leitung für relevant erachteten Themen. Darüber hinaus informieren Akten anderer Bestände des Kommunalarchivs z. B. über den Schriftverkehr mit der Stadt Minden bzgl. der Benutzung von Turnhallen sowie Akten der Britischen Militärregierung[953] über die CVJM-Aktivitäten.

Fast alle Verfasser dieser Quellen sind Erwachsene. Zu den wenigen Ausnahmen gehören Briefe von Jugendlichen an ihren Gruppenleiter.[954] Die Tatsache, daß nur wenige Zeugnisse aus der Feder Jugendlicher stammen, ist umso problematischer, als die im CVJM aktiven Erwachsenen – im Gegensatz zur bündischen Jugend – meist viele Jahre älter waren als die Jugendlichen. Außerdem müssen die Organisationsstrukturen als relativ autoritär und formal-hierarchisch bezeichnet werden, da Meinungen Jugendlicher nur selten dokumentiert sind. Überdies bedingen derartige Strukturen, daß in den Akten nur wenig über Konflikte und Meinungsverschiedenheiten zu finden ist. Dennoch gewähren die Quellen einen Einblick in die Aktivitäten, den Alltag und die Höhepunkte des CVJM und seiner Jugendgruppen, da Vorsitzende, Schriftführer u. a., wie selten in Jugendorganisationen, minutiös Notizen, Mitschriften, Rundschreiben, Briefe anfertigten und aufbewahrten. Dies gilt nicht nur für die Planung von Aktivitäten, sondern ebenso für deren Nachbereitung. Dabei erweisen sich z. B. die Monatsanzeiger als für Jugendorganisationen ungewöhnlich detaillierte Dokumente über die alltägliche Gruppenpraxis.[955]

Bevor in diesem Kapitel die Aktivitäten der CVJMler in ihren Jungenschaftsgruppen untersucht werden, wird das Lebensumfeld der Jungen im Mindener konservativ-protestantischen Milieu unter sozialen, politischen, kirchen- und vereinsgeschichtlichen sowie religiösen Aspekten diskutiert.[956] Dabei wird näher auf die Geschichte des Mindener CVJM auch als eine Form positiver Vergangenheitskonstruktion sowie als ‚Angebot' Erwachsener an Jugendliche eingegangen (Kap. III. 2. 1). Vor diesem Hintergrund werden an-

953 PRO, FO 1013; 1050.

954 S. Kapitel III. 2. 2. 2.

955 Dokumente anderer Jugendgruppen- und organisationen geben selten wieder, was an jedem einzelnen Gruppennachmittag unternommen und besprochen werden sollte. – Beispielsweise kündigten die Jugendgruppenleiter in den gedruckten Monatsprogrammen Themen und die zur Besprechung geplanten Bibeltextstellen für die einzelnen Jugend- und Kindergruppenstunden an. Es ist davon auszugehen, daß diese Vorgaben bei den wöchentlichen Heimabenden umgesetzt wurden. Diesen Hinweis verdanke ich Dr. Bernd Holtwick.

956 Vgl. Kuhlemann 1997; Sperber 1998, 15f. Es genügt nicht – wie bei Holtmann 1989 geschehen –, das konservativ-protestantische Milieu lediglich hinsichtlich sozialer und politischer Aspekte zu untersuchen und dabei religiöse Praktiken und Deutungen weitgehend zu ignorieren. Vielmehr gilt es, das Zusammenspiel aller Lebensbereiche bei der Betrachtung von Milieus in den Blick zu nehmen.

schließend die verschiedenen Aktivitäten der Jugendgruppe erörtert (III. 2. 2): die wöchentlichen Gruppenstunden, die Fahrten und der Sport (III. 2. 2. 2) der „Kameraden“ und „Brüder“ und die Interaktionsweisen der Jungen im Verein und seinen Gremien, die gemeinsamen Jugendrüststunden (Bibelarbeit) mit Mädchen, innerhalb der kirchlichen Gemeinde sowie innerhalb der Stadt Minden und mit anderen Jugendorganisationen (III. 2. 2. 3.). In allen drei Kapiteln wird das Verhältnis der Jugendlichen zu den Erwachsenen im CVJM ebenso thematisiert wie die Frage nach Traditionen und Neuentwürfen in der Praxis der Jugendlichen. Ferner sind aus dieser Forschungsperspektive für die Untersuchung religiöser Praktiken und kirchlicher Aktivitäten Kategorien von ‚Moderne‘, ‚Rationalität‘ und damit häufig in Verbindung gebrachte ‚Säkularisation‘[957] zu hinterfragen.[958]

III. 2. 1 Erfahrungen im konservativ-protestantischen Bürgertum

Das christlich-konservative Milieu bildete den Kern der Mindener Gesellschaft.[959] Für die Jugendlichen des protestantischen Milieus bedeuteten der Zweite Weltkrieg und das Ende des NS-Regimes ähnlich wie für die Jugendlichen des liberalen Bürgertums eine Erschütterung materieller Lebensgrundlagen und der Werteordnungen. Denn die meisten waren auch hier den NS-Erziehungsinstanzen ausgeliefert gewesen. Allerdings bot die Anbindung an die Kirche, die während der NS-Herrschaft, wenn auch eingeschränkt, existierte, für viele eine gewisse Kontinuität und ein Gegengewicht zur NS-Ideologie, besonders für die Jungen, die an der in den ‚bekennenden‘ Gemeinden Mindens fortgesetzten Bibelarbeit teilnahmen. Nach dem Krieg galten die Kirchen für eine kurze Zeit als die einzigen größeren nicht diskreditierten Institutionen.[960] Besonders in Ortschaften wie Minden, wo sich die meisten Christen der ‚Bekennenden Kirche‘ zugerechnet hatten, sahen sich Geistliche und Gläubige eher als Leidtragende des NS-Staates. Das Beispiel Minden zeigt jedoch auch, daß das christliche ‚Bekenntnis‘ stillschweigende Akzeptanz der NS-Herrschaft sowie Engagement innerhalb von NS-Organisationen nicht aus-

957 Dazu Luckmann 1980, 161-172.

958 Vgl. Sperber 1998, 13-35, bes. 16; ferner Dülmen 1980, 36-59; Ebertz/Schultheis 1986; Evans 1982; Habermas 2000, 2. Teil, Kap. V; Hölscher 1990, 595-627; Lindner 1997; McLeod 1981, 116f.; Nowak 2000, 190f.; von Reeken 1999; Scharfe 1980.

959 Vgl. Reese 1989. Vgl. zu diesem Kapitel Beck 2002; Matthiesen 1999.

960 Vgl. Greschat 1991, 267: „Am Anfang waren die Kirchen und kein Staat.“ Vollnhals 1988, 115, stellt fest, daß die Kirche als „einziger gesellschaftlicher Großverband ... sowohl NS-Diktatur wie auch ihren Zusammenbruch überstanden“ hatte. Diese absoluten Aussagen sind allerdings wegen der in Kapitel II erwähnten Kontinuitäten in der Verwaltung zu differenzieren.

schloß. Vielmehr gehörte das christlich-konservative Milieu zu den Trägern der NS-Diktatur.[961] Diese Problematik verschwand allerdings weitgehend im Selbstbild Christlich-Konservativer sowie in der Fremdwahrnehmung kurz nach Kriegsende, weshalb ihr Milieu im Unterschied zum (national-)liberalen nicht als diskreditiert galt und kontinuitätsbildend wirkte. Die relative Stabilität und moralische Anerkennung des konservativ-protestantischen Milieus rührte in Minden außerdem von dessen Größe, Tradition und Bedeutung in der Stadt und ihrem Umland her.[962] Das im Jahre 1530 reformierte Minden lag zu Beginn des 19. Jahrhunderts im Zentrum der Erweckungsbewegung, die für die Region Ostwestfalen-Lippe bis heute als prägend gilt.[963] Welche Erfahrungen Jugendliche des christlich-konservativen Milieus in den ersten Nachkriegsjahren vor diesem Hintergrund in sozialer Hinsicht, bzgl. der politischen Veränderungen sowie der kirchlichen und vereinsmäßigen Einbindung machten, wird im folgenden untersucht.

III. 2. 1. 1 Handwerker, Angestellte und Selbständige – Schüler und Lehrlinge

Der Mindener CVJM organisierte sowohl Schüler als auch berufstätige männliche Jugendliche.[964] Die meisten Jungen besuchten das Gymnasium.[965] Andere strebten eine betriebliche Ausbildung in einem Angestelltenberuf oder als Handwerker an.[966] Sie waren mehrheitlich Söhne von Selbständigen, Angestellten und Handwerkern.[967] Innerhalb des CVJM gab es offenbar ein soziales Gefälle. Viele Funktionäre waren Hochschulabsolventen, leitende Angestellte,

961 Albertin 1998, 145-150; Peters/Brecht/Bremme 2002; Stupperich 1983, 404-409. S. a. Kap. III. 2. 1. 2 u. III. 2. 1. 3.

962 Kuhlemann 1997; Lepsius 1966, 379; Mooser/Krull/Hey/Gießelmann 1989; Mooser 1984, 304-324; ders. 1989b, 16-52; Stupperich 1983, 385-413; Watermann 1980.

963 Wesentlich dazu Mooser/Krull/Hey/Gießelmann 1989; Rottschäfer 1987.

964 S. Schreiben des zweiten Vorsitzenden des Mindener CVJM von 1956. Darin teilt er der Leitung des VW-Werkes in Wolfsburg mit, daß die Mindener CVJMler, deren Familien und Freunde nur für einen Tag (ohne Übernachtung) nach Wolfsburg kommen könnten, da „wir hauptsächlich Berufstätige haben neben Schülern der höheren Schule ..." (KAM, „Ordner IX").

965 KAM, „Ordner V"; „Ordner X"; „Protokollbuch III". Vgl. dazu Angaben über die soziale Zusammensetzung der Bielefelder evangelischen Jugend während der Weimarer Republik. Im CVJM sammelten sich ähnlich wie im Nachkriegs-Minden Jungen aus dem Kleinbürgertum sowie aus der christlichen Arbeiterschaft. Dagegen organisierten die Bielefelder BK vornehmlich Gymnasiastinnen und Gymnasiasten (Tiletschke/Liebold 1995, 60-64).

966 Mitgliederliste, Stand 20. 12. 1947, mit Nachtrag vom 31. 10. 1948 (KAM, „Ordner II"). – Nach einer Umfrage der britischen Militärregierung in Nordrhein-Westfalen im Januar 1949 waren 25 von 632 befragten 14-20jährigen Mitglied im CVJM oder „YWCA". Mit letzterem sind evtl. die Mädchen-Bibelkreise gemeint. 17 der 25 hatten die Volksschule absolviert, sieben hatten die Mittlere Reife und eine Person das Abitur (PRO, FO 1050/1095). Vgl. Baumert 1952, 105-107.

967 Vgl. für Gummersbach, wo es ähnlich war, Krefting o. J, 55.

häufig im technischen Bereich[968], oder gehörten zum Wirtschaftsbürgertum, während die Mehrheit der Mitglieder einfache Angestellte, kleine Handwerker oder Arbeiter waren.[969] Unter sozialen Aspekten betrachtet, handelt es sich hier um einen Verein des mittelständischen und kleinbürgerlichen Milieus.[970] Das konservativ-protestantische Milieu Mindens umfaßte die meisten beruflichen und sozialen Gruppen[971] und ist damit das quantitativ bedeutendste und wohl das heterogenste in dieser mittelständisch geprägten Stadt.[972]

Nach dem Zweiten Weltkrieg unterschieden sich die Mitglieder des Mindener CVJM in ihrer sozialen Herkunft und Stellung nur wenig von den Mitgliedern der Vorläuferorganisationen im späten 19. und frühen 20. Jahrhundert. Die Entstehung der Jünglingsvereine im 19. Jahrhundert geht auf die Mission, soziale Kontrolle und Unterstützung von Wandergesellen zurück. Anhänger der Erweckungsbewegung erachteten es als notwendig, den ledigen jungen Männern eine ‚gesittete' und christliche Unterkunft sowie soziale Anbindung zu bieten, um sie vor dem ‚sittlichen Verfall' zu retten.[973] Tatsächlich faßten die Jünglingsvereine in Städten bei Handwerkern und Kleinhändlern Fuß, d. h. dort, wo wirtschaftliche Liberalisierung und die damit verbundene Veränderung der „Sozialordnung" deutlich als Verschlechterung empfunden wurden.[974] Im Kontext der Industrialisierung und der stärker werdenden sozialistischen Arbeiterjugendbewegung versuchten die Vereine des Jungmännerwerks, Arbeiterjugendliche zu gewinnen und sie von den Sozialisten fernzuhalten.[975] Überwiegend aber waren diese Versuche sowohl im 19. als auch im 20. Jahr-

968 Vgl. ebda.

969 Nach Olenhusen gehörten in der Weimarer Republik „die ‚Führer' und Förderer der CVJM" hauptsächlich dem Adel an (Olenhusen 1987, 202).

970 Vgl. Rendtorff über die männlichen Gemeindemitglieder in Schleswig-Holstein. Im Gegensatz zu Minden fehlten dort v. a. die Geschäftsleute (Rendtorff 1959, 113f.). Kuhlemann 1997, 304, spricht für das 19. Jahrhundert von „klein- und mittelbürgerlichen Schichten". Vgl. Haupt/Crossick 1998, bes. 16.

971 Vgl. für das 19. Jahrhundert Kuhlemann 1997, 304-307; für das mit Minden vergleichbare Bünde Sarhage 1990, 22f.

972 Vgl. Kapitel II. Reese (1989) unterscheidet z. B. nicht zwischen der Stadt Minden und dem konservativ-protestantischen Milieu.

973 Roese 1912, 847; 100 Jahre CVJM-Minden, in: Christlicher Verein Junger Männer 1956, 6. Vgl. Albertin 1998, 145; Freudenthal 1968, 127f.; Müller-Späth 1986; ähnlich für die Anfänge des britischen YMCA Tosh 1999, 107f. Vgl. zu den sozialen Trägern der Erweckungsbewegung in der Region Minden-Ravensberg Kuhlemann 1997, 304f.; Mooser 1989b, 18-24.

974 Vgl. Haupt/Crossick 1998, 29-56, bes. 43; s. a. Stratmann 1967, 166f., 172-174.

975 Olenhusen 1987, 202. Ausgehend von einer Initiative in Essen gründeten sich zu Beginn des 20. Jahrhunderts evangelische Arbeiterjugendvereine, die sich 1911 zu einem Jugendbund zusammenschlossen. Aber bereits 1910 trafen die evangelischen Arbeiterjugendvereine mit den Jünglingsvereinen eine Vereinbarung, um nicht zu konkurrieren. Während der Erste Weltkrieg v. a. für die männlich dominierten Arbeiterjugendvereine einen Einbruch ihrer Bemühungen bedeutete, schlossen sich weibliche Arbeiterjugendliche 1923 zu einem Jugendverband zusammen (Jürgensen 1980, 44f.).

hundert fehlgeschlagen.[976] Auch in der Mitte des 20. Jahrhunderts organisierte der CVJM überwiegend Jugendliche aus dem „alten Mittelstand".[977]

Nach dem Zweiten Weltkrieg waren außerdem Flüchtlinge und Ostvertriebene in zweierlei Hinsicht für den CVJM eine ideale Zielgruppe.[978] Viele der Flüchtlingsfamilien hatten einen Handwerksbetrieb geführt, den sie in ihrer neuen Heimat wieder aufbauten.[979] Kirchen und christliche Vereine, wie auch der CVJM, machten es sich zur Aufgabe, Ostvertriebene mit „Heimkehrbetreuung" und „Flüchtlingshilfe" zu unterstützen.[980] Mindener Christen übten dabei nicht nur Solidarität mit einer ihnen sozial nahe stehenden Gruppe. Ähnlich wie bei der Gründung der Jünglingsvereine kümmerte man sich auch um das ‚Seelenheil' der Heimatlosen. Nun galt der „Dienst am Bruder" den „Heimatlosen und Flüchtlingen", denen man als Christ eine „neue Heimat verschaffen" wollte.[981] Zahlreiche Initiativen, von der Kriegsgefangenenhilfe, über den CVJM-Heimkehrerdienst und den Heimatlosen-Lagerdienst bis zum Christlichen Jugenddorfwerk von Arnold Dannemann halfen den heimatlos gewordenen Menschen sowohl praktisch als auch seelsorgerisch. Auch die aus der Inneren Mission und den evangelischen Jugendverbänden hervorgegangenen ‚Jugendgilden' bemühten sich um junge Flüchtlinge aus der SBZ.[982]

Nicht nur die wirtschaftliche Existenz zahlreicher Flüchtlinge war mit der

976 Vgl. zu den Bemühungen christlicher Vereinigungen und Personen, Einfluß auf die Arbeiterjugend zu gewinnen, Freudenthal 1968, 307-313; Lindner 1984, 252-275; ders. 1997. Vgl. zur auch an anderen Orten beobachteten ‚Milieuverengung' auf bäuerliche und kleinbürgerliche Bevölkerungsgruppen sowie bürgerliche Mittelschichten im späten 19. und frühen 20. Jahrhundert Hölscher 1990, 611, 626; Jacke 1976, 310.

977 Olenhusen formuliert für die 1920er Jahre: Es „waren vorwiegend junge Kaufleute und Handwerker, die zumeist hofften, sich später einmal selbständig machen zu können, in der Großstadt ihr Glück machen wollten und nichts mehr fürchteten als ihre Proletarisierung" (Olenhusen 1987, 203). Vgl. Linton 1991, 101, 103. Vgl. dazu, daß Angestellte traditionellerweise auf einen sozialen Unterschied zu Arbeiterinnen und Arbeitern bedacht waren, Kocka 1981; Löhr/Meyhöfer 1990a, 580f.

978 S. z. B. das fiktive Gespräch Wilhelm Buschs mit einem jugendlichen Flüchtling: Busch, Wilhelm, Ich weiß nicht ..., in: Jugend unter dem Wort, 4 (Januar 1953), Nr. 1, 14f. S. a. Henkys, Reinhard, Flüchtlingsinsel West-Berlin, in: Jugend unter dem Wort, 6 (Juni 1953), Nr. 6, 4f.

979 Krieg 1950, 36f.; Kissing 1954, 13; „Minden" 1971, 578f.; „Minden" 1973, 342; „Minden" 1974, 410; vgl. für andere Regionen Boyer 1988, 434; Woller 1986, 275.

980 S. z. B. 100 Jahre CVJM-Minden, in: Christlicher Verein Junger Männer 1956, 9.

981 Busch 1948b, 270-272.

982 Im Jahre 1953 betreuten diese ‚Jugendgilden' 100.000 „Alleinstehende". Für die „jungen Leute, die ... ihre Elternhäuser" auf „dem Weg in die Freiheit" verlassen hatten, um ihrer Schul- und Berufsbildung nachgehen zu können, boten die Gilden Beratung und Seelsorge an, kümmerten sich um praktische Hilfestellungen bei der Stellensuche und bei Problemen in der Ausbildung, und sie bemühten sich um „Familienanschluß" (Jürgensen 100f.). Vgl. Albertin 1987; Zentralamt für Arbeit in der Britischen Zone Lemgo 1948. Vgl. für Hessen Skorvan 1995, die der Jugendarbeit ein größeres Kapitel (178-249) widmet.

Vertreibung zerstört worden. Auch die wirtschaftliche Situation des in Minden ansässigen mittelständischen und kleinbürgerlichen Milieus verschlechterte sich in der Nachkriegszeit kurzfristig. Die Gründe dafür lagen v. a. in der allgemeinen Notsituation der ersten Nachkriegsjahre[983] und darin, daß viele Frauen alleine ihre Familie ernähren mußten. Damit veränderte sich die weibliche Erwerbstätigkeit auch in diesem Milieu, wenn Frauen für sie ungewohnte Arbeiten übernahmen und häufig an Stelle des ‚Familienernährers' den Lebensunterhalt erwarben. Insbesondere in Handel und Handwerk stieg während der Kriegs- und Nachkriegszeit die Anzahl der ‚mitarbeitenden' Ehefrauen.[984] Folglich dürfte auch im christlich-konservativen Milieu die z. T. als ungewöhnlich betrachtete, nun aber notwendige Lohn- und Erwerbsarbeit von Frauen irritiert und die bisherige Geschlechterordnung gestört haben.[985] Allerdings war außerhäusliche und entlohnte Arbeit von Frauen im kleinbürgerlichen Milieu weitaus üblicher als im liberalen Bürgertum und die kriegsbedingte zusätzliche ‚Mitarbeit' im Familienbetrieb relativ ‚unsichtbar'[986].

Trotz vieler materieller Einschränkungen im kleinbürgerlichen Milieu und obwohl für viele der Lebensstandard in der End- und Nachkriegszeit zu sinken drohte[987], bot den meisten Familien Eigentum eine gewisse soziale Sicherheit.[988] Die wirtschaftliche Situation der leistungs- und berufsorientierten protestantischen Handwerker, Kleinhändler und Angestellten war vergleichsweise stabil. Außerdem konnten Handwerker in den Aufbaujahren eine steigende Auftragslage verzeichnen, und für technische Angestellte erhöhten sich die Chancen auf eine lukrative Anstellung.[989]

983 Boyer 1988, 429, 435f.

984 Nach Scheybani schlägt sich die zunehmende Erwerbsarbeit von Frauen in Handwerk und Kleinhandel v. a. in für die Nachkriegszeit wachsenden Zahlen weiblicher, mithelfender Familienangehöriger nieder (Scheybani 1996, 126-133, bes. 128f.). Löhr/Meyhöfer konstatieren dagegen abnehmende Zahlen mithelfender Familienangehöriger (Löhr/Meyhöfer 1990a, 577).

985 Vgl. Rendtorff 1959, 110.

986 Diese Form weiblicher Erwerbstätigkeit war im kleinbürgerlichen Milieu Mindens bereits in den 1920er und 1930er Jahren üblich (Reese 1989, 116-118).

987 Z. T. verschlechterte sich die Stimmung bei den Handwerkern aufgrund des Rohstoffmangels (Boyer 1988, 436f.; vgl. Woller 1986, 266-287). Nach Holtmann 1989, 236, gehörte der „gewerbliche Mittelstand erwiesenermaßen nicht zu den Hauptbetroffenen der allgemeinen ökonomischen Verarmung ...; im System der Zwangsbewirtschaftung, im grauen Markt der Kompensationsgeschäfte und im Reparaturbetrieb des Wiederaufbaus, nahmen neben der Landwirtschaft auch Handwerk, Handel und Gewerbe eine Schlüsselstellung ein, die zu einer relativen ökonomischen Stabilisierung dieser Erwerbszweige führt." – Vgl. Haupt/Crossick 1998. Die Autoren verdeutlichen in ihrer Studie über das 19. Jahrhundert mit Ausblick ins 20. Jahrhundert (285-305), daß dieses Milieu „ökonomisch zwar prekär sein mochte, aber dennoch zumindest für einige sehr erstrebenswert erschien" (118), und daß dem relativen Wohlstand in der Regel eine gewisse wirtschaftliche Instabilität gegenüberstand.

988 Reese 1989, 115-117.

989 Löhr/Meyhöfer 1990a, 584. Vgl. Drescher 1993; Holtwick 1998, 254-258. Darin bestreitet Holtwick außerdem die These vom ‚nivellierten Mittelstand'.

Im Unterschied zu den deutschen Jungenschaftlern war die überwiegende Anzahl der Väter der CVJMler nicht im Krieg gestorben.[990] Nicht nur deshalb war die ökonomische Situation in den Familien der jugendlichen CVJM-Mitglieder nach dem Krieg nur für kurze Zeit prekär. Aufgrund des in vielen Familien engen Haushaltsbudgets baten zahlreiche Mütter und Väter den CVJM-Vorstand darum, den Mitgliedsbeitrag ihres Sohnes zu reduzieren oder auszusetzen.[991] Beispielsweise schrieb der Vater des CVJM-Mitglieds Hans-Heinrich:

„Ich habe 6 Kinder, die alle ohne Einkommen sind. Der älteste Sohn studiert, die älteste Tochter wird in Bielefeld auf der Meisterschule ausgebildet. Die anderen 4 Kinder sind auf der Oberschule. Hans-Heinrich ist zur Kräftigung noch in der Ruderriege, wofür ich auch einen Beitrag zahlen muß."[992]

Ein anderer Vater hatte ebenfalls gebeten, den Mitgliedsbeitrag für seinen Sohn zu reduzieren. Daraufhin besuchte der zweite Vorsitzende des CVJM Minden die Familie und notierte sich danach folgendes:

„Der Vater ist alter ECler [Jugendbund für Entschiedenes Christentum; BJ], arbeitet nicht in seinem Beruf, sondern in recht untergeordneter Position bei Knoll AG! (...) 4 Kinder, Winfried das Älteste, besucht die Quinta in dem Besselgymnasium, Mutter häufig krank."[993]

Diese Beispiele zeigen zum einen, daß die finanzielle Lage in diesen Familien der CVJMler als schwierig wahrgenommen wurde. Zum anderen dokumentieren sie, daß man trotz aller Engpässe den Kindern möglichst eine weiterführende Schulbildung bzw. Handwerksausbildung oder gar Hochschulbildung gewährleistete. Durch die Vererbung dieses sozialen Kapitals versprachen sich die Eltern eine Verbesserung oder wenigstens den Erhalt des sozialen Status und Ansehens der Familie.[994]

Das Bemühen der Eltern erstreckte sich, wenngleich in geringerem Maße, auch auf die Töchter. Auch die Mädchen selbst legten Wert auf eine aussichtsreiche Ausbildung im Handwerk, als Angestellte oder auf dem Gymnasium.

990 Vgl. Kap. III. 1. 1. Es existieren über die Väter der CVJMler keine spezifischen Angaben. Aber es ist davon auszugehen, daß die Jungen des CVJM durchschnittlich häufig von dem Verlust des Vaters betroffen waren.

991 KAM, „Ordner V"; „Ordner X"; „Protokollbuch III".

992 Brief eines Vaters v. 9. 11. 1955 (KAM, „Ordner X").

993 KAM, „Ordner V".

994 Vgl. Baumert 1952, 101-105; Scheybani 1996, 156f.; für das 19. Jahrhundert Haupt/Crossick 1998, 111-119. – In diesem Zusammenhang sind außerdem die Kompetenzstreitigkeiten zwischen staatlichen Institutionen und Zünften bzw. Innungen über die Handwerksausbildung seit dem Ende des 18. Jahrhunderts zu nennen. Dabei ist besonders auf die Kontinuitäten in den Richtlinien dieser Ausbildung, d. h. den fortgesetzten Einfluß der Innungen, im 20. Jahrhundert zu verweisen. S. Lipsmeier 1998, 447-460; Stratmann 1967; Stratmann/Pätzold 1984. Leider werden in diesen Publikationen keine Angaben über die (milieuspezifische) Ausbildungsrealität gemacht.

Ein zunehmender Teil dieser Frauen arbeitete im Laufe der 1950er und 1960er Jahre als Angestellte.[995] Diese Entwicklung stand jedoch weniger im Zusammenhang mit der wirtschaftlichen Not der frühen Nachkriegsjahre als mit einem seit dem frühen 20. Jahrhundert veränderten weiblichen Lebensentwurf im kleinbürgerlichen Milieu:[996] Viele junge Frauen paßten sich teilweise an die für den männlichen Teil typische außerhäusliche und entlohnte Leistungs- und Berufsorientierung an.[997]

Obgleich die Familien des kleinbürgerlichen Milieus in der frühen Nachkriegszeit sozialen Nöten ausgesetzt waren und die Geschlechterordnung stellenweise auf die Probe gestellt wurde, erlebten die Jungen dieses Milieus keine Brüche wie etwa die Jungen im liberalen Bürgertum. Handwerker und Angestellte erlebten kaum wirtschaftliche Schwierigkeiten und Unsicherheiten wie Offiziere, Freiberufler und Bildungsbürger. Gerade die Handwerker, aber auch die Kleinhändler hatten nach wie vor ihre Lobby in Form von Kammern und Innungen, um sich z. B. gegen die von ihnen empfundene Gängelung durch die Handwerksordnungen zu wehren. Informelle Netze stabilisierten ihre Situation zusätzlich.[998] Handwerker und Kleinhändler organisierten sich in bündisch-berufsständischen sowie korporatistischen Vereinigungen und standen Verkehrsformen der parlamentarischen Demokratie eher distanziert gegenüber.

III. 2. 1. 2 Von DNVP zu CDU

Angestellte, Handwerker und kleine Kaufleute werden besonders für die Nachkriegszeit als unpolitisch bzw. als skeptisch gegenüber Staat und Parteien beschrieben.[999] Man kann diese Berufsgruppen politisch als traditionell eher

995 Löhr/Meyhöfer 1990a, 590-600; Mooser 1993, 363-367; s. a. Schulz 2000, 77.

996 Die höhere Schul- bzw. die außerhäusliche Berufsbildung wurde bereits in den 1920er und 1930er Jahre immer mehr selbstverständlicher Teil weiblicher Biografien nicht nur im kleinbürgerlichen Milieu. Vgl. für Minden Reese 1989, 119-121; vgl. Benninghaus 1999a.

997 „‚Ich gehe zur Oberschule, weil ich studieren will und nicht um kochen zu lernen'" (Köhnen 1991, 195, s. a. 196-198), beanspruchte z. B. die Tochter eines ostwestfälischen und pietistischen Pfarrers am Ende des Zweiten Weltkriegs für sich, als sie sich gegen den Hauswirtschaftsunterricht zu wehren versuchte. Vgl. Baumert 1952, 172f.; Löhr/Meyhöfer 1990a, 587f.; 601-611. – Ausgehend von Connells Studie über Männlichkeiten in westlichen Gesellschaften der Gegenwart muß angenommen werden, daß sich die Aufstiegsorientierung junger Männer der ‚neuen Mittelschicht' geschlechtsspezifisch anders gestaltet(e) als die von jungen Frauen des selben Milieus (Connell 1999, 190f.).

998 Vgl. Boyer 1988; s. a. ders. 1992; Scheybani 1996; Woller 1986, 264-281. – Auch die Akten des Mindener CVJM belegen die funktionierende Vernetzung von Geschäftsleuten in der Stadt (KAM, „Ordner X"). Vgl. Scheybani 1996, 144-154; für das 19. Jahrhundert Haupt/Crossick 1998, 29f.

999 Vgl. Holtmann 1989, 230.

anti-sozialdemokratisch und als konservativ einstufen.[1000] Dies gilt um so mehr im pietistisch geprägten Minden-Ravensberg bzw. Ostwestfalen und Lippe, das im Vergleich mit anderen Regionen stark von mittelständischen Betrieben geprägt war und ist.[1001] Bereits im frühen 19. Jahrhundert gingen „das konfessionelle Luthertum und die Minden-Ravensberger Erweckungsbewegung ... zusammen mit dem politischen Konservatismus ... eine frömmigkeits- und politikgeschichtlich eigentümliche Synthese“ ein.[1002] Während der Kaiserzeit galt diese Region als „konservatives ‚Musterländle‘“, wo 1879 „der Berliner Hofprediger und Antisemit Adolf Stoecker erstmals ... als Kandidat für die Wahl zum preußischen Abgeordnetenhaus nominiert“ wurde.[1003] Bis zur Mitte des 20. Jahrhunderts bildeten die ‚mittelständisch-ländliche‘ Bewirtschaftung, die pietistische Frömmigkeit und der politische Konservatismus in dieser Region eine gewisse Einheit.[1004] Für die Zeit nach dem Zweiten Weltkrieg ist dies beispielhaft an der Integrationsfigur der nordrhein-westfälischen CDU Friedrich Wilhelm Philipp Holzapfel (1900-1969) zu sehen. Der gebürtige Bielefelder fungierte von 1927 bis 1937 als Geschäftsführer der Handwerkskammer Bielefeld. Der spätere Mitinhaber einer Bürstenfabrik ist zum christlich-sozialen Flügel der DNVP zu zählen. Während des NS-Regimes war er Anhänger der ‚Bekennenden Kirche‘ und gehörte zu dem Umkreis des Widerständlers Max Habermann. Am 10. 6. 1945 wurde Holzapfel von der Britischen Militärregierung in Herford als Oberbürgermeister eingesetzt.[1005]

Bei der Gründung einer neuen Partei des christlich-konservativen Milieus ergaben sich zwar viele Schwierigkeiten. Insbesondere stellte die Integration protestantischer und katholischer Traditionen eine Herausforderung dar. Die in NRW stark von dem ehemaligen katholischen Zentrum dominierte CDU konnte nicht ohne weiteres mit den Stimmen konservativer Wählerinnen und Wähler in protestantischen Gebieten rechnen.[1006] Dennoch fand das gesamte

1000 Holtmann 1989, 234-236. S. für Angestellte Löher/Meyhöfer 1990a, 580f.; Mooser 1993, 376f.; für Handwerker Holtwick 1998, 321-331.

1001 S. Kap. II.; s. a. Grebing 1971, 343-370. Vgl. kritisch zu dieser eindeutigen Einordnung Haupt/Crossick 1998, 178-221. Vgl. zur „Verschränkung von Milieu und Parteien in den protestantischen Landgebieten Deutschlands in der Weimarer Republik“ Pyta 1996.

1002 Kuhlemann 1997, 300, 303f.

1003 Watermann 1980, 11. S. zum politischen Konservatismus und Antisemitismus in Minden-Ravensberg während der Kaiserzeit ebda. 11-61; Gödeke 1998, 392f. S. a. Brakelmann 1991; Kaiser 1993; Nipkau 1989; Nordsiek 1991a.

1004 Meiner Einschätzung nach ist es noch nicht hinreichend erforscht, warum diese Einheit bestand und warum die Wahlkreise dieser Region seit etwa 1960 bis weit in die 1990er Jahre sozialdemokratisch dominiert waren. Es genügt dafür nicht, auf die „weltabgewandte Konzentration auf den persönlichen Glauben“ und die „Identifizierung der christlichen Botschaft mit konservativen Traditionen und Werten“ sowie die konservativ ausgerichtete politische Einflußnahme der Kirchen auf Familien- und Frauenpolitik zu verweisen (Vollnhals 1988, 164f.). Vgl. Schmiechen-Ackermann 1999.

1005 Gödeke 1998, 389f.; s. zu Holzapfel auch Becker 1990, 494.

christlich-konservative Milieu in der neuen bürgerlichen Partei schnell seine politische Heimat[1007], und die CDU war in Minden bis Ende der 1950er Jahre stärkste politische Kraft. Der Mindener Kreisverband der CDU verzeichnete in den ersten drei Nachkriegsjahren in Ostwestfalen und Lippe die meisten Mitglieder.[1008]

Die Mindener CDU knüpfte an die Erfolge der in Minden-Ravensberg während der Weimarer Republik mehrheitlich gewählten DNVP an.[1009] Dieses Vermächtnis war für die Errichtung einer rechtsstaatlich organisierten Parteien-Demokratie in zweierlei Hinsicht problematisch. Erstens glich die politische Vertretung im bürgerlich-konservativen Milieu einer berufsständischen: Nach Holtmann versammelten sich in der CDU „Interessensprecher von Handwerk und Handel, Landwirtschaft und Gewerbe", und im „Zuge der Einschmelzung berufsständischer Segmente haben sich in der Organisation der lokalen CDU bündische Substrukturen ausgebildet".[1010] Die CDU trat das Erbe in einem politisch breit gefächerten Milieu an, das sich nicht zuletzt durch einen „Anti-Partei-Affekt"[1011] und eine enorme Distanz zur Weimarer Demokratie auszeichnete.[1012]

Dies führt zum zweiten problematischen Aspekt: Die Wählerschaft der DNVP wie allgemein das christlich-konservative Milieu hatte zu der größten Gruppe von Anhängern der NSDAP gehört.[1013] Bis zu einem gewissen Grade waren konservativ-christliche und nationalsozialistische Präferenzen und Einstellungen Hand in Hand gegangen.[1014] Beispielsweise hatte eine große Mehr-

1006 Vgl. Becker 1990; Bösch 2001; Brunn/Reulecke 1996, 241-246; Gödeke 1998, 382; Heitzer 1988; Kohl, 1994, 299-302; für andere Regionen Woller 1986, 187-194. S. allg. Kleßmann 1991, 144; Mitchell 1995; Schmidt 1996; Walter 1995, 491.

1007 S. z. B. die Berufe der Mitglieder des ersten ernannten Kreistages. Unter den Vertretern der CDU befanden sich zwar auch Arbeiter, aber häufiger als bei der SPD Angestellte, Fabrikanten und Kaufleute (Seifert o. J., 8f.). Vgl. Lepp 2000, 175f.

1008 S. Kap. II. Im Sommer 1946 waren es 960 Mitglieder im Mindener CDU-Kreisverband, „obwohl sie auf Kreisebene erst am 12. Januar 1946 gegründet worden war" (Gödeke 1998, 393, s. a. Tabelle auf S. 432). Vgl. Becker 1990, 405 u. 429 (Tabellen).

1009 Vgl. Holtmann 1989, 236. S. zur Stärke der christlich-konservativen Partei während der Kaiserzeit Watermann 1980. Vgl. für Bayern Woller 1986, 191.

1010 Holtmann 1989, 235.

1011 Ebda., 236.

1012 Vgl. für Bayern Woller 1986, 187f.

1013 Becker 1990, 385f., 401f., 405. Gödeke geht leider nur am Rande auf die jüngsten politischen Traditionen der CDU ein (Gödeke 1998, 415). Vgl. für Bünde Sarhage 1990, 82-92; für Bayern Woller 1986, 187. S. allg. Mitchell 1995. – Vgl. für den Zuspruch, den die NSDAP aus dem Kleinbürgertum bekam, Haupt 1985, 235-291.

Holtwick 1997, 99-117; Haupt/Crossick 1998, 296-302, bes. 297. Holtwick und Haupt/Crossick diskutieren die bisher konstatierte ‚Faschismusanfälligkeit' des Kleinbürgertums kritisch und verweisen darauf, daß ein großer Teil dieses Milieus nicht NSDAP wählte und daß nationalsozialistische Beeinflußbarkeit nicht nur sozial bedingt, sondern ebenso vom kulturellen Milieu abhängig gewesen ist.

heit der Mindener Bevölkerung am von der NSDAP vereinnahmten Luther-Feier-Tag, den 19. November 1933, – sich als ,Volk' ohne soziale Unterschiede gebärdend – ihre Loyalität und Verbundenheit mit dem neuen Regime demonstriert.[1015] Gleichzeitig aber hatten strenge Gläubigkeit oder berufsständische Interessen die widerspruchslose Loyalität gegenüber der NS-Herrschaft erschwert.[1016]

Die Skepsis gegenüber Parteipolitik einerseits und die antidemokratische Haltung andererseits setzten sich 1945 – auch im Zuge der Entnazifizierung – in der Skepsis gegenüber Entwürfen für eine parlamentarische Demokratie fort.[1017] Erfahrungen während der NS-Zeit führten aber nicht nur zu einer expliziten Anti-Politik-Haltung in diesem Milieu, sondern auch zu einer Politisierung i. S. einer erhöhten Akzeptanz der parlamentarischen Demokratie. Dies gilt in besonderem Maße für die Personengruppen, die während der NS-Zeit oppositionell waren oder sich in der Ausübung ihrer Religion stark eingeschränkt gesehen hatten.[1018]

Der CDU gelang es, sowohl Anhänger zweier verschiedener Konfessionen, des berufsständischen Mittelstandes, Kleinbürger sowie rechtskonservative Kräfte, aber auch ehemals widerständige Personen aus beiden Kirchen zu integrieren. Möglicherweise war die Einbindung verschiedener Richtungen und Gruppen dieses Milieus in eine Partei und damit die Loslösung von einer einzigen gültigen Ideologie auch der Öffnung nach ,links' förderlich.[1019] Sie gewann als ,Volkspartei' zahlreiche Wahlen und bediente gleichzeitig milieuspezifische Interessen. Die CDU verband die in ihrer Wählerschaft verbreitete Politikfeindlichkeit mit der gewünschten berufsständischen Interessenpolitik. In der Union „schien"

„eine Sachpolitik beheimatet ..., die, vermeintlich ideologiefrei, den Anforderungen an eine den Grundsätzen der Sachkompetenz, Sparsamkeit, Leistung und kommunalwirtschaftlicher Rentabilität verpflichtete Verwaltungsführung ehestens Rechnung trug"[1020].

Ein solches – von den Interessen des Mittelstandes getragenes – Politikver-

1014 S. für Minden Reese 1989, 122-146, hier 123: „Das hohe Ausmaß der Nazifizierung des bürgerlichen Minden, die großen Wahlerfolge der NSDAP täuschen leicht über die Kontinuitäten im sozialen Leben hinweg." Reese verdeutlicht ferner, daß die nationalsozialistische Politik dort auf Grenzen stieß, wo sie in traditionelle Familienstrukturen eingriff, so bei der politischen Organisationen von Mädchen im BDM.

1015 Hirschberg-Köhle 1997, 93-97

1016 Holtwick 1997, 99-117. S. Kap. III. 2. 1. 3.

1017 Becker 1990, 401; Holtmann 1989, 43-96, bes. 81-96.

1018 Becker 1990, bes. 398; Holtmann 1989, 229-231, 234f.; Woller 1986, 187f.

1019 Holtmann 1989, 231-234.

1020 Ebda., 237.

ständnis kam der besonders im Kleinbürgertum verbreiteten ‚Politikmüdigkeit' und Anti-Parteien-Haltung entgegen.[1021] Dies ging außerdem Hand in Hand mit dem ‚Projekt der Normalisierung' der Geschlechterverhältnisse.[1022] Weithin aufgearbeitet ist die konservative Familien- und Frauenpolitik, mit der patriarchalische Verhältnisse in Familien und in der Politik (wieder)hergestellt werden sollten.[1023] Noch kaum erforscht dagegen ist der Zusammenhang von der in der Nachkriegszeit besonders vom Mittelstand, aber auch von Angestellten präferierten ‚Sachpolitik', fußend auf ‚Expertenwissen' und Sicherung männlicher Herrschaft bei politischen Entscheidungen.[1024] Es ist davon auszugehen, daß mit der konstruierten ‚Rationalität' und ‚Vernunft' nicht nur Frauen per se bzw. aufgrund ihres ‚mangelnden Fachwissens' von Entscheidungen ausgeschlossen waren und damit eine männlich dominierte Politik fortgesetzt wurde, sondern daß damit auch eine spezifische und zugleich dominante Form von Männlichkeit konstruiert wurde.[1025]

Die erwähnte Parteien-Skepsis und die dennoch erfolgreiche Integration durch die neu gegründete konservative Partei, die CDU, weisen bereits darauf hin, daß die organisatorische Einbindung der z. T. divergenten Interessen und Bedürfnisse im konservativ-christlichen Milieu nicht in erster Linie über die Partei erfolgte. Abgesehen von informellen Bindungen und Netzen waren besonders Vereine und Kirchen(organisationen) von enormer Bedeutung für die organisatorische Konsolidierung des christlich-konservativen Milieus, in das Jugendliche einbezogen waren. Hans Woller formuliert für die Neugründung einer christlich-sozialen Partei in Bayern: „Es dauerte so geraume Zeit, bis sich die Idee einer bürgerlichen Partei über freundschaftliche und bekanntschaftliche Beziehungen, die sich z. T. während der NS-Zeit bewährt hatten, ausbreitete und weitere Kreise erfaßte."[1026]

1021 Ebda., 314- 316.
1022 Schissler 2001c.
1023 S. Kap. II. Vgl. Moeller 1997b; ders. 1993; für das 19. Jahrhundert Haupt/Crossick 1998, 31.
1024 Vgl. Cockburn 1983, 88, 93.
1025 Vgl. Connell 1999, 185-201. Connell spricht in diesem Fall von hegemonialer Männlichkeit.
1026 Woller 1986, 187.

III. 2. 1. 3 Interessenpolitik und religiöse Erbauung

„Auch die christliche Weltanschauung und damit die Kirchen, deren äußeres Ansehen unter dem Hervortreten der nationalsozialistischen Weltanschauung gelitten hatte, gewann bei der großen Umwälzung wieder Kraft und Geltung",

stellte der Mindener Stadtchronist Paul Keber 1961 fest.[1027] Die Kirchen wären für die Menschen wieder bedeutsamer geworden und die Gottesdienste zahlreich besucht.[1028] Viele Menschen traten wieder in die Kirche ein. Im Jahre 1948 gehörten der nördlichen Synode (Kreisgemeinde Minden) 97.529 Personen an.[1029] Obwohl die Zahl der Kirchenaustritte in Minden während der NS-Zeit im Vergleich mit anderen Städten niedrig geblieben war, hatte die Kirche auch hier bis zum Frühjahr 1945 an Bedeutung für viele Menschen eingebüßt.[1030] Die Zahl der Gläubigen stieg außerdem aufgrund der zahlreichen Flüchtlinge, die sich überwiegend der protestantischen Kirche zugehörig fühlten.[1031] Offenbar boten die als unbelastet geltenden Kirchen Zuflucht und Zuspruch, Orientierung und Erbauung:

„Unverkennbar fand ein breiter Teil der Bevölkerung, insbesondere aus der mittelständisch-kleinbürgerlichen Schicht, in der kirchlichen Verkündigung nicht nur Trost und Hilfe für den Augenblick, sondern die überzeugende Sinndeutung der eigenen Existenz sowie ein richtungsweisendes Wertsystem in einer Situation des allgemeinen inneren und äußeren Zusammenbruchs."[1032]

Die zahlreichen Gläubigen drängten sich oft auf engem Raum, weil viele Kirchen und Gemeindegebäude durch Bombenabwürfe beschädigt oder zer-

1027 Keber, Minden im Jahre 1945, in: MH, 33 (1961), Nr. 7/8, 84. Vgl. Beck 2002, 293-308.

1028 Keber, Minden im Jahre 1945, in: MH, 33 (1961), Nr. 7/8, 86. Vgl. Maier 1990, 131f. Stolz berichtet dies auch Krefting in der Gummersbacher CVJM-Chronik: „Gleich am ersten Sonntag [nach Kriegsende; BJ] war Gottesdienst. Die Kirche war überfüllt, als die kleine uns verbliebene Glocke läutete" (Krefting o. J., 49).

1029 Krieg 1950, 6. Zwei Jahre später sank die Zahl auf 82.000 Menschen in 20 Kirchengemeinden. Vgl. für ganz Deutschland Greschat 1989, 101; Kleßmann 1993, 406f.

1030 Beutelspacher 1988, 36; Keber, Minden im Jahre 1945, in: MH, 33 (1961), Nr. 7/8, 86.

1031 Ca. 1.000 Flüchtlinge (entspricht ca. 40 %) waren katholisch. Da bisher in Minden ca. 80 % Protestanten gelebt hatten, verschob sich das Verhältnis etwas zugunsten der Katholiken (Krieg 1950, 6; Reekers 1956, 72f.; Wisplinghoff/Dahm/Höroldt/Richtering/Kittel/Leesch/Hüttenberger 1973, 178).

1032 Greschat 1989, 100. Vgl. Brunn/Reulecke 1996, 21; Kleßmann 1993, 403f., 406. Scheybani stellt in seiner Studie über Handwerk und Kleinhandel fest, daß der Kirchgang in der Nachkriegszeit weniger von der beruflichen und sozialen Situation abhing, als vielmehr von der sozio-kulturellen Milieuzugehörigkeit (Scheybani 1996, 158-160). – Darüber, welchen Anteil Jugendliche an den Kirchgängern hatten und welche Bedeutung christliche Religiosität für junge Menschen in der frühen Nachkriegszeit hatte, geht aus der Forschungsliteratur ebenso wenig hervor wie aus zeitgenössischen Jugendstudien (Baumert 1952; Fischer/Fuchs/Zinnecker 1985). Vgl. zu dieser Kritik Schelsky 1957, 476-484. In der Befragung Jugendlicher im Regierungsbezirk NRW 1949 fand die britische Militärregierung heraus, daß sich 78 der 632 Jugendlichen in katholischen und 22 derjenigen in protestantischen Gruppen aus religiösen und ideologischen Gründen ‚ihrer' Gruppe anschlossen (PRO, FO 1050/1095, Tab. 2).

stört waren, wie die Martinikirche, die Marienkirche, die Mauritiuskirche, der Saal der Immanuelgemeinde und das Pfarrhaus am Marienkirchplatz.[1033] Die zahlreichen protestantischen Gläubigen wichen deshalb in Nachbargemeinden aus, v. a. in die Simeons- und Petrikirche[1034], oder wohnten dem Gottesdienst in provisorisch hergerichteten Kirchenräumen bei, wie in der Martinikirche, die seit dem Juli 1945 z. T. als „englische Garnisonskirche" genutzt wurde.[1035] Da auch der Dom zerstört war, mußten die Katholiken nach St. Simeons ausweichen.[1036] Außerdem reichten die Johanniskirche und die Klosterkapelle nicht mehr für die zahlreichen katholischen Gläubigen aus, so daß eine dritte katholische Gemeinde in der wieder hergestellten und am 17. 12. 1950 geweihten Mauritiuskirche gebildet wurde. Im allgemeinen konnten die meisten Mindener Kirchen bereits im Herbst 1945 wieder benutzt werden.[1037] Nach und nach beseitigte die Mindener Bevölkerung auch die Schäden an kirchlichen Einrichtungen.[1038] Die Gläubigen konnten seit Ende der NS-Diktatur ihrem Bedürfnis nach religiöser Erbauung in der Gemeinde unter der Obhut des Pfarrers und ihrem Engagement in Kirche und Vereinen wieder ungehindert nachgehen; denn das Ende der NS-Zeit bedeutete für die Gemeinden der ‚Bekennenden Kirche' auch das Ende der Repressalien und Verhaftungen.[1039] Während der NS-Diktatur waren auch Christen in dem sonst gegenüber dem NS-Staat „wohlwollenden"[1040] Mindener protestantischen Milieu in Schwierigkeiten geraten, wenn sie sich dem Anspruch der Nationalsozialisten auf totalitären Zugriff auf alle gesellschaftlichen Institutionen, Organisationen und die Bibelauslegung zu entziehen versucht hatten. Diese ambivalente Haltung protestantischer Gläubiger hatte die evangelische Kirche in diejenigen gespalten, die sich

1033 Keber, Wiederaufbau und Neubau in Minden, in: MH, 23 (1951), Nr. 4/5, 64; Nr. 6, 75; Nr. 7, 93f.

1034 Keber, Minden im Jahre 1945, in: MH, 33 (1961), Nr. 7/8, 86. S. zur Geschichte der Gemeinde St. Petri bis zum 19. Jahrhundert Nordsiek 1993.

1035 Keber, Minden im Jahre 1945, in: MH, 33 (1961), Nr. 7/8, 86.

1036 S. Speitel 1989, 8; zum Aufbau des Domes auch Dompfarramt 1957; Keber, Wiederaufbau und Neubau in Minden, in: MH, 23 (1951), Nr. 4/5, 64.

1037 Keber Wiederaufbau und Neubau in Minden, in: MH, 23 (1951), Nr. 6, 75: „Die Wiederherstellung von St. Mauritius ist wohl das bedeutendste Bauereignis der zweiten Jahreshälfte (1950) und ein markanter Punkt der Mindener Kirchengeschichte, insofern als ein 140 Jahre dem Gottesdienst entzogenes Gebäude diesem wieder zugeführt wurde." Vgl. Krieg 1950, 6. S. zur Entwicklung der katholischen Kirche und der zunehmenden Zusammenarbeit von protestantischer und evangelischer Kirche in Westfalen Kohl 1994, 318-320.

1038 S. Keber, Wiederaufbau und Neubau in Minden, in: MH, 24 (1952), Nr. 9/12, 103-5; ders., Wiederaufbau und Neubau in Minden, in: MH, 24 (1952), Nr. 3/4, 36; 90 Jahre Diakonissen-Anstalt, 1958; Keber, Wiederaufbau und Neubau in Minden, in: MH, 23 (1951), Nr. 7, 93f.; ders., Minden im Jahre 1945, in: MH, 33 (1961), Nr. 7/8, 86.

1039 Z. B. die des Pfarrers an St. Martini, Gerhard Debeke. Das Ende des NS-Regimes wurde in den Kirchen weitgehend als „Akt der Befreiung" empfunden (Dienst 1998, 111). S. Nordsiek 1995, 41f., über religiös verfolgte Christen in Minden, jedoch nicht explizit zur „Bekennenden Kirche".

1040 Mehringer/Röder 1999, 113.

den nationalsozialistischen „Deutschen Christen“ angeschlossen hatten, und die Anhänger der „Bekennenden Kirche“.[1041] In Minden hatten sich die meisten Christen letzterer zugewandt, da dieser Teil der Kirche das „Bekenntnis“ und die Glaubensgrundlagen vor nationalsozialistischer Deutung hatte schützen wollen. Zu den ‚bekennenden‘ Gemeinden rechnet Paul Keber insbesondere St. Marien und St. Martini. Dorthin waren u. a. bekannte Persönlichkeiten aus der überregionalen ‚Bekennenden Kirche‘ gekommen, wie der damalige Präses Koch, Martin Niemöller und Otto Dibelius. In Minden war die Abwehr gegen die „Deutschen Christen“ stark genug gewesen, so daß in keiner der Mindener Gemeinden ein „deutsch-christlicher“ Pfarrer gewählt worden war.[1042] Allerdings waren diese in der Petri-Gemeinde stark vertreten gewesen und hatten in der Simeonsgemeinde von 1935 bis 1937 sogar die Mehrheit.[1043] Aber auch viele der ‚bekennenden‘ Christen hatten das ‚Dritte Reich‘ gemäß der lutherischen Zwei-Reiche-Lehre nicht in Frage gestellt. Manche von ihnen hatten gleichzeitig NS-Organisationen angehört und dort Funktionen ausgeübt. Teilweise hatten nationalsozialistische Ideologie und Evangelium ebenso miteinander konkurriert wie Aktivitäten kirchlicher und nationalsozialistischer Organisationen, teilweise ergänzten sie sich.[1044] Katharina Köhnen, die in einem pietistischen Umfeld in Ostwestfalen aufgewachsen war, berichtet in ihren autobiographischen Aufzeichnungen von diesem Dilemma: „Zu der Erkenntnis, den nationalsozialistischen Staat als das Böse schlechthin anzusehen, dem er die Hand zu keinem wie immer auch gearteten Bündnis hätte reichen dürfen, konnte mein Vater sich nicht durchringen.“[1045] Über das Ende des Krieges erzählt sie: „Da wir durch unsere pietistische Glaubensüberzeugung die nationalsozialistische Ideologie nicht annehmen konnten, sah mein Vater in einem siegreichen Ende des Krieges eine Gefahr für unsere Familie.“[1046]

1041 S. Melhausen 1994; Möller 1984, 26-29; Weiling 1998.

1042 Keber, Minden im Jahre 1945, in: MH, 33 (1961), Nr. 7/8, 84-86. S. Hey 1974, 110f., 166, 179, 184; vgl. Albertin 1998, 143-150. S. für Bad Oeynhausen und Löhne Heimatverein Löhne 1987. Die Herausgeber schlagen darin einen Bogen von der Erweckungsbewegung zum ‚Widerstand‘ der ‚Bekennenden Kirche‘. Vgl. für Bünde Sarhage 1990, 173-203.

1043 S. zur Entwicklung in bezug auf NS, „Deutsche Christen“ (v. a. Petri-Kirche) und Bekennende Kirche (St. Marien- und St. Martini-Kirche u. a.) Keber, Minden im Jahre 1945, in: MH, 33 (1961), Nr. 7/8, 84-86; s. a. Hey 1974, 110f., 166, 179, 184. Zu St. Simeonis s. Speitel 1989, 8. Darin ist lediglich zu lesen, daß diese Kirche die einizige „mittelalterliche Kirche Mindens [war], die den Krieg unbeschädigt überstanden hatte“.

1044 Vgl. für Lippe Ruppert/Riechert 1998, 46f.: „Wie im Reich generell zeigt sich auch in Lippe, daß beide Bereiche, christlich bestimmtes Alltagsleben und die Institution der Landeskirche, mit der NS-Herrschaft und ihren politischen Vorgaben und Maßnahmen weitgehend kompatibel waren.“ – Reese 1989, beschreibt darüber hinaus auch die Widersprüche zwischen konservativ protestantischen Auffassungen und der NS-Politik. Vgl. für Bünde Sarhage 1990, 172-203; für Westfalen Stupperich 1983, 404-409. Vgl. allg. Brakelmann 2001; Gailus 2001.

1045 Köhnen 1991, 99.

1046 Ebda., 199. Vgl. Reese 1989, 128.

Das Kriegsende brachte in Minden nicht sofort die erhofften Erleichterungen. Viele Christen beklagten sich über die zerstörten Kirchengebäude und materiellen Engpässe. Dies darf jedoch nicht darüber hinweg täuschen, daß die Kirchen ideell und materiell als Stabilisations- und Integrationsfaktor galten und als solche von der Besatzungsmacht gefördert wurden.[1047] Kurz nach dem Kriege war das Kirchen- und Gemeindeleben in Minden wieder lebendig, und beinahe ansatzlos nahmen zahlreiche christliche Organisationen und Vereine ihre Aktivitäten wieder auf. Dies ist auch darauf zurückzuführen, daß enge personelle und ideelle Verzahnungen christlicher und nicht-christlicher Vereine im christlich-konservativen Milieu, wenn auch eingeschränkt, während der NS-Zeit fortbestanden hatten oder wieder aufgegriffen wurden.[1048] Nach dem Zweiten Weltkrieg nahmen zahlreiche personell und strukturell miteinander verbundene Vereine im Freizeitbereich des christlich-konservativen Milieus ihre Aktivitäten wieder auf. Im wesentlichen sind hier das Bürgerbataillon und die Posaunenchöre zu nennen, wobei letztere traditionellerweise mit dem Mindener Handballverein assoziiert waren.[1049] Ebenso heterogen wie die soziale Zusammensetzung dieses Milieus, gestaltete sich die Vereinstätigkeit. Unterschiedliche berufliche, religiöse, politische und freizeitbezogene Interessen trafen hier aufeinander.[1050] Bereits kurz nach dem Zweiten Weltkrieg entfaltete sich auf diese Weise ein reges geselliges Leben in Minden. Vor diesem Hintergrund und dem „Bild überfüllter Kirchen und eines neu anbrechenden religiösen Frühlings"[1051] relativiert sich die Vorstellung von den ‚schwierigen Nachkriegsjahren' für das christlich-konservative Milieu.

Im Vergleich zum liberalen Bürgertum konnte das christlich-konservative Milieu unmittelbar nach Ende des NS-Regimes seine maßgebliche Position auch deshalb behaupten und in einer gemeinsamen Partei manifestieren, weil sich insbesondere die Kirchen und ihre Anhänger vornehmlich als Opfer und weniger als Träger des NS-Staates betrachteten. Sie sahen sich aufgrund ihrer

1047 Andererseits beklagten gläubige Christen, daß die britische Militärregierung das kirchliche „Sonntagsblatt" nicht förderte (Keber, Minden im Jahre 1945, in: MH, 33 [1961], Nr. 7/8, 77-88). Vgl. Greschat 1989; ders. 1991, 267f.; Kleßmann 1991, 59-65; Maier 1990, 131; Vollnhals 1988.

1048 Vgl. Braun 1967.

1049 Das Mindener Bürgerbataillon ist mit den Schützenvereinen in vielen anderen Dörfern und Städten vergleichbar. Obwohl das Bürgerbataillon für die Integration in das politische und wirtschaftliche Leben von enormer Bedeutung war und ist, gibt es darüber keine Untersuchungen. Nähere Ausführungen hätten gesonderte Quellenforschung bedeutet, die den Rahmen dieser Arbeit überschritten hätten. Eine bebilderte Chronik kann solche Forschung nicht ersetzen (Mindener Bürgerbataillon 1982). S. zu den Posaunenchören Gießelmann/Krull 1989, 288-338; zum Handballverein Meynert 1995. Vgl. für Minden im 19. Jahrhundert Kuhlemann 1997, 302f.; Watermann 1980.

1050 Vgl. Scheybani 1996, 154-157.

1051 Maier 1990, 130.

anerkannten gesellschaftlichen Stellung kaum von außen gezwungen, in der Nachkriegszeit ihre Rolle während der Zeit des Nationalsozialismus kritisch zu diskutieren und entsprechende Konsequenzen zu ziehen.[1052] Folglich waren hier die Zentrifugalkräfte nicht so enorm wie im liberalen Milieu. Aufgrund der christlichen Wertehaltung begriff sich dieses Milieu als relativ integer.[1053] Es wies enorme Kontinuitäten auf und galt deshalb mit den Kirchen und der CDU als stabilisierend.[1054] Außerdem sahen sich Kirchenvertreter angesichts des ‚gottlosen' und ‚materialistischen' Nationalsozialismus, der ‚Säkularisierung' und des ‚Rationalismus' beauftragt, i. S. einer ‚Rechristianisierung' – einer Durchsetzung christlich-konservativer Werte in allen Teilen der Gesellschaft – tätig zu werden.[1055] Daher beanspruchten die Kirchen eine eigenständige und hervorgehobene Stellung in der Gesellschaft.[1056]

Während die Nicht-Thematisierung der NS-Vergangenheit der Kirche und Christen und vielmehr noch die Selbststilisierung als Opfer der NS-Politik einem Großteil der (Mindener) Bevölkerung entgegen kam, bauten die (evangelischen) Kirchen und die mit ihr verbundenen konservativen Parteien ihre hegemoniale Stellung aufgrund deutlicher, personeller und organisationshistorischer Kontinuitäten aus. Inwiefern das Engagement vieler Christen nach dem Zweiten Weltkrieg in Gemeinden und Vereinen auch eine Form war, sich eine positive Vergangenheit zu ‚erarbeiten', kann hier nicht untersucht werden. Jedenfalls dienten kirchliche Einrichtungen, konservative Verbände, Kirchen, christliche Vereine u. a. der Durchsetzung christlich-konservativer Werte, Interessen und Politik.[1057] Eine besondere Rolle nahmen dabei die Wohlfahrtsverbände ein, die lokal und überregional gemeinsam mit Kirchen und der CDU bei der Gestaltung der Sozialpolitik im allgemeinen und Jugendpolitik im besonderen eine gewichtige Stimme hatten. Zudem wirkten kirchliche Jugend- und Wohlfahrtsverbände auf Geheiß der Britischen Besatzungsmacht am Wiederaufbau der Jugendämter mit. Ihr Einfluß auf die staatliche Jugendpolitik und Jugendpflege war zusammen mit der CDU so groß, daß sich Vertreter der SPD mit ihren Vorstellungen über den Sitz und die Gestaltung der Jugendämter in Westfalen nicht durchsetzen konnten. Außerdem war der in Kapitel II. 1 geschilderte Jugenddiskurs stark von christlich-konservativen Wertvorstellungen geprägt, d. h. von der Vorstellung, Jugendliche würden

1052 S. Greschat 1989, 91f., 100; Kleßmann 1993, 408-410; Vollnhals 1988; Wolgast 2001. Diese Auseinandersetzungen wurden in beschönigender und den kirchlichen Widerstand betonender Weise in den Jugendzeitschriften geführt (Busch, Wilhelm, Die Kirche hat die Waffen gesegnet, in: Jugend unter dem Wort, 3 [1950], Nr. 2, 9f.).

1053 Vgl. Greschat 1991, 268.

1054 Vgl. ebda., 273.

1055 Dienst 1998, 111; Greschat 1989, 87, 96; Maier 1990, 131f.

1056 Vgl. Greschat 1991, 267-269, 273.

1057 Vgl. ders. 1989, 98f.

idealerweise in der patriarchalisch strukturierten Familie und im kirchlich angebundenen Jugendverein christlich erzogen werden.[1058] Andere säkulare Jugendorganisationen und kommerzielle Freizeitangebote der Nachkriegszeit galten als Gefahr für die Familie und die ‚Sittlichkeit'. Hierin sind auch die Motive christlich-konservativer Erwachsener zu suchen, christliche Jugendvereine zu gründen und zu fördern:[1059] „Es kann gar nicht genug getan werden, um unsere Jugend aus ihrer Gleichgültigkeit herauszuholen und vor der Versumpfung zu bewahren."[1060]

III. 2. 1. 4 Über hundert Jahre christliche Jugendvereine in Minden

> „Darumb last uns einmal lernen umb Gottes willen, das das junge volck, alle ander ding aus den augen gesetzt, erstlich auff dies gespot sehen, wenn sie Gott mit rechten guten wercken dienen wollen, das sie thuen was vater und mutter oder den sie an yhr stad unterthan sind, lieb ist."[1061]
>
> Martin Luther

Die Jugend, zu vorderst die ‚familienlosen' männlichen Wandergesellen, war spätestens seit dem Beginn der Erweckungsbewegung eine wichtige Zielgruppe der protestantischen Mission. Dies hängt mit der zentralen Bedeutung der Familie in Luthers Theologie zusammen.[1062] Im Zuge der Erweckungsbewegung zu Beginn

1058 S. Riggs 1957.

1059 Ähnlich wie im Jugenddiskurs um ‚gefährliche' und ‚gefährdete' Jugendliche (s. Kap. II) äußern sich Erwachsene in den CVJM-Jugendzeitschriften bes. zu den ‚Gefahren' der Sexualität, des Kinos, des Alkohols, der Romanhefte und der Tanzbars. S. Fritz, Ein Wort zum Film, in: Jugend unter dem Wort, 3 (Mai 1950), Nr. 5, 6f.; Busch, Wilhelm, Diesmal ein Gespräch um Kino und religiöse Gedanken, in: Jugend unter dem Wort, 3 (November 1950), Nr. 11, 8-10; Ein Gesetz will Dich schützen. Was man vom Jugendschutzgesetz wissen müßte, in: Jugend unter dem Wort (September 1955), Nr. 9, 14f.; Kirmes – aber ohne uns! Briefwechsel zwischen Stadt und Land, in: Jugend unter dem Wort, 8 (Juli 1955), Nr. 7, 12f.; Schmidt-Duisberg, Sind wir eine verlorene Generation? Warum sich die Leute über die Jugend aufregen?, in: Jugend unter dem Wort (Juli 1956), Nr. 7, 11-13; Thiele-Winckel, Eva von, Sein Beruf war die Liebe, in: Jugend unter dem Wort (September 1955), Nr. 9, 12f. – Vgl. Gödeke zur Jugendpolitik der CDU. Darin sind auch Beispiele von CDU-Politikern, deren Aussagen denen von ‚Jugendschützern' ähneln (Gödeke 1998, 442-452, bes. 443, 445f.). Unkritisch zu diesem Jugenddiskurs Thau 1995. Vgl. Brandhorst 1987, 419-422; Kuhlemann 1989; Lindner 1997. Allgemein dazu und zum Zusammenhang kirchlicher Interessenpolitik mit CDU-Parteienpolitik Dienst 1998, 111-113, 115; Greschat 1989, 97f.; ders. 1991, 269; Kleßmann 1993, 403f., 406f., 416f. Dabei ist insbesondere die Schulpolitik zu nennen (z. B. Dienst 1998; Kleßmann 1992, 119-121).

1060 Busch, Wilhelm, Kirche und soziale Frage, in: Jugend unter dem Wort, 3 (März 1950), Nr. 3, 16-18, hier 16.

1061 Luther, Martin, Werke. Kritische Gesamtausgabe (Weimarer Ausgabe), Bd. 30, erste Abteilung, Weimar 1910 (Unveränderter Abdruck 1964), 149, zit. n. Reese 1989, 110f.

1062 Die Familie nahm eine entscheidende Rolle bei der Vermittlung des Wortes Gottes und der Hinführung zu einer christlichen Lebensführung besonders gegenüber den Kindern ein. Vgl. Troeltsch 1994, 555-559.

des 19. Jahrhunderts veränderten nicht zuletzt Frauen die Formen des gelebten Protestantismus. Sinnliche und emotionale Elemente fanden in die religiöse Praxis ebenso Eingang wie religiöse Laientätigkeit z. B. in Armen- und Waisenhäusern.[1063] Familienlose Jugendliche, die als Handwerkslehrlinge außerhalb des Heimatortes ihrer Ausbildung nachgingen oder als Handwerksgesellen wanderten, mußten – in der Logik der lutherischen Lehre – in christliche Obhut aufgenommen werden. Dort sollten ihnen neben Unterkunft und Verpflegung auch religiöse Unterrichtung zuteil werden.[1064] „Vor hundert Jahren", so beginnt die Chronik des Mindener CVJM anläßlich seines 100jährigen Bestehens im Jahre 1956,

„stand das Wandern der Handwerksgesellen noch in voller Blüte. Mit Beginn des Maschinenzeitalters jedoch machten sich erste Zerfallserscheinungen bemerkbar (...). Das Heim und die Familie des Meisters wurden ihnen mehr und mehr entzogen. Heimatlos geworden trieben sie sich im Wirtshaus und auf den Landstraßen umher, und viele von ihnen kamen durch schlechte Gesellschaft immer mehr herunter. Schon früh erkannte die Kirche die Gefahren (...) und sie suchte Wege, dem Übel abzuhelfen. Zunächst wurde die ‚Herberge zur Heimat' geschaffen, die den Wandergesellen eine einfache, aber saubere, ehrliche und billige Unterkunft boten. Um der ganzen Sache auch Leben und Inhalt zu geben, wurde am 1. Advent 1856 unter der Leitung des damaligen Pfarrers H. Mensing der ‚Christliche Jünglingsverein' ... ‚gestiftet'".[1065]

Die Entstehung der Jünglingsvereine und die Gründung des Rheinisch-Westfälischen Jünglingsbundes 1848, die Vorläuferorganisationen des CVJM, sind folglich „keine ‚creatio ex nihilo'"[1066], sondern immanenter Teil und Folge der Erweckungsbewegung und der sozialen Veränderungen im späten 18. und frühen 19. Jahrhundert.[1067] In Minden-Ravensberg gingen den Grün-

1063 S. Einleitung zu Kap. III. 2.

1064 Anders als häufig in der historischen Darstellung der Anfänge der Jünglingsvereine betont (Jürgensen 1980, 9; Lücking 1989, 102; Tiletschke/Liebold 1995, 64), waren die Gründungsmotive nicht vorrangig sozialer Art. Vielmehr gingen missionarische Beweggründe mit sozialen Hand in Hand (Müller-Späth 1988, 71-91; Lindner 1984, 352-375; Roese 1912, 580). Cordier 1927, 256, betont in seiner Geschichte über die evangelische Jugendbewegung das missionarische Ziel als primäres Anliegen dieser Jugendarbeit.

1065 100 Jahre CVJM-Minden, in: Christlicher Verein Junger Männer 1956, 6f. (KAM). S. a. CVJM Minden am 1. Advent 130 Jahre alt. Ursprünglich wurde heimatlosen Wandergesellen Unterkunft gewährt, in: Monatsspiegel 1986, 4. Vgl. die Chronik des CVJM Münster (Scholle 1951, 7f.); für England Tosh 1999, 107f.

1066 Müller-Späth 1988, 19.

1067 Vgl. Jürgensen 1980, 9-14; Kelterborn 1981, 24; Müller-Späth 1988, 30-119; Nipperdey 1988, 78; Roese 1912, 846f.; Stursberg 1978, 7-32. S. Busch 1948c, 11-22, bes. 15. Busch erläutert den Zusammenhang der Erweckungsbewegung auch als Reaktion auf die Aufklärung und den „‚verheerenden' Rationalismus". S. a. Olenhusen 1987, 198f., 201; bzgl. internationaler Ursprünge Jürgensen 1980, 155. Eine knappe Übersicht der Organisationsgeschichte in Christlicher Verein Junger Menschen 1991, 911-913. S. a. Bekenntnis zum Pietismus, in: Jugend unter dem Wort, 9 (Juni 1956), Nr. 6, 18.

dungen von Jünglingsvereinen häufig die ersten Posaunenchöre voraus, die besonders auf die Bemühungen der Pastoren Johann Heinrich Volkening (1796-1877) und Eduard Kuhlo (1822-1891) zurückzuführen sind. Sie hatten das Ziel, Gemeindegesang und Musik bei der Wortverkündigung zu fördern und missionarisch zu wirken.[1068]

Im letzten Drittel des 19. Jahrhunderts erlebten die Jünglingsvereine nicht nur in Minden-Ravensberg im Rahmen christlich-sozialer Bewegung mit Adolf Stoecker ihre „Blütezeit".[1069] Kennzeichen dieser Bewegung sind u. a. die Vergrößerung ihrer Vereine und zahlreiche organisatorische Zusammenschlüsse.[1070] In diese Zeit fällt auch das Treffen Tausender evangelischer Jünglinge, die in der Nähe von Detmold 1882 ein Nationalfest feierten.[1071] Dieses Treffen, das den Impuls für die Gründung des CVJM gab, stand im Zusammenhang mit der deutschen Gemeinschaftsbewegung bzw. der internationalen Allianzbewegung protestantischer Christen.[1072] Auch im Kreis Minden strebte man nach Vereinheitlichung der Bewegung: 1884 schlossen sich die Mindener Jünglingsvereine dem 1848 gegründeten Rheinisch-Westfälischen Jünglingsbund an.[1073] Der 1892 aus dem Jünglingsverein hervorgegangene Kreisverband Minden hatte bis 1914 zusammen mit der ihm angeschlossenen Turnabteilung und dem Posaunenchor immer etwa 40 bis 60 Mitglieder.[1074] Während des Ersten Weltkriegs mußte der Verein seine Arbeit stark einschränken, nicht zuletzt weil „fast alle Mitglieder als Soldaten"[1075] verpflichtet waren. Nachdem sich 1918 „sehr bald wieder treue Freunde" zusammen gefunden hatten[1076], verzeichnete der CVJM einen auffallenden Zuwachs an jugendlichen

1068 Budde/Kuhlo 1990; Busch 1948c, 18f.; Die Geschichte des Posaunenchors, 1995, 6-11; Kuhlo 1990, 486-498; Selberg 1990, 499-507.

1069 Zitat: 100 Jahre CVJM-Minden, in: Christlicher Verein Junger Männer 1956, 6. Zu Stöcker s. Olenhusen1987, 198.

1070 Jürgensen 1980, 9-22; Kupisch 1958, 13-16; Stursberg 1978, 33-161. Zentrale Veranstaltungen waren dabei die Pariser Weltkonferenzen 1855 und 1905, bei denen wesentliche Beschlüsse für den christlichen Weltbund gefaßt wurden, wie 1855 die ‚Pariser Basis' (Jürgensen 1980, 20). Der Mindener Jünglingsverein nahm offenbar 1855 daran nicht teil, jedoch am Treffen 1905 (100 Jahre CVJM-Minden, in: Christlicher Verein Junger Männer 1956, 6).

1071 Albertin 1998, 143; Jürgensen 1980, 154, bes. 23-25; Reeken 1999, 315f. Die Mindener CVJM-Chroniken machen keine Angaben zu diesem Treffen. Ob Mindener Jünglingsvereine teilnahmen, kann nur vermutet, aber nicht belegt werden (100 Jahre CVJM-Minden, in: Christlicher Verein Junger Männer 1956, 6).

1072 Olenhusen 1987, 201. 1883 wurde der erste CVJM in Berlin gegründet.

1073 100 Jahre CVJM-Minden, in: Christlicher Verein Junger Männer 1956, 26f.

1074 KAM, F, Nr. 288; 100 Jahre CVJM-Minden, in: Christlicher Verein Junger Männer 1956, 6; Die Geschichte des Posaunenchors 1995, 8; KAM, Adreßbücher 1903/04-1914; Nordsiek 1991a, 82. Häufig war die Anzahl der „passiven" Mitglieder noch höher.

1075 100 Jahre CVJM-Minden, in: Christlicher Verein Junger Männer 1956, 6.

1076 Ebda., 7.

Mitgliedern.[1077] Während der Zeit nach dem Ersten Weltkrieg erweiterten auch die evangelischen Mädchengruppen ihre Aktivitäten.[1078] Obwohl die evangelische Jugendarbeit ursprünglich von Männern und männlichen Jugendlichen getragen wurde und männerbündischen Charakter hatte, gab es fast immer ein weibliches Pendant dazu.[1079] Die christlichen Männervereine waren also selten isoliert.[1080] Während der Weimarer Republik bildeten sich neue Gruppen, wie die Mädchenbibelkreise und die Jugendgruppe der evangelisch-lutherischen Freikirche.[1081] Darüber hinaus schlossen sich die christlichen Vereine junger Männer im Juli 1919 zur „Arbeitsgemeinschaft der deutschen Vereine Christlicher junger Männer" zusammen, „die einen Vertreter in die Nationalvereinigung entsenden konnte".[1082] Als Erich Stange 1921 den Vorsitz der „Nationalvereinigung der Evangelischen Jünglingsbünde Deutschlands" übernahm, wurde diese in „Reichsverband der evangelischen Jungmännerbünde Deutschland" umbenannt.[1083] Die „Christlichen Vereine Junger Männer" (wie auch der Eichenkreuz-Turnverein) waren diesem über die jeweiligen Jungmännerbünde angegliedert.

Parallel zur Vereinheitlichung und Zentralisierung der evangelischen Vereine kopierten die christlichen Jugendvereine teilweise die Formen der bürgerlichen Bünde und der Arbeiterjugendbewegung, indem sie z. B. ebenfalls Fahrten unternahmen, Zeltlager organisierten, Abzeichen und Wimpel trugen.[1084] Ähnlich wie diese beteiligten sich auch die evangelischen Jugendverbände an den gegen

1077 KAM, Adreßbuch 1919.

1078 Vgl. Kelterborn 1981, 25. Pastor Graeve hatte bereits seit 1898 Jungfrauenvereine in der St.-Mariengemeinde geleitet (KAM, F, Nr. 288; Adreßbücher 1903/04-1924). Nachdem reichsweit 1919 der Deutsche Bund der Mädchenbibelkreise gegründet worden war, bildete sich 1921 auch in Minden ein Mädchenbibelkreis in der St.-Petri-Gemeinde (KAM, Adreßbuch 1921). Vgl. zur evangelischen Mädchenarbeit Jürgensen 1980, 29f., 46-48, 59f.; Klönne 1990, 138-144; Rahn 1996, 107-125; Christensen 1994. S. allg. Jürgensen 1980, 156.

1079 Vgl. zur hohen Bedeutung der Frauen in der Erweckungsbewegung Habermas 2000, Kap. V; Joris/Witzig 1991, 152-160; Kuhlemann 1997; Mooser 1989b, bes. 22f. S. dazu, daß in der Jugendarbeit etwa ab dem 16. Lebensjahr der Anteil der Mädchen in den Gemeindegruppen höher war als der der Jungen, Rendtorff 1959, 116-123.

1080 S. III. 2. 2. 3. Reese und Vollnhals gehen dagegen eher von getrennten Sphären aus, wobei den Männern ‚Öffentlichkeit' als geschlechtspezifisches Handlungsfeld zugewiesen ist und Frauen der private Bereich der Familie (Reese 1989, 112-114; Vollnhals 1988, 159-161). Beispielsweise stand die Ehefrau des o. g. Pastors Graeve, Martha, dem „Deutsch-Evangelischen Frauenbund" vor (Nordsiek 1991a, 82).

1081 KAM, Adreßbücher 1927, 1929.

1082 Jürgensen 1980, 156; vgl. Olenhusen 1987, 199.

1083 Dies entspricht dem „evangelischen Jungmännerwerk" (Jürgensen 1980, 156). Vgl. Stange 1957, bes. 46-51. Olenhusen 1987, 200, weist darauf hin, daß die Begriffe „Jungmännerbünde" und „CVJM" in den Quellen häufig nicht unterschieden werden. Ähnlich verhält es sich mit „Jungmännerwerk". Vgl. für die Geschichte der evangelischen Jugendvereine bzw. des CVJM während der Weimarer Republik ebda., 204-207.

1084 S. Meiners 1985, 17-34; Olenhusen 1987, 157-261; Priepke 1960, 27; Stursberg 1978, 162-198; Tiletschke/Liebold 1995, 67-73, 194-208.

Ende der Weimarer Republik immer häufigeren Massenveranstaltungen, z. B. mit groß angelegten „Reichstagungen“, öffentlichen Kundgebungen und Aufmärschen.[1085] Die Mindener evangelischen Jugendringe beantragten z. B. 1928 und 1930 die Genehmigung einer öffentlichen Sonnwendfeier. In dieser Zeit bat der Provinzialverband der evangelischen weiblichen Jugend um die Erlaubnis von Umzügen.[1086] Auf diese Weise beteiligte sich die evangelische Jugend am öffentlichen Diskurs und positionierte sich innerhalb der Gesellschaft. Ungeachtet ihrer Bibeltreue sah sich die evangelische Jugendorganisation gezwungen, sich den sozialen Veränderungen und den gewandelten Freizeitwünschen von Jugendlichen zu stellen und damit auseinanderzusetzen.[1087] Bei den Vorträgen im Mindener CVJM diskutierten die männlichen Christen häufig Fragen zum Stellenwert von Kirche und Glaube in der Gesellschaft und beteiligten sich am allgemein zunehmenden völkischen und rassistischen Diskurs. Außerdem kümmerten sie sich auf karitative und missionarische Weise um Arbeitslose, die sie „mit Beköstigung, Spielen, Büchereien, Kursen und Vorträgen aller Art“ versorgten.[1088] Diese Herausforderungen und die großen finanziellen Probleme aufgrund von Inflation und Wirtschaftskrise bedeuteten keine Krise der Vereinsarbeit, sondern im Gegenteil wachsende Mitgliederzahlen.[1089]

Die sozial und politisch zunehmend angespannte Lage in der ersten Republik beeinträchtigte offenbar nicht die Vereinstätigkeiten im christlich-konservativen Milieu. Vielmehr überschnitten sich teilweise christlich-konservative Bestrebungen und Aktivitäten personell und inhaltlich mit nationalsozialistischen. Auch wenn sich der Mindener CVJM in seinen Chroniken gerne als Opfer von „Hitler“ darstellte, „der sich auch an der christlichen Jugend vergriff“[1090], bestanden Schwierigkeiten mit dem NS-Regime im wesentlichen in folgenden drei Punkten:[1091] Erstens konnte aus christlicher Sicht kein Mensch

1085 Vgl. Stange 1957, 46f.

1086 KAM, G II, Nr. 279.

1087 Vgl. Olenhusen 1987, 201f., 204f. Diese Anpassungen führten u. U. zu der Infragestellung des Profils der christlichen Vereine. Vgl. zu diesem „Grunddilemma“ der konfessionellen Jugendarbeit Köster 1999a, 91.

1088 100 Jahre CVJM-Minden, in: Christlicher Verein Junger Männer 1956, 7; Tiletschke/Liebold 1995, 203-205; Zitat: ebda. Nach Meiners 1985, richtete der Westbund gegen Ende der Weimarer Republik einen „Freiwilligen Arbeitsdienst“ für Arbeitslose ein, offensichtlich um Langeweile und das Gefühl der Nutzlosigkeit zu bekämpfen. Auch Umschulungen wurden angeboten. Diese Aktivitäten waren innerhalb des Westbundes von kritischen Diskussionen begleitet.

1089 100 Jahre CVJM-Minden, in: Christlicher Verein Junger Männer 1956, 7. Vgl. Meiners 1985, 17f.; Schmidt 1975.

1090 100 Jahre CVJM-Minden, in: Christlicher Verein Junger Männer 1956, 7f.

1091 Die Forschung konstatiert zwar zahlreiche Übereinstimmungen zwischen NS-Ideologie und den im CVJM vertretenen Positionen. Allerdings geht kaum jemand grundsätzlich auf die in der späten Weimarer Republik und während des NS-Regimes starke national-konservative Haltung im CVJM ein (Busch; 1948c, 73-88; ders. 1950; Jürgensen 1980, 70-92; Kupisch 1958; Lersner 1958; Meiners 1985; Priepke 1960; Stursberg 1978, 199-256. Toboll 1972).

die ‚oberste Führungsgewalt' innehaben. Zweitens lehnten die christlichen Vereine – ähnlich den Kirchen – jeden Eingriff von außen ab. Sporadischer Widerstand beschränkte sich allerdings meist auf den Erhalt einer gewissen Eigenständigkeit.[1092] Drittens lehnten CVJMler und Kirchenvertreter den totalen Zugriff der Nationalsozialisten auf Jugendliche ab, da dieser Familien und Kirchen bzw. der christlichen Jugendarbeit vorbehalten sein sollte.[1093]

Jedoch ordneten sich CVJM und die Gemeinden immer mehr der nationalsozialistischen Politik unter: Im Juli 1933 wurde das Evangelische Jugendwerk Deutschlands gegründet, was einer weiteren Zentralisierung der Vereinsstrukturen gleichkam. Im Dezember 1933 unterzeichneten Reichsbischof Müller und Reichsjugendführer von Schirach nach langen Auseinandersetzungen, auch innerhalb der Kirchen und christlichen Vereine, ein Abkommen zur Eingliederung der evangelischen Jugend in die HJ.[1094] Darin wurde festgelegt, daß die evangelische Jugendarbeit noch enger an die Kirchen angebunden werden sollte und daß sie ausschließlich die „Wortverkündigung" beinhalten durfte.[1095] Entsprechend beklagte sich der Mindener Chronist Strebelow:

„... kein Spielen, kein Turnen, kein Wandern, kein Ballspielen durfte mehr sein. Keine Kollekte, kein öffentliches Sammeln. Geblieben waren nur die Bibelstunden, aber auch hier ging es nicht ohne Spitzeldienst ab ..."[1096].

Insbesondere in den Gemeinden der ‚Bekennenden Kirche', die 1935 eine Jugendkammer einrichtete, setzten die Pfarrer die auf die Bibellektüre beschränkte Jugendarbeit fort.[1097] Bis 1935 existierten in den Gemeinden St. Marien und St. Martini unter den Pfarrern Lic. Debeke, Berner und Lohmann evangelische weibliche und männliche Jugendscharen.[1098] Darüber hinaus feierte der Mindener CVJM 1936 noch öffentlich das 80. Jahresfest.[1099] Während des Zweiten Weltkriegs betreuten die Mitglieder des CVJM ihre ‚Brüder im Felde' in einer reichsweiten „Gebetsbruderschaft".[1100]

Für die Jugendlichen bedeutete die Teilnahme an den Bibellesekreisen häufig Repressalien seitens der staatlichen Organisationen. Außerdem waren sie

1092 Vgl. Olenhusen 1987, 207-211, 247, bes. 249-259.
1093 Vgl. Reese 1989, 97-146.
1094 Vgl. Affolderbach 1988, 418; Meiners 1985.
1095 Vgl. Jürgensen 1980, 157.
1096 100 Jahre CVJM-Minden, in: Christlicher Verein Junger Männer 1956, 7f. Vgl. KAM, G II, Nr. 973 über die Kontrolle der evangelischen Jugend 1933-1941.
1097 S. Jürgensen 1980, 157.
1098 KAM, Adreßbuch 1935.
1099 100 Jahre CVJM-Minden, in: Christlicher Verein Junger Männer 1956, 8. Außerdem existierte etwa bis zum Beginn des Zweiten Weltkrieges das evangelische Jugend- und Wohlfahrtsamt (KAM, Adreßbücher 1935, 1939).
1100 100 Jahre CVJM-Minden, in: Christlicher Verein Junger Männer 1956, 8f. In den Akten des CVJM-Minden existieren außerdem Briefe dieser Soldaten (KAM, „Ordner I").

zwei unterschiedlichen, aber jeweils totalen Anspruch erhebenden Instanzen ausgesetzt. Der Zeitzeuge Alfred Volkmann schildert, daß „oft Nachteile in Schule oder im beruflichen Werdegang zu befürchten“ waren, wenn man nicht zur HJ ging, und daß Jugendliche zu „Außenseitern“ wurden, wenn sie der CVJM zu sehr „gegen die Anordnungen des Staates aufforderte“. Die Arbeit des CVJM wurde immer schwieriger, und es machte sich zunehmend die Erkenntnis breit, „daß sich die wirklichen Absichten des Nationalsozialismus mit den Zielen des Christentums nicht vereinbaren ließen.“[1101]

Nach Ende des Zweiten Weltkriegs fand die Jugendarbeit zunächst noch in Form der in die Gemeindearbeit integrierten Bibelstunden für Mädchen und Jungen statt. Im Jahre 1947 wurden dann die ersten Jungenschaftsgruppen des CVJM gegründet. Ähnlich wie andere Vereine des konservativ-christlichen Milieus nahm der Mindener CVJM seine Aktivitäten schwungvoll und öffentlich wirksam wieder auf: Am Sonntag, den 23. 9. 1945, wurde erstmals nach Ende des Weltkrieges wieder „die männliche Jugend unserer Gemeinde“ zu einem Treffen eingeladen.[1102] Im Juni 1946 versammelten sich alle Gemeindegruppen und Vereine in Herford.[1103] Dieses Treffen war eines von mehreren Jugendmissionstreffen in der Region. Daran nahmen mehrere Tausend Personen teil, darunter Hunderte von Posaunenbläsern mit ihren Instrumenten.[1104] Auch in Minden fanden imposante Feiern wie das Kreisfest im Juli 1946 statt. Jugendliche waren dabei meist eine herausgehobene Zielgruppe.[1105] Schnell entwickelte sich der CVJM zu einem der größten Jugendverbände in Minden und bot zahlreichen männlichen Jugendlichen Geborgenheit in der Gebetsgemeinschaft sowie die Möglichkeit, an einem regen Gemeindeleben teilzuhaben.

1101 Der CVJM im 3. Reich 1995, 24f. Vgl. die Geschichte eines christlichen Jungen, der in der HJ psychisch und physisch unter Druck gesetzt wurde, aber standhaft blieb (Sein Spitzname war Heringskopf, in: Jugend unter dem Wort, 6 [Mai 1953], Nr. 5, 4f.).

1102 KAM, „Ordner I“.

1103 Ebda. Daran nahmen 23 Jugendliche aus Minden teil.

1104 Albertin 1998, 151.

1105 KAM, „Ordner I“.

III. 2. 1. 5 Widersprüchlichkeiten: Bibel, Kirche und Nationalsozialismus

> „Der Krieg war eine beklemmende Tatsache, aber wir rebellierten in unseren Gesprächen nicht gegen die, die ihn angezettelt hatten. Eva als Vierteljüdin und ich als Pietistenkind hielten die nationalsozialistische Regierung für gottlos und moralisch schlecht, aber ich konnte mir auch keine andere vorstellen. Auf diesem Gebiet hatten Propaganda und Schulunterricht ganze Arbeit geleistet. Niemals hat uns jemand über Wesen und Vorzüge der Demokratie sachlich aufgeklärt ... . In meiner eigenen Familie hatte das wirtschaftliche Elend der Weimarer Republik tiefe Spuren hinterlassen. So etwas durfte nicht wiederkommen!“[1106]
>
> Katharina Köhnen

Ähnlich wie Katharina Köhnen lebten viele ihrer Altersgenossen des pietistisch geprägten Milieus während der NS-Zeit in einem unauflöslichen Widerspruch zwischen Evangelium und Achtung der Eltern einerseits und den Zwängen sowie der Propaganda des NS-Regimes andererseits. Hielten sie sich weiterhin an die Gebote der Bibel, bekamen sie Schwierigkeiten seitens der Nationalsozialisten. Unterwarfen sie sich dem NS-Staat völlig, haderten sie mit ihrem Gewissen und stellten sich gegen die elterliche Erziehung. Die Widersprüche vervielfältigten sich, wenn gläubige Erwachsene zugunsten der Nationalsozialisten Kompromisse schlossen und sich nach Ende der NS-Herrschaft zur Demokratie bekannten.[1107] Für viele jugendliche Christen bedeutete die Befreiung von der nationalsozialistischen Herrschaft die Beendigung dieser Widersprüche, zumal Kirche und Gemeinden in der frühen Nachkriegszeit eine für sie bisher ungekannt starke Stellung in der Gesellschaft einnahmen. Das Evangelium und dessen Verkündung in der Kirche sowie in den Laienorganisationen offerierten Halt und Orientierung. Die Kirche und die evangelischen Jugendvereine ‚boten‘ den Jugendlichen darüber hinaus eine scheinbar legitime Vergangenheit sowie Wertmaßstäbe an. Jugendliche des christlich-konservativen Milieus erlebten daher das Jahr 1945 nicht derart als Verlust moralischer Instanzen wie die des liberal-bürgerlichen, auch und gerade wenn

1106 Köhnen 1991, 193.

1107 S. ebda., 99, über die Überlegungen des Vaters der Autorin, ob er als Pietist auch „technische Arbeit für eine staatliche Organisation ablehnen mußte“: „Sicher gab es Brüder in der Gemeinde, die mit aller Entschiedenheit abgeraten hätten, aber ihre Argumente würden meinen Vater wahrscheinlich nicht beeindruckt haben, da sie einen weltabgewandten Standpunkt vertraten und den absoluten Wahrheitsanspruch unserer Glaubenslehre. Das gab ihnen die Kraft, sich dem Nationalsozialismus zu verschließen, wie sie sich der übrigen Welt verschlossen. Im Gegensatz zu ihnen suchte mein Vater seinen Glauben in der Welt zu leben ... . Er hatte sich aber nicht so weit von der pietistischen Tradition befreit, um sich für die politischen Verhältnisse in seinem Land verantwortlich zu fühlen und eventuell Widerstand zu leisten.“

sie sich während der NS-Zeit ganz dem Nationalsozialismus verschrieben hatten und nicht gläubig gewesen waren.

Unterstützend kamen die relativ stabile soziale und wirtschaftliche Situation, die politische Wirkmächtigkeit und gesellschaftlichen Einflußmöglichkeiten dieses Milieus hinzu. Selbstbewußt bemühten sich Angestellte, Handwerker und Kleinhändler nach dem Zweiten Weltkrieg um Verbesserung und Erhalt ihrer wirtschaftlichen und sozialen Situation, u. a. indem sie ihren Kindern eine möglichst vielversprechende Ausbildung gewährleisteten. Die Jugendlichen erlebten nicht nur, wie ihre Eltern im Sozialen Kontinuitäten fortschreiben wollten. Auch die Aktivitäten in der Kirchengemeinde und in Vereinen wurden offenbar ohne moralische Schwierigkeiten 1945 wieder aufgenommen und fortgesetzt. Das hier zutage tretende Selbstbewußtsein speiste sich nicht zuletzt aus der Selbstbeschreibung als Opfer des Nationalsozialismus trotz mancher Verstrickung und Übereinstimmung mit dem NS-Staat. Die familiäre Situation und damit die Geschlechterverhältnisse blieben relativ stabil. Ob dennoch Männlichkeiten auch hier gebrochen waren[1108] und sich veränderten, ist eine der Fragen bei den im folgenden zu betrachtenen Jugendgruppenaktivitäten. Offenbar waren die weithin patriarchalischen Geschlechterverhältnisse in Familie, Politik und Wirtschaft beständig.

III. 2. 2 Die CVJMler: Bibeltreue, Technikbegeisterung und hegemoniale Männlichkeit

„Um uns ist eine enttäuschte, zerschlagene, stumpfe, verbitterte und auch verkommene Jugend; eine Jugend, die ein unendliches Mißtrauen hat gegen Worte." – „Aber sie horcht auf, wenn ihr *das* Wort gesagt wird ...".[1109]

Wenn auch nicht ‚die Jugend' im allgemeinen sich an ‚dem Wort', dem Evangelium orientierte, so war es dennoch eine beträchtliche Anzahl Jugendlicher, die bei den Jungenschaftsstunden des CVJM anhand von Bibeltextstellen ihr alltägliches Verhalten reflektierte. Diese Jungen konzentrierten ihre Aktivitäten aber nicht alleine auf die gemeinsame Bibellektüre und dem damit verbun-

1108 S. die Auseinandersetzung über männliche Jugenderfahrungen im Zweiten Weltkrieg in der Zeitschrift Jugend unter dem Wort. „Es wird wenig Jungen geben, die nicht im tiefsten Herzen ein verborgenes Weinen, eine ganz große Heimatlosigkeit haben. Nein, man sieht es äußerlich nicht. Sie halten dich vielleicht für stur oder einen Draufgänger. Es weiß ja keiner, daß du je und dann bis ins Herz hinein davor erschrocken bist, daß dies Leben so grausam sein kann" (Busch, Johannes, ... die Panzer knirschen, in: Jugend unter dem Wort, 6 [September 1953], Nr. 9, 2f., hier 3).

1109 Busch 1948c, 90.

denen Gesprächsstoff, sondern beteiligten sich auch am Vereins- und Gemeindeleben. Außerdem fuhren sie ins Zeltlager, wo sie in christlicher Gemeinschaft ihre Ferien verlebten. Diese Alltagspraktiken stehen nun unter oben erläuterter Fragestellung im Zentrum der folgenden drei Abschnitte.

III. 2. 2. 1 Im Heim: Bibellektüre als Erbauung und Orientierung

> „Der Jugendliche in den Werdenöten des Entwicklungsalters will vor allem verstanden sein, in der Gemeinschaft einer kleinen Gruppe zur Selbstvergewisserung und Anerkennung durch andere gelangen und bei aller Freiheit persönlicher Entwicklung Gemeinschaft erleben. Der junge Mann geht, auch als Werktätiger, gewissermaßen durch ein Studentenalter und sucht seinen rechten Weg und ein rechtes Verhältnis zum anderen Geschlecht, zum Beruf und zum Staat." Dazu bedarf der „junge Mensch ... der *Lebensgemeinschaft mit Männern,* um selber Mann zu werden."[1110]

Zum Alltag gehörte für die CVJM-Jugend ebenso wie für andere Jugendgruppen der wöchentliche Heimabend. Der CVJM bemühte sich um möglichst viele Jugendliche und warb daher in großem Stile unter Schülern und Konfirmanden:[1111]

„Es war kurz nach meiner Konfirmation, als es an einem Sonntagmorgen bei uns schellt. Ein Junge vom Christl. Verein junger Männer steht vor der Tür, überreicht mir einen Kalenderzettel mit einer Bibelgeschichte und lädt mich freundlich ein, am Nachmittag ins Jugendheim zu kommen",

berichtet ein Junge in der überregionalen Vereinszeitschrift. Ein anderer erzählt idealtypisch, wie er aufgrund eines Werbeblattes, und weil er „mal ‚etwas anderes sehen'" wollte, die Jugendgruppe des CVJM besuchte.[1112] Oft bedurfte das Anwerben für die christliche ‚Jungenschaft' missionarischen Eifers, da sich mancher Junge erst allmählich dazu überreden ließ.[1113] Viele Mindener Jungen des christlich-konservativen Milieus traten aber wie selbstverständlich in die christliche Jungengemeinschaft ein, die integrierter Teil der protestantischen Gemeinde war. Einzige Eintrittsvoraussetzungen waren die Konfirmation[1114] und die Bereitschaft, sich auf die christliche Gemein-

1110 Prosch, C. v., Von einer Altersstufe zur anderen, in: Mitarbeiter-Hilfe (März/April 1950), 26.
1111 S. Kap. III. 2. 2. 3.
1112 Wie wir zur *Jungenschaft* kamen, in: Jugend unter dem Wort, 3 (März 1950), Nr. 3, 4f. Es ist nicht geklärt, ob dies fiktive oder reale Briefe sind.
1113 S. zu der Mission unter Jugendlichen zahlreiche Artikel und ‚Missionsgeschichten' in den Jugendzeitschriften ‚Jugend unter dem Wort' und ‚Der Baustein'.
1114 S. z. B. Hölscher 1993, 205f.; Reeken 1999, 302.

schaft einzulassen. Besondere Aufnahmerituale oder Bewährungsproben zur Akzeptanz in der Gemeinschaft sind nicht belegt.

Die Jungen einer Gruppe trafen sich regelmäßig an einem festgelegten Wochentag etwa um 19.30 Uhr in einem Gemeinderaum oder im CVJM-Heim.[1115] Gewöhnlich begann und endete eine Jungenschaftsstunde mit einem Lied, das möglichst inhaltliche Bezüge zum Thema des Heimabends aufwies.[1116] Nachdem die Jungen ein Lied gesungen hatten, versammelten sie sich zum gemeinsamen Gebet oder Gespräch über eine Bibelstelle. Die Bibellektüre der Jungenschaftsstunden ähnelte besonders in der frühen Nachkriegszeit den Bibelstunden des gesamten Vereins und der Gemeinde. Zunächst leitete der Jugendwart oder Pfarrer „nicht selten [in einem] erbaulichen ‚Ton'" die Stunde mit einem Bibelvortrag, einem -zitat oder einer -geschichte ein. Dabei stellte er möglichst „stichwortassoziative Verbindung zwischen Text und heutigem Leben" her.[1117] Anschließend sprachen sich die Jungen „unter Leitung" des Erwachsenen aus.[1118] Im Idealfall waren diese Gespräche geprägt von „personaler Beteiligung und Betroffenheit", wobei den Jugendlichen v. a. die Aufgabe des Fragens zum „biblischen Text als Autorität" oblag.[1119] Es gibt nach Martin Affolderbach verschiedene Arten, sich der Bibel zu nähern: die Identifikation mit biblischen Figuren, die Illustration des Textes mit Bildern der Gegenwart, die „Beantwortung von Fragen, auf die der Text antworten möchte".[1120] Die Jugendlichen arbeiteten also gemeinsam an einem Bibeltext.[1121] Diese Bibelarbeit sollte sich idealiter nach der im 19. Jahrhundert in den protestantischen Vereinen entwickelten „Bell-Lancaster-Methode" egalitär im „‚gegenseitigen' oder ‚wechselseitigen Unterricht' gestalten.[1122] Aber im Mindener CVJM fanden diese Gespräche wohl weniger unter Gleichen, sondern vielmehr in einem hierarchischen Verhältnis von Gruppenleiter zu Jungen statt.

Die Jugendgruppe befaßte sich dabei meist mit Bibelthemen, Religionsge-

1115 Dies gilt z. B. für das Jahr 1951; s. Monatsanzeiger 1951-1958 (KAM).

1116 Dies ist für Minden nicht belegt. S. Börner, Walter, 20 Entwürfe für Heimabende, in: Mitarbeiter-Hilfe (1945/46), Blatt F 7; weitere Gruppenstundenvorschläge in den Mitarbeiter-Hilfen (1946), VIII (1949), IX (1949), (März/April 1950) – (November/Dezember 1950).

1117 Wegenast 1980, 98, 102.

1118 KAM, „Ordner V". Vgl. Wegenast 1980, 94, 97.

1119 Wegenast 1980, 98.

1120 Affolderbach 1977, 100. Vgl. Müller-Späth 1988, 235-237, 242: „Im Mittelpunkt des Jünglingsvereinslebens sollte also die Bibelstunde und die Bibelauslegung, d. h. auch Vergleiche mit biblischen Vorbildern – im Jünglingsboten finden sich ganze Serien über die ‚Jünglinge im Alten und Neuen Testament' – stehen. Die biblizistische hermeneutische Methode mußte aber nachgerade auch dazu führen, daß aus den Vergleichen Gleichsetzungen und Identifikationen wurden."

1121 Vgl. Wegenast 1980, 102.

1122 Müller-Späth 1988, 235-237, 240f.

schichte oder auch Fragen, die die Gemeinde, die Kirche oder den Verein betrafen. Die Jungen redeten aber auch über Geschlechterbeziehungen, das Mannwerden, den Alltag in Schule und Ausbildung, das Verhältnis zu den Eltern oder über Technik. Die Jungen amüsierten sich außerdem bei Quiz- und Geschicklichkeitsspielen, bastelten, sahen Filme oder bereiteten sich auf Vereins- und Gemeindeveranstaltungen vor.[1123]

III. 2. 2. 1. 1 „Geistige Nahrung" und „Richtschnur" für die Jungengemeinschaft

> „Es ist etwas ganz seltsames um diesen Kreis: sie treiben da hauptsächlich Bibelarbeit, tun also etwas ganz anderes als in den übrigen Jugendkreisen. Und doch kommen die Jungen in diesen Kreis. Vielleicht spüren sie etwas von der Größe und Wichtigkeit dieser einen Botschaft, die sie da immer wieder hören."[1124]

‚Bibellese', Beten und das Gespräch über Bibeltextstellen waren zentrale Aktivitäten in den Jugendgruppen des CVJM:[1125] „Mittelpunkt der Gruppenarbeit ist und bleibt ... die Einladung zum lebendigen Glauben an Jesus Christus. Darum gehört zu jeder Gruppenstunde eine Andacht oder eine Bibelarbeit ...".[1126] Die herausgehobene Bedeutung der Bibel ist zum einen durch die pietistisch-lutherische Theologie seit der Erweckungsbewegung begründet, wo-

1123 Vgl. Lücking 1989, 120f. Vgl. zum Ablauf eines Heimabendes die Schilderung eines Jungen: Wie wir zur *Jungenschaft* kamen; in: Jugend unter dem Wort, 3 (März 1950), Nr. 3, 5. Die Themen und Tätigkeiten der Heimabende deckten sich weitgehend mit denen, die in den Jugendzeitschriften ‚Jugend unter dem Wort' und ‚Der Baustein' besprochen werden.

1124 Mittrig, Gerhard, Du gehörst mir, in: Jugend unter dem Wort, 4 (April 1951), Nr. 4, 17f., hier 17.

1125 Die Frage nach der Bedeutung der Bibelarbeit für die Jungen wird in der Forschungsliteratur weitgehend ausgeblendet: Linton erläutert die Aktivitäten der protestantischen Jugendvereine in Hamburg und Essen, die sich in der Kaiserzeit um die jugendliche Arbeiterschaft bemühten. Seiner Darstellung zufolge waren diese Vereine zum größten Teil autoritär strukturiert, auch in der Vorgabe der Aktivitäten bei Heimabenden; außerdem versuchten die Pfarrer und Pastoren, jugendliche Freizeit in ‚sittliche' Bahnen zu lenken und schienen alles zu verbieten, was den Jungen Spaß machte. Ein Motiv der Jungen, an den sonntäglichen Heimnachmittagen teilzunehmen, wäre nach Linton die Möglichkeit zu spielen, Freunde zu treffen usw. Dafür hätten die Jugendlichen die damit verbundenen Bibelstunden und Gebete in Kauf genommen. Leider fragt er nicht weiter nach den Motiven derer, die auch aus einer christlichen Motivation heraus den Vereinsstunden beiwohnten (Linton 1991, 98-106, hier 104f.). Von Olenhusen beschreibt zwar einen Prozeß der „Versachlichung" in der Bibelarbeit in der Weimarer Republik, was z. T. eine Anpassung an jugendliche Lebensrealität bedeutete, sie geht aber nicht auf mögliche Motive Jugendlicher ein, dennoch am CVJM-Vereinsleben teilzunehmen (Olenhusen 1987, zur Bibelarbeit bes. 187-189). Arbeiten über die Geschichte des CVJM bestätigen die zentrale Bedeutung der Bibel nicht nur für den protestantischen und pietistischen Glauben, sondern auch für die Jugendarbeit, Jünglingsvereine usw. (Wegenast 1980, 97).

1126 Lücking 1989, 122. Vgl. Wegenast 1980, 97.

nach nicht die Kirche Mittlerin zu Gott, sondern das ‚unvermittelte' ‚Wort Gottes' „alleinige Richtschnur des Glaubens und Lebens" zu sein hat, wie es auch die Satzung des CVJM fordert.[1127] Zum anderen bedeutete die Beschränkung der evangelischen Jugendarbeit während der NS-Zeit auf die „Wortverkündigung", daß die Bibellektüre und damit verbundene Gespräche noch mehr als zuvor das Fundament der Vereinstätigkeiten bildeten. In dieser Situation waren die evangelischen Jugendgruppen stärker als bisher an die Gemeinden gebunden.[1128] Rückblickend erklärte der Hartumer CVJMler Alfred Volkmann, daß die

> „Gegner [die NSDAP etc.; BJ] ... die Hoffnung hatten, daß eine Jugendarbeit, die sich nur noch mit Bibelarbeit betätigen würde, auf Dauer keinen Bestand hätte. Dies war aber in den meisten Fällen ... nicht der Fall. (...) Als dann 1945 der Nationalsozialismus in einem Chaos endete, waren in unserem Verein die Strukturen noch intakt ...".[1129]

Auch in der frühen Nachkriegszeit bildeten die Bibelstunden das Rückgrat der christlichen Jugendarbeit. Nach Ende des Weltkrieges ist der CVJM gerade auf der Basis der Bibelarbeit wieder aufgebaut worden.[1130] Als in Minden noch keine Jungenschaftsstunden durchgeführt wurden, fanden 1947 „Bibelstunden unter Leitung eines Pfarrers" statt. Danach leitete der Jugendwart Armin Redecker die Bibelarbeit mit den 14- bis 15jährigen.[1131] Auf „Wunsch der jüngeren Mitglieder" wurde ab März 1949 bis 1950 zusätzlich „in *jeder* Woche *Bibelarbeit*" durchgeführt.[1132] Nicht nur in den Jugendgruppen, auch „im gemeindlichen Leben" hatte die Bibelarbeit in der unmittelbaren Nachkriegszeit „einen festen Platz". Außerdem war „für die meisten Pfarrer und Lehrer nach 1945 einfach ausgemacht, ‚daß die Bibel allein die Antwort auf alle unsere Fragen ist' (Bonhoeffer, III, 26)".[1133]

Obwohl offiziell die Bibel als „Richtschnur" für Alltag und Glaubenspraxis

1127 Satzung des Christlichen Vereins junger Männer in Minden/Westfalen, 1949 (KAM, „Ordner V").

1128 Während der NS-Zeit und in der frühen Nachkriegszeit „erwies sich die gemeinsame Arbeit mit der Bibel" außerdem „als starkes einigendes Band" (Karpp 1980, 89).

1129 Der CVJM im 3. Reich, 1995, 24f.

1130 Wegenast 1980, 97; vgl. Affolderbach 1977, 74, 81-88; Arens 1985, 395.

1131 KAM, „Ordner V". S. zu Redecker Hahn 1981, 61f.

1132 KAM, „Protokollbuch III". Vermutlich ersetzten allmählich die Ende der 1940er Jahre beginnenden Jungenschaftsgruppen die Jugendbibelstunden, so daß die fortlaufenden Bibelstunden v. a. für Ältere bestimmt waren und sich später die Bibelarbeit für die Jugendlichen veränderte. „Jugendrüststunden" dienten seit Januar 1949 für die Kindergruppenleiter („Jungscharleiter") und die später regelmäßig als gemeinsame Veranstaltung von CVJM, MBK und EC angesetzten Rüstkreise praktisch als Jugendbibelstunden. S. z. B. die Diskussion am 9. 2. 1950. Ferner fanden ab Januar 1951 monatlich Vereinsbibelstunden mit Familien statt (KAM, „Protokollbuch III"). S. a. KAM, „Ordner V". Vgl. Boll 1995a, 65, zu der Untersuchung der Programme der Rüstzeiten 1946/47 durch die englische Delegation.

1133 Wegenast 1980, 102.

galt, sich also auf Fragen aus dem Erfahrungsbereich der Jungen beziehen sollte, war es nicht den Jungen überlassen, Bibelstellen nach ihren Bedürfnissen auszuwählen. Faktisch bestimmten Gemeinde und Verein auf lokaler sowie überregionaler Ebene, wann welche Themen und Bibeltexte zu besprechen waren. In Monatsplänen des Mindener CVJM waren die einzelnen Gruppenstunden festgelegt. Dabei richteten sich die Mindener nach den „Werkplänen" oder dem „Bibelleseplan" des CVJM-Westbundes. Diese Praxis geht auf die NS-Zeit zurück. Als „ledigliche Wortverkündigung" erlaubt gewesen war, hatte ein „Textplanausschuß" „Werkpläne" für die Gruppenarbeit, Bibellesepläne und andere Arbeitshilfen für die verschiedensten Arbeitsbereiche erstellt. Auch nach Ende des totalitären Regimes wurden noch von „Werkszentralen und Jugendpfarrämtern" „Werkpläne" mit „fester Bibelleseordnung" herausgegeben.[1134] In der Zeitschrift des Evangelischen Jungmännerwerks, die „Mitarbeiter-Hilfe"[1135], legten Pfarrer und Mitarbeiter des Jungmännerwerks in Wuppertal-Barmen und dann Kassel-Wilhelmshöhe Jahresschwerpunktthemen in der Jugendarbeit fest und schlugen Textstellen der Bibel sowie Themen für die Gruppenstunden vor.[1136] Frömmigkeitspraktiken und Themen der Bibelstunden waren auch nach religionsgeschichtlichen Aspekten und jahreszeitbedingten Festen angeordnet.[1137] In der Vorweihnachtszeit gestalteten die Jungen die Jungenschaftsstunden adventlich[1138], zum Jahreswechsel bereiteten sich die Gruppen auf das jährlich stattfindende Jahresfest des Vereins vor[1139], und in der Osterzeit befaßten sich die Jugendgruppen mit der Auferstehungs-

1134 Jürgensen 1980, 90, 115; Wegenast 1980, 98. Solche „Werkpläne" wurden in den „Mitarbeiter-Hilfen" publiziert. S. folgende Ausgaben: (1945/46), (1946), VIII (1949), IX (1949), (März/April 1950) – (November/Dezember 1950).

1135 Stange, D. Erich, Zum Neuanfang, in: Mitarbeiter-Hilfe (März/April 1950), 3: „Die ‚Mitarbeiterhilfe' ist die wichtigste Zeitschrift unseres Werkes; und sie bedeutet für evangelische Jugendarbeit nicht nur eine technische Hilfe, sondern eine innerste Ausrichtung und Vertiefung des Dienstes."

1136 Mitarbeiter-Hilfe (1945/46), (1946), VIII (1949), IX (1949).

1137 Das Kirchenjahr 1945, 256f.

1138 CVJM, Monatsblatt, 97 (November 1953) (KAM, „Ordner V"); CVJM-Minden, Monatsanzeiger, (Dezember 1952) (KAM, Monatsanzeiger gebunden). Häufig führten die Jungen Adventsfeiern zusammen mit einer anderen Jungenschaftsgruppe durch, oder sie verbrachten in dieser Zeit ihre Heimabende bei „Kaffee und Kuchen", Gesang, Religionsgeschichte: „Was geschah vor 1955 Jahren? Bibelarbeit", „Weihnachtsmärchen" und „Geschichten um den Weihnachtsbaum" (KAM, „Ordner V"; „Ordner X"). In den von der „Mitarbeiter-Hilfe" vorgeschlagenen Gruppenstunden für die Weihnachtszeit wechseln sich Gesang und Diskussion der Jungen mit den vom Gruppenleiter zitierten Bibelstellen ab (Schobert, Christian, Jungenschafts-Weihnacht, in: Mitarbeiter-Hilfe [November/Dezember 1950], 298f.).

1139 Unter Titeln wie „Wir fangen ein neues Jahr an", „Mit frischer Kraft ins neue Jahr" oder „Startschuß ins neue Jahr" wurden meist die ersten Stunden im neuen Jahr abgehalten (KAM, „Ordner V"; „Ordner X"). Am Neujahrstag sprachen die Jungen dem Kirchenjahr gemäß z. B. über die Namensgebung Jesu oder über das Fest der Erscheinung am 6. Januar (Epiphanes) (Das Kirchenjahr 1945, 256; Das Kirchenjahr 1954, 403).

geschichte unter dem Titel „Wer wälzte den Stein?“ oder mit der „Osterbotschaft (Mk. 16, 1-3)“.[1140] Religiöse Feste, die in der Bibel enthaltene und in den Jungenschaftsstunden besprochene Religionsgeschichte strukturierten das Jahresprogramm der Gruppe. Dabei ordnete sie sich den biblischen Vorgaben und besonders deren Auslegung in Verein und Gemeinde unter. Gleichzeitig bildeten die Bibel und die danach ausgerichteten Aktivitäten über das Jahr das Fundament für den Verein und die Jungengemeinschaft.

Bei der gemeinschaftlichen Bibellektüre in der Jugendgruppe brachte ein Erwachsener den Jungen „das Gotteswort, das Evangelium“ nahe und führte sie „zum Gebet“ hin.[1141] Den Jungen waren dabei besonders das ernste[1142] gemeinsame Bibellesen, die „Diskussionen“ und die direkte „Aussprache“ über das Gelesene wichtig. Im Sommerzeltlager 1948 wünschten sich einige Jungen eine „regere Beteiligung“ aller an diesen Gesprächen. Es war ihnen wichtig, „mit Altersgenossen über Glauben und religiöse Dinge sprechen“ zu können. Die Jungen begrüßten es, „daß man einmal mit Gleichaltrigen verbunden ist, die ganz dasselbe glauben und auch den Herrn Jesu als ihren *Führer* ansehen. Ich war wirklich überwältigt und konnte anfangs nicht genug fragen und Unterhaltungen führen.“[1143] Die „erlebnisreiche“, „ausführliche Bibelarbeit“ und „geistige Beschäftigung“ waren einigen sehr wichtig. Sie verstanden sie als „geistige Kost“ und „Nahrung“. Das gemeinsame Abendmahl „erlebte“ einer der Jungen „(und auch viele andere) zum ersten Male ... ohne jedes Mystifizieren. Das Mahl als solches stand im Mittelpunkt und sprach ganz für sich allein ohne jedes Hilfsmittel. Und es kam nicht auf Äußerlichkeiten an, sondern nur auf das Innere.“ Gemeinsame religiöse Erlebnisse halfen den Jugendlichen, eine persönliche Beziehung zu Gott und Jesus herzustellen sowie für sich Erbauliches aus der Bibelbesprechung zu gewinnen.[1144] ‚Bibelarbeit‘ war

1140 Dies sind Beispiele aus der Jungenschaft I und II von 1953 (KAM, „Ordner V“). Häufig fielen die Jungenschaftsstunden in dieser Zeit aus, z. B. wenn sie auf einen Gründonnerstag fielen, die Jugendgruppen gemeinsam mit anderen Gruppen des CVJM oder der Gemeinde etwas unternahmen (KAM, „Ordner V“). – Für die Gruppenstunden hatte das Pfingstfest im Untersuchungszeitraum offenbar einen nicht so bedeutsamen Stellenwert (KAM, CVJM-Bestand) wie für öffentliche Veranstaltungen (s. Kap. III. 2. 2. 3). Propst Johannes Geß aus Eschwege deutet in der Gruppenleiter-Zeitschrift darauf hin, daß es auch „vielen ernsten Christen so schwer[fällt], die Pfingstbotschaft zu verstehen“ und macht einen Vorschlag für einen entsprechenden Heimabend (Geß, Johannes, Mitarbeiter-Hilfe [Mai/Juni 1950], 80).

1141 Diese und folgende Zitate stammen, wenn nicht anders angegeben, aus den Briefen der jugendlichen Teilnehmer des Zeltlagers 1948 an den Externsteinen bei Detmold. Sie schrieben ihre Meinung über das Zeltlager an ihren Gruppenleiter nach Ende der Ferien (KAM, „Ordner I“).

1142 Einer der Jungen erwähnte positiv, daß dabei „nicht heimlich gelacht“ wurde.

1143 S. zu dem Wunsch der Jungen, in Gemeinschaft zu beten und die Bibel zu lesen CVJM Siegburg, Gebetsgemeinschaft unter Jungen? Die brennende Frage, in: Jugend unter dem Wort, 6 (Mai 1953), Nr. 5, 16.

1144 Vgl. Pagel 1965, 119f.

demnach eine selbstbezogene und selbstreflexive Tätigkeit.[1145] Angesichts der sich verändernden politischen Situation, des damit verbundenen Wechsels von Erziehungsinstanzen, der Widersprüche und veränderten Geschlechterverhältnisse tat es den Jungen offenbar gut, unter Anleitung in der Bibel Trost und Halt zu suchen und zu finden.[1146] Die strenge Bindung an das ‚Wort' hatte besonders in einer altersbedingt und gesellschaftlich unsicheren Situation stabilisierenden Charakter.[1147] Auf diese Weise bekam die pietistisch-lutherische Religion in der Mitte des 20. Jahrhunderts eine erneute Bedeutung als religiöse Erbauung in einer als chaotisch empfundenen Welt, in der soziale und moralische Sicherheiten aus der Perspektive des konservativ-christlichen Milieus zu schwinden drohten. Ähnlich wie für die Trägerinnen und Träger der Erweckungsbewegung war die Bibel für christliche Jungen in Minden in der Mitte des 20. Jahrhunderts „Richtschnur", „Regel" oder „Compaß"[1148], wie ein Zeitzeuge über die 1940er und 1950er Jahre bestätigt:

„Nach einer quälenden Zeit der Unsicherheit besann man sich trotz des drohenden staatlichen Verbotes auf den eigentlichen Auftrag und erklärte: ‚Es ist jetzt nicht die Frage, was aus dem Werk würde, aber das ist wichtig, daß wir dem Worte Gottes gehorsam sind.'"[1149]

Unter Anleitung lernten die Jungen den „sachgemäßen ‚Umgang mit der Bibel'"[1150] und bereiteten sich so auf das „Selbststudium der Bibel"[1151] vor. Ihnen war dieses gemeinschaftliche Lesen der Bibel von großer Bedeutung. Sie wirkte für die Jungen bei der Suche nach ‚Errettung' und beim „Kampf gegen das eigene Ich"[1152] unterstützend:

„Enttäuscht durch H.J. u. anderem hatte ich es für eine Utopie gehalten, daß sich junge Menschen um unseren Herrn Christus versammeln würden. Dazu noch in einer Organisation. Das konnte ich einfach nicht glauben. Wohl

1145 In seinen Ratschlägen für die sommerlichen Fahrten fordert Dieter Corbach die Jungen auf, jeden Tag eine „Stunde" einzuräumen und „für sich oder mit einem Freund zusammen [zu] lesen, [zu] beobachten, etwas [zu] besprechen ..., vielleicht auch still am Bach [zu] sitzen. (...) Und kein Tag ohne Bibelbetrachtung" (Corbach, Dieter, Tippzettel für Fahrt und Lager, in: Jugend unter dem Wort, 6 [August 1953], Nr. 8, 6).

1146 Vgl. Vollnhals 1988, 163; für junge Männer während der Erweckungsbewegung Gillis 1984, 90f.

1147 Vgl. Wölber, H. O., zit. n. Wegenast 1980, 97.

1148 Müller-Späth 1988, 242; vgl. Gillis 1984, 90f.

1149 Der CVJM im 3. Reich, 1995, 24f.

1150 Wegenast 1980, 94, 97.

1151 Affolderbach 1977, 74-126. Zu diesem Zweck entwickelten Kirche und Jungmännerwerk handlungsleitende Lektüre, wie die Bibellesepläne und die „Christenlehre" (Zimmermann 1945; ders., 1954). S. Vorschläge zum selbständigen Bibelstudium und zur Gewissensprüfung: Busch, Johannes, Ratschläge zum Bibellesen, in: Jugend unter dem Wort, 6 (September 1953), Nr. 9, 14; Horch, K. O., 11 Peinliche Fragen, in Jugend unter dem Wort, 7 (Januar 1954), Nr. 1, 9.

1152 Brief eines jugendlichen Teilnehmers des Zeltlagers 1948 (KAM, „Ordner I").

glaubte ich, daß die Organisation christlich gesonnen sei, die Mitglieder aber teilweise sehr unchristlich. Ich sagte mir, daß dort wohl Jungen zusammenseien, die etwas ähnliches wieder suchten, was sie durch Auflösung der HJ verloren hatten. (...) Ich kam also ins Lager [das Zeltlager; BJ], um mich überraschen zu lassen. (...) Gleich am ersten Tag spürte ich: Hier ist das, was du schon jahrelang suchst; nämlich ... Glaubensgenossen".[1153]

Auch Alfred Volkmann fand im CVJM eine „wohltuende Gemeinschaft": Viele „innerlich heimatlos gewordene Jugendliche [fanden] in einer neu aufblühenden Jugendarbeit ... ihr geistliches Zuhause ... und [erhielten] von der Bibel her Wegweisung für ihr ganzes Leben."[1154] Bibellesen und ‚Bibelarbeit' hatten eine gemeinschaftsstiftende Bedeutung und waren daher attraktiv für junge Gläubige. Dies erklärt wohl die fast stetig steigenden Mitgliederzahlen der Jugendgruppen des Mindener CVJM während des gesamten Untersuchungszeitraums.[1155]

Durch die gemeinsame Bibellektüre fanden die Jungen ihr „Zuhause" auch in der Gemeinde. Sie befaßten sich bei der auffallend häufigen Lektüre der Apostelgeschichte mit dem Aufbau der christlichen Gemeinde, z. B. unter dem Titel „Lebendige Gemeinde! Apg. 5, 12ff. (Apg. 5, 1-11)", oder mit den ‚Sendboten' Jesu in der Urgemeinde.[1156] Inwiefern sich die Jungen mit den Aposteln identifizierten, ihre Jugendgemeinschaft mit der christlichen Urgemeinde gleichsetzten oder sie als Vorbilder ansahen[1157], ist nicht belegt. Auf jeden Fall stellten die konfirmierten Jungen bei der Bibellektüre einen direkten Bezug ihrer Gruppe zur Gemeinde her. Die Anbindung an die Gemeinde kam einer spezifischen Verortung in der Gesellschaft gleich. Bibel und Bibelbesprechung boten den Jungen Orientierung innerhalb der Gemeinde und zunehmend allgemein in der ‚Welt'.[1158] In den Jungenschaftsstunden des Jahres 1953 wurde z. B. häufig besprochen, daß man Gott gehorchen und sich an Gott orientieren müsse. Entsprechend waren die Ankündigungen der Jungenschaftsstunden formuliert: „Wer Christus verachtet, wird an Gott schuldig Apg. 7, 38ff." oder „Man muß Gott mehr gehorchen als ... Apg. 5, 17 ff."[1159]. Vervollständigt hieße der Satz: „Man muß Gott mehr gehorchen als den Menschen." Die Ju-

1153 Ebda.
1154 Der CVJM im 3. Reich, 1995, 24f. Vgl. für junge Männer während der Erweckungsbewegung Gillis 1984, 90f.
1155 S. KAM, „Ordner X".
1156 KAM, „Ordner V".
1157 Karpp 1980, 80: „Um das Christentum zu erneuern, wollte der Pietismus der Bibel zu besserem Verständnis und größerer, selbständigerer Wirkung verhelfen, ohne die Schriftlehre der Orthodoxie in Frage zu stellen", so z. B. fand Spender „in der biblischen Eschatologie die Verheißung einer Erneuerung und in der Urgemeinde ihr Vorbild."
1158 Vgl. Wölber, zit. n. Wegenast 1980, 97.
1159 KAM, „Ordner V".

gendlichen wurden dazu angehalten, über die Macht Gottes nie (mehr) ‚weltliche' Herrschaft zu stellen. Dabei redeten die Jungen wohl weniger über die NS-Vergangenheit als über Fragen des gegenwärtigen Alltags.

Bei der ‚Bibelarbeit' stellten die Jungen des Mindener CVJM unter Anleitung des Pfarrers oder Jugendwarts einen „Bezug zwischen dem Evangelium und dem Alltag"[1160] her. Häufig war die „Bibelarbeit" Grundlage einer Besprechung moralischer weltlicher Fragen und Verhaltensweisen, z. B. unter den Titeln: „Wie Gott die Ehe haben will. (1. Kor. 7)" oder „Wie benehme ich mich als Christ im Alltag?" (1954).[1161] Bei der gemeinschaftlichen Bibellektüre holten sich die „einzelnen, suchenden Menschen" „das Rüstzeug für die Alltagstätigkeit, und zwar von ihrem Könige Christus!"[1162] Für die jungen Christen des Mindener CVJM war die Bibel moralisches Gerüst für Verhaltensdispositionen.[1163] Sie führten letztlich alles auf Gott zurück. Entsprechend sollte nach den Worten eines Zeltlagerteilnehmers 1948 der „Hauptdank" für die gelungenen Ferien „Gott" gebühren, „der mich so wunderbar dahin geführt hat".[1164] Die Unterwerfung unter ‚Gott' und die ihm zugeschriebenen Entscheidungen und Handlungen halfen, auch schreckliche Ereignisse, wie den tödlichen Unfall eines Jungen, der im Zeltlager 1948 von den Externsteinen stürzte, zu verarbeiten:

„So ist es jetzt an der Zeit, auch lobend einmal Gott zu erwähnen, der unser Zusammensein dort an den Externsteinen sichtbar, wenn auch mit vernichtender Hand, so doch auch mit seiner lieben Vaterhand, gesegnet hat, der uns durch das tragische Unglück, das dort geschah, hinwies auf Sein Wort und Seinen Segen, an dem alles gelegen ist."[1165]

Die an ‚Gottes Wort' gebundene Glaubensgemeinschaft bedeutete für die Mindener Jungen, ähnlich wie die Horte den bündischen Jungen, Schutz vor dem ‚Chaos' der ‚Welt', in der keine Werte mehr zu stimmen schienen.[1166] Darüber hinaus gab es für die jungen Christen eine zusätzliche Instanz, die Orientierung und Halt bot: die Bibel und deren Vermittlung durch autorisierte Erwachsene. Werner Brölsch, ein ehemaliges Mitglied im Bibelkreis (BK), dessen Aktivitäten sich im Untersuchungszeitraum kaum vom CVJM unter-

1160 Lücking 1989, 122.
1161 KAM, „Ordner V".
1162 Brief eines jugendlichen Teilnehmers des Zeltlagers 1948 an den Externsteinen bei Detmold (KAM, „Ordner I").
1163 S. Karpp 1980, 92f. für das 18. und 19. Jahrhundert. Vgl. Affolderbach 1977, 74-126; Habermas 2000, 198-221; Wölber, zit. n. Wegenast 1980, 97.
1164 Brief eines jugendlichen Teilnehmers des Zeltlagers 1948 an den Externsteinen bei Detmold (KAM, „Ordner I").
1165 Ebda.
1166 Vgl. Vollnhals 1988, 163.

schieden, konnte nach eigenen Worten „mit großer Gelassenheit Dinge ertragen". Der Grund lag darin, daß die „Gruppierungen, die sich im BK zusammenfanden, ... sehr in sich geschlossen" waren und „eine klare Lebensführung" hatten. Ihm gefiel die „Geschlossenheit des Denkens und Handelns" seiner Gruppe. Dies war für ihn „eine große Befreiung gegenüber Machtansprüchen ..., gegenüber Ideologien, gegenüber Zwängen".[1167]

Die Bedeutung der Bibel und ihre gemeinschaftliche Lektüre für die Jungen wandelte sich jedoch. Während der NS-Zeit bedeutete sie für die standfesten jungen Christen einen gewissen ideellen Schutz vor dem staatlichen Zugriff.[1168] In den ersten fünf Jahren nach dem Weltkrieg spendete die gemeinsame Bibellektüre v. a. Trost und verhalf zur persönlichen Erbauung angesichts des bedrohten sozialen Status', verunsichernder Geschlechterverhältnisse sowie der neuen Pluralität unterschiedlicher Werte und Normensysteme. Die um 1950 abnehmenden Mitgliederzahlen lassen vermuten, daß die Bibel für viele Jugendliche nicht mehr in der früheren Weise attraktiv war und die maßgebliche Orientierung darstellte, sowie daß andere (Freizeit-)Angebote dem CVJM Konkurrenz machten. Die Jungen erörterten daher Fragen wie „Ist man dumm, wenn man an Jesus glaubt?", „Hat Jesus noch einen Platz in deinem Herzen?" oder „Sind wir von gestern?"[1169] Eine der Folgen war, daß nun zunehmend ‚weltliche' Themen in den Jungenschaftsstunden eine Rolle spielten, ohne daß dabei die Bibel als Grundlage ihre Wichtigkeit verlor.[1170] Im Laufe der 1950er Jahre bekam die Bibel zunehmend die Bedeutung eines ‚Handwerkszeugs' für das ‚weltliche Leben'; sie wurde zur ‚Brücke' zur modernen Welt.[1171] Angesichts wirtschaftlicher Stabilisierung im kleinbürgerlichen Milieu und zuneh-

1167 Brölsch 1998, 83f. Vgl. Wegenast 1980, 97f.: „Die evangelische Jugendarbeit nach 1945 steht wie der Religionsunterricht unter dem Eindruck, daß sich die Bibeltreue in den Gemeindejugendkreisen zur Zeit des Dritten Reichs unter den Bedingungen der Unterdrükkung und ideologischen Bedrängnis nicht nur bewährt hat, sondern auch dazu in der Lage war, persönliches Christsein in einer christentumsfeindlichen Umgebung zu vergewissern (...) ." Wichtige Ergebnisse der Bibelarbeit waren in der Nachkriegszeit nach Wegenast „der Aufbau eines Differenzbewußtseins gegenüber nichtkirchlichen Gruppen, zuweilen auch die Besänftigung von Zweifeln im Blick auf die Weltbibeldifferenz zwischen Bibel und moderner Welt", zumal bis ca. 1960 „die Frage nach einer möglichen gesellschaftspolitischen Bedeutung der Bibel" kaum eine Rolle spielte.

1168 Vgl. Brölsch 1998.

1169 KAM, „Ordner V". Vgl W. S., Grauer Alltag, in: Jugend unter dem Wort, 3 (November 1950), Nr. 11, 6f.

1170 KAM, „Ordner X".

1171 Vgl. Müller-Späth 1988, 242: „Durch die Anverwandlung biblischer Normen und Begriffe an die Moderne – und umgekehrt – vollzogen sie eine Harmonisierung zwischen einer biblizistisch geprägten Lebensorientierung und der Lebensbewältigung in der modernen Welt. (...) Der biblizistische Harmonisierungsversuch ist als eine Antwort auf die Fragen, die sich den Erweckten in der Auseinandersetzung mit den Problemen der modernen Welt stellten, zu sehen."

mender Kommerzialisierung sowie Pluralisierung von Lebensweisen[1172] wurde „das Buch der Offenbarung“[1173], das die „Heilsgeschichte der Menschheit“ beinhaltet, zum ‚Fels in der Brandung‘, der der ‚Schlechtigkeit‘ der ‚Welt‘ und dem „menschlichen Hochmut“ entgegenstehe[1174], zur Grundlage für die Auseinandersetzung mit der ‚Welt‘.

Zumindest für den Mindener CVJM kann daher nicht von einer „Krise“ der Bibelfrömmigkeit gesprochen werden. Die Jugendabteilung, die ihre Arbeit seit 1950 nur graduell veränderte, verzeichnete in den 1950er Jahren wieder wachsende Mitgliederzahlen. Die vielfach beschriebene „Krise“ der Bibelarbeit Mitte/Ende der 1950er Jahre[1175] bedeutete für Minden vielmehr eine durch die ‚Normalisierung‘ der Lebensverhältnisse notwendig gewordene Neudefinition des Verhältnisses von Bibel und Welt, d. h. auch von christlicher Gemeinschaft und Welt. Die Bedeutung der Bibellektüre änderte sich folglich im Laufe des ersten Nachkriegsjahrzehnts für die Jugendlichen des CVJM in dem Maße, in dem sich das Verhältnis von Jugendgemeinschaft und Gemeinde sowie von Jugendgemeinschaft und Gesellschaft wandelte.

III. 2. 2. 1. 2 „Christ im Alltag“: Mädchen, Technik und Kommerz

Vordergründig betrachtet, beschäftigten sich die CVJM-Jungen fast ausschließlich mit der Bibel, was auch häufig in der Forschung konstatiert wird: „Die Hochschätzung der Arbeit mit der Bibel entsprach in vielen Fällen einer Geringschätzung aller anderen Aktivitäten, die bestenfalls als ‚Zubringer‘ angeboten wurden.“[1176] Dem ist in gewisser Weise zuzustimmen, denn zahlreiche Spiele, Lieder, Filme und Gesprächsthemen in der Gruppenstunde waren biblisch unterlegt. Betrachtet man die CVJM-Jugendgruppen aber nicht isoliert von ihrer Umwelt und den Erfahrungen der Jugendlichen, ist zu bezweifeln, daß die Gruppenstunden ausschließlich von den Inhalten der Bibel han-

1172 S. z. B. die veränderten Biographien von jungen Frauen sowie allgemein die Aufstiegsorientiertheit der Jüngeren (Kap. III. 2. 1).

1173 Vgl. Wegenast 1980, 97: „Fragt jemand nach dem Zweck der Arbeit mit der Bibel im Rahmen der Jugendarbeit der Nachkriegszeit, so erhält er aus der einschlägigen Literatur nur Antworten, die die Selbstzwecklichkeit dieses Tuns betonen, das seine Verbindlichkeit aus der Autonomie der Offenbarung bezieht.“

1174 Zimmermann 1945, 69.

1175 Wegenast 1980, 99; vgl. Albertin 1998, 144. Affolderbach 1977, 74f., 81-88, spricht immer wieder von der „Krise“ der kirchlichen Jugendarbeit Mitte der 1950er Jahre; außerdem betont er die grundsätzliche Verbindung von Gemeinschaft, d. h. Glaubensgemeinschaft, und Bibellesen. Jürgensen 1980, 96, zu der Gründung der Evangelischen Jugend Deutschlands im Mai 1946, die eine Zusammenfassung verschiedener Jugendgruppen (BK, CP, BCJ, aber nicht CVJM) bedeutete: „Die gemeinsame ‚innere Ordnung ist bestimmt durch Bibellese, Jahreslosung, Monatsspruch und Monatslied.‘“

1176 Wegenast 1980, 97.

delten und folglich wenig mit der konkreten Erfahrungswelt der Jungen zu tun hatten. Tatsächlich beschäftigten sich die Jungen des Mindener CVJM mit Fragen der Geschlechtlichkeit und der Geschlechterbeziehungen, mit Technik und Wissenschaft sowie Themen, die die männliche Berufswelt des Kleinbürgertums betrafen.

Die Bibel sollte besonders im Hinblick auf den Umgang mit dem anderen Geschlecht ‚Rüstzeug' sein. Die Jungen des CVJM thematisierten in den Gruppenstunden unter dem Titel „Thema Nr. 1" ihre Männlichkeit in Beziehung zur Weiblichkeit.[1177] Die Jungen besprachen Fragen wie „Wenn Jungen Männer werden. (Gespräch)" oder „Wie kann ein junger Mann Christ sein?", aber auch „Wem gehört unser Leib?", „Du hast noch keine Freundin?" und „Thema 1 (Jungen-Mädchen) Aussprache mit einem ‚Fachkundigen': Bringt eure Freunde mit!" Und am letzten Abend vor dem großen Abschiedsfest in einem Zeltlager wurde auf der Grundlage von Paulus' Wort (1. Kor. 6, 19-20) ein Gespräch über „alle Fragen, die besonders die heranwachsende Jugend" betreffen, angesetzt.[1178]

Dabei ging es häufig um die eigene, sich verändernde Geschlechtlichkeit und Körperlichkeit. Die Jungen lasen z. B. bei den wöchentlichen Heimabenden oder bei der Bibelstunde im Zeltlager den Eichenkreuzkatechismus. Dieser – eingeleitet mit Paulus' Wort „Oder wisset ihr nicht, daß euer Leib ein Tempel des heiligen Geistes ist ..." (1. Kor. 6, 19) – bildete die normative Vorgabe für das ‚rechte' Turnen und den ‚rechten' Umgang mit dem ‚Leib'.[1179] In diesen Gesprächen, die sich auf tabubeladenem Terrain bewegten, balancierten die Jungen auf einem schwierigen Grat zwischen ‚gottgewollter Leiblichkeit' und ‚sündiger Fleischlichkeit'.[1180] Nach Ansicht der Jugendleiter und -pfarrer drohten besonders in dieser Lebensphase viele Gefahren für den ‚gottgewollten Leib': Als „Lawinengefahr" werden im Mitarbeiterheft „schlechte Bilder, Gespräche, Witze" bezeichnet: „Gemeines darf man nicht in seine Ge-

1177 S. die zahlreichen Artikel zu diesem Themengebiet in den Zeitschriften ‚Jugend unter dem Wort' und ‚Der Baustein'. Folgende Zitate stammen aus KAM, CVJM-Minden, Monatsanzeiger, (November 1952) (gebunden); KAM, „Ordner V"; „Ordner X".

1178 KAM, Keber, Wolfram, Zeltlagerchronik, handschriftlich, eingelegt in: KAM, „Protokollbuch III". S. Protokoll der Jahreshauptversammlung des CVJM-Minden am 18. 1. 1948 (KAM, „Protokollbuch III").

1179 Katechismus des Eichenkreuzes 1928 (KAM, CVJM-Bestand). S. Busch, Johannes, Du sollst nicht ehebrechen, in: Jugend unter dem Wort, 4 (Mai 1951), Nr. 5, 2f.; Müller, Paul, Wie wird ein Jüngling seinen Weg unsträflich gehen?, in: Jugend unter dem Wort, 4 (Mai 1951), Nr. 5, 3-5.

1180 „Erst durch den Sündenfall wird der Leib Fleisch" (Pogunte, Bruno, Christliche Leibanschauung, in: Mitarbeiter-Hilfe, IX [1949], F58 – F 59; s. a. Mitarbeiter-Hilfe [1945/46]). Dabei bedeutete „der Leib tiefe Not", womit die „Schwierigkeiten" gemeint sind, die in „dem jungen Menschen" „durch die körperliche Entwicklung" aufsteigen würden (Mitarbeiter-Hilfe [1945/46], F 8).

dankenwelt einnisten lassen. Gedanken sind Mächte. Unsere Augen sind Einfallstore des Feindes. Darum nicht hinschauen. Es darf nicht zur Lust kommen." Dies gilt umso mehr für die als *„Absturzgefahr"* drohende „Onanie".[1181] Wesentlich zaghafter werden in den Mitarbeiter-Hilfen mögliche homosexuelle Bedürfnisse der Jungen thematisiert, beispielsweise bzgl. der Unterbringung der Jungen im Zeltlager: Dabei sei „auf peinlichstes Abstandhalten" zu achten.[1182] Auf der Basis der Bibel sowie unter der Kontrolle Erwachsener sprachen also die Jungen über die sich in ihrem Alter verändernde männliche Sexualität. Damit zurecht zu kommen, bedeutete für die Jungen des CVJM, über Sünde zu reden, sexuelle Gefühle zu kontrollieren und jedes Lustempfinden möglichst zu unterdrücken, bzw. bei Leibesübungen zu kanalisieren.[1183] „Der Junge soll erleben, daß wir hier *nicht* schweigen, sondern Rat, Weg und Hilfe wissen"[1184], heißt es in der ‚Mitarbeiter-Hilfe'. Allerdings ist nicht belegt, ob die Gruppenleiter ebenso deutlich und relativ direkt die heiklen Themen des ‚Mann-Werdens' ansprachen, wie es die ‚Mitarbeiter-Hilfe' vorschrieb. Die Jungen beratschlagten sich innerhalb des abgesteckten Feldes auch über den ‚rechten Umgang' mit Mädchen. Denn ebenso „das Tändeln mit Mädchen" galt als *„Absturzgefahr"*.[1185] Die Vereinsleitung und die Kirchenvertreter machten den Jugendlichen für diese ‚brennenden Fragen' klare Vorgaben: Sexualität, Flirt und körperliches Lustempfinden waren strengstens untersagt und negativ besetzt. Die Jungen sollten mit ihren ersten sexuellen Erfahrungen auf die Eheschließung warten und „Poussagen", aber auch Freundschaften mit Mädchen vermeiden.[1186] In diesem Zusammenhang wurden die Jungen dazu angehalten, Mädchen nicht als „Puppen", „Leihgabe" [1187] oder als „seelenloses Freiwild für den Mann"[1188] zu behandeln, sondern als Frau wie die Mutter zu achten[1189]. Die einzigen legitimierten Formen

1181 Schwab, Hans, Ziel erkannt – Kraft gespannt!, in: Mitarbeiter-Hilfe (März/April 1950), 27f.

1182 Baum, Edgar, Die sexuelle Frage, in: Mitarbeiter-Hilfe (Juli/August 1950), 169f.; s. „Du und Dein Freund", in: Mitarbeiter-Hilfe (1945/46), F 9.

1183 S. Müller, Manfred, Heißes Blut, in: Der Baustein, 9 (1946), 8; s. a. Kap. III. 2. 2. 2.

1184 Die sexuelle Frage, in: Mitarbeiter-Hilfe (Juli/August 1950), 169.

1185 Schwab, Hans, Ziel erkannt – Kraft gespannt!, in: Mitarbeiter-Hilfe (März/April 1950), 27f.

1186 S. Obländer, Eugen, Mädchen sind keine Puppen, in: Jugend unter dem Wort, 5 (November 1952), Nr. 11, 6f.

1187 Ebda.

1188 Busch, Wilhelm, Die Mädels wollen es ja nicht anders!, in: Jugend unter dem Wort, 3 (Mai 1950), Nr. 5, 13.

1189 S. z. B. Obländer, Eugen, Mädchen sind keine Puppen, in: Jugend unter dem Wort, 5 (November 1952), Nr. 11, 7: „Mutter könnte ein Abbild aller Mädchen für mich sein". S. a. abgedruckte Briefe von Mädchengruppen: Mein künftiger Mann, in: Der Baustein, 5 (1947), 5; Zwei Mädelbriefe, in: Der Baustein, 5 (1947), 11. Entsprechend wurde an die Mädchen appelliert, ihre „Unschuld" bis zur Ehe aufzubewahren (Claudius, Matthias, Ein Sermon an die Mädchen, in: Der Baustein, 9 [1946], 4).

des Umgangs mit Mädchen bildeten die gemeinsamen Gemeindeveranstaltungen und später die ‚christliche Ehe'.[1190]

Diese klaren Normsetzungen schränkten zwar den Spielraum der männlichen Jugendlichen ein. Aber die Jugendgruppe beim CVJM war ein Ort, wo sie in legitimer Weise Fragen stellen konnten, die sie sich bei den Eltern oder in der Schule möglicherweise nicht anzusprechen trauten. Unter Gleichaltrigen berieten sie schwierig gewordene und offensichtlich nicht geklärte Fragen der Geschlechterverhältnisse und, wie diese Normen zu verwirklichen seien.[1191] Vor dem Hintergrund der Veränderungen und Infragestellungen bestehender Geschlechterverhältnisse in der Gesellschaft waren die Heimabende und Gespräche insofern auch eine Orientierung hinsichtlich des ‚Mann-Seins'. In den Jugendzeitschriften erörtern Autoren die Fragen, ‚wie man ein Mann wird', ‚wann man ein Mann ist', aber auch, wie und was Mädchen sind. Dabei betonen sie zum einen den Unterschied der Jungen zu Mädchen: Zwar seien „Mädchen ... auch Menschen", „aber sie sind nicht gleich wie ich".[1192] Mädchen erscheinen hier entweder als rätselhafte und schöne Elfen, vor denen sich die Jungen zu hüten hätten oder als „neckische", ‚verdorbene' „Dämchen". Diejenigen Mädchen, die für die Jungen aus Sicht der Erwachsenen beim CVJM für eine spätere, ernsthafte Beziehung in Frage kamen, sollten „ohne Schliche, ohne Aufmachung, hilfreich, liebevoll, einfach mütterlich" sein. Die Frage nach Geschlechterverhältnissen und danach, was Mädchen seien, schloß die Überlegung ein: „Wann ist man Mann?" – „... denn wer von Mädchen und Frauen reden und hören will, der muß zugleich ein Mann sein – oder wenigstens werden wollen"[1193]. Offenbar beschäftigte die Jungen, welche Form von Männlichkeit sie gegenwärtig oder zukünftig leben wollten. Dabei standen folgende Fragen im Vordergrund: Gehörte zum Mann-Werden, Mutproben zu bestehen, viele Freundinnen zu haben, Alkohol zu trinken und körperliche Kraft zu beweisen? Der CVJM bot den Jungen ein Konzept von Männlichkeit an, bei

1190 S. Schwab, Hans, Ziel erkannt – Kraft gespannt!, in: Mitarbeiter-Hilfe (März/April 1950), 27. Hier wird den 14- bis 17jährigen Jungen gesagt: „Du sollst einmal das Haupt einer Familie sein."

1191 Dies belegt die in den Jugendzeitschriften immer wieder aufgeworfene Frage, ob Jungen und Mädchen befreundet sein könnten: S. Freundschaft Junge – Mädchen. Die brennende Frage, in Jugend unter dem Wort, 5 (September 1952), Nr. 9, 16; Obländer, Eugen, Mädchen sind keine Puppen, in: Jugend unter dem Wort, 5 (November 1952), Nr. 11, 6; Busch, Wilhelm, Die Mädel wollen es ja nicht anders!, in: Jugend unter dem Wort, 3 (Mai 1950), Nr. 12f.; Gespräch unter Männern, in: Jugend unter dem Wort, 7 (Mai 1954), Nr. 5, 6; Jeremias, B., Die Verlobung, in: Jugend unter dem Wort, 5 (Mai 1952), Nr. 5, 6f.

1192 Folgende Zitate stammen, wenn nicht anders angegeben, aus Obländer, Eugen, Mädchen sind keine Puppen, in: Jugend unter dem Wort, 5 (November 1952), Nr. 11, 6f. Vgl. Busch, Wilhelm, Die Mädels wollen es ja nicht anders!, in: Jugend unter dem Wort, 3 (Mai 1950), Nr. 5, 12f.; Claudius, Müller, Ein Sermon an die Mädchen, Der Baustein, 9 (1946), 4.

1193 Du bist noch nicht der Mann, den Teufel festzuhalten, in: Jugend unter dem Wort, 8 (Mai 1955), Nr. 5, 2.

dem die Jungen zwar Mut beweisen mußten, aber indem sie selbstbewußt vor anderen ihren christlichen Glauben vertraten, und nicht bei gefährlichen Klettereien.[1194] Im wesentlichen hatte der idealtypische Mann aus pietistischer Sicht seine Emotionen unter Kontrolle:

„Aber im Vergleich mit meinem Vater muß ich zugeben, daß er mehr Mann ist als ich. Er ist wohl ritterlicher als ich. Auch hat er sich in der Zucht. ‚Rein bleiben und reif werden' – das wohl macht den Mann, der lieben kann", reflektiert ein fiktiver Junge.[1195]

Emotional beherrschen sollten sich die Jungen außerdem bzgl. der Angebote kommerzieller Freizeit. In der Rhetorik des christlich-konservativen Milieus im allgemeinen und des CVJM im speziellen lagen ‚unsittliche' Sexualität und ‚unsittliches' Vergnügen, wie das Besuchen von Tanzbars oder das Lesen von Romanheften, eng beieinander.[1196] Die Jungen besprachen z. B. die Frage: „‚Darf man ins Kino gehen?'"[1197] Der CVJM bot den Jungen eine Möglichkeit, in einer sich modernisierenden Gesellschaft mit zunehmenden Konsum- und kommerziellen Freizeitangeboten zurechtzukommen, und sich nicht gleichzeitig von der Gesellschaft und ihren Veränderungen klösterlich zu distanzieren. Die in der Jungenschaftsstunde erörterten Formen von idealer Männlichkeit mögen besonders für die Jungen ansprechend gewesen sein, die in der außerschulischen Peergroup anderen männlichen Jugendlichen in Mut, Alkoholkonsum, Häufigkeit der Freundschaften mit Mädchen usw. unterlagen. Außerdem bot der CVJM ein männliches Gegenmodell zum nicht mehr stimmigen Bild vom kriegerischen, kämpferischen und sexuell ungebundenen Mann an.

Zur der von den jungen Christen angestrebten Männlichkeit gehörte es auch, sich mit Technik und Wissenschaft auszukennen. Die Jungen befaßten sich in den Heimabenden besonders gegen Mitte der 1950er Jahre mit neuen

1194 S. Busch, Johannes, Lumpen und Tyrannen lagern um den Straßenrand der Welt. Wer in Christus sich gegürtet, schlägt den Teufel aus dem Feld, in: Jugend unter dem Wort, 8 (Mai 1955), Nr. 5, 2-4.

1195 Obländer, Eugen, Mädchen sind keine Puppen, in: Jugend unter dem Wort, 5 (November 1952), Nr. 11, 7.

1196 S. Baum, Edgar, Darf man das Tanzenbein schwingen?, in: Jugend unter dem Wort, 6 (Februar 1952), Nr. 2, 4f.; Busch, Johannes, Noch Einmal: Darf man das Tanzenbein schwingen?, in: Jugend unter dem Wort, 6 (Mai 1952), Nr. 5, 13f.; Posth, Walter, 2 : 1 für Schutz und Schund?, in: Jugend unter dem Wort, 5 (Februar 1952), Nr. 2, 5; Zacholovsky, M., Razzia in der Schulmappe, in: Jugend unter dem Wort, 5 (Februar 1952), Nr. 2, 4.

1197 KAM, „Ordner X" (Januar 1955). S. ‚Jetzt Vergnügen?', in: Mitarbeiter-Hilfe (1945/46), F9 - F 10; vgl. Kap. II. S. a. Busch, Johannes, Deine Majestät: Der Film, in: Jugend unter dem Wort, 7 (Februar 1954), Nr. 2, 8f.; Helges, Fernsehen nach gerückt, in: Jugend unter dem Wort, 7 (Juli 1954), Nr. 7, 6f.; Wolf, Bilder fliegen durch die Luft, in: Jugend unter dem Wort, 5 (September 1952), Nr. 9, 18; zum Umgang mit dem Rundfunk: Busch, Wilhelm, Rund um den Rundfunk, in: Jugend unter dem Wort, 4 (März 1951), Nr. 3, 16-18; Groeger, Radio hinter der Stirn, in: Jugend unter dem Wort, 5 (Januar 1952), Nr. 1, 6f.

Technologien sowie mit der männlichen Berufswelt. Beliebte Themen waren Atom- und Weltraumtechnik, Autos und „Autorennen", „Stadt der Maschinen", „Die Entwicklung der Eisenbahn" oder Verkehr im allgemeinen.[1198] Es war nicht fern ihrer Tradition, daß sich die Mindener CVJM-Gruppen häufig mit diesen Themen auseinandersetzten, wenn man die Geschichte der christlichen Jugendvereine betrachtet. Bereits die Jünglingsvereine in der Kaiserzeit stellten sich aktuellen Fragen der Technikentwicklung und wissenschaftlicher Erkenntnisse:[1199]

„Despite their diversity, these lectures certainly expressed the confidence of educated Protestants in industry, science, and technology and were imbued with the unquestioning patriotism and geographical consciousness of the age of imperialism."[1200]

Das Vertrauen, das die CVJM-Jungen in der Mitte des 20. Jahrhunderts in Wissenschaft und Technik setzten, und ihre ebenso positive Auseinandersetzung mit der damals neuen Atomtechnik befanden sich höchstens theoretisch in einem Spannungsverhältnis zu den üblichen biblischen Erklärungsweisen von ‚Welt' und ‚Natur'.[1201] Nur selten standen sich in den Gruppenstunden des CVJM Minden christliche und weltliche Erklärungsansätze als Widersprüche gegenüber.[1202] Oft half die ‚Zwei-Reiche-Lehre', die göttliche ‚Schöpfung' und menschliches Tun gedanklich und real in Einklang zu bringen.[1203] Die Technikfaszination der CVJMler war nicht nur männlich konnotiert[1204], sondern hatte ebenso milieuspezifische Bedeutungen. Beim Mindener CVJM ging

1198 S. Am Himmel Hoch, in: Jugend unter dem Wort, 6 (Dezember 1953), Nr. 12, 12f.; Am Himmel Hoch, in: Jugend unter dem Wort, 7 (Januar 1954), Nr. 1, 12f. Beispielsweise waren Mindener Gruppenstunden folgendermaßen betitelt: „Dampfraketen um den Flaschenhals" und „‚RM – 1' fliegt zum Mars! Eine spannende Geschichte" oder „Besuch in einer Atomfabrik" (KAM, „Ordner X" [April 1955]; KAM, CVJM, Monatsanzeiger [Dezember 1952] [gebunden]). Vgl. Der Griff nach der Allmacht, in: Jugend unter dem Wort, 8 (Januar 1955), Nr 1, 4-6; Obländer, Eugen, Atome – Segen oder Pest?, in: Jugend unter dem Wort, 6 (Dezember 1953), Nr. 11, 7. – S. zu „Autorennen": KAM, „Ordner V"; Hoffmann, Hans-Joachim, deutsche rennwagen, in: Jugend unter dem Wort, 7 (März 1954), Nr. 3, 4f.; zu „Stadt der Maschinen": KAM, „Ordner V" (Dezember 1954); zu Eisenbahn und Verkehr: KAM, „Ordner X" (Januar/März 1955). – Vgl. ähnliche Themen in der Jugendzeitschrift des CVJM ‚Jugend unter dem Wort'.

1199 S. Kleiner technischer Ausblick, in: Der Baustein (1947), Nr. 1; Unterhaltsames Wissen, in: Der Baustein (1946), Nr. 7, 14f.

1200 Linton 1991, 100.

1201 S. z. B. Busch, Wilhelm, Die Naturwissenschaft ist uns etwas schuldig, in: Jugend unter dem Wort, 4 (Juli 1951), Nr. 7, 10f.; Menschen wagen es mit Gott, in: Jugend unter dem Wort, 8 (Januar 1955), Nr. 1,6f.

1202 S. die Heimabende, bei denen die Frage: „Ist die Erde rund? Wir hören Herrn Dijstra" erörtert wurde, oder als es um den Turmbau zu Babel ging: „... und der Herr verwirrte ihre Sprache! 1. Mose, 11, 1-9" (KAM, „Ordner X" [Juni 1955]).

1203 Winning, August, Zu dieser Weltstunde, in: Mitarbeiter-Hilfe (November/Dezember 1950), 279-284.

1204 Vgl. Varney 2002; Wajcman 1994, 166-193.

die Beschäftigung mit Technik und Wissenschaft einher mit Gesprächen über männliche Berufswelten. Die Jungen, deren Väter Handwerker und technische Angestellte waren, und die selbst entweder eine handwerkliche Ausbildung anstrebten oder das naturwissenschaftliche Besselgymnasium besuchten, redeten bei ihren Heimabenden über folgende Themen: „Was ein Lehrling alles erlebt", „‚Kapitäne der Landstraßen', das Leben der Fernfahrer unserer Zeit." oder „‚Es klingelt im Beutel' Ein Abend über Hartgeldherstellung".[1205] Diese Gesprächsthemen männlicher Jugendlicher des Kleinbürgertums fanden ihre Entsprechung bei den Spielen und Basteleien, die in der Jungenschaftsstunde der Aussprache folgten.[1206]

Die Jungen sprachen nicht nur über „Weltenraum", Raketen oder über die Technik der Atombombe, sondern bastelten gleichzeitig eine Rakete oder „Atompillen" als Vorbereitung für das Stadtspiel im Mai 1954 mit dem Thema „Atommaxe und die Wasserstoffpille".[1207] Sie lernten aber auch, Tonbandaufnahmen zu machen oder ihr Fahrrad zu reparieren: „Fahrradmontage im Heim unter dem Motto: Kennst Du deinen Drahtesel".[1208] Dabei waren technisches Verständnis, räumliches Denken und Fingerfertigkeit gefordert. Sie übten Ausdauer, körperliche sowie geistige Behendigkeit, wenn sie baden oder schlittenfahren gingen, und in vielen Geschicklichkeits- und Quizspielen bei Heimabenden wie: „Die Schädel rau(s)chen. Fröhliches Preisraten", „Wir werden Schnelldenker", „Wir erproben unsere Kräfte. (Schleuderball, Kugelstoßen)", „Kurze und lange Strecken nach Zeit".[1209] Die Jungen wetteiferten hierbei sowohl körperlich als auch geistig miteinander, insbesondere bei Heimnachmittagen wie diesen: „Wer kanns am Besten? (Spiele, einmal anders)", „Heimolympiade" oder „‚Flink und hart' neue Jungenspiele".[1210] In diesen Konkurrenzsituationen schulten und erprobten die Jungen ihre Fähigkeiten, ihre Geschicklichkeit, ihren Mut und ihre Kraft. Die Gemeinschaft half

1205 KAM, „Ordner V"; „Ordner X". S. Gruppenstundenvorschlag zum Thema ‚Geld': Und das Geld?, in: Mitarbeiter-Hilfe (1945/46), F 9.

1206 S. Busch, Wilhelm, Mein Bruder an der Drehbank, in: Jugend unter dem Wort, 7 (September 1954), Nr. 9, 2f.; Junge Menschen am Arbeitsplatz, in: Jugend unter dem Wort, 8 (September 1955), Nr. 9, 6f.; Moderne Neandertaler mit Technik. Menschen am Fließband, in: Jugend unter dem Wort, 8 (September 1955), Nr. 9, 4f.; s. a. Vorschlag für eine Heimrunde „über Berufsfragen": Was soll werden, in: Mitarbeiter-Hilfe (1945/46).

1207 S. die Gruppenstundentitel „Wir basteln und hören: ‚Mensch und Rakete'" (KAM, CVJM Monatsanzeiger [November 1952] [gebunden]); „Dampfraketen um den Flaschenhals" und „Wir drehen Atompillen für das Stadtspiel" (KAM, „Ordner V"). S. zu diesem Stadtspiel Kap. III. 2. 2. 3.

1208 Ebda., 1955/56 (Dezember 1955). S. Gebrauchsanweisung für Gesundheitsfahrer und andere Typen, in: Jugend unter dem Wort, 7 (März 1954), Nr. 3, 9.

1209 KAM, „Ordner V".

1210 KAM, „Ordner V". S. entsprechende Anregungen für Gruppenstunden: Schinzer, Walter, Flink und Hart. Drei neue Jungenspiele, in: Jugend unter dem Wort, 5 (August 1952), Nr. 8, 15; Tummelspiele, in: Jugend unter dem Wort, 3 (Juli 1950), Nr. 7, 14.

dabei sicherlich, Ungeschicklichkeit, Stimmbruchprobleme, Ungelenktheiten zu überbrücken und zu überwinden. Aber die Wettkämpfe der CVJMler hatten kaum gemeinschaftskonstituierende Bedeutungen. Hier bewährte sich der einzelne.[1211] Er übte dabei im ‚Schon-' bzw. ‚Übungsraum' der Jungenschaftsgruppe eine Form von Männlichkeit ein, zu deren Attributen geistige Wachheit, abrufbares und technisches Wissen, Intelligenz bzw. Gewitztheit, Fingerfertigkeit und körperliche Gewandtheit gehörten.

Technische Fertigkeiten entsprachen den Traditionen im christlich-konservativen Milieu. Dort sicherten und verbesserten Kosten-Nutzen-Rechnungen sowie neue Technologien und naturwissenschaftliche Erkenntnisse den Lebensstandard. Dabei war das technische und wissenschaftliche Know-how weitgehend Männern vorbehalten. Sie übten in der Regel Berufe aus, bei denen jenes Wissen von grundsätzlicher Bedeutung war. Bei den CVJM-Jungen ging es folglich um Fähigkeiten, die im Alltag einer zunehmend technisierten Gesellschaft nützlich waren. Das Beherrschen von Technik und das Herrschaftswissen über technologische Vorgänge versprach vor dem Hintergrund schwieriger Geschlechterverhältnisse, männliche Vormachtstellung ökonomisch und symbolisch zu sichern bzw. auszubauen.[1212] Entsprechend der ‚Zwei-Reiche-Lehre' arrangierten sich die Jugendlichen positiv mit einem wissenschaftlichen und technischen ‚Fortschritt', indem sie beide ‚Reiche', mit ihrem „‚verheerenden' Rationalismus" sinnvoll miteinander zu verknüpfen suchten.[1213] Während man im christlich-konservativen Milieu im Hinblick auf geschlechterspezifische Arbeits- und Kompetenzverteilung konservativ war, zeigte man sich bei technischer Erneuerung und wissenschaftlicher Innovation ‚modern'. Ob diese ‚Welt'-Offenheit der Mindener jungen Christen auch in bezug auf die demokratische Erneuerung der deutschen Gesellschaft nach der nationalsozialistischen Diktatur gilt, ist im folgenden zu diskutieren.

Seltener als Themen der Technik behandelten die Jungen politische Fragen. Im Mai 1955 stellten sie die Frage „Was geht mich die Politik an?"[1214] Hin und wieder beschäftigten sie sich mit Heimatkunde[1215] oder sie besichtigten das

1211 Vgl. Winter 2002, 268.

1212 Vgl. zum Konnex von Technik, Geschlecht und Männlichkeit Collmer/Döge/Fenner 1999; Wajcman 1994, 166-193.

1213 Vgl. Busch 1948c, 11-22. Busch erläutert den Zusammenhang der Erweckungsbewegung auch als Reaktion auf die Aufklärung (S. 15). Vgl. Stursberg 1978, 7-32.

1214 KAM, „Ordner X" (Mai 1955). Auch in den Mitarbeiter-Hilfen des Westbundes wurden nur selten Vorschläge für Heimabende zu Politik gemacht. Ausnahmen in: Mitarbeiter-Hilfe (Mai/Juni 1950), 90; Breidenbach, Ernst, Unsere Verantwortung in der Öffentlichkeit, in Mitarbeiter-Hilfe (September/Oktober 1950), 195-200. – S. zum schwierigen Verhältnis von Evangelischer Kirche, Politik und Gesellschaft Vollnhals 1988, bes. 161-164.

1215 „‚Kaisers Geburtstag', das Kaiserreich v. 1871-1918" (KAM, „Ordner X" [Januar 1955]); „Liegt Minden an der Weser? *Heimatkunde*" (ebda. [Mai 1955]).

Mindener Museum und die Schachtschleuse[1216]. Daraus zu schließen, sie würden sich abgeschieden von der Gesellschaft in einem „Elfenbeinturm“ fern der politischen Veränderungen bewegen[1217], wäre zu kurz gegriffen. Dies ist hier anhand der Heimabende zu zeigen.

Die Jungenschaftsstunden unterschieden sich scheinbar kaum vom Schulunterricht. Sie wiesen auf den ersten Blick ausgesprochen autoritäre Strukturen auf. Der Gruppenleiter trat gegenüber den Jungen als Autorität und Verkünder des ‚Wort Gottes‘ auf. Diese Autorität wurde durch die zunehmende Professionalisierung und theologisch-pädagogische Ausbildung der Gruppenleiter gefördert. Meist fungierten die Pfarrer der Gemeinden oder hauptamtliche Mitarbeiter des CVJM als Jugendgruppenführer, wie der für den CVJM-Minden im Jahre 1947 zuständige 33jährige Berufsarbeiter und Gemeindejugendpfleger Armin Redecker oder sein Nachfolger Walter Schubert.[1218] Ihre Autorität leitete sich also in erster Linie von ihrer Funktion und ihrem Bildungsvorsprung ab und weniger von ihrem Charisma, auch wenn dies angestrebt wurde.[1219] Die Einbettung der Jungenschaften in den Verein und in die Gemeinde sowie die von Funktionären vorgegebenen Themen der Gruppenstunden bis in die 1970er Jahre[1220] verdeutlichen ein weiteres Mal den engen Entscheidungsraum der Jugendlichen sowie die hierarchischen, undemokratischen Strukturen des CVJM.

Die Jungen mochten das nicht nur negativ empfunden haben, denn diese

1216 KAM, „Ordner X“ (Mai 1955). Dagegen wurden in den Jugendzeitschriften des CVJM auch Themen wie der Widerstand von Christen während des NS-Regimes diskutiert. Dabei wurde die Rolle der Kirche ausschließlich positiv dargestellt. S. z. B. Henkys, Reinhard, Widerstand, in: Jugend unter dem Wort, 6 (November 1953), Nr. 11, 14. – Sozialistische Gesellschaftskonzepte wurden nur ausnahmesweise thematisiert: Weltmacht ohne Gott. Was man vom Marxismus wissen muß, in: Jugend unter dem Wort, 8 (September 1953), Nr. 9, 10f.

1217 Boll 1995a, 65, behauptet, daß es der protestantischen Kirche schwerfiel, „ihren Elfenbeinturm der Glaubensvermittlung zu überschreiten und anzuerkennen, daß ihre Jugendarbeit nun eine staatspolitische, d. h. für den Aufbau der Demokratie zentrale Funktion bekommen habe“. Er beruft sich dabei v. a. auf die Kritik einer britischen Delegation sowie von Klaus von Bismarck an der autoritär organisierten Glaubenslehre ohne „‚Verbindung zwischen Welt und Christus‘“ (Gedanken zur evangelischen Jugendarbeit. Im Februar 1947, in: FO 1050/1535, Dok. 131 A. Diese in Deutsch abgefaßte Denkschrift fand sich in den Akten der Kirchenabteilung der Militärregierung, zit. n. Boll 1995a, 65). Vgl. Holzapfel 1992, 25.

1218 Fragebogen des Westdeutschen Jungmännerbundes E.V., Wuppertal-Barmen, Stichtag 31. 12. 1947, Ausfertigung für den Verein (KAM, „Ordner I“); KAM, „Ordner V“.

1219 S. Brölsch 1998, 83f. Kurt Miethke warnt enstprechend die Seelsorger und Jugendleiter: „Solange wir denken, ich bin doch der Pfarrer oder der Jugendleiter, solange wir noch solchen Amtsdünkel haben, haben wir keine Seelsorge“ (Miethke, Kurt, Vollmacht des Seelsorgers, in: Mitarbeiter-Hilfe [März/April 1950], 7f., hier 7).

1220 S. CVJM Hartum 1995, 58-63.

Unterordnung schützte auch vor einem Konflikt widerstreitender Perspektiven, der aktiven Selbstgestaltung und -organisation. Sie gewährleistete Orientierung. Die Integration in eine Gemeinschaft stand an höherer Stelle als die Selbstverwirklichung in konfliktreichen, selbstorganisierten und selbst zu hinterfragenden Prozessen. Dieses Moment wog umso schwerer, als die Erfahrungen des Kulturkampfes während der NS-Zeit die Einigung ‚unter Gottes Wort' als Qualität der ‚bekennenden' evangelischen Gemeinden und des CVJM bestätigten. Man war stolz, nicht beirrt worden zu sein und an der Idee einer Gemeinde festgehalten zu haben. Angesichts dieser hierarchischen Strukturen verwundert es geradezu, daß die Jungen im Frühling 1955 im Rahmen einer „Generalversammlung" der Jungenschaft besprachen, wie „und wann ... wir unsere Stunde halten sollen?" In der Woche darauf fanden die Jungenschaftsstunden „nach Vereinbarung aus den Beschlüsse[n] der Generalversammlung" statt.[1221] Möglicherweise führte der Jugendwart diese demokratischen Neuerungen ein, um den CVJM attraktiver zu machen und reagierte damit auf den kurzfristigen Einbruch der Mitgliederzahlen 1950.[1222] Ein weiterer Grund mochte die damit verbundene zunehmende Offenheit des CVJM gegenüber gesellschaftlichen Veränderungen gewesen sein.

So wie sich der Verein als Teil von Gemeinde und Kommune verstand, galt die Jugendgruppe als Glied im CVJM. Deshalb verbrachten die Jungen in den wöchentlichen Jungenschaftsstunden nicht nur viel Zeit damit, gemeinsam Gruppenfahrten vor- oder nachzubereiten, sondern auch mit vereinsübergreifenden Aktivitäten, wie die jährliche „Strassensammlung" oder die Mitarbeit in Vereinsgremien. „Wir können alle mithelfen im CVJM" war das Credo. Sie bereiteten die „Wahl eines Mitarbeiters" im Mitarbeiterkreis vor.[1223] Zu den Beschäftigungen mit der eigenen Organisation zählen auch Stunden, in denen es um die Geschichte des CVJM ging.[1224] Dabei thematisierten die Jungen (vorbildhafte) Persönlichkeiten des CVJM und seiner Vorläuferorganisatio-

1221 KAM, „Ordner X" (April 1955).

1222 Vgl. Prosch, C. v., Von einer Altersstufe zur anderen, in: Mitarbeiter-Hilfe (März/April 1950), 25f. Der Autor fordert die Gruppenleiter darin auf, mehr auf die Interessen der Jugendlichen einzugehen. Ansonsten dürfe man „sich nicht wundern, wenn geistig lebendige Menschen als Person ihm [dem Gruppenleiter; BJ] und damit leider auch dem CVJM den Rücken wenden" (S. 26). Diese Warnung deutet darauf hin, daß der CVJM um 1950 Schwierigkeiten hatte, Jugendliche zu gewinnen und zu halten.

1223 S. folgendermaßen angekündigte Heimabende: „Wir bereiten unsere Wochenendfahrt vor", „Fahrtenkundeabende", „Wir lernen Lieder für die schöne Lagerzeit" (KAM, „Ordner V"); KAM, CVJM, Monatsanzeiger, (Dezember 1952) (ungebunden); „Ordner V" (Juni/Juli 1954).

1224 KAM, CVJM, Monatsanzeiger, (Februar 1953) (gebunden). S. Krefting o. J., 61; Zielklare Arbeit, in: Mitarbeiter-Hilfe (1945/46), F 8.

nen.[1225] Sie sprachen ferner über Christliche Vereine Junger Männer in anderen Orten und Ländern.[1226] Dabei entwickelten die Jungen das Selbstverständnis, einer Organisation anzugehören, die auch gesellschaftliche Aufgaben wahrnahm.[1227] Ausgesprochene Weltfremdheit kann daher bei den CVJMlern nicht konstatiert werden. Politik, demokratische Ideen und Pluralismus spielten in den Gruppenstunden des CVJM nicht deshalb eine untergeordnete Rolle, weil der CVJM ‚weltfremd' war. Vielmehr ist anzunehmen, daß die dominante Position des CVJM und der protestantischen Kirche innerhalb der Mindener Gesellschaft sowie die Tatsache, daß das christlich-konservative Milieu nach Ende des NS-Regimes kaum als diskreditiert galt, keine verstärkte Thematisierung von Politik und Gesellschaft, aus der Perspektive der Zeitgenossen keine grundsätzliche Neuordnung der Vereinsstrukturen und keine Neuverortung in der Gesellschaft erforderten.[1228]

Der „Zweck" der Gemeinschaften männlicher Jugendlicher war es, „sowohl die Fertigkeiten zu vermitteln, die man für diese Welt brauchte, als auch die Frömmigkeit"[1229]. Dies galt nicht zuletzt, weil dieses ‚Zurechtkommen in der Welt' männliche Macht und sozialen Status sicherte. In der Jungengemeinschaft – jenseits ihrer Familien, von Mädchen und Frauen – fanden die Jungen möglicherweise den für sie „rechten Weg und ein rechtes Verhältnis zum anderen Geschlecht, zum Beruf und zum Staat"[1230] sowie zu einer Form hegemonialer Männlichkeit. Beispielsweise konnten die männlichen Jugendlichen in der Abgeschiedenheit eines Jungenschafts-Zeltlagers eine komplette ‚Jungen-Welt' errichten und sich dabei über sich sowie über ihr Verhältnis zur ‚Welt' vergewissern.

1225 S. George Williams oder Missionare (KAM, „Ordner V" [November 1954]). S. a. KAM, „Ordner X" (Juli 1955).

1226 KAM, „Ordner V" (Juli 1954). Dabei waren Informationen über die Tätigkeiten des YMCA-Weltbundes von besonderer Wichtigkeit. S. Jentsch, Werner, Die Rechte des Jungen. Aus einem Bericht über die World's Consultation for Boys' Work in Green Lake (USA), in: Mitarbeiter-Hilfe (September/Oktober 1950), 215-220; Raeder, P. Curt, Weltkongreß ohne Angst. Ein Bericht über die drei Weltbundtagungen des YMCA in Nyborg-Dänemark, in: Mitarbeiter-Hilfe (November/Dezember 1950), 259f.; Weltweite Bruderschaft, in: Mitarbeiter-Hilfe (1945/46), F 10.

1227 S. Kap. III. 2. 2. 3.

1228 S. a. (Breidenbach, Ernst, Unsere Verantwortung in der Öffentlichkeit, in: Mitarbeiterhilfe 5 [September/Oktober 1950], Nr. 5, 195-200.

1229 Ebda. Vgl. Gillis, 1984, 90f.

1230 Prosch, C. v., Von einer Altersstufe zur anderen, in: Mitarbeiter-Hilfe (März/April 1950), 26.

III. 2. 2. 2 Auf Fahrt: Bruderschaft, Leiblichkeit und Expertendemokratie

> „Gerade diese Lager und Fahrten sind nicht nur zum Schauen und Sehen bestimmt, sondern sie sollen unsere Jungens zu froher, christlicher Lebensgemeinschaft zusammenschließen.“[1231]

Im Zeltlager und auf Fahrten konnten sich die Jungen den hierarchischen und z. T. autoritären Strukturen des heimatlichen Vereinslebens ein wenig entziehen und selbständiger agieren. Dies mag einer der Gründe dafür gewesen sein, warum die Jungen gerne ins Zeltlager fuhren.[1232] Der Forschung folgend, waren aber die evangelischen Jugendorganisationen weder willens noch erfahren genug, um ihren Jugendlichen ein ‚richtiges‘ Zeltlager, wie man es von der bündischen oder sozialistischen Jugendbewegung her kennt, zu organisieren.[1233] Auch wenn die Mindener Quellen gegen die verallgemeinernde Forschungsposition sprechen[1234], hatten Fahrten, Zeltlager und Sommerfreizeiten beim CVJM in der Tat nicht denselben qualitativen wie quantitativen Stellenwert in der Praxis und im Selbstverständnis wie bei anderen Jugendgruppen.

Längere Touren zu Fuß, wie 1955 bei einer Sternwanderung mehrerer Gruppen durch den Harz, oder mit dem Fahrrad, wie 1953 an Rhein und Mosel, waren beim CVJM eher die Ausnahmen.[1235] Das erste Zeltlager des Mindener CVJM fand im August 1946 in Ottenstein statt, wohin die Jungen teils mit dem Zug fuhren und teils zu Fuß wanderten, während ihr Gepäck transportiert wurde.[1236] Im Sommer 1947 unternahmen sie eine Fahrt ins Sauerland.

1231 Jahresbericht 1954 (KAM, „Ordner II“).

1232 S. den Brief eines Teilnehmers am Zeltlager 1948 (KAM, „Ordner I“).

1233 Nach Boll 1995a, 65, waren „die evangelischen Stadtjugenddienste Göttingen und Braunschweig 1946/47 nicht bereit ..., [die] von englischer Seite so sehr gewünschten Sommerlager durchzuführen. In Braunschweig wurden die Falken in der Person Willi Rosenthals beauftragt, ein Zeltlager für die evangelische Jugend auf die Beine zu stellen.“

1234 S. Monatsbericht an die Militärregierung aus dem Regierungsbezirk (RB) Westfalen/Lippe für August 1947, der zunächst Angaben über große Zeltlager der „Falken“ enthält und dann auf die Ferienfahrten der konfessionellen Organisationen zu sprechen kommt: „The Catholic and Evangelic youth groups are *also* having camps of 200-300 children, but the average size of camp for this RB is from 100-150 bodies“ (Hervorhebung BJ) (PRO, FO 1013/2202).

1235 Zur Sternwanderung: KAM, „Ordner X“ (Monatsanzeiger) (November 1955). – Ankündigungen der 1953 stattfindenden Fahrten, August 1953 (KAM, „Ordner V“). Ein Foto einer Jungenschaftsgruppe, die 1953 einen Fahrradausflug machte, zeugt davon (CVJM Hartum 1995, 21). S. Bericht über Fahrradausflug am 1. Mai: Dumjahn, Jürgen, Hier spricht der Jungenschaftssender, in: CVJM-Minden, Monatsanzeiger, 99 (Juni 1955), 10 (KAM, „Ordner X“).

1236 Nähere Berichte über Teilnehmer oder Aktivitäten dieses Ferienlagers existieren nicht (KAM, „Ordner I“).

Obwohl den Jungen ein eigenes Zeltlager, fern „von jeglichen Mindener Einflüssen“[1237], lieber war, verbrachten sie ihre Ferien z. B. in einem Zeltlager des Kreisjugendamtes oder im Harz zusammen mit anderen Jugendgruppen.[1238] Erst 1952 unternahmen sie eine größere Reise ohne andere Jugendgruppen in den Schwarzwald.[1239] Eine einmalige, ausgesprochen politisch und zeitgeschichtlich geprägte Fahrt führte 1958 nach Berlin.[1240] Zu Pfingsten oder in den Osterferien beteiligte sich die Jungengruppe wie 1946 an der Pfingstfahrt aller Gemeindegruppen und Vereine nach Herford, zu der der Synodaljugendpfarrer Jungcurt in Todtenhausen einlud. Die 23 Jugendlichen aus Minden, die daran teilnahmen, reisten – im Gegensatz zu den meisten anderen – mit dem Fahrrad und zu Fuß an.[1241] Die jungen Christen campierten selten in Wäldern und Lichtungen, sondern meist auf Zeltplätzen, die eine gewisse Infrastruktur aufwiesen, sowie in Jugendherbergen, wo sie bekocht wurden. Fahrten und Zeltlager hatten für sie ganz offensichtlich einen anderen Sinn als für die Jugendlichen der Mindener deutschen Jungenschaft.

Die Chronik von 1947 des jugendlichen Zeltlagerteilnehmers und Gymnasiasten Wolfram Keber[1242] gibt einen aufschlußreichen Einblick in das Zeltlagerleben der Mindener CVJM-Jungen:[1243] Am 4. 8. 1947 starteten sie in das zweite größere Nachkriegszeltlager des CVJM-Minden. Die ca. 20 Jungen fuhren in einem Ford-LKW, auf dem auch die Zeltbahnen und sonstiges Gepäck, darunter auch Verpflegung für 14 Tage Ferien, verstaut waren, ins Hochsauerland. Wegen der Morgenkälte und dem Fahrtwind saßen die Jungen vermummt auf dem Wagen, bis die Sonne hervorkam. Dann holten sie ihre Instrumente hervor und begannen zu singen: „... bald merkten auch die Leute, an de-

1237 Brief eines jugendlichen Teilnehmers am Zeltlager 1948 (KAM, „Ordner I“).

1238 KAM, „Ordner I“; „Protokollbuch III“.

1239 Brief an die Eltern der Teilnehmer, 1952 (KAM, „Ordner V“); Bericht über die Vorstandssitzung am 18. 7. 1952 (KAM, „Protokollbuch III“); vgl. Sommerfreizeit der Jungenschaft Gustav-Adolf in Ebingen/Württemberg im August 1957 (KAM, „Ordner VII“).

1240 KAM, „Ordner II“.

1241 KAM, „Ordner I“.

1242 Sein Vater, Paul Keber, dokumentierte als Stadtchronist die Mindener Nachkriegsgeschichte. S. Kap. II.

1243 Alle Angaben, wenn nicht anders vermerkt, aus: Keber, Wolfram, Zeltlagerchronik, handschriftlich, eingelegt in KAM, „Protokollbuch III“. Vgl. die z. T. ähnlichen Fahrtenberichte in den Jugendzeitschriften des CVJM: Frikade, Gangster im Ferienlager, in: Jugend unter dem Wort, 4 (August 1951), Nr. 8, 7; Kull, Alfred, Ein Lagererlebnis, in: Der Baustein (1947), Nr. 7, o. S.; Schmelling, Hans Georg, Die Hauptsache vergessen, in: Jugend unter dem Wort, 3 (August 1950), Nr. 8, 16f.; S[...], W[...], Bundeszeltlager 1950 in: Jugend unter dem Wort, 3 (September 1950), Nr. 9, 17; Völker, Heiner, Mein Zelt, Wir Jungen auf Grossfahrt, in: Der Baustein (1947), Nr. 7, 3; Jugend unter dem Wort, 3 (August 1950), Nr. 8, 16f.; Wir waren dabei, in: Jugend unter dem Wort, 4 (September 1951), Nr. 9, 18f.

nen wir vorüberbrausten, daß es ins Ferienzeltlager ging". Dem Sauerland immer näher kommend genossen die Jungen die „Schönheit der sauerländischen Berge". Durch eine Autopanne hatten sie Gelegenheit, Meschede zu besichtigen. Endlich an der Ehrenscheider Mühle bei Winterberg angekommen, wurden sie von der gastgebenden Familie begrüßt. Nach Auswahl eines Zeltplatzes stellten sie vier Zelte auf. Außerdem bauten sie „Einrichtungen des Lagers, wie Wege, Treppen u. dgl.". Nach dem Abendbrot, bestehend aus Haferflockensuppe und mitgebrachten Broten, fand eine kleine Abendandacht – wie an jedem Abend im Zeltlager – statt. Danach ging es ins Bett – diesmal ohne „Wache". Der folgende Tag begann mit dem Wecken durch das Flötenspielen. Nach Frühsport und Morgenwäsche im „eiskalten Wasser der Orke" verrichteten die Jungen weitere „Arbeiten an der Fertigstellung der Zeltstadt".

Das Zeltlagerleben hatte einen „mit geringen zeitlichen Veränderungen" fixen Ablauf. Dabei nahmen das Essen und dessen Zubereitung einen relevanten Zeitanteil in Anspruch. Denn die Jungen wurden zwar von einem mitgereisten Ehepaar bekocht und von einer in der Nähe des Zeltplatzes wohnenden Familie versorgt, dennoch halfen sie bei den vorbereitenden Arbeiten. Dieses Ferienlager war nicht nur durch Essenszeiten, Bibelstunden und Andachten strukturiert. Die Jungen gaben den einzelnen Zelten und Plätzen auch Namen und somit ihrer Feriengemeinschaft eine klare Ordnung. Sie benannten „alles nach Filmen". Der Donnerbalken hieß „Krach im Hinterhaus", der Holzplatz „Zwischen Strom und Steppe", der angrenzende Wald „Das Schweigen im Walde" und die Zelte „Der grüne Salon", „Der Maulkorb", „Das indische Grabmal" und „Der zerbrochene Krug". Außerdem beschlossen sie für ihre Gruppe eine „demokratische Verfassung" mit einem „großen und einem kleinen Rat". Zu der Ordnung in der kleinen Gemeinschaft gehörte auch die Arbeitsteilung bei der Essensversorgung und bei anderen Erledigungen, wie Brot holen, Kartoffeln schälen, Holz sammeln und das Proben des Laienspiels. Ansonsten verbrachten sie ihre Tage mit Singen, Wandern, Faulenzen, Postkarten schreiben, sportlichen Spielen und Erkundungen der Gegend. Die CVJM-Jungen besuchten außerdem den örtlichen Gottesdienst, trafen sich mit der Gemeinde, mit dort anwesenden Vertretern des britischen YMCA und veranstalteten ein Abschlußfest, wozu sie Gemeindemitglieder, die YMCAler und ihre Gastgeber einluden.

Das Beispiel des Sauerländer Zeltlagers 1947 weist auf vier wesentliche Tätigkeiten und Charakteristika der CVJM-Zeltlager hin: die Konstituierung einer männlichen Gemeinschaft mit ‚Kameradengeist', die Einrichtung einer ‚kleinen eigenen Welt', der es weder an Infrastruktur noch an einer festgelegten Ordnung der Aufgaben und Entscheidungskompetenzen fehlte, das Wandern, Turnen und das ‚Naturerleben' im CVJM-Zeltlager sowie die Kontaktaufnahme der christlichen Jugendgemeinschaft mit Außenstehenden. Befanden sie sich auf Missionsfahrt oder erkundeten sie als Entsandte ihrer Gemeinde andere Kircheneinrichtungen?

III. 2. 2. 2. 1 Männliche Kameradschaft und verwirrende Mädchen

> „‚Vom Mädchen reißt sich stolz der Knabe' ... ‚Errötend folgt er ihren Spuren' ... ‚Wo du hingehst, da will ich auch hingehen'. Wir schildern [beim Heimabend; BJ] an Hand dieser Zitate das Jungenleben (die Abneigung), die Jugendzeit (die Zuneigung) und das Mannesleben (die Ehebereitschaft). (...) Haben wir Jugendliche vor uns, so gehen wir auf die Gefahren der Liebschaften (Poussage, ‚Verhältnisse', ‚Freundschaften' usw.) ein."[1244]

Die männliche Gemeinschaft war für die CVJMler von grundsätzlicher Bedeutung. Warum dies so war und warum sich das Verhältnis der CVJMler zu Mädchen aber komplizierter gestaltete als das der deutschen Jungenschaftler, erklären Briefe der CVJM-Jungen über das Zeltlager 1948 bei den Externsteinen.[1245] In direkter Nachbarschaft des Jugendzeltlagers verbrachten Mädchen des Mädchen-Bibelkreises (MBK) unter der Leitung von Lily Sch. ihre Ferien.[1246]

Für die Jungen war dies störend und zugleich spannend. Bisher waren sie in ihrer Ausbildung, in der Schule, im ‚Deutschen Jungvolk' und in ihrer Freizeit fast ausschließlich mit Jungen zusammen gewesen, mit Ausnahme der stark kontrollierten Gemeindeveranstaltungen.[1247] Ein Mädchenzeltlager – oder, wie Peter an den Jugendwart schrieb, „so'n richtig zünftiges Weiberlager"[1248] – in der Nachbarschaft brachte die Emotionen der Jungen durcheinander.[1249] Dies sei, so Peter weiter, für ihn eine gute Gelegenheit gewesen, „einmal mich selbst ‚unter die Lupe [zu] nehmen'". Hinzu kam, daß die Jungen aus ihrer

1244 Du und das Mädchen, in: Mitarbeiter-Hilfe (1945/46), F 9. Vgl. Schwab, Hans, Ziel erkannt – Kraft gespannt, in: Mitarbeiter-Hilfe (März/April 1950), 27f.

1245 Nur ein Teil der Jungen reagierte mit einem Brief auf die Aufforderung des Jugendleiters Redecker, ihm die eigene Meinung über das Zeltlager schriftlich mitzuteilen. Möglicherweise sind auch nicht alle Briefe erhalten. Die Autoren der vorhandenen Briefe waren vermutlich Schüler einer weiterführenden Schule. Dies legen die Ausführlichkeit, die Sprachgewandtheit und der argumentative Aufbau der kleinen Aufsätze nahe. Außerdem ist davon auszugehen, daß die Jungen versuchten, auch inhaltlich Erwartungen der Erwachsenen zu erfüllen, da Kritik höchstens vorsichtig formuliert wurde. S. die Einleitung zu Kap. III. 2.

1246 S. Schultze 1998, 226.

1247 S. Kap. III. 2. 3. Während der NS-Zeit und des Zweiten Weltkrieges unternahmen dagegen die übrigen CVJMler durchaus Fahrten mit Mädchen, zumal die Anzahl der Jungen aufgrund der Kriegsdienste immer geringer wurde (Jürgensen 1980, 91).

1248 Wenn nicht anders angegeben, stammen alle folgenden Zitate in diesem Abschnitt aus KAM, „Ordner I".

1249 Wie die Mädchen reagierten und diese Begegnung empfanden, ist weiteren Forschungen über den Mädchenbibelkreis in der Region vorbehalten.

Sicht „in dem Alter [sind], in dem man anfängt, sich mit dem anderen Geschlecht zu befassen. Das hat sich im Lager ausgewirkt.“[1250]

Die meisten Briefautoren empfanden die Mädchen als störend. Erotische und sexuelle Erregung bedeuteten für die Jungen eher verbotene Last als Lust. Außerdem machte das aufgeregte Poussieren die Jungen zu Konkurrenten untereinander, was die ‚Kameradschaft‘ gefährdete: So litt „unsere Kameradschaft darunter, daß wir uns manchmal, genau wie zu Hause, als Einzelgänger benehmen und nicht als Glied einer Lagergemeinschaft“. Denn der Junge kümmerte sich darum, einem Mädchen zu gefallen: Es

„fiel doch dadurch meistens ein ‚Schatten‘ auf das Zusammensein unter uns jungen Christen, die sich im Lager das Rüstzeug für die Alltagstätigkeit holen wollten, und zwar von ihrem Könige Christus! Die Folgen der teils unglücklichen, teils glücklichen Verquickung stellten sich dann auch bald heraus. Durch die alte ‚Kameradschaftssuche‘ zwischen J[ungen] u. M[ädchen] bildeten sich Cliquen innerhalb des Jungenlagers, wodurch die Kameradschaft zwischen den Jungen erheblich untergraben wurde. Diese Nachteile fielen aber nur dem aufmerksamen Beobachter ins Auge.“

Nicht nur die ‚Kameradschaft‘ der Jungen litt, sondern die Jungen wurden abgelenkt und benahmen sich anders, als wenn sie unter Jungen gewesen wären, wie Wolfram schrieb: „Was tut der verliebte junge Mann? Er kauft seinem Mädchen Schokolade, sofern er kann. Nun, wir konnten!“ „Weiterhin gefiel mir nicht“, führte Peter aus, „daß immer etwas vor den Mädchen produziert werden mußte, als da ist: Fußballspielen, waghalsige Klettereien usw.“ Offenbar tief gerührt formulierte er an anderer Stelle:

„Der größte dieser Punkte [negative Seiten im Zeltlager; BJ] ist ..., daß ich finde, das Lager und sein Ablauf und sein Wert für mich als einzelnen, suchenden Menschen, habe dadurch gelitten, daß durch die Kombination Mädchen- und Jungenlager immer noch etwas zu ablenkend und erregend gewesen ist.“

Das gemeinsame Zeltlager mit Mädchen war für ihn so beunruhigend, daß er zu folgendem Schluß kam: „Nie wieder mit den Mädchen !!!“[1251]

Geschlechtertrennung schützte den Aussagen der Jungen folgend ihre ‚Kameradschaft‘, auf die sie großen Wert legten. Aber auch wenn die Jungen mal unter sich waren, konkurrierten sie miteinander, wurden sich nicht einig, har-

1250 Ein ähnlicher Tenor bestimmt die Briefe einiger Jungen an die Schriftleitung der Zeitschrift ‚Jugend unter dem Wort‘, worin sie sich über „Freundschaft Junge – Mädchen“ äußern (Jugend unter dem Wort, 5 [Oktober 1952], Nr. 10, 17). S. Laux, Willi, Ist Freundschaft zwischen einem Jungen und Mädchen möglich?, in: Der Baustein (1948), Nr. 5, 2f.; Stursberg, Walter, Darf ein 16jähriger eine Freundin haben?, in: Jugend unter dem Wort, 3 (Mai 1950), Nr. 5, 4f. S. a. Kap. III. 2. 2. 1.

1251 KAM, „Ordner I“.

monierte also die Gemeinschaft nicht: „Ein besonders schwieriger Fall war der, daß wir es nie fertiggebracht haben[,] ein sogenanntes Spiel durchzuführen, denn hier zeigte sich eine derartige Uneinigkeit, daß man die ganze Lust am Lager verlor.“ Manche befürchteten wegen der Mädchen, aber auch wegen der vom Jugendleiter vorgeschlagenen ‚Gruppenarbeit‘, daß sich die Jugendgemeinschaft in kleine Gruppen zersplitterte. Gruppenarbeit dürfe, so ein Teilnehmer, „natürlich auf keinen Fall in Cliquenbildung ausarten“. Sie sahen die Gemeinschaft außerdem gefährdet, „wenn sich einige Kameraden aus der Gemeinschaft ausschlossen, wie zum Beispiel bei Wanderungen und Sport.“ Kleine Fraktionen, seien es Cliquen oder Arbeitsgruppen, innerhalb der Gemeinschaft drohten diese zu spalten. Die Jungen forderten daher, daß alle an gemeinsam beschlossenen Aktivitäten teilnehmen sollten: „Ich stehe nämlich auf dem Standpunkt“, erklärte einer der Jungen: „Wenn was gemacht wird, machen wir es alle oder überhaupt nicht. Denn es kommt ja auch was wozu die anderen keine Lust haben, und in der Tageskritik ist ja die Gelegenheit gegeben bessere Vorschläge zu machen“. Einige forderten (demzufolge) mehr Disziplin und Engagement bei der Bibelarbeit: „Außerdem wäre es mir persönlich lieber gewesen, wenn bei der Bibelarbeit und den Diskussionen eine regere Beteiligung geherrscht hätte.“ Die Jungen teilten weitgehend die Meinung, daß die Voraussetzung „für das Zusammenleben ..., besonders junger, Menschen ... die Selbstzucht“ sei, die jedoch im Zeltlager „fehlte“. Gemeinschaft erforderte demzufolge auch hier Unterordnung des einzelnen.

Dahinter stand der Wunsch nach möglichst harmonischer Freundschaft, Gemeinschaft und ‚Kameradschaft‘ unter den Jungen. „Die Gemeinschaft soll erlebt werden“.[1252] Daher begrüßten die Jugendlichen gruppendynamische Aktivitäten wie Singen oder Lachen. „Erwähnung finden soll auch noch der ‚rauhe‘, aber ‚herzl. Ton‘, in dem wir uns unterhielten, vielfach durch Humor gewürzt. Unser Lachen ist gesund!“ Viele Jungen vermißten, gemeinsam zu singen und neue Lieder kennenzulernen. Von solchen Praktiken hätten sie sich Harmonie und ‚Fröhlichkeit‘ versprochen und wären als gemeinschaftsstiftend empfunden worden. Dabei sollten fröhliche Geselligkeit, religiöses Erleben und ‚Kameradschaft‘ Hand in Hand gehen, wie dies besonders Werner hervor hob:

„Daneben war dies auch ein Verein, wo fröhliche und lustige Kameraden waren, und nicht bloß religiöse Schwärmer. (...) Es gab Morgenandachten, erlebnisreiche Bibelstunden, es wurde gemeinsam in der Bibel gelesen (und da-

1252 „Spitzzelte unter Tannen des Harzes. Im Ferienlager der tausend Jungen und Mädchen. Landrat Kohlmeier und Oberkreisdirektor Bothur besuchten Kinder des Kreises Minden. Bericht unseres in den Harz entsandten Redaktionsmitglieds“, in: MT v. 11. 8. 1951 (KAM, „Protokollbuch III“).

bei wurde nicht heimlich gelacht) es gab Diskussionen und – Fröhlichkeit und Heiterkeit."

Am besten war es für ihn, wenn „Frohsinn und Besinnung ineinander übergingen", z. B. wenn sich die Jugendlichen wie im Zeltlager 1947 unter freiem Himmel versammelten, um die Bibel zu lesen. Die Basis der Gemeinschaft der christlichen Jungen bildeten die gleichen Interessen und der gemeinsame Bezugspunkt, die Bibel:

„Hier ist das, was du schon jahrelang suchst; nämlich mit Altersgenossen über Glauben und religiöse Dinge sprechen zu können, die Glaubensgenossen zu haben. Das (sic) man nicht nur im Gespräch werben kann oder sich verteidigen muß, sondern daß man einmal mit Gleichaltrigen verbunden ist, die ganz dasselbe glauben und auch den Herrn Jesu als ihren Führer ansehen. Ich war wirklich überwältigt ...".

Direkte Aussprache, gegenseitige Aufmerksamkeit und gemeinsames Erleben ebneten den Weg zu freundschaftlichen Beziehungen. Einer freute sich z. B., daß „wir uns untereinander, die wir uns sonst doch nur in unseren Stunden zusammenfinden, fester zusammengeschlossen haben, uns im Lager erst richtig kennen lernten. Vielleicht hat sich hier ein neue Freundschaft gebildet zwischen diesem und jenem."[1253] Die Aufmerksamkeit, die die Jungen den Mädchen entgegenbrachten, störte solche Freundschaften. U. a. deshalb wünschten sich die Jungen nach den Erfahrungen im Zeltlager 1948 mit den Mädchen „wieder ein Lager, das wie anno 47 im Sauerland, abgeschnitten ist von jeglichen Mindener Einflüssen ...". Die Jungen kamen mit den weiblichen Jugendlichen in dieser Lebensphase noch nicht zurecht, weshalb sie der männlichen Kameradschaft als sicheren Hort den Vorzug gaben.

Gleichzeitig kam die Aufnahme in die Jugendgruppe des CVJM und die Erlaubnis, in ein Jungenschaftszeltlager mitzufahren, einer Initiation in die christliche Männerwelt gleich. Die Sitzungsteilnehmer der Mitarbeiterbesprechung am 26. 9. 1951 entschieden, daß „nur Besucher unserer Vereinsstunden, die mindestens ein halbes Jahr lang unsere Stunden besucht haben, [ins Zeltlager im Schwarzwald; BJ] mitgenommen [werden]. Auch nicht konfirmierte Jungen kommen nicht mit."[1254] In einer Anleitung für Großfahrten wird ferner empfohlen, nur solche Jungen mitzunehmen, die „auf einer Reihe von Tagesfahrten z. B. Pfingsten bewiesen ... [haben], daß ... [sie] durchhalten, sich einordnen, selbst verpflegen ... [können] und über die notwendigen Fähigkeiten

1253 Vertrauenswürdige und aufrichtige Freunde waren den Jungen offenbar ebenso wichtig wie die Frage, was einen ‚echten' Freund auszeichnete. Diese Annahme stützen die häufigen Artikel in den Jugendzeitschriften über ‚Freundschaft'. S. z. B. Busch, Johannes, Über die Freundschaft, in: Jugend unter dem Wort, 5 (Mai 1952), Nr. 5, 2f.; Claudius, Matthias, Von der Freundschaft, in: Der Baustein (1948), Nr. 5, 1.

1254 KAM, „Protokollbuch III".

für Reparaturen“ verfügen.[1255] Die Männer des CVJM wollten damit die Teilnehmerzahl schlicht begrenzen und eine Auswahl treffen. Im CVJM-Jugendzeltlager agierten die Jungen, die sich altersbedingt in einer Übergangsphase befanden, folglich als Teil der Männer-Gemeinschaft des Vereins.

Die CVJMler betrachteten dabei die Geschlechtertrennung als einen wichtigen, aber altersbedingt vorübergehenden und auf bestimmte Aktivitäten beschränkten Zustand. Ihnen war nämlich nicht nur die Herausbildung von Jungenfreundschaften und einer männlichen Gemeinschaft wichtig, sondern prinzipiell auch ein positives Verhältnis zu Mädchen und später Frauen. Das Ziel war schließlich die Ehe und die Gründung einer Familie. Nicht zuletzt deshalb, und sicher auch, weil die Mädchen für die Jungen spannend waren, konnten einige Jungen den Zelt-Nachbarinnen auch Positives abgewinnen. Dieselben Jungen, die sich negativ zu den Mädchen äußerten, benannten ebenso Vorzüge: Im „schönen Teutoburger Wald bei den Extertalsteinen (sic) standen unsere Zelte, nicht zu weit und nicht zu nah bei den schönen Mädchen ...“.[1256] „Weiterhin wurde man einmal mit einigen Mädel, die man vielleicht schon im fröhlichen Kreis einmal gesehen hatte, etwas näher bekannt.“ Derselbe äußerte sich ferner als Beobachter: Er „konnte ... mal wieder als Abwechslung so’n richtiges zünftiges Weiberlager von nahem sehen.“ Ein anderer äußerte sich eher positiv über das „verständige Verhältnis zu den Mädchen“. Wolfram bestätigte ihn darin: „Sie [die Mädchen; BJ] haben uns bestimmt in mancher Hinsicht die Lagerzeit verschönt. (Ich denke an den bunten Nachmittag am 1. Sonntag)“. Es gab für die Jungen folglich auch „gewisse Vorzüge für das Gesamtlager“.

Die Jungen empfanden Mädchen und Frauen weniger aufregend und störend, wenn die Verhältnisse eindeutig waren, wie im Fall der Töchter der Gastgeberfamilie oder im Fall der Gäste im Zeltlager 1947. Diese Mädchen und Frauen waren daher kein Anlaß für einen Kommentar.[1257] In ihren Auseinandersetzungen mit den Erfahrungen von 1948 suchten einige Jungen auch nach Möglichkeiten, ‚ungefährlich‘ mit Mädchen ihre Freizeit zu verbringen, z. B. in „echter Freundschaft“. Abwägend kam ein Junge zu folgendem Schluß: „Ich bin nicht für eine hermetische Trennung der Geschlechter, aber die Gemeinschaft eines Lagers kann dabei zerbrechen.“ Im Allgemeinen war aber den Jungen bei der Vorstellung gemeinsamer Ferien mit Mädchen nicht wohl. Sie bevorzugten zunächst die Jungengemeinschaft, von der sie sich Freund-

1255 Schobert, Christian, Großfahrt, auch eine Form der Sommerarbeit, in: Mitarbeiter-Hilfe (Mai/Juni 1950), 95.

1256 KAM, „Protokollbuch III“. Gemeint sind die Externsteine bei Detmold, wo das Zeltlager stattfand.

1257 Keber, Wolfram, Zeltlagerchronik, handschriftlich, eingelegt in: KAM, „Protokollbuch III“.

schaft, Verständnis und Zusammenhalt versprachen, und mit der sie im Zeltlager jenseits von Mädchen und Frauen, ein kleine, harmonische, ‚eigene Welt' in bruderschaftlicher Atmosphäre aufbauten und hegemoniale Männlichkeit nach dem Zweiten Weltkrieg neu entwarfen.

III. 2. 2. 2. 2 Arbeiten, Beten, Essen und Erholen in bruderschaftlicher Gemeinschaft

„Das Gesicht eines Lagers wird von seiner Ordnung her bestimmt. Gerade die Besten unserer Jugendlichen fühlen sich nicht wohl, wenn alles in heilloser Freiheit sich auslebt."[1258]

Die Jungen strukturierten, wie im Hochsauerland im Sommer 1947, ihre täglichen Tätigkeiten, die im wesentlichen aus Beten, Arbeiten, Essen und geselligem Beisammensein bestanden, in einen festen Ablauf, an den sich alle zu halten hatten, und teilten untereinander die zu erledigenden Arbeiten auf.[1259] Der Tagesplan im Zeltlager 1947 sah vor: 7.30 Uhr Wecken mit „Choral, gespielt von Blockflöte oder Flügelhorn", Frühsport, d. h. „munteres Laufen" und „Freiübungen auf der großen Wiese", danach Waschen im „eiskalten Wasser der Orke" und um 8 Uhr Morgenwache: „Andacht mit täglicher Bibellese und Auslegung aus dem Kalender ‚Das tägliche Wort'". Um 8.30 Uhr gab es Frühstück, um 13 Uhr Mittagessen mit anschließender Mittagspause, um 19 Uhr Abendessen. Danach schälten die Jungen Kartoffeln, während ihnen „Das Buch Wanderschaft" von August Winnig vorgelesen wurde.[1260] Um 21.30 Uhr versammelten sich die Jugendlichen zur Abendandacht, bei der sie meist den Eichenkreuzkatechismus lasen.[1261] Eine halbe Stunde später gingen sie in ihre Zelte zur Nachtruhe. Die Jungen führten diesen Plan „mit geringen zeitlichen Veränderungen täglich" durch.[1262]

Obwohl dies die einzige bekannte Chronik eines Mindener CVJM-Zeltla-

1258 Schiele, Ernst, Die Ordnung im Lager, in: Mitarbeiter-Hilfe (Juli/August 1950), 155f., hier 155. Im Anschluß an diesen Satz stellt der Autor genaue Regeln für die Erstellung dieser Ordnung auf.

1259 Vgl. folgende Zeltlagerberichte: Schmelling, Hans Gerog, Die Hauptsache vergessen, in: Jugend unter dem Wort, 3 (August 1950), Nr. 8, 16f.: „Jeder bekam seine Aufgabe zugeteilt, die er im Lager ausführen sollte, so daß einfach alles ‚tip-top' werden mußte." Ein Zeltlager ist kein Hottentotten-Dorf, in: Jugend unter dem Wort, 7 (Juli 1954), Nr. 7, 4f.

1260 August Winnig, „ehemaliger Oberpräsident von Ostpreußen und Schriftsteller", hielt in den 1950er Jahren Vorträge bei Großveranstaltungen des CVJM. S. Abdruck einer Rede im Sommer 1950 (Winnig, August, Zu dieser Weltstunde, in: Mitarbeiter-Hilfe [November/Dezember 1950], 279f.).

1261 Katechismus des Eichenkreuzes 1928 (KAM, CVJM-Bestand).

1262 Keber, Wolfram, Zeltlagerchronik, handschriftlich, eingelegt in: KAM, „Protokollbuch III".

gers im Untersuchungszeitraum ist, kann man davon ausgehen, daß auch in anderen Zeltlagern des Mindener CVJM Essens- und Andachtszeiten ähnlich festgelegt waren.[1263] Der Raum zur Selbstgestaltung war begrenzt, wie ein Brief an die Teilnehmer des Zeltlagers im Schwarzwald 1952 im Vorfeld der Ferien warnt:

„Du wirst sehr viel freie Zeit auf unserem Lager haben und wirst für vieles keine Zeit haben. Denn nach unserer morgendlichen Bibelarbeit wollen wir bis zum Mittagessen draußen spielen, singen und blasen, während wir nachmittags wandern, spielen und baden."[1264]

Die Jungen begrüßten eine solche klare zeitliche Ordnung, und beklagten sich, wenn diese nicht vorhanden war und – wie im Zeltlager 1948 an den Externsteinen – einzelne Programmpunkte nicht eingehalten wurden:

„Die Pünktlichkeit, welche in einem Lager unentbehrlich ist, ließ in diesem Lager leider zu wünschen übrig, wenn dies auch auf technische Schwierigkeiten der Küche zurückzuführen ist, bin ich doch der Meinung, daß hier Abhilfe geschaffen werden konnte. Denn schon mit der ersten Mahlzeit fing die Unpünktlichkeit an, und fast nur an diesem Punkt scheiterte unser Programm."[1265]

Ein Junge schlug deshalb „eine *feste* Mahlzeitenordnung" vor [Hervorh. i. Orig.; BJ]. Die Jungen wollten offenbar nicht übermäßig lange auf das Essen warten und ihr Programm nicht dem Gutdünken der Küche unterordnen. Auch sonst kamen ihnen offensichtlich geregelte und verbindliche Abläufe eher entgegen als unberechenbare, selbst zu bestimmende Zeiteinteilungen. Manche mochten eine von zu Hause gewohnte Ordnung fortsetzen, andere sehnten sich vielleicht aufgrund des ‚Chaos' der Nachkriegszeit und der schwierigen Versorgungslage nach klaren Verhältnissen mit verläßlichen Essenszeiten.

Auch die geistige „Nahrung", das Beten, die Bibellese und die Andachten sollten geregelt sein.[1266] Diesen religiösen Praktiken kamen im Zeltlager ähnliche Bedeutungen zu wie bei den Heimabenden. Allerdings konnten sich hier die Jungen häufiger und intensiver der Erbauung und Aussprache widmen als in ihrem Alltag. Ein Zeltlagerteilnehmer lobte „die vertrauten Gespräche ... auf Spaziergängen". Ein anderer bedankte sich „vor allen Dingen für die Bibelstunden, die manchen von uns, viel gegeben haben". Vielen Jungen genügten aber die im Zeltlager 1948 angesetzten Bibelstunden und Aussprachen nicht, und sie beschwerten sich bei ihrem Jugendwart Redecker: „Auch mit Dir hätte

1263 Grund zu dieser Annahme bietet die Tatsache, daß die Jungen meist fremd versorgt wurden. Folglich bestimmten andere die den Tag strukturierenden Essenszeiten.

1264 KAM, „Ordner V".

1265 KAM, „Ordner I". Hieraus stammen die folgenden Zitate, wenn nicht anders vermerkt.

1266 Vgl. Affolderbach 1977, 84f.: „Auf Fahrt und Lager war die Bibelarbeit fester Bestandteil des Programms. Sie füllte in der Regel den überwiegenden Teil des Vormittags." Außerdem richtete sich die Zeiteinteilung des Tages nach den verschiedenen Formen der Bibelarbeit (Gebet, Gesang, Gespräch).

man sehr gerne öfter über bestimmte Sachen gesprochen." Ein Junge wünschte sich für künftige Zeltlager eine größere Konzentration auf die Auseinandersetzung um das ‚Wort': „Mehr Bibelarbeit und geistige Beschäftigung, mehr direkte Aussprache und Hinweis auf den Heiland, in dessen Hand wir uns versammeln. (Die Bibelarbeit auch auf Kosten der Freizeit mehr ausbauen.)" Die Jungen erwarteten also von religiösen Praktiken in einem CVJM-Zeltlager, persönliche Zuwendung durch einen Erwachsenen zu erhalten und sich im Gebet ihrer selbst zu vergewissern. Sie scheuten sich nicht, dies einzufordern, wenn ihre Bedürfnisse in dieser Hinsicht nicht befriedigt wurden. Zudem ersetzten die Zeltlagergemeinschaft und der Jugendleiter sicherlich für manchen Jungen die auch emotional sorgende Familie, die besonders in der frühen Nachkriegszeit wenig Zeit hatte, sich bedarfsgerecht den Kindern zu widmen, oder schlicht nicht vorhanden war.

Familial mutet ferner an, daß und wie die Jungen untereinander verschiedene Arbeiten aufteilten, v. a. das allabendliche Kartoffelschälen. Von den Jungen wurde verlangt, wie im Vorbereitungsbrief für die Schwarzwaldfahrt 1952 zu lesen ist, ihren „Teil dazu zu tun ...".[1267] Im Zeltlager 1947 hackten an einem Tag die einen Jungen den Brennstoff, während andere das Laienspiel probten. Ein andermal las einer etwas vor, während die anderen Kartoffeln schälten. Einigen Jungen war es vorbehalten, sich auf eine Rolle in einem Theaterstück vorzubereiten, während andere Küchenarbeiten erledigten. Diese Arbeitsaufteilung deutet auf eine – z. T. vom Lagerleiter bestimmte – Differenzierung innerhalb der Gruppe hin. Die Jungen stellten also unter Anleitung des Lagerleiters eine eigene kleine Gemeinschaft mit scheinbar unumstrittenen informellen Hierarchien her.[1268] Als die Mindener CVJMler 1948 in vom Stadtjugendamt organisierten Ferien an den Externsteinen neben einem Mädchenzeltlager campierten, war die Arbeit geschlechtsspezifisch aufgeteilt, und „die Mädel" übernahmen den Küchendienst.[1269] Die Mädchen „kamen" laut dem Zeltlagerteilnehmer Peter „dem wirtschaftlichen Lagerleben sehr zustatten."[1270] Notwendige Arbeiten aufteilend und verrichtend stellten die Jugendlichen eine Lagergemeinschaft her, deren Mitglieder für einander sorg-

1267 KAM, „Ordner V". Vgl. Rüstbrief für die Jungenschaftswanderung an der Oberweser vom 23. 7. 1954, in dem in fünf „goldenen Regeln" Verhaltensvorgaben gemacht wurden (KAM, „Ordner V"). Vgl. Schmelling, Hans Georg, Die Hauptsache vergessen, in: Jugend unter dem Wort, 3 (August 1950), Nr. 8, 16.

1268 KAM, „Ordner I".

1269 „‚Doppeldecker'" und ‚zehnte Muse' im Rittersaal. WZ-Besuch im Lager des Kreisjugendamtes an den Externsteinen", in: Westfalen-Zeitung (1948) („KAM, „Ordner I"); „Spitzzelte unter Tannen des Harzes. Im Ferienlager der tausend Jungen und Mädchen. Landrat Kohlmeier und Oberkreisdirektor Bothur besuchten Kinder des Kreises Minden. Bericht unseres in den Harz entsandten Redaktionsmitglieds", in: MT v. 11. 8. 1951 (KAM, „Protokollbuch III").

1270 KAM, „Ordner I".

ten. Damit konstruierten sie gleichzeitig Hierarchien. Diese verliefen zum einen zwischen verschiedenen Jungen, ähnlich wie bei den vereinsinternen Abstufungen[1271], und gleichzeitig zwischen Jungen und Mädchen, wie sie in Familien zwischen Frauen und Männern aus Sicht der Jungen idealiter bestanden und im ‚Normalisierungsdiskurs' der Nachkriegszeit angestrebt wurden.[1272]

Waren die ersten Küchenarbeiten am Tage aufgeteilt und erledigt, folgte dem Tagesplan zufolge das gemeinsame Essen. Besonders in den ersten Nachkriegsjahren war dies in den Zeltlagerdokumenten ein zentrales Thema. Die Jungen aßen in dieser Zeit häufig bis zur Übersättigung. Der Zeltlagerchronist Keber erwähnt das gute und reichhaltige Essen: „... – und ein Essen!!! Besser als im Schlaraffenland!"[1273] Außerdem unterstützten das Jugendamt und die Briten die Zeltlager des CVJM häufig mit zusätzlichen Speisen, wie 1947 mit Brötchen, Limonade und Buttercreme-Schnitten vom britischen YMCA. „Endlich einmal Süßigkeiten!"[1274] Während die Jungen sich solche Leckereien 1947 noch sorgfältig einteilten, haben sie ein Jahr später im Zeltlager „gefuttert ... wie lange nicht. Und das war gut so!"[1275] Es war außerdem das erklärte Ziel des Kreisjugendpflegers Ludwig Strauch für die KJA-Zeltlager, „dreimal nacheinander Jungen und Mädel aus den verschiedensten Jugendgruppen des Kreises Sonne, Wald und Wasser genießen zu lassen und sie zugleich einer ‚Mastkur' zu unterziehen".[1276] Damit war er bei einigen CVJMlern und Mädchen des Bibelkreises durchaus erfolgreich, „so ist doch manche Gewichtszunahme zu verzeichnen gewesen, worüber sich die Eltern bestimmt gefreut haben (bei den Mädchen vielleicht nicht)."[1277] Einige bekamen sogar „kleine Magenerkrankungen ... von allzu gutem Essen"[1278]. Andere machte das ungewohnt viele Essen „faul", und „auch unsere Wanderfreudigkeit" litt „darunter", wie der Zeltlagerteilnehmer Heinz bestätigt: Durch „das viele, gute Essen wurde man doch ziemlich träge und war froh, wenn man ein Buch nehmen konnte[,] um sich in den Schatten zu legen ...".[1279]

1271 S. Kap. III. 2. 2. 3.
1272 S. Kap. I.
1273 KAM, „Protokollbuch III".
1274 Keber, Wolfram, Zeltlagerchronik, handschriftlich, eingelegt in: KAM, „Protokollbuch III".
1275 KAM, „Ordner I".
1276 „‚Doppeldecker' und ‚zehnte Muse' im Rittersaal. WZ-Besuch im Lager des Kreisjugendamtes an den Externsteinen", in: Westfalen-Zeitung (1948) (KAM, „Ordner I"); vgl. „Spitzzelte unter Tannen des Harzes. Im Ferienlager der tausend Jungen und Mädchen. Landrat Kohlmeier und Oberkreisdirektor Bothur besuchten Kinder des Kreises Minden. Bericht unseres in den Harz entsandten Redaktionsmitglieds", in: MT v. 11. 8. 1951 (KAM, „Protokollbuch III").
1277 KAM, „Ordner I".
1278 KAM, „Protokollbuch III".
1279 KAM, „Ordner I".

Danach kam den Jungen die Mittagspause also durchaus gelegen. Den Briefen der Jugendlichen zufolge genossen sie in ihrem Zeltlager das Faulenzen, die ruhigen geselligen Stunden im Zelt und die Ruhe. In der Lagerchronik des CVJM-Zeltlagers 1947 im Sauerland wird die Wichtigkeit von Schlafen, Erholen und Faulsein – also das körperliche Wohlbefinden für die Jungen – betont.[1280] Die CVJMler begrüßten die „freie Zeit! (...) Man konnte mal richtig faulenzen": „... wie schön es ist, wenn man sich seine Zeit selbst gestalten kann".[1281] Dabei ließen die Jungen nicht nur alleine mit einem „Buch" im „Schatten"[1282] die Zeit verstreichen, sondern vertrieben sich gemeinsam die Stunden bei Regen im Zelt, schrieben Postkarten an die Eltern, lasen, spielten und sangen.[1283] Armin Redecker unterhielt 1947 die Jungen, indem er ihnen „Eine Spitzbubenkomödie" von Margaret Cordes vorlas, ein Laienspiel, das am Ende des Zeltlagers aufgeführt werden sollte. Zwei Jahre nach Kriegsende genossen die Jugendlichen gerne Ruhe und Gemütlichkeit in geselliger Runde.[1284] Sie kümmerten sich dabei auch um ihr Wohlbefinden und übten sich dabei in einer für sie ungewohnten Selbstachtung, nachdem sie Erfahrungen der Entbehrungen und des Drills in der HJ gemacht hatten. In den Zeltlagern nahmen sich die Jungen eine ‚Auszeit' von ihren täglichen Sorgen. Sie erholten und stärkten sich mit geistiger und materieller Nahrung. Die Gemeinschaft der Jungen gab ihnen das Gefühl von Geborgenheit und gegenseitigem Verständnis, insbesondere bei der gemeinsamen Aussprache oder bei kleinen familiär inszenierten Feiern, wie dem Geburtstag eines Jungen während der Ferien.[1285] Die Jungen bildeten dabei eine familiale und christliche Gemeinschaft hierarchischer Ordnung mit Arbeitsteilung und fürsorgenden, emotionalen Bindungen untereinander. Die Jungen konstruierten eine Form von Männlichkeit, die Unterordnung ebenso einschloß wie Gemeinschaftssinn und Empathie. In den ersten Nachkriegsjahren veränderten die Jugendlichen und der Jugendleiter diese hierarchischen Strukturen.

1280 S. Keber, Wolfram, Zeltlagerchronik, handschriftlich, eingelegt in: KAM, „Protokollbuch III".

1281 KAM, „Ordner I". S. „‚Doppeldecker' und ‚zehnte Muse' im Rittersaal. WZ-Besuch im Lager des Kreisjugendamtes an den Externsteinen", in: Westfalen-Zeitung (1948) (KAM, „Ordner I").

1282 KAM, „Ordner I".

1283 Keber, Wolfram, Zeltlagerchronik, handschriftlich, eingelegt in: KAM, „Protokollbuch III".

1284 Ebda.

1285 Die Jugendlichen gratulierten dem Jubilar gleich vor der Morgenwache „feierlich", „je 2 Jungen" überreichten ihm als Geschenk „auf einem Tablett von Baumrinde ein[en] Keks", den sie von den Mitgliedern des britischen YMCA geschenkt bekamen und für diesen Tag aufhoben (Keber, Wolfram, Zeltlagerchronik, handschriftlich, eingelegt in: KAM, „Protokollbuch III").

III. 2. 2. 2. 3 Expertendemokratie wider Chaos und Ideologie

Besonders für die frühen Zeltlager 1947 und 1948 ist bekannt, daß die Jungen des Mindener CVJM familiale und bruderschaftliche, also patriarchalisch strukturierte Entscheidungsfindungen nicht bruchlos reproduzierten. Der Jugendwart Armin Redecker ermöglichte den Jungen in einer freundschaftlichen Atmosphäre Variationen demokratischer Interaktionsformen. Er bot den Jungen z. B. an, ihn zu duzen, was sie positiv kommentierten: „Ein Erfolg des Lagers ist auch das ‚Du' im Umgang mit Dir...".[1286] Im Zeltlager 1947 gab es sogar eine „demokratische Verfassung". Diese sah einen ‚großen und einen kleinen Rat', also ein Zwei-Kammer-System vor. In dem ‚großen Rat' saßen „sämtliche Leute mit Sonderfunktionen, als da sind Arzt ..., sämtliche Räte für Geographie, Naturkunde, Mineralogie usw. Mitglieder des *kleinen Rates* (Hervorh. i. Orig.; BJ): (demokratisch gewählt) Redecker, G(...), B(...), K(...)." Die Funktionen und Kompetenzen dieser Räte sowie ihre Arbeitsweise bleiben leider unerwähnt. Jedenfalls ersetzten sie nicht die Vollversammlung, die wenigstens einmal nach Einberufung der „Räte" tagte.[1287] Ein anderes ‚Demokratiemodell' erprobten die Jungen im Sommer 1948. Dort bezog der Jugendwart Redecker die Jungen in Entscheidungen ein, indem er ihnen bei der „‚Tageskritik' allabendlich auf dem Palaverplatz" die Möglichkeit gab, ihre Meinung kundzutun. Redecker verbuchte dies als Erfolg, denn bei der abendlichen Aussprache seien sich die Jungen seiner Meinung nach „immer näher gekommen ..., indem wir uns ganz schlicht und nüchtern gemeinsam unter die Wahrheit gestellt haben, und sie uns freundlich und sachlich und vor allem ehrlich gesagt haben".[1288] Auch der Heinz fand die ‚Tageskritik' gut, „denn, man hatte so Gelegenheit seine Meinung zu äußern und Vorschläge für den nächsten Tag zu machen".[1289] Nach diesen Ferien appellierte Redecker an die Jungen, wieder konstruktive Kritik zu üben und forderte sie auf, ihm schriftlich ihre Meinung über die gemeinsam verbrachten Tage mitzuteilen. Der Vorteil, so der Jugendleiter, sei, daß sie nun nicht warten müßten, bis sie zu Wort kämen.[1290]

Bei diesen ‚Demokratie-Experimenten' hoben die Jugendlichen die bestehenden Hierarchien und Kompetenzverteilungen zwischen Erwachsenen und Jugendlichen und auch zwischen verschiedenen Jugendlichen (ähnlich der Arbeitsteilung) nicht auf, sondern bestätigten sie gleichsam: Die Jungen wählten

1286 KAM, „Ordner I".
1287 Keber, Wolfram, Zeltlagerchronik, handschriftlich, eingelegt in: KAM, „Protokollbuch III".
1288 KAM, „Ordner I".
1289 Ebda.
1290 Ebda.

ihren Jugendleiter Redecker sogar in den „kleinen Rat“, obwohl er letztlich sowieso die Verantwortung und Entscheidungsgewalt trug.[1291] Die Autorität des Erwachsenen war trotz ‚Demokratie‘ eindeutig und unhinterfragt.[1292] Meist störten sich die Jungen nicht an den hierarchischen Strukturen und forderten geradezu, wie nach dem Zeltlager 1948, die Einhaltung der Regeln. Einer von ihnen fand vor dem Hintergrund der Erfahrung vom Sommer 1947 außerdem, daß „die Demokratie in Deutschland noch in den Kinderschuhen“ stecken würde, weil die Diskussionen am ‚Palaverplatz‘ im Zeltlager 1948 nur zweimal „zu wertvollen Ergebnissen“ führten. Seine Kritik wie auch seine Chronik erwecken den Eindruck eines Enttäuschten, als wären demokratische Strukturen Ende der 1940er Jahre in der deutschen Gesellschaft und im CVJM bzw. in der Kirche von vornherein gegeben gewesen.[1293] Andere übten keine derart grundsätzliche Kritik, sondern schlugen vor, zu „Beginn in der Lagergemeinschaft“ das Lager vorzubereiten, „indem man ... berät, was man in dem Lager machen will ...“, auch wenn man – wegen des Wetters – nicht alles festlegen können würde. Er hätte nämlich gerne noch Vorschläge für die Aktivitäten eingebracht.[1294] Trotz dieser Kritik an mangelnder Demokratie und zu geringen Mitbestimmungsmöglichkeiten erlebten die Jugendlichen hier ein für sie ungewohntes Ensemble von Autorität und persönlicher Entscheidungsfreiheit. Wenngleich der Gestaltungsfreiraum aus heutiger Sicht gering erscheint, war er doch für die Jungen kurz nach Ende einer Diktatur enorm.

Diese neuen Freiheiten brachten auch neue Schwierigkeiten. Die Jungen äußerten sich daher ausführlich über das Pro und Contra der praktizierten Formen der Entscheidungsfindung und wogen ferner die Vor- und Nachteile von Mitbestimmung, Demokratie und Autorität ab. Ein Junge, der das freundschaftliche „Du“ begrüßte, das der Jugendleiter anbot, forderte andererseits im Zweifel ein autoritäres Durchgreifen des Erwachsenen. Ein anderer kam zu folgendem Schluß: „Der Leiter oder Obmann muß dabei [bei der Entscheidung über Aktivitäten; BJ] richtungsgebend sein, muß seine Schar vor Dummheiten bewahren, ihnen das bessere zeigen, darf aber nicht hierarchisch seinen Willen durchsetzen.“ Der Lagerleiter müsse bei zu geringer „Selbstzucht“ „die Sache ganz fest“ im Griff haben, schloß sich ein Junge an: „Straff, aber nicht in militärischer Art“.[1295] Einige Jungen tarierten in ihren Überlegungen außerdem Einzelinteressen und das Postulat von Gemeinschaft aus

1291 Beispielsweise folgten die Jungen dem Erwachsenen, als er für das einzuübende Laienspiel selbst die Besetzung der einzelnen Rollen vorgab. Sie diskutierten also offenbar weder den Inhalt des Stückes noch die Besetzung der Rollen.

1292 Keber, Wolfram, Zeltlagerchronik, handschriftlich, eingelegt in: KAM, „Protokollbuch III“.

1293 KAM, „Ordner I“; Keber, Wolfram, Zeltlagerchronik, handschriftlich, eingelegt in: KAM, „Protokollbuch III“.

1294 KAM, „Ordner I“.

1295 Ebda.

und wogen die sich auch widersprechenden Aspekte von Mehrheitsentscheidungen ab. Dabei fragten sie sich, inwieweit die Berücksichtigung von Einzelinteressen, z. B. bei der Gruppenarbeit, eine Gefahr für die Gemeinschaft aller Jungen sei.[1296]

Die Jungen erfuhren, daß Demokratie unterschiedlich ausleg- und praktizierbar und daher kompliziert ist, und daß Mehrheitsentscheidungen Minderheitenpositionen unterdrücken können. Den Jungen kam es, wie ihre Briefe dokumentieren, auf drei wesentliche Aspekte an: Zum einen sollten möglichst viele Interessen berücksichtigt werden, ohne daß die Gemeinschaft in kleine Neigungsgruppen auseinander dividiert würde. Zum anderen lag ihnen daran, daß die Entscheidungsfindungen nicht aufgrund verschiedener Vorlieben, aufgrund der Schwierigkeiten, sich zu einigen, oder mangels Struktur zu kompliziert und unübersichtlich wurden. Sie forderten daher von ihren ‚Kameraden' „Selbstzucht" und von ihrem Jugendleiter ordnende Autorität.[1297] Schließlich, drittens, kam es den Jungen darauf an, daß ‚kompetente' Männer die Oberhand über alle Entscheidungen behielten. Ihr Demokratiemodell von 1947 sah deshalb ein Zwei-Kammer-System vor. In einer Kammer, im ‚großen Rat', saßen ausschließlich ‚Experten'. Diese übernahmen aufgrund ihres ‚Fachwissens' diese Funktion und nicht, weil sie, wie die Mitglieder des ‚kleinen Rates' „demokratisch gewählt" wurden. Die Jungen wählten in den ‚kleinen Rat' Jungen und Männer aufgrund ihrer ‚Kompetenz', so z. B. ihren Jugendwart Redecker. Die Jungen, die außerdem darin vertreten waren, übernahmen z. B. als Schauspieler beim Laienspiel bereits eine Sonderstellung. D. h., daß die Jungen bei der Besetzung der Entscheidungsgremien bestehende (informelle) Hierarchien in der Gruppe weitgehend reproduzierten. Sie verlangten bei all diesen Mitbestimmungsmöglichkeiten, daß der „Leiter" sich durchsetzen solle.[1298] Freilich sind solche Aussagen mit den großen Unsicherheiten der Jungen gegenüber ihnen völlig unbekannten Interaktionsformen zu erklären. Die Jungen setzten vor allem deshalb auf ‚Fachwissen' und ‚Vernunft', weil sie sich von der ‚fachlichen Kompetenz' ‚ideologiefreie' und ‚sachgerechte' Entscheidungen für die Gemeinschaft der Jungen versprachen.

Dieses Verständnis von Demokratie ähnelt dem ihrer Väter im christlich-konservativen Milieu, wo berufsständische Interessen und sogenannte Fachkompetenz Politik dominierten.[1299] Einerseits entspricht dies traditionellen

1296 Viele wünschten sich zwar, „Gruppenarbeit" zu machen, um auch unterschiedlichen Interessen gerecht zu werden, betonten aber, daß gemeinschaftliche Aktivitäten dennoch nicht vernachlässigt werden dürften (ebda.).

1297 Ebda.

1298 Ebda.

1299 Vgl. Kap. III. 2. 1.

Politikformen ständischer Gesellschaften. Andererseits versuchten sie, sich ‚idelogiefrei' an Politik und Demokratie (wieder) heranzuwagen. So wie sich die Erwachsenen des christlich-konservativen Milieus auf der Ebene der sogenannten Sachpolitik zaghaft mit demokratischen Politikformen anfreundeten, probierten Jugendliche Interaktionsweisen jenseits des Führerprinzips neu aus. Dabei rekurrierten sie auf milieuspezifische Erfahrungen und fanden, daß Entscheidungsgewalt an Vernunft und Fachwissen gekoppelt sein müsse. In beiden Fällen war Politik (fast) selbstverständlich ausschließlich männlichen Personen vorbehalten[1300], entweder weil, wie im Jugendzeltlager des im christlich-konservativen Milieu größten Jugendverbandes, lediglich Jungen teilnahmen oder weil in der Politik Erwachsener Frauen selten als fachlich kompetent und als geeignete Vertreterinnen berufsständischer Interessen galten.

Die Jungen reproduzierten im Zeltlager folglich Traditionen milieu- und geschlechtsspezifischer Politik. Gleichzeitig übten sie demokratische Verhaltensregeln ein und beteiligten sich auf diese Weise an der Demokratisierung derselben. Jugendliche und Erwachsene beim CVJM waren zwar offensichtlich recht harmonie- und ordnungsbedürftig. Aber die Briefe der Jungen legen nahe, daß sie sich den gesellschaftlichen Veränderungen und Herausforderungen in der politisch ungeklärten Situation in den ersten Nachkriegsjahren deutlicher stellten als viele Erwachsene ihres Milieus. Die Jungen beschritten dabei einen schwierigen Weg, denn im christlich-konservativen Milieu setzte man in vielen Bereichen selbstbewußt traditionelle Strukturen fort. Auch innerhalb des CVJM fehlten ihnen Vorbilder für demokratisches Handeln. Armin Redecker wagte offenbar als einer von wenigen neue Wege in der Jugendarbeit mit diesen Mitbestimmungsformen in den Zeltlagern.[1301] Kaum andere Quellen des Mindener CVJM als die der Jungen und des Jugendwarts Redeckers bezeugen irgendwelche Diskussionen oder Überlegungen über neue demokratische Umgangsformen. Viele Erwachsene sahen vor allem eine fröhliche und gemeinschaftliche, eine lebendige und harmonische Jugendgemeinschaft, wie sie in den Zeitungsartikeln über die Sommerzeltlager geradezu gefeiert wurde.[1302] Die Jungen sahen sich folglich widersprüchlichen Erwartungen und Herausforderungen ausgesetzt.

1300 S. Kap. II zur Besetzung des Kreistages, in dem nur wenige Vertreterinnen der CDU saßen.

1301 Er bekam schließlich Schwierigkeiten mit seinem ‚Fröhlichen Kreis', einer Gruppe von Jungen und Mädchen, die gemeinsam tanzten und musizierten. Er verließ etwa 1949 Minden. Ob Konflikte im CVJM-Minden dafür der Grund sind, ist nicht erwiesen, wäre aber eine Erklärung. S. Kap. III. 2. 2. 3. 2.

III. 2. 2. 2. 4 Turnen und Wandern: Bewährungen, Selbstkontrolle und Naturkunde

> „*Gottes Tempel*. So wird der Leib von Paulus genannt. Der Heilige Geist soll darin wohnen. In welchen Menschen ist diese Bedingung erfüllt? (Mönchen? Boxern? Bücherwürmern? Gelehrten? Fußballern? In Dir?) Gott bejaht den Leib. Er ist ein besonderer Gedanke Gottes. Darum bejahen wir die Pflege und das Training des Leibes. ‚Gesunde Seele in gesundem Leib'. [Hervorh. i. Orig.; BJ]"[1303].

Viel Zeit verbrachten die Jugendlichen des CVJM während ihrer Ferien mit der Konstituierung einer Jungengemeinschaft, deren Regeln, den (all)täglichen Arbeiten und mit der religiösen Erbauung. Dagegen nahmen körperliche Betätigungen wie Wandern und Turnen sowie Erlebnisse in der Natur weniger Raum ein. Sie gehörten zwar zu den täglichen Programmpunkten im Zeltlager und zum Alltag vieler CVJMler, hatten jedoch andere Bedeutungen als bei der bündischen Jugend. Das Verhältnis zu Leiblichkeit war beim CVJM klärungsbedürftig und zugleich nicht unproblematisch, wie das einleitende Zitat verdeutlicht. Wie sah dies in der Praxis aus?

Im Alltag kamen die christlichen Jungen unter ihresgleichen zusammen und turnten gemeinsam in den Turnstunden des dem Jungmännerwerk angeschlossenen Eichenkreuzturnvereins.[1304] Nach hartnäckigen Bemühungen wurde der Mindener CVJM/Eichenkreuzturnverein 1946 als eigenständiger Sportverein anerkannt und erhielt 1948 die Erlaubnis, städtische Turnhallen wie die der Besselschule zu benutzen.[1305] Auch im Zeltlager waren Turnen und körperliche Ertüchtigung integrale Bestandteile. Beispielsweise betrieben die CVJMler 1947 während ihrer Ferien jeden Morgen Frühsport: „munteres Laufen" und „Freiübungen auf der großen Wiese". Anschließend wuschen sie sich im kalten Quellwasser, „das einem die letzte Müdigkeit vertreibt". Sobald die Sonne hinter den Wolken vorkam, der Regen aufhörte, spielten die Jungen auf dem Rasen z. B. Faustball oder „Der Ball heißt Mucken". Zu Beginn des Zeltlagers konnte das Interesse an dieser körperlichen Betätigung wegen des an-

1302 „‚Doppeldecker' und ‚zehnte Muse' im Rittersaal. WZ-Besuch im Lager des Kreisjugendamtes an den Externsteinen", in: Westfalen-Zeitung (1948) (KAM, „Ordner I"); „Spitzzelte unter Tannen des Harzes. Im Ferienlager der tausend Jungen und Mädchen. Landrat Kohlmeier und Oberkreisdirektor Bothur besuchten Kinder des Kreises Minden. Bericht unseres in den Harz entsandten Redaktionsmitglieds", in: MT v. 11. 8. 1951 (KAM, „Protokollbuch III").

1303 Sportbegeisterung, in: Mitarbeiter-Hilfe (1945/46), F 9.

1304 S. Einleitung zu Kap. III. 2.

1305 Diese Erlaubnis wurde ihnen jedoch erst nach einigen Verhandlungen, sogar auf der Ebene der Landesregierung, zuteil. Dies betraf im Jahre 1950 auch die Benutzung des Hindenburgsportplatzes (KAM, H 40, Nr. 315; „Ordner V"; „Protokollbuch III").

haltenden Regens kaum befriedigt werden, so daß es die Jungen bei den ersten Sonnenstrahlen geradezu hinausdrängte.[1306]

Wie die Stellungnahmen der Jungen zeigen, waren Turnen und Sport im Zeltlager durchaus in ihrem Sinne: Werner betrachtete die Trägheit als „Gefahr“, der man mit „Wettkämpfen“ entgegentreten sollte.[1307] Außerdem erhofften sich einige Jungen, daß gemeinsames Turnen und Wandern sie einander näher bringen würde: Beim Wandern komme man in „nähere ... Fühlung“. Sie wünschten mehr solche Aktivitäten: „... auch hätten wir während der 12 Tage ein Geländespiel machen können. Die Zeit für Sport war zu kurz oder zu unpassenden Zeiten angesetzt, wir waren kaum auf dem Sportplatz[,] dann mußten wir schon wieder zurück.“ Ein anderer schimpfte: „Bei den 2 Mal mißglückten Versuchen, auf dem Sportplatz Handball zu spielen, lag es vor allen Dingen daran, daß wir noch keine sportliche Zukunft besitzen. Darüber konnte man sich wirklich ärgern.“ Sportlicher Ehrgeiz war bei einigen CVJMlern durchaus vorhanden. Manche andere Jungen versuchten hingegen, sportliche Anstrengungen zu umgehen. Dies legen die Beschwerden der Jugendlichen darüber nahe, daß nicht immer alle beim Sport oder bei den Wanderungen mitmachten. Einige Jungen versuchten offenbar, den Wettkampf und die Bewährungsproben zu vermeiden, „denn Wandern ist ja ganz schön aber zuviel Wandern, besonders wenn Gewalt-Märsche gemacht werden, ist widerlich“. Offenbar war der Gruppendruck nicht so groß, daß solche Äußerungen sanktioniert worden wären.

Die Bedenken christlicher Jungen gegen zu große körperliche Anstrengungen und gegen Wettkämpfe sind nur z. T. mit dem allgemeinen Erschöpfungszustand junger Menschen nach dem Zweiten Weltkrieg zu erklären.[1308] Die Distanzierung einiger Jungen des christlich-konservativen Milieus gegenüber Wettkämpfen und Bewährungsproben entsprach der offiziellen Auffassung beim CVJM und dem Eichenkreuzturnverein über das Turnen. Demnach mußten Turnen und körperlicher Wettkampf auch in der Mitte des 20. Jahrhunderts in einem bestimmten Rahmen stattfinden[1309], den insbesondere der Eichenkreuzkatechismus vorgab, den die Jungen 1947 im Zeltlager gemeinsam lasen. Entsprechend leiteten die Jungen und jungen Männer ihre Turnstunden beim

1306 Keber, Wolfram, Zeltlagerchronik, handschriftlich, eingelegt in: KAM, „Protokollbuch III“.

1307 Dieses und folgende Zitate stammen aus KAM, „Ordner I“, wenn nicht anders vermerkt.

1308 Vgl. Kap. II. 2.

1309 Die kommerziell motivierte Förderung junger Sportler, wie z. B. die des jungen Boxers Edgar Basel, lehnte der CVJM eindeutig ab. S. Ahrens, Verdient Edgar Prügel?, in: Jugend unter dem Wort, 5 (Oktober 1953), Nr. 10, 6f. Über ‚christliches‘ Turnen s. Busch, Johannes, Tankstelle oder Tempel, in: Jugend unter dem Wort, 6 (Juni 1954), Nr. 6, 2f.; Christen sind ganze Kerle. Bundesturnfest 1954 Köln, in: Jugend unter dem Wort, 6 (August 1954), Nr. 8, 10f.

CVJM mit Gebeten oder Gesang ein und beendeten sie ebenso. Außerdem wurde die Losung der Brudergemeinde verlesen.[1310] Im Zeltlager rahmten Morgen- und Nachtwache ohnehin den Tag, so daß auch hier Beten und Turnen in engem Zusammenhang miteinander standen.[1311] Durch die religiöse Einbettung der körperlichen Ertüchtigung legitimierten die CVJMler den Sport und distanzierten sich gleichzeitig von anderen Turnvereinen wie bereits Ende des 19. und Anfang des 20. Jahrhunderts, als die ersten christlichen Turnvereine parallel zur Turnbewegung entstanden waren.[1312] Dem Wettkampf wurde auf diese Weise die gemeinschaftliche religiöse Praxis gegenübergestellt.

Eine viel größere Sorge als der sportliche Ehrgeiz einzelner bereitete den Christen die Körperlichkeit, die beim Turnen zwangsläufig im Vordergrund stand. Denn aus christlicher Perspektive waren Turnen sowie Wandern immer auch sexuell konnotiert.[1313] Deshalb wurde dabei das Evangelium verkündet und das „Verständnis des Leiblichen" thematisiert.[1314] Die Jungen lasen im Zeltlager 1947 den Eichenkreuzkatechismus, der v. a. Bibeltextstellen von Paulus enthält.[1315] Im Idealfall gestaltete sich der Turnabend, „frisch und fröhlich und doch zuchtvoll".[1316] Das Turnen und das Körperliche sollten nach der christlichen Auffassung nicht für sich alleine stehen. „Wir bestehen nicht nur

1310 S. Köster 1948, 113f.

1311 Keber, Wolfram, Zeltlagerchronik, handschriftlich, eingelegt in: KAM, „Protokollbuch III".

1312 Auch die Mindener gründeten in Hartum 1896 eine Turnabteilung innerhalb des CVJM (Die Geschichte des Posaunenchores 1995, 9-15). – Beispielsweise diskutierte die zwölfte Generalversammlung der Jünglingsvereine im Jahre 1860 ausgiebig darüber, ob es christliches Turnen geben kann und darf, denn auch junge Christen hatten ein Bedürfnis nach dieser neuen Form körperlicher Betätigung. Ein Anschluß an die Turnvereine wurde aber aus moralischen Gründen wegen der „Sauflust" und des „unpatriotischen Wesens" abgelehnt. Einige befürchteten, daß durch Turnen „Eitelkeit" gefördert werde. Viele befürworteten das Turnen prinzipiell, aber nicht die Art und Weise, wie sie in den Turnvereinen angeblich üblich war. Obwohl die Mitglieder der 12. Generalversammlung 1860 keine Entscheidung darüber getroffen hatten, wie sie sich zum Turnen verhalten sollten, setzte sich in der Praxis allmählich das Turnen innerhalb der Jünglingsvereine durch (McMillan 1996, 88-100; Müller-Späth 1988, 258f.).

1313 Bereits die Entstehung der Jünglingsvereine im 19. Jahrhundert wird in der Traditionsbildung auf die ‚Gefahren' des unkontrollierten Wanderns von Handwerksgesellen zurückgeführt. Demnach brachten die Handwerksgesellen „kommunistische Gedanken und Lieder mit; ihre Sammelstätten wurden nach Auflösung des Meisterhauses die Herbergen zweifelhaftester Art. Dort waren die Pflegestätte kommunistischer Bildungsklubs, zugleich auch Herde des Lasters und der Zügellosigkeit." Christliche „Sonntagssäle", wie sie – zunächst in Basel – in den 1830er Jahren entstanden waren, sollten dem entgegenwirken (Stursberg 1948, 37, 104-106, hier 105). Affolderbach 1977, 84f., bestätigt die These, daß es in erster Linie um das Leben einer christlichen Lebensgemeinschaft ging.

1314 Kupisch 1958, 81-84, 88; vgl. CVJM-Gesamtverband, Eichenkreuz-Grundsätze, Sport im CVJM-Gesamtverband in Deutschland e. V., in: Affolderbach 1978.

1315 Katechismus des Eichenkreuzes 1928 (KAM, CVJM-Bestand).

1316 Köster 1948, 113.

aus Körper, sondern aus Seele und Geist", heißt es auch 1945 in der ‚Mitarbeiter-Hilfe':

„Wir haben für den Gesamtmenschen zu sorgen. Darum Dreiteilung. Also nicht Askese, wie bei den Mönchen, sondern fröhliche Leibesübung. Aber keine Übertreibungen dieser einen Seite. Auf die Vielgestaltigkeit des Lebens eingehen."[1317]

Mit dem angestrebten ausgewogenen Verhältnis von Leiblichkeit, Religiosität und ‚Geist' markierten die Christen auch einen Unterschied zu Sportaktivitäten während der NS-Zeit, ohne dies zu explizieren.[1318] Gleichzeitig rekurrierten sie auf das Konzept des ‚ganzen Mannes', wie es in der Turnbewegung Ende des 19. Jahrhunderts favorisiert wurde.[1319] Dem Ideal der Vereinsleitung von der Kontrolle jeglicher erotischer Emotionalität, des übersteigerten Wettkampfs und der „Eitelkeit"[1320] standen das Interesse einiger Jungen am Turnen, an sportlichen Spielen und am Wandern gegenüber, bei dem man mit den anderen in „nähere ... Fühlung"[1321] kam. Eine Abschirmung von sexuellen Empfindungen kam aber auch den Jungen gelegen, weil jene verunsicherten. Dies galt auch für homoerotische Empfindungen, die trotz aller Bemühungen um Harmonie unter den Jungen unterbunden wurden.[1322]

Auch beim Wandern standen sinnliche Erfahrungen – im Gegensatz zur Mindener Jungenschaft – bei den CVJMlern nur selten im Vordergrund.[1323] Es gibt daher nur wenige Äußerungen der Jungen über landschaftliche Eindrücke, wie folgende von der Ferienfahrt 1947 ins Hochsauerland:

„Die Weiterfahrt nach Meschede wurde beinahe halsbrecherisch. Aber herrlich war das Gefühl, wie man trotz des vielen Rauf- und Runter-fahrens doch immer höher stieg, herrlich, wie sich links und rechts immer wieder der Blick in tiefe Täler und auf anmutig am Berghang gelegene Dörfer öffnete."

1317 Sportbegeisterung, in: Mitarbeiter-Hilfe (1945/46), F9. Ähnlich wie in der Lebensreformbewegung sollten auch bei den Christen im frühen 20. Jahrhundert „,... alle in ihr [der christlichen Persönlichkeit; BJ] liegenden Gemüts- und Geisteswerte gleichmäßig gepflegt ... '" ausgedehnt werden (Jürgensen 1980, 43f.). S. zur Lebensreformbewegung Kerbs/Reulecke 1998.

1318 S. zur Sportsozialisation im NS-Staat Cachay/Bahle/Mehl 2000.

1319 S. McMillan 1996, 88-100, hier 91; Putney 2001.

1320 Müller-Späth 1988, 258f.

1321 KAM, „Ordner I".

1322 S. die Thematisierung von Freundschaft unter Jungen in einem Vorschlag für einen Heimabend, worin zwischen *„guter"* und *„schlechter" Freundschaft* unterschieden wird (Du und Dein Freund, in: Mitarbeiter-Hilfe [1945/46], F9).

1323 Schilderungen wie folgende waren daher Ausnahmen: Die Jungen genossen die „idyllische Ruhe und Einsamkeit" in Altastenberg, aber viel mehr noch die morgendliche Atmosphäre, als sie sich vor Sonnenaufgang auf den Weg in den Wald machten, um Wild zu beobachten (Keber, Wolfram, Zeltlagerchronik, handschriftlich, eingelegt in: KAM, „Protokollbuch III").

Bald bestiegen sie den Kahlen Asten, durften leider nicht den Aussichtsturm betreten, fühlten sich dennoch für den Aufstieg durch den sich ihnen bietenden Ausblick belohnt. Als sie am 12. August zur Hohen Seite wanderten – so hebt Keber hervor –, hatten sie einen „wunderbaren Ausblick in das hessische Land (Corbach, Wildungen, fast bis zur Edertalsperre)“. Die Höhe der Berge, die Weite des Blicks und des Horizonts, in dem sich die Landschaft ergoß, war für die Jungen ein besonderes Erlebnis.[1324] Nach dem Zeltlager 1948 beschwerte sich ein Junge, daß sie zu wenig wanderten, obwohl sie „mitten im Wandergebiet“ „lagerten“.[1325]

Natur sollte aber im CVJM weniger emotional und sinnlich erlebt werden als vielmehr ein Lernfeld und ein Ort für Erkundungen sein. Bei ihren Fahrten inspizierten die Jungen Wald und Flur bei Morgen- und Nachtwanderungen.[1326] Sie erforschten die Gegend und griffen auch in die Natur ein, wie bei einem Fahrradausflug 1955: „Nach dem Mittagessen ... zogen die einzelnen Jungenschaften allein in den Wald und bauten Staudämme oder unternahmen Erkundungsgänge“.[1327] Im Zeltlager 1947 folgten die Jugendlichen an einem Tag einem Förster in den Wald. Der „Förster ... [erzählte ihnen] in gemütlicher, anschaulicher, netter Art vom Wild und den hiesigen Wäldern“.[1328] Bei anderen Ausflügen, wie der Sternwanderung durch den Harz 1955[1329], lernten die Jungen „Fahrtenkunde“, sich also in fremder Umgebung zurechtzufinden und in Wald und Flur zu orientieren.[1330] In den 1950er Jahren unternahmen die CVJMler darüber hinaus zunehmend Städtefahrten wie 1952 während des Zeltlagers im Schwarzwald.[1331] Wie die Briefe der Jungen aus dem Jahre 1948 belegen, wünschten sich die Jungen ausdrücklich „Besichtigungen von Sehenswürdigkeiten“ und des „Industriemuseums“, was sie in ihrem Zeltlager vermißten.[1332] Selten und ausgesprochen politisch und zeitgeschichtlich geprägt war die Fahrt nach Berlin 1958. Dort informierten sich die Jungen über die deutsche Teilung, die russische Besatzung und somit die jüngste Geschichte Deutschlands.[1333]

1324 Ebda.

1325 Brief eines Teilnehmers (KAM, „Ordner I“).

1326 S. Bericht über die Nachtwanderung am 15./16. Januar 1949 (KAM, „Protokollbuch III“).

1327 Bericht über einen Fahrradausflug: Dumjahn, Jürgen, Hier spricht der Jungenschaftssender, in: CVJM-Minden, Monatsanzeiger, 99 (Juni 1955), 10 (KAM, „Ordner X“).

1328 Keber, Wolfram, Zeltlagerchronik, handschriftlich, eingelegt in: KAM, „Protokollbuch III“.

1329 CVJM-Minden, Monatsanzeiger (November 1955) (KAM, „Ordner X“).

1330 Jungenschaftsstunde in Nommensen am 27. April 1954, in: CVJM-Minden, Monatsblatt (April 1954) (KAM, „Ordner V“).

1331 Brief an die Eltern der Teilnehmer, 1952 (KAM, „Ordner V“); Bericht über die Vorstandssitzung am 18. 7. 1952 (KAM, „Protokollbuch III“). Vgl. Sommerfreizeit der Jungenschaft Gustav-Adolf in Ebingen/Württemberg im August 1957 (KAM, „Ordner VII“).

1332 KAM, „Ordner I“.

1333 KAM, „Ordner II“.

Während die Jugendlichen in den 1950er Jahren zunehmend Städteexkursionen unternahmen, stieg die Beteiligung an den Turnstunden des Mindener Eichenkreuzturnvereins, so daß der CVJM das Turnprogramm erweiterte.[1334] In dieser Zeit trat „die bisherige Form der Lager mit ihrem festen Gepräge zunächst etwas" zugunsten von Fahrten, bei denen die Jugendlichen von Ort zu Ort reisten, zurück.[1335] Seit 1949 unternahmen die Mindener CVJMler immer öfter Geländespiele und Schnitzeljagden.[1336] Die veränderte Vereinspraxis kam dem in den 1950er Jahren zunehmenden Interesse der männlichen Jugendlichen an körperbetonten Aktivitäten, Wettkämpfen und der ‚Erschließung' von Gelände entgegen.[1337] Während die Jungen in den ersten fünf Nachkriegsjahren recht unterschiedliche Meinungen über Wandern und sportliche Wettkämpfe äußerten, wurde der Wunsch nach Ruhe und Entspannung in den 1950ern Jahren kaum noch formuliert.

Dies zeigt auch ein für den CVJM ungewöhnlicher Bericht über die Ferien im Sommer 1955 im Harz. Der Artikel vermittelt den Eindruck, als ob es sich hier um ein einziges Geländespiel handelte. Der anonyme Autor beschreibt die Jugendgruppe als tobenden und wilden Haufen. Er berichtet insbesondere von raufenden Jungen und von kämpferischen Spielen, z. B. von einer „männermordenden Feldschlacht", die „in den Harzbergen ... tobte": „Da fließt unten im Tal ein Fluß, der noch nicht gestaut war. Wir können es nicht übers Herz bringen, so daran vorbei zu gehen. Da bauen wir schnell noch eine Talsperre, was mit einer zünftigen Wasserschlacht endet."[1338] Die Jungen entdeckten bei ihren Wanderungen durch den Harz ein verlassenes Dorf, wo sie ihre „Zerstörungswut" ausließen und ihre körperlichen Kräfte unter Beweis stellten. Agressiv machten sie sich an einem Telegraphenmast zu schaffen: „Hanno will ihn umreißen (...). Alle Mann ran und Hau ruk. Er wackelt ganz beachtlich, aber umfallen tut er nicht. Doch nun erbarmt sich Tönnchen (Kraftmensch!) und wenige Augenblicke später: Krach!"[1339] Mehr als bei den Fahrten Ende der 1940er Jahre kam es für die Jungen in den späteren Jahren darauf an, mit

1334 KAM, „Ordner V"; „Protokollbuch III".
1335 Schoberth, Christian, Großfahrt, auch eine Form der Sommerarbeit, in: Mitarbeiter-Hilfe (Mai/Juni 1950), 95. S. Kap. III. 2. 2. 2. 3.
1336 KAM, „Protokollbuch III"; KAM, CVJM-Minden, Monatsanzeiger (April 1951) (gebunden). S. Schobert, Christian, Großfahrt, auch eine Form der Sommerarbeit, in: Mitarbeiter-Hilfe (Mai/Juni 1950), 95f.
1337 Darauf weisen die sinkenden Mitgliederzahlen um 1950 hin (s. Kap. III. 2. 2. 1). Die veränderte Gestaltung der Heimabende und verstärkte Anregungen zur Bibellektüre deuten in die gleiche Richtung. S. Börner, Walter, Bibel-Test mit einer Gruppe, in: Mitarbeiter-Hilfe (Juli/August 1950), 157f.
1338 Jahresbericht des CVJM-Minden zum 99. Jahresfest 1955 (KAM, „Ordner II").
1339 KAM, Monatsanzeiger (November 1955) (KAM, „Ordner X").

körperlicher Kraft zu beeindrucken.[1340] Obwohl auch Wandern offensichtlich noch immer nicht zu den beliebtesten Aktivitäten der CVJMler gehörte, äußerten sie sich Mitte der 1950er Jahre nicht mehr so unverblümt kritisch dazu wie in den Briefen von 1947. Vielmehr zeigten sie sich trotzig: Als sich die Jugendlichen 1955 im Harz bei der Sternwanderung mehrerer CVJM-Gruppen verliefen, kommentierten sie es in ihrem im Monatsanzeiger veröffentlichten Bericht mit stöhnender Ironie: „Verlaufen! das muß einfach falsch sein. Wir fragen einen Waldarbeiter. ‚Och, Ihr habt Euch nicht viel verlaufen, bloß einen Umweg von anderthalb Stunden ... ‘.“[1341] Während der CVJM in den ersten Nachkriegsjahren einen Rahmen für Entspannung, Gebete und Erholung setzte, die Jugendlichen diesen gerne annahmen, aber sich bereits um ihre ‚Trägheit‘ sorgten, legitimierte der Verein Mitte der 1950er Jahre, daß die Jugendlichen ihre unkontrollierte und zerstörerische Kraft entluden. Die Jugendlichen suchten offenbar männliche Gemeinschaft seit etwa 1950 eher beim körperlichen Wettkampf und bei Bewährungsproben als bei religiöser Erbauung oder einem vertraulichen Gespräch.

Das Verhältnis dieser jugendlichen Christen zu Körperlichkeit und Männlichkeit hatte sich im Laufe des Untersuchungszeitraumes verändert. Auf Fahrt übten sie sich in der frühen Nachkriegszeit in der Kontrolle jeder körperlichen Tätigkeit und Unterdrückung jeglicher erotischer und sexueller Empfindungen. Nicht Sinnlichkeit und Empfindsamkeit, sondern in Bann gehaltene (Homo-)Erotik sowie kognitives Erfassen und ‚Bearbeiten‘ von Natur galten bei den christlich-konservativen Jungen als männlich. In den 1950er Jahren betonten sie stärker ihren Mut, ihre körperliche Kraft, „Freiheit“ und Kampffähigkeit.[1342] Die Zerstörung von ‚Altem‘ und das Bändigen von Natur (etwa mit Staudämmen) bei der Harzfahrt 1955 kam auf einer metaphorischen Interpretationsebene der Konstruktion ‚neuer‘ dominanter und gewaltausübender Männlichkeit gleich. Die Jungen agierten dabei ähnlich wie ‚Halbstarke‘ und eher als „Boxer“ denn als „Mönche“. Obgleich das unkontrollierte Austoben und die ungestüme Konkurrenz dem offiziellen Vereinsverständnis von körperlicher Betätigung widersprachen[1343], ist nicht belegt, daß die Jungen aufgrund ihres Verhaltens im Harz mit der Vereinsleitung in Konflikt geraten wären. Zudem deutet der Abdruck des Berichts im Monatsanzeiger darauf hin, daß es darüber keine grundsätzliche Kontroverse zwischen Vorstand

1340 S. Monatsanzeiger des CVJM-Minden, 99 (Dezember 1955) (KAM, „Ordner X“).
1341 KAM, Monatsanzeiger (November 1955) (KAM, „Ordner X“).
1342 Vgl. zum Zusammenspiel von Selbstkontrolle, „Freiheit“ und (Wett-)Kampfbereitschaft im Männlichkeitskonzept der Turnerbewegung Goltermann 1998; dies. 2000; McMillan 1996.
1343 S. Meyer, C., Mutproben, in: Jugend unter dem Wort, 5 (Oktober 1952), Nr. 10, 6f.

und Jugendgruppen gab.[1344] Die Vereinsleitung gestand männlichen Jugendlichen offenbar unkontrollierte Zerstörungswut und Kraftprotzerei im Rahmen ‚jugendlicher Narrenfreiheit' zu. Die hier konzipierte Form von Männlichkeit, die sich durch männerbündisches Verhalten und durch das Demonstrieren körperlicher Kraft auszeichnete, entsprach durchaus dem christlich-konservativen Männlichkeitskonzept in der Nachkriegszeit, etwa im Sinne des ‚Normalisierungs-Projekts' oder der Remilitarisierung.[1345] Diesem Männlichkeitsentwurf entsprach es, daß Wanderungen eher Erkundungs- und ‚Eroberungs'-Gänge waren als das Einlassen auf Stimmungen und Widrigkeiten. In diesem Sinne begegneten die Jungen auf ihren Fahrten fremden Menschen und besuchten andere Gemeinden.

III. 2. 2. 2. 5 Junge Christen unterwegs bei Gemeindearbeit und Mission

Anders als für die Mindener Horten der deutschen Jungenschaft war es für die CVJMler kein Problem, daß sie von Menschen außerhalb der Jugendgemeinschaft bekocht wurden. Wolfram Keber bedankte sich beispielsweise für die Unterstützung und „die Verpflegung" bei „unseren ... Küchenchefs sowie [für] manche Zuschüsse der Familie O[...]".[1346] Außerdem quittierten die Jungen den Besuch eines Elternpaars im Zeltlager im Hochsauerland nicht mit Kritik. Ihre Jugendgemeinschaft stand aus ihrer Sicht nicht im Gegensatz zu den Erwachsenen außerhalb ihrer Gruppe.

Vor diesem Hintergrund war es für diese Jugendlichen selbstverständlich, bei Lagererinnerungsnachmittagen oder Jahresfesten ihren Eltern und Bekannten ihre Ferienerlebnisse zu schildern.[1347] Dabei zeigten die Jugendlichen

1344 In gewissem Rahmen förderte der CVJM, daß sich Jungen untereinander prügelten, einander hinsichtlich Kraft und Geschicklichkeit maßen. S. die Vorschläge zur Einübung von Griffen aus dem Kampfsport für die Gruppenstunde: Jiu Jitsu. Mal lag er oben ..., in: Jugend unter dem Wort, 6 (November 1953), Nr. 11, 6. Beispielsweise wurden neben dem Artikel über den jungen Boxer Edgar Basel den Jungen Verteidigungsgriffe und Schläge gezeigt: Schnelle Griffe, in: Jugend unter dem Wort, 5 (Oktober 1953), Nr. 10, 7. Vgl. einen Zeltlagerbericht ähnlich dem des Mindener CVJM über die Harzwanderung: „Daß zu dieser ganzen Nachfolge [Jesu; BJ] alles gehört, was in einem Jungenleben sauber und sündlos ist, das zeigt das übrige Tagesprogramm. Heiß waren die Handballkämpfe zwischen den Dörfern auf dem Lagersportplatz, die Kastanienschlachten haben manch bläuliche Körperspuren hinterlassen" (Lagerfeuer auf dem Burghals. Die Zeltlager in Hohensolms standen unter der Losung: Jesus will dein Leben ganz, in: Jugend unter dem Wort, 6 [September 1953], Nr. 9, 16).

1345 S. Kap. I u. II.

1346 Keber, Wolfram, Zeltlagerchronik, handschriftlich, eingelegt in: KAM, „Protokollbuch III".

1347 Jahresbericht für 99. Jahresfest des CVJM Minden (KAM, „Ordner II").

Fotos und in den 1950er Jahren Ton-Bild-Shows.[1348] Außerdem verfaßten einige Jungen schriftliche Berichte über ihre Ferien und veröffentlichten sie innerhalb des Vereins, wie die hier viel zitierte Zeltlagerchronik, Tagesberichte der Jungen oder Artikel in Monatsanzeigern.[1349] Sie agierten dabei als konformer Teil des christlichen Vereins und der Gemeinde und präsentierten sich selbst geschlechts- und altersspezifisch als dynamisch, wild und ungestüm.[1350] Im Dialog mit Erwachsenen des Vereins, der Gemeinde und mit ihren Eltern inszenierten sie sich als abenteuerlustige Jugendliche. Dem Leser und der Leserin der Zeltlagerchronik von 1947 wird suggeriert, daß eine Jugendgruppe, die unterwegs ist, etwas chaotisch sei: Die Jungen könnten sich wegen der Enge auf dem Wagen und wegen der Decken gar nicht erkennen und deshalb nicht wissen, wer überhaupt mit dabei ist. Hier wird die Fahrt einer Jugendgruppe als ein besonderes und sich von Fahrten anderer Gruppen unterscheidbares Ereignis dargestellt. In diesem Tenor berichtet Keber vom ersten Tag: „Denn wo gibt es ein Zeltlager, in dem in der ersten Nacht durchgeschlafen wird?! So ist es uns auch nicht entgangen, daß es nachts geregnet hat. Vorläufig kümmert uns das wenig." Außerdem stellt der Chronist seine Gruppe so dar, als könne nichts und niemand sie davon abhalten, Spaß in ihrem Zeltlager und bei ihren Unternehmungen zu haben. Schließlich kam es den Jungen auch darauf an, durch ihre Instrumente und ihren Gesang als Jugendliche, die in die Ferien fuhren, aufzufallen.[1351] Einerseits wollten die Jugendlichen auf diese Weise bei den Lesern, den Vereinsmitgliedern, einen positiven Eindruck hinterlassen. Andererseits distinguierten sie sich von den Erwachsenen und Jugendlichen anderer Organisationen.

Als die Teilnehmer der Harzwanderung 1955 das Kreisjugendamts-Zeltlager besuchten, das der langjährige Jugendpfleger Strauch organisierte und leitete, stellten sich die Jungen als ‚Kenner vom richtigen Zelten' dar: „Wir bestaunen erstmal die Zelte. Die hat irgend so ein geistiger Nichtschwimmer aufgebaut, der noch nie etwas vom Zelten gehört hat. (...) Wir wollen denen mal zeigen, wie man Zelte aufbaut." Vielleicht waren die Zelte wirklich nicht gut aufgestellt („Falten von oben bis unten [...] Wund von unten, Tropfen von oben."). Trotzdem verwundert diese Überheblichkeit der CVJMler, denn sie verbrachten nämlich anders als andere Jugendgruppen häufig ihre Ferien in Ju-

1348 S. zu den Fotos z. B. eine Einladung vom 15. 10. 1953 von Walter Schubert (KAM, „Ordner V"); zu Ton-Bild-Shows z. B. KAM, „Ordner VII" (Fahrt zur Tierberghütte); KAM, „Ordner II" (Berlin-Fahrt 1958).

1349 Z. B. Tagesberichte über die Sommerfreizeit der Gustav-Adolf-Jungenschaft im August 1957 (KAM, „Ordner VII"); CVJM Minden/Westf., Monatsanzeiger, 99 (Oktober, November, Dezember 1955) (KAM, „Ordner X").

1350 S. zur Harzwanderung 1955 ebda.; Jahresbericht für 99. Jahresfest des CVJM Minden (KAM, „Ordner II").

1351 KAM, „Protokollbuch III".

gendherbergen.[1352] Mit ihrer Haltung stellten sie sich als ‚jugendbewegt' und fahrtenkundig dar. Sie konkurrierten dabei mit anderen (männlichen) Jugendgruppen. Ähnliche Bedeutung kam der neuerlichen Kluft zu: Zum ersten Mal war 1955 davon zu lesen, daß der Jugendwart Heinz Müller in der Ankündigung für die Wanderung im Harz Wert auf ein bestimmtes Auftreten in Form von beschriebener Kleidung legte: „Wir tragen sog. Texashemden und bunte Käppis mit Klimbim und Firlefanz." Schließlich empfahl er „grünes Fahrtenhemd mit Halstuch und Westbundabzeichen".[1353] Mit bündischen Accessoires und Habitus inszenierten sich die CVJM-Jungen zunehmend als Teil einer Jugendbewegung, paßten sich an andere Jugendorganisationen an und versuchten gleichzeitig, sich von anderen zu unterscheiden.[1354]

Als junge männliche Mitglieder des CVJM und ihrer Heimatgemeinde traten die Jungen auch am Ort ihres Zeltlagers auf. Am Sonntag liefen die Teilnehmer des Zeltlagers im Sauerland 1947 zu der nächstgelegenen Gemeinde Winterberg, um dem Gottesdienst beiwohnen zu können. Im Anschluß ließen sie sich vom Pastor über „das Leben in dieser Gemeinde und die Einrichtungen" der benachbarten evangelischen Gemeinden berichten.[1355] Als Mindener Jugendliche des CVJM 1952 im Schwarzwald Ferien machten, besuchten sie den dortigen Gottesdienst und „trieben" danach „Volksmission am Ort".[1356] Auch die Teilnehmer der Wanderung durch den Harz 1955 besichtigten eine Holzkirche.[1357] Meist erfuhren die Jungen bei ihren Kontakten zu den Gemein-

1352 CVJM Minden/Westf., Monatsanzeiger, 99 (Dezember 1955) (KAM, „Ordner X").

1353 Ebda.

1354 Dies kommt sowohl in Bildern, der Sprache und dem Tonfall der Artikel über Zeltlager und Fahrten in der Jugendzeitschrift zum Ausdruck. Beispielsweise sind auf dem Titel des Aprilheftes von 1950 der Zeitschrift ‚Jugend unter dem Wort' mehrere Jungen in der Kluft des CVJM vor einem Burg- oder Stadttor abgebildet. Einer von den Jugendlichen trägt einen Wimpel in der Hand, der am oberen Ende einer Fahnenstange weht. S. Christhard, ... und abends Lagerfeuer, in: Jugend unter dem Wort, 5 (Juli 1952), Nr. 7, 17; Lagerfeuer auf dem Burghals. Die Zeltlager in Hohensolms standen unter der Losung: Jesus will dein Leben ganz, in: Jugend unter dem Wort, 6 (September 1953), Nr. 9, 16; Was bleibt uns? Ausschnitte aus Fahrtenberichten der Jungenschaft, in: Jugend unter dem Wort, 6 (September 1953), Nr. 9, 6. S. zur Diskussion über die Einführung einer Kluft Busch, Johannes, Kluft oder nicht? Der Bundeswart nimmt Stellung. Wo stehen wir im Augenblick?, in: Jugend unter dem Wort, 5 (Mai 1952), Nr. 5, 17; Uniform oder nicht? Der Jungenschaftler hat das Wort, in: Jugend unter dem Wort, 5 (März 1952), Nr. 3, 15-17; Uniform oder nicht? Ein wichtiger Leserbrief – Es geht um die Kluft – Wer antwortet?, in: Jugend unter dem Wort, 5 (Februar 1952), Nr. 2, 15.

1355 Keber, Wolfram, Zeltlagerchronik, handschriftlich, eingelegt in: KAM, „Protokollbuch III".

1356 Bericht über die Vorstandssitzung am 18. 7. 1952 (KAM, „Protokollbuch III"). Vgl. Corbach, Dieter, Tippzettel für Fahrt und Lager, in: Jugend unter dem Wort, 6 (August 1953), Nr. 8, 6. Der Autor fordert die Jungen darin auf: „Wenn ihr durch ein Dorf oder eine Stadt kommt, dann haltet jedesmal für drei Minuten an und singt: Wir jungen Christen tragen ...".

1357 CVJM Minden/Westf., Monatsanzeiger, 99 (Oktober, November, Dezember 1955) (KAM, „Ordner X"); Jahresbericht für 99. Jahresfest des CVJM Minden (KAM, „Ordner II").

den etwas über sie und verglichen diese mit ihrer eigenen. Einer stellte 1947 fest, daß sich die Winterberger Gemeinde in der „Diaspora" befände.[1358] Solche Begegnungen waren von Neugier an anderen getragen. Gleichzeitig sahen sich die Jungen positiv in ihrer Zugehörigkeit zur Mindener Gemeinde und dem Mindener CVJM bestätigt. In aller Regel demonstrierten die Jungen mit ihren Interaktionen christliche Verbundenheit und in der Abgrenzung Selbstbestätigung.

Außergewöhnlich und freundschaftlich war die Begegnung der Jugendlichen im Hochsauerland mit Vertretern des britischen YMCA, genauer „2 Engländerinnen und 1 englischen Wehrmachtspfarrer vom YMCA", die das CVJM-Zeltlager „besichtigten".[1359] Diese brachten Brötchen und Kekse mit, worüber sich die Jungen freuten. Als die Jungen dem YMCA in Winterberg einen Gegenbesuch abstatteten, wurden sie mit „Limonade, Brötchen und Butter-Cremeschnitten" bewirtet. Die Jugendlichen bedankten sich in einer geselligen Runde, indem sie einstudierte Lieder, wie z. B. „Trara, das tönt wie Jagdgesang ...", „Geh' aus, mein Herz ...", vortrugen. Mit einem Foto wurde dieses „nette Erlebnis" festgehalten. Keber empfand bei dieser Begegnung von Christen „Verbundenheit über Nationen".

Kurz bevor die Jugendlichen das Hochsauerland verließen, luden sie 50 bis 60 Personen aus den Nachbarorten Winterberg und Elkeringhausen zu einem Abschlußabend ein. Für ihre Gäste hatten die Jungen ein ausführliches Programm vorbereitet, das sie „auf dem Platz unter der Fahne" darboten: eine Scharade über ‚das Wort' und die Aufführung der „Spitzbubenkomödie", die sie während ihrer Ferien einstudiert hatten. Anschließend feierten die Jungen mit ihren Gästen in geselliger Runde bei Musik, Gesang und Ballspiel. Bei dieser Gelegenheit zeigten die Jugendlichen den Gästen ihr Zeltlager . Die am Abend fortgesetzte Feier fand im kleineren Rahmen um ca. 21 Uhr auf dem nächsten Berghang statt. Dort setzten sie sich um ein Lagerfeuer und ließen das Lager in einer „besinnlichen Stunde" Revue passieren. Sie bedankten sich dabei bei ihren Gastgebern, der Köchin und dem Koch. Geselligkeit im großen Rahmen ging hier einher mit der Selbstpräsentation der Jungen, die sich damit gleichzeitig als Vertreter der Mindener Gemeinde und des Mindener CVJM, aber auch als Christen inszenierten.[1360]

Basis für solche Veranstaltungen war die im Zeltlageralltag konstituierte christliche und bruderschaftliche Gemeinschaft der Jungen[1361]. Ohne von

1358 KAM, „Protokollbuch III".

1359 Dieses und die folgenden Zitate stammen, wenn nicht anders vermerkt, aus: Keber, Wolfram, Zeltlagerchronik, handschriftlich, eingelegt in: KAM, „Protokollbuch III".

1360 Vgl. für andere Zeltager und Fahrten CVJM Minden/Westf., Monatsanzeiger, 99 (Dezember 1955) (KAM, „Ordner X").

1361 Vgl. Affolderbach 1977, 84f.; Stursberg 1948, 105.

Mädchen gestört zu werden, konstruierten sie eine milieuspezifische Form von Männlichkeit. Diese ist durch das Interesse an Naturkunde, durch missionarisches, dominantes, aber auch kooperatives Auftreten in der Öffentlichkeit sowie durch emotionale und körperliche Selbstkontrolle gekennzeichnet.[1362]

Homosoziale Räume sind wie in diesem Fall in der Tat konstituierend für die Konstruktion hegemonialer Männlichkeit.[1363] Das Beispiel des Mindener CVJM zeigt aber auch, daß diese These wenigstens alters- und milieuspezifisch zu differenzieren und zu historisieren ist. Die Jungen reproduzierten nicht einfach vorgefundene Formen christlich-konservativer Männlichkeit, sondern nahmen am Wandel derselben seit dem Zweiten Weltkrieg teil. In den ersten fünf Nachkriegsjahren konstruierten die Jungen eine männliche Gemeinschaft mit einem familialen Antlitz. Sie legten viel Wert auf Erbauung und gegenseitige Ansprache. Seit den 1950er Jahren wandelten sie ihre Gemeinschaft zu einer Horde ‚wilder' Jungen[1364] und (re-)konstruierten eine körper- und gewaltbetonende Männlichkeit. Die im intensiven Erleben im Zeltlager eingeübten männlichen Verhaltensweisen waren bedeutsam für das Engagement der Jungen im Verein, in der Gemeinde und in der Kommune. Die Teilnahme an den CVJM-Ferien kam demzufolge einer Einführung in die männliche ‚Welt' des christlich-konservativen Milieus gleich.

1362 S. Corbach, Dieter, Tippzettel für Fahrt und Lager, in: Jugend unter dem Wort, 6 (August 1953), Nr. 8, 6.

1363 S. Meuser 1998.

1364 Sie ‚erarbeiteten' sich ‚Gemeinschaft' und beanspruchten weniger, daß ‚Gemeinschaft' gleich einem organischen Gebilde ‚von selbst' entstehen solle. Als Gegenbeispiel ist ein Artikel über die Organisationsstruktur des CVJM zu nennen. Darin betont der Autor z. B., daß die „Teile" der Organisation „nicht mechanisch aneinander gefügt, sondern organisch, lebendig, innerlich verbunden" seien (Prosch, C. v., Von einer Altersstufe zur anderen, in: Mitarbeiter-Hilfe [März/April 1950], 25).

III. 2. 2. 3 Mann-Werdungen in Verein, Gemeinde und Kommune

„*Jungenschaft Wir alle,* die wir gemeinsamen Weg wandern zur Ewigkeit, die wir am Hobel und am Schraubstock und zwischen Rädern und Büchern unser Tagwerk tun, die wir die Not des Alltags kämpfend tragen müssen und trachten Männer zu werden, die wir in Sehnsucht ausschauen nach Friede und Freude, nach wahrer Gemeinschaft und Bruderschaft, die wir uns in jugendlicher Kraft verbunden wissen, Du und ich und wir alle *Wir wollen* unsere Augen klar machen lassen, echt zu sehen und verstehen, Kraft schöpfen aus den Quellen des Wortes Gottes unsere Hände falten zum Gebet, rein zu bleiben und reif zu werden, begegnen unserm König Jesus Christus einsam und gemeinsam, Freude nehmen, die bleibt, und unsere Hände schließen zum Bund echter Jungenschaft, zum Dienst allzeit bereit!“[1365]

Die Jungenschaftler des CVJM befanden sich während ihres Alltags bei den Heimabenden und in ihren gemeinsamen Ferien zwar fast ausschließlich unter männlichen Personen überwiegend ihren Alters. Da sie sich sowohl in ihrem Alltag als auch auf ihren Fahrten als Teil des gesamten CVJM und der Gemeinde verstanden, beschränkten sich aber ihre Aktivitäten als CVMler weder auf alters- noch auf geschlechtshomogene Gruppen. Vielmehr erstreckten sie sich auf den Verein, die Gemeinde und die Kommune, auf Gremienarbeit, „Rüststunden“ mit Mädchen und Jungen der Gemeinde, „Missionsfeste“ in der Stadtöffentlichkeit, zu der die Familien der Gemeinde kamen, sowie auf Aktivitäten im Stadt- und Kreisjugendring oder Zusammenkünfte mit Parteipolitikern. Welche Handlungsspielräume hatten die männlichen Jugendlichen innerhalb der vorgefundenen Hierarchien und angesichts der an sie gerichteten Erwartungen? Inwiefern waren die Tätigkeiten der Jungen insbesondere in den Vereinsgremien, innerhalb der Gemeinde und innerhalb der Kommune eine Einführung in männlich konnotierte Politik im christlich-konservativen Milieu?

III. 2. 2. 3. 1 Geselligkeit, Arbeit und Politik: Bewährungen

Der geschlechtshomogene CVJM gliederte sich in vier Altersgruppen: Kinder, Jugendliche, junge Männer bis etwa 30 Jahre und ältere. Viele Aktivitäten fanden in nach Alter segregierten Gruppen statt. Entsprechend waren Aufgaben und Kompetenzen innerhalb des Vereins sowie innerhalb eines Gremiums oder

1365 Spruch auf der Rückseite des Programmes für den Elternabend am 27. 4. 1954 (KAM, „Ordner V“).

Aktivitätenfeldes verteilt.[1366] Z. B. durften die Jugendlichen, im Gegensatz zu den 10-14jährigen, an offenen Heimabenden, an Mitgliederversammlungen und Mitarbeitersitzungen teilnehmen und sich dort im begrenzten Maße einbringen. Erst nach der Konfirmation konnten, wie eine Ankündigung aus dem Jahre 1956 kundtut, Jugendliche in eine Jugendgruppe aufgenommen werden: „Am Mittwoch, den 1. Feb. werden sich ... unsere Jungscharler, die in diesem Jahr konfirmiert werden, im CVJM-Heim Marienwall treffen, um sich zu einer neuen Jungenschaft zusammenzuschließen."[1367] Dieser wichtige *rite de passage* trennte das Kindes- vom Jugendalter und war im CVJM die Eintrittsvoraussetzung, um in geselligen Runden und Gremien des Vereins zugelassen zu werden. Die Konfirmation bedeutete die Aufnahme in die Gemeinschaft der Männer und der Gemeinde.[1368]

Basis der Vereinsarbeit bildete die brüderliche Gemeinschaft auf der Grundlage der Bibel. Diese Gemeinschaft konstruierten die Jungen und Männer zum einen bei den Bibelabenden, die insbesondere kurz nach dem Weltkrieg auch altersübergreifend gehalten wurden.[1369] Zum anderen förderten gesellige Runden den Zusammenhalt. Zentraler geselliger Treff der Mindener CVJMler waren die allen ab 14 Jahren offenstehenden Heimabende, die „den gesamten Verein – ohne Jungscharen – vereinen [sollen], damit der Zusammenhalt ... [aller Abteilungen; BJ] bleibt".[1370] Bei Heimnachmittagen und -abenden trafen sich die Jungen und Männer in geselliger Runde oder auch zum Bibellesen und Tischtennisspielen. Sie konnten hier Spiele und den Leseraum benutzen.

Einerseits waren dies offene Angebote des CVJM an seine Mitglieder. Andererseits unterstanden die Heimnachmittage einem Reglement. Dieser Widerspruch wird bereits bei der Frage der Zugangsbedingungen deutlich: Prinzipiell waren alle Mitglieder im Heim willkommen, dennoch beschwerte sich ein CVJM-Funktionär bei der Mitarbeitersitzung am 6. 12. 1950 darüber, daß auch solche Jungen und Männer das Heim benutzten, die sich sonst nicht blikken ließen.[1371] In Folge dieser und anderer Konflikte waren das CVJM-Heim

1366 Vgl. Hering 2002.
1367 KAM, „Ordner X".
1368 Viele Jungen kamen erst mit der Konfirmation zum CVJM (KAM, „Protokollbuch III"). S. Prosch, C. v., Von einer Altersstufe zur anderen, in: Mitarbeiter-Hilfe (März/April 1950), 25f. Vgl. Evans 1982, 259; Przybylski 1928, 18f.
1369 S. Kap. III. 2. 2. 1.
1370 KAM, „Protokollbuch III".
1371 KAM, „Protokollbuch III". Stursberg 1977, 314f., erläutert die – auch auf einer Weltkonferenz (1965) – festgelegten und offiziellen Normen und Ideale eines Mitglieds. Wichtige Stichworte dazu sind „Verbindlichkeit in der persönlichen Lebensgestaltung", d. h. sowohl verbindliche Teilnahme als auch christliche Lebensführung sowie „Bereitschaft zum Opfer" von Zeit und Engagement. Mit „Freundesbeiträgen" könnten auch durchaus finanzielle ‚Opfer' gemeint sein.

Ort und Anlaß für Auseinandersetzungen, wo Interessen Jugendlicher mit denen der Vereinsleitung kollidierten. Insbesondere das Tischtennisspielen war wiederholt Streitpunkt, etwa bei Mitarbeiterkreisen und Vorstandssitzungen sowie Mitgliederversammlungen.[1372] Es stellte ohnehin ein Dorn im Auge einiger Vorstandsmitglieder dar, weshalb es Anfang der 1950er weiter eingeschränkt wurde:

„Wegen Mißbrauchs des Sonnabend (Tischtennis!) wird das Heim am Sonnabend geschlossen. Das Tischtennisspielen wird auf den jetzt freien Dienstagabend – [‚Der Dienstagabend als Spielabend im Heim soll stillschweigend aufgegeben werden.'] – gelegt, die Aufsicht hat H[...] K[...] ...".[1373]

Aber auch in anderen Bereichen bemühte sich die Vereinsleitung im Laufe des ersten Nachkriegsjahrzehnts um genaue Regeln und deren Einhaltung. Zu dem angemahnten ‚ordentlichen' Verhalten gehörte auch, – wie im November 1948 in der Mitarbeitersitzung beschlossen – das Rauchen im Heim für Jugendliche unter 18 Jahren zu verbieten, was der gesetzlichen Regelung entsprach. Die Jahreshauptversammlung im Februar 1949 legte sich darauf fest, eine Heimordnung auszuarbeiten. Einen Monat später regelten die Mitarbeiter die Reinigung des Heims; im Januar 1951 befand der Mitarbeiterkreis mehrheitlich, daß die „Reinigung des Heimes ... wieder zu wünschen übrig" ließ und der „Spieleschrank ... wüst" aussah, und beauftragte daher einen Jugendlichen mit der Aufsicht im Heim. Er sollte dann „für Ordnung im Heim und für den Schaukasten" sorgen.[1374] In den 1950er Jahren legte der CVJM außerdem zunehmend Wert auf die innere Ausgestaltung und die äußere Erscheinung des Heims. Beispielsweise hielt man im Herbst 1950 im Protokollbuch lobend fest, daß ein Vereinsmitglied überraschend das Lesezimmer im ‚amerikanischen Stil' renovierte.[1375] Nicht nur nach innen sollte das Heim ein ‚schmukkes' beinahe zweites Zuhause bilden. Die Vereinsleitung legte außerdem großen Wert darauf, daß der Aushängekasten außerhalb des Hauses einen positiven Eindruck bei den Vorübergehenden hinterließe.[1376]

1372 Es wurde bei der Mitgliederversammlung am 11. 11. 1948 geklärt, wer wann Tischtennis spielen durfte. Ein Jahr darauf forderte man bei der Mitgliederversammlung am 29. 8.1949, daß bei „den Spiel-Nachmittagen ... mehr Ordnung sein [muß]! Besonders beim Tischtennis-Spielen muß jeder sein eigener Zuchtmeister sein ...". Außerdem beschloß man, daß „jeder nur eine Viertelstunde spielen" darf: „... dann kommt der nächste dran" (KAM, „Protokollbuch III"; s. KAM, CVJM-Minden, Monatsanzeiger [März 1951] [gebunden]).

1373 KAM, „Protokollbuch III".

1374 Ebda.

1375 Ebda. Meist geschah die Ausschmückung der Vereinsräume nach einer Aufforderung und entsprechend der christlichen Feste. Während der Adventszeit sollte auch das Heim ein weihnachtlicher Hort sein: „Auch unser Heim wartet auf ein Weihnachtsgeschenk jeden Kreises. (Wandschmuck)" (KAM, „Ordner V").

1376 Mitarbeitersitzung am 26. 9. 1951 (KAM, „Protokollbuch III").

Parallel zu diesen Beschlüssen einigte sich die Vereinsleitung auf ein zunehmend ausdifferenziertes und im Detail festgelegtes Programm für Heimabende und -nachmittage. Immer seltener wurde schlicht „Offenes Heim“ angekündigt.[1377] Häufiger waren Altersgruppen übergreifende Bibelstunden angesetzt.[1378] Auch ein „Teeabend“ für Jungen und Männer war für sonntags explizit eingeplant.[1379] Wie detailliert Heimnachmittage ihrem Inhalt nach definiert und in einem Monatsplan angekündigt wurden, zeigt die Planung für die Sonntagnachmittage im April 1955: Ab 14 Uhr war das Heim geöffnet. Eineinhalb Stunden lang stand zunächst die Bücherei zur Verfügung, und es wurden Spiele ausgegeben. Ab 15.30 Uhr wurden von Jungenschaftlern ausgewählte Geschichten vorgetragen, ehe der Jugendwart oder der Vikar dann aus der Bibel vorlas. Ab 16.05 Uhr teilte man sich 45 Minuten lang in „Interessengemeinschaften“, die ähnliche Themen behandelten wie die Jungenschaftsstunden.[1380] Schließlich war eine viertelstündige Pause angesetzt, um sich ab 17.00 Uhr eine halbe Stunde der Bibelarbeit nach im Monatsplan bekannt gegebenen Textstellen zu widmen. Es folgten ein etwa einstündiger Film und dann 25 Minuten „Heiteres“. Den Abschluß bildete eine 60minütige Andacht, so daß das Programm um 19 Uhr endete.[1381]

Folglich war der Handlungsspielraum der Jugendlichen bzgl. der Ausübung ihrer Interessen, der Gestaltung der Heimnachmittage sowie des Heimes selbst sehr eingeschränkt und wurde seit den 1950er Jahren weiter reglementiert. Die Handlungsmöglichkeiten veränderten sich nicht nur quantitativ, sondern auch qualitativ. Stellte man in einer Novembersitzung des Mitarbeiterkreises im Jahre 1948 fest, daß die Heimabende „möglichst von uns selber“ ausgestaltet werden sollten[1382], übernahmen 1953 einzelne Jungenschaftsgruppen abwechselnd die Leitung des offenen Heimes.[1383] Die Jugendlichen sorgten für die Einhaltung der Regeln, der Ordnung und Sauberkeit sowie z. T. für die Gestaltung der Heimräume. Es ist zwar nicht belegt, inwieweit sie auf das Programm Einfluß nahmen. Allerdings übernahmen Jugendliche hier verantwortungsvolle Aufgaben und übten sich damit in ihren ersten Vereinsämtern im Rahmen der Vorgaben erwachsener Männer.

Manche Jugendliche agierten außerdem in Gremien des CVJM. Als das formalrechtlich höchste Gremium galt die Jahreshauptversammlung, auch Mitgliederversammlung genannt. Denn diese wählte den Vorstand und die Kreis-

1377 KAM, „Ordner V“.

1378 Beispielsweise plante „Bruder Pietsch“, ab Januar 1951 an den Donnerstagen die Schöpfungsgeschichte auszulegen (KAM, „Protokollbuch III“).

1379 KAM, „Ordner V“.

1380 S. Kap. III. 2. 2. 1.

1381 Monatsanzeiger April 1955 (KAM, „Ordner X“).

1382 KAM, „Protokollbuch III“.

1383 S. Monatsprogramme der Jahre 1951-1954 (KAM, „Ordner V“).

vertreter, prüfte Abrechnungen, beriet das Arbeitsprogramm und den künftigen Haushaltsplan.[1384] Außerdem entschied die Mitgliederversammlung darüber, wer an den überregionalen Treffen und Mitarbeitertagungen teilnehmen durfte.[1385] Während es schwierig war zu kontrollieren, wer die offenen Heimnachmittage besuchte, waren zu Mitgliederversammlungen – und folglich zu anderen von ihr gewählten Gremien – ausschließlich sogenannte ‚tätige' und ‚aktive' Mitglieder zugelassen.[1386] Wer ein ‚tätiges Mitglied' war, ist in der Satzung definiert:

„Zu tätigen Mitgliedern mit aktivem und passivem Wahlrecht konnte der Vorstand von sich aus oder auf Antrag eingeschriebener Mitglieder im Alter vom vollendeten 16. Lebensjahr an ernennen, die sich rege an der Vereinsarbeit beteiligen und durch Wort und Wandel sich zur Grundlage (§ 2) des Vereins bekennen."[1387]

Wer also über die Mitgliederversammlungen Einfluß auf das Geschehen des CVJM ausüben wollte, mußte Loyalität gegenüber dem CVJM ebenso beweisen wie sein Engagement für die Ziele des christlichen Vereins. Die Akten des Mindener CVJM dokumentieren, daß die in der Satzung formulierten Normen zumindest für die Vereinsfunktionäre handlungsleitend waren und häufig zu Konflikten führten. Insbesondere leitende Vereinsmitglieder legten groß Wert auf Fleiß, Zahlung des Beitrages und dem damit verbundenen Abonnement der Zeitschriften des CVJM, Einhaltung der Vereinsordnung und brüderliches Verhalten.[1388]

„Es gibt nur Arbeits- und keine Ehrenämter!"[1389], war daher eine zentrale Aussage. Zahlreiche Briefe u. a. Selbstzeugnisse von CVJMlern berichten von Strebsamkeit bis zur Erschöpfung und aufopferndem Engagement im Verein.[1390] Wer sich nicht angemessen einsetzte, wurde ausgegrenzt oder auch von Ämtern ausgeschlossen:

1384 Satzung des CVJM Minden1949 (KAM, „Ordner V").

1385 S. z. B. Mitarbeitersitzung am 25. 7. 1951 (KAM, „Protokollbuch III").

1386 Allerdings waren laut Satzung zu den Sitzungen auch „eingeschriebene Mitglieder als Gäste zugelassen" (Satzung des CVJM Minden 1949, 8 [KAM, „Ordner V"]). S. a. Protokoll der Mitarbeitersitzung am 27. 6. 1950: „Wir wollen unterscheiden a) tätige Mitglieder b) passive ‚Teilnehmer'. Diejenigen, die sich gar nicht mehr sehen lassen, sollen ausgeschieden werden ..." (KAM, „Protokollbuch III").

1387 Satzung des Christlichen Vereins junger Männer in Minden/Westfalen, 1949, 6 (KAM, „Ordner V").

1388 Nachdem man in der Mitgliederversammlung am 13. 6. 1949 eine Satzung beschloß und verlas, wurde ferner festgelegt, daß jedes Mitglied eine Satzung bekommen und die Vereinsordnung im Heim aushängen sollte. Dies diente der Information und der Integration in den Verein, aber auch der Ermahnung, die Ordnung einzuhalten (KAM, „Protokollbuch III").

1389 Satzung des Christlichen Vereins junger Männer in Minden/Westfalen, 1949, 9 (KAM, „Ordner V").

1390 Karl K. trat im Dezember 1955 als Schriftführer zurück, weil sein Beruf ihm dafür keine Zeit mehr ließ (Brief v. 27. 12. 1955 [KAM, „Ordner IX"]).

„Es ist wirklich schade, dass Ihnen Ihr Beruf keine Zeit mehr läßt, sich wie früher aktiv an der Arbeit zu beteiligen. Leider hatte ich am Sonntag keine rechte Gelegenheit, mit Ihnen hierüber einmal zu sprechen. Sie wissen ja selbst, dass Sie Ihre Jungenschaft vertretungsweise durch Dieter S. leiten lassen müssen und sich auch nicht mehr an den Sitzungen und der Arbeit des Vorstandes beteiligen können. Ich hoffe, dass dies doch einmal sich wieder ändern wird. – Nur brauchen wir natürlich einen leistungsfähigen Vorstand. Bitte verstehen Sie mich daher, wenn ich Ihnen heute vorschlage, dass wir Sie ganz offiziell von Ihrer Mitarbeit im Vorstand dispensieren, bis Sie wieder Zeit haben mitzumachen ...".[1391]

In ähnlicher Rhetorik rief der Vorstand immer wieder Jugendliche zur Mitarbeit auf, z. B. als 1949 „Unterkassierer und Jungscharhelfer ... dringend gesucht" wurden: „Jeder muß sich überlegen, ob er hier nicht mitarbeiten kann."[1392] Um seine ‚Tätigkeit' zu beweisen, engagierte sich ein Mitglied nicht nur tatkräftig im Verein, sondern zahlte außerdem seinen Beitrag. Damit hatten viele Eltern in der frühen Nachkriegszeit Schwierigkeiten, weshalb sie den CVJM-Vorstand um Senkung oder Stundung des Beitrags für ihre Söhne baten. Die Antwort der Funktionäre richtete sich nicht ausschließlich nach der finanziellen Situation der Familien, sondern v. a. auch danach, ob der Junge aktives Mitglied nach dem Verständnis des Vorstandes war. Die Verhandlungen der Eltern mit den Männern des Vereins gestalteten sich häufig deshalb schwierig, weil der CVJM großen Wert auf einen finanziellen Beitrag legte.[1393]

Im Jahre 1954 beschloß der Vorstand, daß die Verbandszeitschrift von jedem Mitglied pflichtgemäß abonniert werden müsse.[1394] Dies führte zu weiteren Konflikten. Ein sichtlich wütendes Vereinsmitglied echauffierte sich in einem Brief an den CVJM-Vorstand darüber, daß es nur mit bürokratischem Aufwand möglich sei, Zeitschriften, die er nicht bestellt hatte, abzubestellen. In seinem Brief berichtete er, daß er das unfreiwillige Abonnement beim Kas-

1391 Brief vom Vorstand des CVJM Minden an K. P. v. 5. 12. 1955 (KAM, „Ordner IX"); s. a. entsprechende Tagesordnung der Sitzung (KAM, „Ordner X").

1392 Mitarbeiterversammlung am 29. 9. 1949 (KAM, „Protokollbuch III"). Ein anderes Beispiel ist der Aufruf an Jugendliche in einem Brief am Jahresende 1955, für den Monatsanzeiger zu schreiben: „Jungen sollen daran mitarbeiten, viele Beiträge liefern, auch wenn sie nicht gedruckt werden (...) Nun lege das Blatt nicht fort, ohne nicht mehr an das soeben Gelesene zu denken, sondern überlege Dir einmal, was Du tun kannst" (KAM, „Ordner X"). S. a. das Thema der Jungenschaftsstunde Nommensen am 6. 6. 1954 zum Thema „Wir können alle mithelfen im CVJM", CVJM-Minden, Monatsplan (Juli 1954) (KAM, „Ordner V"). Parallel dazu sind in der Mitarbeiter-Zeitschrift im Jahre 1950 vier Seiten Überlegungen und Ratschläge bzgl. der besseren Einbindung Jugendlicher in die Arbeit der Mitarbeiter gewidmet (Kunkel, Mitarbeiterzurüstung, in: Mitarbeiter-Hilfe [Mai/Juni 1950], 91-94).

1393 KAM, CVJM-Bestand.

1394 Beschluß der Jahreshauptversammlung im Februar 1954 (KAM, „Protokollbuch III"). Vgl. CVJM-Minden, Monatsblatt (Juli 1954) (KAM, „Ordner V"); s. a. Schreiben an den Reichsverband in Kassel-Wilhelmshöhe am 9. 12. 1955 (KAM, „Ordner IX").

senwart bereits mündlich gekündigt hatte und nun der Bitte nachkomme, dies schriftlich zu bestätigen. Der Absender fühlte sich offenbar gegängelt und teilte deshalb mit, daß „nur (s)ein Idealismus ... Grund für ... [sein] Verbleiben im Verein“ sei.[1395] Dieser Brief zeugt von der Inpflichtnahme der Mitglieder und der bürokratisch vermittelten Autorität gegenüber den Mitgliedern.[1396]

Ähnlich gestaltete sich das Verhältnis zwischen CVJM-Kreis- und -Bundesverband, dem Westdeutschen Jungmännerbund. Der Mindener CVJM war als „Mitglied des Westdeutschen Jungmännerbundes“

„verpflichtet, einen jährlichen Bundesbeitrag zu zahlen, ferner ist die Hälfte des Bruttobetrages der dem Verein am Jahresfest zufallenden Kollekten an die Bundeskasse zu überweisen. Der Verein fühlt sich verpflichtet, die Zeitschriften des Werkes zu fördern und für deren Verbreitung zu sorgen.“ [1397]

Ferner oblag dem Westdeutschen Jungmännerbund die Einteilung des Vereins in Kreisverbände und die Beaufsichtigung der einzelnen Ortsvereine.[1398] Beispielsweise schickte der Mindener Verein jährlich einen ausgefüllten Fragebogen an den Westdeutschen Jungmännerbund, in dem er Angaben über Vorstandsmitglieder, Anzahl der Vereinsmitglieder, vorhandene Gruppen und Aktivitäten machte.[1399] Der Kreisverband legte also gegenüber der Bundesebene Rechenschaft über seine Arbeit und seine Finanzen ab. Für den Kontakt zwischen lokaler Organisation und überregionalen Gremien stellte der Mindener Verein z. B. im Jahr 1951 einen „Verbindungsmann zum Bezirk und Land“ ab.[1400] Die meisten Kontakte zwischen den übergeordneten Strukturen bezogen sich auf Fragen der Finanzen sowie der Bezahlung von Beiträgen seitens der lokalen Gliederungen, z. B. auch gegenüber dem Eichenkreuzhaus in Kassel-Wilhelmshöhe in Form der „Bruderhilfe“. Beinahe der gesamte Schriftverkehr handelt von Abrechnungen von Mitgliedsbeiträgen und Zeitschriftenabonnements sowie von Spenden, die häufig mit christlichen Argumenten vehement eingefordert wurden. Dabei ging es v. a. um Beiträge für den Aufbau

1395 G. S. an den CVJM-Vorstand Minden am 11. 11. 1950 (KAM, „Ordner V“).

1396 Zur Jahreswende 1954/55 schrieb der neue Kassenwart an die Mitglieder, daß er zwar versuchte, „in den beiden vergangenen Monaten die äußeren Angelegenheiten des Vereins zu ordnen. Ganz ist mir dies nicht gelungen ...“ (KAM, „Ordner V“). Dieses Schreiben ist nicht nur ungewöhnlich ob seiner Offenheit bei Problemen mit der Kassenführung, sondern auch wegen der gewöhnlicherweise und zumindest in der Rhetorik betont akribischen Buchführung. Allerdings lassen Protokolle von Anfang der 1950er Jahre bereits Schwierigkeiten bei der Eintreibung von Beiträgen durchscheinen. S. Protokoll der Jahreshauptversammlung am 8. 2. 1951 (KAM, „Protokollbuch III“).

1397 Satzung des Christlichen Vereins junger Männer in Minden/Westfalen, 1949, 11f. (KAM, „Ordner V“).

1398 Ebda.

1399 KAM, „Ordner V“; „Ordner X“.

1400 Mitarbeitersitzung am 25. 7. 1951; s. a. Mitarbeitertagung in Dortmund in der Mitgliederversammlung am 28. 6. 1951 (KAM, „Protokollbuch III“).

der durch den Krieg zerstörten Bundeszentrale („Bundeshöhe") in Kassel.[1401] Die ‚Bruderschaft' des Vereins verlangte eine akribische Buchführung und Rechenschaft von lokalen CVJM-Gliederungen. Das Verhältnis zwischen lokalem Verein und Westbund gestaltete sich daher meist autoritär, geschäftsmäßig und war von Fragen der Finanzen und Spendenaufforderungen geprägt – analog zu dem Verhältnis zwischen dem Kreisvorstand und den einzelnen Mitgliedern.[1402] Geld war beim CVJM in zweierlei Hinsicht bedeutungsvoll: Zum einen bewiesen die Mitglieder durch ihren regelmäßigen Beitrag ihre Opferbereitschaft sowie ihr Pflichtgefühl gegenüber der jeweiligen Vereinsleitung. Zum anderen verschuf die Fähigkeit, das Finanzgebaren des Vereins zu beherrschen und wirtschaftlich damit umzugehen, Anerkennung unter den anderen männlichen Mitgliedern.[1403]

Neben Fleiß und Bezahlung der Beiträge war ein brüderliches Verhalten gegenüber anderen Vereinsmitgliedern gefordert, um als ‚tätiges' Mitglied ernannt und im Verein akzeptiert zu werden.[1404] Wer dem Verhaltenskodex des Vorstandes nicht entsprach, mußte mit Ausschluß rechnen, wie 1955 ein junger Mann, der aus Sicht des Vereinsvorstands zahlreiche Veranstaltungen störte und nur an „nicht-christlichen" Treffen teilnahm.[1405] Wer ein „ungeordnetes" Leben führte und ‚Unordnung' in die christliche Gemeinschaft brachte,

1401 KAM, „Ordner X".

1402 Zum Aufbau des CVJM-Gesamtverbandes und zur Geschichte der „Reichstage" nach dem Zweiten Weltkrieg und der Finanzkrise des „Reichsverbandes" 1958/60 s. Stursberg 1977, 278-280, 296-298, 309. S. a. die in Minden abgehaltenen „Bundesdankstunden", bei denen die Mindener CVJMler regelmäßig am Jahresende für den Bundesverband sammelten (KAM, „Protokollbuch III"). Diese Interaktionsformen zwischen lokaler und überregionaler Vereinsebene entsprachen eher zentralistischen Organisationsstrukturen, während die enge Anbindung des lokalen Vereins an die örtliche Gemeinde eher föderative Strukturen des gesamten CVJM vermuten läßt. In der Tat bestand beim CVJM ein Spannungsverhältnis zwischen föderativen und zentralistischen Strukturen.

1403 In welchem Maße Geld und Finanzen bedeutungsvoll waren, belegen zahlreiche Artikel in den Publikationen des CVJM. „Geld ist sozusagen der ‚Hebelarm' für alle Vorhaben, die dem Guten dienen", beginnt das Zitat von John R. Mott (1865-1955), ehemaliger Generalsekretär des von ihm gegründeten Weltbundes der Christlichen Studenten und später des YMCA, das in der Chronik des Gummersbacher CVJM abgedruckt ist (Krefting, o. J., 60). S. a. Scheffbuch, Ein Heller und ein Batzen, die waren beide mein ... Allerlei Interessantes über das Geld, in: Jugend unter dem Wort, 3 (April 1950), Nr. 4, 10f.; Schoberth, Christian, ‚Das lumpige Geld' eine fröhliche Plauderei um eine ernste Sache, in: Mitarbeiter-Hilfe (März/April 1950), 45-48; Und das Geld?, in: Mitarbeiter-Hilfe (1945/46), F 9.

1404 ‚Brüderlichkeit' war ein hohes Ideal, was besonders unter christlichen Soldaten gelebt wurde. Die Sorge des Vereins um seine Mitglieder, die im Krieg als Soldaten litten und die dem Verein auch Briefe schrieben, war nicht nur von ‚Brüderlichkeit' gekennzeichnet, sondern auch von Fürsorge. S. Soldatenbriefe von Mindener CVJMlern (KAM, „Ordner I"); vgl. Duktus bei Busch 1948c.

1405 Der Brief an den jungen Mann wurde auch dem Bezirkspfarrer geschickt. Ob dies einen Ausschluß aus allen kirchlichen Veranstaltungen nach sich zog, d. h. aus den für das Milieu wichtigen Treffen, ist unbekannt (Brief von Pastor Wilke/CVJM v. 20. 1. 1955 [KAM, „Ordner X"]).

mußte entweder bekehrt werden oder fand im CVJM keinen Platz.[1406] Dies galt bereits bei weit geringeren ‚Vergehen'. Beispielsweise kritisierte 1949 ein Vorstandsmitglied ein Vereinsmitglied, weil letzterer einen „Bruder" auf der Straße nicht grüßte: Die „Brüderlichkeit in unserem Kreis läßt sehr zu wünschen übrig!" Dieser Konflikt spitzte sich derart zu, daß der Kritisierte aus dem CVJM austrat.[1407] ‚Tätiges' Mitglied zu sein und damit vollwertig im CVJM akzeptiert zu werden, bedeutete folglich, sich bis an seine Grenzen zu engagieren, pünktlich den Mitgliedsbeitrag sowie später das Pflicht-Abonnement zu bezahlen und schließlich, sich dem Verhaltenskodex des Vereins unterzuordnen. Im Frühjahr 1951 schlug der Leiter der Leibesübungen sogar vor, neue Mitglieder nicht sofort, sondern erst „nach Ablauf einer Probezeit befristet auf 8 Wochen" zu akzeptieren.[1408]

Engagement, Fleiß, finanzieller Beitrag und Unterordnung reichten jedoch nicht aus, um als ‚tätiges' Mitglied registriert zu werden. Nur ein positives Votum der Mitgliederversammlung markierte die erfolgreiche Aufnahme in den engeren Kreis der Vereinsangehörigen. Laut Satzung konnte ein Mitglied zwar selbst bei der Mitgliederversammlung die ‚tätige' Mitgliedschaft beantragen[1409], aber meist schlugen andere, in der Regel der Vorstand, dies vor. In der Tagesordnung zur Jahreshauptversammlung 1954 ist sogar von „Ernennung zu tätigen Mitgliedern" die Rede.[1410] In der Praxis hatte vor Einberufung der Mitgliederversammlung der Vorstand geklärt, wer bei der Jahresversammlung neues ‚tätiges' Mitglied wurde. Ebenso im Vorfeld der Mitgliederkonferenz erhielten die vom Vor-

1406 S. die vom Westbund herausgegebenen Flugblätter „Ruf in den Alltag" mit moralischen Aufforderungen bzgl. jugendlicher Alltagssituationen. So sagte Christian am Ende eines fingierten Dialogs: „Ein ungeordnetes Leben macht kraftlos und freudlos" (Ruf in den Alltag, 3: „Kann denn Liebe Sünde sein?"). Dieses und weitere 15 solcher Flugblätter befinden sich in KAM, „Ordner X". Bei der Jahreshauptversammlung im Februar 1951 wurde beschlossen, daß die „Mitgliederliste ... durch Angaben über Familienverhältnisse ergänzt werden" sollte (KAM, „Protokollbuch III"). Als ein Vater im Jahre 1955 eine Beitragsermäßigung für seinen Sohn beantragt hatte, weil dessen Mitgliedschaft im CVJM eine zu große Belastung werde würde, besuchte der Schriftführer die Familie und kommentierte auf dem Brief des Vaters handschriftlich die Familienverhältnisse. Die Familie sei aus dem Osten geflohen, und der betreffende Junge sei „ein sehr geweckter Bursche, der viel Interesse an allem hat" und sich rege an verschiedenen Vereinsaktivitäten beteilige. Dieser positive Eindruck bewirkte eine Beitragssenkung um 40 Pfennig. Vgl. Brief von einem Vater und Kommentar dazu eines Vorstandsmitglieds im Oktober 1955 (KAM, „Ordner X").

1407 Inwiefern weitere Streitpunkte bei diesem Schritt eine Rolle spielten, ist nicht belegt (KAM, „Protokollbuch III").

1408 Fragebogen an den Westdeutschen Jungmännerbund, Stand 1950 u. 1951 (KAM, „Ordner V"). Ob dieser Vorschlag von der Mitgliederversammlung befürwortet wurde, ist nicht bestätigt (Mitgliederversammlung am 10. 5. 1951 [KAM, „Protokollbuch III"]).

1409 Satzung des Christlichen Vereins junger Männer in Minden/Westfalen, 1949, 6 (KAM, „Ordner V").

1410 S. Tagesordnung der Jahreshauptversammlung am 18. 2. 1954: ‚Ernennung zu tätigen Mitgliedern' (Namen aufgelistet) (KAM, „Ordner V"). Auch der Teeabend am 30. 4. 1955 im Vereinshaus war den ‚tätigen' Mitgliedern (‚TM') vorbehalten (KAM, „Ordner X").

stand auserkorenen Mitglieder einen Brief mit der Aufforderung, bei „der Jahreshauptversammlung ... einen kurzen, sachlichen und anregenden Bericht über Deinen Arbeitsbereich“ von drei Minuten abzugeben.[1411] Danach entschieden die versammelten ‚tätigen‘ Mitglieder, wobei dem Vorstand das letzte Urteil darüber vorbehalten blieb.[1412] Dann vervollständigten die Mitarbeiter des Vorstandes die Listen der ‚tätigen Mitglieder‘. Nur wer ‚tätig‘ war, konnte ein Amt einnehmen.[1413] ‚Tätige‘ jugendliche Mitglieder brachten sich meist ein, indem sie über ihre Zeltlager berichteten.[1414] Einige übernahmen auch Ämter, wie die des Bücherwarts oder des Jugendsprechers im Mitarbeiterkreis.[1415]

Da höhere Ämter und Vorstandsposten Männern vorbehalten blieben, war es beinahe gleichgültig, wie sehr sich die Jugendlichen engagierten. Auf formal definierte Funktionen bezogen, konnten sie sich lediglich als Jungschar-, d. h. Kindergruppenleiter, oder im Mitarbeiterkreis einbringen. Im Mitarbeiterkreis sowie bei Sitzungen der Jungschar- und Jungenschaftsleiter und ihrer Helfer besprachen die männlichen Jugendlichen gemeinsam mit Erwachsenen v. a. Organisatorisches und Praktisches der laufenden Arbeit.[1416] Eine ähnliche Funktion nahmen ‚Ausspracheabende‘ oder die „AG ‚Jugendarbeit‘“ ein.[1417] Insbesondere bei den 1948 eingeführten ‚Ausspracheabenden‘ diskutierten die Mitglieder vereinsinterne Probleme und Konflikte. Obwohl der Mitarbeiterkreis kein in der Satzung definiertes Gremium war, und offenbar alle ‚tätigen‘ Mitglieder daran mitwirken konnten, wählte die Mitgliederversammlung jedes Jahr Jugendsprecher für den Mitarbeiterkreis. Dabei konkurrierten häufig mehrere Jungen für eine Position.[1418] Offenbar ließ diese Art der

1411 Brief vom Vorstand des CVJM Minden an einen Auserwählten am 5. 12. 1955 (KAM, „Ordner IX“).

1412 Satzung des Christlichen Vereins junger Männer in Minden/Westfalen, 1949, 6 (KAM, „Ordner V“).

1413 Formbrief an neues ‚tätiges Mitglied‘ am 15. 3. 1954 (KAM, „Ordner V“): „Ein tätiges Mitglied stellt seine freie Zeit und Kraft nach gewissenhafter und vorbildhafter Erledigung aller häuslichen beruflichen und schulischen Aufgaben in den Dienst unseres Herrn Jesus Christi. Dieser Dienst geschieht für uns in der jungen Gemeinde unserer Kirche, im CVJM Minden/W. Für unseren Mitarbeiterkreis und die uns anvertraute Arbeit ist jedes tätige Mitglied verantwortlich.

1414 Bei der Mitgliederversammlung am 23. 8. 1951 las ein Junge den Bericht über die Harzwanderung vor (KAM, „Protokollbuch III“).

1415 KAM, „Protokollbuch III“.

1416 S. Brief an die Mitglieder am 22. 11. 1952 (KAM, „Ordner V“); s. a. Jungscharhelferkreise und -lehrgänge (KAM, „Protokollbuch III“) oder Jungenschaftstagungen (KAM, „Ordner V“). Im Jahresbericht zum 99. Jahresfest des CVJM Minden (1955) wurde mitgeteilt, daß „sich der Jungenschaftsleiter mit seinen Helfern [trifft], um die nächste Jungenschaftsstunde zu besprechen und im Gebet ihre Sache vor Gott, den Herrn zu bringen“ (KAM, „Ordner II“).

1417 S. Mitgliederversammlung am 28. 6. 1951 (KAM, „Protokollbuch III“).

1418 KAM, „Protokollbuch III“.

Mitwirkung der Jugendlichen um 1950 nach, denn der Mindener CVJM diskutierte im Sommer 1951 darüber, ob man den Mitarbeiterkreis erweitern sollte.[1419] Besonders der neu eingestellte Jugendwart Schubert sprach sich im September 1951 dafür aus und forderte eine stärkere Einbeziehung der „jüngeren Mitglieder".[1420] Man wollte den Jugendlichen in den Gremien mehr Beachtung schenken und begrüßte daher die jüngeren Mitglieder – wie bei der Mitarbeitersitzung im Oktober 1951 – „ganz besonders".[1421] Dies war auch wegen der um 1950 gesunkenen Mitgliederzahlen aus Sicht der Vereinsleitung notwendig.

Mit welchem Erfolg die Erwachsenen den Blick auf die Jugendlichen versuchten zu verändern, bleibt unklar. Denn bei der Übernahme solcher Aufgaben machten die Jugendlichen oft zweierlei Erfahrungen: Sie hatten zwar auf diese Weise die Möglichkeit, Verantwortung zu übernehmen, sich Anerkennung und Ansehen sowie ein gestärktes Selbstbewußtsein zu erwerben.[1422] Sie konnten aber ebenso an einer schwierigen Aufgabe scheitern. Als der Jugendsekretär im Februar 1951 vorschlug, Jüngere als „Unterkassierer" heranzuziehen, d. h. zur Verantwortung für die Kassen in den einzelnen Kreisen, tat er dem einen oder anderen sicher einen Gefallen, der sich profilieren wollte und darin eine positive Herausforderung sah. Allerdings war dies keine leichte Aufgabe, da in derselben Sitzung die mangelnde Zahlungsmoral im Verein problematisiert wurde.[1423] Gleichzeitig gab es auch innerhalb des Mitarbeiterkreises an Leistung ausgerichtete Hierarchien. Lediglich diejenigen Mitarbeiter durften an überregionalen und in Form von feierlich abgehaltenen und mit großem Aufwand inszenierten Mitarbeitertagungen teilnehmen, die sich besonders bewährt hatten. Darüber entschied die Mitgliederversammlung. Bei der im Oktober 1951 festlich angelegten Mitarbeitertagung in Bochum am 13./14. 10. 1951 waren unter den zwölf gewählten Mindenern auch jugendliche Mitglieder.[1424] Diese fungierten als Delegierte.[1425]

1419 Mitarbeiterbesprechung am 22. 8. 1951 (KAM, „Protokollbuch III").

1420 Mitarbeiterbesprechung am 26. 9. 1951 (KAM, „Protokollbuch III").

1421 KAM, „Protokollbuch III".

1422 Als Armin Redecker plante, Minden zu verlassen, führte er Jungenschaftler in die Leitung von Jungschargruppen ein, die schließlich alleine die Kindergruppen übernehmen sollten. In der Mitarbeitersitzung am 29. 12. 1948 wurde außerdem auf die „schwierige Aufgabe" für die Jugendlichen hingewiesen. Vgl. Mitarbeitersitzung am 6. 7. 1948 (KAM, „Protokollbuch III").

1423 KAM, „Protokollbuch III".

1424 KAM, „Protokollbuch III". S. darin Angaben zur Mitarbeitersitzung am 25. 7. 1951 sowie den Hinweis auf Mitarbeitertagung in Dortmund bei der Mitgliederversammlung am 28. 6. 1951.

1425 Z. B. bei Mitarbeitertagungen und Vorstandssitzungen. S. Ankündigung der Sitzung am 11. 5. 1953: „Jede Abteilung und Gruppe entsendet einen Vertreter" (Monatsblatt, 97 [Mai 1953] [KAM, „Ordner V"]). Zur Weltkonferenz in Paris im August 1955 (KAM, „Ordner X"). S. a. Artikel über das Mitarbeitertreffen 1949: S[...], W[...], Jungenschaft vorwärts!, in: Jugend unter dem Wort, 3 (Januar 1950), Nr. 1, 16.

Zum Vereinsvorstand hatten Jugendliche dagegen in der frühen Nachkriegszeit keinen Zugang. Die Mitgliederversammlung wählte ausschließlich Erwachsene in dieses Gremium. Die Männer übernahmen laut Satzung die Funktionen des Vorsitzenden, dessen Stellvertreters, des Schriftwarts, des Kassenwarts und der sechs Beisitzer (möglichst „aus den Leitern und Mitarbeitern der einzelnen Abteilungen").[1426] Vorsitzender war im Untersuchungszeitraum immer ein Mindener Pastor.[1427] Außerdem gehörte dem Vorstand satzungsgemäß ein „Sekretär" an.[1428] Nach dem Weggang von Armin Redecker als „Berufsarbeiter", der zugleich „Gemeindejugendpfleger der Mindener Gemeinden" war[1429], gab es über einen längeren Zeitraum keinen hauptamtlich tätigen Mitarbeiter, was einen Einbruch in der Arbeit bedeutete. Deshalb bat der Mindener CVJM im Jahre 1951 den Bund „alles zu tun, uns einen Berufsarbeiter zu vermitteln".[1430] Dieser wurde nämlich vom Bundesvorstand ernannt. Im September 1951 konnte der Mitarbeiterkreis endlich den neuen Jugendsekretär begrüßen.[1431] Die Aufgabe bzw. „Rechte und Pflichten" des Vorstandes unterschieden sich kaum von denen anderer Vereine.[1432] Ihm oblag es, die laufenden Geschäfte zu besprechen, Aktivitäten zu planen, die Vereinsordnung zu regeln und Konflikte zu klären. Eine weitere Funktion bestand in der Vertretung des Vereins gegenüber der Kirchengemeinde sowie des Westdeutschen Jungmännerbundes und damit in der Verankerung des Mindener CVJM in übergeordneten Zusammenhängen.

Die Sitzungen dieses zentralen Forums und anderer Vereinsgremien waren ähnlich wie Jugendgruppenstunden oder Gottesdienste arrangiert: Jedes Treffen stand unter einer Losung. Zu Beginn jeder Sitzung sangen die Jungen und Männer ein Lied, und anschließend sprachen sie gemeinsam ein Gebet. Danach diskutierten sie das Protokoll der letzten Sitzung und handelten die Punkte der Tagesordnung ab. Bevor die Jungen und Männer wieder auseinander gingen, stimmten sie ein Schlußlied an.[1433] Auf diese Weise erhielten die Zusammenkünfte in den Gremien, bei denen in religiöser Atmosphäre vereinspolitische Fragen diskutiert und Organisatorisches besprochen wurden, auch gemeinschaftsstiftende Bedeutung.

1426 Satzung des Christlichen Vereins junger Männer in Minden/Westfalen, 1949, 7-10 (KAM, „Ordner V").
1427 KAM, „Ordner V"; „Ordner X".
1428 Satzung des Christlichen Vereins junger Männer in Minden/Westfalen, 1949, 9 (KAM, „Ordner V").
1429 Fragebogen an den Westdeutschen Jungmännerbund, Stand 1947 u. 1948 (KAM, „Ordner V").
1430 Fragebogen an den Westdeutschen Jungmännerbund, Stand 1950, in: CVJM (KAM, „Ordner V").
1431 Mitarbeiterbesprechung am 26. 9. 1951 (KAM, „Protokollbuch III").
1432 Satzung des Christlichen Vereins junger Männer in Minden/Westfalen, 1949, 7-10 (KAM, „Ordner V").
1433 KAM, „Protokollbuch III".

Wenngleich Jugendliche zu vielen Gremien wie dem Vorstand keinen Zugang hatten, übten sie doch bereits in ihren Jugendgruppenstunden und bei ihrem Engagement als ‚tätiges' Mitglied Verhaltensweisen und Fähigkeiten ein, mit denen sie sich später in der Männergemeinschaft gut einfinden konnten. Dazu gehörten z. B. das Ordnen, Regeln, Koordinieren, Organisieren und das Planen von Aktivitäten. Dabei lernten sie nicht nur eine Spielart der repräsentativen Demokratie kennen[1434], sondern auch das Darstellen von Sachzusammenhängen, Interessen und ihrer Person in Schrift[1435] und Rede[1436]. Männliche Jugendliche und junge Männer übten sich ferner darin, zu streiten, unterschiedliche Meinungen konstruktiv auszutauschen und sich gleichzeitig ‚brüderlich'-solidarisch zu verhalten, nicht zuletzt um zu einer einvernehmlich getroffenen Entscheidung zu kommen.[1437]

Viele Jungen mochten die rigiden Auswahl- und Ausgrenzungsmechanismen, die Anforderung, sich unterzuordnen, und die formal-bürokratischen Hierarchien abgeschreckt haben. Einige wollten sich engagieren, wie die Wahl eines Jugendsprechers zeigt, bei der sich mehrere Jugendliche für diese Position bewarben. Für diese Jungen mochten die klaren Abstufungen und eindeutig definierten Verhaltensnormen sowie ‚Stufen' der Bewährungen eine positive Möglichkeit gewesen sein, von erwachsenen Männern, zumal in einem in der Stadt bedeutenden Verein, auch über die Jugendgruppe hinaus, Anerkennung zu erwerben und sich gesellschaftlich zu engagieren. Die beschriebenen

1434 S. Stursberg, Walter, Volksvertretung im Westbund, in: Jugend unter dem Wort, 5 (Oktober 1952), Nr. 10, 6f. Stursberg erläutert den Sinn der Kreisvertretung und des Kreisverbandes als Gliederung innerhalb der Vereinsstrukturen.

1435 S. die ‚Lagerchronik' von Wolfram Keber und besonders die kokette Einleitung, in der er sich selbst als „gelehrt" bezeichnet, da er lateinische Begriffe benutzt. In dieser Selbstdarstellung wird ein ausgesprochenes Sende- und Leserbewußtsein deutlich (KAM, „Protokollbuch III"). Keber handelte dabei ‚mustergültig', wenn man die Aufforderung aus dem Jahr 1955 dagegen hält, für den Monatsanzeiger zu schreiben, auch wenn der Beitrag nicht gedruckt werde (KAM, „Ordner X").

1436 In einem Brief wurden die aktiven Mitglieder dazu aufgerufen, zum Jahresfest im Februar 1955 „wieder kurze Berichte über die Arbeit in den einzelnen Abteilungen [abzugeben]. Die Berichte sollen die Zeit von je 5 Minuten nicht überschreiten, da wir sonst mit dem ‚Programm' nicht fertig werden, und nur Dinge enthalten, die das Leben in den betreffenden Abteilung (sic) charakterisieren. (...) Bitte nicht nur Positives berichten, sondern auch zu den Nöten und Wünschen Stellung nehmen. Wer meint, es in freier Rede nicht bringen zu können, kann den Bericht natürlich auch vorlesen ..." (KAM, „Ordner X").

1437 Die Quellen erwecken mitunter den Eindruck, daß bei Konflikten ein Konfliktpartner entweder relativ schnell zurück- oder austrat. Möglicherweise scheute man einen ausgiebigen Streit der Harmonie wegen. Vgl. die Schilderung über die Aussprache über den „Fröhlichen Kreis", bei der offenbar vielem Ärger Luft gemacht wurde. Glaubt man dem Autor, so war den Beteiligten das Streiten eher suspekt, obwohl sie sich durchrangen, die Konfliktpunkte zu klären. So war der Schluß – „... und das Ende war ein großes Gelächter!" – ein harmonischer und brüderlicher (Protokoll der Besprechung am 17. 3. 1949 [KAM, „Protokollbuch III"]).

Hierarchien und Zugangsbeschränkungen zu verschiedenen Bereichen des Vereins waren nicht nur hinderlich bzgl. der Partizipationsmöglichkeiten, sondern bestätigten auch die darin Erfolgreichen in ihrer elitären Position. Außerdem konnten sich die Jungen in einem kommunal einflußreichen Verein gesellschaftlich engagieren, ohne explizit ungeliebte ‚Politik' zu machen. Denn die Vereinsarbeit basierte auf dem ‚Wort Gottes' und folgte – vordergründig – keiner ‚politischen Ideologie'.[1438] Ein Mann zu werden, bedeutete folglich nach dem Jugend- und Männlichkeitskonzept beim CVJM, stufenweise Aufgaben im Verein und darüber hinaus zu übernehmen. Dieser Entwurf eröffnete den Jungen die Option, öffentlich zu wirken, auch zu missionieren und die Interessen des Vereins zu vertreten, ohne im engen Sinne politisch zu sein.

III. 2. 2. 3. 2 Beten und Feiern: Gemeindearbeit mit Mädchen und Frauen

> „Wir wollen, daß wieder junge Männer heranwachsen, die in heiliger Verantwortung vor Gott sich auf ihre Ehe vorbereiten, und daß sie in dieser Verantwortung eine Familie gründen, die eine Brunnenstube echten Glücks und innerer Gesundung unseres Volkes bilden kann. (...) Wir machen Ernst mit der Forderung des allgemeinen Priestertums. Darum stehen wir nicht abseits vom kirchlichen Leben, sondern in Stadt und Land wollen wir innerhalb der Gemeinden eine missionarische Kerngruppe sein, die das eigentliche Anliegen der Kirche mit entschlossener Hingabe vertritt."[1439]

Die Jungen trafen sich zu Bibelstunden, sogenannten Rüststunden[1440], sowie in geselligen Runden mit Mädchen und Jungen anderer evangelischer Jugendorganisationen in der Gemeinde. Außerdem veranstalteten Verein und Gemeinde gemeinsam zahlreiche Feste, Missionsversammlungen, zu denen die männlichen Jugendlichen mit ihren Familien kamen.[1441] Die Gemeinde repräsentierte beide Geschlechter und alle Altersgruppen im Gegensatz zum männerbündischen CVJM. Männerbund und Familie bildeten zusammen die Basis einer Sozialstruktur in diesem christlichen Kontext.

Gemeinde und CVJM organisierten zahlreiche Treffen, bei denen Mädchen und Jungen gemeinsam beteten, sangen und tanzten. Dabei arbeitete der

1438 Vgl. zur Ablehnung von ‚ideologiefreier' Politik seitens Konservativer nach dem Zweiten Weltkrieg Schildt 1998, 213f.

1439 Satzung des Christlichen Vereins junger Männer in Minden/Westfalen, 1949, 2f. (KAM, „Ordner V").

1440 Rüstzeiten dienten „der Einübung in das geistl[iche] Leben, zunächst für die Novizen der Diakonissenhäuser, heute für Gruppen aller Art" („Rüsttag" 1956; s. Stählin 1954). S. a. Kunkel, Mitarbeiterzurüstung, in: Mitarbeiter-Hilfe (Mai/Juni 1950), 91-94.

1441 Vgl. Rendtorff 1959, 18.

CVJM meist mit dem Mädchenbibelkreis (MBK) zusammen, wie dies auch die protestantische Religionslehre vorsah:

„Wo Gottes Wille erfüllt wird, stehen Mann und Frau zusammen und dienen gemeinsam an dem ihnen aufgetragenen Werk und Volk, Gesellschaft und Kirche. Sie ergänzen sich dabei mit ihren von Gott gegebenen Gaben und Eigenschaften. Sie sind sich dabei ein hilfreiches gegenüber."[1442]

Insbesondere in den ersten fünf Nachkriegsjahren existierten in Minden zwei Gruppen, bei denen Mädchen und Jungen gemeinsam Volkstänze übten und sangen. Die eine Gruppe nannte sich etwas geheimnisvoll „PX 51" und die andere „Fröhlicher Kreis".[1443] Letztere bestand aus jungen Männern und Frauen, etwa im Alter von 18 bis 26 Jahren, die von einem Pastor und einem Jugendwart geleitet wurde. In diesem Kreis wurde „der Volkstanz gepflegt ..., gesungen, gespielt und gescherzt".[1444] Wie selbstverständlich für einige Jungen es war, an dieser gemischtgeschlechtlichen geselligen Runde teilzunehmen, zeigt ein Zitat eines CVJMler. In seinem Brief über das Zeltlager 1948 erwähnt er den „Fröhlichen Kreis" und die Begegnung mit den Mädchen en passant. Der Junge fand es begrüßenswert, daß „man einmal mit einigen Mädel, die man vielleicht schon im fröhlichen Kreis einmal gesehen hatte, etwas näher bekannt [wurde]."[1445] Ansonsten findet diese Gruppe in den Quellen fast ausschließlich als Streitgegenstand Niederschlag. Beide Gruppen reizten innerhalb des CVJM immer wieder zu Diskussionen, vornehmlich über den elitären Charakter eines ‚Geheimbundes', der beiden anhaftete. Der Mitarbeiterkreis diskutierte im Mai 1948 in einer offenen Aussprache erstmals offiziell über den „Fröhlichen Kreis". Die Mitarbeiter kritisierten dabei die gemischtgeschlechtliche ‚Fröhlichkeit' bei Gesang und Tanz und, daß die Mitglieder des „Fröhlichen Kreises" „alles ‚höhere Schüler!'" wären und kein „‚Arbeiter' ... dabei" wäre.[1446] Seitdem stritten die Mitarbeiter immer wieder über den „Fröhlichen Kreis", bis dieser Anfang der 1950er Jahre an Bedeutung verlor und sich auflöste, und dessen Leiter Armin Redecker Minden verließ.[1447]

1442 Lehrmann, Gerhard, Mädchen sind anders. Aber sie sind gleichwertig, in: Jugend unter dem Wort, 9 (Mai 1956), Nr. 5, 5. Jedoch sei es notwendig, daß Jungen und Mädchen zunächst getrennt ihre Freizeit verbringen: „Solange wir nicht unsere männliche und weibliche Wesensart voll entwickelt haben, sind wir eine schlechte Ergänzung des anderen Teils."

1443 Insgesamt sind beide Gruppen und ihre Aktivitäten nur wenig dokumentiert.

1444 Mitarbeitersitzung am 25. 5. 1948; vgl. Aussprache über den Kreis im März 1949 (KAM, „Protokollbuch III"). Vgl. zur Geschichte des gemischten Chors in Hartum im Kreis Minden Mergard 1995.

1445 KAM, „Ordner I".

1446 KAM, „Protokollbuch III"; s. bes. Mitarbeitersitzung am 25. 5. 1948 u. „Ausspracheabend" am 17. 3. 1949.

1447 Protokolle zu den Sitzungen am 8. 7., 3. 11. 1948, im März 1948 u. am 25. 7. 1951 (KAM, „Protokollbuch III").

Die Mitarbeiter des CVJM standen einer gemeinsamen Freizeitgestaltung von Jungen und Mädchen nicht prinzipiell im Wege. Beispielsweise beschloß der Mitarbeiterkreis nach Redeckers Weggang, im Oktober 1951 ein Laienspiel zu Weihnachten mit der Mädchengruppe von Frl. Sch., der Leiterin des MBK, aufzuführen.[1448] Meist fanden die gemeinsamen Aktivitäten von Jungen und Mädchen jedoch weniger in geselligen Runden als vielmehr bei der Bibelarbeit, den Jugendrüststunden, Bibelwochen oder bei Vortragsveranstaltungen des CVJM, MBK und des EC (Bund des Entschiedenen Christentums) statt.[1449] Hierbei sollte nicht „gescherzt" werden.[1450] Weder Volkstanz noch ‚Fröhlichkeit' bestimmten diese Veranstaltungen, sondern das Gebet. Die offene Ankündigung in den Monatsblättern zeugen außerdem von einer geordneten und daher gebilligten Zusammenkunft beider Geschlechter. Die Gemeinsamkeit mit Mädchen basierte auf der Bibel als Gesprächsgrundlage zur gemeinsamen Erbauung. Die Gemeinschaft war hier die Gruppe von Mädchen und Jungen, nicht das Paar. Die gemeinschaftlich praktizierte Religion und die Heilige Schrift waren Handlungsanleitung für einen – späteren – gemeinsamen christlichen Lebensweg in Ehe und Familie.[1451] Im Gegensatz zum „Fröhlichen Kreis" unterstanden diese ernsten, wenig geselligen und ‚geordneten' Begegnungen von Mädchen und Jungen einer starken Kontrolle von Gemeinde und den entsprechenden Vereinen.

Bei diesen Treffen stand der sittliche Umgang mit dem anderen Geschlecht nicht nur praktisch im Mittelpunkt, sondern war auch Thema der gemeinsamen Gebete, besprochenen Bibeltextstellen und der Vorträge der geladenen Redner.[1452] Insbesondere Anfang der 1950er Jahre, als man sich um ein Jugend-

1448 KAM, „Protokollbuch III".

1449 So bei der Adventsfeier, vermutlich 1951, als Jungen und Mädchen abwechselnd vorsangen, Gedichte vortrugen und das Laienspiel „Vor der Tür des Paradieses" aufführten (Programm der Adventsfeier; Besprechung im Mitarbeiterkreis am 10. 10. 1951 [KAM, „Protokollbuch III"]). – Im Rüstkreis fanden sich Jugendliche von CVJM, EC und MBK zusammen. S. Monatsplan (April 1954) (KAM, „Ordner V"); Monatsanzeiger, 99 (Februar 1955), Monatsanzeiger, 99 (Mai 1955) (KAM, „Ordner X"). Außerdem gab es besondere Anlässe, wie die Heimeröffnung des MBK Westfalen-Ost am 24. 10. 1954, zu der der CVJM eingeladen wurde (CVJM, „Ordner V").

1450 Programm der Adventsfeier, vermutlich 1951 (KAM, „Protokollbuch III").

1451 S. Bopp, Fritz, Aus der Quelle. Du sollst nicht ehebrechen, 5. Mose 5, 18, in: Jugend unter dem Wort, 5 (Februar 1952), Nr. 2, 17. S. a. Kap. III. 2. 2. 1 u. III. 2. 2. 2; vgl. für das 19. Jahrhundert Tosh 1999, 122.

1452 Am 20. 1. 1952 wurde ein „Zusammensein mit dem Arbeitskreis v. Frl. Sch[...]" geplant, dabei sollte es um eine Jugendbibelwoche gehen. Eingeladen waren alle jungen Männer ab 18 Jahren (Monatsplan [Januar 1952] [gebunden, KAM]). Sexualität und Geschlechterbeziehungen wurden auch im männlichen Kreis thematisiert, z. B. im März 1952, als zu einem Vortrag zum „Thema 1" eingeladen wurde (Monatsplan [März 1952] [gebunden, KAM]), oder im November 1953, als Bundessekretär H. Haß „über die Gottesgabe der Geschlechtlichkeit vor unseren Jungenschaftlern, vor jungen Männern und vor einem kleinen Kreis von Eltern" sprach (Monatsblatt, 97 [Dezember 1953] [KAM, „Ordner V"]). S. Ankündigung im November 1953 „Die Verlobten auf dem Weg zur Ehe" (Monatsblatt [November 1953] [KAM, „Ordner V"]).

schutzgesetz und dessen Einhaltung bemühte[1453], stand die ‚Geschlechterfrage' und die Frage nach Geschlechtlichkeit im Vordergrund gemeinsamer Gespräche von Jungen und Mädchen. Beispielsweise sollte laut Protokoll für junge Männer und Mitglieder des Mädchenbibelkreises ein Jugendbibelkreis eingerichtet werden, in dem das „brennende Problem des Kennenlernens von Mädchen und Jungen auf christlicher Grundlage in Zukunft" thematisiert werden könnte.[1454] Bei den für Mädchen und Jungen veranstalteten Jugendbibelwochen war das ‚sittliche' Geschlechterverhältnis häufig Thema, so im März 1953, als an einem Tag „Die Beziehung der Geschlechter" und die „Enthaltsamkeit vor der Ehe?" besprochen wurden.[1455] Ähnlich wie bei dem öffentlichen Diskurs um ‚Jugendschutz' war diese Debatte über Sexualität Anfang bis Mitte der 1950er Jahre mit zahlreichen Beiträgen zu ‚Schmutz und Schund' in Filmen und Büchern begleitet. Der Mindener CVJM lud zahlreiche Referenten ein, z. B. vom Weißen Kreuz, um vor der männlichen und weiblichen Jugend über „guten Lesestoff, rechte Unterhaltung und Freizeitgestaltung"[1456], ‚gute' und ‚schlechte' Filme[1457] und die darin „oftmals verborgen liegenden Grenzen und Gefahren"[1458] zu sprechen.

Welchen Eindruck die häufige Thematisierung von ‚Verbotenem' auf die Jungen und Mädchen machte, kann nur erahnt werden. Angesichts der zunehmenden Mitgliederzahlen in den 1950er Jahren ist allerdings nicht davon auszugehen, daß solche Gespräche und Vorträge die Jugendlichen abschreckten. Den Jungen kam eine Orientierung in der Frage der Geschlechterverhältnisse offenbar gelegen. Außerdem boten die Jugendrüststunden, Bibelwochen und Vortragsveranstaltungen nicht nur eine legitime Gelegenheit, Sexualität und Geschlechterverhältnisse zu thematisieren, sondern auch um mit Mädchen in geordneter Weise zusammen und ins Gespräch zu kommen.[1459]

Die Jungen und Mädchen entwickelten in diesen stark reglementierten Stunden höchst wahrscheinlich weniger ein Gemeinschaftsgefühl gleich der männlichen Jugendgemeinschaft. Vielmehr übten sie ein partnerschaftliches Verhältnis untereinander ein, bei dem die Rollen zwischen Männern und Frauen entsprechend der christlich-konservativen Vorstellungen aufgeteilt wa-

1453 S. Kap. II.
1454 KAM, „Protokollbuch III".
1455 KAM, „Ordner II".
1456 Ankündigung des Referats vom Generalsekretär vom Weißen Kreuz, W. Albrecht aus Hannover, am 20. 4. 1952 (KAM, „Ordner V").
1457 „Film und Film ist zweierlei", hieß der Titel eines Vortrages im Juni 1954 (KAM, „Ordner V").
1458 Ankündigung des Referats vom Generalsekretär vom Weißen Kreuz, W. Albrecht aus Hannover, am 20. 4. 1952 (KAM, „Ordner V").
1459 Die (fiktive) Erzählung eines Jugendlichen über die Schwierigkeit, mit einem Mädchen, das er gerne mag, umzugehen, ist nur ein Hinweis darauf, daß den Jungen an einer Unterstützung und Orientierung in dieser Frage gelegen war: Jeremias, B., Die Verlobung, in: Jugend unter dem Wort, 5 (Mai 1952), Nr. 5, 6f.

ren.[1460] Im Vordergrund stand die Differenz.[1461] Im Mindener CVJM diskutierte man erstmals im Jahre 1962 die Frage der Öffnung des CVJM für Mädchen. Erst fünfzehn Jahre später, 1977, ließ der gesamte CVJM, sicherlich unter dem Einfluß der zweiten deutschen Frauenbewegung, Mädchen als Mitglieder zu, demzufolge das Wort „Männer" im Namen durch „Menschen" ersetzt wurde. Der CVJM hieß von da ab „Christlicher Verein Junger Menschen".[1462]

Die Zusammenarbeit von Verein und Gemeinde ging weit über die Jugendarbeit hinaus und erstreckte sich über viele Aktivitäten wie die Familienbibelstunden.[1463] CVJMler nahmen auch am evangelischen Kirchentag 1954 in Leipzig teil.[1464] Der CVJM führte unter dem Namen der Kirche bzw. in Zusammenarbeit mit Pastoren Aktivitäten wie Turnen und Musizieren durch. Auch wurde im Jahresbericht 1954 der montags stattfindende Eichenkreuzsport als „Kirchenkreissport" bezeichnet[1465], und der Kirchenchormeister Krieger aus Hausberge leitete den Aufbau des Vereinsorchesters.[1466] Bei der von den Gemeinden und dem CVJM gemeinsam durchgeführten Schülerarbeit und -werbung[1467] und bei der Konfirmandenwerbung[1468] erhoffte sich der CVJM neue Mitglieder und die Kirche aktive Gemeindemitglieder. Darüber hinaus organisierten CVJM und Gemeinden familiäre Gemeinde- und Vereinsveranstaltungen, festliche Ausflüge, versammelten sich zu Pfingstreffen unter freiem Himmel sowie zu geselligen und imposant inszenierten öffentlichen Familien-, Frühjahrs-, Sommer-, Jahres, Jubiläums-, Turn- und Missionsfesten.[1469] Diese

1460 In den Jugendzeitschriften wurden die Jungen dazu aufgefordert, ihren Müttern im Haushalt zu helfen (In der Familie. Vom Wäscheaufhängen, in: Jugend unter dem Wort, 5 [August 1952], Nr. 8, 8).

1461 S. Lehrmann, Gerhard, Mädchen sind anders. Aber sie sind gleichwertig, in: Jugend unter dem Wort, 9 (Mai 1956), Nr. 5, 4f.

1462 S. 125 Jahre CVJM Minden, in: Vorstand des CVJM Minden 1982, 20

1463 CVJM-Minden, Monatsanzeiger (April 1952), 1 (gebunden. KAM).

1464 Monatsprogramm (Juli 1954) (KAM, „Ordner V").

1465 Jahreshauptversammlung 1954, Jahresbericht (KAM, „Ordner II").

1466 Tagesordnung der Vorstandssitzung am 14. 11. 1955, und Ankündigung des Vorbesprechungstermins am 7. 12. 1955 im Monatsprogramm, 99 (Dezember 1955) (KAM, „Ordner X").

1467 Z. B. im Rahmen der evangelischen Schulwochen im Februar 1955 (KAM, „Ordner X").

1468 KAM, „Ordner IX"; vgl. KAM, „Ordner II".

1469 Osterspaziergang am Ostermontag 1953, in: Monatsanzeiger (April 1953) (KAM, „Ordner V"); Dampferfahrt nach Bad Essen im Mai 1955 (KAM, „Ordner IX"; „Ordner X"). Wegen des Erfolgs der Fahrt nach Bad Essen sollte im Herbst 1955 wieder ein Vereinsausflug stattfinden: Wer fährt mit?, in: Monatsanzeiger, 99 (August/September 1955) (KAM, „Ordner X"). Vgl. Jahresbericht zum 99. Jahresfest 1955 (KAM, „Ordner II"). – Einladung zum Familienkreis am 12. 10. 1954 (KAM, „Ordner X"): „Sicher hört Ihr gerne einmal aus einem anderen Munde, als aus dem Eurer Jungen, was Eure Söhne bei uns in den Ferien erlebt haben." – Jugendbibelwoche im Januar 1952, Vorbesprechung am 20. 12. 1951 (KAM, „Protokollbuch III"); CVJM-Minden, Monatsanzeiger, (Januar 1952) (gebunden, KAM);

Feste waren für den CVJM von großer Wichtigkeit, weshalb die Organisationsleitung mit großem Aufwand diese Veranstaltungen vorbereitete.[1470] Jedes dieser Feste verlief nach einem vorher konzipierten Plan, wie das Sommerfest in Rodenbeck im Juli 1954: Dort eröffnete die Platzmusik des Posaunenorchesters die Feierlichkeit, es folgte ein gemeinsames Lied („Geh aus mein Herz ... V 1-3"), schließlich das Grußwort eines Vorstandsmitglieds. Es wechselten sich gemeinsames Singen mit Posaunenspiel ab. Dazwischen wurde Kaffee gereicht. Nach Lied und Posaunenchor unternahmen die versammelten Christen einen Umzug zum Festplatz. Spiele und verschiedene Darbietungen sowie eine Modenschau und Ratespiele dienten der weiteren Unterhaltung.[1471]

Mädchen und Frauen, Jungen und Männer veranstalteten und besuchten die meisten dieser Feste gemeinsam. Hin und wieder lud der CVJM gerne Väter und seltener Mütter getrennt ein, wie zu einem „Vaterspaziergang" am Ostersonntag 1954 oder zu einem „Kanasterabend" 1953.[1472] Im allgemeinen legte der CVJM viel Wert darauf, daß die Familien der Jungen an deren Vereinsleben im gewissen Rahmen teilhatten.[1473] Aufgaben und Kompetenzen waren dabei geschlechts- und altersspezifisch aufgeteilt. Jungen und Männer spielten hier eine dominante Rolle. Insbesondere die Posaunenchöre des CVJM gaben den Vereins- und Gemeindefesten einen imposanten Rahmen. Bereits bei den ersten

China-Missionsnachmittag der evangelischen Jugend in Minden am 22. 2. 1953, Programm (KAM, „Ordner II"); Jugendbibelwoche im März 1953 (KAM, „Ordner II"); CVJM-Minden, Monatsanzeiger, 97 (März 1953) (gebunden, KAM); Missionsjugendversammlung am 9. 11. 1954, angekündigt im Monatsplan (November 1954) (KAM, „Ordner V").

1470 Dies wird deutlich an den vorbereitenden Briefwechseln, z. B. zur Dampferfahrt nach Bad Essen im Mai 1955 oder zum 99. Jahresfest im Dezember 1955. S. a. Rückblende zum Bezirksturnfest 1955: Hier spricht der Jungenschaftssender. Rückblick, in: Monatsanzeiger, 99 (August/September 1955); vgl. Ankündigung des selben Festes, in: Monatsanzeiger, 99 (Juni 1955) (KAM, „Ordner X").

1471 S. Vorbesprechungen, Ankündigungen, Programme und Berichte von Festen verschiedener Art des CVJM Minden (KAM, „Ordner II"; „Ordner V"; „Ordner IX"; „Protokollbuch III"; CVJM Monatsanzeiger, gebunden). S. a. Lörcher, Richard, Programmvorschlag für eine Posaunen-Feierstunde (Jahreslosung), in: Mitarbeiter-Hilfe (Juli/August 1950), 168; Wie gestaltet man öffentliche Veranstaltungen?, in: Mitarbeiter-Hilfe (September/Oktober 1950), 221f.

1472 Im Oktober 1955 wurden einmal „besonders die Mütter" eingeladen (KAM, „Ordner X"). S. zum ‚Vaterspaziergang' Jahresbericht 1954 (KAM, „Ordner II"); Ankündigung zu einem „Kanasterabend für *Väter* (Feuerzeug!)" im Monatsblatt (Oktober 1953) (KAM, „Ordner V").

1473 Als im Dezember von dem Vortrag des Bundessekretärs Haß über die „Geschlechtlichkeit" berichtet wurde, merkte der Autor des Berichts an, daß es „für unsere Jungen eine Hilfe [gewesen wäre], wenn unsere Eltern etwas mehr Anteil nehmen würden am Leben unserer Jungengemeinschaft" (Monatsblatt, 97 [Dezember 1953] [KAM, „Ordner V"]). – Der CVJM legte Wert auf ein gutes Verhältnis zu den Eltern sowie zwischen den Jugendlichen und ihren Eltern. S. Vorschlag für ein Gespräch in der Jungenschaftsstunde Du und Deine Eltern, in: Mitarbeiter-Hilfe (1945/46), F 9. Die Jungen wurden in der Jugendzeitschrift dazu angehalten, die Eltern zu respektieren und ihnen im Haushalt zu helfen. S. In der Familie. Vom Wäscheaufhängen, in: Jugend unter dem Wort, 5 (August 1952), Nr. 8, 8.

größeren Treffen der männlichen Gemeindemitglieder, wozu ausdrücklich Jugendliche eingeladen waren, standen die großen Posaunenchöre im Vordergrund, wie im September 1945, als sich „alle männlichen Jugendlichen der Gemeinden des Kreises“ auf dem Marienkirchplatz und in der Kirche St. Marien versammelten.[1474] Bei der Pfingstkundgebung auf dem Rathausplatz 1946 ließen „etwa 400 Posaunenbläser ... bei allen Veranstaltungen mächtig ihre Stimme erschallen“.[1475] Solche Feiern glichen wegen der Menge der versammelten Menschen und der Posaunen einer Machtdemonstration. Beim Pfingsttreffen 1946 in Herford war der Andrang so groß, daß die Morgenwache an drei verschiedenen Orten abgehalten werden mußte. Außerdem konnte die Münsterkirche die „Masse der Jungen“ kaum „fassen“.[1476]

Nachdem bei den Feiern der Posaunenchor verstummt war und evt. noch andere einen musikalischen Beitrag geliefert hatten, erhob ein Vorstandsmitglied des Vereins, ein Pastor oder ein Gastredner, z. B. der Bundeswart, das Wort zu einer Ansprache oder Andacht.[1477] Beim Herforder Pfingsttreffen wurde nach dem Urteil eines Berichtenden das verkündete „Wort“ zu einem „Erlebnis“, die „große Gemeinschaft der jungen Menschen unter dem Wort [beeindruckte] ... stark“. Die Reden sowie die Andachten unterstanden meist einem Thema oder einer Losung des gesamten Festes, z. B. 1946 in Herford „Ihr sollt leben!“[1478] Die Redner riefen in ihren Ansprachen und Andachten in missionarischem Ton die Menschen auf, ihr Leben an Christus zu orientieren und sich nicht zu Sündhaftem verleiten zu lassen.[1479] Sie forderten zum Kampf um die Macht ‚Gottes Wort‘ auf.[1480] Einer der Vortragenden untermalte seine Ansprache mit Zitaten aus einer Umfrage unter der Bevölkerung über ihr Verhältnis zu ‚Gott‘. Die so

1474 KAM, „Ordner I“.

1475 Kreisfest am 7. 7. 1946 in Oberlübbe (KAM, „Ordner I“). Zum Pfingstfest 1948 in Herford kamen etwa 1.000 Posaunenbläser (KAM, „Protokollbuch III“). S. zum Pfingsttreffen 1947 Busch 1948c, 90. Posaunenchöre waren ein wichtiger Bestandteil des Vereinslebens. Dennoch mußte offensichtlich der CVJM Minden nach dem Zweiten Weltkrieg sein Verhältnis dazu klären. (Mitarbeitersitzung am 29. 12. 1948 [KAM, „Protokollbuch III“]).

1476 Kreisfest am 7. 7. 1946 in Oberlübbe (KAM, „Ordner I“). S. Kuhlo 1990; Die Geschichte des Posaunenchors 1995; s. a. Wer handelt auf dem Marktplatz zu Herford?, in: Jugend unter dem Wort, 3 (August 1950), Nr. 8, 18; Jugend unter dem Wort, 3 (Oktober 1950), Nr. 10, 9-11. Vgl. Gießelmann/Krull 1989, 288-338.

1477 KAM, „Ordner I“.

1478 KAM, „Ordner I“.

1479 Beispielsweise referierte bei der Öffentlichen Jugendversammlung am 1. 5. 1951 Generalsekretär Walter Stöcker über das Thema ‚Die letzten Fronten‘. Hierzu waren weibliche und männliche Jugendliche eingeladen (KAM, „Ordner V“). Vgl. Junges Leben in echter Fröhlichkeit. Öffentliche Veranstaltung des CVJM/ Allerlei abwechslungsreiche Darbietungen, in: Westfalen-Zeitung v. 15. 4. 1951 (KAM, „Protokollbuch III“).

1480 Dies suggeriert die Wortwahl des Schlußredners Pastor Jungcurt beim Kreistreffen 1955. Er sprach von der „Schlacht“, die „schon geschlagen ist“ („Muß man sich mit Gott blamieren? CVJM-Kreisverband Minden feierte sein Kreisfest in Oberlübbe“, in: Westfalen-Zeitung v. 28. 9. 1955 [KAM, „Ordner X“; s. a. „Ordner II“]).

belegte Gleichgültigkeit – „erschütternd“, wie eine Zeitung kommentierte – sollte die in seiner Rede begründete Notwendigkeit zu missionieren unterstreichen.[1481]

Nachdem Männer mit Posaunenspiel imponiert und mit ihren Reden und Ansprachen die Macht des Glaubens und damit der Kirche beschworen hatten, inszenierten sich Jungen und Mädchen bei Modeschauen, Turnvorführungen und selbst organisierten Ratespielen unter den Gästen. Da die meisten Feste vom CVJM und seinen Organisationen getragen waren, kam in der Regel die männliche Jugend zum Zuge. Selten führten Jungen und Mädchen gemeinsam oder ausschließlich Mädchen etwas vor. Eine Ausnahme war eine Adventsfeier Anfang der 1950er Jahre, bei der Jungen und Mädchen abwechselnd vorsangen, Gedichte und das Laienspiel „Vor der Tür des Paradieses“ vortrugen.[1482] Meist führten die Jungen vor ihren Familien, Verwandten und Bekannten Turnübungen auf.[1483] Bei den Turnfesten des Eichenkreuzturnvereins konnten die Jungen bei ihren Wettkämpfen bewundert werden. Dies waren öffentlichkeitswirksame Veranstaltungen.[1484] Die Jungen demonstrierten dabei ihre Zugehörigkeit zu der christlichen Männergemeinschaft, ihre körperliche Kraft, Geschicklichkeit sowie ihren ‚sittlichen‘ und kontrollierten Umgang mit ihrem Körper. Nach den verschiedenen Darbietungen leiteten die Organisatoren die Versammlung in eine harmonische, gesellige Runde über, z. B. mit gemeinsamen Spielen, wobei Mädchen und Frauen einbezogen wurden, wie es für das Sommerfest in Bergkirchen 1952 vorgesehen war: „Ein fröhlicher Nachmittag ... soll uns an jenem

1481 Ebda. Vgl. Bericht über Pfingsttreffen in Herford 1950, wo der Bundesgauwart „über das Thema ‚Mannesjugend im Kampf um Reinheit‘ ... [sprach] [und] ... die richtigen, offenen, verantwortungsbewußten Worte [fand], die uns den Weg weisen in diesem schweren Kampf unserer Jugend“ (KAM, „Protokollbuch III“). Vgl. einen Zeitungsartikel aus dem Jahre 1951 ohne Quellenangabe über das 95. Jahresfest: „Vor der Tür des Paradieses“. Der CVJM Minden beging sein 95. Jahresfest: In der Festansprache „wandte sich [Pastor Wilke; BJ] an die jungen Mitglieder des Vereins und betonte, daß der Kampf für Jesus, den König, ein Ziel sei, das zu verfolgen sich lohne“ (KAM, „Protokollbuch III“).

1482 S. Programm; vgl. Besprechung im Mitarbeiterkreis am 10. 10. 1951 (beides KAM, „Protokollbuch III“).

1483 S. zur Vorbereitung von Festen und Einladungen zu entsprechenden Veranstaltungen: KAM, „Ordner II“; „Ordner V“; „Ordner IX“; CVJM, Monatsplan, 97 (Februar 1953) (gebunden, KAM); KAM, „Protokollbuch III“.

1484 S. zu Turnfesten und -wettbewerben: KAM, „Ordner II“; „Ordner V“; „Protokollbuch III“; Monatsplan (Juni 1951) (gebunden, KAM); „Das ‚Eichenkreuz‘ mahnt zur Nachfolge Christi. Erstes Bezirkstreffen des Minden-Ravensberg-Lippischen Eichenkreuz-Verbandes nach dem Kriege“, in: Westfalen-Zeitung v. 11. 7. 1951; Monatsprogramm (September 1951) (gebunden, KAM). S. a. zahlreiche Zeitungsartikel vom 9. 6. 1955 (o. nähere Angaben) in loser Presseausschnittssammlung des CVJM-Minden (KAM, CVJM Bestand); „500 aktive ‚Eichenkreuzler‘ beim Bezirksturnfest. Sportarbeit im CVJM seit 50 Jahren – Im Mittelpunkt steht die Leichtathletik“, in: Westfalen-Zeitung v. 2. 7. 1955; Goldenes Jubiläum der Eichenkreuz-Turner, in: Westfalen-Zeitung v. 9. 7. 1955 (KAM, „Ordner X“).

Tag vereint sehen", an dem es „auch mancherlei Gelegenheit zu persönlichem Gespräch" geben sollte.[1485]

Das Gemeinschaftsgefühl bezog sich je nach Fest auf die Gemeinde oder auf den Verein, also auf die Familie oder auf die ‚Brüder'. Aber auch bei Gemeindefesten inszenierten Jungen und Männer ihre Männlichkeit und Brüderlichkeit. Was Mädchen darboten und womit sie sich ins Rampenlicht rückten, ist weniger bekannt. Den Quellen nach zu urteilen, kam ihnen eher die Rolle der Zuschauerin oder Statistin zu. Dies belegen sowohl die Akten des CVJM als auch Zeitungsartikel über die von CVJM und Kirchengemeinde veranstalteten Feste. Die Jungen dagegen übten hier, sich selbst und ihren Verein in der Stadtöffentlichkeit zu präsentieren und zu repräsentieren. Sie agierten dabei als männliche Vetreter der Gemeinde und distinguierten sich damit von den weiblichen Mitgliedern. Ihre Männlichkeit demonstrierte dabei die dominante Position des CVJM innerhalb der Stadt und der Mindener Gemeinden. Allerdings kongruierte das dokumentierte Bild von männlicher Dominanz in der Öffentlichkeit mit der Rolle des männerbündischen CVJM in der familial und patriarchalisch strukturierten Kirchengemeinde sowie der idealtypischen Position eines Mannes in der Familie.[1486] Während also Gottesdienste und Gemeindeveranstaltungen familialen Charakter hatten und von Frauen häufig geprägt wurden, kam den verbalen, musikalischen und sportlichen Darbietungen der Jungen und Männer politische Bedeutung im traditionellen Sinne zu.

Politik, Vereins- und Gemeindearbeit sowie hegemoniale Männlichkeit gingen im christlich-konservativen Milieu Hand in Hand. In Minden-Ravensberg, wo die pietistische Bewegung auch von Pfarrern getragen worden war, arbeiteten CVJM bzw. die Jünglings- und Jungmännervereine und die Gemeinden seit jeher eng zusammen. Beispielsweise ist in der Satzung des Mindener CVJM vermerkt, daß das Vereinsvermögen bei Auflösung des Vereines nicht dem im Vordruck der Satzung genannten Westdeutschen Jungmännerbund, sondern der „evgl. Kirchengemeinde in Minden" überlassen werden sollte.[1487] Dies ist nicht als Affront gegen den Westdeutschen Jungmännerbund zu verstehen, der seinerseits die gegenseitige Bereicherung von Kirche und CVJM sowie seine Zugehörigkeit zur Volkskirche betonte. Diese enge Zusammenarbeit ist insbesondere vor dem Hintergrund der gemeinsamen Traditionen von CVJM und Mindener evangelischer Gemeinden in der Erweckungsbewegung sowie der Reglements während der Zeit des Nationalsozialismus zu verstehen.

Als der CVJM seit 1945 wieder eigenständig Jugendliche organisieren konnte, diskutierte man vielerorts die offene Arbeit mit der Gemeindejugend

1485 Einladung vom 5. 7. 1952 zum Sommerfest am 27. 7. 1952 (KAM, „Ordner V").
1486 Vgl. für das 19. Jahrhundert bzw. das Kaiserreich Reeken 1999, 186; Tosh 1999, 122.
1487 Satzung des Christlichen Vereins junger Männer in Minden/Westfalen, 1949, 11 (KAM, „Ordner V").

alternativ zum Engagement des CVJM für die Vereinsjugend. CVJM und Gemeindepfarrer konkurrierten folglich um die männlichen Jugendlichen.[1488] In Minden gerieten Vereinsfunktionäre und Pfarrer zunächst darüber nicht in Konflikt, was u. a. die oben erläuterten Kongruenzen erklären. Nur wenige Aussagen weisen auf ein möglicherweise Anfang der 1950er Jahre entstandenes Konkurrenzverhältnis von Kirche und Verein bzgl. der männlichen Jugend hin. Beispielsweise diskutierte der Vereinsvorstand in der Sitzung am 18. 10. 1953 „über die Frage CVJM-Gemeindejugend": „Der Vorstand war einmütig der Auffassung, daß unser CVJM immer Jugend der Gemeinde war."[1489] Als 1956 der Pfarrer i. R. und gleichzeitiger Ehrenvorsitzender des CVJM Minden, Martin Lohmann, dem CVJM zu seinem 100jährigen Jubiläum schriftlich gratulierte, ermahnte er den CVJM, „zum Heil und Segen der in ihm zusammengeschlossenen Jugend, in enger Verbindung mit der gläubigen Gemeinde und Kirche [zu] bleibe[n] und in gegenseitigem, fruchtbaren Dienst in guten und bösen Tagen" zusammenzuarbeiten.[1490] Er spielte dabei möglicherweise auf die Diskussion innerhalb des CVJM darüber an, ob ausschließlich ein Theologe erster Vorsitzender des Vereins werden kann. Der Vorstand beschloß 1957 nach einigen Debatten, wieder einen Theologen zu wählen, um „die engere Verbindung zur Kirche aufrecht zu erhalten und damit der Gründung einer besonderen evangelischen Jugendarbeit der Kirche vorzubeugen ...".[1491] Das Verhältnis zwischen Gemeinde und Verein bedurfte also Anfang und Mitte der 1950er Jahre einer Klärung. Offenbar emanzipierte sich der CVJM ein wenig von der Kirche, von der er während der NS-Herrschaft abhängig geworden war. Außerdem erforderten nicht zuletzt die um 1950 gesunkenen Mitgliederzahlen und veränderte Freizeitbedürfnisse der Jugendlichen eine Neugestaltung der Jugendarbeit, die sich weniger an kirchlichen Vorgaben als zunehmend an anderen Angeboten für junge Menschen orientierte.

Dies bedeutete jedoch keine ernste Gefahr für das Verhältnis zwischen Kirche und CVJM. Nach wie vor wurden Feste und Bibelstunden gemeinsam organisiert. Selbst die finanzielle Kooperation verlor nicht an Bedeutung. Die Kirche war Ansprechpartner für den CVJM, wenn er für bestimmte Aktivitäten Geld oder Räume benötigte.[1492]

1488 Busch 1948b, 96-98; Jürgensen 1980, 94-99, 108-114; Stursberg 1977, 263f., 316f.

1489 KAM, „Ordner V". Vgl. zu Gummersbach Krefting o. J. 51.

1490 Lohmann, Martin, Pfarrer i. R., Der Ehrenvorsitzende, in: Christlicher Verein Junger Männer 1956, 5.

1491 Vorstand des CVJM-Minden 1982, 19. Die offene kirchliche Jugendarbeit konnte auf lange Sicht dadurch auch nicht verhindert werden.

1492 Brief an den Vorsitzenden des Presbyteriums der St. Marien- und St. Martin- und St. Simeonsgemeinde mit der Bitte um Geld für die Posaunenmission am 19. 3. 1955 (KAM, „Ordner X"). – Wegen der zunehmenden Anzahl von Mitgliedern fehlten Räume für Gruppenstunden: „Wir hoffen, daß im kommenden Jahr das Presbyterium von St. Lukas ein offenes Ohr und ein offenes Herz für unsere Nöte haben möchte" (Jahresbericht 1954 [KAM, „Ordner II"]).

Das Mindener Vereinshaus am Marienwall konnte auch nur mit Hilfe der Kirche ausgebaut und für den CVJM nutzbar gemacht werden.[1493] Finanzielle Verbindung zwischen Kirche und CVJM gab es auch seitens des Landeskirchenamtes, von dem der CVJM Minden Bücher für seine Bibliothek kaufte.[1494] Die Gemeinde bzw. die evangelische Kirche war folglich eine übergeordnete und existenzsichernde Organisation für den CVJM. Im Rahmen dieser Organisationsstrukturen übten die Jungen ein dem christlichen Verständnis nach geordnetes Verhalten gegenüber Mädchen ein.

III. 2. 2. 3. 3 Männliche Politiken: Mission und christlich-konservative Interessensvertretung

> „Ich: ‚... wir sollten die Tagesfragen vor dem Angesicht Gottes lösen und nicht ohne ihn.' (...) Er: ‚Darüber muß ich mehr hören. Können wir das Gespräch nicht mal fortsetzen? (...)' Ich: ‚Gern!' Nun wird ein Männergespräch verabredet."[1495]

Gemeinde- und Vereinsfeste hatten religiöse und gemeinschaftsstiftende Bedeutung nach innen. Darüber hinaus inszenierten sich Gemeinde und evangelische Organisationen sowie die teilnehmenden Gläubigen dabei in der Stadtöffentlichkeit als geschlechter- und generationenübergreifende *community* und manifestierten damit die starke Stellung des christlich-konservativen Milieus in der Mindener Nachkriegsgesellschaft. Dies lag durchaus im Interesse des CVJM, dessen Mitglieder sich bei Vortrags- und Diskussionsveranstaltungen über aktuelle gesellschaftliche und politische Fragen positionierten und bei zahlreichen Interaktionen, gegenüber Politikern, in Gremien der Jugendpolitik und mit dem Wirtschaftsbürgertum die Interessen ihres Milieus verfolgten. Wenngleich diese Tätigkeiten vorrangig Männern im CVJM oblagen[1496], hatten Jungen auf ihre Weise daran teil. Erwachsene und Jugendliche agierten dabei in vergleichbarer Weise wie in dem im folgenden beschriebenen Stadtspiel der Mindener CVJM-Jugend.

Jeweils im Mai der Jahre 1954 und 1955 organisierte der CVJM ein Geländespiel in der Stadt „an öffentlich bekannten Plätzen".[1497] Die Jugendlichen

1493 Vorstand des CVJM-Minden 1982, 16.

1494 Das Landeskirchenamt verschickte Fragebögen an die Vereine und Gemeinden bzgl. der Gemeindebüchereien (KAM, „Ordner X").

1495 Busch, Wilhelm, Kirche und soziale Frage, in: Jugend unter dem Wort, 3 (März 1950), Nr. 3, 16-18. Es handelt sich hierbei um ein (fiktives) Gespräch zwischen einem CVJMler und einem Vertreter der Gewerkschaftsjugend, die sich im Jugendring kennenlernten.

1496 Vgl. Rendtorff 1959, 115.

1497 CVJM Minden/Westf., An alle Chefs der „Schmuggler" und „Polizei"! Stadtspiel aller Jungenschaften und Jungscharen am 15. 5. 1954, Minden, den 14. 5. 1954. Wenn nicht anders angegeben, sind folgende Zitate hier entnommen. Vgl. Stadtspiel „Schmuggler" im Mai 1955 (beides KAM, „Ordner V").

wurden in zwei gegnerische Gruppen aufgeteilt. Die einen spielten die „Schmuggler“, die anderen die „Polizei“. Die „Schmuggler“ hatten die Aufgabe, „Atombrennstäbe“ an der „Polizei“ vorbei von einem Versteck zum anderen zu schaffen.[1498] Wohin sie die Schmuggelware bringen mußten, erfuhren die Schmuggler während des Spiels von der Spielleitung. Die „Schmuggler“ benutzten für ihr Vorhaben alle ihnen zur Verfügung stehenden Verkehrsmittel. Sie versuchten auch unerkannt durch die Straßen zu kommen, indem sie sich als Blumenverkäuferin oder Obdachloser verkleideten oder Schleichwege benutzten. Wer siegen wollte, mußte folglich einfallsreich, geschickt und kontaktfreudig sein sowie die eigene Stadt möglichst gut kennen.

Beim Geländespiel in Wald und Wiese übten die Jungen, ihre körperliche Konstitution und pfadfinderisches Geschick zu beweisen. Beim Stadtspiel bezogen die Jugendlichen außerdem die Menschen und die Infrastruktur der Stadt in ihr ‚Krimi‘-Spiel ein.[1499] Man kann die von den Jungen ausgeübten Praktiken allgemein in drei verschiedene Interaktionsweisen differenzieren: erstens erkunden, zweitens erobern und drittens die eigenen Interessen in Konkurrenz zu anderen Gruppen durchsetzen. Analog dazu sind die Aktivitäten des Mindener CVJM im folgenden zu betrachten. Erstens ‚erkundeten‘ die CVJMler ihre soziale Umwelt außerhalb von Verein und Gemeinde, indem sie sich Vorträge über Politik und soziale Fragen anhörten und diskutierten. Zweitens ‚eroberten‘ sie ‚soziales Terrain‘ insbesondere bei den mit viel Aufwand organisierten Werbeveranstaltungen. Schließlich setzte der CVJM strategisch seine vereinspolitischen und christlich-konservativen Interessen durch. Dabei agierte der CVJM in einem Netz ihm wohlgesonnener und nahestehender Personen, Firmen und Institutionen. Außerhalb dieses Netzes und gegenüber konkurrierenden Institutionen und Organisationen, wie dem Jugendamt und Jugendring, traten Vertreter des christlichen Jugendverbandes entsprechend selbstbewußt auf.

Besonders im Laufe der 1950er besuchten häufig Jugendliche wie Erwachsene des CVJM angebotene politische Vortrags- oder Filmveranstaltungen. Dabei ging es zunächst grundsätzlich um das Verhältnis der christlichen Jungen und Männer zu Politik. Beispielsweise sprach im Mai 1954 der Bundestagsabgeordnete und Landrat Wehking (CDU) mit jungen Christen zum Thema „Du und die Politik!“ [im Orig. hervorgehoben; BJ].[1500] Die Jugendlichen setzten sich außerdem mit Fragen auseinander, die das Verhältnis von Staat und Gesellschaft betrafen: Im November 1955 referierte Ministerialdirektor E. Osterloh aus Bonn vor CVJMlern über das Thema „Staat und Familie gegeneinander

1498 Die Jugendlichen bereiteten in ihren Jungenschaftsstunden dieses Stadtspiel vor. Der CVJM Elberfeld führte laut Bericht im Jahre 1950 ein ähnliches Stadtspiel durch (Belzer, Die Dame mit dem Kinderwagen, in: Jugend unter dem Wort, 3 [März 1950], Nr. 3, 14f.).

1499 S. Jacobi 1991.

1500 Monatsplan (Mai 1954) (KAM, „Ordner V“).

oder füreinander?"[1501] Ferner informierten sich die CVJMler über Demokratie und die Grundrechte.[1502] Wie andere Jugendgruppen interessierten sich auch die jungen Christen in der frühen Nachkriegszeit für die Zukunft Europas.[1503] Ihr besonderes Interesse galt neben der Frage nach der politischen Konstitution Westeuropas Osteuropa bzw. Ostdeutschland sowie den osteuropäischen Flüchtlingen.[1504] Besondere Sorge bereitete den Christen die Teilung Deutschlands, wie dies in dem Leitartikel des Monatsanzeigers im Juni 1955 beispielhaft deutlich wird.[1505]

Der Wunsch nach ‚Frieden' und das Anliegen, osteuropäischen Flüchtlingen zu helfen, waren ebenso vom weltweiten christlichen Bruder- und Missionsgedanken getragen wie die Diskussionen und Informationsveranstaltungen über ferne Kontinente[1506], Weltfrieden[1507] und fremde Län-

1501 Monatsanzeiger, 99 (November 1955) (KAM, „Ordner X").

1502 Im Juni 1955 referierte Dr. Freese aus Loccum über die ‚Menschenwürde' (Monatsanzeiger, 99 [Juni 1955] [KAM, „Ordner X"]). Vermutlich handelt es sich hier thematisch um das Grundgesetz Art. 1. S. a. den vom CVJM organisierten Vortrag über das Thema „Hat die Demokratie noch einen Sinn?" Bei dieser Veranstaltung waren viele Jugendliche anwesend (KAM, „Ordner II").

1503 Der Theologiestudent Rüdiger Bremme wurde 1952 im April zu einem Vortrag über „den Frieden in Europa" eingeladen, zu dem Mitglieder und Freunde des CVJM kommen sollten (KAM, „Ordner V"). S. a. die Angebote für regelmäßige Esperantokurse des CVJM (Monatsplan [Februar 1954] [KAM, „Ordner V"]). Im Januar 1955 fand ein Vortrag über die Europa-Union des Kreisverbandes Minden statt (KAM, „Ordner X"). Im September 1955 sollte der CDU-Politiker Wehking über die Moskaupolitik des Bundeskanzlers an einem Jung-Männerabend referieren (KAM, „Ordner IX").

1504 Im Monatsanzeiger wurde dazu aufgerufen, „wieder auf der Straße für das Evgl. Hilfswerk [zu sammeln]. (...) Christen vergessen auch die Pakete an die Brüder im Osten nicht" (Monatsanzeiger [Dezember 1955] [KAM, „Ordner V"]). – In der Mitarbeiterbesprechung am 10. 10. 1948 wurde über den Heimkehrerbegrüßungsabend am 20. 10. 1948 gesprochen (KAM, „Protokollbuch III"). S. auch Grußwort an den CVJM-Minden von Bürgermeister Hattenhauer und Stadtdirektor Hesse, in dem sie die Flüchtlings- und Kriegsgefangenenhilfe des CVJM lobten (Christlicher Verein Junger Männer 1956, 5).

1505 In religiöser Sprache und mit biblischen Verweisen beklagte der Autor den „Trennungsstrich zwischen beiden Volkshälften", wägt jedoch in Anspielung auf den Kalten Krieg ab: Das „grössere Unglück [sei] der Bruderkrieg", der „zu vermeiden" sei. Er forderte seine Leser auf, wenigstens im westlichen Teil Deutschlands ein christliches Leben zu führen und Gott „zum Herrscher unseres Lebens [zu] machen, bei uns und in unserem Volk", ohne anderen Schuld zuzuweisen (Monatsblatt, 99 [Juni 1955] [KAM, „Ordner X"]).

1506 Filmnachmittag „Ev. Jugend auf Auslandsfahrt" am 11. 7. 1954, Monatsprogramm (Juli 1954) (KAM, „Ordner V"). Bei der Woche des Gebets im November 1954 ging es um die „Glieder der christlichen Vereine junger Männer in fünf Erdteilen", die anhand von Himmelreichsgleichnissen, Gesang und Gebet thematisiert wurden (*Dein ist das Reich*, Monatsblatt [November 1954] [KAM, „Ordner V"]). Im Gegensatz zu den zu missionierenden Erdregionen standen die USA in einem positiven Licht: So wurde der Referent für das Jahresfest 1954 darum gebeten, „unseren Jungen an diesem Abend etwas über Ihre Reise nach Amerika zu erzählen" (KAM, „Ordner IX"). S. a. Vortrag eines Vereinsmitglieds über seine USA-Reise am 28. 10. 1954 (KAM, „Ordner V").

der[1508]. Das Interesse an internationalen Beziehungen war nicht richtungslos, sondern der christliche Missionseifer ging einher mit den politischen Positionen im Kalten Krieg, wie der einseitige Blick auf die Zerstörungen durch die Rote Armee während des Zweiten Weltkriegs zeigt.[1509] Zwar organisierte der Schriftführer und spätere Vorsitzende des Mindener CVJM für die jugendlichen Vereinsmitglieder Diskussionen über Remilitarisierung und die ‚Ohne-mich'-Bewegung.[1510] Häufiger aber informierten Bundeswehroffiziere über die Bundeswehr, deren Organisation und Waffentechnik in militärfreundlicher Weise.[1511]

Im Gegensatz zu den Gemeindeveranstaltungen richteten sich die Vortragsabende eindeutig an ein männliches Publikum, bei dem männliche ‚Experten' aus Kirche, Politik und Wissenschaft über internationale Beziehungen, das

1507 Hierbei ist jedoch das Geschichtsbild besonders in Hinblick auf den Zweiten Weltkrieg zu beachten, in dem beinahe durchgängig die negative Entwicklung ‚erst' mit Beginn des Weltkrieges, also nicht seit 1933, angesetzt wird und die Rote Armee nicht als Befreiungsarmee, sondern als Angreifer dargestellt wird. Dies ist außerdem der Hintergrund für die besondere Fürsorge für Kriegsgefangene: „Damals, in jenen Tagen vor 10 Jahren, als die russischen Panzer Ostdeutschland überrollten, als Dresden, Halberstadt, Hodesheim und andere Städte unseres Vaterlandes in wenigen Minuten in Schutt und Asche sanken und auch unsere Heimatstadt schwere Bombenschäden erlitt, als tausende deutscher Männer, Frauen und Kinder auf der bei Eis und Schnee erfolgten Flucht von den Russen eingeholt wurden und in die Gefangenschaft marschierten..." (Deutsche Passion 1945, in: Monatsblatt, 99 [März 1955] [KAM, „Ordner X"]).

1508 Beim Chinamissionsnachmittag am 22. 2. 1953 referierten Barbara Janke von einer Missionsstation in Indien, die Chinamissionarin Irmtrud von Haugwitz über „Und wir erreichen China doch noch!"und die Japanmissionarinnen Ursula von Reisewitz und Dorle Mundiger. Daneben wurden entsprechende Lichtbilder gezeigt und Lieder gesungen (Programm des Chinamissionsnachmittag der evangelischen Jugend in Minden am 22. 2. 1953 [KAM, „Ordner II"]). – S. zu weltweiter Bruderschaft z. B. Programmheft des Bundesjubiläums in Wuppertal im August 1948 (KAM, „Protokollbuch III"). Es ist nicht belegt, daß dort Mindener CVJM-Mitglieder teilnahmen. Im August 1954 besuchte der Mindener CVJM den CVJM in der Schweiz für vierzehn Tage (Monatsplan [August/September 1954] [KAM, „Ordner V"]). S. a. den emotionalen Bericht über die Mitarbeitertagung in Bochum im Oktober 1951, die als Großveranstaltung die Mindener Teilnehmer sehr beeindruckte (KAM, „Protokollbuch III"), und Veranstaltungen, bei denen Weltbund und Weltbundtreffen thematisiert wurden, z. B. als bei einer „internen Jahresfeier" 1955 „Lichtbilder von Paris", der Weltkonferenz, gezeigt werden sollten (Brief des Schriftführers v. 9. 11. 1955 an den Bundesgauwart [KAM, „Ordner IX"]). Auch Mindener beteiligten sich an dieser Konferenz (KAM, „Ordner X"). S. a. Str[...], Die Weltorganisation CVJM-YMCA, in: Christlicher Verein Junger Männer 1956, 11-14; vgl. zum Weltbund Busch 1948c, 93-95; Stursberg 1977, 266-268, 280-288, 291-292.

1509 S. Prosch, C. v., CVJM rund um die Welt, in: Jugend unter dem Wort, 5 (August 1952), Nr. 5, 6f.

1510 Am 28. 2. 1952 lud der Mindener CVJM „zu einem Ausspracheabend über die Frage der westdeutschen Wiederbewaffnung [ein]. Unser Freund Rüdiger Bremme", Theologiestudent in Göttingen, referierte (KAM, „Ordner V"). Vgl. Harles 1989, 73-83, bes. 77f.; Busch, Johannes, Frieden! Jesus spricht: ‚Meinen Frieden gebe ich Euch.' (Joh. 14, 27), in: Jugend unter dem Wort, 4 (März 1951), Nr. 3, 2f.; Eine Landessynode spricht, in: Jugend unter dem Wort, 4 (Januar 1951), Nr. 1, 16f.; Ein Tag in Bonn, in: Jugend unter dem Wort, 5 (April 1952), Nr. 4, 6f.; Huigens, Petrus, Gibt es noch Frieden?, in: Jugend unter dem Wort, 4 (März 1951), Nr. 3, 3-5.

1511 KAM, „Ordner IX"; „Ordner X".

Verhältnis von Staat und Kirche sowie Gesellschaft oder das noch junge demokratische politische System im Westen Deutschlands referierten.[1512] Es handelte sich um eine spezifisch männliche Art und Weise, wie und über was sich junge Christen beim CVJM bei den Themen Politik, Parteien und Gesellschaft informierten. Männlichkeit bedeutete in diesem Zusammenhang die Weitergabe und Aneignung von politischem ‚Fachwissen' mit dem Ziel, sich in Politik und Gesellschaft als Christ eindeutig zuordnen und verorten zu können. Die christlich-konservative Jugend hatte auch nach der Kapitulation des NS-Regimes relativ klare Orientierungsmöglichkeiten: Sie interessierten sich für fremde Gesellschaften im Hinblick auf die christliche Mission. Auch innenpolitische Themen wie das Verhältnis von Staat und Familie, berührten direkt christlich-konservative Interessenfelder, nicht zuletzt vor dem Hintergrund negativer Erfahrungen mit dem nationalsozialistischen Staat.[1513] Diesen Christen ging es folglich nicht nur um Information und Positionierung innerhalb der Gesellschaft, sondern auch um die Verbreitung ihrer christlichen Lehre und Geltendmachung ihrer Institutionen.[1514]

Die Auseinandersetzung der CVJMler mit Gesellschaft und Politik erfolgte daher v. a. in der Form von Mission, Werbung und Netzwerkpolitik. Die Vereinsleitung organisierte zahlreiche Veranstaltungen zusammen mit der Kirche mit dem Zweck der Werbung insbesondere bei Jugendlichen. Die Jungenschaftler des CVJM gestalteten gemeinsam mit Erwachsenen z. B. bunte Nachmittage für die männlichen Konfirmanden. Ähnlich wie andere Feierlichkeiten verlief ein solcher Nachmittag nach einem festgelegten Plan und in reger Abwechslung von Musik, nicht zuletzt der Posaunenchöre, Gesang und Ansprache. Mehr noch wie bei anderen Versammlungen stand den Jugendgruppen hier mehr Zeit zur Verfügung, sich selbst und das eigene Vereinsheim darzustellen.[1515] Die Jungen demonstrierten gegenüber den Konfirmanden ihre Zugehörigkeit zu der christlichen Gemeinschaft, inszenierten sich und ihre

1512 S. den großen Aufwand, der von Vorstandsmitgliedern geleistet wurde, um Referenten auch von außerhalb Mindens zu bekommen (Briefwechsel mit einem Referenten in Loccum im November 1955 [KAM, „Ordner IX"]).

1513 Vgl. Reese 1989; s. a. Kap. III. 2. 1.

1514 S. Breidenbach, Ernst, Unsere Verantwortung in der Öffentlichkeit, in: Mitarbeiter-Hilfe (September/Oktober 1950), 195-200; vgl. Rendtorff 1959, 115f.

1515 In der Mitarbeitersitzung am 5. 10. 1950 wurde beschlossen, die Konfirmanden samstagnachmittags in das Heim einzuladen (KAM, „Protokollbuch III"). S. Programm für Konfirmandennachmittag 1955 (KAM, „Ordner II"). Vgl. Mitarbeitersitzungen am 28. 2. und am 8. 3. 1950, bei denen es um das Monatsprogramm für März 1950 und speziell um den Werbeabend für Konfirmanden am 16. 4. 1950 ging (KAM, „Protokollbuch III"). S. Einladung des CVJM Minden an Eltern der Konfirmanden zum „Fröhlichen Nachmittag" am 20. 2. 1955, worin für die Jungenschaften geworben wird (KAM, , Ordner II"). Der CVJM Herne fragte am 29. 12. 1954 bei dem Mindener Verein über dessen Aktivitäten bzgl. der Konfirmandenwerbung an (KAM, „Ordner IX").

Gruppe im öffentlichen Rahmen und machten auf diese Weise Politik für den CVJM, der großen Wert auf breitenwirksame Werbung legte. Der Jugendwart unternahm darüber hinaus persönliche Besuche und verschickte Glückwunschschreiben an zu werbende Jugendliche.[1516] Abgesehen davon wurde auch sonst keine Gelegenheit ausgelassen, auf den CVJM Minden aufmerksam zu machen. Mitte der 1950er Jahre bat der Vereinsvorstand in einem Brief an alle Arztpraxen in der Stadt, ihren Monatsanzeiger in den Wartezimmern auslegen zu dürfen.[1517] Neben den Konfirmanden waren Gymnasiasten eine wichtige Zielgruppe der Werbung von Kirche und Verein. Anfang der 1950er Jahre begann laut eines Briefes an den Synodalverband Superintendent Hevendehl „im Zuge seiner Schülerarbeit einen Vortragsdienst in den höheren Schulen Mindens". Dazu wurden Referenten der Evangelischen Akademie Loccum eingeladen.[1518] Außerdem führten Mitarbeiter des CVJM Schülerarbeit in der Form von Bibelarbeit und Schüler-Wochenendfreizeiten durch.[1519]

Selbstbewußt konnten die Funktionäre des christlichen Vereins ihre Werbestrategien angehen, da der CVJM in Minden in der Bevölkerung und bei kommunalen Persönlichkeiten Rückhalt hatte. Als der CVJM 1953 eine aufwendig vorbereitete Vortragsreihe in den Gymnasien veranstalten wollte, zeigten sich die Schulleitungen „sehr entgegenkommend". Nach erfolgreichen Diskussionen „äußerten [sie] den Wunsch, diese Arbeit fortzusetzen und baten um weitere Besuche des Dr. Heinz Mohr" aus Loccum.[1520] Auch die Tatsache, daß die Zeitungen recht wohlwollend über Veranstaltungen des CVJM berichteten, zeugt von allgemeiner Anerkennung in der Stadt.[1521] Dies hängt mit der Einbettung des Mindener CVJM im christlich-konservativen Milieu auch in parteipolitischer Hinsicht zusammen.[1522] Die enge Verbindung des CVJM zu Parteipolitikern der CDU wird auch dadurch belegt, daß der CDU-Politiker und Bundestagsabgeordnete Wehking immer wieder als Referent eingeladen wurde.[1523]

1516 Vorstand des CVJM Minden 1982, 19.

1517 KAM, „Ordner X".

1518 KAM, „Ordner V".

1519 Einladung an die Schüler des Mindener Gymnasiums und der Besselschule zu einer Schülerwochenendfreizeit mit Pastor Warns im Februar 1955, CVJM (KAM, „Ordner X").

1520 Brief des Mindener CVJM an den Synodalverband Superintendet Hevendehl am 23. 11. 1953, CVJM (KAM, „Ordner V").

1521 Zeitungsartikel ohne Quellenangaben im CVJM-Bestand des KAM. Die Autoren berichten meist derart positiv über die Veranstaltungen, daß man ein Mitglied oder wenigstens einen Sympathisanten als Autor dahinter vermuten kann (KAM, „Ordner X"; „Protokollbuch III"; unsortierte, lose Presseausschnittssammlung des CVJM Minden, KAM).

1522 S. Grußworte an den CVJM-Minden in Christlicher Verein Junger Männer 1956, 3-5 (KAM). Bürgermeister Röthemeier und Stadtdirektor Dr. Niermann betonten in ihrem Grußwort 1982 die politische, gesellschaftliche und gesetzliche Verankerung des CVJM im Rahmen der Kinder- und Jugendhilfe (Vorstand des CVJM Minden 1982, 8).

1523 Z. B. zu einem „Rundgespräch" mit ihm am 3. 5. 1954 (Monatsplan [Mai 1954] [KAM, „Ordner V"]).

Die CVJM-Jugend informierte sich also nicht wie die Mindener Gruppe der deutschen Jungenschaft über Programme und Politik aller Parteien in bewußter Distanz zur Politik, sondern orientierte sich eindeutig christlich-konservativ an den Trägern des neuen Staates.[1524] Das galt über die Politik hinaus auch für die sozialen und wirtschaftlichen Beziehungen. Zahlreiche Anzeigen von Mindener Firmen im Monatsanzeiger des CVJM[1525] und die Durchschläge der Spendenquittungen für Firmen und Personen, die dem CVJM eine finanzielle Unterstützung zukommen ließen[1526], zeugen nicht nur von einem ausgeprägten Geschäftssinn des Vorstandes, sondern auch von seinen guten Verbindungen zu Geschäftsleuten der Stadt.[1527]

Die jugendlichen Mitglieder des Mindener CVJM agierten in einem politisch und sozial relativ intakten und zugleich in der Stadt bedeutenden Milieu. Innerhalb männlich dominierter, formeller und informeller Strukturen waren die Jungen in einem auf kommunale Persönlichkeiten, ‚Fachmännern' und Unternehmern basierenden Netz politischer, wirtschaftlicher und kirchlicher Interessen eingebunden. Sie selbst agierten dabei als Vertreter sowohl des eigenen Vereins[1528] als auch der eigenen Familien und sozialen Gruppe, der sie angehörten. Neben dieser Einbindung erlebten die Jungen gleichzeitig Segregationen innerhalb des Milieus entlang von Geschlechter- und Statusgrenzen sowie Abgrenzungen des Milieus und seiner Eliten gegenüber Außenstehenden.[1529]

Besonders Jugendliche und junge Männer suchten nach Ende der NS-Diktatur ein Arrangement mit den neuen politischen Strukturen. Zum einen eigneten sie sich männliche Interaktionsformen des christlich-konservativen Milieus an, wie sie es von älteren Männern erlebten, die an Erfahrungen aus der Weimarer Republik anknüpften.[1530] Zum anderen erforderten die neuen demokratischen Strukturen die Mitarbeit in pluralistischen, aber nach wie vor männlich dominierten Foren, wie den Jugendringen.[1531] Wie in Kapitel II dargelegt,

1524 Vgl. Vollnhals 1988, 161-164.

1525 Dies gilt auch für die Festschrift zum 50. Turnfest 1955 (Brief an potentielle Werber am 9. 6. 1955 [KAM, „Ordner X"]).

1526 KAM, „Ordner X".

1527 In einem Schreiben zum Jahresende 1955 fordert der Kassenwart besonders Jugendliche auf, Werbung für die Firmen zu machen. Er geht davon aus, daß diese die Arbeit des CVJM unterstützen. Deshalb sollten die Jungen ihre Bekannten und Verwandten anhalten, möglichst bei diesen Firmen zu kaufen (abgedruckt in: Monatsanzeiger, 99 [November 1955] [KAM, „Ordner X"]).

1528 Zu dieser Entwicklung in den späten 1950er Jahren Jürgensen 1980, 119f.

1529 Briefe des CVJM an dem Milieu nicht angehörende Institutionen, Personen und Organisationen dokumentieren einen häufig harschen und überheblichen Ton (KAM, „Ordner X").

1530 Vgl. Abdruck eines Artikel von Bundesminister a. D. Dr. Dr. Gustav Heinemann Freiheit im Staat, in: Jugend unter dem Wort, 5 (April 1952), Nr. 4f.

1531 Vgl. dazu, daß Jugendpolitik in Jugendringen ein gänzlich neues Terrain für CVJM war, Jürgensen 1980, 105. Vgl. außerdem die Dialoge in ‚Jugend unter dem Wort' unter der Rubrik ‚Gespräche über den Zaun'. In den fiktiven Gesprächen zwischen einem oder mehreren

hatten auch die Kirche und christlichen Vereine ein großes Interesse daran, nach dem Zweiten Weltkrieg wieder in den Jugendämtern einflußreich zu werden. Der Mindener CVJM arbeitete z. B. bei der Durchführung von Zeltlagern eng mit dem Kreisjugendamt zusammen.[1532] Die Mitarbeiter des christlichen Vereins diskutierten auch die verschiedenen Anforderungen, Initiativen und Integrationsversuche des Kreisjugendamtes gegenüber den Jugendverbänden.[1533] Aber die von den Jugendämtern angebotenen Gesprächsrunden und Seminare[1534] waren für die CVJMler offensichtlich kein Thema für ihre Sitzungen.[1535] Der CVJM Minden sah die Aufgabe der Jugendämter v. a. in ihrer Funktion als Geldgeber und Interessenvertreter. Entsprechend handelte der größte Teil des Schriftverkehrs um die Bewilligung von Zuschüssen für die erweiterte Jugendarbeit und verstärkte Werbung.[1536] Auch bei der Jahreshauptversammlung des CVJM am 7. 12. 1951 diskutierten die Anwesenden über die Verteilung der Gelder für die Jugendverbände. Dabei betonten sie die Bedeutsamkeit des CVJM innerhalb der Kommune und verlangten aufgrund von quantitativer Größe „in einem demokratischen Staat auch ein Mitbestimmungsrecht bei der Verteilung“ von Zuschüssen gemeinsam mit der katholischen Jugend.[1537] Die CVJMler forderten das Recht, über öffentlich zu verteilende Gelder mitzureden. Sie warfen dabei ihre politische Bedeutung als christlicher Jugendverband in die Waagschale und forderten im Grunde einen fortgeschriebenen Einfluß auf die Jugendpolitik. Gleichzeitig brachten sie im selben Satz das Argument der demokratischen Mitbestimmung, das ihrer Meinung nach demokratische Rechte je nach Größe der Organisation vorsah. Dies zeigt die z. T. widersprüchliche Vermengung von gewohntem Machtanspruch

Vertretern anderer Jugendorganisationen und einem CVJMler überzeugt der CVJMler den Gesprächspartner immer mehr oder weniger erfolgreich von dem Glauben an Gott und der christlichen Lebensgestaltung. Die so dargestellten Interaktionsformen mit anderen Jugendorganisationen zeugen weniger von einer toleranten und pluralistischen Einstellung als vielmehr von missionarischem Eifer mit unerschütterlicher Selbstüberzeugung. S. z. B. Busch, Wilhelm, Die Kirche hat die Waffen gesegnet!, in: Jugend unter dem Wort, 3 (Februar 1950), Nr. 2, 9f.

1532 S. Kap. III. 2. 2. 2.

1533 Protokoll der Vorstandssitzung am 23. 4. 1955 (KAM, „Protokollbuch III“); Rundschreiben Nr. 29 des Kreisjugendamtes vom 5. 1. 1952, darin: Werbung für Jugendleiterlehrgang zu „Jugend im Staat“ und für ein Wochenendseminar zum Thema „Was haben wir junge Staatsbürger von unserem Staat zu wissen und zu erwarten“ (Monatsblatt des CVJM, [November 1954] [beides KAM, „Ordner V“]); Rundschreiben vom 26. 9. 1954 über die Bücherei beim Kreisjugendpfleger, ein Tonbandgerät, das Kreisjugendheim, Wochenend-Lehrgänge, eine Feier und eine Veranstaltung der Naturfreundejugend (KAM, „Ordner V“).

1534 Z. B. Rundschreiben Nr. 29 des Kreisjugendamtes vom 5. 1. 1952 (Monatsblatt des CVJM, [November 1954] [KAM, „Ordner V“]).

1535 Mitarbeitersitzung am 13. 7. 1949 (KAM, „Protokollbuch“).

1536 S. Brief des Vorsitzenden Pastor Dietrich Wilke und des Kassenwarts an die Kreisverwaltung Minden/Westfalen am 28. 4. 1955 (KAM, „Ordner X“); Brief des CVJM Minden an Stadtjugendamt am 24. 8. 1954 (KAM, „Ordner V“).

1537 KAM, „Protokollbuch III“.

im christlich-konservativen Milieu mit demokratischem Antlitz.[1538] Die dominante Position dieses intakten Milieus erforderte nach Ende der Diktatur keine grundsätzliche Umkehr oder Infragestellung.

Auch wenn die Jugendlichen des CVJM selten in verantwortlicher Position waren, waren sie Akteure des christlichen Vereins und eigneten sich hier geschlechts- und milieuspezifische Politikformen in Vereinsgremien, in der Gemeinde und in der Stadt an. Aufgrund der deutlichen Kontinuitäten innerhalb dieses Milieus und der hierarchischen Strukturen im CVJM sind nur wenige Veränderungen in der politischen Grundhaltung seitens der Jüngeren anzunehmen. Die zentrale Stellung von Kirche in der Nachkriegsgesellschaft, die sie selbstbewußt und als ‚ihre öffentliche Verantwortung' ausfüllte, auf der einen Seite und der beinahe ungebrochen männliche Vertretungsanspruch von Interessen in der Politik auf der anderen Seite manifestierten in der Nachkriegszeit christlich-konservative Männlichkeit. Diese war trotz des verlorenen Krieges und der Kapitulation des NS-Regimes offenbar nicht in Frage gestellt. Nach wie vor hatten viele Interaktionsformen im CVJM männerbündischen Charakter; und bei sportlichen Wettkämpfen sowie Geländespielen verfolgten die Jungen in gewisser Weise nach wie vor das Idealbild des wehrhaften und kämpferischen Mannes. Allerdings deuten das Bemühen um ein partnerschaftliches und respektvolles Verhältnis zum anderen Geschlecht sowie die Debatten des CVJM über die Remilitarisierung auf mögliche Veränderungen hin. In beiden Fällen rekurrierten die CVJMler auch auf traditionell christlich-pietistische Vorstellungen vom Geschlechterverhältnis bzw. vom Frieden. Weiteren Forschungen bleibt es vorbehalten, dies als Ansätze einer in den 1960er Jahren zunehmend kritischen Haltung gegenüber offizieller Politik wie der Atom- und Rüstungspolitik zu diskutieren.

III. 2. 3 Resümee: ‚Moderne Traditionsbindungen' in Männerbund, Familie und Gemeinde

Obwohl in der frühen Nachkriegszeit weitläufig von der Orientierungslosigkeit ‚der Jugend' und der völligen Zerstörung der Familien die Rede war, und während seit den 1950er Jahren eine zunehmende Abkehr von Kirche und Glaube konstatiert wurde und wird, verbrachten zahlreiche männliche Jugendliche im ersten Nachkriegsjahrzehnt einen großen Teil ihrer Freizeit im CVJM. Die Mitgliederzahlen des Mindener christlichen Jungen- und Männervereins stiegen in den 1950er Jahren nach einem kurzen Einbruch um 1950 kontinuierlich an.

Das christlich-konservative Milieu war trotz NS-Diktatur und Weltkrieg, unter sozialen, politischen, moralischen und geschlechterhistorischen Ge-

1538 Vgl. Grebing 1971, 272f.

sichtspunkten betrachtet, relativ stabil. Aufgrund der starken sozialen und politischen Verankerung dieses Milieus und wegen der Stabilitätsfunktionen von Religion und Kirche für viele Menschen im Nachkriegsdeutschland erlebten die Jugendlichen keine existenzbedrohlichen Brüche. Allerdings war das christlich-konservative Milieu besonders in Minden schon wegen seiner Größe relativ heterogen. Es umfaßte Arbeiter- und Flüchtlingsfamilien ebenso wie Angestellte, Handwerker und Unternehmer. Im allgemeinen waren diese sozialen Gruppen weniger von wirtschaftlichen Krisen betroffen. Häufig profitierten sie von der ‚Aufbauwirtschaft'.

Auch Männlichkeit zeigte sich im christlich-konservativen Milieu in mindestens zweierlei Hinsicht stabil: Erstens war die Rolle der Männer als Familienernährer und -vorsteher kaum in Frage gestellt. Zweitens – und damit verbunden – war Männlichkeit nach wie vor mit der Verfügungsgewalt über Geld und beruflicher sowie fachlicher Kompetenz v. a. im handwerklich-technischen Bereich konnotiert.[1539] Auch moralisch und politisch waren Männlichkeitsbilder im christlich-konservativen Milieu kaum gebrochen. Die moralische Instanz Kirche, zumal die sich zur ‚Bekennenden Kirche' zählenden Mitglieder, galt mehr als Opfer denn als Träger des NS-Regimes und nach dem Zweiten Weltkrieg als stabile Instanz einer fragilen Gesellschaft. Christlich-konservative Politiker konnten auf die Rückbesinnung auf Kirche und Religion bauen. Außerdem setzten sie auf die Kontinuität berufsständischer, männlich-konnotierter ‚Sach- und Expertenpolitik' mit vorsichtigen demokratischen Varianten. Dies entsprach weitgehend der Abneigung gegenüber Politik und ‚Ideologie' in diesem Milieu.[1540] Selbstverständlich bestand aus dieser Perspektive weder die Notwendigkeit noch der Wunsch, an der männlichen Herrschaft in der und durch die Politik und Kirche etwas zu ändern.

Für viele Jugendliche, die in pietistischen Familien aufgewachsen waren und die während der NS-Zeit im Zwiespalt zwischen zwei Instanzen gestanden hatten, die jeweils einen totalen Anspruch auf Welterklärung und -errettung stellten, mochten die frühen Nachkriegsjahre eine willkommene Harmonie bedeutet haben. In den wöchentlichen Gruppenstunden fanden die Jungen bei der biblisch orientierten Selbstvergewisserung Erbauung, Trost und Zuspruch in der brüderlichen Gemeinschaft der Konfirmierten. Auch auf ihren Fahrten sorgten die Jungen und ihre Betreuer besonders in den ersten fünf Nachkriegsjahren für klare Ordnungen, ausgesprochene Hierarchien und Regeln sowie für eine harmonische und fürsorgende Gemeinschaft i. S. einer ‚Normalisierung'. Sie gestalteten ihre Ferientage ähnlich wie idealtypische familiäre Tagesabläufe.

Die christliche Gemeinschaft konstituierte sich weniger durch bestandene

1539 Vgl. Winter 2002.
1540 Vgl. Grebing 1971, 273.

Bewährungsproben oder homoerotische Emotionen zwischen den Jungen. Die Konkurrenz stand eher im Hintergrund, auch beim Frühsport oder beim Wandern. Die emotionale Bindung unter den Jungen und der Ausschluß von Mädchen waren konstituierend für ihre ‚Kameradschaft' und ihre ‚brüderliche' Politik. Ihr Männlichkeitskonzept schloss dennoch ein gutes Verhältnis zu Mädchen und Frauen ein. In Gesprächen thematisierten sie Differenzen zwischen Mädchen und Jungen bzw. zwischen Frauen und Männern und suchten nach Wegen eines konstruktiven Umgangs miteinander i. S. eines *sexual contract*. Männlichkeit bedeutete bereits für die Jugendlichen im christlich-konservativen Milieu, familienfähig zu sein und mit Mädchen und Frauen zusammenzuarbeiten.

Vereins- und Kirchenpolitik war hingegen weitgehend Männern bzw. Männerbünden vorbehalten. Die Jugendlichen des CVJM hatten zwar in dem von Erwachsenen dominierten Verein nur wenige Möglichkeiten, in den Vereinsgremien und in der kommunalen Jugendpolitik mitzuwirken. Aber einige von ihnen übernahmen allmählich das eine oder andere Amt und fanden sich so in die hierarchische, aber brüderliche Männergemeinschaft ein. Darin aufgenommen, machten sie – von der Position der Jüngsten aus – Politik in Gemeinde und Stadt. Die jugendlichen CVJMler konstruierten bei ihren Aktivitäten sowohl im männerbündischen Zusammenhang des christlichen Vereins als auch im Kontext von familienbestimmter Gemeinde eine spezifisch christlich-konservative Form hegemonialer und familienorientierter Männlichkeit.[1541]

Dieses Männlichkeitskonzept ist jedoch nicht ausschließlich als konservativ zu beschreiben und unterschied sich von dem männerbündischen Ideal der Nationalsozialisten. Die CVJMler entwarfen ein Konzept des ganzen Mannes: technisch und naturkundlich versiert, politisch interessiert, emotional und sexuell kontrolliert, selbstreflektierend bei der brüderlichen Bibellektüre und partnerschaftlich gegenüber dem anderen Geschlecht.

Obwohl in den 1950er Jahren einige CVJMler als ‚wilde Krieger' und ‚Abenteurer' auftraten, sind dahinter weniger Generationenkonflikte zu vermuten. Die Jungen rebellierten nicht gegen die Erwachsenen oder die hierarchischen Strukturen im Verein. Aber sie wagten das eine oder andere demokratische Experiment. In ihren neuen Mitbestimmungsmodellen im Zeltlager griffen sie ein milieuspezifisches Politikverständnis auf, indem sie z. B. Entscheidungen an sogenannte technische und naturwissenschaftliche Experten delegierten.[1542] Sie scheuten auch keine Großveranstaltungen ob der ‚Masse' der Menschen oder der nun abschätzig betrachteten Erinnerungen an ‚Massen-

1541 Vgl. Connell 1999; Grebing 1971, 268f.; Hering 2002, bes. 195f., 200-203.
1542 Vgl. ebda. 282.

aufläufe' während der NS-Zeit.[1543] Moderne demokratische Formen verschmolzen hier mit traditioneller Politik.

Komplizierter gestaltete sich auch der Umgang der Jugendlichen mit kommerziellen Freizeitangeboten: Die absolute Ablehnung seitens der Kirche und der Vereinsleitung solcher Angebote führte indes zu einer permanenten Thematisierung und Auseinandersetzung damit. Die Jungen reflektierten selbst- und gesellschaftskritisch mithilfe der Bibel als Orientierung, wie sie sich angesichts der für sie sicherlich reizvollen Angebote verhalten sollten. In ihren Gruppenstunden setzten sie selbst neue Medien und moderne Musik für ihre religiösen Zwecke ein und erprobten dabei den ‚richtigen Umgang' damit.

Als weltfremd, wie die christlichen Jugendorganisationen in Quellen und in der Forschung bisweilen dargestellt werden, können die CVJMler daher kaum bezeichnet werden.[1544] Der CVJM versuchte auch nicht, sich von der Gesellschaft abzuschotten. Vielmehr schufen und verhandelten die Menschen im christlich-konservativen Milieu technologische, wissenschaftliche und gesellschaftliche Innovationen auf der Basis von Traditionen und dauerhaften Strukturen, wie dies für den Mindener CVJM nachgewiesen wurde. Pietistisch-protestantische Religion und Kirche stabilisierten, gaben Halt und Orientierung und somit die Basis für den gewünschten Wandel, der dem christlich-konservativen Milieu Machterhalt versprach. Die CVJMler partizipierten an diesen Veränderungen innerhalb des christlich-konservativen Milieus i. S. einer ‚Modernisierung der Traditionsbindung'. Dies mag einer der Gründe für den fast ungebrochenen Zulauf zu dem christlichen Jugendverein trotz kommerzieller Freizeitangebote sein. Offenbar garantierte das komplizierte Verhältnis von Veränderungswillen und Experimentierfreudigkeit auf der einen Seite sowie Traditionsbindung und Wertkonservatismus auf der anderen Seite Stabilität.

1543 Seltener sind formulierte Abneigungen gegen die ‚Massengesellschaft', wie bei Busch, Wilhelm, Diesmal ein Gespräch um Kino und religiöse Gedanken, in: Jugend unter dem Wort, 3 (November 1950), Nr. 11, 8-10, hier 9; Ferien – mit allem Komfort?, in: Jugend unter dem Wort, 8 (Juli 1955), Nr. 7, 8f., 18, hier 9.

1544 Die Publikationen des CVJM belegen, daß sich der christliche Verein häufig mit diesem Vorwurf auseinandersetzte. S. z. B. die Rubrik ‚Gespräche über den Zaun' in: ‚Jugend unter dem Wort'; Breidenbach, Ernst, Unsere Veranwtortung in der Öffentlichkeit, in: Mitarbeiter-Hilfe (September/Oktober 1950), 195-200.

III. 3 Proletarische Jungen im sozialdemokratischen Milieu: die Naturfreunde-Jugend

> „Es war eine ähnliche Aufbruchstimmung wie zur Gründungszeit unseres Verbandes, wie auch in der Zeit nach dem Ersten Weltkrieg. Die Menschen genossen die Freiheit, drängten hinaus in die Natur, suchten die Geselligkeit, das freie Gespräch unter Freunden, unter Naturfreunden. In all unseren Ortsgruppen war das ähnlich und aus diesen Aktivitäten entwickelte sich dann wieder die Arbeit auf der Gauebene."[1545]

Während Jungen aus dem Kleinbürgertum und dem (national-)liberalen Milieu ihre wöchentlichen Gruppenstunden unter Ausschluß von Mädchen verbrachten, besuchten zahlreiche männliche Arbeiterjugendliche gemeinsam mit weiblichen Jugendlichen die wöchentlichen Volkstanzstunden des sozialdemokratischen Touristenvereins – Die Naturfreunde (TVdN).[1546] Dieser Verein organisierte weibliche wie männliche Kinder, Jugendliche und Erwachsene und unterschied sich v. a. aufgrund dieser familialen Struktur von reinen Jugendabteilungen sozialdemokratischer Organisationen und insbesondere vom Jugendverband der Falken. Die Aktivitäten der Mindener Naturfreunde wichen auch stark von denen anderer Jugendgruppen ab: Bei den abendlichen Vereinsstunden der Naturfreunde lernten die Jugendlichen internationale Tänze und übten für öffentliche Auftritte. Während sie hierbei weitgehend unter sich waren, nahmen an den ebenfalls wöchentlich stattfindenden Heimabenden auch Erwachsene teil. In diesen geselligen Runden sangen sie, informierten sich über Naturkundliches und volkstümliche[1547] Literatur oder hörten Reisevorträgen von Naturfreunden zu. Diese Heimabende fanden zunächst in der ‚Tonhalle' statt, einem sozialdemokratischen Veranstaltungsort in der Mindener Innenstadt[1548], und später im Naturfreunde-Haus. Ende der 1940er Jahre trafen sich manchmal spätabends einige Jugendliche der Naturfreunde in diesem kleinen Vereinsheim an der Weser, unweit der alten Fischerstadt, und hörten Jazzmusik. Das gemütliche Naturfreunde-Haus mit Aufenthalts- und Schlafräumen war ein idealer Ort für selbstorganisierte Feiern. Gefeiert wurde bei den Naturfreunden im allgemeinen zwar viel. Aber die z. T. öffentlichen Feste hatten häufig familiären Charakter, bei denen Sozialdemokraten Reden hielten, die Mädchen und Jungen Volkstänze und gemeinsam mit Erwachsenen Laienspiele und Komödien aufführten. Auch die Wochenenden und Ferien

1545 Touristenverein Die Naturfreunde Landesverband Teutoburger Wald-Weserbergland e. V. 1995, 40f.

1546 S. zu Zahlen Kap. III. 3. 1. Vgl. allgemein zur Naturfreunde-Jugend: Naturfreundejugend Deutschlands (NFJD) 1991; Sozialistische Jugend Deutschlands – Die Falken (SJD) 1991.

1547 S. zu der Verwendung dieses Begriffs Kap. III. 2. 4.

1548 Dieser Versammlungsort existiert nicht mehr. Er befand sich in der Nachbarschaft des Theaters, wo heute eine Bank ihre Mindener Filiale hat.

verbrachten jugendliche und erwachsene Naturfreunde häufig miteinander. Sie gingen gemeinsam auf Fahrt, paddelten auf der Weser oder wanderten in die nähere Umgebung. Hierbei sowie im Alltag und bei den zahlreichen Vereinsfesten legten die Naturfreunde großen Wert darauf, viel Spaß miteinander zu haben. Daran änderten weder gelegentliche Konflikte zwischen jüngeren und älteren sowie zwischen weiblichen und männlichen Mitgliedern etwas noch die Ernsthaftigkeit, mit der v. a. die männlichen Mitglieder die Vereinsgeschäfte tätigten und in der Stadt oder im Bezirk Politik machten. Männliche Jugendliche im sozialdemokratischen Milieu hatten offenbar einen anderen Bezug zur Politik, andere Männlichkeitsvorstellungen und verhielten sich gegenüber Mädchen anders als Jungen in den vorher diskutierten Milieus.

Besonders wegen der verbreiteten These von einem Generationenkonflikt in der Nachkriegszeit drängt sich folgende Frage auf: Warum engagierten sich Jugendliche in einem von Erwachsenen organisierten Verein, der sich partiell als politisch verstand und in dem die Jugendlichen selten unter sich waren? Welche Bedeutungen hatte also diese familiale Einbindung der Jugendlichen für die aus der HJ entlassenen Jungen? In welchem Zusammenhang standen geschlechts- und generations- sowie milieuspezifische Bedeutungen der Aktivitäten der Naturfreunde-Jugend für die männlichen Jugendlichen? Offensichtlich verorteten sich die Jugendlichen auf diese Weise im sozialdemokratischen Milieu, das nach dem Zweiten Weltkrieg allmählich wieder errichtet wurde: Aber partizipierten die Jugendlichen an der (Re-)Konstruktion und Transformation des sozialdemokratischen Milieus? In der bisherigen Forschung zur Geschichte des TVdN und der Arbeiterjugendbewegung findet man darauf nur wenige Antworten.

„Wir sind die grüne Garde", lautet der Titel der einzigen selbständigen Publikation zur Geschichte der Naturfreunde-Jugend.[1549] In drei längeren Aufsätzen werden Entstehung und Entwicklung der Jugendgruppen der Naturfreunde chronologisch von der Gründung des TVdN in Wien 1895 bis in die 1970er Jahre abgehandelt. Die zweite Nachkriegszeit wird im darstellenden Teil nur auf wenigen Seiten erörtert[1550], kommt aber in den in diesem Sammelband abgedruckten Zeitzeugenberichten ausführlicher zur Sprache[1551]. Vereinzelte Beiträge zur Geschichte der Naturfreunde-Jugend, wie dem von Hartmut Wenzel über die NS-Zeit oder von Roland Gröschel und Michael Schmidt über die Berliner Naturfreunde-Jugend, sind nur bedingt hilfreich für die vorliegende

1549 Hoffmann/Zimmer 1986.

1550 Zimmer 1996, 93-170, hier 93-109.

1551 Buckpesch 1996, 193-202; Erdmann/Lorenz 1996, 181-192. – Mit der Nachkriegsgeschichte der Naturfreunde-Bewegung und der Naturfreunde-Jugend befaßt sich auch eine Ausgabe der Zeitschrift „Grüner Weg 31a", eine „Zeitschrift des Studienarchivs Arbeiterkultur und Ökologie, Baunatal" (ARÖK), (Grüner Weg 31a, 9 [1. Quartal 1995], H. 1).

Untersuchung, da sie entweder regional oder zeitlich andere Räume erfassen.[1552]

In der Regel findet die Organisation der Naturfreunde-Jugend in Darstellungen über die Geschichte des gesamten Touristenvereins – Die Naturfreunde Erwähnung.[1553] Hierfür ist der von Jochen Zimmer herausgegebene Sammelband zur Geschichte der Naturfreunde-Bewegung von zentraler Bedeutung. Der Aufsatz von Christiane Dulk in diesem Band behandelt die Organisationsgeschichte in den ersten Jahren nach dem Zweiten Weltkrieg.[1554] Neben der Entstehungs- und Entwicklungsgeschichte der Naturfreunde-Bewegung werden in dem Sammelband gesonderte Aktivitätsfelder innerhalb des TVdN dargestellt, so die Geschichte des Häuserwerks, der Umwelt- und Landschaftsschutzaktivitäten, des Sports und der Kindergruppen. Aber leider fehlt in dem 1984 herausgegebenen Buch ein Beitrag zur Geschichte der Naturfreunde-Jugend.[1555] Auch die vom Touristenverein selbst herausgegebenen Chroniken setzen die Geschichte der Naturfreunde-Jugend in engste Verbindung zum erwachsenen ‚Arbeiterkulturverein'.[1556] Dies gilt genauso für die Chroniken der Region Ostwestfalen und Lippe.[1557] Es mangelt folglich nicht nur an Darstellungen über die Nachkriegsgeschichte des ‚Arbeiterkulturvereins' insgesamt[1558], sondern auch über die Naturfreunde-Jugend im speziellen.

Obwohl sich die Naturfreunde-Jugend als Teil der Arbeiterjugendbewegung verstand, findet man kaum Darstellungen oder Analysen zur Geschichte der Naturfreunde-Jugend in Untersuchungen über die Arbeiterjugendbewegung. Dies ist u. a. auf die fast durchgängige und meist unkommentierte Gleichsetzung der Arbeiterjugendbewegung mit der Geschichte der in der Regel weitaus größeren Sozialistischen Arbeiterjugendbewegung bzw. der SJD – Die Falken nach 1945 zurückzuführen.[1559] Darstellungen über die Geschichte der Falken

1552 Wenzel 1991, 36-56; Gröschel 1990, 228-231. Der auf Berlin bezogene Beitrag von Gröschel und Schmidt läßt keine Schlüsse auf die Geschichte der Naturfreunde-Jugend in den Westzonen zu, da sich die Organisationsgeschichten von Berlin und Westdeutschland erheblich unterschieden.

1553 Bensel 1985; Brinkschmidt 1998; Denecke 1991, 264f.; Günther 1996; Wunderer 1977, 506-520, ders. 1980, 67-74; ders. 1986.

1554 Dulk 1984.

1555 Zimmer 1984a.

1556 Zentralausschuß 1955.

1557 Touristenverein Die Naturfreunde Bielefeld e. V. 1987; Touristenverein Die Naturfreunde Landesverband Teutoburger Wald-Weserbergland e. V. (Hg.) 1995.

1558 S. a. Goch 1996, 689-731.

1559 Das Kürzel ‚SJD – Die Falken' bedeutet Sozialistische Jugend Deutschlands – Die Falken. Dieser Verband versteht sich als sozialistisch, ordnet sich trotz immer wieder auflodernder Diskussionen der Sozialdemokratie zu. Insofern ist diese Organisation eindeutig im sozialdemokratischen Spektrum anzusiedeln und wird daher im folgenden auch als sozialdemokratisch bezeichnet. – Häufig verspricht ein Titel eine Darstellung der Geschichte der Arbeiterjugendbewegung. Tatsächlich liest man schließlich über die SAJ (Sozialistische Arbei-

oder anderer Jugendgruppen im sozialdemokratischen Milieu können für die vorliegende Untersuchung höchstens punktuell herangezogen werden.[1560] Einer der Gründe dafür liegt darin, daß die meisten Abhandlungen zur Arbeiterjugendbewegung lediglich die Organisationsgeschichte oder offiziell formulierte pädagogische und politische Konzepte der Falken erörtern. Gleiches gilt für die selten analytische Historiographie zur Geschichte der Naturfreunde. In beiden Fällen wird nur wenig zwischen der Vereinsprogrammatik und den Praktiken der lokalen Gruppen unterschieden. Eine Ausnahme davon ist die diskursanalytische Arbeit von Dagmar Günther „Quergänge im Ostalpenraum: Erkundungen zur Kultur des Alpinismus 1870-1930".[1561]

Noch seltener diskutieren die Autorinnen und Autoren ausführlich die Praktiken in den Jugendgruppen. Die Aktivitäten bei Heimabenden, Fahrten, in Zeltlagern und bei politischen Veranstaltungen werden im Vergleich zu Programmen und offiziellen Konzepten marginalisiert.[1562] Milieuspezifische Erfahrungen der jungen Akteure sowie lokal- oder regionalspezifische Handlungsbedingungen bleiben außerdem meist unbeachtet. Beate Wagners Arbeit ist in dieser Hinsicht eine Ausnahme. Sie widmet einen großen Teil ihrer Dissertation über die Jugendarbeit der Falken in der Nachkriegszeit den Lebensbedingungen Jugendlicher und den politischen Rahmensetzungen seitens der Alliierten. Allerdings unterscheidet sie bei ihrer Analyse der materiellen Bedingungen nicht nach Milieus, sozialen Schichten oder Klassen.[1563] Hier wie generell in der Literatur zur Geschichte von Arbeiterjugendvereinen erfährt man nur wenig über das Wechselverhältnis zwischen dem jeweiligen sozialen Kontext und den Aktivitäten der Mädchen und Jungen. Dagegen fällt die bildungshistorische Studie von Heidi Behrens-Cobet über SAJler/-innen positiv auf. Sie stützt sich auf Zeitzeugeninterviews und liefert damit einen neuen Blick auf die Arbeiterjugendbewegung jenseits der reinen Organisationsgeschichte.[1564]

Die Perspektive Jugendlicher, die in sozialdemokratischen (Jugend-)Orga-

terjugend) oder die SJD – Die Falken, d. h. weder über die anarchistische oder kommunistische Arbeiterjugendbewegung und noch seltener über die sozialdemokratische Naturfreunde-Jugend. Eine Ausnahme ist die Chronik der Arbeiterjugendbewegung von Eppe/Gröschel 1987. – S. für die Nachkriegszeit folgende Publikationen, die v. a. die Geschichte der Falken als Beispiel sozialistischer Jugendarbeit untersuchen: Albertin 1992, 101-114; ders. 274-282; Behrens-Cobet 1989; Boll 1995a, 146-176; Brenneke 1974; Brücher/Hartmann 1983; Gröschel 1986; Lorenz 1987, 176-195; Wagner 1995; dies. 1998; Zimmer 1981. S. zur Arbeiterjugendbewegung Mindens Koch/Meynert 1998.

1560 S. Boll 1995b, 197-224; ders. 1995c; Brülls 1985; Holtmann 1988, 169-210, Plato 1989; Roseman 1995c; ders. 1997.

1561 Günther 1996.

1562 S. z. B. Heimann 1990. Der Autor gibt den alltäglichen Aktivitäten allerdings noch relativ viel Raum.

1563 Wagner 1995, hier 9.

1564 Behrens-Cobet 1996.

nisationen und besonders beim TVdN aktiv waren, bleibt in der Forschung für die zweite Nachkriegszeit weitgehend ausgeblendet. Warum und auf welche Weise Mädchen bzw. Jungen sich in den sozialdemokratischen Jugendorganisationen engagierten, wird nur in Ausnahmen diskutiert. Dies liegt sicherlich auch an der Quellenlage, da Arbeiterjugendliche selbst weniger schriftliche Dokumente hinterließen als Gymnasiasten. Beate Wagners Schlußfolgerungen bzgl. der Motive Jugendlicher, in der frühen Nachkriegszeit zu den Falken zu gehen, können sicherlich weitgehend auf Jugendliche bei den Naturfreunden übertragen werden. Ihrer Meinung nach war es für viele Kinder und Jugendliche aus sozialdemokratisch gesinnten Elternhäusern ganz selbstverständlich, wegen der Nähe zur SPD bei den Falken mitzumachen. Andere fanden das Freizeitangebot und die Fahrten attraktiv; außerdem gab es in den Zeltlagern in der frühen Nachkriegszeit oft mehr zu essen als zu Hause. Ältere Jugendliche, die z. T. als Gruppenleiterinnen und Gruppenleiter fungierten, gingen aus politischer Überzeugung zum sozialistischen Kinder- und Jugendverband. Sie „suchten" laut Beate Wagner nach den Erfahrungen während der NS-Zeit „eine neue politische Orientierung".[1565] Aber Wagner ebenso wie Albertin, der auch auf wenigen Seiten auf die ‚weibliche Jugend in der SPD' eingeht, beantworten die Fragen nach geschlechts- und milieuspezifischen Bedeutungen damit nicht.[1566] Es fehlen folglich Studien über Arbeiterjugendorganisationen, in denen Vereinspolitik, sozialer und politischer Kontext, soziale Praktiken im Verein und die Subjektivität der Akteurinnen und Akteure im Wechselverhältnis miteinander erörtert werden.[1567] Die in der vorliegenden Arbeit aufgeworfenen Fragen, insbesondere nach Männlichkeitskonstruktionen im sozialdemokratischen Milieu, stoßen hier auf eine Forschungslücke.

Diese Fragen sollen nun im wesentlichen aufgrund der Analyse des im Privatarchiv (PA) des Mindener Naturfreundes Karl Sundermann befindlichen Materials beantwortet werden.[1568] Der Quellenkorpus besteht aus Programmheften, Schriftwechsel und Rundbriefen.[1569] Außerdem geben im Archiv der Natur-

1565 Ebda., 149f.

1566 Albertin 1992, 112-114.

1567 Vgl. Joergens 1996.

1568 An dieser Stelle danke ich Hans-Werner Dirks, der mir in seiner Funktion als Betreuer des ‚Archivs für Sozialgeschichte' im DGB Minden wichtige Hinweise zur Geschichte der Sozialdemokratie in Minden gab und den Kontakt zu Karl Sundermann herstellte. Herr Sundermann half dankenswerter Weise nicht nur mit Material, sondern auch mit wichtigen Hinweisen. Er stellte sich selbst für ein Interview zur Verfügung und organisierte den Kontakt zum zweiten Interviewpartner Albert Gundlach. Herrn Dieter Karaskiewicz aus Bielefeld bin ich ebenso zu Dank verpflichtet. Er informierte mich über den Landesverband Teutoburger Wald-Weserbergland und überließ mir u. a. die Chroniken des ostwestfälischen und Bielefelder TVdN.

1569 Z. T. wurde das Material zum Zwecke einer Ausstellung des Mindener TVdN auf Pappkartons geklebt. Es wird hier mit „Ausstellungscollage" bezeichnet.

freunde-Bewegung, das ‚Studienarchiv Arbeiterkultur und Ökologie‘, gelagerte Verbandszeitschriften Auskunft über Debatten innerhalb des Touristenvereins sowie über einzelne Aktivitäten wie Konferenzen und Fahrten.[1570] Ferner informieren die im Kommunalarchiv Minden befindlichen Adreßbücher, einzelne Akten, die Plakatsammlung und die Sammlung loser Druckschriften sporadisch über die Organisationsgeschichte und über Aktivitäten des TVdN. Akten des Bezirksjugendpflegeamtes im Staatsarchiv Detmold enthalten darüber hinaus Zahlen und Daten zur quantitativen Mitgliederentwicklung der Mindener Naturfreunde-Jugend. Ergänzend wird Quellenmaterial der britischen Militärregierung, aus dem DGB-Archiv bei der Friedrich-Ebert-Stiftung in Bonn und aus dem Archiv der Arbeiterjugendbewegung in Oer Erkenschwick herangezogen.[1571] Es dient v. a. dazu, das sozialdemokratische Spektrum der Mindener Jugendorganisationen näher zu beleuchten und jugendpolitische Aktivitäten im sozialdemokratischen Milieu zu belegen.[1572]

Schließlich gibt ein von der Autorin geführtes Interview mit zwei Zeitzeugen informative und illustrative Einblicke in die Aktivitäten der Mindener Naturfreunde in der frühen Nachkriegszeit. Albert Gundlachs (Jg. 1908) und Karl Sundermanns (Jg. 1939) Berichte über ihre Jugendzeit kontrastieren die meist von Erwachsenen verfaßten Quellen. Sie geben Aufschluß über ansonsten nicht dokumentierte Aktivitäten, ihre Motive, sich bei den Naturfreunden zu engagieren, ihre Deutungsmuster und über Geschlechterverhältnisse in dem gemischtgeschlechtlichen Verein.[1573] In einem weiteren Interview informierte Lothar Ibrügger (heute MdB, SPD) die Autorin über das sozialdemokratische Milieu in Minden.[1574] Diesen Interviews kommt in der Untersuchung über die Mindener Naturfreunde-Jugend aufgrund der vergleichsweise schwierigen Quellenlage ein besonderer Stellenwert zu. Das vorliegende Material er-

1570 Die im Archiv der Naturfreunde vorhandenen Akten sind weitgehend unsortiert und unverzeichnet und enthalten auch keine Informationen über die hier interessante Region und auch kaum über den Untersuchungszeitraum.

1571 S. für die Falken im wesentlichen AAJB, Bestand SJD-OWL und unverzeichneter Bestand aus den 1950er Jahren; s. bes. SJD-OWL-BIE-03-0001; s. a. KAM, H 40, Nr. 315; Der Ring, 1 (1959), Nr. 1, 19; StADt, M1 I Ju, Nr. 161, Nr. 165; PRO/FO 1013, Nr. 2201; Nr. 2202. – Die Aktivitäten der Gewerkschaftsjugend sind leider nicht mehr ausführlich dokumentiert. Sowohl beim DGB-Kreisverband in Minden als auch im DGB-Archiv der FES befinden sich nur wenig aussagekräftige Akten über die Mindener Gewerkschaftsjugend der Nachkriegszeit: AdsD/FES: Bestand 37, Nr. 64, 65, 69-71, 73, 89, 94, 95, 105, 233; s. a. KAM, H 40, Nr. 315; KAM, Drucksachensammlung, G. Verein, Verbände, sonstige Gruppen, Nr. 2: Gewerkschaften, Berufsverbände, Arbeitsorganisationen; „Wir brauchen den Frieden. Jugendtagung der Industriegewerkschaft Holz im Bezirk Minden-Lippe“, in: Volks-Echo, (20. 7. 1949), Nr. 81, 3; PRO/FO 1013 und 1050.

1572 Dies gilt insbesondere für die ‚Schmutz- und Schund-Debatte‘ bei der DGB-Jugend und für deren Jugendring-Aktivitäten (AdsD/ FES, Bestand 37). S. Kap. III. 3. 1.

1573 TAM, 001/002 G/S181198.

1574 TAM, 001 I180398.

schwert teilweise die Isolierung der jugendlichen Aktivitäten innerhalb des familialen Vereins. Darüber hinaus stammen die Quellen nur selten von Jugendlichen selbst, so daß sie nur indirekt und in der Kombination mit den Interviews Schlüsse auf die Perspektive Jugendlicher zulassen.

Im ersten Abschnitt stehen die geschlechts- und milieuspezifischen Erfahrungen Mindener Arbeiterjugendlicher im Mittelpunkt. Im größeren, zweiten Unterkapitel (III. 3. 2) werden die Aktivitäten der Jugendlichen bei den Naturfreunden erörtert: erstens die wöchentlichen Heimabende, zweitens die Fahrten, drittens die Gremienarbeit und viertens die Auftritte in der Mindener Stadtöffentlichkeit.

Trotz der eindeutigen politischen und sozialen Zuordnung des TVdN zum Mindener sozialdemokratischen Milieu werden die Naturfreunde-Jugendlichen nicht a priori als ‚politischer' als die anderen Gruppen betrachtet. Andererseits wird die Naturfreunde-Jugend auch nicht per se als ‚unpolitischer' als die Falken diskutiert, obwohl insbesondere in der Region Ostwestfalen-Lippe der Touristenverein seine ‚kulturellen' Aufgaben in den Vordergrund stellte und sich insofern als ‚unpolitisch' verstand.[1575] Außerdem wird hier der TVdN nicht als ‚Vorfeld-Organisation' der SPD betrachtet wie häufig in der Forschung, sondern als eine von mehreren Organisationen innerhalb des sozialdemokratischen Milieus. D. h., daß hier der Trennung von bzw. der Hierarchie zwischen Partei-Politik und Gewerkschaftsarbeit sowie ‚Arbeiterkultur' und -freizeit nicht gefolgt wird. Vielmehr erfordert die Analyse der Aktivitäten der Naturfreunde-Jugend die Einbeziehung möglichst vieler Lebensbereiche der jungen Akteure und deren Bezüge zur Parteipolitik oder zu gewerkschaftlichen Gruppen. Für eine solche Herangehensweise eignet sich der Milieubegriff, der im Zuge der ‚kulturalistischen Wende' zunehmend auch in der Historiographie der Arbeiterbewegung und der Sozialdemokratie verwendet wird.[1576] Dieser ermöglicht es eher als ein Klassenbegriff bzw. als eine Fokussierung auf den Lohnarbeitsbereich oder die Parteipolitik, soziale Lohnarbeits- wie Lebenswelten im Freundeskreis, in der Familie und somit Geschlechter-[1577] und Generationenverhältnisse mit gleicher Gewichtung zu diskutieren.[1578]

1575 Vgl. z. B. Wunderer 1977, 515.

1576 S. Traverse (2000), H. 2 (Schwerpunktheft zum Thema „‚Arbeitergeschichte': Update 2000").

1577 S. bes. die Beiträge der angloamerikanischen Geschlechterforschung zur konzeptionellen Verschränkung von ‚Geschlecht' und ‚Klasse': Barrow/Schmidt/Schwarzkopf 1991; Frader/Rose, 1996; Canning 1988; Scott 1988; dies. 1992.

1578 S. Alheit/Haack/Hofschen/Meyer-Braun 1999; Barclay/Waltz 1998b, 18; Blokland 1998; Frese 1995; Gutschner 1998; Lüdtke 1993, 358-370; Mooser 1993; Rudolph 2000; Ruppert 1986; Saldern 1994; Tanner 1999; Walter/Denecke/Regin 1991; Walter 1995; s. kritisch und auch polemisch Welskopp 1998. Vgl. Kleßmanns Plädoyer für eine mikrohistorische Herangehensweise in der Historiographie der frühen Nachkriegszeit (Kleßmann 1982, 365).

III. 3. 1 Erfahrungen im sozialdemokratischen Proletariat

Die jugendlichen Mitglieder des Touristenvereins wuchsen weitgehend im Mindener proletarisch-sozialdemokratischen Milieu auf. Minden beheimatete zwar nicht soviel Industrie wie z. B. Bielefeld und hatte daher ein weniger ausgeprägtes und klar abzugrenzendes proletarisches Milieu, wie es für industrialisierte Großstädte bekannt ist. Doch auch hier erwarb ein Großteil der Bevölkerung ihren Lebensunterhalt in lohnabhängiger Beschäftigung in der Industrie und im Kleingewerbe.[1579] Dort ließen sich die meisten männlichen Jugendlichen der Naturfreunde zu qualifizierten Arbeitern ausbilden. Häufig lernten sie ähnliches wie ihr Vater. Ihre Mütter und Schwestern arbeiteten im Haushalt und übten meist zusätzlich einen bezahlten Beruf aus. Minden galt zwar als Hort konservativer Politik, weshalb es lange Zeit undenkbar schien, daß Sozialdemokraten in der alten Garnisonsstadt Mehrheiten für sich gewinnen könnten wie erstmals 1961. Gleichwohl existierte in der Mittelstadt an der Weser ein Netz sozialdemokratischer Vereine, Verbände und Arbeiter-Interessenorganisationen, die wiederum mit der Sozialdemokratischen Partei in Verbindung standen. In der Regel gehörten ganze Familien dem TVdN an. Die Erwachsenen waren gleichzeitig Mitglieder der SPD und einer Gewerkschaft. Viele Kinder und Jugendliche des sozialdemokratischen Milieus besuchten die Gruppenstunden entweder der Falken, der Gewerkschafts- und der Arbeiterwohlfahrtsjugend oder eben der Naturfreunde. Die Spezifika dieses Mindener Milieus in sozialer, politischer und kultureller Hinsicht werden in vier Abschnitten erörtert.

III. 3. 1. 1 Männliche Arbeiter, weibliche Angestellte und jugendliche Lehrlinge

Minna S. gab bei ihrem Eintritt in den Naturfreunde-Verein unter „Beruf" an, „Ehefrau" zu sein.[1580] Aber nur eine Minderheit der Frauen im TVdN arbeitete ausschließlich als Hausfrau. Die meisten weiblichen Mitglieder der Naturfreunde gingen neben der häuslichen Arbeit einem Beruf als Angestellte, z. B. in der Verwaltung[1581], oder als Arbeiterin nach und hatten eine berufliche Aus-

1579 S. Kap. II u. die Publikation von Philipp Koch und Joachim Meynert über das proletarische Milieu im Raum Minden während der NS-Zeit. Sie verbinden hier Lepsius' Milieubegriff mit regionalen und historischen Spezifika der Region Minden während der NS-Herrschaft (Koch/Meynert 1998, 10-16).

1580 Zwei Aufnahmescheine vom 1. 1. 1949 (PA Sundermann, Ordner OV 3). Vgl. Großer Empfang im Naturfreundehaus Meißen. Ein halbes Jahrhundert Naturfreunde Minden. Vertreter von Staat und Gesellschaft als Gäste/32 Ehrennadeln in Silber und Gold verliehen, in: [vermutlich NW, 1971; BJ].

1581 TAM, 002G/S181198.

bildung etwa als „Verkäuferin, Schneiderin". Viele männliche Mitglieder der Nachkriegs-Naturfreunde arbeiteten als Handwerker oder qualifizierte Industriearbeiter. Sie waren z. B. Klempner, Schlosser, Glasbläser oder Buchdrukker.[1582] Wenige, wie die Brüder Karl und Georg Strutz, arbeiteten auch intellektuell. Die Strutz-Brüder, die viele Jahre wichtige Funktionen bei den Naturfreunden und in anderen sozialdemokratischen Organisationen innehatten, arbeiteten als Journalist bzw. Redakteur in gehobenen Positionen.[1583] Die Naturfreunde-Jugendlichen in der zweiten Nachkriegszeit waren folglich Kinder von „Arbeitnehmern mit Wissen", wie es ein Zeitzeuge formulierte.[1584] Sie absolvierten selbst eine Berufsausbildung oder übten bereits einen gelernten Beruf aus.[1585] Auch in anderen Regionen und am Beginn des 20. Jahrhunderts rekrutierte sich der TVdN ähnlich wie andere Teile der Arbeiterbewegung aus qualifizierten und bisweilen aufstrebenden[1586] Arbeitern, Facharbeitern und Angestellten.[1587] Die Funktionäre im Mindener sozialdemokratischen Milieu waren anteilsmäßig in folgenden Bereichen beschäftigt: 46 % als Arbeiter meist in der Industrie sowie in der Glas- und Zigarrenfabrikation, 23 % als

1582 S. PA Sundermann, Ordner OV 3.

1583 Georg Strutz, geb. am 28. 2. 1904 in Minden, war bis 1933 Vorsitzender der ‚Arbeiterjugend' und des TVdN in Minden (s. Brief an Landrat am 13. 12. 1945, KAM, H 50, Nr. 128). Georg Strutz gehörte 1921 zu den Gründern der Mindener Naturfreunde (Hanke, Wilhelm F., Georg Strutz wird heute 70 Jahre alt, in: [vermutlich NW, 1974; BJ]; PA Sundermann, Ordner OV 2). Auch 1945 gehörte er zu den ersten, die die Ortsgruppe Minden wieder ins Leben riefen (Einladung von Georg Strutz an frühere Mitglieder des TVdNF am 18. 10. 1945 [PA Sundermann, Ausstellungscollage]). Georg Strutz fungierte von 1954 bis 1974 als Landesvorsitzender des Landesverbandes Teutoburger Wald-Weserbergland (Touristenverein Die Naturfreunde Landesverband Teutoburger Wald-Weserbergland e. V. 1995, 22-66). S. zu Karl Strutz: „Karl Strutz feiert heute seinen 70. Geburtstag. Langjähriger Geschäftsleiter der NW", in: NW v. 26. 2. 1977; Karl Strutz, in: NW v. 10. 2. 1979 (PA Sundermann, Ordner OV 2); Selbstbiographie von Georg Strutz vom Februar 1964 (PA Sundermann).

1584 TAM, 002G/S181198.

1585 Nach Angaben des Bezirksjugendamtes waren fast alle jugendlichen Mitglider des TVdN im Bezirk berufstätig (StADt, M1 I Ju, Nr. 170).

1586 Vgl. Behrens-Cobet.

1587 Ähnlich wie die christlichen Jünglingsvereine wurden – im Abstand von knapp hundert Jahren – die ersten Arbeiterjugendorganisationen von Handwerkslehrlingen und -gesellen getragen. Auch die Naturfreunde-Bewegung verbreitete sich zu Beginn des 20. Jahrhunderts von Österreich und Süddeutschland „durch wandernde Gesellen". Der Bielefelder Tischler „Carl Schreck war es, der auf seiner Wanderschaft auf Schusters Rappen durch Süddeutschland, Oesterreich und die Schweiz die Naturfreunde als Kultur- und Wanderorganisation kennen und schätzen lernte." Der „Gründer und Initiator mehrerer Ortsgruppen" in Ostwestfalen und Lippe verbreitete als Wandergeselle „die Kunde über die Naturfreundebewegung" „in unsere Region" (Touristenverein Die Naturfreunde Landesverband Teutoburger Wald-Weserbergland e. V. 1995, 20; s. a. Albertin 1998, 223, 291). – Denecke arbeitete für den TVdN in der Weimarer Republik heraus, daß reichsweit überwiegend qualifizierte Facharbeiter und Angestellte, häufig aus der Metallbranche oder aus dem Druckereigewerbe, aber auch Lehrer den TVdN prägten. Es handelte sich also v. a. um Männer – meist mit ihren Familien – „mit ... auf Bildung gerichteten Ansprüchen und beruflichen und kulturellen Aufstiegsorientierungen" (Denecke 1991, 278).

Handwerker und 18 % als Angestellte im öffentlichen Dienst, v. a. bei Bahn, Post und Stadtverwaltung oder in sozialdemokratischen Organisationen.[1588] Das Sozialprofil des Mindener TVdN war daher beispielhaft für den TVdN in Deutschland, aber auch für das Mindener sozialdemokratische Milieu.

Die in Kapitel II erwähnten Zerstörungen von Industrieanlagen durch Bombenangriffe und Demontage verursachten besonders in diesem Milieu Mangel an Lebensmitteln und Gebrauchsgütern sowie eine hohe Arbeitslosenquote. Von 1946 bis zum März 1955 sank die Zahl der Beschäftigten stetig, ehe sie im Herbst 1955 allmählich anstieg.[1589] Analog dazu stieg die Zahl der Arbeitslosen von 1947 (1.739) bis 1949 (3.039) an. Mitte der 1950er Jahre schwankten diese Zahlen erheblich.[1590] Die Mindener Arbeitslosenquote stieg von 3,43 % (1947) auf 8,15 % (1949). Sie lag bis 1949 unter dem nordrhein-westfälischen Landesschnitt und danach darüber, aber immer unter der Quote im Bundesgebiet.[1591] Ein Grund für die niedrigen Beschäftigungszahlen war die Arbeitsunfähigkeit vieler Arbeiter infolge von Kriegsverletzungen.[1592] Das Auf und Ab der Arbeitslosenzahlen ist auch auf den Zuzug von Flüchtlingen zurückzuführen. Denn dadurch erhöhte sich die Zahl der Einwohner sowie der Arbeitsuchenden.[1593]

Einheimische Männer betrachteten nicht nur Flüchtlinge, sondern auch Frauen als Konkurrenz auf dem Arbeitsmarkt.[1594] Dies führte dazu, daß viele Frauen nach dem Zweiten Weltkrieg auf dem Arbeitsmarkt das Nachsehen hatten.[1595] Einige Arbeitnehmerinnen wandten sich nach der Rückkehr ihres Mannes oder nach der Heirat ganz der häuslichen Arbeit zu. Dies konnten sich aber nur wenige Familien leisten, so daß etwa seit 1946 zahlreiche Frauen und

1588 Koch/Meynert 1998, 52. Beispielsweise zog die Stillegung der Glasfabrik in Porta Westfalica im Juni 1930 einen schweren Einbruch der Mitgliederzahlen der Naturfreunde-Ortsgruppe Porta Westfalica, in der auch Albert Gundlach aktiv war, nach sich. Ihm zufolge galten die Naturfreunde hier als „Kulturträger im Wohnbereich der Glasfabrik" (Kohlmeier/Kornhardt 1995, 176).

1589 Die Zahl der Beschäftigten betrug im Kreis Minden 1946 noch 64.844 (Der Landkreis beheimatete 1946 162.104 Menschen). Sie sank bis 1954 auf 61.556 und bis zum März 1955 sogar auf 58.034. Im Herbst 1955 stieg sie wieder auf 62.988.

1590 Sie sank 1954 auf 2.600 und stieg im März 1955 auf 5.496. Im September 1955 rutschte sie wieder auf 2.124 ab. In dieser Zeit kamen auf 1.000 Einwohner 22,3 Arbeitslose. Die hier angegeben Beschäftigten- und Arbeitslosenzahlen beruhen auf Statistiken des Deutschen Städtetages (1949, 42f.; 1950, 101; 1951, 83; 1955, 277, 282f.).

1591 Briesen/Brunnn/Elkar/ Reulecke 1995, 198; s. Grafik 5.

1592 S. die in Kap. II genannten 30 % Arbeitsunfähigen aufgrund von Kriegsverletzungen oder Unterernährung; vgl. Kleßmann 1991, 51. S. zur Arbeitslosigkeit in der Region Albertin 1998, 80-83. Leider beziffert der Autor das Ausmaß der Arbeitslosigkeit nicht.

1593 S. Albertin 1998, 80f.; s. Kap. II.

1594 S. Albertin 1998, 80f.

1595 S. Ruhl 1994, hier 332.

Männer nach einer Lohnarbeit strebten. Infolgedessen erreichte die Frauenarbeitslosigkeit im Jahre 1950 ihren Höhepunkt. In Minden betrug der Anteil der arbeitslos gemeldeten Frauen etwas mehr als die Hälfte aller Arbeitslosen (53,3 % im September 1955).[1596] Viele Frauen aus der Arbeiterschaft wichen deshalb auf eine niedrig bezahlte Beschäftigung als Angestellte aus. Auch Arbeiterinnen erhielten wesentlich weniger Geld als ihre männlichen Kollegen und besetzten meist ‚untere' und schlechter qualifizierte Positionen.[1597] Besonders junge Frauen waren von Arbeitslosigkeit betroffen.[1598] Bei dieser Gruppe kumulierte die überdurchschnittliche Frauenarbeitslosigkeit mit hohen Quoten unter Jugendlichen bis Ende der 1950er Jahre.[1599]

Das Problem der Jugendarbeitslosigkeit fand unter dem Begriff der ‚Berufsnot' Eingang in den zeitgenössischen Diskurs.[1600] Die hohe Jugendarbeitslosigkeit und geringes Einkommen bzw. fehlende oder zu geringe Ersatzleistungen (z. B. Arbeitslosengeld) führten dazu, daß die Mädchen und Jungen nicht genügend zum Familieneinkommen beitragen konnten.[1601] Besonders für Jugendliche aus dem Arbeitermilieu war es aber aufgrund der niedrigen Einkommen der Eltern notwendig, mit eigenem Lohn zu helfen. Dies bestätigt ein Mädchen: „Mein einziger Wunsch ist, daß ich recht bald Geld verdienen kann, um meinen Eltern das Einkaufen zu erleichtern."[1602] Viele arbeitslose Jugendliche fühlten sich aufgrund fehlender Arbeit „nutzlos" und frustriert.[1603] Darüber hinaus waren viele Jugendliche mit ihrer Ausbildung unzufrieden. Besonders Mädchen waren häufig gezwungen, Berufe zu erlernen, für die sie sich nicht interessierten.[1604]

Gleichzeitig ist sowohl von einer ‚Feminisierung' als auch einer ‚Entbürgerlichung' der (unteren) Angestelltenschaft die Rede.[1605] Mädchen und junge Frauen arbeiteten in der Nachkriegszeit zunehmend als Angestellte. Dies führte ferner zu einer ‚Heterogenisierung' der Angestelltenschaft sowie zu ei-

1596 Deutscher Städtetag 1949, 42f.; 1950, 101; 1951, 83; 1955, 277, 282f.

1597 S. Mooser 1993, bes. 365-367; Ruhl 1994, 84-93.

1598 S. Schmidt 1983; Stark 1973.

1599 S. Ruhl 1994, 332, 334; Schlüter 1991, 636-639.

1600 S. die zeitgenössische Studie von der Sozialwissenschaftlichen Arbeitsgemeinschaft zur Erforschung von Jugendfragen unter der wissenschaftlichen Leitung von Schelsky 1952. S. a. Kluth/Lohmar/Tartler 1955.

1601 Vgl. Gröschel 1986, 127-129.

1602 Baumert 1952, 169f., Zitat: 171.

1603 Vgl. dazu, daß Probleme der Berufsfindung und Arbeitslosigkeit zu Konflikten mit den Eltern führten, Zinnecker 1985a, 140. Vgl. Deppe 1982, 173f.

1604 S. Boll 1995a, 31f. Wobei zu bedenken ist, daß die Auswahl der Ausbildung zum größten Teil den Eltern oblag. Vgl. Baumert 1952, 168-173. Zu der relativen Unzufriedenheit von Mädchen in ihrem Beruf s. ebda., 173; vgl. zur Jugendarbeitslosigkeit in der Nachkriegszeit Köster 1999a, 396-406.

1605 S. ausführlich Ruhl 1994, hier 84-86; s. a. Mooser 1993, z. B. 371; Schlüter 1991, 640f.; 648f.

ner geschlechtsspezifischen Statusentwertung der männlichen Angestellten. Männliche Facharbeiter erfuhren dagegen in der Nachkriegszeit eine Aufwertung durch die „beschleunigte Industrialisierung", die eine „starke Zunahme der Industriearbeiterschaft" nach sich zog. Josef Mooser schließt daraus, daß die „männlichen Facharbeiter ... die relativen Hauptgewinner der beschleunigten Industrialisierung" waren, und zwar bzgl. Einkommen, Arbeitsplatz- und sozialer Absicherung.[1606] Im Gegensatz zu jungen Arbeiterinnen übernahmen männliche Arbeiterjugendliche in der Nachkriegszeit häufig weitgehend den mit Stolz ausgeführten Beruf des Vaters und verbesserten manchmal auch den über die Art der Beschäftigung definierten Status ihres Vaters.[1607] Es kann folglich für die Nachkriegszeit nicht von einem stetig steigenden und die gesamte Gesellschaft gleichermaßen betreffenden Lebensstandard gesprochen werden, wie die Überblicksdarstellung von Gerhard Schildt suggeriert.[1608] Trotz der „spektakulär" wirkenden „Einkommensentwicklung" erhöhte sich der Lebensstandard von Arbeiterinnen und Arbeitern nur allmählich. Erst Ende der 1950er Jahre glichen sich die materiellen Lebensgrundlagen und Lebensweisen von Arbeiterschaft und ‚unteren' Angestellten an.[1609]

Für viele Arbeiterfamilien gehörte zu einem verbesserten Lebensstandard auch, daß alleine das Einkommen des Ehemannes ausreichte, um die Familie zu ernähren. Die meisten Zeitgenossinnen und Zeitgenossen verstanden die angestrebte ‚breadwinner family' bzw. Hausfrauenehe als Fortschritt. Dahinter stand eine idealisierte Vorstellung ‚normaler' Geschlechterverhältnisse.[1610] Jene sollten in erster Linie harmonisch sein. Diese imaginierte Harmonie sollte auf einer klaren Arbeitsteilung und einer eindeutigen Vorrangstellung des Vaters bzw. Ehemannes beruhen.[1611] In diesem Zusammenhang wurden Männer in den 1950er Jahren zunehmend als sorgende und partnerschaftliche Familienväter idealisiert, während das weitverbreitete Frauenbild auf Femini-

1606 Mooser 1993, 365-370.

1607 Beispielsweise berichtete der Mindener Naturfreund Albert Gundlach, daß der männliche Teil seiner Familie seit vielen Jahren als Glasmacher arbeitete. Er fügte mit Stolz hinzu, daß er aus einer „Glasmacherdynastie" stamme (TAM, 002G/S181198; Kohlmeier/Kornhardt 1995, 176). Vgl. Deppe 1982, 168-185; s. zur stolzen Identifikation von Arbeitern mit ihrer Lohnarbeit Alheit u. a. 1999, Bd. I, 280f.

1608 Schildt 1996, 48-51.

1609 S. Mooser 1993, 369-371. Obgleich sich Arbeiterfamilien nach und nach Lebensmittel und Konsumgüter leisten konnten (s. v. a. Wildt 1996, 191), die über das Lebensnotwendige hinaus gingen, und obwohl Arbeitszeitverkürzung und Einführung sozialer Sicherungssysteme inklusive Lohnfortzahlung im Krankheitsfall eine Anhebung der Lebensqualität bedeuteten, bleibt die These von der ‚nivellierten Mittelstandsgesellschaft' in der Forschung zu Recht umstritten (vgl. Gestrich 1999, 10; Mooser 1993; Schildt 1996, 104f.).

1610 S. zu diesem Diskurs und der Familienpolitik in der Nachkriegszeit Poiger 1996; Ruhl 1994; Schissler 2001c.

1611 S. Kessel 1993, 46; Ruhl 1994; Schissler 2001c; vgl. Alheit u. a. 1999, Bd. I, 282-284; 693-399; s. a. Kap. I.

tät und Unterordnung zielte. Hohe Frauenarbeitslosigkeit, die soziale und statusmäßige Aufwertung des männlichen Industriearbeiters[1612] sowie die Ende der 1950er Jahre „plötzliche Profilierung [von Hausfrauen; BJ] als ‚Schwerstarbeiterinnen'"[1613] beförderten solche Idealvorstellungen.

Aber in den meisten Arbeiterfamilien war eine solche Rollenverteilung trotz steigender Männerlöhne fern jeder Realität. Zahlreiche Männer kehrten als Verlierer und arbeitsunfähig nach Kriegsende und Gefangenschaft nach Hause zurück. Dort erwirtschafteten Frauen das Einkommen für die Familie. Auch in Familien, in denen die Männer gesund nach Hause gekommen waren, erforderten die angestiegenen Preise nach der Währungsreform noch viele Jahre die Lohnarbeit der Frauen. Außerdem war in der Arbeiterschaft diese Form der Frauenarbeit im Gegensatz zu vielen bürgerlichen Familien auch vor dem Krieg keine Besonderheit. Für gewöhnlich trugen Arbeiterfrauen neben der Haushaltsführung und Kindererziehung wesentlich zum Einkommen der Familie bei.[1614] Zusätzlich strebten zahlreiche v. a. junge Frauen eine eigenständige Berufstätigkeit an.[1615] Aufgrund der Rückkehr der Männer und der hohen Arbeitslosigkeit nach dem Zweiten Weltkrieg entstand eine Konkurrenzsituation zwischen Frauen und Männern am Arbeitsmarkt.[1616] Männliche Arbeiter sahen sich deshalb sowie angesichts der physischen und psychischen Kriegsfolgen sowohl in der Familie als auch am Arbeitsmarkt in ihrer Vorstellung von dominanter und körperlich kräftiger Männlichkeit bedroht. Letztlich aber erhoben sie erfolgreich Anspruch auf die Arbeitsplätze der Frauen, und Frauen drängten trotz schlechterer Chancen auf den Arbeitsmarkt[1617], was zu Konflikten zwischen Frauen und Männern führte.[1618] Eine idealisierte und ‚moderne' Lösung dieser Probleme versprachen zum einen die in den 1950er Jahren steigenden Löhne, die es einigen Arbeitern ermöglichten, ihre Familie alleine zu ernähren, und zum anderen die als ‚normal' angestrebte Hausfrauen-

1612 Da besonders die männlichen Industriearbeiter bei der ‚Rückeroberung' ‚ihrer' Arbeitsplätze erfolgreich waren, kommt Mooser zu folgendem Schluß. „Die zentrale Figur in dieser Wertewelt [der „traditionellen Werte und Orientierungen im Arbeitermilieu"; BJ], der männliche Facharbeiter erfuhr neuerlich eine Aufwertung und Stärkung" (Mooser 1993, 370; vgl. Cockburn 1984, 36-46). Dagegen befanden sich männliche Angestellte gegenüber der zunehmenden Anzahl weiblicher Angestellter in der ‚Defensive' (vgl. Schmidt 1983).

1613 Tanner 1999, 442.

1614 Umgekehrt hatte die häusliche Arbeit für Männer nicht den selben Stellenwert wie die Lohnarbeit (Alheit u. a. 1999, Bd. I, 289-306, 375). S. Seccombe 1993, bes. 208; s. a. Janssens 1999, bes. 7f.

1615 S. obigen Abschnitt über die Ausbildung von Arbeitermädchen.

1616 Vgl. dazu, daß Arbeiterinnen auch zu Beginn des 20. Jahrhunderts als unliebsame Konkurrentinnen („Schmutzkonkurrenz") auf dem Arbeitsmarkt galten, Kassel 1997.

1617 Vgl. Schmidt 1983.

1618 S. Kessel 1993, 47; Meyer/Schulze 1989; Willenbacher 1988, 609-612. Dafür spricht die sinkende Anzahl der Eheschließungen Anfang der 1950er Jahre; dagegen spricht die zunehmende Anzahl der Vermählungen in den ersten zwei Nachkriegsjahren (s. Kap. II.)

ehe.[1619] Das imaginierte und auf Harmonie zielende Konzept der ‚breadwinner family', das insbesondere für Arbeiterfamilien ein Novum und eine historische Ausnahme darstellte, bot den männlichen Arbeitern die legitime Möglichkeit, ‚gebrochene Männlichkeit' in ‚sanfte Männlichkeit' zu verwandeln, ohne männliche Dominanz in Frage zu stellen.[1620] Offensichtlich erschien dieses in den 1950er Jahren als ‚normal' deklarierte Modell der ‚breadwinner family' nach dem Zweiten Weltkrieg erstmals auch für Arbeiterfamilien attraktiv und teilweise realisierbar. Es ist daher fraglich, ob und inwieweit Frauen und Männer der Arbeiterschaft sich das in den Medien verbreitete Ideal einer Hausfrauenehe aneigneten und auf diese Weise Geschlechterverhältnisse veränderten.

III. 3. 1. 2 Sozialdemokratische Politik und Solidargemeinschaft

> „... das waren ja damals die zwei Gruppierungen, bei der SPD jetzt, einmal die Gruppe, die sehr renitent war, und dann die Gruppe, die ein bißchen mehr feinfühliger, die also nicht so mit Krawall, die so mehr künstlerische Typen waren, und da gehörte Georg Strutz dazu. (...) Und die Leute, die nach dem Kriege erst mal diese Arbeit aufgenommen haben, waren also mehr die kulturell Interessierten."[1621]

Für den 1908 geborenen Albert Gundlach war es selbstverständlich, sogar eine Pflicht, sich wie die Eltern sozialdemokratisch zu orientieren und zu organisieren. Als „Arbeiterkind" ging man zur „Arbeiterjugend"[1622]: „Ein Arbeiterkind kann ja niemals eine andere Gesinnung haben. Man kann auch seine Eltern, seine Erziehung nicht verraten, verleugnen – oder meinen Vater nicht verraten".[1623] Auch die meisten anderen Jugendlichen erhielten von ihren Familien und deren sozialdemokratischen Traditionen den Anstoß, in eine Gruppe der Arbeiterjugendbewegung zu gehen.[1624] Häufig waren auch die Eltern und Geschwister der Jugendlichen im TVdN engagiert. Darüber hinaus waren diese Familien meist noch in anderen sozialdemokratischen Vereinen aktiv.[1625]

1619 Wie Seccombe betont, realisierte sich die Idee der ‚breadwinner familiy' bzw. der Hausfrauenehe in den 1950er Jahren nicht nur in Deutschland für so viele Familien wie nie zuvor und danach (Seccombe 1993, 208).

1620 Vgl. Kap. I.

1621 TAM, 002G/S181198.

1622 S. Kap. III. 3. 1. 3.

1623 TAM, 002G/S181198.

1624 Ebda.; TAM, 001K041297.

1625 PA Sundermann, Ordner OV 1; Ordner OV 3; Ausstellungscollage; „Großer Empfang im Naturfreundehaus Meißen. Ein halbes Jahrhundert Naturfreunde Minden. Vertreter von Staat und Gesellschaft als Gäste/32 Ehrennadeln in Silber und Gold verliehen", in: [vermutlich NW, 1971; BJ]. Vgl. zur Bedeutung familiärer Zusammenhänge im sozialdemokratischen Milieu Alheit u. a. 1999, Bd. I, 263-280. – Welche kommunistischen Organisationen und Netze es in Minden nach dem Zweiten Weltkrieg gab, kann hier nicht erläutert werden, da dazu eigene Untersuchungen notwendig sind.

Die meisten Sozialdemokratinnen und Sozialdemokraten empfanden es als selbstverständlich, Gewerkschaftsmitglied zu sein. Im Mindener sozialdemokratischen Milieu engagierte man sich außerdem in der Deutschen Friedensgesellschaft und nutzte sowohl die Konsumgenossenschaft als auch die Bildungseinrichtungen, wie die Volkshochschule Minden oder die Stenographievereine.[1626] Eine zentrale Funktion innerhalb dieser „Solidargemeinschaft" nahm die sozialdemokratische Tagespresse ein.[1627] Am 3. 4. 1946 erhielt die ‚Freie Presse' ihre Lizenz.[1628] Für diese Zeitung arbeiteten an entscheidenden Stellen zahlreiche sozialdemokratische Persönlichkeiten, wie die Strutz-Brüder, die während der Weimarer Republik in der Arbeiterjugendbewegung gewesen waren und sich seit 1945 bei den Naturfreunden engagierten.[1629] Außerdem nutzten die Arbeiterinnen und Arbeiter nach dem Krieg wiedergewonnene demokratische Rechte für sozialdemokratische Positionierungen, z. B. als im Juli 1950 Mindener Hafenarbeiter sich an der Gründung des „Friedenskomitees der Hafenarbeiter" in Bremen beteiligten[1630], oder wie am 30. 5. 1952, als

1626 Der Vorstand der VHS bestand 1947, abgesehen vom parteilosen Stadtdirektor Hesse, aus SPD- oder Gewerkschaftsmitgliedern und -funktionären (KAM, H 30, Nr. 174). Vgl. die Studie von Holtmann zu Kamen und Unna (Holtmann 1988, 202-204). S. zur Geschichte der Volkshochschule z. B. Dikau 1975; Reimers 1998. – Zum Stenographieverein s. KAM, H 30, Nr. 174; zur Verbreitung von „Arbeiter- und Arbeiterkulturorganisationen in Lippe" während der Weimarer Republik die detaillierte Aufstellung in sechs Tabellen bei Brenneke 1984, Anhang IV, 263-268.

1627 S. zur sozialdemokratischen Presse in der Region Ostwestfalen-Lippe und zu diesem Argument Meier 1997; ders. 1999; s. a. Rauchschwalbe 1980, 296f., 309. Vgl. zum Begriff der „Solidargemeinschaft" Walter/Denecke/Regin 1991.

1628 Der 1904 geborene Mitgründer der ‚Kinderfreunde' und ehemaliges Mitglied der SAJ, Emil Gross, hatte während seines Exils in Amsterdam 1933 die deutschsprachige Wochenzeitung ‚Freie Presse' gegründet und war nach Ende der NS-Herrschaft der Lizenzträger dieser Zeitung (Albertin 1998, 223). Die ‚Freie Presse' erschien bis zum 30. 12. 1960 (KAM, Zeitungen; Keber, Chroniken: I. Allg. Chronik, 1939-1946). Die Nachfolgezeitung der ‚Freien Presse' ist die ‚Neue Wesfälische'.

1629 Carl Severing arbeitete seit 1946 als Chefredakteur der ‚Freien Presse'. Er war preußischer und Reichsminister des Innern und nach dem Zweiten Weltkrieg Vorsitzender des SPD-Bezirkes Ostwestfalen-Lippe. (Albertin 1998, 222; s. a. Alexander 1992). Sein Nachfolger als Chefredakteur war der Mindener Naturfreund und seit 1954 Landesvorsitzender der Naturfreunde in Ostwestfalen-Lippe Georg Strutz. Sein Bruder Karl arbeitete ebenso als Journalist bei der ‚Freien Presse'. Er machte sich als Geschäftsleiter in der Mindener Redaktion verdient (KAM, Adreßbücher, 1924, 1927; Plakatsammlung, Plakatgruppe 12 [1913-1947], 51a; StADt, M 1 I Ju, Nr. 161; PA Sundermann, Ordner OV 1; Ordner, OV 2; Ordner OV 3; Selbstbiographie von Georg Strutz). S. a. Touristenverein Die Naturfreunde Landesverband Teutoburger Wald-Weserbergland e. V. 1995, 52-66.

1630 Eines ihrer Ziele war die Verhinderung von Rüstungstransporten nach Korea. Sie forderten alle im Bereich des Schiffstransports Beteiligten auf, keine Rüstungsmaterialien zu entladen und den „Stockholmer Appell" (Ächtung der Atombombe) zu unterschreiben (Kraushaar 1996, 254f.). Inwieweit kommunistische Arbeiter beteiligt waren, kann hier nicht gesagt werden.

10.000 von ihnen in Minden gegen das neue Betriebsverfassungsgesetz und den Generalvertrag demonstrierten.[1631]

Bereits kurz nach dem Ende der nationalsozialistischen Diktatur funktionierte offenbar die sozialdemokratische „Solidargemeinschaft" in Politik und Freizeit wieder.[1632] Dabei gingen Parteipolitik und Vereinsengagement, Lebenswelt, Lohnarbeit und Interessenaushandlung ineinander über[1633], wie anhand eines allgemeinen Überblicks zur Mindener Sozialdemokratie[1634] und dann am Beispiel des TVdN zu sehen ist.

III. 3. 1. 2. 1 Enttäuschtes Selbstbewußtsein und Einflußgewinn

Beim Aufbau ihres Netzes aus Vereinen, Parteipolitik und Interessengemeinschaften rekurrierten Sozialdemokratinnen und Sozialdemokraten auf inhaltliche Traditionen aus der Weimarer Republik. Außerdem setzten sie wie in Ostwestfalen auf Personen wie Carl Schreck, Carl Severing oder Emil Gross, die bereits in den 1920er Jahren angesehene Sozialdemokraten gewesen waren.[1635] Dies gilt nicht nur für die SPD-‚Hochburg' Bielefeld oder den Bezirk Ostwestfalen, sondern auch für Minden.[1636] Bei den ersten informellen Treffen nahmen Männer wie Regierungsrat a. D. Hermann Dröse, Carl Christian Riechmann, Wilhelm Beermann und Willy Michel teil. Karoline Dettmer, die ehemalige Vorsitzende der Mindener AWO, war die einzige Frau in dieser Runde. Gemeinsam war den meisten, daß sie bereits dem Vorstand der Mindener SPD vor 1933 angehört hatten.[1637] Es erschien den Sozialdemokratinnen und Sozialdemokraten als selbstverständlich, auf personelle Kontinuität zu setzen und an inhaltliche Positionen und Programmatiken aus den 1920er Jahren anzuknüpfen. Das Bewußtsein darüber, kurz vor und während der NS-Zeit eher zu den Gegnern als zu den Tätern gehört zu haben, beflügelte zudem das Selbstbewußtsein und ihren „Führungsanspruch"[1638].

1631 Laut ‚Freier Presse' v. 31. 5. 1952 war dies „eine der größten Kundgebungen der organisierten Arbeiterschaft". Kraushaar 1996, 623, spricht sogar von 30.000 Demonstranten.

1632 Vgl. Goch 1996; Walter 1995; für die Region Sarhage 1990. – Allerdings wurden nicht alle Vereine wiedergegründet, wie z. B. die ‚Roten Radler'. Vgl. Woller 1986, 181-186.

1633 S. Albertin 1998, bes. 227; vgl. ähnliche Argumentation bei Abrams 1992, 114-138; Schmiechen-Ackermann 1998, 440f.; Wunderer 1980.

1634 S. Albertin 1998; Gottfried/Neuhann 1994; Möller/Wagner-Bölting 1994; Bender-Wittmann/Faber-Hermann 1994; s. a. Deppe/Fülberth/Knaab, 1986, 216.

1635 Näheres bei Albertin 1998, 221-242; vgl. Kohl 1994, 302f.; Pingel/Wehmeier 1981, 232-235; Rauchschwalbe 1980, 296f., 309; Woller 1986, 175.

1636 S. zur SPD in Ostwestfalen-Lippe Albertin 1998, 221-296; Buggisch 1988.

1637 S. Gottfried/Neuhann 1994, 187; s. a. Bender-Wittmann/Faber-Hermann 1994, 273; vgl. ähnlich für Bünde Sarhage 1990, bes. 289-294.

1638 Albertin 1998, 233; s. Gottfried/Neuhann 1994; Miller 1994, 296; Mooser 1998, 145f.; Schissler 1998, 507.

Der zeitgenössischen sozialdemokratischen Rhetorik zufolge hatten sich die Sozialdemokraten, im Gegensatz zu den bürgerlichen Parteien, am Ende der Weimarer Republik frühzeitig gegen die Zerstörung der ersten Republik, die Nationalsozialisten und die damit verbundene Kriegsgefahr gewehrt.[1639] Tatsächlich hatte die Mindener SPD für sie ungewöhnlich radikal und offensiv auf den Kapp-Putsch reagiert.[1640] Engagiert, aber vergeblich, hatte sie in den letzten Jahren der Weimarer Republik versucht, Wahlen zu gewinnen. Mit großen Aufmärschen, eindringlichen Reden und der Unterstützung des Reichsbanners hatten sie sowohl gegen Nationalsozialisten als auch gegen Kommunisten gekämpft.[1641] Georg Strutz, wie ein großer Teil der Mindener Sozialdemokratie, war aber mit der Konfrontationspolitik des Reichsbanners „nicht so einverstanden" gewesen.[1642] Sicherlich führte auch diese Uneinigkeit letztlich zu ihrer Unterlegenheit.[1643]

Spätestens seit 1933 waren Sozialdemokratinnen und Sozialdemokraten Repressalien ausgesetzt gewesen.[1644] Mehrmals war z. B. der Schuhladenbesitzer Max Ingberg, ehemals Jugend-Reichsbannerführer, von den Nationalsozialisten verhaftet worden.[1645] Bevor er das letzte Mal festgenommen werden konnte, hatte ihm der Kriminalkommissar Kemena einen Tip gegeben und ihm so die Flucht nach Belgien ermöglicht.[1646] Nach seiner Rückkehr nach Minden, eröffnete er am 6. 12. 1951 seinen Schuhladen erneut. Ihm gelang es im Gegensatz zu anderen Heimkehrern aus der Emigration, sowohl wirtschaftlich als auch politisch wieder Fuß zu fassen.[1647] Zahlreiche menschliche Opfer[1648]

1639 S. ausführlich Albertin 1998, bes. 230-242. S. zu widerständigem Verhalten in Minden Koch/Meynert 1998; vgl. zum Arbeiterwiderstand in Lippe Stiller 2000.

1640 S. Witt 1994, 128-134.

1641 Der in Minden starke Reichsbanner (TAM, 001I170398; s. a. KAM, G II, Nr. 279; Adreßbücher KAM, 1927, 1929) diente nicht nur der Abwehr rechter Organisationen, sondern auch der KPD (TAM 002G/S181198).

1642 TAM, 002G/S181198. Karl Sundermann vermutet, daß Georg Strutz später aus dem Reichsbanner ausgeschlossen wurde.

1643 Vgl. Nordsiek, M. 1983b.

1644 So Hedwig Schulze (Bender-Wittmann/Faber-Hermann 1994, 272) oder Georg Strutz (PA Sundermann, Selbstbiographie Strutz).

1645 Die Aussagen darüber, ob Ingberg Sozialdemokrat oder Kommunist gewesen sei, gehen sowohl unter Zeitzeugen (Klaus Kosiek und Karl Sundermann) als auch in Veröffentlichungen (Kröncke 1982) auseinander. Nach Angaben von Bender-Wittmann/Faber-Hermann 1994, 279, Gottfried/Neuhann 1994, 212, und Möller/Wagner-Bölting 1994, engagierte sich Ingberg in der SPD Mindens. S. a. Koch/Meynert 1998, 89. – Wenn nicht anders angegeben, stammen die Angaben über Ingberg dem Bericht von Kröncke 1982. Bedauerlicherweise gibt es darin keine Hinweise auf die Herkunft der Zitate und Quellen; die zeitlichen Angaben sind ungenügend.

1646 TAM, 002G/S181198. In diesem Interview wurde abgestritten, daß Kemena Ingberg einen „Tip" gab, aber die Interviewpartner vermuten, daß Kemena „wohl so 'n bißchen in die Richtung Sozialdemokratie tendiert" habe. S. a. PA Sundermann, Selbstbiographie Strutz.

1647 Vgl. Meynert 1994b.

1648 Vgl. Bender-Wittmann/Faber-Hermann 1994, 272; Woller 1986, 166-175; Walter 1995, 488.

und das zwölfjährige Verbot sozialdemokratischer Organisationen[1649] erschwerten die (Re)Konstitution des Milieus nach dem Krieg, das im Gegensatz zu bürgerlichen Milieus lediglich auf informelle und familiäre Verbindungen zurückgreifen konnte.

Berichte über Verfolgung und Gegenwehr verdecken jedoch allzu leicht, wie Lothar Albertin formuliert, „das Ausmaß, in dem ihre Parteigeschichte mit der Geschichte der Deutschen insgesamt bis 1945 verquickt und durch sie belastet [seitens der Briten; BJ] gesehen wurde“[1650]. Die erwähnten Proteste und Kämpfe während der Weimarer Republik waren für die Mindener Sozialdemokratie nicht charakteristisch gewesen. Ostwestfälische Sozialdemokraten waren nach Aussagen von Zeitzeugen vielmehr „kulturell“ interessiert, stark antikommunistisch und weniger „renitent“.[1651] Die Autoren Philipp Koch und Joachim Meynert zeigen in ihrer Monographie über das proletarische Milieu im Raum Minden von 1933 bis 1945, wie die Sozialdemokratie dadurch und durch ihr Pochen auf Legalität dem Nationalsozialismus zur Konsolidierung seiner Macht verholfen hatte.[1652] Offenbar auch deshalb war es für die Nationalsozialisten ein Leichtes gewesen, bereits den 1. Mai 1933 für ihre Zwecke zu vereinnahmen.[1653] In Minden hatten auch noch nach 1933 einige Sozialdemokratinnen in der Stadtverwaltung, z. B. als Sekretärin des Bürgermeisters in Todtenhausen, gearbeitet.[1654] Als Folge von Mißhandlungen und Verhaftungen

1649 Eine Ausnahme war z. B. der Mindener Konsumverein (Koch/Meynert 1998, 126-146).

1650 Albertin 1998, 241.

1651 TAM, 002G/S181198. Vgl. zur Abgrenzung gegenüber dem Kommunismus sowie der SED und DDR z. B. Mooser 1998; Pingel/Wehmeier 1981; Plener 1997. Zu Beginn des Ersten Weltkriegs beugte sich die Mindener SPD dem „Burgfriedens“-Gebot und lehnte Ende des Ersten Weltkriegs Massenproteste und Streiks ab. Partei und Gewerkschaft versuchten, selbst zu Beginn des Jahres 1918 spontane Aktionen von Arbeiterinnen und Arbeitern zu unterbinden und zu kanalisieren. So hatte sich die Revolution in Minden „‚in völliger Ordnung‘ vollzogen“ (MZ v. 11. 11. 1918, zit. n. Koch 1994, 103; s. a. ebda., 84f., 98f.; Meynert 1994a, 64; Seifert 1990, 155-161).

1652 S. Koch/Meynert 1998; vgl. Albertin 1998, 231f.; Schneider 1999, 84f.

1653 Arbeiter, Beamte und „Arbeiter der Stirn“ „marschierten“ zahlreich durch Mindens Straßen, die mit Hakenkreuzfahnen ‚geschmückt‘ waren. Ob sich diese Männer aus Pflichtgefühl, aufgrund von Zwang oder aus Überzeugung dem Zug durch die Stadt anschlossen, kann kaum rekonstruiert werden. Jedenfalls widersetzten sie sich nicht den neuen Machthabern (Hirschberg-Köhler 1997, 94-96). Über organisierten Widerstand ist für Minden kaum etwas bekannt (Bender-Wittmann/Faber-Hermann 1994, 272). Vgl. für die Region Lawan 1981; zu der Diskussion über ‚Anpassung‘ und ‚Widerstand‘ in proletarischen Milieus Mason 1995; Schmiechen-Ackermann 1998, bes. 712, 717f.; Schneider 1999, bes. 118-120.

1654 TAM, 002G/S181198. Die Interviewpartner berichten, nicht ohne eine gewisse Widerständigkeit dokumentieren zu wollen, von weiblichen Mitgliedern bei dem TVdN, die im öffenlichen Dienst beschäftigt waren: „F[...] K[...] z. B. war die Sekretärin vom Bürgermeister von Todtenhausen. Die war auch noch Sekretärin, als der Bürgermeister Nazi war. ... Diese Frauen haben natürlich im Prinzip die ganze Gemeindeverwaltung geschmissen. Da konnten sie als Bürgermeister hinsetzen, wen sie wollten.“

von sozialdemokratischen, sozialistischen und kommunistischen Regimegegnern und nachdem die Organisationen zerschlagen worden waren, hatten viele versucht, Solidarität und sozialdemokratische Gesinnung wenigstens im engsten Familien- und Freundeskreis weiterhin zu leben. Sie hatten sich deshalb, so gut es ging, aus dem öffentlichen Leben zurückgezogen.

In positiver Selbsteinschätzung sah sich die Elite des sozialdemokratischen Milieus 1945 als *die* demokratische Kraft im ‚neuen' Deutschland.[1655] Aber weder die Alliierten[1656] noch die Wählerschaft bestätigten diese Selbstsicht. Beispielsweise stand die britische Militärregierung insbesondere den zentralistischen Strukturen der Gewerkschaften skeptisch gegenüber. Infolge dessen unterlagen betriebliche und gewerkschaftliche Aktivitäten strengen Restriktionen.[1657] Zu den unerwarteten Schwierigkeiten mit den britischen Alliierten kam die „Ernüchterung" durch die ersten Nachkriegswahlen.[1658] Die SPD hatte in den ersten Nachkriegsjahren allgemein geringe Chancen bei den Wählerinnen und Wählern. In der ehemals preußischen Verwaltungs- und Garnisonsstadt Minden mit ihrer engen Verzahnung konservativer Politik, pietistischer Tradition und Kirchenpolitik[1659] und aufgrund des relativ geringen Anteils von Industriearbeitern hatte die Sozialdemokratie einen besonders schweren Stand.[1660] Bis 1959 regierten Bürgerliche die Stadt. Erst als Werner Pohle (SPD) das Bürgermeisteramt kommissarisch übernahm[1661], verbesserten sich die Chancen für die Mindener SPD. Pohle wurde anschließend 1961 als Bürgermeister im Amt bestätigt. Im Kreis Minden erreichte die sozialdemokratische Partei im gesamten Untersuchungszeitraum etwas bessere Ergebnisse als

1655 U. a. aus diesen Gründen „überschätzte [die Sozialdemokratie; BJ] zweifellos die Aussagekraft ihrer eigenen Geschichte für die Deutschlandpolitik der Siegermächte" nach Ende des Zweiten Weltkrieges (Albertin 1998, 241).

1656 S. ausführlich Albertin 1998, z. B. zu Konflikten über die Entnazifizierung in der Verwaltung (S. 237) und über die kommunale Verwaltung (S. 269-271).

1657 Den Gewerkschaften war es seitens des britischen Militärs nach der am 12. 4. 1946 in Kraft getretenen „Industrial Relation Directive No. 16" zunächst nur erlaubt, lokale Organisationen zu bilden. Im Juli 1946 folgte die Erlaubnis zum Zusammenschluß von 19 Einzelgewerkschaften. In Westfalen wurde dieser organisatorische Schritt Ende 1946 vollzogen. Schließlich fand im April 1947 der Gründungskongreß des DGB in Bielefeld statt (Albertin 1998, 228; Kohl 1994, 304-306; Petzina 1984, 514-520; vgl. Klönne 1981).

1658 S. für Ostwestfalen-Lippe Albertin 1998, 250-253, Zitat 250; für Minden Gottfried/Neuhann 1994, 206-210; Möller/Wagner-Bölting 1994. Da hier die Wahlergebnisse und Wählerschaftsstruktur ausführlich dargelegt und diskutiert werden, werden im vorliegenden Kapitel nur grundsätzliche Tendenzen genannt.

1659 TAM, 001I170398. S. Kap. II u. III. 2.

1660 S. Meynert/Koch 1998; Meynert/Bender-Wittmann 1994.

1661 Pohle übernahm das Amt des verstorbenen FDP-Bürgermeisters Rust (Möller/Wagner-Bölting 1994, 221f.).

in der Stadt. Sie stellte 1948 sogar erstmals den Landrat. Willy Michel (SPD) löste Landrat Wehking (CDU) ab.[1662]

Der allmähliche Machtwechsel ist im wesentlichen auf zwei Faktoren zurückzuführen. Zum einen öffnete sich die SPD in den 1950er Jahren auch Bevölkerungsgruppen wie Angestellten, Beamten und dem Mittelstand.[1663] Zum zweiten ging mit der Erweiterung der ‚Zielgruppe' und der Variierung der Politik- und Aktionsfelder eine Verjüngung der Mitgliederstruktur einher.[1664] Beispielsweise wandte sich der aus einem Beamtenhaushalt stammende Gymnasiast Dieter K. als politisch interessierter junger Mann in den 1950er Jahren der SPD zu. Der 1933 Geborene gehörte sowohl zur jüngeren Generation als auch zu der neu gewonnenen Wählergruppe.[1665] Außerdem übernahmen in dieser Zeit innerhalb des sozialdemokratischen Milieus zunehmend Jüngere Vorstandsposten. Karl Sundermann z. B., der weitläufig unter „Charly" bekannt ist, gehörte zu den ersten Jungsozialisten (Jusos) in Minden.[1666] Als 18jähriger wurde er Mitte der 1950er Jahre zum Vorsitzenden des Mindener TVdN und somit Nachfolger von Karl Strutz gewählt.[1667] Diese Veränderungen waren z. T. nur nach Konflikten zwischen Jüngeren und Älteren möglich. Denn die SPD in Minden und in der gesamten Region Ostwestfalen-Lippe zählte im Vergleich zu anderen Bezirken einen unterdurchschnittlichen Anteil von Mitgliedern unter 30 Jahren.[1668]

Aber nicht nur Erwachsene allgemein dominierten die Mindener SPD stärker als in anderen Städten, sondern Männer im speziellen.[1669] Anfang der 1950er Jahre lag der Frauenanteil im Unterbezirk Minden mit ca. 10 % „erheblich" unter dem bundesweitem Durchschnitt (18 %). Ende der 1950er Jahre rutschte der Anteil weiblicher Parteimitglieder sogar weiter ab. In der Stadt

1662 Vgl. Beutelspacher 1988, 34; Kohl 1994, 303f.; Gottfried/Neuhann 1994, 207; Seifert o. J., 4-27. S. allg. zur Nachkriegsgeschichte der Arbeiterbewegung und ihren Organisationen Klönne 1989b; Lösche/Walter 1992; Schildt 1996, 45-52.

1663 Hinzu kam, daß Minden wegen des Wegfalls des Bezirksregierungssitzes das Bundesbahnzentralamt erhielt. Dadurch änderte sich leicht die Sozialstruktur der Stadt, da zahlreiche gewerkschaftlich organisierte Eisenbahner nach Minden zogen (TAM, 001I170398).

1664 Z. B. versuchten SPDler, in bürgerlichen Vereinen wie dem Bürgerbataillon Einfluß zu gewinnen.

1665 TAM 001/002K041297; vgl. zu diesem Abschnitt Holtmann 1988, 202-204; ders. 1989; Woller 1986, bes. 181.

1666 Gottfried/Neuhann 1994, 204.

1667 „Großer Empfang im Naturfreundehaus Meißen. Ein halbes Jahrhundert Naturfreunde Minden. Vertreter von Staat und Gesellschaft als Gäste/32 Ehrennadeln in Silber und Gold verliehen", in: o. Angaben [verm. NW Minden, 1971; BJ].

1668 TAM, 001I170398; Gottfried/Neuhann 1994, 193-204; Koch/Meynert 1998; Möller/Wagner-Bölting 1994.

1669 Gottfried/Neuhann 1994; Koch/Meynert 1998, 51-53. Vgl. dazu, daß Frauen in der ostwestfälischen Sozialdemokratie unterdurchschnittlich zu anderen Bezirken repräsentiert waren, Pingel/Wehmeier 1981, 235.

Minden lagen die Zahlen etwas höher. Seit etwa 1958 konnten wieder mehr Frauen für die SPD gewonnen werden. Innerhalb der sozialdemokratischen Vereinskultur und Politik existierte eine qualitative Arbeitsteilung. Politik im engeren Sinne blieb den Genossen überlassen. Dagegen engagierten sich Sozialdemokratinnen überwiegend in der AWO, im Bereich der Fürsorge, der sozialen Unterstützung für Familien, aber besonders für Frauen und Kinder.[1670] Zu diskutieren bleibt, inwiefern die quantitativen Geschlechterverhältnisse und die geschlechtsspezifischen Zuordnungen der einzelnen Politikfelder miteinander korrelierten.[1671] Darüber hinaus ist zu fragen, inwiefern damit Veränderungen von Weiblichkeit(sbildern) sowie Männlichkeit(sbildern) im sozialdemokratischen Milieu, z. B. im Zuge eines Generationenwechsels, verbunden waren.[1672] Inwiefern ist also der politische Machtwechsel in Minden generations- und geschlechterhistorisch zu fassen? Aspekte dieser Fragen werden am Beispiel männlicher Jugendlicher im TVdN erforscht.

III. 3. 1. 2. 2 Sozialdemokratische Vereinskultur: Der Mindener Touristenverein – Die Naturfreunde

Die Mindener Naturfreunde bilden eine Ortsgruppe des sozialdemokratischen ‚Arbeiterkulturvereins' ‚Der Touristenverein – Die Naturfreunde' (TVdN). Der TVdN hatte sich seit 1895 von Wien aus zunächst im deutschsprachigen Raum, dann weltweit verbreitet. Im Jahre 1914 verzeichnete der Verein in Österreich und im Deutschen Reich bereits 10.000 Mitglieder.[1673] Der TVdN war im Kontext der Lebensreform- und Arbeiterbewegung entstanden. Veränderte Arbeitszeiten, zunehmende und klarer abzugrenzende freie Zeit, gewach-

1670 Bender-Wittman/Faber-Hermann 1994, bes. 277, 281; vgl. Albertin 1998, 285 f. S. ferner zur AWO KAM, Adreßbücher, 1952, 1958; Der Ring, 1 (1959), Nr. 1, 18; s. a. Arbeiterwohlfahrt Ortsverein Minden 1989; vgl. allg. für Ostwestfalen-Lippe Albertin 1998, 288-291.

1671 S. z. B. Brief von Änne Strutz v. 4. 12. 1955 an ihren Mann Georg Strutz über die Mindener Kommunalpolitik, in dem sie ihm mitteilt, daß man sie „als Kandidaten für die Heideschule vorgesehen" hatte, „weil sich allgemein die Auffassung breit macht, daß etwas jüngere Kräfte einsteigen müssen." Ein „Mangel an Nachwuchs" sei „offensichtlich" (PA Sundermann, Ordner OV 3).

1672 Allenthalben wird besonders in Lokalstudien der Wandel im sozialdemokratischen Milieu in den späten 1950er Jahren auch auf generationelle Veränderungen zurückgeführt (s. z. B. Albertin 1998; Holtmann 1989; Lösche/Walter 1992; Woller 1986). – Sowohl Bender-Wittmann und Faber-Hermann (1994) als auch Albertin (1998) argumentieren fast ausschließlich frauen- und kaum geschlechterhistorisch, so daß solche Fragen unbeantwortet bleiben. S. z. B. die gewerkschaftliche Diskussion und Kampagne zur Arbeitszeitverkürzung in den 1950er und 1960er Jahren, bei der unter dem Motto ‚Samstags gehört Vati mir' der Mann zunehmend als Familienvater dargestellt wird, ohne daß man grundsätzlich von der Erwerbsorientierung bei Männern abwich (Frese 1995; vgl. Schissler 1998).

1673 S. Zimmer 1984a, 12.

senes Selbstbewußtsein der Arbeiterschaft sind Schlagworte, die den sozial- und kulturgeschichtlichen Hintergrund der Entstehung des ‚Arbeiterkulturvereins' andeuten. Dem offiziellen Selbstverständnis nach sah sich der Verein ‚zuständig' für die ‚Arbeiterkultur und -freizeit' in Ergänzung zu den Gewerkschaften und zur Sozialdemokratischen Partei.[1674] Letztere hatten in dieser Logik ihre Aufgaben im Bereich der Lohnarbeitsverhältnisse bzw. der Politik. Als Familienorganisation war der TVdN auch ein Verbindungsglied zwischen der männlich dominierten Partei- und Gewerkschaftspolitik, den sozialdemokratischen Fraueninteressen sowie den Jugend- und Kinderfreizeitaktivitäten.

Der Bielefelder sozialdemokratische Politiker Carl Schreck brachte von seiner Reise in die Alpenregion die Idee einer Arbeiterassoziation zum Zwecke der Freizeitgestaltung nach Ostwestfalen und Lippe. In Bielefeld wurde daraufhin 1912 die erste Ortsgruppe des Arbeiter-Touristenvereins in Ostwestfalen nach einem Aufruf in der sozialdemokratischen ‚Volkswacht' gegründet. Wie auch andere sozialdemokratische Organisationen festigten und vergrößerten die Naturfreunde am Teutoburger Wald und im Weserbergland ihren Verein nach dem Ersten Weltkrieg und nach der Novemberrevolution 1918.[1675] Im Jahre 1920 formierten sich hier die einzelnen Ortsgruppen zum Gau Teutoburger Wald/Weserbergland.[1676] Dieser „umfaßt(e) den östlichen Teil Westfalens, den früheren Freistaat Lippe-Detmold und einen kleinen Teil Niedersachsens".[1677] Im Jahre 1921 gründeten Georg Strutz, seine spätere Frau Änne Wolff, Friedel Barber, Theo Georges und Arnold Schwier die erste Mindener Ortsgruppe.[1678] Etwa zur selben Zeit entstanden noch andere Naturfreunde-Gruppen im Kreis Minden: 1922 in Porta Westfalica sowie Barkhausen und 1925 in Meißen. Die 1920 gegründete Wander- und Musiziergruppe „Heideröslein" in Häverstädt, schloß sich 1923 dem TVdN an.[1679] In den frühen 1920er Jahren wuchs im gesamten Verein die Zahl der Ortsgruppen und Mit-

1674 Vgl. Günther 1996, 148-150.

1675 Touristenverein Die Naturfreunde Landesverband Teutoburger Wald-Weserbergland e. V. 1995, 20. Aufgrund des Weltkrieges wurde der bis dahin stete Aufwärtstrend bei den Mitgliederzahlen unterbrochen, der TVdN personell und strukturell geschwächt, obwohl die Frauen „das Vereinsleben aufrecht" erhielten.

1676 S. George 1955, 74; Touristenverein Die Naturfreunde Landesverband Teutoburger Wald-Weserbergland e. V. 1995, 21; Upmann/Rennspieß 1984, 73f.

1677 Touristenverein Die Naturfreunde Landesverband Teutoburger Wald-Weserbergland e. V. 1995, 20f.

1678 Hanke, Wilhelm F., „Georg Strutz wird heute 70 Jahre alt", in: [vermutlich NW, 1974; BJ]; PA Sundermann, Ordner, rot, OV 2. 60 Jahre Naturfreunde Minden, 1981, Chronik zum Jubiläum (PA Sundermann, Ordner schwarz, OV 3); Touristenverein Die Naturfreunde Landesverband Teutoburger Wald-Weserbergland e. V. 1995, 173.

1679 KAM, Adreßbücher, 1921, 1924, 1927, 1929; Touristenverein Die Naturfreunde Landesverband Teutoburger Wald-Weserbergland e. V. 1995, 25, 158, 173, 176.

glieder[1680]; in Ostwestfalen waren es „1924 27 Ortsgruppen und 1.000 Mitglieder“ und „1927 33 Gruppen und 1.350 Mitglieder“.[1681]

Carl Schreck repräsentierte als Mitglied in der Reichsleitung des TVdN und als Reichstagsabgeordneter die Mehrheit der Naturfreunde-Mitglieder sowie einen Großteil der ostwestfälischen Sozialdemokratie. Dies galt ebenso für seine inhaltliche Position, insbesondere die Auffassung, daß ‚Politik‘ von ‚Kultur‘ zu trennen sei und sich folglich der ‚Arbeiterkulturverein‘ ‚politisch‘ zu enthalten habe.[1682] Obgleich „die Mitgliedschaft bei den Naturfreunden in der Regel mit der Mitgliedschaft in Partei und/oder Gewerkschaft verbunden“ war und dies für „Funktionäre ... [als] unerläßlich“ galt, wies Schreck den „Bereich“ der Politik „allein der Partei“ zu.[1683] Daß „Spaltungstendenzen bei den Naturfreunden unserer Region sicherlich verhindert“ wurden, führen die Naturfreunde am Teutoburger Wald in ihrer Chronik auf ihre „‚politische Enthaltsamkeit‘“ zurück.[1684]

Die Autoren des historischen Rückblicks spielen damit auf zahlreiche und harte Auseinandersetzungen zwischen Mehrheitssozialdemokraten und ‚linken‘ Sozialdemokraten bzw. Kommunisten in anderen Gauen und auf Reichsebene seit Mitte der 1920er Jahre an. Die Reichsleitung wollte ‚politische Kulturarbeit‘ verhindern. Im Oktober 1924 bevollmächtigte die Frankfurter Reichskonferenz den Zentralausschuß, Personen und Gruppen aufgrund ungewollter kulturpolitischer Aktivitäten auszuschließen.[1685] Bis 1932 mußten über 200 Ortsgruppen den Verein verlassen.[1686] Zunehmende Spezialisierung und Differenzierung sowie verschärfte politische Auseinandersetzungen im Inneren und nach außen veranlaßten die Reichsleitung, immer mehr Kompetenzen an sich zu ziehen. Auf diese Weise sollten die Aktivitäten besser koordiniert und einzelne Ortsgruppen finanziell besser abgesichert werden. Allerdings

1680 Im Jahre 1923 zählte man gut 100.000 Mitglieder in Deutschland (Upmann/Rennspieß 1984, 71).

1681 Touristenverein Die Naturfreunde Landesverband Teutoburger Wald-Weserbergland e. V. 1995, 25. Vgl. Geschäftsbericht 1930-31, 5, zit. n. Denecke 1991, 257, wonach im Landesverband Teutoburger Wald-Weserbergland 1930 22 Ortsgruppen existierten.

1682 S. Denecke 1991, 244.

1683 Touristenverein Die Naturfreunde Landesverband Teutoburger Wald-Weserbergland e. V. 1995, 35.

1684 Ebda.

1685 S. Denecke 1991, 250f.

1686 Nach Uppmann/Rennspies legten die Naturfreunde am Ende der Weimarer Republik zunehmend Wert auf politische Loyalität zur SPD (Upmann/Rennspieß 1984, 77-90). S. a. Denecke 1991, 246-255; Wunderer 1977, 513-517. Die Entwicklung der Naturfreunde in der Weimarer Republik wird in der Chronik „60 Jahre Naturfreunde“ fast durchweg positiv und ohne Selbstkritik dargestellt (George 1955, 73-76). – Trotz aller Konflikte wird dem TVdN große Integrationskraft zugeschrieben. Denecke spricht davon, daß sich über „alle parteipolitischen Differenzen hinweg ... in der Naturfreundebewegung jedoch ein erstaunlich hohes Maß an Kontinuität und Stabilität [zeigte]“ (Denecke 1991, 244).

standen dieser Machtbündelung die dezentrale Grundstruktur und der plurale Charakter der Naturfreunde entgegen und barg daher weitere Konflikte.[1687] Für Minden sind Auseinandersetzungen innerhalb des Vereins und Ausschlüsse im bearbeiteten Material nicht belegt. Allerdings gingen in der späten Weimarer Republik hier wie anderswo die Mitgliederzahlen um knapp ein Drittel zurück.[1688] Dies ist zum großen Teil auf die Wirtschaftskrise und das dadurch verringerte Einkommen der Arbeiterinnen und Arbeiter zurückzuführen.[1689] Inwieweit sich hinter den Zahlen für Ostwestfalen und Lippe auch politische Konflikte verbargen, muß hier offen bleiben.

1933 schienen die Naturfreunde wie andere Sozialdemokratinnen und Sozialdemokraten von der Gewalttätigkeit und Radikalität der neuen Machthaber überrascht.[1690] Dies ist sicherlich auch der Forderung nach ‚politischer Enthaltsamkeit' geschuldet. Einige Mindener Naturfreunde wurden im Juni 1933 verhaftet und das Vereinsheim beschlagnahmt, nachdem am 24. 4. 1933 die Naturfreunde-Jugend ihre Aktivitäten im ganzen Reich einstellen mußte[1691] und noch bevor die gesamte Organisation TVdN am 30. 11. 1933 verboten wurde. Einzelne, wie der Reichsjugendleiter Leonhard Burger und der Vorsitzende des TVdN Xaver Steinberger (1921-1933, 1949-1955), versuchten durch Anpassung an die Politik der Nationalsozialisten, die Arbeit des ‚unpolitischen' ‚Arbeiterkulturvereins' fortzusetzen und damit die eigene politische Karriere nicht zu gefährden.[1692] Mit diesem opportunistischen Schwenk waren diese Männer jedoch innerhalb des Verbandes relativ isoliert. Die meisten Naturfreunde standen in klarer Opposition zum NS-Regime. In vielen Orten versuchten die proletarischen ‚Wanderer', ihre Vereinstätigkeit illegal unter unverfänglichen Organisationsnamen wie „Radlerclub Velociped", „Harmlose Spaziergänger" oder „Turnerriege Hoppesprung" fortzusetzen.[1693] Einige Jugendliche und junge Erwachsene formierten sich zu illegalen Gruppen.[1694] Ob

1687 S. ebda., 266-273.

1688 Nachdem der Gau Teutoburger Wald/Weserbergland 1927 mit 1.350 Mitgliedern den Höchststand der Mitgliederzahlen erreicht hatte, fielen die Zahlen bis 1931 auf 835 ab (Touristenverein Die Naturfreunde Landesverband Teutoburger Wald-Weserbergland e. V. 1995, 25). 1930 existierten hier nur noch 22 Ortsguppen (Geschäftsbericht 1930-31, 5, zit. n. Denecke 1991, 257). Reichsweit sanken die Mitgliederzahlen von 116.124 (1923) auf 70.000 Ende 1928 (Upmann/Rennspieß 1984, 71; vgl. Schneider 1999, 646).

1689 Touristenverein Die Naturfreunde Landesverband Teutoburger Wald-Weserbergland e. V. 1995, 25; vgl. Geschäftsbericht 1930-31, 5, zit. n. Denecke 1991, 257.

1690 Vgl. III. 3. 1. 2. 1. Vgl. zur „Gleichschaltung der Arbeiterkulturvereine" Schneider 1999, 645-647.

1691 Vgl. ebda., 813, 821f.; Wenzel 1991.

1692 George erwähnt 1955 nichts zur problematischen Figur Xaver Steinbergers (George 1955, 76).

1693 S. Dulk/Zimmer 1984, 114-116; vgl. Wenzel 1991, 47-49.

1694 Vgl. Kenkmann 1996b; Schneider 813, 821f.; Wenzel 1991.

sich die Mitglieder der Mindener Arbeiterjugendorganisationen widerständigen Aktivitäten anschlossen, ist nicht belegt.[1695] Als sicher gilt jedoch, daß Carl Schreck in Ostwestfalen und Lippe bis 1939 noch als „Schaltstelle des Kontakts untereinander" fungierte. Auch die Mindener Naturfreunde trafen sich an heimlichen Orten und bei ‚getarnten' Wanderungen. Sie nannten sich „Ziegenzuchtverein Blick hoch".[1696] Aber bereits 1934 waren in Minden sowie im ganzen Reich beinahe alle widerständigen und illegalen Aktivitäten eingestellt. Aktive Widerstandsgruppen gab es hier wie dort kaum.[1697]

Nach der deutschen Kapitulation schlossen sich zunächst meist ehemalige Naturfreunde in neu gegründeten Ortsgruppen und nach und nach in regionalen und überregionalen Verbänden zusammen. Die erste Konferenz im ehemaligen Gau Teutoburger Wald/Weserbergland fand 1947 in Oerlinghausen statt.[1698] Ein Jahr später gründeten die Landesverbände Teutoburger Wald/Weserbergland, Westfalen und Rheinland die „Landesgruppe" Nordrhein-Westfalen, um ihre Interessen auf der Ebene des Bundeslandes NRW vertreten zu

1695 S. Koch/Meynert 1998. Vgl. zu Verfolgung und Widerstand von Anhängern der Arbeiterjugendbewegung Brand 1993, 93-96; Brenneke 1984; Gröschel 1986, 95-106; Retzlaff 1993; Sarhage 1990. Einen guten Überblick bietet Kampschorer 2000.

1696 PA Sundermann, Ordner o. T.; Ordner OV 1; Ordner OV 3; Touristenverein Die Naturfreunde Landesverband Teutoburger Wald-Weserbergland e. V. 1995, 173; vgl. TAM, 001-002G/S181198. – In einem Zeitungsartikel zum 50jährigen Jubiläum wird 1971 humorvoll berichtet: „Ohne rechte Verbindung wanderten die Naturfreunde unter der neuen Firma ‚Ziegenzuchtverein Blick hoch' weiter durch Wälder und Berge. Daß kein Mitglied etwas von Ziegen und ihrer Zucht verstand, störte niemand" („Wanderlust und Geselligkeit glücklich vereint: Ein halbes Jahrhundert ‚Naturfreunde' Minden. Erinnerungen an die Vergangenheit/Jugendheim aus Pferdestall und Kahnfahrten auf der Weser", in: NW, o. Datum [1971] [PA Sundermann, Ordner OV 2]).

1697 Eine Ausnahme bildet daher die kontinuierlich bis 1945 funktionierende Widerstandstätigkeit der Naturfreunde des Gaues Sachsen. Der Ende der Weimarer Republik vom Gesamtverband ausgeschlossene Verein errichtete ein „illegales Widerstandsbüro am Sachsenkopf". Die des Bergsteigens und Kletterns mächtigen Naturfreunde verhalfen politischen Flüchtlingen über das Erz- und Elbsandsteingebirge und brachten Material über die CSR-Grenze. Das „Widerstandsbüro am Sachsenkopf" existierte bis 1945. Aber die meisten der bis 1938 dort Aktiven wurden verhaftet, gefoltert und ermordet (Dulk/Zimmer 1984, 114; Zimmering 1948). Die meisten Naturfreunde, die in den Widerstand gingen, gehörten zu den Kommunisten und Sozialisten, die während der Weimarer Republik vom TVdN ausgeschlossen worden waren oder davon bedroht gewesen waren (vgl. Wenzel 1991, 53f.). Daher muten die positiv gefärbten Rückblenden in der frühen Nachkriegszeit teilweise zynisch an, in denen von widerständigen und aufrechten Naturfreunden die Rede ist, die von Nationalsozialisten gefoltert und ermordet worden waren. Ähnlich wie in der Sozialdemokratie allgemein fand in den ersten Jahren nach Ende der Diktatur auch beim TVdN eine selbstkritische Reflexion über die Anpassung an eine völkisch-nationale Rhetorik nicht statt (z. B. wird in diesem Zusammenhang indirekt die 1934 von der bayerischen politischen Polizei genehmigte „Monatsschrift für Skilaufen, Wasserwandern und Reisen – *Deutsches Wandern*" zitiert [George 1955, 75]; vgl. Dulk/Zimmer 1984, 115).

1698 Dem Landesverband Teutoburger Wald/Weserbergland entspricht territorial etwa der NRW-Regierungsbezirk Minden bzw. Detmold.

können.[1699] Die erste Interzonenkonferenz der Naturfreunde fand im April 1947 statt.[1700] Man schloß sich zunächst zu einer Arbeitsgemeinschaft zusammen, deren Vorstand noch einige Zeit „Reichsleitung“ hieß und in Nürnberg saß. Ein 1947 gegründetes Mitteilungsblatt sollte die Vernetzung zwischen z. T. versprengten Mitgliedern der Naturfreunde und den Organisationsaufbau fördern.[1701] Die Währungsreform 1948 hatte für die Naturfreunde eine Abwertung ihres Vermögens und einen Mitgliederrückgang zur Folge.[1702] Außerdem erschwerte die seit 1948 beschleunigte Spaltung Deutschlands die Zusammenarbeit mit den Naturfreunden in der SBZ. Die Vorbereitungen zur Gründung eines westdeutschen Staates begünstigten allerdings gleichzeitig den Wiederaufbau des TVdN in Westdeutschland. Die Landesverbände der Westzonen schlossen sich bei der Jahreskonferenz im August 1948 zusammen, wählten eine Bundesleitung und verständigten sich auf eine gemeinsame Satzung. Im Jahr 1954 begann für den TVdN eine neuer Abschnitt: Der bisherige Vorsitzende Xaver Steinberger wurde nach seiner Verurteilung wegen Unterschlagung abgesetzt und von Fritz Rück abgelöst.[1703]

Parallel zu dem allgemeinen Organisationsaufbau entstanden in zahlreichen Ortsvereinen Jugendgruppen und z. T. auch eigene Naturfreunde-Jugend-Organisationen, wie es sie bereits in der Weimarer Republik gegeben hatte. Viele derjenigen, die die neuen Naturfreunde-Jugend-Gruppen leiteten, knüpften damit an ihre Erfahrungen während der Weimarer Republik bei der Naturfreunde-Jugend oder in anderen Organisationen der Arbeiterjugendbewegung an. Dies war in Minden nicht anders.

III. 3. 1. 3 Arbeiterjugendbewegung: ‚kulturell‘, sozialdemokratisch und familial

Meist wird die Arbeiterjugendbewegung mit der sozialistischen Arbeiterjugend (SAJ) gleichgesetzt. Die sozialistische Arbeiterjugendbewegung war um

1699 Touristenverein Die Naturfreunde Landesverband Teutoburger Wald-Weserbergland e. V. 1995, 43-51.

1700 Nachdem die Militärregierung das Verbot über die Zonengrenzen hinausgehender Zusammenschlüsse (Direktive des Kontrollrats am 17. 12. 1945) aufgehoben hatte, konnten sich die Naturfreunde überregional zusammenschliessen (Dulk 1984, 125, 132-135). Xaver Steinberger hielt das zentrale Referat bei der ersten überregionalen Konferenz.

1701 S. Dulk 1984, 129f.

1702 Dagegen sah das Jugendsekretariat des DGB Bezirk NRW in der Währungsreform auch eine Chance für die Jugendarbeit, denn die meisten Jugendlichen konnten es sich seit 1948 nicht mehr leisten, „die Tanzlokale und Kinos“ zu besuchen (Rundschreiben Nr. 30/48). S. zu den mit der Währungsreform verbundenen sozialen Problemen aus Sicht des Jugendsekretariats im DGB-NRW Rundschreiben Nr. 58/48 (AdsD/FES: Bestand 37, Nr. 94).

1703 Dulk/Zimmer 1984, 116; vgl. zum Aufbau in der Nachkriegszeit Dulk 1984, 125, 130f.; Goch 1996, 715-717; Zimmer 1986, 93-95.

1900 aus Lehrlingsbildungsvereinen hervorgegangen, die sich im Jahre 1922 zur SAJ zusammengeschlossen hatten. Im Jahr 1904 wurden die zwei zentralen Lehrlingsvereine in Mannheim und Berlin gegründet.[1704] Nach Ende der NS-Diktatur gründeten Mitglieder der sozialistischen Kinderfreunde und der SAJ die Sozialistische Jugend Deutschlands (SJD) – Die Falken.[1705] Zur Arbeiterjugendbewegung zählten außerdem noch die Naturfreunde-Jugend, die Gewerkschaftsjugend und die Kommunistische Jugend Eine Besonderheit der sozialistischen Arbeiterjugendbewegung bestand im Vergleich zur bürgerlichen Jugendbewegung[1706] in den weitgehend und prinzipiell koedukativ organisierten Gruppen. Bereits 1906 schrieben die Arbeiterjugendvereine die Gemeinschaft der Geschlechter durch einen Beschluß über den Grundsatz der Koedukation fest. Seit dem wuchs der Mädchenanteil stetig. Weil die originäre Zielgruppe männliche jugendliche Handwerker und Industriearbeiter waren und die Aktivitäten und Interessenpolitik entsprechend ausgerichtet wurden, dominierten männliche Mitglieder zahlenmäßig und bei der Durchsetzung von Inhalten in der gesamten Geschichte der Arbeiterjugendbewegung.[1707]

Häufig waren Jugendliche in mehreren dieser meist miteinander kooperierenden Organisationen zugleich oder hintereinander Mitglied. Beispielsweise lernte der 1908 als Sohn eines sozialdemokratischen Glasmachers geborene Albert Gundlach zunächst den Arbeiterjugend-Wanderverein „Burschenlust“ in Porta Westfalica kennen. Bald schloß er sich der ‚Arbeiterjugend‘ an, wie im Kreis Minden die ersten Vereine der sozialistischen Arbeiterjugendbewegung hießen. Als junger Erwachsener ging er dann zu den Naturfreunden.[1708]

Die Mindener ‚Arbeiterjugend‘ wurde erstmals 1916 mit einem abgelehnten Antrag auf Genehmigung einer politischen Versammlung mit einem ge-

1704 Die ersten Lehrlingsbildungsvereine gelten als Vorläuferorganisationen der um 1900 von zwei Zentren (Berlin und Mannheim) aus wachsenden sozialistischen Arbeiterjugendbewegung. Volker Brand stellt daher richtig fest, daß „dem weitverbreiteten Irrglauben widersprochen werden [muß], daß die Arbeiterjugendbewegung von der bürgerlichen Jugendbewegung ausgegangen und geprägt worden sei“ (Brand 1993, 63). Vgl. Joergens 1996.

1705 Anders als die Jungsozialisten in der SPD, die Gewerkschaftsjugend oder Naturfreunde-Jugend war die SAJ im Prinzip eine eigenständige Jugendorganisation. Die Nachfolgeorganisation, die ‚Falken‘, ist mit dieser Eigenschaft nach wie vor die größte in Deutschland.

1706 S. Kap. III. 1.

1707 S. Joergens 1996; Naujoks 1984; zu Mädchen bei der Naturfreunde-Jugend Wächter 1986, 42-46. S. allg. zur Geschichte der sozialistischen Arbeiterjugendbewegung Eberts 1980; Eppe 1983; Falkenberg u. a. 1973; Hartmann/Damerius 1979; Hartmann/Lienker 1982; Korn 1922; Stadelmaier 1986; Walter 1987. S. zur Arbeiterjugendbewegung in der Region Ostwestfalen-Lippe Brenneke 1984; Eilers 1998; dies. 1996; Sarhage 1990, 55f.

1708 TAM 001G/S181198.

planten Vortrag von Luise Zietz aktenkundig.[1709] Da von einer Neugründung während der Kriegsjahre nicht auszugehen ist[1710], existierten wahrscheinlich bereits vor 1914 Arbeiterjugendgruppen in Minden.[1711] Wie woanders auch vergrößerte und festigte die ‚Arbeiterjugend' ihre Organisation in Minden besonders seit der reichsweiten Gründung der SAJ 1922.[1712] Im Kreis Minden existierten von 1926 bis 1930 acht SAJ-Gruppen. Diesen standen bis 1924 Willy Wagner und bis 1929 Karl Strutz vor.[1713] Der 1907 geborene Karl Strutz, der vermutlich vorher als Jugendlicher in der Arbeiterjugendbewegung Erfahrungen gesammelt hatte, leitete nach seiner Heimkehr aus der Kriegsgefangenschaft 1945 sowohl Jugendgruppen der Naturfreunde als auch der Falken.[1714] Er übernahm schließlich den Vorsitz des TVdN von seinem Bruder Georg.[1715]

Viele Jugendliche der SAJ[1716] waren während der Weimarer Republik zusammen mit ihren Eltern und Geschwistern bei der sozialdemokratischen Familienorganisation, den Naturfreunden, organisiert.[1717] Vermutlich aufgrund der „Auffassung", wie sie v. a. Carl Schreck vertrat, „Kinder sollen im Verein ‚Kinderfreunde' und Jugendliche in der ‚Sozialistischen Arbeiterjugend' mitmachen"[1718], existierten bei den Mindener Naturfreunden im ersten Jahrhundertdrittel kaum Jugendgruppen. Dagegen wuchs in anderen Regionen die An-

1709 KAM, G II, Nr. 120; s. zu sozialdemokratischen Frauen und Mädchen auch KAM, GII, Nr. 124, Nr. 126.

1710 Während des Ersten Weltkriegs kämpften viele Arbeiterjugendvereine ums Überleben. Vgl. z. B. Stadelmaier 1986.

1711 In den Jahren um 1910 waren in Minden außerdem anarchistische und kommunistische Gruppen aktiv, die auch Jugendliche organisierten (KAM, G II, Nr. 91, Nr. 119, Nr. 122).

1712 In Minden leitete zunächst Willy Krumsieck die SAJ-Gruppen (KAM, GIC, Nr. 177).

1713 Koch/Meynert 1998, 51; KAM, Adreßbücher, 1924, 1927, 1929.

1714 KAM, Adreßbücher, 1924, 1927; „Karl Strutz feiert heute seinen 70. Geburtstag. Langjähriger Geschäftsstellenleiter der NW", in: NW v. 26. 2. 1977; „Karl Strutz", in: NW v. 10. 2. 1979 (PA Sundermann, Ordner OV 2); 60 Jahre Naturfreunde Minden, 1981, Chronik zum Jubiläum; vgl. 70 Jahre Naturfreunde Minden, 1991, zwei Fassungen (PA Sundermann, Ordner schwarz OV 3).

1715 In einem Bericht des Kreises Minden an die Bezirksregierung über die Aktivitäten der Jugendorganisationen wird mitgeteilt, daß die „Mindener Falkengruppe ... mit ihrem Leiter Karl Strutz auf die Dörfer [zog] und ... eine gute Propaganda für die Jugendbewegung und Falken-Gedanken [betrieb]". Hier wird Karl Strutz als Leiter oder Ansprechpartner sowohl der Falken in Minden als auch der Naturfreunde genannt (StADt, M 1 I Ju, Nr. 161). S. a. 60 Jahre Naturfreunde Minden, 1981, Chronik zum Jubiläum; 70 Jahre Naturfreunde Minden, 1991, zwei Fassungen (PA Sundermann, Ordner OV 3). Auch Georg Strutz war während der Weimarer Republik Vorsitzender der SAJ gewesen (KAM, H 50, Nr. 128).

1716 Die SAJ dagegen war eine eigenständige Jugendorganisation, die auf ihre Selbstorganisation und politischen Aktivitäten großen Wert legte.

1717 Diese Tatsache führte noch gelegentlich bei Jubilarehrungen zu unterschiedlichen Auffassungen über die Mitgliedsdauer der Jubilare (Touristenverein Die Naturfreunde Landesverband Teutoburger Wald-Weserbergland e. V. 1995, 30).

1718 Touristenverein Die Naturfreunde Landesverband Teutoburger Wald-Weserbergland e. V. 1995, 30.

zahl von Kindern und Jugendlichen beim TVdN.[1719] Infolgedessen gab es etwa Mitte der 1920er Jahre innerhalb der Naturfreunde Bestrebungen, eine eigene Naturfreunde-Jugend-Organisation zu gründen.[1720] Möglicherweise versuchten die damals jugendlichen Mitglieder und jungen Erwachsenen, sich auf diese Weise innerhalb des TVdN mehr Einfluß und Handlungsspielraum zu verschaffen.[1721] Die damit verbundenen Konflikte verschränkten sich mit den politischen Auseinandersetzungen innerhalb des TVdN seit Mitte der 1920er Jahre, die v. a. zwischen einzelnen Jugendleitungen der Gaue und des Reiches geführt wurden.[1722] Im Jahr 1926 setzten sich die Jüngeren durch und gründeten eine Jugendorganisation innerhalb des Naturfreunde-Vereins. Das Votum für diese Gründung hing sicherlich auch mit der jugendpolitischen Situation der 1920er Jahre zusammen. Im Kontext der 1922 institutionalisierten Jugendpflege und „der sozialdemokratischen Jugend- und Jugendhilfepolitik" strebten die Naturfreunde gemeinsam mit anderen Organisationen aus diesem Mi-

1719 S. Hoffmann/Zimmer 1986a, 8. Franz Winterer berichtet, daß die Kindergruppe so lange existierte, bis in Österreich die sozialistischen „Kinderfreunde" ins Leben gerufen wurden. Diese Organisation schloß sich nach 1945 mit der SAJ zur SJD – Die Falken zusammen (Winterer 1955, 9, 19). Vgl. zur Geschichte der Kindergruppen Wenzel 1984. Anfang der 1920er Jahre zählte der TVdN ca. 100.000 jugendliche Mitglieder (Hoffmann/Zimmer 1986a, 7f.). Der Anteil der 14-20jährigen bei den Naturfreunden war nach Angaben des Reichsjugendleiters in der Weimarer Republik bei nur ca. 12-13 % zu veranschlagen (Denecke 1991, 280).

1720 S. Denecke 1991, 269; s. a. Kap. III. 3. 2. 3. 1.

1721 Hoffmann und Zimmer sprechen z. B. von der „besondere(n) Attraktivität der Naturfreunde ... in ihrer ambivalenten Stellung am Übergang von Lebensreform-, bürgerlicher Jugend- und Arbeiterkulturbewegung" (Hoffmann/Zimmer 1986a, 7f.; vgl. Wächter 1986, 27-32). Hier wie in anderen Lebensreformverbänden stand ‚Jugend' und ‚Jugendlichkeit' für Zukunftsentwürfe sowie für den persönlichen Bildungs- und ‚Veredelungs'-Wunsch (vgl. Kerbs/Reulecke 1998, bes. die Einleitung der Herausgeber [10-18]. Leider wird in der Forschungsliteratur zu ‚Arbeiterkulturvereinen' auf diesen Aspekt nicht eingegangen [s. v. a. Walter/Denecke/Regin 1991]). Ganz offensichtlich handelt es sich bei der Position von Hoffmann und Zimmer um eine idealisierende Perspektive auf den Touristenverein. Sie diskutieren daher nur sporadisch die Frage, warum der TVdN eine eigene Jugendsektion bildete und die ‚Jugendfrage' im TVdN einen eigenen institutionalisierten Status benötigte. – Inwiefern dies mit Generationenkonflikten innerhalb eines Verbandes zu erklären ist, wird in der Forschung kaum diskutiert, obwohl davon auszugehen ist, daß diejenigen jungen Erwachsenen, die 1926 die institutionalisierte Verankerung der Naturfreunde-Jugend in den Gremien des Reichsverbandes forcierten, die erste Generation Jugendlicher im TVdN waren. Offenbar verschafften die oft schwierig in die Vereinsaktivitäten zu integrierenden 20-25jährigen sich mit der Durchsetzung einer Jugendorganisation innerhalb des TVdN ein eigenes profiliertes Aufgabenfeld. Gleichzeitig wuchs Mitte der 1920er Jahre bereits eine neue Generation von Mädchen und Jungen mit eigenen Bedürfnissen und Erfahrungen, insbesondere mit den zunehmend kommerziellen Freizeitangeboten, heran, wodurch generationsspezifische Anforderungen an den ‚Arbeiterkulturverein' entstanden. Vgl. zum innerhalb der Naturfreunde-Jugend oft diskutierten Problem der ‚älteren' Jugendlichen, d. h. der 20-25jährigen und deren Einbindung in den Verein, sowie zum Mangel an Gruppenleiterinnen und -leitern für die Jugendgruppen Wächter 1986, 40f.

1722 Vgl. Wenzel 1991, 47; Wächter 1986, 32-36; Schindehütte 1986.

lieu „nach einem schlagkräftigen sozialistischen Jugendkartell im Kräftespiel der reichsweit operierenden Jugendverbände“.[1723] Dabei ging es außerdem darum, in Konkurrenz zu anderen gesellschaftlichen Gruppen und zu kommerziellen Angeboten ‚die Jugend‘ für die eigene ‚Sache‘ zu gewinnen.[1724]

In Ostwestfalen aber, wo sich nicht zuletzt Carl Schreck für den familialen und patriarchalen Charakter des TVdN stark machte, entstand keine Naturfreunde-Jugend-Organisation. Noch 1932 lehnte die Gaukonferenz des TVdN in Ostwestfalen eine solche Gründung ab. Dabei verwiesen die Delegierten auf die angeblich intakte Integration verschiedener Generationen innerhalb des TVdN: Die „Jugendarbeit“ finde „auch weiterhin durch den Gauvorstand stärkste Förderung“.[1725] Dies bestätigen zwar Angaben über Jugend- und Kindergruppen sowie Schulungen für die Gruppenleiterinnen und -leiter im Gau Teutoburger Wald/Weserbergland.[1726] Aber laut Geschäftsberichte des TVdN gab es hier in den Jahren 1928 und 1929 mit fünf und 1930 bis 1931 mit sieben im Vergleich zu den meisten anderen Gauen wenige Jugendgruppen.[1727]

Diese Tatsache kann weder alleine dadurch erklärt werden, daß in Ostwestfalen Mädchen und Jungen im Verein wie in einer Familie integriert wurden[1728], noch dadurch, daß zwischen dem TVdN und der sozialistischen Arbeiterjugend eine Aufgabenteilung die Zusammenarbeit bestimmte. Wie Koch und Meynert in ihrer Milieustudie feststellen, waren die Arbeiterjugendlichen im Kreis Minden ohnehin nur schwach in der Sozialdemokratie integriert, obwohl im Kreis Minden überproportional viele Jugendliche lebten. Nur 18 % der SPD-Mitglieder waren unter 30 Jahren; es existierten von 1926 bis 1930 trotz der angeblichen Bemühungen um jüngere Genossinnen und Genossen nur acht SAJ-Gruppen. Auch im Arbeiterturn- und -sportbund waren Jugendliche unterrepräsentiert.[1729] Möglicherweise führte dies dazu, daß sich hier Generationenkonflikte, verschränkt mit politischen Auseinandersetzungen, am Ende der Weimarer Republik nicht derart potenzieren und in einer eigenen Naturfreunde-Jugend-Organisation gipfeln konnten. Hinzu kam, daß die Vereinsführung des TVdN in den Händen von Männern mittleren Alters lag, die für sich bisweilen in Anspruch nahmen, ‚jugendlicher‘ als Jugendliche zu sein. Schreck brachte diese Position auf den Punkt:

„Es ist albern, von der Verjüngung in der Parteiführung zu sprechen. Ich

1723 Hoffmann/Zimmer 1986a, 8.
1724 S. Wächter 1986, 13-62, bes. 13-18, 27-32.
1725 Touristenverein Die Naturfreunde Landesverband Teutoburger Wald-Weserbergland e. V. 1995, 30.
1726 Ebda., 34, 101.
1727 Geschäftsberichte des TVdN, Reichsgruppe 1928-29 u. 1930-31, zit. n. Hoffmann/Zimmer 1986b, 217.
1728 Vgl. Koch/Meynert 1998, 60.
1729 Ebda., 51-53, 59f.

traue mir als 60-jährigem zu, noch etwas machen zu können, womit ein Junger vielleicht nicht aufwarten kann. Es ist doch schrecklich, etwa von einem 30-jährigen Lehren anzunehmen. Es kommt nicht auf die Jahre an, sondern darauf, ob man ein junges Herz hat und ein bißchen Verstand.“[1730]

Diese Haltung spitzte sich zu, als nach dem Zweiten Weltkrieg sozialdemokratische Traditionen bewußt wieder aufgenommen wurden. Beispielsweise gaben sich die Gründer der Meißener Naturfreunde (Kreis Minden) 1946 offiziell die „Aufgabe“, „die Jugend von einem ausschweifenden Lebenswandel in Tanzlokalen und Gaststätten abzulenken und ihnen die Schönheiten der Natur durch Wandern und schöngeistige Vorträge zu vermitteln“. Außerdem verstanden es die sozialdemokratischen Frauen und Männer laut Genehmigungsgesuch bei der britischen Militärregierung zur Wiedergründung ihres Vereins als ihre „dringlichste ... Pflicht[,] die Jugend beiderlei Geschlechts von der Hitlerideologie zu befreien und sie zu demokratisch denkenden Menschen zu erziehen“.[1731] Diese jugendpflegerische Intention ist symptomatisch für das vorherrschende Verhältnis zwischen Erwachsenen und Jugendlichen bei den Naturfreunden in Ostwestfalen. Die zitierte Aussage steht beispielhaft für die Perspektive innerhalb der Sozialdemokratie auf Jugendliche in der Nachkriegszeit.[1732] Sozialdemokratische Positionen unterschieden sich hauptsächlich in drei Punkten vom allgemeinen Jugendbild.[1733] Sozialdemokraten akzentuierten die Notwendigkeit politischer und demokratischer Bildung und damit die Lehrnfähigkeit der ehemaligen HJ-Jugend. Sie wiesen darüber hinaus auf die soziale Not sowie die Arbeits- und Ausbildungsverhältnisse der Arbeiterjugend hin.[1734] Gleichzeitig idealisierten zahlreiche sozialdemokratische Erwachsene ‚die Jugend‘ als Hoffnungsträger, wie der Titel einer Rede des Bielefelder Emil Gross bei einer öffentlichen Versammlung der Mindener SPD im März 1946 zeigt: „Der Weg aus dem Chaos – Die Jugend baut auf! Wir rufen besonders die jungen Menschen!“[1735]

1730 Schulze, Hagen (Hg.), Anpassung oder Widerstand? Aus den Akten des Parteivorstands der deutschen Sozialdemokratie 1932/33, Bonn 1975, 59f., zit. n. Koch/Meynert 1998, 51.

1731 TVdN Meißen am 20. 3. 1946 an die Militärregierung 903 über den Herrn Landrat in Minden (PA Sundermann, Ordner OV 3).

1732 Dies gilt auch dann, wenn die Autoren des Schreibens damit möglicherweise die von ihnen vermuteten Erwartungen der britischen Militärregierung antizipierten. Vgl. ähnlich für den TVdN im frühen 20. Jahrhundert Günther 1996, 206f. Offensichtlich ist dieser Aspekt der Generationenverhältnisse bezeichnend für das 20. Jahrhundert und unterscheidet sich je nach historischen Umständen.

1733 S. Kap. II.

1734 S. z. B. das Engagement der Betriebsräte und Gewerkschafter für den Jugendschutz am Arbeitsplatz („Es geht um den Schutz unserer Jugend. Betriebsrätekonferenz nimmt Stellung – Einige ‚Unklarheiten‘ beim Referenten“, in: Volks-Echo v. 14. 5. 1949, 7). Vgl. die Themen in der Gewerkschaftsjugend (AdsD/FES Bestand 37, Nr 64, 65, 69-71, 73, 89, 94, 95, 105, 233).

1735 KAM, Plakatsammlung, Plakatgruppe Nr. 11, Politische Parteien, c) SPD.

Mit dieser teils idealisierenden, teils bevormundenden und teils herablassenden Einstellung zu Jugendlichen gründeten Sozialdemokratinnen und Sozialdemokraten 1945 und 1946 zahlreiche Jugendgruppen und -organisationen in Minden, wie die Falken, die Naturfreunde, die Gewerkschafts- oder die AWO-Jugend.[1736] Dabei mußten sie die Bestimmungen der (britischen) Alliierten beachten, die ausgesprochen politische Jugendorganisationen verhindern wollten.[1737] Die größten und bedeutendsten Organisationen waren die Falken und die Naturfreunde, wobei die Falken im ganzen Land und zunächst auch in Minden noch vor den Naturfreunden rangierten. In Westfalen beispielsweise waren die Falken in den Jahren 1949 und 1950 zwar kleiner als die konfessionelle und die Sport-Jugend, aber unter den „freien" die größte. Nach offiziellen Angaben hatten sie 1949 306 und 1950 406 Gruppen mit 21.740 bzw. 29.134 Mitgliedern.[1738] Im Kreis Minden gab es 1946 96 Falken[1739] – genauer gesagt Mitglieder der „Freien Jugend ‚Die Falken'", wie sie sich damals nannten[1740] – und 85 Naturfreunde. In der Stadt Minden wiesen beide Organisationen jeweils zunächst 50 Mitglieder nach. Obwohl die Falken in Deutschland und auch in Ostwestfalen in der Nachkriegszeit äußerst aktiv waren, reduzierten sie anscheinend in Minden Anfang der 1950er Jahre ihre Aktivitäten.[1741] Die miteinander

1736 S. allg. Eppe/Gröschel 1987. Kommunistische Gruppen spielten gerade in der Region Ostwestfalen nach dem Zweiten Weltkrieg kaum eine Rolle mehr. Vgl. zu den Falken bes. Albertin 1992; ders., 1998; Brücher/Hartmann 1983; Buggisch 1988, 73-82; zu den Naturfreunden StADt, M1 I Ju, Nr. 160; zur Gewerkschaftsjugend Brülls 1985. Diese Monographie ist eine der wenigen längeren Abhandlungen zur Gewerkschaftsjugend der Nachkriegszeit. S. a. Kamp/Syga 1984. Vgl. zur AWO-Jugend Buggisch 1988, 73f.

1737 S. Boll 1995a, 67-72; Gröschel 1986, 129-135; Wagner 1995, 123-131.

1738 Bei all diesen Berichten und Angaben muß berücksichtigt werden, daß die genannten über den realen Zahlen lagen. Ferner ist ungeklärt, welche Altersgruppen bei diesen Auflistungen als ‚jugendlich' galt. Insofern können diese Zahlen nur in Relation zu anderen Jugendorganisationen gesehen werden. S. Naunin 1952, 153.

1739 Neben drei bestehenden Ortsgruppen der Falken in Minden, Neesen-Lerbeck und Dehme waren weitere zwei in Todtenhausen und Rehme angekündigt. Bereits 1946 trennten die Falken ihre Gruppen in Kinder und Jugendliche, „was sie sich bislang nicht leisten konnten" (StADt M 1 I Ju, Nr. 161).

1740 Vgl. Boll 1995a. Die Organisation der ‚Kinderfreunde' und die SAJ schlossen sich nach dem Zweiten Weltkrieg zu den ‚Falken' zusammen. In den ersten Nachkriegsjahren hatten die Falken verschiedene Beinamen, bis sie sich auf die Bezeichnung ‚Sozialistische Jugend Deutschlands - Die Falken' festlegten.

1741 In den späten 1950er Jahren waren die Falken dennoch im SJR vertreten – jetzt als „Sozialistische Jugend ‚Die Falken'" –, jedoch nicht in dessen Arbeitsausschuß (s. z. B. Der Ring, 1 [1959]; Nr. 1, 19). Laut Bericht des Kreises Minden an die Bezirksregierung stieg von Oktober 1946 bis März 1947 die Anzahl der Falkengruppen von zwei auf vier und die Falkenmitgliederzahl von 120 auf 249. D. h., daß der Zuwachs der Mitglieder bei der Naturfreunde-Jugend nicht auf einen Mitgliederwechsel von Falken zu Naturfreunde-Jugend zurückgeführt werden kann. Für kurze Zeit hatten die Falken im Untersuchungszeitraum mehr jugendliche Mitglieder als die Naturfreunde (StADt, M 1 I Ju, Nr. 161).

befreundeten Falken und Naturfreunde teilten nach dem Zweiten Weltkrieg das Jugend-Klientel.[1742]

Die bundesweit kleinere Naturfreunde-Jugend-Organisation konnte in Minden ihre Jugendarbeit gegenüber den Falken ausbauen.[1743] Ihre Mitgliederzahl sank zwar zunächst im Herbst 1946, stieg aber im Frühjahr 1947 auf 158 an.[1744] Etwa um 1953 bekam die Naturfreunde-Jugend einen erneuten Zulauf.[1745] Im Jahre 1954 wurden 249 Jugendliche und 63 Schüler gezählt. Ein Jahr später zahlten aber nur noch 132 Jugendmitglieder und 30 Schüler Beiträge. Bereits in den folgenden beiden Jahren stieg die Mitgliederzahl wieder an.[1746] Diese Zahlen sind nur bedingt aussagekräftig und geben lediglich Größenordnungen wieder. Da es sich hier meist um Angaben gegenüber offiziellen Stellen handelt, kann angenommen werden, daß hier nach oben aufgerundet wurde.[1747] Außerdem bedeutet eine nominale Mitgliedschaft noch keine aktive Beteiligung bei Veranstaltungen. Die vorhandenen Mitgliederzahlen deuten allerdings einen allmählich steigenden Zulauf Jugendlicher zu den Naturfreunden bis etwa Mitte der 1950er Jahre an und seitdem eine hohe Fluktuation bei den jugendlichen Mitgliedern.[1748] Die Naturfreunde selbst führen die Einführung der Wehrpflicht seit 1956 als Ursache für den allmählichen Rückgang der Mitgliederzahlen an.[1749] Die familienorientierten Aktivitäten im Bereich der genuinen Freizeitgestaltung kamen Jugendlichen (und Erwachsenen) im Mindener sozialdemokratischen Milieu eher entgegen als die stärker auf jugendliche Autonomie pochenden und sich mit genuin politischen Themen befassenden Falken. Dem pflichteten die interviewten ‚Zeitzeugen‘ bei:

1742 Karl Sundermann: „(...) alle hatten beide Mitgliedsbücher (...). Da, wo die Falken stark waren, waren die Naturfreunde schwach – und umgekehrt (...). Da, wo es Naturfreunde gab, gab es kaum Falken ...“ (TAM, 001G/S181198). Karl Sundermann bestätigte mir in einem Telefonat am 7. 10. 2000, daß die Falken im Laufe der 1950er Jahre in Minden ihre Arbeit allmählich eingestellt hatten, weil viele Jugendliche zu den Naturfreunden gegangen waren. Unwahrscheinlich ist, daß dies mit der britischen Jugendpolitik in Verbindung gebracht werden kann, die genuin politische Gruppen zunächst zu verhindern suchte, denn die Falken waren laut Aussage von Karl Sundermann die erste zugelassene Jugendgruppe in Minden. Vgl. Wagner 1995, 121.

1743 Vgl. Naturfreundejugend Deutschlands (NFJD) 1991; Sozialistische Jugend Deutschlands - Die Falken (SJD) 1991.

1744 StADt, M 1 I Ju, Nr. 161.

1745 TAM, 001-002 G/S181198.

1746 PA Sundermann, Ordner OV 3.

1747 Vgl. abweichende Zahlen in einem internen Schreiben vom 11. 3. 1947. Danach gab es in Minden 70 Mitglieder über 18 Jahre und 18 unter 18 Jahren, also insgesamt 88 Naturfreunde (PA Sundermann, Ausstellungscollage).

1748 Vgl. Friedrich 1987, 138f.; Karaskiewicz/Kortz 1995, 101f.

1749 Touristenverein Die Naturfreunde Landesverband Teutoburger Wald-Weserbergland e. V. 1995, 58. Von der Einführung der Wehrpflicht waren Arbeiterjugendorganisationen stärker betroffen als bürgerliche Vereine, die v. a. Gymnasiasten organisierten. Jene wurden erst nach Ende der Schulausbilung eingezogen und blieben den Jugendgruppen insofern ca. bis zu ihrem 19. Lebensjahr erhalten.

„Ja, könnte wohl so sein. – Wir haben immer auch politisch etwas gemacht, aber nicht in dem Maße wie z. B. Jugendgruppen, sagen wir mal, der sozialdemokratischen Partei im eigentlichen Sinne. Die waren also politischer als wir. Wir waren auch politisch der SPD zugeneigt und auch überwiegend verbandelt damit. Aber es wurde innerhalb der Gremien in diesem Bereich so sehr die politische Linie nicht gefahren."[1750]

Die Naturfreunde-Jugendlichen waren im Minden der Nachkriegszeit letztlich nicht nur quantitativ stärker als die Falken, sondern sie können auch eher als repräsentativ für die Mindener Arbeiterjugendorganisationen gelten.

Die These, daß Jugendorganisationen für Jugendliche aufgrund zunehmend kommerzieller Freizeitangebote Mitte der 1950er Jahre an Attraktion verloren hätten[1751], kann zumindest aufgrund der durch diese Zahlen ableitbaren Trends nicht bestätigt werden. Außerdem ersetzten kommerzielle Freizeitangebote nicht unbedingt Angebote von Jugendorganisationen, wie das Beispiel der Naturfreunde zeigt:[1752] Die selben Jugendlichen, die nachts Jazz hörten und am Wochenende Tanzbars besuchten, beteiligten sich eifrig an den wöchentlichen Volkstanzstunden und familialen Vereinsaktivitäten der Naturfreunde.

III. 3. 1. 4 Nationalsozialismus, Befreiung und Erinnerung an die Weimarer Republik

Der 1939 geborene Naturfreund Karl Sundermann und seine Altersgenossen bei den Falken, der Gewerkschafts-, der AWO-Jugend oder bei den Naturfreunden machten während der NS- und der Nachkriegszeit in vielerlei Hinsicht andere Erfahrungen als gleichaltrige Jungen aus dem liberalen oder konservativen Bürgertum.[1753] Als Arbeiterjugendliche waren sie bzw. ihre Familien stärker von Arbeitslosigkeit betroffen als Jugendliche anderer Milieus. Auch bedeuteten die geringen Einkommen und der Mangel an Besitz vor und nach der Währungsreform einen niedrigeren Lebensstandard. Allerdings ist hier nach Geschlecht, Wohnort und Alter zu unterscheiden.[1754] Frauen und Mädchen waren stärker von Arbeitslosigkeit betroffen als Jungen und Männer. Sie drängten außerdem in den Angestelltenberuf, wo sie weitaus weniger verdienten als ihre Männer und Brüder in der Industrie. Da sich Zerstörung

1750 Vgl. TAM, 002G/S181198.
1751 Vgl. Köster 1999a, bes. 500-507.
1752 Häufig wurden kommerzielle Angebote als gegensätzlich zur ‚Volkskultur' betrachtet, z. B. auch in den Publikationen des TVdN. Die Naturfreunde setzten den kommerziellen Freizeitangeboten z. T. bewußt die bei ihnen praktizierten Tänze, Musik etc. entgegen. Vgl. für das beginnende 20. Jahrhundert Günther 1996, 138-148.
1753 S. allg. Kap. II. und für die beiden anderen genannten Milieus Kap. III. 1. u. III. 2.
1754 Vgl. Gröschel 1986, 127.

und Demontage von Industrie und Kleingewerbe in Minden im Vergleich mit anderen Orten in Grenzen hielten, konnten Männer und Jungen weiterhin als qualifizierte Arbeiter auf ‚Männer-Arbeitsplätzen' arbeiten. In der Situation sozialer und wirtschaftlicher Unsicherheit sicherten viele ihre Position als ‚Facharbeiter' bzw. kehrten nach Ende des Krieges in diese zurück. Jungen setzten hier mit Stolz getragene männliche Traditionen im proletarischen Milieu fort.

Inwiefern die Jüngeren aufgrund oft arbeitsunfähiger Väter bzgl. ihrer Männlichkeitsvorstellungen irritiert waren, oder ob diese Situation sie in ihrer Rolle als ‚männlicher Arbeiter' besonders anspornte, vermag hier nicht entschieden werden. Sicherlich waren ihre auf die Handarbeit bezogenen Männlichkeitsvorstellungen nicht so sehr zerstört wie die im liberalen Bürgertum. Aber auch Arbeiterjungen hatten sich für die NS-Bewegung, die Kriegsvorbereitungen in der HJ und beim Deutschen Jungvolk begeistert. Auch sie hatten sich mit dem Krieg führenden Deutschland identifiziert, was häufig Konflikte mit den Eltern nach sich gezogen hatte.[1755] Auch ihre Idealvorstellungen vom Mann als Soldaten wurden gebrochen. Aber im sozialdemokratischen Milieu hatte nicht nur bzw. nicht unbedingt das Soldat-Sein einen hohen Stellenwert, sondern ebenso die ‚ehrliche' Arbeit als ‚Facharbeiter'. Letztere galt auch nach dem verlorenen Krieg und besonders während der „beschleunigten Industrialisierung"[1756] als wesentlich für eine anerkannte Form von Männlichkeit.

Die Jugendlichen erfuhren in ihrem Milieu Alternativen zu den Vorgaben der Nationalsozialisten häufig unbewußt, weil viele Kinder von der sozialdemokratischen Gesinnung ihrer Eltern während der NS-Zeit nichts wußten. Viele Kinder und Jugendliche erlebten allerdings auch, wie sich Erwachsene dem NS-Regime anpaßten. Manche Jugendliche kamen aber auch in Berührung mit Älteren, die sich widerständig verhielten. In einem solchen ambivalenten Umfeld übernahmen die Jugendlichen nicht unbedingt nationalsozialistische Erklärungsmuster. Zudem bot der sozialdemokratische Freundes- und Verwandtenkreis den nicht angepaßten Jugendlichen ein gewisses Netz an Sicherheit und Rückhalt.[1757] Die sozialdemokratische „Solidargemeinschaft" bedeutete für manche Jugendliche während der Zeit des Nationalsozialismus also eine Art Schutz vor dem und eine mögliche Alternative zum totalitären Staat; für manche bedeutete sie Gefahr. Die skizzierten widersprüchlichen Erfahrungen vieler Jugendlicher im sozialdemokratischen oder auch kommuni-

1755 Vgl. Bolla 1995; Heimann 1990; Schmiechen-Ackermann 1998, 635, 704-708.
1756 S. Kap. III. 3. 1. 1.
1757 An dieser Stelle könnte ebenso vom kommunistischen Milieu gesprochen werden.

stischen Milieu sind, wie besonders Friedhelm Boll herausgearbeitet hat, mit dem Begriff der ‚Zwiespaltserfahrungen' exakt bezeichnet.[1758]

Nach dem Ende der NS-Diktatur erlebten Arbeiterjugendliche, wie im sozialdemokratischen Milieu Menschen auf der Basis freundschaftlicher Beziehungen Organisationen aufbauten, von Themen und Traditionen sprachen, die den 14-17jährigen bis dahin meist fremd waren. Im sozialdemokratischen Milieu gingen Erwachsene gezielt auf Jüngere zu, um sie für ihre Ziele zu gewinnen, und um ihnen einen demokratischen Bildungs- und Diskussionsrahmen ‚anzubieten'.[1759] Dabei verhielten sich viele von ihnen bevormundend gegenüber den Jugendlichen. Gleichzeitig eröffneten die Älteren den Arbeiterjugendlichen bis dahin unbekannte Formen der Vergemeinschaftung, demokratische Denk- und Handlungsweisen sowie positive und selbstbewußt überlieferte Traditionen, indem sie die Jugendlichen in ihre Vereinsaktivitäten einbanden. Mit diesem positiven Rekurs auf Traditionen unterschied sich das sozialdemokratische Milieu deutlich vom diskreditierten (national-)liberalen Bürgertum. Besonders männliche Jugendliche eigneten sich in dieser Umgebung relativ selbstbestimmte, kreative und politische Handlungsweisen an.

Solche ‚Angebote' Erwachsener bedeuteten sicher für einige Jugendliche im Arbeitermilieu in vielerlei Hinsicht eine politische und soziale Heimat. Aber schon bald überfrachteten sie die Jüngeren. Die Jungen und Mädchen befanden sich angesichts der mit Stolz überlieferten Traditionen der sozialdemokratischen Bewegung immer in einer unterlegenen Position. Ihre eigenen Erfahrungen konnten sie kaum einbringen, da diese durchweg negativ besetzt waren. Außerdem tabuisierten Sozialdemokraten ihre Geschichte, ihr Verhalten vor und während der NS-Zeit. Folglich war auch der Gestaltungsspielraum von Jugendlichen im sozialdemokratischen Milieu eingeschränkt, zumal sie sich nur bedingt mit jenen Traditionen und Organisationsformen identifizieren wollten oder konnten. Zusätzlich interessierten sie sich bald für andere auch kommerzielle Freizeitangebote in den 1950er Jahren. Jazz und Tanzboden standen aber aus Sicht vieler Erwachsener den Volkstänzen und -liedern, wie sie in sozialdemokratischen Jugendorganisationen geübt wurden, diametral entgegen. Dies sind nur einige Aspekte eines beginnenden Generationenkonflikts in den 1950er Jahren, der sich nicht zuletzt über Fragen der Männlichkeit entspann.

Kontinuität und Tradition bekamen im sozialdemokratischen Milieu folglich eine besondere Gewichtung.[1760] Die Tradierung der sozialdemokratischen

1758 S. Boll 1995a; ders. 1995c; vgl. Gröschel 1986; Heimann 1990; Schmiechen-Ackermann 1998.

1759 Vgl. Holtmann 1989, 240-243.

1760 Vgl. Heimann 1990, 38. S. zum gesamten Kapitel III. 3. 1. 4 u. a. Boll 1995; Gröschel 1986; Holtmann 1989; Schmiechen-Ackermann 1998.

Solidargemeinschaft über die NS-Zeit hinweg sicherte das Überleben Einzelner sowie die Existenz dieses Milieus über die Nachkriegszeit hinaus. Traditionen wurden in Folge überhöht. In welcher Weise die männlichen Arbeiterjugendlichen bei den Mindener Naturfreunden sich dieses Erbe, die ihnen fremden Traditionen, aneigneten und sich so am Aufbau und an der Gestaltung des sozialdemokratischen Milieus sowie an der Konstruktion milieuspezifischer Männlichkeit beteiligten, ist nun das Thema.

III. 3. 2. Die Naturfreunde-Jungen: Tanz mit Mädchen, Politik mit Männern und Arbeit für alle

> „Nun, wir Mädel und Jungen der Naturfreundejugend lassen uns nicht blenden, für uns gibt es keine Flucht aus dem Dasein. Wir wollen die täglichen Nöte und Probleme lösen und meistern. Und die Kraft und das Wissen dazu soll uns unsere Jugendarbeit vermitteln. Im Mittelpunkt unserer Arbeit steht der junge Mensch, der sich einfügt in eine Gemeinschaft, die durch ihn mit geformt wird, die aber wechselseitig auch ihn formt. (...) Fern liegt uns in unserer Bildungsarbeit jede Holzhammermethode, alles muß natürlich wachsen!“[1761]

Heinz Froböse, der diese Aufforderung von 1956 in einem Artikel 1987 zitiert, bemerkt dazu lediglich: „Dem ist nichts hinzuzufügen!“[1762] Allerdings ist zu fragen, inwieweit diese idealisierende Einschätzung, vermutlich eines Jugendfunktionärs, mit den Motiven und der Lebenswirklichkeit der 14-17jährigen, die sich Ende der 1940er und Anfang der 1950er den Naturfreunden anschlossen, übereinstimmt. Die in der frühen Nachkriegszeit in den Mindener Arbeiterjugendorganisationen steigenden Mitgliederzahlen, könnten den Schluß zulassen, daß sich Jugendliche und Erwachsene über Art und Weise der Freizeitgestaltung weitgehend einig waren. Allerdings lassen der imperative Ton und die Emphase des Zitats vermuten, daß die Erwachsenen mitunter Probleme hatten, Jugendliche für die sozialdemokratische Vereinskultur zu begeistern. Auch folgende Episode bekräftigt diesen Verdacht.

Im Jahre 1949 wurde vorübergehend eine Gruppe – vermutlich v. a. männlicher – Jugendlicher aus dem Mindener TVdN ausgeschlossen.[1763] Was war geschehen? Dieser Gruppe gefielen offenbar einige offizielle Vereinsaktivitäten nicht. Mehr und mehr entzog sie sich dem vorgegebenen Programm und

1761 Ortsgruppe Bielefeld, 10 Jahre Naturfreundejugend Ortsgruppe Bielefeld, Bielefeld 1956, zit. n. Froböse 1987, 138.

1762 Froböse 1987, 138.

1763 Wenn nicht anders angegeben: Brief im Auftrag des Vorstandes der Ortsgruppe Minden des TVdN v. 26. 8. 1949 (PA Sundermann, Ordner OV 1); TAM, 002G/S181198.

nutzte das mit Betten ausgestattete Naturfreunde-Heim an der Weser für selbstorganisierte Treffen. Dort verabredeten sie sich spätabends. Die Jungen ‚schleppten‘ dorthin Mädchen ‚ab‘, wie es Zeitzeugen im Nachhinein formulierten. Gemeinsam tranken sie dort alkoholische Getränke und hörten Jazzmusik. Dem Vorstand mißfielen nicht nur diese Aktivitäten im vereinseigenen Haus. Es störten ihn auch andere Freizeitbeschäftigungen der Jugendlichen außerhalb des Vereins, wie die beiden Vorsitzenden schriftlich einem der Jugendlichen unmißverständlich mitteilten: „Heute siehst Du Dein Ideal in möglichst auffallenden Tanzboden-Verrenkungen."

Hier ging es offensichtlich nur vordergründig um den Musik- und Tanzstil. Mit der ‚neuen‘ Musik, dem Jazz und den Tänzen der Jugendlichen assoziierten die Erwachsenen, daß sich die Jugendlichen sexuell im unkontrollierten oder unkontrollierbaren Rahmen bewegten.[1764] Sie empfanden das Verhalten der Jugendlichen als störend für das ‚fröhliche‘ und harmonische Vereinsleben. Daher wurde die Gruppe vom Verein ausgeschlossen. Dies galt jedoch nur formal und vorübergehend, da die jugendlichen Hauptakteure Söhne von Vereinsmitgliedern waren und schon aus familiären Gründen zum Verein gehörten.[1765] Außerdem sollte der Ausschluß eher als pädagogische Maßnahme denn als unwiderruflicher Bann verstanden werden, wie auch die Briefautoren andeuteten. Diese Ausgrenzung deutet auf eine ambivalente Haltung der Erwachsenen gegenüber den Jungen hin. Dies galt auch umgekehrt: Die Jugendlichen wandten sich zwar mehr oder weniger von offiziellen Vereinsaktivitäten ab, nutzten aber die Vereinsräume für unbeobachtete Treffen. Zudem nahmen sie ebenso wie andere Jugendliche kommerzielle Freizeitangebote an. Gleichzeitig aber beteiligten sie sich gerne an den Volkstanzabenden, bei denen sie Reigen- und Paartänze vollführten. Welche Bedeutungen hatten also speziell die Aktivitäten beim TVdN für die männlichen Arbeiterjugendlichen?

III. 3. 2. 1 Das Heim: Arbeit und Tanz für die Partnerschaft

Für einige Mädchen und Jungen aus dem sozialdemokratischen Milieu war in der frühen Nachkriegszeit der Dienstag bzw. der Montag der Höhepunkt der Woche. An diesem Tag trafen sich Jugendliche vom TVdN, um gemeinsam Volkstänze einzustudieren. Sie nutzten dazu bis 1950 das Ratsgymnasium und später die Turnhalle der Besselschule. Wenn die Schulturnhallen in den Ferien

1764 TAM, 002G/S181198. – S. a. die Formulierung in dem Brief vom Naturfreund und Meißener Bürgermeister Kölling am 1. 2. 1946: „Ich nehm an, in dieser kurzen Zeit schon etwas getan zu haben, um die Jugend aus den Tanzlokalen herauszuziehen und sie ethischen und sittlichen Zielen entgegenzufahren" (PA Sundermann, Ausstellungscollage). Vgl. Poiger 1996.

1765 TAM, 002G/S181198.

geschlossen waren, wichen sie ins Vereinsheim aus.[1766] Donnerstags versammelten sich Jugendliche und Erwachsene zum gemeinsamen wöchentlichen Heimabend im „Weserheim". Meist verbrachten sie die Abende in geselliger Runde bei Gesang und Musik. Zu diesem zentralen, wöchentlichen Mindener Vereinstreffen wurden auch Referentinnen und Referenten eingeladen, die Heimat- und Naturkundliches berichteten oder von eigenen Reisen erzählten. Meist übernahm jedoch eine Frau oder ein Mann der Ortsgruppe selbst die Gestaltung des Abends. Sie bereiteten Gespräche über Literatur, Lieder oder über Fahrten und Veranstaltungen vor. Zentraler Ort für fast alle Aktivitäten war das Vereinsheim an der Weser. Dieses in den 1920er Jahren errichtete Haus war von den Nationalsozialisten beschlagnahmt und heruntergewirtschaftet worden.[1767] Die Naturfreunde in Minden verwandten viel Zeit und Mühe für Renovierungen. Gleichzeitig führten sie aufwendige Verhandlungen über den Rechtsstatus des Hauses, da eine dritte Person Besitzansprüche auf Haus und Grundstück stellte.

Während also die Jungen der Mindener Jungenschaft wöchentlich in ihre Horte gingen, um in einem ausgewählten Kreis unter sich zu sein und Schöngeistiges zu besprechen, und während christliche Jungen wöchentlich eine vom Jugendwart des CVJM durchorganisierte Jugenschaftsstunde mit Gebeten und Bibeltextstellen besuchten, trafen sich Jungen und Mädchen aus dem sozialdemokratischen Milieu zu wöchentlichen Volkstanzstunden, geselligen Heimabenden mit Erwachsenen und halfen bei den Renovierungsarbeiten des Vereinsheims. Was sowohl für die bündischen als auch für die christlichen Jugendlichen völlig abwegig schien, war hier Alltag: Mädchen und Jugend verbrachten ihre Freizeit gemeinsam.[1768]

1766 Von 1948 bis 1950 traf man sich montags zum Volkstanzen, 1954 dienstags (PA Sundermann, Ausstellungscollage; Ordner OV 3; Turnhallenverteilungsplan für Winter 1949/50 [KAM, H 40, Nr. 194]). Vgl. Touristenverein Die Naturfreunde Landesverband Teutoburger Wald-Weserbergland e. V. 1995, 40f.

1767 Ideales Wirken in vierzig Jahren. Kurzer Rückblick zum Jubiläum der Mindener Naturfreunde, in: Zeitungsartikel o. Angabe v. 29. 9. 1961 (PA Sundermann, Ordner o. T.).

1768 Dies wird auch in den Akten der britischen Militärregierung über sozialdemokratische Jugendorganisationen wie die Naturfreunde-Jugend und die Falken hervorgehoben (PRO/FO 1050, Nr. 1075). S. zur Koedukation in sozialistischen Jugendorganisationen die Einleitung von Kap. III. 3.

III. 3. 2. 1. 1 Verortung der Arbeiterkultur: Wiedererrichtung des Vereinsheims

„Das Naturfreundeheim, wo immer fröhliche Jugend in ihrer Freizeit zu finden ist, liegt unmittelbar an der Weser unterhalb der ‚Fischerstadt', dem ältesten Stadtteil der tausendjährigen Domstadt".[1769]

Georg Strutz lud am 15. 10. 1945 die „früheren Mitglieder des Touristenvereins – Die ‚Naturfreunde' und solche, die sich der Bewegung anschließen möchten", zum ersten Treffen nach Ende der NS-Herrschaft ein.[1770] Auch andernorts fanden sich zahlreiche Naturfreunde in diesem Herbst zu Gründungstreffen zusammen.[1771] Viele Gliederungen, wie der Ortsverein Meißen, im Kreis Minden, konstituierten sich Anfang 1946.[1772] Erst später formierten sich weitere Naturfreunde-Gruppen im Kreis Minden zu Ortsvereinen: 1952 in Todtenhausen und Häverstädt, 1954 in Nammen und 1957 in Barkhausen.[1773] Als Ort für das erste Treffen in der Stadt Minden 1945 wählte Georg Strutz das „Jugendheim der Tonhalle", ein traditionell sozialdemokratischer Veranstaltungsort, weil sich das Vereinsheim der Naturfreunde zu diesem Zeitpunkt noch in fremden Händen befand. Außerdem wurde das zweite Vereinsheim im Kreis Minden, in Meißen, wie viele andere zur Unterbringung von Flüchtlingen genutzt.

Die Geschichte des Mindener „Weserheims" ist für den TVdN in doppelter Weise tragisch, denn die Mindener Naturfreunde verloren ihr Haus zwei Mal. Sie hatten das Heim 1933 „aus einem Pferdestall" errichtet.[1774] In der Nacht vor der Einweihung, „in der Nacht zum 28. Juni 1933", hatte die SA das Haus beschlagnahmt. Nach der deutschen Kapitulation 1945 gingen die Naturfreunde „neu ans Werk, richteten alles wieder endgültig her, beseitigten auch

1769 „Das Haus am Strom. Paradies der Paddler – Mindens gastliches Naturfreundeheim", in: Zeitungsartikel o. Angabe (PA Sundermann, Ordner OV 1).

1770 Einladung an Mitglieder des TVdN von Georg Strutz im Oktober 1945 (PA Sundermann, Ausstellungscollage); vgl. 70 Jahre Naturfreunde Minden [maschinenschriftl. Bericht], 1991 (PA Sundermann, Ordner OV 3).

1771 In manchen Orten, wie z. B. in Berlin, lehnte die Militärregierung die Gründungsersuche der Naturfreunde zunächst ab, so daß diese Ortsgruppen erst 1946 und 1947 wieder legal arbeiten konnten (Gröschel 1990, 228-231).

1772 Für Meißen ist die Gründungsveranstaltung am 31. 3. 1946 belegt (PA Sundermann, Ausstellungscollage; Ordner OV 3). Für die Ortsgruppe Minden ist ein genaues Gründungsdatum nicht bekannt. Da der Verein bereits im Sommer 1946 aktiv war und im November des selben Jahres das Weserheim wieder bezog, liegt das Gründungsdatum sicherlich vor dem Sommer 1946 (PA Sundermann, Ordner OV 1).

1773 Touristenverein Die Naturfreunde Landesverband Teutoburger Wald-Weserbergland e. V. 1995, 49. Die Ortsgruppe Barkhausen wurde später in Porta Westfalica umbenannt.

1774 Einladung zur Einweihungsfeier am 6. 7. 1947 des TVdN Minden an Militärregierung, Kreisjugendamt, Oberkreisdirektor Bothur, SPD Minden 1947 (PA Sundermann, Ordner OV 1).

die Schäden des Eis-Hochwassers der Weser".[1775] Sie mußten also nicht nur die Zerstörungen durch die SA und die HJ-Marine beheben.[1776] Dennoch feierten sie im selben Jahr die Einweihung des Weserheims. Prominente Gäste aus dem sozialdemokratischen Umfeld des TVdN-Minden beglückwünschten die Mindener zu ihrem Heim. Darunter waren der Landrat Willy Michel, Carl Schreck und der Chefredakteur der ‚Freien Presse' Georg Strutz.[1777] Eine zweite Einweihungsfeier fand am 6. 7. 1947 zusammen mit zahlreichen Gästen, darunter die Bielefelder Naturfreunde und Naturfreunde-Jugend, statt.[1778]

Ab 1950 begannen dann die Auseinandersetzungen um die Eigentumsrechte des Heimes und des Grundstückes. Der ehemalige Eigentümer erhob Anspruch auf Wiedergutmachung und verlangte das Grundstück zurück. Eine Zeit lang erwog der TVdN, das gepachtete Haus zu kaufen. Nach zahlreichen, teils emotionsreichen Verhandlungen mit Frerichs auf verschiedenen formellen und informellen Wegen mußten die Mindener Naturfreunde das Weserheim nach Ende des Pachtvertrages, am 1. 6. 1956 abgeben.[1779] Die heimatlosen Naturfreunde veranstalteten seit dem ihre Feiern entweder im Naturfreunde-Heim Meißen oder im Stadttheater.[1780] Die Naturfreunde in Meißen konnten dagegen ihr Heim vom Deutschen Jugendherbergswerk (DJHW) im Herbst 1945 übernehmen, später offiziell zurückgewinnen, ausbauen und bis heute behalten.[1781]

1775 S. zahlreiche von den Naturfreunden gesammelte Zeitungsartikel (PA Sundermann, Ordner OV 1; Ordner o. T.; Ordner OV 3). S. a. PA Sundermann, Selbstbiographie von Georg Strutz; Touristenverein Die Naturfreunde Landesverband Teutoburger Wald-Weserbergland e. V. 1995, 36-39, 173. Vgl. Koch/Meynert 1998, 154; für das ganze Reich Upmann/Rennpieß 1984, 89f.

1776 „Das Haus am Strom. Paradies der Paddler – Mindens gastliches Naturfreundeheim", in: Zeitungsartikel o. Angaben (PA Sundermann, Ordner OV 1); „Was blieb, zerstörte das Hochwasser im Frühjahr 1946 mit 1,30 m Wasserstand, sozusagen das erste Hallenbad im Mindener Raum" („Die Freude an der Natur führte sie zusammen. 50 Jahre ‚Naturfreunde' in der Stadt Minden. Heute Jubiläumsfeier im Naturfreundehaus Meißen/Erinnerungen an vergangene Jahrzehnte", in: Zeitungsartikel o. Angabe v. 15. 5. 1971 [PA Sundermann, Ordner OV 2]).

1777 70 Jahre Naturfreunde Minden, Jubiläumsbericht, [maschinen- und handschr. Bericht] 1991 (PA Sundermann, Ordner OV 3). S. zu den hier genannten Personen Kap. III. 3. 1.

1778 PA Sundermann, Ordner OV 1; Ausstellungscollage.

1779 PA Sundermann, Ordner o. T.; Ordner OV 1; Ordner OV 3; Ausstellungscollage. Der Eigentümer stellte danach das Heim der Inneren Mission für die doppelte Pacht zur Verfügung.

1780 „Die Freude an der Natur führte sie zusammen. 50 Jahre ‚Naturfreunde' in der Stadt Minden. Heute Jubiläumsfeier im Naturfreundehaus Meißen/Erinnerungen an vergangene Jahrzehnte", in: Zeitungsartikel o. Angabe v. 15. 5. 1971 (PA Sundermann, Ordner OV 2); „Zur 40-Jahr-Feier trafen sich die ‚Naturfreunde' im Stadttheater: Ideales Wirken in vierzig Jahren. Kurzer Rückblick zum Jubiläum der Mindener Naturfreunde", in: Zeitungsartikel o. Angabe v. 29. 9. 1961 (PA Sundermann, Ordner o. T).

1781 Der vorhandene Briefwechsel mit Ämtern und dem DJHW über das von den Nationalsozialisten beschlagnahmte Naturfreunde-Heim beginnt im Februar 1946. Von Anfang an bemängelte der TVdN, daß die vorhandenen Räume für die Jugendgruppen zu klein seien. Daher bemühte er sich zudem erfolgreich um die Vergrößerung des Heimes. In einem Bericht

Im Jahre 1950 weihten die Meißener Naturfreunde ihr erweitertes Vereinsheim ein.[1782]

Nicht nur in Minden und in der Region wurde mit Vehemenz um die Häuser gestritten, verhandelt und gerungen. Das Engagement charakterisierte ein Redner während der Interzonenkonferenz 1947 wie folgt: „Das Verbot 1933 war das Werk eines Tages. Unsere Bemühungen um Rückgewinnung unseres Eigentums dauern bereits zwei Jahre. Unsere Geduld geht zu Ende".[1783] Tatsächlich sind 1947 in der Trizone erst 55 der 150 beschlagnahmten Häuser an die Naturfreunde zurückgeführt worden.[1784] Da die Rückerstattung in Deutschland nicht einheitlich geregelt war, gestaltete sich die Wiederinbesitznahme der Naturfreunde-Häuser äußerst kompliziert und langwierig. Einige Verfahren dauerten sogar bis 1961.[1785]

Die Naturfreunde bemühten sich in der frühen Nachkriegszeit nicht nur darum, die eigenen Häuser zurückzugewinnen, sondern suchten zwischenzeitlich nach Übergangslösungen. Die Mindener nutzten z. B. das ehemalige Falkenheim im Ortsteil Rodenbeck oder auch Clubräume von Gaststätten.[1786] Um

des Regierungspräsidenten des Bezirkes an das Dezernat 31 vom 30. 5. 1946 teilte der Präsident mit, daß der Bürgermeister von Meißen, Kölling, und der Gruppenleiter des TVdN die Erweiterung ihres Hauses beantragten, „um die große Menge der Jugendlichen, die jetzt in drei Teilen getrennt das Heim benutzen und kein richtiges Zusammenleben finden bei den Heimveranstaltungen ..." (PA Sundermann, Ausstellungscollage). – Zum Zweck der Erweiterung des Heimes setzten sich die Naturfreunde auch im Ortsausschuß der Jugendpflege in Meißen ein. Ebenso unterstützte der Meißener Bürgermeister Kölling, ein Naturfreund, ihr Anliegen (PA Sundermann, Ausstellungscollage; Ordner OV 3; Ordner OV 2). S. ferner „Jugendherberge Hausberge im Besitz der Jugend. Östlichste Jugendherberge Westfalens dem Herbergsvater übergeben", in: Freie Presse v. 26. 5. 1948; Teutoburger Wald/Weserbergland, in: WB (Mai-Juni 1954), Nr. 3, 19; KAM, Bestand Kreis Minden-Lübbecke, 51, Nr. 01.

1782 Doppelfeier der Ortsgruppe Meißen, in: WB 2 (September-Oktober 1950), Nr. 9/10, 27; Touristenverein Die Naturfreunde Landesverband Teutoburger Wald-Weserbergland e. V. 1995, 51, 78f. Nachdem das Haus ab 1973 an eine Wohngemeinschaft vermietet worden war, mußten die Naturfreunde nach Rückgewinnung des Hauses die Immobilie wieder grundrenovieren.

1783 Arbeitsgemeinschaft der deutschen Landesverbände des TVdN (Hg.), Protokoll der 1. Interzonenkonferenz am 26./27. April 1947 in Frankfurt, Nürnberg o. J., 10, zit. n. Dulk 1984, 125.

1784 S. ebda.

1785 Z. B. wurde erst im Frühjahr 1947 das Gesetz Nr. 52 von den englischen und amerikanischen Alliierten erlassen, wonach von NS-Organisationen beschlagnahmtes Vermögen an die jeweiligen Vereine nach entsprechenden Anträgen zurückgeführt werden konnte. Diese Verfahren wurden teilweise v. a. von der Bundesregierung verschleppt (Dulk 1984, 132-135; vgl. Erdmann/Lorenz 1984, 163). S. a. Naturfreunde und Staatsbürgertum, in: WB (Juli-August 1951), Nr. 7/8, 2. Hier wird beklagt, daß die Naturfreunde seit „fast sechs Jahren ... vergeblich unser Recht" suchen: „Die restlose Rückgabe der von uns gebauten Häuser und Hütten und der beschlagnahmten Vermögenswerte, die vom tausendjährigen Reich genommen wurden, bedürfen scheinbar noch langwieriger Verhandlungen."

1786 Touristenverein Die Naturfreunde Landesverband Teutoburger Wald-Weserbergland e. V. 1995, 173.

in Turnhallen von Mindener Schulen ihre Tänze einstudieren zu dürfen, mußte der TVdN Anträge bei der Stadt Minden stellen.[1787] Außerdem bemühten sie sich bei Behörden[1788] und sozialdemokratischen Organisationen[1789] um finanzielle Zuschüsse, da sie für den Unterhalt und ihre Arbeit auf die Zuwendung öffentlicher Gelder angewiesen waren. Diese Tätigkeiten oblagen den (männlichen) Erwachsenen im TVdN, die dafür ihre politischen und persönlichen Kontakte in der Stadt nutzten. Währenddessen beteiligten sich die Jugendlichen in ihrer Freizeit an den Renovierungs- und Reparaturarbeiten am Vereinsheim, auf dem Gründstück und für die Boote. Sie halfen, das „Gelände" zu verändern und dabei „viele qm Boden ... zu bewegen, das Innere des Hauses" umzugestalten, „neue Möbel ... selber" zu schaffen. Außerdem reparierten die Jugendlichen ein „Bootswrack ... solange ..., bis es fahrttauglich war".[1790] Auch nach der Einweihungsfeier im Juli 1947 waren die Naturfreunde immer wieder mit Renovierungs- und Ausstattungsarbeiten beschäftigt.[1791] Die Ar-

1787 Schreiben des TVdN Minden an Mitglieder am 2. 7. 1948 (PA Sundermann, Ausstellungscollage).

1788 Auf der Landeskonferenz des Bezirks Teutoburger Wald (Weserbergland) wurde von den führenden Männern „die offensichtliche Bevorzugung des Jugendherbergsverbandes bei der Verteilung staatlicher und kommunaler Mittel [beklagt]. Die Naturfreunde erwarten dabei eine gerechtere Bewertung ihrer uneigennützigen Leistungen, die sich in ihrem Hüttenbau zeigen" (Strutz, [Georg], Landeskonferenz des Bezirks Teutoburger Wald [Weserbergland]. Naturfreundebewegung keine romantische Angelegenheit, in: WB [Juli-August 1952], Nr. 7/8, 23).

1789 Der Mindener TVdN bat die Arbeiterwohlfahrt um eine Geld- und Möbelspende (Brief von TVdN Minden an AWO/Bezirk am 11. März 1947). S. a. Korrespondenz darüber, daß der Bielefelder TVdN Vorhänge schenken wollte und dazu entsprechende Fenstermaße benötigte (Georg Strutz auf dem Briefpapier der ‚Freien Presse' an TVdN, z. Hd. v. Karl Strutz am 1. 3. 1947; Karl Strutz an Eduard Husemann v. 17. 3. 1950 mit Bitte um Geld- und Sachspenden). Georg Strutz teilte am 1. 3. 1947 in einem Brief mit, daß der Mindener Kreissportverband „Barmittel" bereit stellte und nun genaue Angaben über den Zweck benötigte. Darin empfahl er dem Mindener TVdN auch, bei Wehking einen Antrag zu stellen (PA Sundermann, Ordner OV 1); Brief aus Minden (evtl. v. Karl Strutz; denn der Verf. schreibt von „Bruder Georg") an „Freund Husemann (Bielefeld) am 11. 3. 1947 (PA Sundermann, Ausstellungscollage). Vgl. Touristenverein Die Naturfreunde Landesverband Teutoburger Wald-Weserbergland e. V. 1995, 45.

1790 PA Sundermann, Ordner OV 1.

1791 Dies ist z. B. in einem Veranstaltungskalender vom ersten Quartal 1948 belegt. Für Sonntag, den 18. 1. 1948, wurde folgendes Programm angekündigt: „‚Wir richten das Bett' – Montage der Betten und Geräte im Heim"; und für Sonntag, den 15. 2. 1948, folgendes: „‚Und wieder hebt die Arbeit an' – Wettbewerb zum Frühjahrsrüsten im Heim" (Touristenverein ‚Die Naturfreunde' Minden i. W., Veranstaltungsfolge Januar-März 1948 [PA Sundermann, Ausstellungscollage]). Vgl. Touristenverein Die Naturfreunde Landesverband Teutoburger Wald-Weserbergland e. V. 1995, 33: „In allen Naturfreundehäusern leisteten die Mitglieder ehrenamtliche Arbeitseinsätze im und am Haus. (...) Jedes Naturfreundehaus ist ein sichtbares Zeichen lebendiger Arbeiterkultur, geschaffen in unzähligen freiwilligen Arbeitsstunden, bei denen Millionen von Schweißtropfen geflossen sind, geschaffen mit mühsam zusammengesparten Arbeitergroschen". – Auch in den Akten der britischen Militärregierung wird wiederholt hervorgehoben, daß die Naturfreunde und die Falken engagiert ihre Häuser renovieren (PRO/FO, Nr. 2201, 2202, 2203).

beiterjungen machten diese Arbeiten offensichtlich gerne, obwohl sie dabei von Erwachsenen kontrolliert wurden.[1792]

Auf die Frage, warum sich Karl Sundermann als Jugendlicher bei den Naturfreunden in der frühen Nachkriegszeit engagierte, antwortete er ebenso knapp wie deutlich: Es „gab ja nichts“.[1793] Die Vorstellung, als Gruppe ein eigenes Haus für die Freizeitgestaltung zu haben, versprach neue enorme Möglichkeiten, auch wenn sie es mit Erwachsenen teilten. Dieses Haus war die materielle Grundlage für gesellige und interessante Heimabende, Wochenendfreizeiten, Feste und „nächtliche Jazzabende an der Weser“.[1794] Hier konnten die Jugendlichen verweilen, sich mit anderen Jugendlichen treffen, gemeinsam mit Freunden und Verwandten feiern oder auch mal übernachten. Sie konnten sich hier austoben und die Faltboote des Mindener TVdN nutzen. Das Mindener Naturfreunde-Haus mit dem angrenzenden Weserufer war deshalb ein geeigneter und zentraler Ort der Erholung, die viele Jugendliche nach dem Weltkrieg und der damit verbundenen physischen und psychischen Belastungen begrüßten.[1795] Wie wichtig entsprechend – v. a. mit einer Heizmöglichkeit – ausgestattete Heime waren, belegen auch Berichte des Kreisjugendamtes Minden.[1796] Jugendliche, die, wie in erster Linie Arbeiterjugendliche, in kleinen Wohnungen gedrängt lebten und selten ein eigenes Zimmer hatten, konnten sich kaum, wie z. B. die Jungen der deutschen Jungenschaft, mit ihren Freunden zu Hause treffen. Hinzu kam, daß Organisationen im christlich-konservativen und liberal-bürgerlichen Milieu häufig ihre Häuser während der NS-Zeit erhalten konnten, während Organisationen im proletarischen, sozialdemokratischen Milieu fast gänzlich ihres Besitzes beraubt worden waren. Die vom Kreisjugendamt

1792 Am 30. 5. 1946 empfahl der Regierungspräsident die Zustimmung zum Antrag der Naturfreunde auf Unterstützung, da einerseits Baumaterial vorhanden sei, und andererseits die Jugendlichen selbst anpacken wollten (PA Sundermann, Ausstellungscollage).

1793 TAM, 001/2G/S181198

1794 Brief des TVdN Minden an einen Jugendlichen v. 26. 8. 1949 (PA Sundermann, Ordner OV 1).

1795 S. zu der Situation Jugendlicher in Folge des Weltkriegs Kap. II. S. dazu, daß die Naturfreunde-Häuser gerade in der zweiten Nachkriegszeit ein Heim der Erholung und weniger ein Hort des Klassenkampfes waren, Erdmann/Lorenz 1984, 145, 148f., 166f.

1796 Im Winter 1946/7 litt „die Arbeit der Jugendgruppen sehr unter der starken Kälte, die teilweise sogar ein Erliegen jeder Heimabendtätigkeit zur Folge hatte“ (Bericht des Kreises Minden vom 10. 3. 1947 an den Regierungspräsidenten). Vgl. Bericht des Kreises Minden an Regierungspräsidenten am 12. 12. 1946: „Die Gruppen sind nun ganz auf ihre Heimabende angewiesen, haben aber grosse Heizungsschwierigkeiten. Überhaupt wird die Arbeit im Winter ganz von der Möglichkeit, warme Räume zu schaffen, abhängen“ (beides StADt, M 1 I Ju, Nr. 161). – S. für die Ortsgruppen des TVdN, für die „die Raumfrage ein besonderes Problem [war], denn für Versammlungen, Volkstanzgruppen und Singkreise sowie Heimabende waren geeignete Räume unerläßlich“, Touristenverein Die Naturfreunde Landesverband Teutoburger Wald-Weserbergland e. V. 1995, 40. Vgl. Erdmann/Lorenz 1984, 154, 177.

angesprochene Raumnot betraf demnach nicht alle Jugendgruppen gleichermaßen.[1797] Arbeiterjugendliche waren schon immer eher als bürgerliche auf öffentliche bzw. im Verein finanzierte Räume angewiesen.[1798]

Die Jugendlichen wollten sich hier nicht nur erholen und Spaß haben, sondern sie wollten auch mitarbeiten.[1799] Diese Arbeit war mit Stolz über die erbrachte handwerkliche und finanzielle Leistung und die Solidarität, mit der sie die Naturfreunde-Häuser errichtet hatten, verbunden.[1800] In Chroniken und Rückblicken bei Jubiläumsfeiern wurden die Anstrengungen, die zur Rückgewinnung sowie zur Renovierung der Häuser nötig waren, oftmals pathetisch und ausführlich beschrieben:[1801] Die Naturfreundehäuser seien „geschaffen in froher Gemeinschaft gleichgesinnter Menschen, die dadurch eine besondere Beziehung zu ihren Naturfreundehäusern bekamen". So mancher habe dabei sein „Herzblut" verloren.[1802] Die Arbeiten an den Naturfreunde-Häusern waren auch vom Idealismus getragen, Wesentliches für die Arbeiterbewegung getan zu haben („‚Jedes Naturfreundehaus, das neu entsteht, ... [ist] ein Stück Klassenkampf'"[1803]). Ebenso wie die Enteignung der Häuser durch die Nationalsozialisten politisch motiviert gewesen war, verstanden die Naturfreunde den Wiederaufbau als einen politischen Akt.[1804] Schon im frühen 20. Jahrhun-

1797 Z. B. trafen sich die Jungen der Mindener Jungenschaft häufig in Privatwohnungen. Sie nutzten auch das Jugendheim an der Weser. Aber aufgrund ihres Selbstverständnisses lehnten sie eine Integration in ein ‚Haus der Jugend' ab. Unterdessen konnte sich der CVJM mit der starken Institution Kirche im Rücken ein eigenes Heim bauen. S. Kap. III. 1. u. III. 2.

1798 Die Errichtung der ersten Naturfreunde-Häuser zu Beginn des 20. Jahrhunderts geht zum großen Teil darauf zurück, daß die wandernden Arbeiterinnen und Arbeiter sich Unterkünfte wie Hotels nicht leisten konnten. Vgl. Denecke 1991, 263; Erdmann/Lorenz 1984, 157.

1799 Vgl. auch das Argument von Denecke für die Weimarer Republik, daß das emsige Bemühen um den Bau, die Renovierung und Finanzierung eines Hauses häufig auch das Einstellen vieler anderer Aktivitäten im Ortsverein bedeutete. Denecke folgert daraus, daß das Häuserwerk nicht nur Fundament für die Organisation war, sondern auch Hemmschuh für die Beschäftigung mit kulturellen und politischen Fragen (Denecke 1991, 264f.).

1800 Die Finanzierung erfolgte häufig über Anteilscheine (Erdmann/Lorenz 1984, 157, s. a. 144f.).

1801 S. Karaskiewicz 1987a; Touristenverein Die Naturfreunde Landesverband Teutoburger Wald-Weserbergland e. V. 1995, 32f., 139-184. Vgl. Denecke 1991, 263; Erdmann/Lorenz 1984, 158.

1802 Touristenverein Die Naturfreunde Landesverband Teutoburger Wald-Weserbergland e. V. 1995, 33; vgl. Lamm 1977a.

1803 Dies war laut Zimmer 1984b, 14, eine Parole der Hauptversammlung 1928.

1804 S. Karaskiewicz 1995, 32f., bes. 33, 139-184; vgl. Denecke 1991, 263; Erdmann/Lorenz 1984, 158. Vgl. zur Arbeiterbewegung Lüdtke 1993a, 396: „Für die Älteren brachten die 1920er Jahre ... noch eine andere Veränderung: einen deutlichen Rückgang der Wanderungsbewegung. Unverkennbar war eine geographische *Verfestigung* im Arbeiterleben. Enormer Zulauf nicht zu den eigentlich ‚politischen' Organisationen, sondern den Arbeiterkulturbewegungen läßt sich als ein Ausdruck dieses Seßhaft-Werden verstehen."

dert war die Errichtung der Naturfreunde-Häuser eng mit der organisatorischen Formierung der Arbeiterbewegung verzahnt gewesen. Die Häuser dienten – auch in Minden – als alltägliche Treffpunkte, Existenzgrundlage für die Organisation und Ort sozialdemokratischer Vereinskultur.[1805] In diesen Heimen hatten die Naturfreunde außerdem sozialdemokratische und lebensreformerische Freizeitformen und somit Alternativen zu kommerziellen Angeboten entwickelt.[1806]

Die Nachkriegsjugendlichen im sozialdemokratischen Milieu kannten zwar die „Arbeitskämpfe“ ihrer Eltern und Großeltern nur aus Erzählungen und als „invented tradition“[1807]. Indem sie aber an der Renovierung der Häuser mitarbeiteten, beteiligten sie sich wie selbstverständlich daran, sozialdemokratische Vereinsstrukturen aufzubauen und materielle Grundlagen für eine als antibürgerlich und nicht-kommerziell verstandene Freizeitgestaltung zu schaffen. Dabei eigneten sie sich diese Traditionen nur teilweise an und übernahmen von den Erwachsenen nicht unbedingt die plakativ klassenkämpferische Rhetorik bzgl. der Häuser. Karl Sundermann erklärte rückblickend, warum Politik im engeren Sinne kein vorrangiges Anliegen für ihn und seine Freunde sowie Bekannten war: „Die Leute hatten nach dem Krieg so ziemlich die Schnauze voll von Politik. Die wollten einfach frei sein. Die wollten raus. Die wollten mal ein besseres Leben haben. Die interessierte Politik überhaupt nicht.“[1808] Diese Haltung bzw. das ‚mangelnde Bewußtsein‘ über die sozialdemokratischen Tra-

1805 Vgl. zum ganzen Absatz Strutz 1968, 1; zum gesamten Komplex Denecke 1991, 263-266. – Die Naturfreundehäuser als „Zeichen lebendiger Arbeiterkultur“: Touristenverein Die Naturfreunde Landesverband Teutoburger Wald-Weserbergland e. V. 1995, 33. Ebda., 35: „Die Naturfreundehäuser übernahmen mehr und mehr, auch in der zweiten Hälfte des 20. Jahrhunderts, eine Klammer als offizielle und inoffizielle Treffpunkte für unsere Mitglieder.“ Vgl. Erdmann/Lorenz 1984, 175. – Dies bedeutete in der Weimarer Republik, als der TVdN sich zu spalten drohte, daß die Naturfreundehäuser auch Machtpotential in der Auseinandersetzung mit kommunistischen Gruppen waren. Vor diesem Hintergrund erscheint die teilweise kompromißbereite und kooperative Haltung gegenüber den neuen Machthabern ab 1933 plausibler. Erdmann/Lorenz erklären außerdem die ‚Wehrlosigkeit‘ gegenüber dem Nationalsozialismus mit der nicht zuletzt durch die Häuser und deren Bedeutung manifeste Trennung von Politik und Freizeit. Vgl. Erdmann/Lorenz 1984, 158-161.

1806 S. ebda., 144, 154-156; Touristenverein Die Naturfreunde Landesverband Teutoburger Wald-Weserbergland e. V. 1995, 34; Zimmer 1984b, 16. – Sowohl Vertreter der Arbeiterbewegung als auch aus dem bürgerlichen Lager übten, häufig im Kontext der Lebensreformbewegung, Kritik an kommerzieller Freizeitangebote und deren Nutzung. Vgl. allg. Abrams 1992. Ein Ziel der zu Beginn des 20. Jahrhunderts entstandenen sozialdemokratischen Lebensreformbewegung war, eine möglichst konfliktfreie Gemeinschaft Gleichgesinnter in Abgrenzung zur ‚bürgerlichen Kultur‘, zum ‚Moloch Stadt‘ sowie als Ausgleich zur Lohnarbeit zu schaffen: „Mit dem Bau von Ferienheimen soll eine Alternative zur sich herausbildenden Vergnügungsindustrie geschaffen werden. Das proletarische Lager baut sich eigene Reproduktionseinrichtungen.“ So erklären sich Erdmann und Lorenz die in der Weimarer Republik rasant ansteigende Anzahl von Naturfreundehäusern. S. Erdmann/Lorenz 1984, 144, 146f., 150-158; Zitat: 158.

1807 S. Hobsbawm/Ranger 1984.

1808 TAM, 002G/S181198.

ditionen quittierten Erwachsene mit z. T. herablassender Kritik. Georg Strutz 1954 schrieb in der Naturfreunde-Zeitschrift ‚Wandern und Bergsteigen‘:

„Die Älteren unter den Naturfreunden wissen durchaus noch um die harten Arbeitskämpfe, um das erbitterte Ringen, um die Opferbereitschaft, mit der sie solchen Zielen nachstrebten. Die Jugend hält das längst Erreichte für selbstverständlich, ihr sind die Kämpfe von ehedem uninteressant. (...) Die Jugend weiß zu wenig davon und ist deshalb oftmals auch blind gegenüber den Gefahren, die sich unterirdisch entwickeln.“[1809]

Georg Strutz spielt auf die ‚Gefahren‘ kommerzieller Freizeitkultur an und schlägt damit in die selbe Kerbe wie die Kritiker der ‚Jazzabende‘ im Weserheim. Trotz unterschiedlicher Auffassungen standen hier Jugendliche und Erwachsene über die Traditionen des Klassenkampfes, des politischen Engagements sowie über die Freizeitgestaltung miteinander im Dialog und arbeiteten gemeinsam am Aufbau der Vereinsinfrastrukturen. Auf diese Weise verorteten sich die männlichen Jugendlichen in metaphorischem wie im physischen Sinne im sozialdemokratischen Milieu, setzten aber neue Akzente. Dies gilt insbesondere für die Vorstellungen von proletarischer Männlichkeit.

Die Renovierarbeiten waren geschlechtspezifisch verteilt.[1810] Die männlichen Jugendlichen reproduzierten arbeitend den körperlich starken und tatkräftigen männlichen Arbeiter. Dieses Männlichkeitsmodell war eine Alternative zu dem diskreditierten ‚zackigen‘ Soldaten, den die Jugendlichen während der NS-Zeit zu verehren gelernt hatten, obwohl bei beiden Männlichkeitsentwürfen die körperliche Selbstkontrolle im Vordergrund stand. Gleichzeitig konnten die Arbeiten am und im Vereinsheim eine Kompensation von Arbeitslosigkeit sein. Bei diesen handwerklichen Tätigkeiten und mit ihrem Engagement für das Naturfreunde-Haus erwarben die Jugendlichen ferner Anerkennung bei den erwachsenen Vereinsmitgliedern. Dies belegen z. B. die „persönlichen Bemerkungen“ von Willi R. an Horst S. bzgl. seines als vom Vorstand störend empfundenen Verhaltens ex negativo:

„Was mir missfiel, waren die nächtlichen Jazzabende an der Weser. Dazu tagsüber die Arbeit – das konnte ja nichts werden. (...) Wenn du nun ein Kerl bist ... [,] dann beweis uns, dass Du trotzdem noch gut zu gebrauchen bist. Stell Dich auf eigene Beine, ich würde mich trotz allem freuen, später sagen zu können: er hat sich durchgebissen. (...) Nur, wenn Du an Dir selbst arbeitest, wirst Du eine Leistung vollbringen, sei es im handwerklichen, sei es auf musikalischem Gebiet.“ [1811]

1809 Strutz, Georg, Ideales Streben der Naturfreunde, in: WB (September-Oktober 1954), Nr. 5, 2.
1810 Erdmann/Lorenz 1984, 146-148.
1811 Brief des TVdN Minden an einen Jugendlichen am 26. 8. 1949 (PA Sundermann, Ordner OV 1).

Arbeit, Leistung und Selbstdisziplin würden dem männlichen Jugendlichen Anerkennung verschaffen. Der damals jugendliche Horst S. handelte folglich aus Sicht des Vorstandes gegen das proletarische und männliche Arbeits- und Leistungsideal.

Männliche Arbeiterjugendliche orientierten sich in der Nachkriegszeit nicht mehr ausschließlich am Ideal des disziplinierten und klassenkämpferischen Proletariers, sondern gaben sich auch lässig, rebellisch und somit außerhalb der Männlichkeitsvorstellungen Erwachsener.[1812] So übte z. B. Karl Strutz in der Jahreshauptversammlung von 1954 Kritik an der „Einsatzbereitschaft der Mitglieder." Er habe im Streit um den Erhalt des Weserheims „die enge Zusammenarbeit vermißt".[1813] Die von den Jungen gelebte Männlichkeit zeichnete sich nur teilweise durch Körperkontrolle und Disziplin aus wie beim idealtypischen Arbeiter oder Soldaten. Wesentlich waren nun ebenso ‚unkontrollierte', sinnliche Freuden. Parallel zu der Veränderung von Männlichkeit wandelte sich auch das Verhältnis zu den Vereinshäusern Mitte der 1950er Jahre.[1814] Einer der Gründe war, daß die in den 1950er Jahren im TVdN aktiven Mitglieder sich nicht mehr an den gemeinsamen ‚Kampf' um die Häuser und an die gemeinschaftlichen Renovierungsarbeiten fünf Jahre vorher erinnerten. Sie erlebten die dadurch entstandene Bindung an den TVdN anders. Außerdem bemühten sich inzwischen viele Naturfreunde um ein Eigenheim oder eine neue Einrichtung der Familienwohnung und wollten offenbar nicht mehr kämpfen.[1815]

1812 Vgl. Maase 1999; Poiger 1996, 852.

1813 Protokoll der Jahreshauptversammlung der Ortsgruppe Minden am 15. 1. 1954 (PA Sundermann, Ordner OV 3). Vgl. Erdmann/Lorenz 1984, 167. Diese Aussage relativiert sich dadurch, daß etwa 40 Jahre später, auf die junge Generation der 1990er Jahre bezogen, ähnlich argumentiert wurde, wie eine Bemerkung in der Chronik des Landesverbandes Teutoburger Wald/Weserbergland im Zusammenhang mit dem gemeinsamen Bau der Häuser zeigt: „Damals waren Opfersinn und Idealismus ausgeprägter als in heutiger Zeit" (Touristenverein Die Naturfreunde Landesverband Teutoburger Wald-Weserbergland e. V. 1995, 33).

1814 Erdmann und Lorenz erklären sich dies damit, daß „ganz im Gegenteil zum Idealismus früherer Jahre, die verfestigten Strukturen im Verein und der privatistische Konsum die gemeinschaftlich verbrachte Freizeit tendenziell verdrängte" (Erdmann/Lorenz 1984, 168).

1815 Vgl. Wildt 1996, 61f., 70f. Bis dahin ähnelte die Freude über das Vereinsheim häufig einem ‚bürgerlichen' Besitzerstolz (Denecke 1991, 264f.). In diesem Zusammenhang wird in der Forschung diskutiert, inwiefern sich die Naturfreunde mit ihren ‚proletarischen Erholungsstätten' tatsächlich von der ‚bürgerlichen Kultur' und kommerziellen Freizeitangeboten absetzten und nicht ‚bürgerliche' Freizeit- und Lebensweisen nachahmten, wie Wandern als Freizeit und Urlaub (Erdmann/Lorenz 1984, 150, 158, 173).

III. 3. 2. 1. 2 Heimabende: Familiale Geselligkeit und sozialdemokratische Selbstvergewisserung

„‚Es ist ein unbestrittenes Recht des jungen Menschen, sich des Lebens zu freuen. Ein langer Arbeitstag verlangt gebieterisch nach einem Ausgleich für Körper und Geist. (...) Nun, wir Mädel und Jungen der Naturfreundejugend lassen uns nicht blenden, für uns gibt es keine Flucht.‘“[1816]

Parallel zu den Renovierungsarbeiten und insbesondere nachdem das Weserheim eingeweiht worden war, trafen sich jüngere und ältere Naturfreunde donnerstags zu Heimabenden.[1817] In geselligen Runden beschäftigten sich die Naturfreunde mit Natur- und Heimatkunde, hörten Reiseberichten zu, musizierten und besprachen unterhaltende Literatur, wie sie es bereits während der Weimarer Republik gemacht hatten.[1818] Anders als in der Stadt Minden gab es in Meißen eine Naturfreunde-Jugendgruppe, die im Rahmen der Jugendpflegearbeit der Naturfreunde Meißen ähnlichen Tätigkeiten nachging.[1819] Dort wurden Kindern und Jugendlichen von Erwachsenen täglich die Mitwirkung in Neigungsgruppen angeboten. Außerdem fanden Spieleabende, Volkstanznachmittage, eine „Vorlese- und politische Erziehungsstunde“ statt und es gab eine Sport- sowie eine Musikgruppe.[1820] Bei den Mindener Heimabenden nah-

1816 Touristenverein, Ortsgruppe Bielefeld, 10 Jahre Naturfreundejugend Ortsgruppe Bielefeld, Bielefeld 1956, zit. n. Froböse 1987c, 138.

1817 Schreiben des TVdN Minden an Mitglieder am 2. 7. 1948 (PA Sundermann, Ausstellungscollage).

1818 S. Touristenverein ‚Die Naturfreunde‘ Minden i. W., Veranstaltungsfolge Januar-März 1948 (PA Sundermann, Ausstellungscollage); vgl. Sundermann/Sundermann 1995, 173. – „Die Gruppenleiter und -leiterinnen klagen gelegentlich, daß sie außer Spielen, Volkstanz und Singen wenig Unterhaltungsstoff für ihre Gruppen hätten“, stellt ein Autor in der Verbandszeitschrift ‚Wir sind jung‘ 1951 bzgl. der üblichen Tätigkeiten in den Heimabenden fest (Lehrreiche Plauderstunden mit der Jugend, in: WSJ, 1 [1951], H. 3, 12-15, hier 12). – Mit der Zunahme der Mitglieder und Aktivitäten während der Weimarer Republik differenzierte sich der gesamte TVdN zunehmend in verschiedene Unterabteilungen, Fachgruppen und -referaten. 1930 gab es im Landesverband Teutoburger Wald/Weserbergland elf Volkstanz- und Musikgruppen, aber nur maximal sieben andere Neigungsgruppen, darunter nur eine Natur- und Volkskunde sowie eine Gebietserschließungsgruppe (Geschäftsbericht 1930-31, 5, zit. n. Denecke 1991, 257; Touristenverein Die Naturfreunde Landesverband Teutoburger Wald-Weserbergland e. V. 1995, 26-31). Auf Reichsebene existierten z. B. Referate für verschiedene Sportgruppen oder für Naturschutz-, Natur- und Heimatkundefragen sowie für Kreatives oder Fotografie. Hinzu kamen vermehrt Einrichtungen wie „Skischulen, Bootshäuser und Schwimmbäder“ (Zimmer 1984b, 14-16).

1819 Bereits in der frühen Nachkriegszeit lag in Meißen die Jugendpflegearbeit fast ausschließlich in der Hand von Naturfreunden (PA Sundermann, Ausstellungscollage).

1820 PA Sundermann, Ausstellungscollage; Ordner OV 3. Ob diese Kinder und Jugendlichen Naturfreunde-Mitglieder waren, ist im nachhinein nicht festzustellen. Allerdings lagen diese Heimnachmittage fest in der Hand von Naturfreunden (Regierungspräsident „an Dezernat 31“ [Kommunal- und Sparkassenaufsicht] am 30. 5. 1946 [PA Sundermann, Ausstellungscollage]).

men Jugendliche und Erwachsene teil:[1821] Bei „allen Veranstaltungen“ war die „Jugend ... dabei“, „plante die Programme und war maßgeblich an der Durchführung beteiligt“.[1822] Meist leiteten Erwachsene diese Abende.[1823]

Die Mindener Naturfreunde trafen sich bei ihren wöchentlichen Heimabenden in familienähnlicher Gemeinschaft und inszenierten sich häufig als solche. Seit ihrer Entstehung 1895 verstand sich die Naturfreunde-Bewegung als „eine Familien-Selbsthilfeorganisation für die gesamten Freizeitinteressen“.[1824] Familiäre und familiale Beziehungen[1825] waren auch die Basis gewesen, auf die sich die Naturfreunde während des Verbots ihrer Organisation im NS-Staat zurückgezogen hatten. Sie hatten ihre Verbundenheit mit dem für sie bedeutenden Touristenverein z. T. in Familienverbindungen und in einem stillen Solidaritätsnetz weitergepflegt.[1826] Diese Freundschaften, Verwandtschaften und Gesinnungsgemeinschaften waren der Ausgangspunkt für den dezentralen Wiederaufbau nach der Kapitulation des nationalsozialistischen Deutschlands.

Die Konstruktion familialer Gemeinschaft bedeutete eine Neudefinition des Verhältnisses zwischen Jugendlichen und Erwachsenen i. S. eines egalitäreren Umgangs zwischen den Altersgruppen, ohne daß im Mindener TVdN Konzepte sozialistischer Erziehung thematisiert worden wären.[1827] Besonders Jugendliche in der Nachkriegszeit erlebten dieses gemeinschaftliche und – im Vergleich mit NS-Organisationen – weniger hierarchische Verhältnis zwischen den Generationen als befreiend.[1828] Nur manchmal gerieten Jugendliche und Erwachsene miteinander in Konflikt, weil Erwachsene nach wie vor von den

lage]). Vgl. Schilderung im Schreiben des TVdN in Meißen am 16. 6. 1946 an die Gemeindevertretung Meißen bzgl. Erweiterung des Heimes (PA Sundermann, Ordner OV 3).

1821 TAM, 002G/S181198.

1822 Touristenverein Die Naturfreunde Landesverband Teutoburger Wald-Weserbergland e. V. 1995, 51.

1823 Touristenverein ‚Die Naturfreunde‘ Minden i. W., Veranstaltungsfolge Januar-März 1948 (PA Sundermann, Ausstellungscollage).

1824 Zimmer 1984b, 13; vgl. Hartwig 1929, 35.

1825 ‚Familiär‘ verwende ich für die konkrete Familie, d. h. miteinander enger verwandte Personen. Dagegen beschreibt ‚familial‘ eine familienähnliche Verbundenheit unter einer Gruppe, die Männer, Frauen, Mädchen und Jungen einschließt. Vgl. Gukenbiehl 1995.

1826 Vgl. Wenzel 1991, 47-56; Zimmer 1986, 94.

1827 Beispielsweise gehörten zwar auch Jugendleiterlehrgänge zum Bildungsprogramm der Naturfreunde, aber in Minden spielten sie kaum eine Rolle, da es hier keinen Jugendleiter gab (Buckpesch 1986, 197f.). Anders war dies in anderen Gliederungen des TVdN und bei der SJD - Die Falken (vgl. Themen in der Verbandszeitschrift der Naturfreunde WSJ, 1 [1951]-4 [1954]; Lamm 1977b; s. a. Brücher 1991; Zimmer 1986, 96-101, 110-121). Aber für viele Falken-Ortsgruppen galt dies oft nur für die Funktionärsebene (AAJB, Die Falken - Gruppe Stuttgart-Heslach. Protokollbuch vom August 1946 bis Mai 1948; s. Böhme/Wehner-Hahnel 1989, 112).

1828 Vgl. Froböse 1987c, 132.

Jugendlichen erwarteten, sich dem von Erwachsenen definierten Verhaltenscodex unterzuordnen.[1829]

In den auf Harmonie ausgerichteten Runden bei den Heimabenden nahmen sich sowohl die jugendlichen als auch die erwachsenen Naturfreunde eine Auszeit von ihren realen familiären Problemen, beispielsweise bei den gemeinschaftsstiftenden Lieder- und Spieleabenden.[1830] Dabei sangen sie wohl nicht in erster Linie Lieder der Arbeiterbewegung, sondern vielmehr Wander- und Heimatlieder.[1831] Die Mindener Naturfreunde ließen sich außerdem gerne mit den vom Strutz-Ehepaar selbst erstellten Lichtbildervorträgen und den „literarischen Abenden" unterhalten.[1832] Dabei genossen sie es, Bilder mit als schön empfundenen Landschaften anzusehen. „Ablenkung und Selbstbestimmung" waren dabei zentral, wie in der Verbandszeitzschrift ‚Wandern und Bergsteigen' bestätigt wird. So sollte der Mensch „zum Menschen [ge]führt" werden:

„Die Gedankenwelt der Naturfreunde umschließt einen tieferen Sinn. Sie versucht den Menschen über den Alltag hinauszuheben und ihn zu überzeugen, daß es im Leben neben zweckdienlicher Arbeit auch noch seelische Empfindungen gibt, die erst das Leben lebenswert erscheinen lassen. (...) Ganz besonders denken wir an die Werktätigen, die von früh bis abend schaffen und kaum Zeit finden oder Geld haben, sich mit Problemen zu befassen, die ihnen das Alltagsleben leichter und angenehmer machen würden. Das Recht auf Freude ist doch allen in die Wiege gelegt worden ... ".[1833]

„Das Recht auf Freude" beanspruchten auch die Mindener Naturfreunde für

1829 Weil der Jugendliche Horst S. vom Weg zu einem „ernsthaften Musiker und wertvollen Freund" „abgerutscht" sei, paßte er nicht mehr in die Gemeinschaft der Naturfreunde: „Du gingst den anderen Weg, der nicht unser Weg ist", schrieben ihm die Vorsitzenden (PA Sundermann, Ordner OV 1). Weitere Konflikte grundsätzlicher Art zwischen den Generationen im Alltag der Mindener Naturfreunde sind allerdings nicht belegt. Für die zweite Nachkriegszeit in Minden sind auch keine Diskussionen über pädagogische Fragen und Argumente bzgl. des Generationenverhältnisses bekannt. Auch die ‚Führerfrage', wie sie in der Weimarer Republik diskutiert wurde (vgl. Wächter 1986, 39-41), stellte sich nicht explizit.

1830 Z. B. wie im Programmheft für den 8. 2. („‚Schach dem König' – Brettspiele im Heim. Jeder bringe seine Spiele mit") und 12. 2. 1948 („‚Frag mich was' – Interessantes und Belehrendes im Heim") angekündigt (Touristenverein ‚Die Naturfreunde' Minden i. W., Veranstaltungsfolge Januar-März 1948 [PA Sundermann, Ausstellungscollage]).

1831 Angekündigt für den 22. 1. 1948: „‚Wachet auf. es krähte der Hahn – Liederabend mit Professor Poock", den 19. 2. 1948: „‚erreicht den Hof mit Müh und Not' – Balladen alter und neuerer Meister. Leitung: Benno Bobe" und für den 26. 2. 1948: „‚Auf der Alm, da gibts koa Sünd' – Zitherspieler kommen zu uns" (Touristenverein ‚Die Naturfreunde' Minden i. W., Veranstaltungsfolge Januar-März 1948 [PA Sundermann, Ausstellungscollage]).

1832 Touristenverein Die Naturfreunde Landesverband Teutoburger Wald-Weserbergland e. V. 1995, 53; TAM, 002G/S181198. Vgl. Upmann/Rennspieß 1984, 99.

1833 Naturfreunde und Staatsbürgertum, in: WB (Juli-August 1951), Nr. 7/8, 2. – Das offizielle Anliegen des Vereins war es bereits in der Weimarer Republik, die neu gewonnene Freizeit ‚sinnvoll' zu gestalten (vgl. Lösche 1991, 13). Durch intellektuelle wie körperliche Bildung sollten die Menschen dem Ideal des ‚veredelten Menschen' näher kommen (vgl. Denecke 1991, 289 f.). Zentraler Bezugspunkt war ein idealisiertes Verständnis von Natur und Volkstum.

sich.[1834] Der Wunsch nach Spaß, Ablenkung und Geselligkeit waren wesentliche Motive, an Heimabenden und anderen Vereinsaktivitäten teilzunehmen. Wie ein Zeitzeuge vermutete, war die Tatsache, daß die Mindener Naturfreunde Politik kaum thematisierten, „der Grund“ für den „Zulauf“ um 1953.[1835] Jugendliche „wollte(n) das nachholen, was natürlicherweise allen 14- bis 20jährigen Menschen zu eigen ist: Geselligkeit im Freundeskreis, Tanzen, Wandern; die Liebe nicht zu vergessen“.[1836] Die Mindener Naturfreunde inszenierten sich auch in Karikaturen, Selbstbeschreibungen, auf Fotografien und in selbst erstellten Fotoausstellungen gerne als lustige und gesellige Gemeinschaft.[1837] Ganz offensichtlich wirkten auch das gemeinsame Lachen, die fröhliche Runde und der Humor gemeinschaftsstiftend. Damit lenkten und grenzten sie sich von negativen, weniger harmonischen Familienerfahrungen sowie von den allgemeinen Schwierigkeiten im Alltag der Nachkriegszeit ab. Sie blendeten damit ebenso unangenehme politische Themen aus, wie die Erfahrungen während der NS-Zeit oder später mit der Entnazifizierung und auch im Kalten Krieg. Die Zeit des Kalten Krieges, die in der Landesverbandschronik mit „Dunkle Wolken am politischen Himmel“ beschrieben wird, war für die Naturfreunde belastend. Denn nun wurden die Naturfreunde-Gruppen in der SBZ verboten.[1838] Außerdem begannen innerhalb der Sozialdemokratie Mitte der 1950er Jahre harte Konflikte zwischen linken Sozialdemokraten und Sozialisten auf der einen Seite sowie solchen Sozialdemokraten, die die Remilitarisierung oder das Godesberger Programm unterstützten, auf der anderen Seite. Die Mindener Genossen sind eher zu den letzteren zu zählen, und die hiesigen Naturfreunde bezeichneten sich als die „kulturell Interessierten“.[1839] Sie hielten sich gemäß des von Carl Schreck aufgestellten Postulats von der Trennung von ‚Politik‘ und ‚Kultur‘ aus den Debatten heraus und paßten sich wie bereits am Ende der Weimarer Republik der Mehrheit der Sozialdemokratie an.[1840]

Die Mindener Naturfreunde schufen sich bei ihren Heimabenden einen neutralen Ort und eine möglichst konfliktfreie Gemeinschaft. Damit errichteten die Arbeiterinnen und Arbeiter eine Umgebung, in der sie sich frei fühlten, wie ein Zeitzeuge bestätigt: Die deutliche Erinnerung an die Nachkriegszeit

1834 Touristenverein, Ortsgruppe Bielefeld, 10 Jahre Naturfreundejugend Ortsgruppe Bielefeld, Bielefeld 1956, zit. n. Froböse 1987c, 138.

1835 TAM, 002G/S181198.

1836 Hahn 1986, 171; vgl. Buckpesch 1986, 194.

1837 PA Sundermann, Ausstellungscollage. – Vgl. humoristisch mit Karikaturen aufgemachte Chroniken bzw. Selbstdarstellungen (Touristenverein Die Naturfreunde Ortsgruppe Bielefeld e. V. 1997).

1838 Touristenverein Die Naturfreunde Landesverband Teutoburger Wald-Weserbergland e. V. 1995, 51.

1839 TAM, 002G/S181198.

1840 Vgl. Kap. III. 3. 1. 2. 2.

„kommt sicher auch daher, daß wir nach der Nazidiktatur erstmals den Atem der Freiheit zu spüren bekamen und eine unbändige Freude daran [hatten], selbst gestaltend tätig sein zu dürfen, nicht auf Befehl, sondern aus freiem Antrieb".[1841] Im Rahmen dieser neuen Freiheiten ‚holten' die Jugendlichen ‚nach', was sie während der NS-Zeit nicht durften.[1842] Sie trafen sich als Naturfreunde im Kontext sozialdemokratischer Vereinskultur und erweiterten ihren Horizont bei Reiseberichten, z. B. über eine Reise „durch den Urwald von Borneo", Film- und Lichtbildervorführungen, bei denen Aufnahmen von Wanderungen der jeweiligen Referenten, aber auch Landschaftsbilder besonders der Alpen fremder Fotografen gezeigt wurden.[1843] Die Jugendlichen interessierten sich, mit den Worten des Zeitzeugen gesprochen, für alles, was einen umgibt und „warum es so ist", wie es ist. Man wollte von denen, „die schon in den Urlaub gefahren waren", wissen: „Wie sieht es in den Bergen aus? Wie sieht es am Vierwaldstätter See aus?" Außerdem sprachen die Jugendlichen und Erwachsenen bei den Heimabenden über Natur- und Heimatkunde.[1844] Auf diese Weise suchten sie, ihre Neugier zu befriedigen und plausible Erklärungen für gesellschaftliche und natürliche Phänomene zu finden.[1845] Die meist bereits in Lohnarbeit stehenden jungen Menschen schulten außerdem ihre Wahrnehmungsgabe beim Fotografieren; und in den Fotogruppen der Meißener und Mindener Naturfreunde eigneten sie sich die Technik des Fotografierens an.[1846] Darüber hinaus lernten sie bei den Heimabenden, Fahrten

1841 Froböse 1987c, 132.

1842 TAM, 001/002G/S181198; Sundermann/Sundermann 1995, 173. Vgl. Lorenz 1995, 9; Zimmer 1986, 96.

1843 Touristenverein ‚Die Naturfreunde' Minden i. W., Veranstaltungsfolge Januar-März 1948 [PA Sundermann, Ausstellungscollage]. Welche Filme im Einzelnen gezeigt wurden, ist nicht belegt. Zu den Lichtbildvorführungen: TAM, 001G/S181198. Ankündigung eines Farbbildervortrages der Naturfreunde Minden in der Besselschule am 15. 3. 1946 mit einem Referenten aus Bremen (KAM, Plakatsammlung, Plakatgruppe 12 [1913-1947]); Brief an die Vereinsmitglieder am 14. 10. 1954 mit Veranstaltungsankündigungen für den Herbst und Winter 1954. Im Oktober sollten „Lichtbilder aus eigener Produktion" und ein „Pfingstfilm" gezeigt werden. Für den 17. 11. 1954 wurde ein „Farblichtbilder-Vortrag mit Freund Rüweler" aus Bielefeld unter dem Titel: „Gross-Venediger und Grossglockner" angekündigt; und für den 9. 12. 1954 planten Georg und Änne Strutz einen Lichtbildervortrag betitelt mit „‚Schöne Heimat im Wechsel der Jahreszeiten'" (PA Sundermann, Ordner OV 3). Das Strutz-Ehepaar plante denselben Vortrag nochmals für den 9. 2. 1955, möglicherweise mangels Teilnahme (Brief an Vereinsmitglieder am 24. 1. 1955 [PA Sundermann, Ordner o. T.]).

1844 TAM, 001-002G/S181198; Karaskiewicz 1987b. Obwohl es Anfang der 1950er Jahre auf Landesverbandsebene eine ‚Fachgruppe Natur- und Heimatkunde' gab, richtete man hier keine solche Arbeitsgruppe ein (Touristenverein Die Naturfreunde Landesverband Teutoburger Wald-Weserbergland e. V. 1995, 135). S. für die Weimarer Republik Upmann/Rennspieß 1984, 99.

1845 TAM, 002G/S181198.

1846 Ebda. Vgl. zur Fotogruppe im Landesverband: Touristenverein Die Naturfreunde Landesverband Teutoburger Wald-Weserbergland e. V. 1995, 132f.; s. Karaskiewicz 1987b; für die Weimarer Republik Upmann/Rennspieß 1984, 99.

und Wanderungen in der Gruppe vorzubereiten.[1847] Für die Jugendlichen waren die Heimabende eine Erweiterung des Blickfeldes sowie eine geistige Bereicherung und Anregung,[1848] wie es von Erwachsenen intendiert war: „Dichtung und bildende Kunst, Technik und Fortschritt, Völkerkunde und anderen Wissensgebieten öffnen sie weit die Tore."[1849]

Bei diesen Bildungsveranstaltungen erarbeiteten sich die Jugendlichen auch neue Perspektiven auf ihre Umgebung und somit Orientierungsmöglichkeiten, indem sie sich Texte von Wilhelm Busch („‚Wer Sorgen hat, hat auch Likör' – Änne Strutz vermittelt uns einen heiteren Wilhelm-Busch-Abend'"[1850]) oder proletarische Heimat- und sozialdemokratische Arbeiterlieder aneigneten. Aber besonders gilt dies, wenn sie genuin „politische Themen"[1851] diskutierten, wie Verbands- oder Lokalpolitik, wo viele Naturfreunde aktiv waren.[1852] Seltener sprachen sie über Bundespolitik, z. B. über die Remilitarisierung oder die Ostermärsche.[1853] Häufig geht allerdings aus den Ankündigungen nicht hervor, um was es bei den Heimabenden ging, so z. B. bei einem „Diskussionsabend im Heim" am 29. 2. 1948.[1854] Politik im engeren Sinne war bei den Naturfreunden ohnehin kein beliebtes Thema: „Wir haben immer auch politisch etwas gemacht, aber nicht in dem Maße wie z. B. Jugendgruppen, sagen wir mal, der sozialdemokratischen Partei im eigentlichen Sinne. Die waren also politischer als wir."[1855] Politische Bildung, wie sie v. a. Ende der 1950er Jahre im Bundesverband und einzelnen Ortsgruppen stattfand[1856], führten die Mindener Naturfreunde höchstens am Rande durch. Dennoch verorteten sie sich eindeutig als Teil der Arbeiterschaft und der Sozialdemokratie:

1847 Z. B. Anfang des Jahres 1948 die „Osterfahrt" (Touristenverein ‚Die Naturfreunde' Minden i. W., Veranstaltungsfolge Januar-März 1948 [PA Sundermann, Ausstellungscollage]).

1848 Vgl. zu den Aktivitäten im Landesverband: Touristenverein Die Naturfreunde Landesverband Teutoburger Wald-Weserbergland e. V. 1995, 40.

1849 Strutz, Georg, Ideales Streben der Naturfreunde, in: WB (September-Oktober 1954), Nr. 5, 2f.

1850 Touristenverein ‚Die Naturfreunde' Minden i. W., Veranstaltungsfolge Januar-März 1948 (PA Sundermann, Ausstellungscollage).

1851 TAM, 002G/S181198.

1852 Im Februar 1948 z. B. kam der damalige Landesjugendleiter H. W. nach Minden und referierte über die Organisation der Naturfreunde-Jugend (Touristenverein ‚Die Naturfreunde' Minden i. W., Veranstaltungsfolge Januar-März 1948 [PA Sundermann, Ausstellungscollage]).

1853 Ein Zeitzeuge deutete an, daß sie „auch über diese Gesetze gesprochen" haben. Es ist unklar, welche Gesetze der Zeitzeuge meinte. Möglicherweise handelte es sich hier um die Debatten über die Wiederbewaffnung oder die Notstandsgesetze. Arbeiterjugendorganisationen waren in besonderer Weise von der Einführung der Wehrpflicht betroffen, da die bei ihnen organisierten Jugendlichen häufig nicht mehr in der Ausbildung waren und deshalb seit 1956 eingezogen werden konnten (TAM, 002G/S181198).

1854 Touristenverein ‚Die Naturfreunde' Minden i. W., Veranstaltungsfolge Januar-März 1948 (PA Sundermann, Ausstellungscollage).

1855 TAM, 002G/S181198.

„Wir waren auch politisch der SPD zugeneigt und auch überwiegend verbandelt damit. (...) Wir tendieren immer zur Gewerkschaftsseite. Da gibt's überhaupt kein' Zweifel. Wir waren immer eine Einheit. Und die Mitglieder der Gewerkschaftsjugend waren zu der Zeit auch meist bei den Naturfreunden. (...) Das war ja damals die DGB-Jugend. Das kann man also nicht trennen ... Und die Verantwortlichen der DGB-Jugend waren auch meist Mitglieder bei den Naturfreunden."[1857]

‚Nicht-Politik und Politik' gingen hier ineinander über und standen nicht unbedingt in einem Gegensatz zueinander[1858], wie Jochen Zimmer meint. Seiner Meinung nach litt bei den Naturfreunden häufig die Sozial- und Jugendpolitik unter einem „raschen Zustrom zahlreicher außerhalb der Arbeiterbewegung sozialisierten Jugendlicher zu den attraktiven Sport- und Hobbyangeboten".[1859] Für Minden kann dies nicht bestätigt werden, wie an den jugendpolitischen Aktivitäten der Naturfreunde in den 1950er Jahren und an dem Mitgliederzuwachs um etwa 1953 zu sehen ist.[1860] Die Mädchen und Jungen, die an den Heimabenden der Naturfreunde teilnahmen und diese mitgestalteten, partizipierten an einer eigen-sinnigen Freizeitgestaltung, die einerseits an proletarische Alltagskultur sowie an die Traditionen der Arbeiterbewegung angelehnt war und andererseits neue Elemente jugendlicher Musikvorlieben und Verhaltensweisen Raum gab. Basis für diese Selbstvergewisserungen im proletarischen Milieu – ebenso wie für die Errichtung des sozialdemokratischen Milieus nach dem Zweiten Weltkrieg – war die gesellige, familiale Gemeinschaft und weniger der Männerbund. Wie sie darin das Geschlechterverhältnis gestalteten, z. B. in Abgrenzung zu den Älteren, zeigen insbesondere die gemeinsam mit den Mädchen eingeübten Volkstänze.

1856 S. Zimmer 1986, 110-119. Die Bundesjugendkonferenz 1959 zur „... Erziehungs- und Bildungsarbeit der Naturfreundejugend" einigte sich darauf: „Die Aufgabe sozialistischer Erziehungs- und Bildungsarbeit ist es, die Voraussetzungen zur Umgestaltung der gegenwärtigen Gesellschaftsordnung zu schaffen" (WSJ, 4 [1961], 17f., zit. n. Zimmer 1986; 117f.). S. a. WSJ, 1 (1951)-4 (1954); Georgi-Valentin 1955, 144.

1857 TAM, 002G/S181198; vgl. das Verhalten während der Weimarer Republik, das sich hiervon kaum unterschied (Kap. III. 3. 1. 2. 2).

1858 S. z. B. einen mit „Naturfreunde und Staatsbürgertum" überschriebenen Artikel in der Verbandszeitschrift. Der (unbekannte) Autor verweist auf die staatsbürgerlichen Pflichten und stellt einen Zusammenhang zu den Aktivitäten der Naturfreunde her: Zum einen sei die „Schaffenskraft" der Werktätigen „das Fundament des Staates, an den wir Abgaben zahlen". Zum anderen sehen die „Alten unter uns ... in der Betätigung der Naturfreunde-Bewegung eine klare staatspolitische Aufgabe" (Naturfreunde und Staatsbürgertum, in: WB [Juli-August 1951], Nr. 7/8, 2). Vgl. Touristenverein Die Naturfreunde Ortsgruppe Bielefeld e. V. 1987, 138.

1859 S. Zimmer 1986, 101.

1860 S. Kap. III. 3. 2. 4 u. III. 4.

III. 3. 2. 1. 3 Tanz um die Geschlechterverhältnisse: Volkstanz versus ‚Tanzbodenverrenkungen'

Mindestens einmal in der Woche versammelten sich die Jugendlichen des Mindener TVdN in einer Schulturnhalle und studierten internationale Volkstänze ein. Wenn die Mädchen und Jungen die Turnhalle betraten, mußte „jeder einen Groschen bezahlen". Auf diese Weise kamen die zwei DM für den Musiker Horst Gundlach zusammen.[1861] Er oder ein anderer Musiker aus den eigenen Reihen begleitete die Mädchen und Jungen beim Tanzen. Daß nicht immer alle pünktlich um 20 Uhr kamen, war kein Zeichen mangelnder Motivation.[1862] Die Tanzbegeisterung war groß: „Wenn die Musik anfing zu spielen, haben wir getanzt."[1863] Am Anfang einer Tanzstunde „wurden zwei bis drei alte Tänze ... gespielt und getanzt, dann ein oder zwei neue Tänze eingeübt, neue Schritte usw., und dann wurden noch mal zwei bis drei Tänze getanzt". Nach ca. zwei Stunden endete die Volkstanzstunde, denn um „zehn Uhr mußten wir zu Hause sein".[1864]

Die Jugendlichen der Mindener Naturfreunde übten Tänze aus Holland, Schweden und Osteuropa sowie von „Zigeunern" ein.[1865] Dabei kostümierten sie sich mit den entsprechenden Trachten und griffen damit sicherlich auch auf das Repertoire von Naturfreunde-Gruppen der 1920er Jahre zurück.[1866] Vor Auftritten probten die Jugendlichen neben ihren regulären wöchentlichen Tanzstunden häufig zusätzlich.[1867] Während dieser Zeit konzentrierten sie sich auf das Tanzen und stellten alle anderen Aktivitäten zurück.[1868] Das Tanzen war weitgehend eine Angelegenheit der Jugendlichen. Die Volkstanzstunden

1861 TAM, 002G/S181198.

1862 Schreiben an Vereinsmitglieder am 14. 10. 1954 (PA Sundermann, OV3).

1863 TAM, 002G/S181198. Vgl. Froböse 1995, 128. Dies gilt nicht nur für Minden in der Nachkriegszeit, sondern auch für die Weimarer Republik. Ebenso trifft die Aussage auf den Gesamtverband zu: S. z. B. Tabelle der Aktivitätsgruppen für 1952, wonach die meisten Gruppen Volkstanzgruppen in den jeweiligen Landesverbänden waren (Bundesjugendleitung der NFJD [Hg.], Immer streben zum Ganzen. 3. Bundesjugendkonferenz der NFJD, Nürnberg 1953, 9, zit. n. Zimmer 1986, 109f.). – Vgl. zu der Tanzbegeisterung Arbeiterjugendlicher um die Jahrhundertwende und im frühen 20. Jahrhundert Abrams 1992, 103-108.

1864 TAM, 002G/S181198.

1865 S. Ontrup 1987, 123f.; vgl. Froböse 1995, 128.

1866 Fotografien in PA Sundermann, Ordner OV 2. – Für den Rekurs auf die Weimarer Republik gibt es keinen eindeutigen Beleg. Vgl. die Literatur zur Geschichte der Naturfreunde-Bewegungen über das frühe 20. Jahrhundert (s. Einleitung zu Kap. III. 3).

1867 S. Zeitungsartikel über das Volkstanzen bei den Naturfreunden und den Falken: „Vorbildliche Jugendarbeit im Kreise Minden", in: Freie Presse v. 28. 9. 1946. Vgl. für die Falken Böhme/Wehner-Hahmel 1989, 112. Auch hier war das Volkstanzen eine beliebte Tätigkeit und das „Markenzeichen" der Essener Falken. S. zu den Auftritten Kap. III. 3. 2. 4.

1868 Schreiben an Vereinsmitglieder am 2. 7. 1948 (PA Sundermann, Ausstellungscollage). S. dazu, daß das Volkstanzen bei den Mindener Naturfreunden eine zentrale Aktivität war, 70 Jahre Naturfreunde Minden, Jubiläumsbericht, 1991 (PA Sundermann, Ordner OV 3).

können daher als die Jugendgruppenstunden des Mindener TVdN betrachtet werden, obwohl sie dabei von Erwachsenen vom Mindener Touristenverein und ab und zu von Volkstanzpaaren von auswärts angeleitet wurden.[1869] Volkstanzlehrerinnen und -lehrer vertraten die Volkstanzgruppe häufig auch im Vereinsvorstand. Meist wurden in die erweiterten Vorstände der Ortsgruppen Volkstanzreferenten gewählt[1870] und so dem Volkstanz der Jugendlichen ein offizieller Status eingeräumt.

Volkstänze sind in der Regel Gemeinschafts- oder Gruppentänze. Meist war dabei die Gruppe in Paaren mit jeweils einem Mädchen und einem Jungen eingeteilt. Diese tanzten dann entweder als Paar innerhalb der Gruppe oder bildeten separate Tanzeinheiten, die gegeneinander tanzten. Dabei unterschieden sich häufig die Bewegungen der Mädchen von denen der Jungen.[1871] In der Gemeinschaft von Jungen und Mädchen gab es also geschlechtsspezifische Schrittfolgen, Aufgaben, Garderobe usw. Deutlicher wird dies bei den ausschließlichen Jungentänzen:

„Sogar beim Schuhplattler versuchten wir uns. Bei diesem abendländischen Tanz handelt es sich aber wie auch beim russischen Krakowiak oder beim Seemannstanz um einen reinen Burschentanz. Die Mädchen wiegen oder drehen sich leicht und dienen nur als Zuschauer, während die Burschen bei ihren Schlägen und Sprüngen Kraft und Gewandtheit zeigen, um den Mädchen zu imponieren. Solche Tänze machen durchaus Spaß und fordern den jungen Burschen auch sportlich."[1872]

Beim Volkstanzen waren die Geschlechterverhältnisse ‚geordnet', aber nicht getrennt, sondern Mädchen und Jungen aufeinander bezogen und angewiesen. Sie hatten gemeinsam Spaß und erlebten einen geregelten, unbedrohlichen und freundschaftlichen Umgang miteinander:[1873]

„Es macht Freude, in der Gemeinschaft zu tanzen. Der Vorteil lag auch hier wieder darin, daß nicht der einzelne Tänzer oder das einzelne Paar im Blickfeld standen, sondern die Gemeinschaft, der durch abwechslungsreiche Tanzfiguren miteinander verbundene und verflochtene Kreis."[1874]

1869 TAM, 002G/S181198.

1870 PA Sundermann, Ordner OV 3.

1871 S. Tanzanleitung des Westgöta-Tanzes oder des Holzhackertanzes (PA Sundermann, Ordner OV 2); vgl. Fotografien in Froböse 1987a, 29, 33, 35; Ontrup 1987, 122-124; s. a. Tanzanleitungen in WSJ, 1 (1951)-4 (1954).

1872 Ontrup 1987, 123.

1873 S. Boll 1995a, 167. Er geht hier auf die verpönte Pärchenbildung bei den Braunschweiger Falken in der Nachkriegszeit ein und berichtet ferner, daß es bereits kritisch gesehen wurde, wenn ein Mädchen (oder ein Junge) immer mit dem gleichen Jungen (bzw. Mädchen) tanzte. Vgl. Abrams 1992, 108.

1874 Ontrup 1987, 123.

Das Tanzen hatte zudem eine integrative Bedeutung: „So war es leicht, auch noch den letzten Abseitsstehenden zu beeinflussen, mitzumachen, weil man nur mit ihm noch einen Tanzkreis vervollständigen kann.“ Das „Gemeinschaftsgefühl“ wurde „gestärkt“.[1875] Bei Tanzaufführungen mußten die Einzelnen in der Gruppe besonders gut aufeinander eingespielt sein. Abgesehen von der Selbstdarstellung gegenüber anderen war ein solcher öffentlicher Auftritt für die Tanzgruppe ein großes und wichtiges Gemeinschaftserlebnis.[1876] Dabei ging es auch um ein gemeinschaftliches und partnerschaftliches Miteinander zwischen Mädchen und Jungen, die sich jeweils aufeinander verlassen konnten.

Für die Mädchen bedeutete ein solcher Umgang eine Anerkennung als ebenbürtige ‚Genossinnen‘:[1877] „Wir Mädel des TVDN sind unseren Burschen echte Kameradinnen.“[1878] Respektable ‚Kameradinnen‘ zeigten sich aber nicht kokett, flirtend und mit ihrem Äußeren beschäftigt:

„Gerade wir Mädel und Frauen werden heutzutage manchmal sehr heruntergesetzt, und da gilt es zu beweisen, daß wir mit ‚gewissen‘ Mädchen oder Damen nichts gemein haben. (...) Man soll es uns ansehen, wo wir hingehören. Aber nicht nur am Abzeichen, sondern an unserer Haltung im Leben und Alltag. Schlicht und einfach wollen wir uns kleiden ... Schminke und Puder kennen wird nicht ...“.[1879]

‚Geordnete‘ Geschlechterinteraktionen wie beim Volkstanz versprachen Mädchen möglicherweise auch einen Schutz vor Übergriffen und sexuellen Anforderungen seitens der Jungen, wie sie sie wahrscheinlich in eher ‚unkontrollierten‘ Situationen, wie bei ausgelassenen Festen oder abendlichen Verabredungen erlebten. Der Formulierung im Zeitzeugeninterview folgend, ‚schleppten‘ die Jungen die Mädchen dorthin ‚ab‘ und nicht umgekehrt. Allerdings, wie die Interviewpartner auch feststellten, „gehören ja zwei dazu ...“.[1880]

‚Ungeordnete‘ und ‚unkontrollierte‘ Begegnungen zwischen Mädchen und Jungen wie in Tanzlokalen und nachts an der Weser waren aber sicher auch für die männlichen Jugendlichen heikel.[1881] Es ist daher keineswegs auszuschlie-

1875 Ebda., 122-124; vgl. Abrams 1992, 104.

1876 Schreiben an Vereinsmitglieder am 2. 7. 1948 (PA Sundermann, Ausstellungscollage); vgl. Buckpesch 1986, 197, 200f.

1877 Vgl. zur Desexualisierung der Geschlechterverhältnisse auch als Abwertung der weiblichen Sexualität Joergens 1996. – Nach Buckpesch waren in Offenbach v. a. die Mädchen am Volkstanzen interessiert, was für Minden jedoch nicht bestätigt werden kann (Buckpesch 1986, 197)

1878 Hartwig, Anneliese, Wir Mädel und der Touristen-Verein ‚Die Naturfreunde‘, in: Naturfreunde-Nachrichten, 2 (15. 2. 1948), Nr. 2, 1.

1879 Ebda.

1880 TAM, 002G/S181198.

1881 Vgl. Søland 1999. Vgl. Kap. III. 1. u. III. 2.

ßen, daß erotische Begegnungen auch die Jungen der Naturfreunde beunruhigten und verunsicherten. Die im sozialdemokratischen Milieu vorhandene Idealvorstellung von einem partnerschaftlichen und ‚natürlichen' Umgang der Jungen mit Mädchen bedeutete schließlich nicht, daß die Jungen sich auch so verhielten und keine Unsicherheiten gegenüber den weiblichen Jugendlichen verspürten. Deshalb begrüßten sicher auch die männlichen Jugendlichen die Geschlechterinteraktionen, bei denen ‚geordnete' Berührungen, Blickkontakte und Einfühlungsvermögen relevant für das Gelingen der Tänze war: „Ich spürte sofort, daß der gemeinsame Volkstanz die Achtung vor dem anderen Geschlecht fördert ...".[1882] Diejenigen Jungen, die sich den Mädchen nähern wollten, verhielten sich entsprechend respektvoll und richteten ihr Verhalten auch nach den Mädchen.[1883]

Neben diesen von den Erwachsenen gebilligten Formen der Geschlechterinteraktionen besuchten einige der Naturfreunde-Jugendlichen in ihrer Freizeit außerdem gerne Tanzlokale.[1884] Dort tanzten sie moderne, im Auflösen begriffene Paartänze, wie Charleston, Swing, später Rock'n Roll und Twist.[1885] Ob sie in der Gruppe Volkstänze einstudierten oder sich auf dem Tanzboden austobten, in jedem Fall waren die raumgreifenden Bewegungen eine Abwechslung zur Monotonie der Arbeit.[1886] Begreift man Tanz als „psychische Entgrenzung" und als Grenzüberschreitung[1887], so sind die Volks- und mehr noch die ‚formlosen' ‚Jazztänze' Jugendlicher in der frühen Nachkriegszeit auch als Befreiungspraktiken gegenüber Konventionen, Pflichten und Zwängen zu verstehen.[1888] Allerdings galt das Tanzen in Tanzlokalen aus Sicht der sozialdemokratischen Erwachsenen als illegitim. Die Erwachsenen des Vorstandes der Naturfreunde beanstandeten daher in einem Brief an einen Jugendlichen das Freizeitverhalten der Jungen außerhalb des Vereins: „Du [bist] in eine Atmosphäre abgerutscht, die Dir nur verderblich sein kann."[1889] In diesem Brief rangen Erwachsene um ihre Autorität und ihre Vorbildfunktion, die sie erfüllen wollten: „Oftmalige Bitten wurden von Dir nicht beachtet". In dem angehängten persönlichen Schreiben wird dies noch deutlicher: „Ich will nicht als Moralprediger auftauchen,

1882 Buckpesch 1986, 197.
1883 S. Maase 1999.
1884 Brief des TVdN Minden an einen Jugendlichen am 26. 8. 1949 (PA Sundermann, Ordner OV 1); TAM, 002G/S181198.
1885 S. Koch/Buschmann 1998, 104. Nach Abrams lösten sich die Paartänze bereits um die Jahrhundertwende auf (Abrams 1992, 105).
1886 Vgl. ebda., 104.
1887 Koch/Buschmann 1998, 94.
1888 Vgl. Maase 1999, 82.
1889 Brief des TVdN Minden an einen Jugendlichen am 26. 8. 1949 (PA Sundermann, Ordner OV 1).

aber ich kann immerhin einige Jahrzehnte Lebenspraxis aufweisen, um manche Dinge im richtigen Licht zu sehen." Der Autor dieses Briefes verweist schließlich auf den Vater des Jungen, den er sich zum Vorbild nehmen sollte. Trotz der Freiheiten, die Jugendliche bei den Naturfreunden im Gegensatz zu den NS-Organisationen hatten, existierten auch hier autoritäre Strukturen, die auf Alter und Erfahrung bzw. der damit scheinbar selbstverständlich einhergehenden größeren Urteilsfähigkeit beruhen. Tanzen war hier ein umkämpftes Feld der Generationen.[1890] In diesem Generationenkonflikt ging es nicht nur um den Autoritätsverlust Erwachsener, sondern auch um Sexualität, Männlichkeit, Weiblichkeit und Geschlechterverhältnisse. Die Erwachsenen fürchteten den von ihnen nicht beaufsichtigten Werbungstanz der Mädchen und Jungen in den Tanzlokalen ebenso wie die nächtlichen Treffen der Jugendlichen an der Weser. Die Kritik der Erwachsenen richtete sich insbesondere gegen eine sexualisierte und von Erwachsenen unkontrollierte und getrennte Form des Tanzens.[1891] Auch Georg Strutz wetterte in einem Artikel gegen „mancherlei Modetänze mit banal-schlüpfrigem Refraingesang. Immer wieder stellen wir Echtes und Natürliches gegen Fragwürdiges"[1892]. Bei den Volks- und Gruppentänzen standen eher das Ideal asexueller und partnerschaftlicher Interaktionsweisen zwischen den Geschlechtern sowie die idealisierte (‚Volks'-) Gemeinschaft i. S. sozialromantischer Gleichheitsvorstellungen Pate.[1893] Dabei zeigten die Erwachsenen wenig Verständnis für die Jugendlichen und ihre Interessen.[1894]

Die Erwachsenen standen damit in der Tradition des TVdN, in dem sich Lebensreform- und Arbeiterbewegung überlagerten. Seit Beginn des 20. Jahrhunderts hatten es sich die Naturfreunde zur Aufgabe gemacht, die Arbeiter aus den Kneipen und Vergnügungsstätten zu holen.[1895] Ähnlich war das offizi-

1890 S. a. die Auseinandersetzungen bei der DGB-Jugend auf der Ebene des Landesbezirkes Nordrhein-Westfalen. Bei einer Arbeitstagung „Volkstanz" am 24. 5. 1959 einigten sich die Versammelten nach einigen Diskussionen darauf, „einen Tanzlehrer für den Gesellschaftstanz zu verpflichten, der den Gruppen zeigen soll, wie man einen Tango, einen Boogie richtig tanzt". Denn so sei „Volkstanz das ..., was das Volk tanzt" (Kurzprotokoll über die Arbeitstagung „Volkstanz" am 24. 5. 1959 in Gelsenkirchen; AdsD/FES: Bestand 37, Nr. 233). Vgl. Koch/Buschmann 1998.

1891 Koch und Buschmann argumentieren, daß seit den 1950er Jahren Tanzen zunehmend eine Betätigung ausschließlich von Jugendlichen wurde, während das generationenübergreifende Tanzen allmählich zurückging (Koch/Buschmann 1998, 104-110). Obgleich diese These nicht überzeugend belegt ist, scheint der hier diskutierte Konflikt diese insofern zu bestätigen, als es hier um die Frage Tanzboden versus Gemeinschaftstanz ging.

1892 Strutz, Georg, Ideales Streben der Naturfreunde, in: WB (September-Oktober 1954), Nr. 5, 2.

1893 Diese Vorstellungen waren eher vage gefühlsmäßig als gezielt politisch – i. S. sozialdemokratischer Programmatik – aufgeladen.

1894 Vgl. Heimann 1990, 152f. Der Autor belegt den darin erörterten Streit bei den Berliner Falken über das Tanzen mit einem Brief einer enttäuschten, ehemaligen Volkstanzlehrerin.

1895 „Der im Jahre 1895 von Wien ausgegangene Ruf forderte die werktätigen Menschen auf, mit der Freizeitvergeudung im Fusel- und Tabakdunst der Kneipen zu brechen. Er beschwor das Arbeitsvolk, bei der Allmutter Natur Kraft und Gesundheit für den harten Kampf um Recht, Freiheit und Freizeit zu suchen und, geläutert durch die Natur, für Frieden und Freundschaft

elle Credo in der Arbeiterjugendbewegung seit etwa 1900 gewesen. Aber schon in den 1920er Jahren hatten Jungen und Mädchen der SAJ allmählich das Interesse an den vorher beliebten Reigen- und Volkstänzen verloren. Sie hatten nun Paartänze bevorzugt. Letztere waren von den meisten Erwachsenen in der Arbeiterjugendbewegung als ‚bürgerlich' und wegen der in den Paartänzen deutlich zum Ausdruck kommenden Erotik abgelehnt worden.[1896] Sowohl vor als auch nach der Zeit des Nationalsozialismus stritten Erwachsene und Jugendliche über das Tanzen und damit über Formen ‚sozialistischer Kultur' sowie über Geschlechterverhältnisse.[1897]

Wie die Mindener Quellen verdeutlichen, verhielten sich aber einige männliche Erwachsene im TVdN wohl kaum anders als männliche Jugendliche. Eine der Fotografien von einem Faschingsball des Mindener ‚Touristenvereins' zeigt einen älteren Mann mit zwei jungen Frauen im Arm. Er legt dabei seine Arme über die Schultern der Frauen und die Hände auf ihren Busen. Keine der beiden Frauen ist mit einem zufriedenen oder belustigten Gesichtausdruck abgebildet. Die Vermutung liegt nahe, daß es sich hier um einen Übergriff seitens des Mannes handelt.[1898] Auch Formulierungen in einem Interview lassen auf ein z. T. rauhes und männlich dominiertes Geschlechterverhältnis schließen, besonders im Bereich der Sexualität.[1899] Der Umgang zwischen Frauen und Männern der Naturfreunde war also keineswegs asexuell und immer nur harmonisch. Der Gesichtsausdruck der jungen Frauen auf den Fotografien deutet zumindest einen unausgesprochenen Konflikt an. Ob die Mädchen und Frauen des TVdN beim „Klönnachmittag nur für die Mädel" im März 1948 solche und andere Spannungen mit den männlichen Vereinsmitgliedern thematisierten, ist nicht dokumentiert. Die Ankündigung – „mit Strickstrumpf und scharfer Zunge" und „‚Nur für die Weibsen'" – läßt dies allerdings vermuten.[1900] Die Geschlechterverhältnisse bei den Erwachsenen waren folglich kaum so ‚geordnet' und geklärt, wie sie beim jugendlichen Volkstanz vorgeführt wurden.

Dennoch: Beim Tanzen konstituierten sie eine Gemeinschaft zwischen

mit allen Völkern zu wirken" (George 1955, 73). Vgl. Abrams 1992; Brinkschmidt 1999; Günther 2003; Huck 1980; Lorenz 1999; Wunderer 1980; ders. 1986. S. zu Lebensreformbewegungen Reulecke/Kerbs 1998; Walter/Denecke/Regin 1991.

1896 S. Joergens 1996, 110-115.

1897 Vgl. Poiger 1996 für die Zeit nach dem Zweiten Weltkrieg; für das erste Drittel des 20. Jahrhunderts Abrams 1992, 105-108; Lüdtke 1993, 396. Abrams betont dabei v. a. die Kritik des Bürgertums an Formen der Freizeitgestaltung bei Arbeiterinnen und Arbeiter. Lüdtke hebt auf die Generationenkonflikte innerhalb der kommunistischen und sozialdemokratischen Arbeiterschaft während der späten 1920er Jahre ab.

1898 PA Sundermann, Ordner OV 2.

1899 TAM, 002G/S181198.

1900 Touristenverein ‚Die Naturfreunde' Minden i. W., Veranstaltungsfolge Januar-März 1948 (PA Sundermann, Ausstellungscollage).

Mädchen und Jungen, wie sie woanders unmöglich erschien. Diese im Vergleich mit anderen Milieus frühen heterosexuellen Interessen und Aktivitäten sowie die Idealvorstellung von zwischengeschlechtlicher Partnerschaft sind in Abgrenzung zum liberal-bürgerlichen und zum christlich-konservativen Milieu spezifisch für das proletarische, sozialdemokratische Milieu. Jochen Zimmer kritisiert zwar den Aufruf von Anneliese Hartwig an die Mädchen, sich nicht zu schminken. Hartwig würde darin nicht genügend „Klassenpositionen“ ein-, jedoch unkritisch Konzepte „traditioneller Geschlechterrollen“ übernehmen.[1901] Aber, in der Argumentation von Anneliese Hartwig verbleibend, setzten die Mädchen und – man muß hinzufügen – die Jungen den in der ‚bürgerlichen Welt‘ vorgefundenen Geschlechterverhältnissen eine Alternative entgegen.

Mit „natürlicher Anmut ... [und] urtümlicher Lebensfreude“[1902] tanzend orientierten sich diese Jugendlichen an Vorstellungen von Entitäten und ‚Wahrhaftigem‘, die im gesellschaftlichen Wandel Halt versprachen, und grenzten sich auf diese Weise nach außen ab. „Wichtig war es, anders zu tanzen als die bürgerliche Gesellschaft.“[1903] Die Mädchen und Jungen kleideten sich dabei in fremde Trachten und sangen Volkslieder.[1904] Auf diese Weise wurden bei den „Naturfreunden ... Lied und Volkstanz bewußt gepflegt, um ein Gegengewicht zu schaffen gegen mancherlei Modetänze“.[1905] Damit konstituierten sich die Naturfreunde als ‚bessere‘ Gemeinschaft und verorteten sich als ‚Volk‘ im Gegensatz zur Herrschaft.[1906] Sie verstanden sich dabei als Träger volksnaher, ‚echter‘, Kultur und Vermittler ‚fremder Volkskultur‘.[1907] Mit dieser Form des Exotismus und Aneignung ‚fremder Kultur‘ versuchten die Naturfreunde bei einer schwierigen Gratwanderung, sich von einer nationalistischen Deutung der Volkstänze abzugrenzen und „mit der Zeit“ zu gehen:[1908]

1901 Zimmer 1986, 97.

1902 Froböse 1987a, 33f.; vgl. Georgi-Valentin 1955c, 145.

1903 Froböse 1995, 127; vgl. Upmann/Rennspieß 1984, 103, 106, für die Weimarer Republik.

1904 Georg Strutz z. B. trug auch im Alltag eine bayerische trachtenähnliche Jacke. S. Fotografie, auf der Strutz, bekleidet mit einer Trachtenjacke, an einem Rednerpult steht (Touristenverein Die Naturfreunde Landesverband Teutoburger Wald-Weserbergland e. V. 1995, 53).

1905 Strutz, Georg, Ideales Streben der Naturfreunde, in: WB (September-Oktober 1954), Nr. 5, 2.

1906 Vgl. die Debatten in der Weimarer Republik: Denecke 1991, 246-253.

1907 Vgl. Georgi-Valentin 1955c, 145. S. a. o. zu den internationalen Tänzen. Andere Gruppen im sozialdemokratischen Milieu lehnten die Einführung „von Volkstänzen aus fremden Ländern“ ab. Beispielsweise „herrschte“ darüber bei der DGB-Jugend in NRW geteilte Meinung. „Es wurde die Auffassung vertreten, daß uns diese Tänze wesensfremd sind und sie zum Teil Melodienarmut aufweosen. (...) Ein anderer Standpunkt war der, daß man mit der Zeit gehen soll, damit die Volkstanzpaare auf den Geschmack kommen“ (Kurzprotokoll über die Arbeitstagung „Volkstanz“ am 24. 5. 1959 in Gelsenkirchen; AdsD/FES: Bestand 37, Nr. 233).

1908 S. ebda. über die DGB-Jugend.

„Der Volkstanz wurde also nicht wiedererweckt aus der Idee heraus, völkisches oder nationales Kulturgut zu pflegen, sondern man wandte sich dem Volkstanz zu, weil man mit relativ einfacher Musik und einem großen bunten Kreis das neue positive Gemeinschaftsgefühl am besten ausdrücken konnte."[1909]

Dieses „Gemeinschaftsgefühl" begrüßten die jugendlichen Naturfreunde, ohne aber die Kritik an den „Modetänzen", an jeder Form kommerzialisierter und US-amerikanisch beeinflußter Freizeitbeschäftigung[1910] und besonders der bereits während der NS-Zeit aus rassistischen Gründen abgelehnten „Negermusik"[1911] zu teilen. Die Jugendlichen strebten eher nach neuer ‚Lässigkeit' als nach „natürlicher Anmut".[1912] Denn mit der von Erwachsenen erwünschten „Anmut" waren Disziplin, Autoritätshörigkeit, Ernsthaftigkeit und die Fähigkeit, ‚sich durchzubeißen', also durchaus Varianten des ‚Zackigen', verbunden. Die männlichen Jugendlichen brachten mit ihren verschiedenen Tanzweisen eine jugendspezifische ‚Unordnung'[1913] in das ‚Normalisierungs-Projekt' Erwachsener.[1914] Dies führte zu Konflikten, bei denen verschiedene Männlichkeitskonzepte zwischen den Generationen sowie unter den Jugendlichen verhandelt wurden. Die Jungen eigneten sich einerseits die ihnen bei den Naturfreunden ‚angebotenen' Formen von Männlichkeit, wie die des (Tanz)Partners an. Dies war ein Gegenentwurf zum männerbündischen, soldatischen Mann, wie er während der NS-Zeit propagiert wurde.[1915] Andererseits wurden die Jungen von der Popularkultur angeregt und (indirekt) von Mädchen aufgefordert, sich den wilden, sexuell aktiven und attraktiven Rabauken und ‚Halbstarken', der ‚moderne' Musik hörte, zum Modell zu nehmen.[1916] Die männlichen Jugendlichen changierten folglich zwischen den von Erwachsenen (der Vereinsleitung) als gegensätzlich konstruierten Entwürfen des Liebhabers mit betontem Sexappeal auf der einen Seite und dem Genossen, ‚Kameraden der Frau' und zukünftigen Familienvater auf der anderen. Sie wollten den Mädchen in erotischer Hinsicht gefallen. Gleichzeitig übten sie sich als

1909 Ontrup 1987, 122; s. Moeller: „A modern postwar work force was to be rooted in the values of a distant past that was German but not National Socialist" (Moeller 1997a, 22). Vgl. Roseman 1997.

1910 Vgl. zu der im sozialdemokratischen Milieu weitverbreiteten Kritik Böhme/Wehner-Hahmel 1989, 109f.

1911 Vgl. zur Kontinuität dieser Haltung Poiger 1996.

1912 Vgl. Maase 1999, 82-86.

1913 Vgl. Koch/Buschmann 1998. Abrams verweist in ihrer Studie über die Jahrhundertwende darauf, daß Jugendliche die ‚Tanzwut' („dance craze") auch ‚packte', weil sie relativ viel Zeit- und Geldresourcen besaßen (Abrams 1992, 104; vgl. Benninghaus 1999a, z. B. 79).

1914 Vgl. Fuchs 2002, der den gender-Aspekt unterschlägt, und Poiger 1996. S. zu dem Begriff ‚Normalizing-Project' Schissler 2001c.

1915 Vgl. Maase 1999, 82f.

1916 Vgl. ebda., 88-96.

Partner und verhielten sich solidarisch. Auf diese Weise erweiterten sie die von ihren Vätern vorgelebte und eingeforderte Form von Männlichkeit.

III. 3. 2. 2 Sportliche Ferienfahrten: ,soziales Wandern' und Geschlechterkonflikten

> „Und wer es vor nicht allzu langer Zeit nicht glaubte, der weiss es jetzt: Wir wandern wieder!! Nicht im zackigen Gleichschritt einer kasernenmässig erzogenen Jugend – nein; unsere Burschen und Mädel streifen wieder durch Wald und Flur".[1917]

Der Verein der Naturfreunde war 1895 als „touristische Neigungsgruppe innerhalb der sozialdemokratischen Partei"[1918] mit analogen Intentionen wie der etwa gleichzeitig entstandene, bürgerliche Deutsche Alpenverein (DAV) gegründet worden.[1919] Wandern und Reisen waren konsequenterweise die zentralen Aktivitäten gewesen.[1920] Dies gilt auch für die Zeit nach dem Zweiten Weltkrieg[1921], in der die Naturfreunde an die Traditionen der frühen ,Arbeiterkulturbewegung' anknüpften: Sie wanderten „wieder" und gingen – Jungen, Mädchen, Frauen und Männer gemeinsam – auf Reisen, wie der oben zitierte Redner bei der Einweihung des Mindener Vereinsheims betonte.

Im Sommer „1945, kurz nach dem Zusammenbruch", organisierten die Mindener Naturfreunde zwar noch keine eigene Fahrt für die Jugendlichen. Dafür hatten Karl Sundermann und etwa 40 andere jugendliche Naturfreunde die Möglichkeit, mit den „Falken ins Jugendlager zur Nordsee" zu fahren.[1922] Nachdem die Naturfreunde ihre Faltboote und die „alten Boote der glorreichen Deutschen Wehrmacht, die im Blauen See am Jakobsberg bei Kriegsende ver-

1917 „Rede zur Heimweihe" des Mindener „Naturfreunde" – Hauses an der Weser, o. Datum (PA Sundermann, Ordner OV 1. [es handelt sich vermutlich um die Feier im Jahre 1947, s. o.]); vgl. „Freie Jugend wandert wieder frei und ungebunden ohne Uniform und ohne ,Links, zwei drei' durch ihre schöne Heimat" („Mindener Falken auf Osterfahrt", in: Freie Presse v. 27. 4. 1946). Vgl. Lorenz 1996, 36.

1918 Upmann/Rennspieß 1984, 67. Das Gründungsmitglied Karl Renner (1870-1950), damals Jurastudent, entwarf 1926 das Abzeichen der Naturfreunde: die aus der Sozialdemokratie bekannten sich reichenden Hände mit Edelweiß-Blumen. Der „austromarxistische Theoretiker" war der erste Kanzler der Republik Österreich und nach 1945 war er als Präsident der zweiten Republik von Österreich Staatsoberhaupt. S. Renner 1946.

1919 Vgl. Günther 1996; zum Verhältnis des TVdN zu anderen Wandervereinen und des DAV nach dem Zweiten Weltkrieg Dulk 1984, 127f.

1920 Vgl. Denecke 1991, 257-263; Wunderer 1977, 511.

1921 Vgl. Denecke 1991, 255f.; s. für Bielefeld Froböse 1987a, 29.

1922 TAM, 001G/S181198. Leider enthält der Band von Brücher und Hartmann über die ostwestfälischen Falken keinen Hinweis auf dieses Zeltlager (Brücher/Hartmann 1983, bes. 105f., 138-150). Möglicherweise nahmen die Mindener auch an einem Zeltlager der Mindener Falken oder einer anderen Gliederung teil.

senkt“ worden waren[1923], repariert und am 18. 7. 1947 eine Erlaubnis für die Wasserstraßenbenutzung erhalten hatten, unternahmen sie seit 1947 ‚unvergeßliche Weserfahrten‘ wie zu „Pfingsten von Hameln nach Minden“.[1924] Außerdem veranstalteten die Mindener Naturfreunde Zeltlager: im Juli und August 1948 am Steinhudermeer, 1953 am Dümmer See und 1959 am Priwall in Travemünde.[1925] Im Gegensatz zu anderen Ortsgruppen im Landesverband und zur bündischen Jugend reisten die Mindener Naturfreunde in der Nachkriegszeit nicht ins Ausland.[1926]

An den Wochenenden und Feiertagen wanderten jugendliche und erwachsene Naturfreunde in die nähere Umgebung Mindens, z. B. zur Wittekindsburg. Manchmal legten sie einen Teil der Wegstrecke mit der Straßen- oder der Eisenbahn zurück, wie bei ihrem Ausflug „auf dem Wiehengebirgskamm nach Eickhorst“.[1927] Zu einer „Kundgebung der Naturfreunde des Bezirkes Ost-Westfalen in Oerlinghausen (Naturfreundehaus)“ planten die Mindener, mit einem „Lastwagen mit Holzgasantrieb“ zu fahren.[1928] Sie wanderten zu jeder Jahreszeit. Im Winter ging es in den Schnee, wie im Februar 1948 mit Skiern („‚Brettl, a gführiger Schnee, juchhe‘ – Schneewanderung im Jakobsberg“)

1923 60 Jahre Naturfreunde Minden, 1981 (PA Sundermann, Ordner OV 3); TAM, 001G/S181198. Das Wasserwandern war im Landesverband und auch in Minden bereits in der Weimarer Republik eine beliebte Freizeitbeschäftigung der Naturfreunde gewesen (Touristenverein Die Naturfreunde Landesverband Teutoburger Wald-Weserbergland 1995, 31).

1924 Diese Erlaubnis und eine Abschrift von der Abschrift der genauen Regeln über die Benutzung der Wasserstraßen durch das „Regional I. W. T. Control Team, Transport Division C.C.G.“; Schreiben von TVDN/Karl Strutz an Wasserstraßenamt mit Liste der zu registrierenden und genehmigenden Boote vom 9. 6. 1947; Schreiben der Wasserstraßendirektion Hannover an TVDN vom 24. 8. 1948 mit Einverständniserklärung darüber, daß die Naturfreunde mit drei weiteren Booten die Weser befahren durften (PA Sundermann, Ordner OV 1). – S. Bericht über die Einweihung 1947 (PA Sundermann, Ordner OV 1); vgl. TAM, 001G/S181198.

1925 60 Jahre Naturfreunde Minden, 1981; Protokoll der JHV, Meißen, am 8. 2. 1948; Bericht und Protokoll der JHV, Minden, am 15. 1. 1954 (PA Sundermann, Ordner OV 3); s. a. PA Sundermann, Ausstellungscollage.

1926 In den 1950er Jahren unternahmen Jugendgruppen aus dem Landesverband Auslandesreisen z. B. nach Norditalien (1952), in die Schweiz (1953, 1955) und in die Niederlande (1954); s. Karaskiewicz 1995, 116; vgl. ders./Kortz 1987, 35; Konferenz der Jugendgruppen im Landesverband Westfalen, in: WB (Mai-Juni 1953), Nr. 3, 21f. – Fahrten in die weit entfernten Alpen unternahmen höchstens einzelne Erwachsene (PA Sundermann, Ordner, OV 1).

1927 Touristenverein ‚Die Naturfreunde‘ Minden i. W., Veranstaltungsfolge Januar-März 1948 (PA Sundermann, Ausstellungscollage); s. a. Wanderung am 31. 10./1. 11. 1954 nach Schneegrund mit Übernachtung (Programm für Herbst/Winter 1954 [PA Sundermann, Ordner OV 3]).

1928 Schreiben des TVDN Minden/Karl Strutz am 15. 8. 1948 an das Straßenverkehrsamt Minden mit dem Antrag, einen solchen Wagen zur Verfügung gestellt zu bekommen (PA Sundermann, Ausstellungscollage).

oder zu Sylvester 1954. Aber auch Ausflüge zu den Sonnwendfeiern, z. B. auf dem Portaberg, gehörten in den Jahreskalender des TVdN.[1929]

An den meisten kleineren Fahrten und Wanderungen nahmen Jugendliche und Erwachsene, Frauen wie Männer, gemeinsam teil. Es wurden „viele Fahrten als Familie gemacht“.[1930] Obwohl bisweilen Familien sogar die großen Ferienzeltlager besuchten, wie 1953 am Dümmer See, wurden Zeltlager und auch Wochenend-Volkstanzkurse in erster Linie von Erwachsenen für Jugendliche organisiert.[1931] Wieviele Mädchen und Jungen jeweils an den Fahrten teilnahmen, ist aufgrund fehlender Teilnehmerlisten nicht ermittelbar. Nach den Fotografien zu urteilen, beteiligten sich etwa gleich viele Mädchen wie Jungen.[1932]

Unproblematisch war das Verhältnis zwischen Jungen und Mädchen nicht: Im Sommer 1951 unternahmen die Mindener Naturfreunde-Jugendlichen eine Fahrt auf der Weser. Sie startete am Fuß des Burgberges der Burg Ludwigstein bei Witzenhausen in Nordhessen und führte nach Minden.[1933] Paddeln war eine relativ komfortable Art des Reisens, bei der niemand Gepäck schleppen mußte. Gelegentlich konnten sich die Paddlerinnen und Paddler stromabwärts treiben lassen, solange sie keine Wildwasserfahrten unternahmen:[1934] Die sportlich wenig ehrgeizigen Mädchen und Jungen begrüßten bei der Weserfahrt 1951, daß „ein steter Rückenwind aus Südwest ... in unsere Segel [bläst],

1929 Touristenverein ‚Die Naturfreunde‘ Minden i. W., Veranstaltungsfolge Januar-März 1948; s. a. die für den 29. 2. 1948 geplante Frühlingswanderung (beides PA Sundermann, Ausstellungscollage); Programm für Herbst/Winter 1954; Bericht des Wanderwartes Albert Gundlach über die Wanderungen im vergangenen Jahr 1953 zur Jahreshauptversammlung am 15. 1., Protokoll (beide PA Sundermann, Ordner OV 3).

1930 TAM, 001G/S181198. Aus dieser Aussage geht nicht exakt hervor, ob die Familien auch an Fahrten in den Sommerferien teilnahmen.

1931 Z. B. meldeten sich zu einem Volkstanzseminar für Jugendliche im September 1946 35 Mädchen und Jungen an. Diese Seminare fanden u. a. in der Jugendherberge Hausberge statt und wurden häufig gemeinsam mit den Falken durchgeführt (Schreiben des TVDN an das Kreiswirtschaftsamt Minden mit der Mitteilung, daß ihr „Lehrgang für Volkstanz und Volkslied“ durch die Militärregierung und das Kreisjugendamt Minden im September 1946 genehmigt wurde [PA Sundermann, Ausstellungscollage]). S. a. zu Volkstanz und -Liedlehrgang im September 1945 StADt, M 1 I Ju, Nr. 161. Vgl. „Vorbildliche Jugendarbeit im Kreise Minden“, in: Freie Presse v. 29. 9. 1946 über einen Volkstanz- und Liedlehrgang der Falken und der Naturfreunde in Hausberge unter Anleitung von Karl Strutz.

1932 PA Sundermann, Ausstellungscollage; Ordner OV 3.

1933 Sowohl Karl als auch Georg Strutz berichteten über diese Fahrt: Strutz, Georg, Eine erlebnisreiche Wasserfahrt im Paddelboot, in: WB (November-Dezember 1953), Nr. 6, 8-10; Strutz, Karl, „Kleine Paddlerfreuden auf Werra und Weser. Geruhsame Ferienfahrt stromabwärts im Boot“, in: Zeitungsartikel o. Angaben [verm. Freie Presse 1951] (PA Sundermann, Ordner OV 1). S. dazu TAM, 001G/S181198. Außerdem bestärkte dieses Interview die Annahme, daß sich beide Berichte auf dieselbe Fahrt beziehen, die wohl 1951 stattfand.

1934 Vgl. Scheele 1984, 231f.

so daß wir keinen Handschlag [zu] tun brauchen".[1935] Sie amüsierten sich auf ihrer Fahrt, spritzten sich gegenseitig naß und neckten sich auch sonst. Sportlicher Wettkampf, z. B. der Jungen, um den Mädchen zu imponieren, spielte hier kaum eine Rolle. Als aber ein Boot der britischen Armee an den Jugendlichen vorbeifuhr, sahen die männlichen Naturfreunde in den Soldaten eine Konkurrenz. Die Naturfreunde-Jungen ärgerten sich offenbar, denn „die Boys [fanden] das Ehrengeleit für unsere Weibsen sympathischer als unsere männliche Muskelarbeit".[1936] Bald überholte das Militärboot die Reisegruppe, und die Jungen waren beruhigt. Nachdem die Jugendlichen am Abend angelegt hatten, schlugen sie ihr Lager auf und begannen, das Essen vorzubereiten. Zu diesem Zweck verteilten sie Arbeiten wie Holzholen an die männlichen Teilnehmer und solche wie Kartoffelschälen unter den weiblichen. Diese scheinbar selbstverständliche, geschlechtsspezifische Aufgabenverteilung führte jedoch zum Streit. Wie gestalteten die Jungen der Naturfreunde Geschlechterverhältnisse und Männlichkeit bei ihren Fahrten, sportlichen Betätigungen und körperlichen Anstrengungen und inwiefern verorteten sich die Jungen und Mädchen bei ihren Fahrten gesellschaftlich?

III. 3. 2. 2. 1 Clownerie statt Wettkampf

Geselligkeit und Sport standen bei den Fahrten der Naturfreunde im Mittelpunkt, wie die kurze Beschreibung der Weserfahrt 1951 zeigte. Beispielsweise hatten die Naturfreunde in ihrem Zeltlager 1953 ihre Boote dabei und machten „Sport mit Tambourins. Die Bälle flogen hin und her und die Körper strafften sich im Sprung."[1937] Die Jugendlichen übten sich in Akrobatik, sei es als Einzelne oder als Gruppe, die eine Pyramide baute. Außerdem hatten sie Fahrräder dabei.[1938] Es ist nicht belegt, ob sie damit Touren machten, oder ob die Naturfreunde bei ihren Wanderungen lange Märsche unternahmen. Offensichtlich aber verausgabten sie sich bei ihren Volkstanzseminaren. Dies war sicherlich nicht nur Grund, sondern auch Vorwand, 1946 beim Kreiswirtschaftsamt in „Anbetracht des erhöhten Kräfteverbrauchs (viel Bewegung in frischer Luft) ... eine geringfügige Menge von Brot, Kartoffeln, Gemüse, Marmelade und Nährmittel" zu beantragen.[1939]

1935 Strutz, Karl, „Kleine Paddelfreuden auf Werra und Weser. Geruhsame Ferienfahrt stromabwärts im Boot", in: Zeitungsartikel o. Angaben [verm. Freie Presse 1951] (PA Sundermann, Ordner OV 1).

1936 Ebda.

1937 Vom Dümmer-See [1953] (PA Sundermann, Ordner OV 3).

1938 PA Sundermann, Ausstellungscollage.

1939 Schreiben des TVDN an das Kreiswirtschaftsamt Minden im September 1946 (PA Sundermann, Ausstellungscollage).

Konkurrenz und ‚Selbsterringung' hatten bei den sportlichen Tätigkeiten und in der Selbstdarstellung der Naturfreunde einen nachgeordneten Stellenwert. Z. B. ist nur eine „Schnitzeljagd" dokumentiert.[1940] Selten betonten und dokumentierten die Mindener Naturfreunde, daß sie bei ihren Fahrten an ihre körperlichen Grenzen gegangen wären, sich überanstrengt, ihre Kondition trainiert und aneinander ihre Kräfte gemessen hätten, wie an einer Stelle im Bericht über die Weserfahrt 1951: Als die Jugendlichen auf den letzten 67 Kilometern ab Hameln „Gegenwind und unruhiges Wasser" hatten, hieß „es paddeln. Also stärken wir Rücken- und Armmuskulatur und schlagen drein". Die Jugendlichen – angeblich v. a. die Mädchen – beschwerten sich vielmehr über das von Karl Strutz angesetzte Tempo.[1941]

Bei all diesen sportlichen Aktivitäten stand nicht die körperliche Leistung oder der sportliche Ehrgeiz, sondern der Spaß daran und in der Gruppe im Mittelpunkt.[1942] Mädchen wie Jungen begrüßten es, wenn sie sich amüsieren konnten, wie die Schilderungen über das Zeltlager am Dümmer-See zeigen. Dem entsprechend nahm das Ereignis, als „Karl" beim Start zu einem Sprung in einem Kuhfladen ausrutschte und daraufhin seine Kleider waschen mußte, großen Raum ein. Offenbar war es *das* Erlebnis dieses Ferientages. Mit ähnlicher Schadenfreude wird berichtet, daß das Faltboot, nicht festgebunden, „über den See" schwamm und „im Gewirr blühender Seerosen" landete.[1943] Eine Fotografie zeigt außerdem, wie ein Teilnehmer des Zeltlagers mit dem Fahrrad in den See fuhr.[1944] Gerne wurden also die Pannen zur Belustigung schriftlich oder fotografisch festgehalten. Für die männlichen Jugendlichen des sozialdemokratischen Milieus waren nach dem Zweiten Weltkrieg körperliche Bewährungen keineswegs zentral für den Beweis ihrer Männlichkeit. Für sie war es nicht vorrangig, soldatische Männlichkeit wiederherzustellen.[1945] Damit unterschieden sie sich sowohl von Zeitgenossen als auch von Arbeiterjugendlichen in anderen historischen Situationen[1946]. Die in der vorliegenden Arbeit untersuchten Arbeiterjungen inszenierten sich lieber als tolpatschige Clowntruppe denn als sportlich ehrgeizige, leistungsbewußte und triumphierende Jugendliche. Sie

1940 Sie fand am 6. 9. 1949 in der Stadt Minden statt. Bei dem ganztägig angesetzten Spiel sollten die „Füchse" eine „Meute" jagen (Plakat des TVDN Minden zur Ankündigung von Veranstaltungen im November 1949 [KAM, Plakatsammlung, Plakatgruppe 12 [1948-1949], V 945]).

1941 Strutz, Karl, „Kleine Paddelfreuden auf Werra und Weser. Geruhsame Ferienfahrt stromabwärts im Boot", in: Zeitungsartikel o. Angabe [verm. Freie Presse 1951] (PA Sundermann, Ordner OV 1).

1942 Vgl. Zeltlagerbericht aus Bielefeld: Froböse 1987b, 149-154.

1943 Vom Dümmer-See [1953] (PA Sundermann, Ordner OV 3).

1944 PA Sundermann, Ausstellungscollage.

1945 S. Goltermann 2000a.

1946 S. Davies 1999.

entwarfen auf diese Weise auch bei ihren Fahrten ein Gegenmodell zum pflichtbewußten, zackigen, kämpferischen Soldaten.[1947] Einerseits setzten sich diese männlichen Jugendlichen im sozialdemokratischen Milieu damit von ihren Vätern ab, von denen viele sowohl Arbeiterkämpfer als auch Soldat gewesen waren. Andererseits ermöglichten ihnen gerade die Traditionen der ‚Arbeiterkulturbewegung' diesen Gegenentwurf: Obgleich die Naturfreunde seit Beginn des 20. Jahrhunderts in ihrer Freizeit häufig wanderten und verschiedenen Sportarten nachgingen, sollte nach offiziellem, im frühen 20. Jahrhundert formulierten Verständnis des TVdN Sport in erster Linie der Naturerkenntnis und dem Ausgleich zur Arbeit dienen. Wettkämpfe wurden, ähnlich wie bei der christlichen Jugend[1948], dagegen abgelehnt.[1949] Die männlichen Arbeiterjugendlichen nach dem Zweiten Weltkrieg, die sich im Unterschied zu den bürgerlichen Jungen für Mädchen interessierten, entsprachen auf burleske Weise eher dem Wunschbild der gleichaltrigen Mädchen. Diese legten weniger Wert auf die kämpferischen Fähigkeiten eines Jungen, als auf dessen ‚Lässigkeit' und androgyne Züge.[1950] Auch aufgrund dieser neuen Männlichkeitsformen spielten bei den Fahrten der Naturfreunde Erholung und Harmonie eine größere Rolle als Sport.

III. 3. 2. 2. 2 Erholung und Harmonie

Wie andere Jugendliche nutzten die Naturfreunde ihre Ferien zur Erholung[1951], und ihre Naturfreundehäuser waren ihnen „eine Raststätte im ewigen Gleichmass unserer täglichen Arbeit“[1952]. Die Naturfreunde-Jugendlichen regenerierten sich in ihren Zeltlagern in der Nachkriegszeit, indem sie z. B. länger schliefen als im Alltag – oder es zumindest versuchten: „Irgendein häßlicher Knabe ist Frühaufsteher und unterbricht taktlos den Schlummer der anderen Schläfer.“[1953]

1947 Vgl. den zeitgenössischen Diskurs über Männlichkeit und Remilitarisierung. Nach Poiger waren „the good white men in the westerns, like the new West German soldiers, ... aggressive but not too aggressive“ (Poiger 1998, 162).

1948 Vgl. Kap. III. 2. 2. 2.

1949 Vgl. Pils 1994, 105-115; Scheele 1984, 205-245; Upmann/Rennspieß 1984, 79; Wunderer 1977, 509, und die Debatten darüber in der Zeit nach dem Zweiten Weltkrieg, die v. a. organisationspolitischer Natur waren (Dulk 1984, 118, 125-127; Zimmer 1986, 93f.; Hoberman 1984, 177-189, bes. 178f.).

1950 S. Maase 1999, 94-96.

1951 S. dazu, daß die Mädchen und Jungen nach dem Zweiten Weltkrieg besonders erholungsbedürftig waren, Kap. II. 2.; vgl. Kap. III. 1. u. III. 2.

1952 „Rede zur Heimweihe“ (PA Sundermann, Ordner OV 1).

1953 Strutz, Karl, „Kleine Paddelfreuden auf Werra und Weser. Geruhsame Ferienfahrt stromabwärts im Boot“, in: Zeitungsartikel o. Angaben [verm. Freie Presse 1951] (PA Sundermann, Ordner OV 1). Vgl. zu den Bielefelder Naturfreunden Froböse 1987b, 149-154.

Bei schlechtem Wetter saßen die Jugendlichen, wie im Zeltlager am Dümmer-See, „meist ... im grossen Rundzelt“ zusammen.[1954] Schien die Sonne, versammelten sie sich vor dem Zelt zu einem Plausch oder einer Besprechung. Mädchen und Jungen flegelten sich gemeinsam auf Decken vor ihren Zelten, neckten sich gegenseitig und amüsierten sich offenbar.[1955] Die meisten Fahrtenteilnehmer waren vertraut miteinander. In dem Familienverein galt das harmonische Gruppenerlebnis als Erholung. Diese Jugendlichen zogen es daher „vor, während ihrer Ferien in den Sommermonaten mit ihren Gruppen auf Fahrt zu gehen“.[1956] Die Gemeinschaft der Naturfreunde konstituierte sich weniger durch Ausgrenzung und Elitenbildung, sondern vielmehr durch Integration.[1957] Nur an einer Stelle ist von „Aussenseitern“ die Rede: Sie „sassen“ „mit tränenden Augen vor dem offenen Feuer ... und [bliesen] in die Glut“. Ansonsten scheint jede und jeder einmal der Grund für Schadenfreude gewesen zu sein und war höchstens vorübergehend „Aussenseiter“.[1958] Harmonie stellten die Naturfreunde auch dadurch her, daß sie scheinbar gegebene Hierarchien z. B. zwischen erfahreneren Personen und Unwissenden oder zwischen verschiedenen Altersgruppen nicht in Frage stellten.[1959] Idealerweise wanderte der „Nachwuchs auf gleichen Spuren“ der Alten.[1960] Die Mindener Naturfreunde experimentierten folglich auch nicht mit demokratischen Umgangsformen, wie die Falken in ihren ‚Kinderrepubliken‘ oder die Mindener CVJMler in ihrem Zeltlager 1947.[1961] Sie strebten in ihren Zeltlagern nach einem harmonischen Verhältnis zwischen den weiblichen und männlichen Mitgliedern, was angesichts gesellschaftlicher Konflikte zwischen Frauen und Männern, z. B. auf dem Arbeitsmarkt oder durch die Rückkehr der Männer aus dem Krieg, in den ersten Nachkriegsjahren keine einfache Auf-

1954 Vom Dümmer-See [1953] (PA Sundermann, Ordner OV 3).

1955 PA Sundermann, Ausstellungscollage, Ordner OV 3.

1956 Schreiben des TVDN, Bielefeld an die Bezirksregierung bzw. das Bezirksjugendpflegeamt in Detmold am 8. 6. 1949, in dem die Teilnahme der Naturfreunde an der ‚Woche der Jugend‘ 1949 abgesagt wird (StADt, M 1 I Ju, Nr. 170).

1957 In den Berichten und fotografischen Darstellungen werden kaum Ausgrenzungen innerhalb der Naturfreunde-Jugend sichtbar.

1958 Vom Dümmer-See [1953] (PA Sundermann, Ordner OV 3).

1959 Z. B. führten kundige und erfahrene Bergsteiger und Wanderer die Gruppe wandernder Naturfreunde an wie Oskar Schmiedel 1948 eine Schneewanderung (Touristenverein ‚Die Naturfreunde‘ Minden i. W., Veranstaltungsfolge Januar-März 1948 [PA Sundermann, Ausstellungscollage]).

1960 Strutz, Karl, „Wanderlust und Geselligkeit glücklich vereint: Ein halbes Jahrhundert Naturfreunde in Minden. Erinnerungen an die Vergangenheit/Jugendheim aus Pferdestall und Kahnfahrten auf der Weser“, in: Neue Westfälische [vermutlich Sommer 1971].

1961 Eine Ausnahme bildeten wohl die Bezirkszeltlager des TVdN (TAM, 002G/S181198). S. dazu, daß die Naturfreunde-Jugend auf Bundesebene in den 1950er Jahren nur kurze Zeit Zeltlagerpädagogik in Anlehnung an die Falken diskutierten und ausprobierten, Zimmer 1986, 109. Vgl. zur Zeltlagerpädagogik der Falken in der Nachkriegszeit Brücher 1991; Böhme/Wehner-Hahnel 1989, 116f.; Boll 1995a, 158-161; für Ostwestfalen-Lippe Albertin 1998, 278-281; Brücher/Hartmann 1983, 138-150.

gabe darstellte.[1962] Das innerhalb der Sozialdemokratie verbreitete Ideal der ‚Kameradschaft' zwischen Frauen und Männern schien in dieser Situation harmonieversprechend zu sein.[1963] Die Mindener Naturfreunde diskutierten dies zwar nicht, weshalb es den Jugendlichen wohl kaum präsent war.[1964] Aber die Erwachsenen griffen nach dem Zweiten Weltkrieg auf die Konzepte der Koedukation der frühen Arbeiterjugendbewegung zurück und ermöglichten den Mädchen und Jungen auf diese Weise gemeinsame Ferien.[1965] Durch ihr „mixed group principle"[1966] unterschieden sich die Naturfreunde sowie die Falken auch in der zweiten Nachkriegszeit deutlich von anderen Jugendorganisationen.[1967] Für die Jugendlichen war dies insofern neu, als sie während der NS-Zeit weitgehend nach Geschlechtern getrennt organisiert waren. Dennoch gingen sie scheinbar wie selbstverständlich miteinander auf Fahrt, fuhren zusammen in Booten oder tollten gemeinsam im See herum.[1968] Aber nachts im „Zelt wurde das ganz getrennt": „Da lagen also ... rechts die Jungen, und links lagen die Mädchen, und dazwischen lagen immer die Verantwortlichen."[1969] Ähnliche Vorsichtsmaßnahmen trafen nach Angaben der britischen Militärregierung auch die ostwestfälischen Falken: „In this R[egierungs] B[ezirk] the Falken have not carried out their policy with older age groups of putting both sexes in the same tents, as they consider the general moral standard at present too low."[1970] Damit reagierten die erwachsenen Sozialdemokraten nicht nur auf eine von ihnen wahrgenommene sexuelle ‚Gefährdung' der Jugendlichen, sondern tradierten auch die Idee der asexuellen Partnerschaft. Für männliche Jugendliche bedeutete dieses partnerschaftliche Verhältnis, mit Mädchen zu kooperieren und mit ihnen solidarisch zu sein. Sowohl in die familialen Strukturen der Naturfreunde als auch in den z. B. auf Fahrten angestrebten familialen Gemeinschaften paßten folglich kaum sol-

1962 S. Kap. II u. III. 3. 1.

1963 S. für die Nachkriegszeit Boll 1995a, 167f.; für die Arbeiterjugendbewegung des beginnenden 20. Jahrhunderts Joergens 1996; s. a. Reese 1993b.

1964 Vgl. ähnlich bei den Essener Falken Böhme/Wehner-Hahnel 1989, 117.

1965 S. Berzau, Henning, Mädchen und Jungen in der Gruppe?, in WSJ, 2 (1952), H. 4, 3-8.

1966 PRO/FO 1050, Nr. 1075.

1967 Vgl. die Debatten in der ‚Zeitschrift für sozialistische Jugend- und Erziehungsarbeit' der Falken: Knorr, Lorenz, Bub und Mädel, in: jg, 5 (November 1953), Nr. 11, 17-20; Reinowski, Kurt, Falken und Gemeinschaftserziehung, in: jg, 1 (Dezember 1949), Nr. 4, 1-3; ders., Nochmal Koedukation, in: jg, 6 (Februar 1954), Nr. 2, 51-53.

1968 Bemerkenswert ist, daß dies in den Quellen nicht weiter thematisiert wird. Zeitzeugen der deutsche Jungenschaft hingegen bemerkten, daß Mädchen schon wegen der ‚harten Märsche' und unwirschen Verhältnisse bei den Wanderungen nicht mitkonnten (Kap. III. 1).

1969 TAM, 002G/S181198.

1970 PRO/FO 1013, Nr. 2202: Bericht vom September 1947. Andere Angaben machen Böhme und Wehner-Hahnel zu den Essener Falken (Böhme/Wehner-Hahnel 1989, 117). Brücher/Hartmann 1983, behandeln die Frage der Geschlechterverhältnisse und der Praxis der Koedukation gar nicht.

datische, kämpferische oder männerbündische Verhaltensweisen. Dennoch hoben sie damit männliche Dominanz im Verein nicht prinzipiell auf.[1971] In dem Versuch der Harmonisierung der Geschlechter- und Generationenverhältnisse bestand auch ein Aspekt der Erholung, die sie auf ihren Fahrten anstrebten. Konflikte wie über die Verteilung der Arbeit blieben dennoch nicht aus.

III. 3. 2. 2. 3 Geschlechterkonflikte: Streit über Arbeit

Die Ferienfahrten der Mindener Naturfreunde-Jugend konnten nur durchgeführt werden, wenn sich möglichst viele am Aufbau der Zelte und der Versorgung beteiligten. Ein großer Teil der Aktivitäten bestand daher in der Organisation von Unterkunft und Verpflegung. Insbesondere in den Jahren der Mangelwirtschaft konnte die Gruppe männlicher und weiblicher Jugendlicher nur gemeinsam diese Aufgaben bewerkstelligen.[1972] Auf den ersten Blick scheinen dabei die Rollen und Aufgaben klar verteilt gewesen zu sein. Die Mädchen waren für die Zubereitung des Essens zuständig. Sie holten das Wasser und „hielten ... Musterung bei den Kartoffeln", während die Jungen am Dümmer-See im Rundzelt auf besseres Wetter warteten.[1973] Auch bei der Weserfahrt im Jahr 1951 „richten die Mädchen das Essen her".[1974] Jungen übernahmen andere Arbeiten, wie dies Fotos belegen: Auf einem sieht man einen Jungen mit einem Spaten, auf einem anderen einen jungen Mann Brotlaibe heranschleppen und auf einem dritten einen männlichen Teilnehmer, der sich um Räucherfisch kümmert.[1975] Die Jungen erledigten diejenigen Aufgaben, bei denen sie muskulös gefordert und räumlich exponierter waren. Sie konnten sich auf diese Weise vor anderen Aufgaben drücken: „Wir mußten ja Holz haben. Da sind wir losgezogen und haben Holz gesammelt, um das Feuer zu machen. Dabei sind wir natürlich ... in der Kneipe vorbei und haben ein paar Bier getrunken."[1976] Desweiteren zeigen einige Fotografien Jungen, die auf einem Weg zusammenstehen und, in eine Landkarte vertieft, über die zu wandernde Rich-

1971 Dies zeigt z. B. der von Karl Strutz häufig verwendete und abwertende Begriff „Weibsen" für Mädchen und Frauen (Strutz, Karl, „Kleine Paddelfreuden auf Werra und Weser. Geruhsame Ferienfahrt stromabwärts im Boot", in: Zeitungsartikel o. Angaben [verm. Freie Presse 1951] [PA Sundermann, Ordner OV 1]).

1972 Vgl. TAM, 001G/S181198; Buckpesch 1986, 194f.

1973 Vom Dümmer-See [1953] (PA Sundermann, Ordner OV 3).

1974 Strutz, Karl, „Kleine Paddelfreuden auf Werra und Weser. Geruhsame Ferienfahrt stromabwärts im Boot", in: Zeitungsartikel o. Angaben [verm. Freie Presse 1951] (PA Sundermann, Ordner OV 1). S. a. TAM, 002G/S181198.

1975 PA Sundermann, Ordner OV 3; Ausstellungscollage; Ordner OV 1.

1976 TAM, 002G/S181198. Eine Ausnahme war wohl der Ausflug einer Bielefelder Gruppe, bei der neben vier Mädchen lediglich ein Junge dabei war. Dieser – so der hämisch-ironische Bericht – war nicht nur „Hahn im Korb", wie die Überschrift vermuten läßt, sondern mußte laufend die Fahrräder reparieren, während die Mädchen sich ausruhen konnten (Ontrup 1997, 13).

tung diskutieren.[1977] Möglicherweise wurden diese Fotos gestellt. Sicherlich berieten auch Mädchen über den Standort und lasen die Wanderkarte. Sie wurden dabei aber nicht fotografiert. Zumindest in der Selbstdarstellung war die Beratung über die Wegstrecke eine ‚männliche' Aufgabe. Männliche Jugendliche übernahmen die Tätigkeiten, bei denen sie körperlichen Einsatz, Kraft, ihre Kenntnisse in Geographie, räumliches Denken und Entscheidungswillen beweisen konnten. Mädchen kümmerten sich dagegen um die Versorgung und die Einteilung des Essens. Auf den ersten Blick konstruierten die Naturfreunde auf ihren Fahrten ‚normalisierte' Geschlechterverhältnisse.

Diese Rollenaufteilung war allerdings nicht unumstritten und starr festgelegt.[1978] Besonders die Mädchen hielten sie für flexibel, wie eine Bildunterschrift des Artikels von Karl Strutz verrät: „Die Boote werden vertäut, gleich richten die Mädchen das Essen her. (Wer später im Haushalt Hilfe haben will, veranlaßt den ‚Zukünftigen' schon jetzt zum Kartoffelschälen. ‚Aber meist haben die Kerle ja faule Ausreden', sagt Line, die schon verheiratet ist.)"[1979] Auch andere Bemerkungen von Karl Strutz zeigen, daß Mädchen und junge Frauen sich durchaus deutlich über das Verhalten der Jungen und jungen Männer beschwerten. Lästernd berichtet er davon, daß sich besonders die Mädchen über sein Tempo und über das Spritzwasser durch die britischen Boote beklagten: „Unsere Weibsen sticheln erst heimlich, dann nörgeln sie offen und rebellieren zum Schluß handgreiflich. Neben dem Sonnenbraun der Arme habe ich deshalb einige Beulen." Möglicherweise übertreibt Strutz an dieser Stelle. Dennoch wird deutlich, daß die Mädchen sich mit ihren Wünschen und Interessen nicht zurückhielten und männliche Fahrtenteilnehmer durchaus kritisierten. Zahlreiche Fotografien zeigen auch Mädchen und junge Frauen, die sich zusammen mit den Jungen austobten und sich offenbar weder fehl am Platz noch den Jungen unterlegen fühlten.[1980]

Die Mädchen forderten die Jungen heraus, indem sie von ihnen mehr erwarteten als körperlichen Einsatz. Sie verlangten von den männlichen Jugendlichen, daß auch sie sich um die Zubereitung des Essens kümmerten und auf die Mädchen, z. B. beim Paddeln, Rücksicht nahmen. Damit stellten die Mädchen bestehende Geschlechterverhältnisse nicht grundsätzlich in Frage, sondern wünschten sich eher ‚sanfte' und sorgende männliche Partner als ausschließlich kraftbeweisende Arbeiter. Allerdings machten die männlichen Jugend-

1977 PA Sundermann, Ordner OV 2.
1978 Vgl. den Zeitungsbericht „Mindener Falken auf Osterfahrt", in: Freie Presse v. 27. 4. 1946.
1979 Wenn nicht anders angegeben sind die Angaben und Zitate in diesem Abschnitt folgendem Artikel entnommen: Strutz, Karl, „Kleine Paddelfreuden auf Werra und Weser. Geruhsame Ferienfahrt stromabwärts im Boot", in: Zeitungsartikel o. Angaben [verm. Freie Presse 1951]. Vgl. TAM, 002G/S181198.
1980 PA Sundermann, Ausstellungscollage; Ordner OV 1; Ordner OV 2; Ordner OV 3.

lichen bei der Frage der geschlechtsspezifischen Arbeitsteilung offenbar keine Zugeständnisse an die Mädchen.[1981] Räumlich exponierte, körperlichen Einsatz erfordernde und mit Entscheidungsmacht ausgestattete Arbeiten blieben trotz der Konflikte männlichen Teilnehmern vorbehalten, während die Jungen den Mädchen das Kartoffelschälen überließen. Dies entsprach etwa der gesellschaftlichen Situation, in der männliche Arbeiter in der Nachkriegszeit weitgehend ihre Positionen am Arbeitsmarkt erhalten oder zurückgewinnen konnten, und gleichzeitig viele Frauen von ihren Arbeitsstellen verdrängt wurden.[1982] Die daraus entstandenen Konflikte trugen Frauen und Männer in erster Linie innerhalb der eigenen Familie aus oder – wie bei den Naturfreunden – in familialer Gemeinschaft auf Fahrt.

III. 3. 2. 2. 4 ‚Gesellschaftskritisches Wandern' und göttliche Natur

> „Die Gesunderhaltung des Körpers, das Eindringen in die Natur auf der Basis naturwissenschaftlicher und kulturgeschichtlicher Erkenntnis, das Studium der sozialen Verhältnisse ... sind die Erfordernisse der Stunde bei den Wanderern von heute".[1983]

Auf ihren Fahrten betätigten sich die Naturfreunde sportlich, erholten sich und handelten die Arbeitsverteilung innerhalb der im allgemeinen harmoniebedürftigen Gruppe aus. Darüber hinaus interessierten sie sich für die fremde Umgebung, in der sie wanderten oder mit dem Boot fuhren, und waren aufgeschlossen gegenüber Menschen, die sie trafen.

Zu Beginn ihre Wasserwanderung 1951 besuchten die Naturfreunde die ‚Jugendburg' Ludwigstein. Dort trafen sie „Jungen", die sicherlich zu einer Wandervogelgruppe oder der bündischen Jugend gehörten, denen sie ohne feindliche Abgrenzung und ohne, daß dieses Ereignis abfällig kommentiert worden wäre, begegneten.[1984] Selbst als die Naturfreunde in Höxter wegen des dorti-

1981 Vgl. Connell 1999, 143-163, hier 152. Er untersuchte u. a. eine Gruppe von Männern, deren Hintergrund die Entwicklung der Alternativszenen seit der Mitte der 1970er Jahre ist und die aufgrund feministischer Kritik versuchen, ihre Männlichkeit zu reformieren. Analog zu den Aktivitäten in den Alternativszenen „beschränken [diese Männer aber] ihren Blick auf Erwartungen und Einstellungen, persönliche Umgangsformen und direkte Interaktionen, anstatt auch die wirtschaftliche Diskriminierung, institutionalisierte Aspekte des Patriarchats und den Feminismus als politische Bewegung wahrzunehmen".

1982 Vgl. III. 3. 1.

1983 Hofmann, Kurt (Berlin), Soziales Wandern im Spiegel der Geschichte, in: WB (März-April 1954), Nr. 2, 3.

1984 Strutz, Karl, „Kleine Paddelfreuden auf Werra und Weser. Geruhsame Ferienfahrt stromabwärts im Boot", in: Zeitungsartikel o. Angaben [verm. Freie Presse 1951] (PA Sundermann, Ordner OV 1). S. zur Burg Ludwigstein Kap. III. 1. Vgl. dagegen das Verhalten der Mindener Jungenschaftler und der CVJMler (Kap. III. 1. u. III. 2).

gen Schützenfestes Schwierigkeiten bei der Lebensmittelversorgung bekamen, gab dies keinen Anlaß zu einer arroganten Haltung gegenüber den Einheimischen. Vielmehr berichtet Strutz, daß sie mit der Hilfe von Freunden doch noch einen „Kaufmann in Gnaden" zum Verkauf von Lebensmitteln überredet und sich anschließend an dem Schützenfest beteiligt hätten.[1985] Selten verhielten sich die Naturfreunde sozial distinguierend, außer in einer Situation im Zeltlager am Dümmer-See.

„Nachbarn hatten wir auch – so vornehme Leute, dass wir manchmal unsere schmutzigen Fingernägel besahen, ab und zu aber, wenn sie so gerade feierlich mit Messer und Gabel hantierten, stolperte eine Kuh an ihren Zeltleinen herum und drohte die Leinwand einzurennen. Ja – die Kühe! Die machten sich gar nichts ob solcher Vornehmheit. Sie pladderten gerade dahin, wo es ihnen Spass machte".[1986]

Die Naturfreunde-Jugend stellte sich selbst als ungepflegte, wilde und naturbewußte Jungen und Mädchen dar, während die ‚Anderen' aus ihrer Sicht ‚unwissende Vornehme' waren, die in der ‚unwirschen Natur' nicht zurecht kamen. Im allgemeinen aber war die Auseinandersetzung mit Außenstehenden, nicht zur Gruppe gehörenden Menschen, sowie die Abgrenzung von ihnen für die Gemeinschaftsbildung der sozialdemokratischen Jugendgruppe ebensowenig von Bedeutung wie die gruppeninterne Konkurrenz. Auch in den Darstellungen der Fahrten der Naturfreunde spielte soziale Distinktion nur eine geringe Rolle.[1987]

Meist begegneten die Jugendlichen des TVdN ihrer Umwelt gegenüber aufgeschlossen und interessiert. Auf ihrer Reise entlang der Weser besichtigten sie alte Städte und Bauten. Sie besuchten „die große schöne Stadt" Hannoversch-Münden und hatten Spaß, „in diesen Gassen und Gäßchen spazieren zu gehen". Beim Kloster Corvey bei Höxter machten sie ebenfalls Station. Von dort aus wollten sie einen „Wanderweg zu dieser Märchenburg in Bursefeld" unternehmen, aber der Regen hielt sie davon ab. In Höxter besichtigten die Arbeiterjugendlichen die „Bürgerbauten des 16. Jahrhunderts", in Holzminden das „alte renovierte Rathaus", danach Bodenwerder mit Münchhausen und Hameln mit dem Rattenfänger.[1988]

Die Jugendlichen übten sich dabei, angeleitet vom Gruppenleiter Karl Strutz, in einer kritisch-hämischen Perspektive z. B. auf die Kolonialschule in

1985 Strutz, Karl, „Kleine Paddelfreuden auf Werra und Weser. Geruhsame Ferienfahrt stromabwärts im Boot", in: Zeitungsartikel o. Angaben [verm. Freie Presse 1951] (PA Sundermann, Ordner OV 1).

1986 Vom Dümmer-See [1953] (PA Sundermann, Ordner OV 3).

1987 Strutz, Karl, „Kleine Paddelfreuden auf Werra und Weser. Geruhsame Ferienfahrt stromabwärts im Boot", in: Zeitungsartikel o. Angaben [verm. Freie Presse 1951] (PA Sundermann, Ordner OV 1).

1988 Ebda. Wenn nicht anders angegeben sind die Zitate und Angaben in diesem Abschnitt diesem Artikel entnommen.

Witzenhausen: „Leer stehen heute die Räume am Flußufer; der Kolonialtraum wird ja auch bei anderen Völkern nach und nach zu den Akten gelegt". Auf der Weiterfahrt bewunderte die Reisegruppe die großen und z. T. vom Krieg zerstörten Autobahnbrücken, und Karl Strutz berichtete, daß wenige Tage vor ihrer Reise zwei der Brückenarbeiter von ihrem gefährlichen Arbeitsplatz abgestürzt waren. Schon während der Reisevorbereitung waren die Naturfreunde mit Problemen aktueller Politik konfrontiert: Der Verkehrsverein in Eschwege wies den TVdN Minden darauf hin, daß das Befahren der Werra an dieser Stelle zu Problemen führen könnte. Denn die Werra und Weser waren Grenzflüsse zwischen Ost- und Westdeutschland, und die Werra fließt an einer Stelle durch die SBZ. Die Naturfreunde entschlossen sich dennoch, die Fahrt auf dem Wasser auch dort fortzusetzen. Das Befahren der Werra erwies sich als „ungemütlich", da der Fluß auf beiden Seiten bewacht wurde. Hinzu kam, daß zur selben Zeit in Ost-Berlin die „Weltjugendfestspiele" stattfanden und „FDJ-Mitglieder die Grenze zu überschreiten" versuchten. Folglich wurden „gerade in diesen Tagen" verstärkt Kontrollen durchgeführt. Als einige Mädchen gleich nach Ankunft bei Witzenhausen über die Werra-Brücke zum Wasserholen gingen, wurden sie von „Zollgrenzern" nach ihren Ausweisen befragt. Die Jugendlichen waren froh, daß sie „als westliche Mitteleuropäer erkannt [wurden] und ... unbehelligt Trinkwasser heimtragen [durften]". Sie distanzierten sich damit auch von den FDJlern, die zu den „Weltjugendfestpielen" nach Osten wollten. Mit leichter Häme berichtet Karl Strutz, daß einige von ihnen „Pech" hatten, weil sie den Zug mithilfe der Notbremse auf einer Brücke zum Stehen brachten und deshalb nicht aussteigen konnten.[1989] Auch entsprach es der feindlichen Haltung eines Großteils der Sozialdemokratie gegenüber Kommunisten und der russischen Besatzungsmacht, daß ihm besonders die „Volkspolizei mit geschultertem Karabiner" auffiel. Negativ empfanden die Jugendlichen nicht nur die Auswirkungen des ‚Kalten Krieges', sondern auch die Umweltverschmutzungen: „Beim Baden in den Werrafluten stellen wir fest, daß das weiche Wasser merkwürdig salzig schmeckt." Einige trugen auch Hautausschläge davon. Sie erfuhren danach, daß Kali-Abwässer in den Fluß geleitet wurden.

Auch wenn die Mindener Naturfreunde ihre Ferien nur selten für ausgesprochen politische Gespräche und Bildung nutzten[1990], war das Bildungsinteresse der Mindener Naturfreunde-Jugendlichen groß: Die Jugendlichen

1989 Vgl. zu den „Weltjugendfestspielen" und den (z. T. gescheiterten) Versuchen Jugendlicher, die Zonengrenze zu überschreiten, Gröschel 1990, 183; zu den Auseinandersetzungen innerhalb des TVdN über die Positionierung zur SBZ Bagger 1992.

1990 TAM, 002G/S181198. Leider ist nicht bekannt, welche Themen und Probleme sie in den Gesprächsrunden diskutierten. – Etwas anders verhielt es sich im Zeltlager der Bielefelder Naturfreunde 1947. Hier sammelten sich die Jugendlichen ab und zu, um einem Referat z. B. von Georg Strutz über den Friedensnobelpreisträger Fridtjof Nansen oder von Erich Deppermann über „Jugend im heutigen Staat", zuzuhören. Von Arbeitsgruppen, in

wollten „die Welt gerne kennenlernen“[1991] und nach der NS-Diktatur die beliebten Wanderungen sowie Kenntnisse über fremde Regionen und Naturkunde „nachholen“[1992]. Wie ein Zeitzeuge erklärte, wollten sie „erklärt“ bekommen, „warum es so ist“.[1993] Bei ihren Fahrten lernten sie neue Gegenden kennen. Darüber hinaus übten sie sich darin, ihre Umgebung, die Natur, die Menschen und ihre Arbeitsbedingungen sowie „historische Gegebenheiten“ kritisch wahrzunehmen.[1994] Diese Abwechslung hatte für die Jugendlichen auch erholsamen Charakter: „Bus- und Ferienreisen zu den schönsten Gegenden ... gaben neue Kraft für viele Aktionen.“[1995] Darüber hinaus erweiterten die Jungen und Mädchen damit ihre Volksschulbildung in den Bereichen der Natur- und Sozialkunde sowie in Geologie und Geschichte.[1996]

Fotografien und die Tatsache, daß fast ausschließlich Männer Wanderführungen übernahmen und über Reisen und Naturkunde referierten, verdeutlichen, daß diese Form der Wissensaneignung männlich praktiziert und konnotiert war. Männliche Jugendliche erfuhren auf diese Weise Bestätigung und Förderung, während die Mädchen in eine Position gerieten, in der sie als defizitär galten.[1997] Männliche wie weibliche Arbeiterjugendliche eigneten sich hier folglich auf unterschiedliche Weise Wissen und somit Traditionen des ‚sozialen Wanderns‘ an[1998], die ihnen von Erwachsenen wie Karl und Georg Strutz nahegebracht wurden.[1999] Die Idee des ‚sozialen Wanderns‘ war in den 1920er Jahren sowohl in der Arbeiterjugendbewegung als auch in sozialdemokratischen Lebensreformvereinen entwickelt worden.[2000] Nach dieser Vorstellung sollte das Bergsteigen oder Wandern keine Flucht sein, sondern als Teil des Klassenkampfes bzw. als Stärkung für Arbeitsalltag und Klassenkampf verstanden werden. Funktionäre der zweiten Nachkriegszeit, wie der Bundes-

denen Jugendliche selbst ein Thema erarbeiteten, ist dabei jedoch nicht die Rede (Froböse 1987a, 149-154).

1991 TAM, 001G/S181198.

1992 Sundermann/Sundermann 1995, 173.

1993 TAM, 001G/S181198; vgl. Hahn 1986, 173.

1994 Strutz Georg, Eine erlebnisreiche Wasserfahrt im Paddelboot, in: WB (November-Dezember 1953), Nr. 6, 8-10.

1995 70 Jahre Naturfreunde Minden, 1991, [handschriftl.] (PA Sundermann, Ordner OV 3).

1996 Nach einer Umfrage der Britischen Militärbehörden in Nordrhein-Westfalen im Dezember 1949 hatten die Mitglieder der Falken und der DGB-Jugend, als größte Arbeiterjugendverbände, in der Regel keinen höheren Schulabschluß als den der Volksschule (PRO/FO 1050, Nr. 1095). Vgl. zu dem Aspekt der Bildung bei den Fahrten der Naturfreunde im frühen 20. Jahrhundert Denecke 1991, 257-259; Günther 1996, 205.

1997 Vgl. Joergens 1996.

1998 S. z. B. Wenn Du mit der Jugend auf Fahrt gehst, in: WSJ, 1 (1951), H. 3, 6.

1999 Vgl. Strutz, Georg, Weserfahrt und Weinbergschnecken, in: Der Ravensberger, 20 (1948), 104.

2000 Vgl. Günther 1996, 200-204; Pils 1994, 101-103; Zimmer 1984c, 163-169.

sekretär der Naturfreunde in den 1950er Jahren Kurt Hofmann[2001], erklärten beispielsweise, daß die Idee des ‚sozialen Wanderns' auf die wandernden Handwerksgesellen zurückzuführen sei. Diese hätten sich aufgrund der sich verschlechternden sozialen Situation in „Gesellenbünden" zusammengeschlossen. Ihre Bünde sollten ein „Bollwerk gegen die auftauchenden Mißverhältnisse" sein, womit „ein neuer sozialer Zug des damaligen Wanderns ... zutage [trat]".[2002] Das „Studium der sozialen Verhältnisse in Stadt und Land" sollte Voraussetzung für „die Überbrückung der Gegensätze ihrer Bewohner und die tätige Mithilfe bei Verbesserung ihrer Verhältnisse zum Besten einer neuen Kultur" sein.[2003] Das ‚soziale Wandern' sollte eine spezifisch sozialistische und proletarische Form des Reisen sein, auch wenn die Praxis häufig bürgerlichen Wandervereinen ähnelte.[2004]

Die Mindener Naturfreunde wollten nach dem Zweiten Weltkrieg zwar kein „Bollwerk" gegen soziale Mißstände sein, aber auch hier war es „letztlich" das „Ziel des Naturfreundes", „nicht nur die Flora und Fauna, sondern vor allem auch die Landschaft und den Menschen, der in dieser Landschaft lebt und wirkt, zu kennen".[2005] Außerdem stimmten die Mindener Funktionäre mit dem damaligen Bundesjugendleiter Kurt Hahn darin überein, daß das ‚soziale Wandern' der Solidarität untereinander diente:[2006]

„Und kehren wir dann abends in einer Hütte ein, um mit guten Freunden nach anstrengender Bergfahrt den Tag zu beschliessen, dann wissen wir, dass in zahlreichen anderen Naturfreundehütten Menschen von dem gleichen Gedanken bewegt werden."[2007]

Die Auffassungen über das ‚soziale Wandern' unterschieden sich je nach Region. Beispielsweise waren die in Minden beliebten Reisevorträge von Georg Strutz eher sozialromantisch als -kritisch. Er beschrieb darin die Bewohnerinnen und Bewohner der Alpenregion mit der Faszination früher Ethnolo-

2001 TAM, 001-002G/S181198.

2002 Hofmann, Kurt (Berlin), Soziales Wandern im Spiegel der Geschichte, in: WB (März-April 1954), Nr. 2, 3. Vgl. Wächter 1986, 36-39. Wächter listet hier weitgehend unkritisch die Normen des Jugendwanderns in der Weimarer Republik auf, ähnlich wie Wunderer 1977, 512f. Vgl. zu der von der Bundesjugendleitung Ende der 1950er Jahre wieder aufgegriffene Diskussion über das ‚soziale Wandern' Zimmer 1986, 116f.

2003 Hofmann, Kurt (Berlin), Soziales Wandern im Spiegel der Geschichte, in: WB (März-April 1954), Nr. 2, 2f., hier 3.

2004 S. Scheele 1984, 209-212; vgl. Günther 1996, 191.

2005 So kam in einem Vortrag über eine Tirolreise die Geschichte und der soziale Nutzen eines SOS Kinderdorfes zur Sprache, das noch von Kriegsgefangenen gebaut wurde („Farbige Palette Tirols. Chefredakteur Georg Strutz vor dem TV ‚Naturfreunde' in Minden", in: Zeitungsartikel o. Angaben [PA Sundermann, Ordner o. T]).

2006 Hofmann, Kurt (Berlin), Soziales Wandern im Spiegel der Geschichte, in: WB (März-April 1954), Nr. 2, 2f., hier 3.

2007 „Rede zur Heimweihe" (PA Sundermann, Ordner OV 1).

gen.[2008] Die Tiroler und die Salzburger-Land-Bewohner werden wie ‚Naturvölker' als urtümlich und von der ‚Zivilisation' unberührte Menschen dargestellt. Zuhörerinnen und Zuhörer bewunderten diese „harten, armen, aber immerzeit fröhlichen Menschen"[2009], „die kleinen Dörfer mit ihren stilechten Bauten", „Mittersill mit seinen kraftvollen Häusern und sehr selbstbewußten und stolzen Menschen" sowie „die alten Sitten" und „Volkstänze mit furchterregenden Masken", die „noch nicht verloren gegangen" waren.[2010] Diese Berichte waren mehr zivilisationskritisch und kulturpessimistisch als gesellschaftskritisch. Die Naturfreunde priesen die angeblich harmonische Lebensweise und ‚heile Welt' der Alpenbewohner und kritisierten höchstens den Autotourismus.

In diesem Sinne ist auch die Begeisterung für die ‚Natur' zu verstehen. Die Naturfreunde erfreuten sich an bedrohten und daher seltenen Pflanzen und Tieren.[2011] Während andere Gruppen im Landesverband z. B. eine Fossilien- und Mineraliensammlung erstellten[2012] und sich in Arbeitsgruppen mit „Natur- und Heimatkunde" befaßten[2013], überwog in Minden die schwärmerische Naturromantik. Damit unterschieden sich die Mindener Naturfreunde von dem offiziellen Diskurs des TVdN.[2014] In der „Rede zu Heimweihe" beispielsweise stellte Georg Strutz die Frage: „Gibt es Schöneres, als das Blütenwunder der Natur zu betrachten (...). So ist uns Naturfreunden die Natur ein Erlebnis."[2015]

2008 Vgl. Günther 1996, 200-204. Sowohl die Arbeit von Günther als auch die weniger quellenkritische Studie von Brinkschmidt (1997) machen deutlich, inwiefern sich die Diskursanalyse überregionaler Quellen von einer lokalhistorischen Quellenstudie unterscheidet. Die z. T. zur vorliegenden Arbeit verschiedenen Ergebnisse dieser beiden Untersuchungen sind daher nicht nur auf den abweichenden Untersuchungszeitraum zurückzuführen.

2009 „Farbige Palette Tirols. Chefredakteur Georg Strutz vor dem TV ‚Naturfreunde' in Minden", in: Zeitungsartikel o. Angaben (PA Sundermann, Ordner o. T.).

2010 „Oberpinzgau – Österreichs Schatzkästlein. Georg Strutz führte Naturfreunde in eines der schönsten Salzburger Täler", in: Zeitungsartikel o. Angaben (PA Sundermann, Ordner o. T.). – Man freute sich, wenn „noch alle Bräuche lebendig" waren und bedauerte es, wenn man „nur noch selten junge Leute in den farbenprächtigen, wertvollen Trachten mit goldbestickten Hauben" sah („Steirisches Salzkammergut – gelobtes Land. Vortrag von Georg Strutz von den Mindener Naturfreunden/Rund um den Dachstein", in: Zeitungsartikel o. Angaben). Man war stolz, Bilder aus „dem echten Kärnten und seinen Menschen" sehen zu können („Herbstreise ins Kärntnerland. Neue Farbdias von Georg Strutz in der Aula des Bessel-Gymnasiums", in: Zeitungsartikel o. Angaben) (alles PA Sundermann, Ordner o. T.).

2011 „Herbstreise ins Kärntnerland. Neue Farbdias von Georg Strutz in der Aula des Bessel-Gymnasiums", in: Zeitungsartikel o. Angaben; „Oberpinzgau – Österreichs Schatzkästlein. Georg Strutz führte Naturfreunde in eines der schönsten Salzburger Täler", in: Zeitungsartikel o. Angaben (PA Sundermann, Ordner o. T.); Strutz, Karl, „Kleine Paddelfreuden auf Werra und Weser. Geruhsame Ferienfahrt stromabwärts im Boot", in: Zeitungsartkiel o. Angabe [verm. Freie Presse 1951] (PA Sundermann, Ordner OV 1).

2012 Vgl. die kleine Chronik der Fachgruppe Natur- und Heimatkunde im Landesverband (Baumotte 1995).

2013 Landesverband Westfalen, in: WB (Mai-Juni 1953), Nr. 3, 21; s. a. Jahreskonfrenz des Landesverbandes Westfalen im Metallarbeiterheim in Gelsenkirchen, in: WB (Mai-Juni 1953), Nr. 3, 21.

2014 Vgl. Günther 1996; s. a. Schmitz 1984.

2015 „Rede zur Heimweihe" (PA Sundermann, Ordner OV 1).

Die ‚Schönheit der Natur' wurde in zahlreichen öffentlichen und vereinsinternen Dia-Shows,[2016] Tonfilmen[2017] und in Artikeln in der Naturfreunde-Zeitschrift „Wandern und Bergsteigen"[2018] bewundernd dargestellt. Die Vorträge der von außerhalb eingeladenen Referenten oder von Mitgliedern des Mindener TVdN handelten z. B. von „der üppigen Vegetation, die sich gerade anschickte, in ein pastellfarbenes herbstliches Gewand zu hüllen ..." oder davon, daß der „flammende Himmel ... sich in einer Symphonie der Farben im Wasser wider[spiegelte] – eine Apotheose der Schöpfung, bei der man den Wahrheitsgehalt des Dichterwortes überwältigend spürte".[2019] Dabei faszinierte die ‚Schönheit der Natur' oder die malerische Landschaft einer winterlichen Szenerie in den Alpen.[2020] Die Naturfreunde begeisterten sich für das Mächtige und Gewaltige „der erhabenen Bergwelt"[2021] oder den „majestätischen Eindruck" der Bilder aus Österreich[2022]: Georg Strutz nannte sogar einmal in einem Vortrag das Steirische Salzkammergut „das gelobte Land".[2023] Nicht nur hier war die Rhetorik religiös[2024]; auch an anderen Stellen wurde einer Land-

2016 „Farbige Palette Tirols. Chefredakteur Georg Strutz vor dem TV ‚Naturfreunde' in Minden", in: Zeitungsartikel o. Angaben; „Herbstreise ins Kärntnerland. Neue Farbdias von Georg Strutz in der Aula des Bessel-Gymnasiums", in: Zeitungsartikel o. Angaben; „Oberpinzgau – Österreichs Schatzkästlein. Georg Strutz führte Naturfreunde in eines der schönsten Salzburger Täler", in: Zeitungsartikel o. Angaben; „Steirisches Salzkammergut – gelobtes Land. Vortrag von Georg Strutz von den Mindener Naturfreunden/Rund um den Dachstein", in: Zeitungsartikel o. Angaben (PA Sundermann, Ordner o. T.). S. a. PA Sundermann, Ausstellungscollage; Ordner OV 3; KAM, Plakatsammlung, Plakatgruppe 12 (1913-1947).

2017 „Berg frei", in: Zeitungsartikel o. Angaben (PA Sundermann, Ordner o. T.).

2018 Hier seien nur beispielhaft die Wanderungen von Naturfreunden aus der Region genannt: Eweler, Ewald (Bielefeld), Die Heide blüht und ruft, in: WB 2 (September-Oktober 1950), Nr. 9/10, 16; Meier-Böke, Dr. A. Sennefahrt. Eisschmelzwasser formten das Land. Parade der Farne. Alte Mühle bei einsamen Hof, in: WB (Mai-Juni 1953), Nr. 3, 5; Strahtkötter, H. (Bielefeld), Ich habe gewartet. Wolken tanzen einen Reigen um ‚Eiger', ‚Mönch' und ‚Jungfrau', in: WB (November-Dezember 1954), Nr. 6, 8f.; ders., Stimmungsbilder aus dem schönen Tessin in der südlichen Schweiz, in: WB (September-Oktober 1955), Nr. 5, 13.

2019 „Herbstreise ins Kärntnerland. Neue Farbdias von Georg Strutz in der Aula des Bessel-Gymnasiums", in: Zeitungsartikel o. Angaben (PA Sundermann, Ordner o. T.).

2020 „Steirisches Salzkammergut – gelobtes Land. Vortrag von Georg Strutz von den Mindener Naturfreunden/Rund um den Dachstein", in: Zeitungsartikel o. Angaben (PA Sundermann, Ordner o. T.).

2021 „Berg frei", in: Zeitungsartkiel o. Angaben (PA Sundermann, Ordner o. T.).

2022 „Oberpinzgau – Österreichs Schatzkästlein. Georg Strutz führte Naturfreunde in eines der schönsten Salzburger Täler", in: Zeitungsartikel o. Angaben. S. „Rede zur Heimweihe" (PA Sundermann, Ordner OV 1).

2023 „Steirisches Salzkammergut – gelobtes Land. Vortrag von Georg Strutz von den Mindener Naturfreunden/Rund um den Dachstein", in: Zeitungsartikel o. Angaben (PA Sundermann, Ordner o. T.).

2024 „,Und als der Herr seine Schöpfung besah, wurde es ihm in den Augen feucht. Eine der Freudentränen fiel auf das Kärntener Land hernieder'", heißt es z. B. in folgendem Artikel Herbstreise ins Kärntnerland: „Neue Farbdias von Georg Strutz in der Aula des Bessel-Gymnasiums", in: Zeitungsartikel o. Angaben (PA Sundermann, Ordner o. T.)

schaft göttlich-übermenschliche Attribute zugeschrieben.[2025] Diese ‚natürliche' Macht und die ‚Schönheit' heimatlicher und alpiner Landschaften waren sicher eine willkommene Alternative zu realen gesellschaftlichen Machtverhältnissen und politischen Problemen: „Wer ... würde da nicht alle Sorgen und Nöte angesichts dieser Schönheit vergessen".[2026]

Für die Jugendlichen des Mindener TVdN ging diese willkommene Ablenkung vom Alltag einher mit ihrem Interesse für ‚Heimat- und Naturkunde'. Sie ließen sich sinnlich und emotional auf das Naturerlebnis ein; sie verstanden zwar die Natur als Gegensatz zur Stadt und zur ‚Zivilisation'. Aber die Naturfreunde hoben sich dabei nicht sozial distinguierend und elitär von der ‚Massengesellschaft' ab, sondern sie identifizierten sich vielmehr mit ‚dem Volk'. Sie nahmen deshalb selbstverständlich am Schützenfest einer fremden Stadt teil. Dabei wanderten sie auf den Pfaden der ‚Arbeiterkulturorganisation', hörten und lasen gegebenenfalls sozialkritische Aussagen männlicher Erwachsener. Auf diese Weise verorteten sie sich im sozialdemokratischen Milieu Mindens, in dem ‚Kultur' und ‚Natur' scharf von ‚Politik' getrennt wurden und wo Wissen männlich konnotiert war.

Die Fahrten der Naturfreunde waren für viele Jugendliche im sozialdemokratischen Milieu eine willkommene Möglichkeit, weg zu fahren und die Enge der Stadtwohnung und des Vereinsheims zu verlassen.[2027] Sie erholten sich in ihren Zeltlagern oder bei den Paddeltouren in einer gemischtgeschlechtlichen Gemeinschaft, die um Ausgleich, Integration und Harmonie bemüht war. Konflikte gab es v. a. zwischen männlichen und weiblichen Fahrtenteilnehmern über die Verteilung der zu erledigenden Arbeiten, wobei niemand gängige Arbeitsverteilung, männliche Dominanz und Männern zugeschriebene Kompetenz und Entscheidungsmacht grundsätzlich in Frage stellte. Männlichkeit im sozialdemokratischen Milieu zeichnete sich durchaus durch körperliche Kraft und Überlegenheit gegenüber weiblichen Personen aus. Männlichkeit wurde bei den Naturfreunden also nicht im frauenfreien Raum auf Fahrt ‚erwandert' und gebildet und auch nicht in erster Linie im Wettkampf ‚errungen'. Männlichkeit bedeutete für diese Jungen ebenso Partnerschaft und Weltoffenheit.

2025 Vgl. Denecke 1991, 252; polemisch dazu Lorenz 1996. Vgl. zum Alpinismus der Naturfreunde-Bewegung, der in den Alpenregionen und für einige herausragende Bergsteiger von konkreterer Bedeutung war, Georgi-Valentin 1955b; Schott 1955; Slavik 1955.

2026 „Rede zur Heimweihe" (PA Sundermann, Ordner OV 1).

2027 Mit dem TVdN konnten sich dies auch Arbeiterjugendliche in der frühen Nachkriegszeit leisten. Außerdem richtete der Touristenverein eine Unfallunterstützung ein, die bei Unfällen und daraus folgender Arbeitsunfähigkeit aushelfen sollte. Schreiben bzgl. Unfallsache M. G. aus Minden von Landesverband Bayern des TVdN am 26. 8. 1949 an TVdN Ortsgruppe Minden [PA Sundermann, Ordner OV 1]). Vgl. Brinkschmidt für die späte Weimarer Republik (Brinkschmidt 1998, 200f.).

III. 3. 2. 3 Gremienarbeit und Feste: offizielle und inoffizielle Politik

„Jahrzehntelanger Kampf für das gleiche Ziel und meist persönliche Freundschaft verbindet den Großteil der Delegierten. Gemeinsam ging ihr Weg aus der Jahrhundertwende heraus in unsere Zeit. Ihre Treue zur Arbeiterbewegung ist der erreichte Fortschritt der Schaffenden, ihrer Liebe zu unsren Idealen das Wiedererstehen der Naturfreunde-Bewegung nach 1945 zu danken."[2028]

Die Jugendlichen im Touristenverein - Die Naturfreunde engagierten sich nicht nur beim Renovieren, bei Volkstänzen und auf Fahrten. Männliche Jugendliche waren im begrenzten Maße auch in die Gremienarbeit einbezogen und übernahmen Funktionen und Aufgaben in der Vereinsorganisation. Sie beteiligten sich also an der Politik des Touristenvereins, so z. B. an der näher zu betrachtenden Jahreshauptversammlung der Mindener Naturfreunde-Ortsgruppe im Januar 1954.[2029]

„Am 15. Januar 1954 hatte der Vorstand alle Mitglieder schriftlich zur Jahreshauptversammlung in die Tonhalle eingeladen. Trotz Sturm und Regen fanden sich 54 Mitglieder ein. Wanderfreund S[...] vom Landesverband Bielefeld wart zu unserer großen Freude auch gekommen."[2030]

Zunächst sprach der erste Vorsitzende der Ortsgruppe Minden, Karl Strutz, „herzliche Begrüßungsworte"[2031] und gab wie üblich einen Bericht über die Vereins- und Vorstandstätigkeiten des vergangenen Jahres. Enttäuscht teilte er den Mitgliedern mit, daß die Mindener Naturfreunde „bald ihr Heim verlieren werden". Kritisch „führte" er weiter „an, wie sehr er die enge Zusammenarbeit vermißt habe". Laut Protokoll „traf ... sein Vorwurf" die Versammelten „sehr". Schließlich „schloß Karl Strutz" den Bericht mit „zuversichtlichen Worten" und sang ein Lied mit den Strophen „‚frisch gewagt, ist halb gewonnen!'". Der Rechenschaftsbericht des Vorstandes wurde fortgesetzt. Der Kassier Willi B. fehlte wegen Krankheit und wurde von seiner Frau Ida vertreten. „Nun nahm der Wanderfreund S[...] das Wort" und ergänzte den Finanzbericht um seine Kritik an der mangelnden Zahlungsmoral des Ortsvereins. Anschließend legte der Wanderwart Albert Gundlach Rechenschaft über seine Vorstandstätigkeit ab. Dabei „erzählte" er „über die zahlreichen Wanderungen ..., streifte kurz die

2028 Hahn, Kurt, In Erwartung der Konferenzen. Kritische Betrachtungen einer zeitlichen Entwicklung. Den Freunden bei ihrer Wanderung zu den Konferenzen mit auf den Weg, in: WB (September-Oktober 1953), Nr. 5, 6.

2029 Folgende Zitate stammen aus dem Protokoll der Jahreshauptversammlung der Mindener Naturfreunde am 15. 1. 1954 (PA Sundermann, OV 3), wenn nicht anders angegeben.

2030 Gemeint ist der Landesverband Teutoburger Wald/Weserbergland, der seinen Sitz in Bielefeld hatte. Es gibt keine Angaben darüber, wieviele Jugendliche anwesend waren.

2031 Karl Strutz war zwar bei dieser Sitzung anwesend. Aber er hatte seinen Bericht auf ein Tonband gesprochen, das bei der Sitzung abgespielt wurde.

Osterfahrt, Pfingstfahrt" und erwähnte die „erfolgreiche Sonnwendfeier auf dem Portaberg" sowie „das Zeltlager am Dümmer". Positiv berichteten Heinz und Irmgard E. über die im Sommer 1953 neu gegründete Kindergruppe. Darauf thematisierte der Vertreter des Landesvorstandes als einziger kritisch, daß es im Mindener Ortsvereinsvorstand keinen Jugendgruppenleiter gab und forderte vergeblich Jugendliche auf, hier die „Initiative" zu ergreifen.

Nach den Berichten erfolgten die Vorstandswahlen. Offenbar mußten die Mitglieder Karl Strutz davon überzeugen, sich zur Wiederwahl zu stellen.[2032] Anschließend wurde er einstimmig zum ersten Vorsitzenden gewählt. Ferner wählten die Mitglieder den zweiten Vorsitzenden und den Kassier in den geschäftsführenden Vorstand. Zum erweiterten Vorstand zählten ein Volkstanzleiter und eine Volkstanzleiterin, ein Leiter der Schuhplattlergruppe, ein Wanderwart, ein Leiter der Fotogruppe sowie die drei Bootswarte. Die Positionen des Schriftführers und des Revisors blieben vakant. Albert Gundlach übernahm neben dem Amt des Wanderwarts die Aufgaben des Kassiers. Außer der gewählten Volkstanzlehrerin war keine Frau im Vorstand vertreten. Drei männliche Jugendliche, darunter der Sohn von Albert Gundlach, übernahmen die Aufgabe des Bootswarts. Den gewählten Personen oblag die Geschäftsführung während des Jahres und zwischen den Konferenzen.[2033] Nach dem Protokoll zu urteilen, diskutierten die Versammelten nur kurz über künftige Vorhaben, Veranstaltungen und zu klärende Probleme. Beispielsweise „blieb die Heimfrage offen" und wurde auf die „nächste Vorstandssitzung" vertagt. „Gegen 22.30 Uhr wurde die Jahreshauptversammlung geschlossen."

Diese Jahreshauptversammlung war in gewisser Hinsicht eine besondere Konferenz, schon alleine deshalb, weil die Anwesenden zu ihrer „Überraschung" den Bericht ihres Vorsitzenden vom Tonband hörten:

„Es gab ein lautes Halloh, denn vielen war dieses Gerät noch unbekannt. Durch diesen Einfall zauberte Karl Strutz eine heitere, ungezwungene Stimmung unter den Mitgliedern hervor, die den ganzen Abend anhielt und dieser Jahreshauptversammlung ein besonderes Gepräge gab."

Strutz' Beweggründe für diese ungewöhnliche Aktion sind nicht bekannt. Möglicherweise hoffte er, auf diese Weise die schlechte Nachricht über das Vereinsheim und seine Enttäuschungen humorvoll zu vermitteln. Aber insbesondere hinsichtlich des Ablaufs und der Interaktionsweisen war diese Mindener Versammlung dennoch typisch für viele Konferenzen der Naturfreunde.

2032 Ungewöhnlich ist dies, da beim TVdN die Vorstandsposten häufig selbstverständlich jahrelang von den selben Personen besetzt wurden (s. u.). Ob er an dieser Stelle taktierte oder tatsächlich erwog, nicht mehr zu kandidieren, geht aus den vorliegenden Quellen nicht hervor.

2033 Vgl. § XII der Satzung des Touristenverein - Die Naturfreunde, Bundesgruppe Deutschland, beschlossen von der Bundesversammlung im Naturfreundehaus in Elmstein/Pfalz am 19. 8. 1949 (PA Sundermann, Ordner OV 3).

Denn auch bei anderen Konferenzen und Sitzungen des TVdN bemühten sich die Naturfreunde um eine positive Stimmung und angenehme Atmosphäre, z. B. mit einem Lied[2034] und mit einem „gemeinsamen ‚Berg-frei'-Gruß"[2035]. Der Ablauf der hier geschilderten Versammlung entsprach einer üblichen Jahreskonferenz.[2036] Darüber hinaus spielte sich Politik bei den Naturfreunden nicht nur im offiziellen und protokollierten Teil von Sitzungen ab, sondern ebenso bei informellen und weniger formalisierten Interaktionsformen: Die Naturfreunde pflegten innerhalb der Vereinsorganisation informelle Beziehungen, sangen und feierten gemeinsam und sorgten für eine angenehme und ‚fröhliche' Atmosphäre. Insofern sind zur Vereinspolitik auch die Vereinsfeste, wie Jubiläums- oder Sonnwendfeiern zu zählen.[2037] Viele Elemente dieser Interaktionsformen ähneln den Praktiken in Gremien zahlreicher anderer Vereine und Parteien. Der TVdN unterschied sich aber von vielen anderen Gruppierungen darin, daß sich in den Gremien neben Männern und Jungen auch Frauen und Mädchen beteiligten.[2038] Obwohl sich die Mindener Naturfreunde selbst als ‚unpolitisch' bezeichneten, kamen der Geselligkeit, insbesondere den Vereinsfesten, ähnliche Bedeutungen wie den Gremien zu. Dabei übernahmen weibliche und jüngere Mitglieder zentrale Aufgaben. Politik und ‚Nicht-Politik' sind hier also nicht scharf voneinander zu trennen; Gremienarbeit und Geselligkeit sind in diesem Fall beides Formen von Politik. Allerdings handelt es sich bei der Gremien- und Funktionärsarbeit offiziell um Politik. Diese war an Verwaltungsstrukturen und Parteipolitik angelehnt. Unterdes fand bei Festen und dergleichen inoffiziell Politik statt, obwohl dies selten

2034 Z. B. sangen sie 1947 „Wann wir schreiten Seit an Seit" (Protokoll der Jahreshauptversammlung des TVDN Meissen am 19. 1. 1947; s. a. Protokoll der Jahreshauptversammlung des TVDN Meissen am 8. 2. 1948 [PA Sundermann, Ordner OV 3]).

2035 Protokoll der Jahreshauptversammlung des TVDN Meissen am 19. 1. 1947 (PA Sundermann, Ordner OV 3).

2036 Nach der Protokollverlesung und -genehmigung, dem Jahresbericht sowie dem Kassenbericht und der Entlastung des Kassenwarts folgten häufig Reden und Diskussionen über aktuelle Themen. Im Ortsverein Meissen im Kreis Minden diskutierten die Mitglieder bei der Jahreshauptversammlung 1948 z. B. den „Baubericht und Einweisung des Heimwartes" (Protokoll der Jahreshauptversammlung des TVDN Meissen am 8. 2. 1948). Danach wählten die Mitglieder meist den neuen Vorstand, auffälligerweise meist einstimmig. Ohnehin stritten die versammelten Frauen und Männer selten ausgiebig über Berichte, Personen oder Beschlüsse (s. weitere Protokolle der Mindener Naturfreunde-Ortsgruppe [PA Sundermann, Ordner OV 3]). Vgl. „Kindergruppe wird aktiver. Jahreshauptversammlung der Naturfreunde", in: Zeitungsartikel o. Angaben; „‚Autowandern und Zelten' hatte einen unerwarteten Erfolg. Jahreshauptversammlung der Ortsgruppe Minden im TV ‚Die Naturfreunde'", in: Zeitungsartikel o. Angaben (PA Sundermann, Ordner OV 2).

2037 Vgl. zu dem hier verwendeten Politikbegriff Lüdtke 1993a, 161-166, 390-394.

2038 Die Satzung des TVdN, Bundesgruppe Deutschland von 1949 gibt keinerlei Aufschluß darüber, ab welchem Alter ein Mitglied passives und aktives Wahlrecht hatte (Satzung des Touristenverein ‚Die Naturfreunde', Bundesgruppe Deutschland, beschlossen von der Bundesversammlung im Naturfreundehaus in Elmstein/ Pfalz am 19. 8. 1949 [PA Sundermann, Ordner OV 3]).

so benannt wurde. Im folgenden geht es erstens um die formalisierte und offizielle Gremienpolitik und männliche Konflikte sowie zweitens um Feste und Geselligkeit am Rande von Konferenzen.

III. 3. 2. 3. 1 Demokratische Gremienpolitik und Konflikte unter Männern

> „Mädel und Jungen, hab ich nicht recht? An den Gruppenabenden und auf den Wanderungen hört Ihr es immer wieder: ‚Ja, damals als *wir* noch jung waren' ... und dann stolpert Ihr beim Zuhören über das, was war, ‚als wir' noch jungen waren, über einen langen Bart ..." [i. Orig. hervorgeh.; BJ].[2039]

Mit Gremienpolitik sind hier die Praktiken und diskutierten Themen innerhalb beschlußfassender und beratender Körperschaften gemeint. Ähnlich wie in Parteien und anderen Vereinen bestand ein Teil dieser Vereinsarbeit darin, sich als Gemeinschaft zu einem anderen Gremium zu verhalten sowie stellvertretend für eine, z. B. in einem Ortsverein, zusammengeschlossene Personengruppe Entscheidungen zu fällen. Charakteristisch sind die formalisierten Strukturen innerhalb dieser Körperschaften und der Kommunikation zwischen verschiedenen Gremien. Wer an welcher Stelle im Wortsinne etwas zu sagen hatte, etwa im Mindener Verein oder auf Bundesebene des TVdN, hing von Geschlecht und Alter ab.

Die wichtigste Organisationsebene im TVdN war der Ortsverein. Die Naturfreunde-Organisation zeichnete sich durch eine dezentrale Organisationsstruktur und große Heterogenität unter Wahrung großer Selbständigkeit der einzelnen Ortsgruppen aus. Die dezentrale Ordnung wird besonders beim Wiederaufbau der Organisation seit 1945 sichtbar, als sich nach und nach die einzelnen Ortsgruppen zusammenschlossen.[2040] Die einzelnen Ortsvereine waren formal eingetragene Vereine innerhalb von eingetragenen Vereinen. Entsprechend heißt es in der „Satzung des Touristenvereins ‚Die Naturfreunde', Bundesgruppe Deutschland" vom 19. 8. 1949: „Mitglieder des Vereins (Bundesgruppe) sind alle im Bereiche der Bundesrepublik Deutschland befindlichen Landesverbände und Ortsgruppen des T.V. ‚Die Naturfreunde' mit ihren sämtlichen Einzelmitgliedern".[2041] Die Mindener und Meißener Ortsgruppen waren folglich Mitglieder in der Bundesgruppe sowie im „Landesverband Teutoburger Wald/Weserbergland".[2042] Der Landesverband Teutoburger Wald/Weser-

2039 Schirrmacher, Willi, Eine heikle Frage, in: WB, 2 (März/April 1950), Nr. 3/4, 21f., hier 21.

2040 Vgl. zur Genese der Strukturen bis zum Ende der Weimarer Republik Denecke 1991, 73, 266f.

2041 § V. 1 der Satzung des Touristenvereins ‚Die Naturfreunde', Bundesgruppe Deutschland, beschlossen von der Bundesversammlung im Naturfreundehaus in Elmstein/Pfalz am 19. 8. 1949 (PA Sundermann, Ordner OV 3).

2042 Bis zum Zweiten Weltkrieg existierte außerdem noch ein Bezirk Minden, der die Ortsgruppen im Kreis Minden einschloß.

bergland, ehemals „Gau“, umfaßte etwa – mit Ausnahme vom niedersächsischen Bramsche – das Gebiet des seit 1948 existierenden Verwaltungsbezirks Ostwestfalen-Lippe.[2043] Die Landesverbände waren ferner Mitglieder in der Bundesgruppe und jene wiederum in der Naturfreunde Internationalen (NFI).

Jede dieser Ebenen wurde von einem in einer Konferenz gewählten Vorstand geleitet. Die Geschäfte der Bundesgruppe führten dagegen vier z. T. voneinander unabhängige Gremien: die durch die Bundesversammlung gewählte Bundesleitung, die „Kontrolle“ (ein aus zwei Personen bestehendes Gremium, das die „Geschäfts- und Kassenführung“ überwachte), die alle zwei Jahre stattfindende und mit Delegierten aus den Landesverbänden besetzte Bundesversammlung und der jährlich tagende Bundesausschuß (bestehend aus den Vorsitzenden der Landesverbände, der Bundesleitung, der Referenten und einem Vertreter der „Kontrolle“).[2044] Prinzipiell war diese Gremienpolitik, d. h. waren die Interaktionsformen zwischen Mitgliedern, Vorstand und zwischen den Gremien, nach dem Delegationsprinzip sowie nach den Grundsätzen der parlamentarischen und repräsentativen Demokratie geregelt.[2045] In der Satzung ist dies für alle verbindlich festgelegt, und die Mitglieder der Bundes- bzw. Landesgruppe waren verpflichtet, „die Satzungen und Beschlüsse der Bundesgruppe vollinhaltlich anzuerkennen“[2046]. Damit stimmten die einzelnen Ortsgruppen auch dem überregionalem Zusammenschluß zu.

Allerdings genügt es nicht, die Praktiken in den Gremien lediglich hinsichtlich der formal festgelegten Funktion zu betrachten, wie dies meist in der Politikgeschichte und Politikwissenschaft geschieht.[2047] Vielmehr erfordert eine solche Fragestellung eine möglichst ‚dichte Beschreibung‘ und Analyse der als ‚fremd‘ zu betrachtenden Praktiken bei Sitzungen und Konferenzen.[2048] Dies

2043 Der TVdN war dem Selbstverständnis nach ein sozialdemokratischer Verein, trotzdem richtete er sich nicht immer wie andere Organisationen des Spektrums strukturell nach verwaltungs- und parteipolitischen Landes- und Bezirksgrenzen. Die Eigensinnigkeit des TVdN wird z. B. daran deutlich, daß die Region um Minden die Bezeichnung Landesverband „Teutoburger Wald/Weserbergland“ und nicht „Bezirk Ostwestfalen-Lippe“ trägt, und daß das niedersächsische Bramsche noch lange zu diesem Landesverband gehörte und die Ortsgruppe Osnabrück erst 1954 zum Landesverband Niedersachsen wechselte (Touristenverein Die Naturfreunde Landesverband Teutoburger Wald-Weserbergland 1995, 55).

2044 §§ IX-XIII der Satzung des Touristenvereins ‚Die Naturfreunde‘, Bundesgruppe Deutschland, beschlossen von der Bundesversammlung im Naturfreundehaus in Elmstein/Pfalz am 19. 8. 1949 (PA Sundermann, Ordner OV 3).

2045 Vgl. Freudenthal 1968, z. B. 465: „Der Verein als Kleinbild parlamentarischer Demokratie“.

2046 § V. 1 der Satzung des Touristenvereins ‚Die Naturfreunde‘, Bundesgruppe Deutschland, beschlossen von der Bundesversammlung im Naturfreundehaus in Elmstein/Pfalz am 19. 8. 1949 (PA Sundermann, Ordner OV 3).

2047 Vgl. Rohe 1994.

2048 S. Kap. I.

soll auf der Grundlage von Protokollen und Berichten geschehen, indem die einzelnen Tätigkeiten bei Konferenzen betrachtet werden. Leider liegen keine Protokolle der Mindener Vorstandssitzungen vor. Daher werden beispielhaft Berichte der Bundes- und Landeskonferenzen sowie Protokolle der Mindener Jahreshauptversammlungen herangezogen.[2049]

Analog zu den örtlichen Konferenzen eröffneten die Delegieren von Landes- und Bundeskonferenzen ihre Sitzungen mit Gesang oder einem „Berg frei!"-Gruß. Anschließend begrüßte ein Vorstandsmitglied oder ein Mitglied der gastgebenden Gliederung die Versammelten mit einer Ansprache. Häufig gab ein Vertreter von befreundeten Organisationen wie Gewerkschaften und SPD, oft auch Angehörige der lokalen Regierung oder Gesandte der nächst höheren Ebene[2050], etwa der Naturfreunde Internationalen[2051], ein Grußwort. Zum Auftakt der Konferenz stifteten Gesang und Willkommensreden eine gemeinschaftliche Basis der unterschiedlichen Delegationen. Gleichzeitig demonstrierte die Versammlungsleitung mit der Auswahl ihrer Gastredner ihre Verbindung zu anderen Organisationsebenen sowie zu befreundeten Organisationen. Ähnliche Bedeutungen hatten die festlich gehaltenen Reden bei Einweihungs- und Jubiläumsfei-

2049 Vgl. §§ IX-XIII der Satzung des Touristenvereins ‚Die Naturfreunde', Bundesgruppe Deutschland, beschlossen von der Bundesversammlung im Naturfreundehaus in Elmstein/ Pfalz am 19. 8. 1949 (PA Sundermann, Ordner OV 3). Vgl. zur Praxis: Bericht über Bundesversammlung der deutschen Naturfreunde, in: WB (Juli-August 1951), Nr. 7/8, 18f.; Landes- und Jugendkonferenz des Landesverbandes Teutoburger Wald-Weserbergland, in: WB (Juli-August 1951), Nr. 7/8, 20; Die Bundesversammlung der deutschen Naturfreunde in Hannover. 14.-16. September 1951, in: WB (November-Dezember 1951), Nr. 11/12, 22-24; Strutz, o. N., Landeskonferenz des Bezirks Teutoburger Wald (Weserbergland). ‚Naturfreundebewegung keine romantische Angelegenheit', in: WB (Juli-August 1952), Nr. 7/8, 23; Die Bundesversammlung der deutschen Naturfreunde in München, in: WB (November-Dezember 1953), Nr. 6, o. S.; Bundesausschuß der Deutschen Naturfreunde tagte am 20. und 24. März 1954 in Nürnberg, in: WB (Mai-Juni 1954), Nr. 3, 18; Teutoburger Wald. Weserbergland, in: WB (Mai-Juni 1954), Nr. 3, 19 über dortige Landeskonferenz; Bundesausschuß tagte in Nürnberg am 21./22. 11. 1954; in: WB (Januar-Februar 1955), Nr. 1, 19; Eine Kastanie aus Severings Hand. Fruchtbare Arbeitstagung im Naturfreundehaus Oerlinghausen, in: WB (Januar-Februar 1955), Nr. 1, 21; Bundesversammlung der Deutschen Naturfreunde in Mannheim vom 26. August bis 28. August im ‚Rosengarten' zu Mannheim, in: WB (November-Dezember 1955), Nr. 6, 12-14.

2050 Z. B. Carl Schreck als früherer Vorsitzende und damaliger SPD-Funktionär bei der Landes- und Jugendkonferenz des Landesverbandes Teutoburger Wald/Weserbergland 1951 (Landes- und Jugendkonferenz des Landesverbandes Teutoburger Wald-Weserbergland, in: WB [Juli-August 1951], Nr. 7/8, 20); Kurt Hahn bei der Landeskonferenz des Landesverbandes Teutoburger Wald/Weserbergland (Strutz, o. N., Landeskonferenz des Bezirks Teutoburger Wald [Weserbergland]. ‚Naturfreundebewegung keine romantische Angelegenheit', in: WB [Juli-August 1952], Nr. 7/8, 23).

2051 Vgl. Bundesversammlung der deutschen Naturfreunde in München, in: WB (November-Dezember 1953), Nr. 6, o. S.; Bundesversammlung der Deutschen Naturfreunde in Mannheim vom 26. August bis 28. August im ‚Rosengarten' in Mannheim, in: WB (November-Dezember 1955), Nr. 6, 12. Vgl. zum NFI-Zentralausschuß 1955, 9-51.

ern.[2052] Mehr noch als bei den Eröffnungsreferaten der Konferenzen standen in jenen Reden Beständiges, Positives und Verbindendes im Vordergrund.

Die Redner der Feiern gaben den Auftakt zu Musik, Tanz, Geselligkeit und zum gemeinsamen Essen,[2053] während die Reden bei Konferenzen den Beginn einer Arbeitssitzung markierten. Nach der Eröffnung begannen die Konferenzteilnehmer ihre Sitzung mit der Genehmigung des Protokolls über die letzte Sitzung oder Konferenz. Dabei einigten sie sich verbindlich über Inhalt und Formulierung einer Darstellung ihrer letzten Zusammenkunft und verständigten sich damit über die Deutung eines Teils ihrer gemeinsamen Geschichte. Dieser Konsens stellte die Basis für den weiteren Verlauf der Konferenz dar. Der Protokollgenehmigung folgten die Berichte der Vorstandsmitglieder über ihre Arbeit in der vergangenen Amtszeit. Dabei legten sie Rechenschaft über ihre Arbeit im Vorstand ab, die ihnen von der vorangegangen Versammlung anvertraut worden war. Vorstandsmitglieder betonten dabei gerne ihre tatkräftigen Bemühungen, positiv verlaufende Veranstaltungen und ihre Erfolge. Seltener gingen sie auf Konflikte ein. Meistens nutzten die Vorstandsmitglieder die Gelegenheit des Rechenschaftsberichts weniger zur Selbstkritik, als sich selbst und ihre Arbeit zu profilieren: „Alle Berichte wiesen auf ein Jahr harter Arbeit und schöner Erfolge hin."[2054] Solche Darstellungen forderten kaum Diskussionen heraus bzw. weckten offenbar nicht das Interesse für kritische Fragen.[2055] Sowohl der Protokollgenehmigung als auch

2052 „Genossen" und „Wanderfreunde" wie Georg Strutz und Carl Schreck redeten bei der Einweihung des Weserheims (Brief von Georg Strutz an Karl Strutz am 1. März 1947 [PA Sundermann, Ordner OV 1]). „Wdfr. Regierungsrat Heuer aus Hannover" sprach bei der Einweihung in Meißen 1950, bei der „der Senior der Landesgruppe Hannover, Wdfr. Otto Hartmann" Ehrennadeln verlieh (Doppelfeier der Ortsgruppe Meißen, in: WB 2 [September-Oktober 1950], Nr. 9/10, 27). Beim Naturfreunde-Treffen in Detmold 1951 hielt Georg Strutz eine Festansprache, und der Regierungspräsident Drake richtete Grußworte an die Festgesellschaft (Glanzvoller Verlauf des Naturfreundetreffens in Detmold, in: WB [September-Oktober 1951], Nr. 9/10, 30).

2053 S. Kap. III. 3. 2. 3. 2.

2054 Strutz, Landeskonferenz des Bezirks Teutoburger Wald (Weserbergland). ‚Naturfreundebewegung keine romantische Angelegenheit', in: WB (Juli-August 1952), Nr. 7/8, 23. – Eine Ausnahme war z. B. der Bericht des Vorsitzenden bei der Bundesversammlung 1955 in Mannheim, worin er auf die Schwierigkeiten des Wiederaufbaus der Organisationen und der Rückgewinnung von Häusern nach 1945 einging. Unklar bleibt aber, ob er mit „Gegensätze(n) und Schwierigkeiten", die „kaum zu überbrücken waren", Probleme der TVDN mit anderen (z. B. Behörden) oder Konflikte innerhalb der Vereine ansprach (Bundesversammlung der Deutschen Naturfreunde in Mannheim vom 26. August bis 28. August 1955 im ‚Rosengarten' zu Mannheim, in: WB [November-Dezember 1955], Nr. 6, 12).

2055 S. z. B. Landeskonferenz Teutoburger Wald/Weserbergland 1954 in: WB (Mai-Juni 1954), Nr. 3, o. S. Berichte über die Finanzen und einzelnen Referate „wurden teils mit, teils ohne Diskussionen erörtert" (Bundesversammlung der Deutschen Naturfreunde in Mannheim vom 26. August bis 28. August 1955 im ‚Rosengarten' zu Mannheim, in: WB [November-Dezember 1955], Nr. 6, 12). Dies bestätigt Denecke 1991, 272, für die Weimarer Republik.

den Rechenschaftsberichten kam bei den Naturfreunden eher die Bedeutung der positiven Selbstvergewisserung über das vergangene Jahr zu als die der kritischen Kontrolle des Vorstandes.

Im Anschluß daran verständigten sich die Konferenzteilnehmer bei der Antragsberatung über künftige Positionen und Aktivitäten. Am Beginn der Tagesordnung standen Anträge, die die Organisationsstrukturen und die Satzung des Vereins betrafen, z. B. 1955 über die Verlegung des Sitzes der Bundesgruppe und über die Höhe der Mitgliedsbeiträge[2056] oder über die Anzahl und den Status der Referate im Vorstand[2057]. Meist leitete ein Vorstandsmitglied diesen Konferenzabschnitt mit einem längeren Referat zu zentralen Anträgen ein. Bei der Bundesversammlung des TVdN 1955 hielt der damalige Kandidat für den Bundesvorsitz, Fritz Rück, die einleitende Rede. Darin diskutierte er die Auswirkungen von Rationalisierung am Arbeitsplatz, der 40-Stunden-Woche und der damit verlängerten Freizeit auf die Gesellschaft, die Gesundheit und auf Arbeitsunfälle. Rück wog dabei zwischen kulturpessimistischen Positionen und einem Plädoyer für ‚moderne' Freizeitbeschäftigungen wie dem Motorradfahren ab. Er verortete hier die Aktivitäten und Beschlüsse des TVdN in gesellschaftlichen Zusammenhängen. Damit begründete er den vorliegenden Antrag über die Einführung eines neuen und umstrittenen Referats mit dem Titel „Motorwandern und Zelten" und setzte Akzente für die folgende Diskussion.[2058]

Die Redner und diejenigen, die die Konferenzen arrangierten, gaben mit solchen Reden einerseits inhaltliche Linien vor und beschrieben damit Machtkonstellationen innerhalb des Gesamtverbandes.[2059] Andererseits integrierten sie mehrere Positionen und bestärkten somit die Gemeinschaft der Versammelten.[2060] Beispielsweise „wies" bei der Bundesversammlung 1955 der „Konfe-

2056 Bundesversammlung der Deutschen Naturfreunde in Mannheim vom 26. August bis 28. August im ‚Rosengarten' in Mannheim, in: WB (November-Dezember 1955), Nr. 6, 13.

2057 S. die Vorschau auf drei verschiedene Konferenzen von Kurt Hahn, in der er für den anstehenden Beschluß über die „endgültige Verankerung" der Fachreferate plädiert: „Jeder Versuch, die Fachgruppen-Referate von der legitimen Vorstandschaft fernzuhalten, d. h., auf ‚erweiterte Leistungen' abzuschieben, muß verhindert werden" (Hahn, Kurt, In Erwartung der Konferenzen. Kritische Betrachtungen einer zeitlichen Entwicklung. Den Freunden bei ihrer Wanderung zu den Konferenzen mit auf den Weg, in: WB [September-Oktober 1953], Nr. 5, 7). S. a. Bundesversammlung der deutschen Naturfreunde in München, in: WB (November-Dezember 1953), Nr. 6, o. S.

2058 Bundesversammlung der Deutschen Naturfreunde in Mannheim vom 26. August bis 28. August im ‚Rosengarten' zu Mannheim, in: WB (November-Dezember 1955), Nr. 6, 12f.

2059 S. z. B. Strutz, Landeskonferenz des Bezirks Teutoburger Wald (Weserbergland). Naturfreundebewegung keine romantische Angelegenheit, in: WB (Juli-August 1952), Nr. 7/8, 23. Es ist nicht bekannt, daß im Untersuchungszeitraum auch Frauen Vorträge hielten.

2060 Vgl. Referat von MdL Fritz Kohlmeier bei der Arbeitstagung des Landesverbandes Teutoburger Wald/Weserbergland 1955, worin der Politiker – laut Bericht – unter dem Titel ‚Naturfreunde und Behördenverkehr' über die „interessantesten Wechselbeziehungen zwischen Jugendbewegung und Verwaltung" sprach (Eine Kastanie aus Severings Hand. Fruchtbare Arbeitstagung im Naturfreundehaus Oerlinghausen, in: WB [Januar-Februar 1955], Nr. 1, 21).

renzleiter Wüstenberg ... sehr nachdrücklich darauf hin, daß für die Arbeit der kommenden Zeit ein enger Kontakt zwischen Landesverbänden und Bundesleitung erforderlich sei". Bei derselben Konferenz forderte der neu gewählte Vorsitzende Fritz Rück in seinem Schlußwort die „Landesverbände" und auch die „kleinsten Ortsgruppen" zur Mitarbeit auf, denn es „nütze wenig, wenn man Schwierigkeiten zu Vorwürfen erhebe".[2061]

Die im Anschluß an die einleitenden Reden geführten Diskussionen, die im allgemeinen weniger gut dokumentiert sind, dienten der Meinungsbildung und schließlich der Entscheidung über künftige Aktivitäten und Handlungsweisen. Ferner einigten sich die Versammelten damit auf eine gemeinsame gesellschaftliche und politische Positionierung, z. B. gegenüber sozialdemokratischen Organisationen[2062], gegenüber dem Jugendherbergsverband[2063], gegenüber staatlichen Behörden[2064] oder bzgl. der Freizeitgestaltung unorganisierter Jugendlicher[2065]. Man suchte Verbindungen und Gemeinsamkeiten zu Gewerkschaften und verortete sich in der sozialdemokratischen Arbeiterbewegung.[2066] Bei unterschiedlicher Akzentsetzung stellten die Redner auf den Konferenzen

2061 Bundesversammlung der Deutschen Naturfreunde in Mannheim vom 26. August bis 28. August im ‚Rosengarten' zu Mannheim, in: WB (November-Dezember 1955), Nr. 6, 14. Vgl. Hahn, Kurt, In Erwartung der Konferenzen. Kritischer Betrachtungen einer zeitlichen Entwicklung. Den Freunden bei ihrer Wanderung zu den Konferenzen mit auf den Weg, in: WB (September-Oktober 1953), Nr. 5, 6f.; für den Landesverband Teutoburger Wald/Weserbergland: Landeskonferenz des Bezirks Teutoburger Wald (Weserbergland). Naturfreundebewegung keine romantische Angelegenheit, in: WB (Juli-August 1952), Nr. 7/8, 23; Jahreshauptversammlung Landesverband Westfalen, in: WB (Mai-Juni 1955), Nr. 3, 22.

2062 Die Bundesversammlung 1951 in München diskutierte darüber, inwiefern sie politisch sei und kam zu folgendem Schluß: „Parteipolitisch und konfessionell ist die Naturfreundebewegung neutral. Sie lehnt es ab, sie von irgendwelchen Parteien politische Aufträge geben zu lassen. Staatspolitisch ist sie nach wie vor auf demokratischer Grundlage aufgebaut." Auf demselben Kongreß einigte man sich, daß Gewerkschaften und Naturfreunde gemeinsam die Häuser der beiden Organisationen nutzen sollten und drückten so ihre Verbundenheit mit anderen sozialdemokratischen Organisationen aus (Die Bundesversammlung der deutschen Naturfreunde in Hannover. 14.-16. September 1951, in: WB [November-Dezember 1951], Nr. 11/12, 22).

2063 Z. B. wenn es um die Einforderung der den deutschen Jugendherbergen entsprechenden, gleichberechtigten öffentlicher Zuwendungen für die Häuser ging (Bundesversammlung der deutschen Naturfreunde in München, in: WB [November-Dezember 1953], Nr. 6, o. S.).

2064 Z. B. wenn es um die Wiedergewinnung von Häusern und um Wiedergutmachungen ging, wie bei der Bundesversammlung 1955 (Bundesversammlung der Deutschen Naturfreunde in Mannheim vom 26. August bis 28. August im ‚Rosengarten' zu Mannheim, in: WB [November-Dezember 1955], Nr. 6, 12f.).

2065 Strutz, Landeskonferenz des Bezirks Teutoburger Wald (Weserbergland). Naturfreundebewegung keine romantische Angelegenheit, in: WB (Juli-August 1952), Nr. 7/8, 23, worin Strutz abschließend formuliert, daß er die Tagung „von dem kraftvollen Willen" „zeugte", „die schaffenden Menschen durch richtige Freizeitgestaltung an die Natur ... heranzuführen".

2066 Jahreskonferenz des Landesverbandes Westfalen im Metallarbeiterheim in Gelsenkirchen, in: WB (Mai-Juni 1953), Nr. 3, 21; Bundesversammlung der Deutschen Naturfreunde in Mannheim vom 26. August bis 28. August im ‚Rosengarten' zu Mannheim, in: WB (November-Dezember 1955), Nr. 6, 12-14.

die Besonderheit des eigenen Vereins, der eine Exklave in mitten gesellschaftlicher Veränderungen sein sollte, fest und beschworen in dieser Abgrenzung nach außen den Zusammenhalt nach innen und die Verbundenheit zu anderen Teilen der Arbeiterbewegung. Sie begründeten somit die Existenzberechtigung des TVdN als Verein für lohnabhängige Menschen, die ihre Freizeit jenseits von Kommerz und ‚Oberflächlichem' ‚sinnvoll' gestalteten und einen Ausgleich zur Lohn-Arbeitswelt, aber auch zur kommerzialisierten und sich verändertn Lebenswelt schufen.

Nach den Reden, Diskussionen und Antragsbeschlüssen folgten die Wahlen des Vorstandes, der Delegierten für die jeweils übergeordnete Struktur sowie einer Finanzkommission, eines Schiedsgerichtes, der Revisoren usw. Durch die Wahlen legitimierten die Delegierten einzelne Mitglieder dazu, den Verein maßgeblich zu beeinflussen und sich selbst über seine Vorstandsarbeit Ansehen und Bedeutung zu verschaffen. Die Versammelten delegierten damit die Verantwortung über die Einhaltung der inhaltlichen Linien, die Umsetzung der beschlossenen Aktivitäten und die Verantwortung für die Gemeinschaft auf die Vorstandsmitglieder.[2067] Die wesentlichen Bedeutungen der Konferenzen lagen für die Vereinsmitglieder darin, daß sich hier der Verein als Gemeinschaft explizit nach innen und außen positionierte und sich auf eine Gruppe von Personen einigte, die den Verein nach innen und außen vertrat. In der Zeit zwischen den Konferenzen bündelten und koordinierten die Vorstände die Aktivitäten und sicherten die Existenz des Vereins.

Die hier geschilderten Interaktionsformen unterschieden sich grundsätzlich von Kommunikationsstrukturen und Entscheidungsfindungen innerhalb der nationalsozialistischen Diktatur und waren daher kurz nach dem Ende des Zweiten Weltkriegs etwas Besonderes. Andere Gruppierungen übten sich auch in der Nachkriegszeit nicht in solchen formalisierten und dadurch z. T. transparenteren und zumindest formal egalitären wie integrativen Praktiken der Entscheidungsfindung. Die Gremienarbeit des sozialdemokratischen Vereins ist demnach als milieuspezifisch und für die beginnende Nachkriegszeit allgemein in gewisser Weise als Erneuerung zu bezeichnen.

Prinzipiell konnten alle Mitglieder des TVdN an den eben analysierten Versammlungen und in Vorständen mitwirken. Faktisch trafen sich hier Männer mit nur wenigen Frauen und wenigen Jugendlichen. Beispielsweise nahmen an den Bundesversammlungen fast ausschließlich erwachsene Männer

2067 S. dazu auch die Danksagungen an ehemalige Vorstandsmitglieder (Bundesversammlung der Deutschen Naturfreunde in Mannheim vom 26. August bis 28. August 1955 im ‚Rosengarten' zu Mannheim, in: WB [November-Dezember 1955], Nr. 6, 13).

teil.[2068] In Minden übernahmen junge Männer erst im Alter von etwa 18-20 Jahren in den 1950ern Aufgaben innerhalb des Ortsvorstandes. Karl Sundermann übernahm als 18jähriger den Vorsitz des Mindener Touristenvereins. Im Jahre 1954 übernahmen zwei junge Männer, die bereits als Jugendliche bei den Mindener Naturfreunden aktiv waren[2069], im Alter von 20 Jahren den Posten als Bootswart.[2070] In Minden gab es außerdem im Untersuchungszeitraum weder eine Naturfreunde-Jugend-Organisation noch einen „Jugendwart“. Die Jugendlichen waren hier anfangs durch den Jugendgruppenleiter und Vereinsvorsitzenden Karl Strutz und durch die Volkstanzlehrerin und den -lehrer, Irmgard von B. und Manfred B., formal vertreten.[2071] In anderen Ortsgruppen im Kreis Minden, wie in Häverstädt[2072], wurden seit 1945 zahlreiche Jugendgruppen sowie -abteilungen mit eigenen Vertretern in den jeweiligen Vorständen gegründet.[2073] Erst bei der Gründung des Landesverbandes 1947 beschlossen die ostwestfälischen Naturfreunde, einen Landesjugendleiter in den Vorstand zu wählen, obwohl die Naturfreunde-Jugend auf überregionaler Ebene schon seit 1926 existierte.[2074]

2068 Ausnahmsweise beinhaltet ein Bericht einer Bundesversammlung eine kleine Statistik über die Zusammensetzung der Versammlungsteilnehmer, wobei leider lediglich das Alter berücksichtigt wurde. Danach waren von 100 Stimmberechtigten 13 zwischen 25 und 30 Jahren, 18 zwischen 31 und 40, 36 zwischen 41 und 50, 26 zwischen 51 und 60, sechs zwischen 61 und 70 und schließlich einer zwischen 71 und 80 Jahren alt. D. h., daß das Durchschnittsalter zwischen 36 und 60 lag, oder daß die Mehrheit erwachsene im Berufs- und Familienleben stehende Menschen, vermutlich Männer, waren (Bundesversammlung der Deutschen Naturfreunde in Mannheim vom 26. August bis 28. August 1955 im ‚Rosengarten‘ zu Mannheim, in: WB [November-Dezember 1955], Nr. 6, 12).

2069 Mitgliederverzeichnis, Touristenverein Die Naturfreunde [1948-1950] (PA Sundermann, Ausstellungscollage).

2070 Protokoll der Jahreshauptversammlung am 15. 1. 1954 (PA Sundermann, Ordner OV 3).

2071 Ebda.

2072 Touristenverein Die Naturfreunde Landesverband Teutoburger Wald-Weserbergland e. V. 1995, hier 158.

2073 Besonders in Bielefeld gab es eine rege Jugendarbeit. Diese Jugendgruppen unternahmen bereits 1947 und 1948 eigene Ferienfahrten (Touristenverein Die Naturfreunde Landesverband Teutoburger Wald-Weserbergland e. V. 1995, 47; Touristenverein Die Naturfreunde, Ortsgruppe Bielefeld e. V. 1987, 132-138).

2074 Im Juni 1949 teilte der Bezirksjugendleiter in diesem Gau, H. W. (Bielefeld), der Bezirksregierung mit, daß er sein Amt niedergelegt hatte und wie die neue Bezirksjugendleitung zusammengesetzt war (StADt, M 1 I Ju, Nr. 170). S. Kap III. 3. 1 – Dem ersten Anschein nach lebten die Mindener Naturfreunde zwar ein familiales und harmonisches Vereinsleben. Aber z. B. der Hinweis in der Chronik des Landesverbandes Teutoburger Wald-Weserbergland, daß Jugendliche Carl Schreck den „schrecklichen Carl“ nannten, deutet mögliche Generationenkonflikte an. Die Tatsache, daß solche Bemerkungen Eingang in die knapp gehaltenen und fast durchweg beschönigenden Chronik fanden, läßt hinter den zitierten Worten handfeste Anfeindungen und Auseinandersetzungen vermuten. Ferner ist von gelegentlichen „Reibereien“ zwischen Vertretern der Jugendarbeit und dem Erwachsenenverband im Landesverband Teutoburger Wald/Weserbergland in den 1950er Jahren die Rede (Touristenverein Die Naturfreunde Landesverband Teutoburger Wald-Weserbergland e. V. 1995, 42, 44).

Weibliche Vereinsmitglieder waren zu dieser Zeit noch weniger in den Gremien vertreten. Nur selten übernahm eine Frau ein gewähltes Amt im TVdN.[2075] Sowohl die hier diskutierten formalen Beziehungen zwischen den Gremien, Landesverbänden und Ortsgruppen als auch wesentliche informelle Aktivitäten zwischen den Vereinsebenen lagen meist in den Händen männlicher Vorstandsmitglieder.[2076] Dies belegt der Schriftverkehr zwischen Minden und Bielefeld, der vornehmlich von Karl Strutz, dem Mindener Vorsitzenden, seinem Bruder Georg und dem Bielefelder Carl Schreck geführt wurde. Beispielsweise bat Karl Strutz Carl Schreck darum, „einen Antrag der Mindener Naturfreunde ... dem Ausschuss der AWO" vorzulegen. Bei dem Antrag handelt es sich um die Bitte um „eine einmalige finanzielle Beihilfe ... und wenn möglich einige Papierstrohsäcke event. einiges Mobiliar" für das Weserheim, zu dessen Einweihung Schreck sogleich eingeladen wurde.[2077] Karl Strutz führte im Vorfeld der Einweihung des Weserheims auch einen regen Schriftverkehr mit Eduard Husemann über Fenstergrößen, weil die Bielefelder Naturfreunde Gardinen spenden wollten, und über auszutauschende Liederbücher.[2078]

Die Vorstände bildeten ein privilegiertes Gremium mit männerbündischem Charakter für ältere, männliche Mitglieder, die zudem viele Jahre ein Amt bekleideten und so den Verein dominierten.[2079] Diesen Männern wurde häufig

2075 Z. B. Leni Dietz als Vertreterin der Kindergruppenarbeit im Landesvorstand des Landesverbandes Teutoburger Wald/Weserbergland (Strutz, o. N., Landeskonferenz des Bezirks Teutoburger Wald [Weserbergland]. Naturfreundebewegung keine romantische Angelegenheit, in: WB [Juli-August 1952], Nr. 7/8, 23). S. a. Teutoburger Wald/Weserbergland, in: WB (Mai-Juni 1954), Nr. 3, 19; Hedwik Merk, die bei der Bundesversammlung 1954 von der Kindergruppenarbeit berichtete (Bundesausschuß der Deutschen Naturfreunde tagte am 20. und 24. März 1954 in Nürnberg, in: WB [Mai-Juni 1954], Nr. 3, 18). Lilo Weindl wurde 1955 als Schriftführerin in den Bundesvorstand gewählt, der außerdem aus 34 Männern bestand (Referate eingeschlossen) (Bundesversammlung der Deutschen Naturfreunde in Mannheim vom 26. August bis 28. August im ‚Rosengarten' in Mannheim, in: WB [November-Dezember 1955], Nr. 6, 13). – Eine Ausnahme war der 1951 gewählte Landesvorstand, in dem vier Frauen tätig waren: Inge Friedrichsmeier war zusammen mit Lucie Klondius zuständig für Volkstanz, Erna Stiebur für Volkslied und Lene für Kindergruppenarbeit (Landes- und Jugendkonferenz des Landesverbandes Teutoburger Wald/Weserbergland, in: WB [Juli-August 1951], Nr. 7/8, 20).

2076 Ein herausragendes Beispiel ist Carl Schreck, der nicht nur wegen seiner Mitgliedschaft im Reichstag, ein überregional und international agierender Naturfreund war (Touristenverein Die Naturfreunde Landesverband Teutoburger Wald/Weserbergland 1995, 34f.).

2077 Brief von Karl Strutz an AWO, Bezirk, bzw. Carl Schreck am 11. 3. 1947 (PA Sundermann, Ordner OV 1).

2078 PA Sundermann, Ausstellungscollage; Ordner OV 1.

2079 Es gibt zwar Hinweise darauf, daß insbesondere Frauen die personelle Kontinuität in sozialdemokratischen Vereinen trugen und so für den raschen Wiederaufbau sorgten (s. z. B. TAM, 001/002 G/S181198; Goch 1996, 717). Aber die Aufzählung der Landesvorsitzenden und Mitgliederstatistiken zeigt, daß Männer mittleren Alters den TVdN dominierten und offiziell nach innen und außen vertraten. Leider reichen die Statistiken über die Mitglieder-

nach ihrem jahrelangen Engagement offiziell und öffentlich gedankt und, nachdem sie verstorben waren, in Ehrerbietung gedacht. Die Vereinsmitglieder stellten auf diese Weise nicht nur die als vorbildlich beschriebene Vereinsaktivität Einzelner heraus, sondern demonstrierten auch die familiale Verbundenheit der Mitglieder untereinander, indem sie ihre ehemaligen Mitglieder idealiter vom Kindheitsalter bis nach dem Tod begleiteten.[2080] Wie in patriarchalisch strukturierten Familien genossen Männer also auch hier die größte Aufmerksamkeit. Die Dominanz der älteren Herren verstärkte sich durch personelle Kontinuitäten und lange Amtszeiten.[2081] Denn diese führten zu Macht-, Wissens- und zu einer Arbeitskumulation[2082], was den Erwartungsdruck auf Jüngere erhöhte[2083], die Nachfolge erschwerte und Hierarchien manifestierte. Folglich verteilten sich die Einflußmöglichkeiten und die Vorstandsarbeit auf allen Ebenen des Vereins nicht nur geschlechts-, sondern auch altersspezifisch.[2084]

Deshalb oder trotzdem beschwerten sich die Vorstandsmitglieder über den Mangel an jüngeren Kandidaten und über ein zu geringes Engagement der

strukturen kaum für stichhaltige Aussagen über die Nachkriegszeit, weshalb hier auf Zahlen aus der Weimarer Republik zurückgegriffen wird. Denecke geht davon aus, daß in der Weimarer Republik der Anteil der Frauen selten die 20 %-Marke überschritt. Sie räumt jedoch ein, daß häufig Frauen in Mitgliederlisten nicht genannt oder Mitglieder nicht nach Geschlecht differenziert wurden. Demnach kann durchaus unterstellt werden, daß Frauen einen wesentlich größeren Anteil der Teilnehmenden bei Veranstaltungen und Wanderungen ausmachten, als es die Zahlen suggerieren. Zu der quantitativen Unterlegenheit von Frauen kam ein weitgehender Ausschluß von Frauen aus Gremien. Fast alle Gremien und Konferenzen waren durchweg mit Männern besetzt. Frauen übernahmen jedoch einen aktiven Part bei den zahlreichen geselligen, bildenden und kulturellen Veranstaltungen. Erst gegen Ende der Weimarer Republik wurde dieses Geschlechterverhältnis kritisch, aber wohl ohne Folgen, thematisiert (Denecke 1991, 278-280; vgl. Schmiechen-Ackermann 1998, 633). Auch in dieser Hinsicht kann die ‚Familienorganisation' der TVdN als typisches Beispiel sozialdemokratischer Organisationen in Ostwestfalen-Lippe herangezogen werden (vgl. Albertin 1998, 282-291; Buggisch 1988, 83-91).

2080 Vgl. zu Rituale von Familien Gillis 1997.

2081 S. z. B. den ehemaligen Vorsitzenden der Naturfreunde, Xaver Steinberger. Er war „infolge seines hohen Alters und aus gesundheitlichen Erwägungen von seiner Tätigkeit zurückgetreten" (Bundesversammlung der Deutschen Naturfreunde in Mannheim vom 26. August bis 28. August 1955 im ‚Rosengarten' zu Mannheim, in: WB [November-Dezember 1955], Nr. 6, 12). Die Vorsitzenden des Landesverbandes Teutoburger Wald/Weserbergland im Untersuchungszeitraum übten ihre Funktionen jeweils15 bis 20 Jahre lang aus, wenn man wie bei Carl Schreck zwölf Jahre NS-Zeit abzieht: Carl Schreck von 1920 bis 1948, Eduard Husemann von 1948 bis 1954 und Georg Strutz von 1954 bis 1974 (Touristenverein Die Naturfreunde LV Teutoburger Wald-Weserbergland e. V. 1995, 22-66). Vgl. ähnlich für den gesamten Verein während der Weimarer Republik Denecke 1991, 273; zur Situation im sozialdemokratischen Milieu in der Region Albertin 1998, 282-291; Buggisch 1988, 83-91.

2082 Vgl. Lösche 1991, 12.

2083 Vgl. Lorenz 1995, 8f.; Georgi-Valentin 1955a, 150-152.

2084 Vgl.die Essener Falken in der Nachkriegszeit Böhme/Wehner-Hahn 1989, 110f.; s. a. Wagner 1995, 139f.

Mitglieder. Sie regelten und reglementierten daher den Einfluß der (männlichen) Jugendlichen. Der Mindener Vorstand richtete Funktionen, wie den Bootswart, ein, und verschuf so jungen Männern eine Aufgabe und ein Profilierungsfeld.[2085] Auf Reichs- bzw. Bundesebene war es für jugendliche Mitglieder noch schwieriger, sich in die Vereinspolitik einzubringen, wie die Konflikte zwischen Jugendvertretern und Vorstandsmitgliedern zeigen:

Seit 1926 existierte die Naturfreunde-Jugend als „selbständige Gliederung des Vereins" des TVdN.[2086] Daran knüpften die Jugendleiter des TVdN nach dem Zweiten Weltkrieg an, obwohl die Jugendlichen beim TVdN bereits durch die Landesjugendleiter im Bundesvorstand vertreten waren.[2087] Bei ihrem zweiten interzonalen Treffen im Herbst 1948 beschlossen die Jugendvertreter die Einberufung der ersten Bundeskonferenz im August 1950 auf dem Hohen Meißner.[2088] Sie wählten dort Kurt Hahn, „nach heftiger Intervention Xaver Steinbergers", dem ersten Bundesvorsitzenden nach dem Zweiten Weltkrieg, zum Bundesjugendleiter und einigten sich auf eine Wiedergründung der Naturfreunde-Jugend. Anfang der 1950er Jahre erstritten die Jugendvertreter weitergehende institutionelle Verankerungen im Bundesverband der TVdN, z. B. einen eigenen Posten im Bundeshaushalt und die Einrichtung eines Bundesjugendausschusses.[2089] Kurt Hahn verband mit diesen Forderungen die Hoffnung, daß zukünftig „die Jugend ... beratend mitwirken" kann und ihr die „Gelegenheit" gegeben wird, „in den Führungsgremien der Gesamtorganisation mitzuarbeiten, wenn man den weiteren Ausbau der Bewegung sichern will".[2090]

2085 TAM, 001-002G/S181198.

2086 Zitat: Denecke 1991, 269. – Bei der Reichskonferenz in Würzburg 1926 hatten die Delegierten Leonhard Burger zum Reichsjugendleiter gewählt und erstmals einen hauptamtlichen Arbeitsplatz in der Geschäftsstelle in Nürnberg eingerichtet. Dieser institutionellen Aufwertung wurde ein autoritäres Verfahren zur Wahl der jeweiligen Jugendleiter entgegensetzt: Diese wurden nicht von den 14-20jährigen, sondern von den Erwachsenenvereinen gewählt. Im Jahre 1930 lockerte die Dresdener Reichsversammlung diese Bestimmung und beschloß, daß Jugendliche wenigstens Beisitzer in den Ausschüssen wählen durften (ebda., 269f.).

2087 Landes- und Jugendkonferenz des Landesverbandes Teutoburger Wald-Weserbergland, in: WB (Juli-August 1951), Nr. 7/8, 20; Die Bundesversammlung der deutschen Naturfreunde in Hannover. 14.-16. September 1951, in: WB (November-Dezember 1951), Nr. 11/12, 22f.; Hahn, Kurt, In Erwartung der Konferenzen. Kritische Betrachtungen einer zeitlichen Entwicklung. Den Freunden bei ihrer Wanderung zu den Konferenzen mit auf den Weg, in: WB (September-Oktober 1953), Nr. 5, 7; Der Bundesausschuß der Deutschen Naturfreunde tagte am 20. und 21. März 1954 in Nürnberg, in: WB (Mai-Juni 1954), Nr. 3, 18.

2088 Der „Meißner-Beschluß" der ‚grünen Wanderjugend' wendet sich v. a. gegen Militarisierungstendenzen und Arbeitsdienste (Zimmer 1986, 93-110). Vgl. Hahn 1955, 79f.

2089 Bundesversammlung der deutschen Naturfreunde in München, in: WB (November-Dezember 1953), Nr. 6, o. S.

2090 Hahn, Kurt, In Erwartung der Konferenzen. Kritische Betrachtungen einer zeitlichen Entwicklung. Den Freunden bei ihrer Wanderung zu den Konferenzen mit auf den Weg, in: WB (September-Oktober 1953), Nr. 5, 6f.

Die Auseinandersetzungen um mehr Einfluß für die Jüngeren waren, ähnlich wie zur Zeit der Weimarer Republik, meist schwierig und konfliktreich. Kurt Hahn betonte:

„Dreimal [auf drei aufeinander folgenden Konferenzen; BJ] wünschen sich die jungen Naturfreunde eine aufgeschlossene Konferenzleitung, die über die Tagesordnung hinweg die Jugend – ihre Jugend – sieht, deren Kräftepotential nicht völlig ausgeschöpft wird, deren Wirken noch einige ‚überflüssige Grenzen' gesetzt sind, die wir bekanntlich nicht schätzen".[2091]

Rückblickend resümiert er seine Schwierigkeiten als Jugendvertreter bei den Naturfreunden:

„Der erste Abend war unvergeßlich für mich. Ich hatte keine Ahnung, wie kompliziert es ist, in einem Verein mitzuwirken. (...) Ich war ja auch ein Problem für die ‚alten Herren' ... aus der Sicht eines damals 20jährigen (sic). Da kam einer, der 10 Jahre in Uniform steckte, kein Kind mehr war, aber dem noch jede praktische Lebens- und Verbandserfahrung fehlte."[2092]

Viele junge Männer strebten danach, sich wie die männlichen Erwachsenen innerverbandlich zu profilieren, gesellschaftlich zu wirken und sich so (auch ein berufliches) Tätigkeitsfeld zu schaffen. Sie wünschten sich daher „auch in Zukunft eine glückliche Synthese zwischen alt und jung". Hinter dieser Beschwörung eines harmonischen Generationenverhältnisses steckte meist die Kritik am unbefriedigenden Realzustand: „Junge Menschen, gut beraten von erfahrenen älteren Freunden, werden gar manche neue Situation meistern und dennoch die neuen Wege hin zum alten Ziel markieren."[2093]

Damit bedienten die Jungfunktionäre das Harmoniebedürfnis der Älteren und durchkreuzten es gleichzeitig mit ihren streitbaren Aufforderungen. Außerdem setzten sie eigene Akzente. Bei der Bundesversammlung in Hannover 1951 verlangten die Jugendvertreter in ihren Reden und Anträgen eine inhaltliche Positionierung gegenüber Jugendorganisationen, die nicht auf dem Boden des Grundgesetzes standen, und eine Forcierung der internationalen Arbeit der Naturfreunde. Mit ihrer Aufforderung, nichtdemokratische Jugendorganisationen, namentlich der FDJ, aus Naturfreundehäusern auszuschlie-

2091 Ebda., 7.

2092 Hahn 1986, 172, s. a. 173, 177.

2093 Zitate: Hahn, Kurt, In Erwartung der Konferenzen. Kritische Betrachtungen einer zeitlichen Entwicklung. Den Freunden bei ihrer Wanderung zu den Konferenzen mit auf den Weg, in: WB (September-Oktober 1953), Nr. 5, 7. S. a. den Aufruf der Naturfreunde-Jugend zum Meißner-Treffen 1950: „Neben frohem Lagerleben wollen wir mit allem Ernst den Außenstehenden zu erkennen geben, daß es eine gesunde Jugend gibt, welche nicht untergegangen ist im Durcheinander der Nachkriegsjahre. Am Lagerfeuer wollen wir uns feierlich bekennen zur großen Familie der Naturfreunde und ihren für alle schaffenden Menschen so großen Ziele" (Touristenverein ‚Die Naturfreunde' Bundesleitung Deutschland Bundes-Jugendleitung, Naturfreunde-Jugend, in: WB [Juli-August 1950], Nr. 7/8, 12).

ßen[2094], provozierten sie einen Konflikt mit großen Teilen des TVdN. Denn zahlreiche Naturfreunde sympathisierten mit der FDJ. In einigen Regionen gab es auch Überschneidungen der Mitgliedschaft, und manche ehemalige FDJler bzw. FDJlerinnen fanden nach dem Verbot ihrer Organisation in Westdeutschland bei der Naturfreunde-Jugend eine neue politische Heimat.[2095] Die konfliktfreudigen jungen Funktionäre der Naturfreunde formulierten ihre Resolutionen und politischen Forderungen auch bzgl. anderer Themen deutlicher als die Bundesversammlungen, z. B. zu der Frage der Remilitarisierung und des Arbeitsdienstes für Jugendliche.[2096]

Die Jüngeren störten sich nicht nur an Inhalten, sondern auch an der Arbeitsweise der Vorstände. Beispielsweise kritisierte Kurt Hahn, daß sich die Vorstandsarbeit zunehmend in Verwaltungsaufgaben erschöpfte, besonders um die „aus jugendlicher Begeisterung gebauten Naturfreundehäuser“ zu er- und unterhalten. Hahn bedauerte, daß die Funktionäre der ‚Wanderfreunde‘ immer mehr zu „‚Verwaltungsbeamten‘ geworden“ seien, die zu den eigentlichen Aktivitäten der Naturfreunde kaum mehr Zeit fänden. Es sei daher nicht „verwunderlich, wenn die administrative Arbeit den kleinen Kreis von Funktionären und die Handvoll hauptamtlicher Kräfte voll auslastet“.[2097]

An einer Mitarbeit in diesen Gremien und an offizieller Politik hatten Jugendliche oft noch weniger Interesse als die um die 20 Jahre alten Erwachsenen. Karl Sundermann aus Minden machte im Interview deutlich, daß er und seine gleichaltrigen Freunde von Politik nichts wissen wollten, obwohl er als junger Mann der Mindener Ortsgruppe vorstand.[2098] Auch der ältere Kurt Hahn berichtete davon, daß er und seine Freunde

„wenig Lust [zeigten], zu Parteiabenden mitzugehen oder uns gar um eine Mitgliedschaft zu bewerben. Gehabe, Sprache und Parolen waren uns fremd; hatten wir doch im Gefangenenlager geschworen, uns niemals mehr in eine Uniform oder in ein uniformiertes Denken zwingen zu lassen.“[2099]

In Folge dieser Problematik gab es zu Beginn der 1950er Jahre auf Bundesebene Bestrebungen, die Fachreferate als vollständige Bestandteile der Vorstände gegenüber den Verwaltungsaufgaben aufzuwerten. Damit sollte die

2094 Die Bundesversammlung der deutschen Naturfreunde in Hannover. 14.-16. September 1951, in: WB (November-Dezember 1951), Nr. 11/12, 22f.

2095 Dies gilt wohl besonders für das Ruhrgebiet. Ich danke Dr. Till Kössler für diesen Hinweis.

2096 Hledik, Karl, Bundestreffen der Jugend am Hohen Meißner. Rückblick auf das Bundesjugendtreffen und auf die 1. Bundesjugendkonferenz, in: WB (September-Oktober 1950), Nr. 9/10, 24f.

2097 Hahn, Kurt, In Erwartung der Konferenzen. Kritische Betrachtungen einer zeitlichen Entwicklung. Den Freunden bei ihrer Wanderung zu den Konferenzen mit auf den Weg, in: WB (September-Oktober 1953), Nr. 5, 6.

2098 TAM, 002G/S181198.

2099 Hahn 1986, 173.

Vorstandsarbeit attraktiver gemacht und genuine Verbandsaktivitäten sowie „die ... lebendigen Wünsche der Mitgliedschaft" gegenüber den Verwaltungs- und Finanzinteressen gestärkt werden. In diesem Zusammenhang forderte Kurt Hahn „eine verbindliche Zusammenarbeit zwischen Gruppenleben und der Verwaltung".[2100]

Diese Auseinandersetzungen um Inhalte, Integration, Einfluß, Anerkennung und Politikformen innerhalb der Gremien und zwischen den Generationen führten in erster Linie jüngere Männer bzw. männliche Jugendliche mit älteren Männern.[2101] Die Gremienarbeit stellte also in erster Linie ein ‚Lernfeld' für Jungen dar. D. h. außerdem, daß die in den Gremien und auf Konferenzen eingeübten Verhaltensweisen von Mann zu Mann weitergegeben wurden. Die jungen Männer lernten von Männern, die in der Weimarer Republik bereits politisch aktiv gewesen waren, sich im sozialdemokratischen männlich dominierten Vereins- und Organisationswesen zu bewegen und zu agieren. Häufig ‚vererbten' ältere Vorstandsmitglieder ihre Funktion jungen Männern innerhalb ihrer Familien. Die Jugendlichen erlebten im TVdN in diesem ‚Arbeiterkulturverein' folglich eine von Männern geführte Vereinspolitik mit männerbündischem und patriarchalisch-familialen Charakter.[2102]

Diese Vorrangstellung männlicher Erwachsener war jedoch begrenzt: Zum einen forderten Jüngere mehr Einfluß. Zum anderen war die männlich dominierte Gremienpolitik für viele Naturfreunde und zahlreiche Aktivitäten nur begrenzt relevant. Der größte Teil der Naturfreunde zog der Funktionärsarbeit Wanderungen und die geselligen wie bildenden Veranstaltungen vor, in denen Frauen und Mädchen einflußreicher waren. Auch weil die Protokolle kaum inhaltliche Debatten beinhalten, kann angenommen werden, daß Vorstandsarbeit (im Gegensatz zur Arbeit der Spitzenfunktionäre) auf das Notwendige reduziert war. Im Gegensatz dazu war die Inszenierung der Gemeinschaft, die Verbundenheit und Harmonie zwischen den Geschlechtern und Generationen von großer Bedeutung.[2103]

Außerdem hatten die regionalen wie überregionalen Zusammenschlüsse für

2100 Hahn, Kurt, In Erwartung der Konferenzen. Kritische Betrachtungen einer zeitlichen Entwicklung. Den Freunden bei ihrer Wanderung zu den Konferenzen mit auf den Weg, in: WB (September-Oktober 1953), Nr. 5, 7.

2101 Vgl. Hledik, Karl, Bundestreffen der Jugend am Hohen Meißner. Rückblick auf das Bundesjugendtreffen und auf die 1. Bundesjugendkonferenz, in: WB (September-Oktober 1950), Nr. 9/10, 24f.; IV. Bundesjugendkonferenz der Naturfreunde in Berlin, in: WB (September-Oktober 1955), Nr. 5, 21; Strutz, Landeskonferenz des Bezirks Teutoburger Wald (Weserbergland); ‚Naturfreunde keine romantische Angelegenheit', in: WB (Juli-August 1952), Nr. 7/8, 23.

2102 Vgl. Behrens-Cobet; Morgenroth 1994, 134f.

2103 Vgl. zu Politik und Eigen-Sinn Lüdtke 1993a, z. B. 172f.

die praktische Arbeit in den Ortsgruppen nur eine geringe Relevanz[2104], außer es bestanden finanztechnische Verbindungen, z. B. im Falle des Hauses in Meißen, das dem Landesverband gehörte. Es erstaunt daher kaum, daß Reiseberichte von Naturfreunde-Gruppen fast ausschließlich Naturbeschreibung und Kulturhistorisches beinhalten und darin kaum von Begegnungen mit anderen ‚Wanderfreunden' die Rede ist.[2105] Insbesondere in Minden spielten die formalen Beziehungen zur Landes- bzw. Bundesebene keine besondere Rolle. Selbst im Vorstand des Landesverbandes war im Untersuchungszeitraum kein Mindener und keine Mindenerin vertreten.[2106] Auch die Protokolle der Jahreshauptversammlungen in Minden und Meißen, in denen auch die Delegierten für formal übergeordnete Konferenzen gewählt wurden[2107], weisen kaum eine Thematisierung ihrer Beziehungen zur Landes- oder Bundesebene auf. Ausnahmen bildeten die Jahreshauptversammlung 1948 in Meißen (Kreis Minden), wo der Vorsitzende „das Protokoll der Landesversammlung in Hannover" vorlas[2108], oder die Mitgliederversammlung in Minden 1954, als ein Vertreter des Landesverbandes die Mindener Ortsgruppe besuchte.[2109] Entsprechend beklagten sich einige Protagonisten, wie Fritz Rück (1955-1959 Bundesvorsitzender), daß überregionale Zusammenarbeit zu Wünschen übrig ließe, was die Arbeit des (Bundes)Vorstandes nicht nur erschwerte, sondern auch irrelevanter werden ließ.[2110] Der Bundesjugendleiter Kurt Hahn kriti-

2104 Eine Ausnahme bildet der über Jahre sich erstreckende von allen TVDN finanziell unterstützte Bau des Kanzelwandhauses, einem Naturfreunde-Haus der Bundesgruppe in den Alpen (Eine Kastanie aus Severings Hand. Fruchtbare Arbeitstagung im Naturfreundehaus Oerlinghausen, in: WB [Januar-Februar 1955], Nr. 1, 21).

2105 Z. B. Lücking, Fred, Mit Fahrrädern durch die Bundesländer. Gedanke und Erinnerungen von einer Großfahrt unternehmungslustiger junger Freunde, in: WB (November-Dezember 1950), Nr. 11/12, 23 f.

2106 Die in den Landesvorstand gewählten Männer – Frauen waren nicht vertreten – kamen alle aus der näheren Umgebung von Bielefeld. Darunter war Eduard Husemann als Stellvertreter und späterer Nachfolger von Carl Schreck, Heinrich Strathkötter als Kassierer, H. W. als Jugendleiter sowie Heinrich Feuerstarke und Hermann Lütkemeier als Beisitzer (Touristenverein Die Naturfreunde Landesverband Teutoburger Wald-Weserbergland e. V. 1995, 42). Auch die Jugendleiter auf Landesebene waren meist Bielefelder (StADt, M 1 I Ju, Nr. 170).

2107 Z. B. Kindergruppe wird aktiver. Jahreshauptversammlung der Naturfreunde, in: Zeitungsartikel o. Angaben (PA Sundermann, Ordner OV 2). Bei dieser Versammlung wurden M. und H. S. als Delegierte zur Landeskonferenz gewählt.

2108 Protokoll der Jahreshauptversammlung am 8. 2. 1948 in Meißen (PA Sundermann, Ordner OV 3).

2109 Protokoll der Jahreshauptversammlung am 15. 1. 1954 in Minden (PA Sundermann, Ordner OV 3). Außerdem fand 1954 die Landeskonferenz in Meißen statt (Touristenverein Die Naturfreunde Landesverband Teutoburger Wald-Weserbergland 1995, 54).

2110 „Die Hauptsache sei jedoch die Zusammenarbeit innerhalb der Naturfreundejugend. Bundesjugendleitung und Bundesjugendausschuß können nur arbeiten, wenn der Kontakt zu allen Organisationsstufen vorhanden ist" (IV. Bundesjugendkonferenz der Naturfreunde in Berlin, in: WB [September-Oktober 1955], Nr. 5, 21). Vgl. Bundesversammlung der Deutschen Naturfreunde in Mannheim vom 26. August bis 28. August im ‚Rosengarten' in Mannheim, in: WB (November-Dezember 1955), Nr. 6, 13f.

sierte die seiner Meinung nach zu unterschiedlichen Ansätze und Umsetzungen der Grundsätze in der Arbeit:

„Bekämpft man in einem Lande Nikotin und Alkohol, so werden im Lande nebenan Bier, Wein und Rauchwaren verkauft. Pflegt man im Landesverband ‚U‘ den Volkstanz, so gehören Plattenspieler und Jazzplatten zum Inventar der Naturfreundehäuser im Lande ‚X‘“.[2111]

Jugendliche interessierten sich sicherlich noch weniger als Erwachsene für die überlokalen Vereinsstrukturen.

Obwohl die Gremienarbeit bei den Naturfreunden nur einen kleinen Teil der Vereinsaktivitäten ausmachte, hatten die (geschäftsführenden) Vorstandsmitglieder und Konferenzteilnehmer innerhalb des Vereins erheblichen Einfluß und große Entscheidungsmacht nach innen sowie Wirkungsmöglichkeiten außerhalb des Vereins. Die Gremienpolitik funktionierte nach den Regeln der parlamentarischen Demokratie. Die Naturfreunde knüpften somit an Traditionen aus der Weimarer Republik an. Daß Politik im engeren Sinne von männlichen Erwachsenen definiert und dominiert war, war für die Jugendlichen nicht neu, dagegen aber die demokratischen Umgangsformen, wonach formal alle Mitglieder gleichberechtigt waren. Einige junge Männer – im Gegensatz zu jungen Frauen – sahen daher in den Gremien ein Tätigkeitsfeld für sich und eigneten sich parlamentarische Politikformen an. Sie forderten mehr Einflußmöglichkeit ein. Mit der Aufwertung der Fachreferate in den Vorständen erzielten sie auch eine Erweiterung dessen, was als relevant für die Gremienpolitik galt. Gleichzeitig engagierten sie sich teils erfolgreich für einen Generationenwechsel in der Führungsebene und für eine veränderte offizielle Politik, die der inoffiziellen Politik, den Alltagstätigkeiten der Naturfreunde, mehr Rechnung trug. Politik bedeutete für die Jüngeren mehr als die reine Verwaltungstätigkeit; sie schloß politische Kontroversen ebenso ein wie ‚kulturelle‘ Vereinstätigkeiten, bei denen auch weibliche Mitglieder stärker involviert waren.

2111 Hahn, Kurt, In Erwartung der Konferenzen. Kritische Betrachtungen einer zeitlichen Entwicklung. Den Freunden bei ihrer Wanderung zu den Konferenzen mit auf den Weg, in: WB (September-Oktober 1953), Nr. 5, 7.

III. 3. 2. 3. 2 Inoffizielle Politik: familiale Feste

> „Die Naturfreundejugend des Gaues Teutoburger Wald/Weserbergland trat kürzlich zu einer Gaukonferenz zusammen. Die Tagung war ein erfreulich lebendiger Auftakt für die Sommerarbeit ... Etwa 100 jugendliche Delegierte aus allen Ortsgruppen hatten sich zusammengefunden zu einer arbeitsfrohen Gemeinschaft.“[2112]

Gremienarbeit und insbesondere den Konferenzen kamen die Bedeutungen der Vergemeinschaftung, der Positionsbestimmung, der Entscheidungsfindung, der gemeinsamen Wahl eines Vorstandes sowie der Legitimation des Vorstandes zu, den Verein nach innen und außen zu vertreten.[2113] Innerhalb der Gremien oblagen diese Tätigkeiten fast ausschließlich Männern mittleren und höheren Alters. Bei Festen, festlichen Abschnitten von Konferenzen sowie ‚hinter den Kulissen‘ der Gremien wirkten dagegen viele Frauen, weibliche wie männliche Jugendliche mit. Den Festen und informellen Beziehungen im Familien- und ‚Arbeiterkulturverein‘ kamen ähnliche Bedeutungen zu wie den Gremien. Folglich sind diese geselligen Praktiken als Politik des TVdN zu beschreiben.

Um sich im Bereich der informellen Politik zu engagieren, mußte man nicht unbedingt für ein Amt gewählt worden sein. Dennoch spielte Geselligkeit am Rande von Konferenzen eine große Rolle, wie bei dem außerordentlichen Treffen der Naturfreunde-Jugend auf dem Hohen Meißner 1950, bei der Bundesjugendkonferenz 1955 in Berlin, bei den Bundesversammlungen z. B. in Hannover oder in Mannheim, den internationalen Treffen der Naturfreunde-Jugend.[2114] Insbesondere wurde aber auf lokaler und regionaler Ebene gefeiert, etwa anläßlich der Sonnwende und von Jubiläen, der Einweihung von Vereins-

2112 Naturfreundejugend formt sich ihr Leben. Eine Gaukonferenz in Bielefeld – Über das politische und kulturelle Wollen, in: Freie Presse v. 22. 5. 1948.

2113 Vgl. Lipp 1986, 275-296. Lüdtke unterscheidet die „Arena der Alltagspolitik“, die er als eher staatsfern bezeichnet, und die „Arena formalisierter und staatsbezogener Politik“, in der überlokale Vernetzungen zentral sind (Lüdtke 1993a, 391). Wie in diesem Kapitel gezeigt werden soll, kam bei den Naturfreunde in der Nachkriegszeit der überlokalen Politik durchaus der Charakter der „Alltagspolitik“ bei Lüdtke zu und beschränkte sich nicht auf Staatsbezogenheit.

2114 WB (Juli-August 1950), Nr. 7/8; Hledik, Karl, Bundestreffen der Jugend am Hohen Meißner. Rückblick auf das Bundesjugendtreffen und auf die 1. Bundesjugendkonferenz, in: WB (September-Oktober 1950), Nr. 9/10, 24f. – IV. Bundesjugendkonferenz der Naturfreunde in Berlin, in: WB (September-Oktober 1955), Nr. 5, 21. – Die Bundesversammlung der deutschen Naturfreunde in Hannover. 14.-16. September 1951, in: WB (November-Dezember 1951), Nr. 11/12, 24; Festabend im ‚Rosengarten‘ in Mannheim. 60-Jahr-Feier der Bundesversammlung der Deutschen Naturfreunde, in: WB (November-Dezember 1955), Nr. 6, 14. – Internationale Treffen: Meißner-Treffen 1950: WB (Juli-August 1950), Nr. 7/8; WB (September-Oktober 1950), Nr. 9/10; internationale Pfingsttreffen 1951: WB (März-April 1951), Nr. 3/4; Naturfreundejugendtag in Reutlingen 1952: Naturfreundejugendtag in Reutlingen am 17./18. Mai 1952, in: WB (Juli-August 1952), Nr. 7/8, 24; der Bundeslehrgang

häusern, wie die des Weserheims der Mindener Naturfreunde[2115], der 25-Jahr-Feier der Ortsgruppe Lage im April 1955[2116] oder gar beides zusammen, wie 1950 in Meißen, als die hiesigen Naturfreunde ihr 25jähriges Bestehen und die Vergrößerung ihres Heimes mit Naturfreunden aus dem Landesverband und aus Niedersachsen feierten.[2117] Befreundete Ortsgruppen trafen sich außerdem zum „Frühlingsfest" der Mindener Naturfreunde[2118] und zu vielen anderen Anlässen, wie 1951 in Detmold[2119].

Gemeinsam war diesen geselligen Aktivitäten, daß hier zahlreiche Naturfreunde und ihre Familien zusammenkamen und gemeinsam sowie arbeitsteilig für die Gestaltung sorgten. Die einzelnen Gruppen führten sich gegenseitig Tänze und Laienspiele vor, sangen im Chor und musizierten:

„Das Mandolinenorchester der Naturfreunde Häverstädt brachte Volkslieder, der Naturfreundechor Bielefeld-Brackwede wartete mit klangschönen Chorgesängen auf, die Naturfreundegruppe Minden tanzte in großem Kreis die schwedische Westgöta-Polka, während die Rehmer mit dem humorvollen ‚Hahn im Korb' die Fröhlichkeit steigerten. Besonderen Beifall erhielten die Naturfreunde Meißen in schaumburg-lippischer Landestracht, als sie echte Bauerntänze aus dem Land der roten Röcke vorführten."[2120]

Die Festgesellschaft stimmte häufig anschließend ein Lied an, wie 1953 auf dem Portaberg „Brüder, zur Sonne zur Freiheit" und „Wann wir schreiten Seit' an Seit'".[2121] Nachdem sich die meist jungen Menschen gegenseitig etwas vorgesungen, -gespielt und -getanzt hatten, waren die Feste jedoch noch nicht zu

für Jugendleiter vom 16. bis 20. November 1955: WB (November-Dezember 1955), Nr. 6, 16; Treffen mit Holländischen Naturfreunden in Bramsche: Holländische Naturfreunde in Deutschland. Von Hengeleo (Holland) nach Bramsche, in: WB (September-Oktober 1954), Nr. 5, 27.

2115 PA Sundermann, Ordner OV 1; Ausstellungscollage.

2116 Eine Kastanie aus Severings Hand. Fruchtbare Arbeitstagung im Naturfreundehaus Oerlinghausen, in: WB (Januar-Februar 1955), Nr. 1, 21; s. a. S. 23.

2117 Doppelfeier der Ortsgruppe Meißen, in: WB (September-Oktober 1950), Nr. 9/10, 27; vgl. Touristenverein Die Naturfreunde Landesverband Teutoburgerwald-Weserbergland 1995, 47f.

2118 Telegramm vom TVDN Bielefeld an TVDN Minden am 20. 4. 1949 (PA Sundermann, Ordner OV 1). Vgl. geplante Frühlingsfeier 1955 des Landesverbandes Teutoburger Wald/Weserbergland (Eine Kastanie aus Severings Hand. Fruchtbare Arbeitstagung im Naturfreundehaus Oerlinghausen, in: WB [Januar-Februar 1955], Nr. 1, 21).

2119 Glanzvoller Verlauf des Naturfreundetreffens in Detmold, in: WB (September-Oktober 1951), Nr. 9/10, 30.

2120 Sonnwendfeier der Naturfreunde des Gebietes Teutoburger Wald/Weserbergland. Nächtliche Feierstunde am Portadenkmal, in: WB (September-Oktober 1953), Nr. 5, 30; vgl. Ankündigung derselben Sonnwendfeier in: Freie Presse v. 17. 6. 1953; KAM, H 50, Nr. 134; s. a. Sonnwendfeier des Landesverbandes Teutoburger Wald/Weserbergland in Bramsche, in: WB (September-Oktober 1955), Nr. 5, 26.

2121 Touristenverein Die Naturfreunde Landesverband Teutoburger Wald-Weserbergland, Sonnwendfeier am Porta-Denkmal, Sonnabend, den 20. 6. 1953, um 21 Uhr, Programmfolge (PA Sundermann, Ausstellungscollage).

Ende: Bei dem Treffen in Bramsche gesellte man sich um den von Jugendlichen „entzündeten ... gewaltigen Holzstoß". Es „wurde spät, ehe die ‚Letzten' vom glimmenden Feuerfest sich heimfanden".[2122]

Eines der wesentlichen Ziele von Zusammenkünften wie Konferenzen und Festen war es, unter den Anwesenden eine positive Stimmung und eine „frohe Unterhaltung im Kreise alter Wanderfreunde" zu schaffen. Beispielsweise standen bei der Bundesversammlung in Hannover 1951 Gesang und andere Darbietungen, ein Ausflug zum Haus der Braunschweiger Naturfreunde, eine ausgiebige Feier und der Genuß der „Landesspezialitäten" im Mittelpunkt.[2123] Bei anderen Konferenzen verwandten die Delegierten zwar mehr Zeit für das Konferieren im engeren Sinne als bei der Versammlung in Hannover. Dennoch gab es immer viel Raum für Geselligkeit und künstlerische Einlagen, z. B. bei der Bundesversammlung in Mannheim 1955[2124] oder bei der zweitägigen Berliner Jugendkonferenz 1955.[2125]

Sowohl bei Festen als auch bei Konferenzen verbrachten die Naturfreunde meist mehr als einen Tag zusammen, nicht zuletzt, da viele längere Anfahrtswege hatten.[2126] Häufig übernachteten die Festgäste in Zelten, wie 1953 bei dem nächtlichen Fest am Portadenkmal[2127]. Bei diesen Zusammenkünften dürfte daher der offizielle und häufig im Programm angekündigte Verlauf der Feiern einen bedeutenden, aber quantitativ nur einen geringen Teil ausgemacht haben.[2128] Die meiste Zeit unterhielten sich die Teilnehmerinnen und Teilneh-

2122 Sonnwendfeier des Landesverbandes Teutoburger Wald/Weserbergland in Bramsche, in: WB (September-Oktober 1955), Nr. 5, 26.

2123 Die Bundesversammlung der deutschen Naturfreunde in Hannover. 14.-16. September 1951, in: WB (November-Dezember 1951), Nr. 11/12, 24.

2124 Am Samstagabend der zweitägigen Veranstaltung feierten die Naturfreunde das 60jährige Bestehen ihres Vereins. Bei diesem Fest wechselten sich diverse Gruß- und Glückwunschworte mit musischen Darbietungen und Rezitationen ab. Nicht nur Mannheimer Naturfreunde und Naturfreunde-Jugendliche gaben Orchestermusik, Tanz und Gesang zum Besten, auch Vertreterinnen und Vertreter der anderen Landesverbände begaben sich auf die Bühne (Festabend im ‚Rosengarten' in Mannheim. 60-Jahr-Feier der Bundesversammlung der Deutschen Naturfreunde, in: WB [November-Dezember 1955], Nr. 6, 14).

2125 Der zweite Tag dieser Konferenz begann mit einem Konzert vom Streichorchester der Volksmusikschule in Neukölln, einer Rezitation und dem Gajo-Chor der Berliner Naturfreunde. Nach der Rede des Bundesjugendleiters standen der Chor mit zwei Liedern und das Orchester wieder im Rampenlicht, bis die Versammlung ihre Feierstunde mit dem Arbeiterlied „Brüder, zur Sonne, zur Freiheit" schloß (IV. Bundesjugendkonferenz der Naturfreunde in Berlin, in: WB [September-Oktober 1955], Nr. 5, 21).

2126 Doppelfeier der Ortsgruppe Meißen, in: WB 2 (September-Oktober 1950), Nr. 9/10, 27. Dieses Fest dauerte vom 22. bis zum 23. 7. 1951. Auch das Treffen in Detmold benötigte ein ganzes Wochenende (Glanzvoller Verlauf des Naturfreundetreffens in Detmold, in: WB [September-Oktober 1951], Nr. 9/10, 30).

2127 Ankündigung der Sonnwendfeier in: Freie Presse v. 17. 6. 1953 (KAM, H 50, Nr. 134).

2128 Doppelfeier der Ortsgruppe Meißen, in: WB 2 (September-Oktober 1950), Nr. 9/10, 27; Glanzvoller Verlauf des Naturfreundetreffens in Detmold, in: WB (September-Oktober 1951), Nr. 9/10, 30.

mer der Feste, aßen gemeinsam, halfen bei der Organisation und gingen gemeinsam auf Wanderschaft.[2129] Freundschaften, Familienverbindungen, Jugendcliquen und sicher auch persönliche Feindschaften waren die bindenden Glieder zwischen Frauen, Männern, Mädchen und Jungen bei diesen geselligen Veranstaltungen, also weniger Beschlüsse und Wahlen. Die Feste zeigen, so ein Bericht über den Abend der Mannheimer Bundesversammlung 1955, „daß die Naturfreunde ... auch kulturelle Aufgaben in Sprache und Wiedergabe lösen, die mit Natürlichkeit, Frohsinn und Gedankengut inniger Gemeinschaft leben."[2130] Die Inszenierung der Gemeinschaft, sei es als Delegierte bei Konferenzen, als Mitglieder einer Ortsgruppe, eines Landesverbandes oder der Naturfreunde allgemein stand bei den Treffen im Mittelpunkt. Dabei pflegten die Naturfreunde vereinsinterne Beziehungen über die Orts- und Landesgrenzen hinaus, besprachen Vereinsangelegenheiten und präsentierten die eigene Ortsgruppe. Die Naturfreunde erfüllten bei Festen folglich die auf der Ebene der offiziellen Politik häufig eingeforderte Zusammenarbeit und Solidarität verschiedener Gremien und Vereinsgliederungen untereinander sowie die inhaltliche Verbindlichkeit.

Harmonie war auch hier vorrangiges Ziel. Den Naturfreunden kam es bei Festen wie Konferenzen darauf an, Konflikte zu vermeiden oder möglichst schnell auszuräumen, wie bei der Jahreshauptversammlung am 15. 1. 1954, als der Vorsitzende Karl Strutz seinen kritischen und z. T. von Enttäuschung und Resignation geprägten Bericht vortrug. Im Namen der bestürzten Versammlungsteilnehmer überzeugte Irmgard E. Karl Strutz davon, „daß der Verein ihn braucht. Lauter Beifall zeigte Karl Strutz, daß er einstimmig zum 1. Vorsitzenden gewählt wurde." Sie „sprach aus dem Herzen aller".[2131] In dem sozialdemokratischen Verein war Gemeinschaft folglich kein Ergebnis einer Auswahl, sondern der Integration.

Die Naturfreunde strebten danach, möglichst viele Menschen bei ihren Festen willkommen zu heißen; wobei sie ihre Feste in erster Linie für Vereinsmitglieder und Angehörige ausrichteten. Beispielsweise waren die Feiern zur Sonnwende Großveranstaltungen mit mehreren Hundert Teilnehmerinnen und Teilnehmern.[2132] Zu den Einweihungs- und Jubiläumsfeiern der Mindener Na-

2129 Brief von Karl Strutz an Eduard Husemann v. 11. 4. 1947 (PA Sundermann, Ordner OV 1); Glanzvoller Verlauf des Naturfreundetreffens in Detmold, in: WB (September-Oktober 1951), Nr. 9/10, 30.

2130 Festabend im ‚Rosengarten' in Mannheim. 60-Jahr-Feier der Bundesversammlung der Deutschen Naturfreunde, in: WB (November-Dezember 1955), Nr. 6, 14.

2131 Protokoll zur Jahreshauptversammlung am 15. 1. 1954 (PA Sundermann, Ordner OV 3).

2132 Z. B. fanden sich 1953 bei der sommerlichen Feier am Portadenkmal 2.000 Menschen ein und 1955 in Bramsche 400 (Sonnwendfeier der Naturfreunde des Gebietes Teutoburger Wald-Weserbergland. Nächtliche Feierstunde am Portadenkmal, in: WB [September-Oktober 1953], Nr. 5, 30; Sonnwendfeier des Landesverbandes Teutoburger Wald/Weserbergland in Bramsche, in:

turfreunde kamen nicht nur Alt und Jung, Frau und Mann des Vereins, sondern auch Mitglieder befreundeter Landesverbände. Die Bielefelder Ortsgruppe kündigte im März 1947 an, daß sie mit der ganzen Jugendgruppe zur Einweihung des Weserheims kommen werde.[2133] Man rechnete in Minden bereits zwei Monate vor dem Einweihungsfest damit, daß für die Unterbringung der zahlreich erwarteten Gäste nicht genügend Privatquartiere vorhanden sein würden und man deshalb „ein kleines Zeltlager mit allen Schikanen aufbauen" müsse.[2134] Auch die Meißner Naturfreunde konnten 1950 bei ihrer „Doppelfeier" zahlreiche Gäste aus den Ortsgruppen von „den Gauen Niedersachsen und Weserbergland-Teutoburger Wald" begrüßen.[2135]

Bei diesen der Vergemeinschaftung dienenden, familialen Festen gab es eine geschlechts- und altersspezifische Aufgabenverteilung: Männliche Protagonisten hielten festliche Reden, wie der Mindener Fritz Kohlmeier und Georg Strutz bei der Sonnwendfeier 1953 am Portadenkmal.[2136] Darbietungen und Verpflegung waren hier aber wesentlicher für das Gelingen von Feiern. Daran waren, wie 1949 in Oerlinghausen, nicht nur Jugendliche „maßgeblich beteiligt"[2137], sondern auch Frauen. Sie waren ebenso bei Konferenzen für den geselligen Teil und die feierliche Atmosphäre zuständig[2138], wie bei der Bundesversammlung in Hannover:

„Es war ein feindurchdachter, sinnreicher Rahmen, den die Ortsgruppe Hannover mit Heini Kempe und seinen Mitarbeitern um die Bundestagung gelegt hat. Es hatte jeder seine Aufgabe, und die Frauen und die Jugendlichen waren fleißige Helfer."[2139]

WB [September-Oktober 1955], Nr. 5, 26) Vgl. Bericht bei Jahreshauptversammlung der Ortsgruppe Minden des TVDN am 15. 1. 1954 (PA Sundermann, Ordner OV 3); Touristenverein Die Naturfreunde Landesverband Teutoburgerland-Weserbergland 1995, 47-50. – Der Landesverband Teutoburger Wald/Weserbergland beschloß 1955, daß sich die ostwestfälischen Naturfreunde auch „an der großen internationalen Begegnung der Naturfreunde in Amsterdam möglichst zahlreich" beteiligen sollten (Eine Kastanie aus Severings Hand. Fruchtbare Arbeitstagung im Naturfreundehaus Oerlinghausen, in: WB [Januar-Februar 1955], Nr. 1, 21).

2133 Brief von Georg Strutz an Karl Strutz v. 1. 3. 1947 (PA Sundermann, Ordner OV 1).

2134 Brief von Karl Strutz an Eduard Husemann v. 11. 4. 1947 (PA Sundermann, Ordner OV 1).

2135 Doppelfeier der Ortsgruppe Meißen, in: WB 2 (September-Oktober 1950), Nr. 9/10, 27.

2136 Kohlmeier sprach auch bei der Sonnwendfeier 1955 in Bramsche (Sonnwendfeier des Landesverbandes Teutoburger Wald/Weserbergland in Bramsche, in: WB [September-Oktober 1955], Nr. 5, 26). – Ankündigung der Sonnwendfeier in: Freier Presse v. 17. 6. 1953 (KAM, H 50, Nr. 134, o. S.). Vgl. Touristenverein Die Naturfreunde Landesverband Teutoburger Wald-Weserbergland, Sonnwendfeier am Porta-Denkmal, Sonnabend, den 20. Juni 1953, um 21 Uhr, Programmfolge (PA Sundermann, Ausstellungscollage).

2137 Bezirksjugendleiter an Regierungspräsident in Detmold/Bezirksjugendpflegeamt am 8. 6. 1949 (StADt, M 1 I Ju, Nr. 170).

2138 Festabend im ‚Rosengarten' in Mannheim. 60-Jahr-Feier der Bundesversammlung der Deutschen Naturfreunde, in: WB (November-Dezember 1955), Nr. 6, 14.

2139 Die Bundesversammlung der deutschen Naturfreunde in Hannover. 14.-16. September 1951, in: WB (November-Dezember 1951), Nr. 11/12, 24.

Dabei standen Mädchen und Jungen meist mit musischen Vorführungen im Mittelpunkt des Geschehens. Die Volkstanz- und Volkslied-Gruppen wurden häufig auch von Frauen geleitet. Frauen engagierten sich darüber hinaus häufig ‚hinter den Kulissen' oder am Rande der Gremien für die Vereinsarbeit, wie erwähnte Irmgard E., die zusammen mit Heinz E. seit dem Sommer 1953 eine Kindergruppe leitete.[2140] Lina S. fungierte in Meißen einige Jahre als Schriftführerin und außerdem als erfolgreiche Kindergruppenleiterin.[2141] Häufig unterstützten Frauen ihre Ehemänner bei deren Vorstandsaufgaben, wie z. B. Änne Strutz, die Ehefrau von Georg Strutz. Beide arbeiteten eng zusammen und beide berichteten gemeinsam mit Diavorträgen von ihren Reisen.[2142] Ehefrauen vertraten männliche Vorstandsmitglieder, wenn diese verhindert waren. Beispielsweise konnte der Kassier Willi B. wegen Krankheit nicht zur Jahreshauptversammlung 1954 erscheinen, weshalb seine Frau Ida den Mitgliedern Rede und Antwort zum Kassenbericht stand.[2143] Obwohl im Untersuchungszeitraum in Minden kaum Frauen im Vorstand vertreten waren, agierten sie häufig in vorderster Reihe, insbesondere im Bereich der Geselligkeit, und wurden nach jahrelangem Engagement geehrt.[2144] Die formale Dominanz von Männern in Gremien[2145] wurde durch diese Aktivitäten von Frauen und durch

2140 Protokoll der Jahreshauptversammlung am 15. 1. 1954 (PA Sundermann, Ordner OV 3).

2141 Protokoll der Jahreshauptversammlung am 19. 1. 1947; Protokoll der Vertragsabschließung zwischen Naturfreunde Meißen und Gemeinde Meißen am 7. 1. 1950 (PA Sundermann, Ordner OV 3). – Lina S. berichtete bei der Jahreshauptversammlung 1948 „nur Gutes" über ihre Arbeit mit der Kindergruppe, nicht zuletzt weil deren Mitgliederzahl ständig anwuchs. Demgegenüber berichtete Karl B. bei der selben Konferenz, daß er mangels Material mit der von ihm geleiteten Fotogruppe kaum arbeiten konnte; und Werner S. bat für seine Arbeit mit der Volkstanzgruppe um Unterstützung (Protokoll zur Jahreshauptversammlung des TVDN Meißen am 8. 2. 1948 [PA Sundermann, Ordner OV 3]).

2142 Hanke, Wilhelm F., „Georg Strutz 65 Jahre alt", in: Neue Westfälische v. 28. 2. 1969; ders., „Georg Strutz wird heute 70 Jahre alt", in: Neue Westfälische o. Datum [1974; BJ]. Vgl. die Wahl der Delegierten zur Landeskonferenz bei der Jahreshauptversammlung der Naturfreunde Minden, wo die Versammlung M. und H. S. zu ihren Vertretern auf Landesebene wählte („Kindergruppe wird aktiver. Jahreshauptversammlung der Naturfreunde", in: Zeitungsartikel o. Angaben [PA Sundermann, Ordner OV 2]).

2143 Protokoll zur Jahreshauptversammlung des TVDN Minden am 15. 1. 1954 (PA Sundermann, Ordner OV 3). Vgl. „Kindergruppe wird aktiver. Jahreshauptversammlung der Naturfreunde", in: Zeitungsartikel o. Angaben (PA Sundermann, Ordner OV 2). Bei dieser Versammlung leitete Margret S. die Sitzung an Stelle des erkrankten Vorsitzenden Karl Sundermann, dessen formale Stellvertreterin sie war.

2144 „Großer Empfang im Naturfreundehaus Meißen. Ein halbes Jahrhundert Naturfreunde Minden. Vertreter von Staat und Gesellschaft als Gäste/32 Ehrennadeln in Silber und Gold verliehen", in: Zeitungsartikel o. Angaben (verm. NW Minden, 1971; BJ); 60 Jahre Naturfreunde Minden, 1981, Chronik zum Jubiläum (PA Sundermann, Ordner OV 3); „Kindergruppe wird aktiver. Jahreshauptversammlung der Naturfreunde", in: Zeitungsartikel o. Angaben (PA Sundermann, Ordner OV 2).

2145 Diese formale Dominanz führte schließlich in der Retroperspektive des Verbandes häufig zu einer Ausblendung des Beitrages von Frauen (Georgi-Valentin 1955a, 150-152).

informelle Interaktionsformen zwischen den Geschlechtern konterkariert, jedoch nicht umgekehrt.[2146]

Alters- und geschlechtsspezifische Aufgaben- und Kompetenzverteilung waren in dem Familienverein selbstverständlich. Dies erfolgte bisweilen analog zur Aufgabenverteilung in der von den Naturfreunden angestrebten ‚normalen', harmonischen und patriarchalischen Familie. Auch bei Festen repräsentierten Männer offiziell den Verein nach innen und außen. Aber das Machtgefälle zwischen Männern und Frauen sowie zwischen Erwachsenen und Jugendlichen war bei den geselligen Aktivitäten bei weitem nicht so auffällig wie in der Gremien-Politik. Männliche Dominanz war außerdem dadurch begrenzt, daß Feste bei den Naturfreunden mindestens einen ebenso hohen Stellenwert im Vereinsleben hatten wie die Gremienarbeit und daß Frauen und Jugendliche dabei die eigentlichen Gestalterinnen und Gestalter waren.

Nach offiziellen Aussagen von Naturfreunden wie Carl Schreck zählten Geselligkeitspraktiken nicht zur ‚Politik', sondern zur ‚Kultur'.[2147] Die Analyse der Praxis der Mindener Naturfreunde in der frühen Nachkriegszeit zeigt, daß die Bedeutungen der Gremienarbeit zu vielen Punkten mit denen von Festen sowie Feierlichkeiten am Rande von Konferenzen übereinstimmten. Geselligkeit war folglich immanenter Teil der Gremienpolitik, der überlokalen wie -regionalen Zusammenarbeit der Vereinsgliederung, der Selbstvergewisserung und -inszenierung des ‚Arbeiterkulturvereins'. Insofern gehörte hier Geselligkeit zur Vereinspolitik. Die als familial zu beschreibende Politik der Naturfreunde unterschied sich von männerbündischen Politik-Praktiken und -Konzepten, wie sie während der NS-Zeit und im Militär, aber auch bei anderen Verbänden üblich waren. Die Naturfreunde verorteten sich dadurch im sozialdemokratischen Milieu, wo Integration und Gleichberechtigung idealiter angestrebt wurden. Darüber hinaus inszenierten sie sich bei ihren Festen öffentlich als ‚Arbeiterkulturverein', sei es durch Reden, Aufführungen oder durch die Ansammlung der Festgesellschaft, wie bei der Sonnwendfeier 1953 am Portadenkmal.[2148] Gerade bei den Sonnwendfeiern rekurrierten die organisierten Arbeiterjugendlichen auf Traditionen der Arbeiter- und Arbeiterjugendbe-

2146 Ein weiteres Beispiel dafür mag sein, daß auffälligerweise viele Frauen jüngere Männer heirateten bzw. mit ihnen zusammen waren und Frauen so möglicherweise ihre altersbedingte Überlegenheit nutzten (TAM, 002G/S181198).

2147 S. Kap. III. 3. 1. 2. 2.

2148 „Weit über 2000 Menschen wurden Zeugen, wie bei Einbruch der Dunkelheit Hunderte von Fackeln aufleuchteten und die Kuppel des Portadenkmals im Schein der Magnesiumfeuer rot erglühte als weithin sichtbares Fanal dieser nächtlichen Feierstunde" (Sonnwendfeier der Naturfreunde des Gebietes Teutoburger Wald-Weserbergland. Nächtliche Feierstunde am Portadenkmal, in: WB [September-Oktober 1953], Nr. 5, 30).

wegung[2149], die jedoch die Nationalsozialisten für ihre Zwecke vereinnahmt hatten. Nach dem Zweiten Weltkrieg dienten die Sonnwendfeiern ebenso wie die Heidefeste der Vergemeinschaftung Jugendlicher, z. B. der verschiedenen Mindener Jugendorganisationen 1946[2150], oder innerhalb des TVdN. Beispielsweise gestaltete der Landesverband Teutoburger Wald/Weserbergland seine Gautreffen nach 1945 als Heidefeste und Sonnwendfeiern wie bereits während der Weimarer Republik.[2151] Damit verorteten sich junge wie ältere Naturfreunde in der frühen Nachkriegszeit innerhalb des sozialdemokratischen Milieus und trugen zu dessen (Re)Konstruktion bei.

Die auf Integration und Familiarität setzenden, sozialdemokratischen Naturfreunde eröffneten männlichen Arbeiterjugendlichen die Möglichkeit, an offizieller sowie in begrenztem Maße an inoffizieller Politik mitzuwirken. Ihre Beteiligungsformen waren dabei geschlechts- und altersspezifisch. In der ‚eigentlichen Politik', den Gremien, hatten sie ähnlich wie Frauen und Mädchen ein geringes Mitspracherecht. Als männlicher Nachwuchs galten sie in den männlich dominierten Strukturen jedoch als legitime Anwärter auf Posten. Ihrerseits beherrschten junge Männer die Jugendgremien. Daher forderten sie auf offiziellem Wege ihre faktische Partizipation in der Vorstandsarbeit ein und beeinflußten die Vereinsarbeit inhaltlich und die Formen betreffend. Dabei verschufen sie in den 1950er Jahren der inoffiziellen Politik – oder wie Carl Schreck sagen würde, der ‚Kultur' – einen höheren Stellenwert innerhalb der Vereinspolitik. Sie trugen damit der Tatsache Rechnung, daß besonders in der Nachkriegszeit Feste, festliche Konferenzen und gesellige Treffen bedeutsam für den Vereinsaufbau und die Vergemeinschaftung im sozialdemokratischen Milieu waren.[2152]

Bei den Naturfreunden überlagerten sich folglich informell-familiale, formalisiert demokratische und männerbündische Formen von Politik. Männliche Jugendliche rekurrierten dabei auf Erfahrungen aus der eigenen Familie und aus männerbündischen Gemeinschaften während des Nationalsozialismus. Sie eigneten sich gleichzeitig Traditionen der Arbeiterbewegung und der parlamentarischen Demokratie an, mit denen Erwachsene sie nach dem Zweiten Weltkrieg konfrontierten.[2153] Männliche Jugendliche und mehr noch junge

2149 Diesen Hinweis verdanke ich Dr. Bodo Brücher. S. a. Heimann 1990, 49; Wagner 1995, 137f.

2150 S. Einleitung zu Kap. III.

2151 Touristenverein, 75 Jahre Touristenverein Die Naturfreunde Landesverband 1995, 47-50; Touristenverein, 75 Jahre Bielefelder Naturfreunde 1987, 137; s. zum Heidefest in Oerlinghausen im September 1947: PRO/FO 1013, Nr. 2202.

2152 Vgl. ähnliche Befunde über die HJ-Generation in der SPD bei Holtmann 1989, 240-250.

2153 Vgl. Boll 1995a, bes. 158-161; Holtmann 1989, 240-250; zur Persistenz des sozialdemokratischen Milieus im Freizeitbereich Alheit u. a. 1999, Bd. I, 345.

Männer etwa im Alter von 20 Jahren übten, soweit sie zu den Gremien Zugang fanden, formalisierte, demokratische Tätigkeiten wie Wählen, Delegieren und Diskutieren. Ferner führten sie Mandate aus und beteiligten sich somit an der Konstruktion männlich dominierter parlamentarischer Demokratie und sozialdemokratischer Politik. Sie kombinierten dabei scheinbar Widersprüchliches: Gremien, in denen zwar demokratische Regeln galten und Frauen formal zugelassen waren, hatten ansatzweise männerbündischen Charakter. Dagegen gab es bei der familialen Geselligkeit keine formalisierten, demokratischen Verhaltensnormen. Aber für die männlichen Jugendlichen und jungen Männer war die „Sphäre des Individuellen (und Familiären) ... die Basis für Teilnahme in der öffentlichen Arena“[2154], auch in Form von öffentlichen Auftritten und kommunaler Jugendpolitik, wie in den folgenden Kapiteln erörtert wird.

III. 3. 2. 4. Sozialdemokratische Lokalpolitik als Komödie: Naturfreunde-Jungen auf der öffentlichen Bühne

> „Das lebendige Gemeinschaftsleben diente jedoch nicht nur fröhlicher Unterhaltung, sondern auch ernsten Themen und fruchtbarer Diskussion. Kein Wunder, daß gerade auch aus der Naturfreundebewegung viele geistig lebendige Kräfte nach dem Zusammenbruch des Hitlerregimes sich für den Wiederaufbau zur Verfügung stellten.“[2155]

Feste waren nicht nur eine Möglichkeit zu feiern und fröhlich zu sein. Sie dienten ebenso der vereinsinternen Politik und der öffentlichen Präsentation. Auch bei anderen Gelegenheiten traten die Naturfreunde „in der öffentlichen Arena“[2156] auf. Sie beteiligten sich z. B. an der 1. Mai-Demonstration oder an Seminaren des Kreisjugendamtes und des britischen Jugendoffiziers. Dort trafen sie sowohl andere sozialdemokratische als auch bündische und christliche Jugendgruppen. Eine Besonderheit der Mindener Naturfreunde waren allerdings die in der „Tonhalle“ oder im Stadttheater öffentlich aufgeführten Komödien und Lustspiele und die darin integrierten Volkstänze. Damit machten sich die Naturfreunde stadtbekannt. Die mit „Bauernkirmes“ oder „Bauernhochzeit“ betitelten Komödien waren weder ausgesprochen gesellschaftskritisch noch scheinen sie auf den ersten Blick typisch für sozialdemokratische Arbeiterkultur gewesen zu sein. Bei einer genauen Betrachtung dieser Stücke, ihrer Akteurinnen und Akteure sowie ihrer Inhalte wird jedoch deutlich, daß

2154 Lüdtke 1993a, 398.
2155 „Ideales Wirken in vierzig Jahren. Kurzer Rückblick zum Jubiläum der Mindener Naturfreunde“, in: Zeitungsartikel o. Angabe v. 29. 9. 1961 (PA Sundermann, Ordner o. T.). Der wohlwollend formulierte Artikel stammt vermutlich aus der Freien Presse, dessen Chefredakteur seiner Zeit der Naturfreund Georg Strutz war.
2156 Lüdtke 1993a, 398.

hier die Naturfreunde für sie wichtige gesellschaftspolitische Themen verhandelten. Darüber hinaus können diese Volksstücke als Spiegel der Interaktionsformen der Naturfreunde in Minden beschrieben werden.

III. 3. 2. 4. 1 Kalter Krieg, Geschlechterkonflikte und Streit über Männlichkeiten

„Wir müssen uns hüten vor bürgerlich-sentimentalem Kitsch – aber auch vor der ‚klassenkämpferischen Anekdote'. Feste und Feierstunden sind ein Spiegelbild unseres Wollens."[2157]

Im Herbst 1946 traten die Naturfreunde erstmals nach dem Zweiten Weltkrieg wieder mit einer Komödie auf. Die erwachsenen Mitglieder knüpften damit an ihre Aktivitäten in den 1920er Jahren an, als sie ähnliche Auftritte im Stadttheater veranstaltet hatten.[2158] Nach Ende des Nationalsozialismus präsentierten die Mindener Naturfreunde unter Titeln wie „Bauernkirmes" und „Frühlingsfeste" zahlreiche Volkstheaterstücke.[2159] Diese Inszenierungen waren meist „eine Zusammenfassung westfälischer Spiele und Lieder".[2160] Dabei waren häufig Gesang und Tanz im Rahmen einer Geschichte eingefaßt, deren Hauptfiguren immer wieder in den verschiedenen Stücken vorkamen.[2161]

Die Mindener Naturfreunde schrieben in der Regel die Texte der Stücke selbst, führten die Regie und choreographierten auch einige der Tänze.[2162] Zudem erstellten die Mitglieder des sozialdemokratischen Touristenvereins die

2157 Eine Feierstunde, in: WSJ, 1 (1951), H 2, 9.

2158 TAM, 001-002G/S181198; s. a. „Ideales Wirken in vierzig Jahren. Kurzer Rückblick zum Jubiläum der Mindener Naturfreunde", in: Zeitungsartikel o. Angabe v. 29. 9. 1961 (PA Sundermann, Ordner o. T.).

2159 Die Mindener Naturfreunde orientierten sich weniger an der Tradition des u. a. in der Jugendbewegung seit Beginn des 20. Jahrhunderts praktizierten Laienspiels oder des ‚Sozialdemokratischen Arbeiterthetheaters' (vgl. Kaufmann 1991, ders. 1998; Rüden 1973; Trempenau 1979), sondern eher am komödiantischen Volkstheater (vgl. Hein 1993; Mertz 1985, 11-62).

2160 Bericht des Kreisjugendamtes Minden an Regierungsbezirk am 9. 11. 1946 darüber, daß die Mindener Naturfreunde an einem Sonntag im Oktober des Jahres die „Bauernkirmes" aufführten (StADt, M 1 I Ju, Nr. 161).

2161 Vgl. Einladungsfaltblatt für Bauernkirmes in der „Tonhalle" am 27. 10. 1946 (PA Sundermann, Ordner OV 1) und Skript verm. 1949 (PA Sundermann, Ordner OV 2). Vgl. allg. für Bielefeld und z. T. den Landesverband Teutoburger Wald/Weserbergland Froböse 1995, 128f.; Marscholek 1987, 125f.; zu Heide-, Frühlings- u. ä. Festen Froböse 1987a, 26-36.

2162 Z. B. war der Bändertanz „ein Tanz eigener Erfindung", aber sicherlich in Anlehnung an überlieferte Tänze (Fremder in der Not, Regiebuch, o. Datum [verm. 1961] [PA Sundermann, Ordner OV 2]). Bei einem Frühlingsfest in Bielefeld wurden z. B. die Volkstänze „Kegel Quadrille", Wohlder Markttanz", „Schöne Wulka", aber auch ein „Menuett Walzer" getanzt (Frühlingsfeier des Touristenvereinis Die Naturfreunde Bielefeld, am Sonntag den 4. Mai 1947 – 10 Uhr Vorm. im Universum-Theater, Zimmerstrasse, Programmfaltblatt [PA Sundermann, Ausstellungscollage]). Vgl. Vorschläge in der Naturfreunde-Jugend-Zeit-

Bühnenbilder, die Einladungen und Programmblätter selbst. Die vorhandenen Quellen erlauben zwar keine Aussage über das Zustandekommen, die Vorbereitungen und den Beitrag der Jugendlichen sowie über die Resonanz beim Publikum. Aber Regieanweisungen, Texte der Stücke, Einladungen und Fotografien der Aufführungen dienen als Grundlage für eine Analyse der komödiantischen Auftritte und der Inhalte der Stücke.

Die mehrseitige, undatierte Regieanweisung des hier exemplarisch zu untersuchenden Laienspiels ohne Titel, stammt vermutlich aus dem Jahre 1949 oder 1950.[2163] Dessen Hauptfiguren stimmen weitgehend mit denen bei der „Bauernkirmes“ 1946 und der „Bauernhochzeit“ 1947 überein.[2164] Diese sind der Bürgermeister, ein Schreiber, der Feuerwehrhauptmann, der Vorsitzende des Sängervereins, ein Bauer, ein Polizist, „Chrischan Dämel“ und der Rechtsanwalt Dr. Friedlich. Bis auf den zuletzt Genannten spielen alle vor einer Kulisse, die das Mindener Rathaus mit dem Ratskeller abbildet. Sie kommen angetrunken vom Feuerwehrverbandsfest und beschließen in ihrer Feierlaune, ein Fest zu veranstalten. Das Fest, das im zweiten Akt beginnt, besteht aus einem Wettbewerb einzelner Tanz-, Musik- und Gesangsvorführungen verschiedener Gruppen der Naturfreunde. Da alle Darbietungen gleichermaßen mit fünf Punkten bewertet wurden, gerät der Leiter der Veranstaltung, der Bürgermeister, in Schwierigkeiten. Daher sucht er Rat beim akademisch gebildeten und im Gegensatz zu den anderen Hochdeutsch sprechenden Dr. Friedlich. Dieser versucht, verschiedene Perspektiven abwägend, zu einer Lösung, d. h. einer Siegerbenennung, zu kommen. Währenddessen entwickelt sich ein Streit darüber, ob der Rathausturm – Teil der Kulisse – auf der linken oder rechten Seite stehen soll. Diese Auseinandersetzung steigert sich und wird, vom Chor begleitet, immer lauter und schließlich handgreiflich. Die durch die Schlägerei zerzausten Männer liegen am Ende übereinander. Nun kommen erstmals die Frauen ins Spiel. Eine von ihnen zieht ihren zu unterst liegenden Mann heraus. Eine andere macht ihrem Ärger über die streitenden und regierungsunfähigen Männer Luft und kündigt an, daß von nun an die Frauen die Stadt regieren würden. Die Männer ziehen geschlagen und murrend ab, und das Stück ist zu Ende.[2165]

schrift: Kieling, Max/Böhnlein, Hans, Jugend und Frühling, in: WSJ, 2 (1952), H. 1, 1f. 4ff.; Eine Feierstunde, in: WSJ, 1 (1951), H. 1, 7-9.

2163 Die zeitliche Zuordnung geschieht aufgrund der Bezugnahme im Text auf den Deutschen Bundestag (Skript, o. T. [PA Sundermann, Ordner OV 2]).

2164 Einladungsfaltblatt für Bauernkirmes in der „Tonhalle“ am 27. 10. 1946; Einladungsfaltblatt für Bauernhochzeit im Stadttheater im Oktober 1947 (PA Sundermann, Ordner OV 1).

2165 Skript (PA Sundermann, Ordner OV 2). Vermutlich handelt es sich wieder um ein ‚Bauernfest‘ im Herbst und verm. steht das Plakat zu einer Veranstaltung am 29. 10. 1949 um 20 Uhr in der Tonhalle damit in Verbindung (KAM, Plakatsammlung, Plakatgruppe 12 [1913-1947], V944).

Die Mitglieder des TVdN traten ein bis zweimal im Jahr mit solchen Komödien, Tänzen und Volksmusik auf. Zusätzlich zu den oben erörterten Festen investierten die Naturfreunde viel Zeit in ihre öffentlichen Selbstinszenierungen, die Proben und Kostüme. Der TVdN Minden teilte beispielsweise seinen Mitgliedern Anfang Juli 1948 mit, daß eine „Großveranstaltung“ für den Herbst geplant sei und deshalb in „nächster Zeit ... Sonderproben und Gruppen-Übungsabende“ stattfänden.[2166] Warum engagierten sich Jungen wie Mädchen bei diesen zeitaufwendigen Inszenierungen, die ihre alltägliche Freizeit oft ein viertel Jahr vor Auftritten bestimmten? Welche Bedeutungen hatten diese öffentlich wirksamen und ‚volkstümlichen‘[2167] Vorführungen, die scheinbar mit ihrer eigenen Lebenswelt wenig zu tun hatten[2168], bei denen sie aber häufig Hauptrollen spielten?

In erster Linie hatten die Jugendlichen bei den Proben sowie bei den Aufführungen der Lustspiele sicherlich viel Spaß, und darauf legten die Naturfreunde sowieso großen Wert. Humor und Komik standen im Zentrum der meisten Stücke.[2169] Außerdem ging es in vielen Komödien darum, ein Fest fröhlicher Geselligkeit vorzubereiten und durchzuführen, wie die Einweihungsfeier des Naturfreunde-Heimes.[2170] So hieß es in der Einladung zur 40jährigen Jubiläumsfeier 1961 am Schluß der Programmankündigung: „Dazu Rezitationen, passende oder unpassende Bemerkungen, sogar Auseinandersetzungen – und natürlich viel Humor.“[2171] Die Aufführungen und sicherlich auch die Proben waren ferner eine Gelegenheit, sich auszutoben und in verschiedene Rollen zu schlüpfen. Den Jugendlichen machte es offenbar viel Freude, vor einem Publikum verkleidet zu tanzen, zu singen und Komödien zu spielen. Im Zentrum standen die Unterhaltung des Publikums, die Selbstinszenierung der Naturfreunde als lebensfrohe, lustige und generationenübergreifende Gruppe sowie die Vergemeinschaftung der Truppe.[2172] Es er-

2166 Schreiben von TVDN Minden an Mitglieder am 2. 7. 1948 (PA Sundermann, Ausstellungscollage).

2167 Vgl. kritisch zu dem unterschiedlich verwendeten Begriff ‚volkstümlich‘ Mertz 1985, 41-49.

2168 Vgl. „Vorwurf (…) [der] Theaterkritiker gegen das Volkstheater ...: das Volkstheater schildere eine längst vergangene Gesellschaftsstruktur, die uns nichts mehr zu sagen hat“ (Mertz 1985, 97).

2169 Vgl. Hein 1993; s. Mertz 1985, 45: „... man spielt, weil man Freude am Spiel hat und weil man diese Freude weitergeben will an den Zuschauer“.

2170 Wenn der Frühling auf die Berge steigt ..., Skript, o. Datum [evtl. 1948/9] (PA Sundermann, Ordner OV 1); s. a. Einladungsfaltblatt für Bauernhochzeit im Oktober 1947 (PA Sundermann, Ordner OV 1); Skript (PA Sundermann, Ordner OV 2); KAM, Plakatsammlung, Plakatgruppe 12 (1913-1947), V944.

2171 Naturfreunde gestern und heute. 40 Jahre Naturfreunde Minden und Jugendtreffen des Landesverbandes Teutoburger Wald/Weserbergland, o. Datum [1961] (PA Sundermann).

2172 Vgl. Mertz 1985, 45.

scheint zunächst plausibel, daß Jugendliche nach Ende des NS-Regimes und der Auflösung der NS-Jugendorganisationen sowie nach Ende des Weltkriegs das Bedürfnis hatten, fröhlich und ausgelassen zu sein und sich als Gemeinschaft zu inszenieren. Da aber weder die deutschen Jungenschaftler noch die CVJM-Jungen auf diese komische Weise in der Öffentlichkeit agierten, hatten die Auftritte der Jugendlichen des TVdN ganz offensichtlich auch milieuspezifische Bedeutungen. Die Jungen bei den Naturfreunden unterschieden sich von den anderen Gruppen zunächst darin, daß sie grundsätzlich zusammen mit Erwachsenen und mit Mädchen auftraten.

Die Proben und die Aufführungen der hier vorgestellten Komödien waren ein wichtiges Aktivitätsfeld, bei dem die Naturfreunde zusammen mit ihren Zuschauern für sie relevante Themen mit Humor verhandelten. Häufig ging es, ähnlich wie im professionellen Volkstheater[2173], um Generationenkonflikte, z.B. in dem Stück „Wo kommen die Löcher im Käse her?“.[2174] Darin stellt der Sohn Klaus die im Titel formulierte Frage, die ihm niemand befriedigend beantworten kann. Nachdem er ins Bett gegangen ist, bekommen seine Eltern Besuch. In geselliger Runde diskutieren die Erwachsenen die von Klaus gestellte Frage so lange, bis sie sich streiten und der Streit eskaliert. Positiv wird in diesem Stück nur der Junge dargestellt, während die Überlegenheit der Erwachsenen in Frage gestellt wird. In einer anderen Komödie, die mit zahlreichen Spielen, Tänzen und Liedern ausgeschmückt wurde, stehen sich Jugendliche mit einer positiven Zukunftsvision und Erwachsene mit ihren Rekursen auf die ‚gute Vergangenheit‘ gegenüber.[2175] In der ersten Szene wird ein Fest mit einem „Naturfreundechor“ eingeleitet. Ein Jugendlicher kritisiert das langsame Tempo der Musik, provoziert damit einen Streit zwischen den Erwachsenen und den Jugendlichen. Nach einer Diskussion einigen sich Erwachsene und Jugendliche darauf, daß nun jeder das zum besten gibt, was er kann. Auf diese Weise kommt es zu einem Wettstreit der Sänger, Tänzer usw. Typischerweise steht in diesem Konflikt ‚Jugend‘ für Zukunft und Beschleunigung und ‚Alter‘ für Vergangenheit und Langsamkeit. Diese Gegensätze scheinen unüberbrückbar.

Auf der Bühne spiegeln hierbei die Naturfreunde Diskurse über die Verschiedenheit der Generationen, die sowohl in der gesamten Gesellschaft als auch besonders im sozialdemokratischen Milieu virulent waren.[2176] Gerade in diesem Milieu konfrontierten Erwachsene die Jüngeren mit ihrer Vorstellung von den ‚guten, alten Zeiten‘ und mit Traditionen der Arbeiterbewegung, mit

2173 Vgl. ebda., 102.
2174 Wo kommen die Löcher im Käse her?, Skript (PA Sundermann, Ordner OV 2).
2175 Skript o. T. [Generationenkonflikt], o. Datum (PA Sundermann, Ordner OV 2).
2176 Vgl. Kap. II u. III. 3. 1.

denen Jugendliche nur wenig anfangen konnten. Die auf Traditionen begründete Autorität Erwachsener stellen Jugendliche in den Komödien in Frage. Die Älteren werden insofern negativ dargestellt, als sie streiten und keine Ahnung haben, wovon sie reden. Darüber hinaus erscheinen Erwachsene in ihrem Verhalten als kritikwürdig, da sie einerseits ihre Überlegenheit demonstrieren und ausnutzen und andererseits keine Antwort auf die Fragen ihrer Kinder wissen. Die Naturfreunde klagen in ihren Lustspielen aber niemanden an, sondern präsentieren Interessen ausgleichende Lösungen für den Streit verschiedener Altersgruppen, wie in dem eben geschilderten Stück: „... *wie* müßte es sein, wenn wir *gemeinsam* weiter machten?“ [2177] In der Anerkennung der Fähigkeiten und Kompetenzen der jeweils anderen Generation finden die verschiedenen Altersgruppen zu einer Harmonie und damit zum Ideal des Touristenvereins. Damit idealisierten sie ihren Verein, in dem angeblich Jüngere und Ältere harmonisch zusammen arbeiteten, und entwarfen ein Gegenmodell zu dem in der Gesellschaft wahrgenommenen Generationenkonflikt.

Dem gegenüber gestalten sich die in fast allen Komödien thematisierten Geschlechterverhältnisse komplizierter. In dem zu Beginn dieses Abschnitts geschilderten Volksstück ohne Titel wird zweierlei sichtbar: Einerseits kommen die Frauen erst spät ins Spiel und lassen die Männer lange ‚ihre Politik‘ machen, sieht man von den Tänzerinnen und Sängerinnen während des dargestellten Wettbewerbs ab. Aber andererseits kritisieren sie lautstark ihre Männer und greifen sie ungewöhnlich scharf an, weil die Männer aus ihrer Sicht unfähig sind, „in janz Europa Frieden [zu] stiften“ und zu regieren. Mit ihrer Drohung, die Regierung zu übernehmen, stellen sie die Alleinkompetenz und Macht von Männern in der Politik in Frage.[2178] Inwiefern sie damit implizit auf Debatten über den Gleichberechtigungsgrundsatz im Grundgesetz Bezug nahmen, kann wegen der zeitlichen Koinzidenz nur vermutet, aber nicht belegt werden. Letztlich bleibt die Kritik der Frauen, ähnlich wie bei der Verkehrung der Rollen beim Karneval, ohne sichtbare Konsequenzen: Die Männer verlassen zwar murrend die Bühne, aber die Ankündigung, daß die Frauen die Regierung übernehmen, wird nicht wahr gemacht, denn das Stück ist an dieser Stelle zu Ende.

Auch in dem Stück „Wenn der Frühling auf die Berge steigt ...“ verhallt die ungewöhnlich deutlich ausgesprochene Kritik der weiblichen Hauptfigur an Männern folgenlos: „Annamirl“ ärgert sich lautstark über „Seppl“ und andere Jungen, da sie nicht bei den Vorbereitungen der Einweihe helfen:

„Wo nur die Mannsbülder bleibn? Dös ausgschamte Volk! Der Seppl net do, der Loisl a net! Dö Bazi! Ober so soins dö Mannsleut immer: wenns brenzlich

2177 Hervorh. i. Orig.; Skript o. T. [Generationenkonflikt], o. Datum (PA Sundermann, Ordner OV 2).

2178 Skript (PA Sundermann, Ordner OV 2); s. a. KAM, Plakatsammlung, Plakatgruppe 12 (1913-1947), V944.

wird, seinds net do! Ober wenn gsuffa wird, dann habns dö Hallodri dös grosse Wort!“[2179]

Inwiefern reale Auseinandersetzungen zwischen Frauen und Männern im Verein[2180] oder im sozialdemokratischen Milieu Stoff für die gespielten Komödien lieferten, ist leider nicht bekannt. Häufig wurden solche Konflikte auf der Bühne aber nicht thematisiert.

In den meisten Aufführungen der Naturfreunde betraten die Frauen und Mädchen v. a. in der Tanzgruppe oder im Chor die Bühne und spielten Nebenrollen, während Männer und Jungen Hauptrollen übernahmen. Dies gilt z. B. für das Stück „Wenn der Frühling auf die Berge steigt ...“. Darin stehen anfänglich „Annamirl“ und „Seppl“ gemeinsam im Mittelpunkt. Später agieren aber nur noch Männer: der „Seppl“, der Bürgermeister, „Katherl“ und der Obmann.[2181] Auch stellten die Naturfreunde in der Regel klassische und hierarchische Geschlechterverhältnisse dar. Die Frauen waren z. B. dem Klischee entsprechend zuständig, „Knöderl“ oder „Knödel“ zuzubereiten, während „Seppl“ sich auf das Essen mit „Gselchtem und Kraut“ freut.[2182] In einer anderen Komödie spielen der Redakteur und seine Sekretärin die Hauptpersonen, wobei sie seine Anweisungen ausführt.[2183] Diese als ‚normal‘ und geordnet dargestellten Geschlechterverhältnisse und Hierarchien waren, ähnlich wie in professionellen Volksstücken[2184], offensichtlich eine willkommene Alternative zu der in der frühen Nachkriegszeit strittig gewordenen Rollenverteilung zwischen Frauen und Männern. Deshalb werden Konflikte zwischen Frauen und Männern, anders als zwischen Jungen und Alten, auf der Bühne nicht aufgehoben und bleiben ungeklärt. Die Schimpftiraden von Annamirl verhallen ebenso folgenlos wie die Beschwerden der Frauen über die ‚regierungsunfähigen Männer‘. Mit der Inszenierung von geordneten, aber zu ungunsten der Frauen hierarchischen Rollenverteilungen auf der einen Seite und der Kritik von Frauen an Männern auf der anderen Seite zeigen die Naturfreunde die Fragilität der Geschlechterverhältnisse in der frühen Nachkriegszeit, ohne unstrittige

2179 Wenn der Frühling auf die Berge steigt ..., Skript, o. Datum [evtl. 1948/49] (PA Sundermann, Ordner OV 1).

2180 S. Kap. III. 3. 2. 3.

2181 Wenn der Frühling auf die Berge steigt ..., Skript, o. Datum [evtl. 1948/49] (PA Sundermann, Ordner OV 1); vgl. [Fremder in Not], Regierbuch, o. Datum; Fremder in Not!, Regieanwesiung o. Datum [evtl. 1961]; Wo kommen die Löcher im Käse her?, Skript (alles PA Sundermann, Ordner OV 2).

2182 Wenn der Frühling auf die Berge steigt ...; Skript, o. Datum [evtl. 1948] (PA Sundermann, Ordner OV 1); s. a. Wo kommen die Löcher im Käse her?, Skript (PA Sundermann, Ordner OV 2).

2183 Fremder in Not!, Skript o. Datum [evtl. 1961] (PA Sundermann, Ordner OV 2).

2184 Vgl. zu den in Volksstücken professioneller Theater dargestellten Geschlechterverhältnissen Mertz 1985, 127f.; 185-190. Mertz geht hier leider kaum auf verschiedene Darstellungen von Männlichkeit ein.

Lösungen anzubieten. Somit erschienen die Gegensätze von Frauen und Männer als unüberbrückbar.

Frauen werden in den Stücken der Naturfreunde als pragmatisch und realitätsnah dargestellt, z. B. wenn Annamirl sich über die „Mannsbülder" beschwert, die sich vor den Festvorbereitungen drücken und in entscheidenden Situationen abwesend sind.[2185] Gleichzeitig repräsentieren weibliche Figuren häufig das ‚Volk'. Sie nehmen wie in dem eingangs geschilderten Stück die positiv konnotierte Position der Mehrheit der Menschen ein, deren Einfluß auf Politik auf Bundesebene und darüber hinaus verschwindend gering war. Sie versuchen dennoch, befriedend auf den politischen Kampf der Männer einzuwirken und treten als ‚Agitatorinnen' für den Frieden in Europa auf. Die Naturfreunde rekurrieren dabei auf ein traditionelles Topos in der sozialdemokratischen wie kommunistischen Arbeiterbewegung. Darüber hinaus greifen die Frauen hier als Regulativ in den Konkurrenzkampf verschiedener Männer-Typen ein.

Im Gegensatz zu den Frauen spielten Männer und Jungen männliche Figuren aus verschiedenen gesellschaftlichen Gruppen, die miteinander im Konflikt lagen. Meist repräsentiert eine Gruppe von Männern das ‚Volk' und hat zu Frauen Kontakt. Diese Männer waren die Identifikationsfiguren des Publikums. Andere Männer sind dagegen der politischen und gesellschaftlichen Elite zuzurechnen. Beispielsweise konkurrieren in dem oben näher beschriebenen Stück ohne Titel der gebildete Rechtsanwalt „Dr. Friedlich", der ungebildete und ungeschickte Bürgermeister, ein Vereinsvorsitzender, ein Schreiber, ein Stadtrechtspraktikantenanwärter und der einfältige Christian Dämel miteinander. „Dr. Friedlich" übernimmt hier die Rolle des im sozialdemokratischen Milieu negativ angesehenen Akademikers und Berufspolitikers. Sein Hochmut, sein Hochdeutsch und seine als kompliziert dargestellte Form der Problemlösung stoßen bei den anderen Männern auf Kritik. Er steht einer Gruppe von Männern gegenüber, die alle in der Stadt auf ihre Weise lokalpolitisch einflußreich sind. Im Unterschied zu „Dr. Friedlich" werden diese als bodenständig und ‚volksnah' dargestellt.[2186] In diesem Schauspiel geraten also verschiedene Männlichkeitsformen miteinander in Konflikt, und zwar in erster Linie der ‚volksnahe' und der hochmütige Berufspolitiker sowie der dem ‚Volk' zuzurechnende „Christian Dämel". Diese Männergruppen unterscheiden sich v. a. in ihrem jeweiligen Verhältnis zur lohnabhängigen Mehrheit der Bevölkerung. Die Naturfreunde stellten die Aushandlungen unter den Männern gerne als Parteienstreit in der Politik dar, und vice

2185 Wenn der Frühling auf die Berge steigt ..., Skript, o. Datum [evtl. 1948/49] (PA Sundermann, Ordner OV 1).

2186 Skript (PA Sundermann, Ordner OV 2); s. a. KAM, Plakatsammlung, Plakatgruppe 12 (1913-1947), V944.

versa erscheint Politik hier in erster Linie als Konfliktfeld von Männern. Gleichzeitig thematisierten die Naturfreunde damit einen Gegensatz oder zumindest eine Distanz zwischen Lokal- und Bundespolitik sowie ihr eigenes kritisches Verhältnis zum Staat, dessen Regierung Sozialdemokraten in der Nachkriegszeit anstrebten.[2187] Die Naturfreunde selbst verstanden sich als ‚einfaches Volk' mit Distanz zur ‚Obrigkeit', wie auch der bewußt gewählte „Lokal- u[nd] Sozialbezug" ihrer Lustspiele zeigt, in dem „Figuren aus dem Volk sprechen u[nd] handeln".[2188]

Mit Blumenrändern verzierte und in Mundart geschriebene Programmfaltblätter luden zu den Komödien ein. Beispielsweise sind auf dem Faltblatt mit Einladung und Programm für die „Bauernkirmes" im Jahr 1946 zwei handgemalte junge Frauen abgebildet, die sich beide an einem Maibaum festhalten und, mit schwingenden Röcken ihrer Tracht, um den Baum drehen.[2189] Die meisten Stücke der Naturfreunde wurden in Platt oder in einem imitierten bayerischen Dialekt aufgeführt. Ebenso regionalbezogen waren die Lieder, Tänze und Kostüme. Die Schauspielerinnen und Schauspieler traten z. B. in alpenländischen Trachten auf, oder zeigten wie bei der „Bauernhochzeit" 1947 Trachten aus Schaumburg-Lippe und dem Weserbergland. Diese sollten „dabei ein lebendes Stück Heimatkunde" bilden.[2190] Die dargebotenen Volkstänze stammten sowohl aus der umliegenden Region als auch aus anderen Teilen Deutschlands, wie der Holzhacker- und Bändertanz sowie der Schuhplattler aus Bayern. Die Volkstanzgruppe führte neben süddeutscher Volkskultur polnische Tänze, wie die „Marienbrunner Masurka" auf, oder „Volkstänze aus Schweden", wie die

2187 Vgl. Alheit u. a. 1999, Bd. 2, 1023-1030. Die Autoren dieser Studie sprechen von einer ‚Etatisierung' des proletarischen Milieus, d. h. der abnehmende Einfluß autonomer Gruppen und zunehmend direkte Verhandlungen (z. B. über Tarife) mit öffentlich legitimierten und staatichen Stellen. Ähnliches gelte für den Freizeitbereich. Dort, wo sozialdemokratische Organisationsstrukturen (noch) nicht etabliert waren, wie in der frühen Nachkriegszeit in NRW und bes. in Minden, strebten Sozialdemokratinnen und Sozialdemokraten nach staatlicher Repräsentation.

2188 Zitate: Hein 1993, 466; s. ebda., 468-470; Froböse 1995, 128.

2189 Auf der Innenseiten des Faltblattes sind Blasmusiker und ein Trommler zu sehen sowie die Namen der beitragenden Personen und das Programm zu lesen. Die Rückseite ist mit einem in preußischer Uniform gekleideten Wachmann abgebildet. Er hält eine Glocke und ein Blatt Papier in der Hand, worauf Ort, Zeit und Verantwortliche anderer Naturfreunde – Treffen genannt sind (Einladungsfaltblatt für Bauernkirmes in der „Tonhalle" am 27. Oktober 1946). Vgl. Einladungsfaltblatt für Bauernhochzeit im Oktober 1947 (PA Sundermann, Ordner OV 1); Einladungsplakat auf Platt zu einer solchen Veranstaltung am 29. 10. 1949 (KAM, Plakatsammlung, Plakatgruppe 12 [1913-1947], V944); „Buern- und Trachtenfest" der „Naturfreunde" Brackwede im März 1950 (PA Sundermann, Ordner OV 1).

2190 Wenn der Frühling auf die Berge steigt ..., Skript, o. Datum [evtl. 1948]; Einladungsfaltblatt für Bauernhochzeit im Oktober 1947; s. a. „Buern- und Trachtenfest" der Naturfreunde Brackwede im März 1950, an dem Mindener wahrscheinlich teilnahmen, weil sich in ihren Akten die Eintrittskarte mit Programm befindet (PA Sundermann, Ordner OV 1).

immer wieder gezeigte Westgöta-Polka.[2191] Dies waren häufig „Originaltänze aus den verschiedensten Ländern, die durch ihre Farbenpracht der Kleider, durch die schwierige Art immer wieder gern geprobt und gezeigt werden".[2192] Sie sangen auch Volks- und Seemannslieder, kaum aber Lieder der Arbeiterbewegung, wie es vielleicht von einem sozialdemokratischen ‚Arbeiterkulturverein' zu erwarten gewesen wäre.[2193] Passend zum Thema des Stückes gestalteten die Naturfreunde die Kulisse, z. B. als Schiff.[2194]

Die Naturfreunde identifizierten sich dabei mit dem Leben und Bräuchen ‚einfacher' Menschen im Umland von Minden, in den Alpen und an der See. Sie nahmen damit auch eine Positionierung auf der Seite der ‚schaffenden' Menschen, jedoch nicht eindeutig als Proletarier, ein.[2195] Von dieser Perspektive aus thematisierten sie auch kritisch Innenpolitik als sinnlosen Streit zwischen Parteien: In der Komödie „Bauernkirmes" streiten sich einflußreiche Männer der Stadt über die Position des Rathausturmes. In diesen Konflikt stimmt schließlich der Chor mit den Rufen „links – rechts – links" ein.[2196] Damit reflektierten die Naturfreunde das Verhältnis zwischen ‚den Politikern' und Beamten auf der einen und ‚dem Volk' auf der anderen Seite und nahmen eine kritisch-distanzierte Haltung gegenüber der institutionalisierten Politik ein und stellten ‚Obrigkeitsdenken' oberflächlich in Frage.[2197]

2191 Wenn der Frühling auf die Berge steigt ..., Skript, o. Datum [evtl. 1948] (PA Sundermann, Ordner OV 1); Fremder in der Not, Regiebuch, o. Datum [verm. 1961]; Westgöta-Tanz, Tanzanweisungen; Holzhackertanz, Tanzanweisung (PA Sundermann, Ordner OV 2). – Von dem Bändertanz existieren außerdem Fotografien (PA Sundermann, undatierte Fotografien). Vgl. 40jähriges Jubiläumsfest der Naturfreunde Minden 1961; s. Naturfreunde gestern und heute. 40 Jahre Naturfreunde Minden und Jugendtreffen des Landesverbandes Teutoburger Wald/Weserbergland, Programmblatt (PA Sundermann).

2192 Fremder in der Not, Regiebuch, o. Datum [vermutlich 1961] (PA Sundermann, Ordner OV 2); vgl. Frühlingsfest in Bielefeld am Sonntag, den 4. 5. 1947 (PA Sundermann, Ausstellungscollage).

2193 Volksliedfolge, o. Datum (PA Sundermann, Ordner OV 2); 40jähriges Jubiläumsfest der Naturfreunde Minden 1961; s. Naturfreunde gestern und heute. 40 Jahre Naturfreunde Minden und Jugendtreffen des Landesverbandes Teutoburger Wald/Weserbergland, Programmblatt (PA Sundermann).

2194 Fremder in der Not, Regiebuch, o. Datum [vermutlich 1961] (PA Sundermann, Ordner OV 2); vgl. undatierte Fotografien (PA Sundermann). Die Ballade „Um die 1510", in der es um den Mord einer Mutter an ihrem kleinen Sohn und ihre Verurteilung zum Tode geht, fällt dabei nicht nur thematisch aus dem Rahmen (Um die 1510; Fremder in Not; Regiebuch [PA Sundermann, Ordner OV 2]).

2195 Vgl. Froböse 1995, 128f.

2196 Einladungsfaltblatt für Bauernkirmes in der „Tonhalle" am 27. 10. 1946 (PA Sundermann, Ordner OV 1).

2197 S. den in der Naturfreunde-Zeitschrift formulierten Anspruch an die Aufführungen der Naturfreunde-Jugend (H. E., Laienspiel auf neuen Wegen, in: WSJ, 4 [1954], H. 3/4, 14f.). Vgl. Bertolt Brechts Definition von Volkstümlichkeit: „Volkstümlich heißt: den breiten Massen verständlich, ihre Ausdrucksform aufnehmend und bereichernd / ihren Standpunkt einnehmend, befestigend und korrigierend / den fortschrittlichsten Teil des Volkes so vertretend,

Die Naturfreunde schnitten auf ihren Bühnen ebenso Probleme des Kalten Krieges an. Beispielsweise bezeichnet der aus Berlin kommende Besucher des Einweihungsfestes in dem Stück „Wenn der Frühling auf die Berge steigt ...“ belustigt und beiläufig die sich seit 1948 zunehmend schließenden Grenzen zwischen den Ost- und Westzonen als den „Eisernen Vorhang“.[2198] In einem anderen Schauspiel kommentieren die Figuren die Teilung Deutschlands in einem humoristischen Dialog: „K. Oder die fröhliche Zone, kennen sie die? - A Nein, die russische, aber die fröhliche Zone? K Das ist doch dasselbe, da lachen se doch dauernd über den Mist, der da gemacht wird.“[2199] Bei diesem beinahe schon zynisch resignierten Umgang mit einer verachteten politischen Entwicklung greifen die Naturfreunde die scharfe Kritik von Sozialdemokraten an der Politik in der SBZ auf.

Der komikhafte Umgang in den Stücken der Naturfreunde mit politisch nicht gewollten Entwicklungen und Zuständen zeigt, daß die Naturfreunde im Grunde nicht sehr konfliktfreudig waren und politische Streitigkeiten zwischen „links“ und „rechts“ lächerlich machten. Sie verstanden sich nicht als klassenkämpferische Arbeiterschaft. Klassenkampf oder die schlichte Umkehrung der Machtverhältnisse, wie im Falle der „Bauernkirmes“ zwischen Frauen und Männern, werden in ihren Komödien kaum als Problemlösung angeboten. Vielmehr suchten sie, auf der Bühne Harmonie und Interessenausgleich herzustellen. Als Alternative zu der von Männern dominierten und konfliktreichen Politik zeigten sie eine ländliche und bäuerliche Idylle, in der die meisten Stücke der Naturfreunde spielen.[2200] Gerne identifizierten sich die Naturfreunde mit den bayerischen Alpenbewohnern.[2201] Damit drückten die Naturfreunde ihren romantisierenden Alpinismus[2202], ihre kritiklose ‚Heimatliebe‘, Verklärung des Lebens der Landbewohner als idyllisch und ‚ursprünglich‘ aus

daß er die Führung übernehmen kann ...“ (Brecht, Bertolt, Volkstümlichkeit und Realismus, in: Schriften zur Literatur und Kunst 2, Frankfurt/M. 1966, 141, zit. n. Mertz 1985, 43).

2198 Wenn der Frühling auf die Berge steigt ..., Skript, o. Datum [evtl. 1948/49] (PA Sundermann, Ordner OV 1).

2199 Schauspiel, o. Datum (PA Sundermann, Ordner OV 1).

2200 Vgl. Mertz 15-33. Nach Mertz bearbeiteten viele Volkstheaterautoren das Dorf v. a. nach 1950 auch kritisch als Ort von Intrigen und Verbrechen. Dies kann für die Naturfreunde aus der Stadt Minden nicht bestätigt werden. – Beispielsweise handelt die Rahmengeschichte der 1947 aufgeführten „Bauernhochzeit“ von einer Gruppe wandernder Naturfreunde, die unterwegs einen Bauern treffen, der eine Wagenpanne hat. Die Wanderfreunde helfen ihm. Daraufhin lädt der Bauer sie ins Dorf ein, im Stroh zu übernachten und einer Bauernhochzeit beizuwohnen (Einladungsfaltblatt für Bauernhochzeit im Oktober 1947). Vgl. „Buern- und Trachtenfest“ der Naturfreunde Brackwede im März 1950 (PA Sundermann, Ordner OV 1).

2201 Z. B. Wenn der Frühling auf die Berge steigt ...; Skript, o. Datum (verm. 1948) (PA Sundermann, Ordner OV 1).

2202 Vgl. Kap. III. 2. 1.

und (re-)inszenierten Volk als Unterschicht[2203], ohne die national(sozial)istische Verwendung dieses Begriffes[2204] zu thematisieren. Sie verdeckten somit politische Konflikte und Erfahrungen während der NS- und Nachkriegszeit.[2205]

Obwohl die Naturfreunde gerne die harmonische Idylle priesen und Konflikte scheuten[2206], erarbeiteten sie in ihren Stücken spielerisch relevante Themen und Probleme. Mit ihrem öffentlichen Schauspiel regten sie die Kommunikation über die von ihnen als wichtig erachteten Konflikte beim überwiegend sozialdemokratischen Publikum an. Sie boten den Zuschauerinnen und Zuschauern also nicht nur Unterhaltung, Spaß und Komik, sondern auch eine Möglichkeit zu politisieren und die Regierenden zu kritisieren, obwohl kurz nach Ende des NS-Regimes viele Menschen im sozialdemokratischen Milieu ‚von Politik nichts wissen' wollten.[2207] Jugendliche knüpften bei der Praxis des Theaterspielens zum einen an Traditionen und Topoi des Volkstheaters und zum anderen an sozialdemokratische ‚Arbeiterdramatik' an.[2208] Sie inszenierten sich damit als ‚Volk', und zwar nicht i. S. des Nationalsozialismus als ‚Volksgemeinschaft', sondern als Teil der lohnabhängigen, beherrschten Bevölkerung. Sie verhandelten aktuelle Generationen- und Geschlechterfragen und besonders verschiedene Männlichkeitsformen.[2209] Verbunden damit ‚diskutierten' sie ihr Verhältnis zu Politik, zur politischen Elite und zum Staat.

In ihren Theaterstücken stellten die Mindener Naturfreunde ‚Politik' als männliches Terrain dar, meist als sinnlosen Streit zwischen den Parteien und besonders zwischen ‚Politik-Laien' und Berufspolitikern. Politik beschrieb also Männerfreundschaften ebenso wie -gegnerschaften. Im Bereich der ‚informellen' Politik trugen Frauen mit Männern sowie männliche Jugendliche mit v. a. männlichen Erwachsenen Konflikte aus. Diese Differenzen drehten sich um den Vertretungsanspruch in der Politik bzw. um Entscheidungsgewalt, wie der Streit um die Position des Rathausturmes und die Debatte über die Lö-

2203 Vgl. Hein 1993.

2204 S. „Volk" 1975.

2205 Auch im professionellen Volkstheater wurde eine (ländlichen) Idylle häufig als Gegenbild zu politischen u. a. Konflikten entworfen. Besonders nach dem Zweiten Weltkrieg wurden politische Bezüge bzw. Anspielungen auf die jüngste Vergangenheit vermieden (Hein 1993, 469; Mertz 1985, 234-238).

2206 S. Plakat des TVDN mit Ankündigung eines Vortrages über „Hexenprozesse im alten Minden" von Dr. Krieg am 3. 11. 1949 (KAM; Plakatsammlung, Plakatgruppe 12 [1948-1949], V 945); „Berg frei!", Farbige Palett Tirols. Chefredakteur Georg Strutz von dem TV „Naturfreunde" in Minden; Herbstreise ins Kärntnerland. Neue Farbdias von Georg Strutz in der Aula des Bessel-Gymnasiums; Oberpinzgau-Österreichs Schatzkästlein. Georg Strutz führte Naturfreunde in eines der schönsten Salzburger Täler (alle Zeitungsartikel o. Angaben [PA Sundermann, Ordner o. T.]).

2207 Vgl. Boll 1995a, 157.

2208 Vgl. Hein 1993; Mertz 1985; Rüden 1973; Trempenau 1979.

2209 Vgl. Trempenau 1979, 78f., zu den Frauengestalten in der ‚sozialdemokratischen und sozialistischen Arbeiterdramatik' um 1900.

cher im Käse zeigen. Die Naturfreunde benannten nicht nur die Probleme, sondern sie überbrückten sie mit Humor und suchten nach Lösungen, die einen Interessenausgleich und Harmonie vorsahen. Die Komödien der Mindener Naturfreunde können demnach auch als Spiegel ihrer Interaktionsformen in der Mindener Stadtöffentlichkeit betrachtet werden, wie in den folgenden beiden Kapiteln zu sehen ist.

III. 3. 2. 4. 2 Männerfreundschaft und Harmonie im Milieu

> „Vor allen Dingen muss man den Vereinen durch Mittelsleute oder durch die Blume zu verstehen geben, dass sie mit einem kleinen Angebinde für das Heim ruhig überraschen dürfen. Solche Dinge fördern das Zusammengehörigkeitsgefühl. (...) ..., und da das Heim später ja auch zu Übernachtungszwecken gebraucht wird, dürfte die Einweihungsfeier eine gute werbende Veranstaltung sein.“[2210]

Dieses Zitat von Georg Strutz deutet bereits an, in welcher Weise die Mindener Naturfreunde innerhalb des sozialdemokratischen Milieus agierten: Durch „die Blume“, d. h. mittels informeller Kontakte, sollte um Solidarität in Form von materiellen Geschenken gebeten werden. Dies würde nach Strutzs Meinung das „Zusammengehörigkeitsgefühl“ unter den Mitgliedern der sozialdemokratischen Vereine fördern. Darüber hinaus diente das Einweihungsfest nicht nur der Vergemeinschaftung innerhalb des Vereins, sondern, wie Strutz betont, auch der Selbstinszenierung des TVdN im sozialdemokratischen Milieu. Persönliche Kontakte, Freundschaften und politische Solidarität waren also für die Durchsetzung und Vertretung der Vereinsinteressen in der Stadt ebenso wesentlich wie für den Aufbau von Organisationen und den Zusammenhalt innerhalb des sozialdemokratischen Milieus. Dabei ist fast ausschließlich die offizielle Politik des TVdN innerhalb des Milieus, d. h. die Pflege von Beziehungen und Freundschaften zwischen männlichen Akteuren, die ihren Volksvertretungsanspruch in der Politik manifestierten, dokumentiert.[2211] Dies zeigen die Bemühungen um den Erhalt des Weserheims und die Ansprachen der Gastredner bei den Feiern des TVdN.

Wichtige Verbindungen der Naturfreunde v. a. zur SPD und zu den Gewerk-

2210 Georg Strutz an Karl Strutz bzw. TVDN Minden am 1. 3. 1947 (PA Sundermann, Ordner OV 1).

2211 Empfänger und Absender des Schriftverkehrs waren fast ausschließlich Männer in Vorstandsfunktionen. Welche Kontakte von männlichen und weiblichen Nichtvorstandsmitgliedern gepflegt wurden, ist dagegen kaum belegt, da Frauen oder Jugendliche von der offiziellen, Politik weitgehend ausgeschlossen waren. Es muß jedoch angenommen werden, daß die informellen Kontakte in der Kneipe, beim Einkaufen, bei geselligen Runden zu Hause oder im Vereinsheim eine nicht zu unterschätzende Rolle spielten (vgl. Tebbutt 1995).

schaften spiegeln sich im Schriftverkehr männlicher Funktionäre, wie etwa zwischen Karl Strutz und dem Stadtdirektor Hesse. Strutz bittet darin um Informationen über den Beschluß der Stadt bzgl. des Weserheims.[2212] In einem Brief am 1. 4. 1953 teilt ein Mindener Naturfreund, vermutlich Karl Strutz, Georg Strutz mit, daß er vom Ratsmitglied Dröse erfuhr, daß das Weserheim in einem Wiedergutmachungsverfahren an den Eigentümer gehen sollte, und der Pachtvertrag mit dem TVdN gekündigt würde. Ferner will der Absender erfahren haben, wie der Stadtrat abgestimmt hatte und vermutete hinter einer der beiden Enthaltungen die Stimme des Sozialdemokraten Carl Riechmann.[2213] Daraufhin wandte sich Georg Strutz an den Stadtdirektor Hesse und bat ihn um ein Gespräch in der Sache Weserheim. Strutz schlägt vor, zu diesem Gespräch Hermann Dröse, Karl Strutz und Fritz Dieker, ein Stadtverordneter, sowie den Vorsitzenden des Landesverbandes Teutoburger Wald/Weserbergland einzuladen. Der Stadtverordnete war gleichzeitig Mitglied im TVdN.[2214] Der Stadtrat Dröse spielte hier offenbar eine wichtige Mittlerrolle. Dies ergibt sich aus einem Brief vom Stadtrechtsrat Dr. Krieg an Georg Strutz am 16. 4. 1953. Krieg, der bereits als Referent in einer Veranstaltung der Naturfreunde Minden aufgetreten war[2215], schrieb, daß er mit Dröse „ebenfalls gesprochen habe". Dröse ließ Strutz von Krieg ausrichten, „dass er [Dröse; BJ] beabsichtigt, die Angelegenheit nochmals dem Haupt- und Finanzausschuss vorzutragen". Krieg war trotz des Engagements von Dröse pessimistisch, wie er schließlich in dieser Angelegenheit hinzufügte.[2216]

Es waren aber nicht nur gute Kontakte zur SPD wichtig, sondern auch zur Arbeiterwohlfahrt (AWO)[2217], den Gewerkschaften bzw. dem DGB[2218] und zur sozialdemokratischen Tageszeitung[2219]. Bei diesen Verbindungen waren nicht

2212 Brief von Karl Strutz an Stadtdirektor Hesse am 14. 4. 1953 (PA Sundermann, Ordner, OV 1).

2213 Brief an Georg Strutz aus Minden am 1. 4. 1953 (PA Sundermann, Ordner OV 1). S. zu den Personen Kap. III. 3. 1.

2214 Ihm und Martha Dieker wurden bei der 50jährigen Jubiläumsfeier der Naturfreunde Minden 1971 eine goldene Ehrennadel verliehen („Großer Empfang im Naturfreundehaus Meißen. Ein halbes Jahrhundert Naturfreunde Minden. Vertreter von Staat und Gesellschaft als Gäste 32 Ehrennadeln in Silber und Gold verliehen", in: Zeitungsartikel o. Angaben [PA Sundermann, Ordner OV 2]).

2215 Plakat des TVDN mit Ankündigung eines Vortrages über „Hexenprozesse im alten Minden" von Dr. Krieg am 3. 11. 1949 (KAM; Plakatsammlung, Plakatgruppe 12 [1948-1949], V 945).

2216 Krieg an Georg Strutz am 16. 4. 1953 (PA Sundermann, Ordner OV 1).

2217 Brief von Karl Strutz an Carl Schreck am 11. 3. 1947 u. a. mit der Bitte, den Antrag der Mindener Naturfreunde bei der AWO auf Spenden für das Weserheim vorzulegen (PA Sundermann, Ordner OV 1). Sicherlich hätte der Antrag auch mit der Post geschickt werden können, aber wirkungsvoller war es sicherlich, wenn ein nahmhafter „Genosse", wie Schreck, den Antrag vorlegt und ihn zusätzlich unterstützt.

2218 Mündliche Hinweise von Herrn Hans Eberhard Brandhorst, Herrn Werner Dirks u.a. über die Freundschaft zwischen Karl-Heinz Thürbsch und dem Naturfreund Karl Strutz. Thürbsch arbeitete später als Vorsitzender der IGM in Minden.

2219 S. Kap. III. 3. 1.

nur politische Gemeinsamkeiten, sondern häufig Mehrfachmitgliedschaften tragend, wie z. B. im Falle des Bürgermeisters und gleichzeitigen Vorsitzenden der Ortsgruppe des TVdN in Meißen Friedrich Kölling.[2220] Es war durchaus selbstverständlich, als Mitglied im TVdN ebenso Mitglied der Falken, der SPD und einer Gewerkschaft zu sein. Die Mindener Naturfreunde befanden sich also in einem Netz familiärer und freundschaftlicher Beziehungen, in denen fast ausschließlich Männer als offizielle Repräsentanten der Organisationen agierten. Kontakte wurden innerhalb des Milieus auch bewußt für bestimmte Zwecke geknüpft. Freundschaft, Parteilichkeit und die Durchsetzung politischer Ziele gingen dabei Hand in Hand. In jedem Fall diente die erbrachte Solidarität der Stärkung oder Sicherung einer sozialdemokratischen Organisation, ihrer Häuser oder der Durchsetzung ihrer Ziele gegenüber Dritten in der Stadt. Deshalb waren nicht nur die Naturfreunde an dem Erhalt des Weserheims interessiert.

Politische Freundschaften pflegten die Naturfreunde auch bei ihren familialen Festen. Der Ende der 1950er Jahre junge Vorsitzende des TVdN Minden, Karl Sundermann, organisierte Veranstaltungen der Naturfreunde mit anderen sozialdemokratischen Organisationen, z. B. ein Fest zum Maianfang am 30. 4. 1959.[2221] Als Gastredner zu diesen u. a. Festen luden die Naturfreunde bekannte Männer aus dem politischen Umfeld ein. Beispielsweise besuchte der Regierungspräsident Drake das Naturfreunde-Treffen in Detmold 1951[2222], oder der Landtagsabgeordnete und zugleich Naturfreund Fritz Kohlmeier hielt bei einer Arbeitstagung des Landesverbandes Teutoburger Wald/Weserbergland ein Referat[2223]. Solche Gäste waren gerne gesehen, denn erstens waren sie meist beliebte und einigen persönlich bekannte Persönlichkeiten, zweitens verschufen sich die Naturfreunde gegenüber diesen einflußreichen Männern Bedeutung, in dem sie diese einluden und ihnen ein Fest und ein – möglichst großes – Publikum präsentierten. Andersherum zog ein prominenter Gast eine größere Öffentlichkeit an, v. a. wenn das Fest pressekundlich wurde.[2224] Darüber hinaus hatten solche Gäste die Funktion, die Solidarität und Stärke der Sozialdemokratie sowohl innerhalb des Milieus als auch der Stadtöffentlich-

2220 Brief vom Amtsgericht an Bürgermeister Kölling am 8. 4. 1947 (PA Sundermann, Ausstellungscollage); Protokolle der Jahreshauptversammlungen des TVDN Meißen am 8. 2. 1948 (zwei Fassungen) (PA Sundermann, Ordner OV 3).

2221 „Wir holen den Mai ein entweder in der Mütterschule der AWO oder mit der Gewerkschaftsjugend auf dem kleinen Domhof" (KAM, Drucksachensammlung, G, Nr. 37). Vgl. die Einbeziehung der Falken in Essen in das dortige sozialdemokratische Milieu und Vereinsnetz Böhme/Wehner-Hahnel 1989.

2222 Glanzvoller Verlauf des Naturfreundetreffens in Detmold, in: WB (September-Oktober 1951), Nr. 9/10, 30.

2223 Eine Kastanie aus Severings Hand. Fruchtbare Arbeitstagung im Naturfreundehaus Oerlinghausen, in: WB (Januar-Februar 1955), Nr. 1, 21.

2224 Eine Kastanie aus Severings Hand. Fruchtbare Arbeitstagung im Naturfreundehaus Oerlinghausen, in: WB([Januar-Februar 1955), Nr. 1, 21.

keit gegenüber zu inszenieren und zu demonstrieren. Insofern waren die Feste der Naturfreunde nicht nur für die Selbstinszenierung und die Verortung innerhalb des Milieus wichtig, sondern auch als Teil der Öffentlichkeitsarbeit. Bei den Festen demonstrierten die Mindener Naturfreunde Geschlossenheit und familiale Integrationskraft des Vereins als wesentliche Basis für den Aufbau des sozialdemokratischen Milieus. Auch hierbei war es weitgehend Männern vorbehalten, Reden zu halten, und Jugendlichen, Musisches beizutragen.

Dies war bei den Feiern zum 1. Mai nicht anders. Dabei trat die Naturfreunde-Jugend zusammen mit Jugendlichen befreundeter Organisationen auf. Am 1. Mai 1955 gaben die Naturfreunde gemeinsam mit der DGB-Jugend ein Konzert.[2225] Darüber hinaus nahmen die Jugendlichen sozialdemokratischer Organisationen bei den Maifeiern an der Präsentation politischer Ziele teil. Insbesondere männliche Jugendliche marschierten mit Fahnen und Transparenten bei den Demonstrationen mit, wie am 1. Mai 1952.[2226] Obwohl sich viele Naturfreunde-Jugendliche nicht für Politik im ‚offiziellen' Sinne interessierten, stand es für sie außer Frage, sich an den Maikundgebungen des DGB zu beteiligen: „1. Mai sowieso! 1. Mai war grundsätzlich. Seit meinem 15. Lebensjahr ... habe ich immer die Maimärsche mitgemacht, immer."[2227] Dort marschierten Falken, Naturfreunde- und DGB-Jugend gemeinsam.[2228]

Die Mitglieder dieser Organisationen kannten sich meist. Denn sie trafen sich nicht nur bei Festen, sondern führten auch gemeinsam Seminare durch, etwa Schulungslehrgänge „für Volkslied und Volkstanz", wie im September 1946 in der Jugendherberge Hausberge, bei „der alle Gruppen dieser Organisationen des Kreises vertreten" waren.[2229] Seltener waren Seminare für politische Bildung, wie die Arbeitstagung des Landesverbandes Teutoburger Wald/ Weserbergland. Hier sprach der Landtagsabgeordnete und Naturfreund Fritz Kohlmeier über „die interessantesten Wechselbeziehungen zwischen Jugendbewegung und Verwaltung ... und zu einem einprägsamen staatspolitischen Kolleg": „Das war ein lebendiger, demokratischer Anschauungsunterricht, der

2225 DGB-Maikundgebung, Festprogramm, u. a.: „Overtüre A-Dur von Wölki. Vereinigtes Orchester der Gewerkschaftsjugend und Naturfreunde Häverstädt, Meissen" (KAM, Drucksachensammlung, G, Nr. 2, V5856d). Vgl. Fotografie in Gottfried/Neuhann 1994, 192; s. a. AdsD/FES: Bestand 37, Nr. 105.

2226 Eine Fotografie vom 1. Mai 1952 zeigt ausschließlich männliche Jugendliche von den Falken und den Naturfreunden, die z. T. Fahnen und Transparente trugen (KAM; abgedr. in Gottfried/Neuhann 1994, 192). Die Naturfreunde-Jugend hat sich „auch das eine oder andere Mal beteiligt, aber nicht organisiert daran beteiligt" [an den Ostermärschen; BJ] (TAM, 002G/S181198).

2227 TAM, 002 G/S181198. Vgl. für die Weimarer Republik Denecke 1991, 261, 275-277.

2228 Vgl. zur freundschaftlichen Zusammenarbeit dieser Organisationen Buckpesch 1986, 198; Hahn 1986, 173.

2229 Bericht des Kreisjugendamtes Minden an die Bezirksregierung in Minden am 30. 10. 1946 (StADt, M 1 I Ju, Nr. 161).

noch dazu durch eine ungewöhnlich fruchtbare Aussprache vertieft wurde!“[2230]

Die Naturfreunde arbeiteten gleichzeitig auf der Funktionärsebene eng mit den Jugendorganisationen ihres Milieus zusammen, insbesondere mit der SJD - Die Falken, der DGB- und der AWO-Jugend.[2231] Diese Kooperationen beruhten z. T. auf der Vorstellung einer ‚Arbeits- und Aufgabenteilung‘ unter den sozialdemokratischen Organisationen.[2232] Trotz parteipolitischer Neutralität würden laut Ludwig Koch „Gewerkschaften und die Naturfreunde eine Ergänzung bedeuten“: „Du, junge Wanderfreundin oder Wanderfreund, bist wohl auch ein Arbeiterkind und bist mitverbunden mit dem Wohle oder der Not des schaffenden Menschen und Volkes.“[2233] Obwohl die Zuordnung zum sozialdemokratischen Milieu eindeutig war, wurde sie häufig, wie in den Theaterstükken, nur vorsichtig formuliert und nicht immer expliziert. Beispielsweise wird sie in einer appellativ gehaltenen Erklärung eines Selbstverständnisses der Naturfreunde-Jugend lediglich angedeutet: „Die Naturfreundejugend versucht[,] die Massen der Jugend zu erfassen und sie körperlich, geistig und sittlich zu fördern.“[2234] Politische ‚Neutralität‘ war nicht nur eine Forderung z. B. der amerikanischen Alliierten für die Lizenz zur Wiedergründung, sondern das Credo des Touristenvereins und dessen Jugendorganisation selbst.[2235] Auch Jugendlichen verstanden ihren Beitritt zu einem sozialdemokratischen Jugendverein meist „nicht als politischen Akt“. Sie wurden in der Regel durch Erwachsene ihres näheren Umfeldes auf diese Jugendgruppen aufmerksam.[2236]

Die Jugendlichen waren auf familiale Weise in die sozialdemokratischen Organisationen integriert, solidarisierten sich mit Jugendlichen anderer sozialdemokratischer Organisationen und beteiligten sich an den Praktiken zur Vergemeinschaftung sowie Selbstinszenierungen des sozialdemokratischen Milieus. Obgleich sie lieber tanzten als politischen Schulungen beizuwohnen oder Kämpfe zu führen, wie etwa Teile der sozialdemokratischen Jugend während der Weimarer Republik, partizipierten sie an der Selbstverständigung und dem Aufbau sozialdemokratischer Politik nach dem Zweiten Weltkrieg. Die Politik unter den ‚Genossinnen‘ und ‚Genossen‘ gestaltete sich familial, patriarchalisch und war auf Harmonie ausgerichtet. In der öffentlichen und offiziel-

2230 Eine Kastanie aus Severings Hand. Fruchtbare Arbeitstagung im Naturfreundehaus Oerlinghausen, in: WB (Januar-Februar 1955), Nr. 1, 21.
2231 AdsD/FES, Bestand 37.
2232 S. Dulk 1984, 128.
2233 Koch, Ludwig, Naturfreunde-Jugend und die Gewerkschaften, in: Naturfreunde-Nachrichten, 2 (Februar 1948), Nr. 2, 1: „‚Parteipolitische, rassische oder religiöse Ziele, Auseinandersetzungen oder Bindungen kennt sie nicht.‘“
2234 Was wir wollen!, in: WB (Mai-Juni 1950), Nr. 5/6, 22.
2235 Vgl. Hahn 1986, 174.
2236 S. Boll 1995a, 157.

len Politik hingegen agierten v. a. Männer und männliche Jugendliche. Sie handelten dabei auch taktisch, strategisch und trugen Konflikte aus. Die Nachkriegsjugendlichen legten dabei mehr als ihre Eltern und Großeltern Wert auf ‚fröhliche Geselligkeit'.

III. 3. 2. 4. 3 Männliche Volksvertretung und pluralistische Jugendpolitik

Innerhalb des Milieus feierten die Naturfreunde nicht nur gerne Gemeinsamkeiten mit anderen Sozialdemokratinnen und Sozialdemokraten, sondern arbeiteten selbstverständlich auch bei der Durchsetzung ihrer Interessen zusammen. Die Jugendlichen der Naturfreunde kooperierten darüber hinaus trotz großer inhaltlicher Differenzen auch mit bürgerlichen Verbänden.[2237] Sie nahmen häufig gemeinsam an Veranstaltungen der britischen Militärregierung, des Jugendrings oder des Jugendamtes teil, z. B. an Seminaren oder größeren Veranstaltungen.[2238] Die Naturfreunde beteiligten sich ferner an den vom Bezirksjugendamt veranstalteten „Wochen der Jugend"[2239], an einer vom Mindener Jugendoffizier Mr. Pugh organsierten „Wanderung von Jugendleitern und Soldaten und Offizieren der britischen Armee" und an einem „Zusammensein in der Jugendherberge Hausberge".[2240] Während sich die Naturfreunde-Jugend mit den Mitgliedern der Falken oder der DGB-Jugend solidarisierten, übten sie sich in Pluralismus, Toleranz und in Kooperation mit christlichen oder bündischen Gruppen.[2241]

Ebenso selbstverständlich engagierten sich erwachsene Naturfreunde beim Aufbau jugendpolitischer Strukturen in Minden. Als 1945 jede Gemeinde einen Vertreter oder eine Vertreterin der Jugendorganisationen aufgrund einer Anordnung der Militärregierung benennen mußte, fiel die Wahl des Bürgermeisters der konservativ regierten Stadt auf den Sozialdemokraten und Naturfreund Georg Strutz.[2242] Auch in Meißen (Kreis Minden) beteiligten sich die

2237 Vgl. die Aussage eines Zeitzeugen: „Also mit dem CVJM, mit den kirchlichen Verbänden haben wir eigentlich wenig am Hut gehabt" (TAM, 002G/S181198). Vgl. Froböse 1987c, 136f. (für Bielefeld); Hahn 1986, 174.

2238 StaDt, M 1 I Ju, Nr. 160 u. 161. S. Einleitung von Kap. III.

2239 Eine Ausnahme war das Jahr 1949 (Bezirksjugendleiter des Landesverbandes Teutoburger Wald/Weserbergland des TVdN an Bezirksjugendpflegeamt, Detmold, bzgl. der Nichtbeteiligung an der „Woche der Jugend" am 14. 5. 1949 [StADt, M 1 I Ju, Nr. 170]). Vgl. StABi, Zeitungsausschnittssammlung, Bd. J, Kultur- und Geistesgeschichte, 190, Jugendpflege/Jugendbewegung ab April 1946.

2240 Kreisverwaltung Minden am 12. 12. 1946 an Regierunsgspräsident (StADt, M 1 I Ju, Nr. 161); s. a. PRO/FO 1013, Nr. 2200 u. 2203 zu Jugendtreffen und Jugendleiterkursen im Kreis Minden, die u. a. von der Militärregierung veranstaltet waren. Vgl. Touristenverein Die Naturfreunde Landesverband Teutoburger Wald-Weserbergland 1995, 47.

2241 Dies verdeutlicht v. Bismarck in seinem Zeitzeugenbericht über seine Arbeit im Jugendhof Vlotho (Bismarck 1998, 271-289, bes. 274f.).

2242 Schreiben des Bürgermeisters an den Landrat am 13. 12. 1945 (KAM, H 50, Nr. 128).

Naturfreunde aktiv an der Jugendpflege. Im Meißener Ortsausschuß für Jugendpflege waren unter den fünf Mitgliedern zwei Naturfreunde: der Bürgermeister Kölling und Heinrich Freding.[2243] Etwa zehn Jahre später wirkten der Leiter der Gewerkschaftsjugend Karlheinz Türbsch und Karl Strutz vom TVdN maßgeblich beim Aufbau des Mindener Stadtjugendrings (SJR) mit. Ungeachtet ihrer Initialarbeit spielten die sozialdemokratischen Jugendorganisationen im SJR bald keine zentrale Rolle mehr. Dies lag an ihrer quantitativen Schwäche im Vergleich zu den Sportvereinen und konfessionellen Organisationen:

„Aber immer, wenn etwas gegründet war, dann kamen die nächstgrößeren und haben das kassiert. Dann kam die Sportjugend. Die Sportjugend merkte dann die Vorteile, die man hat ... (...). Ja, und dann machten entweder die Sportvereine oder die christlichen Gruppen ... stellten dann den ersten Mann an der Spitze“.[2244]

Die zahlenmäßig großen Verbände stellten auch die Repräsentanten des SJR. 1959 z. B. war der erste Vorsitzende ein Vertreter des Sportvereins Eintracht Minden. Den zweiten Vorsitzenden stellte die DAG-Jugend. Der einzige Sozialdemokrat im Vorstand fungierte als Geschäftsführer.[2245] Die Naturfreunde waren ferner nur alle zwei Jahre im Arbeitsausschuß des SJR vertreten, während in den Jahren dazwischen die Jugend des Deutschen Alpenvereins diesen Sitz übernahm.[2246] Die Errichtung jugendpolitischer Strukturen und eines Freizeitangebots seitens des SJR für Jugendliche führte dazu, daß die sozialdemokratischen Jugendorganisationen sich selbst Konkurrenz machten, da viele Jugendliche nun an Aktivitäten des SJR teilnahmen.[2247] Dennoch war das Engagement sozialdemokratischer Jugendfunktionäre für ihre Organisationen bedeutsam, denn sie verfolgten damit u. a. finanz- und lokalpolitische Interessen.[2248] Ferner standen hinter diesen Aktivitäten ein milieuspezifisches Verständnis von Jugendpolitik: Sozialdemokratische Jugendpolitiker setzten

2243 Bürgermeister der Gemeinde Meißen an Amtsbürgermeister des Amtes Hausberge/Amt und an Heinrich Freding, z. Kt. am 1. 2. 1946 (PA Sundermann, Ausstellungscollage).

2244 TAM, 002G/S181198.

2245 KAM, Der Ring, 1 (1959), Nr. 1, 16.

2246 TAM, 002G/S181198.

2247 Dies wurde auch auf der Landes- und Jugendkonferenz des Landesverbandes Teutoburger Wald/Weserbergland 1951 angemerkt (Landes- und Jugendkonferenz des Landesverbandes Teutoburger Wald-Weserbergland, in: WB [Juli-August 1951], Nr. 7/8, 20). S. a. TAM, 002 G/S181198. Die beiden Zeitzeugen bestritten dies z. T. für Minden. Vgl. ähnlich für die Falken Gröschel 1986, 206f.

2248 TAM, 002G/S181198. Vgl. zum Aufbau von DBJR Dulk 1984, 131f.; Gröschel 1990, 231 (für Berlin): „Obwohl die Naturfreundejugend bis zu diesem Zeitpunkt noch kaum mit der Gewerkschaftsjugend und den Falken zusammenarbeitete, gab es für niemanden einen Zweifel, daß sie fortan die bislang minoritäre sozialdemokratische Säule im Landesjugendring stärken würden.“

auf den Aufbau der Jugendpflege und eigenständiger Jugendorganisationen.[2249] Sozialdemokratische Jugendorganisationen unterschieden sich von bürgerlichen also auch in ihrem Verhältnis zum Staat: Sozialdemokraten hatten ein großes Interesse an einer demokratischen Umgestaltung von Politik und Gesellschaft, weil sie sich dadurch mehr Einfluß und einen größeren Handlungsspielraum versprachen.[2250] Die Funktionäre der Naturfreunde zeigten sich daher weniger skeptisch gegenüber einer Zusammenarbeit mit Personen der Jugendämter bzw. der britischen Militärregierung zum Aufbau der Jugendpflege.

Dieses kooperative Verhalten seitens der Naturfreunde gegenüber Regierungsstellen wird ferner durch den Schriftwechsel der Naturfreunde dokumentiert. Dieser enthält überwiegend förmliche, freundliche und knapp gehaltene Briefe, z. B. an die britische Militärregierung.[2251] Die Freundlichkeit ging soweit, daß der TVdN Vertreter der Militärregierung zu der Heimeinweihung 1947 einlud.[2252] Als es aber um eine Entschädigung für die Enteignung ihres Heimes durch NS-Organisationen ging, beschwerten sich die Meißener Naturfreunde bei dem Allgemeinen Organisations-Ausschuß der britischen Militärregierung über die Verzögerungen:

„Wenn ich Ihre bisherigen Schreiben übersehe, scheint es uns als müsse unsere Angelegenheit noch lange Zeit in Anspruch nehmen. Es wäre nicht verwunderlich, wenn nun plötzlich unser Anspruch und Wiedergutmachung einer anderen Dienststelle überwiesen würden. Es ist uns unerklärlich, warum und weshalb solche Verfahren keine Beschleunigung erhalten, um somit wieder den alten Rechtszustand herbei zuführen.“[2253]

Typischerweise kritisierten die Naturfreunde die Langwierigkeit von Verwaltungsabläufen, auch wenn sie sich selbst mit der Beantwortung der Amtspost Zeit ließen.[2254] Es waren zwar kritische Worte. Diese waren jedoch nicht von einer überheblichen Haltung getragen. Die Naturfreunde vermieden eher den Kontakt mit Behörden, weshalb der Umfang des Schriftverkehrs, auch mit

2249 Vgl. Wagner 1995, 165-171.

2250 Vgl. Eley 2002.

2251 Z. B. Schreiben des Bürgermeisters Kölling am 20. und am 31. 3. 1946 an Britische Militärregeirung via Landrat (PA Sundermann, Ausstellungscollage); vgl. o. g. Schriftverkehr bzgl. der Erlaubnis, mit Booten die Weser zu befahren (PA Sundermann, Ordner OV 1).

2252 TVDN an Militärregierung, Kreisjugendamt, Oberkreisdirektor und SPD Minden, 1947 (PA Sundermann, Ordner OV 1).

2253 TVDN Meißen an den Allgemeinen Organisations-Ausschuß am 5. 8. 1950 (PA Sundermann, Ordner OV 3).

2254 Zunächst wurde der TVdN am 12. 6. 1950 aufgefordert, drei Fragen zur Wiedergutmachungsangelegenheit zu beantworten (Schreiben vom 12. 6. 1950 [PA Sundermann, Ordner OV 3]). Am 5. 6. wurde der TVdN von demselben Amt wieder ermahnt, endlich die Fragen zu beantworten (Allgemeiner Organisations-Ausschuß, Celle, am 5. 7. 1950 an TVDN Meißen [PA Sundermann, Ordner OV 3]).

Jugendämtern, weitaus geringer ist als der anderer Gruppen. Sie wandten sich v. a. mit Anträgen an Ämter, z. B. für eine Genehmigung zur Wasserbenutzung oder für „einen Lastwagen mit Holzgasantrieb" für einen Ausflug.[2255] Häufige Gründe für eine Eingabe waren materielle Forderungen.[2256] Seltener gaben politische Auseinandersetzungen Anlaß für einen Brief an eine Behörde. Eine Ausnahme bildete der Kampf um das Weserheim, den die Naturfreunde verloren. Das mühsam renovierte dann von den Nationalsozialisten beschlagnahmte Vereinsheim war auch ein Symbol, in dem viel „Herzblut" steckte. Deshalb bekam die Auseinandersetzung um das Heim 1953 eine ungewöhnliche Schärfe. Georg Strutz drohte in einem Brief an den Stadtdirektor sogar mit einer Pressekampagne. Er argumentierte u. a. damit, daß es in Minden überhaupt kein Jugendheim gäbe.[2257] Für die selbstbewußt gegenüber Behörden agierenden Naturfreunde-Funktionäre war es ungewöhnlich, derart kämpferisch aufzutreten. Meist erkannten sie prinzipiell die behördliche Macht an.

Daß die Naturfreunde-Jugendlichen „in der Betätigung der Naturfreunde-Bewegung eine klare staatspolitische Aufgabe" sahen und die „Heimatliebe" als eine „Voraussetzung und Grundlage eines gesunden Staatswesens" betrachteten, wie ein unbekannter Autor in der Zeitschrift „Wandern und Bergsteigen" schreibt, ist zwar unwahrscheinlich.[2258] Aber sie agierten im Umfeld von Erwachsenen, die den Aufbau einer parlamentarisch-repräsentativen Demokratie maßgeblich gestalten wollten und daher eine relativ positive Perspektive auf den neu zu errichtenden Staat und seine Institutionen einnahmen.[2259] In der von übergeordneten kommunalen oder staatlichen Stellen organisierten Zusammenarbeit mit Jugendgruppen verschiedener Couleur setzten sich die Jugendlichen selbst positiv in Bezug zu Menschen unterschiedlicher Milieus und zur ‚Obrigkeit'. In Solidarität mit anderen Sozialdemokratinnen und Sozialdemokraten entwickelten sie ein konstruktives Verhältnis zur sich neu konstituierenden Politik.

2255 Schreiben von TVDN/Karl Strutz an Straßenverkehrsamt Minden am 15. 8. 1948 (PA Sundermann, Ausstellungscollage).

2256 S. a. Antrag beim Landrat Wehking (CDU) um den es in diesem Brief geht: Georg Strutz am 1. 3. 1947 an TVDN Minden/Karl Strutz (PA Sundermann, Ordner OV 1).

2257 Georg Strutz an Stadtdirektor Hesse am 8. 4. 1953 (PA Sundermann, Ordner OV 1).

2258 Naturfreunde und Staatsbürgertum, in: WB (Juli-August 1951), Nr. 7/8, 2. Vgl. Strutz, Georg, Ideales Streben der Naturfreunde, in: WB (September-Oktober 1954), Nr. 5, 2f., worin der Autor mehr öffentlichwirksames Agieren der Naturfreunde fordert, da sie seiner Meinung nach „einen berechtigten Anspruch darauf" hätten.

2259 Vgl. Kap. III. 3. 1.

III. 3. 3 Resümee: sozialdemokratische und männliche Transfomationen – familienorientiert, halbstark und burlesk

Auf die Frage, warum die Jugendlichen sich an den Aktivitäten der Naturfreunde beteiligten, gab ein Zeitzeuge die Antwort: Es „gab ja nichts“.[2260] Bei den Naturfreunden hatten sie aber einen Ort, an dem sie ihre freie Zeit verbringen und verstreichen lassen konnten, ohne verscheucht zu werden. Den aus der HJ und dem Deutschen Jungvolk ‚entlassenen‘ Arbeiterjugendlichen bot der Touristenverein eine sinnstiftende Heimat, Rückhalt, Anerkennung und Orientierung. Hier trafen sie andere Jungen – und sogar Mädchen bei Tanz und offenbar wohltuender familialer Geselligkeit.

Die männlichen Jugendlichen bei den Naturfreunden waren meist Arbeiterjugendliche. Ihnen blieb in der Regel eine weiterführende Schulbildung versagt. Die Familien konnten selten mit materiellem Besitz die Notsituation in der Kriegs- und Nachkriegszeit lindern. Die Währungsreform bedeutete für die ‚Besitzlosen‘ zunächst nicht Wohlstand, sondern Abwertung ihrer Ersparnisse und somit die Schwächung ihrer Kaufkraft.[2261] Hinzu kam die ansteigende Arbeitslosigkeit. Davon waren Mädchen und Frauen stärker betroffen als Jungen und Männer. Letztere hielten und erneuerten dagegen weitgehend ihren sozialen Status als Facharbeiter. Rückenwind brachte bald der Facharbeiterbedarf und später die „Herausbildung einer ‚Dienstleistungsgesellschaft‘ bzw. eines ‚Zeitalters der Angestellten‘“ durch die „Rationalisierung und Technisierung der Arbeit“[2262]. Allerdings gerieten männliche Arbeiter in Konflikt mit Frauen, die trotz der Rückkehr ihrer Männer versuchten, ihre Position auf dem Ausbildungs- und Arbeitsmarkt zu behaupten. Auch bei den Naturfreunden stritten Frauen und Männer bzw. Mädchen und Jungen immer wieder über die Verteilung von Arbeit. Eine klare Arbeitsteilung und die ‚Normalisierung‘ der Geschlechterverhältnisse im Sinne einer Hausfrauenehe versprachen in dieser Situation Harmonie. Die Stärkung der Position von männlichen Arbeitern auf dem Arbeitsmarkt in Konkurrenz zu Frauen und in ihrer Funktion als Familienernährer halfen mit, die Diskreditierung des ‚Soldaten‘ zu kompensieren.

Hand-Arbeit, körperliche Tatkraft, Engagement und Selbstdisziplin galten im Mindener proletarischen Milieu nach wie vor als konstituierend für Männlichkeit.[2263] Bei der Renovierung des Vereinsheims ‚erarbeiteten‘ sich die Jungen Anerkennung; und mit ‚männlicher Arbeitskraft‘ halfen sie, die sozialdemokratische Infrastruktur wieder aufzubauen. Aber die an den ‚zackigen‘ Sol-

2260 TAM, 001/2G/S181198
2261 Vgl. Wildt 1996, 32f.
2262 Mooser 1993, 362.
2263 Vgl. Cockburn 1984, 52.

daten erinnernde Arbeitsdisziplin und die Idealvorstellung von einer ‚normalen' Familie mit männlicher Dominanz bekamen durch die Folgen des Weltkriegs Brüche.[2264] Viele Arbeiter waren in der frühen Nachkriegszeit aufgrund von Kriegsverletzungen arbeitsunfähig, und das ‚Projekt' zur ‚Normalisierung' der Familie mußte manchem Jugendlichen als absurd erscheinen. Die als ‚lässig' wahrgenommenen Soldaten der Alliierten und die neuen ‚Helden' der Popularkultur boten für die Jungen einen – bei Mädchen beliebten – Gegenentwurf mit ausdrucksvollem Sexappeal. Köperliche Leistung galt nicht mehr als ausschlaggebend. Die Jungen distanzierten sich damit von dem im sozialdemokratischen Milieu angestrebten Ideal der desexualisierten Kameradschaft mit Mädchen und dem proletarisch-männlichen Arbeitsethos.[2265]

Auch Politik war bei diesen Jugendlichen – flapsig formuliert – nicht mehr en vogue. Damit wollten viele von ihnen nach Ende der NS-Diktatur nichts (mehr) zu tun haben. Diejenigen Arbeiterjugendlichen, die sich begeistert den nationalsozialistischen Organisationen angeschlossen hatten, sahen sich nun gezwungen, mit bisher gelernten Wertmaßstäben aufzuräumen. Nicht alle hatten bereits während der NS-Zeit von der sozialdemokratischen Gesinnung ihrer Eltern gewußt. Viele erfuhren erst nach Kriegsende davon und sahen sich Widersprüchlichkeiten ausgesetzt, was mitunter das Verhältnis zu den Älteren auch im sozialdemokratischen Milieu verkomplizierte. Aber bei den Naturfreunden erhielten sie ein ‚Angebot' für neue, positiv besetzte Gesellschaftsentwürfe: die mit Pathos und Stolz vorgetragenen Traditionen der Arbeiterbewegung. Teilweise eigneten sie sich diese gerne an und näherten sich damit (wieder) der Politik. Erleichternd wirkte, daß Sozialdemokraten selbstbewußt mit dem Habitus legitimer Machtbeteiligung auf die politische Bühne zurücktraten. Denn sie schätzten ihre Vergangenheit als weit weniger problematisch ein als die der bürgerlichen Milieus. In diesem Kontext setzten die Jugendlichen, aus ihrer Perspektive unbelastete, Bezüge zu ‚Heimat'[2266] und ‚Volk' und entwarfen damit ein Gegenmodell zu den „problems of modern age"[2267] und der ‚Massengesellschaft'.

Aber Politik war besonders im sozialdemokratischen Milieu nicht einfach. Sozialdemokratinnen und Sozialdemokraten vertraten eine Minderheit der Wähler. Sie konnten außerdem nach Ende des NS-Regimes kaum auf organisatorische Kontinuitäten zurückgreifen. Die Nationalsozialisten hatten alle so-

2264 Vgl. zu dem Zusammenhang von Arbeit und Krieg bzw. Krieg als Arbeit Lüdtke 1993a, 301-319.

2265 Insofern ist hier der Argumentation von Maase zu widersprechen, der die veränderten Verhaltensweisen männlicher Jugendlicher in erster Linie auf veränderte Bedürfnisse der Mädchen zurückführt (Maase 1999).

2266 Vgl. zu der Sehnsucht nach ‚Heimat' Fehrenbach 1998, 110.

2267 Moeller 1997a, 22.

zialdemokratischen Organisationen zerschlagen und dieses Milieu personell stark geschwächt. Der Wiederaufbau der sozialdemokratischen Solidargemeinschaft war daher mühselig. Außerdem stand für viele Politik für sinnlose Konflikte und auch im Gegensatz zur harmonischen Familiarität ihrer Lebenswelt. Nur wenige versprachen sich von politischen Aktivitäten persönlichen und gemeinschaftlichen Erfolg. Zu diesen wenigen gehörten fast ausschließlich Männer, weil offizielle Politik und Gremienarbeit männlich konnotiert und dominiert war. Männlichkeit war demnach immer noch mit Durchsetzungsfähigkeit verbunden, nun aber ebenso mit Kooperationsvermögen und der Rolle des staatstragenden und selbstbewußten Volksvertreters. Deshalb erkannten in erster Linie männliche Jugendliche im Gegensatz zu Mädchen und Frauen etwa in der Lokalpolitik ein potentielles Aktivitätsfeld für sich. Demzufolge machten v. a. junge Männer älteren männlichen Funktionären ihre Positionen streitig.

Aber Politik fand im sozialdemokratischen Milieu nicht ausschließlich in männerbündischen Strukturen statt, wie etwa im NS-Staat oder, auf andere Weise, im CVJM und bei der deutschen Jungenschaft, sondern in männlich dominierten politischen Arenen[2268]. Diese waren selten gänzlich von Frauen losgelöst. Die männliche Dominanz in der Politik war auch dadurch begrenzt, daß Gremienarbeit beim TVdN nur eine geringe Rolle für die Bündelung von Interessen, die Vergemeinschaftung, die Entscheidungsfindung und für die Repräsentation des Vereins spielte. Geselligkeit, Feste und „derbes, sinnfrohes Lachen, das sich gern verbindet mit scharfem Spott über spießbürgerliche Sitten und engstirnige Meinungen“[2269] waren ebenso bedeutsam für die Vereinspolitik. Diese inoffizielle Politik war größtenteils von Frauen, Mädchen und Jungen getragen.

Politik war im sozialdemokratischen Milieu der Nachkriegszeit nicht mehr nur kämpferisch, elitär und ‚preußisch-ernst‘, sondern ebenso integrativ, pluralistisch, komisch und spottend. Die Naturfreunde konterkarierten mit ihren Komödien den Ernst der sonst ungeliebten Politik und setzten sich so positiv in Bezug dazu. Besonders männliche Personen ironisierten sich selbst, stilisierten sich zum Spaßvogel und durchbrachen so das Konzept des soldatischen Kriegers und Klassenkämpfers. Statt sich als ‚Arbeiterklasse‘ zu präsentieren, identifizierten sich die Naturfreunde als ‚Volk‘ und setzten dieses mit der lohnabhängigen Bevölkerung gleich. Sie weichten damit nicht nur den Klassenstandpunkt auf, sondern definierten ‚Volk‘ im Gegensatz zum nationalsozialistischen Verständnis als die lohnabhängigen Bevölkerungsgruppen. Die Naturfreunde übten aus dieser Perspektive Gesellschafts- und Politikkritik. Gleich-

2268 Vgl. Lüdtke 1993a.
2269 „Humor“, 1954.

zeitig arbeiteten sie mit anderen gesellschaftlichen Gruppen und politischen Organisationen zusammen. Sie beteiligten sich somit an der Öffnung der Sozialdemokratie für andere Bevölkerungsgruppen als der Arbeiterschicht und am Aufbau einer auf Pluralismus basierenden parlamentarisch-repräsentativen Demokratie. Ob dies in den 1960er Jahren zur Auflösung des proletarisch-sozialdemokratischen Milieus beitrug, wie allenthalben behauptet, oder ob sich das sozialdemokratische Milieu dadurch langfristig stabilisierte, bleibt zu diskutieren. Die Naturfreunde partizipierten jedenfalls auf diese Weise an der Transformation der SPD von der Klassen- zur ‚Volkspartei' sowie am zunehmenden Machtgewinn der Sozialdemokratie. In diesem Zusammenhang tarierten sie ihr Verhältnis zum Staat neu aus, denn Sozialdemokraten strebten wieder danach, die Regierung zu übernehmen.

Die Demonstration dominanter Männlichkeit diente der Kompensation von Wahlniederlagen und realer Machtverluste, etwa bzgl. des Mindener Vereinsheims, sowie der Aufrechterhaltung eines starken Männerbildes, das häufig lediglich eine Fassade bildete.[2270]:

„In diesem Sinne ist Protestmännlichkeit nicht nur das Übernehmen der stereotypen männlichen Rolle. Sie ist vereinbar mit einer respektvollen und aufmerksamen Haltung gegenüber Frauen ..., einem egalitärem Standpunkt in Geschlechterfragen ..., Zuneigung für Kinder ... und einem Sinn für Selbstdarstellung, die im körperlichen Rollenverständnis entschieden weibliche Züge aufweist."[2271]

Die Idealisierung partnerschaftlicher und familialer Verhaltensweisen gegenüber weiblichen Personen[2272] wirkte im sozialdmokratischen Milieu Männlichkeit stabilisierend. Die Naturfreunde entwarfen mit der Selbstinszenierung als harmonischer Familienverbund ein Gegenmodell zu den erlebten Konflikten zwischen Frauen und Männern, Jungen und Erwachsenen, den miteinander konkurrierenden Männlichkeits- und neuerdings Politikkonzepten. Dies war eine ‚Normalisierungsstrategie' i. S. partnerschaftlicher und patriarchalischer Generationen- und Geschlechterverhältnisse und harmonischer Politik.[2273]

2270 Vgl. zu ‚Protestierender Männlichkeit' Connell 1999, 132-135.
2271 Ebda., 134f., s. a. 136-141.
2272 Vgl. Rosenbaum 1992, 211f.
2273 Vgl. Schissler 2001c. Sie spricht in ihrer Diskursanalyse von einem ‚Normalizing Project'. Hier konnte dieses ‚Projekt', bezogen auf eine sozialdemokratische Gruppe, auch in der Praxisanalyse sichtbar gemacht werden.

III. 4 Begegnung II: Gründung des Mindener Stadtjugendrings 1956

„Wir appellieren daher an alle Jugendlichen, nicht abseits zu stehen, nicht nur Publikum im politischen, gesellschaftlichen, sozialen und kulturellen Leben zu sein, sondern aktiv an der Gestaltung der heutigen Gesellschaft mitzuarbeiten."[2274]

Am 13. 9. 1956 versammelten sich die mit wenigen Ausnahmen männlichen Vertreter Mindener Jugendverbände im Foyer des Stadttheaters Minden, um den Stadtjugendring (SJR) Minden ins Leben zu rufen.[2275] „Alle Jugendgruppen des Stadtgebiets Minden" waren eingeladen. Die Evangelische, die Katholische Jugend, die Sozialistische Jugendbewegung - Die Falken, der Ring der Pfadfinderbünde, Naturfreunde-, Alpenvereins-, Gewerkschafts- und Sportjugend, Deutsche Jugend des Ostens und Freie Gruppen sandten Delegierte zu diesem Treffen. Letztere schloß die deutsche Jungenschaft ein.[2276] Bis auf die Pfadfinder, die deutsche Jungenschaft und die Alpenvereinsjugend waren es die gleichen Organisationen, die sich 1946 an der Sonnwendfeier beteiligt hatten. Während aber die Sonnwendfeier im wesentlichen vom Bezirksjugendamt koordiniert worden war, luden zur konstituierenden Sitzung des SJR die Jugendverbände ein. Vertreter der Naturfreunde hatten sich dabei nicht nur im Vorfeld dieser Neugründung engagiert. Beispielsweise hatte Karl Strutz für diese Sitzung Satzungsentwürfe vorbereitet. Er eröffnete um 20.10 Uhr die Versammlung und leitete sie.

Nachdem sich die Jugendvertreter auf eine der von Strutz vorgelegten Satzungen mit geringen Änderungen geeinigt hatten, „benannten die im Arbeitsausschuß [des KJR] vertretenen Organisationen ... [ihre] Verteter" für den Arbeitsausschuß des SJR, darunter Männer aus den drei in dieser Arbeit untersuchten Gruppen.[2277] Die Versammelten wählten Heinz Peters von der Sportjugend „aufgrund der zahlenmäßigen Überlegenheit der Sportjugend" einstimmig zum Vorsitzenden des SJR. Seine Stellvertreter wurden Heinz Müller

2274 Peters, Heinz, Sinn und Aufgaben des Jugendringes, in: Der Ring, 1 (1959), Nr. 1, 3. Peters war Vorsitzender des Mindener Stadtjugendrings.

2275 Die für diesen Abschnitt herangezogenen Quellen stammen überwiegend aus dem PA Sundermann. Es handelt sich dabei v. a. um Protokolle des Kreis- und Stadtjugendrings Minden (PA Sundermann KJR Mi u. SJR Mi). S. a. KAM, Verwaltungsbericht der Stadt Minden 1956/57, 113 (Kopien aus H 10, Nr. 121).

2276 Alle Angaben zu den Sitzungen des SJR stammen aus PA Sundermann SJR MI, wenn nicht anders angegeben.

2277 Heinz Müller, Jugendwart des CVJM, für die Evangelische Jugend, Albert Gundlach (TVdN) für die Naturfreunde sowie für die Alpenvereinsjugend und Herbert K. von der deutschen Jungenschaft für die Freien Gruppen. S. a. auch PA Sundermann KJR Mi.

(CVJM) und Rudi Michel (Bund Deutscher Pfadfinder und Vorsitzender des KJR). Um 22.15 schloß Karl Strutz die Sitzung.

Schon bevor sich Mindener Jugendverbände zum SJR zusammenschlossen, hatten sich in zahlreichen anderen Orten, Kreisen, in Land und Bund seit 1946 Jugendringe gebildet[2278], so auch im April 1948 im Kreis Minden. Die Gründung eines Jugendrings 1956 im Stadtgebiet Minden geht letztlich auf die Novellierung des Jugendwohlfahrtsgesetzes (JWG) 1953 zurück.[2279] Es sah die Einrichtung kommunaler Jugendämter sowie Jugendwohlfahrtsausschüsse (JWA) vor, in denen nun auch Jugendverbände vertreten sein sollten.[2280] In der Stadt Minden tagte dieser Ausschuß i. S. der Gesetzesnovelle von 1953 nach Konflikten mit dem KJR über die Besetzung aber erstmals am 24. 1. 1956.[2281] Am selben Tage trat um 19 Uhr der Arbeitsausschuß des KJR zusammen.[2282] Rudi Michel berichtete auf dieser Sitzung über die Jugendpolitik und besonders die Jugendwohlfahrtsausschüsse in Stadt und im Kreis Minden. Er konstatierte, wie der Protokollant und Kreisjugendpfleger Strauch festgehalten hat, folgendes: „Da nun auch in der Stadt Minden durch das Selbständigwerden des Jugendamtes ein Ausschuß eingesetzt ist, taucht die Frage nach der Bildung eines Jugendringes für die Stadt Minden auf.“[2283]

Aber bereits im Vorfeld der Gründung des Mindener SJR hatten sich v. a. sozialdemokratische Jugendverbände und Jüngere in der SPD Minden für eine institutionalisierte Vertretung der Jugendorganisationen bei der Stadt Minden bemüht.[2284] Trotz dieses anfänglichen Engagements setzten sich bei der konstituierenden Sitzung des SJR am 13. 9. 1956 schließlich die Sportjugend und die Evangelische Jugend sowohl gegen die Katholische Jugend als auch gegen

2278 S. AAJB, Bericht über freiwillige Jugendringe in der Britischen Zone, November 1949; StADt, M 1 I Ju, Nr. 160.

2279 Vgl. Buschmeier/Lehmkuhl 1999; Köster 1999a; ders. 1999b, 495; Peukert/Münchmeier 1990, 36f.

2280 Z. T. werden aus diesem Grund für die frühe Nachkriegszeit Jugendwohlfahrtsausschüsse und -Ringe gleichgesetzt (AAJB, Bericht über freiwillige Jugendringe in der Britischen Zone, November 1949; vgl. Fehrlen/Schubert 1991, 70f.). Die Britische Militärregierung verlangte jedoch bereits vor der Novellierung auf der Grundlage des Reichsjugendwohlfahrtsgesetzes von 1922 eine Kooperation der Jugendämter mit Jugendverbänden (Directive Nov. 1947; PRO/FO 1050, Nr. 1075; vgl. Wagner 1995, 92-97).

2281 Auf der staatlichen Ebene des Landschaftsverbandes Westfalen-Lippe trat ein JWA in erweiterter Form erst 1957 zusammen (KAM, Verwaltungsbericht der Stadt Minden 1956/57, 1). S. Kap. II. 1.

2282 Mit „2-stündiger Verspätung, da die meisten der Mitglieder des Arbeitsausschusses durch die am Spätnachmittag begonnene und bis in die Abendstunden dauernde konstituierende Sitzung des Jugendwohlfahrts-Ausschusses der Stadt Minden am pünktlichen Erscheinen verhindert waren“ (PA Sundermann KJR Mi).

2283 PA Sundermann KJR Mi.

2284 S. Kap. III. 3; s. a. TAM, I170398; AdsD/FES, Bestand 37, Nr. 64.

die sozialdemokratischen Verbände durch.[2285] Dies spiegelt die Mindener Kräfteverhältnisse der Milieus in etwa wieder und zeigt, daß die Jugendverbände bei dem Vorhaben ‚Jugendring' nur teilweise an einem Strang zogen.[2286] Denn sie vertraten aufgrund unterschiedlicher Traditionen und (milieuspezifischer) Selbst- sowie Politikverständnisse verschiedene Positionen innerhalb der Jugendpolitik:[2287] Die deutsche Jungenschaft lehnte zwar gemäß ihrer „idealistisch-überhöhten Vorstellung der bündischen Gruppe als eigener Lebenswelt" und damit ihres „anti-institutionellen Ressentiments" prinzipiell „‚Jugend-Bürokratien' und deren jugendpolitisches Alltagsgeschäft" ab.[2288] Sie war auch nicht im KJR vertreten, ganz im Gegensatz zum Ring der Alt-Wandervögel und der Pfadfinder.[2289] Allerdings schloß sich die Mindener deutsche Jungenschaft – nicht zuletzt aus finanziellen und die öffentliche Anerkennung betreffenden Gründen – später dem SJR an; und der Jungenschaftler Herbert K. wirkte sogar im Arbeitsausschuß des SJR mit.[2290] Kirchliche Jugendorganisationen, so auch der CVJM in Minden, gehörten von Anfang an zu den zentralen Verbänden in den Jugendringen. Meist vertrat ein Mann die Evangelische Jugend und eine Frau die Katholische. Im Gegensatz zur deutschen Jungenschaft nutzten die christlichen Vereine die Plattform der Jugendausschüsse und -ringe gezielt für ihren Einfluß auf die Jugendpolitik.[2291] Ihnen kam die christlich-konservativ geprägte Politik der Jugendämter entgegen.[2292] Die Mindener Stadtverwaltung mischte sich zugunsten der Evangelischen Jugend sogar in die vom KJR genannten Vertreter der Jugendverbände im JWA ein: Aus

„den Reihen der Stadtverordneten [wurde] ... der Wunsch ausgesprochen, anstelle der neben Türbsch von der Gewerkschaftsjugend genannten Gisela Ahlmeyer vom Bund der kath. Jugend, einen Vertreter der evgl. Jugend zu benennen, da diese bezüglich ihrer Bedeutung und ihrer Stärke innerhalb der Jugendverbände ein größeres Recht auf Sitz und Stimme im Jugendwohlfahrtsausschuß der Stadt Minden habe als die kath. Jugend".[2293]

Als der KJR am 17. 10. 1955 in seiner Sitzung dieses Ansinnen diskutierte, betonte der Vertreter der Evangelischen Jugend, daß der Jugendring bei der

2285 S. Kap. III. 3. 2. 4 und den dort zitierten Ausspruch des damaligen Vorsitzenden der Naturfreunde.

2286 Besonders im Berlin des Kalten Krieges gerieten die unterschiedlichen Jugendverbände immer wieder miteinander in Konflikt (Schmidt 1990, 61-66).

2287 Vgl. Köster 1999a, 489f.

2288 Gröschel 1999, 24.

2289 PA Sundermann KJR Mi.

2290 PA Sundermann SJR Mi; vgl. Kap. III. 1. 2. 3. 3.

2291 S. Kap. III. 2. 2. 3. 3.

2292 S. Kap. II. 1; vgl. Küster 1999.

2293 PA Sundermann KJR Mi.

Auslegung des Gesetzes folgenden Passus nicht beachtet hatte: Bei „der Besetzung der Jugendwohlfahrtsausschüsse [soll] auf die Bedeutung der Jugendverbände Rücksicht genommen werden". Nach langer Aussprache über die Novellierung des JWG einigten sich die Mitglieder des Arbeitsausschusses jedoch darauf, dem Wunsch der Stadtverordneten (sowie der Evangelischen Jugend) nicht nachzukommen. Sie argumentierten dabei v. a. damit,

„daß dem Willen der gesamten, durch die Mitglieder im Arbeitsausschuß vertretenen organisierten Jugend [im Orig. hervorgeh.; BJ] in echter Auslegung demokratischer Spielregeln und unter Berücksichtigung eines sooft betonten und zugestandenen Selbstbestimmungsrechts der Jugend Rechnung getragen werden sollte durch Anerkennung der gemachten Vorschläge".[2294]

Die Jugendverbände überwanden in der Nachkriegszeit bei ihrer Politik gegenüber Kommunen und dem Staat unterschiedliche Positionen. Dies entsprach einem – im Vergleich zur Weimarer Republik – prinzipiell neuem Verständnis der meist traditionsreichen Jugendverbände bzgl. ihres Verhältnisses untereinander, ihrer Zusammenarbeit und ihrer Position innerhalb der Gesellschaft und gegenüber staatlichen bzw. kommunalen Stellen.

Ein wesentlicher neuer Grundsatz war die gemeinsame Kooperation miteinander. Mit diesem Anspruch kritisierte Michel in seinem Bericht von der konstituierenden Sitzung des JWA,

„daß die vom Jugendring benannten und eingesetzten Vertreter in der konstituierenden Sitzung des JWA insofern falsch gehandelt hätten, als sie bei der Abgabe einer schriftlichen Erklärung für die Jugendverbände gezeichnet hätten, aus denen sie kommen. Es wurde festgestellt, daß die Vertreter die gesamte Jugend zu verkörpern haben und nicht für einen Verband im JWA tätig sein können. Ein Unterhalten vor den Sitzungen über das Vorgehen bei den Tagesordnungspunkten wurde angeregt und gewünscht."[2295]

Bereits bei seiner Gründung einigten sich die Mitglieder des KJR Minden 1948 darauf, „Gegenseitiges Kennenlernen, Verstehen und Achten der einzelnen Jugendgruppen in Verbindung mit laufendem Austausch von Erfahrungen in allen einschlägigen Fragen der Jugendführung" zu fördern. Mit der Errichtung eines ‚Hauses der Jugend', in dem alle Jugendorganisationen Räume bekamen, sollte Ende der 1950er Jahre die Überwindung von Milieu- und Parteigrenzen konkretisiert werden.[2296]

2294 Ebda.

2295 Wenn nicht anders angegeben, stammen folgende Zitate aus PA Sundermann KJR Mi.

2296 Dies wird in einem offenen, illustrativen Brief des Mindener SJRs und des Stadtsportverbandes vom 12. 8. 1957 an den Fabrikanten H. S. besonders deutlich. Darin geht es um die Einrichtung des ‚Hauses der Jugend' auf dem Gelände des Fabrikanten, wie der SJR mit der Stadt abgesprochen hatte (PA Sundermann SJR Mi). Nach Aussage von Karl Sundermann befindet sich heute das Jugendkreativzentrum der Stadt Minden in dem ehemaligen Gebäude der Firma.

In diesem Haus waren auch unorganisierte Mädchen und Jungen willkommen, denn nicht nur der KJR machte sich die Gewinnung von der „nichtorganisierten Jugend“[2297] zusätzlich zur Aufgabe. Entsprechend schwangen sich Funktionäre der Jugendverbände häufig zu Sprechern ‚der Jugend‘ empor, wie beispielsweise Karl Schlüter (Vorsitzender des Stadtsportverbandes) und Heinz Peters (Vorsitzender des SJR) in einem Brief an den Fabrikanten bzgl. der Überlassung eines seiner Gebäude für das ‚Haus der Jugend‘: „Wir vertreten den Standpunkt, daß unsere Jugend ihren eigenen persönlichen Bereich braucht ...“.[2298] Heinz Peters trat auch sonst in seiner Funktion als SJR-Vorsitzender als Lobbyist ‚der Jugend‘ auf, wie mit folgender Bemerkung: „Jeder vernünftige Mensch muß sich fragen, wie die heutige Jugend die Vergangenheit bewältigen soll, wenn niemand ihr erklärt, was tatsächlich in der Vergangenheit geschehen ist.“[2299]

Mit der Durchsetzung eines ‚Hauses der Jugend‘ schufen die Jugendverbände nicht nur einen legitimen Ort für die Freizeitgestaltung Jugendlicher und beendeten vorläufig die für viele Jugendgruppen bis dahin offene und existentielle ‚Raumfrage‘.[2300] Sie beanspruchten damit auch die in vielen Reden von Politikern proklamierte Relevanz ‚der Jugend‘ für die Erneuerung der Gesellschaft und ihren Einfluß auf die kommunale Jugendpolitik.[2301] Beim Kampf um das ‚Haus der Jugend‘ behaupteten sich die Vertreter der Mindener Jugendverbände als gestaltende Subjekte der Nachkriegsgesellschaft und -politik.[2302] Entsprechend offensiv ist der Brief an den Fabrikanten S. gehalten: „Alles dies [die Einwände von Stucke; BJ] wäre noch verständlich, wenn Sie selbst sich in Not befänden, aber Sie haben doch in der Allemannenstraße ein großes, komfortables Haus ...“.[2303] Diese Haltung war auch Programm. Der Mindener KJR verlangte von seiner eigenen Organisation sowie von den Mitgliedsverbänden z. B. die „Erziehung zum kritischen politischen Denken über den Rahmen der Gruppenarbeit hinaus“. Außerdem wollte er ein „Aufleben militaristischer und totalitärer Tendenzen innerhalb der Jugend mit allen Kräften ... verhindern“.[2304]

Die ‚Jugendvertreter‘ machten jedoch keine prinzipiell oppositionelle Poli-

2297 PA Sundermann SJR Mi.
2298 Ebda. S. a. PRO/FO 1050, Nr. 1075; vgl. zur „Hinwendung zu den ‚Unorganisierten‘“ Köster 1999a, 500-507.
2299 Peters, Heinz, Jugendarbeit in der Krise?, in: Der Ring, 2 (1960), Nr. 2, 2.
2300 Die Britische Militärregierung sah dies ähnlich (PRO/FO 1013, Nrn. 2201; 1050, 1075).
2301 Vgl. ähnlich für den DBJR Gröschel 1999, 11-18.
2302 Vgl. Boll 1995a, 117f.
2303 PA Sundermann SJR Mi.
2304 Ebda. Vgl. zur internationalen Arbeit des DBJR Westphal 1997; s. a. Zwischen Restauration und neuer Jugendbewegung, in: Faltermaier 1983a, 36f. Vgl. zur Geschichte und Aktivitäten anderer kommunaler Jugendringe Boll 1995a, 105-130; Rosenwald/Theis 1984; s. allg. zur Geschichte der Jugendringe in der Bundesrepublik Deutschland und dem Bundesjugendring Deutscher Bundesjugendring 1989; Faltermaier 1983b; Gröschel 1999; Köster

tik gegen Erwachsene oder Parteien. Vielmehr sahen sie sich als gesellschaftlich aktiver und auch gestaltender Faktor. Die in Jugendringen „in freiwilliger Zusammenarbeit“ dem „Wohl der Jugend“ dienenden Jugendverbände hatten das Ziel, Jugendliche gesellschaftlich wie politisch zu integrieren.[2305] Dabei schufen sie ein positiv zu besetzendes Gegengewicht zu dem gemeinsam mit Kirchen, Jugendämtern usw. abgelehnten „Schmutz und Schund“.[2306] Die Gründung des Mindener SJR 1956 markiert sowohl eine Veränderung der Politik der Jugendverbände als auch der Jugendämter Mindens und Westfalens. Mit dieser Institutionalisierung von Jugendverbänden im Rahmen staatlicher und kommunaler Jugendpolitik – die sich von Treffen wie der Sonnwendfeier 1946 in Form und Inhalt unterschied – endet gleichzeitig der Untersuchungszeitraum der vorliegenden Arbeit.

Die Politik der Jugendringe entsprach dem Anspruch nach den Grundsätzen von Pluralismus, Toleranz und Friedfertigkeit.[2307] Ihre Strukturen lehnten sich an Formen parlamentarischer und repräsentativer Demokratie an.[2308] Sie standen damit nicht nur auf dem Boden des Grundgesetzes und auf den ideellen Grundlagen der bundesrepublikanischen Gesellschaft[2309], sondern entsprachen auch weitgehend den britischen Vorgaben, wie der ‚parteipolitischen Neutralität‘ und überparteilichen Kooperation:[2310] „Young people have convinced

1999a, 488; Lorenz 1987, Kapitel 10; s. zur Gründung und Vorgeschichte aus britischer Sicht besonders das Treffen der Jugendverbände auf dem Hohen Meißner 1947 (PRO/FO 1050, Nr. 1250).

2305 PA Sundermann SJR Mi.

2306 Beispielsweise organisierte der Mindener Jugendring Film- und Tanzveranstaltungen, Ausstellungen von ‚guten‘ Büchern usw., die nicht als ‚jugendgefährdend‘ galten (Programme des SJR, veröffentlicht in: Der Ring, seit September 1959; Peters, Heinz, Sinn und Aufgaben des Jugendringes, in: Der Ring, 1 [1959], Nr. 1, 2f.; ders., Jugendarbeit in der Krise?, in: Der Ring, 2 [1960], Nr. 2, 1f.; ders., Liebe Mindener Jugend!, in: Der Ring, 3 [1961], Nr. 9, 1f.; Der Ring, 1 [1959], Nr. 1, Editorial.; KAM, H 30, Nr. 141; Plakatsammlung, Plakatgruppe 3 [1941-1959]; CVJM „Ordner IX“). S. zur Woche der Jugend, veranstaltet vom Bezirksjugendamt und den Jugendverbänden Minden/Detmold StABi, Zeitungsausschnittssammlung, Bd. J, 190/Jb (ab April 1946); PRO/FO 1013, Nrn. 2202, 2203. Vgl. Boll 1995a, 115-117. – ‚Die Jugend von der Straße fernzuhalten‘, war auch aus Sicht der Mindener Bürgerinnen und Bürger die wesentliche Aufgabe des Jugendrings, der Jugendhäuser und -organisationen. S. z. B. Keber, Wiederaufbau und Neubau in Minden, in: MH, 24 (1952), Nr. 9/12, 104; vgl. Boll 1995a, 111.

2307 Vgl. Köster 1999a, 485.

2308 Vgl. Boll 1995a, 111-115, das Kapitel „Die Selbstorganisation des Jugendrings als demokratisches Lernfeld“.

2309 Der Mindener SJR organisierte beispielsweise ein Forumsgespräch zu „‚Aufgaben und Verantwortung des Bundespräsidenten aus der Sicht der Jugend‘“ (Der Ring, 1 [1959], Nr. 1, 4) oder einen Lichtbildervortrag über die Teilung Berlins (Der Ring, 1 [1959], Nr. 2, 9). Vgl. Münchmeier 1991a.

2310 „Democratic Tendencies shown by German Youth in the Formation of Youth Circles“ (PRO/FO 1050, Nr. 1250); s. auch das Konzept der Discussion Groups (PRO/FO 1013, Nrn. 2201, 2203 über Discussion Groups im Regierungsbezirk Minden). Vgl. Albertin 1992, 56-59; Köster 1999a, 437; Wagner 1995, 98-107.

themselves by these youth activities, that they are on the right path leading to a full, responsible citizenship in democracy."[2311] Die Jugendpolitiker der im Jugendring vertretenen Verbände und Gruppen partizipierten folglich – ungeachtet ihrer Unterschiede untereinander – gemeinsam an der Konstituierung einer formal pluralistischen, parlamentarisch-demokratischen und männlich dominierten Politik, die patriarchale wie männerbündische Züge trug. Mit der Gründung des Stadtjugendringes und damit der vollständigen Etablierung jugendpolitischer Strukturen, wie sie für die Bundesrepublik Deutschland typisch geworden sind, endet nicht nur der Untersuchungszeitraum dieser Arbeit, sondern ebenso die Phase der Konstituierung der bundesrepublikanischen Gesellschaft in politischer, wirtschaftlicher und kultureller Hinsicht.

III. 5 Drei Jugendgruppen in Minden: Männlichkeiten und Politiken im Vergleich – eine Zusammenfassung

Die Errichtung demokratischer jugendpolitischer Strukturen und die Wiederbelebung jugendbewegter Traditionen und Organisationsformen seitens Erwachsener kann als ‚Angebot mit Erwartungen' an die Nachkriegsjugendlichen bezeichnet werden. Die Bedeutungen der Jugendgruppen für die 14-18jährigen sind jedoch nicht in der Fortsetzung einer von ihnen nie erlebten Jugendbewegung, sondern vielmehr in der spezifischen Lebenssituation und den Erfahrungen der Jugendlichen ihrer Zeit zu sehen. Viele der Jungen verbrachten ihre Kindheit und frühe Jugend beim Deutschen Jungvolk. Nach dem Ende der Diktatur fühlten sich manche erleichtert, viele aber auch von Erwachsenen ‚betrogen' und enttäuscht. Für viele brach ein Wertesystem zusammen. Gleichzeitig bedeutete die Auflösung der nationalsozialistischen Jugendorganisationen für zahlreiche Jugendliche einen herben Verlust eines jugendspezifischen Zusammenhangs. Die in der Nachkriegszeit aufgebauten Jugendorganisationen boten vielen Jugendlichen einen sozialen Ort. Mädchen und Jungen schätzten die Aktivitäten der Gruppen, weil sie auf diese Weise die enge Familienwohnung verlassen, mit Freunden sprechen und Abenteuer erleben konnten. Aufgrund der Zugehörigkeit zu einer Gruppe standen ihnen außerdem meist ein geheizter und legitimer Aufenthaltsort zur Verfügung; und in den Ferien konnten sie auf Fahrt gehen, wofür sie vom Jugendamt v. a. in den ersten Nachkriegsjahren zusätzlich mit Nahrungsmitteln versorgt wurden. Gleichzeitig waren die Jugendgruppen ein Schutzraum für neue, nicht nationalsozialistisch belastete Lebensentwürfe, Selbstvergewisserungen und Orientierungen.

2311 PRO/FO 1050, Nr. 1250.

Die ausgewählten Vereinigungen gehörten zu den bedeutenden Jugendgruppen in Minden in der Nachkriegszeit. Die familiäre und soziale Lebenssituation der Jungen der drei Gruppen, die verschiedenen Milieus zuzuordnen sind, unterschied sich z. T. so sehr, dass sie mit allgemeinen Beschreibungen über ,die Jugend' in der Nachkriegszeit nicht hinreichend dargestellt sind. Auffällig ist, daß v. a. die Jungenschaftler der bündischen Jugend prozentual am häufigsten vom Verlust des Vaters betroffen waren. Materieller Mangel und die damit verbundene soziale Deklassierung belastete diese Jungen aus dem mittleren, gebildeten und (national-)liberalen Bürgertum hingegen nur kurzfristig. Parallelen sind in erster Linie mit der Situation der CVJMler zu ziehen. Letztere gehörten dem in Minden dominanten christlich-konservativen Milieu an, das überwiegend aus Angestellten, kleinen Kaufleuten, aber auch Arbeiterinnen und Arbeitern bestand. Die Naturfreunde-Jugendlichen ,repräsentierten' dagegen die sozialdemokratische Arbeiterschaft in Minden, zu denen außerdem ,untere' Angestellte zählten. Das sozialdemokratische Milieu umfaßte, ähnlich dem christlich-konservativen, einen erheblichen Bevölkerungsanteil, da zahlreiche lohnabhängige Menschen dazuzurechnen sind.

Während die Mangelwirtschaft v. a. in der Arbeiterschaft zu Arbeitslosigkeit führte, bedeutete die Abwesenheit von Männern im liberalen Bürgertum Einkommenseinbußen. In allen Milieus waren Frauen verstärkt als Lohnarbeitskräfte gefordert. In den 1950er Jahren galt zwar die ,breadwinner family' und Hausfrauenehe im allgemeinen als erstrebenswert. Aber dieses Konzept war für die meisten Familien besonders in der Arbeiterschaft nicht ,normal' i. S. von üblich. Vor dem Hintergrund dieser Wunschvorstellung erschien vielen Zeitgenossen die Nachkriegszeit als Zeit der ,Geschlechterunordnung', zumal besonders die Jungen des bürgerlichen Milieus häufig den Vater zu ersetzen suchten.

Das Ende der NS-Zeit und die damit verbundenen Folgen trafen nicht alle gleichermaßen. Der Schock saß v. a. im (national-)liberal-bürgerlichen Milieu tief, aus dem sich die nationalsozialistische Elite rekrutiert hatte, wo das nationalsozialistische Gedankengut in weiten Teilen ohne Alternative war und wo auch nach dem Frühjahr 1945 legitime und positive Anknüpfungsmöglichkeiten fehlten. Der Begriff ,Zusammenbruch' beschreibt deshalb v. a. die Stimmung im national-liberalen Bürgertum, das nach der Kapitulation höchstens noch in der FDP eine geschlossene politische Heimat fand. So sehr auch Christlich-Konservative aber z. T. auch Sozialdemokraten sich dem NS-Staat gegenüber positiv oder wenigstens passiv duldend verhalten hatten, sie konnten an legitime Weltbilder und Gesellschaftsentwürfe anknüpfen – seien es christliche oder sozialdemokratische. In diesen beiden Milieus fand eine Legendenbildung über Widerstand im NS-Regime plausible Anknüpfungspunkte. Während die Sozialdemokraten einen politischen ,Führungsanspruch' formulierten, sich als (fast) einzige legitime politische Kraft in Deutschland sahen, aber in den Wahlen meist unterlagen, bauten die Christlich-Konservativen mit der Sammlung der katholischen und protestantischen politischen Kräfte in der Christlich Demokratischen Union ihre Macht aus, nicht nur im traditionell konservativen Minden. Entsprechend selbstbewusst und selbstverständlich agierten sie in der Stadt, bis 1960 die Sozialdemokraten vermehrt Wählerinnen und Wähler aus dem Bildungsbürgertum für sich gewinnen konnten. Offenbar hatten sich die Jüngeren im (national-)liberal-bürgerlichen Milieu zu diesem Zeitpunkt auch mit der parlamentarisch-repräsentativen Demokratie arrangiert.

Je nach familiärem, kulturellem, politischem und sozialem Lebensumfeld divergierten die Bedeutungen der Jugendgruppenaktivitäten für die Jugendlichen. Milieuspezifische Erfahrungen ergaben unterschiedliche Organisationsweisen, Praktiken sowie Männlichkeitskonzepte und Politikverständnisse. Für die gesellschaftliche Verortung und die Männlichkeitskonstruktionen der Jungen waren nicht nur Höhepunkte wie Fahrten und öffentliche Auftritte bedeutend, sondern mindestens ebenso der alltägliche Zusammenhalt, die wöchentlichen Treffen der Gruppen und die als weitgehend unpolitisch bezeichneten Aktivitäten, wie Bibellektüre und Volkstanzen.

Während die Bündischen sich bei ihren Heimabenden mit Literatur und Kunst befaßten, besprachen die christlichen Jungen religiöse Schriften, vergewisserten sich auf dieser Grundlage über die ‚Richtigkeit' ihres Alltagsverhaltens und bereiteten sich gewissermaßen auf das berufliche Leben als (technischer) Angestellter oder Handwerker vor. Die Naturfreunde-Jugendlichen übten Volkstänze ein und amüsierten sich bei wöchentlichen geselligen, familiären Runden in ihrem Vereinsheim.

Auch die Fahrten der drei Gruppen und deren Beschreibung unterschieden sich stark von einander. Die Jungenschaftler legten großen Wert auf ihre Unabhängigkeit, körperliche Leistung und den Gruppenzusammenhalt. Dagegen prüften die CVJMler in einem von Erwachsenen organisierten Zeltlager ihr Verhältnis zu Mädchen, übten ‚demokratische' Entscheidungsprozesse und genossen die Erholung. Letzteres galt auch für die Naturfreunde-Jugendlichen, denen es bei ihren Zeltlagern und Weserfahrten im Faltboot insbesondere auf den gemeinschaftlichen Spaß ankam. Wandern, Turnen und sportliche Spiele gehörten zwar zu den täglichen Programmpunkten im Zeltlager und zum Alltag vieler CVJMler und auch der Naturfreunde. Sie hatten jedoch andere Bedeutungen als bei der bündischen Jugend, bei der ‚Tippeln' und die körperliche Verausgabung wesentlich zur Selbstvergewisserung beitrugen. Deshalb ist in den Fahrtenbüchern der Bündischen nur aus der frühen Nachkriegszeit etwas über das Erholungsbedürfnis der Jungen zu erfahren, wohingegen die CVJMler Faulsein und Entspannung in ihren Briefen über das Ferienzeltlager positiv hervorhoben. Für die deutschen Jungenschaftler hatte das Reisen Selbstzweck, für die Naturfreunde-Jugend und vielmehr noch die CVJM-Jungen war es Mittel zum Zweck. CVJMler campierten etwa nicht ,wild' wie die Jungenschaftler. Sie hatten offenbar weniger Sinn für Naturromantik als die Bündischen und auch die Arbeiterjugend.[2312] Letztere begeisterten sich dagegen nicht so sehr für naturwissenschaftliche Fragen wie die Jungen im christlich-konservativen Milieu, die sich z. B. im Sauerland Tiere und Pflanzen von einem Förster erklären ließen. Naturfreunde und deutsche Jungenschaftler ließen sich sinnlich und emotional auf das Naturerlebnis ein. Beide Gruppen verstanden die Natur als Gegensatz zur Stadt und zur ‚Zivilisation'. Aber die Naturfreunde hoben sich dabei nicht sozial distinguierend und elitär von der ‚Massengesellschaft' ab wie die bündische Jugend. Vielmehr identifizierten sich die Arbeiterjugendlichen mit ‚dem Volk'.

Ohnehin unterschieden sich die drei Gruppen in ihrer Interaktion mit ,anderen'. Die deutschen Jungenschaftler grenzten sich meist elitär von denen ab, die sie als Außenstehende definierten. Mit Abstrichen gilt das auch für die CVJM-Jungen, wobei sich die Naturfreunde-Jugend eher ,weltoffen' und ,volksnah' inszenierte. Die Bündischen hatten Mühe, sich zu orientieren, nachdem für viele von ihnen 1945 ‚tabula rasa' war. Sie testeten häufig ihre Wirkung auf ihre Umgebung mit Provokationen. Sie changierten dabei zwischen bürgerlich elitärem Habitus und gleichzeitiger Abgrenzung von der Bürgerlichkeit ihrer Elterngeneration.

Das Bedürfnis und/oder die Möglichkeiten, sich von der Elterngeneration abzugrenzen, waren im christlich-konservativen Milieu offenbar nicht so groß wie bei den Mindener Jungenschaftlern. Im Unterschied zu den deutschen Jungenschaftlern, aber ähnlich den Naturfreunde-Jugendlichen, konstruierten die Jungen beim CVJM Männlichkeit nicht ausschließlich in alters- und geschlechtshomogenen Gruppen, sondern milieuintern im christlichen Männerverein sowie bei familialen Gemeindeveranstaltungen, aber auch bei gemeinsamen Bibelstunden mit den Mädchen des Mädchenbibelkreises.

Auch das Verhältnis zwischen Jugendlichen und Erwachsenen im sozialdemokratischen Milieu war offensichtlich nicht derart konfliktreich wie z. B. im (national-)liberalen Bürgertum. Denn die Jugendlichen im sozialdemokratischen Milieu fühlten sich nicht in der Weise von Erwachsenen ‚betrogen' wie die bündischen Jungen.[2313] Dies hatte zum einen politische Gründe und lag sicherlich auch an der unterschiedlichen NS-Rezeption. Zum anderen aber unterschieden sich die Milieus in ihrem Organisationsverständnis: Im Unter-

2312 Damit unterschieden sich die Mindener Naturfreunde von dem offiziellen Diskurs des TVdN sowie von den Mindener CVJM-Jungen. Vgl. Günther 1996; s. a. Schmitz 1984.

2313 Vgl. Zimmer 1986, 96; s. a. Kap. III. 3. 1.

schied zu den beiden bürgerlichen Gruppen war der TVdN prinzipiell nicht um Ausgrenzung und Hierarchien, sondern um Integration aller, unabhängig von Geschlecht und Alter, bemüht.[2314] Aber im Gegensatz zur deutschen Jungenschaft bemühte sich auch der CVJM um möglichst viele männliche Mitglieder.

Zwei der untersuchten Vereinigungen waren geschlechtshomogen männlich (CVJM und Bündische Gruppe) und eine war koedukativ organisiert (Naturfreunde-Jugend). Diese augenscheinlichen Differenzen sind nicht zufällig, sondern mit dem milieuspezifischen Kontext der jeweiligen Gruppe im untersuchten Zeitabschnitt erklärbar. Alle drei Gruppen waren auf ihre Weise familial verfaßt: Die Bündischen lebten einen Jungen- bzw. Männerbund, der Konkurrenzkampf untereinander ebenso einschloß wie Fürsorge füreinander. Ähnliches gilt für den CVJM. Gleichzeitig war der Mindener CVJM aber familial in die Gemeinden eingebunden, in denen ebenso Mädchen wie Frauen aktiv waren. Die Naturfreunde verstanden sich grundsätzlich als Familienverein. Trotz sozialdemokratischer Gleichberechtigungs-Rhetorik handelte es sich um eine patriarchalisch strukturierte Organisation. Anders als die Horten der bündischen Jugend konstituierten die Naturfreunde ihre Gemeinschaft nicht durch Wettkämpfe, sondern aufgrund der (vorgeblichen) Harmonie zwischen weiblichen und männlichen sowie zwischen jüngeren und älteren Mitgliedern bei Spaß und ausgelassener Stimmung. Sportlicher Leistungsdruck und Wettkämpfe spielten zwar auch beim CVJM eine wichtige Rolle. Diese hatten weniger eine gemeinschaftsbildende Bedeutung wie bei der deutschen Jungenschaft. Bei den CVJMlern konstituierte sich der Zusammenhalt in erster Linie durch die gemeinsame Aussprache innerhalb eines impliziten und expliziten Regelwerks, auf das sich die Christen verständigten. Diese voneinander abweichenden gruppeninternen Interaktionen und Gemeinschaftsstiftungen korrespondierten mit unterschiedlichen Männlichkeitskonzepten.

Die Gemeinschaft war v. a. für die beiden bürgerlichen Gruppen Voraussetzung für männliche Selbstvergewisserungen und Männlichkeitskonstruktionen. Die Jugendlichen der deutschen Jungenschaft, die an Elemente der bündischen Jugend der Weimarer Republik anknüpften, lebten zwar männerbündische, homoerotische und auch soldatische Männlichkeit, übten sich aber auch bei der Lektüre von Literatur, der Rezeption und Erstellung von Kunstwerken in Sinnlichkeit, Ästhetik und Selbstreflexion. Sie distanzierten sich damit u. a. von ihren Vätern, praktizierten aber dennoch dem Milieu gemäß auf elitäre Weise soziale Distinktion. Die Jungen erweiterten das Spektrum legitimer männlicher Verhaltensweisen ihres Milieus um Attribute wie Sinnlichkeit, Sensibilität und Selbstironie. Sie lehnten die Thematisierung von Mädchen oder des Geschlechterverhältnisses kategorisch ab.

2314 Vgl. Buckpesch 1986, 199; s. Kap. III. 3. 1 u. III. 3. 2.

Die CVJM-Jungen verhielten sich in vielen Bereichen, wie bei ihren Heimabenden und Fahrten ebenso männerbündisch. Auch der CVJM als Organisation war männerbündisch und patriarchalisch strukturiert, jedoch weitaus formalistischer als die bündische Jugend. Im Unterschied zur Mindener Jungenschaft führten die christlichen Jungen zusammen mit Mädchen Bibelrüststunden durch, veranstalteten mit ihren Familien Gemeinde- und Vereinsfeste. Zu der Jugendzeit der Jungen im christlich-konservativen Milieu gehörte es durchaus, über Geschlechterverhältnisse und Geschlechtlichkeit zu sprechen und sich in der sicheren Runde der ‚Kameraden' mit ‚richtigen', ‚sittlichen' Verhaltensweisen und den ‚Gefahren' von Sexualität, aber auch dem Ideal des angestrebte Ehelebens auseinanderzusetzen. Dagegen kam es bei den CVJM-Jungen weniger als bei der deutschen Jungenschaft darauf an, einen Sinn für Literatur, Kunst oder Musik auszubilden. Technikkenntnis, handwerkliche Fertigkeiten oder Geschäftstüchtigkeit waren im christlich-konservativen Milieu bedeutsamere männlich konnotierte Attribute, die sie sich in ihren Heimabenden und Ferien erarbeiteten. Damit übten sie die ihrem Milieu entsprechende Form ‚hegemonialer Männlichkeit'[2315] ein.

Männlichkeit war hingegen im Arbeitermilieu mit körperlicher Arbeit, Selbstdisziplin und – auch unter gemäßigten Sozialdemokraten – einem klaren Klassenstandpunkt verbunden. Auch die männlich dominierten und patriarchalisch strukturierten Vereinsgremien waren ein Praxisfeld männlicher Politik. Gleichzeitig legten die Sozialdemokratinnen und Sozialdemokraten Wert auf koedukative Kinder- und Jugenderziehung und auf ein partnerschaftliches Geschlechterverhältnis. Im sozialdemokratischen Milieu galt die Gemeinsamkeit von Mädchen, Jungen, Frauen und Männern bei allen Aktivitäten als selbstverständlich. Die Partnerschaft mit Mädchen gehörte also zum sozialdemokratischen Männlichkeitskonzept. Die Idee von der ‚asexuellen Kameradschaft' zwischen Frauen und Männern sollte auch die hier ‚drohende' Erotik zumindest theoretisch ausklammern. Das führte in der Arbeiterjugendbewegung auch nach dem Zweiter Weltkrieg zu Konflikten zwischen Jugendlichen und Erwachsenen. Männlichkeit bedeutete für die jungen Naturfreunde – im Unterschied zu bürgerlichen Jugendlichen – auch, auf dem Parkett mit erotische ‚Tanzbodenverrenkungen' zu brillieren, eine ‚lässige' Haltung einzunehmen und mit den Mädchen zu poussieren. Damit entsprachen sie den Wünschen vieler Mädchen[2316] und weniger dem soldatischen und kämpferischen Männlichkeitskonzept. Junge Männer setzten auch in der Politik andere Prioritäten als Erwachsene, z. B. indem sie auf eine Aufwertung der freizeitbezogenen Referate in den Vorständen pochten und sich bei den öffentlich aufgeführ-

2315 Connell 1999.
2316 Vgl. Maase 1999.

ten Volksstükken der Naturfreunde als Komiker präsentierten. Männlichkeit veränderte sich folglich auch im sozialdemokratischen Milieu. Während es für die Arbeiterjungen offenbar normal war, auf die eine oder andere Weise mit Mädchen zu tanzen, ließen die Jungen der Mindener Jungenschaft die Sexualität mit Mädchen betreffenden Themen ganz außen vor; und die Mitglieder des CVJM vergewisserten sich bei der Bibellektüre und persönlicher Ansprache über legitime Handlungsmöglichkeiten gegenüber Mädchen, aber reagierten dennoch überdreht und nervös, als sie ihre Ferien neben einem Zeltlager mit Mädchen verbrachten.

Gemeinsam ist allen drei Gruppen, daß sie sich teilweise oder ganz vom militaristischen Typus Mann abgrenzten und ihm etwas Sinnliches, Künstlerisches, Selbstreflexives und Sanftes hinzufügten. Meist rekurrierten die Jungen dabei auf ‚invented' oder überlieferte Traditionen und entwarfen gleichzeitig Neues. Die einen erprobten männerbündische, ästhetische und soldatische Männlichkeitskonzepte, ähnlich dem ‚ganzen Mann'[2317], während die anderen eindeutiger hegemoniale Männlichkeit praktizierten, gestärkt durch die gemeinsame Reflexion religiöser Schriften; und die dritten bemühten sich um Anerkennung bei Mädchen als Partner wie in erotischer Hinsicht und gleichzeitig bei erwachsenen Männern als gute Hand- und Gremienarbeiter. Ein gangbarer Weg bei dieser schwierigen Aufgabe scheint häufig die Selbstironie und Clownerie gewesen zu sein. Im Wechselverhältnis mit anderen Teilen der Gesellschaft wirkten die Jugendlichen damit an der Veränderung von Männlichkeitsentwürfen und -praktiken nach Ende des NS-Regimes mit.

Mit diesen unterschiedlichen Geschlechterverhältnissen und -konzepten der drei Gruppen waren verschiedene Organisationsstrukturen verschränkt: Die einen lebten einen Jungenbund in Anlehnung an den Männerbund, die anderen inszenierten sich als harmonische, patriarchale, familienähnliche Gemeinschaft und die letzten als männerbündische Bruderschaft innerhalb der familialen Gemeinde. Ebenso wie die Männlichkeitsformen nach Milieus zu unterscheiden sind, variierte das Verhältnis der Jungen zu Politik, Organisationsformen und deren gesellschaftliche Verortungen. Im Allgemeinen können die Politikformen mit (sozial)demokratisch, informell-elitär, bündisch und christlich-konservativ beschrieben werden. Sie decken sich in großen Teilen mit zeitgenössischen relevanten Organisations- und Politikverständnissen, die mit Rückgriffen auf Erfahrungen aus dem frühen 20. Jahrhundert und in (teilweiser) Abgrenzung zum Nationalsozialismus in der Nachkriegszeit unter Vorgabe der Alliierten erneuert wurden, so z. B. bei der Organisation von Jugendverbänden in Jugendringen. Die deutsche Jungenschaft verstand sich nicht als

2317 Vgl. die Arbeiten von Kessel.

Verein oder Organisation, sondern als formloser Jungenbund, ausgerichtet auf einzelne Führungspersonen. Die Jungen der Mindener Jungenschaft lehnten sogar jede Form von Wahlen und festgelegte übergeordnete Strukturen ab, weil sie jedes Vereinsgebaren vermeiden wollten und sich vom Verbände- und Parteienstaat distanzierten. Sie hüteten sich, ihrem Bund auch auf überregionaler Ebene irgendeine formalisierte Konstitution zu geben. Der CVJM hingegen war ein Verein mit hierarchischen, formalisierten Strukturen. Die Jugendlichen des CVJM übten zwar besonders unter dem Jugendwart Redecker demokratische Umgangsweisen. Im Allgemeinen aber experimentierten sie nicht gerne. Dagegen griffen die Naturfreunde wie selbstverständlich auf Formen der parlamentarisch-repräsentativen Demokratie zurück. Dies entsprach den sozialdemokratischen Traditionen. Frauen und Jugendliche hatten bei den Sozialdemokraten formal die gleichen Rechte wie Männer. Faktisch blieb aber auch hier die Gremienarbeit und somit die überlokale Vereinsarbeit weitgehend den erwachsenen männlichen Vorstandsmitgliedern vorbehalten. Die Jugendlichen der Naturfreunde interessierten sich (noch) nicht für Politik im engeren Sinne. Diese war eindeutig Terrain anerkannter Männer. Das gilt auch für die beiden anderen Gruppen besonders im Hinblick auf die Zusammenarbeit mit anderen Bünden und Vereinsgliederungen sowie die kommunale Jugendpolitik. Auch in der deutschen Jungenschaft war die offizielle Interaktion mit anderen Gruppierungen und Verbänden weitgehend den Hortenführern vorbehalten. Aber die Jungenschaftler pflegten im Gegensatz zu den CVJMlern auch selbst häufig Kontakt zu anderen Gruppen der deutschen Jungenschaft außerhalb von Minden. Die Art und Weise, wie die Jugendlichen mit ihren ‚Kameraden', ‚Freunden', ‚Brüdern' und ‚Genossen' aus anderen Orten und Regionen interagierten, unterschied sich je nach Organisations- und Selbstverständnis der Gruppen und das wiederum je nach Milieu.

Entsprechend divergierten die Verhaltensweisen der drei Gruppen innerhalb der kommunalen (Jugend-)Politik: Während Christlich-Konservative und kirchliche Organisationen aufgrund parteipolitischer Konstellationen und ihres traditionellen Einflusses auf staatliche Strukturen weitaus besser auf der Ebene der Jugendämter vertreten waren, und die deutsche Jungenschaft von Jugendpolitik in dieser Form wenig hielt, bemühten sich Sozialdemokraten um den Aufbau demokratischer jugendpolitischer Strukturen und auch der Jugendpflege. Im Gegensatz zu der elitären Haltung der Mindener Jungenschaftler und dem hegemonialen Anspruch der CVJMler gegenüber anderen Jugendorganisationen und gesellschaftlichen Gruppen stand für die Naturfreunde-Jugend die konstruktive – wenn auch z. T. erfolglose – Partizipation im Vordergrund. Diese stark voneinander abweichenden Organisationsweisen und Selbstverständnisse spiegeln sich auch in den jeweils hinterlassenen Zeugnissen der Gruppe hinsichtlich der Quantität und der Qualität des schriftlichen Materials und der Bilder: Von älteren Jugendlichen verfaßte Fahrtenbücher stehen etwa neben Sitzungsprotokollen erwachsener Vorstandsmitglieder.

Alle Jungen waren zwar ‚Entlassene' des NS-Regimes, viele von ihnen orientierungslos, suchend, verraten. Aber sie agierten nicht im ‚luftleeren' Raum, sondern vor dem Hintergrund milieuspezifischer Erfahrungen, eingebettet in je verschiedene Lebensumfelder. Sie orientierten sich daher auch auf unterschiedliche Weise – auch in einer Stadt mittlerer Größe wie Minden. Was die Jungen aus dem liberal-bürgerlichen Milieu eher abschreckte, wirkte offenbar bei den Jungen im christlich-konservativen anziehend: die Einbindung in die Gemeinde, in der sie samt ihrer Familien an Festivitäten und Versammlungen teilnahmen. Die Jünglingsvereine und die CVJM-Jungen unterschieden sich von der zivilisationskritischen und die Natur liebenden bürgerlichen Jugendbewegung auch hinsichtlich der etablierten Stellung ihres christlichen Vereins in Minden. Die CVJMler hatten als Zugehörige eines dominanten, sich selbstbewußt präsentierenden Milieus weniger Schwierigkeiten, sich gesellschaftlich zuzuordnen. Die christliche Orientierung war ebenso selbstverständlich wie die konservative Ausrichtung. Anders als die bündische Jugend waren die christlichen Jungen nicht von einer weltoffenen und orientierungslosen Neugier motiviert. Vielmehr suchten sie in ihren wöchentlichen Gruppenstunden, bei der Bibellektüre nach Richtlinien für das ‚richtige' „Christ-Sein" besonders hinsichtlich der Bewertung und Deutung von gesellschaftlichen Veränderungen und der eigenen möglichen Verhaltensweisen. Sie befaßten sich daher weniger mit politischen Aussagen und Programmen verschiedener Parteien als z. B. die deutschen Jungenschaftler. Auch für die Naturfreunde-Jugendlichen war ihre politische, gesellschaftliche Orientierung mehr oder weniger selbstverständlich: Bei ihren Bühnenstücken präsentierten sie sich als ‚Volk' im Gegensatz zur Herrschaft, und am 1. Mai feierten sie zusammen mit anderen sozialdemokratischen Organisationen den ‚Tag der Arbeit'.

Alle drei Gruppen bzw. Organisationen hatten in gleicher oder ähnlicher Form vor Beginn der NS-Herrschaft existiert und haben ihre ‚Wurzeln' meist am Beginn des 20. Jahrhunderts.[2318] Mit den Wiedergründungen dieser Gruppen knüpften die dafür verantwortlichen Personen an die Jugendbewegung und -organisationen der Weimarer Republik an. Die Zugehörigkeit und Identifikation zu einer solchen Gruppe bzw. Organisation ermöglichte den Jungen auch eine Auseinandersetzung mit den überlieferten Traditionen der christlichen, bündischen und sozialistischen Jugendbewegung. Diese Traditionen und die Vorgeschichten boten u. a. neue, für die Nachkriegsjugendlichen bis dahin größtenteils unbekannte und legitime Handlungs- und Orientierungsoptionen. Auch wenn die Jugendlichen nicht alle Traditionen übernahmen, sich z. B. mit

2318 Vgl. Köster 1999a, 464-486.

dem Gründer der d.j.1.11 Eberhard Koebel kritisch auseinandersetzten, die vergangenen Kämpfe der Arbeiterbewegung und die Politik im allgemeinen etwas nüchterner sahen und im Falle der CVJMler vorsichtig demokratische Entscheidugsfindungen testeten, eigneten sie sich tradierte, für sie meist neue Denk- und Handlungsweisen an. Die Wiedergründungen von Jugendorganisationen und -bünden war ihnen eine Hilfe, um Tritt zu fassen und mitzugestalten.

Diese Jugendlichen waren gegenüber nichtorganisierten Jugendcliquen nicht nur materiell bevorzugt, sondern außerdem gesellschaftlich anerkannt. Jugendorganisationen spielten – trotz und wegen ihres stellenweise oppositionellen Charakters – in der deutschen Geschichte des 20. Jahrhunderts und besonders in der Zeit nach dem Zweiten Weltkrieg eine enorme Rolle für die Integration und Partizipation Jugendlicher in politische und gesellschaftliche Strukturen. Die i. S. der Jugendpflege organisierten Jugendlichen unterschieden sich daher von nicht-organisierten in ihrem Verhältnis zur staatlichen und kommunalen Jugendpolitik, aber auch zur Politik im allgemeinen. Sie bilden und bildeten als Vertreter ‚der Jugend' einen Ansprechpartner für die Politik, Verwaltung und in diesem Fall auch für die britische Militärregierung und stellten ein wichtiges Element in der Elitenrekrutierung dar. Die Auseinandersetzungen überwiegend männlicher Jugendlicher mit den Eliten in ihrem jeweiligen Milieu, etwa der bürgerlichen Jugendbewegung mit dem Bildungskanon an Gymnasien oder der Arbeiterjugendbewegung mit der SPD, zielten meist auf eine Partizipation an Ressourcen und Mitsprache. Gleichzeitig bemühten sich die jeweiligen Eliten um die Organisation ‚der', genauer ‚ihrer' Jugend und meinten damit in der Regel männliche Jugendliche.[2319] Die in Jugendorganisationen aktiven Jugendlichen beschränkten sich daher nicht auf eine wie auch immer definierte Nische ‚der Jugend', etwa indem sie die Traditionen der Erwachsenen ablehnten. Jugendbewegung war demnach nicht nur ‚Protest'. Im Unterschied zu den meisten Darstellungen zur Geschichte von Jugendorganisationen und -bewegungen wird dies hier u. a. durch den Aufbau der Arbeit für die besondere Situation der frühen Nachkriegszeit thematisiert: Jugendorganisationen und -gruppen waren ein Ort einer spezifischen Jugendkultur, die ihren Platz innerhalb der gesamten Gesellschaft hatte und vor dem Hintergrund milieuspezifischer Lebensbedingungen und Orientierungsmuster zu sehen ist.

Traditionell waren die Jugendorganisationen männerbündisch oder wenigstens männlich dominiert. Die Jugendbewegung war in weiten Teilen eine *Jungen*bewegung. Sie war ein Mikrokosmos, in dem sich Politik, Männlichkeit und Jugendorganisationen wie selbstverständlich miteinander verschränkten.

2319 Vgl. Glover 2000.

Dieses meist nicht hinterfragte Verhältnis wurde hier für die frühe Nachkriegszeit problematisiert und historisiert: Wie die einzelnen aber zu einer Gemeinschaft fanden, ihr Selbstverständnis als Gruppe definierten, welche Männlichkeitskonzepte sie entwarfen, wo und wie sie sich gesellschaftlich und politisch verorteten, welche Gesellschafts- und Politikverständnisse sie entwickelten, das war alles nicht nur alters- oder – wie in der historischen Jugendforschung oft behauptet – generationsspezifisch, sondern in einem erheblich Maße milieuspezifisch bedingt, wie die vergleichende Mikrostudie dreier Jugendgruppen in einer Stadt mittlerer Größe im ersten Nachkriegsjahrzehnt belegt.

IV. Männliche Selbstvergewisserungen und Heuschrecken im Matsch: Schlußbetrachtungen

Männliche Jugendliche waren die Träger der Jugendorganisationen. Sie wären als Helden geeignet, wenn ihre Handlungs- und Denkweisen nicht kontextualisiert würden.[1] Sie würden möglicherweise als heldenhafte Taten ‚Protest-Jugendlicher‘ interpretiert werden. Männliche Jugendliche in Jugendorganisationen gehörten jedoch zur künftigen Elite in ihren Milieus. Ihre Bedeutung schlägt sich auch in der Historiographie der Jugendgeschichte nieder. In dieser ruft die Geschichte der Jugendbewegungen nicht zufällig ein besonderes Interesse hervor. Jungen stehen dabei wie selbstverständlich im Vordergrund, während Mädchen kaum vorkommen. Viele historische Jugendstudien könnten auch deshalb der Elitenforschung zugerechnet werden, weil darin die bürgerliche Jugendbewegung weit häufiger thematisiert wird als die Arbeiterjugend – auch das meist ohne dies zu explizieren.

Hintergrund dieses Schwerpunktes in der historischen Jugendforschung ist zum einen die rückblickende Selbstthematisierung der Akteure. Zum anderen werden der Jugend und besonders der Jugendbewegung auf der Basis eines bestimmten Jugend- und Generationenbegriffs eine heraus gehobene Bedeutung zugeschrieben. Zwar kursieren in der Jugendforschung unterschiedliche Generationen-Konzepte. Doch diese teilen die Grundannahme, daß es – grob formuliert – eine Lebensphase gibt, in der junge Menschen besonders von ‚großen‘ gesellschaftlichen oder politischen Umbrüchen ‚geprägt‘ werden.[2] Gemeint ist die ‚Prägephase‘ oder ‚formative Phase‘ im Alter zwischen 16 und 25 Jahren. In diesem Sinne ‚prägend‘, so der entsprechende Tenor, können Kriegserlebnisse sein, aber ebenso Erfahrungen in der Jugendbewegung. Verkürzt formuliert, bilden gemeinsame einschneidende Erfahrungen zum Zeitpunkt der ‚Prägephase‘ einer Gruppe Generationen. Um Generationen z. B. in der deutschen Geschichte des 20. Jahrhunderts festzustellen, werden entlang gängiger historischer Zäsuren (Weltkriege, Weltwirtschaftskrise, Jugendbewegung), ‚große Ereignisse‘ (‚Schlüsselerlebnisse‘) und somit Erfahrungsräume derjenigen definiert, die zum Zeitpunkt solcher Ereignisse 16 bis 25 Jahre alt waren. Ob aber z. B. Erlebnisse in der Jugendbewegung oder in Jugendgruppen grundsätzlich und tatsächlich als ‚prägende‘ Erfahrungen einzustufen

1 Vgl. Benninghaus 1996a, 293: „Arbeitermädchen eignen sich nicht zu Heldinnen.“

2 Herrmann 1993b. Vgl. aktuell und anregend Reulecke 2003 und „Generationen“, Tagung in Hamburg im Juni 2003 (s. Bericht von Christoph Cornelißen vom 7. 7. 2003, in: http://www.hsozkult.geschichte/.hu-berlin.de/tagungsberichte/...).

sind, wäre eher als Frage zu diskutieren denn als analytischen Ausgangs- *und* Endpunkt zu fixieren. Es ist kaum belegbar, ob – vom ‚Ergebnis' aus betrachtet – übereinstimmende Berufswege einer Gruppe etwa ehemaliger deutscher Jungenschaftler auf die gleichen ‚prägenden' Erlebnisse zurückzuführen sind. Für eine Beweisführung in der Retrospektive müssten auch all diejenigen berücksichtigt werden, die andere Wege einschlugen und der Jugendgruppe früher als andere den Rücken kehrten. Für viele von ihnen waren die Aktivitäten in den Jugendorganisationen nur eine von mehreren und nur von kurzer Dauer, eben nur eine Episode. Das Interesse an der Geschichte der Jugendbewegung ist daher nicht bei allen Beteiligten gleich groß. Vielmehr ist zu erforschen, wie hier geschehen, aus welchen Gründen sich welche ‚Auswahl' von Jugendlichen über einen längeren Zeitraum einer Jugendgruppe anschloss.

Wenngleich das Generationenkonzept in der Praxis nicht so plakativ eingesetzt wird, wie es die Tabelle von Ulrich Herrmann nahelegt[3], werden dennoch häufig Erfahrungen und Deutungshorizonte der Zeitgenossinnen und -genossen stark generalisiert. In der aktuellen Diskussion wird etwa immer wieder die Bedeutung der „1968er-Generation" für die bundesrepublikanische Gesellschaft überhöht, so als seien die politischen Ereignisse, aber auch die Veränderungen in einigen kulturellen und gesellschaftlichen Bereichen der Mehrheit der Bevölkerung bekannt wenn nicht gar wichtig gewesen. Ebenso wie die 1968er-Bewegung ein akademisches Phänomen war, geht der in der Jugendbewegung bemühte Begriff von ‚Jugend' und somit auch von Generation von bürgerlichen Lebensverhältnissen und ‚Normalbiographien' aus. Die Arbeiterjugendlichen arbeiteten im Alter von 16 Jahren bereits häufig genauso wie Erwachsene. Der bürgerliche Jugendbegriff läuft daher für die Akteure der Arbeiterjugendbewegung oft ins Leere.

Hinzu kommt die männliche Konnotation des Generationenbegriffs. Bei Wilhelm Dilthey wird eine Generation durch den „teilweise zusammenfallenden ‚Zeitraum männlicher Kraft': d. h. die Zeit aktiver Tätigkeit auf gesellschaftlichem, politischem, geistigem, künstlerischem Gebiet im frühen und mittleren Erwachsenenalter" definiert.[4] Dieses Konzept setzt voraus, daß ein Mensch – ‚objektiv' betrachtet – in dieser Weise tätig war. Ob demnach schriftstellerische Aktivitäten junger Frauen vor Eintritt in die Ehe dazu gerechnet werden, darf bezweifelt werden. Denn hier liegt eine Vorstellung von der Abfolge von Lebensphasen zu Grunde, wie sie überwiegend auf Biographien der männlichen Bürgerlichen zutrifft, also auf eine Minderheit.

Um eine Minorität geht es auch in der vorliegenden Studie. Diese wird jedoch als solche thematisiert, sozial- und kulturhistorisch eingeordnet und da-

3 Herrmann 1993b, 100f.
4 Ebda. 107.

durch im Wortsinn relativiert und differenziert. Diese Kontextualisierung zeigte folgendes Ergebnis: Die (vermeintlichen) Generationenkonflikte waren meist nur Aushandlungen zwischen männlichen Jugendlichen und Erwachsenen über eine Modifikation dessen, was innerhalb des eigenen Milieus als legitim gelten sollte, sei es moderne Kunst, Paartanz oder ein Demokratiemodell im Zeltlager. Es ging in der Regel um die Deutungshoheit innerhalb eines sozio-kulturellen Umfeldes i. S. einer Ablösung der ‚Macht' und der Emanzipation im Wortsinne, aber nicht um eine grundsätzliche gegenseitige Delegitimierung. Wenngleich die Jugendlichen häufig eigen-sinnig agierten, Traditionen der Erwachsenen ablehnten und die Zugänge Jugendlicher zu Parteiprogrammen, Literatur, Kunst und demokratischen Verfahrensformen auch innovativ waren, zeigt diese Studie, daß Jugend nicht „immer Protest" ist und war:[5] Die Formen der Aneignung von Deutungsangeboten Erwachsener (meist innerhalb ihres Milieus) waren vielfältig und kreativ. Die Interaktionsweisen mit Erwachsenen waren dabei auch kooperativ und konnten politischen Charakter haben. Der Konflikt mit Älteren erschien dabei als *eine* mögliche Form der Selbstvergewisserung; und umgekehrt ist der Diskurs über Jugend als eine Form der Selbstvergewisserung Erwachsener zu verstehen.[6]

Im Rahmen der vorliegenden mikrohistorischen Studie werden aus den ‚Helden' junge Menschen, für die aus dargelegten Gründen die Zugehörigkeit zu einer der zahlreichen Jugendgruppen in der Nachkriegszeit eine wichtige Bedeutung hatte. Sie handelten als ‚Entlassene' des NS-Regimes, als Söhne ihrer Mütter und Väter, als Brüder und Freunde von Mädchen, als Schüler, Auszubildende oder als Schwarzmarkthändler, als Teil der Mindener Nachkriegsgesellschaft. Insofern wird mit der Mikroperspektive und der Methode der ‚dichten Beschreibung' der Blick auf zentrale Fragen hinsichtlich der Jugend- und Geschlechtergeschichte und der Männlichkeits- und Politikgeschichte für die Nachkriegszeit jenseits der Debatte über ‚Stunde Null' versus ‚Restauration', Kontinuität oder Wandel geöffnet. Als Ergänzung der (z. T. pauschalisierenden) Analysen hegemonialer Diskurse wird hier die wichtige Ebene des Alltags eingezogen.

Die Menschen suchten besonders im ersten Nachkriegsjahrzehnt einerseits nach Nahrung, einem Dach über dem Kopf, lebensnotwendigen Haushaltsartikeln und Kleidung, ihren Freunden, Familienmitgliedern und Fortbewegungsmitteln und andererseits nach neuen Orientierungsmöglichkeiten, Wertmaßstäben, neuen Formen der Vergemeinschaftung, Erholung, Unterhaltung und Gelegenheiten der politischen Mitgestaltung. Es war eine Zeit geschäftigen Treibens, quirliger Neugier, verstärkter Selbstvergewisserungen und gleichzei-

5 S. Speitkamp 1998, 296; vgl. Benninghaus 1999a, 297f.
6 Vgl. bes. die Arbeiten von Reulecke.

tig der Sehnsucht nach Ruhe sowie in diesem Sinne nach ‚Normalisierung' – insbesondere der Familienverhältnisse. Die rege Vereinstätigkeit, die rasche Wiederaufnahme politischer Ämter durch Demokraten, der Aufbau eines demokratischen Parteien- und Verbändewesens, die Einrichtung und Nutzung von Kino, Theater und Ausstellungen oder das große Interesse an Messen, Sportveranstaltungen und Tageszeitungen belegen dies nicht nur für Minden. Die Quellen spiegeln ein Austarieren zwischen Traditionen und Neuentwürfen auf unsicherem Terrain. Es mussten demokratische Regeln und Pluralismus, also politische Toleranz, neu eingeübt werden. Sie waren von den Alliierten erzwungen und reglementiert. Viele schienen darin ungeübt, andere unwillig.

In diesen Zeiten der Neujustierungen bildete ‚Jugend' eine willkommene Projektionsfläche. Die im Jugenddiskurs der frühen Nachkriegszeit thematisierten Fragen, z. B. der gesellschaftlichen Integration, des Politikinteresses, der ‚richtigen' Vorbilder und Orientierungen sowie deren mediale Vermittlung, der Freiheit versus Ordnung und Kontrolle sowie der Gewalt, betrafen die gesamte Gesellschaft. Als zentral erwiesen sich permanente Inklusions- bzw. Exklusionstopoi. Der Versuch, junge Menschen in ‚legitime' und ‚illegitime' zu differenzieren, brachte teilweise bizarre und fragwürdige Überlappungen von Kontinuitäten und Demokratieversuchen hervor: Die vom Deutschen Jungvolk, dem BDM und der HJ entlassenen Jugendlichen schienen unkontrollierbar. Sie wurden von Jugendschützern bei Jugendschutzstreifen in Lokalen und Kinos ebenso kontrolliert wie kurz zuvor von den Jugendstreifen der HJ. Auffällige Mädchen und Jungen wurden analog zur ‚kriminalbiologischen' Praxis der NS-Zeit entweder als ‚krank' oder ‚kriminell' stigmatisiert und entsprechend Institutionen zugewiesen. Gleichzeitig wurde die Integration junger Menschen in – nun demokratisch strukturierte – Jugendverbände propagiert und diese z. B. in Minden 1946 von der Bezirksjugendpflegerin zu einer Sonnwendfeier zusammengerufen, ohne dass die Parallelen thematisiert worden wären. Nun ging es laut zahlreicher offizieller Verlautbarungen um die ‚Normalisierung' und Demokratisierung. Die Analogien zur NS-Zeit ignorierend beriefen sich die Jugendpolitiker und -verwalter auf die Traditionen verhältnismäßig demokratischer jugendpolitischer Strukturen und Jugendverbände in der Weimarer Republik als Basis für die demokratische Erneuerung. Es gab also zwei sehr verschiedene Bezugspunkte für Tradierung und Kontinuität.

Dass junge Menschen angesichts dessen verwirrt waren, sich betrogen und verlassen fühlten, verwundert nicht. Sie suchten ihre eigenen, möglichst wenig kontrollierten Vergemeinschaftungen in der *Peergroup* und neue Orientierungsfelder, etwa beim Tanzen, Musikhören, Lesen, im Kino und in der Familie. Sobald sie den vorgegebenen Rahmen verließen und z. B. amerikanische Mode und Filme rezipierten, riefen sie Sanktionen oder Mißbilligung Erwachsener hervor. Teilweise provozierten sie auch mit Gewalt, Vandalismus, aggressiver Erotik und Lautstärke und bemühten sich so um Aufmerksamkeit und An-Erkennung. Diese Jugendlichen unterschieden sich meist von denen, die in legitimierten Jugendgruppen ihre Jugendgemeinschaft suchten. Es bleibt weiteren Forschungen überlassen, Weiblichkeitsformen und Geschlechterverhältnisse[7], politische Orientierungen und Gesellschaftsentwürfe der Mehrheit der 14- bis 18jährigen und der Mädchen in der frühen Nachkriegszeit zu untersuchen.[8] Organisierte Jugendliche orientierten sich viel stärker an Traditionen als andere, sei es hinsichtlich ihrer Gesellungsform, der Musik, die sie spielten und hörten, ihrer Tänze, ihrer Lektüre oder ihrer gesellschaftlichen Verortung. Sie nahmen sich die frühere Jugendbewegung – nicht ohne Kritik – zum Vorbild. Aufgrund dieser – z. T. expliziten – Verschränkung und Aushandlung von Tradierung und Neuentwürfen in diesen Jugendgruppen und aufgrund der in vielerlei Hinsicht verhältnismäßig großen Bedeutung von Jugendverbänden im ersten Nachkriegsjahrzehnt sind sie ein wichtiger Untersuchungsgegenstand, etwa für eine Politikgeschichte der Nachkriegszeit.

Die Historisierung von Jugenddiskursen[9] und die in dieser Arbeit teilweise vorgenommene Gegenüberstellung von dem, was *über* Jugendliche gesagt wurde, und dem wie Jugendliche selbst ‚Welt' entwarfen, belegt ein weiteres Mal, daß die Erwartungen und Zuschreibungen an Jugendliche weit von den realen Handlungsmöglichkeiten selbst relativ privilegierter männlicher Jugendlicher entfernt waren.[10] Überträgt man diese Ergebnisse auf die heutige Debatte über ‚die unpolitische', ‚gewalttätige' und ‚unbekannte' Jugend (‚Generation X', ‚Generation Ally' oder ‚Generation Golf'), wird klar, daß hier nicht von Jugendlichen, sondern von einem bestimmten Bild, das sich Erwachsene von jungen Menschen machen, gesprochen wird. Dabei wird meist eine kleine auffällige Gruppe der heute 14-18jährigen als ‚die Jugend' beschrieben. Besonders besorgniserregend erscheinen auch hier hauptsächlich männliche gewalttätige Jugendliche, die mit Vertretern hegemonialer Männlichkeit, wie Politikern, Polizisten, Staatsanwälten usw. in Konflikt geraten, z. B. darüber, wer als Exekutive gegenüber Minderheiten und Migranten auftreten dürfe.[11] Würde man diese männlichen Jugendlichen im Kontext aktueller Politik und ihrer jeweiligen Milieus betrachten, erschienen sicherlich die Unterschiede

7 Vgl. dazu, daß z. B. Untersuchungen des Freizeitverhaltens Jugendlicher auch außerhalb von Jugendorganisationen Aufschlüsse über Geschlechterverhältnisse, Weiblichkeits- und Männlichkeitsvorstellungen geben können, Abrams 1992; Maase z. B. 1999; Søland 1999.

8 Das im Mindener Tonarchiv gelagerte Hörmaterial wäre dafür sicherlich eine und die Jugendamtsakten eine andere gewinnbringende Quelle (s. Kap. I. 3 u. Kap. II. 2).

9 S. die Arbeiten von Reulecke.

10 Vgl. Benninghaus 1999b, 18. S. für die aktuelle Situation auch die populärwissenschaftlichen und z. T. polemischen Essays in Podszun 2000.

11 Vgl. Nadig 1993.

zwischen Jüngeren und Älteren nicht so gravierend, wie sie der aktuelle Jugenddiskurs glauben machen will.

Für eine Politikgeschichte ist ‚Jugend' nicht nur als begehrtes Objekt von Politikdiskursen und gesellschaftlichen Zukunftsentwürfen relevant, sondern auch als Subjekt in Gestalt von Jugendorganisationen. Besonders diese befinden und befanden sich an der Schwelle zur Verbände- und Parteienpolitik: Engagement in Jugendorganisationen konnte (und kann) einer Vorbereitung für eine Tätigkeit in der offiziellen Politik entsprechen. Inklusion und Exklusion erfolgten daher nicht zuletzt über die Definition von ‚Politik'. Die wiederholte Frage nach dem Politisierungsgrad der (jungen) Menschen in der Nachkriegszeit, wie sie von Zeitgenossen diskutiert wurde und in der historischen Forschung z. T. weiter verfolgt wird, verharrt insofern auf halber Wegstrecke, als es zunächst der Klärung und der Überprüfung des angesetzten Politikbegriffs bedarf. Friedhelm Boll wies bereits auf die Problematik des Politikbegriffs besonders für die Zeit nach einer totalitären ‚Politisierung' hin.[12] Während der NS-Zeit waren die politisch Desinteressierten Mitläufer in Parteien und NS-Organisationen und zählten nach dem Zweiten Weltkrieg zu den politisch eher Passiven. Durch die Aufhebung des totalitären Staates fand eine Umdeutung des Politischen statt. Nicht nur auf die (Nach-)NS-Zeit bezogen eignet sich besonders Jugendgeschichte als Feld für Diskurse über Politikdefinitionen, um implizit oder explizit den vorausgesetzten Politikbegriff zu reflektieren und zu schärfen.[13]

Was aber bei analytischer Einbeziehung von Kontexten und Interaktionen als politisch zu bezeichnen ist, kann sich als äußerst situationsspezifisch erweisen. Die Jungen der Naturfreunde ordneten sich am deutlichsten parteipolitisch zu, beschäftigten sich jedoch in ihren Gruppenstunden und auf Fahrten seltener mit politischen Fragen im engeren Sinne. Dahingegen wehrten die deutschen Jungenschaftler jedes politische Etikett für sich selbst ab, besprachen bei ihren Hortenabenden aber Parteiprogramme. Bezogen auf die gesellschaftliche und politische Verortung und den Deutungshorizont – sowie im Kontext und in Relation zueinander betrachtet – waren die Volkstänze und die Bühnenstücke der Naturfreunde ebenso politisch wie die Rezeption moderner Literatur der bündischen und die Bibellektüre der CVJMler. Darüber hinaus ist der Politikbegriff auch inhaltlich zu füllen, etwa mit den von den Akteuren angeeigneten, entworfenen Gesellschafts- und Politikkonzepten und mit ihrer sozialen und politischen Verortung. Diese gestalteten sich je nach Milieu unterschiedlich. Die Jugendlichen veränderten dabei Politik-Praktiken und Organi-

12 S. Einleitung.

13 Vgl. den Sonderforschungsbereich Nr. 584: „Das Politische als Kommunikationsraum in der Geschichte" an der Fakultät für Geschichtswissenschaft und Philosophie an der Universität Bielefeld.

sationsformen innerhalb ihrer Milieus und beteiligten sich im Rahmen ihrer Möglichkeiten an der Veränderung der Mindener Stadtgesellschaft, wie der Wechsel im Bürgermeisteramt 1959 symbolisiert. Auch die Gründungen der Jugendringe in der Mitte der 1950er Jahre waren das Ergebnis von Aushandlungen zwischen etablierten männlichen Erwachsenen und sich etablierenden jüngeren Männern – innerhalb eines als politisch definierten Raumes.

(Tradierte) Politikkonzepte und Geschlechterordnungen waren miteinander verschränkt. Die im zeitgenössischen Diskurs diagnostizierte Geschlechterunordnung täuscht über die trotz Wirtschaftskrise, Weltkrieg und Kapitulation ‚gerettete' männliche Dominanz. Die auch nach dem Zweiten Weltkrieg geltende Verschränkung von politischem Einfluß und Männlichkeit ist nicht zuletzt auf die Tradierung von Männlichkeitskonzepten, von politischen Organisationsformen und gesellschaftlicher Herrschaft aus dem frühen 20. Jahrhundert zurückzuführen, also: *male dominated traditions for the ‚new state'*. Von einer umfassenden Krise[14] der Männlichkeit i. S. einer grundsätzlichen Infragestellung männlicher Hegemonie und hegemonialer Männlichkeit[15] kann nicht gesprochen werden. Demzufolge ist auch kaum eine ‚Rekonstruktion' von Männlichkeit oder ‚Remasculinization' festzustellen, wie dies in neueren Arbeiten zur Nachkriegszeit geschieht.[16] Dieser Vorstellung folgend wäre eine ‚feminisierte' Gesellschaft voraus gegangen. Uta Poigers These, daß in der Nachkriegszeit „Overaggression became a clear part of a male adolescent lifestage across classes"[17], konnte in der vorliegenden Untersuchung nicht bestätigt werden.

Die Beschäftigung mit drei Mindener Jugendgruppen ergibt ein anderes Bild. Die entsprechenden Quellen der Studie thematisieren häufig Männlichkeit in der Nachkriegszeit.[18] Fragen nach Männlichkeitskonzepten werden besonders dann relevant, wenn die männliche Gemeinschaft, die Interaktion mit Mädchen und der Lebensabschnitt, in dem sich die Jungen befanden, zur Disposition standen. Aber die männlichen Jugendlichen brachen nicht mit dem Männlichkeitskonzept ihrer Väter. Sie machten sich milieuspezifisch ausgeprägte Formen von Männlichkeit zu eigen und wandelten diese ab. Es war also eine Gemengelage von ‚Altem' und ‚Neuen', wie auch das Interview mit Karl-Otto Apel über Männlichkeit, Philosophie und seine Biographie verdeutlicht. Als er auch nach Ende des Krieges, nach der Entlassung aus „den reinen Män-

14 Dies gilt auch für den alltagssprachlichen und für den literaturwissenschaftlichen Gebrauch des Begiffes ‚Krise' (vgl. „Krise" 1975, 406).

15 Vgl. Kaltenecker 2000, 42f.; Mosse 1997; Neunsinger 2001. S. für die aktuelle Situation das Resümee bei Bründel/Hurrelmann 1999.

16 S. die Einleitung.

17 Poiger 2001, 422.

18 S. zu den Problemen der Männerforschung die Einleitung.

nerbünden“ und „voller romantischer Vorstellungen“ über Geschlechterverhältnisse die Universität besuchte, lief er mit seinen Kommilitonen „noch in Offiziersuniform herum ... 2 Jahre. Wir sind mit Stiefeln in die Universität gekommen.“ An anderer Stelle betont er, daß er mit dem Ende des Krieges „einen Bruch“ erlebte. „Weil man jetzt mit einem Mal seinem Intellektualismus freien Lauf ließ.“[19]

Diese Vielfältigkeit kann aber nicht darüber hinweg täuschen, daß soldatische Männlichkeit und militärischer Habitus nur noch eingeschränkt, dafür aber zunehmend Sanftheit, Ironie und Fürsorglichkeit als männliche Attribute eine Rolle spielten.[20] Hanna Schisslers Wortschöpfung „restrained masculinity“[21] bringt daher die Nachkriegs-Männlichkeit auf einen angemessenen Begriff. Denn damit wird die für diese Zeit charakteristische Vermengung eines soldatischen mit einem ‚sanften‘ Männlichkeitskonzept bezeichnet. Allerdings trägt dieser Begriff den vielfältigen Formen von Männlichkeit, wie sie z. B. die Mindener Jungen lebten[22], nicht genügend Rechnung. Geht man aber mit den Ansätzen der neueren ‚Männerforschung‘ von einer Vielzahl von Männlichkeiten aus[23], zieht man andere Quellen heran und untersucht man soziale Praktiken und Erfahrungen, kommt man zu weiterführenden Ergebnissen. Frank Biess schließt seine Abhandlung über „Returning POWs and the Reconstruction of Masculine Citizenship in West Germany, 1945-1955“ wie folgt: „The ‚remasculinization‘ of West Germany therefore did not represent a mere restoration but rather a recasting of masculinities.“[24] Es konkurrierten nicht nur voneinander abweichende Männlichkeiten und Geschlechterordnungen Jüngerer und Älterer, sondern mindestens ebenso jene unterschiedlicher Milieus.

‚Milieu‘ ist ein wesentliches Strukturelement der vorliegenden Lokal- und Mikrostudie. Versteht man Milieu sowohl als analytische Kategorie als auch als Ergebnis sozialer (Alltags-)Praktiken und subjektiver Sinnkonstruktionen, ist es ein sinnvolles und gewinnbringendes Instrumentarium und ein wichtiger Untersuchungsgegenstand kulturgeschichtlicher Forschung, sofern hier empirische Befunde differenziert und Sinnkonstruktionen sowie soziale Praktiken spezifiziert werden können. Der von Rainer M. Lepsius definierte und in der

19 Deutsche Nachkriegsphilosophie 2000, 112, 116.

20 S. Zusammenfassung in Kap. III. 5.

21 Schissler 2001d, 411. Schissler faßt hier den Beitrag von Poiger zusammen. S. Poigers Ausführungen dazu: „The vision if manhood portrayed in many westerns ... was part of the reconstruction of a new postfascist, Cold War West German masculinity: the good white men in the westerns, like the new West German soldier, were aggressive, but not too aggressive“ (Poiger 2001, 422).

22 S. Zusammenfassung in Kap. III. 5.

23 Vgl. Connell 1999; Deuber-Mankowsky/Konnertz 2000; Döge 2000; Erhart/Herrmann 1997; Landwehr/Schmid/Stuby 2000, 3; Scholz 2000, 7. S. a. Bock 1988; Habermas 1993.

24 Biess 2001, 73.

Sozialgeschichte häufig zu Grunde gelegte Milieubegriff genügt hingegen den Anforderungen der neuen Kulturgeschichte nur unzureichend. Demnach seien „sozialmoralische Milieus“ „soziale Einheiten“, „die durch eine Koinzidenz mehrerer Strukturdimensionen ... gebildet werden“.[25] Aus vier Gründen erweist sich dieses Konzept für die vorliegende Studie als erweiterungsbedürftig.

Erstens: Die Milieukonstellation in Minden unterschied sich von derjenigen, die Lepsius für das deutsche Parteiensystem zwischen 1871 und 1933 feststellte. Ihm zufolge gab es vier Milieus: das ostelbisch-konservative, das katholische, das liberal-bürgerliche und das sozialistische. In der westfälischen Stadt existierten im wesentlichen das protestantisch-konservative, das proletarisch-sozialdemokratische sowie das bürgerlich-liberale Milieu. Diese Milieus hatten auch für sich genommen lokalspezifische Ausprägungen, wie etwa das eher kleinbürgerlich strukturierte sozialdemokratische Milieu, das sich von dem der Industriestadt Bielefeld deutlich unterschied.[26]

Zweitens kann für Minden nach dem Zweiten Weltkrieg nicht von einer Auflösung der Milieus die Rede sein, anders als in Sozialstrukturanalysen festgestellt. Trotz einer gewissen Angleichung der materiellen Lebensverhältnisse in den 1950er Jahren sowie einer Sozialpartnerschaft zwischen ehemals gegnerischen sozialen Klassen waren die Erfahrungen und die sozialen Praktiken der Jugendlichen je nach Milieu deutlich unterschiedlich.[27] Auch Lebenserfahrungen, wirtschaftliche Möglichkeiten und Freizeitinteressen von männlichen Jugendlichen wichen z. T. stark voneinander ab, selbst innerhalb eines Jahrzehnts in einer Mittelstadt wie Minden. Auch wie sie das Ende der NS-Zeit erlebten und empfanden, divergierte je nach sozialem und kulturellem Umfeld. Anders als etwa jüdische Kinder und Jugendliche, deren Familien ermordet worden waren und die kaum mehr die Möglichkeit hatten, an milieuspezifische Traditionen anzuknüpfen, orientierten sich die meisten Menschen in Minden gesellschaftlich und politisch innerhalb der teilweise noch bestehenden Milieuzusammenhänge. Sie konstruierten Milieus ‚neu‘, indem sie auf milieuspezifische Traditionen, Organisationsstrukturen, Beziehungsnetze und Wertekontexte rekurrierten. Auch die Diskurse über ‚Jugend‘ differierten nach Milieus: Während Christlich-Konservative eher auf Repressionen setzten und großen Einfluß auf die seit dem frühen 20. Jahrhundert existierenden Jugendämtern ausübten, bemühten sich Sozialdemokraten verstärkt um das duale Jugendhilfesystem, die Jugendwohlfahrtsausschüsse und die Jugendringe. Beide

25 Lepsius 1966, 383.

26 Beispielsweise fordern daher Franz Walter und Helge Matthiesen empirische Forschungen ein (Walter/Matthiesen 1997).

27 Vgl. zu den auch in den späten 1950er Jahren starken sozialen Unterschieden Kleßmann 1988, 40-44.

unterschieden mehr oder weniger deutlich zwischen ‚verwahrlosten', ‚kriminellen' und ‚kranken' Jugendlichen auf der einen Seite und den gesellschaftlich integrierten bzw. denen, die sie für integrierbar hielten. Erstere waren ein ‚Fall' für die Polizei und die Jugendfürsorge, letztere Klientel der demokratischen Jugendpflege. Es bleibt weiteren Untersuchungen vorbehalten, ausführlicher, als in dieser Arbeit geschehen, die Diskurse über Jugendliche nach dem Zweiten Weltkrieg nach Milieus zu differenzieren bzw. sozial und politisch argumentativ zu verorten und so die darin widerstreitenden Politik- und Gesellschaftskonzepte herausarbeiten. Es würde sich sicherlich zudem lohnen, die Vorstellungen Deutscher von ‚Jugend', über Jugendliche und über Jugendorganisationen und -freizeitverhalten den Jugenddiskursen der Alliierten gegenüberzustellen. Man könnte ausgehend von der Kritik der Briten an den ‚politischen' Jugendorganisationen das spezifisch deutsche Verhältnis von ‚Jugend' zu sozialen Bewegungen und Politik diskutieren und auf diese Weise die relativ beispiellose Geschichte der deutschen Jugendbewegungen international einordnen.

Noch aus einem dritten Grund ist der Lepsiussche Milieubegriff diskussionswürdig: In der kulturhistorisch angelegten Lokalstudie über Minden wird anders als gewöhnlich in der Sozialgeschichte nicht von determinierenden, a priori angenommenen Makrostrukturen und von einem Modernisierungs- und Individualisierungsprozess ausgegangen, sondern vielmehr von Wechselbeziehungen, in denen Milieus ‚hergestellt' und verändert werden.[28]

Es stehen viertens (nicht quantifizierbare) Alltagspraktiken, Beziehungsnetze und Selbstbeschreibungen neben Handlungsdispositionen und Wertekontexten im Vordergrund. Dadurch unterscheidet sich die Arbeit über Mindener Jugendliche auch von neueren sozialhistorischen Forschungen, in denen der ‚Grad der Modernisierung' anhand quantifizierbarer Indikatoren untersucht wird, obgleich hier inzwischen Definitionen von ‚Milieu' entwickelt wurden, die den ‚subjektiven Faktor' einbeziehen.[29]

Diesen vier Argumenten folgend wäre Milieu als Untersuchungsgegenstand für die Kulturgeschichte und besonders für Mikrostudien zu verwerfen oder mit anderen Worten: Der in der Sozialgeschichte in Variationen angewandte Lepsiussche Milieubegriff ist für die Kulturgeschichte ungenügend. Dennoch ist Lepsius' Milieudefinition für die spezifische Kontextualisierung und Unterscheidung von synchron und diachron verschiedenen Handlungs- und Deutungsweisen konkreter Menschen(gruppen) unter folgender Bedingung gewinnbringend: Wenn man die von ihm genannten „Strukturdimensionen" nicht

28 Vgl. zur analytischen Relevanz der lokalen Ebene Holtmann 1989, 25.

29 Vgl. das Konzept des Münsteraner Arbeitskreises für Katholizismusforschung Kösters/Liedhegener 1998.

als Determinanten, sondern als Aspekte des Wechselverhältnisses zwischen Strukturen auf der einen Seite und Sinnkonstruktionen und Praktiken auf der anderen Seite betrachtet, ist Milieu für die Kulturgeschichte operationalisierbar. Ein Anknüpfungspunkt dafür ist die in den 1980er Jahren entwickelte und alltagshistorisch orientierte Lokalgeschichte. Wie in Teilbereichen der Geographie geht man in der Stadt- und Regionalgeschichte davon aus, daß Ortschaften nicht nur durch politisch-administrative, quantifizierbare Daten oder geographische Grenzen zu identifizieren sind, sondern man versteht Lebensräume mit dem Begriff der ‚*mental maps*' bzw. der ‚kognitive Karten' auch als ‚Produkt' von Wahrnehmungs- und Deutungsmustern. Daran anknüpfend sind Milieus nach einem kulturhistorischen Verständnis auch aufgrund erforschter Praktiken und Deutungsmustern zu charakterisieren.

In der Studie über männliche Jugendliche in Minden ergibt sich die Bestimmung der Milieus neben empirisch erfassten politischen, sozialen und wirtschaftlichen Handlungsdispositionen aus den Ausbildungswegen, der familiären Situation, dem Freizeitverhalten und den Geschlechter- und Generationenverhältnissen sowie aus den mit der Methode der ‚dichten Beschreibung' erzielten Ergebnissen über die Praktiken, Interaktionen, Deutungs- und Orientierungsmuster der Jugendlichen. Milieu ist demnach ein Lebens-, Handlungs- und Deutungskontext, der nur in Abgrenzung zu anderen Kontexten existiert und von konkreten Menschen ‚hergestellt' und verändert wird. Ein Milieu bildet folglich einen – im physisch-materiellen wie kulturellen Sinne – Raum im Raum. Darüber hinaus dient Milieu der Differenzierung und Gegenüberstellung von verschiedenen Lebens- und Denkkontexten an einem Ort. Die Kategorie ‚Milieu' hat also einen relationalen Charakter. Milieus sind demnach weder synchron noch diachron statisch, sondern verändern sich durch die Dynamik der Wechselbeziehungen und besonders durch die Aneignung oder Ablehnung von (milieuspezifischen) Traditionen. Milieu dient folglich zum einen der Kategorisierung von Praktiken, Deutungen und Lebensbedingungen und zum anderen der spezifischen Kontextualisierung derselben. – „‚Andere Wiesen, andere Heuschrecken', sagen die Javaner".[30]

Intensive Selbstvergewisserungen kennzeichnen die erste Dekade nach dem Zweiten Weltkrieg. Sie ebbten mit der allmählichen Konstituierung der westdeutschen Gesellschaft etwa Mitte der 1950er Jahre allmählich ab. Aufgrund der deutlichen Referenzen an die Weimarer Republik spricht vieles dafür, die Jahrzehnte von 1920/30 bis 1955/60 in einem näheren Zusammenhang, als Epochenabschnitt, zu betrachten, ohne die Bedeutungen des Weltkrieges und der NS-Zeit zu ignorieren und ohne die dieser Annahme häufig zugrunde ge-

30 Geertz 1992, 81.

legten (teleologischen) Modernisierungsthese zu folgen.[31] Es wurde deutlich, daß sich der Alltag in der ersten Dekade nach der Befreiung nicht mit bipolaren Konzepten und pauschalen Kategorien wie ‚Stunde Null', ‚Restauration', ‚Emanzipation' oder ‚Anpassung' erfassen läßt. Das Quellenstudium förderte keine dichotomen Strukturen zutage, sondern überwiegend Matsch, von dem Peter Jelavich schreibt[32]. Dieser ist nicht alleine mit Fragen nach Kontinuität oder/und Wandel, Tradition und/oder Neubeginn zu durchdringen. Vielmehr fordert er dazu auf, von den Akteuren unterschiedlich gedeutete, fortgesetzte Handlungs- und Orientierungsmuster sowie überlieferte Traditionen gleichzeitig zu betrachten und Wechselverhältnisse zu befragen.

Jenseits der hegemonialen Diskurse und mit den Methoden der historischen Anthropologie und der Geschlechtergeschichte wäre die folgende Frage weiter zu verfolgen: Inwiefern gab es Abweichungen vom ‚Normalisierungs-Projekt'[33], und welche „Vielfalt der Möglichkeiten" standen in der „historischen Situation" der frühen Nachkriegsjahre im Hinblick auf Männlichkeitsformen sowie allgemeiner auf Geschlechterverhältnisse und Politik- oder Gesellschaftskonzepte „auf dem Spiel"?[34] Welche Heuschrecken tummelten sich in welcher Art Matsch?

31 Vgl. z. B. das Projekt „Gesellschaft in Westfalen. Kontinuität und Wandel 1930-1960" am Westfälischen Institut für Regionalgeschichte in Münster. S. a. Frese/Paulus/Teppe 2003.

32 Jelavich 1998, 156: Es „kommen viele von uns langsam zu dem Schluß, dass das Zentrum nicht stabil ist, und daß es tatsächlich von vornherein nie ein Zentrum gegeben hat. Dies erklärt die Attraktivität der unterschiedlichen poststrukturalistischen oder dekonstruktivistischen Theorien. Solche Ideen werden nicht deshalb ernst genommen, weil sie gerade in Mode sind, sondern sie sind in Mode, weil sie bei uns Fronarbeitern in den Archiven, die wir auszogen, um nach Strukturen zu graben, und mit Matsch in den Händen wieder zurückkamen, eine vertraute Saite anklingen lassen."

33 Schissler 2001c.

34 Lüdtke 1993a, 12.

Abkürzungsverzeichnis

Für Quellen und Literatur

AfS	Archiv für Sozialgeschichte
BzG	Beiträge zur Geschichte der Arbeiterbewegung
BIOS	Zeitschrift für Biographieforschung und Oral History
Comparativ	Comparativ. Leipziger Beiträge zur Universalgeschichte und vergleichenden Gesellschaftsforschung
Diskurs	Studien zu Kindheit, Jugend, Familie und Gesellschaft
ESR	European Studies Review
EKL	Evangelisches Kirchenlexikon. International theologische Enzyklopädie
GiW	Geschichte im Westen. Halbjahresschrift für Landes- und Zeitgeschichte
GWU	Geschichte in Wissenschaft und Unterricht. Zeitschrift des Verbandes der Geschichtslehrer Deutschlands
GG	Geschichte und Gesellschaft
Grüner Weg	Grüner Weg 31a. Zeitschrift des Studienarchivs Arbeiterkultur und Ökologie, Baunatal
HZ	Historische Zeitschrift
ILWCH	International Labor and Working-Class History
Int Rev Soc Hist	International Review of Social History
IWK	Internationale wissenschaftliche Korrespondenz zur Geschichte der deutschen Arbeiterbewegung
JbAdJb	Jahrbuch des Archivs der deutschen Jugendbewegung
jg	junge gemeinschaft. Zeitschrift für die sozialistische Jugend- und Erziehungsarbeit
JMH	The Journal of Modern History
L'Homme	Zeitschrift für feministische Geschichtswissenschaft
Merkur	Merkur. Deutsche Zeitschrift für europäisches Denken
MH	Mindener Heimatblätter. Mitteilungsblatt des

	Mindener Geschichts- und Museumsvereins. Heimatkundliches Organ für die Kreise Minden und Lübbecke (1 [1923] bis 36 [1964])
MMG	Mitteilungen des Mindener Geschichtsvereins. Heimatkundliches Organ für den Kreis Minden-Lübbecke. Mit den Nachrichten aus dem Archiv für Weserrenaissance (37 [1965] ff.)
MT	Mindener Tageblatt
NPL	Neue Politische Literatur. Berichte über das internationale Schrifttum
NORA	Nordic Journal of Women's Studies
NW	Neue Westfälische
Osnabrücker Mitteilungen.	Osnabrücker Mitteilungen. Mitteilungen des Vereins für Geschichte und Landeskunde von Osnabrück
Der Ravensberger	Der Ravensberger. Heimatblätter für das Minden-Ravensberger Land
Signs	Journal of Women in Culture and Society
Stichwort	Zeitschrift der bündischen Ältere
Traverse	Zeitschrift für Geschichte/Revue D'Histoire
TRE	Theologische Realencyclopädie
TAM	Tonarchiv Minden, im Museum der Stadt Minden
VfZ	Vierteljahreshefte für Zeitgeschichte
Volks-Echo	Volks-Echo für Westfalen und Lippe
WB	Wandern und Bergsteigen. Zeitschrift der Deutschen Naturfreunde
WF	Westfälische Forschungen. Zeitschrift des Westfälischen Instituts für Regionalgeschichte des Landschaftsverbandes Westfalen-Lippe
WSJ	Wir sind jung. Schulungsheft für die Naturfreunde-Jugend- und Kindergruppen
WZ	Westfälische Zeitung
ZfG	Zeitschrift für Geschichtswissenschaft

Sonstige Abkürzungen

BDP	Bund Deutscher Pfadfinder
DBJR	Deutscher Bundesjugendring
Dj.1.11	deutsche jungenschaft 1.11.
DDP	Deutsche Demokratische Partei
DNVP	Deutschnationale Partei

DP	Displaced Person
DRK	Deutsches Rotes Kreuz
DVP	Deutsche Volkspartei
FDGO	Freiheitlich demokratische Grundordnung
JHV	Jahreshauptversammlung
JWA	Jugendwohlfahrtsausschuß
KJA	Kreisjugendamt
KJR	Kreisjugendring
NFJ	Naturfreunde-Jugend
OWL	Ostwestfalen-Lippe
PA	Privatarchiv
RJWG	Reichsjugendwohlfahrtsgesetz
SAJ	Sozialistische Arbeiterjugend
SBZ	Sozialistische Besatzungszone
SJA	Stadtjugendamt
SJD	Sozialistische Jugend Deutschlands
SJR	Stadtjugendring
TVdN	Touristenverein Die Naturfreunde
WV	Wandervogel
WZA	Wirtschaftszentralamt/Zentralamt für Wirtschaft

Quellen- und Literaturverzeichnis

I Ungedruckte Quellen

I. 1 Mündliche und schriftliche Auskünfte von Zeitzeugen

Interviewte Personen

Albert Gundlach, Lothar Ibrügger, Dieter Knobelsdorf, Gustav-Adolf Mohrlüder, Gerhard Rasche, Wulf Schomer, Gero von Schönfeldt, Karl Sundermann

Diese Interviews werden im Tonarchiv Minden (TAM) im Mindener Museum unter folgenden Signaturen verwahrt

001Sch031197
001-002K0041297
001I170398
001R130698
001-002 G/S181198
001-003M/Sch280899

Weitere Tonträger

Mindener Kreis e. V., Jahrestreffen 1998, Lutternsche Egge, Zeitzeugen berichten (Toncassette).
Gustav Adolf Mohrlüder zum 60. Geburtstag. Gespräche mit Freunden und Weggefährten, ZDF zum 2. September 1992 (Toncassette)

Schriftliche Mitteilungen

Hempel, Wolfgang, Brief an Eckhard Holler vom 25. 1. 1997
–, Brief an die Autorin vom 7. 9. 2000
Klönne, Arno, Brief an die Autorin vom 9. 5. 2000
Kosiek, Klaus, Tabelle über Fahrten der Mindener Jungenschaft und deren Teilnehmer 1949-1954, 1999
–, Übersicht über Horten, Hortenführer und -mitglieder in der Mindener Jungenschaft, 1997
Mohrlüder, Gustav-Adolf, Briefe an die Autorin vom 1. 6. 1999 und 15. 4. 2000
Rasche, Gerhard, Brief an die Autorin vom 16. Mai 1998

Scherf, Walter, Brief an die Autorin vom 14. 4. 2000
Schönfeldt, Gero von, Briefe an die Autorin vom 14. 8. 1998, 23. 7. 1999, 12. 3. 2000 und 10. 8. 2000
Westenburger, Herbert, Brief an die Autorin vom 18. 10. 1999

Weitere anonymisierte Briefe

Tagungen

Jugend im Umbruch. Jugendliche auf dem Weg aus dem Dritten Reich in die Nachkriegszeit, Minden im Juni 1998
Die Flakhelfer-Jahrgänge. Bildungsgeschichte einer Generation. Eine Generation in der deutschen Bildungsgeschichte, Potsdam im November 1999

I. 2 Archivalien

Kommunalarchiv Minden (KAM)

Adreßbücher
1900-1929, 1931, 1935, 1939, 1952, 1958

Verwaltungsberichte der Stadt Minden
1940/41; 1941/42; 1942/3, 1955/56, 1956/57, 1957/58, 1958/59, 1959/60 (Berichte seit 1955 = Kopien aus H 10, Nr. 121)

Bestand F: Städtische Verwaltungsakten (1850-1914)
Nr. 288

Bestand GIC: Schulwesen, Kulturpflege, Feuerwehr
Nr. 177

Bestand G II: Polizei- und Ordnungswesen
Nr. 91, Nr. 119-120, Nr. 122, Nr. 124, Nr. 126, Nr. 279, Nr. 885, Nr. 973

Bestand H 10: Hauptamt (1945-1972)
Nr. 347

Bestand H 30: Ordnungsamt, Rechtsamt, Einwohnermeldeamt (1945-1972)
Nr. 141, Nr. 174

Bestand H 40: Schul- und Bildungswesen, Kultur (1945-1972)
Nr. 85, Nr. 101, Nr. 106, Nr. 194, Nr. 196-198, Nr. 315, Nr. 326

Bestand H 50: Wohlfahrts-, Fürsorge-, Flüchtlings-, Sozial- und Jugendamt (1945-1972)
Nr. 128, Nr. 130-131, Nr. 133-134

Bestand: Amt für Jugend und Sport – Kreisjugendpflege 51 (Kreis Minden-Lübbecke)
Nr. 01

Bestand W: Nachlässe, private Sammlungen, Vereine, Unternehmen
2. Private Sammlungen
Keber, Dr. Paul, Stadtchronist: Stadtchronik von Minden
I. Allg. Chronik, 1939-1946, ab 1. 11. 1946 mit Kulturveranst. (Kulturspiegel) vereingt.
I. (2. Mappe) Chronik der Kulturveranstaltungen 1937, 1943-1946 und allg. Chronik 1947-1948.
‚Mindener Stadtchronik', Bd. 4-8 (Paul Keber): 1943-1954.
3. Vereine
CVJM Minden
(Dieser Bestand wurde nach dessen Auswertung für die vorliegende Arbeit verzeichnet, weshalb in den Anmerkungen folgende Bezeichnungen verwendet wurden. Soweit möglich, werden hier auch die aktuellen Signaturen angegeben.)

„Ordner I" (Schriftwechsel, 1931-1948)
„Ordner II" (Berichte etc., ca. 1950ff.)
„Ordner III" (Schriftverkehr des 2. Vorsitzenden Manfred Schoen/100-Jahr-Feier, 1956)
„Ordner IV" (Schriftwechsel des 2. Vorsitzenden, 1958-1968)
„Ordner V" (Schriftwechsel des Schriftführers Konrad Müller, 1951-1954)
„Ordner VI" (‚Filmdienst', ca. 1955-60)
„Ordner VII" (1956-1958)
„Ordner VIII" (Schriftverkehr des Schriftführers Paul Struwe, 1954-1965)
„Ordner IX" (Schriftverkehr des 2. Vorsitzenden Manfred Schoen, 1954-1957)
„Ordner X" (Schriftwechsel 1955/56)
„Ordner XI" (Schriftwechsel 1956/57)
„Ordner XII" (Schriftwechsel 1958/59)
„Ordner XIII" (Schriftverkehr des 2. Vorsitzenden Manfred Schoen, 1957-1968)
„Ordner XIV" (Schriftwechsel 1960-1964)

(Die in den Anmerkungen so bezeichneten Akten entsprechen dem neu verzeichneten Bestand W, Nr. 1140-1152.)

„Protokollbuch I" (Mitgliederversammlungen 1924-1930)
„Protokollbuch II" (1930-1934) *(neu: W, Nr. 1160)*
„Protokollbuch III" (1948-1954) *(neu: W, Nr. 1166)*
„Protokollbuch IV" (1954-1981) *(neu: W, Nr. 1161)*

CVJM Minden: Drucksachen, Satzungen, Zeitungsberichte (1906-1956) *(neu: W, Nr. 1168)*

Mitgliedsbuch. Beitragslisten der Jungenschaften Bonhoeffer (1957-1961) *(neu: W, Nr. 1155)*

Mitgliedsbuch. Beitragsliste der Jungscharen, 1957. Leteln-Aminghausen, Rodenbeck (Martini), Georg Williams (Minderheide), Neustadt [o. Eintr.], Minden [o. Eintr.] *(neu: W, Nr. 1157)*

Mitgliedsbuch. Eingeschriebene und tätige Mitglieder: „Beitragslisten Männerkreis, Jungmännerkreis und Jungenschaft (1959-1966)" (neu: W, Nr. 1156)

„Mitgliedsbuch: Eingeschriebene Mitglieder des CVJM -Minden 1954/58";
„Beitragslisten Männerkreis, Jungmännerkreis und Jungenschaft (1954-1958)" (neu: W, Nr. 1167)

Plakatsammlung
Plakatgruppe 3-4, Plakatgruppe 11-12

Drucksachensammlung
G: Vereine, Verbände, sonstige Gruppen
Nr. 2, Nr. 37, Nr. 46

Tageszeitungen
Freie Presse, Minden
Mindener Tageblatt (MT)
Mindener Zeitung
Westfalen-Zeitung, Minden
Volks-Echo, Minden

Staats- und Personenstandsarchiv Detmold (StADt)
Regierung Minden, Jugendpflege M1 I Ju:
Nr. 160-162, Nr. 165-167, Nr. 170-172, Nr. 179

Stadtarchiv Bielefeld (StABi)
Zeitungsausschnittssammlung, Bd. J Kultur- und Geistesgeschichte, 190 Jugendpflege/Jugendbewegung ab April 1946

Public Record Office/London (PRO), Foreign Office (FO)
Bestand FO 1013: North Rhine Westphalia
Nr. 2200-2205
Bestand FO 1050: Internal Affairs and Communicatins Divisons
Nr. 13, Nr. 1075, Nr. 1095, Nr. 1250, Nr. 1295, Nr. 1321

Archiv der Arbeiterjugendbewegung, Oer Erkenschwick (AAJB)
Bestand SJD-OWL und unverzeichnter Bestand aus den 1950er Jahren
Die Falken - Gruppe Stuttgart-Heslach. Protokollbuch vom August 1946 bis Mai 1948
Bericht über freiwillige Jugendringe in der Britischen Zone, November 1949

Archiv der deutschen Jugendbewegung, Burg Ludwigstein
Bestand Hist. Jugendbewegung A 1-A 41 Wandervogel-Bünde:
A 2-14/22, A 2-15/18, A 2-104/7, A 2-05/18
Bestand A 202 Bund Deutscher Pfadfinder 1945-1992:
Nr. A-41, Nr. A-52, Nr. A-129, Nr. A-1063-1064, Nr. A-1068-1069, Nr. A-1070-1071, Nr. A-180

DGB-Archiv im Archiv der sozialen Demokratie der Friedrich-Ebert-Stiftung, Bonn (AdsD/FES)
Bestand 37 DGB-Landesbezirk Nordrhein-Westphalen
Nr. 64-65, Nr. 69-71, Nr. 73, Nr. 89, Nr. 94-95, Nr. 105, Nr. 233

Archiv Schülerwettbewerb deutsche Geschichte, Körber-Stiftung, Hamburg
1984/85, Nr. 0308; 1994/95, Nr. 950593

Privatarchiv Karl Sundermann (PA Sundermann) (unverzeichnet)
KJR Mi: Grundsätze und Protokolle vom Kreisjugendring Minden (1955/56)
SJR MI: Stadtjugendring Minden. Der Beginn (1957-1960)
Selbstbiografie von Georg Strutz – langjähriger Naturfreunde-Vorsitzender
Ausstellungscollage
Ordner o. T., Ordner OV 1 (blau), Ordner OV 2 (rot), Ordner OV 3 (schwarz)

Fotografien (undatiert)
60 Jahre Naturfreunde Minden, 1981, Chronik zum Jubiläum; 70 Jahre Naturfreunde Minden, 1991 (zwei Fassungen)

Privatarchiv Mindener Kreis e. V. (Archiv MK)
Fahrtenbücher u. a.
dj.1.11 vor jahren [selbsterstelltes Heft mit handgeschriebenen Texten, Zeichnungen und Fotografien, ca. 1945/46]
Fahrtenbuch, Sommer 1947-Sommer 1948
Fahrtenbuch, August 1952-Frühjahr 1958
Bericht des Oberkreisdirektors an die britische Militärregierung über die Vernehmung des jungen Gruppenleiters
Lankes, Hans-Christian, Der Jungenhorst. Gedanken und Ziele [1946]
Mich [Mike Jovy], Ring der Fahrtenbünde, Arbeitskreis freier Jugendgruppen, Köln, 22. Febr. 1950.
für tejo zum 11. Juni 1995, unveröff. Ms.

Schriftverkehr
Brief von der deutsche jungenschaft schwaben am 15. VII. 48 an hajo [Zenker]
Majer, Hans von, Briefe an die Jungenschaft – Zweiter Brief, o. Datum
Zenker, Hans-Jochen, Brief an Eberhard Koebel, 11. 11. 1947
schriftverkehr wg. ‚londoner briefe' 1948

Nachlässe
Nachlass Heinrich Steinhöfel:
Fahrtenbuch ‚leonrotte' (hagen), norddeutscher wandervogel, XI '45-VI '46
Fahrtenbuch norddeutsche Jungenschaft, IX '46-I '48
Fahrtenbuch Horte Kiel, II '48-X '48
Nachlass Eberhard Koebel:
Eberhard Koebel-Tusk, An einen jungen Westdeutschen [ca. 1948/49]

Fotobände
Mohrlüder, Gustav-Adolf: Fotos, Ordner I (groß), 1952/53
Mohrlüder, Gustav-Adolf: Fotos, Ordner II (klein), 1952/53
Kosiek, Kosiek: Fotoband, Ostern 1949-Ostern 1954

Periodika, Rundschreiben, gedruckt und ungedruckt
(Die hier gemachten Angaben entsprechen den auf den Schriftstücken, auch wenn sie uneinheitlich sind.)

Briefe an die Deutsche Jungenschaft, 2 (1929)-12 (1929).

Bund deutscher Jungenschaften (Hg.), Neue Deutsche Jungenschaft 1950-1953 (schrift 37), o. O., o. J.

Buschtrommel (1950), Nr. 19-21, 23, 24, 26, 27, 31, 32.
Buschtrommel (1951), Nr. XXVII, XXVIII, IXXX, 31.
Buschtrommel (17. 6. 1951), o. Nr.
Buschtrommel (o. Datum), Nr. XXV.
Buschtrommel (o. Datum), Nr. XXX.

Das Hemd [Ende der 1940er Jahre].

„Die Kiefer": Monatsschrift für eine Junge Gesinnung, hg. v. Spreekreis (April 1933) H. 1-(Januar 1934), 2. Reihe, H. 4, Faksimilieausgabe.

Die Pille [Ende der 1940er Jahre].

Die Runde. Elternbrief der deutschen Jungenschaft Minden (Januar o. J. [1951]), Nr. II.
Die Runde. Elternbrief der deutschen Jungenschaft Minden (März/April o. J. [1951]), Nr. XV./V.
Die Runde. Elternbrief der deutschen Jungenschaft Minden (Juni o. J. [1951]), Nr. VII.
Die Runde. Elternbrief der deutschen Jungenschaft Oldenburg (Februar/März o. J. [ca. 1950/51]), Nr. VI.
Die Runde. Elternbrief der deutschen Jungenschaft Oldenburg (August o. J. [1950/51]), Nr. I.
Die Runde. Elternbrief der deutschen Jungenschaft Oldenburg (September o. J. [1950/51]), Nr. II.

Elternbrief der deutschen Jungenschaft Norden (November 1950).
Elternbrief der deutschen Jungenschaft Norden (Dezember 1950).
Die Runde. Elternbrief der deutschen Jungenschaft Oldenburg, I (Augst o. J. [1951]).
Die Runde. Elternbrief der deutschen Jungenschaft Oldenburg (August o. J.), Nr. I.

feuer. gestaltet von der westdeutschen jungenschaft (November 1946), Nr. 1-(April 1948), Nr. 20.
feuer. gestaltet von der deutschen jungenschaft (Mai 1948), Nr. 1; (1946), Nr. 2-5; (1946), Nr. 8 u. 9; (März 1947), Nr. 3; (Mai 1948), Nr. 1; (März o. J. [ca. 1948/49]), H. 2; (o. J. [ca. 1949]), H. 7; (Februar 1950), Nr. 2, Nr. 4; (o. J. [ca.

1953]), H. 4; (o. J. [ca. 1953]), H. 7; (o. J. [ca. 1953]) Nr. 8; (März o. J.); (März o. J.), H. 6; (1954-1958), Nr. 8, 9, 11, 12, 14-22.

Feuerzeichen (1948), Nr. 6, 7.
Feuerzeichen (1949), Nr. 3, 8.
Feuerzeichen (25. 1. 50), Nr. 1.

Pulsschlag, Blitznachrichten der Deutschen Jungenschaft (21. 1. 49), Nr. 2.

Rundbrief an den Jurtschi, VIII (27. 6. 1949).
Jurtschibrief (6. 12. 49), Nr. XIV.
Jurtschibrief (29. 4. 50), Nr. XVII.
Jurtschibrief (22. juni 1950), Nr. XX (zwei Mal).
Jurtschibrief (13. 12. 50), o. Nr.
Jurtschibrief (9. 6. 51), XXXI.
Jurtschibrief (15. 10. 51), o. Nr.
Jurtschibrief (23/5. 11. 51), o. Nr.
Jurtschibrief (51), Nr. XXVIII.
Rundbrief, D. J. Nordwest (3. V. 1949), Nr. IV.

schiffsjournal. arbeitsanregungen der deutschen jungenschaft (o. Datum), 3. eintragung.
schiffsjournal. arbeitsanregungen der deutschen jungenschaft (o. Datum), 6. eintragung, verantwortlich pascha und akke.
schiffsjournal. arbeitsanregungen der deutschen jungenschaft (o. Datum), 19 - (25. 10. 48) 23. eintragung.
Schiffsjournal. arbeitsanregungen der deutschen jungenschaft 32. eintragung, verantwortlich zoks von der drachenhorte.
schiffsjournal. arbeitsanregungen der deutschen jungenschaft (o. Datum), verantwortlich anjali.
SCHIFFSJOURNAL. arbeitsanregungen der deutschen jungenschaft (o. Datum), 19. eintragung, verantwortlich ruppi.

Unser Schiff (März-Dezember 1947), H. 1, H. 2, H. 4-17.
Unser Schiff (1948), H. 1.

X gibt bekannt. Bielefeld, 9. 12. 1949.

Privatarchiv Helmut Kleinsteuber (PA Kleinsteuber) (unverzeichnet)
Rundschreiben, Schriftverkehr der bündischen Jugend Lemgo, 1945-1955

Kleinsteuber Helmut, Lebenslauf und Tätigkeiten in der bündischen Jugend, unveröff. Ms., Hatten 22. Oktober 1999.

–, Geschichte der Deutschen Jungenschaft. Beschluss der Bremer D.J. (Deutschen Jungenschaft), 15. Mai 1949, unveröff. Ms., 27. Mai 1990.

II Gedruckte Quellen

II. 1 Lebenserinnerungen

BISMARCK, KLAUS VON, Jugend 1945. Meine Anfänge im Jugendhof Vlotho, in: Kersting 1998, 271-289.

BÖLL, HEINRICH (Hg.), Niemands Land. Kindheitserinnerungen an die Jahre 1945 bis 1949, München 1987.

BRASPARTS, Interview mit berry Westenburger, in: Stichwort (1995), H. 4, 26-30.

BUSCHER, PAULUS, dj.1.11. rebellion der jungen – oder sieg des absonderlichen?, in: Wir selbst (1987), Nr. 1, 16-20.

DANNEMANN, ARNOLD, Evangelische Jugendarbeit auf der Führungsebene, in: Holzapfel 1992, 61-75.

DELIUS, FRIEDRICH CHRISTIAN, Der Sonntag, an dem ich Weltmeister wurde, Reinbek 1994.

DRIESCH, KARL VON DEN, Entwicklungen. Fernweh und Großfahrten Bündischer Jugend in der Nachkriegszeit. Eine autobiographische Skizze, Baunach 1996.

EILERS, ELFRIEDE, ‚Wenn Frauen aktiv sind, sind sie's meistens länger als Männer!' Elfriede Eilers – Lebensbilder, aufgezeichnet von Heinz Thörmer, Marburg 1996.

–, ‚In die Jugendarbeit bin ich hineingeboren', in: Kersting 1998, 131-138.

FILMER, WERNER/SCHWAN, HERIBERT (Hg.), Mensch, der Krieg ist aus. Zeitzeugen erinnern sich, Düsseldorf/Wien 1985.

GUHA, ANTON-ANDREAS, ‚Bist narrisch Bua, Heil Hitler geht nimmer!', in: Böll 1987, 64-74.

HAHN, KURT, Ausgangspunkt Nürnberg, in: Hoffmann, Heinz/Zimmer, Jochen (Hg.), Wir sind die grüne Garde. Geschichte der Naturfreundejugend, Essen 1986, 171-180.

HAHN, WILHELM, Ich stehe dazu. Erinnerungen eines Kultusministers, Stuttgart 1981.

–, Evangelische Jugendarbeit zwischen Schule und Jugendpolitik, in: Holzapfel 1992, 97-107.

HEDERER, JOSEF, Die Jugendgemeinschaft und ihre Führer. Eine historische Darstellung, (Diss.) München 1959.

HEMPEL, WOLFGANG, ‚... ein kleiner Nazi bis zum letzten Tag'. Meine frühe Jugend in der Nazizeit und das Kriegsende, in: Kersting 1998, 263-269.

HOLZAPFEL, INGO (Hg.), Zeitzeugen berichten. Zur Geschichte der evangelischen Jugendarbeit von 1930 bis 1950, Stuttgart 1992.

KEBER, WOLFRAM, Erinnerungen an das Jahrzehnt 1940-1950, in: Sundergeld, Friedhelm (Hg.), Land und Leuten dienen. Ein Lesebuch zur Geschichte der Schule in Minden. Zum 450jährigen Bestehen, 235-242.

KERSTING, FRANZ-WERNER (Hg.), Jugend vor einer Welt in Trümmern. Erfahrungen und Verhältnisse der Jugend zwischen Hitler- und Nachkriegsdeutschland, Weinheim/München 1998.

KLEMPERER, VICTOR, So sitze ich denn zwischen allen Stühlen. Tagebücher 1945-1959, hg. v. Nowojski, Walter unter Mitarbeit von Löser, Christian, 2 Bde., Berlin 1999.

KÖHNEN, KATHARINA, Wenn alles in Scherben fällt. Eine Kindheit im 3. Reich. Szenen aus Ostwestfalen, Bielefeld 1991.

KRÖHER, HEIN, 50 Jahre deutsche Jungenschaft.1.11, in: stichwort, 4 (1979), 279f. (1979a)

KRÖHER, OSS, Es waren Lieder, in: stichwort, 4 (1979), 291-293. (1979b)

MEIXNER-WÜLKER, EMMY, Zwiespalt. Jugend zwischen NS-Erziehung und -Verfolgung, Hamburg 1988.

PAUSEWANG, GUDRUN, Ein Maimorgen, in: Böll 1987, 57-63.

SCHERF, WALTER, Dreiunddreißig war ich dreizehn, Edermünde 2001.

SÖLLE, DOROTHEE, Wer bin ich?, in: Böll 1987, 205-218.

STERNHEIM-PETERS, EVA, Die Zeit der grossen Täuschungen. Eine Jugend im Nationalsozialismus, Köln 1992.

SZCZESNY, GERHARD, Als die Vergangenheit Gegenwart war. Lebenslauf eines Ostpreußen, Frankfurt/M. 1990.

VORMWEG, HEINRICH, Mein Zauberberg, in: Böll 1987, 131-138.

WUERMELING, HENRIC L., Die weisse Liste. Umbruch der politischen Kultur in Deutschland 1945, Frankfurt/M./Berlin 1981.

[ZENKER, HAJO], Neuer Anfang. Ein Kapitel der neuen Jungenschaft, in: der eisbrecher – eine Zeitschrift der Jungen (Dezember 1972), H. 59, 338-342.

II. 2 Statistiken

DEUTSCHER STÄDTETAG (Hg.), Statistisches Jahrbuch Deutscher Gemeinden, 37 (1949)-39 (1951), 43 (1955).

REEKERS, STEFANIE, Westfalens Bevölkerung 1818-1955. Die Bevölkerungsentwicklung der Gemeinden und Kreise im Zahlenbild, Münster 1956.

STATISTISCHES BUNDESAMT (Hg.), Amtliches Gemeindeverzeichnis für die Bundesrepublik Deutschland mit Übersichten über die Zugehörigkeit der Gemeinden zu Ortsklassen, Postleitgebieten und einigen wichtigen Verwaltungseinheiten (Gebietsstand 25. 9. 1956, Saarland 31. 12. 1956), Stuttgart 1957.

STATISTISCHES BUNDESAMT (Hg.), Amtliches Gemeindeverzeichnis für die Bundesrepublik Deutschland mit Übersichten über die Verwaltungsgliederung, wichtige administrative Einheiten und Angaben der Gemeinden zu Ortsklasse, Postleitzonen, -leitäumen, -leitgebieten und -leitbereichen (Bevölkerungs- und Gebietsstand 6. 6. 1961), Stuttgart/Mainz 1961.

STATISTISCHES LANDESAMT NORDRHEIN-WESTFALEN, Statistisches Jahrbuch Nordrhein-Westfalen, 1 (1949), Düsseldorf 1950.

II. 3 Periodika

ALT-WANDERVOGEL. Deutsche Jungenschaft, 1924 (AdJb).

CVJM-MINDEN, MONATSANZEIGER (1930-1931; 1951-1966).

DER BAUSTEIN. Evangelische Jugendzeitschrift Deutschlands, hg. v. Reichsverband der evangelischen Jungmännerbünde. Deutsche Sektion des Weltbundes der Christlichen Vereine Junger Männer (YMCA); Schriftleitung: Hans-Wolfgang Litterscheid u. Mitarb. v. Johannes Busch, Arnold Dannemann, Gustav-Adolf Gedat, Manfred Müller, Bd. 1 (1946-1948)-Bd. 4 (1954-1955).

DER BAUSTEIN. Deutsche Jungenzeitschrift, 1 (1946)-12 (1957), hg. v. CVJM-Westbund, Wuppertal.

DER BAUSTEIN. Jugend unter dem Wort. Evangelische Jungenzeitschrift, Ausgabe West (Feb. 1958).

JUGEND UNTER DEM WORT/Jungenausgabe, hg. v. Bundeswart Johannes Busch und Landesjugendpfarrer Fritz Bopp, Wuppertal/Barmen, 3 (1950)-9 (1956).

JUNGE GEMEINSCHAFT. Zeitschrift für die sozialistische Jugend- und Erziehungsarbeit, 1 (1949)-6 (1954).

MITARBEITER-HILFE des Evangelischen Jungmännerwerks Deutschlands, hg. v. Oskar Schnetter u. Mitarb. v. Pfarrer Friedrich Samuel Rothenberg, Wuppertal/Barmen (1946/47)(Matthäus-Jahr); Faltblatt: Termine und Orte der Treffen etc. (1947).

MITARBEITER-HILFE des Evangelischen Jungmännerwerks Deutschlands, hg. v. Oskar Schnetter u. Mitarb. v. Pfarrer Friedrich Samuel Rothenberg, Wuppertal/Barmen (1945-1946); (1949), Nr. 8 u. Nr. 9; (März-Dezember 1950), Nr. 2-6.

MITARBEITERHILFE des Evangelischen Jungmännerwerks Deutschlands, Zweimonatsschrift, hg. v. Reichsverb. der Ev. Jungmännerbünde im Eichenkreuzvrlg., Kassel-Wilhelmshöhe, Schriftl. Oskar Schnetter, 9 (Jan./Feb. 1954), H. 1-12 (Nov.-Dez. 1957), H. 6.

‚DER NATURFREUND'. Mitteilungen des Touristen-Vereines ‚Die Naturfreunde', Wien, XXXIII (1929).

NATURFREUNDE-NACHRICHTEN der Arbeitsgemeinschaft der Landesverbände im Touristenverein ‚Die Naturfreunde'. Mitteilungsblatt der lizensierten Jugendabteilungen, 2 (15. 2. 1948), Nr. 2.

NEUE DEUTSCHE JUNGENSCHAFT, 1950-1953 (schrift 37), hg. v. bund deutscher jungenschaften, Augsburg.

DER RAVENSBERGER. Heimatblätter für das Minden-Ravensberger Land, hg. im Auftrag des Historischen Vereins für die Grafschaft Ravensberg, Bielefeld u. a., 20 (1948)-27 (1955).

DER RING. Nachrichten- und Mitteilungsblatt des Stadtjugendrings Minden (Westf.), 1 (September/Oktober 1959), Nr. 1-3 (November/Dezember 1961), Nr. 10.

WANDERN UND BERGSTEIGEN. Zeitschrift der Deutschen Naturfreunde, hg. v. TVDN, Bundesleitung, Mitgliedsverband im Dt. Naturschutzring (DNR), Nürnberg, 1 (1949)-7 (1955).

WANDERVOGEL-DEUTSCHER BUND FÜR JUGENDWANDERUNGEN, Gau-Färthen-Blatt für Rheinland-Westfalen und Hannover, Herbst 1910 bis Herbst 1911.

WIR SIND JUNG. Schulungsheft für die Naturfreunde-Jugend- und Kindergruppen, hg. von der Naturfreunde-Jugend Deutschlands, Bundesjugendleitung, Stuttgart, 1 (1951)-4 (1954).

II. 4 Weitere Literatur bis 1960 und gedruckte Quellen

90 JAHRE Diakonissenanstalt Salem-Köslin. 1868-1958. Von Stettin nach Köslin über Oldenburg und Rastede nach Minden, Minden 1958.

BAUMERT, GERHARD, Jugend in der Nachkriegszeit. Lebensverhältnisse und Reaktionsweise, Darmstadt 1952.

BECKER, HOWARD, Jugendpflege und Jugendbewegung einst und heute, in: Verhandlungen des 9. Deutschen Soziologentages, Tübingen 1949, 47-64.

–/HOFMANN, ERICH, „Jugendbewegung", in: Beckerath u. a. 1956, 427-430.

BECKERATH, ERWIN U. A. (Hg.), Handwörterbuch der Sozialwissenschaften, Bd. 5, Göttingen 1956.

BLÜHER, HANS, Die deutsche Wandervogelbewegung als erotisches Phänomen. Ein Beitrag zur Erkenntnis der sexuellen Inversion, 6. Aufl. Prien 1922.

–, Die Rolle der Erotik in der männlichen Gesellschaft. Eine Theorie der menschlichen Staatsbildung nach Wesen und Wert, Stuttgart 1961 (Nachdr. v. Jena 1917).

–, Wandervogel 1-3. Geschichte einer Jugendbewegung. Heimat und Aufgang. Blüte und Niedergang. Die deutsche Wandervogelbewegung als erotisches Phänomen. Ein Beitrag zu Erkennntis der sexuellen Inversion, 5. Aufl. Frankfurt/M. 1976 (Nachdr. v. 2. Aufl. Berlin 1912-1914).

BODENSIEK, GUSTAV, Schulzeit auf dem Mindener Gymnasium. Jugenderinnerungen aus Minden und Leteln in den Jahren von etwa 1872-1878, in: MH, 32 (1960), 17-24.

BORCHERT, WOLFGANG, Das ist unser Manifest, in: Ders. 1956b, 129-134. (1956a)

–, Draußen vor der Tür und ausgewählte Erzählungen. Mit einem Nachwort von Heinrich Böll, Hamburg 1956. (1956b)

–, Draussen vor der Tür. Ein Stück, das kein Theater spielen und kein Publikum sehen will, in: Ders. 1956b, 5-59. (1956c)

–, Generation ohne Abschied, in: Ders. 1956b, 124f. (1956d)

–, Lesebuchgeschichten, in: Ders . 1956b, 92-94. (1956e)

BUSCH, WILHELM, Bund und Kirche, in: Ders . 1948c, 96-98. (1948a)

–, Der Bunde im Dienst am Bruder, in: Ders . 1948c, 270-272. (1948b)

–, Man muß doch darüber sprechen, Stuttgart 1950.

–, Mit ihm wir wollens wagen. 100 Jahre Westdeutscher Jungmännerbund. Eine Denkschrift von Pastor Wilhem Busch, Wuppertal-Barmen 1948. (1948c)

CORDIER LEOPOLD, Die evangelische Jugend und ihre Bünde. Eine geschichtliche Einführung, Bd. 2, 2. Aufl. Schwerin 1927 (= Evang. Jugendkunde).

CVJM-GESAMTVERBAND, Eichenkreuz-Grundsätze, Sport im CVJM-Gesamtverband in Deutschland e. V. (gedr. Quelle), in: Affolderbach, Martin (Bearb.), Grundsatztexte zur evangelischen Jugendarbeit. Materialien zur Diskussion in Praxis, Lehre und Forschung, Münster 1978, 440-443.

CHRISTLICHER VEREIN JUNGER MÄNNER (Hg.), 100 Jahre CVJM Minden, 1856-1956, Minden 1956.

DAS KIRCHENJAHR, in: Zimmermann 1945, 256f.

DAS KIRCHENJAHR, in: Zimmermann 1954, 403-406.

DER GROSSE BROCKHAUS, 16. völlig neubearb. Aufl. in 12 Bänden., Wiesbaden 1952-1957.

DEUTSCHES ARCHIV FÜR JUGENDWOHLFAHRT, Berlin 1930.

DIE JUBELFEIER DES STAATL. GYMNASIUMS MINDEN, in: MH, 8 (1930), Nr. 18, 21.

DOMPFARRAMT IN GEMEINSCHAFT MIT DEM DOMBAUVEREIN MINDEN (Hg.), Festschrift zur Neuweihe des Domes zu Minden, Minden 1957.

DROSS, HOLM, Holm an den Bund. Über die geistigen Grundlagen Bündischer Jugend 1947-1952, Quellen und Beiträge zur Geschichte der Jugendbewegung, Bd. 4, Frankfurt/M. 1964.

ENGELHARDT, VICTOR, Der Mann in der Jugendbewegung, Berlin 1924.

FERGER, ERNST, Deutsche Jugend. Fünf Reden, Zürich/Leipzig 1945.

FREUDENTHAL, HERBERT, Das Feuer im deutschen Glauben und Brauch, Berlin/Leipzig 1931.

FRITSCH, HORST (Hg.), Der Anfang. Liederblätter deutscher Jugend, 1. Sammlung (Folge 1-36), Heidenheim/Brenz 1954.

GASSET, ORTEGA Y, JOSÉ, Aufstand der Massen, Berlin u. a. 1960 (erw. Neuaufl. v. Hamburg 1956).

GELDERBLOM, HANS, Als Ruine noch gewaltig. Die Zerstörung des Mindener Doms, in: Der Ravensberger, 24 (1948), 59-61.

–, Der Dom zu Minden im Wiederaufbau, in: Der Ravensberger, 24 (1952), 31-35.

GEORGE, A. C., Fünfzig Jahre Naturfreundebewegung in Deutschland, in: Zentralausschuß 1955, 73-78.

GEORGI-VALENTIN, Albert, Bedeutende Männer der Naturfreundebewegung, in: Zentralausschuß 1955, 150-152. (1955a)

–, Die alpinistischen Leistungen der Naturfreunde, in: Zentralausschuß 1955, 133-137. (1955b)

–, Die naturkundliche Arbeit, in: Zentralausschuß 1955, 144-146. (1955c)

„GOLDENE HORDE“, in: Der Grosse Brockhaus, 4 (1954), 713.

HAHN, KURT, Die Entwicklung der Naturfreundejugend Deutschlands seit der Neugründung 1946, in: Zentralausschuß 1955, 79-82.

HAHN, WILHELM/KARSTEN, ALBERT, „Jugendpflege“, in: Handwörterbuch der Sozialwissenschaften, Bd. 5, hg. v. Beckeroth, Erwin u. a., Göttingen 1956, 434-438.

„Haiku“, in: Der Grosse Brockhaus 5 (1954), 192.

Hartung, Karl, Das Jugendherbergswerk in Westfalen-Lippe. 50 Jahre DJH-Werk, Hagen 1959.

Hartwig, Th., Die politische Auswirkung unserer unpolitischen Tätigkeit, in: Der Naturfreund. Mitteilungen des Touristen-Vereines ‚Die Naturfreunde‘, Wien, 30 (1929), 35.

Hauser, Kai (Hg.), Die Grosse Fahrt. ein jungenbuch, Düsseldorf 1947.

Heuss, Theodor, Lob der Schule. Einweihung der Robert-Mayer-Oberschule und der Rosenau-Volksschule, Heilbronn, 16. 9. 1950, in: Ders., Reden an die Jugend, hg. v. Bott, Hans, Tübingen 1956, 25-34.

„Hokusai“, in: Der Grosse Brockhaus 5 (1954), 507.

Hundt, Josef/Meier-Wrekk, Heinz, Hitlergeißel über Westfalen. Eine Bilanz der Nazi-Zeit. Mit einem Geleitwort von F. Stricker, Düsseldorf 1946.

„Humor“, in: Der Grosse Brockhaus 5 (1954), 577.

Institut für Demoskopie, Die Jugendbefragungen 1947/48, Allensbach am Bodensee Ms. o. J.

Katechismus des Eichenkreuzes, worinnen der junge Mann gelehrt wird, warum und zu welchem Ende er seinen Leib üben und stählen soll, 2. Aufl. Wuppertal-Barmen o. J. (Nachdr. v. Kassel-Wilhelmshöhe 1928).

Keber, Paul, Der Wiederaufbau Mindens, in: MH, 22 (1950), Nr. 2, 11f.

–, Wiederaufbau und Neubau in Minden, in: MH, 22 (1950), Nr. 7, 1-5.

–, Wiederaufbau und Neubau in Minden (Forts.), in: MH, 23 (1951), Nr. 4/5, 64f.

–, Wiederaufbau und Neubau in Minden (Forts.), in: MH, 23 (1951), Nr. 6, 74f.

–, Wiederaufbau und Neubau in Minden (Forts.), in: MH, 23 (1951), Nr. 7, 93f.

–, Wiederaufbau und Neubau in Minden (Schluß), in: MH, 23 (1951), Nr. 8, 107.

–, Aenny Hindermann und Minden. Ihre Lebenserinnerungen/Betrachtungen, in: MH, 23 (1951), Nr. 9/10, 124-127.

–, Wiederaufbau und Neubau in Minden, in: MH, 24 (1952), Nr. 1/2, 17-19.

–, Wiederaufbau und Neubau in Minden, in: MH, 24 (1952), Nr. 3/4, 35-37.

–, Wiederaufbau und Neubau in Minden, in: MH, 24 (1952), Nr. 9/12, 103-105.

–, Die Jubiläumsschriften des Mindener Gymnasiums. Untersucht bezüglich ihres Inhalts, ihrer Entwicklung und ihres Heimatcharakters, in: MH, 28 (1956), Nr. 8/9, 105-108.

–, Die Jubiläumsschriften des Mindener Gymnasiums. Untersucht bezüglich ihres Inhalts, ihrer Entwicklung und ihres Heimatcharakters, in: MH, 29 (1957), Nr. 2/3, 61-64.

–, Die Jubiläumsschriften des Mindener Gymnasiums. Untersucht bezüglich ihres Inhalts, ihrer Entwicklung und ihres Heimatcharakters, in: MH, 30 (1958), Nr. 3/5, 179-189.

–, Minden im Jahre 1945 Versuch einer Darstellung des Kriegsendes und der ersten Nachkriegszeit in unserer Vaterstadt, in: MH, 32 (1960), Nr. 1/2, 32-34.

–, Lehrer des Mindener Gymnasiums und der Realschule I. Ordnung in den 70er Jahren. Ergänzungen zu Gustav Bodensieks ‚Jugenderinnerungen aus Minden', in: MH, 32 (1960), Nr. 3/4, 45-49.

–, Minden im Jahre 1945. Versuch einer Darstellung des Kriegsendes und der ersten Nachkriegszeit in unserer Vaterstadt, in: MH, 32 (1960), Nr. 5/6, 37-45.

–, Minden im Jahre 1945. Versuch einer Darstellung des Kriegsendes und der ersten Nachkriegszeit in unserer Vaterstadt, 2. Fortsetzung, in: MH, 32 (1960), Nr. 7/8, 58-62.

–, Minden im Jahre 1945. Versuch einer Darstellung des Kriegsendes und der ersten Nachkriegszeit in unserer Vaterstadt, 1. Fortsetzung, in: MH, 32 (1960), Nr. 9/11, 93-98.

–, Minden im Jahre 1945. Versuch einer Darstellung des Kriegsendes und der ersten Nachkriegszeit in unserer Vaterstadt, 4. Forts., in: MH, 33 (1961), Nr. 1/3, 26-31.

–, Minden im Jahre 1945. Mit Rück- und Vorblicken. 5. Fortsetzung, in: MH, 33 (1961), Nr. 7/8, 77-88.

–, Minden im Jahre 1945. Versuch einer Darstellung des Kriegsendes und der ersten Nachkriegszeit in unserer Vaterstadt. 6. Fortsetzung, in: MH, 33 (1961), Nr. 11/12, 140f.

KINDT, WERNER (Hg.), Die Wandervogelzeit – Quellenschriften zur deutschen Jugendbewegung 1896-1919. Mit einer ideengeschichtlichen Einführung von Wilhelm Flitner, Düsseldorf/Köln 1968.

KISSING, EWALD (Bearb.), Unsere Heimat Ein Heimatbuch für die Jugend des Minden-Ravenberger Landes und des Kreises Wiedenbrück, Bielefeld/Hannover 1954.

KLÖNNE, ARNO, Hitlerjugend. Die Jugend und ihre Organisation im Dritten Reich, 2. Aufl. Bonn 1956 (1955).

KLUTH, HEINZ/LOHMAR, ULRICH/TARTLER, RUDOLF (Hg.), Arbeiterjugend gestern und heute. Sozialwissenschaftliche Untersuchungen, Heidelberg 1955.

KLUTH, HELMUT, Das Verhältnis der arbeitslosen Jugendlichen zum Staat und zur Politik, in: Schelsky 1952, 127-232.

KNEIP, RUDOLF, Vom Wandervogel zum Jungenbund, 1. Teil der Geschichte der sächsischen Jungenschaft, Mittweida 1928.

KÖBEL, EBERHARD, Der gespannte Bogen (Auszug), hg. von der Deutschen Jungenschaft, Göttingen o. J. [1931].

–, Der gespannte Bogen. Eine Flugschrift zur Deutschen Jungenschaft, in: Tyrker, 10-12 (1931) (Nachdr. Heidenheim 1987).

– (tusk), ‚... seh ich Schwände nordwärts fliegen', hg. und mit einem biographischen Anhang von Erich Meier, Heidenheim 1977.

– (tusk), Zur Jungenführung, in: Seidelmann, Karl (Hg.), Die deutsche Jugendbewegung, Bad Heilbrunnn/Obb. 1966, 131-133.

KOGON, EUGEN, Recht auf politischen Irrtum, in: Frankfurter Hefte, 2 (1947), H. 7, 641-655.

KOHN, HANS, „Youth Movements", in: Encyclopaedia of the Social Sciences, Bd. 15, 16. Aufl. New York (1935) 1950, 516- 520.

KORN, KARL, Die Arbeiterjugendbewegung. Einführung in ihre Geschichte, Berlin 1922.

KÖSTER, WILLI, Bund und Leibesübungen, in: Busch 1948c, 113f.

KRIEG, MARTIN, Kleine Chronik der Stadt Minden, geschrieben im Auftrage der Stadt, 2. durchges. Aufl. Minden 1938.

–, Kreis Minden, Münster 1950.

KRINS, FRANZ, Nachrichten über eine Mädchenschule im 19. Jahrhundert, in: MH, 23 (1951), Nr. 11/12, 152f.

KUPISCH, KARL, Der deutsche CVJM. Aus der Geschichte der Christlichen Vereine Junger Männer Deutschlands, Kassel-Wilhelmshöhe 1958.

LERSNER, DIETER FREIHERR VON, Die Evangelischen Jugendverbände Württembergs und die Hitler-Jugend 1933/34, Göttingen 1958.

LIEDER DER EISBRECHERMANNSCHAFT, hg. von dj.1.11 (Vorwort von Eberhard Koebel zu „Soldatenchöre"), Faksimile Heidenheim 1970 (Nachdr. v. 1934).

MANN, HEINRICH, Der Untertan, Berlin (1918) 1991.

MANNHEIM, KARL, Das Problem der Generationen, in: Kölner Vierteljahreshefte für Soziologie, 7 (1928), 157-180, 309-350.

MAU, HERMANN, Die deutsche Jugendbewegung. Rückblick und Ausblick, in: Zeitschrift für Religions- und Geistesgeschichte, 1 (1948), 135-149.

MEINCKE, HENNING, Im Watt verschollen. Eine Jungengeschichte, die weniger hält, als ihr Titel verspricht, Bad Godesberg (1953) 1955.

MEINHARDT, ULRICH VOLKMAR, Die Festung Minden Gestalt, Struktur und Geschichte einer Stadtfestung, Minden 1958.

MEWES, BERNHARD, Die deutschen Jugendverbände, in: Das junge Deutschland, 19 (1927), Nr. 11, o. S.

–, Die erwerbstätige Jugend. Eine statistische Untersuchung, Berlin/Leipzig 1929.

„MINDEN", in: Der Grosse Brockhaus 8 (1955), 27.

MOGEY, J. M., A Century of Declinig Paternal Authority, in: Marriage and Family Living, 19 (1957), Nr. 3, 234-239.

MONTESI, GOTTHARD, Die Austreibung des Vaters. Ein Exkurs über Autorität und Gewalt, in: Wort und Wahrheit. Monatsschrift für Religion und Kultur, 8 (1953), 1. Halbj., 1-41.

NAUNIN, HELMUT, Wiederaufbau in Westfalen 1945-1951. Landschaftliche Selbstverwaltung, Dortmund 1952.

–, Westfalen als Verwaltungseinheit, in: Der Ravensberger, 26 (1954), 30.

NEUE SEGEL. Das große Handbuch für Jungen, Teil 4/5, Opladen 1950.

NITZSCHE, MAX, Bund und Staat – Wesen und Formen der bündischen Ideologie, Würzburg 1942.

PAETEL, KARL O., Das Bild vom Menschen in der deutschen Jugendführung, Bad Godesberg 1954.

PAGEL, ARNO (Hg.), Der Jugendbund für entschiedenes Christentum. Geschichte – Grundsätze – Organisation, 2. durchges. Aufl. Kassel 1954 (1965).

PLIVIER, THEODOR, Stalingrad, Berlin 1946.

PRIEPKE, MANFRED, Die evangelische Jugend im Dritten Reich, 1933-1936, Hannover/Frankfurt/M. 1960.

PRZYBYLSKI, LOTHAR, Die Arbeit der deutschen evangelischen Kirche an der Jugend von 1870 bis zur Gegenwart, (Diss.) Schwerin (1927) 1928.

RENDTORFF, TRUTZ, Die soziale Struktur der Gemeinde. Die kirchlichen Lebensformen im gesellschaftlichen Wandel der Gegenwart. Eine kirchensoziologische Untersuchung, 2. unveränd. Aufl. Hamburg 1959.

RENNER, KARL, An der Wende zweier Zeiten, Wien 1946.

REVES, EMERY, Die Anatomie des Friedens, Zürich u. a. 1947.

RIESMANN DAVID, Die einsame Masse. Eine Untersuchung der Wandlungen des amerikanischen Charakters. Mit einer Einführung in die deutsche Ausgabe v. Helmut Schelsky, Darmstadt u. a. 1956.

RIGGS, M. DAVID, Protestant Familiy Life Education. Current Theory and Practice, in: Marriage and Family Living, (August 1957), 253-255.

ROESE, O. N., „Jugendfürsorge“, in: Schiele, Friedrich Michael/Zscharnack, Leopold (Hg.), Die Religion in Geschichte und Gegenwart. Handwörterbuch in gemeinverständlicher Darstellung, Bd. 3, Tübingen 1912, 846-856.

ROESSLER, W., Jugend im Erziehungsfeld. Haltung und Verhalten der deutschen Jugend in der ersten Hälfte des 20. Jahrhunderts unter besonderer Berücksichtigung der westdeutschen Jugend der Gegenwart, Düsseldorf 1957.

RÜRÜP, FRIEDRICH, Professor Hjalmar Kutzleb. Zum Tode des Dichters und Erziehers – Minden war seine zweite Heimat, in: MH, 31 (1959), Nr. 5/6, 41-44.

„RÜSTTAG“, in: Der Grosse Brockhaus 10 (1956), 174.

SCHELSKY, HELMUT, Arbeitslosigkeit und Berufsnot der Jugend, Bd. I, Köln 1952.

–, Die skeptische Generation. Eine Soziologie der deutschen Jugend, Düsseldorf/Köln 1957.

–, Wandlungen der deutschen Familie in der Gegenwart, 4. Aufl. Stuttgart 1960 (Nachdr. v. Dortmund 1953).

SCHERF, WALTER, Das grosse Lagerbuch, Recklinghausen 1960.

–, Die Heimrunde, in: Neue Segel 1950, Teil IV.

–, Schwedenfahrt, Recklinghausen 1955.

–, zeltpostille. Geschichten und Lieder, Recklinghausen 1956.

SCHMIDT, FRITZ, Die Neue Deutsche Jungenschaft, in: Bund deutscher Jungenschaften (Hg.), Neue Deutsche Jungenschaft 1950-1953 (schrift 37), o. O. o. J.

SCHMIDT, UDO (Hg.), Dokumente Evangelischer Jugendbünde Wandlungen zwischen zwei Weltkriegen, Stuttgart 1975.

SCHOLL, INGE, Die weiße Rose, Frankfurt/M./Hamburg 1953.

SCHOLLE, FRANZ, Festschrift zur Hundertjahrfeier des Christlichen Vereins Junger Männer e. V. zu Münster (Westf.). 100 Jahre Dienst am jungen Mann, Münster 1951.

SCHOTT, EUGEN, Alpinismus im Wandel der Zeit, in: Zentralausschuß 1955, 130f.

SCHWARZ, HEINZ, Singfiebel, in: Neue Segel 1950, Teil V.

SLAVIK, OTTO, Die Gilde der Naturfreundealpinisten, in: Zentralausschuß 1955, 131f.

STÄHLIN, WILHELM, Die ausgesonderten Tage. Von Sinn und Praxis geistlicher Wochen, Kassel 1954.

STANGE, ERICH, ER führt uns wie die Jugend. Berichte über ein Lebenswerk im Dienst an der jungen Generation, Kassel 1957.

STEINKAMP, CHR., Bomben auf Minden. Ein Erlebnisbericht, in: MH, 22 (1949), Nr. 1, 5-8.

STRUTZ, GEORG, Weserfahrt und Weinbergschnecken, in: Der Ravensberger, 20 (1948), 104.

STURSBERG, WALTER, Freizeiten und Lager, in: Busch 1948c, 104-106.

TJADEN, KAJ, rebellion der jungen. Die Geschichte von tusk und von d.j.1.11, Fankfurt/M. 1958.

TROELTSCH, ERNST, Die Soziallehre der christlichen Kirchen und Lehren, Bd. 2, Tübingen 1994 (Neudr. von Tübingen 1912).

TROST, FRIEDRICH, „Jugendfürsorge", in: Beckerath u. a. 1956, Bd. 5, 430-434.

WALDNER, PETER, „Jugendbewegung", in: Kleinert, Heinrich/Stuckl, Helene/Dottrens, Robert u. a. (Hg.), Lexikon der Pädagogik in 3 Bänden, Bd. 1, Bern 1950, 766-770.

WINTERER, FRANZ, Die Gründung des Wiener Touristenvereins ‚Die Naturfreunde', in: Zentralausschuß 1955, 9-26.

ZEHRER, HANS, Der Mensch in dieser Welt, Hamburg 1948.

ZELLER, EBERHARDT, Geist der Freiheit. Der zwanzigste Juli, München 1952.

ZENTRALAMT FÜR ARBEIT IN DER BRITISCHEN ZONE, Die Flüchtlinge in der britischen Zone, Lemgo 1948.

ZENTRALAUSSCHUß DER NATURFREUNDE-INTERNATIONALE (NFI) (Hg.), Sechzig Jahre Touristenverein ‚Die Naturfreunde'. Denkschrift zum sechzigjährigen Bestehen 1895-1955, Zürich 1955.

ZIMMERING, MAX, Widerstandsgruppe ‚Vereinigte Kletter-Abteilung' (VKA). Ein Bericht von der Grenzarbeit der Dresdner Arbeiterbergsteiger in der Sächsischen Schweiz und dem östlichen Erzgebirge, Berlin 1948.

ZIMMERMANN, WALTER, Christenlehre. Ein Buch für die evangelische Jugend, hg. für den kirchlichen Gebrauch der Thüringer Bibelgesellschaften in Altenburg, Altenburg 1945.

– (Hg.), Christenlehre. Ein Buch für die evangelische Jugend, Berlin 1954.

ZWISCHEN RESTAURATION UND NEUER JUGENDBEWEGUNG? – Das Fürstenekker Gespräch des Deutschen Bundesjugendringes (1954), in: Faltermaier, Martin, Nachdenken über Jugendarbeit. Zwischen den fünfziger und achtziger Jahren. Eine kommentierte Dokumentation mit Beiträgen aus der Zeitschrift ‚deutsche Jugend', München 1983, 35-49.

11. CVJM-TURNFEST MINDEN-RAVENSBERG-LIPPE 1920 in Hartum, in: CVJM Hartum 1995, 22.

ABELSHAUSER, WERNER, Wirtschaft in Westdeutschland 1945-1948. Rekonstruktion und Wachstumsbildung in der amerikanischen und britischen Zone, Stuttgart 1975.

–, Die langen 50er Jahre. Wirtschaft und Gesellschaft der Bundesrepublik Deutschland 1949-1966, Düsseldorf 1987.

–, Die etwas andere Industrialisierung. Studien zur Wirtschaftsgeschichte des Minden-Lübbecker Landes im 19. und 20. Jahrhundert, Essen 1999.

ABRAMS, LYNN, Worker's Culture in Imperial Germany. Leisure and Recreation in Rhineland and Westphalia, London 1992.

ABRAMS, PHILIP, History, Sociology, Historical Sociology, in: Past and Present Society (1980), Nr. 87, 3-16.

AFFOLDERBACH, MARTIN, Kirchliche Jugendarbeit im Wandel. Analysen zur Bibelfrömmigkeit, Mainz/München 1977.

– (Bearb.), Grundsatztexte zur evangelischen Jugendarbeit Materialien zur Diskussion in Praxis, Lehre und Forschung, Münster 1978.

–, „Jugend", in: TRE 17 (1988), 409-423.

ALBERTIN, LOTHAR, Jugend und Kirchen am Anfang der zweiten deutschen Nachkriegsdemokratie, in: Maron, Gottfried (Hg.), Evangelisch und Ökumenisch. Beiträge zum 100jährigen Bestehen des Evangelischen Bundes, Göttingen 1986, 228-241.

–, Flüchtlinge. Eine kirchenhistorische Chance für den Protestantismus nach dem Zweiten Weltkrieg. Beobachtungen aus der Region Ostwestfalen-Lippe, in: Schulze, Rainer/Brelie-Lewin, Doris von der/Grebing, Helga (Hg.), Zur Rolle der Flüchtlinge und Vertriebenen in der westdeutschen Nachkriegsgeschichte. Bilanzierung und Perspektiven für die zukünftige Forschungsarbeit, Hildesheim 1987, 288-301.

–, Jugendarbeit 1945. Neuanfänge der Kommunen, Kirchen und politischen Parteien in Ostwestfalen-Lippe, Weinheim/München 1992.

–, Demokratische Herausforderung und Politische Parteien. Der Aufbau des Friedens in Ostwestfalen-Lippe 1945-1948, Paderborn 1998.

ALEXANDER, THOMAS, Carl Severing. Sozialdemokrat aus Westfalen mit preußischen Tugenden, Bielefeld 1992.

ALHEIT, PETER/HAACK, HANNA/HOFSCHEN, HEINZ-GERD/MEYER-BRAUN, RENATE, Gebrochene Modernisierung. Der langsame Wandel proletarischer Milieus Eine empirische Vergleichsstudie ost- und westdeutscher Arbeitermilieus in den 1950er Jahren, Bd. 1: Sozialgeschichtliche Rekonstruktionen, Bd. 2: Soziologische Deutungen, Bremen 1999.

ANDERSON, BENEDICT, Imagined Communities. Reflections on the Origin and Spread of Nationalism, London 1991(Neuausgabe v. 1983).

ANDRESEN, SABINE, Mädchen und Frauen in der bürgerlichen Jugendbewegung. Soziale Konstruktion von Mädchenjugend, Neuwied u. a. 1997.

ANGERMANN, GERTRUD, Stammbücher und Poesiealben als Spiegel ihrer Zeit nach Quellen des 18.-20. Jahrhunderts aus Minden-Ravensberg, Münster 1971.

ARBEITERWOHLFAHRT ORTSVEREIN MINDEN, 70 Jahre Arbeiterwohlfahrt 1919-1989, Langenfeld 1989.

ARENS, EDMUND, Verkündigung, in: Affolderbach, Martin/Steinkamp, Hermann (Hg.), Kirchliche Jugendarbeit in Grundbegriffen. Stichworte zu einer ökumenischen Bilanz, Düsseldorf/München 1985, 393-407.

ARGONAUT IM 20. JAHRHUNDERT. Wolfgang Frommel. Ein Leben in Dichtung und Freundschaft. Eine Ausstellung der Stiftung Castrum Perigrini in Verbindung mit dem oberrheinischen Dichtermuseum Karlsruhe 1994, Karlsruhe 1994.

ASSMANN, HELMUTH, Beiträge zur Geschichte des Kreises Minden von 1816 bis 1945, in: MMG, 40 (1968), 79-121.

BAACKE, DIETER, Jugend und Jugendkulturen. Darstelllung und Deutung, Weinheim/München 1987.

– (Hg.), Handbuch Jugend und Musik, Opladen 1998.

–/FERCHHOFF, WILFRIED, Jugend, Kultur und Freizeit, in: Krüger 1988, 291-325.

–/LIENKER, HEINRICH/SCHMÖDERS, RALF/VOLKMER, INGRID (Hg.), Jugend 1900-1970. Zwischen Selbstverfügung und Deutung, Opladen 1991.

BACHMANN, JUTTA/HARTMANN, HELMUT (Hg.), Schiffahrt, Handel, Hafen. Beiträge zur Geschichte der Schiffahrt auf der Weser und Mittellandkanal, Minden 1987.

BAGGER, WOLFGANG, Internationales Jugendlager der Naturfreundejugend Deutschland im Kanzelwandhaus 1957, in: Grüner Weg, 7 (1992), H. 2, 4-8.

BAJOHR, FRANK/JOHE, WERNER/LOHALM, UWE (Hg.), Zivilisation und Barbarei. Die widersprüchlichen Potentiale der Moderne. Detlev Peukert zum Gedenken, Hamburg 1991.

BARCLAY, DAVID E./WEITZ, ERIC D. (Hg.), Between Reform and Revolution. German Socialism and Communism from 1840 to 1990, New York / Oxford 1998. (1988a)

–, Introduction, in: Dies. 1988, 1-32. (1988b)

BARROW, LOGIE/SCHMIDT, DOROTHEA/SCHWARZKOFF, JUTTA (Hg.), Nichts als Unterdrückung? Geschlecht und Klasse in der englischen Sozialgeschichte, Münster 1991.

BATH, FRIEDRICH CARL, Das Mindener Museum der Westphälischen Gesellschaft für vaterländische Cultur, in: Nordsiek 1977, 303-312.

BAUERKÄMPER, ARND/SABROW, MARTIN/STÖVER, BERND (Hg.), Doppelte Zeitgeschichte. Deutsch-deutsche Beziehungen 1945-1990, Bonn 1998.

BAUM, DETLEF, Jugendgefährdung als Integrationsgefährdung. Zum gesellschaftspolitischen Verständnis von Jugend und Jugendschutz, in: Diskurs, 7 (1997), H. 2, 26-37.

BAUMANN, IMMANUEL, Interpretation und Sanktionierung von Jugendkriminalität, in: Herbert 2002a, 348-378.

BAUMANN, MARTIN, ‚Importierte' Religionen. Das Beispiel Buddhismus, in: Kerbs/Reulecke 1998, 513-522.

BAUMOTTE, HANS, Fachgruppe Natur- und Heimatkunde, in: Touristenverein ‚Die Naturfreunde' Landesverband Teutoburger Wald/Weserbergland 1995, 135-138.

BECK, WOLFHART, Westfälische Protestanten auf dem Weg in die Moderne. Die evangelischen Gemeinden des Kirchenkreises Lübbecke zwischen Kaiserreich und Bundesrepublik, Paderborn u. a. 2002.

BECKER, HELMUT/EIGENBRODT, JÖRG/MAY, MICHAEL (Hg.), Pfadfinderheim, Teestube, Straßenleben. Jugendliche Cliquen und ihre Sozialräume, Frankfurt/M. 1984.

BECKER, WINFRIED, Zwischen Kontinuität und Neuorientierung. Zur Frühgeschichte der CDU in Westfalen-Lippe, besonders in Ostwestfalen (Regierungsbezirk Minden/Detmold), 1945-1950, in: WZ, 140 (1990), 381-429.

BEHNKE, CORNELIA/MEUSER, MICHAEL, Geschlechterforschung und qualitative Methoden, Opladen 1999.

BEHR, HANS-JOACHIM, Die Provinz Westfalen und das Land Lippe 1813-1933, in: Kohl 1983, Bd. 2, 45-164.

BEHRENBECK, SABINE, The Transformation of Sacrifice. German Identity between Heroic Narrative and Economic Success, in: Betts, Paul/Eghigian, Greg (Hg.), Pain and Prosperity. Reconsidering Twentieth-Century German History, Stanford 2003, 110-136.

BEHRENS-COBET, HEIDI (Hg.), Rote Jugend im schwarzen Revier. Bilder aus der Geschichte der Essener Arbeiterjugendbewegung, Essen 1989.

–, Abschiede vom Proletariat? Lebenslagen und Bildungsgeschichten ehemaliger Mitglieder der Essener SAJ, Bonn 1996.

BENDER-WITTMANN, URSULA/FABER-HERMANN, ULRIKE, ‚Von selbst ändert sich nichts'. Frauen und Politik in der Mindener SPD, in: Meynert/Bender-Wittmann 1994, 256-293.

BENNINGHAUS, CHRISTINA, Mädchen – die unbekannten Wesen? Forschungen zur weiblichen Jugend im deutschen Kaiserreich und in der Weimarer Republik, in: Fieseler, Beate/Schulze, Birgit, Frauengeschichte gesucht – gefunden. Auskünfte zum Stand der historischen Frauenforschung, Köln 1990, 75-91.

–, Die anderen Jugendlichen Arbeitermädchen in der Weimarer Republik, Frankfurt/M./New York 1999. (1999a)

–, Verschlungene Pfade – Auf dem Weg zu einer Geschlechtergeschichte der Jugend, in: Dies./Kohtz 1999, 9-32. (1999b)

–, Das Geschlecht der Generation, Ms. Bielefeld 2004.

–/KOHTZ, KERSTIN (Hg.), ‚Sag mir, wo die Mädchen sind.' Beiträge zur Geschlechtergeschichte der Jugend, Köln u. a. 1999

BENSEL, UDO, Soziale Bewegungen im Spannungsfeld zwischen Industriearbeit und Naturbedürfnis dargestellt am Beispiel des Touristenvereins ‚Die Naturfreunde', (Diss.) Berlin 1985.

BENZ, WOLFGANG (Hg.), Die Geschichte der Bundesrepublik Deutschland, 4 Bde., aktualis. und erw. Neuausgabe Frankfurt/M. 1989. (1989a)

–, Vorbemerkung, in: Ders., Bd. 1: Politk, 1989, 9-12. (1989b)

–, Zwischen Hitler und Adenauer. Studien zur Nachkriegszeit, Frankfurt/M. 1991.

BERDAHL, ROBERT M./LÜDTKE, ALF/MEDICK, HANS/SABEAN, DAVID/SIDER, GERALD M., Einleitung, in: Dies., Klassen und Kultur. Sozialanthropologische Perspektiven in der Geschichtsschreibung, Frankfurt/M. 1982, 9-20.

BERGHAN, VOLKER R., Recasting Bourgeois Germany, in: Schissler 2001e, 326-340.

BESSELGYMNASIUM DER STADT MINDEN (Hg.), 100 Jahre Besselgymnasium Minden. Das Vergangene nicht vergessen, in der Gegenwart für die Zukunft leben, Minden 1996. (1996a)

–, Friedrich Wilhelm Bessel, 1784-1846. Beiträge über Leben und Werk des bekannten Astonomen, Minden 1996. (1996b)

BEUTELSPACHER, MARTIN/RODEKAMP, VOLKER, Notlösungen. Alltag in Minden 1945-1948, Minden 1988.

BIDDISCOMBE, PERRY, Werwolf! The History of the National Socialist Guerilla Movement, 1944-1945, Toronto 1998.

BIESS, FRANK, Survivors Totalitarism. Returning POWs and the Reconstruction of Masculine Citizenship in West Germany, 1945-1955, in: Schissler 2001e, 57-82.

BIETAU, ALFRED, Vom Pütt auf'n Platz? Die Veränderungen jugendlicher proletarischer Lebenswelten im Ruhrgebiet seit 1945, in: Breyvogel/Krüger/Thole 1987, 186-193.

BILDEN, HELGA, Geschlechtsspezifische Sozialisation, in: Hurrelmann/Ulrich 1980, 777-814.
–/DIEZINGER, ANGELA, Historische Konstitution und besondere Gestalt weiblicher Jugend. Mädchen im Blick der Jugendforschung, in: Krüger 1988, 135-155.
BLATTMANN, LYNN, ‚Laßt uns den Eid des neuen Bundes schwören ...'. Schweizerische Studentenverbindungen als Männerbünde 1870-1914, in: Kühne 1996c, 119-135.
–, Familien ohne Frauen, in: Völger, Gisela (Hg.), Sie und Er. Frauenmacht und Männerherrschaft im Kulturvergleich, Köln 1997, 65-70.
–/MEIER, IRÈNE (Hg.), Männerbund und Bundesstaat. Über politische Kultur der Schweiz, Zürich 1998.
BLAZEK, HELMUT, Männerbünde. Eine Geschichte von Faszination und Macht, Berlin 1999.
BLOKLAND, TALJA, The State of Labour and Working-Class History in Europe, in: ILWCH (1998), Nr. 53, 1998, 185-187.
BOCK, CLAUS VICTOR, Untergetaucht unter Freunden. Ein Bericht, Amsterdam 1942-1945, 3. Aufl. Amsterdam/Bonn 1989.
BOCK, GISELA, Geschichte, Frauengeschichte, Geschlechtergeschichte, in: GG, 14 (1988), 364-391.
BÖHME, GERD/WEHNER-HAHNEL, GISI, „... lieber in den Tennisverein als zu den Falken.' Die Falkenbewegung im ersten Nachkriegsjahrzehnt, in: Behrens-Cobet 1989, 109-119.
BÖHNISCH, LOTHAR/GÄNGLER, HANS/RAUSCHENBACH, THOMAS (Hg.), Handbuch der Jugendverbände. Eine Ortsbestimmung der Jugendverbandsarbeit in Analysen und Selbstdarstellungen, Weinheim/München 1991.
BOLL, FRIEDHELM, Auf der Suche nach Demokratie Britische und deutsche Jugendinitiativen in Niedersachsen nach 1945, Bonn 1995. (1995a)
–, Hungerstreiks und Jugendunruhen 1947/48, in: Pollmann, Birgit (Hg.), Schicht – Protest – Revolution in Braunschweig 1292 bis 1947/48, Braunschweig 1995, 197-224. (1995b)
–, Zwischen Hitlerjugend und nationalsozialistischem Terror. Zum Miterleben nationalsozialistischer Unmenschlichkeit durch Kinder und Jugendliche aus sozialdemokratischen Milieu in: Gestrich, Andreas (Hg.), Gewalt im Krieg. Ausübung, Erfahrung und Verweigerung von Gewalt und Kriegen des 20. Jahrhundert (Jahrbuch für historische Friedensforschung, 4), Münster 1995, 194-215. (1995c)
–, Jugend im Umbruch vom Nationalsozialismus zur Nachkriegsdemokratie, in: AfS, 37 (1997), 482-520.
BOOTZ, ANDREAS, Kultur in Bielefeld 1945-1960, Bielefeld 1993.

BOROWSKY, PETER, Deutschland 1945-1969, Hannover 1993.

BÖSCH, FRANK, Die Adenauer-CDU. Gründung, Aufstieg und Krise einer Erfolgspartei 1945-1969, Stuttgart u. a. 2001.

BOTHIEN, HORST-PIERRE, Die Jovy-Gruppe. Eine historisch-soziologische Lokalstudie über nonkonforme Jugendliche im ‚Dritten Reich', Münster 1995.

BOURDIEU, PIERRE, Sozialer Sinn. Kritik der theoretischen Vernunft, Frankfurt/M. 1987.

–, Die feinen Unterschiede. Kritik der gesellschaftlichen Unterschiede, 10. Aufl. Frankfurt/M. 1998.

–/PASSERON, JEAN-CLAUDE, Die Illusion der Chancengleichheit, 10. Aufl. Stuttgart 1971.

BOYD, KELLY, Knowing your Place. The Tension of Manliness in Boys' Story Papers, 1918-39, in: Roper/Tosh 1991b, 145-167.

BOYER, CHRISTOPH, ‚Deutsche Handwerksordnung' oder ‚zügellose Gewerbefreiheit'. Das Handwerk zwischen Kriegswirtschaft und Wirtschaftswunder, in: Broszat/Henke/Woller 1988, 427-467. (1988b)

–, Zwischen Zwangswirtschaft und Gewerbefreiheit. Handwerk in Bayern 1945-1949, München 1992.

BRAKELMANN, GÜNTER, Das kirchennahe protestantische Milieu im Ruhrgebiet 1890-1933, in: Bericht über die 38. Versammlung deutscher Historiker in Bochum, 26. bis 29. September 1990, Stuttgart 1991, 175-179.

–, Evangelische Kirche und Judenverfolgung. Drei Einblicke, Waltrop 2001.

BRAND, VOLKER, Jugendkulturen und jugendliches Protestpotential. Sozialgeschichtliche Untersuchung des Jugendprotests von der Jugendbewegung zu Beginn des Jahrhunderts bis zu den Jugendkulturen der gegenwärtigen Risikogesellschaft, Frankfurt/M. u. a. 1993.

BRANDENBURG, HANS-CHRISTIAN, Deutsch-englische Jugendbeziehungen, in: Nasarski, Peter (Hg.), Deutsche Jugendbewegung in Europa. Versuch einer Bilanz, Köln 1967, 280-285.

BRANDHORST, EBERHARD, 450 Jahre Mindener Gymnasium, in: Der Minden-Ravensberger, 52 (1980), 134-136.

–, Die evangelische Schiffergemeinde und das Schifferkinderheim, in: Bachmann/Hartmann 1987, 419-422.

BRAUN, HANS, Von den Angepaßten zu den Aussteigern. Jugend und Jugendprobleme in der Geschichte der Bundesrepublik, in: Wehling 1982, 28-49.

–, Helmut Schelskys Konzept einer ‚nivellierten Mittelstandsgesellschaft' und die Bundesrepublik der 50er Jahre. Soziale und politische Ursachen und Erscheinungsweisen, in: AfS, 29 (1989), 199-223.

BRAUN, MARTIN (Hg.), Helfende Hände. Mitteilungen aus der Arbeit der Inneren Mission Westfalen. Sonderheft Diakonie in Minden, Bielefeld 1967.

BRENNEKE, GISBERT, Geschichte der sozialistischen Arbeiterjugendbewegung in Lippe 1918-1922, Bielefeld 1984.

BREUER, STEFAN, Ästhetischer Fundamentalismus. Stefan George und der deutsche Antimodernismus, Darmstadt 1995.

BREYVOGEL, WILFRIED/KRÜGER, HEINZ-HERMANN (Hg.), Land der Hoffnung – Land der Krise. Jugendkulturen im Ruhrgebiet 1900-1987. Begleitbuch zur gleichnamigen Ausstellung, Berlin/Bonn 1987.

BRIESEN, DETLEF, ‚Kultur' oder ‚Gesellschaft' als Paradigma für die Regionalgeschichte? Eine Replik, in: WF 43 (1993), 572-587.

–/BRUNN, GERHARD/ELKAR, RAINER S./REULECKE, JÜRGEN, Gesellschafts- und Wirtschaftsgeschichte Rheinlands und Westfalens und einer Dokumentation mit Graphiken und Tabellen von Jürgen Beine, Köln/Stuttgart/Berlin 1995.

BRINKMANN, FRIEDRICH, Das ‚Arbeitserziehungslager' Lahde 1943-1945, in: MH, 56 (1984), 49-68.

BRINKMANN, PETRA/KOCH, PHILIPP/SCHMITT, WERNER, Eisenbahner und Soldaten. Soziale und wirtschaftliche Folgen der Köln-Mindener Eisenbahn in der preußischen Festung Minden, in: Ellerbrock, Karl-Peter/Schuster, Marina (Hg.), Köln-Mindener-Eisenbahn. Katalog zur gleichnahmigen Ausstellungs- und Veranstaltungsreihe, Essen 1997, 130-135.

BRINKSCHMIDT, HANS-CHRISTIAN, Arbeiterbewegung und Naturverständnis, in: Grüner Weg, 13 (März 1999), 3-14.

–, Das Naturverständnis der Arbeiterbewegung am Beispiel der Naturfreundebewegung, (Diss.) Erlangen 1998.

BRÖLSCH, WERNER, Von der Bekennenden Kirche zum jugendpolitischen Engagement nach 1945, in: Kersting 1998, 83-86.

BROSTOFF, ANITA (Hg.), Flares of Memory. Stories of Childhood during the Holocaust, Oxford/New York 2001.

BROSZAT, MARTIN (Hg.), Zäsuren nach 1945. Essays zur Periodisierunug der deutschen Nachkriegsgeschichte, München 1990.

–/FREI, NORBERT (Hg.), Das Dritte Reich im Überblick Chronik, Ereignisse, Zusammenhänge, 6. durchg. u. aktualis. Aufl. München/Zürich 1999.

–/HENKE, KLAUS-DIETER/WOLLER, HANS, Einleitung, in: Dies. 1988b, XXV-XLIX. (1988a)

– (Hg.), Von Stalingrad zur Währungsreform. Zur Sozialgeschichte des Umbruchs in Deutschland, München 1988. (1988b)

BRÜCHER, BODO, Sozialistische Erziehung als Solidarisierung und Überwindung der Selbstentfremdung des Menschen, in: Beutin, Heidi/Beutin, Wolfgang/Brücher, Bodo (Hg.), Nach Rückschlägen vorwärts. Im Streit für eine humane Welt. Lorenz Knorr zum 70. Geburtstag, Hamburg 1991, 19-25.

–/HARTMANN, GÜNTER, Hebt unsere Fahnen in den Wind. Bilder aus der Geschichte der Sozialistischen Arbeiterjugendbewegung in Ostwestfalen und Lippe, Bonn 1983.

BRÜLLS, KLAUS, Neubeginn oder Wiederaufbau? Gewerkschaftsjugend in der britischen Zone, 1945-1950, Marburg 1985.

BRÜNDEL, HEIDRUN/HURRELMANN, KLAUS, Konkurrenz, Karriere, Kollaps. Männerforschung und der Abschied vom Mythos Mann, Stuttgart u. a. 1999.

BRUNING, JENS, Das pädagogische Jahrhundert in der Praxis. Schulwandel in Stadt und Land in den preußischen Westprovinzen Minden und Ravensberg 1648-1816, Berlin 1998.

BRUNN, GERHARD, Die Zeit der Krisen 1914-1955, in: Briesen/Brunn/Elkar/Reulecke, 1995, 129-201.

–/REULECKE, JÜRGEN, Kleine Geschichte von Nordrhein-Westfalen, 1946-1996, Köln/Stuttgart/Berlin 1996.

BUCHLOH, STEPHAN, ‚Pervers, jugendgefährdend, staatsfeindlich'. Zensur in der Ära Adenauer als Spiegel des gesellschaftlichen Klimas, Frankfurt/M./New York.

BÜCHNER, PETER, Vom Befehlen und Gehorchen zum Verhandeln. Entwicklungstendenzen von Verhaltensstandards und Umgangsformen seit 1945, in: Preuss-Lausitz 1995, 196-204.

BUCKPESCH, HELMUT, ‚Kinder der Arbeit'. Neubeginn im Nachkriegs-Offenbach, in: Hoffmann/Zimmer 1986, 193-202.

BUDDE, O. N./KUHLO, D. JOHANN, Pastor Eduard Kuhlo. Der Vater der Jünglingsvereine und Posaunenchöre in Minden-Ravensberg, in: Heienbrok 1990, 404-417.

BUGGISCH, MICHAEL, Für ein neues, besseres Deutschland. Wiedergründung und Politik der SPD im Bezirk Ostwestfalen-Lippe und in Bielefeld nach 1945. Mit einem Vorwort von Arno Klönne, Hamburg 1988.

BUKIET, MELVIS JULES, Danach, München 1997.

BÜRGERLICHE GESELLSCHAFT IN DEUTSCHLAND. Historische Einblicke, Fragen, Perspektiven. Mit Beiträgen v. Lutz Niethammer, Ute Frevert, Hans Medick u. a., Frankfurt/M. 1990.

BURGUIÈRE, ANDRÉ, Historische Anthropologie, in: LeGoff, Jacques/Chartier, Roger/Revel, Jacques (Hg.), Die Rückeroberung des historischen

Denkens. Grundlagen der Neuen Geschichtswissenschaft, Frankfurt/ M. 1990, 62-102.

BUSCHMEIER, ROLF/LEHMKUHL, MATTHIAS, Der kommunale Landesjugendhilfeausschuß für Westfalen-Lippe und seine Vorgänger, in: Köster/ Küster 1999, 115-125.

CACHAY, KLAUS/BAHLKE, STEFFEN/ MEHL, HELMUT, ‚Echte Sportler' – ‚Gute Soldaten'. Die Sportsozialisation des Nationalsozialismus im Spiegel von Feldpostbriefen, Weinheim/München 2000.

CANNING, KATHLEEN, Class, Gender and Working-Class Politics. The Case of German Textile Industry, 1890-1933, (Diss.) Baltimore 1988.

CARSTEN, MICHAEL, Biographie, Lebensverlauf und das „Problem der Generationen", in: BIOS, 14 (2001), H. 2, 32-59.

CHAMBERLAIN, MARY/THOMPSON, PAUL (Hg.), Narrative and Genre, London/New York 1998.

CHAUSSY, ULRICH, Jugend, in: Benz, 1989, Bd. 3, 207-244.

CHRISTENSEN, HILDA ROMER, Among Flappers and Respectable Girls. Gender and Culture in the Danish YWCA 1880-1940, in: NORA (1994), Nr. 1, 51-61.

CHRISTLICHER VEREIN JUNGER MENSCHEN – GESAMTVERBAND IN DEUTSCHLAND (CVJM), in: Böhnisch/Gängler/Rauschenbach 1991, 911-913.

CHUN, JIN-SUNG, Das Bild der Moderne in der Nachkriegszeit. Die westdeutsche ‚Strukturgeschichte' im Spannungsfeld von Modernitätskritik und wissenschaftlicher Innovation 1948-1962, München 2000.

CLEMENS, GABRIELE, Britische Kulturpolitik in Deutschland 1945-1949. Literatur, Film, Musik und Theater, Stuttgart 1997.

COCKBURN, CYNTHIA, Male Dominance and Technological Change, London 1983.

–, Men's Power in Organizations. ‚Equal Opportunities' Intervenes, in: Hearn/ Morgan 1990, 72-89.

COHEN, PHIL, Territorial- und Diskursregeln bei der Bildung von ‚Peer-Groups' unter Arbeiterjugendlichen, in: Honneth/Lindner/Paris 1979, 238-266.

COLE, DOUGLAS, Kindheit und Jugend von Franz Boas. Minden in der zweiten Hälfte des 19. Jahrhunderts, in: MH, 60 (1988), 111-134.

COLLMER, SABINE/DÖGE, PETER/FENNER, BRIGITTE (Hg.), Technik, Politik, Geschlecht. Zum Verhältnis von Politik und Geschlecht in der politischen Techniksteuerung, Bielefeld 1999.

CONNELL, ROBERT W., Der gemachte Mann. Konstruktion und Krise von Männlichkeiten, Opladen 1999.

CONRAD, CHRISTOPH/KESSEL, MARTINA (Hg.), Kultur & Geschichte. Neue Einblicke in eine alte Beziehung, Stuttgart 1998.

CONZE, ECKART/METZLER, GABRIELE (Hg.), 50 Jahre Bundesrepublik Deutschland. Daten und Diskussionen, Stuttgart 1999.

CORRIGAN, PAUL, Nichtstun, in: Honneth/Lindner/Paris 1979, 176-180.

CVJM-HARTUM (Hg.), Festschrift. 125 Jahre Christlicher Verein Junger Menschen Hartum, 50 Jahre Kirchenchor Hartum/Hahlen, Hartum 1995.

DANIEL, UTE, ‚Kultur' und ‚Gesellschaft' Überlegungen zum Gegenstandsbereich der Sozialgeschichte, in: GG, 19 (1993), 69-99.

–, Clio unter Kulturschock. Zu den aktuellen Debatten der Geschichtswissenschaft, in: GWU, 48 (1997), Teil 1: 195-218; Teil 2: 259-278.

DAVIES, ANDREW, Leisure, Gender and Poverty Working-Class Culture in Salford and Manchester, 1900-1939, Buckingham 1992.

–, Youth Gangs, Gender and Violence in Late Victorian Manchester and Salford, unveröffentl. Ms. Liverpool 1996.

–, Youth Gangs, Masculinity and Violence in Late Victorian Manchester and Salford, in: J. Soc. Hist., 32 (1998), Nr. 2, 349-369 .

–, Geschlecht und Gewalt. Jugendbanden in Manchester und Salford, 1870-1900, in: Benninghaus/Kohtz 1999, 129-150.

DE RAS, MARION E. P., Körper, Eros und weibliche Kultur. Mädchen im Wandervogel und in der Bündischen Jugend, 1900-1933, Pfaffenweiler 1988.

DENECKE, VIOLA, Der Touristenverein ‚Die Naturfreunde', in: Walter/Denecke/Regin 1991, 241-292.

DEPPE, FRANK/FÜLBERTH, GEORG/KNAAB, STEFAN, Lokale Milieus und große Politik zur Zeit des Kalten Krieges 1945-1960 am Beispiel ausgewählter hessischer Arbeiterwohngemeinden, in: Assion, Peter (Hg.), Transformationen der Arbeiterkultur. Beiträge der 3. Arbeitstagung der Kommission ‚Arbeiterkultur' in der Deutschen Gesellschaft für Volkskunde in Marburg vom 3. bis 6. Juni 1985, Marburg 1986, 198-219.

DEPPE, WILFRIED, Drei Generationen Arbeiterleben. Eine sozio-biographische Darstellung. Vorwort von Hans Paul Bahrdt, Frankfurt/M./New York 1982.

DER CVJM IM 3. REICH, in: CVJM-Hartum 1995, 23-26.

DEUBER-MANKOWSKY, ASTRID/KONNERTZ, URSULA, Einleitung (im Gespräch mit Johannes Moes und Oliver Geden), in: Die Philosophin, 11 (2000), H. 22, 5-9.

DEUTSCHE NACHKRIEGSPHILOSPOHIE, Männlichkeiten und Männerbünde. Ein Gespräch mit Karl-Otto Apel in: Die Philosophin, 11 (2000), H. 22, 101-121.

DEUTSCHER BUNDESJUGENDRING (Hg.), Kein Alter zum Ausruhen. 40 Jahre Deutscher Bundesjugendring, Düsseldorf 1989.

DEUTSCHES ARCHIV FÜR JUGENDWOHLFAHRT (Hg.), Kleines Handbuch der Jugendverbände, Berlin 1930.

DICKHAUS, MONIKA/GRIMM, STEFAN, 50 Jahre Deutsche Mark. Die Währungsreform von 1948 in Bielefeld und Gütersloh, in: Der Minden-Ravensberger, 70 (1998), 28-36.

DIE GESCHICHTE DES POSAUNENCHORS in der Kirchengemeinde Hartum und der Jünglingsvereine bzw. CVJM Hartum und Hahlen, in: CVJM Hartum 1995, 6-21.

DIENST, KARL, Die Rolle der evangelischen und der katholischen Kirche in der Bildungspolitik zwischen 1945 und 1990, in: Führ/Furck, Bd. 6, 1998, 110-128.

DIETZ, BURKGARD/LANGE, UTE/WAHLE, MANFRED (Hg.), Jugend zwischen Selbst- und Fremdbestimmung. Historische Jugendforschung zum rechtsrheinischen Industriegebiet im 19. und 20. Jahrhundert, Bochum 1996.

DIKAU, JOACHIM, Geschichte der Volkshochschule, in: Pöggeler, Franz (Hg.), Handbuch der Erwachsenenbildung, Bd. 4, Stuttgart u. a. 1975, 107-132.

DODERER, KLAUS (Hg.), Jugendliteratur zwischen Trümmern und Wohlstand 1945-1960. Ein Handbuch, Weinheim/Basel 1993.

DOERING-MANTEUFFEL, ANSELM, Rez. Frese, Matthias/Prinz, Michael (Hg.), Politische Zäsuren und gesellschaftlicher Wandel im 20. Jahrhundert. Regionale und vergleichende Perspektiven, Paderborn 1996, in: WF, 47 (1997), 850-852.

–, Deutsche Zeitgeschichte nach 1945. Entwicklungen und Problemlagen der historischen Forschung zur Nachkriegszeit, in: VfZ, 41 (1993), 1-29. (1993a)

–, Entwicklungslinien und Fragehorizonte in der Forschung der Nachkriegsgeschichte, in: Ders. 1993c, 6-30. (1993b)

– (Hg.), Adenauerzeit. Stand, Perspektiven und methodische Aufgaben der Zeitgeschichtsforschung (1945-1967), Bonn 1993. (1993c)

DÖGE, PETER, Männlichkeit(en) und Politik. Staatliche Forschungs- und Technologiepolitik als androzentrisches Projekt, in: Forum Wissenschaft (1998), H. 2, 42-45.

–, Männlichkeit und Politik. Ansatzpunkte und Perspektiven einer politikwissenschaftlichen Männer- und Männlichkeitsforschung, in: Feministische Studien (2000), H. 2, 87-97.

–/MEUSER, MICHAEL (Hg.), Männlichkeit und soziale Ordnung. Neuere Beiträge zur Geschlechterforschung, Opladen 2001.

DOWE, DIETER (Hg.), Jugendprotest und Generationenkonflikt in Europa im 20. Jahrhundert. Deutschland, England, Frankreichs und Italien im Vergleich, Bonn 1986. (1986a)

–, Vorbemerkungen des Herausgebers, in: Ders. 1986a, IX-XIV. (1986b)

DRESCHER, JOACHIM, Wirtschaftsentwicklung, berufliche Fortbildung und sozialer Aufstieg. Eine Studie am Beispiel Hamburgs, in: Schildt/Sywottek 1993, 242-265.

DRESSEL, GERT, Historische Anthroplogie. Eine Einführung. Mit einem Vorwort von Michael Mitterauer, Wien u. a. 1996.

DULK, CHRISTIANE, Neubeginn, in: Zimmer 1984a, 118-140.

–/ZIMMER, JOCHEN, Die Auflösung des Touristenvereins ‚Die Naturfreunde' nach dem März 1933, in: Zimmer 1984a, 112-117.

DÜLMEN, RICHARD VAN, Religionsgeschichte in der Historischen Sozialforschung, in: GG, 6 (1980), 36-59.

DUNAWAY, DAVID K./BAUM, WILLA K. (Hg.), Oral History. An Interdisciplinary Anthology, 2. Aufl. London u. a. 1996.

DÜSSELDORFF, KARL, Kindheit und Jugend 1929-1939 in Wuppertal. Persönliche Eindrücke und Rückblicke von Walter Scherf. Prof. Dr. Karl Stratmann, Bochum, zum 65. Geburtsgag am 9. Nobember, in: Dietz/Lange/Wahle 1996, 179-202.

EBERTS, ERICH, Arbeiterjugend 1904-1945. Sozialistische Erziehungsgemeinschaft – politische Organisation, Frankfurt/M. 1980.

EBERTZ, MICHAEL N./SCHULTHEIS, FRANZ (Hg.), Volksfrömmigkeit in Europa. Beiträge zur Soziologie popularer Religiosität aus 14 Ländern, München 1986.

ELEY, GEOFF, Forging Democracy. The History of the Left in Europe. 1850-2000, Oxford/New York 2002.

ELLWEIN, THOMAS, Der Staat als Zufall und als Notwendigkeit. Die jüngere Verwaltungsentwicklung in Deutschland am Beispiel Ostwestfalen-Lippe, Bd. 2: Die öffentliche Verwaltung im gesellschaftlichen und politischen Wandel 1919-1990, Opladen 1997.

EMER, WOLFGANG/HORST, UWE/SCHULER-JUNG, HELGA (Hg.), Provinz unterm Hakenkreuz. Diktatur und Widerstand in Ostwestfalen-Lippe, Bielefeld 1984.

EPPE, HEINRICH, Selbsthilfe und Interessenvertretung. Die sozial- und jugendpolitischen Bestrebungen der sozialdemokratischen Arbeiterjugendorgansiationen 1904-1933, Bonn 1983.

–/GRÖSCHEL, ROLAND, Kleine Chronik der Arbeiterjugendverbände 1945-1985, Bonn 1987.

EPPLE, ANGELIKA, Neue Perspektiven: Geschlechtergeschichte nach dem linguistic turn. Bericht über eine Tagung des AK Historische Frauen-

und Geschlechtergeschichte der Frühen Neuzeit, Weingarten 13.-15. Juni 2002, in: Werkstatt Geschichte, 32 (2002), 93-97.

ERB, REINER, Wandeln – Wandern – Marschieren. Die Garanten in der deutschen Ideologie, (Diss.) Berlin 1984.

ERDMANN, WULF/LORENZ, KLAUS-PETER, Baumeister der neuen Zeit. Das Naturfreunde-Häsuerwerk, in: Zimmer 1984a, 141-183.

–, Karl Eckerlin und die Kasseler Naturfreundejugend 1920-1959. Eine fiktive und zugleich autobiographische Skizze, in: Hoffmann/Zimmer 1986b, 181-192.

ERHART, WALTER/HERRMANN, BRITTA, Der erforschte Mann?, in: Dies. (Hg.), Wann ist der Mann ein Mann? Zur Geschichte der Männlichkeit, Stuttgart/ Weimar 1997, 3-31.

ERHART, WALTER, Familienmänner. Über den literarischen Ursprung moderner Männlichkeit, München 2001.

ERSTES NACHKRIEGS-BEZIRKSTURNFEST 1949, in Hartum, in: CVJM Hartum 1995, 27.

EVANS, RICHARD J., Religion and Society in Modern Germany, in: ESR, 12 (1982), 249-288.

FAHLBUSCH, ERWIN/LOCHMANN, JAN MILIC/MBITI, JOHN/PELIKAN, JAROSLAV/ VISCHER, LUKUS (Hg.), Evangelisches Kirchenlexikon. Internationale theologische Enzyklopädie, Bd. 2, 3. Aufl. Göttingen 1989.

FALKENBERG, RUDOLF/FERCHLAND, BERND/JAHNKE, KARL-HEINZ/LAMPRECHT, WERNER/PIETSCHMANN, HORST/SCHOLZE, SIEGFRIED, Geschichte der deutschen Arbeiterjugendbewegung 1904-1945, Dortmund 1973.

FALTERMAIER, MARTIN (Hg.), Nachdenken über Jugendarbeit. Zwischen den fünfziger und achtziger Jahren. Eine kommentierte Dokumentation mit Beiträgen aus der Zeitschrift ‚deutsche Jugend', München 1983. (1983a)

–, Zur Einführung. Jugendarbeit nach Diktatur und Krieg, in: Ders. 1983a, 11-26. (1983b)

FAULSTICH, WERNER (Hg.), Die Kultur der 50er Jahre, München 2002. (2002a)

–, Die Neue Jugendkultur. Teenager und das Halbstarkenproblem, in: Ders. 2002a, 277-290. (2002b)

FAUST, ANSELM (Red.), Nordrhein-Westfalen: Landesgeschichte im Lexikon, 2. Aufl. Düsseldorf 1994.

–, Die Zeit des ‚Wirtschaftswunders'. Arbeit und Beschäftigung, in: Reinicke/ Romeyk 1996, 209-212.

FEHRENBACH, HEIDE, Cinema in Democratizing Germany. Reconstruction National Identity, Chapel Hill/London 1995.

–, The Fight for ‚Christian West' German Film Control, the Churches, and the Reconstruction of Civil Society in the Early Bonn Republic, in: Moeller 1997d, 321-345.
–, Rehabilitating Fatherland Race and German Remasculinization, in: Signs, 24 (1998), Nr. 1, 107-127.
FEHRLEN, BURKHARD/SCHUBERT, ULRICH, Die westdeutsche Jugendverbandsarbeit in der Nachkriegszeit, in: Böhnisch/Gängler/Rauschenbach 1991, 67-78.
FEND, HELMUT, Sozialgeschichte des Aufwachsens. Bedingungen des Aufwachsens und Jugendgestalten im 20. Jahrhunderts, Frankfurt/M. 1988.
FIEDLER, GUDRUN, Jugend im Krieg. Bürgerliche Jugendbewegung, Erster Weltkrieg und sozialer Wandel 1914-1923, Köln 1989.
FILO, JULIUS, „Jugendarbeit", in: Fahlbusch/Lochmann/Mbiti/Pelikan/Vischer, Bd. 2, 1989, 891-895.
FISCHER, ARTHUR/FUCHS, WERNER/ZINNECKER, JÜRGEN (Hg.), Jugendliche und Erwachsene '85. Generationen im Vergleich, Bd. 3: Jugend der fünfziger Jahre – heute, Opladen 1985.
FRADER, LAURA L./ROSE, SONYA O., Gender and Class in Modern Europe, Ithaca/London 1996.
FREI, NORBERT, Treibhaus des Westens. Neue Literatur zur ‚Adenauer-Zeit', in: NPL, 43 (1998), 278-289.
FRESE, MATTHIAS, ‚Samstags gehört Vati mir'. Arbeit und Freizeit von Frauen und Männern in der gewerkschaftlichen Diskussion der frühen Bundesrepublik Deutschland (1949-1965), in: WF, 45 (1995), 73-101.
–/PAULUS, JULIA/TEPPE, KARL (Hg.), Demokratisierung und gesellschaftlicher Aufbruch. Die sechziger Jahre als Wendezeit der Bundesrepublik, Paderborn 2003.
FRESE, MATTHIAS/PRINZ, MICHAEL (Hg.), Politische Zäsuren und gesellschaftlicher Wandel im 20. Jahrhundert. Regionale und vergleichende Perspektiven, Paderborn 1996. (1996a)
–, Sozialer Wandel und politische Zäsuren seit der Zwischenkriegszeit. Methodische Probleme und Ergebnisse, in: Dies. 1996a, 1-31. (1996b)
FREUDENTHAL, HERBERT, Vereine in Hamburg. Ein Beitrag zu Geschichte und Volkskunde der Geselligkeit, Hamburg 1968.
FREVERT, UTE, Frauen auf dem Weg zur Gleichberechtigung – Hindernisse, Umleitungen, Einbahnstraßen, in: Broszat 1990, 113-130.
–, Männergeschichte oder die Suche nach dem ‚ersten' Geschlecht, in: Hettling, Manfred/Huerkamp, Claudia/Nolte, Paul/Schmuhl, Hans-Walter (Hg.), Was ist Gesellschaftsgeschichte? Positionen, Themen, Analysen, München 1991, 31-43.

–, Die Sprache des Volkes und die Rhetorik der Nation. Identitätssplitter in der deutschen Nachkriegszeit, in: Bauerkämper/Sabrow/Stöver 1998, 18-31.

FRIEDRICH, KLAUS, Die Jugendgruppe in den Jahren 1960 bis 1966, in: Touristenverein Die Naturfreunde Ortsgruppe Bielefeld e. V. 1987, 138-141.

FROBÖSE, HEINZ, Chronik der Bielefelder Naturfreunde, in: Touristenverein Die Naturfreunde Ortsgruppe Bielefeld e. V. 1987, 15-54. (1987a)

–, Ferienlager 1947 am Tönsberg, in: Touristenverein Die Naturfreunde Ortsgruppe Bielefeld e. V. 1987, 149-154. (1987b)

–, Naturfreundejugendarbeit in Bielefeld in den Jahren 1946 bis 1959, in: Touristenverein Die Naturfreunde Ortsgruppe Bielefeld e. V. 1987, 132-138. (1987c)

–, Referate Singen – Volkstanz – Laienspiel, in: Touristenverein Die Naturfreunde Landesverband Teutoburger Wald/Weserbergland e. V. 1995, 126-129.

FUCHS, RALF-PETER, „Synkopen am laufenden Band ...“. Die fremdartigen Wirkungen des Jazz auf Jugend und Kulturexperten im westlichen Nachkriegsdeutschland, in: Rheinisch-Westfälische Zeitschrift für Volkskunde, 47 (2002), 237-259.

FÜHR, CHRISTOPH/FURCK, CARL-LUDWIG (Hg.), Handbuch der deutschen Bildungsgeschichte, Bd. 6: 1945 bis zur Gegenwart. Erster Teilband Bundesrepublik Deutschland, München 1998.

FÜSSL, KARL-HEINZ, Die Umerziehung der Deutschen Jugend und Schule unter den Siegermächten des Zweiten Weltkriegs 1945-1955, Paderborn u. a. 1994.

GAILUS, MANFRED, Protestantismus und Nationalsozialismus. Studien zur nationalsozialistischen Durchdringung des protestantischen Sozialmilieus in Berlin, Köln/Weimar/Wien 2001.

–, Overwhelmed by their Own Fascination with the ‚Ideas of 1933‘: Berlin's Protestant Social Milieu in the Third Reich, in: German History, 20 (2002), Nr. 4, 462-493.

GEERTZ, CLIFFORD, Kulturbegriff und Menschenbild, in: Habermas/Minkmar 1992a, 56-82.

–, Dichte Beschreibung. Beiträge zum Verstehen kultureller Systeme, 5. Aufl. Frankfurt/M. 1997.

GESTRICH, ANDREAS, Traditionelle Jugendkultur und Industrialisierung. Sozialgeschichte der Jugend in einer ländlichen Arbeitergemeinde Württembergs, 1800-1920, Göttingen 1986.

–, Geschichte der Familie im 19. und 20. Jahrhundert, München 1999.

GEUTER, ULFRIED, Homosexualität in der deutschen Jugendbewegung. Jungenfreundschaft und Sexualität im Diskurs von Jugenbewegung, Psychoanalyse und Jugendpsychologie am Beginn des 20. Jahrhunderts, Frankfurt/M. 1994.

GEYER, MICHAEL, Cold War Angst. The Case of West-German Opposition to Rearmament and Nuclear Weapons, in: Schissler 2001e, 376-408.

GIEßELMANN, ROLAND/KRULL, REGINE, Posaunenchöre in der Erweckungsbewegung Traditionsbildung zwischen musikalischer Religion und religiöser Musik, in: Mooser/Krull/Hey/Gießelmann 1989, 288-338.

GILLIS, JOHN R., Geschichte der Jugend. Tradition und Wandel im Verhältnis der Altersgruppen und Generationen in Europa von der zweiten Hälfte des 18. Jahrhunderts bis zur Gegenwart, 2. Aufl. Weinheim/Basel 1984.

–, Mythos Familie. Auf der Suche nach der eigenen Lebensform, Weinheim/Basel 1997.

GINSBORG, PAUL, Family, Civil Society and the State in Contemporary European History. Some Methodological Considerations, in: Contemporary European History, 4 (1995), H. 3, 249-273.

GISSELBRECHT, ANDRÉ, Hans Blüher et l'Utopie du ‚Männerstaat', in: Revue d'Allemagne, 22 (1990), Nr. 3, 391-399.

GLASER, HERMANN, Deutsche Kultur. Ein historischer Überblick von 1945 bis zur Gegenwart, München/Wien 1997.

GLOVER, LORRI, All Our Relations. Blood Ties and Emotional Bonds among the Early South Carolina Gentry, Baltimore/London 2000.

GOCH, STEFAN, ‚Wie immer zu spät'. Sozialdemokratische Vorfeldorganisationen im Ruhrgebiet zwischen Wirtschaftskrise und ‚Restauration', in: Frese/Prinz 1996a, 689-731.

GÖDEKE, PETRA, Christliche Demokratische Union, in: Albertin 1998, 381-466.

GOLTERMANN, SVENJA, Doppelgänger ihrer selbst. Überlegungen zu Mimesis und Männlichkeit am Beispiel der deutschen Turnbewegung, 1860-1900, in: traverse, 5 (1998), H. 1, 113-125.

–, Die Beherrschung der Männlichkeit. Zur Deutung psychischer Leiden bei den Heimkehrern des Zweiten Weltkrieges 1945-1956, in: Feministische Studien (2000), H. 2, 7-19. (2000a)

–, Figuren der Freiheit, in: Hettling/Hoffmann 2000, 149-168. (2000b)

GOTSCHLICH, HELGA/LANGE, KATHARINA/SCHULZE, EDELTRAUD (Hg.), Aber nicht im Gleichschritt. Zur Entstehung der Freien Deutschen Jugend, Berlin 1997.

GOTTFRIED, CLAUDIA/NEUHANN, CHRISTIANE, ‚Klassenkampf haben wir nicht gemacht.' Der SPD-Ortsverein Minden von der Wiedergründung 1945

bis zum Godesberger Programm, in: Meynert/Bender-Wittmann 1994, 186-217.
GRAF, FRIEDRICH WILHELM, Die Spaltung des Protestantismus. Zum Verhältnis von evangelischer Kirche, Staat und ‚Gesellschaft' im frühen 19. Jahrhundert, in: Schieder 1993, 157-190.
GRAML, HERMANN, Die verdrängte Auseinandersetzung mit dem Nationalsozialismus, in: Broszat 1990, 169-183.
GRAU, HELMUT, Bündische Jugend – Spielwiese der Bourgeoisie? Aspekte des Wandels der Sozialstruktur bündischer Gruppen vor und nach dem II. Weltkrieg am Beispiel sozialer Schichtzugehörigkeit der Mitglieder der deutschen Jungenschaften, speziell der dj.1.11, in: JbdAdJb, 4 (1972), 63-74.
–, dj.1.11. Struktur und Wandel eines subkulturellen jugendlichen Milieus in vier Jahrzehnten, Frankfurt/M. 1976.
GRAUL, HANS, Die deutsche Jugendbewegung als Forschungsobjekt der zeitgeschichtlichen Wissenschaften in den letzten zehn Jahren, in: Der neue Bund, 32 (1983), 114-129.
GREBING, HELGA, Konservative gegen die Demokratie. Konservative Kritik an der Demokratie in der Bundesrepublik nach 1945, Frankfurt/M. 1971.
GRESCHAT, MARTIN, Die Evangelische Kirche, in: Benz 1989, Bd. 3, 87-123.
–, Die Kirchen in den beiden deutschen Staaten nach 1945. Helmut Berding zum 60. Geburtstag, in: GWU, 42 (1991), 267-284.
GROPPE, CAROLA, Die Macht der Bildung. Das deutsche Bürgertum und der George-Kreis 1890-1933, Köln u. a. 1997.
GRÖSCHEL, ROLAND, Zwischen Tradition und Neubeginn. Sozialistische Jugend im Nachkriegsdeutschland. Entstehung, Aufbau und historische Wurzeln der Sozialistischen Jugend Deutschlands - Die Falken. Mit einer Einführung von Arno Klönne, Hamburg 1986.
–, Die fünfziger Jahre, in: Ders./Schmidt 1990, 130-256.
–, Vergessene Vorgänger Ein Überblick über die Vorgeschichte des Deutschen Bundesjugendringes, in: Jugendpolitik. Zeitschrift des Deutschen Bundesjugendringes, 24 (1998), H. 3, 25-29.
–, Immer in Bewegung Einblicke in die Geschichte des Deutschen Bundesjugendrings 1949-1999, Münster 1999.
–/SCHMIDT, MICHAEL, Trümmerkids und Gruppenstunde. Zwischen Romantik und Politik. Jugend und Jugendverbandsarbeit in Berlin im ersten Nachkriegsjahrzehnt, Berlin 1990.
GROß-ALBENHAUSEN, MARTIN, Heimatlose Konservative. Die Auseinandersetzung um den Nationalsozialismus in der Bündischen Jugend der Nachkriegszeit und Adenauer-Ära, in: Historische Kommission der

DGfE (Hg.), Jahrbuch für Historische Bildungsforschung, Weinheim/ München 1995, Bd.2, 335-359.

GROSSMANN, ATINA, Trauma, Memory, and Motherhood. Germans and Jewish Displaced Persons in Post-Nazi Germany, 1945-1949, in: AfS, 38 (1998), 215-239.

GROTUM, THOMAS, Die Halbstarken. Zur Geschichte einer Jugendkultur der 50er Jahre, Frankfurt/M./New York 1994.

GRÜNER WEG, 9 (1995), H. 1. [Themenheft über die Zeit nach dem Zweiten Weltkrieg].

GRUNEWALD, MICHEL/PUSCHNER, UWE (Hg.), Das konservative Intellektuellenmilieu, seine Presse und seine Netzwerke, Bern 2003.

GUKENBIEHL, HERMANN L., „Familie“, in: Schäfers 1995a, 69-72.

GÜNTHER, DAGMAR, Quergänge im Ostalpenraum. Erkundungen zur Kultur des Alpinismus 1870-1930, (Diss.) Florenz 1996.

–, Wandern und Sozialismus. Zur Geschichte des Touristenvereins ‚Die Naturfreunde‘ im Kaiserreich und in der Weimarer Republik, Hamburg 2003.

GUTMANN, MATTHEW C., Trafficking in Men. The Anthropology of Masculinity, in: Ann Rev Anthr, 26 (1997), 385-409.

GUTSCHNER, PETER (Hg.), ‚Ja, was wissen denn die Großen ...‘. Arbeiterkinder in Stadt und Land, Wien u. a. 1998.

HABERMAS, REBEKKA, Geschlechtergeschichte und ‚anthropology of gender‘ Geschichte einer Begegnung, in: Historische Anthroplogie, 1 (1993), H. 3, 485-509.

–, Parent-Child Relationships in the Nineteenth Century, in: German History, 16 (1998), Nr. 1, 43-55.

–, Frauen und Männer des Bürgertums. Eine Familiengeschichte (1750-1850), Göttingen 2000.

–/MINKMAR, NILS (Hg.), Das Schwein des Häuptlings. Sechs Aufsätze zur Historischen Anthropologie, Berlin 1992. (1992a)

–, Einleitung, in: Dies. 1992, 7-19. (1992b)

HAFENEGER, BENNO, ‚Alle Arbeit für Deutschland‘. Arbeit, Jugendarbeit und Erziehung in der Weimarer Republik, unter dem Nationalsoziaismus und in der Nachkriegszeit, Köln 1988.

–, Jugendbilder. Zwischen Hoffnung, Kontrollem Erziehung und Dialog, Opladen 1995.

HAGEMANN, KAREN, Heimat – Front. Militär, Gewalt und Geschlechterverhältnisse im Zeitalter der Weltkriege, in: dies./Schüler-Springorum 2002, 13-66.

–/SCHÜLER-SPRINGORUM, STEFANIE (Hg.), Heimat – Front. Militär und Geschlechterverhältnisse im Zeitalter der Weltkriege, Frankfurt/M./New York 2002.

HAMMOND, DOROTHY/JABLOW, ALTA, Gilgamesh and the Sundance Kid: The Myth of Male Friendship, in: Brod, Harry (Hg.), The Making of Masculinities. The New Men's Studies, London/Sydney/Wellington 1987, 241-258.

HARDER-GERSDORFF, ELISABETH/KLÖNNE, ARNO/STILLER, KARL-THEODOR (Hg.), Beiträge zur Geschichte der Bielefelder Arbeiterbewegung, Bielefeld 1981.

HARLES, LOTHAR, Wege zum Frieden. Positionen der konfessionellen Jugendverbände, in: Deutscher Bundesjugendring 1989, 73-83.

HARTMANN, GÜNTER/DAMERIUS, MICHAEL, Entstehungszusammenhänge der selbständigen Arbeiterjugendbewegung in Deutschland und die Auseinandersetzung um den Erhalt der Selbständigkeit, Bielefeld 1979.

–/LIENKER, HEINRICH, Sozialistische Arbeiterjugendbewegung in der Weimarer Republik, Bielefeld 1982.

HARVEY, ELIZABETH, Gender, Generation and Politics. Young Protestant Women in the Final Years of the Weimar Republic, in: Roseman 1995a, 184-209.

HAUPT, HEINZ-GERHARD, Die radikale Mitte. Lebensweise und Politik von Handwerkern und Kleinhändlern in Deutschland seit 1848, München 1985.

–/CROSSICK, GEOFFREY, Die Kleinbürger. Eine europäische Sozialgeschichte des 19. Jahrhunderts, München 1998.

HEARN, JEFF/MORGAN, DAVID (Hg.), Men, Masculinities and Social Theory, London u. a. 1990.

HEER, FRIEDRICH, Werthers Weg in den Underground Die Geschichte der Jugendbewegung, München 1973.

HEGELE, GÜNTER, „Jugendarbeit", 4. Die Formen und Methoden der Jugendarbeit, in: Fahlbusch/Lochmann/Mbiti/Pelikan/Vischer, Bd. 2, 1989, 895f.

HEIENBROK, WILHELM SEN., Zeugen und Zeugnisse aus Minden-Ravensberg, Bd. 1, Bielefeld 1990 (Nachdr. der Ausgabe Bethel 1931).

HEIMANN, SIEGFRIED, Die Falken in Berlin – Erziehungsgemeinschaft oder Kampforganisation: Die Jahre 1945-1950, Berlin (West) 1990.

HEIMATVEREIN LÖHNE/ARBEITSKREIS FÜR HEIMATPFLEGE DER STADT BAD OEYNHAUSEN (Hg.), Beiträge zur Heimatkunde der Städte Löhne und Bad Oeynhausen. Beiträge zur Kirchengeschichte des 19. und 20. Jahrhunderts. Erweckungsbewegung und Kirchenkampf, Löhne 1987.

HEIN, JÜRGEN, Volksstück, in: Meid, Volker (Hg.), Literatur-Lexikon. Begriffe, Realien, Methoden, Gütersloh 1993, Bd. 14, 465-471.

HEINRICHS, HANS-JÜRGEN, Politik als männerbündisches Handeln und Verhalten, in: Völger/Welck 1990, Bd. 1, 87-91.

HEINRITZ, CHARLOTTE, ‚Bedrohte Jugend – drohende Jugend'? Jugend der Fünfziger Jahre im Blick des Jugendschutzes, in: Fischer/Fuchs/Zinnecker 1985, 293-320.

HEINZ, WALTER R./HÜBNER-FUNK, SIBYLLE, Die Quadratur des Jugendbegriffs. Zur sozialen (Re-)Konstruktion einer Übergangsphase, in: Diskurs, 7 (1997), Nr. 2, 4-11.

HEITZER, HORSTWALTER, Die CDU in der britischen Besatzungszone. Gründung, Organisation, Programm und Politik 1945-1949, Düsseldorf 1988.

HELLFELD, MATTHIAS VON, Bündische Jugend und Hitlerjugend. Zur Geschichte von Anpassung und Widerstand 1930-1939, Witzenhausen 1987.

HELSPER, WERNER, Jugend und Schule, in: Krüger 1988, 249-272.

HENDRICK, HARRY, Images of Youth Age, Class, and the Male Youth Problem, 1880-1920, Oxford 1990.

HERBERT, ULRICH, NS-Eliten in der Bundesrepublik, in: Loth/Rusinek 1998, 93-115.

– (Hg.), Wandlungsprozesse in Westdeutschland. Belastung, Integration, Liberalisierung 1945-1980, Göttingen 2002. (2002a)

–, Liberalisierung als Lernprozeß. Die Bundesrepublik in der deutschen Geschichte – eine Skizze, in: Ders. 2002a, 7-49.

HERING, RAINER, „Das geistliche Amt ist nach Schrift und Bekenntnis Mannes Amt". Männlichkeitskonstruktionen evangelisch-lutherischer Geistlichkeit in Hamburg im 20. Jahrhundert, in: Zeitschrift des Vereins für Hamburgische Geschichte, 88 (2002), 179-203.

HERRMANN, ULRICH, Probleme und Aspekte historischer Ansätze in der Sozialisationsforschung, in: Hurrelmann/Ulrich 1980, 227-252.

–, Was heißt ‚Jugend'? Jugendkonzeptionen in der deutschen Sozialgeschichte, in: Wehling 1982, 11-27.

–, Jugendbewegung, in: Böhnisch/Gängler/Rauschenbach 1991, 32-41.

– (Hg.), Jugendpolitik in der Nachkriegszeit. Zeitzeugen – Forschungsberichte – Dokumente, Weinheim/Basel 1993. (1993a)

–, Das Konzept der ‚Generation'. Ein Forschungs- und Erklärungsansatz für die Erziehungs- und Bildungssoziologie und die Historische Sozialforschung, in: Ders. 1993a, 99-114. (1993b)

HERRMANN, VOLKER/KAISER, JOCHEN-CHRISTOPH/STROHM, THEODOR (Hg.), Bibliographie zur Geschichte der deutschen evangelischen Diakonie im 19. und 20. Jahrhundert, Berlin u. a. 1997.
HERZIG, ARNO, Die Trennung der sozialen von der bürgerlichen Demokratie in Minden 1861-1875, in: MH, 51 (1979), 25-46.
–/TEPPE, KARL/DETERMANN, ANDREAS (Hg.), Verdrängung und Vernichtung der Juden in Westfalen, Münster 1994.
HEß, ROMIN, Politische Momente im Selbstverständnis und in der Praxis des Jugendbundes d. j. 1.11, (Ms. Staatsex.) Erlangen 1975.
HETTLING, MANFRED/HOFFMANN, STEFAN-LUDWIG (Hg.), Der bürgerliche Wertehimmel. Innenansichten des 19. Jahrhunderts, Göttingen 2000.
HEY, BERND, Die Kirchenprovinz Westfalen 1933-1945, Bielefeld 1974.
HILLMANN, JÖRG/ZIMMERMANN, JOHN (Hg.), Kriegsende 1945 in Deutschland, München 2002.
HINRICHER, MARTINA, Die Bedeutung der Binnenwasserstraßen für die Industrialisierung Mindens, in: Bachmann/Hartmann 1987, 377-383.
HIRSCHBERG-KÖHLER, GISELA, Das Festjahr 1933 in Minden in: Freitag, Werner (Hg.), Das Dritte Reich im Fest. Führermythos, Feierlaune und Verweigerung in Westfalen 1933-1945, Bielefeld 1997, 93-97.
HOBERMAN, JOHN M., Sport and Political Ideology, London 1984.
HOBSBAWM, ERIC/RANGER, TERENCE, The Invention of Tradition, Cambridge 1984.
HOCKERTS, HANS GÜNTER, Zeitgeschichte in Deutschland. Begriff, Methoden, Themenfelder, in: Aus Politik und Zeitgeschichte, B 29-30 (1993), 3-19.
HOFFMANN, HEINZ/ZIMMER, JOCHEN, Vorwort, in: Dies. 1986b, 7-9. (1986a)
– (Hg.), Wir sind die grüne Garde Geschichte der Naturfreundejugend, Essen 1986. (1986b)
HOLLENSTEIN, GÜNTER, Die katholische Kirche, in: Benz 1989a, Bd. 3, 124-161.
HÖLSCHER, LUCIAN, Bürgerliche Religiosität im protestantischen Deutschland des 19. Jahrhunderts, in: Schieder 1993, 191-215.
–, Die Religion des Bürgers Bürgerliche Frömmigkeit und Protestantische Kirche im 19. Jahrhundert, in: HZ, 250 (1990), 595-627.
HOLTMANN, EVERHARD, Brüchige Traditionsmilieus, verwalteter Neubeginn. Neuerscheinungen zur Vorgeschichte der Bundesrepublik, in: HZ, 244 (1987), 633-646.
–, Die neuen Lassalleaner. SPD und HJ-Generation nach 1945, in: Broszat/Henke/Woller 1988, 169-210.

–, Politik und Nicht-Politik. Lokale Erscheinungsformen politischer Kultur im frühen Nachkriegsdeutschland. Das Beispiel Unna und Kamen, Opladen 1989.
HOLTWICK, BERND, Im Kampf um das Handwerk. Handwerker und ihre Organisationen in Ostwestfalen-Lippe von 1929 bis 1953, (Ms. Diss.) Bielefeld 1998.
–, Panik im Mittelstand? Handwerker in Lippe und im Regierungsbezirk Minden 1929 bis 1935, in: Reininghaus, Wilfried/Stremmel, Ralf (Hg.), Handwerk, Bürgertum und Staat. Beiträge des zweiten handwerksgeschichtlichen Kolloquiums auf Schloß Raesfeld, 12. bis 14. Januar 1995, Dortmund 1997, 99-117.
HOLZBACH-LINSENMAIER, HEIDRUN, tusk – der Deutsche. Das ‚denkMal' der Jugendbewegung. Hitler-Fan, Bundführer, WG-Gründer, Kommunist, Emigrant, Dissident, in: Die Zeit v. 21. 2. 1997.
HONNETH, AXEL, Integrität und Mißachtung Grundmotive einer Moral der Anerkennung, in: Merkur, 44 (1990), H. 501, 1043-1054.
–, Kampf um Anerkennung. Zur moralischen Grammatik sozialer Konflikte, Frankfurt/M. 1992.
–/LINDNER, ROLF/PARIS, RAINER (Hg.), Jugendkultur als Widerstand. Milieus, Rituale, Provokationen, Frankfurt/M. 1979.
HORNSTEIN, WALTER, „Jugend". II. Soziolgisch, in: Kasper 1996, Bd. 5, 1056.
HÜBNER-FUNK, SYBILLE, Die ‚Hitlerjugend-Generation'. Umstrittenes Objekt und streitbares Subjekt der deutschen Zeitgeschichte, in: Prokla, 20 (1990), Nr. 3, H. 80, 84-98. (1990a)
–, What is the Use of Youth Research? The German Situation, in: Ernrooth, Jari/Siurala, Lasse (Hg.), The Construction of Youth, Helsinki 1990, 21-37. (1990b)
–, Jugend als Symbol des politischen Neubeginns Strategien zur Bannung der rassistischen Vergangenheit, in: Bergmann, Werner/Erb, Rainer (Hg.), Antisemitismus in der politischen Kultur nach 1945, Opladen 1990, 218-235. (1990c)
–, Deutsche Gefährdungen, oder: Obsessionen der NS-Zeit im Selbstbild der alternden ‚Hitlerjugend'-Generation, in: Schwarz 1993, 92-107.
–, Aufwachsen unter Hitler. Eine ‚unpolitische Jugendzeit?' Irritierende Vermächtnisse einer ‚gebrannten' Generation, in: Auschwitz und die Pädagogik. Jahrbuch für Pädagogik, Frankfurt/M. 1995, 53-72.
–, Loyalität und Verblendung. Hitlers Garanten der Zukunft als Träger der zweiten deutschen Demokratie, Potsdam 1998. (1998a)
–, Sammelbesprechung. Zeitgeschichtliche Jugendforschung im gesamt-deutschen Kontext, in: ZfSE, (1998), H. 1, 86-90. (1998b)

–, Vom Staatskollaps zur Weltbildrevision, oder: Wie ‚Politisch' ist politische Sozialisation(sforschung)?, in: Soziologische Revue, 21 (1998), 42-52. (1998c)

HUCK, GERHARD (Hg.), Sozialgeschichte der Freizeit. Untersuchungen zum Wandel der Alltagskultur in Deutschland, Wuppertal 1980.

HURRELMANN, KLAUS/ROSEWITZ, BERND/WOLF, HARTMUT K., Lebensphase Jugend Eine Einführung in die sozialwissenschaftliche Jugendforschung, 2. Aufl. Weinheim/München 1989.

–/ULRICH, DIETER (Hg.), Handbuch der Sozialisationsforschung, Basel/Weinheim 1980.

JACKE, JOCHEN, Kirche zwischen Monarchie und Republik. Der preußische Protestantismus nach dem Zusammenbruch von 1918, Hamburg 1976.

JACOBI, JULIANE, Sind Mädchen unpolitischer als Jungen?, in: Heitmeyer, Wilhelm/Jacobi, Juliane (Hg.), Politische Sozialisation und Individulisierung. Perspektiven und Chancen politischer Bildung, Weinheim 1991, 99-116.

JAHNKE, KARL HEINZ, Hitlers letztes Aufgebot. Deutsche Jugend im sechsten Kriegsjahr 1944/45, Essen 1993.

JANSSEN, ANGÉLIQUE, The Rise and Decline of the Male Breadwinner Familiy? An Overview of the Debate, in: Int Rev Soc Hist, 42 (1999), Suppl., 1-23.

JANSSEN, PHILIP, Umfragen der Jugendforschung in der frühen Bundesrepublik als Quellen für die zeithistorische Forschung. Methodische Vorüberlegungen zu ihrer historisch-kontextuellen Sekundäranalyse, in: Historical Research/Historische Sozialforschung, 27 (2002), H. 2/3, 253-265.

JANZ, ROLF-PETER, Die Faszination der Jugend durch Rituale und sakrale Symbole. Mit Anmerkungen zu Fidus, Hesse, Hofmannsthal und George, in: Koebner/Janz/Trommler 1985, 310-337.

JEFFORDS, SUSAN, The ‚Remasculinization' of Germany in the 1950s Discussion, in: Signs (1998), 164-169.

JELAVICH, PETER, Methode? Welche Methode? Bekenntnisse eines gescheiterten Strukturalisten, in: Conrad/Kessel 1998, 141-159.

JENSEN, JÜRGEN, Die Reproduktion der Gesellschaft. Rolle und soziale Bedeutung der Nachkommenschaft – interkulturell gesehen, in: Dracklé, Dorle (Hg.), Jung und Wild. Zur kulturellen Konstruktion von Kindheit und Jugend, Berlin/Hamburg 1996, 54-76.

JOERGENS, BETTINA, ‚Ihr Geschlecht erscheint ihnen als Mangel, den sie gerne abstreifen möchten ...'. Mädchen in der sozialistischen Arbeiterjugendbewegung zwischen Imaginationen und Selbstverständnis, 1904-1922, Magistraarbeit (unveröffentl. Ms.) Bielefeld 1996.

–/GÖRS, BRITTA/FRANK, MONIKA, Träume leben – Grenzen sprengen! Dokumentation des Mädchen-Freizeit-Projektes ‚Freiräume für Mädchenträume', Bonn 1995.

JORIS, ELISABETH/WITZIG, HEIDI, Konstituierung einer spezifischen Frauen-Öffentlichkeit zwischen Familie und Männer-Öffentlichkeit im 19. Jahrhundert und beginnenden 20. Jahrhundert, in: Othenin-Gorard, Mireille/Gossenreiter, Anna/Trauweiler, Sabine (Hg.), Frauen und Öffentlichkeit. Beiträge der 6. Schweizerischen Historikerinnentagung, Zürich 1991, 143-160.

JOVY, MICHAEL, Jugendbewegung und Nationalsozialismus. Analysen ihrer Zusammenhänge und Gegensätze. Versuch einer Klärung, Münster 1984.

JÜRGENSEN, JOHANNES, Vom Jünglingswerk zur Aktionsgruppe. Kleine Geschichte der evangelischen Jugendarbeit, Gütersloh 1980.

KAELBLE, HARTMUT, Die Nachkriegszeit in Frankreich und Deutschland (1945-1955/57), in: Mieck, Ilja/Guillen, Pierre (Hg.), Nachkriegsgesellschaften in Deutschland und Frankreich im 20. Jahrhundert/Sociétés d'après au 20e siècle, München 1998, 123-141.

KAHLERT, HEIKE, Wandel in den Geschlechterverhältnissen? Neuere soziologische Beiträge zu Männern und Männlichkeiten, in: Feministische Studien (1998), H. 2, 121-125.

KAISER, JOCHEN-CHRISTOPH, Zur Politisierung des Verbandsprotestantismus. Die Wirkung Adolf Stoeckers auf die Herausbildung einer evangelischen Frauenbewegung um die Jahrhundertwende, in: Schieder 1993, 254-271.

KALTENECKER, SIEGFRIED, Einstweilige Verfügungen. Die Männlichkeit im Zeitalter ihrer theoretischen Re-produzierbarkeit, in: Die Philosophin, 11 (2000), H. 22, 37-51.

KAMP, LOTHAR/SYGA, PETER, Gewerkschaftsjugend nach der Stunde Null, Düsseldorf 1984.

KAMPSCHORER, HELMUT, Proletarische Jugend gegen den Nationalsozialismus im Spiegel wissenschaftlicher Rezeption, Bonn 2000.

KARASKIEWICZ, DIETER, Die Entwicklung des Bielefelder Naturfreundehauses, in: Touristenverein Die Naturfreunde Ortsgruppe Bielefeld e. V. 1987, 55-81. (1987a)

–, Naturfreunde und Fotografie, in: Touristenverein Die Naturfreunde Ortsgruppe Bielefeld e. V. 1987, 126-130. (1987b)

–, Referat Reisen, in: Touristenverein Die Naturfreunde Landesverband Teutoburger Wald - Weserbergland e. V. 1995, 116f.

–/KORTZ, KLAUS, Kinder- und Jugendgruppenarbeit, in: Touristenverein Die Naturfreunde Landesverband Teutoburger Wald - Weserbergland e. V. 1995, 101-103.

KARPP, HEINRICH, „Bibel, IV. Die Funktion der Bibel in der Kirche", in: Müller 1980, Bd. 6, 48-93.

KASCHUBA, WOLFGANG, Volkslied und Volksmythos – Der ‚Zupfgeigenhansl' als Lied- und Leitbuch der deutschen Jugendbewegung, in: Jahrbuch für Volksliedforschung, 34 (1989), 41-55.

KASPAR, FRED, Die ‚Grille' vor Minden oder ‚Der Ausflug aus der Stadt'. Zum bürgerlichen Freizeitleben zwischen 18. und 20. Jahrhundert, in: MMG, 68 (1996), 117-134.

KASPER, WALTER (Hg.), Lexikon für Theologie und Kirche, Bd. 5, Freiburg u. a. 1996.

KASSEL, BRIGITTE, Frauen in einer Männerwelt. Frauenerwerbsarbeit in der Metallindustrie und ihre Interessenvertretung durch den Deutschen Metallarbeiter-Verband (1891-1933), Köln 1997.

KATLEWSKI, HEINZ-PETER, Folk in den Bünden, in: Folk-MICHEL (1990), Nr. 2, 17-24.

KAUFMANN, ANDREAS, Vorgeschichte und Entstehung des Laienspieles und die frühe Geschichte der Laienspielbewegung, (Diss.) Stuttgart 1991.

–, Theaterreform und Laienspiel, in: Kerbs/Reulecke 1998, 439-449.

KAZIR, ELIJAHU, Das Schicksal des Mindens Arztes Dr. Robert Nußbaum. Ein Beispiel für ‚rassische' Verfolgung im ‚Dritten Reich', in: MH, 59 (1987), 7-25.

KEBBEDIES, FRANK, Disziplin und Bewährung. Deutsche und englische Reaktionen auf die Jugendkriminalität in der britischen Besatzungszone 1945 bis 1953, in: GiW, 12 (1997), H. 1, 24-39.

KELLE, HELGA/BREIDENSTEIN, GEORG, Kinder als Akteure. Ethnographische Ansätze in der Kindheitsforschung, in: Zeitschrift für Sozialisationsforschung und Erziehungssoziologie, 17 (1996), H. 1, 47-67.

KELTERBORN, HANS GEORG, Evangelische Jugendarbeit im Wandel. Eine historische Feldstudie der verbandlichen und freien Jugendarbeit in Niedersachsen 1945-1980, Göttingen 1981.

KENKMANN, ALFONS, Jugendliche ‚Arbeitsbummelanten' und die Akteure der sozialen Kontrolle gegen Ende des ‚Dritten Reiches' und während der Besatzungszeit, in: Dietz/Lange/Walde 1996, 273-286. (1996a)

–, Wilde Jugend. Lebenswelt großstädtischer Jugendlicher zwischen Weltwirtschaftskrise, Nationalsozialismus und Währungsreform, Essen 1996. (1996b)

KERBS, DIETHART, Zur Geschichte der deutschen Jungenschaften, in: Neue Sammlung. Göttinger Blätter für Kultur und Erziehung. Heinrich Roth zum 60. Geburtstag am 1. 3. 1966, 6 (1966), H. 2, 146-170.

–/LINSE, ULRICH, Gemeinschaft und Gesellschaft, in: Kerbs/Reulecke, 1998, 155-159.

–/REULECKE, JÜRGEN (Hg.), Handbuch der deutschen Reformbewegungen, 1880-1933, Wuppertal 1998.

KERSTING, CHRISTA, ‚Alice in Wonderland'. Erste internationale Konferenz über Mädchen und weibliche Kindheit und Jugend. Amsterdam, Juni 1992, in: Feministische Studien (1993), H. 1, 144-146.

KERSTING, FRANZ-WERNER, Militär und Jugend im NS-Staat. Rüstungs- und Schulpolitik der Wehrmacht, Münster 1989.

–, Gesellschaft in Westfalen – Kontinuität und Wandel regionalen Jugendlebens 1930-1960. Jugendhistorische Fragestellungen für ein Projekt des Westfälischen Instituts für Regionalgeschichte, in: Herrmann 1993a, 91-98.

- (Hg.), Jugend vor einer Welt in Trümmern. Erfahrungen und Verhältnisse der Jugend zwischen Hitler- und Nachkriegsdeutschland, Weinheim/München 1998.

–, Der Jugendhof Vlotho, in: Köster/Küster 1999, 209-217.

–, Helmut Schelskys ‚Skeptische Generation' von 1957, in: Vierteljahresschrift für Zeitgeschichte, 50 (2002), 465-495.

KESSEL, MARTINA, Individuum/Familie/Gesellschaft – Neuzeit, in: Dinzelbacher, Peter (Hg.), Europäische Mentalitätsgeschichte. Hauptthemen in Einzeldarstellungen, Stuttgart 1993, 38-53.

–, ‚Der Ehrgeiz setzte mir heute wieder zu ...'. Geduld und Ungeduld im 19. Jahrhundert, in: Hettling/Hoffmann 2000, 129-148.

–, Heterogene Männlichkeit. Skizzen zur gegenwärtigen Geschlechtererfassung, in: Jaeger, Friedrich/Rüsen, Jörn (Hg.), Handbuch der Kulturwissenschaft, Bd. 3, Themen und Tendenzen, Stuttgart/Weimar 2004, 372-384.

KITTEL, SABINE, Erinnerungen an die Befreiung – Jüdische Überlebende erzählen über die letzten Kriegstage, in: Hillmann, Jörg/Zimmermann, John (Hg.), Kriegsende 1945 in Deutschland, München 2002, 223-238.

KLEINERT, UWE, Flüchtlinge und Vertriebene, in: Faust 1994, 123-125.

KLEINES KOMMERSBUCH, 1962 (KAM 9982).

KLEßMANN, CHRISTOPH, Politisch-soziale Traditionen und betriebliches Verhalten von Industriearbetern nach 1945 Umrisse am Beispiel zweier Werke, in: Mentalitäten und Lebensverhältnisse. Beispiele aus der Sozialgeschichte der Neuzeit. Rudolf Vierhaus zum 60. Geburtstag, Göttingen 1982, 365-381.

–, Zwei Staaten, eine Nation. Deutsche Geschichte 1955-1970, Bonn 1988.
–, Die doppelte Staatsgründung. Deutsche Geschichte 1945-1955, 5. überarb. u. erw. Aufl. Göttingen 1991.
–, Kontinuitäten und Veränderungen im protestantischen Milieu, in: Schildt/Sywottek 1993, 403-417.
KLÖNNE, ARNO, Die Neue Deutsche Jungenschaft. Eindrücke, in: neue deutsche jungenschaft, 1950-1953 (schrift 37), Augsburg o. J., 5-8.
–, Die Gründung des Deutschen Gewerkschaftsbundes (Britische Zone) im April 1947 in Bielefeld, in: Harder-Gersdorff/Klönne/Stiller 1981, 261-266.
–, Die Alltäglichkeit des Faschismus – ein Nachwort, in: Emer/Horst/Schuler-Jung 1984, 291-300. (1984a)
–, Jugend im Dritten Reich. Die Hitler-Jugend und ihre Gegner. Dokumente und Analysen, Düsseldorf/Köln 1984. (1984b)
–, Ein Leben aus dem Widerspruch. Michael Jovy (1920-1984), in: JbAdJb, 15 (1984/85), 373-378.
–, Der lange Abschied vom Bürgertum? Anmerkungen zur Geschichte von Jugendbewegungen, in: Knoll/Schoeps 1985, 47-59.
–, Einige Bemerkungen zum Stand zeitgeschichtlich-politischer Jugendforschung, in: Heitmeyer, Wilhelm (Hg.), Interdisziplinäre Jugendforschung, Weinheim/München 1986, 89-96.
–, Romantik und Protest in Trümmerstädten – Erinnerung an Jugendgruppen und Politik in den Nachkriegsjahren, in: Breyvogel/Krüger/Thole, 1987, 140-143.
–, ‚Heimkehr zu Goethe'? Deutungen des Verhältnisses von Jugend, ‚Bildungserbe' und Nationalsozialismus nach 1945 – Hinweise auf die Realität von oppositionellen Jugendkulturen im ‚Dritten Reich', in: Diskussion Deutsch, 19 (1988), H.100, 144-156. (1988a)
–, „Jugendbewegung", in: TRE 17 (1988), 423-426. (1988b)
–, Jugendbündische Gegenkultur in Zeiten der Staatsjugend, in: Knoll/Schoeps 1988, 177-189. (1988c)
–, Jugendverbände und gesellschaftspolitische Entwicklung in: Deutscher Bundesjugendring 1989, 7-25. (1989a)
–, Die deutsche Arbeiterbewegung. Geschichte – Ziele – Wirkungen, aktualis. Ausg. Düsseldorf u. a. 1989. (1989b)
–, Blaue Blumen in Trümmerlandschaften Bündische Jugendgruppen in den Jahren nach 1945, Witzenhausen 1990 (= puls. Dokumentationsschrift der Jugendbewegung, Witzenhausen 18 [Okt. 1990]).
–, Jugendgeschichte in Trümmerzeiten - Streiflichter, in: Baacke/Lienker/Schmölders/Volkmer 1991, 91-105.
–, Geleitwort, in: Hübner-Funk 1998a, 11-14.

–/REULECKE, JÜRGEN, ‚Restgeschichte' und ‚neue Romantik'. Ein Gespräch über Bündische Jugend in der Nachkriegszeit, in: Kersting 1998, 87-103.

KLÖNNE, IRMGARD, Ich spring in diesem Ringe. Mädchen und Frauen in der deutschen Jugendbewegung, Paffenweiler 1990.

KLUETING, EDELTRAUD, Heimatschutz, in: Kerbs/Reulecke 1998, 47-57.

KLUGE, FRIEDRICH, Etymologisches Wörterbuch der deutschen Sprache, 21. unveränd. Aufl. Berlin/New York 1975, 406.

KNACKSTEDT, WOLFGANG, ‚Ein Brückenjahr von der Schule zum Leben'. Die Einführung des 9. Schuljahres, in: Reinicke/Romeyk 1996, 280-283.

KNEIP, RUDOLF/LIEBS, LUDWIG/ZIMMERMANN, KARL-HEINRICH, Vom Geheimnis bündischer Führung. Dokumentarische Gespräche mit Hermann Kügler, Frankfurt/M. 1980.

KNOLL, JOACHIM H., Typisch deutsch? Die Jugendbewegung. Ein essayistischer Deutungsversuch, in: Ders./Schoeps 1988, 11-33.

–, Jugendbewegung von 1900 bis 1945 – ein politischer Protest?, in: Schwarz 1993, 36-56.

–/SCHOEPS, JULIUS H. (Hg.), Die Zwiespältige Generation. Jugend zwischen Anspassung und Protest, Stuttgart/Bonn 1985.

– (HG.), Typisch deutsch. Die Jugendbewegung. Beiträge zu einer Phänomengeschichte, Opladen 1988.

KOCH, MARION/BUSCHMANN, FRANK, Wer tanzt hier eigentlich noch? Historischer Wandel und jugendliche ‚Unordnung', in: Baacke 1998, 93-113.

KOCH, PHILIPP, ‚... und wurde zu einem polizeilichen Eingreifen in keiner Weise eine Veranlassung gegeben.' Die Mindener Sozialdemokratie zwischen Kriegsausbruch 1914 und Novemberrevolution 1918, in: Meynert/Bender-Wittmann 1994, 78-109.

–, Politik, Wirtschaft und Gesellschaft in einer preußischen Festung 1830 bis 1949. Perspektiven zur Mindener Stadtgeschichte zwischen Vormärz und Revolution, in: Vogelsang, Reinhard/Westheider, Rolf (Hg.), Eine Region im Aufbruch. Die Revolution von 1848/49 in Ostwestfalen-Lippe, Bielefeld 1998, 131-158.

–/MEYNERT, JOACHIM, Ein Volk, ein Reich, ein Führer? Opportunismus und Widerstand proletarischer Milieus im Raum Minden 1933-1945, Bielefeld 1998.

KOCKA, JÜRGEN, Die Angestellten in der deutschen Geschichte 1850-1980. Vom Privatbeamten zum angestellten Arbeitnehmer, Göttingen 1981.

KOEBNER, THOMAS/JANZ, ROLF-PETER/TROMMLER, FRANK (Hg.), ‚Mit uns zieht die neue Zeit'. Der Mythos Jugend, Frankfurt/M. 1985.

KOERBER, ROLF, Ludwigstein 1947 – Was war, was bleibt? Vortrag beim Jahrestreffen des MK's 1997 auf Burg Ludwigstein 1997, Ms.

KOHL, WILHELM (Hg.), Westfälische Geschichte in drei Textbänden und einem Bild- und Dokumentarband, Düsseldorf 1982-1984.

–, Kleine westfälische Geschichte, Düsseldorf 1994.

KOHLMEIER, FRITZ/KORNHARDT, KURT, Ortsgruppe Porta Westfalica, in: Touristenverein Die Naturfreunde Landesverband Teutoburger Wald/Weserbergland e. V. 1995, 176-178.

KOHTZ, KERSTIN, ‚Ich war ihm zu Willen, trotzdem sträubte ich mich.' Zur Sexualität ‚verwahrloster' Mädchen in der Zeit der Weimarer Republik, in: Benninghaus/Kohtz 1999, 169-191.

KOLBE, WILHELM, Luftwaffenhelfer der Flakartillerie am Wasserstraßenkreuz Minden, in: MH, 67 (1995), 117-147.

KOLLMEYER, ALFRED, Zur Geschichte der Mindener Freimaurerlogen. Ein Beitrag zum 200. Jahrestag ihrer Gründung im Jahre 1780, in: MMG, 52 (1980), 112-126.

KOMMER, SVEN, Musik in der Jugendbewegung, in: Baacke 1998, 195-216.

KOSSACK, KRISTAN, Viktor Agartz und das ‚Zentralamt für Wirtschaft' in Minden. Wirtschaftspolitische Initiative in den ersten Nachkriegsjahren, in: MMG, 65 (1993) 95-119.

–, Die jüdische Gemeinde Petershagen im ‚Dritten Reich'. Ausgrenzung, Deportation und Vernichtung, in: MH, 67 (1995), 77-116.

KÖSTER, MARKUS, Vom ‚Edelweiß' zur ‚Elvis-Tolle'. Neuere Literatur zur Zeitgeschichte der Jugend, in: WF, 46 (1996), 524-546.

–, Entdecker der Erlebnisgesellschaft? – Weimarer Jugendgeneration und moderne Freizeitkultur in der westfälischen Provinz, in: WF, 47 (1997), 539-559. (1997a)

–, ‚Stiefvater Staat'. Fürsorgeerziehung in Westfalen zwischen Kaiserreich und Bundesrepublik, in: Wollasch, Andreas (Hg.), Wohlfahrtspflege in der Region. Westfalen-Lippe während des 19. und 20. Jahrhunderts im historischen Vergleich, Paderborn 1997, 111-139. (1997b)

–, Jugend, Wohlfahrtsstaat und Gesellschaft im Wandel. Westfalen zwischen Kaiserreich und Bundesrepublik, Paderborn 1999. (1999a)

–, Kontinuität im Neuanfang. Die Nachkriegszeit (1945-1960), in: Ders./Küster 1999, 31-41. (1999b)

–/KÜSTER, THOMAS (Hg.), Zwischen Disziplinierung und Integration. Das Landesjugendamt als Träger öffentlicher Jugendhilfe in Westfalen und Lippe (1924-1999), Paderborn 1999.

KÖSTERS, CHRISTOPH/LIEDHEGENER, ANTONIUS, Historische Milieus als Forschungsaufgabe. Zwischenbilanz und Perspektiven (Tagungsbericht), in: WF, 48 (1998), 593-601.

KRABBE, WOLFGANG, Die gescheiterte Zukunft der Ersten Republik. Jugendorganisationen bürgerlicher Parteinen im Weimarer Staat (1918-1933), Opladen 1995.

KRAUL, MARGRET, Das deutsche Gymnasium, 1780-1980, Frankfurt/M. 1984.

KRAUSHAAR, WOLFGANG, Die Protestchronik 1949-1959. Eine illustrierte Geschichte von Bewegung, Widerstand und Utopie, 3 Bde. und 1 Registerband, Hamburg 1996.

KREFTING, WERNER, C.V.J.M.-Chronik 1925-1975. Christlicher Verein Junger Männer e. V. Gummersbach, o. O. o. J.

KREPPEL, FRIEDRICH, Streit mit dem Zeitgeist. Das Menschenbild der Deutschen Jugendbewegung, in: Schallenberg, Horst E. (Hg.), Religion und Zeitgeist im 20. Jahrhundert, Stuttgart/Bonn 1982, 57-97.

„KRISE", in: Kluge 1975, 406.

KROENER, BERNHARD, Auf dem Weg zu einer ‚nationalsozialistischen Volksarmee'. Die soziale Öffnung des Heeresoffizierskorps im Zweiten Weltkrieg, in: Broszat/Henke/Woller 1988, 651-682.

KRÖHER, OSS/KRÖHER, HEIN, Rotgraue Raben. Vom Volkslied zum Folksong, Heidenheim 1969.

KRÖNCKE, GERD, Immer aufrecht stehen – Ein deutscher Lebenslauf, in: Süddeutsche Zeitung v. 11./12. 9. 1982 (abgdr. in: Emer/Horst/Schuler-Jung 1984, 281-290).

KRÜGER, HEINZ-HERMANN, Sprachlose Rebellen? Zur Subkultur der ‚Halbstarken' in den Fünfziger Jahren, in: Breyvogel, Wilfried (Hg.), Autonomie und Widerstand. Zur Theorie und Geschichte des Jugendprotestes, Essen 1983, 78-82.

- (Hg.), ‚Die Elvis-Tolle, die hatte ich mir unauffällig wachsen lassen'. Lebensgeschichte und jugendliche Alltagskultur in den fünfziger Jahren, Opladen 1985. (1985a)

–, Einleitung, in: Ders. 1985a, 7-19. (1985b)

– (Hg.), Handbuch der Jugendforschung, Opladen 1988.

KUHLEMANN, FRANK-MICHAEL, Die ‚christliche Schule'. Volksbildung und Erweckungsbewegung im östlichen Westfalen 1800-1854, in: Mooser/Krull/Hey/Gießelmann 1989, 232-257.

–, Gesellschaft, Frömmigkeit und Theologie. Milieubildung und Mentalität im Protestantismus Ostwestfalens um die Jahrhundertwende, in: WF, 7 (1997), 293-322.

–, Zwischen Tradition und Modernität Volksschulen und Volksschullehrer im wilhelminischen Ostwestfalen, in: Meynert/Mooser/Rodekamp 1991, 327-347.

KUHLO, D. JOHANN, Unsere Posaunenchöre in Minden-Ravensberg, in: Heienbrok 1990, 486-498.

KÜHNE, THOMAS, ‚... aus diesem Krieg werden nicht nur harte Männer heimkehren'. Kriegskameradschaft und Männlichkeit im 20. Jahrhundert, in: Ders. 1996c, 174-192. (1996a)

–, Männergeschichte als Geschlechtergeschichte, in: Ders. 1996c, 7-30. (1996b)

- (Hg.), Männergeschichte – Geschlechtergeschichte. Männlichkeit im Wandel der Moderne, Frankfurt/M./New York 1996. (1996c)

–, Zwischen Männerbund und Volksgemeinschaft. Hitlers Soldaten und der Mythos der Kameradschaft, in: AfS, 38 (1998), 165-189.

KÜSTER, THOMAS, Der ‚duale' Wohlfahrtsstaat in der Region – öffentliche und freie Träger, in: Köster/Küster 1999, 141-152.

KUWALIK, TERESA/SAUER, BIRGIT (Hg.), Das geheime Glossar der Politik-Wissenschaft. Geschlechtskritische Inspektion der Kategorien einer Disziplin, Frankfurt a. M./New York 1997.

LADEMACHER, HORST/BOSMANS, JAC (Hg.), Tradition und Neugestaltung. Zu Fragen des Wiederaufbaus in Deutschland und den Niederlanden in der frühen Nachkriegszeit, Münster 1991.

LAMM, FRITZ, Der Wert unserer Häuser, in: Touristenverein - Die Naturfreunde, Fritz Lamm – Zum Gedenken, 1977, 68-72. (1977a)

– Probleme sozialistischer Erziehung, in: Touristenverein - Die Naturfreunde, Fritz Lamm – Zum Gedenken, 1977, 15-26. (1977b)

LANDWEHR, HILGE/SCHMID, PIA/STUBY, ANNA MARIA, Männlichkeiten. Einleitung, in: Feministische Studien (2000), H. 2, 3-6.

LAQUEUR, WALTER Z., Die deutsche Jugendbewegung. Eine historische Studie, 2. Aufl. Köln 1978.

LAWAN, CHRISTIAN, Die Bielefelder KPD im Widerstand gegen den Faschismus, in: Harder-Gersdorff/Klönne/Stiller 1981, 199-230.

LEHMANN, ALBRECHT, Im Fremden ungewollt zuhaus. Flüchtlinge und Vertriebene in Westdeutschland 1945-1990, München 1991.

LENZ, KARL, Kulturformen von Jugendlichen. Von der Sub- und Jugendkultur zur Formen der Jugendbiographie, in: Aus Politik- und Zeitgeschichte, B 27 (Juni 1991), 11-19.

LEPP, CLAUDIA, Wege des Protestantismus im geteilten und wiedervereinigten Deutschland, in: GWU, 51 (2000), H. 3, 173-189.

LEPSIUS, RAINER, M., Parteiensystem und Sozialstruktur. Zum Problem der Demokratisierung der deutschen Gesellschaft, in: Aberl, Wilhelm/Borchardt, Knut/Kellenbenz, Hermann/Zorn, Wolfgang (Hg.), Wirtschaft, Geschichte und Wirtschaftsgeschichte. Festschrift zum 65. Geburtstag von Friedrich Lütge, Stuttgart 1966, 371-393.

LEVI, GIOVANNI/SCHMITT, JEAN-CLAUDE, Einleitung, in: Dies. 1996b, 9-20. (1996a)

– (Hg.), Geschichte der Jugend, Bd. 1: Von der Antike bis zum Absolutismus, Frankfurt/M. 1996. (1996b)
– (Hg.), Geschichte der Jugend, Bd. 2: Von der Aufklärung bis zur Gegenwart, Frankfurt/M. 1997.
LINDNER, ROLF, Editorial, in: Honneth/Lindner/Paris 1979, 7-14.
–, Bandenwesen und Klubwesen im wilhelminischen Reich und in der Weimarer Republik. Ein Beitrag zur historischen Kulturanalyse, in: GG, 10 (1984), 1984, 352-275.
– (Hg.), ‚Wer in den Osten geht, geht in ein anderes Land'. Die Settlementbewegung in Berlin zwischen Kaiserreich und Weimarer Republik, Berlin 1997.
LINNE, GERHARD, Jugend in Deutschland. Vom Sturm und Drang zur APO, Gütersloh 1970.
LINSE, ULRICH, Asien als Alternative? Die Alternativkulturen der Weimarer Zeit: Reform des Lebens durch Rückwendung zu asiatischer Religiosität, in: Kippenberg, Hans G./Luchesi, Brigitte (Hg.), Religionswissenschaft und Kulturkritik. Beiträge zur Konferenz The History of Religious and critique of Culture in the Days of Gerardus van de Leeuw (1890-1959), Marburg 1991, 325-364.
–, Exkurs: ‚Gemeinschaft' und ‚Gesellschaft' von Ferdinand Tönnies bis Theodor Geiger, in: Kerbs/Reulecke 1998, 161-165.
LINTON, DEREK S., ‚Who has the Youth has the Future'. The Campaign to save Young Workers in Imperial Germany, Cambridge u. a. 1991.
LIPP, CAROLA, Verein als politisches Handlungsmuster. Das Beispiel des württembergischen Vereinswesens von 1800 bis zur Revolution 1848/49, in: Francois, Etiènne (Hg.), Sociabilité et Société Bourgeoise en France, en Allemagne et en Suisse, 1750-1850/ Geselligkeit, Vereinswesen und Bürgerliche Gesellschaft in Frankreich, Deutschland und der Schweiz, 1750 - 1850, Paris 1986, 275-296.
LIPSMEIER, ANTONIUS, Berufsbildung, in: Führ/Furck 1998, 447-494.
LÖHR, BRIGITTE/MEYHÖFER, RITA, Arbeits- und Lebensrealitäten von Angestellten, in: Bürgerliche Gesellschaft 1990, 577-600. (1990a)
–, Wandel in Ehe und Familie, in: Bürgerliche Gesellschaft 1990, 601-611. (1990b)
LORENZ, KLAUS-PETER, Der Beitrag der politischen Jugendbildung zur Überwindung antidemokratischer Traditionen in den Nachkriegsjahren. Eine Untersuchung der außerschulischen Jugendbildungsarbeit in Ländern der britischen Zone mit dem Schwerpunkt Jugendhof Vlotho und ihrer Auseinandersetzung mit den Folgen des Nationalsozialismus für den Zeitraum 1945-1949, (Diss.) Kassel 1987.
–, Zu neuen Ufern lockt ein neuer Tag, in: Grüner Weg, 9 (1995), H. 1, 6-13.

–, Nach dem großen Krieg auf kleine Fahrt. Naturfreundejugend Württemberg, in: Grüner Weg, 10 (1996), H. 3, 36-39.

–, Zeit-Genossen: Zur Sonne – zur Freiheit? Studien zum Umfeld der historischen Naturfreunde-Bewegung, in: Grüner Weg, 13 (September 1999), 24-42.

LÖSCHE, PETER, Arbeitsorganisationen und Lebensreform. Zur Einführung, in: Walter/Denecke/Regin 1991, 11-15.

–/WALTER, FRANZ, Die SPD. Klassenpartei – Volkspartei – Quotenpartei. Zur Entwicklung der Sozialdemokratie von Weimar bis zur deutschen Vereinigung, Darmstadt 1992.

LOTH, WILFRIED/ RUSINEK, BERND. A. (Hg.), Verwandlungspolitik. NS-Eliten in der westdeutschen Nachkriegsgesellschaft, Frankfurt/M./New York 1998.

LÜCKING, CHRISTOPH, ... und was Er haben will ... Die Geschichte der Kirchengemeinde und des CVJM Lohe, Bad Oeynhausen 1989.

LUCKMANN, THOMAS, Säkularisation – ein moderner Mythos, in: Ders., Lebenswelt und Gesellschaft. Grundstrukturen und geschichtliche Wandlungen, Paderborn u.a. 1980, 161-172.

LÜDTKE, ALF (Hg.), Alltagsgeschichte. Zur Rekonstruktion historischer Erfahrungen und Lebensweisen, Frankfurt/M./New York 1989.

–, Eigen-Sinn. Fabrikalltag, Arbeitserfahrungen und Politik im Kaiserreich bis in den Faschismus, Hamburg 1993. (1993a)

–, ‚Fahrt ins Dunkle?' Erfahrungen des Fremden und historische Rekonstruktion, in: Ders. 1993a, Hamburg 1993, 23-41. (1993b)

–, Alltagsgeschichte, Mikro-Historie, historische Anthroplogie, in: Goertz, Hans-Jürgen (Hg.), Geschichte. Ein Grundkurs, Reinbek 1998, 557-578.

LUNDGREEN, PETER, Sozialgeschichte der deutschen Schule im Überblick, Teil 2: 1918-1980, Göttingen 1981.

MAASE, KASPAR, Bravo Amerika. Erkundungen zur Jugendkultur der Bundesrepublik in den fünfziger Jahren, Hamburg 1992.

–, Amerikanisierung von unten. Demonstrative Vulgarität und kulturelle Hegemonie in der Bundesrepublik der 50er Jahre, in: Lüdtke, Alf/Marßolek, Inge/Saldern, Adeleheid von (Hg.), Amerikanisierung. Traum und Alptraum im Deutschland des 20. Jahrhunderts, Stuttgart 1996, 291-313.

–, ‚Lässig' kontra ‚zackig'. Nachkriegsjugend und Männlichkeit in geschlechtergeschichtlicher Perspektive, in: Benninghaus/Kohtz 1999, 79-101.

MAIER, HANS, Kirche, Religion und Kultur, in: Broszat 1990, 131-139.

MANDELKOW, KARL ROBERT, Der ‚restaurative' Goethe. Klassikerrezeption in Westdeutschland nach 1945 und ihre Vorgeschichte seit 1870, in: Schildt/Sywottek 1993, 541-550.

MARSCHALCK, PETER, Bevölkerung, in: Faust 1994, 45-45.

MARSCHOLEK, JOSEF, Laienspiel – ein Werk der Gemeinschaft, in: Touristenverein Die Naturfreunde Ortsgruppe Bielefeld e. V. 1987, 125f.

MASON, TIM, The Containment of the Working Class in Nazi Germany, in: Ders. (Hg.), Nazism, Fascism and the Working Class, Cambridge/New York 1995, 231-273.

MATTHIESEN, HELGE, Weder konservativ noch Milieu?, in: Comparativ, 2 (1999) H. 2, 78-88.

MAUGER, GÉRARD, Einheitlichkeit und Verschiedenartigkeit - zur Definition von ‚Jugend', in: Bendit, René/Mauger, Gérard/Wolffersdorff, Christian von (Hg.), Jugend und Gesellschaft. Deutsch-französische Forschungsperspektiven, Baden-Baden 1993, 25-47.

MCLEOD, HUGH, Religion and the People of Western Europe 1789-1970, Oxford u. a. 1981.

MCMILLAN, DANIEL A., ‚... die höchste und heiligste Pflicht ...'. Das Männlichkeitsideal der deutschen Turnbewegung, 1811-1871, in: Kühne 1996c, 88-100.

MECKING, SABINE, Immer treu! Kommunalbeamte zwischen Kaiserreich und Bundesrepublik, Essen 2003.

MEDICK, HANS, Entlegene Geschichte? Sozialgeschichte und Mikro-Historie im Blickfeld der Kulturanthropologie, in: Berliner Geschichtswerkstatt (Hg.), Alltagskultur, Subjektivität und Geschichte. Zur Theorie und Praxis von Alltagsgeschichte, Münster 1994, 94-109.

–/TREPP, ANNE-CHARLOTTE (Hg.), Geschlechtergeschichte und Allgemeine Geschichte. Herausforderungen und Perspektiven, Göttingen 1998.

MEHRINGER, HARTMUT/RÖDER, WERNER, Gegner, Widerstand, Emigration, in: Broszat/Frei 1999, 108-123.

MEIER, GERD, Vom Parteiorgan zur modernen Zeitung? Die sozialdemokratische Tagespresse im östlichen Westfalen zwischen Kaiserreich und Bundesrepublik, in: WF, 47 (1997), 265-292.

–, Zwischen Milieu und Markt. Tageszeitungen in Ostwestfalen 1920-1970, Paderborn 1999.

MEINERS, PETER, Zwischen Widerstand und Anpassung. Der CVJM-Westbund im Dritten Reich, Aßlar 1985.

MELHAUSEN, JOACHIM, Nationalsozialismus und Kirchen, in: TRE 24 (1994), 43-78.

MERGARD, LUISE, Werden und Wachsen des Hartumer Kirchenchores. Erinnerungen, in: CVJM Hartum 1995, 127-141.

MERTZ, PETER, Wo die Väter herrschten. Volkstheater – nicht nur in Tirol, Wien u. a. 1985.

MEUSER, MICHAEL, Geschlecht und Männlichkeit. Soziologische Theorie und kulturelle Deutungsmuster, Opladen 1998.

MEYER, GEORG, Soldaten ohne Armee. Berufssoldaten im Kampf um Standesehre und Versorgung, in: Broszat/Henke/Woller 1988, 683-750.

MEYER, JOST-ULRICH, 50 Jahre Melitta in Minden. Die Geschichte eines ostwestfälischen Unternehmens, in: Der Minden-Ravensberger, 52 (1980), 114-116.

MEYER, SIBYLLE/SCHULZE, EVA, Vom Wirtschaftswunder keine Spur. Die ökonomische und soziale Situation alleinstehender Frauen, in: Delille, Angela/Grohn, Andrea (Hg.), Perlonzeit. Wie die Frauen ihr Wirtschaftswunder erlebten, Berlin 1985, 92-98. (1985a)

–, Von Liebe sprach damals keiner. Familienalltag in der Nachkriegszeit, München 1985. (1985b)

–, Auswirkungen des II. Weltkrieges auf Familien. Zum Wandel der Familie in Deutschland, Berlin 1989.

MEYER-LENZ, JOHANNA (Hg.), Die Ordnung des Paares ist unbehaglich. Irritationen am und im Geschlechterdiskurs nach 1945, Hamburg 2000.

MEYNERT, JOACHIM (Hg.), Ein Spiegel des eigenen Ich. Selbstzeugnisse antisemitischer Verfolgter. Vorwort von Johannes Rau, Bielefeld 1988. (1988a)

–, Was vor der ‚Endlösung' geschah. Antisemitische Ausgrenzung und Verfolgung in Minden-Ravensberg 1933-1945, (Diss.) Münster 1988. (1988b)

–, Ausgegrenzt und doch allein. Jüdische Jugend in Minden-Ravensberg 1933-1938. Ein Beitrag zum Alltag im Nationalsozialismus, in: MH, 63 (1991), 115-134.

–, ‚Doch noch immer ist dem Regen herrlicher Sonnenschein gefolgt ...'. Zur Entwicklung der Sozialdemokratie in Minden 1868-1914, in: Ders./ Bender-Wittmann 1994, 10-77. (1994a)

–, Rückkehr ohne Heimkehr. Jüdische EmigrantInnen und Bundesrepublik Deutschland, in: Herzig/Teppe/Determann 1994, 224-230. (1994b)

– (Hg.), Und auch der Handball ist rund ... . Beiträge zur Geschichte des Handballsports im Kreis Minden-Lübbecke, Bielefeld 1995.

–, Jüdische Geschichte und regionale Identität. Beiträge zur Geschichte der jüdischen Minderheit in Ostwestfalen, Bielefeld 1998.

–/BENDER-WITTMANN, URSULA (Hg.), Keine vaterlandslosen Gesellen. Beiträge zur Geschichte der Sozialdemokratie in Minden, Lübbecke 1994.

–/KLÖNNE, ARNO (Hg.), Verdrängte Geschichte. Verfolgung und Vernichtung in Ostwestfalen, 1933-1945, Bielefeld 1986.
–/MOOSER, JOSEF/RODEKAMP, VOLKER (Hg.), Unter Pickelhaube und Zylinder. Das östliche Westfalen im Zeitalter des Wilhelminismus, 1888 bis 1914, Bielefeld 1991.
MILLER, SUSANNE, Widerstand und Exil. Bedeutung und Stellung des Arbeiterwiderstands nach 1945, in: Ueberschär, Gerd R. (Hg.), Der 20. Juli 1944. Bewertung und Rezeption des deutschen Widerstandes gegen das NS-Regime, Köln 1994, 294-312.
„MINDEN", in: Brockhaus 12 (1971), 578f.
„MINDEN", in: Meyers Neues Lexikon, Band 9, 2. völlig neu erarb. Aufl. in 18 Bde., Leipzig 1974, 410.
„MINDEN", in: Siefert, Fritz (Hg.), Das Lexikon der deutschen Städte und Gemeinden, München 1973, 342.
MINDEN, DIE STADT AN DER WESER. Gestaltung Heinrich Gräfenstein, Minden 1964.
MINDENER BÜRGERBATAILLON (Hg.), Das Mindener Bürgerbataillon und 300 Jahre Freischiessen, 1682-1982, Minden 1982.
MITCHELL, MARIA, Materialism and Secularism. CDU Politicians and National-Socialism, 1945-1949, in: JMH, 67 (1995), 278-308.
MITSCHERLICH, ALEXANDER, Auf dem Weg zur vaterlosen Gesellschaft. Ideen zur Sozialpsychologie, München 1970 (Nachdr. v. 1963).
–, Auf dem Weg zur vaterlosen Gesellschaft Ideen zur Sozialpsychologie, in: Friedeburg, L. v. (Hg.), Jugend in der modernen Gesellschaft, München 1963, 288-307.
MITTERAUER, MICHAEL, Sozialgeschichte der Jugend, Frankfurt/M. 1986.
MÖDING, NORI, Die Stunde der Frauen? Frauen und Frauenorganisationen des bürgerlichen Lagers, in: Broszat/Henke/Woller 1988, 619-247.
MOELLER, ROBERT G., Protecting Motherhood. Woman and the Family in the Politics of Postwar Germany, Berkeley 1993.
–, Introduction. Writing the History of West Germany, in: Ders. 1997, 1-30. (1997a)
–, Reconstructing the Family in Reconstruction Germany. Women and Social Policy in the Federal Republic, 1949-1955, in: Ders. 1997d, 109-133. (1997b)
–, The Homosexual Man Is a ‚Man', the Homosexual Woman Is a ‚Woman'. Sex, Society, and the Law in Postwar West Germany, in: Ders. 1997, 251-284. (1997c)
– (Hg.), West Germany under Construction. Politics, Society, and Culture in the Adenauer Era, Ann Arbor 1997. (1997d)

–, ‚The Last Soldiers of the Great War‘ and Tales of Familiy Reunions in the Federal Republic of Germany, in: Signs, 24 (1998), H. 1, 129-145. (1998a)

–, The ‚Remasculinization‘ of Germany in the 1950s. Introduction, in: Signs, 24 (1998), H. 1, 101-106. (1998b)

MOGGE, WINFRIED, Wandervogel, Freideutsche Jugend und Bünde. Zum Jugendbild der bürgerlichen Jugendbewegung, in: Koebner/Janz/Trommler 1985, 174-198.

–, Der Freideutsche Jugendtag 1913: Vorgeschichte, Verlauf, Wirkungen, in: Ders./Reulecke 1988, 33-62.

–, Vom Jugendreich zum Jugendstaat. Männerbündische Vorstellungen und Organisationsformen in der bürgerlichen Jugendbewegung in: Völger/Welck 1990, Bd. 2, 103-110.

–/REULECKE, JÜRGEN, Hoher Meißner 1913. Der erste Freideutsche Jugendtag in Dokumenten, Deutungen und Bildern, Köln 1988.

MOHLER, ARMIN, Die ‚Bündischen‘, in: Sauer 1978, 138-146.

MÖLLER, GISELA/WAGNER-BÖLTING, ELEONORE, Die ‚Partei des Volkes‘ in der Verantwortung. Die Mindener Sozialdemokratie in den sechziger Jahren, in: Meynert/Bender-Wittmann 1994, 218-239.

MÖLLER, MARTIN, Evangelische Kirche und Sozialdemokratische Partei in den Jahren 1945-1950. Grundlagen der Verständigung und Beginn des Dialogs, Göttingen 1984.

MOMMSEN, HANS, Generationskonflikt und Jugendrevolte in der Weimarer Republik, in: Koebner/Janz/Trommler 1985, 50-67.

MONATSSPIEGEL. Veranstaltungen und Informationen über Kultur, Sport und Wirtschaft. Minden und Umgebung. 130 Jahre CVJM Minden, 3 (1986).

MÖNCH, WINFRIED, Städte zwischen Zerstörung und Wiederaufbau. Deutsche Ortsliteratur zum Bobenkrieg seit dem Zweiten Weltkrieg, in: Die alte Stadt, 30 (2003), H. 3, 265-289.

MOOSER, JOSEF, Religion und sozialer Protest. Erweckungsbewegung und ländliche Unterschichten im Vormärz am Beispiel von Minden-Ravensberg, in: Volkmann, Heinrich/Bergmann, Jürgen (Hg.), Sozialer Protest. Studien zu traditioneller Resistenz und kollektiver Gewalt in Deutschland vom Vormärz bis zur Reichsgründung, Opladen 1984, 304-324.

–, Erweckung und Gesellschaft. Zur Einführung, in: Ders./Krull/Hey/Gießelmann 1989, 10-14. (1989a)

–, Konventikel, Unterschichten und Pastoren. Entstehung, Träger und Leistungen der Erweckungsbewegung in Minden-Ravensberg, ca. 1820-1850, in: Ders./Krull/Hey/Gießelmann 1989, 16-52. (1989b)

–, Arbeiter, Angestellte und Frauen in der ‚nivellierten Mittelstandsgesellschaft‘. Thesen, in: Schildt/Sywottek 1993, 362-376.

–, Die Arbeiterbewegung in der Bundesrepublik und die DDR in den fünfziger Jahren, in: Bauerkämper/Sabrow/Stöver 1998, 142-157.
–/KRULL, REGINE/HEY, BERND/GIEßELMANN, ROLAND (Hg.), Frommes Volk und Patrioten. Erweckungsbewegung und soziale Frage im östlichen Westfalen 1800 bis 1900, Bielefeld 1989.
MORGAN, DAVID H. J., Theater of War Combat, the Military, and Masculinities, in: Brod, Harry/Kaufmann, Michael (Hg.), Theorizing Masculinities, London u. a. 1994, 165-182.
MORGENROTH, CHRISTINE, Das Prekäre des Geschlechterverhältnisses in Interessenorganisationen, in: Negt, Oskar (Hg.), Die zweite Gesellschaftsreform. 27 Plädoyers, Göttingen 1994, 131-140.
MORSEY, RUDOLF, Die Bundesrepublik Deutschland. Entstehung und Entwicklung bis 1969, 3. überarb. u. erw. Aufl. München 1995.
MOSER, JOHANNES (HG.), Jugendkuturen. Recherchen in Frankfurt am Main und London, Frankfurt/M. 2000.
MOSSE, GEORGE L., Das Bild des Mannes. Zur Konstruktion der modernen Männlichkeit, Frankfurt/M. 1997.
MÜLLER, C. WOLFGANG, Jugendamt. Geschichte und Aufgabe einer reformpädagogischen Einrichtung, Weinheim/Basel 1994.
MÜLLER, GERHARD (Hg.), Theologische Realencyclopädie, Bd. 6, Berlin/New York 1980.
MÜLLER, WALTER/WILLMS, ANGELIKA/HANDL, JOHANN, Strukturwandel der Frauenarbeit 1880-1980, Frankfurt/M./New York 1983.
MÜLLER-ASSHOFF, HORST, Die Mindener Dombibliothek und die liturgischen Bücher des ehemaligen Bistums Minden, in: Nordsiek 1977, 85-105.
MÜLLER-SPÄTH, JÜRGEN, Die Anfänge des CVJM in Rheinland und Westfalen. Ein Beitrag zur Sozial- und Kirchengeschichte im 19. Jahrhundert, Köln 1988.
MÜNCHMEIER, RICHARD, Die Vergesellschaftung der Jugendverbände. Von den fünfziger Jahren bis zu Politisierung, in: Böhnisch/Gängler/Rauschenbach 1991, 86-92. (1991a)
–, Zur Geschichte des öffentlichen Umgans mit der Jugend in: Böhnisch/Gängler/Rauschenbach, 1991, 25-31. (1991b)
MUSIAL, MAGDALENA, Jugendbewegung und Emanzipation der Frau – Ein Beitrag zur Rolle der weiblichen Jugend in der Jugendbewegung bis 1933, (Diss.) Essen 1982.
NADIG, MAYA, Die Ritualisierung von Haß und Gewalt im Rassismus, in: Balke, Friedrich/Habermas, Rebekka/Nanz, Patrizia/Sillem, Peter (Hg.), Schwierige Fremdheit. Über Integration und Ausgrenzung in Einwanderungsländern, Frankfurt/M. 1993, 264-284.

„NATIONALPOLITISCHE ERZIEHUNGSANSTALTEN (NPEA)“, in: Bedürftig, Friedemann, Lexikon des Dritten Reiches, München u. a. 1997, 238.
NATURFREUNDEJUGEND DEUTSCHLANDS (NFJD), in: Böhnisch/Gängler/Rauschenbach 1991, 1012-1014.
NAUJOKS, MARTINA, Mädchen in der Arbeiterjugendbewegung in der Weimarer Republik, Hamburg 1984.
NAUMANN, KLAUS (Hg.), Nachkrieg in Deutschland, Hamburg 2001.
NEILL, DEBERAH/TODD, LISA M., Local History as Total History. A Symposium held at the Munk Centre for International Studies, University of Toronto, 25 February 2002, in: German History, 20 (2002), H. 3, 373-378.
NESENHÖNER, STEFAN, ‚Fest wie ein Felsen im wilden Meer ...‘. Die Mindener Sozialdemokratie in den letzten Jahren der Weimarer Republik, in: Meynert/Bender-Wittmann, 1994, 165-185.
NEUBAUER, JOHN, The Fin-de-Siècle Culture of Adolescence, New Haven/London 1992.
NEUMANN, VERA, Nicht der Rede wert. Die Privatisierung der Kriegsfolgen in der frühen Bundesrepublik. Lebensgeschichtliche Erinnerungen, Münster 1999.
NEUNSINGER, SILKE, Die Arbeit der Frauen – die Krise der Männer. Die Erwerbstätigkeit verheirateter Frauen in Deutschland und Schweden 1919-1939, Uppsala 2001.
NIEHUSS, MERITH, Kontinuität und Wandel der Familie in den 50er Jahren, in: Schildt/Sywottek 1993, 316-334.
–, Familie, Frau und Gesellschaft. Studien zur Strukturgeschichte der Familie in Westdeutschland 1945-1960, Göttingen 2002.
NIETHAMMER, LUTZ (Hg.), ‚Die Jahre weiß man nicht, wo man die heute hinsetzen soll‘. Faschismuserfahrungen im Ruhrgebiet. Lebensgeschichte und Sozialkultur im Ruhrgebiet 1930 bis 1960, Bd. 1, Berlin/Bonn 1983. (1983a)
–, Einleitung des Herausgebers, in: Ders. 1983a, 7-29. (1983b)
–, ‚Hinterher merkt man, daß es richtig war, daß es schiefgegangen ist‘. Nachkriegserfahrungen im Ruhrgebiet. Lebensgeschichte und Sozialkultur im Ruhrgebiet 1930 bis 1960, Bd. 2, Berlin/Bonn 1983. (1983c)
–/PLATO, ALEXANDER VON (Hg.), ‚Wir kriegen jetzt andere Zeiten.‘ Auf der Suche nach der Erfahrung des Volkes in nachfaschistischen Ländern. Lebensgeschichte und Sozialkultur im Ruhrgebiet 1930 bis 1960, Bd. 3, Berlin/Bonn 1985.
NIPKAU, FRANK, Traditionen der Erweckungsbewegung in der Parteipolitik? Die Christlich-Konservativen und die Christlich-Soziale Partei in Minden-Ravensberg, 1878-1914, in: Mooser/Krull/Hey/Gießelmann 1989, 368-390.

NIPPERDEY, THOMAS, Jugend und Politik um 1900, in: Ders., Gesellschaft, Kultur, Theorie. Gesammelte Aufsätze zur neueren Geschichte, Göttingen 1976, 338-359.

–, Religion im Umbruch Deutschland 1870-1918, München 1988.

NITSCHKE, AUGUST, Junge Rebellen. Mittelalter, Neuzeit, Gegenwart. Kinder verändern die Welt, München 1985.

NOAKES, JEREMY, Nationalsozialismus in der Provinz. Kleine und mittlere Städte im Dritten Reich 1933-1945, in: Möller, Horst (Hg.), Nationalsozialismus in der Region. Beiträge zur regionalen und lokalen Forschung und zum internationalen Vergleich, München 1996, 237-251.

NORDSIEK, HANS, Der totale Krieg und seine Folgen. Minden 1944-46. Katalog, Minden 1975.

–, Zwischen Dom und Rathaus. Beiträge zur Kunst- und Kulturgeschichte der Stadt Minden, Minden 1977.

- (Hg.), ‚Bitte vergessen Sie uns nicht.' Briefe verfolgter und deportierter Juden 1939 bis 1944, in: MMG, 60 (1988), 65-109. (1988a)

–, Juden in Minden. Dokumente und Bilder jüdischen Lebens vom Mittelalter bis zum 20. Jahrhundert, Minden 1988. (1988b)

–, ‚Kaiserwetter' in Minden. Stadtentwicklung in Wilhelminischer Zeit, in: Meynert/Mooser/Rodekamp 1991, 29-133. (1991a)

–, Vom ‚landrätlichen Büro' zur Kreisverwaltung. Ein Beitrag zur Verwaltungsgeschichte des Kreises Minden-Lübbecke, in: MMG, 63 (1991), 41-113. (1991b)

–, Die Anfänge des ev.-ref. Petri-Gemeinde Minden. Ein Beitrag zur 250. Wiederkehr der Kirchenweihe des Jahres 1743, in: MMG, 65 (1993), 120-125.

–, Die verdunkelte Stadt Minden 1944/45, Minden 1995.

NORDSIEK, MARIANNE, Die Frau in der Mindener Kommunalpolitik von 1919 bis 1933, in: MH, 43 (1971), 90-99.

–, Die Gründung des ältesten westfälischen Mädchengymnasiums 1826 in Minden, in: Der Minden-Ravensberger, 48 (1976), 81-83. (1976a)

–, Die Schulbildung der bürgerlichen Frau im 19. Jahrhundert am Beispiel der Mindener Töchterschule 1826-1909. Ein Beitrag zum hundertjährigen Bestehen des Caroline-von-Humboldt-Gymnasiums Minden, in: MGG, 48 (1976), 29-64. (1976b)

–, Fackelzüge überall. Das Jahr 1933 in den Kreisen Minden und Lübbecke, Bielefeld u. a. 1983. (1983a)

–, Politische Veranstaltungen im Amt Rehme in der Endphase der Weimarer Republik, in: MMG, 55 (1983), 111-120. (1983b)

–, Die Deportation Mindener Jüdinnen und Juden nach Riga, in: Herzig/Teppe/Determann 1994, 143-155.

NORTON, ROBERT, Secret Germany. Stefan George and His Circle, Ithaca/ London 2002.
NOWAK, KURT, Kirchengeschichte des 19./20. Jahrhunderts, Teil 1 (Literaturbericht), in: GWU, 51 (2000), H. 3, 190-207.
OBERKROME, WILLI, Heimat in der Nachkriegszeit. Strukturen, institutionelle Vernetzung und kulturpolitische Funktionen des Westfälischen Heimatbundes in den 1940er und 1950er Jahren, in: WF, 47 (1997), 153-200.
OBERPENNING, HANNELORE, Flüchtlinge, Vertriebene und Aussiedler in Espelkamp. Eine empirische Fallstudie zum Eingliederungsgeschehen seit 1945, in: WF, 48 (1998), 379-397.
OERTZEN, CHRISTINE VON/RIETZSCHEL, ALMUT, Comparing the Post-War Germanies: Breadwinner Ideology and Women's Employment in the Divided Nation, 1948-1970, in: Int Rev Soc Hist, 42 (1997), 179-196.
OLENHUSEN, IRMTRAUD GÖTZ VON, Jugendreich, Gottesreich, Deutsches Reich. Junge Generation, Religion und Politk 1938-1933, Köln 1987.
OLICK, JEFFREY K., Introduction Memory and the Nation – Continuities, Conflicts, and Transformations, in: Social Sciences History, 22 (1998), Nr. 4, 377-387.
ONTRUP, WOLFGANG, Naturfreunde und Volkstanz, in: Touristenverein Die Naturfreunde Ortsgruppe Bielefeld e. V. 1987, 121-125.
–, Ernie als Hahn im Korb, in: Touristenverein Die Naturfreunde Ortsgruppe Bielefeld e. V. 1997, 13.
ORZSCHIG, JOHANNES, Die Kant-Gesellschaft Minden, in: Nordsiek 1977, 327-334.
PAETEL, KARL O., Jugendbewegung und Politik. Randbemerkungen, Bad Godesberg 1981 (Nachdr. v. 1961).
–, Jugend in der Entscheidung 1913 – 1933 – 1945, 2. stark erw. Aufl. des Werkes ‚Jugendbewegung Politk. Randbemerkungen', Bad Godesberg 1963.
PAHMEYER, PETER/SPANKEREN, LUTZ VAN, Die Hitler-Jugend in Lippe (1933-1939). Totalitäre Erziehung zwischen Anspruch und Wirklichkeit, Bielefeld 1998.
PARKER, HOWARD, Aus Jungen werden Männer Kurze Adoleszenz in einem innerstädtischen Wohbezirk, in: Honneth/Lindner/Paris 1979, 181-216
PASSERINI, LUISA, Mythbiography in Oral History, in: Samuel, Raphael/ Thompson, Paul (Hg.), The Myths we Live by, London/New York 1990, 49-60.
–, Jugend als Metapher für gesellschaftliche Veränderung. Die Debatte über die Jugend im faschistischen Italien und in den Vereinigten Staaten der fünfziger Jahre, in: Levi/Schmitt 1997, 375-459.

PERKS, ROBERT/THOMSON, ALISTAIR (Hg.), The Oral History Reader, London/New York 1998.

PETERS, CHRISTIAN (Hg.), Zwischen Spener und Volkening. Pietismus in Minden-Ravensberg im 18. und 19. Jahrhundert, Bielefeld 2002.

PETZINA, DIETMAR, Industrieland im Wandel (1945-1980), in: Kohl 1984, Bd. 3, 439-531.

PETZOLD, JOACHIM, In Deiner Brust sind Deines Schicksals Sterne? Mindener Gymnasium und Dresdner Oberschüler im ersten Jahrzehnt nach dem Zeiten Weltkrieg, Potsdam 1998.

PEUKERT, DETLEV J. K., Grenzen der Sozialdisziplinierung. Aufstieg und Krise der deutschen Jugendfürsorge 1878-1932, Köln 1986.

–, Jugend zwischen Krieg und Krise. Lebenswelten von Arbeiterjungen in der Weimarer Republik, Köln 1987.

–/MÜNCHMEIER, RICHARD, Historische Entwicklungsstrukturen und Grundprobleme der Deutschen Jugendhilfe, in: Dies./Greese, Dieter, Oberloskamp, Helga u. a. (Hg.), Jugendhilfe – Historischer Rückenblick und neuere Entwicklung. Materialien zum 8. Jugendbericht, Bd. 1, München 1990, 1-49.

PFAU, GUDRUN, ‚Alles wird besser – nichts wird gut!' Frauenerwerbstätigkeit als gesellschaftliches Problem nach dem 1. und 2. Weltkrieg, Wien 1998.

PHILIPP, MICHAEL, ‚Vom Schicksal des deutschen Geistes'. Wolfgang Frommels Rundfunkarbeit an den Sendern Frankfurt und Berlin 1933-1935 und ihre oppositionelle Tendenz, Potsdam 1995.

PIEPER, VOLKER/SIEDENHANS, MICHAEL, Die Vergessenen von Stukenbrock. Die Geschichte des Lagers in Stukenbrock-Senne von 1941 bis zur Gegenwart, Bielefeld 1988.

PILS, MANFRED, ‚Berg frei!' 100 Jahre Naturfreunde, Wien 1994.

PINGEL, FALK/WEHMEIER, NORBERT, ‚Die Sozialisierung wird marschieren!' – Programm und Wirklichkeit bei der Wiedergründung von SPD und KPD in Bielefeld, in: Harder-Gersdorff/Klönne/Stiller 1981, 231-260.

PLATO, ALEXANDER VON, Die verschlungenen Wege zur Nachkriegs-SPD, in: Behrens-Cobet 1989, 120-125.

–, Plädoyer für eine Erfahrungsgeschichte der Nachkriegszeit, in: Doering-Manteuffel 1993c, 110-121.

–, The Hitler Youth Generation and its Role in the two Post-war German States, in: Roseman 1995b, 210-226.

–, Erfahrungen junger Soldaten im Zweiten Weltkrieg, in: BIOS, 11 (1998), H. 1, 15-23.

–/LEH, ALMUT, ‚Ein unglaublicher Frühling'. Erfahrene Geschichte im Nachkriegsdeutschland 1945-1948, Bonn 1997.

PLENER, ULLA, Kurt Schumacher und die Einheitspartei 1945/1946, in: BzG, 39 (1997), Nr. 1, 3-19.

PODSZUN, RUPPRECHT, Die verkalkte Republik, oder: Das Märchen vom Jugendkult, Köln 2000.

POIGER, UTA G., Rock'n Roll, Female Sexuality and the Cold War Battle over German Identities, in: JMH, 68 (1996), 577-616.

–, A New, ‚Western' Hero? Reconstructing German Masculinity in the 1950s, in: Signs, 24 (1998), H. 1, 147-162.

–, Commentary Beyond ‚Modernization' and Colonization, in: Diplomatic History, 23 (1999), H. 1, 45-56.

–, A New, ‚Western' Hero? Reconstructing German Masculinity in the 1950s, in: Schissler 2001e, 412-427.

PRESSE- UND INFORMATIONSAMT DER BUNDESREGIERUNG (Hg.), Die Frau in Beruf, Familie und Gesellschaft. Eine zusammenfassende Darstellung des Berichts der Bundesregierung über die Situation der Frauen in Beruf, Familie und Gesellschaft, Bonn o. J. [1966].

PREUSS-LAUSITZ, ULF (Hg.), Kriegskinder, Konsumkinder, Krisenkinder. Zur Sozialisationsgeschichte seit dem Zweiten Weltkrieg, 4. Aufl. Weinheim/Basel 1995.

PROSS, HARRY E., Jugend, Eros, Politik. Die Geschichte der deutschen Jugendverbände, Bern u. a. 1964.

PUTNEY, CLIFFERD, Muscular Christianity. Manhood and Sports in Protestant America 1880-1920, Cambridge 2001.

PYTA, WOLFRAM, Dorfgemeinschaft und Parteipolitik 1918-1933. Die Verschränkung von Milieu und Parteien in den protestantischen Landgebieten Deutschlands in der Weimarer Republik, Düsseldorf 1996.

RAABE, FELIX (Hg.), Die Bündische Jugend, Stuttgart 1961.

RABE, HANS-GERD, Der Wandervogel in Osnabrück. Bild einer Jugend von 1907 bis 1920, in: Osnabrücker Mitteilungen, 70 (1961), 105-160.

RADKAU, JOACHIM, Die singende und die tote Jugend. Der Umgang mit Jugendmythen im italienischen und deutschen Faschismus, in: Koebner/Janz/Trommler 1985, 97-127.

RAHN, SYLVIA, Ziele, Inhalte, Methoden und Erfolge der Arbeit von ‚evangelischen Mädchenvereinen' in Barmen um 1900. Ein Beitrag zur ‚Annäherung der Gesellschaftsklassen'?, in: Dietz/Lange/Wahle 1996,107-125.

RASCHKE, JOACHIM, Soziale Bewegungen. Ein historisch-systematischer Grundriß, 2. Aufl. Frankfurt/M./New York 1988.

RAUCHSCHWALBE, KARL, Geschichte der Lippischen Sozialdemokratie, Bielefeld 1980.

REEKEN, DIETMAR VON, Kirchen im Umbruch zur Moderne. Milieubildungsprozesse im nordwestdeutschen Protestantismus 1849-1914, Gütersloh 1999.

REESE, DAGMAR, Bund Deutscher Mädel. Zur Geschichte der weiblichen Jugend im Dritten Reich, in: Frauengruppe Faschismusforschung. Mutterkreuz und Arbeitsbuch, Frankfurt/M. 1981, 163-187.

–, Straff, aber nicht stramm – herb, aber nicht derb. Zur Vergesellschaftung von Mädchen durch den Bund Deutscher Mädel im sozialkulturellen Vergleich zweier Milieus, Weinheim 1989.

–, Eine weibliche Generation in Deutschland im Übergang von der Diktatur zur Demokratie, Berlin 1991.

–, Der Bund Deutscher Mädel in Minden. Eine sozialhistorische Untersuchung, in: MH, 65 (1993), 71-94. (1993a)

–, Die Kameraden. Eine partnerschaftliche Konzeption der Geschlechterbeziehungen an der Wende vom 19. zum 20. Jahrhundert in: Dies./Rosenhaft, Eve/Sachse, Carola/Siegel, Tilla (Hg.), Rationale Beziehungen? Geschlechterverhältnis im Rationalisierungsprozeß, Frankfurt/M. 1993, 58-74. (1993b)

REICHOLD, KNUT, Die Erstellung eines Tonarchivs für das Mindener Museum. Standardisierungsvorschlag zur Erschließung von Oral-History-Quellen – ein Verfahren mit Ad-hoc Publizität und Volltextsuche, in: BIOS, 11 (1998), H. 1, 132-136.

REIMERS, BETTINA IRINA, Volksbildungs- und Volkshochschulbewegung, in: Kerbs/Reulecke 1998, 355 - 368.

REINICKE, CHRISTIAN, ‚Da wird mitgemacht!' Schülermitverwaltung, in: Ders./Romeyk 1996, 271-274. (1996a)

–, ‚Der Wecker' und andere Schülerzeitungen, in: Ders./Romeyk 1996, 275-279. (1996b)

–, Evangelisch oder katholisch? Bekenntnisschulen, in: Ders./Romeyk 1996, 266-270. (1996c)

–/ROMEYK, HORST (Red.), Nordrhein-Westfalen. Ein Land in seiner Geschichte. Aspekte und Konturen 1946-1996, Münster 1996.

REIS, ACHIM, Die Jugendbewegung als religiöses Phänomen, (Diss.) Frankfurt/M. 1994. (1994a)

–, Kiefern und Kirschblüten. Die Japan-Rezeption in dj.1.11, in: Schmidt 1994, 121-140. (1994b)

RETZLAFF, BRIGIT, Arbeiterjugend gegen Hitler. Der Widerstand ehemaliger Angehörigier der Sozialistischen Arbeiterjugendbewegung gegen das Dritte Reich sowohl in der eigenen Organisation als auch in und mit anderen Veränden aus der Arbeiterbewegung sowie darüber hinaus, Werther i. Westf. 1993.

REULECKE, JÜRGEN, ‚Veredelung der Volkserholung‘ und ‚edle Geselligkeit‘. Sozialreformerische Bestrebungen zur Gestaltung der arbeitsfreien Zeit im Kaiserreich, in: Huck 1980, 141-160.

–, Männerbund versus Familie. Bürgerliche Jugendbewegung und Familie in Deutschland im ersten Drittel des 20. Jahrhunderts, in: Koebner/Janz/Trommler 1985, 199-223.

–, Jugendprotest – ein Kennzeichen des 20. Jahrhunderts?, in: Dowe 1986, 1-11.

–, Probleme einer Sozial- und Mentalitätsgeschichte der Nachkriegszeit, in: GiW, 2 (1987), 7-25.

–, Im Schatten der Meißnerformel. Lebenslauf und Geschichte der Jahrhundertgeneration, in: Mogge/Reulecke 1988, 119-32.

–, Jugend und ‚Junge Generation‘ in der Gesellschaft der Zwischenkriegszeit, in: Berg, Christa (Hg.), Handbuch der deutschen Bildungsgeschichte, Bd. 5: 1918-1945: Die Weimarer Republik und die nationalsozialistische Diktatur, München 1989, 86-110. (1989a)

–, ‚... und sie werden nicht mehr frei ihr ganzes Leben!‘ Der Weg in die ‚Staatsjugend‘ von der Weimarer Republik zur NS-Zeit, in: Herrmann, Ulrich/Oelkes, Jürgen (Hg.), Pädagogik und Nationalsozialismus, Weinheim u. a. 1989, 243-255. (1989b)

–, Das Jahr 1902 und die Ursprünge der Männerbund-Ideologie in Deutschland, in: Völger/Welck 1990, Bd. 1, 3-10.

–, Jugend und Jugendpolitik nach 1945, in: Lademacher/Bosmans 1991, 215-231. (1991a)

–, Von der Landesgeschichte zur Regionalgechichte, in: GiW, 6 (1991), 202-208. (1991b)

–, ‚Die Jugend kommt immer zu spät ... ‘. Zum Jugendbegriff im 20. Jahrhundert, in: evangelische aspekte, 2 (1992), H. 1, 4-7. (1992a)

–, Jugend in Deutschland um die Jahrhundertwende. Aspekte einer Sozialgeschichte der Jugend, in: Pfeiffer, Lorenz (Hg.), Illustrierte Geschichte der Deutschen Turnerjugend, Essen 1992, 8-14. (1992b)

–, Vom Kämpfer zum Krieger. Zur Visualisierung des Männerbildes während des Ersten Weltkriegs, in: Quandt, Siegfried/Schichtel, Horst (Hg.), Der Erste Weltkrieg als Kommunikationsereignis, Gießen 1992, 159-175. (1992c)

–, ‚Hat die Jugendbewegung den Nationalsozialismus vorbereitet?‘ Zum Umgang mit einer falschen Frage, in: Krabbe, Wolfgang R. (Hg.), Politische Jugend in der Weimarer Republik, Bochum 1993, 222-243. (1993a)

–, Jugend und Jugendpolitik im mentalitätsgeschichtlichem Kontext der Nachkriegszeit in Westdeutschland, in: Herrmann 1993a, 75-87. (1993b)

–, Jugendbewegung als Objekt der Geschichtswissenschaft. Neue Ansätze in der Forschung. Vortrag zum 11. Bündischen Forum am 25. 2. 1995 auf Burg Ludwigstein, in: Ludwigsteiner Blätter (1995) H. 187, 6-23. (1995a)

–, The Battle for the Young. Mobilising Young People in Wilhelmine Germany, in: Roseman 1995a, 92-103. (1995b)

–, Ein Herz im Straßenstaub. Der Fall Forestier 1952/55, in: Hein, Peter Ulrich/ Reese, Hartmut (Hg.), Kultur und Gesellschaft der Bundesrepublik Deutschland. Eine Festschrift zum 65. Geburtstag von Arno Klönne, Frankfurt/M. u. a. 1996, 39-50. (1996a)

–, ‚Wir reiten die Sehnsucht tot' oder: Melancholie als Droge. Anmerkungen zum bündischen Liedgut, in: Kühne 1996c, 156-173. (1996b)

- (Hg.), Rückkehr in die Ferne. Die deutsche Nachkriegsjugend in der Nachkriegszeit und das Ausland, Weinheim/München 1997. (1997a)

–, Rückkehr in die Ferne. Statt eines Vorwortes, in: Ders. 1997a, 7-10. (1997b)

–, Sektion II: ‚Gesundheit' und ‚Jugend'. Zentrale Aufgabenfelder von Fürsorge in historischer und aktueller Perspektive, in: Wollasch 1997, 73-75. (1997c)

–, Männerleid im Männerlied. Anmerkungen zum ‚Bündischen' in der Weimarer Republik, in: Podium. Siegener Universitätsreden. Grußworte und Vorträge anläßlich der Verleihung der Ehrendoktorwürde an George L. Mosse am 6. November 1998, Siegen 1999, 21-33.

–, ‚Ich möchte einer werden so wie die ...'. Männerbünde im 20. Jahrhundert, Frankfurt/M. u. a. 2001.

– (Hg.), Generationalität und Lebensgeschichte im 20. Jahrhundert, München 2003.

RIECHMANN, WOLFGANG, ‚Vivat Amerika'. Auswanderung aus dem Kreis Minden, 1816-1933, Minden 1993.

ROBERTS, ULLA, Starke Mütter – ferne Väter. Töchter reflektieren ihre Kindheit im Nationalsozialismus und in der Nachkriegszeit, Frankfurt/M. 1994.

ROCH, SABINE, Jugendbanden in der Nachkriegszeit, in: Breyvogel/Krüger/ Thole 1987, 152-155.

ROHE, KARL, Politik. Begriffe und Wirklichkeiten. Eine Einführung in das politische Denken, 2. völlig überarb. u. erw. Aufl. Stuttgart u. a. 1994 (Neuausgabe v. 1978).

ROHLFELS, JOACHIM, Generation. Eine gehaltvolle historische Kategorie?, in: Schwarz 1993, 19-35.

ROMEYK, HORST, „Verwaltungsorgane", in: Siemer 1987, 449-455.

ROPER, MICHAEL/TOSH, JOHN, Introduction. Historians and the politics of masculinity, in: Dies. 1991b, 1-24. (1991a)

- (Hg.), Manful Assertions Masculinities in Britain Since 1800, London/New York 1991. (1991b)
ROSA, PETER DE, Die christliche Kirche als Männerorganisation, in: Völger/Welck, Bd. 2, 1990, 335-346.
ROSEMAN, MARK (Hg.), Generations in Conflict. Youth Revolt and Generation Formation in Germany 1770-1968, Cambridge 1995. (1995a)
–, Introduction: Generation Conflict and German History 1770-1968, in: Ders. 1995a, 1-46. (1995b)
–, The Generation Conflict that Never Was Young Labour in the Ruhr Mining Industry 1945-1957, in: Ders. 1995c, 269-289. (1995c)
–, The organic Society and the ‚Massenmenschen'. Integrating Young Labour in the Ruhr Mines, 1945-1985, in: Moeller 1997d, 287-320.
ROSENBAUM, HEIDI, Proletarische Familien. Arbeiterfamilien und Arbeiterväter im frühen 20. Jahrhundert zwischen traditioneller, sozialdemokratischer und kleinbürgerlicher Orientierung, Frankfurt/M. 1992.
ROSENBUSCH, HEINZ STEPHAN, Die deutsche Jugendbewegung in ihren pädagogischen Formen und Wirkungen, Frankfurt/M. 1972.
ROSENTHAL, GABRIELE, ‚... wenn alles in Scherben fällt ...'. Von Leben und Sinnwelt der Kriegsgeneration. Typen biographischer Wandlungen, Opladen 1987.
ROSENWALD, WALTER/THEIS, BERND, Enttäuschung und Zuversicht. Zur Geschichte der Jugendarbeit in Hessen, 1945-1950, München 1984.
ROTHENBACHER, FRANZ, Historische Haushalts- und Familienstatistik von Deutschland 1815-1990, Frankfurt/M./New York 1997.
ROTTSCHÄFER, ULRICH, Erweckung und Diakonie in Minden-Ravensberg. Das Rettungshaus Pollertshof 1851-1930, Minden 1987.
RUCK, MICHAEL, Kontinuität und Wandel. Westdeutsche Verwaltungseliten unter dem NS-Regime und in der Bundesrepublik, in: Loth/Rusinek 1998, 117-142.
RÜDEN, PETER VON, Sozialdemokratisches Arbeitertheater (1848-1914). Ein Beitrag zu Geschichte des politischen Theaters, Frankfurt/M. 1973.
RUDOLPH, KARSTEN, [Sammelrezension], in: IWK, 36 (2000), H. 1, 131-134.
RUHL, KLAUS-JÖRG, Verordnete Unterordnung Berufstätige Frauen zwischen Wirtschaftswachstum und konservativer Ideologie in der Nachkriegszeit (1945-1963), München 1994.
RUPPERT, WOLFGANG (Hg.), Die Arbeiter: Lebensformen, Alltag und Kultur von der Frühindustrialisierung bis zum ‚Wirtschaftswunder', München 1986.
RUPPERT, ANDREAS/RIECHERT, HANSJÖRG, Herrschaft und Akzeptanz. Der Nationalsozialismus in Lippe während der Kriegsjahre. Analyse und Dokumentation, Opladen 1998.

SACHSE, CAROLA, Roll-back oder nicht? Zur Neubewertung der Frauengeschichte der Nachkriegszeit. Berichte über einen Internationalen Workshop zur Frauen- und Geschlechtergeschichte in Westeuropa 1945-1968/70 in Berlin, in: Werkstatt Geschichte, 13 (1996), 107-110.

SALDERN, ADELHEID, Current Trends in Research on the German Workers' Movement and Labor History, in: ILWCH (1994), Nr. 45, 120-132.

–/BERNHARDT, CHRISTOPH, Positionspapier der Gesellschaft für Stadtgeschichte und Urbanisierungsforschung (GSU), in: Die alte Stadt (2003), H. 2, 172-175.

SARHAGE, NORBERT, Bünde zwischen ‚Machtergreifung' und Entnazifizierung. Geschichte einer westfälischen Kleinstadt von 1929 bis 1953, Bielefeld 1990.

SAUER, WALTER, Der Mythos des Naturerlebnisses in der Jugendbewegung, in: Knoll/Schoeps 1988, 55-70.

– (Hg.), Rückblicke und Ausblicke. Die deutsche Jugendbewegung im Urteil nach 1945, Heidenheim 1978.

SAUTERMEISTER, GERT, Vom Werther zum Wanderer zwischen beiden Welten Über die metaphysische Obdachlosigkeit bürgerlicher Jugend, in: Koebner/Janz/Trommler 1985, 438-479.

SCHÄFERS, BERNHARD (Hg.), Grundbegriffe der Soziologie, 4. verb. u. erw. Aufl. Opladen 1995 (1995a)

–, „Jugend", in: Ders. 1995, 144f. (1995b)

SCHARFE, MARTIN, Die Religion des Volkes. Kleine Kultur- und Sozialgeschichte des Pietismus, Gütersloh 1980.

SCHEELE, DETLEF, Der Sport im TVdN der Weimarer Republik, in: Zimmer 1984a, 205-245.

SCHERF, WALTER, Die Jugendbande stirbt aus. Zur Sozialpsychologie einer Gemeinschaftsform, in: Sauer 1978, 199-212.

–, Lautlos wandert der große Bär, Heidenheim 1982.

–/SCHWARZ, O. N. (Hg.), Weisse Straßen. Lieder der Großfahrt, 8. Aufl. Recklinghausen 1966.

SCHEYBANI, ABDOLREZA, Handwerk und Kleinhandel in der Bundesrepublik Deutschland. Sozialökonomischer Wandel und Mittelstandspolitik 1949-1961, München 1996.

SCHIEDER, WOLFGANG (Hg.), Religion und Gesellschaft im 19. Jahrhundert, Stuttgart 1993.

SCHILDE, KURT, Literaturbesprechung, in: ZfG, 48 (2000), H. 11, 1052-1055.

SCHILDT, AXEL, ‚Mach mal Pause!' Freie Zeit, Freizeitverhalten und Freizeit-Diskurs in der westdeutschen Wiederaufbau-Gesellschaft der 1950er Jahre, in: AfS, 33 (1993), 357-406. (1993a)

–, Ende der Ideologien? Politisch-ideologische Strömungen in den 50er Jahren, in: Ders./Sywottek 1993, 627-635. (1993b)
–, Von der Not der Jugend zur Teenager-Kultur. Aufwachsen in den 50er Jahren, in: Ders./Sywottek 1993, 335-348. (1993c)
–, Konservatismus in Deutschland. Von den Anfängen im 18. Jahrhundert bis zur Gegenwart, München 1998.
–, Ankunft im Westen. Ein Essay zur Erfolgsgeschichte der Bundesrepublik, Frankfurt/M. 1999.
–/SYWOTTEK, ARNOLD (Hg.), Modernisierung im Wiederaufbau. Die westdeutsche Gesellschaft der 50er Jahre, Bonn 1993.
–, ‚Reconstruction' and ‚Modernization'. West German Social History during the 1950s, in: Moeller 1997d, 413-443.
SCHILDT, GERHARD, Die Arbeiterschaft im 19. und 20. Jahrhundert, München 1996.
SCHINDEHÜTTE, REINHARD M., ‚Uns gefiel irgendwie die ganze Richtung nicht ...'. Die oppositionelle Gaujugendleitung Mittelrhein-Main 1926 bis 1933, in: Hoffmann/Zimmer 1986b, 63-91.
SCHINDLER, NORBERT, Die Hüter der Unordnung. Rituale der Jugendkultur in der frühen Neuzeit, in: Levi/Schmitt 1995b, 319-382.
SCHISSLER, HANNA, Social Democratic Gender Policies. The Working-Class Milieu, and the Culture of Domesticity in West Germany in the 1950s and 1960s, in: Barclay/Weitz 1998, 507-529.
–, Epilogue. Rebels in Search of a Cause, in: Dies. 2001e, 459-467. (2001a)
–, Introduction. Writing about 1950s West Germany, in: Dies. 2001e, 3-15. (2001b)
–, ‚Normalization' as Project. Some Thoughts on Gender Relations in West Germany During the 1950s, in: Dies. 2001e, 359-375. (2001c)
–, The Ambiguity of American Influences. Popular Cultur and the Breaking of ‚High Culture's' Hegemony. Introduction, in: Dies. 2001e, 411. (2001d)
– (Hg.), The Miracle Years. A Cultural History of West Germany, 1949-1968, Princeton/Oxford 2001. (2001e)
SCHLEIMER, RALPH, Demokratiegründung und Parteipolitik. Die nordrhein-westfälische FDP in der Vor- und Frühgeschichte der Bundesrepublik, in: GiW, 13 (1998), H. 1, 7-39.
SCHLUMBOHM, JÜRGEN (Hg.), Kinderstuben. Wie Kinder zu Bauern, Bürgern, Aristokraten wurden 1700-1850, München 1983.
SCHLÜTER, HARALD, Zur Lage der Arbeiterjugend in Hamburg 1950-1960, in: Tenfelde, Klaus (Hg.), Arbeiter im 20. Jahrhundert, Stuttgart 1991, 629-649.
SCHMIDT, FRITZ (Hg.), tusk. Versuche über Eberhard Koebel, Heidenheim 1994.

SCHMIDT, MARGOT, Im Vorzimmer. Arbeitsverhältnisse von Sekretärinnen und Sachbearbeiterinnen bei Thyssen nach dem Krieg, in: Niethammer 1983c, 191-232.

SCHMIDT, MICHAEL, Die fünf Nachkriegsjahre, in: Gröschel/Schmidt 1990, 10-128.

SCHMIDT, UTE, Zentrumspartei oder Union. Zur Archäologie eines Parteienkonflikts nach 1945, in: Frese/Prinz 1996a, 649-665.

SCHMIECHEN-ACKERMANN, DETLEF, Regionale Eliten (Rezension), in: Werkstatt Geschichte, 6 (1997), Nr. 16, 115f.

–, Nationalsozialismus und Arbeitermilieus. Der nationalsozialistische Angriff auf die proletarischen Wohnquartiere und die Reaktionen in den sozialistischen Vereinen, Bonn 1998.

–, Kooperation und Abgrenzung – Bürgerliche Gruppen, evangelische Kirchengemeinden und Katholisches Sozialmilieu in der Auseinandersetzung mit dem Nationalsozialismus in Hannover, Hannover 1999.

SCHMITZ, HANS PETER, Naturschutz – Landschaftsschutz – Umweltschutz. Der TVdN als ökologisches Frühwarnsystem der Arbeiterbewegung, in: Zimmer 1984a, 184-204.

SCHNEIDER, MICHAEL, Unterm Hakenkreuz. Arbeiter und Arbeiterbewegung 1933 bis 1939, Bonn 1999.

–, Nationalsozialismus und Region, in: AfS, 40 (2000), 423-439.

SCHNEIDER-NEHLS, GUDRUN, Grenzgänger in Deutschland. Untersuchung einer intellektuellen Verhaltensmöglichkeit in unserem Jahrhundert. Eine biographische Studie dreier Generationsgestalten der Jahrgänge 1895-1926. Arnold Bronnen – Eberhard Koebel – Erich Loest, Potsdam 1997.

SCHNURBEIN, STEFANIE VON, Krisen der Männlichkeit. Schreiben und Geschlechterdiskurs in skandinavischen Romanen seit 1890, München 2001.

SCHOEPS, JULIUS H., Sexualität, Erotik und Männerbund. Hans Blüher und die deutsche Jugendbewegung, in: Knoll/Schoeps 1988, 137-154.

SCHÖLL, GERHART, Die ‚HJ-Bannführerschule Herzog Widukind'. Ein Ausstellungs- und Bildungsprojekt im Jugendhof Vlotho (14. April bis 2. Mai 1997), in: Historisches Jahrbuch für den Kreis Herford (1998), 193-201.

SCHOLZ, SYLKA, Männlichkeit(en) erforschen. Eine Einführung in das Lehrforschungsprojekt, in: Potsdamer Studien zur Frauen- und Geschlechterforschung, 4 (2000), H. 1/2, 6-21.

SCHOMER, ERNST, Die Mindener und ihre Stadt. Leben und Schicksal der Stadt an der Weserpforte aus 2000 Jahren. Ein Bilderbuch durch die Geschichte Mindens mit 46 ganzseitigen Abbildungen nach Kreidezeichnungen des Verfassers, Minden 1977.

SCHÖRKEN, ROLF, Luftwaffenhelfer und Drittes Reich. Die Entstehung eines politischen Bewußtseins, Stuttgart 1984.
–, Jugend 1945. Politisches Denken und Lebensgeschichte, Frankfurt/M. 1995.
–, Singen und Marschieren. Erinnerungen an vier Jahre Jungvolk 1939 bis 1945, in: GWU, 7/8 (1998), 447-460.
SCHOTTMANN, HANS (Hg.), In Memoriam Hans Boeglin, o. O. o. J. [verm. 1968].
–/OSTHOFF, WOLFGANG (Hg.), Mutuas Fides. Freundesausgabe für Hans Boeglin, o. O. 1963.
SCHUBERT-WELLER, CHRISTOPH, ‚Kein schönrer Tod ...'. Die Militarisierung der männlichen Jugend und ihr Einsatz im Ersten Weltkrieg 1890-1918, Weinheim/München 1998.
SCHULTE, REGINA (Hg.), Die verkehrte Welt des Krieges. Studien zu Geschlecht, Religion und Tod, Frankfurt/M./New York 1998, 9-14. (1998a)
–, Käthe Kollwitz' Opfer, in: Dies. 1998a, 117-151. (1998b)
–, Vorwort, in: Dies. 1998a, 9-14. (1998c)
SCHULTZE, ANNEDORE, Vom Mädchen-Bibelkreis zur Gemeinwesenarbeit, in: Kersting 1998, 223-232.
SCHULZ, ANDREAS/GREBNER, GUNDULA (Hg.), Generationswechsel und historischer Wandel, München 2003.
SCHULZ, GÜNTHER, Die Angestellten seit dem 19. Jahrhundert, München 2000.
SCHULZE, RAINER, Durch die britische Brille gesehen. Beispiele zum Ertrag der britischen Quellen für die (nordwest-)deutsche Landes- und Regionalgeschichte, in: Birke, Adolf M./Mayring, Eva A. (Hg.), Britische Besatzung in Deutschland. Aktenerschließung und Forschungsfelder, London 1992, 103-119.
SCHÜTZE, YVONNE/GEULEN, DIETER, Die ‚Nachkriegskinder' und die ‚Konsumkinder'. Kindheitsverläufe zweier Generationen, in: Preuss-Lausitz 1995, 29-42.
SCHWARTE, NORBERT/REULECKE, Jürgen, Fernweh und Großfahrten in der Bündischen Jugend der Nachkriegszeit, in: Reulecke 1997a, 151-167.
SCHWARZ, ANGELA (Hg.), Politische Sozialisation und Geschichte. Festschrift für Rolf Schörken zum 65. Geburtstag, Hagen 1993.
–, Die Wahrnehmung der deutschen Jugend im Ausland. Das Beispiel Großbritannien, in: Reulecke 1997a, 11-32.
SCHWARZ, HANS-PETER, Die ausgebliebene Katastrophe, in: Rudolph, Hermann (Hg.), Den Staat denken. Theodor Eschenburg zum Fünfundachtzigsten, Berlin 1990, 151-174.

SCHWARZKOPF, JUTTA/SALDERN, ADALHEIT VON/LESEMANN, SILKE, Geschlechtergeschichte. Von der Nische in den Mainstream, in: Zeitschrift für Geschichtswissenschaft, 50 (2002), H. 6, 485-504.

SCOTT, JOAN WALLACH, Gender and the Politics of History, New York 1988.

–, On Language, Gender and Working-Class History, in: Berlanstein, Lenard (Hg.), The Industrial Revolution and Work in Nineteenth-Century Europe, London u. a. 1992, 163-175.

SECCOMBE, WALLY, Weathering the Storm. Working-Class Families from Industrial Revolution to the Fertility Decline, London/New York 1993.

SEE, KLAUS VON, Politische Männerbund-Ideologie von der wilhelminischen Zeit bis zum Nationalsozialismus, in: Völger/Welck 1990, Bd. 1, 93-102.

SEIDELMANN, KARL (Hg.), Die deutsche Jugendbewegung, Bad Heilbrunnn/Obb. 1966.

–, Das Bündische in unserer Existenz. Vom Jugendbund zum Lebensbund, in: JbAdJb, 5 (1973), 52-65.

–, Die Pfadfinder in der deutschen Jugendgeschichte, Bd. 1: Darstellung, Hannover u. a. 1977.

SEIFERT, KLAUS-ULRICH, Beiträge zur Nachkriegsgeschichte der Kreise Minden und Lübbecke 1945-1949 (unveröffentl. Ms.) o. O. o. J. (KAM)

–, Die rote Fahne über der Simeonskaserne. Die Novemberrevolution, in: MMG, 62 (1990), 155-161.

SELBERG, A., Auf den Spuren unserer Väter im Ringen um die Jugend für Christus in den Jungmännervereinen von Minden-Ravensberg und Lippe, in: Heienbrok 1990, 499-507.

SIEDER, REINHARD, Sozialgeschichte der Familie, Frankfurt/M. 1987.

SIEGRIST, HANNES, Ende der Bürgerlichkeit? Die Kategorien ‚Bürgertum' und ‚Bürgerlichkeit' in der westdeutschen Gesellschaft und Geschichtswissenschaft der Nachkriegsperiode, in: GG, 20 (1994), 549-583.

SIEMER, ERNST, Zusammenbruch und Neuordnung von Minden nach Detmold. Eine Dokumentation, Detmold 1987.

SKORVAN, MARTINA, Das Hilfswerk der Evangelischen Kirche und seine Flüchtlingsarbeit in Hessen 1945-1955, Wiesbaden 1995.

SØLAND, BRIGITTE, ‚Gehört sich das für ein anständiges Mädchen?' Öffentliches Auftreten junger Frauen und das Problem weiblicher Respektabilität in Dänemark nach dem Ersten Weltkrieg, in: Benninghaus/Kohtz 1999, 35-53.

SÖLLE, DOROTHEE, Vorwort in: Dumbach, Annette E./Newborn, Jud, Wir sind euer Gewissen. Die Geschichte der Weißen Rose, Stuttgart 1988, 5-7.

SOMBART, NICOLAUS, Männerbund und Politische Kultur in Deutschland, in: Kühne 1996a, 136-155.

SONTHEIMER, KURT, So war Deutschland nie. Anmerkungen zur politischen Kultur der Bundesrepublik, München 1999.

SOZIALGESCHICHTE DER BUNDESREPUBLIK DEUTSCHLAND, Themenheft AfS, 35 (1995).

SOZIALISTISCHE JUGEND DEUTSCHLANDS - DIE FALKEN (SJD), in: Böhnisch/Gängler/Rauschenbach 1991, 1041-1043.

SPEITEL, GEORG, St. Simeonis zu Minden, München/Berlin 1989.

SPEITKAMP, WINFRIED, Jugend in der Neuzeit. Deutschland vom 16. bis zum 20. Jahrhundert, Göttingen 1998.

SPERBER, JONATHAN, Kirchengeschichte or the Social and Cultural History of Religion?, in: NPL, 43 (1998), 13-35.

STACHURA, PETER D., The German Youth Movement 1900-1945. An Interpretative Documentary History, London u. a. 1981.

STACKELBERG, RODERICK, Hitler's Germany. Origins, Interpretations, Legacies, London u. a. 1999.

STADELMAIER, MARTIN, Zwischen Langemark und Liebknecht. Arbeiterjugend und Politik im I. Weltkrieg, Bonn 1986.

STADT MINDEN (Hg.), Minden. Zeugen und Zeugnisse seiner städtebaulichen Entwicklung, Minden 1979.

STÄHLIN, CHRISTOF, Singen in der Horte, in: Schmidt, Fritz/Gerhard, Bernd (Hg.), Die klare Luft gibt's heute umsonst ... . Der Bund deutscher Jungenschaften, Heidenheim 1986, 137-142 (zuerst in: der eisbrecher [1964], Nr. 1).

STÄHLIN, OTTO, Der Begriff der ‚deutschen Jugendbewegung', in: JbAdJb, 9 (1977), 161-185.

STANNEK, ANTJE, Zur geschlechtspezifischen Sozialisation adeliger Knaben im 17. Jahrhundert, in: L'Homme, 8 (1997), Nr. 2, 242-256.

STARK, ELKE VON DER, Die Lage der Arbeiterjugend in der Bundesrepublik nach 1960, Frankfurt/M. 1973.

STEGER, HUGO, Sprache im Wandel, in: Benz 1989, Bd. 4, 13-52.

STEINERT, HEINZ, Aus der Geschichte der Gewalt und der Untergänge. Wie und warum uns die Jugend beunruhigt, in: Merkur, 52 (1998), H. 12, 1127-1142.

STEINITZ, VICTORIA ANNE/SOLOMON, ELLEN RACHEL, Starting Out Class and Community in the Lives of Working-Class Youth, Philadelphia 1986.

STILLER, EIKE, Willy Langenberg. Arbeitersportler im Widerstand in Lippe, Bielefeld 2000.

STRACK, KARSTEN ERNST (Hg.), Mindener Lesebuch. 800 Jahre Literatur in Minden, Paderborn 1997.

STRATMANN, KARLWILHELM, Die Krise der Berufserziehung im 18. Jahrhundert als Ursprungsfeld pädagogischen Denkens, Ratingen b. Düsseldorf 1967.

– /PÄTZOLD, GÜNTER, „Institutionalisierung der Berufsbildung", in: Baethge, Martin/Nevermann, Knut (Hg.), Enzyklopädie Erziehungswissenschaft, Bd. 5: Organisation, Recht und Ökonomie des Bildungswesens, Stuttgart 1984, 114-134.

STRIEN, RENATE, Mädchenerziehung und -sozialisation in der Zeit des Nationalsozialismus und ihre lebensgeschichtliche Bedeutung. Lehrerinnen erinnern sich an ihre Jugend während des Dritten Reiches, Opladen 2000.

STRUTZ, GEORG, Unsere Naturfreundehäuser. Stätten der Begegnung und Erholung, in: Touristen-Verein ‚Die Naturfreunde' Landesverband Teutoburger Wald-Weserbergland, Unsere Gruppen und Häuser, Bielefeld 1968, 1.

STUPPERICH, ROBERT, Die evangelischen Kirchen seit 1803, in: Kohl, Bd. 2, 1983, 385-413.

STURSBERG, WALTER, Glauben, Wagen, Handeln. Eine Geschichte der CVJM-Bewegung in Deutschland. Berichte, Erzählungen, Lebensbilder, 2. Aufl. Wuppertal 1978 (1977).

SUMMERFIELD, PENNY, ‚They didn't want women in that job!' The Second World War and the Construction of Gendered Work Histories, in: Labour History Review, 63 (1998), H. 83-104.

SUMMERS, ANNE, On Begging to be a Bridesmaid in a Ballerina Dress. Some meanings of British Fashion in the 1950s, in: History Workshop Journal (1997), H. 44, 227-232.

SUNDERGELD, FRIEDHELM (Hg.), Land und Leuten dienen. Ein Lesebuch zur Geschichte der Schule in Minden. Zum 450jährigen Bestehen, Minden 1980.

SUNDERMANN, KARL/SUNDERMANN, LILO, Ortsgruppe Minden, in: Touristenverein ‚Die Naturfreunde' Landesverband Teutoburger Wald - Weserbergland e. V. 1995, 173-175.

SYWOTTEK, ARNOLD, Konsum, Mobilität, Freizeit. Tendenzen gesellschaftlichen Wandels, in: Broszat 1990, 95-111.

TANNER, JAKOB, Fabrikmahlzeit. Ernährungswissenschaft, Industriearbeit und Volksernährung in der Schweiz 1890-1950, Zürich 1999.

TAUBER, KURT P., Beyond Eagle and Swastika German Nationalism Since 1945, 2 Bde., Middletown (Conneticut) 1967

TEBBUTT, MELANIE, Women's Talk? A Social History of ‚Gossip' in Working-class Neighbourhoods, 1880-1960, Aldershot 1995.

TENFELDE, KLAUS, Historische Milieus. Erblichkeit und Konkurrenz, in: Hettling, Manfred/Nolte, Paul (Hg.), Nation und Gesellschaft in Deutschland. Hans-Ulrich Wehler zum 65. Geburtstag, München 1996, 247-268.

TENORTH, HEINZ-ELMAR, ‚Zeitgeschichtliche Jugendforschung'. Bildungshistorische Fragen an ein neues Forschungsfeld, in: JbAdJb, 1 (1994/95), 13-27.

THAU, BÄRBEL, ‚Jugend ohne Geborgenheit'. Diakonische Jugendhilfe in der Nachkriegszeit am Beispiel des Evangelischen Johanneswekes, in: Bachmann, Hans/Spankeren, Reinhard van (Hg.), Diakonie. Geschichte von unten. Christliche Nächstenliebe und kirchliche Sozialarbeit in Westfalen, Bielefeld 1995, 347-367.

THOLE, WERNER, ‚Tu es, aber sprich mit niemanden darüber'. Zur Ästhetik des autonomen Jugendwiderstandes im Nationalsozialismus. Ein Gespräch mit Paulus Buscher, in: Breyvogel/Krüger/Thole 1987, 128-139.

THOMPSON, EDWARD P., The Making of the English Working Class, New York 1966.

–, Anthropology and the Discipline of Historical Context. Review Article, in: Midland History (1971/72), H. 1, 41-55.

TILETSCHKE, FRIGGA/LIEBOLD, CHRISTEL, Aus grauer Städte Mauern. Bürgerliche Jugendbewegung in Bielefeld 1900-1933, Bielefeld 1995.

TINKLER, PENNY, Constructing Girlhood. Mädchenzeitschriften in England, 1920-1939, in: Benninghaus/Kohtz 1999, 55-77.

TOBOLL, DIETER, Evangelische Jugendbewegung im Dritten Reich, dargestellt am Bunde deutscher Jugendvereine (BDJ), in: JbAdJb (1972), 128-134.

TORSTENDAHL, ROLF (Hg.), State Policy and Gender System in the Two German States and Sweden 1945-1989, Uppsala 1999.

TOSH, JOHN, Was soll die Geschichtswissenschaft mit Männlichkeit anfangen? Betrachtungen zum 19. Jahrhundert in Großbritannien, in: Conrad/Kessel 1998, 160-206.

–, A Man's Place Masculinity and the Middle-Class Home in Victorian England, New Haven/London 1999.

TOURISTENVEREIN - DIE NATURFREUNDE, Fritz Lamm – Zum Gedenken 30. Juni 1911 – 15. März 1977. Vorträge, Reden, Schriften. Zusammenstellung und Bearbeitung v. Ernst Rohm, Stuttgart 1977.

TOURISTENVEREIN DIE NATURFREUNDE LANDESVERBAND TEUTOBURGER WALD/ WESERBERGLAND (Hg.), 75 Jahre Die Naturfreunde Landesverband Teutoburger Wald – Weserbergland 1920-1995. 100 Jahre Touristenverein Die Naturfreunde 1895-1995, Bielefeld 1995.

TOURISTENVEREIN DIE NATURFREUNDE BIELEFELD E. V. (Hg.), 75 Jahre Bielefelder Naturfreunde 1912-1987, Bielefeld 1987.

TOURISTENVEREIN DIE NATURFREUNDE ORTSGRUPPE BIELEFELD E. V. (Hg.), Naturfreunde erinnern sich. Wie im richtigen Naturfreundeleben, Bielefeld 1997.

TRAMSEN, BIRGIT, Auf zu neuen Ufern. Unverheiratete berufstätige Frauen im Minden des 19. Jahrhunderts: Anna Ohlemann, Louise Zillmer und Bertha Buddenberg, in: Pramann, Regina (Hg.), Frauengeschichte(n) in Ostwestfalen-Lippe. Ein Handbuch zur Geschlechtergeschichte in der Region, Bielefeld 1998, 125-137.

TREMPENAU, DIETMAR, Frühe sozialdemokratische und sozialistische Arbeiterdramatik (1890 bis 1914). Entstehungsbedingungen – Entwicklungslinien – Ziele – Funktion, Stuttgart 1979.

TROMMLER, FRANK, Mission ohne Ziel. Über den Kult der Jugend im modernen Deutschland, in: Koebner/Janz/Trommler 1985, 14-49.

TZSCHEETZSCH, WERNER, „Jugend". V. Praktisch-theologisch, in: Kasper 1996, 1058. (1996b)

–, „Jugendorganisationen", in: Kasper 1996, 1065f. (1996b)

UBBELOHDE, JULIA, Der Umgang mit jugendlichen Normverstößen, in: Herbert 2002a, 402-435.

UPMANN, AUGUSTIN/RENNSPIEß, UWE, Organisationsgeschichte der deutschen Naturfreundebewegung bis 1933, in: Zimmer 1984a, 66-111.

VARNEY, WENDY, Of Men and Machines. Images of Masculinity in Boys' Toys, in: Feminist Studies 28 (2002) H 1, 153-174.

VEYNE, PAUL, Foucault. Die Revoultionierung der Geschichte, Frankfurt/M. 1992.

VIEWEG, GUSTAV, Erinnerungen an die Mindener Schülermützen. Ein Beitrag zur Schulgeschichte, in: MMG, 43 (1971), 130-136.

VÖLGER, GISELA/WELCK, KARIN VON (Hg.), Männerbande – Männerbünde. Zur Rolle des Mannes im Kulturvergleich, 2 Bde., Köln 1990.

VOLLNHALS, CLEMENS, Die Evangelische Kirche zwischen Traditionswahrung und Neuorientierung, in: Broszat/Henke/Woller 1988, 113-167.

„VOLK", in: Kluge 1975, 823f.

VORMWEG, HEINRICH, Literatur, in: Benz 1989, Bd. 4: Kultur, 53-85.

VORSTAND DES CVJM MINDEN E. V., 125 Jahre CVJM Minden, Minden 1982. (KAM 8861)

WÄCHTER, EVA, ‚... an der lauten Stadt vorüberziehen!' Naturfreunde 1918-1933 zwischen Jugendbewegung und Jugendpflege, in: Hoffmann/Zimmer 1986, 13-62.

WAGNER, BEATE, Jugendliche Lebenswelten. Sozialistische Jugendarbeit zwischen Selbstdeutung und Reeducation, Opladen 1995.

–, Jugendliche Lebenslagen und demokratische Erneuerung. Wiederbeginn der sozialistischen Jugendarbeit nach 1945, in: Kersting 1998, 139-148.

WAJCMAN, JUDY, Technik und Geschlecht. Die feministische Technikdebatte, Frankfurt/M. u. a. 1994.

WALKER, PAMELA J., ‚I live but not yet I for Christ Liveth in me'. Men and masculinity in the Saevation Army, 1865-90, in: Roper/Tosh 1991b, 92-112.

WALTER, FRANZ, Jugend in der Sozialdemokratischen Solidargemeinschaft. Eine organisationssoziologische Studie über die sozialistische Arbeiterjugend Deutschlands (SAJ), in: IWK, 3 (1987), 311-376.

–, Milieus und Parteien in der deutschen Gesellschaft. Zwischen Persistenz und Erosion, in: GWU, 46 (1995), 479-493.

–/DENECKE, VIOLA/ REGIN, CORNELIA (Hg.), Sozialistische Gesundheits- und Lebensreformverbände, Bonn 1991.

–/MATTHIESEN, HELGE, Milieus in der modernen deutschen Gesellschaftsgeschichte. Ergebnisse und Perspektiven, in: Schmiechen-Ackermann, Detlef (Hg.), Anpassung, Verweigerung, Widerstand. Soziale Milieus, Politische Kultur und der Widerstand gegen den Nationalsozialismus in Deutschland im regionalen Vergleich, Berlin 1997, 46-75.

WANNÖFFEL, MANFRED, ‚Auf politischem Gebiet kriegen sie keine guten Antworten von mir.' Aspekte zu politischen Sozialisation von Jugendlichen in den 50er Jahren, in: Krüger 1985a, 20-42.

WASMUND, KLAUS, Leitbilder und Aktionsformen Jugendlicher nach dem Zweiten Weltkrieg in Deutschland bis zu den 60er Jahren, in: Dowe 1986, 211-231.

WATERMANN, KARL FRIEDRICH, Politischer Konservatismus und Antisemitismus in Minden-Ravensberg 1879-1914, in: MMG, 52 (1980), 11-64.

WEBER, DIETER, Gegen die Not der Jugend. Der Landesjugendplan, in: Reinicke/Romeyk 1996, 195-200.

WEGENAST, KLAUS, „Bibel, V. Praktisch-theologisch", in: TRE 6 (1980), 93-109.

WEHLING, HANS-GEORG (Hg.), Jugend, Jugendprobleme, Jugendprotest, Stuttgart u. a. 1982.

WEILING, CHRISTOPH, Die ‚Christlich-deutsche Bewegung'. Eine Studie zum konservativen Protestantismus in der Weimarer Republik, Göttingen 1998.

WELLMANN, BARRY, Men in Networks. Private Communities, Domestic Friendships, in: Nardi, Peter M. (Hg.), Men's Friendships, Newsbury Park u. a. 1992, 74-114.

WELSKOPP, THOMAS, Klasse als Befindlichkeit? Vergleichende Arbeitergeschichte vor der kulturalistschen Herausforderung, in: AfS, 38 (1998), 301-336.

WELTER, GÜNTHER, Bündische Jugend heute, Frankfurt/M. 1966.
WENZEL, HARTMUT, Zur Entwicklung der Naturfreunde-Kindergruppen, in: Zimmer 1984a, 246-270.
–, Widerstandsmythen und Anpassungsrealität. Das Beispiel der Naturfreundejugend, in: Breyvogel, Wilfried (Hg.), Piraten, Swings und Junge Garde. Jugendwiderstand im Nationalsozialismus, Bonn 1991, 35-56.
WESTPHAL, HEINZ, Jugendverbände und der Deutsche Bundesjugendring auf dem Weg in die internationale Gemeinschaft, in: Reulecke 1997a, 103-123.
WILDT, MICHAEL, Vom kleinen Wohlstand. Eine Konsumgeschichte der fünfziger Jahre, Frankfurt/M. 1996.
WILLENBACHER, BARBARA, Zerrüttung und Bewährung der Nachkriegs-Familie, in: Broszat/Henke/Woller 1988, 595-618.
WINKLER, MICHAEL, Der Jugendbegriff im George-Kreis, in: Koebner/Janz/Trommler 1985, 479-499.
WINTER, THOMAS, Making Men, Making Class. The YMCA and Workingmen, 1877-1920, Chicago/London 2002.
WISPLINGHOFF, ERICH/DAHM, HELMUT/HÖROLDT, DIETRICH/RICHTERING, HELMUT/KITTEL, ERICH/LEESCH, WOLFGANG/HÜTTENBERGER, PETER, Geschichte des Landes Nordrhein Westfalen, Würzburg 1973.
WITT, JAN, ‚und müssen auf die Schanze ziehen ...'. Geschichte der Mindener Sozialdemokratie zwischen Novemberrevolution und den Juni. Unruhen 1923, in: Meynert/Bender-Wittmann 1994, 110-137.
WOLGAST, EIKE, Die Wahrnehmung des Dritten Reiches in der unmittelbaren Nachkriegszeit (1945/1946), Heidelberg 2001.
WOLLASCH, ANDREAS, Wohlfahrtsgeschichte in regionaler und interregional vergleichender Sicht. Eine Einführung, in: Ders. 1997b, 1-17. (1997a)
- (Hg.), Wohlfahrtspflege in der Region. Westfalen-Lippe während des 19. und 20. Jahrhunderts im historischen Vergleich, Paderborn 1997. (1997b)
WOLLER, HANS, Gesellschaft und Politik in der amerikanischen Besatzungszone. Die Region Ansbach und Fürth, München 1986.
WOLTERMANN, BJÖRN, Die Schülerzeitung – WIR –. Ein Rückblick auf 75 Ausgaben und 36 Jahre Journalismus am Besselgymnasium, in: Besselgymnasium der Stadt Minden 1996, 66f.
WUNDER, HEIDE, Kulturgeschichte, Mentalitätsgeschichte, Historische Anthropologie, in: Dülmen, Richard van (Hg.), Das Fischer Lexikon Geschichte, Frankfurt/M. 1990, 65-85.
WUNDERER, HARTMANN, Der Touristenverein ‚Die Naturfreunde'. Eine sozialdemokratische Arbeiterkulturorganisation (1895-1933), in: IWK, 13 (1977), 506-520.

–, Arbeitervereine und Arbeiterparteien. Kultur- und Massenorganisationen in der Arbeiterbewegung (1880-1933), Frankfurt/M./New York 1980.

–, Die Naturfreundebewegung, in: Ruppert 1986, 340-344.

ZIEMER, GERHARD, Zum Verhältnis Jugendbewegung und Stefan George, in: JbdAdJb, 3 (1971), 8-11.

–, Die deutsche Jugendbewegung und der Staat, in: JbAdJb, 5 (1973), 42-51.

ZIMMER, JOCHEN, ‚Wir haben früh erfahren ...'. Kurze Geschichte der sozialistischen Jugendbewegung/Jugendpflege, in: Sozialistische Tribüne, 2 (1981), 4-55.

– (Hg.), Mit uns zieht die neue Zeit. Die Naturfreunde. Zur Geschichte eines alternativen Verbandes in der Arbeiterkulturbewegung, Köln 1984. (1984a)

–, Mit uns zieht die neue Zeit, in: Ders. 1984a, 12-30. (1984b)

–, Vom Walzen zum sozialen Wandern. Fragen an die eigensinnigen sozialen Praxen des genossenschaftlichen Arbeitertourismus, in: Lehmann, Albrecht (Hg.), Studien zur Arbeiterkultur. Beiträge der 2. Arbeitstagung des Kommission ‚Arbeiterkultur' in der Deutschen Gesellschaft für Volkskunde in Hamburg vom 8. bis 12. Mai 1983, Münster 1984, 141-173. (1984c)

–, Das Abseits als verschiedener Irrweg. Die Naturfreundejugend in der westdeutschen Friedens- und Ökologiebewegung bis zum Ende der APO, in: Hoffmann/Zimmer 1986, 93-170.

ZINNECKER, JÜRGEN, Kindheit. Erziehung. Familie, in: Fischer/Fuchs/Zinnekker 1985, 97-292. (1985a)

–, Politik. Parteien. Nationalsozialismus, in: Fischer/Fuchs/Zinnecker 1985, 321-408. (1985b)

–, Jugendkultur 1940-1985, Opladen 1987.

Danksagung

Das vorliegende Buch ist die 2001 vom Fachbereich 1 der Universität Siegen als Dissertation angenommene Arbeit. Sie wurde für die Drucklegung leicht gekürzt und überarbeitet. Jürgen Reulecke und Ute Daniel haben dieses Projekt mit Engagement betreut, begleitet und gefördert. Dafür und für ihre wertvollen Anregungen danke ich ihnen sehr herzlich. Der Mindener Kreis e. V., ein Zusammenschluß von Männern, die sich in der deutschen Jungenschaft der Nachkriegszeit engagiert hatten, finanzierte mein Stipendium. Dafür gebührt dem Mindener Kreis e. V. großer Dank. Ganz besonders danke ich Wolfgang Hempel, Schriftführer und ‚Kopf' des Vereins, für sein beispielloses Engagement für die vorliegende Studie und deren Veröffentlichung in den „Potsdamer Studien" des Verlages für Berlin-Brandenburg. Wolfgang Hempel ermöglichte das Stipendium, Archiv- und Tagungsreisen und die Finanzierung des Drucks. Er stellte darüber hinaus wertvolle Kontakte her, lieferte zentrales Quellenmaterial und führte mich in die Denkhorizonte von ‚Bündischen' ein. Zahlreiche ‚Zeitzeugen' unterstützten die Erforschung des Mindener Jugendlebens in der Nachkriegszeit mit ihrer Bereitschaft zu Interviews, Fahrtenbüchern, Fotos oder Vereinsschriftgut. Ich danke ihnen herzlich für ihre Offenheit, ihr Vertrauen und ihre Geduld. Genannt seien stellvertretend für alle: Albert Gundlach, Lothar Ibrügger, Wolfram Keber, Helmut Kleinsteuber, Klaus Kosiek, Dieter Knobelsdorf, Gustav-Adolf Mohrlüder, Gerhard Prüßner, Gerhard Rasche, Walter Scherf, Wulf Schomer, Gero von Schönfeldt und Karl Sundermann. Mein besonderer Dank gilt auch den Archivarinnen und Archivaren für ihre fachliche Unterstützung und ihre Hilfsbereitschaft. Besonders hervorheben möchte ich die Mindener Eberhard Brandhorst, Hans Nordsiek und Monika Schulte. Mir sehr wichtige intellektuelle Begleiterinnen und Ratgeberinnen, nicht nur bei dieser Arbeit, waren Rebekka Habermas und Christina Benninghaus. Sie forderten mich immer wieder mit ihren wertvollen und klugen Hinweisen im positiven Sinne heraus. Ich danke ihnen sehr herzlich für ihre freundschaftliche Unterstützung in allen Phasen der Dissertation. Die Gespräche mit Kolleginnen und Kollegen in Bielefeld, Siegen, Braunschweig, Bochum und anderswo förderten eine ständige Überprüfung der Interpretation der Mindener Quellen und meiner Argumentation. Ich danke besonders – in alphabetischer Reihung – Claudia Althaus, Ingrid Gilcher-Holtey, Dagmar Günther, Bernd Holtwick, Sibylle Hübner-Funk, Martina Kessel, Franz-Werner Kersting, Arno Klönne, Till Kössler, Barbara Köster und Alf Lüdtke für den intellektuellen Diskurs. Mein Dank gilt auch der Mindener Historikerin Ursula Bender-Wittmann und den Historikern Joachim Meynert und Philipp Koch für ihre lokalhistorische Fachkenntnis. Als ein ganz besonderer Glücksfall erwies sich die Zusammenarbeit mit Martina Kessel, bei der ich ein Jahr lang als wissenschaftliche Hilfskraft im Rahmen eines Forschungsprojektes zum Thema: „Kunst, Politik, Geschlecht. Zum Entwurf von Identitäten in der Moderne“ arbeitete und mich so in weitere Facetten von Männlichkeiten im 19. und 20. Jahrhundert vertiefen konnte. Ihr danke ich sehr herzlich dafür. Anja Hoffmann und Rüdiger Müller sei für den notwendigen technischen Beistand gedankt. Gunda Gaus und Lars Rohrandt gebührt außerordentlicher Dank für ihre Korrekturarbeiten. Ruth Grossmass und allen Frauen der von ihr initiierten Coachinggruppe für Doktorandinnen, aber besonders Bettina Brandt und Karin Scherschel danke ich für Tipps, Zuspruch, Herz und Sachverstand bei den großen und kleinen Unwägbarkeiten des Promovierens ganz besonders. Viki Joergens und Verena Huber erfreuten mich mit ihrem steten, schwesterlichen Hinweis auf das Leben jenseits des wissenschaftlichen Arbeitens. Mein Mann Friedemann Pape weihte mich nicht nur in seine Erfahrungen in Bibelstunden und manche ostwestfälische Eigenarten ein. Er diskutierte mit mir auch über Arbeiter, Sozialdemokraten und Männer und sorgte immer wieder für ein gutes Essen. Ihm danke ich zuvorderst von ganzem Herzen für seine rückhaltlose Liebe, seine Zuversicht und den doppelten Boden. Meine Eltern Monika und Hans-Joachim Joergens hielten stets das Netz unter das Trapez des Promovierens. Ihnen verdanke ich nicht nur wichtige Gespräche auf allen Ebenen, sondern in erster Linie den liebevollen Rückhalt für meinen Weg. Ihnen widme ich dieses Buch.

Personenregister